Holger Dickgießer, Thomas Kornherr, Gerhard Kühn, Helmut Schlick

Wirtschaftsprozesse im Groß- und Außenhandel

Jahrgangsstufen 2 und 3
Baden-Württemberg

Lernfelder 3/4/8/11 und 5/6/9/12

2. Auflage

Bestellnummer 13856

Bildungsverlag EINS

Die in diesem Produkt gemachten Angaben zu Unternehmen (Namen, Internet- und E-Mail-Adressen, Handelsregistereintragungen, Kontonummern, Steuer-, Telefon- und Faxnummern und alle weiteren Angaben) sind i. d. R. fiktiv, d. h., sie stehen in keinem Zusammenhang mit einem real existierenden Unternehmen in der dargestellten oder einer ähnlichen Form. Dies gilt auch für alle Kunden, Lieferanten und sonstigen Geschäftspartner der Unternehmen wie z. B. Kreditinstitute, Versicherungsunternehmen und andere Dienstleistungsunternehmen. Ausschließlich zum Zwecke der Authentizität werden die Namen real existierender Unternehmen und z. B. im Fall von Kreditinstituten auch deren Bankleitzahlen, IBAN und BIC verwendet.

Die in diesem Werk aufgeführten Internetadressen sind auf dem Stand zum Zeitpunkt der Drucklegung. Die ständige Aktualität der Adressen kann vonseiten des Verlages nicht gewährleistet werden. Darüber hinaus übernimmt der Verlag keine Verantwortung für die Inhalte dieser Seiten.

service@bv-1.de
www.bildungsverlag1.de

Bildungsverlag EINS GmbH
Ettore-Bugatti-Straße 6–14, 51149 Köln

ISBN 978-3-427-**13856**-3

© Copyright 2014: Bildungsverlag EINS GmbH, Köln
Das Werk und seine Teile sind urheberrechtlich geschützt. Jede Nutzung in anderen als den gesetzlich zugelassenen Fällen bedarf der vorherigen schriftlichen Einwilligung des Verlages.
Hinweis zu § 52a UrhG: Weder das Werk noch seine Teile dürfen ohne eine solche Einwilligung eingescannt und in ein Netzwerk eingestellt werden. Dies gilt auch für Intranets von Schulen und sonstigen Bildungseinrichtungen.

Vorwort

Dieses Lehr- und Arbeitsbuch folgt dem **Lehrplan** des Bundeslandes **Baden-Württemberg** für den neu geordneten Ausbildungsberuf Kaufmann/Kauffrau im Groß- und Außenhandel vom 1. August 2008.

Der vorliegende Band 2 beinhaltet in kompakter Darstellung die Lerngebiete des **2. und 3. Ausbildungsjahrs**, im Einzelnen:

2. Ausbildungsjahr

Schwerpunkt	Lernfeld	
Betriebswirtschaft	3	Logistische Prozesse planen, steuern und kontrollieren
	4	Personalwirtschaftliche Aufgaben wahrnehmen
Steuerung und Kontrolle	8	Preispolitische Maßnahmen erfolgsorientiert vorbereiten und steuern
Gesamtwirtschaft	11	Gesamtwirtschaftliche Beziehungen und deren Einflüsse auf das Groß- und Außenhandelsunternehmen analysieren

3. Ausbildungsjahr

Schwerpunkt	Lernfeld	
Betriebswirtschaft	5	Marketing planen, durchführen und kontrollieren
	6	Finanzierungsentscheidungen treffen
Steuerung und Kontrolle	9	Unternehmensergebnisse aufbereiten, bewerten und nutzen
Gesamtwirtschaft	12	Wirtschaftspolitische und weltwirtschaftliche Einflussgrößen auf den Ausbildungsbetrieb einschätzen

Die Lerngebiete, die nur die **Fachrichtung Außenhandel** betreffen, finden Sie im BuchPlusWeb.

Das selbstständige Lernen wird in diesem Lern- und Arbeitsbuch durch folgendes durchgängiges Konzept unterstützt:

Jeder größere Lernabschnitt beginnt mit einem typischen **Problem** (durch blaue Schattierung hervorgehoben). Es enthält Handlungsaufträge, die anhand der nachfolgenden Sachdarstellung gelöst werden können. Grundwissen und Beispiele sind durch grüne Schattierungen hervorgehoben. Jeder größere Lernabschnitt schließt mit einer **Zusammenfassung** und einem **Aufgabenteil** (durch gelbe Schattierung hervorgehoben). Dies unterstützt das selbstständige Lernen und die Sicherung des Lernerfolgs. Am Ende verschiedener Kapitel finden Sie **Lernsituationen** mit einer lernfeldübergreifenden Aufgabenstellung.

Die praxisgerechte Abbildung der betrieblichen Prozesse geschieht durch den Einsatz der integrierten Unternehmenssoftware (IUS) Microsoft Dynamics® NAV. Auf der Grundlage des **Modellunternehmens TRIAL GmbH**, Fahrräder und Bikewear (Beschreibung auf

Vorwort

den Seiten 12 ff.), werden die Lehrplaninhalte computergestützt abgebildet. In dieser ganzheitlichen Sicht ist das Rechnungswesen mit den betriebswirtschaftlichen Inhalten untrennbar verbunden. Im BuchPlusWeb werden neben zahlreichen Übungsaufgaben zu **Microsoft Dynamics® NAV** auch die Datenstände des Modellunternehmens und allgemeine **Hinweise zu Microsoft Dynamics® NAV** zur Verfügung gestellt.

Ebenso finden Sie im BuchPlusWeb einen Methodenpool mit den wichtigsten **Lern- und Arbeitstechniken** zur Erlangung von Handlungsfähigkeit. Handlungskompetenz ist die Bereitschaft und Befähigung des Einzelnen, sich in beruflichen, gesellschaftlichen und privaten Situationen sachgerecht durchdacht und sozial verantwortlich zu verhalten. Handlungskompetenz entfaltet sich in den Dimensionen von Fach-, Human- und Sozialkompetenz mit ihren Bestandteilen Methoden-, Lern- und kommunikative Kompetenz.

Ein **Abkürzungsverzeichnis** (Seite 644 f.) sowie ein ausführliches **Sachwortverzeichnis** (Seite 646 ff.) unterstützen das selbstständige Lernen. Im hinteren Buchinnendeckel finden Sie ein Faltblatt mit dem **Schulkontenrahmen** für den Großhandel.

Zwecks besserer Lesbarkeit wird in diesem Lehrbuch auf eine Geschlechtertrennung verzichtet, z. B. „Schülerinnen und Schüler", „Unternehmerinnen und Unternehmer", „Kundinnen und Kunden", und stattdessen nur die männliche Form verwendet. Selbstverständlich sind stets beide Geschlechter gemeint.

Neuerungen in der vorliegenden Auflage:
- Vorliegendes Werk enthält die Lehrplaninhalte des 2. und 3. Ausbildungsjahrs
- dpa-, Globus- und Zahlenbilder-Grafiken wurden durchgängig aktualisiert
- LF 3, Kapitel 1.5 Qualitätsmanagement wird nur noch in Jahrgangsstufe 1 (LF 10, Kapitel 4.3 Qualitätsmanagement) dargestellt (es wurde dort aktualisiert)
- LF 4, Kapitel 5 Entgeltabrechnung wurde aktualisiert auf den Stand 2014
- LF 4, Kapitel 6 Einkommensteuererklärung wurde aktualisiert auf den Stand 2014
- LF 11, Kapitel 3 Bruttoinlandsprodukt wurde das Zahlenmaterial aktualisiert
- LF 12, Kapitel 1 Wirtschaftspolitische Ziele wurde das Zahlenmaterial aktualisiert
- LF 12, Kapitel 2 Konjunkturpolitik wurde das Zahlenmaterial aktualisiert
- LF 12, Kapitel 2.5 Beschäftigungs- und Arbeitsmarktpolitik wurde aktualisiert
- LF 12, Kapitel 3 Geldpolitik der Europäischen Zentralbank wurde aktualisiert

Verlag und Autoren sind für Anregungen und Kritik dankbar und wünschen ein erfolgreiches Arbeiten mit diesem Buch.

Die Verfasser

Inhaltsverzeichnis

Inhalt

Vorwort 3

Das Modellunternehmen 12

1. Teil: Jahrgangsstufe 2
Schwerpunkt Betriebswirtschaft
Lernfeld 3: Logistische Prozesse planen, steuern und kontrollieren 18

1	**Lieferketten- und Qualitätsmanagement**	18
1.1	Volkswirtschaftliche Wertschöpfungskette	19
1.2	Ziele, Aufgaben und Teilbereiche der Unternehmenslogistik	20
1.3	Warenwirtschaftssystem – interne Lieferkette im Griff	22
1.4	Supply-Chain-Management – auch externe Lieferkette im Griff	24
1.5	Qualitätsmanagement – Total Quality Management (TQM)	28
1.6	Kontinuierlicher Verbesserungsprozess – KVP	28
1.7	Chancen und Risiken von Logistikpartnerschaften	30
2	**Logistikpartnerschaft mit einem Lagerhalter**	33
2.1	Eigen- oder Fremdlagerung? – Make-or-buy-Entscheidung	34
2.2	Rechtliche Stellung des Lagerhalters	36
3	**Logistikpartnerschaft mit Frachtführern und Spediteuren**	41
3.1	Eigen- oder Fremdtransport? – Make-or-buy-Entscheidung	42
3.2	Fremdtransport durch Frachtführer	43
3.3	Organisation des Fremdtransports durch Spediteure	47
3.4	Auswahl des Transportmittels – auf die Umwelt achten	50
4	**Lager- und Kommissionierprozesse**	59
4.1	Wareneingang – Warenannahme und Warenprüfung	61
4.2	Techniken zur Warenidentifikation – fit durch RFID?	61
4.3	Arbeitsabläufe im Lager – Grundsätze beachten	63
4.4	Ordnungssysteme der Lagerhaltung – Lagerarten	66
4.5	Kommissionierprozess – bald beleglos?	70
4.6	Auslagerung des Lagerguts – sortieren und verpacken	72
4.7	Crossdocking-Konzept – bestandsloses Kommissionieren	73
4.8	Sicherheit und Umweltschutz im Lager – sicher ist sicher	74

5	**Wirtschaftlichkeit der Lagerhaltung**	84
5.1	Lagerrisiken und Lagerkosten	85
5.2	Lagerkennzahlen – Umschlag ist nicht alles	85
5.3	Maßnahmen zur Verbesserung der Wirtschaftlichkeit	90
6	**Versandkostenberechnung**	98

Schwerpunkt Betriebswirtschaft

Lernfeld 4: Personalwirtschaftliche Aufgaben wahrnehmen 111

1	**Grundlagen des Arbeitsverhältnisses**	111
1.1	Individualrechtliche Grundlagen des Arbeitsverhältnisses	112
1.2	Gesetzliche Grundlagen des Arbeitsverhältnisses	121
1.3	Kollektivvertragliche Grundlagen des Arbeitsverhältnisses	121
2	**Mitbestimmung der Arbeitnehmer**	125
2.1	Mitwirkungsrechte des einzelnen Arbeitnehmers	126
2.2	Betriebsrat – Interessenvertretung der Arbeitnehmer	127
2.3	Jugend- und Auszubildendenvertretung – nur mit Betriebsrat	131
2.4	Betriebsvereinbarung – Arbeitgeber mit Betriebsrat	132
3	**Arbeitsschutzvorschriften im Überblick**	135
3.1	Arbeitsschutzgesetz – ArbSchG	136
3.2	Jugendarbeitsschutzgesetz – JArbSchG	137
3.3	Arbeitszeitgesetz – ArbZG	139
3.4	Mutterschutz und Elternzeit	139
4	**Geschäftsprozess Personalplanung**	142
4.1	Personalbedarfsplanung – Blindflug vermeiden	142
4.2	Personalbeschaffung – viele Wege führen zum Ziel	144
4.3	Eingruppierung, Einführung und Einarbeitung neuer Mitarbeiter	158
4.4	Personalverwaltung, -beurteilung und -entwicklung	162
5	**Entgeltabrechnung**	174
5.1	Ermittlung des Bruttoentgelts	175
5.2	Ermittlung des Nettoentgelts	175
5.3	Entgeltbuchungen	182
6	**Einkommensteuererklärung eines Arbeitnehmers**	189
6.1	Einkommensteuerpflicht und Erhebungsformen	190
6.2	Ermittlung des zu versteuernden Einkommens	190
6.3	Berechnung der Einkommensteuer	197

Inhalt

Schwerpunkt Steuerung und Kontrolle

Lernfeld 8: Preispolitische Maßnahmen erfolgsorientiert vorbereiten und steuern ... 203

1	**Preis- und Konditionenpolitik**	203
2	**Kosten- und Leistungsrechnung im Groß- und Außenhandel**	209
2.1	Grundlagen der Kosten- und Leistungsrechnung	209
2.2	Aufbau der Kosten- und Leistungsrechnung	222
2.2.1	Kostenartenrechnung und die Ermittlung des Betriebsergebnisses	222
2.2.2	Kostenstellenrechnung	231
2.2.3	Kostenträgerrechnung	248
3	**Deckungsbeitragsrechnung**	264
3.1	Grundlagen der Deckungsbeitragsrechnung	264
3.2	Anwendungsgebiete der Deckungsbeitragsrechnung	267
3.2.1	Bestimmung des optimalen Sortiments	267
3.2.2	Annahme von Zusatzaufträgen	268
3.2.3	Bestimmung der kurz- und der langfristigen Preisuntergrenze	270
3.2.4	Bestimmung des Verlust- und des Gewinnbereichs	271

Schwerpunkt Gesamtwirtschaft

Lernfeld 11: Gesamtwirtschaftliche Beziehungen und deren Einflüsse auf das Groß- und Außenhandelsunternehmen analysieren ... 280

1	**Wirtschaftskreislauf – alles im Fluss**	280
1.1	Wirtschaftssubjekte	281
1.2	Einfacher Wirtschaftskreislauf – Unternehmen und Haushalte	281
1.3	Erweiterter Wirtschaftskreislauf – mit Banken, Staat und Ausland	282
2	**Standortwahl eines Groß- und Außenhandelsbetriebs**	285
2.1	Standortfaktoren – nicht unabänderlich	285
2.2	Standortentscheidung der Unternehmung	287
2.3	Standortfaktoren bei internationaler Ausrichtung des Unternehmens	288
3	**Bruttoinlandsprodukt – gesamtwirtschaftliche Wertschöpfung**	294
3.1	Entstehung, Verwendung und Verteilung des Inlandsprodukts	295
3.2	Messgrößen des Inlandsprodukts	299
3.3	Aussagegehalt des Sozialprodukts	300
3.4	Umweltökonomische Gesamtrechnung – Ökosozialprodukt	301
4	**Markt und Preisbildung – Markt oder Macht?**	304
4.1	Markt und Marktfunktionen	305
4.2	Modell des vollkommenen Marktes	305
4.3	Preisbildung beim Polypol	306

4.4	Preisbildung beim Angebotsoligopol	309
4.5	Preisbildung beim Angebotsmonopol	311
5	**Soziale Marktwirtschaft – Wohlfahrt für alle?**	**315**
5.1	Merkmale der sozialen Marktwirtschaft	316
5.2	Rolle des Staates in der sozialen Marktwirtschaft	319
6	**Staatliche Wettbewerbspolitik**	**322**
6.1	Ziele staatlicher Wettbewerbspolitik	322
6.2	Gesetz gegen Wettbewerbsbeschränkungen (GWB)	323
6.3	Fusionskontrollverordnung der Europäischen Union (E-FKVO)	326
6.4	Gesetz gegen den unlauteren Wettbewerb (UWG)	327

2. Teil: Jahrgangsstufe 3

Schwerpunkt Betriebswirtschaft

Lernfeld 5: Marketing planen, durchführen und kontrollieren ... 334

1	**Grundlagen des Marketing**	**334**
1.1	Marketing als Unternehmensstrategie	335
1.2	Marketing als Unternehmensfunktion	336
1.2.1	Möglichkeiten und Ziele der Marktforschung	336
1.2.2	Bildung von Marktsegmenten	343
1.2.3	Entwicklung von Marktprognosen	345
1.2.4	Festlegung von Marketingzielen	345
1.2.5	Entwicklung von Marketingstrategien	347
Lernsituation: Die Ergebnisse der Marktforschung analysieren und beurteilen		352
2	**Produkt- und Sortimentspolitik**	**358**
2.1	Ziele und Strategien der Produktpolitik	359
2.2	Ziele und Strategien der Sortimentspolitik	367
Lernsituation: Produktpolitische Entscheidungen treffen		376
3	**Preispolitik**	**383**
3.1	Ziele und Strategien der Preispolitik	383
3.2	Einflussgrößen der Preispolitik	386
3.3	Konditionenpolitik	389
Lernsituation: Preispolitische Maßnahmen gezielt einsetzen		392
4	**Kommunikationspolitik**	**397**
4.1	Ziele der Kommunikationspolitik	398
4.2	Strategien der Kommunikationspolitik	399
4.3	Instrumente der Kommunikationspolitik	400
5	**Distributionspolitik**	**407**
5.1	Ziele der Distributionspolitik	408
5.2	Strategien der Absatzkanalpolitik	409
5.3	Strategien der Absatzlogistik	417

6	**Marketingmix**	422
7	**Absatzcontrolling**	426
7.1	Strategisches Absatzcontrolling	428
7.2	Operatives Absatzcontrolling	430

Schwerpunkt Betriebswirtschaft

Lernfeld 6: Finanzierungsentscheidungen treffen ... 438

1	**Ziele der Finanzierung**	438
1.1	Liquidität	439
1.2	Rentabilität	441
1.3	Unabhängigkeit	441
1.4	Sicherheit	442
2	**Ermittlung des Finanzierungsbedarfs**	444
2.1	Kapitalbedarfsrechnung	445
2.2	Finanzplan	446
3	**Beurteilung von Finanzierungsmöglichkeiten**	449
3.1	Eigenfinanzierung	451
3.2	Fremdfinanzierung	456
Lernsituation: Unterschiedliche Investitions- und Finanzierungsvorgänge beschreiben		466
Lernsituation: Eine Finanzierungsentscheidung treffen		469
4	**Leasing, Factoring**	476
4.1	Leasing	477
4.2	Factoring	480
5	**Kreditsicherungen**	484
5.1	Bürgschaft (Personalkredit)	485
5.2	Realkredite an beweglichen Sachen	486
5.3	Realkredite an unbeweglichen Sachen (Grundpfandrechte)	490
6	**Insolvenz eines Unternehmens**	496
7	**Zinsrechnen**	504

Inhalt

Schwerpunkt Steuerung und Kontrolle

Lernfeld 9: Unternehmensergebnisse aufbereiten, bewerten und nutzen 509

1	**Bestandteile des Jahresabschlusses**	509
2	**Die Bewertung von Vermögen und Schulden als Grundlage für die Erstellung eines Jahresabschlusses**	512
2.1	Allgemeine Bewertungsgrundsätze	513
2.2	Die Bewertung von nicht abnutzbaren Vermögensgegenständen am Beispiel Grundstücke	516
2.3	Die Bewertung von abnutzbaren Vermögensgegenständen des Anlagevermögens	519
2.4	Die Bewertung des Umlaufvermögens	534
2.4.1	Die Bewertung der Warenvorräte	534
2.4.2	Die Bewertung von Forderungen	538
2.4.3	Bewertung von Wertpapieren des Umlaufvermögens	540
2.5	Die Bewertung von Verbindlichkeiten	543
2.6	Zeitliche Abgrenzung von Aufwendungen und Erträgen	547
2.6.1	Die aktive Rechnungsabgrenzung	548
2.6.2	Die passive Rechnungsabgrenzung	551
2.6.3	Sonstige Forderungen/sonstige Verbindlichkeiten	553
2.6.4	Rückstellungen	555
3	**Kennziffern zur Vermögens-, Kapital- und Erfolgsstruktur**	562
3.1	Analyse der Kapitalstruktur einer Bilanz	563
3.2	Analyse von horizontalen Kapital-Vermögens-Regeln einer Bilanz	565
3.3	Berechnung und Analyse von Rentabilitätskennziffern	568
4	**Aufgaben des Controllings**	577
4.1	Operatives Controlling	578
4.2	Strategisches Controlling	579

Schwerpunkt Gesamtwirtschaft

Lernfeld 12: Wirtschaftspolitische und weltwirtschaftliche Einflussgrößen auf den Ausbildungsbetrieb einschätzen 584

1	**Wirtschaftspolitische Ziele des Staates**	584
1.1	Ziele des Stabilitätsgesetzes – magisches Viereck	585
1.1.1	Stabilität des Preisniveaus – knapp unter 2 %	585
1.1.2	Hoher Beschäftigungsstand – nicht mehr als 3 % Arbeitslose	586
1.1.3	Stetiges Wirtschaftswachstum – nicht unter 3 %	587
1.1.4	Außenwirtschaftliches Gleichgewicht	589
1.2	Weitere Ziele der Wirtschaftspolitik – magisches Sechseck	590
1.2.1	Erhaltung einer lebenswerten Umwelt – Nachhaltigkeit	590

1.2.2	Gerechte Einkommens- und Vermögensverteilung	592
1.3	Beziehungen zwischen den wirtschaftspolitischen Zielen	593
2	**Konjunkturpolitik des Staates**	**597**
2.1	Konjunktur – Auf und Ab der Wirtschaft	598
2.2	Fiskalpolitik – nachfrage- oder angebotsorientiert?	600
2.3	Subventionen des Staates – Fass ohne Boden?	603
2.4	Strukturpolitik des Staates – Reich hilft Arm	605
2.4.1	Strukturwandel – sektoral und regional	605
2.4.2	Ziele und Instrumente der Strukturpolitik	606
2.4.3	Strukturpolitik der Europäischen Union	607
2.5	Beschäftigungs- und Arbeitsmarktpolitik	608
2.5.1	Ziele, Aufgaben und Leitlinien	608
2.5.2	Passive Arbeitsförderung	609
2.5.3	Aktive Arbeitsförderung – Fordern und Fördern	611
3	**Geldpolitik der Europäischen Zentralbank**	**621**
3.1	Aufbau, Ziele und Aufgaben der Europäischen Zentralbank	622
3.2	Geldpolitische Instrumente der Europäischen Zentralbank	623
3.3	Deutsche Bundesbank im Eurosystem	628
4	**Außenhandel – bald total global?**	**633**
4.1	Gesamtwirtschaftliche Bedeutung des Außenhandels	633
4.2	Tarifäre und nichttarifäre Handelsbeschränkungen	636
4.3	Vertragliche Absicherung des Freihandels	638

Abkürzungsverzeichnis ... 644

Bildquellenverzeichnis ... 645

Sachwortverzeichnis ... 646

Das Modellunternehmen

Die **TRIAL GmbH** mit Sitz in 69111 Heidelberg, Franz-Sigel-Straße 188, ist eine Gesellschaft mit beschränkter Haftung. Neben Fahrrädern (Rennrädern und Mountainbikes) vertreibt das Unternehmen auch Bikewear (z. B. Radtrikots).

Auf den folgenden Seiten werden weitere wichtige Daten zum Modellunternehmen vorgestellt.

Auszug aus dem Handelsregister – Abteilung B 1526

Amtsgericht Heidelberg						
Nr. der Eintragung	a) Firma b) Ort der Niederlassung (Sitz der Gesellschaft) c) Gegenstand des juristischen Unternehmens (bei juristischen Personen)	Grund- oder Stammkapital (in €)	Geschäftsinhaber Persönlich haftende Gesellschafter Geschäftsführer Abwickler	Prokura	Rechtsverhältnisse	a) Tag der Eintragung b) Bemerkungen
1	2	3	4	5	6	7
121	a) TRIAL GmbH b) Heidelberg c) Vertrieb von Bikewear und Fahrrädern	600 000,00	Peter Gasch, 01.05.1969, Dipl.-Kaufmann, Mannheim		Gesellschaft mit beschränkter Haftung	1. Januar 2010

Das Modellunternehmen

Auszug aus dem Gesellschaftsvertrag (Satzung)

Gesellschaftsvertrag

§ 1 Gesellschafter:

- **Peter Gasch**, Diplom-Kaufmann, geb. 01.05.1969 in Heidelberg
- **Markus Bundschuh**, Diplom-Ingenieur, geb. 12.07.1969 in Mosbach
- **Tanja Knötig**, Bankkauffrau, geb. 23.08.1965 in München

§ 2 Firma, Sitz und Gegenstand der Gesellschaft:

- Die Vertragschließenden errichten eine Gesellschaft mit beschränkter Haftung unter der Firma „**TRIAL GmbH**".
- Sitz der Gesellschaft ist die Franz-Sigel-Straße 188 in 69111 Heidelberg.
- Gegenstand der Unternehmung ist der Vertrieb von Bikewear und Fahrrädern.

§ 3 Beginn, Geschäftsjahr und Dauer der Gesellschaft:

- Die Gesellschaft mit beschränkter Haftung entsteht durch Umwandlung aus der „**TRIAL KG**".
- Die Gesellschaft beginnt am 01.01.2016.
- Geschäftsjahr ist das Kalenderjahr.
- Die Dauer der Gesellschaft ist unbefristet.

§ 4 Einlagen der Gesellschafter:

Die Gesellschafter bringen die Personenunternehmung „**TRIAL KG**" im Gesamtwert von 600 000,00 € als Stammkapital ein. Das Stammkapital ist in folgende Stammeinlagen aufgeteilt:

- Peter Gasch: 300 000,00 €
- Markus Bundschuh: 200 000,00 €
- Tanja Knötig: 100 000,00 €

§ 6 Gewinn und Verlustverteilung:

Der Jahresgewinn oder ein Jahresfehlbetrag wird im Verhältnis der Stammeinlagen auf die Gesellschafter Peter Gasch, Markus Bundschuh und Tanja Knötig verteilt.

§ 7 Nachschusspflicht:

Im Falle von Liquiditätsschwierigkeiten kann die Mehrheit der Gesellschafter Nachschüsse fordern. Kommt ein Gesellschafter seiner Nachschusspflicht nicht nach, so ist ihm sein Geschäftsanteil binnen 2 Monaten auszuzahlen. Der betreffende Gesellschafter scheidet mit Ablauf der Nachschusspflicht aus der Gesellschaft aus.

§ 8 Geschäftsführung:

Zum Geschäftsführer wird **Peter Gasch** bestellt.
Die Bestellung des Geschäftsführers kann nur in Fällen grober Pflichtverletzung oder Unfähigkeit zur ordnungsgemäßen Geschäftsführung widerrufen werden.

Heidelberg, den 28.12.15

gez. *Peter Gasch* gez. *Markus Bundschuh* gez. *Tanja Knötig*
Peter Gasch **Markus Bundschuh** **Tanja Knötig**

gez. *Ralf Schäckeler* (Rechtsanwalt und Notar)
Ralf Schäckeler

Das Modellunternehmen

Waren

Artikel-Nr.	Bezeichnung		Artikel-Nr.	Bezeichnung	
201000	Mountainbike Trial One		202000	Rennrad Ventoux One	
201001	Mountainbike Trial Two		202001	Rennrad Ventoux Two	
201002	Mountainbike Trial Extrem		202002	Rennrad Ventoux Extrem	
200000	Radtrikot Tenno		200012	Radunterhemd Tenno	
200001	Radtrikot Tremalso		200013	Radunterhemd Tremalso	
200002	Radtrikot Altissimo		200014	Radunterhemd Altissimo	
200003	Radhose Tenno		200015	Radsocken Tenno	
200004	Radhose Tremalso		200016	Radsocken Tremalso	
200005	Radhose Altissimo		200017	Radsocken Altissimo	
200006	Radhelm Tenno		200018	Radschuhe Tenno	
200007	Radhelm Tremalso		200019	Radschuhe Tremalso	
200008	Radhelm Altissimo		200020	Radschuhe Altissimo	
200009	Radhandschuhe Tenno		200021	Windbreaker Tenno	
200010	Radhandschuhe Tremalso		200022	Windbreaker Tremalso	
200011	Radhandschuhe Altissimo		200023	Windbreaker Altissimo	

Mitarbeiter und Gesellschafter

Personal-Nr.	Name	Position / Tätigkeit
630000	Peter Gasch	Geschäftsführer (Gesellschafter)
630001	Markus Bundschuh	Abteilungsleiter Personal (Gesellschafter)
	Tanja Knötig	Gesellschafterin (keine Funktion im Betrieb)
630002	Jürgen Merkle	Sachbearbeiter Einkauf
630003	Lukas Reichert	Einkauf (Abteilungsleiter)
630004	Anna Lurka	Verkauf (Abteilungsleiterin)
630005	Thomas Horak	Sachbearbeiter Verkauf
630006	Thomas Ernst	Sachbearbeiter Rechnungswesen
630007	Stefanie Binder	Sachbearbeiterin Personalabteilung
630008	Michael Müller	Lagerarbeiter
630009	Katja Müller	Auszubildende
630010	Meral Öger	Abteilungsleiterin Lager

Organigramm

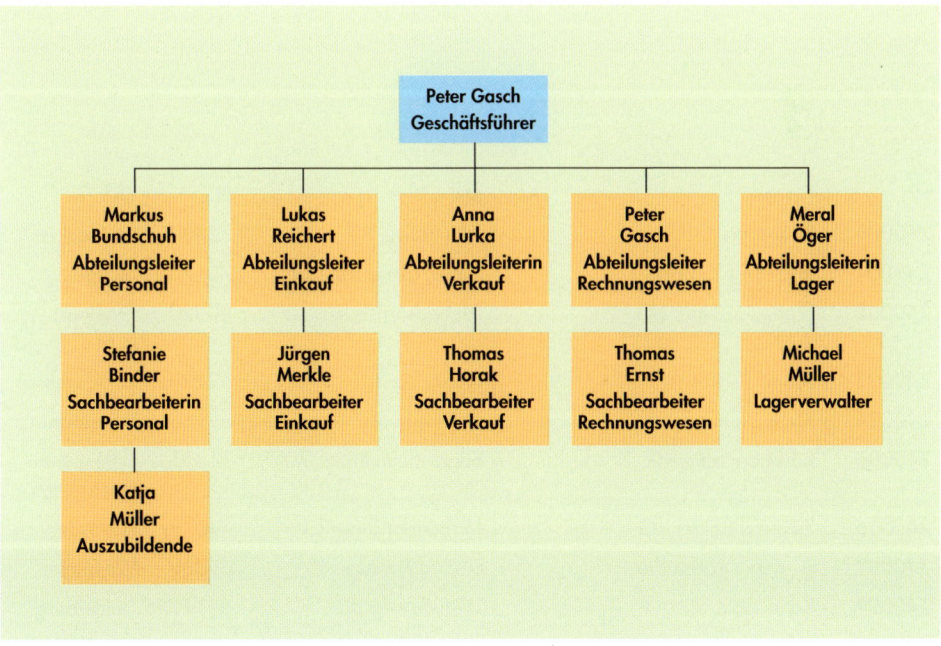

Das Modellunternehmen

Kreditoren und Debitoren

Kreditoren

Nr.	Firma	Str.	PLZ	Ort
440000	BIKE GROHA DOLL GmbH	Berliner Str. 5	76646	Bruchsal
440001	Raddiscount Wolfsburg	Postfach 4561	38440	Wolfsburg
440002	BIKEMACHINES KG	Lessingstr. 3	68162	Mannheim
440003	Interbike Paris (Filiale Hamburg)	Hafenstr. 87	20539	Hamburg
440004	Brand WT OHG	Karlsberg 15	69469	Weinheim
440005	Zorn Bikewear	Walldorfer Str. 324	68519	Viernheim
440006	Ernst-Stahl AG	Adenauerring 54	80997	München
440007	Eichsteller Radzubehör OHG	Bierkrugstr. 34	89077	Ulm
440008	Zacher GmbH	Kerschensteiner Str. 5	76532	Rastatt
440009	Bike Industries AG	Stegwiesen 65	72766	Reutlingen
440010	Bernion GmbH	Schütterlestr. 9	68535	Edingen
440011	Meersdonk Transports	G.-Willers-Str. 35	70173	Stuttgart
440012	Deutsche Telekom AG	Postfach 10 01 64	69113	Heidelberg
440013	Crash Computerhandel	D.-Schuster-Allee 9	75179	Pforzheim
440014	Autohaus B. Reich	Ritterstr. 3	70173	Stuttgart

Debitoren

Nr.	Firma	Str.	PLZ	Ort
240000	Bunnybike OHG	Alte Steige 85	75417	Mühlacker
240001	Radfabrik GmbH	Ulmer Landstraße 54	70173	Stuttgart
240002	Franz Klammer KG	Lauberhornstr. 6	60320	Frankfurt a. M.
240003	Alfred Becker	Operweg 3	69493	Großsachsen
240004	Klaus Baumann	Östringer Str. 46	69168	Wiesloch
240005	Radshop Seile KG	Edgar-Schmitt-Str. 70	76351	Linkenheim-Hochstetten
240006	Zweirad Beigel KG	M.-Bender-Ring 33	74078	Heilbronn
240007	A. Bährs Radstudio	E.-Carl-Passage 99	69469	Weinheim
240099	Katja Götz	Wittwerweg 30	69111	Heidelberg

1. Teil:
Jahrgangsstufe 2

Lernfeld 3

Lernfeld 4

Lernfeld 8

Lernfeld 11

Schwerpunkt Betriebswirtschaft
Lernfeld 3: Logistische Prozesse planen, steuern und kontrollieren

1 Lieferketten- und Qualitätsmanagement

PROBLEM

Freitag, 12:30 Uhr: Katja Müller nutzt ihre Mittagspause, um noch schnell in das Lebensmittelgeschäft um die Ecke zu springen. Überraschend haben sich Freunde angekündigt. Es soll ein gelungener Abend werden – mit einem guten Wein und einem leckeren Mehrgängemenü, natürlich selbst gekocht. Gerade gestern hat sie eine tolle Werbung gesehen, die richtig Lust gemacht hat auf italienisches Essen und als Höhepunkt ein original italienisches Tiramisu. Und da fängt das Problem schon an – denn Katja braucht dringend noch Mascarpone. Also schnell in die Frischeabteilung und zum Kühlregal. Aber verflixt – wo sonst die Mascarpone auf ihre Käufer wartet, nur gähnende Leere. Da haben sich wohl noch mehr durch den gelungenen Werbespot zu einem italienischen Abendessen inspirieren lassen. So ein Ärger. Und nebenan stapelt sich der Magerquark und quillt schon fast aus dem Regal.

Diese oder eine ähnliche Situation haben Sie sicherlich auch schon erlebt – entweder als Konsument oder als Logistikverantwortlicher. Was hier in einer Verkaufsfiliale zu Kundenverärgerung und Umsatzeinbußen führt, stellt auch in den Zentrallagern und Distributionszentren des Handels ein Problem dar. Out-of-Stock-Situationen (= Nullbestände) auf der einen Seite und Überbestände auf der anderen, mit all ihren unerfreulichen Nebenerscheinungen wie erhöhter Kapitalbindung, Minderlieferungen, erhöhter Retourenquote und Preisabschriften gehören noch nicht der Vergangenheit an. Als typische Ursachen dieser Missstände lassen sich folgende Faktoren identifizieren:

- mangelnde Abstimmung zwischen Lieferant und Handel bezüglich unternehmensübergreifender Werbemaßnahmen, Produktvorhaben und Entwicklungen im Gesamtmarkt,
- zu wenig Informationsaustausch bezüglich Abverkäufen, Beständen und Bestandsbewegungen,
- zu geringe Flexibilität in den Dispositions- und Bestellsystemen sowie der Ablauforganisation,
- zu geringe Prozesstransparenz bezüglich der Abläufe und Zeitbedarfe im jeweils anderen Unternehmen.

1. Beschreiben Sie einige Folgen von Fehlbeständen und Überbeständen.
2. Erläutern Sie einige Ursachen für diese Missstände. Machen Sie Vorschläge, wie Fehl- und Überbestände vermieden werden könnten.
3. Beschreiben Sie die Lieferkette Ihres Ausbildungsbetriebs vom Vorlieferanten bis zu den Kunden Ihrer Kunden. Gehen Sie dabei auf Schwachstellen ein.

Logistische Prozesse planen, steuern und kontrollieren — Lernfeld 3

SACHDARSTELLUNG

1.1 Volkswirtschaftliche Wertschöpfungskette

In einer Volkswirtschaft werden Produktionsfaktoren (Input = Arbeit, Natur und Kapital) eingesetzt, um Konsumgüter (Output) herzustellen, die zur Bedürfnisbefriedigung dienen. Bevor ein Gut konsumiert werden kann, durchläuft es eine Kette von Wertschöpfungsprozessen (Herstellungs- und Verteilungsprozessen). Siehe hierzu auch LF10, Kap. 2.1 Großhandelsbetriebe in der Wertschöpfungskette.

Die **Güterherstellung** erfolgt durch **Produktionsprozesse** (Rohstoffgewinnung, Weiterverarbeitung) in Urproduktionsbetrieben (z. B. Erdölförderung, Erzabbau, Land-, Viehwirtschaft), Industrie- und Handwerksbetrieben. Dabei werden die Güter in Umformungsprozessen qualitativ verändert. Die **Güterverwendung** kann in Haushalten, aber auch in Produktions-, Handels- und Dienstleistungsbetrieben erfolgen. Dabei werden die Güter durch **Konsumprozesse** (Gebrauch und Verbrauch) ebenfalls qualitativ verändert.

Die **Güterverteilung** verknüpft die Güterherstellung mit der Güterverwendung. Logistiksysteme übernehmen die **Bewegung (Güterfluss)** und Lagerung der Güter. Dabei werden die Güter nicht qualitativ, sondern **nur räumlich und zeitlich verändert** (Raum- und Zeitüberbrückung). Solche **logistischen Prozesse** werden von speziellen Logistikunternehmen, aber auch von Produktions-, Handels- und Dienstleistungsbetrieben teilweise selbst durchgeführt.

Beispiel: Logistikprozesse in der volkswirtschaftlichen Wertschöpfungskette

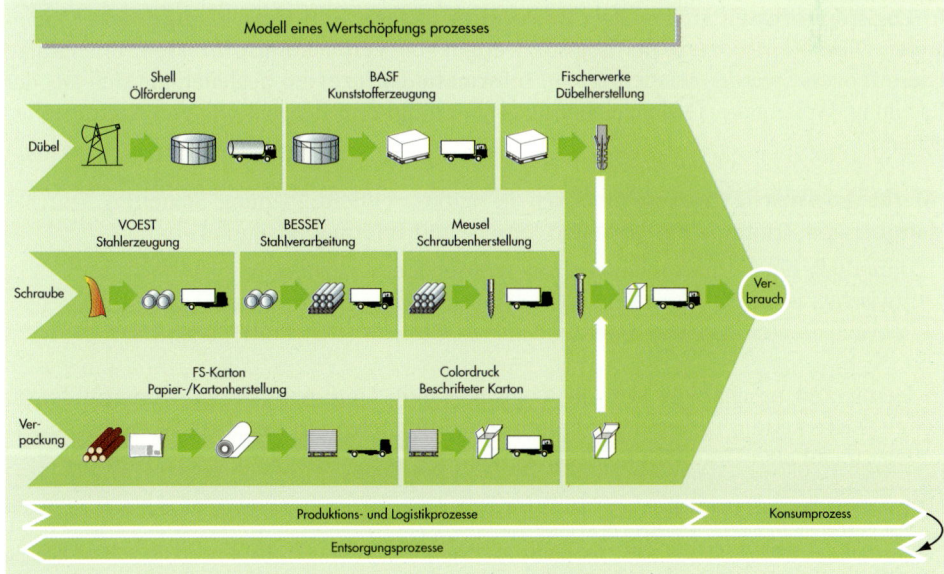

In einem **einstufigen Logistikprozess** erfolgt die **Raum- und Zeitüberbrückung** zwischen der Güterbereitstellung bzw. dem Lieferort (Quelle, Source) und der Güterverwendung bzw. dem Empfangsort (Senke) durch einen direkten, nicht unterbrochenen Güterfluss. In einem **mehrstufigen Logistikprozess** wird der Güterfluss zwischen Lieferort und Empfangsort mindestens einmal unterbrochen. An diesem Unterbrechungspunkt erfolgt eine Mengenänderung **(Mengenüberbrückung)**, indem der Güterfluss entweder gebündelt (Zusammenfassung zu größeren Mengen) oder aufgesplittet (Auflösung in kleinere Mengen) wird. Siehe hierzu auch LF10, Kap. 1 Funktionen des Groß- und Außenhandels.

Beispiel: Wertschöpfungskette mit Bündelung und Aufsplittung des Güterflusses

```
Beschaffungsmarkt                                    Absatzmarkt

Betriebe der          [A]                            [1] Einzelhandel
Weiterverarbeitung                                   [2]
(Industrie, Handwerk),[B]   Absatzgroßhandel         [3]
z. B. Getränke-             (z. B. Getränke-         [4]
hersteller            [C]    großhandel)             [5]
                                                     [6]
                                                     [7]
                                                     [8]

        Kauf von größeren Mengen    Verkauf von kleineren Mengen
```

1.2 Ziele, Aufgaben und Teilbereiche der Unternehmenslogistik

Der Begriff **Logistik** ist aus dem französischen Wort „loger" abgeleitet. Zu Zeiten Napoleons umfasste Logistik den Transport, die Unterbringung und Versorgung der Truppen als auch den Transport, die Lagerung und Wartung aller militärischen Güter (Waffen-, Munitions-, Energie- und Lebensmittelnachschub).

In **Logistikprozessen** greifen stets **Bewegungs-, Lager- und Umschlagsprozesse**[1] ineinander. Diese Kernprozesse der Logistik werden von **Verpackungsprozessen**[2] unterstützt. Diese Prozesse werden wiederum von **Informationsprozessen** begleitet, die sich aus der Erteilung, Weitergabe, Gegenzeichnung (Signierung) und Bearbeitung von Aufträgen ergeben.

> **Merke: Logistische Prozesse** umfassen die marktorientierte Planung, Steuerung, Durchführung und Kontrolle des gesamten Waren- und Informationsflusses
> - innerhalb eines Unternehmens (innerbetriebliche Logistik),
> - zwischen einem Unternehmen und seinen Lieferanten (Beschaffungslogistik),
> - zwischen einem Unternehmen und seinen Kunden (Distributionslogistik).

In letzter Zeit beschäftigte sich die Logistik damit, Unternehmen zu Wertschöpfungsketten (Lieferketten) zusammenzuführen. Zukünftig integriert sie ganze Wertschöpfungsketten zu globalen Unternehmensnetzwerken.

---

[1] **Umschlagen** bedeutet Handhaben von Gütern, z. B. Umladen in ein anderes Fahrzeug, Einordnen in ein Lagerregal, Sortieren, Sammeln, Aufteilen der Güter usw.

[2] **Verpackungen** haben Schutz-, Lager-, Transport- und Informationsfunktionen und ermöglichen erst die Bildung logistischer Einheiten (Lager-, Ladeeinheiten) als Voraussetzung für rationale Transportketten.

Logistische Prozesse planen, steuern und kontrollieren — Lernfeld 3

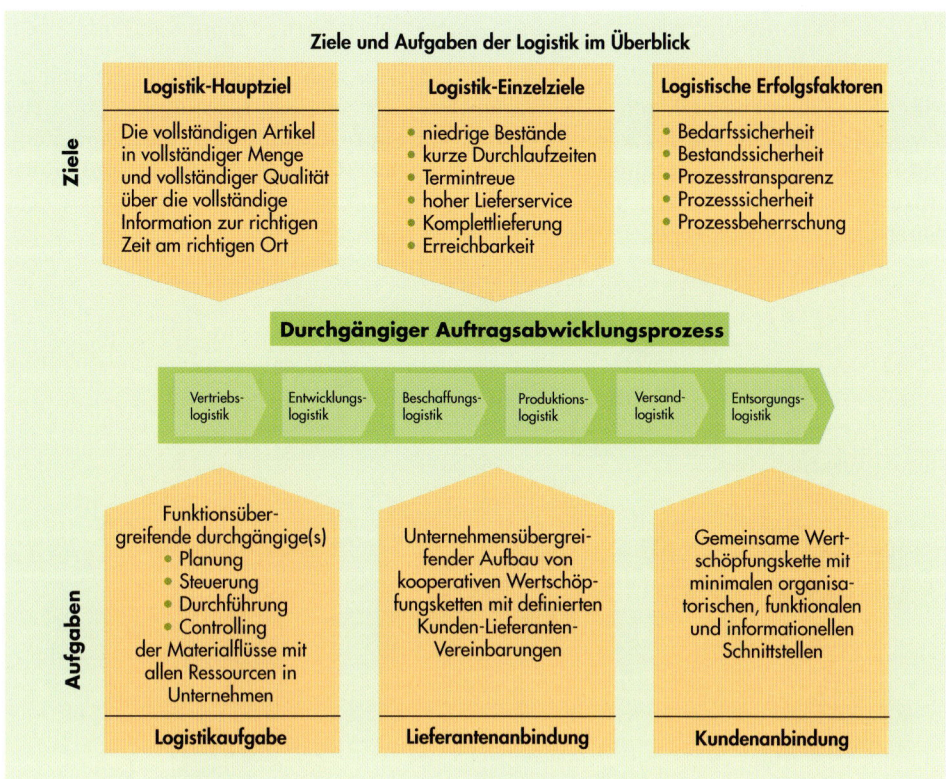

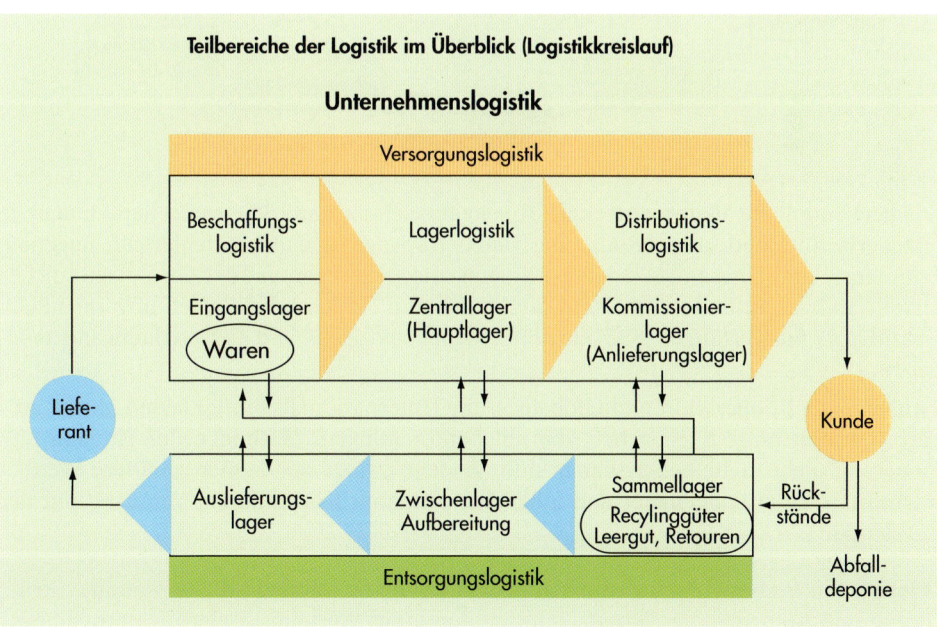

1.3 Warenwirtschaftssystem – interne Lieferkette im Griff

Jeder Großhändler betreibt Warenwirtschaft, indem er Waren beschafft, lagert und an seine Kunden weiterverkauft. Die **Warenwirtschaft** umfasst sowohl die physische Bewegung der Ware selbst **(Warenfluss bzw. Warenprozess)** als auch die Bearbeitung und Auswertung der dabei anfallenden Informationen **(Datenfluss bzw. Informationsprozess)**. Erfolgt die Warenwirtschaft computergestützt, dann spricht man von einem Warenwirtschaftssystem.

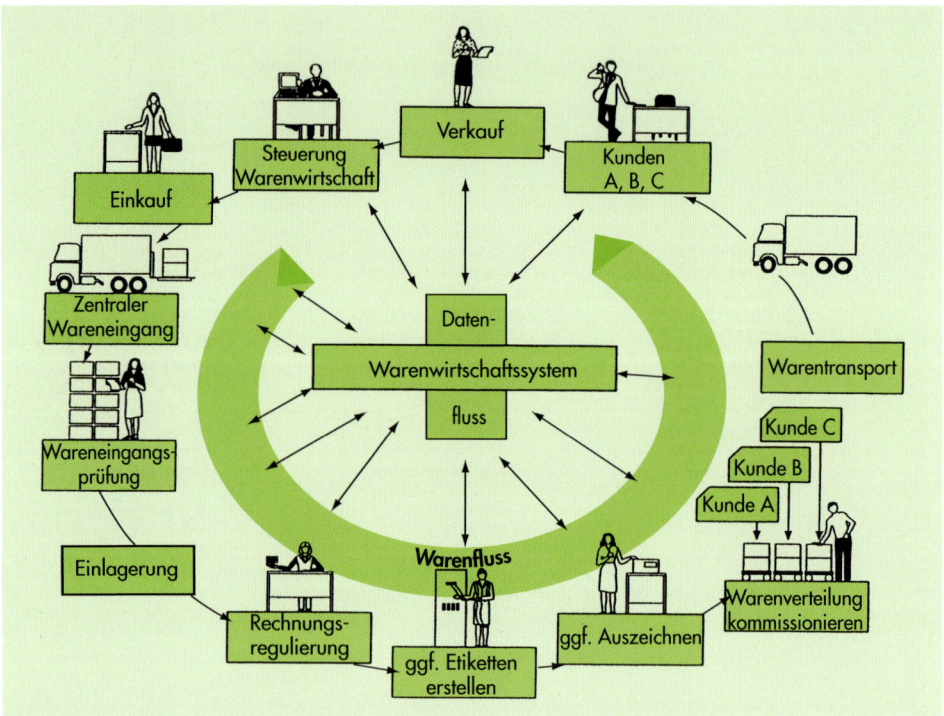

Die **herkömmliche Warenwirtschaft** ist gekennzeichnet durch die weitgehend manuelle Datenerfassung und -auswertung. Die Datenerfassung ist dadurch fehlerhaft, ungenau, zeitintensiv und langsam. Werden Sortimentsentscheidungen auf der Grundlage solcher unvollständigen Informationen getroffen, dann sind Fehlentscheidungen unvermeidlich. Kurzfristige Auswertungen sind nur mit erheblichem Zeit- und Personalaufwand möglich.

Zunehmende Kooperation und Globalisierung (Internationalisierung) lassen immer größere Betriebseinheiten entstehen, die mit herkömmlichen Methoden der Planung und Steuerung nicht mehr beherrschbar sind. Zudem zwingt der immer schärfere Wettbewerbsdruck zu artikelgenauer und möglichst zeitnaher Kontrolle der Umsätze und der Kalkulation.

Merke: Ein **Warenwirtschaftssystem** beinhaltet die computergestützte Planung, Steuerung und Kontrolle der Waren-, Informations- und Werteflüsse eines Unternehmens entlang der unternehmensinternen Wertschöpfungskette.

Logistische Prozesse planen, steuern und kontrollieren — Lernfeld 3

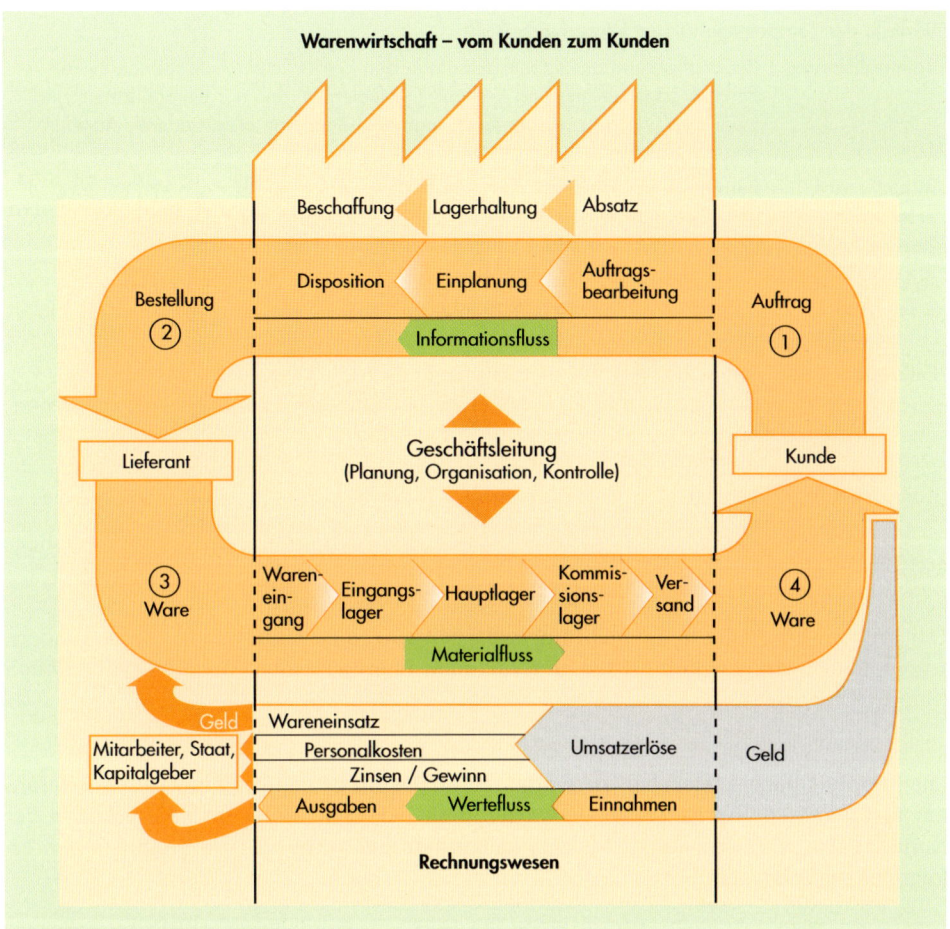

In einem geschlossenen Warenwirtschaftssystem **(ERP-System)**[1] werden die Daten dort erfasst, wo sie zuerst anfallen, und können dann über ein Netzwerk von allen Abteilungen (z. B. Einkauf, Lagerhaltung, Verkauf, Logistik, Rechnungswesen) abgerufen werden. Alle Daten werden nur einmal erfasst; alle Abteilungen arbeiten mit **denselben artikelgenauen, laufend aktualisierten Daten** (gemeinsame Datenbasis). Damit wird eine fehlerlose, **medienbruchfreie und ununterbrochene Kommunikation** auf und zwischen allen Prozessebenen im Unternehmen möglich.

So kann der Einkäufer die Artikeldatei nutzen, um Bestellungen zu bearbeiten, der Verkaufsleiter analysiert die Aufträge anhand der Auftragseingangs- und Auftragsbestandslisten, um Daten für die Umsatzplanung zu erhalten; der Lohnbuchhalter greift auf die Auftragsdatei zurück, um die Provisionen der Vertreter zu berechnen.

Das Warenwirtschaftssystem macht die Bedarfs- und Bestandssituation und die verfügbaren Lager-, Betriebsmittel- und Personalkapazitäten als Grundlage für eine wirklichkeitsnahe Planung sichtbar. Die Auftragsdurchlaufzeiten werden reduziert, die Termintreue gesteigert und Lagerbestände abgebaut.

---

[1] **ERP** = Enterprise Resource Planning (Unternehmensressourcenplanung) ist eine integrierte Unternehmenssoftware (IUS)

Vorteile der computergestützten Warenwirtschaft	
Rationalisierung	Rationalisierung der Arbeitsabläufe in den betrieblichen Aufgabenbereichen Einkauf, Lagerhaltung und Verkauf. Die Daten werden nur einmal erfasst, und zwar dort, wo sie zuerst anfallen, und sind dann von allen anderen Abteilungen abrufbar.
Aktuelle, artikelgenaue Daten	Bereitstellung aktueller, artikelgenauer Informationen über alle Warenbewegungen. Die Mitarbeiter haben jederzeit den Überblick über alle relevanten Daten, denn alle Daten werden in Echtzeit verarbeitet.
Automatische Beleg- und Listenerzeugung	Automatische Erstellung von Belegen, Briefen (z. B. Ausgangsrechnungen, Lieferscheine, Packlisten, Warenbegleitpapiere), Auswertungslisten, Schaubildern (Tabellen, Diagramme usw.) und Bestellvorschlägen.
Entlastung	Entlastung aller Unternehmensbereiche einschließlich der Geschäftsführung. Die Daten können zu aussagekräftigen Kennzahlen verdichtet und in Listenform oder als Schaubilder übersichtlich aufbereitet werden, die Warenbewegungen können damit leicht gesteuert werden.
Risikosenkung	Verminderung des Planungsrisikos durch umfangreiche, vollständige Informationen und detaillierte Auswertungen vergangener Perioden.

1.4 Supply-Chain-Management – auch externe Lieferkette im Griff

Der Wettbewerb findet heute nicht nur zwischen einzelnen Unternehmen statt, sondern zunehmend zwischen kompletten unternehmensübergreifenden Wertschöpfungsketten (Supply-Chains).

Merkmale des Supply-Chain-Managements – SCM

Die **Supply-Chain** (Liefer- bzw. Versorgungskette) umfasst neben den direkten Lieferanten und direkten Kunden auch die Lieferanten der Lieferanten und die Kunden der Kunden, also alle Erzeugungs- und Handelsstufen, die notwendig sind, um Kunden erfolgreich zu versorgen.

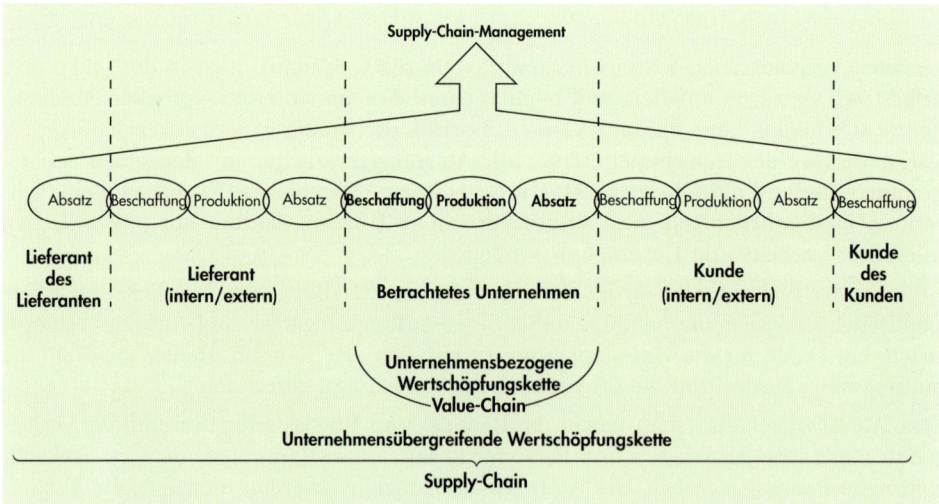

Merke: Das **Supply-Chain-Management (SCM)** umfasst die integrierte Planung, Steuerung, Kontrolle und Optimierung der Waren-, Informations- und Geldflüsse entlang der gesamten unternehmensinternen und unternehmensübergreifenden Wertschöpfungskette.

Während das Warenwirtschaftssystem die interne Lieferkette optimiert, dient das Supply-Chain-Management der Optimierung und Einbettung aller Waren- und Informationsströme in die unternehmensübergreifenden Lieferketten im Sinne der Logistikziele (siehe Kap. 1.2 Ziele, Aufgaben und Teilbereiche der Unternehmenslogistik).

Für die Verarbeitung der unternehmensübergreifenden Informations- und Kommunikationsprozesse innerhalb der Supply-Chain wurden Electronic-Business-Lösungen entwickelt, die mit den vorhandenen Warenwirtschaftssystemen verknüpft werden können. Damit wird ein einfacher, schneller, vernetzter, ununterbrochener elektronischer Datenaustausch entlang der gesamten Lieferkette ermöglicht. Vorauslaufende und nachfolgende Informationsflüsse machen die Warenflüsse entlang der Versorgungskette transparent und unterstützen unternehmensübergreifende Planungs-, Abstimmungs- und Kontrollprozesse. Dabei ist eine enge und **vertrauensvolle Zusammenarbeit** unverzichtbar.

> **Merke:** Unter **E-Business (Electronic Business)** wird die unternehmensübergreifende Gestaltung und Abwicklung aller Geschäftsprozesse über öffentliche und private Netze mithilfe moderner Informations- und Kommunikationstechnik verstanden.

Merkmale des Supply-Chain-Managements im Überblick

Ausgangspunkt	Endkundenbedarf auf der Grundlage von Daten der Verkaufsstellen (Point-of-Sale-Daten)
Ziel	Optimale unternehmensübergreifende Gestaltung der Gesamtprozesse durch Zusammenarbeit aller Beteiligten (Logistikpartnerschaften)
Voraussetzung	Informationstechnische Verknüpfung der Beteiligten zur Sicherung eines durchgängigen Informationsflusses mithilfe von E-Business

Beispiel:

Supply-Chain-Management bei der TRIAL GmbH

In der Supply-Chain haben die Lieferanten einen benutzerdefinierten Zugang auf das Warenwirtschaftssystem der TRIAL GmbH und somit auch Zugriff auf Daten mit einem langfristigen Planungshorizont, um die eigene Beschaffung von Zulieferprodukten effizient gestalten zu können. Alle Daten, die mit dem Geschäftsprozess zusammenhängen – Bestelldaten, Auftragserfassung, Faktura usw. –, werden nur noch einmal beim jeweiligen Geschäftspartner erfasst. Sie stehen anschließend elektronisch auf einer gemeinsamen Plattform zur Verfügung. Rechnungserstellung und -prüfung werden automatisiert und konzentriert. Alle Wareneingänge werden elektronisch auf einer Sammelrechnung erfasst und die zugehörige Rechnung wird am Monatsende gegengebucht. Durch ein gemeinsam entwickeltes **Qualitätsmanagementsystem** erübrigt sich die doppelte Qualitätsprüfung (Warenausgangsprüfung beim Lieferanten und Wareneingangsprüfung beim Kunden). Die Ware wird ausschließlich auf Identität geprüft. Sämtliche Artikelstämme werden auf Bestellmengen, Gebindeeinheiten und Anlieferhäufigkeit geprüft und aufeinander abgestimmt. Sicherheitsbestände liegen nur noch bei den Lieferanten vor. Dies setzt ein großes Vertrauen des Kunden voraus. Gleichzeitig wurde der Transportbedarf verringert. Transporte werden vermieden, Lagerbestände verringert, ohne die Versorgungssicherheit zu beeinträchtigen.

Formen des Supply-Chain-Managements

Verbreitete Formen des Supply-Chain-Managements sind Just-in-time-Konzepte, Kanban-Steuerung und verschiedene E-Business-Lösungen.

Just-in-time-Nachschubsteuerung – JIT

Nach dem **Just-in-time-Prinzip** wird die Ware von der liefernden Stelle erst dann bereitgestellt, wenn die nachfragende interne bzw. externe Stelle sie benötigt. Die Ware wird also „genau zur rechten Zeit" (just in time) geliefert. Es wird nur das gefertigt bzw. gelagert, was notwendig ist, um den Bedarf des nächsten internen bzw. externen Kunden zu decken. Erfolgt die Belieferung der verschiedenen Artikel an den Bedarfsort genau in der benötigten Reihenfolge, dann spricht man von **Just-in-sequence**. Hier erfolgt keine minutengenaue nachfragesynchrone Belieferung mehr, sondern allenfalls eine tagesgenaue Anlieferung eines Tages-, Mehrtages- oder Wochenbedarfs.

Die Just-in-time-Belieferung setzt eine vertrauensvolle Zusammenarbeit (wegen der gemeinsamen Bestandsführung) der Beteiligten, geeignete Informations- und Kommunikationssysteme und ein durchgängiges unternehmensübergreifendes Qualitätsmanagementsystem[1] voraus.

Vor- und Nachteile des Just-in-time-Konzepts	
Vorteile	Niedrige Bestände, Kapitalbindung, Lager-, Handlingkosten, kurze Durchlaufzeiten, flexible Bestandsführung und kurze Reaktionszeiten bei Bedarfsänderungen, Orientierung an den Bedürfnissen des Kunden, unternehmensübergreifende Optimierung der Wertschöpfungskette
Nachteile	Out-of-stock-Situationen[2] bei Lieferstörungen und -verzögerungen, höhere Transportkosten durch häufige Anlieferung kleiner Mengen verbunden mit Umweltbelastungen, Verlagerung der Bestände auf vorgeschaltete Stellen der Lieferkette (keine tatsächliche Reduzierung der Bestände und damit der Kapitalbindung in der kompletten Lieferkette)

Kanban-Nachschubsteuerung – Supermarktprinzip

Dem **Kanban-System**[3] liegt das *Supermarktprinzip* (Pull-, Hol-, Ziehprinzip) zugrunde. Der interne oder externe Kunde nimmt bei Bedarf die gewünschte Ware selbst aus dem Regal bzw. Lager. Die Lücke wird festgestellt und das Regal durch den internen oder externen Lieferanten wieder aufgefüllt. Diese Nachschubsteuerung bedeutet eine Abwendung von der zentralisierten Bedarfsplanung (Push-, Bring-, Schiebeprinzip) hin zu verbundenen, selbst steuernden Regelkreisen. Es wird nicht gefragt, was der Kunde gern haben könnte, sondern was der Kunde tatsächlich aus dem Regal entnimmt. Während beim Pushprinzip die Güter quasi in den Markt „gedrückt" werden, stoßen beim Pullprinzip die Kunden die Lieferkette an und „ziehen" die Artikel aus den Unternehmungen.

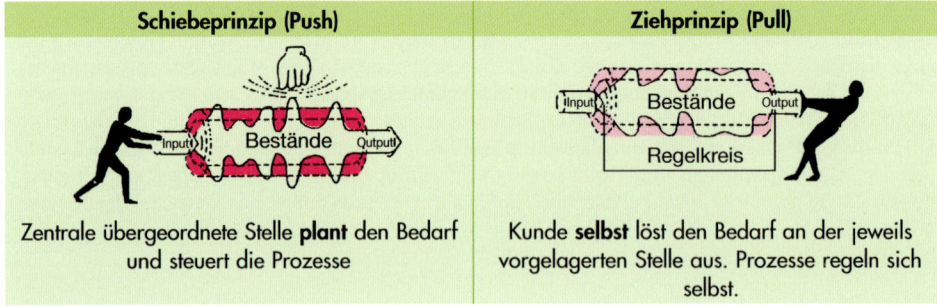

[1] Siehe Band 1, LF10, Kapitel 4.3.
[2] Out-of-stock = Nullbestand
[3] Kanban (japanisch) = Karte, Schild

Eine Kanban-Karte enthält z. B. Artikel-, Kundendaten, Bestellmenge, Transportart, Art des Transportbehälters. Die Karten werden meist auf einer Übersichtstafel verwaltet und zur Steuerung der liefernden Stelle („Quelle") und der verbrauchenden Stelle („Senke") eingesetzt.

Beim Auftreten eines Bedarfs (z. B. Kundenauftrag) entnimmt die verbrauchende Stelle (z. B. Vertrieb) einen vollen Behälter und ersetzt den dort angebrachten Produktionskanban durch einen Transportkanban. Die liefernde Stelle (z. B. Zentrallager) erhält den leeren Behälter mit dem Transportkanban, füllt diesen und ersetzt den Transportkanban durch einen Produktionskanban usw.

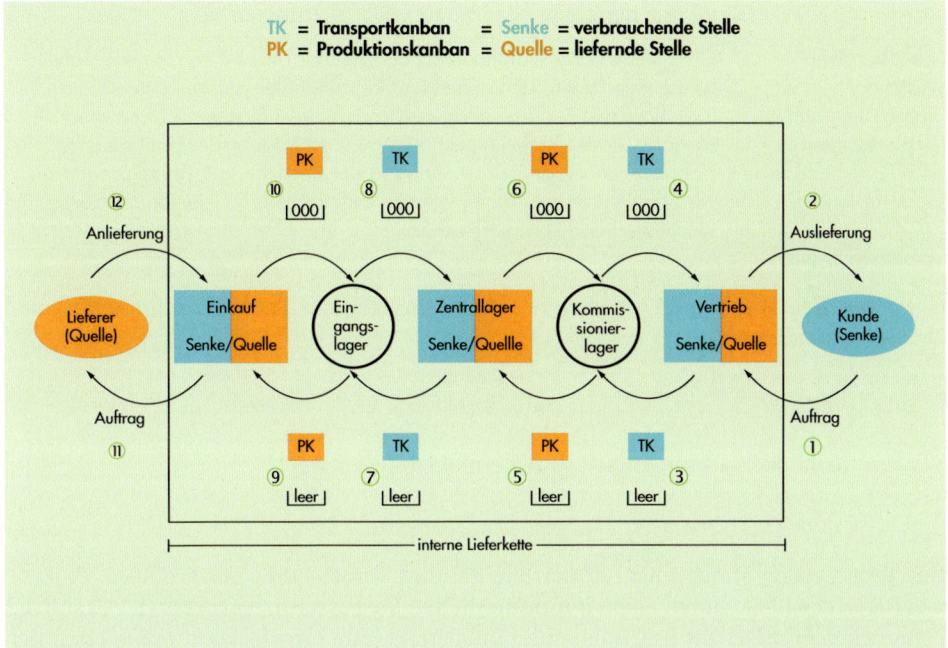

Die Kanban-Steuerung bietet sich für Artikel an, deren Verbrauchsmengen relativ konstant sind und die einen relativ hohen Wert haben (A-, B-Güter). Die Vor- und Nachteile entsprechen denen des Just-in-time-Prinzips. Die Planung und Kontrolle der logistischen Prozesse wird weiter vereinfacht und die Prozessverantwortung auf die Mitarbeiter der unteren Hierarchiestufen übertragen.

SCM-E-Business-Lösungen

Continuous Replenishment Planning (CRP, kontinuierliche Warenversorgung)	Der Einzelhändler (Kunde) gewinnt die aktuellen Verkaufsdaten mittels Scannerkassen am Point of Sale (POS). Diese werden laufend an das EDV-System des Lieferanten (Hersteller, Großhändler) übertragen. Der Lieferant errechnet daraus die Bestände und disponiert **anhand des Bestellpunkts** den Warennachschub (replenishment) für seine Produkte.
Vendor Managed Inventory (VMI, verkäufergesteuerte Bestandsführung)	In einem Rahmenvertrag übernimmt der Lieferant (Vendor) die Alleinbewirtschaftung seiner Produkte im Laden des Einzelhändlers. Dazu übermittelt ihm der Einzelhändler die Verkaufs-, Bedarfs- und Bestandsdaten. Der Lieferant sorgt **anhand errechneter Bestellpunkte** für den Warennachschub.

Efficient Consumer Response (ECR, wirksame Reaktion auf Kundenwünsche)	Während CRP und VMI ausschließlich den Warennachschub steuern, schließt ECR drei weitere Bereiche ein: • optimale Sortimentsgestaltung (Category Management), • abgestimmte Absatzförderung zwischen Handel und Hersteller und • die Zusammenarbeit bei der Entwicklung und Markteinführung neuer Produkte. Dem Warennachschub liegt eine nachfrageorientierte Wiederauffüllung anhand aktueller oder prognostizierter Absatzdaten zugrunde. Die Lieferanten (Großhandel, Hersteller) übernehmen die **bedarfsorientierte Versorgung** der Regional- und Zentrallager sowie der Verkaufsstellen ihrer Kunden (Einzelhändler).
Collaborative Planning, Forecasting und Replenishment (CPFR, gemeinsame Bedarfsplanung, -vorhersage und Warenversorgung)	CPFR steuert den Warennachschub nicht nur anhand von vergangenheitsbezogenen Daten. Lieferanten und Einzelhändler erstellen gemeinsam (collaborative) Bedarfs- und Bestellvorhersagen für die nächsten drei Monate. Diese werden regelmäßig an Nachfrageveränderungen und Händleraktionen angepasst. **Anhand der Bedarfs- und Bestellprognosen** wird die Warenversorgung gesteuert. Planungsfehler können frühzeitig identifiziert und korrigiert werden.

Unter BuchPlusWeb finden Sie weitere Inhalte speziell zum Thema Liefererketten- und Qualitätsmanagement.

1.5 Qualitätsmanagement – Total Quality Management (TQM)

Verweis: Siehe hierzu Jahrgangsstufe 1, Lernfeld 10, Kap. 4.3.

1.6 Kontinuierlicher Verbesserungsprozess – KVP

Das Total Quality Management fordert die ständige Verbesserung der Produkt-, Prozess- und Servicequalität. Durch einen **kontinuierlichen Verbesserungsprozess** (KVP) soll das Unternehmen in kleinen Schritten, quasi unbemerkt, ihre Organisation optimieren, sich den Marktveränderungen anpassen und den Kundennutzen steigern.

Beispiel: Die zehn KVP-Regeln

1. Gib eingefahrene Denkweisen auf.
2. Frage, wie es gemacht wird, nicht, warum es nicht gemacht wird.
3. Stelle alles infrage (keine Ausreden, Killerphrasen).
4. Eine schnelle 70-%-Lösung ist besser als die utopische 100-%-Lösung.
5. Korrigiere Fehler sofort.
6. Wer Probleme erkennt, kann sie lösen (mitdenken).
7. Frage fünfmal „Warum?" und finde so die wirkliche Problemursache.
8. Das Team weiß mehr als der Einzelne.
9. Denke in Ursache-Wirkungs-Zusammenhängen (vernetztes Denken).
10. KVP ist ein Prozess ohne Ende.

KVP wurde aus dem japanischen Führungsprinzip des **Kaizen**[1] entwickelt. Alle Mitarbeiter sind in ihrem Arbeitsbereich ständig dazu aufgefordert, in **KVP-Gruppen (Workshops)**

---
[1] **Kaizen** (japanisch) = Veränderung zum Besseren, englisch = CIP = Continuous Improvement Process

den Ursachen von Verschwendung auf den Grund zu gehen und konkrete Verbesserungsvorschläge zu entwickeln.

Offensichtliche, verdeckte und unbewusste Verschwendung	
Offensichtliche Verschwendung (jap. muda)	**Überproduktion** (unnötige Lagerbestände, Kapitalbindung, Abschreibungen, Entsorgung), **Stillstand** (Warte-, Ausfallzeiten), **unnötiger Transport** (Zeit, Personal-, Energiekosten), **Herstellung** (ungünstige Produktgestaltung, Fertigungsverfahren, Arbeitsfluss, Rüstzeiten), **Lagerhaltung** (zu hohe Bestände, zu hoher Sicherheitsgrad), **Bewegung** (umständliche, unnötige Handhabungen, ungünstige Ergonomie[1]), **Material-, Arbeitsfehler** (Ausschuss, Prüf-, Nacharbeitsaufwand, Imageverluste)
Verdeckte Verschwendung (jap. muri)	**Mangelhafte Prozessbeherrschung** (ungenügende Qualifikation), **Mehrfacharbeit** (unklare Anweisungen, Absicherungen), **Übererfüllung von Kundenanforderungen** (mangelnde Kommunikation), **Aufgaben ohne Kundenbezug, übermäßige Arbeitsteilung** (mangelnde Teamarbeit)
Unbewusste Verschwendung (jap. mura)	**Frustration der Mitarbeiter** (Führungsfehler, fehlendes Lob), **mangelnde Beteiligung der Mitarbeiter** (mangelhafte Information), **Fehlsteuerungen** (mangelnde Hintergrundinformationen, Abteilungsegoismus), **mangelndes Vertrauen**

Eine **KVP-Gruppensitzung** verläuft in elf Schritten:

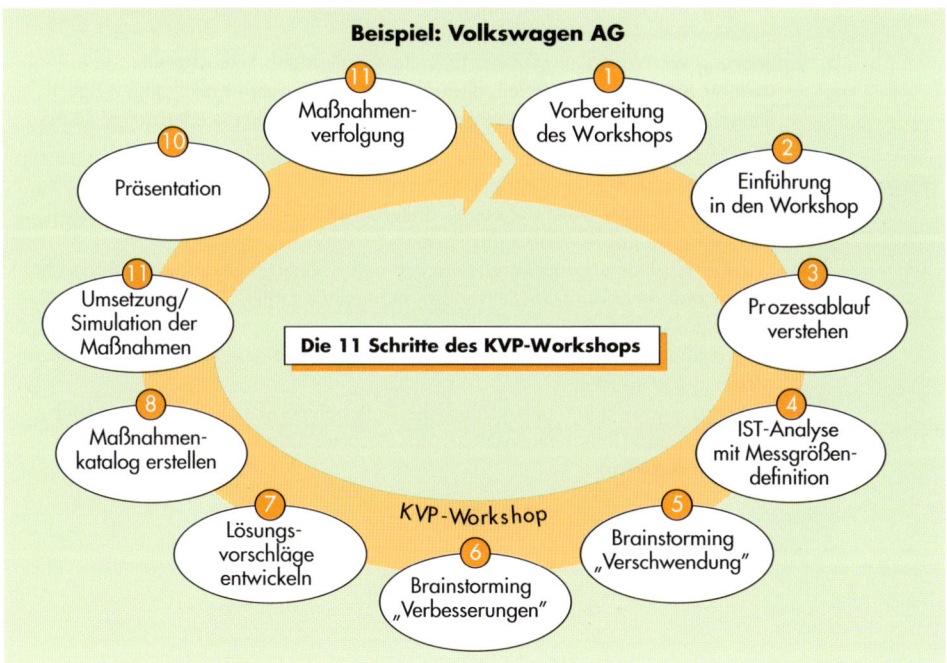

---

[1] **Ergonomie** = Anpassung der Arbeitsmittel und -bedingungen an den Menschen

1.7 Chancen und Risiken von Logistikpartnerschaften

Das Supply-Chain-Management bereitet vielen Unternehmen **Probleme** im organisatorischen Bereich, denn die Aufbau- und Ablauforganisation müssen angepasst werden. Abteilungsegoismus und Widerstände gegen Veränderungen, Zurückhalten von Informationen an Lieferanten und Kunden, unzureichende Verfügbarkeit und Qualität von Daten sowie mangelnde Abstimmung der Ziele in den einzelnen Funktionsbereichen innerhalb und zwischen den Unternehmen behindern oft die Umsetzung.

Aufgrund dieser Probleme gliedern viele Unternehmen immer mehr Aufgaben entlang der Supply-Chain in Form von **Logistikpartnerschaften** aus (**Outsourcing** bzw. **Offshoring**[1]). Dabei übernimmt ein Unternehmen bestimmte Prozesse (z. B. Lagerlogistik), damit sich ein anderes auf seine Kernkompetenzen (z. B. Kundenakquise) konzentrieren kann.

Mit der Verringerung der Leistungstiefe sind Chancen und Risiken verbunden. Wettbewerbs- und Kostenvorteile gehen schnell durch mögliche Reibungsverluste verloren, die sich aus dem Aufeinandertreffen unterschiedlicher Unternehmenskulturen, Wertesysteme, Informations- und Kommunikationssysteme der Beteiligten ergeben.

Chancen und Risiken von Logistikpartnerschaften	
Chancen	• Konzentration auf das Wesentliche, d. h. auf die Kernbereiche des Unternehmens • Einbringung neuer Kompetenzen • Verbesserung der Leistungsqualität und Lieferschnelligkeit durch kompetente Logistikpartner (fremdes Know-how) • Verringerung der Kapitalbindung und Freisetzung von Geldmitteln für Investitionen auf anderen Gebieten • Senkung von Verwaltungskosten (z. B. Personalkosten), Fixkosten werden in variable Kosten umgewandelt, dadurch ist eine genauere Kalkulation möglich • Steigerung der Flexibilität, da Partnerschaften problemlos wieder aufgelöst oder gewechselt werden können
Risiken	• Direkter Kundenkontakt geht z. T. verloren • Eigenes Know-how wird abgebaut, dadurch verstärkte Abhängigkeiten von Dienstleistern, Insolvenzrisiko des Partners • Höherer Abstimmungsaufwand zwischen den Kooperationspartnern, Verhandlungen statt Anweisungen (Zeitverlust), mangelnde Einflussnahme auf interne Prozesse des Partners • Langfristige vertragliche Bindungen, vernetzte IuK-Systeme können nicht einfach wieder gelöst werden • Reibungsverluste durch unterschiedliche Unternehmenskulturen, Wertesysteme (Leitbilder) und Unternehmensziele, ggf. Imageverluste und verstärkter Public-Relations-Aufwand

---

[1] **Outsourcing**: von Outside Resource Using (Nutzung von Quellen außerhalb des Unternehmens)
Offshoring: Auslagerung ganzer Unternehmensteile nach Übersee (ins billigere Ausland)

Logistische Prozesse planen, steuern und kontrollieren **Lernfeld 3**

ZUSAMMENFASSUNG

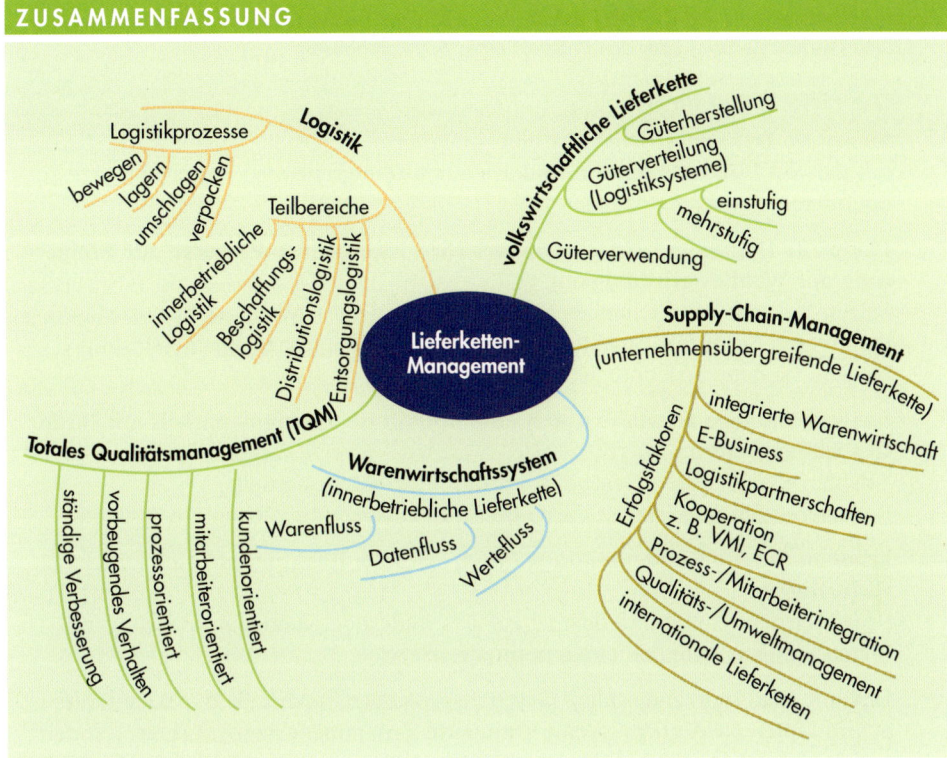

AUFGABEN

1. Schreiben Sie jeden der folgenden Begriffe auf die Kopfzeile eines DIN-A6-Kärtchens:

   Volkswirtschaftliche Lieferkette, Logistikprozess (Stufen), Logistikprozess (Kern- und Supportprozesse), Logistikprozess (Begriff), Logistik (Ziele), Logistik (Aufgaben), Logistik (Teilbereiche, Kreislauf), Warenwirtschaft (Begriff), Warenwirtschaftssystem (Begriff), Geschlossenes Warenwirtschaftssystem, ERP, Warenwirtschaftssystem (Vorteile), Supply-Chain, Supply-Chain-Management (Begriff), E-Business, Supply-Chain-Management (Merkmale), Just-in-time-Prinzip, Just in sequence, JIT (Vor-, Nachteile), Kanban-System (Merkmale, Ablauf), Continuous Replenishment, Quick Response, Efficient Consumer Response, Vendor Managed Inventory, CPFR, Qualitätsmanagement, TQM (Grundsätze), KVP (Begriff), Kaizen, KVP-Workshop (Ablauf), Logistikpartnerschaft (Chancen, Risiken), Outsourcing (Begriff), Offshoring (Begriff)

   Sortieren Sie die Begriffskärtchen nach den Kriterien „weiß ich" oder „weiß ich nicht".
   Bilden Sie Kleingruppen mit höchstens drei Mitgliedern. Erklären Sie sich gegenseitig die „Weiß-ich-nicht"-Kärtchen. Schlagen Sie dabei die ungeklärten Begriffe im Schulbuch nach oder nehmen Sie Kontakt zu einer anderen Kleingruppe auf.
   Schreiben Sie die Begriffserklärungen auf die Rückseite Ihrer Kärtchen und ordnen Sie die Kärtchen unter der Leitkarte „Lieferkettenmanagement" alphabetisch in Ihren Lernkartei-Behälter ein.

2. Bilden Sie Teams mit jeweils drei Mitgliedern (Stammgruppen). Schreiben Sie jeden der Begriffe aus Aufgabe 1 auf ein extra Stück Papier und fügen Sie diese Papierkärtchen zu einer sinnvollen Struktur zusammen. Die Struktur kann durch Pfeile, Farben, Symbole, Texte (z.B. Überschriften), Bilder oder weitere Begriffe ergänzt werden.

Lernfeld 3 — Logistische Prozesse planen, steuern und kontrollieren

3 Im Pausenraum der TRIAL GmbH unterhalten sich Lukas Reichert (Einkaufsleiter) und Anna Lurka (Verkaufsleiterin) über den Prospekt eines Softwarehauses:

> **Die Lieferketten im Griff**
>
> **Microsoft Dynamics® NAV** ist eine integrierte Unternehmenssoftware (IUS), mit der Sie Ihre internen und unternehmensübergreifenden Geschäftsprozesse optimieren.
>
> **Microsoft Dynamics® NAV optimiert Ihre logistischen Prozesse zur Steigerung der Wettbewerbsfähigkeit.**
> Setzen Sie neue Marktchancen schnell und effizient in Wettbewerbsvorteile um.
> Optimieren Sie Ihre Geschäftsprozesse mit einer modernen Businesslösung.
> Nutzen Sie neue Technologien.
>
> **Steigern Sie Ihre Gewinne durch eine optimierte Zusammenarbeit mit Ihren Geschäftspartnern.**
> Arbeiten Sie mit Ihren Geschäftspartnern effizient zusammen.
> Reduzieren Sie Ihre Kosten durch bessere Planung und effizientere Abläufe.
>
> **Erhöhen Sie die Kundenbindung durch schnelle Reaktion auf sich ändernde Bedürfnisse.**
> Reagieren Sie schnell und flexibel auf sich ändernde Kundenanforderungen.
> Bieten Sie Ihren Kunden einen optimalen Service.
>
> Um mit den sich ändernden Geschäftsprozessen innerhalb der Lieferketten Schritt halten zu können, ist eine optimierte Zusammenarbeit mit Ihren Kunden und Lieferanten erforderlich. Die E-Business-Lösungen von Navision sichern eine hohe Integration Ihrer Kunden und Lieferanten. So können beispielsweise Kunden online Ihren Produktkatalog einsehen, Bestellungen in Echtzeit aufgeben sowie die Verfügbarkeit von Artikeln überprüfen. Ihre Lieferanten pflegen beispielsweise direkt auf Ihrem Portal Artikelstammdaten oder aktualisieren Liefertermine. Der automatische Dokumentenaustausch zwischen Ihnen und Ihren Geschäftspartnern reduziert zudem die Kosten der Auftragsbearbeitung. Und Ihr Business ist rund um die Uhr erreichbar. Lagerbestände werden reduziert, ohne die Versorgungssicherheit zu beeinträchtigen.

a) Erläutern Sie anhand der Werbeaussagen, welche Vorteile eine integrierte Unternehmenssoftware (ERP-System) für ein Unternehmen bietet.
b) Verfolgen Sie die Wertschöpfungskette für einen Artikel Ihres Ausbildungsbetriebs bis zur Urproduktion zurück.
c) Beschreiben Sie in einem Kurzprojekt die Lieferkette (Supply-Chain) Ihres Ausbildungsbetriebs von der Beschaffung (Lieferer und Lieferer der Lieferer) bis zur Distribution (Kunden und Kunden der Kunden). Beschreiben Sie auch mögliche Schwachstellen dieser logistischen Kette.

 Unter BuchPlusWeb finden Sie weitere Inhalte speziell zum Thema Lieferketten- und Qualitätsmanagement.

Logistische Prozesse planen, steuern und kontrollieren — Lernfeld 3

2 Logistikpartnerschaft mit einem Lagerhalter

PROBLEM

Auf der wöchentlichen Abteilungsleitersitzung verteilt Peter Gasch (Geschäftsführer der TRIAL GmbH) folgenden Zeitungsbericht an die Konferenzteilnehmer.

Logistik auslagern – Eigen- oder Fremdlagerung?

Der Logistikdienstleister Badische Lagerhaus GmbH & Co. KG (BaLa) bietet seinen Kunden die gesamte Breite des Supply-Chain-Managements. Der Kunde kann diese je nach Bedarf komplett nutzen oder lediglich einzelne Bausteine nachfragen. Auf diese Weise spart der Kunde die kostspielige Modernisierung seiner vorhandenen Lagerhallen. Helmut Gerber, Geschäftsführer der BaLa: „Wir übernehmen das Lagern, Kommissionieren, Verpacken, Versenden, das Auszeichnen und die Retourenabwicklung. Gerade in der Logistik sind Informations- und Warenflüsse untrennbar miteinander verbunden. Hier ist Hightech gefordert. Ein Beispiel sind die neuen intelligenten Etiketten. Diese RFID-Chips funktionieren per Funk. Wer hier auf dem neuesten Stand sein will, der muss viel Geld ausgeben und sich Fachkenntnisse aneignen. Deshalb überlassen viele Unternehmen das Lagern und Ausliefern Experten wie uns. Das ist für sie wirtschaftlicher und flexibler." [...] Laut einer Studie von A.T. Kearney ist für 77 % der Befragten die Kosteneinsparung ausschlaggebend für die Auslagerung von Logistik-Leistungen. Zugang zu Expertenwissen (Know-how) gaben 53 % an, höhere Service-Qualität 49 %.

Peter Gasch: „Was meinen Sie zu diesem Zeitungsbericht?"

Meral Öger (Lagerleiterin): „Da bin wohl ich angesprochen. Ich fürchte, dass der Zeitungsbericht zutrifft. Ich beschäftige mich schon seit einiger Zeit mit der neuen Funktechnologie bei den Etiketten. Das spart einige Arbeitsgänge ein. Doch bedeutet das erhebliche Anpassungen unserer Datenverarbeitung. Unser Warenwirtschaftssystem muss entsprechend angepasst werden."

Anna Lurka (Verkaufsleiterin): „Auf der Verkaufsseite interessiert mich die Verbesserung der Service-Qualität. Wir könnten ein Lagerhaus auswählen, das in der Nähe unserer Großkunden liegt. Dann wären wir immer präsent und könnten auf Kundenwünsche situations- und bedarfsgerecht reagieren."

Lukas Reichert (Einkaufsleiter): „Hier schlummert auch für mich auf der Einkaufsseite viel Potenzial. Unsere Lieferanten bringen auch schon die neuen Etiketten auf der Ware an."

Peter Gasch: „Wir sollten uns bis zur nächsten Sitzung über das Outsourcing des Lagers Gedanken machen. Wir könnten es erst mal bei einer Warengruppe ausprobieren."

1. Sammeln Sie Argumente für und gegen die Ausgliederung des Lagers. Führen Sie hierzu eine Kartenabfrage durch.
2. Welche Kosten werden durch die Fremdlagerung eingespart?

SACHDARSTELLUNG

2.1 Eigen- oder Fremdlagerung? – Make-or-buy-Entscheidung

Die Lagerung ist eine der Hauptaufgaben des Großhandels. Trotzdem kann es sich für den Großhändler lohnen, diese Aufgabe einem gewerblichen Lagerhalter zu übertragen. Dafür können unterschiedliche Gründe ausschlaggebend sein:

- Begrenzte Erweiterungsmöglichkeiten des bisherigen Lagers.
- Einsparung hoher Kapitalbeträge für eine Lagererweiterung oder für ein Speziallager (Kühlhaus, Zolllager, Tanklager usw.), wenn die volle Ausnutzung der Lagerkapazität nicht sichergestellt ist.
- Standortvorteile durch Außenlager in der Nähe von Umschlagsplätzen wie Häfen, Güterbahnhöfen, Güterverteilzentren und Frachtzentren der Post usw.
- Besserer Lieferservice durch Lagerung in unmittelbarer Kundennähe (auch im Ausland).
- Nutzung des Dienstleistungsangebots des Lagerhalters wie Lagerbuchführung, Warenpflege, Auslieferung, Versicherung, Auftragsbearbeitung, Inventur bis hin zum Inkasso.
- Fremdlagerung ist kostengünstiger als Eigenlagerung (Einsparung von Umschlags-, Verwaltungs-, Raum- und Transportkosten). Allgemein gilt: Je größer die Lagermenge bzw. die benötigte Lagerfläche ist, desto eher lohnt sich die Eigenlagerung, da die Fixkosten auf eine größere Menge bzw. Fläche verteilt werden können.

Entscheidet sich der Großhändler für die Fremdlagerung, so verzichtet er auf den **direkten Kontakt** mit seinen Kunden, der vor allem dann vorhanden ist, wenn Kunden (Handwerker, Einzelhändler) ihre Waren selbst abholen. Dadurch könnten dem Großhändler Anregungen und Wünsche seiner Kunden, die für die künftige Marktentwicklung wichtig sind, entgehen. Er ist bezüglich der Kundenkontakte ganz auf die Kommunikationsbereitschaft seines Lagerhauses angewiesen.

Auf der anderen Seite bezahlt der Großhändler nur für die Lagerfläche, die er tatsächlich beansprucht. Er muss **keinen ungenutzten Lagerraum** für eventuelle Versandspitzen vorhalten, denn er kann seine angemieteten Lagerflächen je nach Bedarf an Absatzschwankungen anpassen. Er kann so einen hohen Lieferservice ohne hohe Lagerkosten bieten.

Beispiel: Für das neu ins Sortiment aufgenommene Mountainbike Extrem Plus rechnet die Lagerleiterin der TRIAL GmbH, Meral Öger, mit einem durchschnittlichen Lagerbestand von sechs Stück. Ein Mountainbike benötigt eine Lagerfläche von 3 m², sodass insgesamt 18 m² angemietet werden müssten. Um Absatzspitzen auffangen zu können, will Meral Öger für durchschnittlich sieben Mountainbikes Lagerflächen bei einem Lagerhalter anmieten.

Alternativen	Fremdlager	Eigenlager
Kosten	Lagermiete: 40,00 € pro m²	**Fixe Kosten:** 600,00 € für anteilige Abschreibungen, Zinsen, Gehälter usw. **Variable Kosten:** 20,00 € pro m² für Energieverbrauch, Leistungslöhne für Arbeiter, Versicherungen

Lösung:
- Kosten für die Fremdlagerung:
 40,00 €/m² · 7 Stück · 3 m²/Stück = 840,00 €
- Kosten für die Eigenlagerung:
 20,00 €/m² · 7 Stück · 3 m²/Stück + 600,00 € = 1 020,00 €

Bei einer Lagermenge von sieben Mountainbikes ist die Fremdlagerung kostengünstiger. Die TRIAL GmbH würde 180,00 € pro Jahr Kosten einsparen.

Meral Öger möchte wissen, bei welcher Lagermenge sich die Kosten für die Fremdlagerung und für die Eigenlagerung entsprechen.

Ermittlung der kritischen Lagermenge:

Rechnerische Lösung: Lagermenge = x

Kosten der Fremdlagerung	=	Kosten der Eigenlagerung
40 €/m² · x Stück · 3 m²/Stück	=	20,00 €/m² · x St. · 3 m²/Stück + 600,00 €
120,00 € · x	=	60,00 € · x + 600,00 €
60,00 € · x	=	600,00 €
x	=	10 Stück

Bei einer Lagermenge von zehn Mountainbikes verursachen Fremd- und Eigenlager gleich viel Kosten, nämlich 1 200,00 €.

Merke: Die Lagermenge, bei der die Kosten für das Fremdlager gleich hoch sind wie die Kosten für das Eigenlager, bezeichnet man als **kritische Lagermenge**.

Tabellarische und grafische Lösung:

Lager-menge in Stück	Lagerkosten				
	Fremdlagerung	Eigenlagerung			
	Gesamtkosten	Fixkosten	Variable Kosten	Gesamtkosten	
0	0,00 €	600,00 €	0,00 €	600,00 €
2	240,00 €	600,00 €	120,00 €	720,00 €
4	480,00 €	600,00 €	240,00 €	840,00 €
6	720,00 €	600,00 €	360,00 €	960,00 €
8	960,00 €	600,00 €	480,00 €	1 080,00 €
10	1 200,00 €	600,00 €	600,00 €	1 200,00 €
12	1 440,00 €	600,00 €	720,00 €	1 320,00 €
14	1 680,00 €	600,00 €	840,00 €	1 440,00 €
16	1 920,00 €	600,00 €	960,00 €	1 560,00 €

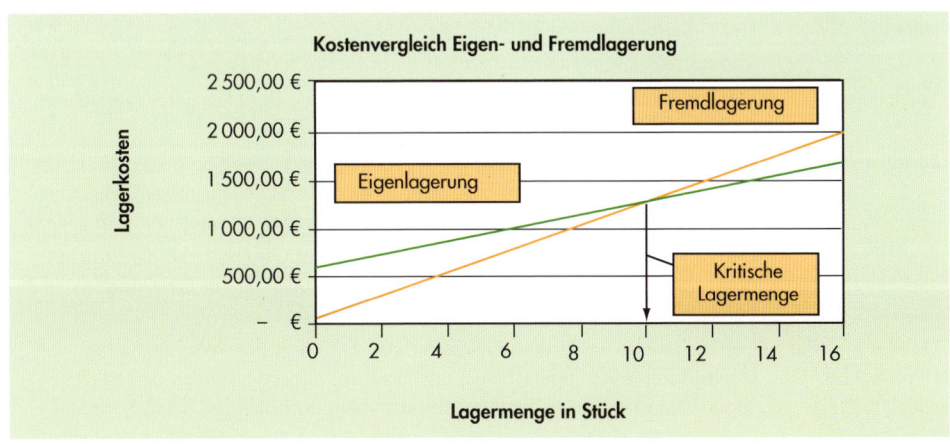

Kostenvergleich Eigen- und Fremdlagerung

2.2 Rechtliche Stellung des Lagerhalters

Merke: Lagerhalter ist, wer gewerbsmäßig die Einlagerung und Aufbewahrung von Gütern für andere übernimmt (HGB § 467).
Lagerhalter können private Unternehmer (Lagerhausgesellschaften, Spediteure, Warenhotels) oder öffentliche Lagerhäuser sein.

Rechte und Pflichten des Lagerhalters

Rechte des Lagerhalters	
Mitteilung	Wenn gefährliches Gut eingelagert werden soll, dann ist der Einlagerer verpflichtet, dem Lagerhalter rechtzeitig schriftlich die genaue Art der Gefahr und die zu ergreifenden Vorsichtsmaßnahmen mitzuteilen. Er hat ferner das Gut, soweit erforderlich, zu verpacken und zu kennzeichnen [HGB § 468 (1)].
Vergütung, Aufwendungsersatz	Der Lagerhalter hat Anspruch auf die vereinbarte Vergütung sowie auf Ersatz seiner für das Gut gemachten Aufwendungen, soweit er sie den Umständen nach für erforderlich halten durfte (HGB §§ 467, 474).
Gesetzliches Pfandrecht	Zur Sicherung seiner Ansprüche hat der Lagerhalter ein Pfandrecht an dem Lagergut, solange er es im Besitz hat (HGB § 475b).
Kündigung	Wenn die vereinbarte Lagerzeit abgelaufen ist, kann der Lagerhalter die Rücknahme des Lagerguts durch Kündigung mit einer Kündigungsfrist von einem Monat verlangen (HGB § 473).
Notverkauf, Selbsthilfeverkauf	Der Lagerhalter kann einen Notverkauf des Lagerguts vornehmen, wenn es zu verderben droht und keine Zeit vorhanden ist, eine Verfügung des Einlagerers einzuholen (Notverkauf). Ist die vereinbarte Lagerzeit abgelaufen und unterlässt der Einlagerer die Rücknahme der Ware, dann kann der Lagerhalter die Ware nach vorheriger Androhung öffentlich versteigern lassen (Selbsthilfeverkauf nach HGB § 373 i. V. m. HGB § 471).
Pflichten des Lagerhalters	
Lagerung	Durch den Lagervertrag wird der Lagerhalter verpflichtet, das Gut zu lagern und aufzubewahren (HGB § 467).
Verpackung, Kennzeichnung, Unterrichtung bei Privatkunden	Wenn der Einlagerer ein Verbraucher ist (d. h. eine natürliche Person, die den Lagervertrag für private Zwecke schließt), dann muss der Lagerhalter das Gut, soweit erforderlich, verpacken, kennzeichnen und den Einlagerer darauf hinweisen, dass er ihn über Gefahren, die von dem Lagergut ausgehen, unterrichtet [HGB § 468 (2)].
Haftung	Der Lagerhalter ist für den Verlust und die Beschädigung des in seiner Verwahrung befindlichen Lagerguts verantwortlich (HGB § 475).
Versicherung	Der Lagerhalter muss das Lagergut auf Verlangen des Einlagerers versichern (HGB § 472).
Benachrichtigung	Treten Veränderungen am Lagergut ein, die dessen Entwertung befürchten lassen, so muss der Lagerhalter den Einlagerer unverzüglich benachrichtigen. Versäumt er dies, dann hat er den daraus entstehenden Schaden zu ersetzen (HGB § 471).
Besichtigung	Der Lagerhalter hat dem Einlagerer während der Geschäftszeit die Besichtigung des Lagerguts, die Entnahme von Proben und die zur Erhaltung notwendigen Handlungen zu gestatten (HGB § 471).
Quittierung und Herausgabe	Der Lagerhalter muss dem Einlagerer den Empfang der Ware quittieren (Ausstellung eines Lagerscheins) und darf das Lagergut nur an den im Lagerschein benannten Empfangsberechtigten aushändigen (HGB § 475 e).

Bei der **Einzel- oder Sonderlagerung** wird das Lagergut des Kunden getrennt von anderen Gütern gelagert, auch wenn eine Vermischung möglich wäre (z. B. bei Getreide, Öl, Kaffee). Die **Sammellagerung** erlaubt eine Vermischung und Vermengung des Lagerguts verschiedener Eigentümer, falls diese damit einverstanden sind (HGB § 469). Die Lagerkosten werden dadurch gesenkt.

Rechtliche und wirtschaftliche Bedeutung des Lagerscheins

Grundlage des Lagergeschäfts ist ein **Lagervertrag** zwischen Lagerhalter und Einlagerer. Das Lagergeschäft kann durch einen **Lager-Empfangsschein (Quittung)** oder einen **Lagerschein** dokumentiert werden (HGB § 475 c). Dieser wird dem Einlagerer ausgehändigt.

Beispiel: Auszug eines Namenslagerscheins

Badische Lagerhaus GmbH & Co. KG (BaLa),
Landgrabenstraße 12, 76135 Karlsruhe

Namenslagerschein

Lagerschein-Nr.: 005678   **Lagerbuch:** 18654/1

Wir lagern ein aufgrund der Allgemeinen Deutschen Spediteurbedingungen (ADSp), neueste Fassung, die auch gegenüber jedem Erwerber dieses Lagerscheins gelten, für Rechnung und Gefahr der Firma
TRIAL GmbH, Franz-Sigel-Str. 188, 69111 Heidelberg

auf unserem Lager in
Landgrabenstraße 12, 76135 Karlsruhe Tel. 07251-23475 Schuppen 12/1

für die Dauer vom 16. März 20.. bis auf Weiteres
die nachstehend verzeichneten Güter

Nummer / Bezeichnung/Marke / Zahl und Art der Kolli / Inhalt / Bruttogewicht
1. Trial Extrem Plus/7 Kartons/Mountainbikes/60 kg

Inhalt und Gewicht wurden von uns am 16. März 20.. festgestellt.

Wir verpflichten uns als Lagerhalter, das eingelagerte Gut nur gegen Aushändigung des Namenslagerscheins und im Falle der Abtretung nur an denjenigen Inhaber des Lagerscheins herauszugeben, der durch eine zusammenhängende Kette von auf dem Lagerschein stehenden Abtretungserklärungen legitimiert ist. Bei Teilauslieferungen ist der Lagerschein zwecks Abbuchung vorzulegen.

Die Ware ist für die Dauer der Lagerung durch uns für Rechnung, wen es angeht, gegen Brand und Einbruchdiebstahl zum Tageswert von 9 000,00 € versichert.
...

Der **Lagerschein** ist ein **Warenwertpapier**, das eine bequeme Verfügung über die Ware gestattet. Der Einlagerer kann die Ware durch Übergabe des Lagerscheins verkaufen. Der Käufer wird durch die Übertragung des Lagerscheins Eigentümer des Lagerguts (Legitimationsfunktion des Lagerscheins), ohne dass die Ware bewegt werden muss (wirtschaftliche Bedeutung des Lagerscheins). Der Lagerhalter darf die Ware nur gegen Rückgabe des Lagerscheins herausgeben (HGB § 475 e).

Der Lagerschein soll folgende Angaben enthalten (HGB § 475 c):

(1) Ort und Tag der Ausstellung und der Einlagerung,
(2) Name und Anschrift des Einlagerers und des Lagerhalters,
(3) Bezeichnung des eingelagerten Gutes und der Verpackung, bei gefährlichen Gütern mit Gefahrgutkennzeichnung,
(4) Anzahl und Nummern der Packstücke,
(5) Rohgewicht oder anders angegebene Menge des Gutes,
(6) Im Falle der Sammellagerung einen Vermerk darüber.

Bei einem **Inhaberlagerschein** verpflichtet sich der Lagerhalter, das Lagergut jedem Inhaber des Scheines auszuliefern. Er wird durch einfache Weitergabe übertragen und ist wegen des Verlustrisikos nicht weit verbreitet.

Am meisten verbreitet ist der **Namenslagerschein**, der durch Abtretungserklärung (Zession) des Einlagerers übertragbar ist. Im internationalen Handel wurde das FIATA-Warehouse-Receipt (FWR)[1] als handelbares Dokument geschaffen.

Lagerscheine können „an Order" ausgestellt werden und sind dann Dispositionspapiere (HGB § 475 f). Solche **Orderlagerscheine** sind nur durch Indossament[2] übertragbar („für uns an die Order der Firma ..."). Das Lagergut darf nur an denjenigen ausgeliefert werden, der durch die Orderklausel oder durch eine lückenlose Indossamentenkette berechtigt ist. Die Übergabe des Lagerscheins an den Berechtigten hat dieselbe Wirkung wie die Übergabe des Lagerguts selbst (Traditionsfunktion des Orderlagerscheins HGB § 475 g).

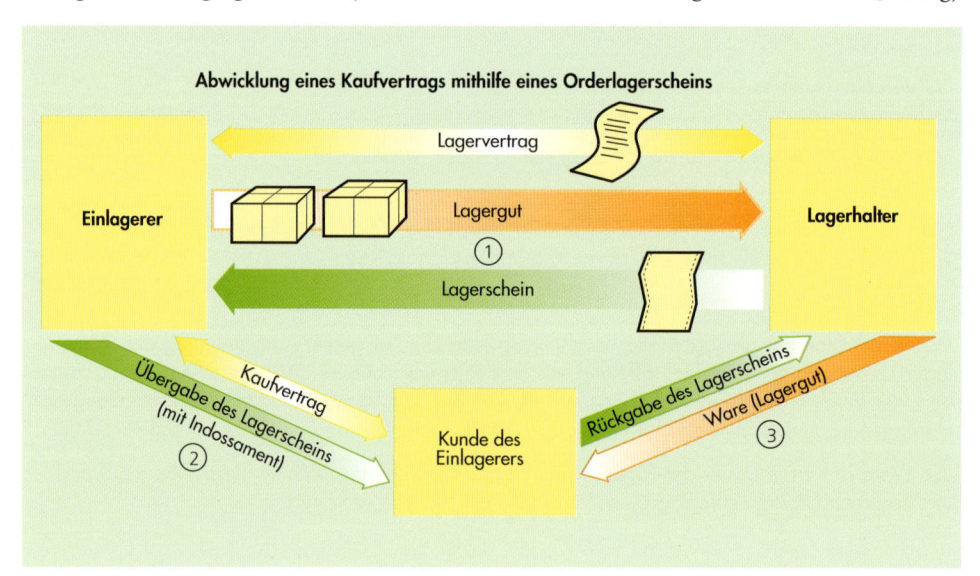

Abwicklung eines Kaufvertrags mithilfe eines Orderlagerscheins

Einlagerer — Lagervertrag — Lagerhalter
① Lagergut
Lagerschein
② Kaufvertrag / Übergabe des Lagerscheins (mit Indossament) → Kunde des Einlagerers
③ Rückgabe des Lagerscheins / Ware (Lagergut)

---

[1] **FIATA** = Fédération Internationale des Associations de Transitaires et Assimilés = Internationale Föderation der Spediteurorganisationen (Sitz: Zürich); sie vertritt die Spediteure der ganzen Welt in Transportfragen
[2] **Indossament** = Übertragungsvermerk auf der Rückseite des Lagerscheins

Logistische Prozesse planen, steuern und kontrollieren — **Lernfeld 3**

ZUSAMMENFASSUNG

Eigen- oder Fremdlager / Lagerhaltung

- **quantitative Kriterien**: Fixkosten, variable Kosten, kritische Lagermenge
- **qualitative Kriterien**: Kundennähe, Abhängigkeit, Know-how, Absatzschwankungen, Erweiterungsmöglichkeiten
- **Rechte**: Mitteilung, Vergütung, Pfandrecht
- **Pflichten**: Lagerung, Haftung, Versicherung
- **Lagerschein**: Inhaber-L., Namens-L., Order-L.
- **Lagergeschäft**: Lagervertrag, Lagergut, Lagerschein

AUFGABEN

1. Begründen Sie, weshalb sich viele Großhändler für die Fremdlagerung entscheiden. Gehen Sie auch auf Nachteile der Fremdlagerung ein.
2. Da die Lagerkapazität erschöpft ist, erwägt die Geschäftsleitung der Möbelgroßhandlung Krüger KG den Neubau eines weiteren Lagers oder die Einlagerung eines Teils der Möbel bei einem Lagerhalter.
   Die Kostensituation (Jahreszahlen) stellt sich wie folgt dar:

Eigenlagerung	Fremdlagerung
45 000,00 € Fixkosten pro Jahr 30,00 € je Einheit des Lagerguts	67,50 € je Einheit des Lagerguts

   a) Ermitteln Sie die kritische Lagermenge.
   b) Entscheiden Sie sich für eine Alternative. Gehen Sie dabei von einem durchschnittlichen Lagerbestand von 1 000 Einheiten aus. Weisen Sie Ihre Entscheidung rechnerisch und grafisch nach.
3. Erklären Sie den Begriff Lagerhalter.
4. Erläutern Sie die wichtigsten Rechte und Pflichten des Lagerhalters.
5. Schildern Sie den Ablauf eines Lagergeschäfts.
6. Erläutern Sie die wirtschaftliche und rechtliche Bedeutung des Lagerscheins.
7. Unterscheiden Sie
   a) Namens- und Orderlagerschein,
   b) Einzel- und Sammellagerung.
8. Skizzieren Sie den Ablauf eines Kaufvertrags mithilfe eines Orderlagerscheins.
9. Betrachten Sie den Namenslagerschein im Kap Rechtliche Stellung des Lagerhalters. Welche wichtigen Angaben enthält er? Formulieren Sie ein Indossament für einen Orderlagerschein.

Lernfeld 3 — Logistische Prozesse planen, steuern und kontrollieren

10 Die Geschäftsleitung einer Großhandlung erwägt, in Zukunft auf die eigene Lagerhaltung zu verzichten und einen Spediteur mit der kompletten Lagerung zu beauftragen.
Die eigene Lagerung verursacht jährlich 420 000,00 € reine Lagerkosten. Der Spediteur übernimmt die komplette Lagerung für 490 000,00 €.
Die Personalchefin klagt über den raschen Personalwechsel in der Lagerabteilung und die schwierige Personalbeschaffung.
Unsorgfältiges Arbeiten in der Lagerabteilung verursachte im letzten Geschäftsjahr Schäden in Höhe von 16 000,00 €. Die Schuldigen konnten nicht zur Haftung herangezogen werden.
Die hochwertige Lagerware muss vor Diebstahl geschützt werden. Die Diebstahlsicherung erwies sich als sehr aufwendig. Besonders die bei Lagerarbeitern durchgeführten Diebstahlkontrollen wurden als Zumutung empfunden.
Die Großhandlung nimmt die komplette Verkaufsverpackung zur Entsorgung zurück. Neue Produkte können aus verkaufspsychologischen Gründen nicht in gebrauchten Verpackungen verkauft werden. Für die Entsorgung fehlt ein schlüssiges Konzept. Falls der Spediteur den Lagerauftrag erhält, ist er bereit, das zurückgegebene Verpackungsmaterial kostenlos für andere Transportaufträge zu verwenden.
Die endgültige Entscheidung zwischen beiden Lagermöglichkeiten soll nach der Bewertung verschiedener Entscheidungskriterien getroffen werden. Dazu wurde folgende Entscheidungsbewertungstabelle erstellt:

Entscheidungsbewertungstabelle

Entscheidungs-kriterium	Gewichtung	Eigenlager		Fremdlager	
		Punkte	gewichtete Punkte	Punkte	gewichtete Punkte
Reine Lagerkosten	5	?	?	?	?
Aufwandreduzierung bei Lagerpersonalbeschaffung	1	?	?	?	?
Kostenübernahme bei unsorgfältiger Lagerung	1	?	?	?	?
Diebstahlkontrolle bzw. Diebstahlhaftung	1	?	?	?	?
Umweltverträglichkeit	2	?	?	?	?
Summe	10	?	?	?	?

Entscheiden Sie sich für Eigen- oder Fremdlagerung. Bewerten Sie hierzu die gewichteten Kriterien mit Punkten.
4 Punkte: Kriterium sehr gut erfüllt
3 Punkte: Kriterium gut erfüllt
2 Punkte: Kriterium ausreichend erfüllt
1 Punkt: Kriterium kaum erfüllt
0 Punkte: Kriterium nicht erfüllt

Logistische Prozesse planen, steuern und kontrollieren

Lernfeld 3

3 Logistikpartnerschaft mit Frachtführern und Spediteuren

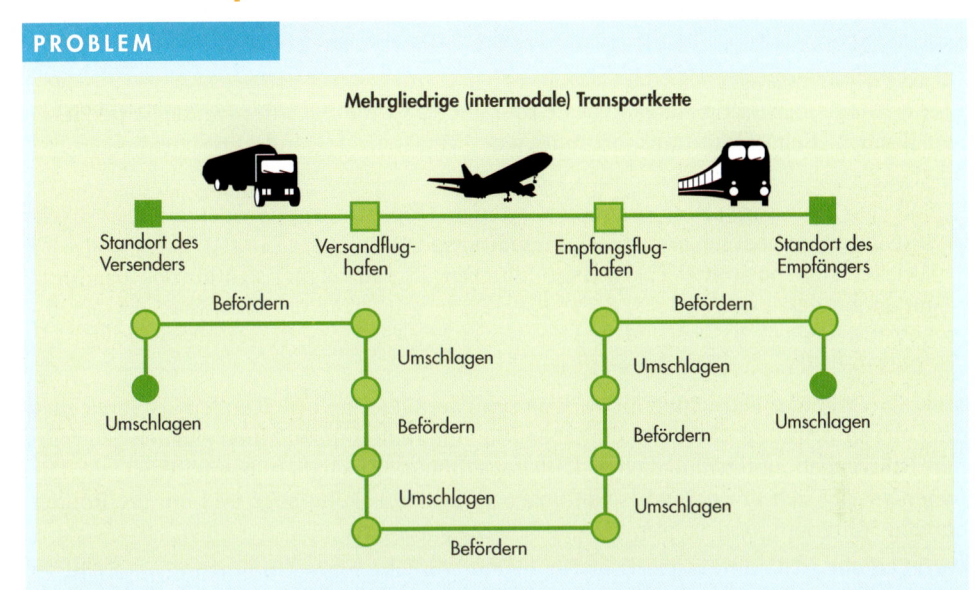

PROBLEM

Mehrgliedrige (intermodale) Transportkette

Standort des Versenders — Befördern — Versandflughafen — Umschlagen — Befördern — Empfangsflughafen — Umschlagen — Befördern — Standort des Empfängers

Umschlagen / Umschlagen / Umschlagen / Umschlagen

Spediteure helfen bei der Internationalisierung

Mittelständische Unternehmen erwarten von ihren Spediteuren den Transport von der Betriebsstätte zu den Märkten und die Übernahme vor- und nachgelagerter Dienste wie Zollabfertigung oder Zwischenlagerung. Auf zunehmend globalen Märkten sehen sich kleinere Unternehmen vor großen Hindernissen, wenn sie neue Exportmärkte erschließen wollen. Dazu zählen neben Kultur- und Sprachbarrieren mangelnde Marktkenntnisse, Handelsbeschränkungen und Markterschließungskosten für die eigenen Niederlassungen und das Personal vor Ort.

Kleinere Unternehmen sind überfordert, wenn sie internationale Transportketten auf dem Luft-, See- und Landverkehr organisieren und dabei Kosten- und Leistungsvorteile der einzelnen Verkehrsmittel nutzen sollen. Speditionen bieten länderspezifische Lagerung und Distribution, Verpackung und Sammelverkehre; Messe-, Umzugs- und Spezialtransporte sowie Verzollung, Versicherungsvermittlung bis hin zu abschließenden Produktionsschritten im Rahmen von Postponement-Konzepten[1].

(Quelle: Michael Korn: Spediteure helfen bei Internationalisierung, in: Handelsblatt, 26.11.2004, S. B5)

1. Vollziehen Sie die oben dargestellte Transportkette nach. Welche Schwierigkeiten erkennen Sie?
2. Beschreiben Sie anhand des Zeitungsberichts einige logistische Aufgaben von Speditionen. Welche Aufgaben übernehmen Speditionen in Ihrem Ausbildungsbetrieb?

---

[1] **Postponement** ist die spätestmögliche Kundenspezifizierung innerhalb eines Wertschöpfungsprozesses (z. B. kundenspezifische Endmontage kurz vor der Auslieferung).

Lernfeld 3

Logistische Prozesse planen, steuern und kontrollieren

SACHDARSTELLUNG

3.1 Eigen- oder Fremdtransport? – Make-or-buy-Entscheidung

Grundfragen des Gütertransports

Eine wichtige logistische Aufgabe des Großhandels ist die Beförderung der Ware zu seinen Kunden. Beim Gütertransport muss jeder Versender folgende Entscheidungen treffen:

- Soll der Transport selbst organisiert werden (Eigentransport) oder an gewerbliche Transporteure übergeben werden (Fremdtransport)?
- Welches Transportmittel (Lkw, Bahn, Flugzeug, Schiff) eignet sich für das Transportgut am besten?

Werkverkehr mit eigenen Transportmitteln

Viele Großhändler betrachten die Auslieferung der Güter an ihre Kunden als Serviceleistung, die sie selbst zu übernehmen haben. Sie unterhalten dazu einen eigenen Fuhrpark mit Fahrzeugen unterschiedlicher Ladekapazitäten. Zusätzlich beschäftigen sie Disponenten, die sich um den wirtschaftlichen Einsatz der Fahrzeuge und um die Routenplanung kümmern, und Fahrer, die die Fahrzeuge steuern.

Werkverkehr ist Güterkraftverkehr **für eigene Zwecke** eines Unternehmens. Er ist erlaubt, wenn folgende **Voraussetzungen** erfüllt sind (GüKG § 1):

- Die beförderten Güter müssen **Eigentum des Unternehmens** oder von ihm verkauft, gekauft, vermietet, gemietet, hergestellt, erzeugt, gewonnen, bearbeitet oder repariert worden sein.
- Die Beförderung muss der Anlieferung der Güter zum Unternehmen, ihrem Versand vom Unternehmen, ihrer Verbringung innerhalb oder außerhalb des Unternehmens dienen.
- Die für die Beförderung verwendeten Kraftfahrzeuge müssen vom eigenen Personal des Unternehmens geführt werden.
- Die Beförderung darf **nur eine Hilfstätigkeit** im Rahmen der gesamten Tätigkeit des Unternehmens darstellen.

Vor- und Nachteile des Werkverkehrs für den Versender	
Vorteile	• Kundenservice durch prompte Direktzustellung der Ware • Unabhängigkeit von der Tourenplanung fremder Transporteure • Fahrpersonal kann weitere Aufgaben übernehmen (z. B. Abladen, Inkasso, Bestellungen entgegennehmen, Leergut zurücknehmen usw.) • Werbewirkung durch Firmenaufschrift am Fahrzeug • einfache Versandpapiere (Ladeliste und Lieferschein genügen) • anspruchslose Verpackung • keine Transportversicherungspflicht (GüKG § 9)
Nachteile	• Versender trägt das Transportrisiko selbst • Kosten für Fahrpersonal, Fuhrpark, Touren-, Personaleinsatzplanung • mangelnde Auslastung, viele Leerfahrten (vor allem Rückfahrten)

3.2 Fremdtransport durch Frachtführer

Für kleinere Lieferungen, bei großen Entfernungen oder sehr großen Frachten, die die eigenen Ladekapazitäten übersteigen, greifen die Disponenten auf fremde Transportunternehmen zurück. Hierzu gehören die Frachtführer des Straßen-, Bahn-, Schiffs- und Luftverkehrs.

Rechtliche Stellung des Frachtführers

> **Merke: Frachtführer** ist, wer gewerbsmäßig die Beförderung von Gütern zu Lande, auf Binnengewässern oder in der Luft für andere ausführt (HGB § 407).

Rechte und Pflichten des Frachtführers (HGB §§ 407 ff.)

Rechte	**Gegenüber dem Versender (Absender)** • Ausstellung eines Frachtbriefs (HGB § 408) • Verpackung und Kennzeichnung des Gutes (HGB § 411)[1] • Sicheres Verladen und Entladen des Gutes (HGB § 412) • Übergabe aller Begleitpapiere (HGB § 413) • Zahlung der Fracht bei Anlieferung (HGB § 420) • Ersatz von erforderlichen Aufwendungen (HGB § 420) • Pfandrecht aus allen begründeten Forderungen (HGB § 441) **Gegenüber dem Empfänger des Guts** • Zahlung der Fracht (bei Bedingung „unfrei")
Pflichten	**Gegenüber dem Versender (Absender)** • Ablieferung des Gutes innerhalb der vereinbarten Lieferfrist (HGB § 423) • Haftung für Güter- und Verspätungsschäden, soweit sie vermeidbar waren und soweit den Versender keine Mitschuld (z. B. unsachgemäße Verpackung) trifft (HGB §§ 425, 426) **Gegenüber dem Empfänger des Guts** • Aushändigung des Gutes (HGB § 421) • Befolgen von Weisungen des Empfängers (HGB § 447)

Der Frachtführer haftet grundsätzlich für den Schaden, der durch Verlust oder Beschädigung des Gutes in der Zeit von der Annahme bis zur Ablieferung oder durch verspätete Ablieferung entsteht (HGB §§ 425 ff.). Der **Haftungshöchstbetrag** wegen Verlust oder Beschädigung der Sendung beträgt 8,33 **Rechnungseinheiten**[2] für jedes Kilogramm des Rohgewichts der ganzen bzw. des entwerteten Teils der Sendung. Die Haftung wegen Überschreitung der Lieferfrist ist auf den **dreifachen Betrag der Fracht** begrenzt (HGB § 431).

---

[1] Die Zulassung der Beförderung gefährlicher Güter auf der Straße, mit Eisenbahnen und Binnenschiffen ist in Deutschland in der Gefahrgutverordnung Straße und Eisenbahn (**GGVSEB**) geregelt. Im internationalen Verkehr finden sich entsprechende Regelungen in der ADR/RID 2013 (**ADR** = Accord européen relatif au transport international des marchandises Dangereuses par Route, deutsch: Europäisches Übereinkommen über die internationale Beförderung gefährlicher Güter auf der Straße, **RID** = Règlement concernant le transport international ferroviaire de marchandises Dangereuses, deutsch: Regelung zur internationalen Beförderung gefährlicher Güter im Schienenverkehr).

[2] Eine **Rechnungseinheit** entspricht dem €-Wert eines Sonderziehungsrechts (SZR) des Internationalen Währungsfonds am Tag der Übernahme des Gutes zur Beförderung. Ein SZR entspricht 1,125 € (Stand: Jan. 2014).

Rechtliche und wirtschaftliche Bedeutung des Frachtbriefs

Merke: Das Frachtgeschäft kommt durch einen **Frachtvertrag** zustande (HGB § 407). Durch den Frachtvertrag wird der Frachtführer verpflichtet, das Gut im Auftrag des Versenders zum Bestimmungsort zu befördern und dort an den Empfänger abzuliefern.

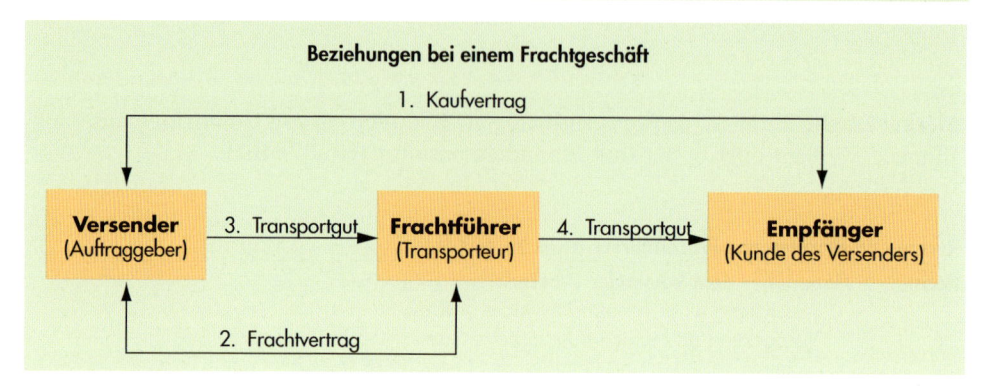

Beziehungen bei einem Frachtgeschäft

1. Kaufvertrag — zwischen Versender (Auftraggeber) und Empfänger (Kunde des Versenders)
2. Frachtvertrag — zwischen Versender und Frachtführer (Transporteur)
3. Transportgut — Versender → Frachtführer
4. Transportgut — Frachtführer → Empfänger

Der Frachtführer kann die Ausstellung eines **Frachtbriefs** mit folgenden Angaben verlangen (HGB § 408):

(1) Ort und Tag der Ausstellung;
(2) Name und Anschrift des Absenders, Frachtführers und Empfängers;
(3) Stelle und Tag der Übernahme des Gutes sowie die für die Ablieferung vorgesehene Stelle;
(4) die übliche Bezeichnung der Art des Gutes und die Art der Verpackung, bei gefährlichen Gütern ihre nach den Gefahrgutvorschriften vorgesehene, sonst ihre allgemein anerkannte Bezeichnung;
(5) Anzahl, Zeichen und Nummern der Frachtstücke;
(6) das Rohgewicht oder die anders angegebene Menge des Gutes;
(7) die vereinbarte Fracht und die bis zur Ablieferung anfallenden Kosten sowie einen Vermerk über die Frachtzahlung;
(8) den Betrag einer bei der Ablieferung des Gutes einzuziehenden Nachnahme;
(9) Weisungen für die Zoll- und sonstige amtliche Behandlung des Gutes;
(10) eine Vereinbarung über die Beförderung in offenem, nicht mit Planen gedecktem Fahrzeug oder auf Deck.

Der **Frachtbriefsatz** wird in drei Originalausfertigungen ausgestellt, die vom Absender unterzeichnet werden. Eine Ausfertigung ist für den Absender bestimmt, eine begleitet das Gut, eine behält der Frachtführer.

Im **internationalen** Bahnversand (DB Schenker Rail) wird das Frachtgeschäft mit einem fünfteiligen **CIM-Frachtbriefsatz**[1] dokumentiert.

---

[1] **CIM** oder **ER** = **C**onvention **I**nternationale concernant le transport des **M**archandises par chemin de fer = **E**inheitliche **R**echtsvorschriften für die internationale Beförderung von Gütern mit der Eisenbahn

Logistische Prozesse planen, steuern und kontrollieren

Lernfeld 3

Beispiel: Internationaler Eisenbahn-CIM-Frachtbrief

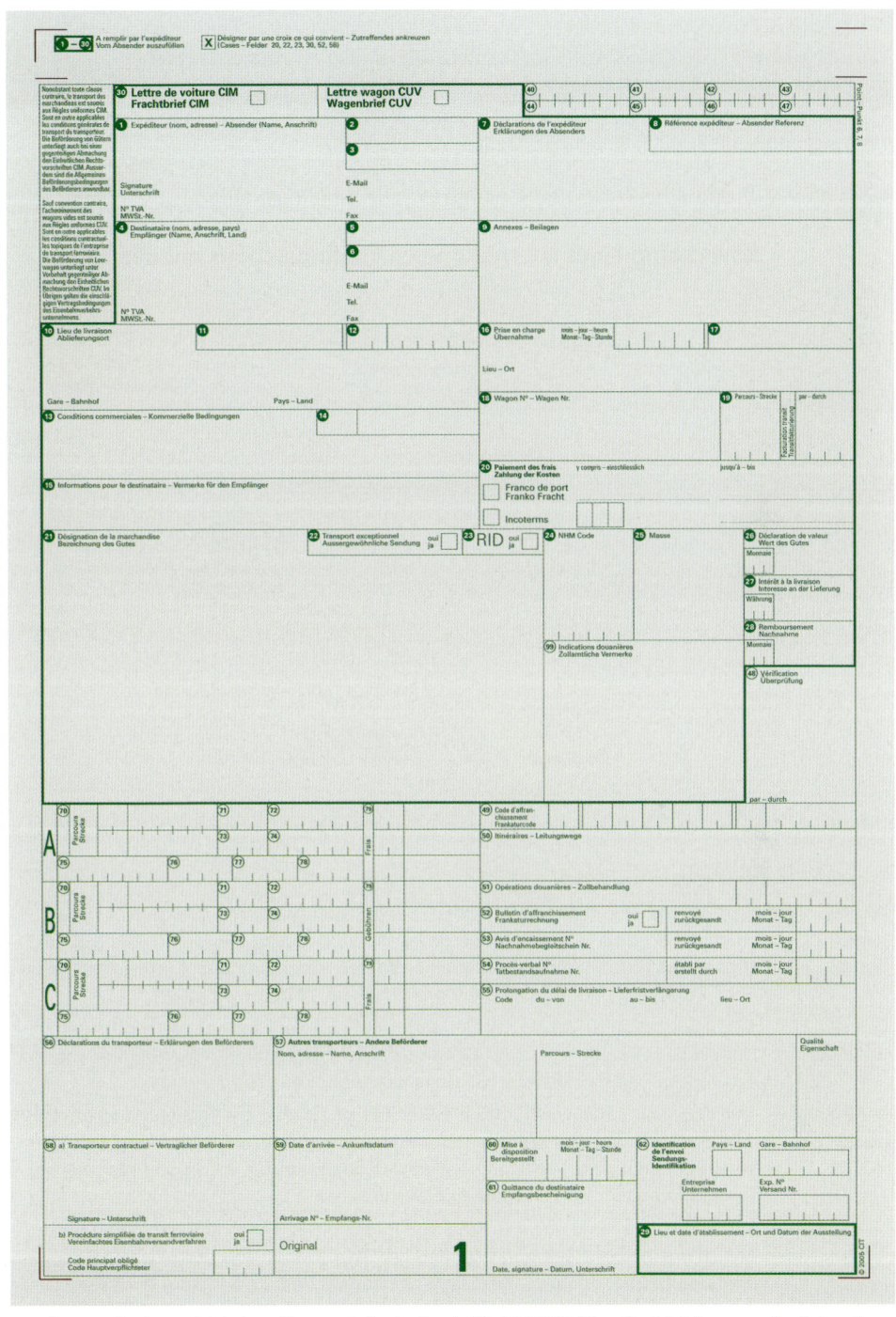

(Quelle: DB Schenker Rail AG, http://www.rail.dbschenker.de/file/2350808/data/frachtbriefmuster_pdf.pdf, Stand 27.11.2013)

Lernfeld 3 — Logistische Prozesse planen, steuern und kontrollieren

Fünfteiliger CIM-Frachtbriefsatz

(1) **Frachtbrief** (Deckblatt) wird bei der Ablieferung des Frachtguts dem **Empfänger** ausgehändigt
(2) **Frachtkarte** für die Güterabfertigung der **Empfangsstation** als **Abrechnungsblatt**
(3) **Empfangsschein** für die Güterabfertigung der **Empfangsstation**
(4) **Frachtbriefdoppel** für den **Versender** (Absender, Auftraggeber)
(5) **Versandschein** für die Güterabfertigung der **Versandstation**

Die Blätter 1, 2 und 3 begleiten die Sendung bis zur Empfangsstation.

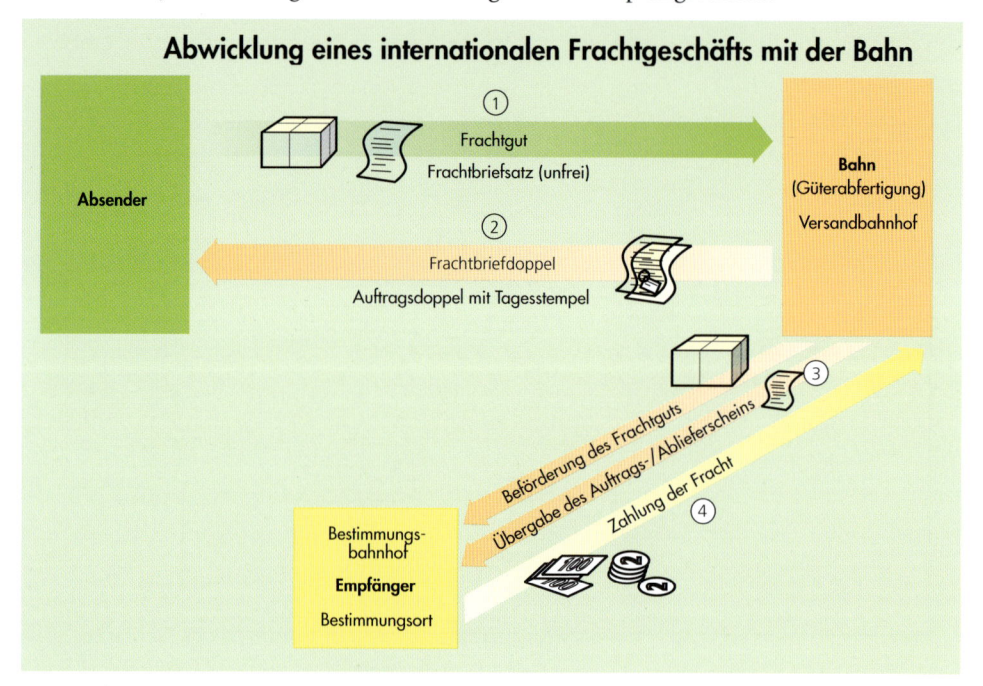

Abwicklung eines internationalen Frachtgeschäfts mit der Bahn

Absender

① Frachtgut / Frachtbriefsatz (unfrei) → **Bahn** (Güterabfertigung) **Versandbahnhof**

② Frachtbriefdoppel / Auftragsdoppel mit Tagesstempel ←

③ Beförderung des Frachtguts / Übergabe des Auftrags-/Ablieferscheins

④ Zahlung der Fracht

Bestimmungsbahnhof — **Empfänger** — Bestimmungsort

Rechtliche Bedeutung des Frachtbriefs	
Warenbegleitpapier	Der Frachtbrief enthält alle Angaben, die für die Abwicklung der Güterbeförderung wichtig sind (z. B. Empfängeranschrift, Bezeichnung des Gutes). Die Aushändigung des Frachtbriefdoppels an einen Dritten verschafft diesem kein Eigentum an dem Transportgut (das Frachtbriefdoppel ist **kein Warenwertpapier**).
Beweisurkunde	Bei Streitigkeiten zwischen den Partnern des Frachtvertrags hat das Frachtbriefdoppel Beweiskraft. Es ist eine **beweiserhebliche Urkunde** für die Aufgabe des Frachtgutes und für den Abschluss und den Inhalt des Frachtvertrags.
Verfügungspapier	Der Absender kann mithilfe des Frachtbriefdoppels über die Sendung nachträglich verfügen (z. B. das Gut soll nicht oder an einen anderen Empfänger abgeliefert werden). Eine solche Verfügung ändert den Frachtvertrag. Sie ist schriftlich bei der Güterabfertigung der Versandstation einzureichen.
Sperrpapier	Der Empfänger kann nachträgliche Verfügungen des Absenders verhindern, wenn er sich das Frachtbriefdoppel aushändigen lässt. Damit wird das Frachtbriefdoppel zum Sperrpapier und garantiert dem Empfänger, dass er die Ware auch wirklich erhält. Der Empfänger (Käufer) zahlt erst dann den Kaufpreis der Ware, wenn er das Frachtbriefdoppel erhalten hat („Zahlung gegen Frachtbriefdoppel"). Der Verkäufer erhält sein Geld schon vor der Ankunft der Ware beim Empfänger.

Hinweis: Im **nationalen Schienenverkehr** gibt es im Regelfall **kein Warenbegleitpapier** mehr. Der Versender erhält statt des Frachtbriefdoppels das Formular **Auftragsquittung zu Auftr.-Nr.** Der Empfänger erhält den **Ablieferschein zu Auftr.-Nr.** bereits bei Ankunft auf dem vorgelagerten Knotenbahnhof.

3.3 Organisation des Fremdtransports durch Spediteure

Die optimale Beförderung setzt umfangreiche Kenntnisse und Erfahrungen voraus, da durch die falsche Auswahl von Transportmitteln und Verkehrsträgern, die Unkenntnis von Beförderungsbedingungen, Außenwirtschafts- oder Zollvorschriften unnötige Kosten und Risiken anfallen können.

Rechtliche Stellung des Spediteurs

> **Merke: Spediteur** ist, wer gewerbsmäßig die Versendung von Gütern durch Frachtführer für Rechnung des Versenders in eigenem Namen **besorgt** (HGB §§ 453 ff.).

Rechte und Pflichten des Spediteurs (HGB §§ 454 ff.)

Pflichten des Spediteurs	• **Besorgung der Versendung** (HGB § 454): Die Besorgung umfasst die Organisation der Beförderung (u. a. Bestimmung des Transportmittels und des Beförderungsweges, die Auswahl ausführender Unternehmer, den Abschluss der erforderlichen Fracht-, Lager- und Speditionsverträge, die Sicherung von Schadenersatzansprüchen des Versenders). • **Interesse des Versenders wahrnehmen** und dessen **Weisungen befolgen** (HGB § 454). • **Haftung** (HGB § 461): Der Spediteur haftet für den Schaden, der durch Verlust oder Beschädigung des in seiner Obhut befindlichen Gutes entsteht. Er haftet auch für Handlungen und Unterlassungen seiner Leute und anderer Personen, deren er sich bei Erfüllung seiner Pflicht, die Versendung zu besorgen, bedient.
Rechte des Spediteurs	• **Vergütung** (HGB § 456): Die Vergütung ist zu zahlen, wenn das Gut dem Frachtführer oder Verfrachter übergeben worden ist. • **Selbsteintritt** (HGB § 458): Der Spediteur kann die Beförderung des Gutes selbst ausführen und hat dann die Rechte und Pflichten eines Frachtführers. In diesem Fall kann er neben der Vergütung für seine Tätigkeit als Spediteur auch die Fracht verlangen. • **Sammelladung** (HGB § 460): Der Spediteur kann die Versendung des Gutes zusammen mit Gut eines anderen Versenders bewirken. • **Pfandrecht** (HGB §§ 464, 465): Der Spediteur hat wegen aller durch den Speditionsvertrag begründeten Forderungen ein Pfandrecht an dem Gut. Nachfolgende Spediteure übernehmen das Pfandrecht des Ersteren.

Zusätzlich zum HGB gelten die „Allgemeinen Deutschen Spediteurbedingungen" (ADSp). Sie sind Handelsbrauch und gelten für alle üblicherweise zum Speditionsgewerbe gehörenden Geschäften (Speditions-, Fracht-, Lagergeschäfte). Die ADSp enthalten detaillierte **Haftungsbestimmungen**. So ist nach ADSp Punkt 23 die Haftung bei einem Güterschaden (Verlust, Beschädigung) auf **5,00 €** für jedes Kilogramm des Rohgewichts der Sendung begrenzt. Tritt der Schaden während des Transports auf, dann greift die Haftung nach HGB (siehe Kap. 3.2 Fremdtransport durch Frachtführer).

Merke: Zwischen dem Spediteur und seinem Auftraggeber wird ein **Speditionsvertrag** geschlossen. Soweit der Spediteur nicht selbst Frachtführer ist, schließt er Frachtverträge mit Frachtführern ab. Als Vertragspartner der Frachtführer wird der Spediteur selbst zum Versender.

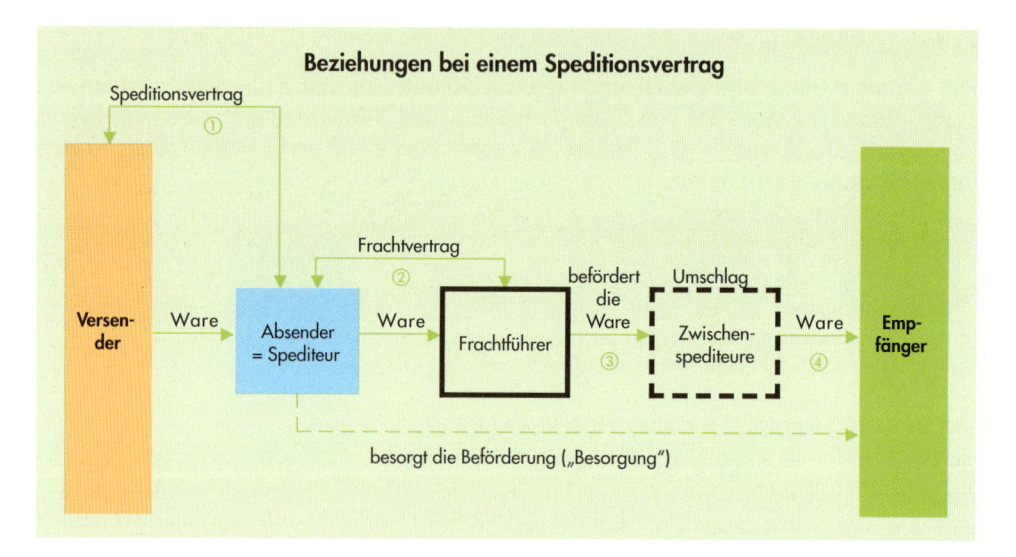

Beziehungen bei einem Speditionsvertrag

Versender —Ware→ Absender = Spediteur —Ware→ Frachtführer —befördert die Ware→ Zwischenspediteure —Ware→ Empfänger

① Speditionsvertrag
② Frachtvertrag
③ befördert die Ware / Umschlag
④ besorgt die Beförderung („Besorgung")

Arbeitsgebiete des Spediteurs – Value-added Services

Der Spediteur hilft seinen Auftraggebern durch seine Kenntnisse und Erfahrung, den nationalen und internationalen Warenaustausch reibungslos abzuwickeln.

Spediteure als Organisatoren von Transportketten

Viele Spediteure sind sowohl als Besorger von Frachtführern als auch, bei Ausübung ihres Selbsteintrittsrechts, als Frachtführer tätig.

Beim **Sammelladungsverkehr** stellt der Versandspediteur als Gebietsspediteur Stückgüter verschiedener Auftraggeber im Nahverkehrsbereich nach Zielgebieten zu Wagenladungen zusammen **(Vorlauf)** und befördert diese anschließend im Fernverkehr direkt zu einem Empfangsspediteur im Nahbereich der Empfänger **(Hauptlauf)** oder zu einem Regionaldepot (Hauptumschlagsbasis = HUB). Der Empfangsspediteur sortiert als Gebietsspediteur die eingehenden Sendungen und stellt sie mit Leichttransportern den einzelnen Empfängern zu **(Nachlauf)**.

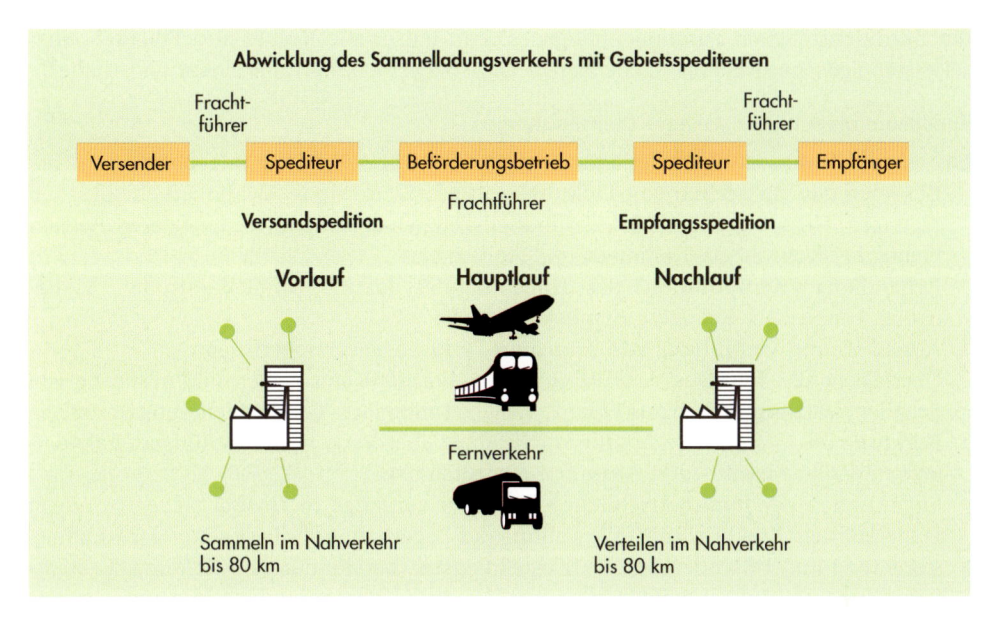

Abwicklung des Sammelladungsverkehrs mit Gebietsspediteuren

Versender —Frachtführer— Spediteur — Beförderungsbetrieb — Spediteur —Frachtführer— Empfänger

Versandspedition — Frachtführer — Empfangsspedition

Vorlauf — **Hauptlauf** — **Nachlauf**

Sammeln im Nahverkehr bis 80 km — Fernverkehr — Verteilen im Nahverkehr bis 80 km

---

Wenn beim Transport die Transportmittel wechseln (z. B. Lkw/Bahn), müssen die Transportgüter umgeschlagen (umgeladen) werden. Viele Spediteure betreiben Umschlagsanlagen als Güterverteilzentren (Frachtzentren) und Containerpackstationen und organisieren damit alle Verkehrsleistungen für eine Sendung. Setzt der Spediteur systematisch mehrere Transportmittel ein, um eine Sendung zum Käufer zu bringen, dann ist er im **multimodalen oder kombinierten Verkehr** tätig. Er organisiert die gesamte Transportkette durch Abschluss und Überwachung der verschiedenen Fracht- und Umschlagsverträge. Dabei wählt er als **verkehrsträgerneutraler** Vermittler die im Einzelfall bestgeeignete Beförderungsmöglichkeit.

Der Spediteur kann seine Sendungen auch einem Träger des kombinierten Ladungsverkehrs (KLV) übergeben (z. B. der Kombiverkehr KG für den kombinierten Verkehr Bahn/Lkw). Der Spediteur bzw. Frachtführer bleibt dabei seinen Kunden gegenüber Frachtführer.

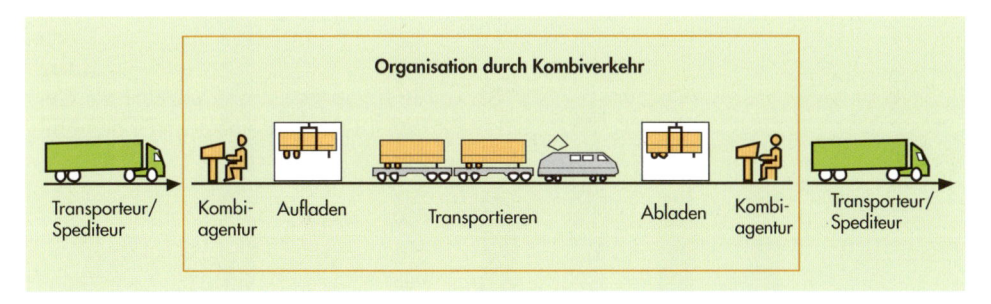

Organisation durch Kombiverkehr

Transporteur/Spediteur — Kombiagentur — Aufladen — Transportieren — Abladen — Kombiagentur — Transporteur/Spediteur

Spediteure als Lagerhalter

Vor und nach der Beförderung müssen die Transportgüter im Regelfall zwischengelagert werden. Der Spediteur besorgt diese Lagerfunktion durch Abschluss eines Lagervertrags mit einem selbstständigen Lagerhalter. Bei kleineren Lagermengen übernimmt er die Lagerhaltung selbst. Er kann auch Lageraufträge entgegennehmen, die nicht unmittelbar mit

Lernfeld 3 — Logistische Prozesse planen, steuern und kontrollieren

der Speditionstätigkeit zusammenhängen. Damit hat er alle Rechte und Pflichten eines selbstständigen Lagerhalters (siehe Kap. 2 Logistikpartnerschaft mit einem Lagerhalter).

Spediteure als Anbieter weiterer Dienstleistungen

Neben dem Transport bietet der Spediteur ein vielfältiges Leistungsangebot:
- Besorgen und **Ausstellen von Dokumenten** wie Frachtbriefe, Warenverkehrsbescheinigungen, Ursprungszeugnisse, Gesundheitszeugnisse, Zollpapiere und deren Beglaubigung bei Konsulaten, Kammern und Zollämtern.
- Behandlung **(Manipulation)** des Transportgutes durch Qualitätskontrollen, Verpackung, Umpacken, Reinigen, Bemustern usw.
- Abschluss und Vermittlung von **Transport- und Lagerversicherungen**.
- Übernahme des **Inkassos** von Warenwerten, Frachten und Zöllen und Wahrung von Schadenersatzansprüchen aus Fracht-, Lager-, Umschlags- und Versicherungsverträgen.
- **Beratung** des Versenders und der Frachtführer über Verkehrsverbindungen, Palettengrößen, Zoll-, Einfuhr- und Ausfuhrvorschriften usw.
- Organisation der **innerbetrieblichen Transportvorgänge** in Großbetrieben in einem Dauerauftragsverhältnis (z. B. Verwaltung der Lagerhaltung, Übernahme der Kommissionierung und Etikettierung, des Zustelldienstes, der Retourenabwicklung, Leergutverwaltung und Inkassoaufgaben).
- Ausführung wertschöpfender **Montageaufgaben** für Industriebetriebe.

3.4 Auswahl des Transportmittels – auf die Umwelt achten

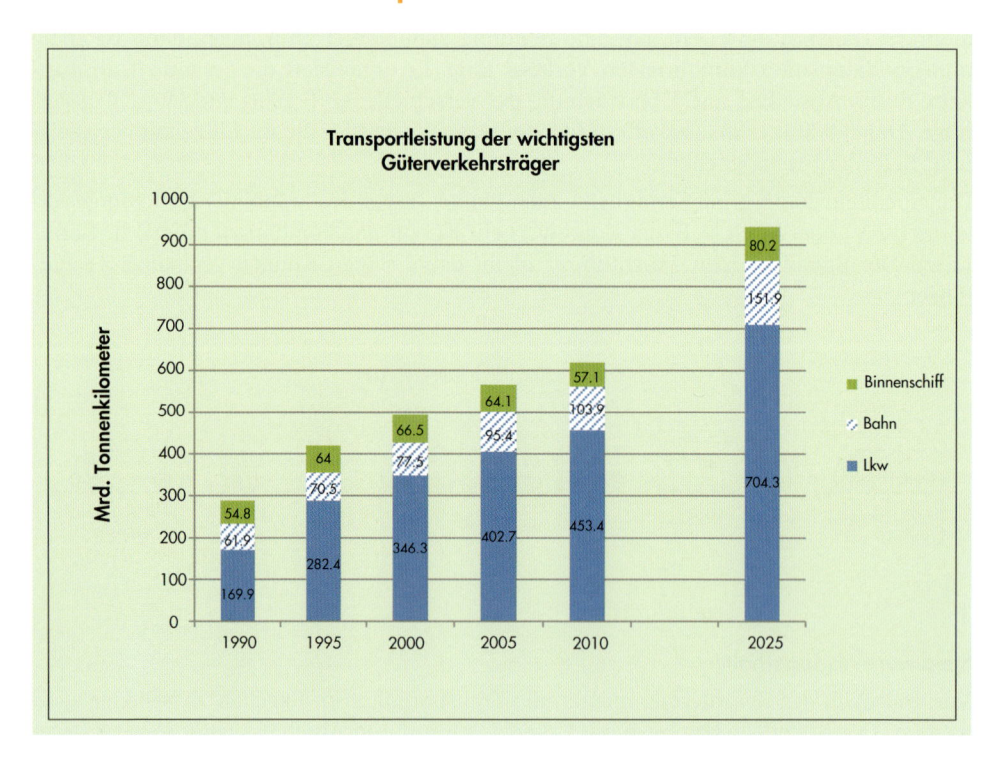

Transportleistung der wichtigsten Güterverkehrsträger

Mrd. Tonnenkilometer

Jahr	Lkw	Bahn	Binnenschiff
1990	169,9	61,9	54,8
1995	282,4	70,3	64
2000	346,3	77,5	66,5
2005	402,7	95,4	64,1
2010	453,4	103,9	57,1
2025	704,3	151,9	80,2

Leistungsangebot der wichtigsten Güterverkehrsträger

Wichtige Güterverkehrsträger sind Kurier-, Express-, Paketdienste (KEP), die Deutsche Post DHL, die Deutsche Bahn AG (DB Schenker Rail), der gewerbliche Güterkraftverkehr, der Luftfrachtverkehr und der Binnenschiffsverkehr.

Kurier-, Express-, Paketdienste kurz: KEP	Geschäftsmäßige entgeltliche Beförderung von Stückgütern mit einem begrenzten Gewicht (zzt. 70 kg), z. B. UPS, DPD, DHL, Fedex. • **Kurierdienste**: personenbegleiteter Transport, Direktverkehr von der Abholung bis zur Zustellung; Auslieferung am selben Tag • **Expressdienste**: regelmäßige Sammeltransporte, Overnight-Zustellung bis vormittags, weltweit • **Paketdienste**: Massensendungen ohne zeitlich festgelegte Zustellung **Besondere Versendungsformen**: Nachnahme, Austauschservice. Ein Sendungsverfolgungssystem dokumentiert den Frachtweg lückenlos (Tracking and Tracing).
Deutsche Post DHL	Geschäftsmäßige entgeltliche Beförderung von Stückgütern mit einem begrenzten Gewicht (in Zusammenarbeit mit DHL). **Versandarten** der Post: • **Paket**: Gegenstände aller Art (kein Gefahrgut!) mit einem Höchstgewicht von 20 kg (bei Selbstbuchern: 31,5 kg); Haftung bis 500,00 €. • **Päckchen**: Sendungen bis höchstens 2 kg; keine Haftung • **Brief**: Sendungen mit einem Gewicht bis 1 000 g **Besondere Versendungsformen**: Express, Nachnahme, Eigenhändig. Ein Sendungsverfolgungssystem dokumentiert den Frachtweg lückenlos (Tracking and Tracing).
Deutsche Bahn AG (DB Schenker Rail)	Geschäftsmäßige entgeltliche Beförderung von Massengütern auf der Schiene und auf der Straße. • **Wagenladungsverkehr**: Ganzzug, Wagengruppe oder kompletter Einzelwagen (Massengüter wie Kies, Kohle, Autos, Holz) • **InterCargo-Verkehr**: Wagenladungen im Nachtsprung mit speziellen IC-Güterzügen, auch im Kombiverkehr • **Parcel-Intercity**: Container-Sammelladungen • **Stückgüter** in Zusammenarbeit mit Speditionen (Schenker) Entgelt berechnet sich nach Gewicht, Entfernung, Wagenart und Zuglänge.
Gewerblicher Güterkraftverkehr	Geschäftsmäßige entgeltliche Beförderung von Gütern mit Kraftfahrzeugen mit einem zulässigen Gesamtgewicht von mehr als 3,5 Tonnen. **Versandarten** des Güterkraftverkehrs: • **Stückgut**: einzelne Kiste, Güter auf stapelfähigen Paletten • **Ladungsgut**: Beladung eines Lastkraftwagens bzw. Containers • **Sammelladung**: mehrere Stückgüter unterschiedlicher Absender und Empfänger werden gemeinsam befördert
Luftfrachtverkehr	**Versandarten** des Luftfrachtverkehrs: • **Luftpost**: Im Inland befördert die Deutsche Post DHL Päckchen und Pakete gegen Zuschlag auf dem Luftweg. • **Luftfracht**: Stückgut und Sammelladung, Containerverkehr, Charterung (siehe Binnenschiff)

Binnen-schiffsverkehr	Güterbeförderung auf Flüssen, Kanälen, Binnenseen. Vertragspartner sind der Absender und die Schifffahrtsgesellschaft (**Reederei**) bzw. der Inhaber eines Motorschiffs (**Partikulier**) oder ein **Befrachter**, der zur Beförderung fremde Schiffe chartert. Der Absender kann einen **Ladeschein (Binnenkonnossement)** ausstellen, den der Frachtführer unterschreibt. Das Original sendet der Absender dem Empfänger zu. Der Frachtführer darf die Ware nur gegen Aushändigung dieses Originals ausliefern. Der Ladeschein ist ein **Warenwertpapier**, sodass der Empfänger die Ware durch Weitergabe des Ladescheins bereits während des Transports weiterveräußern kann (HGB § 448). **Versandarten** der Binnenschifffahrt: • **Stückgut**: einzelne Kiste, auf Paletten verladene Güter • **Sammelladung**: mehrere Stückgüter unterschiedlicher Absender und Empfänger werden gemeinsam befördert • **Charterung**: Beladung eines ganzen Schiffs (Vollcharter) oder eines Teils des Schiffs (Raumcharter), Transport einer bestimmten Lademenge (Teilcharter), Frachtvertrag für eine bestimmte Zeit (Zeitcharter) oder für eine bestimmte Fahrstrecke (Reisecharter) • **Schiffsmiete**: Miete eines ganzes Schiffes

Ein- oder mehrgliedriger Transport

Im einfachsten Fall erfolgt die Güterbewegung zwischen Versender und Empfänger als Punkt-zu-Punkt-Transport unter Nutzung **nur eines Verkehrs- bzw. Transportmittels (eingliedriger Transport)**. Es findet nur ein Umschlag statt, nämlich das Beladen am Versandort und das Entladen am Zielort.

Wenn bei der Durchführung des Transports **verschiedenartige Transportmittel** (Lkw, Bahn, Schiff, Flugzeug) eingesetzt werden, um deren jeweiligen Kosten- und Leistungsvorteile zu nutzen, dann liegt eine **mehrgliedrige Transportkette** mit **mehreren Umschlagsvorgängen** vor (siehe Problem in Kap. 3 Logistikpartnerschaft mit Frachtführern und Spediteuren). Beim intermodalen **kombinierten Verkehr** wird beim Wechsel des Transportmittels (z. B. Lkw/Bahn) lediglich die Ladeeinheit (z. B. Container, Palette) umgeladen, nicht deren Inhalt bzw. nicht die Ware selbst. Muss der Inhalt der Ladeeinheit umgeladen werden, dann liegt ein **gebrochener Verkehr** vor (z. B. Stückgutverkehr per Lkw und Bahn).

Entscheidungskriterien für die Wahl des Transportmittels

Beim Fremdtransport durch einen Frachtführer muss der Großhändler sich für ein Transportmittel (z. B. Lkw, Bahn, Binnenschiff) entscheiden. Wichtige Auswahlkriterien sind die Transportkosten, die Art des Transportgutes, die Transportsicherheit und -schnelligkeit und die Umweltbelastung des Transportmittels.

Transportkosten[1]

Hier geht es zunächst um die Grundsatzentscheidung zwischen Eigen- und Fremdtransport (siehe Kap. 3.1 Eigen- oder Fremdtransport? – Make-or-buy-Entscheidung). Die Entscheidung hängt ab von den Transportkosten, dem langfristig zu erwartenden Versandaufkommen, dem Streben nach Unabhängigkeit, der Möglichkeit zur Absatzsteigerung durch Transportserviceleistungen und Werbewirkung des firmeneigenen Fuhrparks, dem Know-how des Personals und den zu erwartenden Transportrisiken (Haftungsfragen, Erfüllungsort, Versicherungen).

---

[1] Siehe hierzu Kap. 6 auf Seite 98 ff. Versandkostenberechnung.

Für kleinere Unternehmen wird der Fremdtransport im Allgemeinen günstiger sein. Je höher die Umsatzleistung, desto eher rechnet sich ein **eigener Fuhrpark**. Um auch bei saisonalen Spitzen eine gleichbleibend hohe Transportqualität und kurze Lieferzeiten garantieren zu können, muss der Werkverkehr personell und sachlich entsprechend ausgestattet sein. Hierzu gehören ein den jeweiligen Transportspitzen angepasster Fuhrpark und ausreichendes Fahr- und Lagerpersonal, was die **Fixkosten** in die Höhe schnellen lässt.

Auch bei hohem Transportaufkommen gilt es zu bedenken, dass beim **Fremdtransport** nur das bezahlt wird, was tatsächlich transportiert wird; es gibt nur **variable Kosten**. Das erhöht die Flexibilität und verbessert die Kostentransparenz. Nicht zu unterschätzen sind das Knowhow und weitere Serviceleistungen der Fremdtransporteure wie Zollabfertigung, Entsorgung von Leergut und Verpackungen und der Einsatz von Spezialfahrzeugen. Die Kooperation geht sogar so weit, dass Fremdtransporteure unter dem Firmenemblem des Auftraggebers fahren.

Viele Unternehmen mit relativ hohem Transportvolumen legen ihren firmeneigenen Fuhrpark so aus, dass er für das „Normalgeschäft" ausreicht, und decken **Transportspitzen** und Notsituationen durch Fremdtransporteure ab.

Beim Vergleich der Transportkosten dürfen jedoch nicht nur die **unmittelbaren** Frachtkosten herangezogen werden; es müssen auch die **mittelbaren Transportkosten** beachtet werden. Zu den mittelbaren Transportkosten gehören die Personal- und Sachkosten für die Versandvorbereitung. So sind die Ansprüche an die **Transportverpackung** sehr unterschiedlich. Beim Postpaket entstehen die höchsten Verpackungskosten. Lkw, Bahn und Binnenschiff stellen nur geringe Anforderungen an die Verpackung; meist genügt eine Kiste oder ein Collico-Behälter, in der sich die Ware befindet.

Vergleicht man die Möglichkeiten des Fremdtransports, so ist das Binnenschiff das kostengünstigste Transportmittel, dann folgen die Bahn, der Lkw und das Flugzeug. Bahn, Lkw, Binnenschiff und Flugzeug bieten günstige Sammelladungspreise und Mengenrabatte an.

Art des Transportgutes

Transportgüter unterscheiden sich durch ihre **Masse** (Stückgut oder Massengut), ihr **Volumen**, ihr **Versandgewicht** und ihre **Gefährlichkeit** (Gefahrgut). Stückgüter können mit allen Transportmitteln transportiert werden. Begrenzungen ergeben sich bei **sperrigen Gütern** aufgrund des Lademaßes und der Abmessungen des Transportmittels.

Für Kleingüter bis 20 kg bietet sich die Beförderung per Post oder durch private Paketdienste an. Im Stückgutverkehr über 20 kg konkurrieren private Paketdienste, Bahn, Lkw, Binnenschiff und Flugzeug. Bei Containern und Massengütern wie Schüttgüter (Sand, Kies, Kohle, Futtermittel, Getreide usw.), Flüssigkeiten (Heizöl, Kraftstoffe usw.), schwere Güter (Stahlbleche, Eisen- und Stahlabfälle) und chemische Grundstoffe konkurrieren Bahn, Lkw und Binnenschiff.

Beispiele:

Situation 1: *Ein Versender will zehn Ringbücher (Gewicht: 5 kg) von Ulm nach München schicken.* **Lösung:** *KEP, Post*
Situation 2: *Ein Versender will einen Schreibtisch (Maße: 72 x 150 x 75 cm) von Ulm nach Hamburg versenden.* **Lösung:** *Güterkraftverkehr, KEP*
Situation 3: *Eine Möbelgroßhandlung will 30 Schreibtische (Gewicht: insgesamt 600 kg; einzelner Tisch: 20 kg) von Ulm nach Köln schicken.* **Lösung:** *Bahn (Wagenladung), Güterkraftverkehr*
Situation 4: *Die Baustoffgroßhandlung Berger KG will 1 200 t Sand von Karlsruhe nach Neuss transportieren (beide Städte haben einen Binnenhafen).* **Lösung:** *Binnenschiff, Bahn (Wagenladungen, evtl. Ganzzug)*

> **Situation 5:** Ein Automobilhersteller will 100 Neuwagen von Köln nach Dresden transportieren.
> **Lösung:** Binnenschiff, Bahn (Ganzzug)

Gefahrgüter stellen eine Gefahr für den Menschen und die Umwelt dar (z. B. durch Explosion, Brand, Giftigkeit). Welche Eigenschaften ein Gut zu einem Gefahrgut machen, geht aus den verschiedenen **Gefahrgutverordnungen** (Straße und Eisenbahn, Binnenschifffahrt, Luftverkehr) hervor. Danach werden neun Gefahrgutklassen unterschieden, für die es besondere Kennzeichnungs- und Transportvorschriften gibt. So sind z. B. Parfüms wegen ihres hohen Alkoholgehalts und der daraus resultierenden leichten Entzündlichkeit gefährliche Güter; sie sind jedoch bei der Beförderung in Verkaufsverpackungen im Straßen- und Eisenbahnverkehr von den Gefahrguttransportvorschriften freigestellt.

Transportsicherheit und -schnelligkeit

Die Forderung der Transportsicherheit und -schnelligkeit beinhaltet die **Sicherheit vor möglicher Beschädigung und Verlust** des Transportgutes, die Zuverlässigkeit bzw. Pünktlichkeit der Auslieferung und die **Regelmäßigkeit** des jeweiligen Transportmittels (z. B. Angebot eines Linienverkehrs) und **Haftungsregelungen** des jeweiligen Verkehrsträgers.

Zuverlässigkeit und Regelmäßigkeit sind bei der Luftfahrt und der Bahn zweifellos am höchsten. Beim Lkw-Transport sind die Unfallgefahr, die Beschädigung des Transportgutes durch Erschütterungen und das Verzögerungsrisiko aufgrund von Staus am höchsten. Allerdings entfallen Schäden durch Umladen und Umschlagen des Transportgutes beim Lkw durch die umladefreie Haus-zu-Haus-Zustellung. Beim Transport auf dem Luft-, Schienen- und Wasserweg ist das Umladen von einem Verkehrsträger auf einen anderen nicht zu vermeiden. Dadurch erhöht sich hier das Schadensrisiko. Beim Transport mit Binnenschiffen können zusätzliche Verzögerungen wegen Hoch- oder Niedrigwasser bzw. Vereisung auftreten. Aber auch der Lkw-, Bahn- und Luftverkehr ist vor Witterungseinflüssen (Nebel, Eis, Überschwemmungen, Sturm usw.) nicht gefeit.

Wegen des umladefreien Haus-zu-Haus-Verkehrs ist der Lkw das schnellste Transportmittel. Bei großen Entfernungen konkurriert hier jedoch das Flugzeug. Der Luftverkehr ist aber auch in hohem Maße auf die Straße angewiesen, sodass auch hier Verzögerungen wegen Verkehrsstaus durchschlagen.

Wenn die pünktliche Anlieferung durch rechtzeitige Planung und Disposition erreicht werden kann, dann ist das Binnenschiff das geeignetste Transportmittel. Das Binnenschiff kennt kein Nacht- und Wochenendfahrverbot und keine Verkehrsstaus. Das Umladen wird durch Container immer einfacher.

Beispiele:

> **Situation 1:** Die Lebensmittelgroßhandlung Krüger beliefert 30 Einzelhändler der Region regelmäßig mit Frischobst und Frischgemüse. **Lösung:** Güterkraftverkehr (Sprinter), KEP
> **Situation 2:** Ein Maschinengroßhändler muss dringend benötigte Ersatzteile (Einzelgewicht: 30 kg) an den Computerhersteller Majoli nach Italien liefern, dessen Betrieb unterbrochen ist. **Lösung:** KEP, Luftfracht
> **Situation 3:** Ein Schmuckgroßhändler will wertvolle Uhren von Stuttgart nach Amsterdam schicken.
> **Lösung:** Luftfracht, KEP
> **Situation 4:** Der Fotogroßhändler Merz beliefert seine angeschlossenen Einzelhändler regelmäßig (im Wochenrhythmus) mit Filmmaterial und Kameras (Gewicht pro Packungseinheit: ca. 100 kg).
> **Lösung:** Güterkraftverkehr
> **Situation 5:** Fünf Rennpferde müssen schnellstens von Frankfurt nach Paris transportiert werden.
> **Lösung:** Luftfracht, Bahn (InterCargo „Nachtsprung")

Haftungsregelungen

Haftungsregelungen im Überblick

Verkehrsträger	Umfang der Haftung	Besonderheiten
KEP	HGB: maximal 8,33 SZR pro kg Bruttogewicht Nach ASDp: maximal 5,00 € pro kg Bruttogewicht	Tracking and Tracing
Post (gemeinsam mit DHL)	Päckchen: keine Haftung Paket: maximal 500,00 €	Transportversicherung bis maximal 25 000,00 € Tracking And Tracing
Bahn (in Zusammenarbeit mit Schenker)	Nach ALB: maximal 8,33 SZR pro kg Bruttogewicht Stückgut: siehe KEP	Bei Überschreitung der Lieferfrist: maximal Ersatz der Frachtkosten
Güterkraftverkehr	HGB: maximal 8,33 SZR pro kg Bruttogewicht Nach ASDp: maximal 5,00 € pro kg Bruttogewicht	Versicherungspflicht des Transporteurs
Luftfracht	HGB: Maximal 8,33 SZR pro kg Bruttogewicht	International: maximal 27,35 € pro kg Bruttogewicht
Binnenschiff	Ersatzleistung des Schadens; maximal: Handelswert	HGB §§ 429, 430

Umweltbelastung

Das Transportgeschehen hat unterschiedliche Wirkungen auf die natürliche Lebensumwelt, insbesondere durch den **Energieverbrauch**, die **Schadstoffemissionen** in Luft, Wasser und Boden, den **Landschaftsverbrauch** durch Verkehrswegeflächen, Risikofaktoren für den Menschen durch **Unfälle, Lärm und Schadstoffe**, den verminderten Erholungswert in und um die Städte und die sinkende Mobilität aufgrund **zunehmender Verkehrsdichte** („Verkehrsinfarkt").

Fachleute schätzen die volkswirtschaftlichen Folgekosten des Güterkraftverkehrs, die von der Allgemeinheit getragen werden müssen (**externe Kosten** wie Infrastrukturkosten, Landschaftsverbrauch und Umweltschäden) auf rund 100 Milliarden € jährlich. Würden diese ungedeckten Kosten des Straßengüterverkehrs auf die Verursacher umgelegt, ergäbe sich ein Diesel-Literpreis von etwa 2,75 €[1].

Langfristig kann der Güterverkehr nachhaltiger organisiert werden durch
- Vermeidung von Fahrten durch **Bündelung** (z.B. Cross-Docking[2]), bessere **Tourenplanung**, mehrgliedrige Transporte, Nutzung von **Frachtbörsen** (Onlinesuche nach geeignetem Laderaum – quasi als „Mitfahrgelegenheit für Transportgüter");
- Verlagerung der Transporte **auf die Schiene** (z.B. durch Verlegung eines Gleisanschlusses) oder **auf die Wasserwege** (Binnenschiff);
- Verbesserung der Fahrzeuge (lärm- und emissionsarme Motoren) und der Infrastruktur (Ausbau des Schienennetzes und der Wasserwege).

---

[1] Nach: Bericht des Umwelt- und Prognose-Instituts Heidelberg (UPI)
[2] Siehe hierzu Kap. 4.7 Crossdocking-Konzept – bestandsloses Kommissionieren auf Seite 73f.

Lernfeld 3

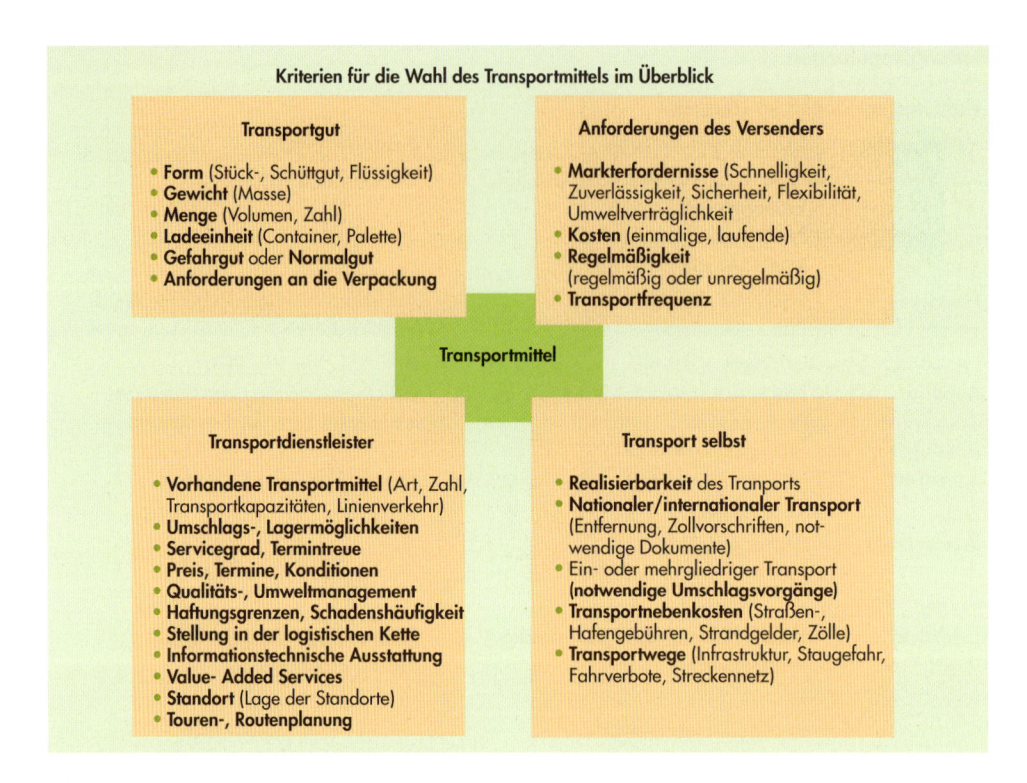

Logistische Prozesse planen, steuern und kontrollieren

Kriterien für die Wahl des Transportmittels im Überblick

Transportgut
- **Form** (Stück-, Schüttgut, Flüssigkeit)
- **Gewicht** (Masse)
- **Menge** (Volumen, Zahl)
- **Ladeeinheit** (Container, Palette)
- **Gefahrgut** oder **Normalgut**
- **Anforderungen an die Verpackung**

Anforderungen des Versenders
- **Markterfordernisse** (Schnelligkeit, Zuverlässigkeit, Sicherheit, Flexibilität, Umweltverträglichkeit
- **Kosten** (einmalige, laufende)
- **Regelmäßigkeit** (regelmäßig oder unregelmäßig)
- **Transportfrequenz**

Transportmittel

Transportdienstleister
- **Vorhandene Transportmittel** (Art, Zahl, Transportkapazitäten, Linienverkehr)
- **Umschlags-, Lagermöglichkeiten**
- **Servicegrad, Termintreue**
- **Preis, Termine, Konditionen**
- **Qualitäts-, Umweltmanagement**
- **Haftungsgrenzen, Schadenshäufigkeit**
- **Stellung in der logistischen Kette**
- **Informationstechnische Ausstattung**
- **Value- Added Services**
- **Standort** (Lage der Standorte)
- **Touren-, Routenplanung**

Transport selbst
- **Realisierbarkeit** des Tranports
- **Nationaler/internationaler Transport** (Entfernung, Zollvorschriften, notwendige Dokumente)
- Ein- oder mehrgliedriger Transport (**notwendige Umschlagsvorgänge**)
- **Transportnebenkosten** (Straßen-, Hafengebühren, Strandgelder, Zölle)
- **Transportwege** (Infrastruktur, Staugefar, Fahrverbote, Streckennetz)

ZUSAMMENFASSUNG

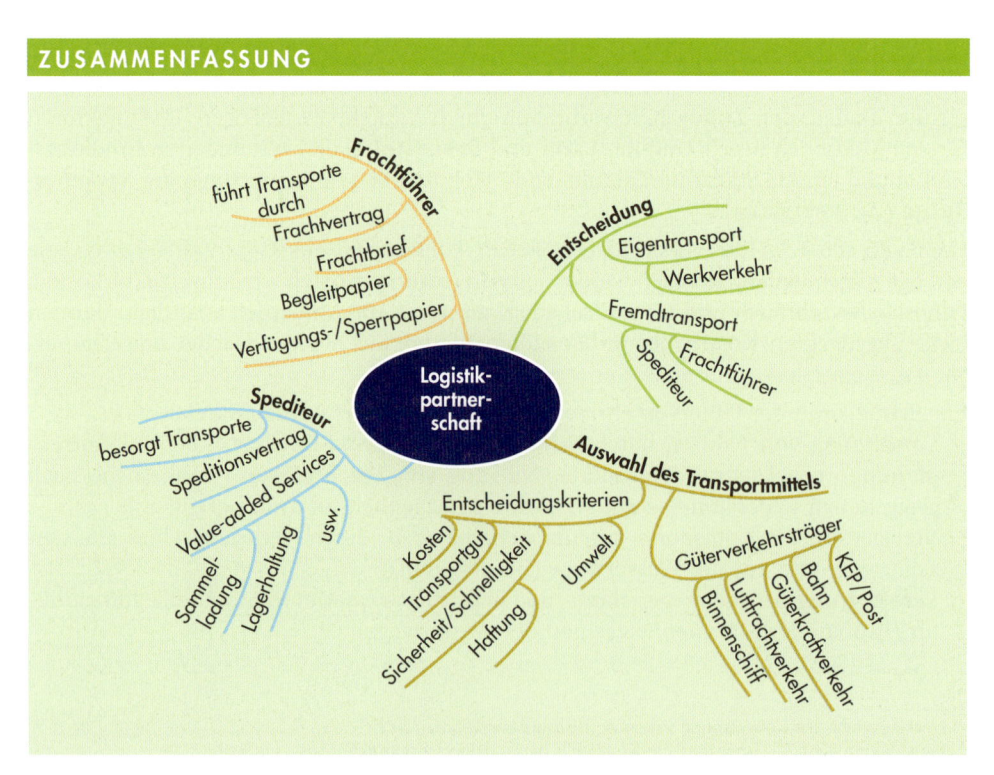

Logistikpartnerschaft

- **Frachtführer**: führt Transporte durch, Frachtvertrag, Frachtbrief, Begleitpapier, Verfügungs-/Sperrpapier
- **Entscheidung**: Eigentransport, Werkverkehr, Fremdtransport, Spediteur, Frachtführer
- **Spediteur**: besorgt Transporte, Speditionsvertrag, Value-added Services, Sammelladung, Lagerhaltung, usw.
- **Auswahl des Transportmittels**:
  - Entscheidungskriterien: Kosten, Transportgut, Sicherheit/Schnelligkeit, Haftung, Umwelt
  - Güterverkehrsträger: Binnenschiff, Luftfrachtverkehr, Güterkraftverkehr, Bahn, KEP/Post

Logistische Prozesse planen, steuern und kontrollieren **Lernfeld 3**

AUFGABEN

1. Schreiben Sie jeden der folgenden Begriffe auf die Kopfzeile eines DIN-A6-Kärtchens:

   > Werkverkehr (Begriff, Voraussetzungen), Werkverkehr (Vor-, Nachteile), Frachtführer (Begriff), Frachtführer (Rechte, Pflichten), Frachtvertrag, Frachtbrief (Inhalt), Frachtbrief (rechtliche Bedeutung), Abwicklung eines Frachtgeschäfts (Skizze), Spediteur (Begriff), Spediteur (Rechte, Pflichten), Abwicklung eines Spediteurgeschäfts (Skizze), Sammelladungsverkehr, Value-added Services (Spediteur), KEP, Post (Versandarten), Bahn (Versandarten), Güterkraftverkehr (Versandarten), Luftfrachtverkehr (Versandarten), Binnenschiffverkehr (Versandarten), Mehrgliedriger Transport, Entscheidungskriterien für die Transportmittelwahl

   Sortieren Sie die Begriffskärtchen nach den Kriterien „weiß ich" oder „weiß ich nicht". Bilden Sie Kleingruppen mit höchstens drei Mitgliedern. Erklären Sie sich gegenseitig die „Weiß-ich-nicht"-Kärtchen. Schlagen Sie dabei die ungeklärten Begriffe im Schulbuch nach oder nehmen Sie Kontakt zu einer anderen Kleingruppe auf.
   Schreiben Sie die Begriffserklärungen auf die Rückseite Ihrer Kärtchen und ordnen Sie die Kärtchen unter der Leitkarte „Logistikpartnerschaft" alphabetisch in Ihren Lernkartei-Behälter ein.

2. Bilden Sie Teams mit jeweils drei Mitgliedern (Stammgruppen). Schreiben Sie jeden der Begriffe aus Aufgabe 1 auf ein extra Stück Papier und fügen Sie diese Papierkärtchen zu einer sinnvollen Struktur zusammen. Die Struktur kann durch Pfeile, Farben, Symbole, Texte (z. B. Überschriften), Bilder oder weitere Begriffe ergänzt werden.

3. Die Schöler KG arbeitet mit dem Transportunternehmen Ruth Müller e. Kfr. zusammen. Ruth Müller e. Kfr. übernimmt den gesamten Versand für die Schöler KG. Es wird überlegt, ob der Transport in Zukunft durch eigene Lkw erfolgen soll.
   a) Die Versandleiterin der Schöler KG gibt zu bedenken, dass nicht jeder im Güterkraftverkehr tätig werden dürfe. Nehmen Sie dazu Stellung.
   b) Die Transportkosten der Firma Müller betragen in etwa 6 % des Umsatzes. Bei Eigentransport müsste mit monatlichen Fixkosten von 20 000,00 € sowie umsatzabhängigen Kosten von rund 2 % gerechnet werden.
      1. Berechnen Sie, ab welchem Monatsumsatz der Eigentransport kostengünstiger ist.
      2. Führen Sie weitere Argumente an, die für den Eigentransport sprechen.
   c) Erläutern Sie die rechtlichen Konsequenzen des Eigentransports bezüglich des Gefahrenübergangs und des Haftungsrisikos.

4. Beschreiben Sie die Möglichkeiten eines Warenwirtschaftssystems bei der
   a) Auswahl des Transportmittels,
   b) Zusammenstellung der Güter zu Touren,
   c) Erstellung der Transportpapiere.

5. Welche Gesichtspunkte müssen bei der Tourenplanung beachtet werden?

6. Informieren Sie sich über die Möglichkeiten des Warenwirtschaftssystems Ihres Ausbildungsbetriebs bei der Vorbereitung des Gütertransports und präsentieren Sie Ihre Ergebnisse.

7. Vergleichen Sie den CIM-Frachtbrief im Kap. 3.2 Fremdtransport durch Frachtführer mit dem Lkw-CMR-Frachtbrief im LF1, Kap. 8.5.1 Versand-/Transportdokumente.

8. Die Textilwarenhandlung Menzel e. Kfm., München, sendet folgendes Fax an die Sütex Textilgroßhandel GmbH, Ulm:

   > ...
   > Bitte senden Sie die Stoffe nicht nach München, sondern
   > an unsere Zweigniederlassung in Augsburg
   > ...

   Die Sütex GmbH hat die Sendung bereits vor einer Stunde bei der Bahn aufgegeben. Was muss die Sütex GmbH tun, wenn sie dem Wunsch ihres Kunden Menzel nachkommen will?

Lernfeld 3 — Logistische Prozesse planen, steuern und kontrollieren

9 a) Erklären Sie die Bedeutung der Zahlungsbedingung „Zahlung gegen Frachtbriefdoppel".
   b) Welche Vorteile hat diese Vereinbarung für Verkäufer und Käufer?
   c) Wann wird diese Bedingung hinfällig?

10 Besorgen Sie sich Frachtbriefsätze und füllen Sie diese für folgende Fälle aus:
   a) Die Schrotthandels-AG, Bremer Str. 96, 46397 Bocholt, sendet eine Wagenladung Aluminiumschrott (25,2 t) mit Wagen Nr. 716399, Lastgrenze 28 t, an das Aluminiumschmelzwerk Kawule KG, Feldbergstr. 18–24, 39116 Magdeburg, unfrei, Auftrags-Nr. 7599. Datum 3. August . .
   b) Die Landwirtschaftliche Kreisgenossenschaft, Kanalstraße 44–46, 74177 Bad Friedrichshall, bestellt bei der Düngerfabrik Klitz & Seeger KG, Mühlgasse 14, 06108 Halle, einen Waggon Stickstoff-Dünger in Säcken.

11 Unterscheiden Sie Spediteur und Frachtführer bezüglich
   a) der Aufgaben,
   b) der vertraglichen Grundlage ihres Tätigwerdens,
   c) ihrer Rechte und Pflichten.

12 a) Was versteht man unter dem Selbsteintrittsrecht des Spediteurs?
   b) Welche Auswirkung hat der Gebrauch dieses Rechts auf die Haftung des Spediteurs?
   c) Welche Auswirkung hat der Gebrauch dieses Rechts auf die Vergütung des Spediteurs? Nehmen Sie zur Beantwortung dieser Fragen das HGB zu Hilfe.

13 a) Beschreiben Sie einige Arbeitsgebiete des Spediteurs.
   b) Inwiefern dringt der Spediteur zunehmend in klassische Arbeitsfelder des Großhandels ein?

14 Finden Sie heraus, nach welchen Gesichtspunkten Ihr Ausbildungsbetrieb die Güterverkehrsträger auswählt. Berichten Sie über Ihre Ergebnisse und vergleichen Sie mehrere Ausbildungsbetriebe miteinander.

15 Bestimmen Sie den bestgeeigneten Güterverkehrsträger, wenn
   a) Transportschnelligkeit,
   b) Transportsicherheit,
   c) vertraglich vereinbarte Streckengeschäfte,
   d) Umweltgesichtspunkte ausschlaggebend sind.

16 Bestimmen Sie den bestgeeigneten Güterverkehrsträger für folgende Versandaufgaben:
   a) Fünf Werkzeugmaschinen sollen innerhalb von vier Tagen von Stuttgart nach Hamburg befördert werden. Der Empfänger hat keinen Gleisanschluss.
   b) 3000 Tonnen Kohle sollen von der Zeche im Ruhrgebiet zu einem Kraftwerk am Neckar befördert werden.
   c) Ein Großhändler versendet regelmäßig an denselben Kundenkreis 100 bis 200 Ersatzteile mit einem Einzelgewicht von etwa 10 bis 20 kg.
   d) Empfindliche Messgeräte sollen möglichst schnell nach Japan geschickt werden.
   e) 20 Tonnen Sand sollen von Augsburg nach Ulm transportiert werden.
   f) 200 Tonnen Erdnüsse sollen vom Hamburger Hafen nach Berlin transportiert werden.
   g) Ein Anhängeraufbau (280 kg schwer mit den Maßen 383 x 127 x 80 cm) soll von München nach Mannheim transportiert werden.

17 Treffen Sie eine Entscheidung mithilfe der folgenden Entscheidungsbewertungstabelle:
Vorgehensweise:
Gewichten Sie die Auswahlkriterien so, dass die Summe der Kriterien 100 % ergibt.
Bewertungsstufen: 1 = schlecht bis 5 = sehr gut

Alternativen Auswahlkriterien		Eigentransport (Werkverkehr)		Bahn		Staßengüter-verkehr	
	Gewich-tung	Bewer-tung	Punkte	Bewer-tung	Punkte	Bewer-tung	Punkte
Transportkosten							
Haftung							
Sicherheit							
Org. Aufwand							
Umweltschutz							
Schnelligkeit							
Kundenservice							
Summe							

18 Machen Sie Vorschläge, wie der Güterverkehr langfristig umwelt- und menschenverträglicher organisiert werden kann. Was kann der einzelne Großhändler dazu beitragen? Führen Sie hierzu eine Kartenabfrage durch.

4 Lager- und Kommissionierprozesse

PROBLEM

Auszug aus dem Prospekt der Firma GUTLAG:

Sparen im Lager – mit dem Lagerverwaltungssystem GUTLAG

...

Unsere Kunden erreichen durch GUTLAG folgende Vorteile:

- Ordnung im Lager – kein Suchaufwand mehr
- Kurze Wege durch Wegoptimierung
- Keine Papiere mehr lesen – keine Aufträge mehr abhaken
- Sichere Abwicklung – hohe Qualität der Logistik
- Störungsfreie Lagerabwicklung – die Ware ist schneller beim Kunden

Unser Produktspektrum reicht von der einfachen Lösung mit einem Einplatzsystem bis hin zu komplexen Gesamtsystemen wie der Steuerung von großen Verteilzentren.

Lernfeld 3 Logistische Prozesse planen, steuern und kontrollieren

Blocklagerung in einem Lagerhaus

1. Zeigen Sie an Beispielen, wie durch den Einsatz eines Lagerverwaltungssystems (LVS) Kosten eingespart werden können.

2. Beurteilen Sie die dargestellte Art der Blocklagerung anhand der Kriterien:
   - warengerechte Lagerung,
   - ablaufoptimale Lagerung,
   - sichere Lagerung,
   - umweltgerechte Lagerung.

SACHDARSTELLUNG

Lager- und Kommissionierprozesse sind Kernprozesse, die den Beschaffungsprozess (siehe Jahrgangsstufe 1, LF2) mit dem Verkaufsprozess (siehe Jahrgangsstufe 1, LF1, Kap. 1 Geschäftsprozess Verkauf) verknüpfen. Der Wareneingang und der Warenausgang stellen die Systemgrenzen der Lagerlogistik dar.

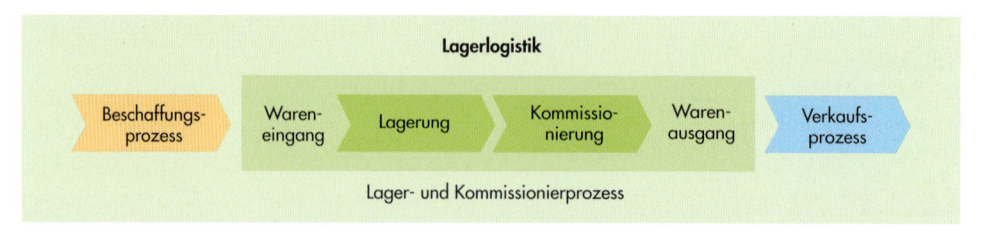

Lagerlogistik

Beschaffungsprozess → Wareneingang → Lagerung → Kommissionierung → Warenausgang → Verkaufsprozess

Lager- und Kommissionierprozess

Logistische Prozesse planen, steuern und kontrollieren — Lernfeld 3

4.1 Wareneingang – Warenannahme und Warenprüfung

Siehe hierzu Jahrgangsstufe 1, LF2, Kap. 2.4 Wareneingangs- und Rechnungsprüfung.

In einer Supply-Chain kann die Wareneingangsprüfung ganz entfallen. Sie wird durch vereinbarte Prüfzertifikate im Rahmen des Qualitätsmanagements ersetzt.

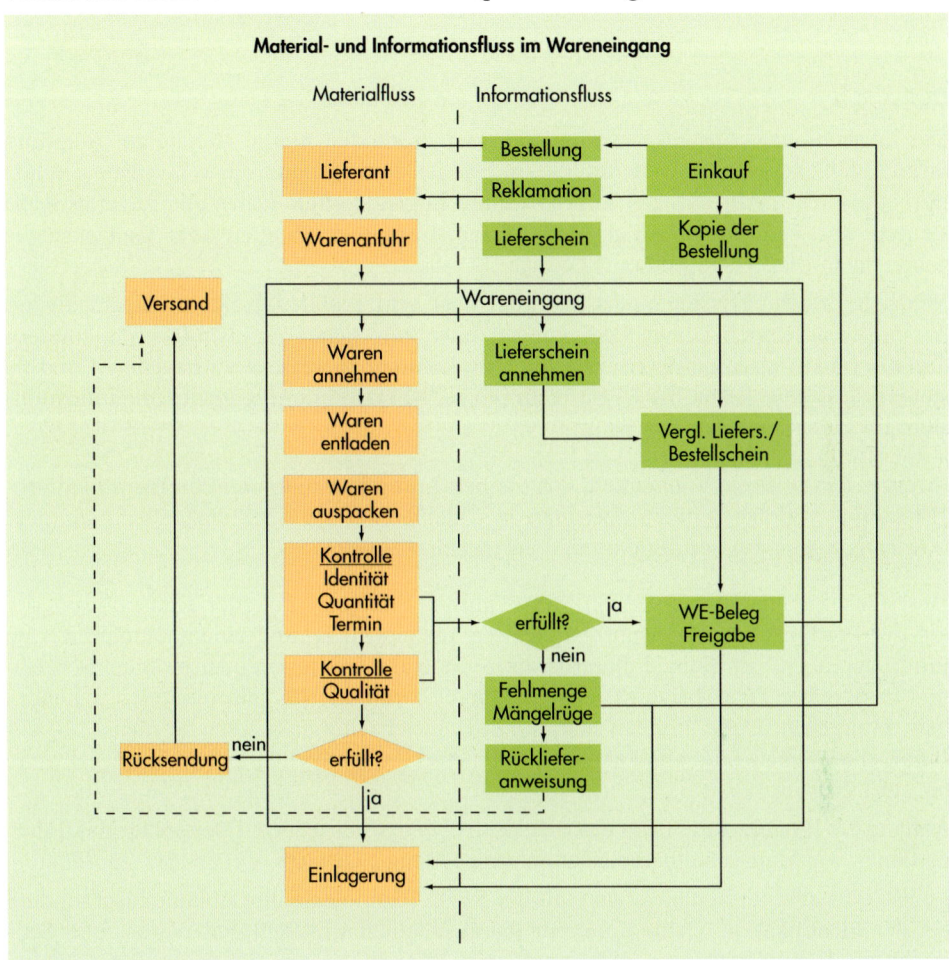

Material- und Informationsfluss im Wareneingang

(Flussdiagramm: Materialfluss und Informationsfluss)

Materialfluss: Lieferant → Warenanfuhr → Wareneingang → Waren annehmen → Waren entladen → Waren auspacken → Kontrolle Identität/Quantität/Termin → Kontrolle Qualität → erfüllt? → ja: Einlagerung / nein: Rücksendung → Versand

Informationsfluss: Bestellung, Reklamation, Lieferschein, Kopie der Bestellung, Einkauf, Lieferschein annehmen, Vergl. Liefers./Bestellschein, erfüllt? → ja: WE-Beleg Freigabe / nein: Fehlmenge Mängelrüge → Rücklieferanweisung

4.2 Techniken zur Warenidentifikation – fit durch RFID?

Waren bzw. Versandeinheiten (Palette, Kiste usw.) werden im Wareneingang meist anhand von Barcodes (Balken-, Strichcodes) identifiziert (erfasst). Vereinzelt sind noch OCR-Schriften[1] gebräuchlich, die als Klarschrift sowohl von Lesegeräten (Lichtstifte) als auch vom Menschen lesbar sind. Am meisten verbreitet ist der EAN-Barcode. **EAN** steht für „Europäische Artikelnummer", die vom Hersteller in Form eines maschinenlesbaren Strichcodes an der Produktverpackung angebracht wird. Sie wird mithilfe von Scannern (Abtastern) eingelesen. Am unteren Rand der EAN wird diese in Klarschrift wiederholt, sodass sie auch vom Menschen lesbar ist.

---

[1] **OCR** = Optical Character Recognition (Optische Zeichenerkennung)

Lernfeld 3
Logistische Prezesse planen, steuern und kontrollieren

```
                    Abteilung        E-/S-KZ
    A 8764         C > 41            N32
            SG-/ZM-Nr./BPOS-Nr. Größe
         R > 400 > 010    UY > 0
    WE                    Preis
    810                   >>+20.00
```

OCR-Schrift   *EAN-Barcode*

Der internationale Austausch von Waren und Produkten nimmt ständig zu. Aufgrund ihrer Anfälligkeit für Umwelteinflüsse und wegen ihrer geografischen Grenzen reichen Barcodes nicht mehr aus, um **internationale Logistikketten** sicher und zuverlässig zu steuern. Die Verluste für fehlgeleitete Waren, Container, Paletten oder Gepäckstücke gehen bis in dreistellige Millionenbeträge.

Moderne Erfassungssysteme müssen in der Lage sein, mobile Objekte unterschiedlicher Art bei wechselnden Umweltbedingungen nicht nur sicher zu identifizieren, sondern darüber hinaus zu lokalisieren, mit ihnen zu kommunizieren, sie zu navigieren und zu steuern. Das alles leistet die RFID-Technologie. **RFID** (Radio Frequency Identification) steht für „Identifizierung per Funk".

> **Merke: RFID** ist ein Funketikett, das die berührungslose automatische Identifikation, Erfassung, Verfolgung und Steuerung von Objekten entlang der Supply-Chain von der Gütererzeugung bis zum Endkunden ermöglicht.

Herzstück des Funketiketts ist ein Mikrochip mit Antenne (Tag oder Transponder), der auf der Produkt- bzw. Transportverpackung angebracht ist und einen standardisierten Produktcode enthält. Sobald dieser Chip in die Nähe von festen oder mobilen Schreib- und Lesegeräten (Transceivern) gelangt, kann er berührungslos Informationen speichern bzw. preisgeben. Dabei können mehrere Tags gleichzeitig ausgelesen werden (z. B. der Inhalt eines Pakets oder alle Pakete einer Palette). Funketiketten haben eine Reichweite bis etwa 20 Meter.

Anhand des Produktcodes kann das ERP-System dem Code jederzeit weitere Produktinformationen wie Mindesthaltbarkeitsdatum, Preis, Menge, Gewicht, Größe usw. zuordnen.

Logistikdienstleister beschleunigen mit der RFID-Technologie ihre Abläufe insbesondere bei der Identifikation, Ortung und der damit möglichen lückenlosen Waren- und Sendungsverfolgung (Tracking and Tracing).

Beispiel: Prozesszeiten mit Barcode und RFID im Vergleich

Identifikation eines Packstücks entlang der Supply-Chain

	Hersteller	Logistik	GVZ	Logistik	Filiale	Regal/POS	
Barcode	2s	197s	2s	194s	156s	11s	562s
	Kontrolle Auslieferung	Kontrolle Lieferschein	Kontrolle Auslieferung	Kontrolle Lieferschein	Kontrolle out of Rack	Verkaufsbuchung	
RFID	2	16	2	14	15	1	50s

512 Sekunden Einsparung!

Der Logistiker weiß mithilfe der Funketiketten noch besser Bescheid, wo sich die Ware gerade befindet, er kann rechtzeitig eingreifen, wenn Abweichungen gemeldet werden. Mit den Funketiketten sind die Einhaltung von Kühltemperaturen entlang der Transportkette oder Mindesthaltbarkeitsdaten kontrollierbar.

Funketiketten sorgen für eine permanente Bestandskontrolle und dokumentieren alle Warenflüsse entlang der Lieferkette, sie unterstützen damit unternehmensübergreifende Qualitätssicherungssysteme. Sie können Auftragsdaten, Montageanleitungen oder Echtheitsgarantien speichern. Sie eignen sich zur Diebstahlsicherung und Überwachung von Gefahrgütern. Neben der lückenlosen Temperatur- und Kapazitätsüberwachung kommunizieren die Bestände über ihre Funketiketten miteinander und lösen Alarm aus, wenn sie z. B. zu dicht nebeneinander gelagert werden oder Temperaturtoleranzen überschritten werden.

Bei Erreichen kritischer Lagerbestände kann eine automatische Bestellung ausgelöst, d. h. die Lieferkette in Gang gesetzt werden (siehe Formen des Supply-Chain in Kap. 1.4 Supply-Chain-Management – auch externe Lieferkette im Griff). Ebenso können der Warenverbrauch und damit die Nachfrage artikelgenau gemessen werden.

OCR, Barcode und RFID im Vergleich			
Merkmale	**OCR**	**Barcode**	**RFID**
Speicherkapazität	niedrig	niedrig	hoch
Kommunikationsfähigkeit	nur lesbar	nur lesbar	beschreib- und lesbar
Lesbarkeit für Menschen	einfach	möglich	unmöglich
Sichtverbindung	notwendig	notwendig	nicht notwendig
Einfluss von Schmutz, Nässe	stark	stark	kein Einfluss
Kopierbarkeit	leicht	leicht	unmöglich
Abnutzung, Verschleiß	vorhanden	vorhanden	nicht vorhanden
Investitionskosten	hoch	mittel	hoch

4.3 Arbeitsabläufe im Lager – Grundsätze beachten

Der Kernprozess Lagerhaltung besteht aus folgenden Teilprozessen:

Waren einlagern → Waren pflegen, manipulieren → Lagerbestand kontrollieren

Warengerechte Lagerung – Eigenschaften des Lagergutes beachten

Für die Art der Lagerung sind wirtschaftliche Gesichtspunkte und bestimmte Eigenschaften des Lagergutes (z. B. Witterungsbeständigkeit, Volumen, Wert, Gewicht, Art) ausschlaggebend. Je nach Eigenschaften sind bestimmte Lagerarten bzw. Lagereinrichtungen zum Schutz der Lagergüter notwendig.

Lernfeld 3
Logistische Prozesse planen, steuern und kontrollieren

Lagerarten nach der Eigenschaft der Lagergüter	
Lagerart	**Eigenschaften der Lagergüter**
Offenes Lager (Freilager)	Witterungsbeständige Waren mit relativ geringem Wert, deren Volumen und/oder Gewicht eine Lagerung in Gebäuden unwirtschaftlich machen würde (z. B. Baumaterial, Steine, Sand, Betonteile); in **halboffenen Lagern** (diese sind überdacht, bieten jedoch seitlich keinen Schutz) werden Holz, Stahlrohre, Maschinen usw. aufbewahrt.
Geschlossenes Lager	Witterungsempfindliche Waren oder wertvolle Waren, die vor Diebstahl geschützt werden müssen, wie z. B. Elektro-, Schreib-, Textilwaren
Speziallager	**Tanklager** für gasförmige oder flüssige Güter, **Silolager** bzw. **Schüttgutlager** für feste Schüttgüter wie Saatgut, Dünge- oder Futtermittel, **temperierte Lager** mit konstanten Temperatur- und Feuchtigkeitsbedingungen für die Aufbewahrung von Pflanzen, oder **Kühl- und Tiefkühlhäuser** für Waren, die sich in der Kühlkette befinden

Lagereinrichtungen nach besonderen Schutzbedürfnissen der Lagergüter	
Schutz vor	**Geeignete Lagereinrichtung**
Wärme	Kühleinrichtungen, z. B. Fleischwaren, Fisch, Fette, Wachs
Feuchtigkeit	Heizungs-, Lüftungsanlage, z. B. Metallwaren, Papier, Salz, Mehl
Trockenheit	Hygrometer, Verpackung, z. B. Möbel, Leder, Tabak
Sonnenlicht	Dunkle Räume, lichtgeschützte Verpackung, z. B. Papier, Bücher, Textilwaren, Farben, Süßwaren, Konserven im Glas
Staub	Schränke, Schutzhüllen, z. B. Kleider, Wäsche, Bücher, Schmuck, Elektro-, Schreibwaren
Geruchseinwirkung	Getrennte Lagerung von Käse, Fisch, Seife, Parfüm, Kaffee, Tabak

Für die Lagerung von Lebensmitteln sind die Vorschriften des Lebensmittel-, Bedarfsgegenstände- und Futtermittelgesetzbuches (LFGB), für Gefahrstoffe (z. B. Säuren, Gifte) das Chemikaliengesetz und die Gefahrstoffverordnung zu beachten.

Einlagerungsgrundsätze

Das Lagergut kann nach verschiedenen Gesichtspunkten, Grundsätzen und Methoden eingelagert werden.

Merkmal	Lagergrundsatz
Art des Lagergutes	Gleiche Ware zusammen lagern
Wert des Lagergutes	Wertvolle Ware in Sichtweite, weniger wertvolle Ware weiter hinten lagern
Transporteigenschaften	Schwere Ware am Boden bzw. unten und vorn; leichte Ware oben und hinten lagern
Zugriffshäufigkeit	Häufig verlangte Ware (Schnelldreher, „Renner") in Griffnähe (unten, vorn), selten verlangte Ware (Langsamdreher, „Penner") oben und hinten lagern
Reihenfolge der Warenausgabe	**Fifo-Methode** (first in – first out): Die zuerst eingelagerte Ware wird zuerst wieder ausgelagert („Alt vor Neu"), z. B. bei Lebensmitteln, Kosmetika.
	Lifo-Methode (last in – first out): Die zuletzt eingelagerte Ware wird zuerst wieder ausgelagert; vor allem bei Schüttgütern (Kohle, Sand, Getreide usw.).

Pflege und Manipulation des Lagergutes

Zur **Warenpflege** gehört die **Sauberhaltung** der Lagerräume und des Lagergutes. Die Pflege des Lagergutes richtet sich nach dessen Eigenschaften. So müssen beispielsweise bestimmte Hölzer **gelüftet**, Sektflaschen **gewendet**, Saatgut **gelockert** werden. Das Pflegen geht bei vielen Waren mit Manipulationsvorgängen des Lagergutes Hand in Hand.

Die **Warenmanipulation** beinhaltet alle Tätigkeiten am Lagergut, die die **Verwendungsreife herbeiführen, erhöhen oder erhalten**. Beispiele solcher Manipulationsarbeiten sind die Reifelagerung (Bananen, Cognac usw.), die Ablagerung (Holz), das Trocknen (Tabak, Gewürze), das Sortieren (landwirtschaftliche Produkte), das Mischen (Futtermittel). Zur Warenmanipulation gehören auch **verkaufsvorbereitende** Tätigkeiten wie Verpackungsvorgänge (Vorverpackung von Obst), Holzzuschnitt usw. und **verkaufsbegleitende** Arbeiten wie Aufstellen von Möbeln, Anarbeiten von Stahl (z. B. Biegen), Montage- und Wartungstätigkeiten.

Lagerkontrolle – Mengen und Wertkontrolle

Die Erfassung der Warenbestände geschieht durch folgende Verfahren:

- Stichtagsinventur,
- permanente Inventur.

Bei der **Stichtagsinventur** wird der gesamte Warenvorrat körperlich durch Zählen, Messen oder Wiegen aufgenommen. In der Regel erfolgt diese Inventur zum Bilanzstichtag. Wenn sichergestellt ist, dass der Bestand entsprechend hochgerechnet bzw. zurückgerechnet werden kann, dann darf die Inventur auch

- bis zu **zehn Tage vor oder nach** dem Bilanzstichtag [EStR Abschnitt 30 (1)],
- **drei Monate vor oder zwei Monate nach** dem Bilanzstichtag [EStR Abschnitt 30 (3)]

durchgeführt werden.

Werden die Lagerbewegungen (Bestände, Zu- und Abgänge) artikel- und taggenau in Lagerdateien nachgewiesen, dann liegt eine **permanente Inventur** vor. Das Inventar kann aufgrund dieser Buchbestände aufgestellt werden, wenn die Buchbestände mindestens einmal im Jahr durch eine körperliche Aufnahme überprüft und berichtigt werden [EStR Abschnitt 30 (2)].

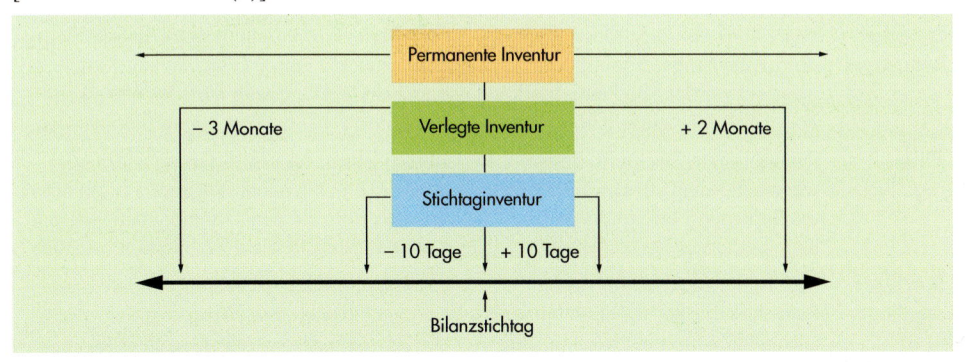

Bei Gütern, die nur mit erheblichen Schwierigkeiten erfasst werden können (z. B. Schüttgüter), ist ausnahmsweise eine **Schätzung** zulässig.

Die Durchführung der permanenten Inventur wird vollständig vom Warenwirtschaftssystem übernommen. Auch bei der Stichtagsinventur kann das Warenwirtschaftssystem die Arbeit erheblich erleichtern. Dazu werden aus der Artikel- und Bestandsdatei alle Artikelsätze in eine **Inventurdatei** übertragen. Aus dieser wird für die körperliche Lagerbestandsaufnahme eine **Zählliste** ausgedruckt. Auf dieser werden die aufgenommenen Stückzahlen artikelweise eingetragen. Danach kann eine **Inventurliste** gedruckt werden, die den aufgenommenen Lagerbestand, den Sollbestand und die mengen- und wertmäßigen Inventurdifferenzen für jeden Artikel ausweist.

Ursachen für und Maßnahmen gegen Inventurdifferenzen	
Ursachen	Organisatorische Fehler wie unvollständige Erfassung oder Bewertung der Bestände (z. B. Nichterfassen der Retouren, Preisabschriften), unklare Anweisungen oder deren Nichtbeachtung; unzureichende Einarbeitung des Personals; Fehler bei der Inventuraufnahme oder bei der eingesetzten Soft- und Hardware (Programme, Scanner); Diebstahl/Betrug des Personals bzw. der Kunden
Maßnahmen	Beseitigung organisatorischer Mängel (Schulung des Personals, Verbesserung der Anweisungen/Software), Sicherungsmaßnahmen gegen Diebstahl und Einbruch (Stichprobeninventur, übersichtliche Lagergestaltung und Überwachungstechnik)

Siehe hierzu auch Kap. 5 Wirtschaftlichkeit der Lagerhaltung.

4.4 Ordnungssysteme der Lagerhaltung – Lagerarten

Ordnung im Lager entsteht durch

- die räumliche Gestaltung des Lagers,
- die Zuordnung der Lagergüter auf die Lagerplätze,
- den Zentralisationsgrad des Lagers.

Lagerarten nach der räumlichen Gestaltung des Lagers

Je **nach räumlicher Gestaltung** des Lagers können Lagergüter auf verschiedene Weise in ihre Lagerplätze eingeordnet werden. Siehe hierzu auch offenes, geschlossenes Lager und Speziallager in Kap. 4.3 Arbeitsabläufe im Lager – Grundsätze beachten.

Wichtige Lagerarten nach der räumlichen Gestaltung		
Lagerarten	Beschreibung	Einsatzmöglichkeiten
Einfaches Regallager	Ware wird auf Fachböden gelagert, die zusammengeschraubt oder -gesteckt werden. Bedienung erfolgt über Flurförderzeuge (FFZ)	Für offene, kartonierte, palettierte oder in Sonderpackformen (Fässer, Rollen, Kisten) angelieferte Stückgüter. Auf die Ware kann wahlfrei bis 12 m Höhe zugegriffen werden
Hochregallager	Regale tragen Dach und Seitenwände des eingeschossigen Lagers; die Bedienung erfolgt durch Regalbediengeräte (RBG)	Ausschließlich für die Lagerung palettierter Ware, die in einzelnen Verpackungseinheiten oder als ganze Paletten entnommen werden, wahlfreier Zugriff bis 40 m Höhe ist möglich
Durchlaufregallager	Regalständer, zwischen denen Rollenleisten oder -bahnen mit einer leichten Neigung eingehängt sind	Für rollenbahnfähige Waren, Stapelkästen, Kartons, Paletten. Die Ware rollt aufgrund der Schwerkraft von selbst durch den Fachkanal, kein wahlfreier Zugriff möglich
Blocklager	Waren oder Behälter werden direkt übereinander gestapelt	Stapelfähige Güter (z. B. Papierrollen, Baustoffe, Ballen, Fässer), Getränkepaletten und -kisten, Gitterboxpaletten, die wegen des Gewichts nicht in Regalen lagerbar sind

Logistische Prozesse planen, steuern und kontrollieren **Lernfeld 3**

Durchlaufregallager *Hochregallager*

Lagerarten nach der Zuordnung der Lagergüter auf die Lagerplätze

Bei der Einlagerung sollte bereits an die spätere Warenentnahme gedacht werden. Unnötige Staplersuchfahrten, Umwege, versehentliches Auslagern falscher Paletten und lange Zugriffszeiten machen allein 30 % der Handhabungskosten im manuell bedienten Lager aus und kosten Zeit und Nerven der Mitarbeiter.

Viele Großhandelsbetriebe ordnen deshalb jedem Lagergut einen festen Lagerplatz zu. Bei diesem **Festplatzsystem (systematische Lagerplatzzuordnung)** erhält jeder Lagerplatz eine Lagernummer (Lageradresse). Alle Lageradressen sind übersichtlich in einem Lagerplan zusammengestellt. Ein systematisches Lagernummernsystem stellt sicher, dass jeder Lagerplatz eindeutig bestimmbar ist. So können die Lagergüter identifiziert, klassifiziert und kontrolliert werden.

Beispiel: Lager-Nummernschlüssel der TRIAL GmbH

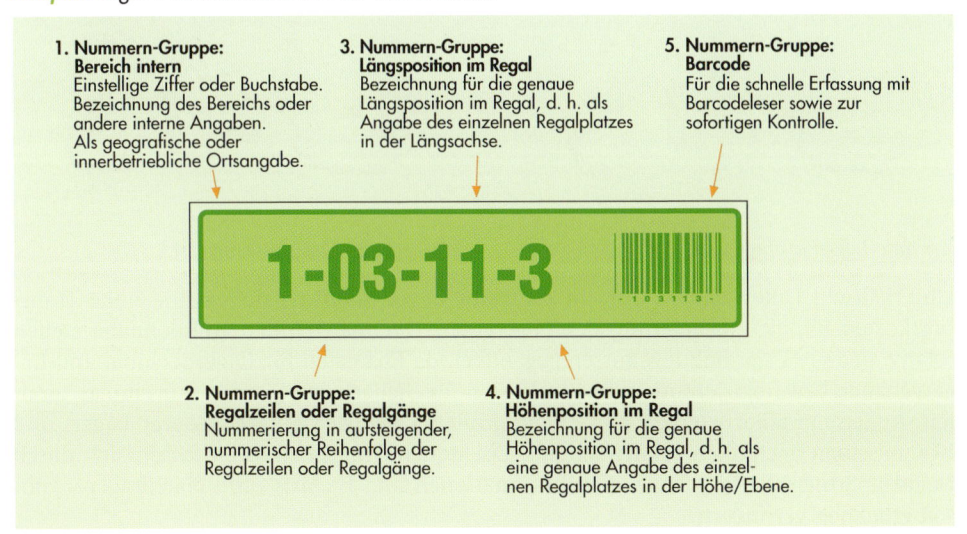

1. Nummern-Gruppe: Bereich intern
Einstellige Ziffer oder Buchstabe. Bezeichnung des Bereichs oder andere interne Angaben. Als geografische oder innerbetriebliche Ortsangabe.

3. Nummern-Gruppe: Längsposition im Regal
Bezeichnung für die genaue Längsposition im Regal, d. h. als Angabe des einzelnen Regalplatzes in der Längsachse.

5. Nummern-Gruppe: Barcode
Für die schnelle Erfassung mit Barcodeleser sowie zur sofortigen Kontrolle.

1-03-11-3

2. Nummern-Gruppe: Regalzeilen oder Regalgänge
Nummerierung in aufsteigender, nummerischer Reihenfolge der Regalzeilen oder Regalgänge.

4. Nummern-Gruppe: Höhenposition im Regal
Bezeichnung für die genaue Höhenposition im Regal, d. h. als eine genaue Angabe des einzelnen Regalplatzes in der Höhe/Ebene.

Beim **Freiplatzsystem** haben die Lagergüter keine festen Lagerplätze. Bei dieser **chaotischen Lagerplatzzuordnung** weist das Lagerverwaltungssystem (LVS) den einzulagernden Artikeln den nächsten gerade freien Lagerplatz zu. Der Hauptvorteil des chaotischen Lagers liegt in der schnellen Einlagerung und der optimalen Ausnutzung der Lagerfläche. Der genutzte Anteil des Lagerraums im Verhältnis zum verfügbaren Lagerraum ist hier erheblich höher als bei der systematischen Lagerung. Das Hauptproblem der chaotischen Lagerführung ist die Abhängigkeit von der Datenverarbeitung, denn nur der Computer kennt den jeweiligen Lagerort eines Artikels. Ein manuelles Ein- und Auslagern ist meist nicht möglich, da die Lagerorte nur den vollautomatischen Transportsystemen zugänglich sind. Dies setzt ein einheitliches Behältersystem voraus.

Das **Lagerverwaltungssystem** steuert alle Lagerplatzänderungen und gibt Auskunft über die aktuelle Lagerbelegung und die Auslastung des Lagers. Aus den Lagerplatzdaten (z. B. vorhandene Lagerfläche) und der Lagerbelegungsdatei (freie, belegte Lagerplätze) wird der optimale Lagerplatz bestimmt und zugewiesen. Dabei werden artikelbezogene Kriterien (Menge, Größe, Häufigkeit der Verkäufe usw.) berücksichtigt.

Lagerarten nach dem Zentralisationsgrad

> **Merke:** Werden alle Lagergüter gemeinsam an einem Ort bevorratet, dann liegt eine **zentrale Lagerhaltung** vor. Sind gleiche Lagergüter an verschiedenen Orten untergebracht, dann handelt es sich um eine **dezentrale Lagerhaltung**.

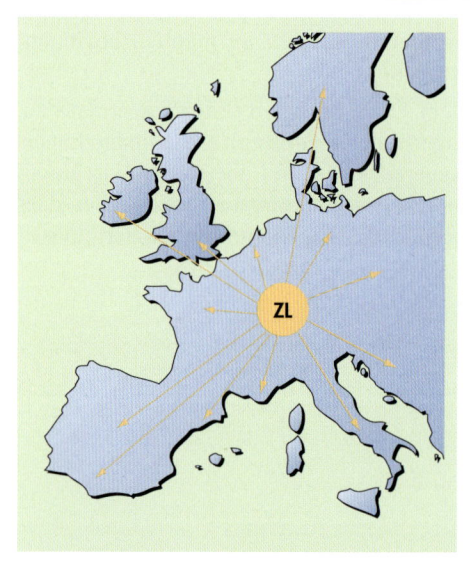

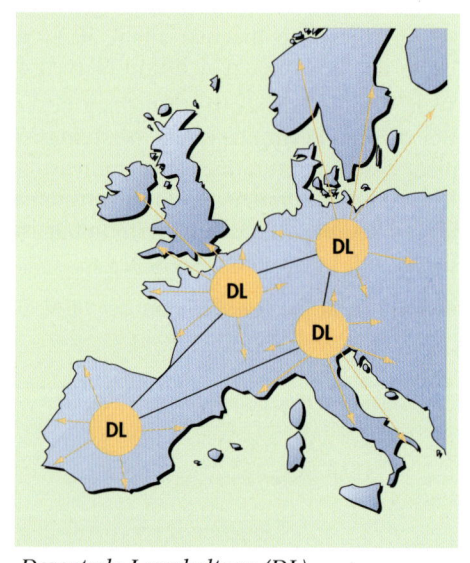

Zentrale Lagerhaltung (ZL) *Dezentrale Lagerhaltung (DL)*

Unterhält ein Unternehmen nur ein **zentrales Lager**, dann entstehen ihm hohe Transportkosten für die Auslieferung der Lagergüter. Der mangelnden Kundennähe stehen relativ niedrige Lagerhaltungskosten gegenüber, da Fixkosten für Lagerpersonal und Lagergebäude bzw. -einrichtung und Zinskosten für Sicherheitsbestände nur einmal anfallen. Außerdem amortisiert sich in einem großen Lager der Einsatz teurer Lager- und Kommissioniertechniken relativ schnell. Die hohen Transportkosten lassen sich durch Logistikpartnerschaften, frühzeitige Informationen und Bedarfs- und Nachfrageprognosen erheblich verringern.

Oft bedingen jedoch Sicherheitsvorschriften eine **dezentrale Lagerung** (z. B. müssen Gefahrstoffe getrennt von anderen Lagergütern aufbewahrt werden) oder mangelnde Erweiterungsmöglichkeiten am bisherigen Lagerstandort. Die dezentrale Lagerung ist einer Zentrallagerung vorzuziehen, wenn sich eine Automatisierung des Lagers aufgrund der geringen Lagermengen nicht lohnt, weil Kunden in sehr kurzen Zeitabständen (z. B. mehrmals täglich) beliefert werden müssen, sei es wegen der Sortimentsstruktur (z. B. Frischwaren), des stark schwankenden Verbrauchs oder aufgrund der Marktmacht des Kunden (z. B. Just-in-time-Lager vor den Werkstoren großer Automobilhersteller).

Manche Großhändler richten dezentrale Lager in Form eines **Kommissions- bzw. Konsignationslagers** bei ihren Kunden ein und bewirtschaften es. Sie treten dann als Kommissionäre auf. Siehe hierzu LF5, Kap. 5.2 Strategien der Absatzkanalpolitik.

Große Großhandelsunternehmen unterhalten ein System von Zentral-, Regional- und Auslieferungslagern. Dabei dient das Zentrallager als Zielort für die Lieferanten (z. B. Hersteller). Das Zentrallager sorgt für das Nachfüllen (Replenishment) der Bestände in den Regionallagern. Die Regionallager befinden sich in der Absatzregion mehrerer Verkaufsgebiete und entlasten das Zentrallager und die Auslieferungslager. Die Auslieferungslager führen nur die regional unterschiedlichen absatzstarken Produkte und beliefern die Kunden (Einzelhandels-, Handwerksbetriebe) in ihrem jeweiligen Verkaufsgebiet.

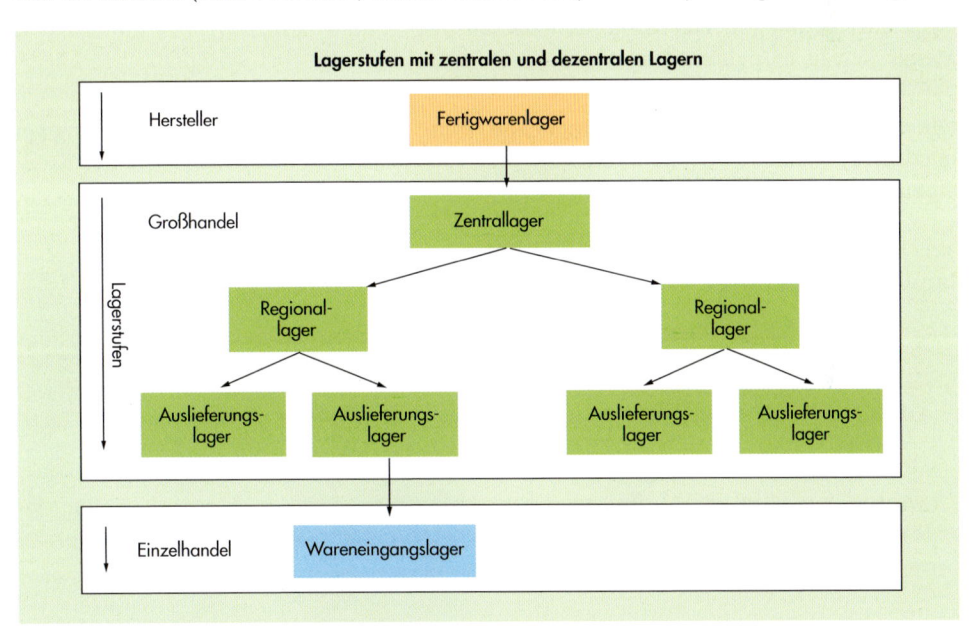

Lagerstufen mit zentralen und dezentralen Lagern

- Hersteller → Fertigwarenlager
- Großhandel → Zentrallager → Regionallager → Auslieferungslager
- Einzelhandel → Wareneingangslager

Bei der Entscheidung für oder gegen eine zentrale oder dezentrale Lagerung steht der Zielkonflikt zwischen Transportkosten und Lagerhaltungskosten im Mittelpunkt. Insgesamt sind folgende Kriterien bedeutsam:

- Kosten der Auslieferung (Transportkosten),
- Kosten der Warenbevorratung (Lagerkosten),
- Zusammensetzung des Sortiments (Sortimentsstruktur),
- Verbrauchsstruktur (Schwankungsbreite der Nachfrage),
- Sicherstellung der kontinuierlichen Versorgung der Kunden.

4.5 Kommissionierprozess – bald beleglos?

Der Kernprozess Kommissionieren besteht aus folgenden Teilprozessen:

Kommissionierauftrag lesen → Artikel entnehmen → Artikel bereitstellen

Merke: Kommissionieren ist das Zusammenstellen von Teilmengen eines Artikels aus einer Gesamtmenge oder einem Sortiment aufgrund eines Kommissionierauftrags.

Im Zustell- und Abholgroßhandel wird diese Tätigkeit vom Personal ausgeführt. Im Selbstbedienungs-Großhandel (Cash und Carry) übernimmt der Kunde selbst das Kommissionieren. Im reinen Streckengroßhandel entfällt der Kommissioniervorgang vollständig, da im Lager kein Warenfluss stattfindet.

Kommissionierauftrag – keine Warenentnahme ohne Auftrag

Grundlage für Kommissionieraufträge sind konkrete Aufträge von externen Kunden (z. B. Einzelhändler, Handwerker) oder internen Kunden (z. B. Regional-, Auslieferungslager oder Montage). Der **Kommissionierauftrag** enthält Angaben über die Art und Menge der zu entnehmenden Artikel und deren Lagerorte (bei systematischer Lagerplatzzuordnung).

Oft wird der vom ERP-System erstellte Lieferschein für den Kommissioniervorgang genutzt. Der Rechner führt die Artikel auf dem Lieferschein in der Reihenfolge des Kommissioniervorgangs **(Pickliste)** auf.

Kommissioniervorgang – statisch oder parallel?

Im Wesentlichen ist der Kommissioniervorgang ein Umsortiervorgang.

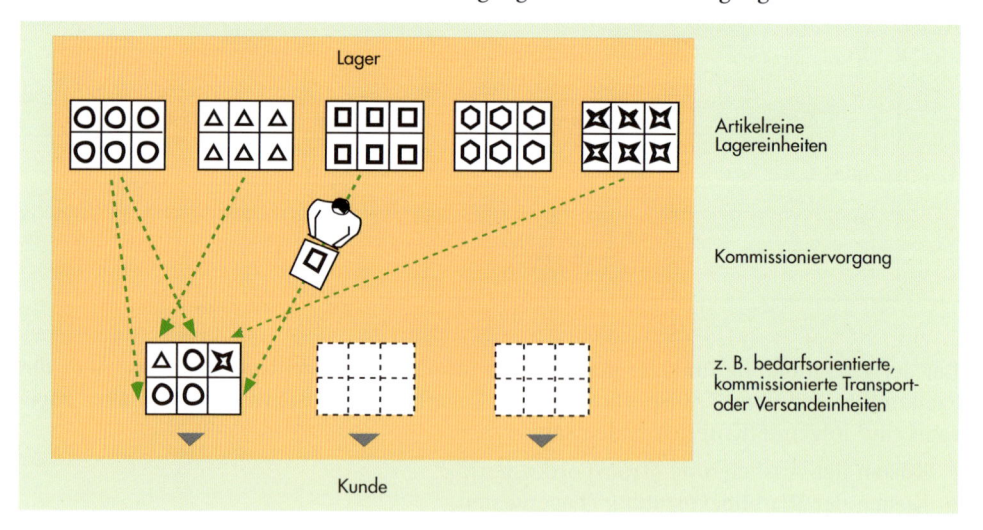

Je nach räumlicher Gestaltung und Umschlagsleistung eines Lagers haben sich in der Praxis verschiedene Sammelmethoden herausgebildet.

Statisches oder dynamisches Kommissionieren

Beim statisch-zentralen Kommissionierprinzip bewegt sich die **Person zur Ware**. Die Ware steht in einem Paletten-, Fachbodenregal oder Blocklager und muss von der Kommissionierperson entnommen werden. Die Person geht also zur Ware und entnimmt sie manuell oder mithilfe eines Kommissioniergeräts (z. B. Pickcar, Regalbediengerät, Kommissionierstapler). Das **statische Kommissionieren** ist sinnvoll, wenn geringe Artikelmengen entnommen werden und relativ kurze Wege zurückzulegen sind.

Beim **dynamisch-dezentralen Kommissionierprinzip** bewegt sich die **Ware zur Person**. Die Kommissioniereinrichtung ist so gestaltet, dass die Ware – meist Kleinteile, Ersatzteile – auf Knopfdruck (Umlauf- bzw. Paternosterlager mit automatischen Ein- und Auslagereinrichtungen) bzw. durch ein automatisiertes Fördersystem (Durchlaufkarussell, Hoch- und Durchlaufregal mit automatischen Regalförderzeugen) zur Kommissionierperson befördert wird. Es ergeben sich geringe Wegezeiten, da die Kommissionierperson ihren Arbeitsplatz nicht verlassen muss. Unter Umständen befinden sich jedoch nur wenige Artikel im direkten Zugriffsbereich der Person.

Beschickungs-, Lagerungs- und Kommissionierzonen sollten strikt getrennt werden. Nur so sind gegenseitige Behinderungen des Lager- und Kommissionierpersonals und damit verbundene Verzögerungen ausgeschlossen.

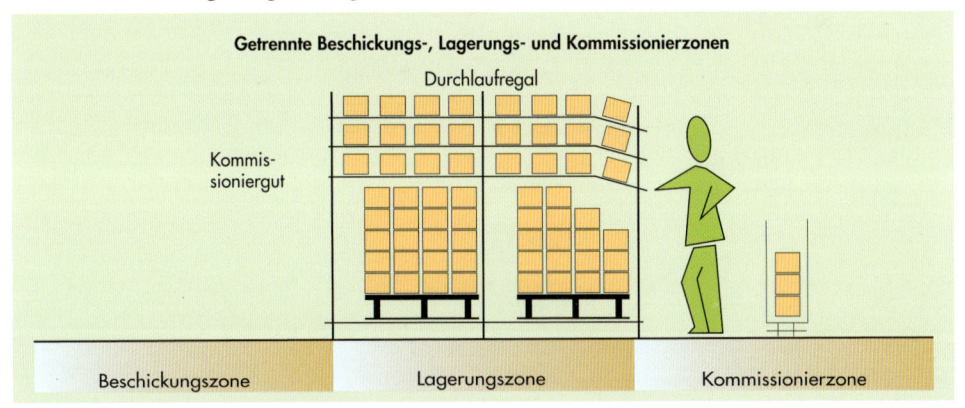

Sequenzielles oder paralleles Kommissionieren

Beim **sequenziellen Kommissionieren (einstufiges Kommissionieren)** sind Kunden- und Kommissionierauftrag identisch. Dabei werden alle Positionen des Auftrags **der Reihe nach** (sequenziell) abgearbeitet. Die Kommissionierperson durchläuft oder durchfährt mit ihrer Kommissionierhilfe (Sammelwagen, -box, -palette, Rollbehälter) alle Lagergänge und stellt dabei den kompletten Kundenauftrag zusammen.

Dabei legt der Mitarbeiter weite Wege zurück, da er das ganze Lager durchqueren muss. Beim **beleglosen computergesteuerten Kommissionieren** entnimmt die Kommissionierperson die Ware anhand von Leuchtanzeigen auf

Displays an den Regalen oder drahtloser Auftragsübermittlung, z. B. per Kopfhöreransage – Pick-by voice- oder RFID-Technik.

Wenn Aufträge eine sehr große Zahl an Artikeln umfassen, die aus unterschiedlichen Lagerarten (z. B. Hoch-, Durchlaufregallager) geholt werden müssen, oder wenn lange Wege zurückzulegen sind, empfiehlt sich das **parallele Kommissionieren (zweistufiges Kommissionieren, Lagerbereichsverfahren)**. Dabei wird ein Kundenauftrag nach den Lagerbereichen der einzelnen Artikel in mehrere Kommissionieraufträge aufgeteilt, die von mehreren Kommissionierpersonen gleichzeitig (parallel) abgearbeitet werden. Fehler, Wege- und Suchzeiten sind erheblich geringer, da sich jede Kommissionierperson in ihrem Lagerbereich gut auskennt. Vor der Auslieferung müssen die Teilaufträge jedoch wieder zusammengeführt werden. Dabei ist eine gründliche Ausgangskontrolle notwendig.

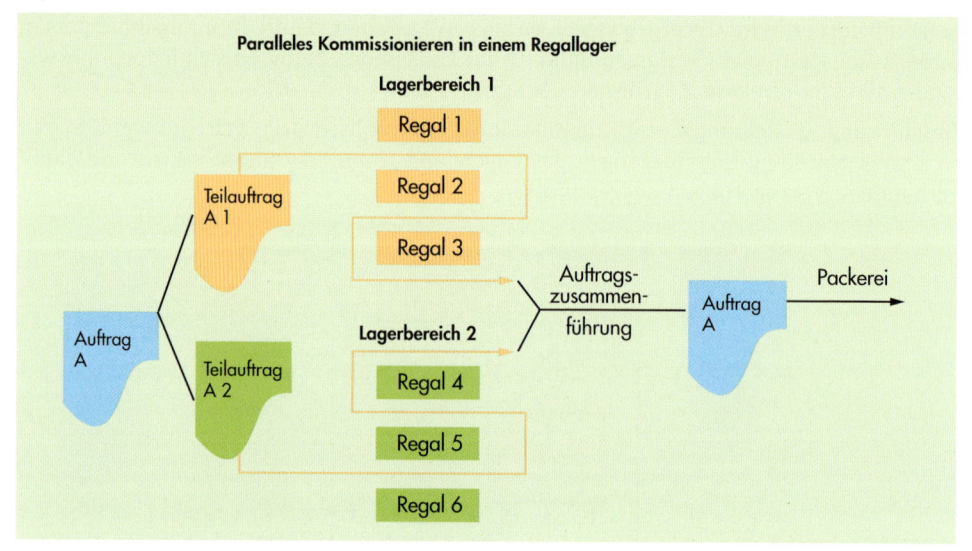

Paralleles Kommissionieren in einem Regallager

Auftrag A → Teilauftrag A 1 (Lagerbereich 1: Regal 1, Regal 2, Regal 3) und Teilauftrag A 2 (Lagerbereich 2: Regal 4, Regal 5, Regal 6) → Auftragszusammenführung → Auftrag A → Packerei

Matrix für die Wahl des Kommissionierverfahrens

	Niedrige Artikelzahl	Hohe Artikelzahl
Wenige Aufträge	• statisches Kommissionieren (Person zur Ware) • sequenzielles Kommissionieren	• statisches Kommissionieren (Person zur Ware) • paralleles Kommissionieren
Viele Aufträge	• statisches Kommissionieren (Person zur Ware) • sequenzielles Kommissionieren	• dynamisches Kommissionieren (Ware zur Person) • sequenzielles Kommissionieren

4.6 Auslagerung des Lagerguts – sortieren und verpacken

Nach dem Kommissionieren werden die Lagergüter, nach Aufträgen sortiert, zum Warenausgang transportiert. Die Lagergüter dürfen das Lager erst verlassen, nachdem die Warenentnahme dokumentiert wurde (z. B. durch Bestätigung auf Entnahmescheinen). Anschließend werden die ausgelagerten Güter zu bedarfsgerechten Versandeinheiten verpackt und zum Verladen bereitgestellt. Parallel dazu werden die Lieferscheine und sonstigen Transportpapiere erstellt.

4.7 Crossdocking-Konzept – bestandsloses Kommissionieren

Beim **Crossdocking** wird die eingehende Ware sofort bedarfsgerecht aufgelöst, bereitgestellt und versendet. Der Begriff bezeichnet den Vorgang, dass Lkw auf der Wareneingangsseite eines Lagerhauses andocken und Waren anliefern, während an der gegenüberliegenden Warenausgangsseite andere Lkw mit den Lieferungen für die einzelnen Kunden beladen werden.

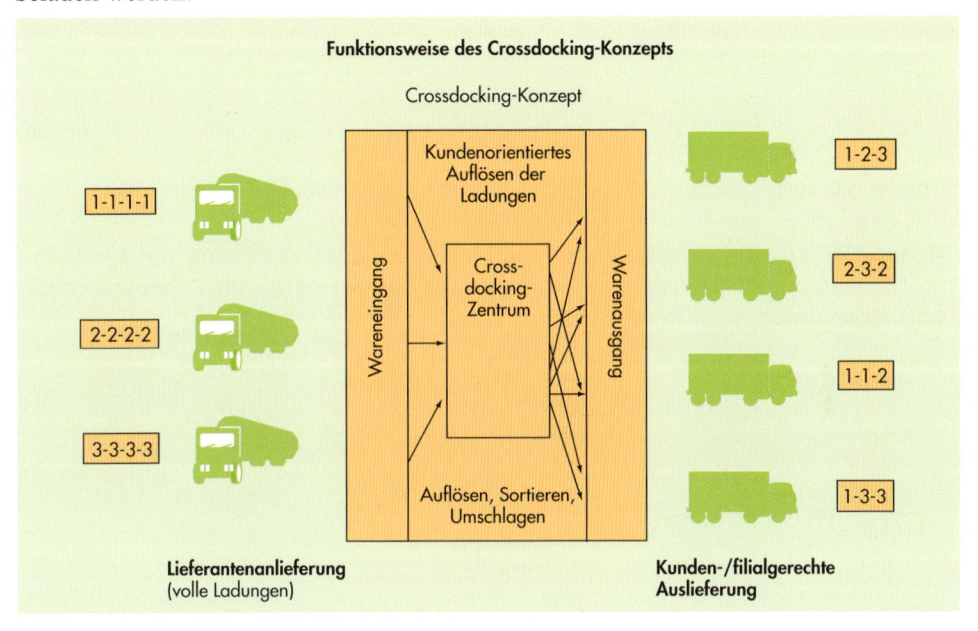

Funktionsweise des Crossdocking-Konzepts

Innerhalb der logistischen Kette fallen die Anlieferung der Waren am Crossdocking-Punkt[1] (z. B. Distributionslager des Großhändlers) und die Auslieferung an die Kunden (z. B. Filialen eines bzw. verschiedener Einzelhändler) zeitlich und mengenmäßig zusammen. Typische Einlagerungs- und Kommissionierprozesse entfallen. Anstatt eine Palette an einem Lagerort einzulagern, wird diese direkt an den Endempfänger weitergeleitet.

Voraussetzung ist eine enge informationstechnische Verknüpfung der Beteiligten in der Supply-Chain (z. B. VMI[2]). Auf der Grundlage des Transportetiketts (z. B. EAN, RFID), der Nummer der Versandeinheit (NVE) und der elektronischen Lieferbestätigung (DESADV) ist der Datenfluss über die gesamte Lieferkette gewährleistet.

Für den Lieferanten bzw. den Frachtführer ergibt sich der Vorteil des großen zusammengefassten Transportvolumens an dem Crossdocking-Punkt. Für die Kunden (Filialen des Einzelhandels) ergibt sich der Vorteil der einmaligen Anlieferung, was vor allem bei beengten Entlademöglichkeiten zu Handlingvorteilen führt. Großhändler, die ihre Feinverteilung bisher über Auslieferungslager durchführten, können mithilfe des Warenverteilzentrums (fast) ohne Warenbestände in der Fläche einen 24-Stunden-Service und eine **Just-in-time-Belieferung** von bedarfsgerechten Teilmengen direkt zu den Bedarfsorten bieten. Bei hohem Auftragsvolumen und der Liefermengenbündelung bleibt der

---

[1] Konzentrations- bzw. Auflösepunkt, in der Fachsprache **Warenverteilzentrum (WVZ)**, Transitterminal oder Transshipment genannt

[2] Siehe hierzu Formen des SCM in Kap. 1.4 Supply-Chain-Management auf Seite 25 ff.

Transportkostenvorteil, den das Auslieferungslager normalerweise gegenüber der Direktbelieferung aufweist, erhalten.

4.8 Sicherheit und Umweltschutz im Lager – sicher ist sicher

Sicherheit bei der Lagerhaltung umfasst folgende drei Bereiche:

- Sicherheit vor Gesundheitsgefahren
- Sicherheit vor Feuer
- Sicherung gegen Diebstahl

Sicherheit vor Gesundheitsgefahren – Grundsätze der Prävention

Siehe hierzu auch LF4, Kap. 3.1 Arbeitsschutzgesetz – ArbSchG auf Seite 136 ff.

Merke: Der **Arbeitsschutz** beinhaltet alle Maßnahmen zur **Verhütung von Unfällen**, zur **Vermeidung arbeitsbedingter Gesundheitsgefahren** und zur **menschengerechten Arbeitsgestaltung**.

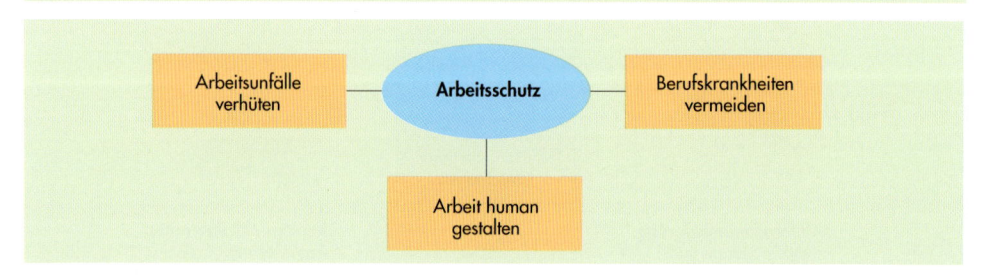

- Arbeitsunfälle verhüten
- Arbeitsschutz
- Berufskrankheiten vermeiden
- Arbeit human gestalten

Um den Arbeitsschutz zu gewährleisten, haben die **Berufsgenossenschaften** als Träger der gesetzlichen Unfallversicherung **Berufsgenossenschaftliche Vorschriften (BGV)** herausgegeben. Diese sind vom Arbeitgeber und vom Arbeitnehmer einzuhalten.

Allgemeine Vorschriften zum Arbeitsschutz finden sich in der **Berufsgenossenschaftlichen Vorschrift für Sicherheit und Gesundheit bei der Arbeit (BGV A1)**. Danach hat der Unternehmer die erforderlichen Maßnahmen zur Verhütung von Arbeitsunfällen, Berufskrankheiten und arbeitsbedingten Gesundheitsgefahren sowie für eine wirksame erste Hilfe zu treffen. Die zu treffenden Maßnahmen sind insbesondere in staatlichen Arbeitsschutzvorschriften[1], in der BGV A1 und in weiteren Unfallverhütungsvorschriften näher bestimmt.

Betriebe mit mehr als 20 Beschäftigten müssen **Sicherheitsbeauftragte** benennen (SGB VII § 22, BGV A1 § 19), deren Anzahl sich nach der Mitarbeiterzahl richtet. Die Sicherheitsbeauftragten haben den Unternehmer bei den Maßnahmen zur Unfallverhütung zu unterstützen (BGV A1 § 20). Sie sollen die Versicherten auf Unfall- und Gesundheitsgefahren aufmerksam machen und sich davon überzeugen, ob die vorgeschriebenen Schutzeinrichtungen vorhanden sind und ordnungsgemäß benutzt werden.

---

[1] Arbeitsschutzgesetz, Arbeitsstätten-, Betriebssicherheits-, Lastenhandhabungs-, Bildschirmarbeits-, Baustellen-, Biostoff-, Gefahrstoff- und PSA-Benutzungsverordnung (PSA = Persönliche Schutzausrüstung)

Logistische Prozesse planen, steuern und kontrollieren — **Lernfeld 3**

§ Wichtige Pflichten des Arbeitgebers nach BGV A1:

- Gefährdungen und Belastungen der Arbeitnehmer bei der Arbeit beurteilen, geeignete Maßnahmen treffen, die Beurteilung dokumentieren und bei Veränderungen erneuern.
- Die Arbeitnehmer über Arbeitssicherheit und Gesundheitsschutz regelmäßig unterweisen und die Unterweisung dokumentieren.
- Bei der Vergabe von Aufträgen für Einrichtungen und Arbeitsverfahren und bei der Beschaffung von Arbeitsmitteln, Ausrüstungen oder Arbeitsstoffen auf den Arbeitsschutz zu achten.
- Bei der Zusammenarbeit von Beschäftigten mehrerer Unternehmen an einem Arbeitsplatz eine Person bestimmen, die zur Vermeidung einer gegenseitigen Gefährdung die Arbeiten aufeinander abstimmt.
- Die Befähigung eines Beschäftigten berücksichtigen, die nötig ist, um die für den Arbeitsschutz geltenden Bestimmungen einhalten zu können.
- Bei gefährlicher Arbeit für eine zuverlässige Aufsichtsperson sorgen.
- Im Falle von Mängeln an Arbeitsmitteln, Einrichtungen oder Arbeitsverfahren, diese stilllegen.
- Eine Fachkraft für Arbeitssicherheit, einen Betriebsarzt und Sicherheitsbeauftragte bestellen.
- Bei unmittelbaren, erheblichen Gefahren (z. B. Brände, Explosionen, Austreten von Gefahrstoffen) besondere Abwehrmaßnahmen und Vorkehrungen zur Rettung treffen, Notfallmaßnahmen planen.
- Für eine unverzügliche erste Hilfe und die Rettung aus Gefahr sorgen, Meldeeinrichtungen zum Herbeiholen von Hilfe schaffen und ausreichend Ersthelfer einsetzen (in großen Betrieben auch Betriebssanitäter).
- Persönliche Schutzausrüstungen zur Verfügung stellen und dafür sorgen, dass sie bestimmungsgemäß benutzt werden.

§ Wichtige Pflichten der Arbeitnehmer nach BGV A1:

- Selbst für Arbeitssicherheit und Gesundheitsschutz sorgen, auch bei den anderen Beschäftigten, die von den eigenen Handlungen betroffen sind.
- Sich selbst und andere nicht durch den Konsum von Alkohol oder Drogen gefährden.
- Den Unternehmer durch die Meldung von Mängeln und Gefahren unterstützen und im Rahmen der eigenen Aufgabe und Befähigung Mängel unverzüglich beseitigen.
- Einrichtungen, Arbeitsmittel, Arbeitsstoffe sowie Schutzvorrichtungen nur bestimmungsgemäß benutzen.
- Sich an gefährlichen Stellen nur im Rahmen der übertragenen Aufgaben aufhalten.
- Sich als Ersthelfer zur Verfügung stellen.
- Unfälle unverzüglich melden.
- Persönliche Schutzausrüstungen bestimmungsgemäß benutzen.

Erste-Hilfe-Regeln im Überblick	
Grundsätze	Um Hilfe rufen, Ruhe bewahren, Notruf absetzen (bzw. jemanden damit beauftragen), Unfallstelle sichern (dabei eigene Sicherheit beachten)
Notruf absetzen	1. Wo ist es passiert (möglichst exakte Ortsangabe)? 2. Was ist passiert (Verletzung, Unfall, Feuer)? 3. Wie viele Verletzte gibt es? 4. Welche Verletzungen liegen vor? (Ist jemand bewusstlos, blutet jemand stark, ist die Atmung gestört?) 5. Warten auf Rückfragen (Leitstelle beendet das Gespräch)

Im modernen Lager werden die Lagerarbeiten computergestützt abgewickelt. Hierbei sind gemäß **Arbeitsstätten- und Bildschirmarbeitsverordnung** zum Schutz der betroffenen

Mitarbeiter bestimmte Mindeststandards für die **Gestaltung von Bildschirmarbeitsplätzen** einzuhalten (siehe hierzu LF4, Kap. 3 Arbeitsschutzgesetz – ArbSchG). Der Arbeitgeber ist verpflichtet, eine **Analyse der Arbeitsplätze** durchzuführen, um die Sicherheits- und Gesundheitsbedingungen zu beurteilen. Er hat dabei insbesondere auf die mögliche Gefährdung des Sehvermögens sowie auf körperliche und psychische Belastungen der Arbeitnehmer zu achten und seine Mitarbeiter entsprechend zu unterrichten und zu unterweisen. Die Arbeitnehmer haben das Recht auf eine angemessene Untersuchung der Augen und des Sehvermögens durch eine qualifizierte Person.

Die manuelle Handhabung von Lasten kann für die Arbeitskräfte im Lager eine Gesundheitsgefährdung (insbesondere für die Lendenwirbelsäule) mit sich bringen. Manuelle Handhabung im Sinne der **Lastenhandhabungsverordnung** ist jedes Befördern oder Abstützen einer Last durch menschliche Kraft, insbesondere das Heben, Absetzen, Schieben, Ziehen, Tragen oder Bewegen einer Last.

Pflichten des Arbeitgebers nach der Lastenhandhabungsverordnung
- Geeignete organisatorische Maßnahmen ergreifen (z. B. besondere mechanische Ausrüstung bereitstellen), die die Handhabung von Lasten erleichtern.
- Bei der Übertragung von Aufgaben der manuellen Handhabung von Lasten die körperliche Eignung der damit beauftragten Beschäftigten berücksichtigen.

Bei der Anschaffung von Lagergeräten ist auf die **Güte- und Prüfbestimmungen** für Lagergeräte (RAL-RG 993/11 usw.)[1] zu achten. Lagergeräte sind Hilfsmittel zum Transport, Fördern und Lagern.

Sicherheit vor Feuer – Brandschutzmaßnahmen im Lager

In deutschen Betrieben bricht alle sieben Minuten ein Brand aus. Brand entsteht durch das Zusammentreffen von brennbaren Stoffen mit einer Zündquelle und Sauerstoff. Brandrisiken können durch die Trennung von brennbaren Stoffen und Zündquellen vermieden werden. Es ist klar, dass dort, wo brennbare Stoffe oder leicht entzündliche Stoffe (loses Papier, Holz, brennbare Flüssigkeiten) lagern, weder geraucht noch mit offenem Feuer hantiert werden darf.

Brandschutzmaßnahmen im Überblick

Vorbeugender Brandschutz
- Bauliche Einrichtungen (Brandschutztüren und -wände, Abtrennung von Räumen mit erhöhter Brandgefahr, Notausgänge und Rettungswege), Gipsbauplatten
- Brandmeldeanlagen
- Feuerlöscheinrichtungen (Feuerlöscher, Sprinkleranlagen)
- Organisatorische Maßnahmen (betrieblicher Brandschutz) wie Unterweisung des Personals über Vorschriften und Regeln zur Brandverhütung und Brandbekämpfung; Anbringung von Brandschutz- und Rettungszeichen; Feueralarmübungen

Abwehrender Brandschutz
- Feuerlöschmittel (Wasser, gasförmige Löschmittel)
- Abdecken (Feuerlöschdecken), Abtragen oder Ausbrennenlassen des Brandgutes

---

[1] **RAL** = Deutsches Institut für Gütesicherung und Kennzeichnung e. V. (früher: Reichsausschuss für Lieferbedingungen und Gütesicherung); das RAL ist nach Übereinkunft der Spitzenverbände der Wirtschaft, der Verbraucher und der zuständigen Bundesministerien beauftragt, im Rahmen der Selbstverwaltung und Selbstordnung der Wirtschaft freiwillige Regelungen herbeizuführen, die der Redlichkeit im Handelsverkehr, der Qualitätsförderung und dem Verbraucherschutz dienen.

Gasförmige Löschmittel wie Kohlendioxid, Argon oder Inergen sind trocken und schonen kostbare Lager- und Einrichtungsgüter. Sie werden in Hochdruckflaschen gelagert, senken bei ihrer Freisetzung die Sauerstoff-Konzentration und ersticken am Brandort das Feuer schnell.

Angabe der Brandklasse auf dem Feuerlöscher

Klasse A: Brände von nicht schmelzenden festen Stoffen, die hauptsächlich aus organischem Material bestehen (z. B. Holz, Papier, Stroh, Textilien, Kohle, nicht schmelzende Kunststoffe)

Klasse C: Brände von Gasen (z. B. Methan, Propan, Butan, Erdgas, Wasserstoff, Acetylen)

Klasse B: Brände von flüssigen oder schmelzenden festen Stoffen (z. B. Lösungsmittel, Öle, Lacke, Teer, schmelzende Kunststoffe)

Klasse D: Brände von Metallen (insbesondere brennbare Leichtmetalle wie Magnesium und Aluminium sowie Natrium und Kalium)

Sicherheit vor Diebstahl – Selbstbedienung unerwünscht

In Großhandelsbetrieben haben Kunden keinen Zutritt zum Lager (Ausnahme: Cash- und-Carry-Großhandel). Diebstähle werden daher meist vom Personal und von Lieferanten (Spediteuren, Frachtführern, Boten usw.) begangen.

Ein großes Sicherheitsproblem stellen Lagergüter dar, die auf illegalen Märkten stark nachgefragt werden, wie z. B. Haushaltsgeräte, Unterhaltungselektronik, Computer, Textilien. Für solche hochwertigen Waren sollten spezielle **Verschlusslager** eingerichtet werden, zu denen nur ausgewählte Mitarbeiter Zutritt haben. Neben solchen organisatorischen Maßnahmen muss jede Manipulationschance bei der Ein- und Auslagerung verhindert werden. Das beginnt mit der strikten **Trennung von Anlieferungs- und Abholrampen** und geht weiter mit einer lückenlosen Organisation der Retouren bis hin zu Softwaresystemen.

Im Bereich des Warenein- und -ausgangs begünstigen Unordnung und Unübersichtlichkeit, fehlende oder nachlässige Kontrollen Diebstahl und Unterschlagung. Eine **übersichtliche Lagerung und geeignete Packmittel** können Diebstähle verhindern helfen, da dadurch schnell festgestellt werden kann, ob Ware entwendet wurde.

Eine verdeckte **Videoüberwachung** ist laut Bundesarbeitsgericht (BAG Az 5 AZR 116/86) dann zulässig, wenn bereits im nennenswerten Umfang Warenverluste entstanden sind und der Einsatz verdeckter Kameras die einzige Möglichkeit ist, die Täter zu ermitteln. Ein allgemeiner Hinweis auf Warenverluste durch Diebstähle genügt nicht.

Umweltschutz im Lager – mehr Einfälle, weniger Abfälle

In Großhandelsbetrieben entstehen in den Bereichen Wareneingang und Kommissionierung die meisten Rückstände. Aus der Sicht des Handels sind Rückstände nicht mehr gebrauchsfähige Produkte, Transporthilfsmittel (z. B. Paletten) und Verpackungsmaterial. Sie sind aus ökonomischer Sicht unerwünscht.

Nach § 3 KrWG sind **Abfälle** alle Stoffe oder Gegenstände, derer sich ihr Besitzer entledigt. Eine Entledigung ist anzunehmen, wenn der Besitzer Abfälle einer Verwertung oder einer Beseitigung zuführt oder die tatsächliche Sachherrschaft aufgibt. Die **Verwertung hat Vorrang** vor deren Beseitigung, soweit dies technisch möglich und wirtschaftlich zumutbar ist.

Lernfeld 3 — Logistische Prozesse planen, steuern und kontrollieren

Abfallhierarchie nach § 6 KrWG

Abfallentsorgung sind alle Verfahren zur Verwertung- und Beseitigung von Abfällen. Maßnahmen zur Vermeidung und Abfallbewirtschaftung stehen in folgender Rangfolge:

Rangfolge	Begriffsbestimmung	*Beispiel*
Vermeidung	Jede Maßnahme, die ergriffen wird, bevor ein Stoff, Material oder Erzeugnis zu Abfall wird, und dazu dient, die **Abfallmenge**, die schädlichen Auswirkungen des Abfalls auf Mensch und Umwelt oder den Gehalt an schädlichen Stoffen in Materialien und Erzeugnissen zu **verringern**.	*anlageninterne Kreislaufführung von Stoffen, abfallarme Produktgestaltung, Wiederverwendung von Erzeugnissen, Verlängerung ihrer Lebensdauer, Erwerb von abfall- und schadstoffarmen Produkten, Nutzung von Mehrwegverpackungen*
Vorbereitung zur Wiederverwendung	Jedes Verwertungsverfahren der Prüfung, **Reinigung oder Reparatur**, bei dem Erzeugnisse oder deren Bestandteile, die zu Abfällen geworden sind, so vorbereitet werden, dass sie wieder **für denselben Zweck** verwendet werden, für den sie ursprünglich bestimmt waren	*Einbau von Altteilen in Neuprodukte, Aufbereitung von Altgeräten, gebrauchten Gegenständen (z. B. Möbel, Fahrzeuge, Kleider) und Verkauf auf Gebrauchtwarenmärkten (Tauschbörsen, Antiquitäts-Secondhandladen, Flohmarkt).*
Recycling	Jedes Verwertungsverfahren, durch das Abfälle zu Erzeugnissen, Materialien oder Stoffen entweder für den **ursprünglichen Zweck oder für andere Zwecke** aufbereitet werden.	*Kompostierung oder sonstige biologische Umwandlungsverfahren, Rückgewinnung von Metallen, Metallverbindungen, Glas, Papier, Kunststoffen durch Umwandlungsverfahren*
Sonstige Verwertung	Jedes Verwertungsverfahren, durch das Abfälle **energetisch verwertet oder verfüllt** werden.	*Verwendung als Brennstoff oder als Mittel der Energieerzeugung, Aufbringung auf den Boden zur ökologischen Verbesserung oder als Auffüllmaterial, Schall- oder Sichtschutz*
Beseitigung	Jedes Verfahren, das **keine Verwertung** ist, auch wenn das Verfahren zur Nebenfolge hat, dass Stoffe oder Energie zurückgewonnen werden.	*Ablagerungen in oder auf dem Boden (zum Beispiel Deponien), Einleitung in ein Gewässer oder ins Meer, Verbrennung an Land oder auf See*

Beispiel: Entsorgungs- und Abfallwirtschaftskonzept der TRIAL GmbH

Beim Auspacken werden die Verpackungs- und Abfallstoffe separat nach Sorten wie Pappe, Holzemballagen, Einwegpaletten, Kunststofffolien, Umreiferbänder, Styroporformteile und Chips, Metall und sonstige hausmüllähnliche Gewerbeabfälle gesammelt. Das erfolgt mit Sammelwagen, Gitterboxen mit eingehängten PE-Beuteln und Mülltonnen. Diese Sammelbehälter sind im Bereich des Wareneingangs, in den Kommissioniergängen und im Warenausgang verteilt und farblich je nach Abfallstoff gekennzeichnet und beschriftet.

Der Abfall wird mittels Flurförderzeugen in regelmäßigen Zeitabständen zu den Entsorgungsstationen transportiert und dort verdichtet. Wellpappen, Kunststofffolien und Umreiferbänder werden zu Ballen gepresst; Holzemballagen und Einwegpaletten werden getrennt in offenen Containern gelagert. Der Restmüll wird in Presscontainern verdichtet.

Alle Wertstoffarten werden so lange auf dem Betriebsgelände gelagert, bis wirtschaftliche Transportmengen zusammenkommen, und dann von Entsorgungs- oder Verwertungsbetrieben abgeholt und der stofflichen Wiederverwendung bzw. -verwertung zugeführt.

Paletten werden grundsätzlich dem Transporteur zurückgegeben. Dazu hat sich die TRIAL GmbH einem Palettentauschring („Bonner Palettentausch") angeschlossen.

Die Sammelbehältnisse sind entsprechend den anfallenden Wertstoffarten gekennzeichnet und am Regalende aufgestellt.

Die gepressten Pappballen auf einer Rollenbahn an der Kanalballenpresse.

Nach dem **Kreislaufwirtschaftsgesetz** besteht für den Hersteller bzw. jeden Vertreiber die Pflicht, dass er Abfälle, die er erzeugt oder besitzt, einer Verwertung zuführt (§ 6 KrWG). Die Vorschriften des KrWG gelten für die Vermeidung, Verwertung und für die Beseitigung von Abfällen.

Hersteller und Vertreiber sind nach der **Verpackungsverordnung** (VerpackV § 4) verpflichtet, Transportverpackungen nach Gebrauch zurückzunehmen und einer erneuten Verwendung oder einer stofflichen Verwertung **außerhalb des öffentlichen Abfallentsorgungssystems** (z. B. DSD) zuzuführen.

Die **Gefahrstoffverordnung** schreibt vor, dass gefährliche Stoffe sicher verpackt und besonders gekennzeichnet werden müssen. Folgende Angaben sind vorgeschrieben: Bezeichnung des Stoffes oder der Zubereitung, Angabe gefährlicher Bestandteile einer Zubereitung, Hinweise auf besondere Risiken (z. B. „Verursacht schwere Verätzungen"), Sicherheitsratschläge (z. B. „Geeignete Schutzhandschuhe tragen"), Angaben über den Hersteller bzw. Importeur, zusätzliche Angaben bei Krebs erzeugenden, asbest- und formaldehydhaltigen Stoffen, Gefahrensymbol und Gefahrenbezeichnung.

entzündlich	brandfördernd	ätzend	reizend	giftig	explosiv

Viele Betriebe haben im Rahmen eines Umweltmanagement-Systems (ISO 14001) **Umweltschutzbeauftragte** benannt, die auf die Einhaltung der Umweltgesetze achten und Mitarbeiter schulen. Je nach Gefährdungsbereich gibt es Immissionsschutz-, Gewässerschutz-, Abfallwirtschafts-, Gefahrstoff- und Brandschutzbeauftragte.

Lernfeld 3

Logistische Prozesse planen, steuern und kontrollieren

ZUSAMMENFASSUNG

Lager- und Kommissionierprozesse

- **Ordnungssysteme im Lager**
  - räumliche Gestaltung
  - Lagerplatzzuordnung
    - Festplatz
    - Freiplatz (chaotisches Lager)
  - Zentralisationsgrad

- **Arbeitsabläufe im Lager**
  - Warengerechte Lagerung
  - Einlagerungsgrundsätze
  - Pflege- und Manipulation
  - Lagerkontrolle
  - Kommissionieren
  - Auslagerung

- **Wareneingang**
  - Warenannahme
  - Warenprüfung
  - Warenidentifikation
  - RFID
  - Barcode

- **Sicherheit im Lager**
  - Diebstahlschutz
  - Brandschutz
  - Bildschirmarbeits-/Arbeitsstätten-/Lastenhandhabungs-Verordnungen
  - Unfallverhütung
  - BGV A1

- **Umweltschutz im Lager**
  - Gefahrstoff-/Verpackungsverordnung
  - Abfallwirtschaftskonzept
  - Entsorgungsstrategien

- **Kommissionierprozess**
  - Kommissionierauftrag
  - Statisch/dynamisch
  - Person zur Ware
  - Ware zur Person
  - sequenziell/parallel
  - Crossdocking-Konzept

AUFGABEN

1. Schreiben Sie jeden der folgenden Begriffe auf die Kopfzeile eines DIN-A6-Kärtchens:

   Wareneingangskontrolle (Ablauf), OCR, EAN, RFID, Lagerarten (nach der Eigenschaft der Lagergüter), Lagerarten (nach der räumlichen Gestaltung), Einlagerungsgrundsätze, Warenpflege, Warenmanipulation, Lagerkontrolle (Verfahren), Stichtagsinventur, Permanente Inventur, Inventurdifferenzen (Ursachen), Inventurdifferenzen (Maßnahmen), Lagerarten (nach der Lagerplatzzuordnung), Chaotisches Lager (Vor- und Nachteile), Lagerverwaltungssystem (LVS), Zentrales Lager (Begriff, Vorteile), Dezentrales Lager (Begriff, Vorteile), Kommissionslager, Lagerstufen (Beispiel), Kommissionierauftrag, Statisches Kommissionieren, Dynamisches Kommissionieren, Sequenzielles Kommissionieren, Paralleles Kommissionieren, Belegloses Kommissionieren, Crossdocking (Begriff), Just-in-time-Belieferung, Arbeitsschutz (Begriff), Sicherheitsbeauftragte (Aufgaben), RAL, Pflichten des Arbeitgebers nach BGV A1 (Beispiele), Pflichten des Arbeitnehmers nach BGV A1 (Beispiele), Erste-Hilfe-Regeln, Pflichten des Arbeitgebers nach der LasthandhabV (Beispiele), Brandschutz (Maßnahmen), Diebstahlschutz (Maßnahmen), Rückstände (nach KrW/AbfG), Entsorgungsmöglichkeiten, Umweltschutzbeauftragte (Aufgaben)

   Sortieren Sie die Begriffskärtchen nach den Kriterien „weiß ich" und „weiß ich nicht".

Logistische Prozesse planen, steuern und kontrollieren — **Lernfeld 3**

Bilden Sie Kleingruppen mit höchstens drei Mitgliedern. Erklären Sie sich gegenseitig die „Weiß-ich-nicht"-Kärtchen. Schlagen Sie dabei die ungeklärten Begriffe im Schulbuch nach oder nehmen Sie Kontakt zu einer anderen Kleingruppe auf.
Schreiben Sie die Begriffserklärungen auf die Rückseite Ihrer Kärtchen und ordnen Sie die Kärtchen unter der Leitkarte „Lager- und Kommissionierprozesse" alphabetisch in ihren Lernkartei-Behälter ein.

2. *Bilden Sie Teams mit jeweils drei Mitgliedern (Stammgruppen). Schreiben Sie jeden der Begriffe aus Aufgabe 1 auf ein extra Stück Papier und fügen Sie diese Papierkärtchen zu einer sinnvollen Struktur zusammen. Die Struktur kann durch Pfeile, Farben, Symbole, Texte (z. B. Überschriften), Bilder oder weitere Begriffe ergänzt werden.*

3. *Unterscheiden Sie zwischen innerer und äußerer Prüfung bei der Wareneingangskontrolle.*

4. a) *Erläutern Sie das RFID-Verfahren zur Warenidentifikation.*
   b) *Vergleichen Sie OCR, EAN und RFID anhand einiger Merkmale.*

5. *Schildern Sie, wie in Ihrem Ausbildungsbetrieb die Warenein- und auslagerung geregelt ist. Welche Lagerarten und Lagereinrichtungen sind vorhanden?*

6. *Führen Sie beispielhaft einige Lagergüter auf, die*
   a) *im Freien gelagert werden können,*
   b) *in geschlossenen Räumen gelagert werden müssen,*
   c) *ein Speziallager beanspruchen,*
   d) *während der Lagerung einer besonderen Pflege bzw. Manipulation bedürfen.*

7. *Betrachten Sie die mittlere Tabelle im Kap. 4.3 Arbeitsabläufe im Lager auf Seite 63 ff. und finden Sie Beispiele aus Ihrer Branche.*

8. *Lagergüter können nach verschiedenen Gesichtspunkten eingelagert werden. Erläutern Sie drei Einlagerungsprinzipien aus Ihrer Branche.*

9. *Inwiefern kann eine ABC-Analyse bei der Vergabe von Lagerplätzen nützlich sein?*

10. *Unterscheiden Sie die systematische und die chaotische Lagerplatzordnung. Erläutern Sie dabei wesentliche Vor- und Nachteile dieser Lagersysteme.*

11. *Erläutern Sie den Aufbau des Lagernummernschlüssels in Ihrem Ausbildungsbetrieb. Falls es dort keinen Lagernummernschlüssel gibt, befragen Sie Mitschüler.*

12. *Weshalb sollten im Lager der Reservelager- und der Kommissionierbereich getrennt werden?*

13. *Schildern Sie den Kommissioniervorgang in Ihrem Ausbildungsbetrieb. Visualisieren Sie den Vorgang.*

14. *Erläutern Sie die Kommissioniergrundsätze „Ware zur Person" und „Person zur Ware".*

15. *Unterscheiden Sie Stichtagsinventur und permanente Inventur. Gehen Sie auch auf die steuerrechtlichen Voraussetzungen dieser Inventurverfahren ein.*

Modernes Lagerverwaltungssystem im Sanitärgroßhandel

Bei der Fa. A., namhafter Sanitärgroßhandel im Stuttgarter Raum, wurden die Weichen zur Bewältigung gestiegener Logistikanforderungen gestellt.

Komplexes Lager im Sanitärgroßhandel

Das alte Lager besitzt eine Kapazität von ca. 3 300 Palettenstellplätzen, ca. 2 600 Kleinteilelagerorten und nimmt eine Fläche von ca. 3 000 m² ein, verteilt auf drei Stockwerke. Die Erweiterung erbrachte zusätzliche 2 040 Palettenstellplätze und ca. 10 000 Kleinteilelagerorten auf einer Fläche von ca. 1 000 m². Dies entspricht einer Kapazitätssteigerung von ca. 76 %.

Die Anzahl der angelegten Artikel beläuft sich auf ca. 80 000, davon 23 000 „lebende". Die Artikelgröße schwankt zwischen einer Badewanne und einem Gummidichtring.

Einlagerungen: ca. 700 Pos./Tag im HRL (Hochregallager); ca. 350 Pos./Tag im KTL (Kleinteilelager).

Entnahmen: ca. 1 700 Pos./Tag aus dem HRL; ca. 1 200 Pos./Tag aus dem KTL.

Aus diesen Positionen werden ca. 11 Auslieferungstouren/Tag zusammengestellt.

Die Systemlösung

Unabhängig vom Zentralrechner übernimmt die integrierte Lagerverwaltungs-Software alle den Warenfluss betreffenden Aufgaben. Dies beginnt beim Wareneingang, wo die Lieferungen auf Korrektheit hin überprüft werden können. Hierzu liegen dem LV-System die vom Zentralrechner (Host) übermittelten Bestellungen vor, deren Daten mit denen der Lieferscheine verglichen werden. Besonderheit hierbei ist, dass dringend benötigte Bestellware, die einen kompletten Kundenauftrag ergibt, sofort auf einen Kommissionierplatz umgeleitet wird, statt erst einmal eingelagert und danach gleich wieder entnommen zu werden. Beim Buchen eines Wareneingangs werden sofort die möglichen Lagerplätze des Artikels vorgeschlagen und ein entsprechender Einlagerungsschein gedruckt. Dies ist Standard bei modernen Lagerverwaltungssystemen mit chaotischer Lagerplatzverwaltung.

Neue Lagerplatzoptimierung

Besonderheit bei dem Lagerverwaltungssystem ist jedoch eine wirklich optimale Lagerplatzverwaltung im Sinne der Platzausnutzung. Hier hat der Anwender die Möglichkeit, je Fachbodentyp – hier heißt dies Raster – verschieden breite Lagerhilfsmittel oder Artikel einzulagern. War es bisher üblich, je Regalfeld nur einen Lagerhilfsmitteltyp (z. B. Europaletten, Gitterboxen) zu lagern, ist es mit dieser neuen Lagerplatzoptimierung möglich, vielfältige Kombinationen einzulagern und somit den vorhandenen Platz immer optimal auszunutzen.

Hohe Transparenz beim Kommissionieren

Ein Lieferauftrag wird sofort nach Eingabe in den Zentralrechner an das LV-System übertragen. In der Regel werden ca. 14 Tage vor Lieferdatum am Lagerrechner die zu liefernden Positionen und deren Mengen überprüft und reserviert, ggf. Fehlinformationen per DV zurück an den Verkauf gesandt. Dieser hat somit noch die Möglichkeit, die Lieferung zu komplettieren oder zu verschieben. Durch dieses Verfahren verbesserte sich die Liefertreue. Der eigentliche Kommissioniervorgang läuft weitgehend selbstständig ab. Zum Starttermin des Auftrags werden die Picklisten automatisch gedruckt.

Bei der Auslagerung und Entnahme von Artikeln für einen Auftrag wird nach dem FIFO-Prinzip vorgegangen. Die vom LVS erstellten Picklisten sind wegeoptimiert. Hier kann aus verschiedenen Verfahren gewählt werden. Anhand dieser Picklisten entnimmt der Lagerist die Ware und leitet diese mit dem Papier zur Kontrollzone weiter. Auf jedem Teil-Pickzettel eines Auftrags sind die restlichen Entnahmebereiche und die Tourennummer vermerkt.

Mit einem Zusatzmodul wird die Vollständigkeit des Auftrags kontrolliert und auf den Tourenplatz zusammengeführt.

a) Welche besonderen Anforderungen werden an ein Lagerverwaltungssystem im Sanitärgroßhandel gestellt?
b) Beschreiben Sie die Möglichkeiten eines modernen Lagerverwaltungssystems an diesem Beispiel.

Logistische Prozesse planen, steuern und kontrollieren **Lernfeld 3**

17 Begründen Sie die folgenden Verhaltensweisen zur Vermeidung arbeitsbedingter Gesundheitsheitsgefahren. Welche Gefahren sind mit den falschen Verhaltensweisen verbunden?

- Beim Anheben und Tragen von Lasten verteilen Sie die Last möglichst auf beide Hände, lassen Sie den Rücken gestreckt, behindern Sie nicht Ihre Sicht auf den Verkehrsweg.
- Benutzen Sie auf Treppen den Handlauf, nehmen Sie nicht mehrere Stufen auf einmal.
- Verstellen oder verdecken Sie keine Rettungszeichen und Feuerlöscher. Verstellen Sie nicht den Zugang zu Feuerlöschern, Schaltern, Schaltschränken, Maschinenräumen. Verstellen Sie Bedienungsgänge und andere Verkehrswege nicht mit Waren, Leergut oder sonstigen Gegenständen.
- Heben und tragen Sie nicht zu schwere Lasten. Lassen Sie sich helfen oder gehen Sie zweimal. Benutzen Sie zweckgerechte Hilfsmittel.
- Heben Sie Lasten aus der Hocke heraus. Die Wirbelsäule muss möglichst gerade bleiben.
- Tragen Sie bei Transportarbeiten keine Fingerringe.
- Beladen Sie Fahrzeuge stets so sicher, dass Transportgüter bei der Fahrt nirgends anstoßen und nicht herabfallen können. Sichern Sie das Ladegut gegen Kippen, Rollen und Rutschen.
- Fahren Sie auf Fahrzeugen nur mit, wenn die Mitfahrt ausdrücklich gestattet ist. Springen Sie auf rollende Fahrzeuge nicht auf und springen Sie während der Fahrt nicht ab.
- Sichern Sie Fahrzeuge vor dem Be- und Entladen gegen unbeabsichtigtes Bewegen. Befahren Sie nur die für Fahrzeuge freigegebenen Verkehrswege.
- Berücksichtigen Sie beim Lagern die Tragfähigkeit des Bodens, der Regale und der Schränke.
- Achten Sie darauf, dass Lager oder Stapel so errichtet oder abgebaut werden, dass keine Gefahren durch herabfallende, umfallende oder wegrollende Gegenstände oder durch ausfließende Stoffe entstehen.
- Halten Sie sich nicht unter schwebenden Lasten auf.

18 Erläutern Sie die Bedeutung folgender Sicherheitskennzeichen:

19 a) Nehmen Sie Stellung zu dem Entsorgungs- und Abfallwirtschaftskonzept der TRIAL GmbH im Kap. 4.8 Sicherheit und Umweltschutz im Lager auf Seite 78.
   b) Beschreiben Sie das Entsorgungs- und Abfallwirtschaftskonzept Ihres Ausbildungsbetriebs.
20 Begründen Sie die Notwendigkeit der Grundsätze „Vermeiden geht vor Verwerten" und „Verwerten geht vor Entsorgen".

Lernfeld 3 — Logistische Prozesse planen, steuern und kontrollieren

5 Wirtschaftlichkeit der Lagerhaltung

PROBLEM

Auszug aus dem Protokoll einer Abteilungsleitersitzung bei der TRIAL GmbH:

> ... Aufgrund der stetigen Absatzrückgänge in den letzten Monaten soll künftig vorsichtiger bestellt werden, um die Lagerbestände zu senken. Eine damit einhergehende Senkung der Lagerkosten und der Kapitalbindung trägt zur Erhaltung und Verbesserung der Wettbewerbsfähigkeit der TRIAL GmbH in schwieriger werdenden Märkten bei.
>
> Jürgen Merkle (Einkaufsleiter) soll bis zur nächsten Teamsitzung Ende der Kalenderwoche 5 (30. Januar) Vorschläge unterbreiten, wie bei den Bestellungen und bei der Lagerhaltung die Wirtschaftlichkeit verbessert werden könnte.

Jürgen Merkle lässt sich vom Lagerleiter Michael Müller für den Artikel Mountainbike Trial Extrem die Lagerbewegungsstatistik des letzten Jahres geben.

Tag	Zugänge	Abgänge	Bestand		Tag	Bestand
01.01.	–	–	6		01.01.	6
18.01.		2	4		31.01.	4
08.03.	–	1	3		28.02.	4
22.03.	10	–	13		31.03.	13
03.05.	–	4	9		30.04.	13
04.06.	10	–	19		31.05.	9
15.07.	–	7	12		30.06.	19
29.07.	–	6	6		31.07.	6
04.09.	10	–	16		31.08.	6
15.11.	–	2	14		30.09.	16
29.11.	–	2	12		31.10.	16
15.12.	10	–	22		30.11	12
31.12.	–	–	22		31.12.	22

1. Vollziehen Sie die Bestandsrechnung (linke und rechte Tabelle) nach.
2. Stellen Sie fest, wie viel Stück des Artikels Mountainbike Trial Extrem aus dem Lager insgesamt (= Wareneinsatz) und im monatlichen Durchschnitt (= Verbrauch pro Monat) abgegangen sind.
3. Berechnen Sie anhand des Anfangsbestands und der Monatsendbestände (rechte Tabelle) den durchschnittlichen Lagerbestand in Stück und in €. Der Einkaufspreis für das Mountainbike Trial Extrem beträgt 1 499,00 €.
4. Wie oft wurde der durchschnittliche Lagerbestand verkauft (Fachbegriff: Umschlagshäufigkeit bzw. Lagerumschlagsgeschwindigkeit)?
5. Wie viele Tage lagerte ein Mountainbike durchschnittlich, bis es verkauft wurde (Fachbegriff: durchschnittliche Lagerdauer)?
6. Nehmen Sie zu dem Verlauf der Zu- und Abgänge und zur Bestandsentwicklung Stellung.

Logistische Prozesse planen, steuern und kontrollieren **Lernfeld 3**

SACHDARSTELLUNG

Die Wirtschaftlichkeit der Lagerhaltung wird maßgeblich von den Lagerrisiken und -kosten, der Bestellmenge und dem Bestellverfahren bestimmt.

5.1 Lagerrisiken und Lagerkosten

Die Lagerung von Waren ist immer mit Risiken behaftet. Technischer Fortschritt, Mode- und Modellwechsel können das Lagergut zu unverkäuflichen bzw. nicht mehr verwendbaren **„Laden- oder Lagerhütern"** werden lassen. Das Lagerrisiko kann durch regelmäßige Kontrolle des Lagergutes und ein vorsichtiges Bestellverhalten begrenzt werden. Das Lagerrisiko steigt mit zunehmender Lagerdauer.

Dass hier in vielen Betrieben Handlungsbedarf besteht, beweist die Tatsache, dass in Industriebetrieben 70 bis 80 % der Durchlaufzeit eines Produkts auf Liegen, Transportieren und Lagern entfallen.

Die Lagerhaltungskosten setzen sich wie folgt zusammen:

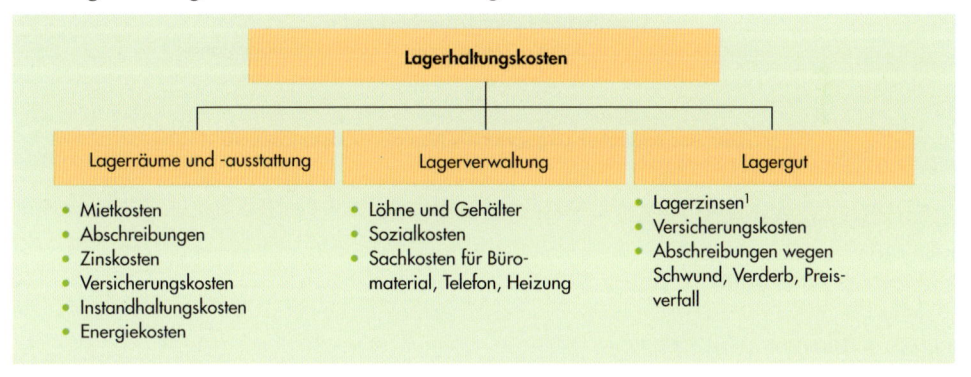

Lagerhaltungskosten		
Lagerräume und -ausstattung	**Lagerverwaltung**	**Lagergut**
• Mietkosten • Abschreibungen • Zinskosten • Versicherungskosten • Instandhaltungskosten • Energiekosten	• Löhne und Gehälter • Sozialkosten • Sachkosten für Büromaterial, Telefon, Heizung	• Lagerzinsen[1] • Versicherungskosten • Abschreibungen wegen Schwund, Verderb, Preisverfall

Für die Lagerhaltungskosten kann ein Lagerhaltungskostensatz ermittelt werden, wenn man die Lagerhaltungskosten in Prozent des durchschnittlichen Lagerbestands (in €) ausdrückt.

$$\text{Lagerhaltungskostensatz} = \frac{\text{Lagerhaltungskosten} \cdot 100}{\text{durchschnittlicher Lagerbestand in €}}$$

Beispiel: Die TRIAL GmbH rechnet mit einem Lagerhaltungskostensatz von 10 %.

5.2 Lagerkennzahlen – Umschlag ist nicht alles

Lagerkennziffern ermöglichen die Beurteilung der Wirtschaftlichkeit des Lagers und sind Grundlage für Vergleiche mit Durchschnittszahlen der Branche.

Durchschnittlicher Lagerbestand

Der durchschnittliche Lagerbestand gibt Auskunft darüber, welche Menge bzw. welcher Wert (zu Einstandspreisen) eines Artikels oder einer Artikelgruppe im Durchschnitt eines

---

[1] Siehe hierzu Seite 87.

Geschäftsjahres auf Lager liegt. Der Wert des durchschnittlichen Lagerbestandes gibt den Kapitaleinsatz bzw. die Höhe des im Lager gebundenen Kapitals an.

Bestandsrechnung anhand der Ergebnisse der Jahresinventur

$$\text{Durchschnittlicher Lagerbestand} = \frac{\text{Anfangsbestand (1. Jan.)} + \text{Endbestand (31. Dez.)}}{2}$$

Beispiel: Mountainbike Trial Extrem

$$\frac{6 + 22}{2} = 14{,}0 \text{ Stück}$$

Bestandsrechnung bei Verwendung der monatlichen Endbestände der Lagerdatei

$$\text{Durchschnittlicher Lagerbestand} = \frac{\text{Anfangsbestand (1. Jan.)} + \text{Summe der 12 Monatsendbestände}}{13}$$

$$\text{Durchschnittlicher Lagerwert} = \text{Menge} \cdot \text{Einstandspreis}$$

Beispiel: Mountainbike Trial Extrem

$$\frac{6 + 140}{13} = 11{,}23 \text{ Stück}$$

$11{,}23 \cdot 1\,499{,}00\,€ = 16\,833{,}77\,€$

Der durchschnittliche Lagerbestand ist bei der Verwendung von Monatszahlen erheblich genauer, da hier der Saisonverlauf vollständig abgebildet wird.

Die Höhe des durchschnittlichen Lagerbestandes ist abhängig von der Bestellmenge, der Höhe des Sicherheitsbestands und dem Einstandspreis der Ware. Bei gleichmäßigen Lagerabgängen ergibt sich folgende Gleichung:

$$\text{Durchschnittlicher Lagerbestand} = \text{Sicherheitsbestand} + \tfrac{1}{2}\, \text{Bestellmenge}$$

Lagerumschlagsgeschwindigkeit (LUG)

Die **Umschlagshäufigkeit** (UH) oder LUG gibt an, wie oft der durchschnittliche Lagerbestand während eines Geschäftsjahres verwendet bzw. verkauft wurde.

$$\text{Umschlagshäufigkeit} = \frac{\text{Wareneinsatz}}{\text{durchschnittlicher Lagerbestand}}$$

Logistische Prozesse planen, steuern und kontrollieren — Lernfeld 3

Beispiel:

$$\frac{24 \text{ (Summe der Abgänge)}}{11,23} = 2{,}137\text{-mal}$$

Die Lagerumschlagsgeschwindigkeit ist abhängig von der Art des Materials, der Höhe des Jahresabsatzes bzw. Jahresverbrauchs und des durchschnittlichen Lagerbestands.

Durchschnittliche Lagerdauer

Die durchschnittliche Lagerdauer gibt Auskunft darüber, wie lange sich ein Lagergut im Lager befindet, bis es weiterverarbeitet bzw. verkauft wird. Je länger ein Lagergut auf Lager liegt, umso länger muss es vorfinanziert werden.

$$\text{Durchschnittliche Lagerdauer} = \frac{360 \text{ Tage}}{\text{LUG}}$$

Beispiel:

$$\frac{360 \text{ Tage}}{2{,}137} = 168{,}46 \text{ Tage}$$

Die durchschnittliche Lagerdauer hängt also von der LUG ab.

Lagerzinsen

Die **Lagerzinsen** geben an, wie viel Zinserträge der Unternehmung **während der Lagerdauer** dadurch entgehen, dass das im Lager gebundene Kapital nicht verzinslich angelegt werden kann. Für die Berechnung der Lagerzinsen wird der Marktzinssatz für kurzfristige Anlagen verwendet. Dieser Marktzinssatz wird auf die durchschnittliche Lagerdauer umgerechnet (angepasster Zinsfuß), um den **Lagerzinssatz** zu ermitteln.

$$\text{Lagerzinssatz} = \frac{\text{Marktzinssatz} \cdot \text{durchschnittliche Lagerdauer}}{360 \text{ Tage}}$$

Beispiel:

$$\frac{12\,\% \cdot 168{,}46 \text{ Tage}}{360 \text{ Tage}} = 5{,}62\,\% \text{ für } 168{,}46 \text{ Tage}$$

Lagerzinsen = Wert des durchschnittlichen Lagerbestandes · Lagerzinssatz

Beispiel:
16 833,77 € · 5,62 % = **946,06 €** *für 168,46 Tage*

Die Lagerzinsen sind also abhängig von der Höhe des Marktzinssatzes, der durchschnittlichen Lagerdauer (bzw. der LUG) und dem Wert des durchschnittlichen Lagerbestands.

Lagerreichweite

Wie lange der durchschnittliche Lagerbestand bei einem durchschnittlichen Verbrauch ausreicht, wird mit der Lagerreichweite ausgedrückt. Sie kann auch für einen bestimmten Stichtagsbestand (z. B. am 31. Oktober) berechnet werden.

Lernfeld 3

Logistische Prozesse planen, steuern und kontrollieren

$$\text{Lagerreichweite} = \frac{\text{vorhandener bzw. durchschnittlicher Lagerbestand}}{\text{durchschnittlicher Verbrauch pro Tag}}$$

Beispiel:

$$\frac{16 \text{ (Bestand am 31.10.)}}{0{,}0\bar{6}} = 240 \text{ Tage} = \textbf{8 Monate}$$

$$\varnothing \text{ Verbrauch pro Tag} = \frac{\text{Wareneinsatz}}{360 \text{ Tage}} = \frac{24 \text{ Stück}}{360 \text{ Tage}} = 0{,}0\bar{6} \text{ Stück pro Tag}$$

Die Reichweite des Lagers nimmt zu, wenn der Tagesverbrauch sinkt und/oder der Lagerbestand erhöht wird.

Kennzahlen der Lager- und Transportmittelnutzung

Der Nutzungsgrad des Lagers und der Transportmittel kann mit folgenden Kennzahlen berechnet und überwacht werden:

Kennzahlen der Lagernutzung	Kennzahlen der Transportmittelnutzung
$\text{Flächennutzungsgrad} = \dfrac{\text{genutzte Lagerfläche}}{\text{verfügbare Lagerfläche}} \cdot 100$	$\text{Einsatzgrad} = \dfrac{\text{Einsatzzeit}}{\text{Arbeitszeit}} \cdot 100$
$\text{Raumnutzungsgrad} = \dfrac{\text{genutzter Lagerraum}}{\text{verfügbarer Lagerraum}} \cdot 100$	$\text{Ausfallgrad} = \dfrac{\text{Stillstandzeit}}{\text{Einsatzzeit}} \cdot 100$

Computergestützte Lagerverwaltungssysteme ermöglichen eine laufende Beobachtung der freien und belegten Lagerplätze.

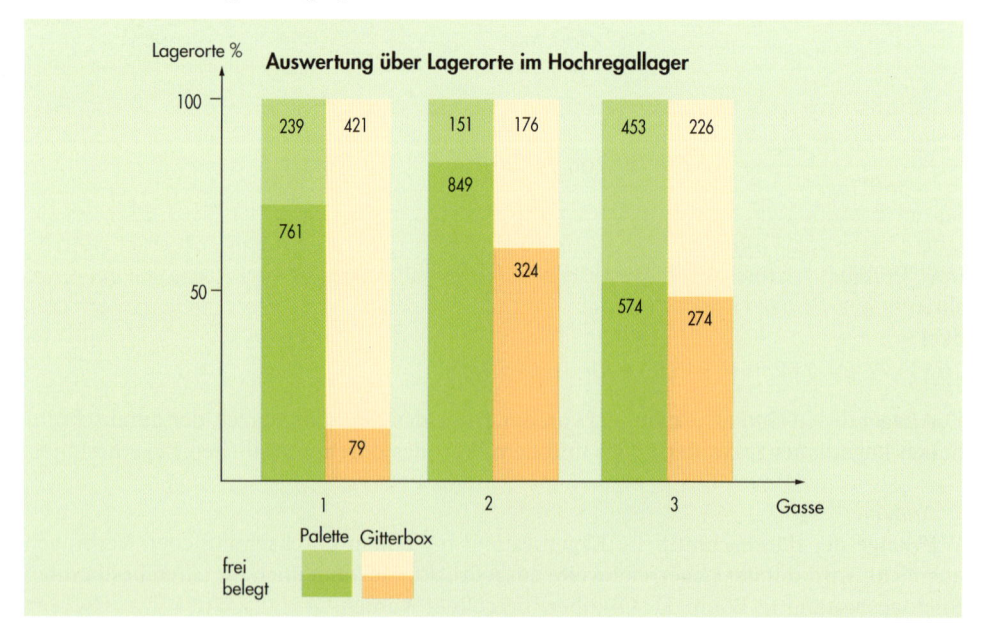

Auswertung über Lagerorte im Hochregallager

Gasse	Palette frei	Palette belegt	Gitterbox frei	Gitterbox belegt
1	239	761	421	79
2	151	849	176	324
3	453	574	226	274

88

Logistische Prozesse planen, steuern und kontrollieren — **Lernfeld 3**

Der Nutzungsgrad des Lagers hängt auch von der **räumlichen Gestaltung** des Lagers ab.

Beispiel: Raumausnutzung bei gleicher Grundfläche

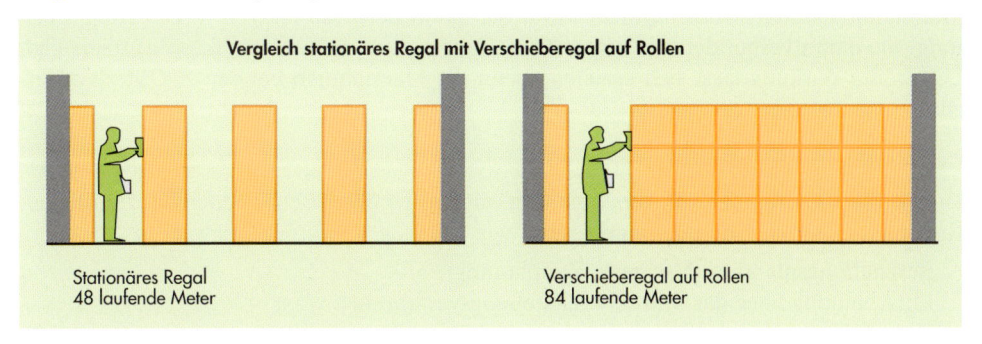

Vergleich stationäres Regal mit Verschieberegal auf Rollen

Stationäres Regal
48 laufende Meter

Verschieberegal auf Rollen
84 laufende Meter

Auswertung der Lagerkennziffern
Erhöhung des Lagerumschlags

Die Erhöhung der Umschlagshäufigkeit (LUG) hat eine Verkürzung der Lagerdauer zur Folge. Dadurch werden Zinskosten gespart, der Kapitalbedarf verringert, die Wirtschaftlichkeit erhöht und die Wettbewerbsposition verbessert.

Beispiel: Die LUG der TRIAL GmbH liegt erheblich unter dem Branchendurchschnitt von 5. Das bedeutet, dass die Mountainbikes bei der TRIAL GmbH länger auf Lager liegen als bei ihren Konkurrenten. Sie hat damit höhere Lagerzinsen. Außerdem ist, bei gleichen Handlungskosten und gleichen Lagerbeständen, ihr Jahresgewinn niedriger, da sie den Rohgewinn pro Stück (z. B. 2499,00 – 1499,00 = 1000,00 €) nur im Durchschnitt 2,137-mal im Jahr erzielt statt 5-mal.

Rohgewinn: TRIAL GmbH: $2{,}137 \cdot 11{,}23$ Stück $\cdot\ 1000{,}00 = 23\,998{,}51$ €
  Branche: $5\quad \cdot\ 11{,}23$ Stück $\cdot\ 1000{,}00 = 56\,150{,}00$ €

Die LUG kann durch folgende Maßnahmen erhöht werden:

- Im **Beschaffungsbereich** durch Kauf auf Abruf und Senkung der Bestellmengen und/oder des Sicherheitsbestands, sodass der Meldebestand und damit der Lagerbestand sinkt;
- im **Absatzbereich** durch verstärkte Werbung, um den Abverkauf zu steigern, oder durch gezielte Bereinigung des Sortiments, indem „Penner" (Artikel mit geringer LUG) ausgemustert werden. Dadurch kann der Wareneinsatz erhöht werden.

Bei allen Maßnahmen muss jedoch beachtet werden, dass die LUG für Sortimentsentscheidungen nicht allein ausschlaggebend ist. Es muss die Kalkulation beachtet werden. Ein **„Penner"** (Artikel mit niedriger LUG) kann mehr Gewinn erwirtschaften, wenn er einen hohen **Rohgewinn** (Umsatz abzüglich Wareneinsatz) bringt, als ein **„Renner"** (Artikel mit hoher LUG).

Beispiel:

- Artikel A: **LUG = 6,0**; Rohgewinn = 50,00 €/Stück (50 %);
  (Renner) Ø Lagerbestand: 1 000 Stück;
   Rohgewinn insgesamt: $1\,000 \cdot 6 \cdot 50 =$ **300 000,00 €**
- Artikel B: **LUG = 2,0**; Rohgewinn = 200,00 €/Stück (200 %);
  (Penner) Ø Lagerbestand: 1 000 Stück;
   Rohgewinn insgesamt: $1\,000 \cdot 2 \cdot 200 =$ **400 000,00 €**

5.3 Maßnahmen zur Verbesserung der Wirtschaftlichkeit

Unter **Wirtschaftlichkeit** versteht man das Verhältnis von Nutzen und Kosten. Eine Maßnahme ist dann wirtschaftlich, wenn der damit bewirkte Nutzen (z. B. Ertrag, Leistung) die damit verbundenen Kosten (z. B. Einsatz von Produktionsfaktoren) übersteigt. Die größte Wirkung lässt sich erzielen, wenn die Maßnahmen bei den A-Gütern ansetzen.

Ganzheitliche Maßnahmen zur Verbesserung der Wirtschaftlichkeit

Die Wirtschaftlichkeit des Lagers lässt sich mit den bereits beschriebenen ganzheitlichen Rationalisierungsmaßnahmen verbessern, wie z. B.

- Beschaffungsplanung (Mengen-, Zeitplanung),
- Entscheidung über das Warenbereitstellungsverfahren,
- Entscheidung über zentrale oder dezentrale Lagerung,
- Entscheidung über Eigen- oder Fremdlagerung,
- Aufbau logistischer Partnerschaften,[1]
- Einsatz eines integrierten Warenwirtschaftssystems (ERP-System),
- Einsatz moderner Informations- und Kommunikationstechniken.

Einzelmaßnahmen zur Verbesserung der Wirtschaftlichkeit

Senkung der Bestell- bzw. Abrufmengen

Über eine gezielte Mengenpolitik kann der Großhändler die Wirtschaftlichkeit seines Lagers verbessern.

Bei regelmäßig auftretendem Bedarf können die Geschäftsbeziehungen mit dem Lieferer auf eine langfristige Grundlage gestellt werden. Die **kontinuierliche Belieferung** im Rahmen eines solchen Beschaffungskonzepts

- senkt die Bestellmengen und damit die Lagerbestände,
- vermindert durch die geringere Vorratshaltung das Lagerrisiko,
- gewährleistet eine sichere Belieferung,
- führt zu Einsparungen bei der Einkaufsabwicklung,
- erhöht aber aufgrund der Bestellhäufigkeit die Bestellkosten und die Kosten für die Anlieferung.

In der Praxis haben sich folgende Vertragsformen herausgebildet:

- Rahmenvertrag,
- Kauf auf Abruf,
- Teillieferungsvertrag (Sukzessivlieferung),
- Spezifikationskauf,
- Kommissions- bzw. Konsignationslagervertrag.

In **Rahmenverträgen** werden die Preise und bestimmte Lieferungsbedingungen für einen Zeitraum oder bis zur Abnahme einer vereinbarten Gesamtmenge festgelegt. Da die Konditionen längere Zeit unverändert bleiben ist auf diese Weise die Beschaffungsseite abgesichert. Von positiven Änderungen der Marktverhältnisse (z. B. sinkende Preise) kann der Abnehmer jedoch nicht profitieren, da er sich gebunden hat.

Beim **Kauf auf Abruf** wird die Abnahme einer bestimmten Menge innerhalb eines bestimmten Zeitraums vereinbart. Der Abnehmer kann die Ware nach seinen Erfordernissen in

---

[1] Siehe hierzu Formen des SCM, Kapitel 1.4 Supply-Chain-Management – auch externe Lieferkette im Griff und Crossdocking in Kap. 4.7 Crossdocking-Konzept – bestandsloses Kommissionieren.

Teilmengen abrufen, also die Termine der Teillieferungen kurzfristig bestimmen. Er kann dadurch die Vorteile einer großen Bestellmenge nutzen und wälzt gleichzeitig die Lagerhaltung auf seinen Lieferanten ab. Erfolgen die Teillieferungen zu vorher genau vereinbarten Terminen, dann liegt ein **Teillieferungsvertrag** vor. Der Abnehmer muss beim Sukzessivkauf die Ware nicht mehr abrufen, was die Bestellabwicklung weiter vereinfacht. Er muss seinen Bedarf zeitlich genau planen und sich auf die Termintreue seines Lieferanten verlassen.

Vereinbart der Abnehmer einen **Spezifikationskauf**, dann legt er lediglich die Art und Menge der abzunehmenden Ware fest. Die genauen Formen, Größen, Farben und Maße bestimmt er erst später innerhalb eines vereinbarten Zeitraums. Unterlässt der Abnehmer die Spezifikation, dann kann der Lieferer die Ausführung selbst bestimmen und die Ware zusenden.

Im Falle des **Konsignations- bzw. Kommissionslagervertrags** richtet der Lieferant beim Kunden ein Lager ein und bewirtschaftet es.

Beispiel: Senkung des Lagerbestands durch niedrigere Bestellmengen
Annahmen: Der Jahresbedarf beträgt 1200 Stück; der Sicherheitsbestand beträgt 100 Stück und reicht für einen Monat; kontinuierlicher Verbrauch von 100 Stück pro Monat; die Lieferung kommt pünktlich, wenn der Sicherheitsbestand erreicht ist.

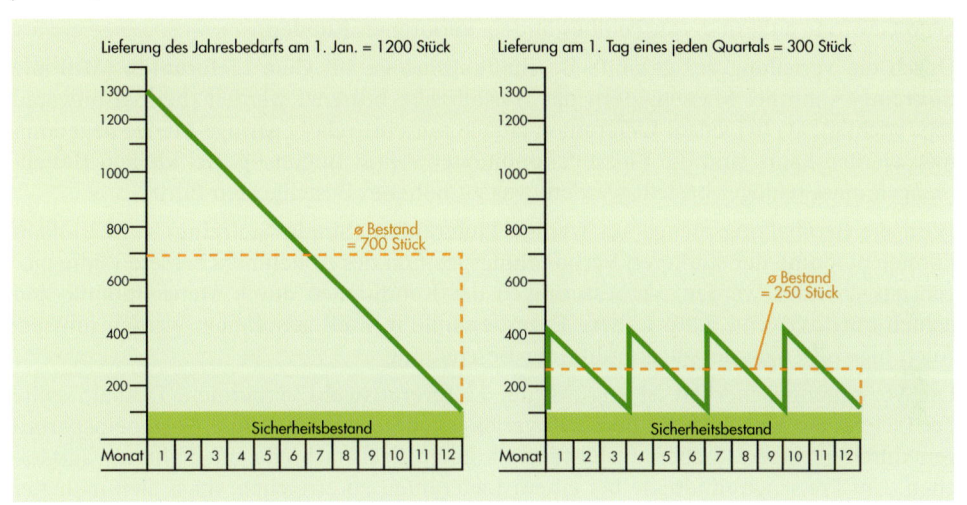

Senkung der Lagerbestände durch Streckengeschäfte

Durch Streckengeschäfte können Transport- und Lagerkosten eingespart werden, da die Ware erst gar nicht ins Lager des Großhändlers gelangt, sondern direkt vom Hersteller an die Kunden ausgeliefert wird.

Dabei ist die Gefahr groß, dass der unmittelbare Kundenkontakt verloren geht und der Großhändler ganz aus der Handelskette ausgeschaltet wird, da er seine Hauptaufgabe, die Lagerhaltung, nicht erbringt.

Senkung der Sicherheitsbestände

Durch die Senkung des Sicherheitsbestandes lassen sich Lagerzinsen einsparen, weil dadurch der durchschnittliche Lagerbestand und damit die Kapitalbindung reduziert wird.

Niedrigere Sicherheitsbestände müssen mit einer erhöhten Zuverlässigkeit (bezüglich Qualität und Termineinhaltung) der Lieferanten einhergehen, sonst wird die Einsparung von Lagerkosten durch höhere Fehlmengenkosten zunichte gemacht.

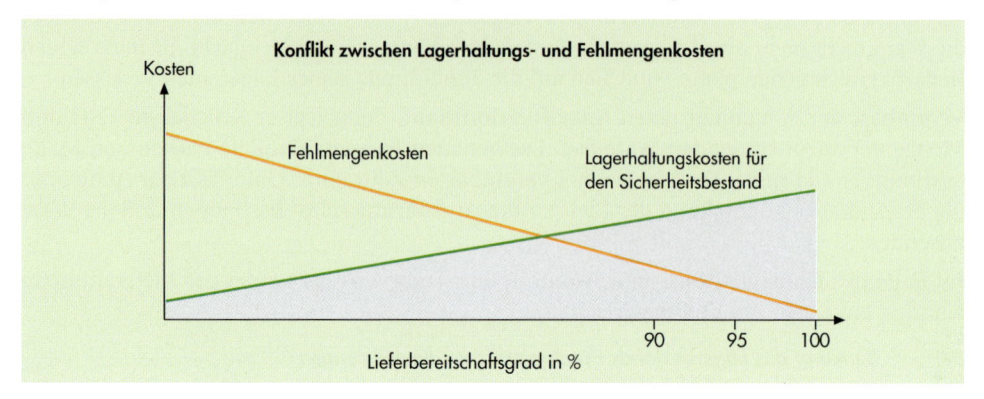

Konflikt zwischen Lagerhaltungs- und Fehlmengenkosten

(Diagramm: Kosten in Abhängigkeit vom Lieferbereitschaftsgrad in % — Fehlmengenkosten fallend, Lagerhaltungskosten für den Sicherheitsbestand steigend; Achsenwerte 90, 95, 100)

Bei einem hohen **Service- bzw. Lieferbereitschaftsgrad** (z. B. 90 % des Bedarfs kann sofort gedeckt werden) entstehen geringe Ausfall- bzw. Fehlmengenkosten (z. B. entgangene Gewinne aufgrund von Fehlbeständen, verlorenen Kunden).

Durch die Verteilung der gesamte Beschaffungsmenge auf **viele Lieferanten (Multiple Sourcing)** kann bei Massengütern das Ausfallrisiko begrenzt werden (bei Saisonwaren sehr wichtig). Da bei jedem Lieferanten jedoch nur eine relativ geringe Menge abgenommen werden kann, sind die Einkaufskonditionen relativ ungünstig. Bei kleinen Bestellmengen muss häufiger bestellt werden, was zu höheren Bestellkosten führt.

Wird die Beschaffungsmenge auf **wenige Lieferanten (Single Sourcing)** verteilt, dann können aufgrund der stärkeren Verhandlungsposition des Abnehmers bessere Bedingungen ausgehandelt werden. Verbesserungen der Konditionen durch Mengenpolitik sind jedoch nutzlos, wenn dafür höhere Lagerbestände in Kauf genommen werden müssen. Auch hier zeigt sich der Zielkonflikt der Beschaffung.

Die Versorgungssicherheit ist eng mit der **Liefererauswahl** verbunden. Deshalb sollte bei Lieferanten verstärkt auf deren Zuverlässigkeit geachtet werden. Kosteneinsparungen durch geringere Sicherheitsbestände können Preisnachteile oft mehr als ausgleichen. Um Preiszugeständnisse bei einem Lieferanten zu erreichen, muss sich mancher Großhändler auf einen Exklusiv-Lieferauftrag einlassen. Auch wenn für ein solches **Einlieferanten-System (Sole Sourcing)** nur der leistungsfähigste Lieferant infrage kommt, wird der Wettbewerb auf dem Beschaffungsmarkt nicht ausgenutzt. Außerdem macht sich der Großhändler von einem einzigen Lieferanten abhängig; er ist diesem buchstäblich ausgeliefert. Das Fehlen von Zweit- und Drittlieferanten verringert zudem die Versorgungssicherheit.

Manche Großhändler gehen deshalb einen anderen Weg und beschaffen vermehrt auf ausländischen Märkten **(Global Sourcing)** zu vermeintlich günstigen Preisen. Sie handeln sich damit ein höheres Beschaffungsrisiko (Währungsrisiko, Versorgungsrisiko usw.), höhere Transportkosten und Servicenachteile ein. Diese Nachteile können nur durch eine enorme Nachfragemacht verringert werden. Die Nachfragemacht des Abnehmers kann auf den größeren globalen Märkten jedoch niemals größer sein als im Inland.

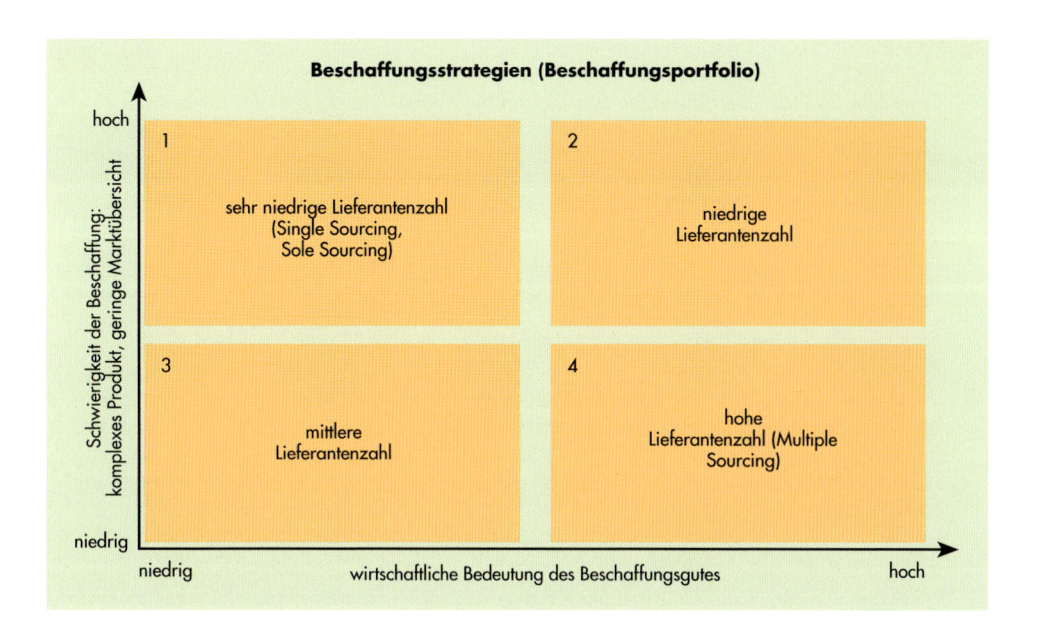

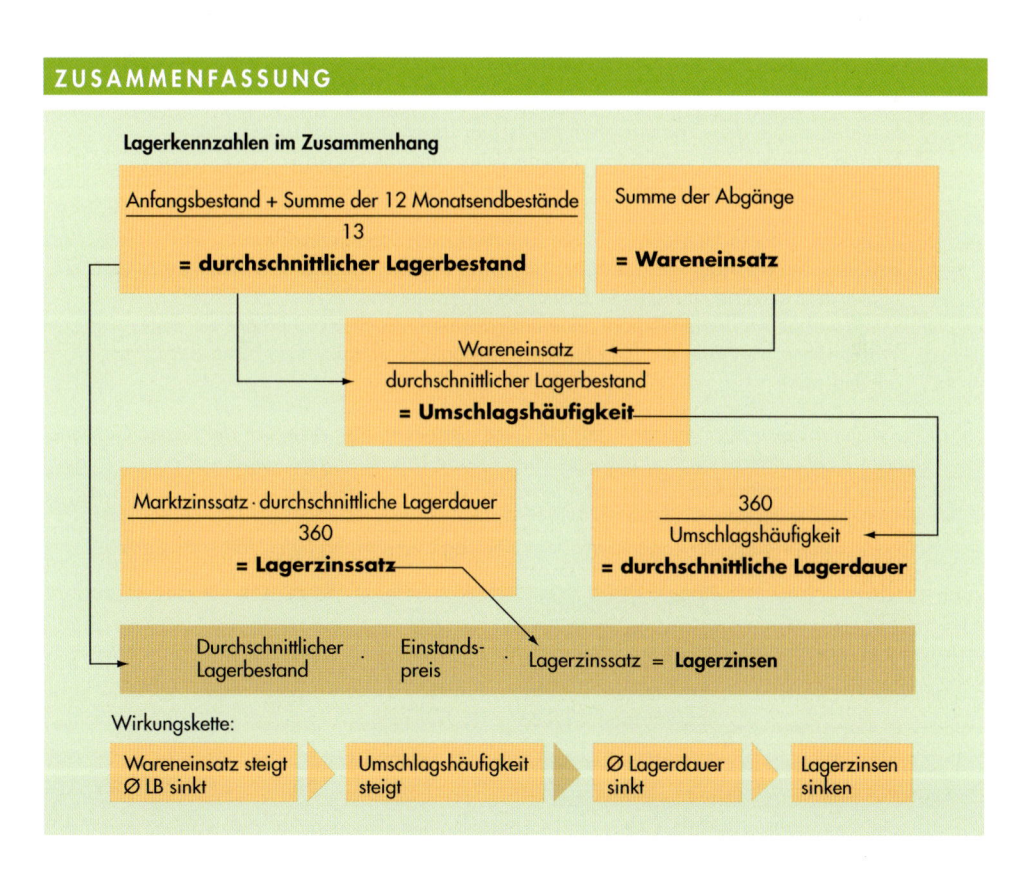

Beschaffungsstrategien (Beschaffungsportfolio)

Y-Achse: Schwierigkeit der Beschaffung: komplexes Produkt, geringe Marktübersicht (niedrig – hoch)
X-Achse: wirtschaftliche Bedeutung des Beschaffungsgutes (niedrig – hoch)

	niedrig	hoch
hoch	1: sehr niedrige Lieferantenzahl (Single Sourcing, Sole Sourcing)	2: niedrige Lieferantenzahl
niedrig	3: mittlere Lieferantenzahl	4: hohe Lieferantenzahl (Multiple Sourcing)

ZUSAMMENFASSUNG

Lagerkennzahlen im Zusammenhang

$$\frac{\text{Anfangsbestand + Summe der 12 Monatsendbestände}}{13} = \text{durchschnittlicher Lagerbestand}$$

$$\text{Summe der Abgänge} = \text{Wareneinsatz}$$

$$\frac{\text{Wareneinsatz}}{\text{durchschnittlicher Lagerbestand}} = \text{Umschlagshäufigkeit}$$

$$\frac{\text{Marktzinssatz} \cdot \text{durchschnittliche Lagerdauer}}{360} = \text{Lagerzinssatz}$$

$$\frac{360}{\text{Umschlagshäufigkeit}} = \text{durchschnittliche Lagerdauer}$$

$$\text{Durchschnittlicher Lagerbestand} \cdot \text{Einstandspreis} \cdot \text{Lagerzinssatz} = \text{Lagerzinsen}$$

Wirkungskette:

Wareneinsatz steigt Ø LB sinkt → Umschlagshäufigkeit steigt → Ø Lagerdauer sinkt → Lagerzinsen sinken

Lernfeld 3 — Logistische Prozesse planen, steuern und kontrollieren

AUFGABEN

1. Schreiben Sie jeden der folgenden Begriffe auf die Kopfzeile eines DIN-A6-Kärtchens:

   Lagerrisiko, Lagerhaltungskosten, durchschnittlicher Lagerbestand, Lagerwert, Wareneinsatz, Umschlagshäufigkeit, durchschnittliche Lagerdauer, Lagerzinssatz, Lagerzinsen, Lagerreichweite, Flächennutzungsgrad, Raumnutzungsgrad, Tranportmitteleinsatzgrad, Tranportmittelausfallgrad, Rohgewinn, Wirtschaftlichkeit (Begriff), Rahmenvertrag, Kauf auf Abruf, Teillieferungsvertrag (Sukzessivkauf), Spezifikationskauf, Multiple Sourcing (Begriff, Vor-, Nachteile), Single Sourcing (Begriff, Vor-, Nachteile), Global Sourcing (Begriff, Vor-, Nachteile)

   Sortieren Sie die Begriffskärtchen nach den Kriterien „weiß ich" oder „weiß ich nicht".
   Bilden Sie Kleingruppen mit höchstens drei Mitgliedern. Erklären Sie sich gegenseitig die „Weiß-ich-nicht"-Kärtchen. Schlagen Sie dabei die ungeklärten Begriffe im Schulbuch nach oder nehmen Sie Kontakt zu einer anderen Kleingruppe auf.
   Schreiben Sie die Begriffserklärungen auf die Rückseite Ihrer Kärtchen und ordnen Sie die Kärtchen unter der Leitkarte „Wirtschaftlichkeit der Lagerhaltung" alphabetisch in ihren Lernkartei-Behälter ein.

2. Bilden Sie Teams mit jeweils drei Mitgliedern (Stammgruppen). Schreiben Sie jeden der Begriffe aus Aufgabe 1 auf ein extra Stück Papier und fügen Sie diese Papierkärtchen zu einer sinnvollen Struktur zusammen. Die Struktur kann durch Pfeile, Farben, Symbole, Texte (z. B. Überschriften), Bilder oder weitere Begriffe ergänzt werden.

3. a) Erläutern Sie, wie sich die Lagerhaltungskosten zusammensetzen.
   b) Machen Sie Vorschläge, wie die Lagerhaltungskosten gesenkt werden können.
   c) Beschreiben Sie den Zusammenhang zwischen Lagerdauer und Lagerkosten.
   d) Erläutern Sie, wie ein vorsichtiger Einkaufsleiter dazu beitragen kann, das Lagerrisiko zu verringern.

4. a) Begründen Sie die Notwendigkeit der Ermittlung von Lagerkennziffern.
   b) Beweisen Sie die Aussage: „Je höher die Umschlagshäufigkeit, desto niedriger ist der Kapitaleinsatz zur Erreichung einer bestimmten Gewinnhöhe."
   c) Durch welche Maßnahmen kann eine unterdurchschnittliche LUG erhöht werden?
   d) Warum kann die Höhe der LUG für Sortimentsentscheidungen nicht allein ausschlaggebend sein?

5. Trotz weiterer Umsatzsteigerungen stellt die Geschäftsleitung fest, dass sich die Kosten-Gewinn-Situation nicht zufriedenstellend entwickelt hat. Interne Untersuchungen ergaben, dass u. a. die Umsätze bei Freizeitjacken, die als Handelswaren geführt werden und bisher 15 % des Gesamtumsatzes ausmachten, weiter zu wünschen übrig lassen. Der Verkaufsleiter fordert deshalb eine Überprüfung der Lagerkennziffern. Die Lagerverwaltung liefert folgende Zahlen:

Anfangsbestand:	320 000 Stück
Endbestand 31.03.:	280 000 Stück
Endbestand 30.06.:	240 000 Stück
Endbestand 30.09.:	300 000 Stück
Endbestand 31.12.:	360 000 Stück

   Zugänge während des laufenden Geschäftsjahres: 2 140 000 Stück.
   a) Ermitteln Sie die Umschlagshäufigkeit.
   b) Der Verkaufsleiter stellt fest, dass die Umschlagshäufigkeit gegenüber dem Vorjahr stark gesunken ist. Erläutern Sie vier Ursachen, die zu dieser Entwicklung geführt haben könnten.
   c) Unterbreiten Sie zwei Vorschläge, die geeignet sind, dieser Entwicklung entgegenzuwirken.

Logistische Prozesse planen, steuern und kontrollieren

Lernfeld 3

6 Die Max Reinstein GmbH, Schmuckhersteller, Pforzheim, hat in den letzten fünf Jahren ihr Sortiment unkontrolliert ausgedehnt. Dies führte insgesamt zu einer unübersichtlichen und schwerfälligen Bearbeitung von Aufträgen im Lager.
  a) Beschreiben Sie zwei Probleme, die sich aus dieser Lagersituation ergeben können.
  b) Wie könnten die genannten Probleme gelöst werden?
  c) Für den Artikel „Damen-Armband, echt Gold 585" ergeben sich aus der Lagerdatei für das abgelaufene Jahr folgende Bestände in Stück:

Datum	Eingang	Ausgang	Bestand	Datum	Eingang	Ausgang	Bestand
01-01			10	08-17		5	14
01-14	7		17	09-04		4	10
01-18		3	14	09-16	7		17
01-28	7		21	10-01		2	15
02-07		2	19	10-12		4	11
02-16		5	14	11-03	7		18
03-11	7		21	11-15		10	8
04-19		4	17	12-04	14		22
05-04		5	12	12-11		12	10
05-25	7		19	12-14	14		24
06-03		3	16	12-16		12	12
07-02		4	12	12-18	3		15
08-03	7		19				

  Berechnen Sie aus den Zahlen dieser Lagerkartei die folgenden Lagerkennziffern:
  1. durchschnittlicher Lagerbestand,
  2. durchschnittliche Lagerdauer,
  3. Lagerzinssatz bei einem Zinsfuß von 7,5 %,
  4. Lagerreichweite,
  5. Kapitaleinsatz zur Finanzierung des durchschnittlichen Lagerbestandes bei einem Lagerwert von 1 000,00 € pro Stück.

  d) Die IHK ermittelte für die Schmuckbranche eine durchschnittliche Umschlagshäufigkeit von 6,0.
  • Welche Gründe kann die Abweichung der durchschnittlichen Lagerdauer der Max Reinstein GmbH vom Branchendurchschnitt haben? Erläutern Sie drei Gründe.
  • Welcher Zinsgewinn oder Zinsverlust ergibt sich für den oben errechneten Kapitaleinsatz durch die Abweichung vom Branchendurchschnitt?

7 Die MIC-Elektronik GmbH, Mosbach, ist ein mittelständischer Hersteller von Geräten und Ersatzteilen der Informations- und Kommunikationstechnik. Das Unternehmen ist für zuverlässige Lieferung und flexibles Reagieren auf Kundenwünsche bekannt. Am Markt ist ein ständiger Preisverfall zu beobachten. Die unbefriedigende Gewinnsituation zwingt zu einer Überprüfung des Beschaffungs- und Lagerhaltungsbereichs im Segment Ersatzteile. Bei einer Abteilungsleiterkonferenz werden mögliche Schwachstellen diskutiert. Nach Durchsicht der zur Verfügung stehenden Unterlagen aus dem Ersatzteilbereich (siehe Anlagen) fällt das Gehäuse (Teil-Nr. 2007) als Problemteil auf.
Die Geschäftsleitung macht der Abteilung Einkauf folgende Vorwürfe:
  • Die **Umschlagshäufigkeit** ist zu gering, der Branchendurchschnitt liegt bei 12.
  • Es wird das falsche **Bestellverfahren** verwendet.
  • Die **Bestellmenge** ist nicht optimal (vgl. Anlage 3).

Lernfeld 3 — Logistische Prozesse planen, steuern und kontrollieren

- Die **Einstandspreise** bei Teil-Nr. 2007 und 2015 wurden seit Jahren nicht überprüft (vgl. Anlage 2).
- Die **Lieferantenauswahl** erfolgt zu oberflächlich (vgl. Anlage 4).

a) Nehmen Sie zu den einzelnen Vorwürfen Stellung. Verwenden Sie dabei alle Ihnen zur Verfügung stehenden Informationen und führen Sie, soweit erforderlich, entsprechende Berechnungen durch. Gehen Sie auf die Folgen ein.

b) Unterbreiten Sie Verbesserungsvorschläge für die einzelnen Punkte aus dem Bereich der Beschaffung und der Lagerhaltung.

Anlage 1

Lagerfachkarte Teilebez.: Gehäuse		MIC-Elektronik GmbH Teile-Nr. 2007	Lager-Nr.: 4529
Datum	Zugang in Stück	Abgang in Stück	Bestand in Stück
01.01.			2000
10.01.		600	?
14.02.	1 500		?
03.03.		800	?
20.03.		700	?
15.05.	1 500		?
23.05.		650	?
18.07.		670	?
15.08.	1 500		?
08.09.		730	?
26.09.		690	?
13.10.		400	?
14.11.	1 500		?
09.12.		1 110	?

Anlage 2
Statistik der Jahresbedarfswerte aller Teile

Artikel- nummer	Jahresbedarf in St.	Preis je St. in €	Jahresbedarfs- wert in €	Jahresbedarfs- wert in %
2001	1 997	130,00	259 610,00	33,43
2002	3 000	0,70	2 100,00	0,27
2003	4 035	15,00	60 525,00	7,79
2004	250	125,00	31 250,00	4,02
2005	100	10,00	1 000,00	0,13
2006	420	1,25	525,00	0,07
2007	6 350	50,00	317 500,00	40,88
2008	270	5,50	1 485,00	0,19
2009	88 080	0,10	8 808,00	1,13
2010	2 415	2,40	5 796,00	0,75
2011	12 428	0,50	6 214,00	0,80
2012	15 510	0,20	3 102,00	0,40
2013	3 075	1,00	3 075,00	0,40
2014	3 660	0,65	2 379,00	0,31
2015	5 200	0,05	260,00	0,03
2016	20	2,95	59,00	0,01

Logistische Prozesse planen, steuern und kontrollieren — **Lernfeld 3**

Anlage 3
Optimale Bestellmenge

Anzahl der Bestellungen	Bestellmenge in Stück	durchschnittl. Lagerbestand	durchschnittl. Lagerbestand in €	Lagerhaltungskosten	Bestellkosten	Gesamtkosten
		Bestellmenge/2		Lagerhaltungskostensatz 10 %	200,00 € pro Bestellung	
1						

Anlage 4
Bisherige Entscheidungsbewertungstabelle für Lieferantenbeurteilung:

Entscheidungskriterium	Lieferer A	Lieferer B
Einstandspreis		
Qualität		

8 Begründen Sie, weshalb Maßnahmen zur Verbesserung der Wirtschaftlichkeit bei den A-Gütern die größte Wirkung erzielen.

9 Erläutern Sie einige Kennzahlen zur Überwachung der
 a) Lagernutzung,
 b) Transportmittelnutzung.

10 Berechnen Sie anhand der Abbildung auf Seite 88 den Lagernutzungsgrad des
 a) Hochregallagers insgesamt,
 b) Palettenlagers,
 c) Gitterbox-Lagers.

11 Erläutern Sie Möglichkeiten zur
 a) Senkung der Bestellmengen,
 b) Senkung des Sicherheitsbestands,
 c) Verbesserung der technischen Ausstattung des Lagers.

12 a) Weshalb wird durch die kontinuierliche Anlieferung die Wirtschaftlichkeit des Lagers verbessert?
 b) Beschreiben Sie einige Vertragsformen, mit denen sich ein Großhändler die kontinuierliche Belieferung sichern kann. Gehen Sie dabei auf Unterschiede ein.

13 Begründen Sie, weshalb Streckengeschäfte zur Verbesserung der Wirtschaftlichkeit des Lagers beitragen.

14 Beschreiben und beurteilen Sie das Beschaffungskonzept Ihres Ausbildungsbetriebs.

6 Versandkostenberechnung

PROBLEM

Die TRIAL GmbH ist bei der Auswahl der Versandarten und der Verkehrsträger für Warenlieferungen an einen Kunden an einer optimalen, günstigen und wirtschaftlichen Auswahl interessiert. Die TRIAL GmbH achtet dabei insbesondere

- auf Größe und Maße der zu versendenden Waren,
- Kundenanschrift (Geschäftssitz bzw. Standort der Lagerhalle),
- Verkehrsanbindung.

Beispiel: Die Lieferung von drei Radtrikots an den Kunden Alfred Becker erfolgt in einem Paket mit dem Service eines Paketdienstes.

Bei der Entgeltberechnung im Versandbereich wird u. a. unterschieden zwischen:

- Versand von Briefen,
- Versand von Paketen, Kleinstgütern und Kleingütern,
- Versand von Waren im Wagenladungsverkehr der Deutschen Bahn AG,
- Versand von Waren im Güterkraftverkehr (Transport mit Lkw unter Einschaltung einer Spedition bzw. eines Frachtführers),
- Versand von Waren im Bereich der Schifffahrt (Binnen- und Seeschifffahrt) und des Luftverkehrs.

1. Welche Transportwege (Straße, Schiene, Wasser, Luft) stehen Ihnen zur Verfügung, wenn Frachtgüter von Karlsruhe nach Hamburg und nach Kapstadt zu befördern sind? Stellen Sie ausführliche Routenpläne auf.
2. Nennen Sie je zwei Vor- und Nachteile der Verkehrsträger Schiene, Straße, Luft und Wasser.
3. Welche Transportmittel werden in Ihrem Ausbildungsunternehmen eingesetzt, um Kunden aus dem In- und Ausland mit Waren zu versorgen?
4. Welche Auswirkungen haben die Frachtkosten auf die GuV-Rechnung, auf den Gewinn und auf einzelne Bilanzpositionen?

Versandkostenberechnung Brief

Die folgenden Ausführungen beziehen sich auf die Versandkostenrechnung der Deutschen Post AG. Die gültigen Preise sind in jeder Postzentrale einer Broschüre zu entnehmen. Die Deutsche Post bietet im Inland vier **Basisprodukte** an, die sich bezüglich Gewicht, Größe und Dicke sowie Preis unterscheiden:

	Standardbrief	Kompaktbrief	Großbrief	Maxibrief
Gewicht	bis 20 g	bis 50 g	bis 500 g	bis 1 000 g
Mindestmaß Länge × Breite	1,4 × 0,9 cm	1,0 × 0,7 cm	1,0 × 0,7 cm	1,0 × 0,7 cm
Höchstmaß Länge × Breite × Dicke	23,5 × 12,5 × 0,5 cm	23,5 × 12,5 × 1,0 cm	35,3 × 25 × 2,0 cm	35,3 × 25 × 5,0 cm
Preis	0,60 €	0,90 €	1,45 €	2,40 €

(Quelle: Deutsche Post AG, www.deutschepost.de, abgerufen am 20.12.2013)

Als weiteren Service bietet die Deutsche Post AG u.a. folgende Zusatzleistungen an:

Zusatz-leistung	Preis in €	Beschreibung
Einschreiben	2,15 € zusätzlich zum Beförderungsentgelt des Basisproduktes	Übergabe der Sendung wird vom Empfänger oder Empfangsberechtigten gegen Unterschrift bestätigt (gesicherte Sendung)
Einwurf-einschreiben	1,80 € zusätzlich zum Beförderungsentgelt des Basisproduktes	Einwurf in den Briefkasten oder ins Postfach wird von der Deutschen Post bestätigt (gesicherte Sendung)
Nachnahme	2,40 € zusätzlich zum Beförderungsentgelt des Basisproduktes	Empfänger erhält Ware nur gegen Bezahlung
Einschreiben Rückschein	3,85 zusätzlich zum Beförderungsentgelt des Basisproduktes	der Absender bestätigt schriftlich die Ablieferung der Sendung, die Empfangsbestätigung erhält der Versender zurück (gesicherte Sendung)
Einschreiben Eigenhändig	3,85 € zusätzlich zum Beförderungsentgelt des Basisproduktes	Ablieferung der Sendung an den Empfänger persönlich (gesicherte Sendung)
Infopost	**schriftliche, inhaltsgleiche Schriftstücke (z. B. Kataloge) oder Werbeartikel**	z. B. ab 4000 Sendungen nach PLZ sortiert
Infopost Standard	0,25 €	
Infopost Kompakt	0,28 € bis 20 g über 20 g bis 50 g nach Formel: (Gewicht in ganzen g − 20) · 0,352 Ct + 28 Ct	
Infopost Groß	0,36 € bis 20 g über 20 g bis 100 g nach Formel: (Gewicht in ganzen g − 20) · 0,352 Ct + 36 Ct über 100 g bis 1 000 g nach Formel: (Gewicht in ganzen g − 20) · 0,046 Ct + 64 Ct	

Lernfeld 3
Logistische Prozesse planen, steuern und kontrollieren

Zusatz-leistung	Preis in €	Beschreibung
Infopost Maxi	0,73 € bis 20 g über 20 g bis 100 g nach Formel: (Gewicht in ganzen g − 20) · 0,352 Ct + 73 Ct über 100 g bis 1 000 g nach Formel: (Gewicht in ganzen g − 100) · 0,046 Ct + 101 Ct	

(Quelle: Deutsche Post AG, www.deutschepost.de, abgerufen am 20.07.2013)

Beispiel: Die TRIAL GmbH möchte an Kunden und weitere Interessenten derselben Leitregion 250 Kataloge als Infopost verschicken. Die Maße der Kataloge entsprechen einem Großbrief. Ein Katalog wiegt 150 g.

Der Grundpreis beträgt:

```
      (150 g − 100 g) · 0,046 Cent + 64 Cent
   =  50 g · 0,046 Cent            + 64 Cent
   =  2,30 Cent                    + 64 Cent
   =  66,30 Cent (das Ergebnis von 66,30 Cent ist auf volle Cent mathematisch zu runden)
   =  66 Cent
   =  0,66 €
```

Die Versendung der Kataloge verursacht somit Kosten in Höhe von 165,00 € (0,66 € · 250 Kataloge).

Versandkostenberechnung Pakete, Kleinstgüter und Kleingüter bis 3 000 kg

Die TRIAL GmbH kann bei der Warenversendung u. a. zwischen den Diensten der DHL (Paketdienst der Deutschen Post AG; die Abkürzung setzt sich aus den Namen der Gründungsmitglieder Adrian Dalsey, Larry Hillblom und Robert Lynn [D, H und L] zusammen) und privaten Paketdiensten wählen.

EXKURS

Sperriges Paket bei Versand mit DHL

Ein Paket gilt als sperrig, wenn die Quaderform des Paketes eine Länge von mehr als 120 cm oder eine Breite bzw. Höhe von über 60 cm hat oder aufgrund seiner äußeren Beschaffenheit eine besondere Behandlung erfordert. Der Preis für die Beförderung von sperrigen Paketen beträgt zusätzlich zu dem Paketporto 20,00 € netto.

Paketversendungen mit DHL

DHL-Pakete können in Quader- oder Rollenform versendet werden. Dabei gelten folgende Maße:

- Quaderform: Minimalgröße   15 × 11 × 1 cm
              Maximalgröße: 120 × 60 × 60 cm
              Höchstgewicht   31,5 kg
- Rollenform: Minimalgröße: Länge 15 cm × 5 cm Durchmesser
              Maximalgröße: Länge 120 cm × 15 cm Durchmesser
              Höchstgewicht: 31,5 kg

Als Versandarten unterscheidet die DHL (auszugsweise, Versand innerhalb Deutschlands, Quaderform, Privatkunden: Filialpreis inkl. USt.):

	Päckchen Inland	Paket Inland
Gewicht	max. 2 kg	max. 31,5 kg
Mindestmaß Länge · Breite	15 × 11 × 1 cm	15 × 11 × 1 cm
Höchstmaß Länge · Breite · Dicke	60 × 30 × 15 cm	120 × 60 × 60 cm
Preis	3,99 € (Onlinepreis) bzw. 4,10 € (Filialpreis)	Online-Preise: bis 2 kg: 4,99 € bis 10 kg: 5,99 € über 10 kg bis 20 kg: 10,99 € über 20 kg bis 31,5 kg: 12,99 € (Freimachung mit DHL-Paketmarke) (Haftung bis 500,00 €)

(Quelle: Deutsche Post AG, www.dhl.de, abgerufen am 27.12.2013)

Für die Versendung von Paketen ins Ausland unterscheidet die DHL zwischen vier Zonen:
- Zone 1: EU (z.B. Belgien, Finnland, Frankreich),
- Zone 2: Europa ohne EU (z.B. Albanien, Bulgarien, Island),
- Zone 3: Welt (z.B. Ägypten, Kanada, Oman, USA, Vereinigte Arabische Emirate),
- Zone 4: Rest-Welt (alle weiteren Länder, die nicht in den anderen Zonen erwähnt sind).

Für jede Zone gelten unterschiedliche Preise, die dem Gebührenheft der Deutschen Post zu entnehmen sind.

Hinweis: Auf der Internetseite der DHL findet sich ein DHL-Preis- und -Produktberater für Privatkunden. Mithilfe dieses Service lassen sich die Kosten für die Versendung von Paketen einfach ermitteln.

Paketversendungen mit privaten Paketdiensten

Neben den Leistungen der DHL kann die TRIAL GmbH aus einer Vielzahl von privaten Paketdiensten Versandleistungen in Anspruch nehmen, z.B. UPS, DPD, FedEx, TNT u.a.

So sind aus der Preisliste (Auszug) von UPS folgende Kosten zu entnehmen (Versand innerhalb von Deutschland, die Gesamtkosten berechnen sich nach einer Zonentabelle und einer Tariftabelle UPS Expressgut, Zone 1, Auszug, exemplarisch):

Gewicht in kg pro Paket (UPS Standard)	€ (ohne gesetzl. USt.)
2 kg bis 2,49 kg	32,30
4,5 kg bis 4,99 kg	33,00
8,5 kg bis 8,99 kg	34,75
11 kg bis 11,99 kg	36,85

Lernfeld 3
Logistische Prozesse planen, steuern und kontrollieren

Gewicht in kg pro Paket (UPS Standard)	€ (ohne gesetzl. USt.)
12 kg bis 12,99 kg	38,40
19 kg bis 19,99 kg	49,25
30 kg bis 34,99 kg	71,05
65 kg bis 69,99 kg	99,45

(Quelle: United Parcel Service Deutschland Inc. & Co. OHG, www.ups.com, abgerufen am 10.07.2013)

Das zu berechnende Gewicht richtet sich nach dem tatsächlichen Gesamtgewicht oder nach dem Volumengewicht (Länge · Breite · Höhe in cm/5 000). Es wird das höhere Gewicht zugrunde gelegt.

Beispiel: Die TRIAL GmbH möchte zwei Pakete versenden (kein Volumengewicht):
- Paket 1: Bikewear-Waren mit einem Gesamtgewicht von 12,5 kg;
- Paket 2: Bikewear-Waren mit einem Gesamtgewicht von 31 kg.

Paket 1:	Versand mit DHL:	Grundpreis:	10,99 €
	Versand mit UPS:	Grundpreis:	38,40 €
		zzgl. 19 % USt.	7,30 €
			45,70 €
Paket 2:	Versand mit DHL:	Grundpreis:	12,99 €
	Versand mit UPS:	Grundpreis:	71,05 €
		zzgl. 19 % USt.	13,50 €
			84,55 €

EXKURS

Für sehr eilige Warensendungen bietet sich die Versendung mit dem IC-Kurierdienst an. Sendungen bis 20 kg können direkt am mit IC-Kurierdienst gekennzeichneten Zugabteil eines ICs oder am IC-Kurierdienstschalter aufgegeben werden. Sendungen mit dem Transportmittel ICE müssen am Gepäckschalter aufgegeben werden. Weiter besteht die Möglichkeit, die Güter am Firmensitz abholen zu lassen (Haus-Haus-Verbindung).

Die Entgelttarife sind der folgenden Tabelle zu entnehmen (Versand nur innerhalb Deutschlands, Angabe von Nettopreisen):

Gewicht	Bahnhof – Bahnhof, innerdeutsch	
bis 10 kg	99,00 €	
ab 10 kg bis 15 kg	113,00 €	Abholung bzw. Zustellung zum Kunden zzgl. je 43,00 €
ab 15 kg bis 20 kg	127,00 €	

(Quelle: Deutsche Bahn AG, www.bahn.de bzw. time:matters GmbH, www.time-matters.com, abgerufen am 10.07.2013)

Bei Frachtgütern bis 3 t orientieren sich die Tarife nach Gewicht und Entfernung. Beispielhaft sind hier die allgemeinen Tarife von Frachtgütern dargestellt (Haus-Haus-Preise in €, exklusiv USt.; Preise exemplarisch dargestellt, Zustellung innerhalb von 48 Stunden).

Logistische Prozesse planen, steuern und kontrollieren

Lernfeld 3

	bis 40 km	bis 75 km	bis 100 km	bis 150 km	bis 200 km	bis 250 km	bis 300 km
bis 30 kg	20,60	21,50	22,20	23,00	23,90	24,70	25,30
bis 40 kg	23,00	24,30	25,30	26,50	27,70	28,80	29,50
bis 50 kg	24,50	26,20	27,40	28,90	30,50	31,90	32,80
von 600,01 bis 650 kg	109,10	125,40	137,0	152,10	167,70	181,10	190,20

Es ist zu beachten, dass die Gewichtsangaben Bruttogewichte sind, d.h., das Taragewicht muss zu dem Nettogewicht der Ware hinzuaddiert werden.

Die Zustellung zum Kunden wird in einem Zeitraum von 48 Stunden gewährleistet. Soll das zu versendende Gut schneller beim Kunden sein, so gibt es die Möglichkeit, die Ware per Express-Plus-Gut (Zustellung bis 10:30 Uhr nächster Werktag) oder Express-Gut (Zustellung bis 14:00 Uhr nächster Werktag) zuzustellen. Die Preise sind dementsprechend auch höher.

Beispiel: Die TRIAL GmbH liefert an die Franz Klammer KG in Frankfurt Bikewear-Waren mit einem Gesamtgewicht von 32 kg. Die Ware wird auf einer Einweg-Palette transportiert (Eigengewicht einer Einweg-Palette: 8,5 kg).

- Nettogewicht Ware: 32 kg
- zzgl. Tara (Palettengewicht): 8,5 kg
- Bruttogewicht: 40,5 kg

Laut Preistabelle (40,5 kg, 145 km Entfernung zwischen Karlsruhe und Frankfurt) ergibt sich eine Nettofracht in Höhe von 28,90 €.

Die Kosten für die Bruttofracht belaufen sich auf 34,39 €.

EXKURS

Sperrige Güter

Sollte bei einem Frachtstück 1 m³ weniger als 150 kg wiegen, dann wird dieses Frachtstück als ein „sperriges Gut" bezeichnet. In diesem Fall gilt die Regel: 10 dm³ = 1,5 kg.

Beispiel: Die TRIAL GmbH muss ein Frachtstück mit den Maßen 315 cm × 140 cm × 90 cm versenden. Die Sendung gilt als sperriges Gut. Die Entfernung zum Kunden beträgt 170 km.
Damit ergibt sich ein Volumen von 32 dm · 14 dm · 9 dm = 4 032 dm³
(die Angaben in dm sind kaufmännisch zu runden)

4 032 dm³ : 10 = 403,20
403,20 · 1,5 kg = 604,80 kg Frachtberechnungsgewicht

Die Nettofracht beträgt laut obiger Tabelle 167,70 € netto.
Der Frachtbetrag beläuft sich auf 199,56 € brutto (inkl. 19 % USt.)

Versand im Wagenladungsverkehr

Für den Gütertransport im Bereich des Wagenladungsverkehres ist die DB Schenker AG – ein Tochterunternehmen der Deutschen Bahn AG – zuständig. Die Tarife werden mit Kunden der DB Schenker AG frei vereinbart. Als Orientierungsmaßstab gilt die „Allgemeine Preisliste" der Frachtberechnung in Abhängigkeit der verwendeten Wagenart im Güterverkehr.

Für die Berechnung der Nettofracht sind folgende Größen von Bedeutung:
- das Gewicht der Waren in Tonnen
- die Entfernung in km (Bahnhof – Bahnhof)
- der Wagentyp (Wagen mit zwei Achsen bzw. mit mehr als zwei Achsen).

EXKURS

Beispiel für einen Güterwagen der Bauart Hbbills 311

Wagen der Bauart Hbbills 311 transportieren meist palettierte Ware wie Autoteile, Konsumgüter, verpackte Lebenmittel und vieles andere. Die Wagentypen der H-Gattungen sind die modernen Nachfahren der klassischen geschlossenen Güterwagen mit einer Seitentür.

Der Laderaum ist durch die Schiebewände optimal für Gabelstapler zugänglich und kann durch vier verstellbare Trennwände unterteilt werden.

- Leergewicht   17 800 kg
- Zuladung (bei 100 km/h und Streckenklasse D)   27 000 kg
- Ladefläche   46,4 m²
- Laderaum   140,4 m³
- Länge   17 250 mm
- Anzahl der Achsen   2

(Quelle: DB Schenker Rail AG, www.rail.dbschenker.de, abgerufen am 10.07.2013)

Die Kosten für einen Transport in einem Wagen mit zwei Achsen (Wagenpreise in € netto) können der folgenden Tabelle entnommen werden (Auszug, Preisangaben exemplarisch, netto):

Entfernung bis km	Bis 13,499 t	13,5 bis 17,499 t	17,5 bis 21,499 t	21,5 bis 25,499 t
100	500,00 €	500,00 €	500,00 €	551,00 €
110	509,00 €	509,00 €	524,00 €	585,00 €
300,01 bis 320	798,00 €	922,00 €	1 044,00 €	1 166,00 €
400,01 bis 450	978,00 €	1 129,00 €	1 277,00 €	1 428,00 €
600,01 bis 650	1 219,00 €	1 407,00 €	1 593,00 €	1 778,00 €

Beispiel: Die TRIAL GmbH muss für eine Messe in Hamburg Fahrräder, einen Messestand und einen Fahrradparcours aus Holz im Gesamtgewicht von 10,6 t transportieren. Die TRIAL GmbH wählt dazu einen Güterwagen der Deutschen Bahn mit zwei Achsen aus und darf einen Margenabschlag von 20 % vornehmen (Entfernung Bruchsal – Hamburg 615,00 km).

Die Frachtkosten belaufen sich nach der Tabelle auf 1 219,00 € netto.

Frachtkosten	1 219,00 €	
abzgl. 20 % Marge	244,00 €	(auf volle € kfm. gerundet)
=	975,00 €	
zzgl. 19 % USt.	185,25 €	
= Bruttofracht	1 160,25 €	

Logistische Prozesse planen, steuern und kontrollieren

Lernfeld 3

EXKURS

Marge (frz.: Preisspanne/Spielraum) ist ein Begriff aus der Betriebswirtschaftslehre und wird u. a. im Handel und im Speditionswesen verwendet. Im Handel wird die Differenz zwischen An- und Verkaufspreis als Marge bezeichnet.

Versand im Bereich des Güterkraftverkehrs

Der Bundesverband für Güterkraftverkehr, Logistik und Entsorgung in Deutschland (BGL) empfiehlt die Preisermittlung mithilfe zweier Software-Kalkulationshilfen: KALIF (Kalkulationshilfen im Güterfernverkehr) und KIS (Kosten-Informations-System). Neben diesen Softwarepaketen werden in der Praxis oft noch Kostentabellen als Orientierungsgrößen eingesetzt.

Für die Kostenermittlung spielen folgende Komponenten eine Rolle:

- Ladungsgewicht,
- Entfernung in km,
- Einsatzzeit,
- Rücklademöglichkeit,
- Leerfahrt-Kilometer,
- Lkw-Maut.

Seit dem 01.01.2005 ist die Benutzung von Bundesautobahnen in Deutschland mit Lkw ab einem zulässigen Gesamtgewicht von 12 t maut-, d.h. gebührenpflichtig. Diese Mautgebühr ist zunächst vom Frachtführer zu zahlen, der diese Kosten anschließend dem Kunden in Rechnung stellt. Die Höhe der Maut richtet sich nach der Schadstoffklasse des Fahrzeugs, nach der Anzahl der Achsen und der Länge der mautpflichtigen Strecke. So beträgt der Mautsatz eines Lkw der Schadstoffklasse 5 (Kategorie A) mit 3 Achsen 0,141 € je km.

Der Bundesverband für Güterkraftverkehr legt für die Berechnung der Maut diesen Mautsatz – zzgl. den Maut-Zusatzkosten – zugrunde, der mit den mautpflichtigen Kilometern multipliziert wird.

Merke:

Mautbetrag in € = mautpflichtige km · (Mautsatz laut Tabelle des BGL +
Mautsatz der Zusatzkosten laut Tabelle des BGL)

Die Höhe der Maut-Zusatzkosten ist abhängig vom Autobahnanteil an den insgesamt zu fahrenden Kilometern und den dabei zurückgelegten Leerfahrtenanteilen. Ein Leerfahrtenanteil von 11,10 % im Fernverkehr bedeutet, dass von 100 gefahrenen Kilometern 88,90 Kilometer als beladen anzusehen sind.

Bei einem Autobahnanteil von 80 % und einem Leerfahrtenanteil von 11,1 % ergibt sich ein zusätzlicher Mautfaktor von 0,9 (laut Tabelle des BGL). Es entstehen Zusatzkosten in Höhe von 0,9 · 0,163 €/km = 0,15 €/km.

Beispiel: Die TRIAL GmbH möchte den Messestand in Hamburg mit dem Lkw transportieren und beauftragt eine Spedition. Die Mautgebühren betragen:
Mautbetrag: 590 km · (0,163 €/km + 0,15 €/km) = 184,67 €

Hinweis: Aufgrund der komplexen Berechnung der Mautzusatzkosten soll im weiteren Verlauf dieses Buches auf deren Berechnung verzichtet werden (es wird bei den Aufgaben ein Mauttarif in Höhe von 0,163 €/km unterstellt). Für weiterführende Informationen wird auf die Internetseiten des Bundesverbandes Güterkraftverkehr, Logistik und Entsorgung und auf die Seiten von Toll Collect verwiesen.

Die Frachtermittlung mithilfe von Kostentabellen (hier: Kostentabelle III) vollzieht sich nach Leistungssätzen. Entfernung und Ladungsgewicht werden bei der Berechnung berücksichtigt (Preise netto, Preisangabe exemplarisch).

Auszug aus der Kostentabelle III (in € je Tonne):

Entfernung in km bis einschl.	Ab 3 t Gewicht	Ab 4 t Gewicht	Ab 5 t Gewicht	10 bis 10,99 t Gewicht	11 bis 11,99 t Gewicht
100,01 bis 110	90,11	69,55	57,20	32,39	30,12
400,01 bis 450	222,66	171,44	140,69	79,07	73,45
600,01 bis 650	348,46	266,69	217,61	119,35	110,39

Beispiel: Auf die TRIAL GmbH kommen für den Transport nach Hamburg folgende Frachtkosten zu (10,6 t, 615 km; es werden zwei Alternativen berechnet, die jeweils günstigere wird für die Gesamtabrechnung verwendet, hier: ohne Mautgebühr):

10,6 t = 10600 kg (bei anderen Angaben: Aufrunden des Frachtgewichts auf volle 100 kg)
Fracht = 119,35 € · 10,6 t = 1265,11 €

Frachtberechnungsmindestgewicht: 11 t
Fracht = 110,39 · 11 t = 1214,29 €

Gesamtabrechnung des günstigsten Tarifs:
1214,29 € netto
1445,01 € brutto

Der Nachteil der Berechnung mit Kostentabellen liegt darin, dass nicht ermittelt werden kann, ob ein Auftrag für einen Frachtführer kostendeckend ist oder nicht. Die sachgerechte Ermittlung der Kosten eines Transportauftrags ist ein relativ komplexes Unterfangen. Aus diesem Grund berücksichtigt der Einsatz eines **Kosteninformationssystems (KIS)** unterschiedliche auf die Einsatzzeit und -strecke bezogene Kalkulationssätze (z. B. Fahrer-Personalkosten, Fahrerspesen, Fahrzeugeinsatzkosten sowie prozentuale Zuschlagssätze für Verwaltungskosten und für kalkulatorische Kosten).

Das Kosteninformationssystem stellt zur Verfügung:

- das erforderliche Erfassungs- und Rechenschema zur Ermittlung der Verrechnungssätze und
- Durchschnittsverrechnungssätze für verschiedene Fahrzeugarten.

Mithilfe dieser Verrechnungssätze ist ein Vergleich der betriebsindividuellen Kalkulationssätze mit dem Branchendurchschnitt möglich.

Beispiel: Für einen Lkw mit zwei bzw. drei Achsen und einem Gesamtgewicht von 40 t (Normalaufbau – offener Kasten mit Plane) gelten die folgenden durchschnittlichen Kalkulationssätze:

Fahrzeugeinsatzkosten pro Lastkilometer Km-Satz Fahrzeug	0,59 €
Fahrzeugvorhaltekosten pro Produktivtag Tagessatz Fahrzeug	118,54 €

Logistische Prozesse planen, steuern und kontrollieren — Lernfeld 3

Fahrzeugvorhaltekosten pro Produktivstunde Stundensatz Fahrzeug	9,87 €
Fahrereinsatzkosten pro Produktivstunde Stundensatz Fahrer	21,90 €
Durchschnittliche Fahrerspesen pro Produktivstunde	2,43 €
Zuschlagssätze in %	
Verwaltungskosten	18,30 %
Kalkulatorische Wagnisse	1,70 %
Kalkulatorische Eigenkapitalverzinsung	2,70 %

Beispiel: Auf die TRIAL GmbH kommen für den Transport nach Hamburg folgende Frachtkosten zu (10,6 Tonnen, 615 km, davon 570 km mautpflichtig, das Transportunternehmen rechnet mit einem Gewinnzuschlagssatz von 10 %):

Fahrzeugeinsatzkosten	615 km · 0,59 €/km	=	362,85 €
Fahrzeugvorhaltekosten	Tagessatz		118,54 €
Fahrereinsatz	12 Stunden · 21,90 €/Std.	=	262,80 €
Fahrerspesen	12 Stunden · 2,43 €/Std.	=	29,16 €
			773,35 €
zzgl. Verwaltungskosten 18,30 %			141,52 €
zzgl. kalk. Wagnisse 1,70 %			13,15 €
zzgl. kalk. Eigenkapitalverzinsung 2,70 %			20,88 €
			948,90 €
zzgl. Mautgebühr	0,163 €/km · 570 km	=	92,91 €
= Selbstkosten			1 041,81 €
zzgl. 10 % Gewinnzuschlagssatz			104,18 €
= Nettofracht			1 145,99 €
= Bruttofracht	(inkl. 19 % USt.)		1 363,73 €

Dieses Schema kann vereinfacht werden, indem alle Produktivstunden und Zuschlagssätze (außer Gewinnzuschlagssatz) zu einem Wert pro Produktivstunde zusammengefasst werden.

Es ergibt sich der folgende „tourenbezogene Gesamtdeckungsbedarf":

Pro Lastkilometer	0,59 €/km
Pro Produktivstunde	47,92 €/Std.

Beispiel: Für das oben erwähnte Beispiel ergeben sich die Frachtkosten wie folgt:

Fahrzeugeinsatzkosten	615 km · 0,59 €/km	=	362,85 €
Produktivkosten	12 Stunden · 47,92 €/Std.	=	575,04 €
		=	937,89 €

zzgl. Mautgebühr	0,163 €/km · 570 km	=	92,91 €
= Selbstkosten			1 030,80 €
zzgl. 10 % Gewinnzuschlagssatz			103,08 €
= Nettofracht			1 133,88 €
= Bruttofracht	(inkl. 19 % USt.)		1 349,32 €

Versand im Bereich von Schifffahrt und Luftverkehr

Auch im Bereich der Binnen- und Seeschifffahrt können Tarife mit Reedereien frei vereinbart werden. Folgende Kostenkomponenten finden bei der Binnenschifffahrt für die Frachtberechnung Berücksichtigung:

- Bereithaltungskosten pro Arbeitstag (abh. von Personalkosten, Versicherungen, Zinsen ...),
- Fortbewegungskosten (abh. von Fahrtgebiet, Schleusengebühren, Schiffstyp ...).

Die Luftfrachtraten im Luftverkehr richten sich nach den Tarifen der IATA (International Air Transport Association) und berücksichtigen

- Gewicht (Aufrundung auf volle 500 g) des Frachtgutes,
- Entfernung,
- Mindestfrachtsätze.

Die IATA legt folgende Luftfrachtraten fest:

- Allgemeine Frachtraten
  - Normalrate (Fracht unter 45 kg)
  - Mengenrabatt-Rate (Fracht über 45 kg)
  - Mindestfrachtrate im Inland: 48,00 €
- Warenklassenraten (z. B. Zeitungen, Wertfracht)
  - Prozentsätze der Normalrate
- Spezialraten
  - Ermäßigte Raten für bestimmte Waren auf bestimmten Strecken

Beispiel: Die TRIAL GmbH möchte eine Warensendung (Gewicht 54,2 kg) von Karlsruhe nach Hamburg per Luftfracht befördern lassen. Die Normalrate der Luftverkehrsgesellschaft liegt bei 1,15 €/kg.

Die Grundfracht beträgt 54,50 kg (das Frachtgewicht wird auf volle 500 g gerundet)
54,50 kg · 1,15 €/kg = 62,68 € Nettofracht

Es ergibt sich eine Bruttofracht in Höhe von 74,59 €.

Transportversicherung

Eine Transportversicherung bietet einen Versicherungsschutz für Transportgüter und Transportmittel.

Je nach Art der Interessenlage der am Transport beteiligten Unternehmen bzw. Personen, je nach Art der Transportgüter und Transportmittel, der allgemeinen oder speziellen Transportgefahren (z. B. Staus auf Autobahnen, Zugausfälle, Niedrigwasser), der sonstigen Risiken (z. B. Fahrt oder Flug über Krisengebiete, Havarien) und analog der unterschiedlichen Haftungsgrundlagen und -einschränkungen der Verkehrsträger werden die unterschiedlichsten und angepassten Versicherungen erforderlich und auch angeboten.

Logistische Prozesse planen, steuern und kontrollieren **Lernfeld 3**

Transportversicherer fassen das Risiko **Transportgefahr** zusammen und wandeln es für die **Versicherungsnehmer** in kalkulierbare Kosten um, in die Transportversicherung. Diese ist i. d. R. ein gewisser Prozentsatz der Frachtgebühr unter Berücksichtigung der oben erwähnten Gefahren während eines Transports.

Spediteure selbst bieten oft eigene Transportversicherungen an, decken aber meist nicht die individuellen Risiken des jeweiligen Versicherungsnehmers ab.

Ein Versicherer prüft z. B., ob eine Verpflichtung zum Schadenersatz besteht bzw. in welcher Höhe eine Verpflichtung zum Schadenersatz besteht und welche weiteren Kosten übernommen werden.

Beispiel: Die TRIAL GmbH möchte für den Transport des Messestandes eine Transportversicherung abschließen. Eine Versicherung bietet einen Tarif von 0,75 % auf den Wert des Messestandes (12 300,00 €) an.

Die Kosten für die Versicherung belaufen sich für die TRIAL GmbH somit auf 92,25 € netto.

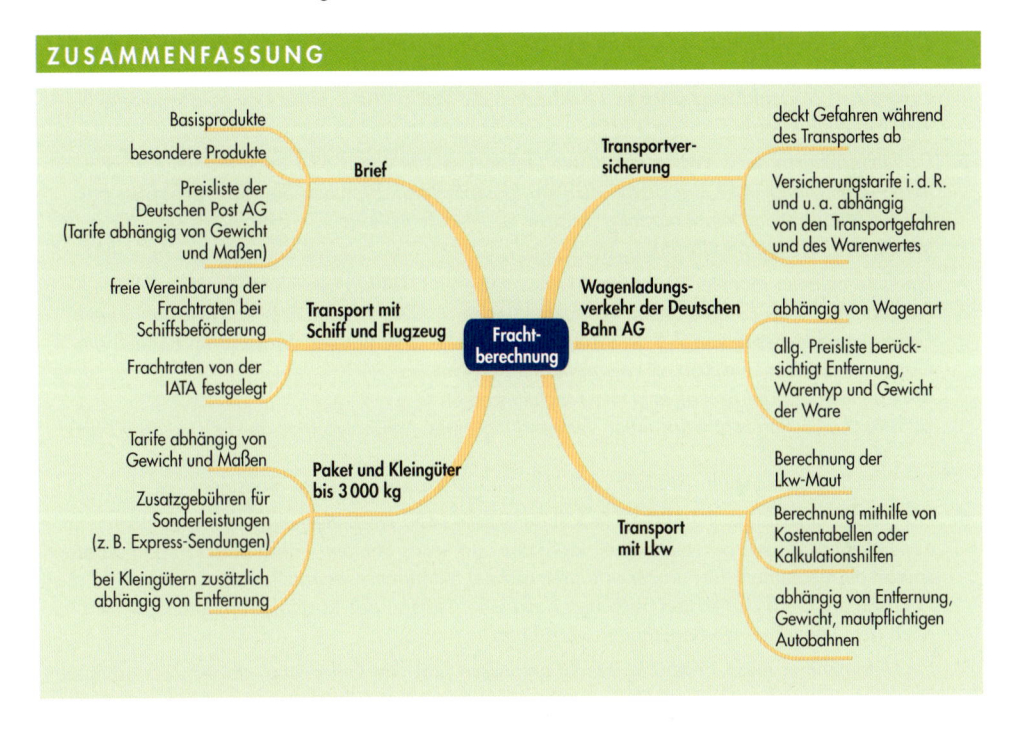

ZUSAMMENFASSUNG

Frachtberechnung

- **Brief**
  - Basisprodukte
  - besondere Produkte
  - Preisliste der Deutschen Post AG (Tarife abhängig von Gewicht und Maßen)

- **Transport mit Schiff und Flugzeug**
  - freie Vereinbarung der Frachtraten bei Schiffsbeförderung
  - Frachtraten von der IATA festgelegt

- **Paket und Kleingüter bis 3 000 kg**
  - Tarife abhängig von Gewicht und Maßen
  - Zusatzgebühren für Sonderleistungen (z. B. Express-Sendungen)
  - bei Kleingütern zusätzlich abhängig von Entfernung

- **Transportversicherung**
  - deckt Gefahren während des Transportes ab
  - Versicherungstarife i. d. R. und u. a. abhängig von den Transportgefahren und des Warenwertes

- **Wagenladungsverkehr der Deutschen Bahn AG**
  - abhängig von Wagenart
  - allg. Preisliste berücksichtigt Entfernung, Warentyp und Gewicht der Ware

- **Transport mit Lkw**
  - Berechnung der Lkw-Maut
  - Berechnung mithilfe von Kostentabellen oder Kalkulationshilfen
  - abhängig von Entfernung, Gewicht, mautpflichtigen Autobahnen

AUFGABEN

1. Die TRIAL GmbH muss folgende Briefe versenden. Ermitteln Sie jeweils die Portokosten.
   a) Ein Großbrief nach Augsburg
   b) Ein Brief nach Hamburg (44 g)
   c) Eine Mahnung nach Frankfurt (15 g) mit Rückschein
   d) Ein Einwurf-Einschreiben nach Stuttgart (23 g)
   e) Verteilung von 8 000 Preislisten (je 12 g)
   f) 800 Briefe zu je 115 g als Infopost Groß
   g) 1 000 Briefe zu je 40 g als Infopost Kompakt
   h) 500 Briefe zu je 80 g als Infopost Maxi
   i) Ein Einschreiben (Dokument) nach Berlin per Nachnahme (50 g)

Lernfeld 3 — Logistische Prozesse planen, steuern und kontrollieren

2 Ermitteln Sie die Frachtgebühren:
   a) Ein Paket mit einem Gewicht von 11,6 kg muss nach Stuttgart versendet werden.
   b) Zwei Pakete mit einem Gewicht von je 8,9 kg werden nach Dresden versendet.
   c) Ein sperriges Paket (4,8 kg) wird nach Leipzig versendet.
   d) Ein Päckchen wird nach München versendet.

3 Der Kunde A. Bährs in Weinheim erhält eine Warenlieferung mit einem Gewicht von 11,5 kg. Ermitteln Sie die günstigste Fracht für die TRIAL GmbH, wenn folgende Alternativen zur Verfügung stehen: Paketdienste von DHL und UPS, IC-Kuriergut.
Ermitteln Sie die günstigste Fracht bei einem Gesamtgewicht von 19,8 kg bzw. 67 kg.

4 Ein Kunde aus Saarbrücken erhält eine Warenlieferung mit einem Gewicht von 4,5 kg. Ermitteln Sie die günstigste Fracht, wenn folgende Alternativen zur Verfügung stehen: Paketdienste von DHL und UPS, IC-Kuriergut. Unter welchen Umständen könnte sich der Lieferant dennoch für einen etwas teureren Transport entscheiden?

5 Die TRIAL GmbH will nach der erfolgreich verlaufenen Messe in Hamburg im nächsten Monat an einer weiteren Messe in Berlin teilnehmen (Entfernung nach Berlin: 645 km, davon 620 km mautpflichtig). Die komplette Fracht wiegt 11,2 t. Ermitteln Sie die Frachtraten bei der Benutzung einer Wagenladung (Marge 15 %) durch die Railion bzw. eines Lkw (Kostentabelle III inkl. Mautgebühren).

6 Ein Unternehmen muss Waren mit einem Gesamtgewicht von 4,67 t nach München transportieren (Entfernung: 449 km, davon 402 km mautpflichtig). Ermitteln Sie die Frachtraten bei der Benutzung einer Wagenladung (Marge 12 %) durch die Railion bzw. eines Lkw, (Kostentabelle III inkl. Mautgebühren).

7 Ein Unternehmen möchte 10,5 t Fracht transportieren (108 km, davon 90 km mautpflichtige Autobahngebühr). Es fallen neun Produktivstunden an. Der Frachtführer kalkuliert mit einem Gewinnzuschlagssatz von 7,5 %. Weitere Sätze siehe Unterkapitel „Versand im Bereich des Güterkraftverkehrs" im Kap. 6 Versandkostenberechnung
   a) Ermitteln Sie die Bruttofracht des Frachtführers in €.
   b) Welche Bruttofracht wäre unter Verwendung eines Achsenwagens an die Deutsche Bahn AG zu zahlen?
   c) Welche Frachtgebühr ist niedriger? Um wie viel Prozent ist diese niedriger?

8 Ein Unternehmer muss 22 680 kg Fracht befördern (450 km Entfernung, davon 388 km mautpflichtig). Es werden ein halber Tagessatz und sechs Stunden Fahrereinsatz und Fahrerspesen angenommen. Der Transportführer rechnet mit einem Gewinnzuschlagssatz von 11 %. Ermitteln Sie die Frachtkosten nach den Kalkulationssätzen des Kosteninformationssystems und nach dem vereinfachten Berechnungsverfahren.

9 Ein Unternehmer muss 17 450 kg Fracht befördern (280 km Entfernung, davon 265 km mautpflichtig). Es werden ein viertel Tagessatz und 3,5 Stunden Fahrereinsatz und Fahrerspesen angenommen. Der Transportführer rechnet mit einem Gewinnzuschlagssatz von 6,25 %. Ermitteln Sie die Frachtkosten nach den Kalkulationssätzen des Kosteninformationssystems und nach dem vereinfachten Berechnungsverfahren.

10 a) Die TRIAL GmbH versendet eine Warenlieferung (23,89 kg) per Luftpost nach München. Die Normalrate liegt bei 1,35 € je kg. Berechnen Sie die Luftfracht inkl. USt.
   b) Für die Warenlieferung soll eine Transportversicherung abgeschlossen werden. Wie hoch sind die Versicherungskosten bei einer Versicherungsrate von 0,8 % auf die Nettofracht?

Schwerpunkt Betriebswirtschaft
Lernfeld 4: Personalwirtschaftliche Aufgaben wahrnehmen

1 Grundlagen des Arbeitsverhältnisses

PROBLEM

Die Auszubildende Katja Müller unterhält sich mit ihrer Freundin Ayse Alan:

Ayse: „Du kommst jetzt bald ins dritte Lehrjahr. Hast du dir schon mal Gedanken gemacht, wie es nach der Ausbildung weitergehen soll?"

Katja: „Ja, ich habe vor Kurzem mit unserem Ausbildungsleiter gesprochen. In der Personalabteilung gäbe es Arbeit für mich. Er hat mir einen Musterarbeitsvertrag mitgegeben. Ziemlich kompliziert, sage ich dir."

Ayse: „Super! Zeig mal!"

ARBEITSVERTRAG

1. **Beginn des Arbeitsverhältnisses.**
   Das Arbeitsverhältnis beginnt am   und besteht auf unbestimmte Dauer.

2. **Tätigkeit**
   Herr/Frau   wird in der Abteilung   beschäftigt. Er/Sie übt in dieser Abteilung folgende Aufgaben aus:

3. **Arbeitszeit**
   Die wöchentliche Arbeitszeit ist im Tarifvertrag festgelegt. Die Arbeitszeit ist pünktlich einzuhalten. Persönliche Angelegenheiten sind grundsätzlich außerhalb der Arbeitszeit zu erledigen. Für Beginn und Ende der täglichen Arbeitszeit und die Pausenregelung gilt die Betriebsordnung. ...

5. **Vergütung**
   Der Mitarbeiter erhält für seine Tätigkeit ein monatliches Bruttogehalt von €. Es wird entsprechend dem jeweils gültigen Gehaltstarifvertrag für den Groß- und Außenhandel (vergleichbare Tarifgruppe) jährlich angepasst. Das Unternehmen gewährt vermögenswirksame Leistungen nach dem Vermögensbildungsgesetz.
   Am Ende des Kalenderjahres wird ein 13. Monatsgehalt ausgezahlt. Diese Sonderzahlung erfolgt im freien Ermessen des Arbeitgebers und begründet keinen Rechtsanspruch. Ist der Mitarbeiter infolge Krankheit an der Arbeitsleistung verhindert, so erhält er Gehaltsfortzahlung nach den gesetzlichen Bestimmungen. ...

7. **Erholungsurlaub**
   Der Mitarbeiter erhält kalenderjährlich einen um zwei Arbeitstage über den Bestimmungen des Manteltarifvertrags für die Beschäftigten des Groß- und Außenhandels liegenden Erholungsurlaub. ...

Lernfeld 4 — Personalwirtschaftliche Aufgaben wahrnehmen

9. **Nebenbeschäftigung**
   Der Mitarbeiter darf eine Nebenbeschäftigung während des Bestandes des Arbeitsverhältnisses nur mit vorheriger schriftlicher Zustimmung der TRIAL GmbH übernehmen. Ansonsten gelten die Verbotsbestimmungen HGB §§ 60, 61.

10. **Beendigung des Arbeitsverhältnisses**
    Das Arbeitsverhältnis endet mit dem Ablauf des Monats, in dem der Mitarbeiter das 67. Lebensjahr vollendet. Die Kündigung bedarf der Schriftform. Die Kündigungsfrist richtet sich nach den gesetzlichen Bestimmungen.

11. **Qualifiziertes Zeugnis**
    Im Falle einer ordentlichen Kündigung hat die TRIAL GmbH die Pflicht, dem Mitarbeiter bis spätestens 14 Tage vor dem Ausscheiden ein qualifiziertes Zeugnis nach BGB § 640 zu erstellen.

1. Erläutern Sie die wesentlichen Inhalte des Arbeitsvertrags.
2. Auf welchen rechtlichen Grundlagen beruht das Arbeitsverhältnis?

SACHDARSTELLUNG

1.1 Individualrechtliche Grundlagen des Arbeitsverhältnisses

Wesentlicher Inhalt des Arbeitsvertrags

Grundlage jeder arbeitsvertraglichen Beziehung ist in erster Linie der Einzelarbeitsvertrag zwischen dem einzelnen Arbeitgeber und dem Arbeitnehmer. Der Arbeitsvertrag muss spätestens einen Monat nach Beginn des Arbeitsverhältnisses dem Arbeitnehmer in Schriftform ausgehändigt werden. Diese **Niederschrift** muss vom Arbeitgeber unterzeichnet sein und alle wesentlichen Arbeitsbedingungen enthalten. Die elektronische Form ist ausgeschlossen. (NachwG § 2)[1]

In die Niederschrift sind mindestens aufzunehmen:

- der Name und die Anschrift der Vertragsparteien,
- der Zeitpunkt des Beginns des Arbeitsverhältnisses,
- bei befristeten Arbeitsverhältnissen die vorhersehbare Dauer,
- der Arbeitsort,
- eine Tätigkeitsbeschreibung,
- die Zusammensetzung und die Höhe des Arbeitsentgeltes einschließlich der Zuschläge, Zulagen, Prämien usw.,
- die regelmäßige wöchentliche und tägliche Arbeitszeit,
- die Dauer des jährlichen Erholungsurlaubs,
- die Kündigungsfristen,
- ein Hinweis auf anzuwendende Tarif-, Betriebs- oder Dienstvereinbarungen.

Unbefristete und befristete Arbeitsverhältnisse

Gewöhnlich werden zwischen Arbeitgeber und Arbeitnehmer **unbefristete Arbeitsverträge** abgeschlossen. Als Brücke zu unbefristeten Arbeitsverhältnissen werden zur Verbesserung der Flexibilität der Beschäftigung Arbeitsverträge zunehmend auf eine bestimmte Zeit geschlossen. **Befristete Arbeitsverträge** bedürfen der **Schriftform** (TzBfG § 14).

---

[1] Das **Nachweisgesetz** gilt für Arbeitnehmer, die nicht zur Aushilfe beschäftigt werden und deren Beschäftigungsdauer 400 Stunden pro Jahr übersteigt.

Ein **befristeter Arbeitsvertrag** liegt vor, wenn seine Dauer
- sich aus Art, Zweck oder Beschaffenheit der Arbeitsleistung ergibt (Zweckbefristung),
- kalendermäßig bestimmt ist (kalendermäßige Befristung).

Die Befristung eines Arbeitsvertrags ist nach TzBfG § 14 zulässig, wenn sie durch einen sachlichen Grund gerechtfertigt ist. Ein **sachlicher Grund** liegt u. a. in folgenden Fällen vor:
- Bedarf an der Arbeitsleistung ist nur vorübergehend (z. B. Erntesaison, Inbetriebnahme einer neuen technischen Anlage),
- Anschlussbeschäftigung von Auszubildenden und Hochschulabsolventen soll erleichtert werden,
- Vertretung eines anderen Arbeitnehmers (z. B. bei Beurlaubung, Elternzeit, Krankheit),
- Eigenart der Arbeitsleistung (z. B. bei Schauspielern, Sängern, Tänzern).

Die **kalendermäßige Befristung** eines Arbeitsvertrags bedarf **keines sachlichen Grundes**, wenn der Arbeitsvertrag oder seine höchstens dreimalige Verlängerung die Gesamtdauer von **insgesamt zwei Jahren** nicht überschreitet. In Tarifverträgen können abweichende Regelungen vereinbart werden, z. B. fünfmalige Befristung innerhalb von 42 Monaten (Bundesarbeitsgericht AZ: 7 AZR 184/11). Eine Befristung ist nicht zulässig, wenn mit demselben Arbeitgeber bereits zuvor ein befristetes oder unbefristetes Arbeitsverhältnis bestanden hat **(Verbot von Kettenverträgen)**.

Rechte und Pflichten aus dem Arbeitsvertrag

Die wesentlichen Rechte und Pflichten aus dem Arbeitsvertrag sind im BGB §§ 611 ff. und für den Handlungsgehilfen (kaufmännischen Angestellten) im HGB §§ 59 ff. geregelt. Die Pflichten des Arbeitnehmers sind zugleich Rechte des Arbeitgebers.

Pflichten des Arbeitnehmers aus dem Arbeitsvertrag:	
Hauptpflicht	
Arbeitspflicht BGB § 611	Alle im Rahmen seines Arbeitsvertrags anfallenden Arbeiten muss der Arbeitnehmer sorgfältig nach bestem Wissen und Können ausführen. Die vereinbarte Arbeit ist **persönlich** zu leisten.
Nebenpflichten	
Treuepflicht	Hieraus ergibt sich die Verpflichtung, nach **besten Kräften** für die Interessen des Unternehmens zu arbeiten. Aufgrund der Treuepflicht kann es dem Arbeitnehmer z. B. zugemutet werden, **Überstunden** zu leisten.
Gehorsamspflicht	Der Arbeitgeber hat **Weisungsbefugnis**, die sich aber nur auf das Arbeitsverhältnis bezieht. Er kann in bestimmtem Rahmen auch das Verhalten des Arbeitnehmers bestimmen, z. B. Rauchverbot.
Verschwiegenheit und Unbestechlichkeit UWG §§ 17 (2)	Geschäftsgeheimnisse wie Bezugsquellen, Löhne, Umsätze, Gewinne, Privatentnahmen dürfen weder leichtfertig ausgeplaudert noch gegen Schmiergelder verraten werden. Wird die Verschwiegenheit verletzt, so hat der Arbeitgeber die Möglichkeit, auf Schadenersatz und Unterlassung zu klagen. Außerdem ist meist eine fristlose Entlassung zu erwarten.

Lernfeld 4 — Personalwirtschaftliche Aufgaben wahrnehmen

Nebenpflichten	
Gesetzliches Wettbewerbsverbot (**Konkurrenzverbot**) HGB § 60	Der Angestellte darf nebenher ohne Einwilligung seines Arbeitgebers weder ein Handelsgewerbe betreiben noch im Geschäftszweig des Arbeitgebers Geschäfte für eigene oder fremde Rechnung machen. Nach neuerer Rechtsprechung des BAG ist lediglich die selbstständige Tätigkeit in derselben Branche des Arbeitgebers verboten, d. h., der Arbeitnehmer kann in einer fremden Branche ohne Einwilligung des Arbeitgebers selbstständig tätig sein.
Vertragliches Wettbewerbsverbot (**Konkurrenzklausel**) HGB §§ 74, 74 a, 75	Damit der Angestellte nach Ausscheiden seinem seitherigen Arbeitgeber keine Konkurrenz macht, kann ein Wettbewerbsverbot in Schriftform für längstens **zwei Jahre vereinbart** werden. Es darf aber das berufliche Fortkommen und die neue Arbeitsplatzwahl nicht wesentlich erschweren. Außerdem muss eine angemessene Entschädigung für Minderverdienst bezahlt werden. Das vertragliche Wettbewerbsverbot wird **unwirksam**, wenn der **Angestellte** wegen eines **wichtigen Grundes kündigt** oder der **Arbeitgeber kündigt** (Ausnahme: bei Vorliegen eines wichtigen Grundes).

Pflichten des Arbeitgebers aus dem Arbeitsvertrag:

Hauptpflichten	
Beschäftigung	Der Arbeitnehmer kann verlangen, entsprechend der vereinbarten Tätigkeit vom Arbeitgeber beschäftigt zu werden. Dazu gehört auch das Recht auf Beschäftigung an einem bestimmten Arbeitsplatz.
Vergütung HGB § 64, BGB § 611, EntgFG	Zahlung des Gehalts am Ende jeden Monats. Zu festen Beträgen können noch Provisionen, Gewinnbeteiligungen, Weihnachtsgratifikationen und dgl. kommen. Bei Krankheit muss das Arbeitsentgelt bis zu sechs Wochen weitergezahlt werden. Frauen und Männer müssen für gleichwertige Arbeit die gleiche Vergütung erhalten.

Nebenpflichten	
Fürsorge HGB § 62	Der Arbeitsplatz, an dem der Angestellte täglich viele Stunden verbringt, darf nicht gesundheitsgefährdend sein. Helle, saubere Büros sind ebenso unabdingbar wie einwandfreie sanitäre Anlagen. Ein gutes Betriebsklima wirkt leistungssteigernd und trägt dazu bei, dass Anstand und Sitte gewahrt werden. Der Angestellte muss zur **Sozialversicherung** angemeldet werden.
Urlaub JArbSchG § 19, BUrlG § 3	Der nach dem Bundesurlaubsgesetz bzw. dem Jugendarbeitsschutzgesetz zustehende Urlaub ist zu gewähren. **Urlaubsansprüche:** JArbschG: 30 Werktage, wer am 1. Januar noch nicht 16 Jahre alt ist, 27 Werktage, wer am 1. Januar noch nicht 17 Jahre alt ist, 25 Werktage, wer am 1. Januar noch nicht 18 Jahre alt ist, BUrlG: 24 Werktage, wer am 1. Januar 18 Jahre alt oder älter ist.
Zeugniserteilung BGB § 630, HGB § 73, GewO § 109	Bei der Beendigung eines unbefristeten Dienstverhältnisses kann der Arbeitnehmer ein schriftliches Zeugnis über Art und Dauer seiner Tätigkeit (**einfaches Zeugnis**) verlangen. Auf Verlangen ist das Zeugnis auf die Beurteilung des Verhaltens und der Leistungen auszudehnen (**qualifiziertes Zeugnis**).
Gleichbehandlung AGG §§ 1, 7 TzBfG § 5	Beschäftigte dürfen nicht aus Gründen der Rasse oder wegen der ethnischen Herkunft, des Geschlechts, der Religion oder der Weltanschauung, einer Behinderung, des Alters oder der sexuellen Identität benachteiligt werden (AGG § 7). Ebenso ist die Benachteiligung wegen Inanspruchnahme von Rechten aus dem TzBfG unzulässig.

Personalwirtschaftliche Aufgaben wahrnehmen   **Lernfeld 4**

Ein Arbeitnehmer, dessen Arbeitsverhältnis länger als sechs Monate bestanden hat, kann verlangen, dass seine vertraglich vereinbarte Wochenarbeitszeit verringert wird. Der Arbeitnehmer muss dies spätestens drei Monate vor deren Beginn mitteilen und dabei die gewünschte Verteilung der Arbeitszeit auf die einzelnen Wochenarbeitstage angeben (TzBfG § 8). Arbeitgeber, die mindestens 15 Arbeitnehmer beschäftigen, können diesen **Teilzeitanspruch** nur in Ausnahmefällen ablehnen. Abgelehnt werden kann der Wunsch vom Arbeitgeber, wenn betriebliche Gründe entgegenstehen – wie erhebliche Beeinträchtigung der Organisation oder des Arbeitsablaufs oder unverhältnismäßig hohe Kosten. Die Ablehnungsgründe können branchenspezifisch durch Tarifvertrag festgelegt werden.

Beendigung von Arbeitsverhältnissen – immer schriftlich

Ein **unbefristeter Arbeitsvertrag** kann „im gegenseitigen Einvernehmen" durch Abschluss eines **Auflösungsvertrags** (Aufhebungsvertrag) oder durch **Kündigung** beendet werden. Auflösungsvertrag und Kündigung bedürfen der **Schriftform** (BGB § 623). Die Kündigung ist eine empfangsbedürftige Willenserklärung, die erst zu dem Zeitpunkt wirksam wird, an dem sie dem Gekündigten ausgehändigt worden ist. Ein **kalendermäßig befristeter Arbeitsvertrag** endet mit **Ablauf der vereinbarten Zeit**. Ein **zweckbefristeter Arbeitsvertrag** endet mit **Erreichen des Zwecks**, wenn der Arbeitgeber dem Arbeitnehmer diesen Zeitpunkt mindestens zwei Wochen vorher schriftlich mitgeteilt hat. Wird ein kalender- oder zweckbefristetes Arbeitsverhältnis mit Wissen des Arbeitgebers fortgesetzt, so gilt es als unbefristetes Arbeitsverhältnis, wenn der Arbeitgeber nicht unverzüglich widerspricht (TzBfG § 15).

Ordentliche Kündigung

Jede ordentliche Kündigung ist an Fristen gebunden, die sich aus dem Gesetz oder aus dem Arbeits- bzw. Tarifvertrag ergeben.

- **Gesetzliche Kündigung:** Sowohl Arbeitnehmer als auch Arbeitgeber müssen die gesetzlichen Kündigungsfristen beachten.

Grundkündigungsfristen BGB § 622 (1, 3)	
Während der Probezeit	zwei Wochen (= 14 Tage) zu jedem Termin
Nach der Probezeit	vier Wochen (= 28 Tage) zum 15. oder Ende eines Kalendermonats

Beispiel:
Fall 1: Peter Müller kündigt innerhalb der Probezeit am Montag, den 26. März. Das Arbeitsverhältnis ist am Montag, den 9. April beendet.
Fall 2: Wäre die Probezeit bereits abgelaufen, dann wäre frühestens der 30. April sein letzter Arbeitstag (bis zum 15. April sind es weniger als vier Wochen). Er müsste spätestens am 2. April kündigen (2. April bis 30. April = 28 Tage).

- **Tarifvertragliche Kündigung:** In Tarifverträgen dürfen die Tarifpartner (i. d. R. Arbeitgeberverbände und Gewerkschaften) abweichende Regelungen vereinbaren. Dabei können die Grundkündigungsfristen auch verkürzt werden [BGB § 622 (4)].
- **Einzelvertragliche Kündigung:** In Arbeitsverträgen dürfen die Grundkündigungsfristen **verlängert** werden. Allerdings darf für den Arbeitnehmer keine längere Frist vereinbart werden als für den Arbeitgeber [BGB § 622 (5)].
- Eine **Verkürzung** der Grundkündigungsfristen ist nur zugelassen, wenn der
  - Arbeitnehmer zur Aushilfe und nicht länger als drei Monate eingestellt ist;
  - Arbeitgeber in der Regel **nicht mehr als 20 Arbeitnehmer** (ohne Azubis und Beschäftigte mit einer Arbeitszeit bis zehn Stunden) beschäftigt und die Kündigungsfrist **vier Wochen** nicht unterschreitet.

Außerordentliche Kündigung

Sowohl der Arbeitnehmer als auch der Arbeitgeber können das Arbeitsverhältnis fristlos kündigen, wenn ein **wichtiger Grund** vorliegt. Die Einhaltung der Kündigungsfrist muss für einen der Beteiligten unzumutbar sein [BGB § 626 (1)].

Die fristlose Kündigung muss **innerhalb von zwei Wochen** nach Vorliegen des Kündigungsgrundes ausgesprochen werden. Auf Verlangen ist der Kündigungsgrund schriftlich mitzuteilen.

Wichtige Kündigungsgründe für eine außerordentliche Kündigung	
Arbeitnehmer	Grobe Beleidigung, Verweigerung der Gehaltszahlung, grobe Verletzung der Fürsorgepflicht, Tätlichkeiten, Anstiftung zu strafbaren Handlungen usw.
Arbeitgeber	Grobe Beleidigung, Arbeitsverweigerung, grobe Verletzung der Treuepflicht, grobe Verletzung des Wettbewerbsverbots oder der Schweigepflicht, Tätlichkeiten

Kündigungsschutz – nur für den Arbeitgeber verbindlich

Allgemeiner Kündigungsschutz

Den allgemeinen Schutz vor **sozial ungerechtfertigter Kündigung** genießen alle **Arbeitnehmer**, die **länger als sechs Monate** ohne Unterbrechung in demselben Betrieb beschäftigt sind [KSchG § 1 (1)]. Der **allgemeine Kündigungsschutz** gilt in Betrieben mit mehr als **zehn Arbeitnehmern**, wenn der Betrieb ab dem 1. Januar 2004 neue Arbeitskräfte einstellt (KSchG § 23). Für die vor dem 1. Januar 2004 Beschäftigten greift der Kündigungsschutz bereits ab dem sechsten Arbeitnehmer. Bei der Feststellung der Beschäftigtenzahl zählen Auszubildende nicht mit. Teilzeitbeschäftigte zählen nur mit Bruchteilen (z. B. Arbeitnehmer, die 20 Stunden pro Woche arbeiten, zählen mit einem Faktor von 0,5).

Kündigungen sind demnach nur zulässig **(sozial gerechtfertigt)**, wenn sie **verhaltens-, personen-** oder **betriebsbedingt** sind und der Betriebsrat gehört wurde.

- **Verhaltensbedingte Kündigung:** Fehlhandlungen eines Arbeitnehmers können **Pflichtverletzungen** des Arbeitsvertrags (z. B. beharrliche Arbeitsverweigerung, Verrat von Betriebsgeheimnissen, Verstoß gegen das Wettbewerbsverbot) oder **Verstöße gegen die betriebliche Ordnung** (z. B. Störung des Betriebsfriedens, wiederholte Unpünktlichkeit, Alkoholmissbrauch, strafbare Handlungen) sein.

  Bei verhaltensbedingten Kündigungen muss der Arbeitgeber beweisen, dass er sich bemüht hat, das beanstandete Verhalten zu korrigieren. Dies kann durch eine **Abmahnung** geschehen, in der auf das missbilligte Verhalten aufmerksam gemacht wird, mit dem Hinweis, dass im Wiederholungsfall die Kündigung folgt. Bevor der Arbeitgeber endgültig kündigt, muss er prüfen, ob eine anderweitige Lösung für den Arbeitnehmer möglich ist.

- **Personenbedingte Kündigung:** Wenn die Ursachen für die **beschränkte Einsatzmöglichkeit und Leistungsfähigkeit** in der Person des Arbeitnehmers liegen, dann kann dies eine Kündigung rechtfertigen. Solche personenbedingte Gründe sind z. B. häufige Kurzerkrankungen, lange Krankheit, dauernde Arbeitsunfähigkeit durch Verlust des Führerscheins, Leistungsminderung wegen Alkohol- oder Drogenabhängigkeit, Fehlen einer Arbeitserlaubnis.

  Bevor der Arbeitgeber kündigt, muss er prüfen, ob die **Störung des Betriebsablaufs** erheblich ist und ob diese nicht durch Überbrückungsmaßnahmen (z. B. Personalreserve,

Therapie) oder eine mildere Art der Konfliktlösung verhindert werden kann. Zusätzlich muss durch eine Prognose festgestellt werden, dass sich am Zustand des Arbeitnehmers langfristig nichts ändert.

- **Betriebsbedingte Kündigung:** Voraussetzung einer betriebsbedingten Kündigung ist, dass der konkrete Arbeitsplatz tatsächlich wegfällt. Betriebsbedingte Kündigungen können **außerbetriebliche Ursachen** (z. B. Auftragsrückgang, Umsatzeinbruch, Energie-, Rohstoffmangel) oder **innerbetriebliche Ursachen** (z. B. Rationalisierungsmaßnahmen, organisatorische Veränderungen, Betriebsverlagerung bzw. -stilllegung) haben.

Vor der Kündigung ist zu prüfen, ob eine anderweitige Verwendung in demselben Betrieb oder in einem anderen Betrieb des Unternehmens möglich ist. Weiter ist zu prüfen, ob die Kündigung durch mildere Maßnahmen wie Versetzung, Umschulung, Arbeitszeitverkürzung, Arbeitsstreckung, Kurzarbeit, Abbau von Überstunden vermeidbar ist. Ist die Kündigung trotzdem unvermeidbar, dann muss unter den zu kündigenden vergleichbaren Mitarbeitern eine „**soziale Auswahl**" vorgenommen werden. Dabei sind Lebensalter, Dauer der Betriebszugehörigkeit, Unterhaltspflichten und Schwerbehinderung der einzelnen Arbeitnehmer zu berücksichtigen. In die Sozialauswahl sind diejenigen Arbeitnehmer nicht einzubeziehen, deren Weiterbeschäftigung im berechtigten betrieblichen Interesse liegt. Gründe hierfür können in den Kenntnissen, Fähigkeiten und Leistungen dieser Arbeitnehmer liegen oder in der Sicherung einer ausgewogenen Personalstruktur [KSchG § 1 (3)]. In der Regel geschieht die Sozialauswahl auf Basis eines Punktesystems.

Besonderer Kündigungsschutz

Dieser gilt nur, **wenn der Arbeitgeber kündigt**. Kündigt der Arbeitnehmer, so muss er sich lediglich an die ordentlichen Kündigungsfristen halten.

Der nachfolgend aufgeführte Personenkreis genießt einen besonderen Kündigungsschutz, wenn der Betrieb mehr als zehn Beschäftigte hat.

Geschützter Personenkreis	Schutzbestimmungen	Gesetzliche Grundlage
• Auszubildende	Nach Ablauf der Probezeit ist nur noch eine außerordentliche Kündigung möglich.	BBiG § 22
• Mitglieder des Betriebsrats[1] und der Jugend- und Auszubildendenvertretung (JAV)	Während der Amtszeit und dem darauffolgenden Jahr ist nur eine außerordentliche Kündigung möglich. Auszubildende können als JAV-Mitglied innerhalb der letzten drei Monate vor Beendigung des Berufsausbildungsverhältnisses schriftlich vom Arbeitgeber die unbefristete Weiterbeschäftigung verlangen.	BetrVG § 78 a, KSchG § 15
• Werdende Mütter bzw. Mütter	Keine Kündigung während der Schwangerschaft (sofern der Arbeitgeber von ihr Kenntnis hat oder innerhalb zwei Wochen nach der Kündigung davon Kenntnis erlangt), während vier Monaten nach der Entbindung und während der Elternzeit (auch nicht aus wichtigem Grund).	MuSchG § 9, BEEG § 18
• Schwerbehinderte (50 % Erwerbsminderung)	Kündigung nur mit Zustimmung des Integrationsamtes. Die Kündigungsfrist muss mindestens vier Wochen betragen. Eine außerordentliche Kündigung ist möglich.	SGB IX §§ 85 f.

---

[1] Siehe Kap. 2.2 Betriebsrat – Interessenvertretung der Arbeitnehmer.

Geschützter Personenkreis	Schutzbestimmungen	Gesetzliche Grundlage
• Datenschutzbeauftragte	Während der Amtszeit (in der Regel fünf Jahre, in einigen Bundesländern drei Jahre) und dem darauffolgenden Jahr ist nur eine außerordentliche Kündigung möglich.	BDSG § 4 f (3)
• Langjährig Beschäftigte	Besondere Kündigungsfristen je nach Beschäftigungsdauer. Die Beschäftigungsdauer rechnet erst ab der Zeit, die nach der Vollendung des 25. Lebensjahres liegt (diese Regelung wird nicht mehr angewandt).	BGB § 622 (2)

Verlängerte Kündigungsfristen des Arbeitgebers bei langjährig Beschäftigten nach BGB § 622 (2)

Beschäftigungszeit ab	2 Jahre	5 Jahre	8 Jahre	10 Jahre	12 Jahre	15 Jahre	20 Jahre
Kündigungsfrist jeweils zum Monatsende	1 Monat	2 Monate	3 Monate	4 Monate	5 Monate	6 Monate	7 Monate

Beispiel: Anja Wurz ist 30 Jahre alt und seit zehn Jahren als Buchhalterin im selben Betrieb beschäftigt. Sie erhält am 20. Juni die Kündigung (es liegt kein wichtiger Grund vor).
Anja Wurz gehört zum Personenkreis der langjährig Beschäftigten. Bei zehn Jahren Betriebszugehörigkeit beträgt ihre Kündigungsfrist vier Monate zum Monatsende. Ihr Arbeitsverhältnis endet am 31. Oktober. Anja Wurz kann selbst am 20. Juni zum 31. Juli kündigen (vier Wochen zum Monatsende).

Kündigungsschutzverfahren

Hält der Arbeitnehmer eine Kündigung für sozialwidrig, so hat er folgende Möglichkeiten:

- **Einspruch beim Betriebsrat:** Der Arbeitnehmer kann binnen einer Woche beim Betriebsrat Einspruch erheben (KSchG § 3). Der Betriebsrat (siehe Kap. 2.2 Betriebsrat) muss sich um eine Verständigung mit dem Arbeitgeber bemühen, er hat jedoch keine Entscheidungsbefugnis. Zu beachten ist, dass der Einspruch nicht die Dreiwochenfrist für die Erhebung der Kündigungsschutzklage unterbricht.
- **Kündigungsschutzklage:** Der Arbeitnehmer muss – ohne Rücksicht auf seinen Einspruch beim Betriebsrat – auf jeden Fall die Unwirksamkeit der Kündigung durch Kündigungsschutzklage beim Arbeitsgericht binnen drei Wochen nach Zugang der Kündigung geltend machen, sonst wird die sozialwidrige Kündigung voll wirksam (KSchG § 4).

Arbeitszeugnis – die Kunst, zwischen den Zeilen zu lesen

Das Arbeitszeugnis gibt Dritten Auskunft über die Beschäftigung des Beurteilten. Nach ihrem Inhalt lassen sich folgende Zeugnisarten unterscheiden:

Einfaches Arbeitszeugnis	Qualifiziertes Arbeitszeugnis
Es enthält Angaben über • **Art und Dauer** der Beschäftigung; (auf Wunsch ist der Grund des Ausscheidens anzugeben).	Es enthält zusätzlich Angaben über • **Verhalten und Leistung** des Beurteilten (hierbei ist das Urteil auf das gesamte Verhalten und die Arbeit insgesamt zu beziehen, keine unwichtigen Begebenheiten).

Jeder Arbeitnehmer kann mit dem Ausspruch der Kündigung (nicht erst beim tatsächlichen Ausscheiden) ein schriftliches qualifiziertes Zeugnis verlangen (HGB § 73; BGB § 630, Gewerbeordnung § 113). Die elektronische Form ist ausgeschlossen.

In einem guten Zeugnis sollten folgende **Angaben** nicht fehlen:

- Dauer des Arbeitsverhältnisses,
- genaue Beschreibung der Arbeitsaufgaben,
- Beurteilung des Verhaltens gegenüber Vorgesetzten, Kollegen und Untergebenen,
- wer warum gekündigt hat,
- Würdigung wenigstens einer guten Eigenschaft,
- Ausdruck des Bedauerns über das Ausscheiden.

Das Bundesarbeitsgericht hat 1963 festgestellt, dass Zeugnisse zwar der **Wahrheit** entsprechen müssen, gleichzeitig aber von verständigem **Wohlwollen** gegenüber dem Arbeitnehmer getragen sein sollen. Dieses Urteil ist Ursache dafür, dass sich im Laufe der Jahre eine verschlüsselte Zeugnissprache **(Zeugniscode)** entwickelt hat.

Beispiele:

Zeugnistext	Bewertung
… auf eigenen Wunsch …	Wenig aussagekräftig, da dem Arbeitnehmer bei Problemen häufig Gelegenheit gegeben wird, selbst zu kündigen.
… im beiderseitigen Einverständnis …	Kann auf Probleme hindeuten, weshalb gegebenenfalls Nachforschungen angestellt werden sollten.
… aus organisatorischen Gründen/wegen interner Reorganisation …	Können vorgeschobene Gründe sein, weshalb gegebenenfalls Nachforschungen angestellt werden sollten.
… stets/ständig vollste Zufriedenheit …	Sehr gute Leistungen
… stets/ständig volle Zufriedenheit …	Gute Leistungen
… volle Zufriedenheit …	Befriedigende Leistungen
… Zufriedenheit …	Ausreichende Leistungen
… im Großen und Ganzen zur Zufriedenheit …	Mangelhafte Leistungen
… hat sich bemüht …	Sehr mangelhafte Leistungen
… wegen seiner Pünktlichkeit stets ein gutes Vorbild …	Schwache Leistungen

Lernfeld 4 — Personalwirtschaftliche Aufgaben wahrnehmen

Zeugnistext	Bewertung
… bemühte sich, den Anforderungen gerecht zu werden …	Er hat versagt.
… hat sich im Rahmen seiner Fähigkeiten eingesetzt …	Er hat getan, was er konnte, aber das war nicht viel.
… erledigte alle Arbeiten mit großem Fleiß und Interesse …	Er war eifrig, aber nicht besonders tüchtig.
… war immer mit Interesse bei der Sache …	Er hat sich angestrengt, aber nichts geleistet.
… zeigte für seine Arbeit Verständnis …	Er war faul und hat nichts geleistet.
… galt im Kollegenkreis als toleranter Mitarbeiter …	Er war für Vorgesetzte ein schwerer Brocken.
… galt als umgänglicher Kollege …	Er wurde lieber von hinten als von vorn gesehen.
… trug durch seine Geselligkeit zur Verbesserung des Betriebsklimas bei …	Er neigte zu übertriebenem Alkoholgenuss.

Auch die Ausführlichkeit, mit der einzelne Punkte angesprochen werden, oder das Weglassen von üblichen Aussagen geben einem geübten Zeugnis-Leser eindeutige Hinweise. Für bewusst falsche Angaben im Zeugnis und bei sonstigen Auskünften (z. B. Referenzen) haftet der bisherige Arbeitgeber.

Beispiel: Arbeitszeugnis eines Bewerbers mit Anmerkungen der Personalchefin:

ZEUGNIS

Herr Fritz Müller, geboren am 14. August 1982 war in der Zeit vom 1. März 2003 bis 31. August 2009 in der (Finanzbuchhaltung) unseres Hauses — *wo genau?* beschäftigt. Während dieser Zeit hat er sich — *welche?* an alle ihm (gestellten Aufgaben) mit großem Eifer herangemacht und war erfolgreich. — *Zeigte mangelhafte Leistungen* — *absolute Niete* Herr Müller war stets (pünktlich) und ist mit seinen Vorgesetzten gut zurechtgekommen. — *Mitläufer, der sich stets anpasst* Er verlässt unser Haus, um sich einen neuen Wirkungskreis zu suchen. — *kein Wort des Bedauerns, dass dieser Mitarbeiter geht*

Münchner Kabel GmbH
Personalabteilung

Leithammer
P. Leithammer

1.2 Gesetzliche Grundlagen des Arbeitsverhältnisses

Wichtige gesetzliche Grundlagen des Arbeitsverhältnisses

Individual-Arbeitsrecht	**Kollektiv-Arbeitsrecht**	**Arbeitsschutzrecht**
z. B. BGB, HGB, KSchG, BetrVG	z. B. TVG, MitbestG, DrittelbG	z. B. KSchG, ArbZG, ArbSchG, MuSchG, JArbSchG, BUrlG

1.3 Kollektivvertragliche Grundlagen des Arbeitsverhältnisses

Tarifverträge und Betriebsvereinbarungen enthalten Bestimmungen, die für den Arbeitsvertrag verbindlich sind. Wie die gesetzlichen Mindestvorschriften sollen auch diese **Kollektivarbeitsverträge** den einzelnen Arbeitnehmer vor Benachteiligungen schützen.

Tarifvertrag

Die Regelungen des Tarifvertrags (siehe Band 1, LF10, Kap. 7 Tarifvertrag – Garant des sozialen Friedens) gelten unmittelbar und zwingend für die einzelnen Arbeitsverhältnisse zwischen den Mitgliedern der Tarifvertragsparteien. Damit ist sichergestellt, dass tarifvertragliche Regelungen **nicht** durch Vereinbarungen im Arbeitsvertrag zum Nachteil des Arbeitnehmers **abbedungen** (abgeändert) werden können (TVG § 4).

Allerdings räumt TVG § 4 die Möglichkeit **nachgiebiger** Tarifnormen ein:

- Vom Tarifvertrag abweichende Vereinbarungen **zuungunsten** des Arbeitnehmers sind dann zulässig, „soweit sie durch den Tarifvertrag gestattet sind". Erforderlich ist also eine entsprechende (ausdrückliche oder konkludente) Vereinbarung im Tarifvertrag (sogenannte **Zulassungs- oder Öffnungsklausel**).
- Einzelvertragliche Abmachungen, die für den Arbeitnehmer günstiger als die Tarifnorm sind, bleiben vom Tarifvertrag unberührt, auch wenn der Tarifvertrag das nicht vorsieht. Man spricht in diesem Zusammenhang vom sogenannten **Günstigkeitsprinzip**.
- Vom Günstigkeitsprinzip zu unterscheiden ist das **Ordnungsprinzip**. Dieses betrifft das Verhältnis ranggleicher Bestimmungen; danach geht die spätere Norm eines Tarifvertrags der früheren eines älteren Tarifvertrags vor.
- Die Tarifvertragsparteien haben außerdem das Recht, Ausschlussfristen für die Geltendmachung tariflicher Rechte im Tarifvertrag zu vereinbaren. Diese **Ausschlussfristen** bewirken, dass Ansprüche aus dem Tarifvertrag bei Ablauf einer bestimmten Zeitspanne (zum Beispiel von drei Monaten) nach ihrer Fälligkeit ausgeschlossen, also verfallen und daher nicht mehr durchsetzbar, sind.

Betriebsvereinbarungen

Bei **Betriebsvereinbarungen** (siehe Kap. 2.4 Betriebsvereinbarung – Arbeitgeber mit Betriebsrat), die zwischen einem einzelnen Arbeitgeber und dem Betriebsrat abgeschlossen werden, bleiben aufgrund des Günstigkeitsprinzips und der Nachwirkung des Tarifvertrags keine Spielräume für Regelungen zuungunsten der Belegschaft. Zunehmend werden jedoch in Tarifverträgen Öffnungsklauseln vereinbart, um den **Flächentarifvertrag** flexibler zu machen und damit Arbeitsplätze zu sichern.

Lernfeld 4 — Personalwirtschaftliche Aufgaben wahrnehmen

Grundlagen des Arbeitsverhältnisses nach der Rangordnung der Rechtsquellen

	Zwingende Bestimmung der **Arbeitsgesetzgebung**	festgelegt durch den Gesetzgeber (z. B. Jugendarbeitsschutzgesetz, BGB, HGB, Arbeitszeitgesetz)
geht vor	Zwingende Bestimmung des **Tarifvertrags**	zwischen den Tarifvertragsparteien [Gewerkschaft und Arbeitgeber(verband)]
geht vor	Zwingende Bestimmung der **Betriebsvereinbarung**	zwischen dem Betriebsrat eines Unternehmens und dem einzelnen Arbeitgeber
geht vor	Bestimmung des **Arbeitsvertrags**	zwischen einzelnem Arbeitnehmer und einzelnem Arbeitgeber

ZUSAMMENFASSUNG

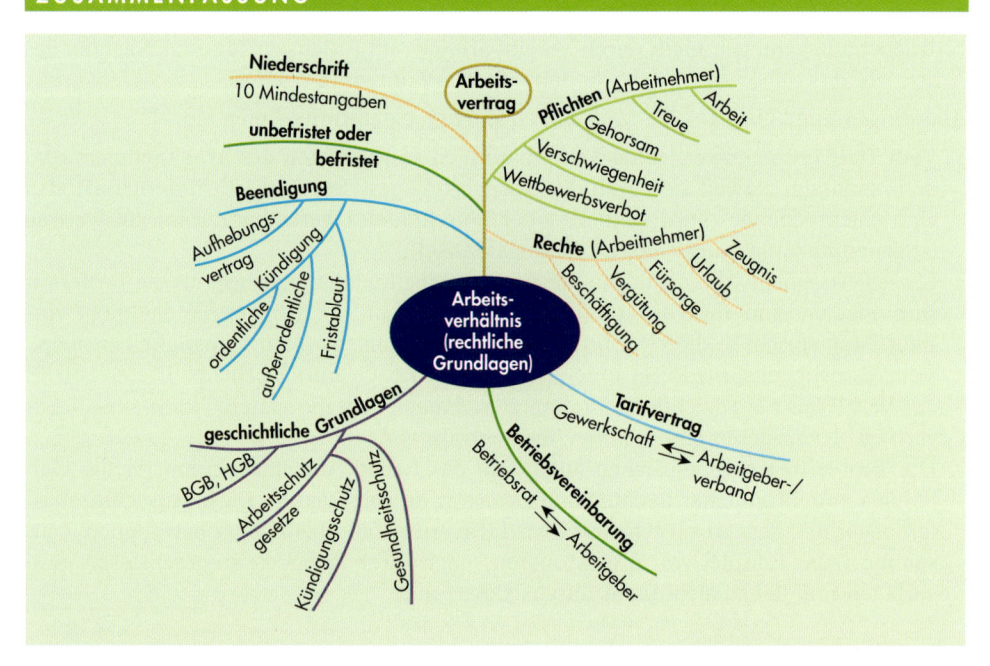

Mindmap „Arbeitsverhältnis (rechtliche Grundlagen)":
- **Arbeitsvertrag**: Niederschrift (10 Mindestangaben); unbefristet oder befristet
- **Beendigung**: Aufhebungsvertrag; Kündigung (ordentliche, außerordentliche); Fristablauf
- **Pflichten (Arbeitnehmer)**: Arbeit, Treue, Gehorsam, Verschwiegenheit, Wettbewerbsverbot
- **Rechte (Arbeitnehmer)**: Zeugnis, Urlaub, Vergütung, Fürsorge, Beschäftigung
- **Tarifvertrag**: Gewerkschaft ⇄ Arbeitgeber-/verband
- **Betriebsvereinbarung**: Betriebsrat ⇄ Arbeitgeber
- **geschichtliche Grundlagen**: BGB, HGB, Arbeitsschutzgesetze, Kündigungsschutz, Gesundheitsschutz

AUFGABEN

1 Das Arbeitsverhältnis basiert auf unterschiedlichen rechtlichen Grundlagen.
  a) Erläutern Sie die rechtlichen Grundlagen des Arbeitsverhältnisses und bringen Sie die Rechtsquellen in eine Rangordnung.
  b) Überprüfen Sie, ob der Arbeitsvertrag (siehe Problem) alle vorgeschriebenen Mindestinhalte entsprechend dem Nachweisgesetz enthält.
  c) Beschreiben Sie die Pflichten des Arbeitnehmers und des Arbeitgebers aus dem Arbeitsvertrag und unterscheiden Sie dabei zwischen Haupt- und Nebenpflichten.

Personalwirtschaftliche Aufgaben wahrnehmen

Lernfeld 4

2 Einige Situationen aus der Praxis:
  (1) Die Chefin bittet ihre Sekretärin, für sie einige private Einkäufe zu tätigen und Kaffee zu kochen, was diese aber ablehnt.
  (2) Der Geselle Wenzel gibt einem Kunden den Tipp, dass er billiger bedient werde, wenn er die Reparatur in seiner „Heimwerkstatt" durchführen lässt.
  (3) Eine kaufmännische Angestellte hat über das Wochenende kräftig gefeiert und fühlt sich deshalb am Montag äußerst unwohl. Sie setzt in vielen Kaufverträgen falsche Beträge ein. Bei der Ablage der Ausgangsrechnungen gerät mancherlei durcheinander. Eine Flut von Rückfragen und tagelange Suchaktionen sind die Folge. Die Geschäftsleitung kürzt der kaufmännischen Angestellten darauf das Gehalt um 500,00 €.
  (4) Die Verkaufsberaterin Kissling ist seit vier Wochen krank. Die Geschäftsleitung stellt daraufhin die Gehaltszahlung ein.
  (5) Der Verkaufsberater Meinrad besorgt sich 20 Autokindersitze für 19,95 € und verkauft diese im Zubehörshop seines Arbeitgebers für 39,95 €. Die Geschäftsleitung bemerkt dies und verlangt die Herausgabe des Gewinns.
  (6) Schildern Sie eigene Erlebnisse aus Ihrer Berufspraxis.
  Beurteilen Sie diese Situationen, indem Sie folgende Fragen beantworten: Welches Recht bzw. welche Pflicht aus dem Arbeitsvertrag ist betroffen? Liegt eine Rechts- bzw. Pflichtverletzung vor? Welche rechtlich einwandfreie Reaktion ist zu empfehlen?
  Tipp: Beantworten Sie die Fragen in thementeiligen Arbeitsgruppen. Schlagen Sie in Ihrem Schulbuch bzw. in Ihrer Gesetzessammlung nach.

3 Unter welchen Voraussetzungen kann ein Einzelarbeitsvertrag vom Tarifvertrag abweichen?

4 Bilden Sie mehrere Arbeitsgruppen. Schreiben Sie die Fragen a) bis j) auf Kärtchen (eine Frage pro Kärtchen). Beantworten Sie in den Gruppen die Fragen und schreiben Sie die Lösungen auf das jeweilige Kärtchen. Veranstalten Sie in Ihrer Gruppe ein Frage-Antwort-Spiel (wer die meisten Kärtchen gewinnt, ist Gruppensieger). Die Gruppensieger können anschließend den Klassensieger des **Gruppenturniers** unter sich ausspielen.

  Fragen:
  a) Nennen Sie drei Möglichkeiten, wie ein Arbeitsverhältnis aufgelöst werden kann.
  b) Erläutern Sie die gesetzlichen Grundkündigungsfristen.
  c) Weshalb darf der Arbeitnehmer bei einer vertraglichen Kündigung besser, aber nicht schlechter gestellt werden als der Arbeitgeber?
  d) Wodurch unterscheidet sich die ordentliche von der außerordentlichen Kündigung?
  e) Erläutern Sie einige Kündigungsgründe für eine ordentliche Kündigung.
  f) Nennen Sie einige Kündigungsgründe für eine außerordentliche Kündigung.
  g) Welcher Personenkreis unterliegt dem allgemeinen Kündigungsschutz?
  h) Welcher Personenkreis unterliegt dem besonderen Kündigungsschutz?
  i) Wann ist eine Kündigung sozial gerechtfertigt?
  j) Wie kann sich ein Arbeitnehmer gegen eine sozial ungerechtfertigte Kündigung wehren?

5 Die Kauffrau im Groß- und Außenhandel Anne König ist seit einem Jahr im Autoteilegroßhandel Schwend beschäftigt. Sie will zum 30. September kündigen und danach bei einem anderen Autoteilegroßhändler am selben Ort arbeiten.
  a) Wann muss ihre Kündigung spätestens bei ihrem Arbeitgeber vorliegen?
  b) Unter welchen Voraussetzungen darf Anne König zur Konkurrenz wechseln?

6 Geben Sie den jeweiligen Kalendertermin an, an dem die Mitarbeiter frühestens ausscheiden, wenn sie an folgenden Terminen kündigen (es gelten die Grundkündigungsfristen):
  a) A. kündigt am 15. Januar,
  b) B. kündigt am 10. März (seine Probezeit läuft vom 1. März bis 31. Mai),
  c) C. kündigt am 25. Juni,
  d) D. kündigt am 28. Februar (kein Schaltjahr)?

Lernfeld 4 — Personalwirtschaftliche Aufgaben wahrnehmen

7 Wann muss ein kaufmännischer Angestellter entsprechend den gesetzlichen Kündigungsfristen spätestens kündigen, wenn er am
   a) 1. Mai,
   b) 16. Juni,
   c) 1. Dezember
   seine neue Stelle antreten möchte?

8 Die folgenden Personen erhielten am 30. September eine ordentliche Kündigung. Ist die Kündigung rechtens? Welche Kündigungsfristen sind einzuhalten und wann scheiden die genannten Personen frühestens aus?
   a) Verkaufsberaterin Lisa Münch, 35 Jahre alt, seit über acht Jahren im Betrieb.
   b) Lukas Wegerer, Geselle in der Werkstatt, 26 Jahre alt, seit vier Jahren im Betrieb.
   c) Auszubildende Eva Berger befindet sich im 2. Ausbildungsjahr.
   d) Buchhalterin Gerda Schober, 29 Jahre alt, seit sieben Jahren im Betrieb, verheiratet, ist seit etwa zwei Monaten schwanger. Voraussichtlicher Geburtstermin ist der 5. Mai des nächsten Jahres. Den Elternurlaub wird ihr Ehemann in Anspruch nehmen.
   e) Verkaufsberater Andreas Hofer, 43 Jahre alt, seit 20 Jahren im Betrieb.
   f) Verkausberaterin Anna Erb, 33 Jahre alt, seit 5 Jahren im Betrieb, ist Mitglied im Betriebsrat. Die nächste Betriebsratswahl findet im Mai des nächsten Jahres statt.

9 Die Brehm GmbH in Stuttgart handelt mit Elektrogeräten. Sie beschäftigt 380 Arbeitnehmer. Umsatzeinbußen und nicht ausgelastete Kapazitäten bringen sie zu Rationalisierungsmaßnahmen im technischen und kaufmännischen Bereich.
   In der Auftragsbearbeitung können durch die Anschaffung eines computergestützten Warenwirtschaftssystems von den bisher vier Mitarbeitern nur noch drei weiterbeschäftigt werden.

   In der Auftragsbearbeitung sind derzeit beschäftigt:
   - Franz Mühleis, 53 Jahre, seit 17 Jahren im Betrieb, nie krank, verheiratet, drei Kinder (14, 18, 20 Jahre) in Ausbildung, durch Hausbau finanziell belastet, Ehefrau nicht berufstätig; seine Leistungen werden als zufriedenstellend beurteilt. Der für die Auftragsbearbeitung zuständige Meister ist der Auffassung, dass sich Mühleis nicht in die Bedienung des neuen Warenwirtschaftssystems einarbeiten kann, zumal er auch nie an betrieblichen Schulungen teilgenommen habe.
   Bruttomonatslohn durchschnittlich 2 500,00 €.
   - Anton Salber, 22 Jahre, ledig, 7 Jahre im Betrieb, erhält sehr gute Leistungsbeurteilungen; gelegentlich fehlt er wegen Sportverletzungen (aktiver Handballer),
   Bruttomonatslohn durchschnittlich 1 800,00 €.
   - Max Miehlich, 36 Jahre, verheiratet, 1 Kind (12 Jahre), berufstätige Ehefrau, 11 Jahre im Betrieb, kann jederzeit mit besonders schwierigen Aufgaben betraut werden.
   Bruttomonatslohn durchschnittlich 3 000,00 €.
   - Günter Sontowski, 28 Jahre, ledig, 1 Jahr im Betrieb, hat Erfahrung im Umgang mit Computern; seine Leistungen werden durchgehend gut beurteilt;
   Bruttomonatslohn durchschnittlich 2 000,00 €.

   a) Dem Leiter der Personalabteilung soll ein Vorschlag gemacht werden, wem in der Auftragsbearbeitung gekündigt werden soll. Beachten Sie, dass die tariflichen Vorschriften den gesetzlichen entsprechen.
   Franz Mühleis wird gekündigt. Er hält die Kündigung für sozial ungerechtfertigt. Er wendet sich daher an den Betriebsrat, der der Personalabteilung zur Kündigung Mühleis folgende Stellungnahme zuleitet:

Personalwirtschaftliche Aufgaben wahrnehmen **Lernfeld 4**

> Mühleis ist zwar aufgrund der Beurteilungen aller Mitarbeiter der Abteilung Auftragsbearbeitung als der nach dem Leistungsvermögen Schwächste anzusehen, dennoch muss zu seinen Gunsten angeführt werden
> - seine lange Betriebszugehörigkeit
> - keine Fehlzeiten
>
> und vor allem soziale Überlegungen
> - Alleinverdiener
> - finanzielle Belastung durch die Ausbildung seiner drei Kinder
> - finanzielle Belastung durch einen Hausbau.
>
> Im Übrigen ist die Vermutung, Mühleis könnte wahrscheinlich mit dem computergestützten Warenwirtschaftssystem nicht arbeiten, für die Kündigung als nicht ausreichend anzusehen.
> Nach Ansicht des Betriebsrats ist die bei Kündigungen aus dringenden betrieblichen Erfordernissen vorgeschriebene soziale Auswahl nicht beachtet worden.
> Unter Einbeziehung aller Gesichtspunkte würde nach Ansicht des Betriebsrats
> - eine Kündigung für den Mitarbeiter Sontowski eine geringere soziale Härte darstellen und
> - die Beschäftigung des zuverlässigen Mühleis (der seine ausdrückliche Bereitschaft bekundet hat, sich in das neue Warenwirtschaftsprogramm intensiv einzuarbeiten) für das Unternehmen mit Sicherheit nicht bedeuten, dass die Auftragsbearbeitung wegen Mühleis auch in Zukunft unrentabel arbeitet.
>
> b) Entscheiden Sie unter Abwägung der vorgetragenen Argumente und im Hinblick auf mögliche Auswirkungen (Prozessrisiko, Prozesskosten, Einfluss auf Betriebsklima, evtl. Abfindung an Mühleis), ob auf der ausgesprochenen Kündigung bestanden werden soll.

2 Mitbestimmung der Arbeitnehmer

PROBLEM

Katja Müller und Stefanie Binder unterhalten sich im Pausenraum.

Stefanie: „Du kennst doch meinen Freund, den Giulio. Er ist gestern gekündigt worden. Völlig überraschend."

Katja: „Der Giulio? Gekündigt? Der arbeitet doch als Einkäufer bei der Sanitärgroßhandlung Hieber KG? Da muss ich mich schon wundern. Was hat er denn ausgefressen?"

Stefanie: „Da war überhaupt nichts. Er hat eine ordentliche Kündigung mit dem Kündigungstermin 31. März bekommen. Wegen allgemein rückläufiger Umsätze. Wieso wunderst du dich?"

Katja: „Ich habe erst gestern eine Stellenanzeige gelesen. Da sucht die Sanitärgroßhandlung Hieber KG einen Einkäufer."

Stefanie: „Das gibt es doch gar nicht!"

Katja: „Wir haben erst kürzlich in der Berufsschule das Thema Betriebsrat behandelt. Der hat da auch noch was zu sagen!"

Stefanie: „Meinst du? Soviel ich weiß, gibt es bei der Hieber KG sogar einen Betriebsrat. Danke für den Tipp."

Lernfeld 4 — Personalwirtschaftliche Aufgaben wahrnehmen

1. Stellen Sie das Gespräch in einem Rollenspiel nach.
2. Ist die Kündigung wirksam? Welche Rechte hat der Betriebsrat bei der Kündigung eines Arbeitnehmers?

   Tipp: Schlagen Sie im Betriebsverfassungsgesetz (BetrVG § 102) nach.

SACHDARSTELLUNG

Der Interessengegensatz zwischen Arbeitgeber (Kapital) und Arbeitnehmer (Arbeit) wird durch die **Mitbestimmung** der Arbeitnehmer entschärft.

Ebenen der Mitbestimmung		
Arbeitsplatzebene	**Betriebsebene**	**Unternehmensebene**
Unmittelbare Arbeitsumgebung des Arbeitnehmers; hier übt der einzelne Arbeitnehmer seine Arbeitstätigkeit aus.	Produktiver Bereich des Unternehmens; hier werden die Sachziele (z. B. Produktion und Lagerung von Gütern) verwirklicht.	Rechtlicher Rahmen des wirtschaftlichen Tuns. Hier werden die Betriebe gelenkt und Formalziele (z. B. Gewinnmaximierung) verfolgt.
⬇	⬇	⬇
Mitbestimmung durch **Individualrechte** des Arbeitnehmers, z. B. aufgrund • seines Arbeitsvertrags, • BetrVG §§ 81 bis 84, • von Arbeitsschutzvorschriften.	Mitbestimmung des Arbeitnehmers durch **Kollektivrechte** des **Betriebsrats** aufgrund • von Tarifverträgen, • BetrVG §§ 87 bis 112.	Mitbestimmung des Arbeitnehmers durch die Arbeitnehmervertreter im **Aufsichtsrat** aufgrund • des DrittelbG § 1, • Mitbestimmungsgesetzes, • Montan-Mitbestimmungs-Gesetzes.

2.1 Mitwirkungsrechte des einzelnen Arbeitnehmers

Recht auf Unterrichtung (BetrVG § 81)

Der Arbeitgeber hat den Arbeitnehmer

- über dessen Aufgabe und Verantwortung sowie über die Art seiner Tätigkeit und ihre Einordnung in den Arbeitsablauf des Betriebs zu unterrichten;
- vor Beginn der Beschäftigung über die Unfall- und Gesundheitsgefahren, denen dieser bei der Beschäftigung ausgesetzt ist, sowie über die Maßnahmen und Einrichtungen zur Abwendung dieser Gefahren zu belehren;
- über Veränderungen in seinem Arbeitsbereich rechtzeitig zu unterrichten;
- über die aufgrund einer Planung von technischen Anlagen, von Arbeitsverfahren und Arbeitsabläufen oder der Arbeitsplätze vorgesehenen Maßnahmen und ihre Auswirkungen auf seinen Arbeitsplatz, die Arbeitsumgebung sowie auf Inhalt und Art seiner Tätigkeit zu unterrichten.

Sobald feststeht, dass sich die Tätigkeit des Arbeitnehmers ändern wird und seine beruflichen Kenntnisse und Fähigkeiten zur Erfüllung seiner Aufgaben nicht ausreichen, hat der Arbeitgeber mit dem Arbeitnehmer zu erörtern, wie dessen berufliche Kenntnisse und Fähigkeiten im Rahmen der betrieblichen Möglichkeiten den künftigen Anforderungen angepasst werden können.

Anhörungs- und Erörterungsrecht (BetrVG § 82)

Der Arbeitnehmer hat das Recht, in betrieblichen Angelegenheiten, die seine Person betreffen, von den nach Maßgabe des organisatorischen Aufbaus des Betriebs hierfür zuständigen Personen gehört zu werden. Er ist berechtigt, zu Maßnahmen des Arbeitgebers, die ihn betreffen, Stellung zu nehmen sowie Vorschläge für die Gestaltung des Arbeitsplatzes und des Arbeitsablaufs zu machen.

Der Arbeitnehmer kann verlangen, dass ihm die Berechnung und Zusammensetzung seines Arbeitsentgelts erläutert und dass mit ihm die Beurteilung seiner Leistungen sowie die Möglichkeiten seiner beruflichen Entwicklung im Betrieb erörtert werden.

Einsicht in die Personalakte (BetrVG § 83)

Der Arbeitnehmer hat das Recht, in die über ihn geführten Personalakten Einsicht zu nehmen. Erklärungen des Arbeitnehmers zum Inhalt sind der Personalakte auf sein Verlangen beizufügen.

Beschwerderecht (BetrVG § 84)

Jeder Arbeitnehmer hat das Recht, sich bei den zuständigen Stellen des Betriebs zu beschweren, wenn er sich vom Arbeitgeber oder von Arbeitnehmern des Betriebs benachteiligt oder ungerecht behandelt oder in sonstiger Weise beeinträchtigt fühlt. Er kann ein Mitglied des Betriebsrats zur Unterstützung oder Vermittlung hinzuziehen.

2.2 Betriebsrat – Interessenvertretung der Arbeitnehmer

Wahl des Betriebsrats

Mitwirkung und **Mitbestimmung** der Arbeitnehmer sind durch den **Betriebsrat** garantiert. Sobald mindestens fünf **wahlberechtigte** Mitarbeiter (sie müssen volljährig sein) in einem Unternehmen arbeiten, können sie für **vier Jahre** in freier, geheimer und unmittelbarer Wahl ihre Interessenvertreter wählen. **Wählbar** sind alle Wahlberechtigten, die **mindestens sechs Monate** dem Betrieb angehören (BetrVG §§ 7 und 8).

Die Größe des Betriebsrats ist von der Zahl der Arbeitnehmer abhängig (siehe BetrVG § 9). Ab drei Mitgliedern müssen weibliche und männliche Beschäftigte entsprechend ihrem zahlenmäßigen Anteil im Betriebsrat vertreten sein.

Aufgaben des Betriebsrats

Arbeitgeber und Betriebsrat sollen zum Wohl aller Betriebsangehörigen, des Betriebs und zum Gemeinwohl vertrauensvoll zusammenarbeiten.

Nach BetrVG § 80 hat der Betriebsrat

- darüber zu wachen, dass die zugunsten der Arbeitnehmer geltenden Gesetze, Verordnungen, Unfallverhütungsvorschriften, Tarifverträge und Betriebsvereinbarungen durchgeführt werden;
- Maßnahmen, die dem Betrieb und der Belegschaft dienen, beim Arbeitgeber zu beantragen;
- die Durchsetzung der tatsächlichen Gleichstellung von Frauen und Männern, insbesondere bei der Einstellung, Beschäftigung, Aus-, Fort- und Weiterbildung und dem beruflichen Aufstieg, zu fördern; ebenso die Vereinbarkeit von Familie und Erwerbstätigkeit;

Lernfeld 4 — Personalwirtschaftliche Aufgaben wahrnehmen

- Anregungen von Arbeitnehmern und der Jugend- und Auszubildendenvertretung entgegenzunehmen und, falls sie berechtigt erscheinen, durch Verhandlungen mit dem Arbeitgeber auf eine Erledigung hinzuwirken; er hat die betreffenden Arbeitnehmer über den Stand und das Ergebnis der Verhandlungen zu unterrichten;
- die Eingliederung Schwerbeschädigter und sonstiger besonders schutzbedürftiger Personen zu fördern; die Eingliederung ausländischer Arbeitnehmer im Betrieb und das Verständnis zwischen ihnen und den deutschen Arbeitnehmern zu fördern;
- die Wahl einer Jugend- und Auszubildendenvertretung vorzubereiten und durchzuführen und mit dieser zur Förderung der Belange der Jugendlichen und Auszubildenden eng zusammenzuarbeiten;
- die Beschäftigung älterer Arbeitnehmer im Betrieb zu fördern;
- die Beschäftigung im Betrieb zu fördern und zu sichern;
- Maßnahmen des Arbeitsschutzes und des betrieblichen Umweltschutzes zu fördern.

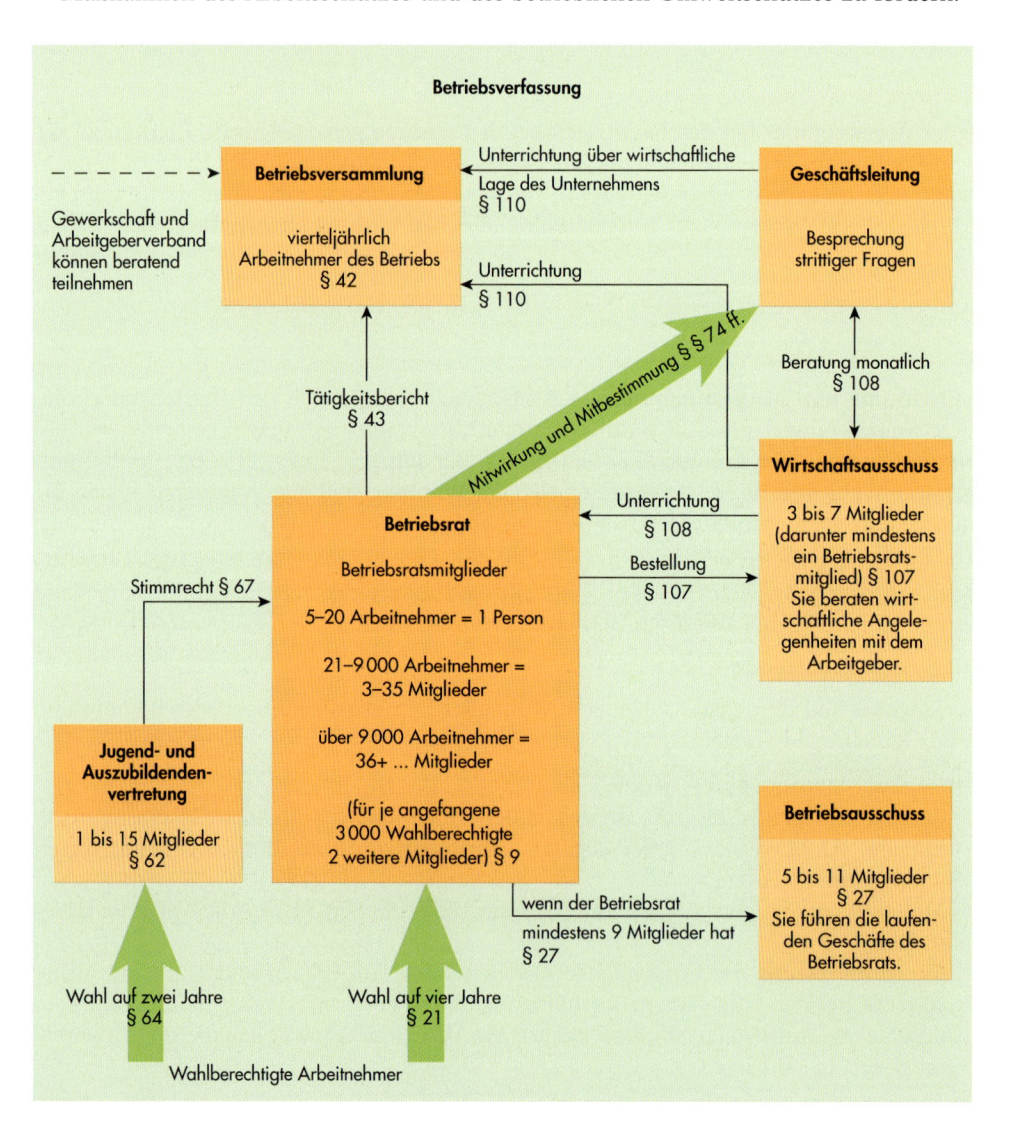

Betriebsverfassung

Betriebsversammlung — vierteljährlich, Arbeitnehmer des Betriebs § 42

Gewerkschaft und Arbeitgeberverband können beratend teilnehmen.

Unterrichtung über wirtschaftliche Lage des Unternehmens § 110

Geschäftsleitung — Besprechung strittiger Fragen

Unterrichtung § 110

Tätigkeitsbericht § 43

Mitwirkung und Mitbestimmung §§ 74 ff.

Beratung monatlich § 108

Wirtschaftsausschuss — 3 bis 7 Mitglieder (darunter mindestens ein Betriebsratsmitglied) § 107. Sie beraten wirtschaftliche Angelegenheiten mit dem Arbeitgeber.

Betriebsrat — Betriebsratsmitglieder
- 5–20 Arbeitnehmer = 1 Person
- 21–9 000 Arbeitnehmer = 3–35 Mitglieder
- über 9 000 Arbeitnehmer = 36+ ... Mitglieder
- (für je angefangene 3 000 Wahlberechtigte 2 weitere Mitglieder) § 9

Unterrichtung § 108
Bestellung § 107

Stimmrecht § 67

Jugend- und Auszubildendenvertretung — 1 bis 15 Mitglieder § 62

wenn der Betriebsrat mindestens 9 Mitglieder hat § 27

Betriebsausschuss — 5 bis 11 Mitglieder § 27. Sie führen die laufenden Geschäfte des Betriebsrats.

Wahl auf zwei Jahre § 64
Wahl auf vier Jahre § 21
Wahlberechtigte Arbeitnehmer

In der mindestens **vierteljährlich** stattfindenden **Betriebsversammlung** aller Arbeitnehmer berichtet der Betriebsrat über seine Arbeit. Der Arbeitgeber wird dazu eingeladen und kann, wie auch alle anderen Betriebsangehörigen, das Wort ergreifen (BetrVG § 43).

Im Mittelpunkt der Betriebsversammlung stehen:
- die Entgegennahme des Tätigkeitsbereichs des Betriebsrats und die Information über die mit dem Arbeitgeber getroffenen Vereinbarungen und gefassten Beschlüsse;
- die allgemeine Unterrichtung der Belegschaft über die betrieblichen Verhältnisse und ihre Entwicklung durch Betriebsrat und Arbeitgeber;
- Fragen, kritische Anmerkungen und Anträge der Mitarbeiter;
- die Pflicht des Arbeitgebers, einmal im Kalenderjahr über das Personal- und Sozialwesen einschließlich des Stands der Gleichstellung von Frauen und Männern im Betrieb sowie der Integration der im Betrieb beschäftigten ausländischen Arbeitnehmer, über die wirtschaftliche Lage und Entwicklung des Betriebs sowie über den betrieblichen Umweltschutz zu berichten, soweit dadurch nicht Betriebs- oder Geschäftsgeheimnisse gefährdet werden.

In Betrieben mit über 100 Beschäftigten wird ein **Wirtschaftsausschuss** gebildet, der mit drei bis sieben Mitgliedern besetzt ist. Mindestens ein Mitglied muss dem Betriebsrat angehören. Der Wirtschaftsausschuss berät wirtschaftliche Angelegenheiten mit dem Unternehmer, z. B. Fabrikations- und Arbeitsmethoden, Produktionsprogramm, die wirtschaftliche Situation des Unternehmens, die Produktions- und Absatzlage, und berichtet dem Betriebsrat (BetrVG § 106).

Mitwirkungs- und Mitbestimmungsrechte

Die Befugnisse des Betriebsrats sind in **sozialen** und **personellen Angelegenheiten** am wirksamsten, dagegen hat er in **wirtschaftlichen Angelegenheiten** nur Informations- und Beratungsrechte. **Soziale Angelegenheiten** betreffen eine **größere Gruppe** von Mitarbeitern (z. B. Gleitzeitvereinbarung). Von **personellen Angelegenheiten** spricht man, wenn nur **einzelne Arbeitnehmer** von einer bestimmten Maßnahme betroffen sind (z. B. Kündigung eines einzelnen Arbeitnehmers). **Wirtschaftliche Angelegenheiten** betreffen **Entscheidungen des Unternehmens** mit wirtschaftlichen Folgen (z. B. Umgestaltung von Arbeitsabläufen).

Abgestufte Rechte des Betriebsrats

Echte Mitbestimmungsrechte (BetrVG §§ 87, 91, 95, 98, 104, 112)	
Ohne eine Einigung mit dem Betriebsrat darf der Arbeitgeber eine Maßnahme nicht durchführen. Der Betriebsrat hat auch ein Initiativrecht, d. h., er kann von sich aus aktiv werden, um eine bestimmte Angelegenheiten (anders) zu regeln. Bei Nichteinigung mit dem Arbeitgeber entscheidet die Einigungsstelle (diese ist je zur Hälfte mit Vertretern des Arbeitgebers und Betriebsratsmitgliedern besetzt, ihr Vorsitzender muss unparteiisch sein).	**Soziale Angelegenheiten** (sie betreffen alle Arbeitnehmer), z. B. Fragen der Betriebsordnung, Beginn und Ende der täglichen Arbeitszeit, vorübergehende Verlängerung bzw. Verkürzung der betrieblichen Arbeitszeit, Fragen der Leistungs-/Verhaltenskontrolle der Arbeitnehmer mittels technischer Einrichtungen, Ausschreibung von Arbeitsplätzen, Aufstellung und Ausgestaltung eines Sozialplans.

Widerspruchs-/Zustimmungsrechte (BetrVG §§ 87, 94, 95, 98, 99, 102, 103)	
Widerspricht der Betriebrat, dann entscheidet entweder die Einigungsstelle oder der Arbeitgeber kann die nicht erfolgte Zustimmung des Betriebsrats durch das Arbeitsgericht ersetzen lassen.	**Personelle Angelegenheiten** (sie betreffen nur einen einzelnen Arbeitnehmer), z. B. wie Einstellung, Ein- bzw. Umgruppierung und Versetzung, Maßnahmen der Berufsausbildung, Personalfragebogen.
Beratungs-/Anhörungsrechte (BetrVG §§ 90, 92, 96, 97, 102, 106, 111)	
Der Arbeitgeber kann Maßnahmen erst durchführen, wenn er sich mit dem Betriebsrat beraten bzw. seine Meinung gehört hat. Dabei geht es um die Anforderungen an die Arbeitnehmer und die Auswirkungen auf die Arbeit.	**Wirtschaftliche Angelegenheiten**, z. B. Planung technischer Anlagen, Umgestaltung von Arbeitsabläufen und Arbeitsplätzen, Personalplanung, arbeitgeberseitige Kündigungen.
Informationsrechte (BetrVG §§ 80, 89, 90, 92, 92a, 93, 105, 106, 111)	
Der Arbeitgeber kann Maßnahmen erst durchführen, wenn er den Betriebsrat informiert hat. Dabei geht es um die Anforderungen an die Arbeitnehmer und die Auswirkungen auf die Arbeit.	**Wirtschaftliche Angelegenheiten**, z. B. allgemeine Unterrichtung, Einstellung leitender Angestellter, betrieblicher Arbeits- und Umweltschutz, Beschäftigungssicherung.

Beispiel (siehe Problem): Die Voraussetzung einer betriebsbedingten Kündigung ist, dass der konkrete Arbeitsplatz tatsächlich wegfällt. Da die Sanitärgroßhandlung Hieber KG gleichzeitig einen Einkäufer sucht, ist der Kündigungsgrund „rückläufige Umsätze" nicht ausreichend für die Kündigung. Der Betriebsrat ist vor jeder Kündigung zu hören. Dabei hat der Arbeitgeber die Kündigungsgründe darzulegen. Im vorliegenden Fall ist anzunehmen, dass der Betriebsrat nicht gehört wurde (er hätte sonst wiedersprochen). Damit ist die Kündigung nach BetrVG § 102 (1) unwirksam. Rudi sollte binnen einer Woche Einspruch beim Betriebsrat der Hieber KG einrichen (KSchG § 3), damit hat er alle Chancen, seinen Arbeitsplatz zu behalten.

Bei Meinungsverschiedenheiten zwischen Arbeitgeber und Betriebsrat kann eine **Einigungsstelle** gebildet werden, die paritätisch von Arbeitgeberseite und Betriebsratsmitgliedern gesetzt ist und deren Vorsitzender, auf dessen Person sich beide Seiten einigen müssen, unparteiisch sein muss. Die Einigungsstelle wird dann tätig, wenn beide Seiten es beantragen. Ihr Spruch ersetzt die Einigung zwischen Arbeitgeber und Betriebsrat nur, wenn beide Seiten sich dem Spruch im Voraus unterworfen oder ihn nachträglich angenommen haben. Anders ist es bei den Mitbestimmungsrechten, bei denen im Gesetz vorgeschrieben ist, dass die Einigungsstelle bei Nichteinigung entscheidet. Dann wird sie tätig und entscheidet, auch wenn nur eine Seite das beantragt. Bei Ermessensfehlern der Einigungsstelle kann das Arbeitsgericht angerufen werden.

Europäischer Betriebsrat (EBR)

In europaweit tätigen Unternehmen sind **Europäische Betriebsräte** oder andere Verfahren zur grenzübergreifenden Unterrichtung und Anhörung der Arbeitnehmer einzurichten. Dabei bleibt den beteiligten Parteien Spielraum für **freiwillige Vereinbarungen** u. a. über Zuständigkeit und Aufgaben, Zusammensetzung und Finanzierung des EBR und die Einbeziehung von Betrieben außerhalb der EU. Nur wenn keine Verhandlungslösung zustande kommt, wird ein **gesetzlicher Europäischer Betriebsrat** gebildet. Dieser besteht aus 3 bis 30 gewählten Mitgliedern, wobei jedes Land, in dem sich ein Standort des Unternehmens befindet, durch mindestens einen Vertreter repräsentiert sein muss. Die Unternehmensleitung muss den EBR unter anderem über die Struktur und die Situation des Unternehmens, über die Beschäftigungslage, die Investitionen, über grundlegende Änderungen der Organisation, die Einführung neuer Arbeits- und Fertigungsverfahren, Produktionsverlagerungen, Fusionen, Betriebsschließungen und Massenentlassungen unterrichten.

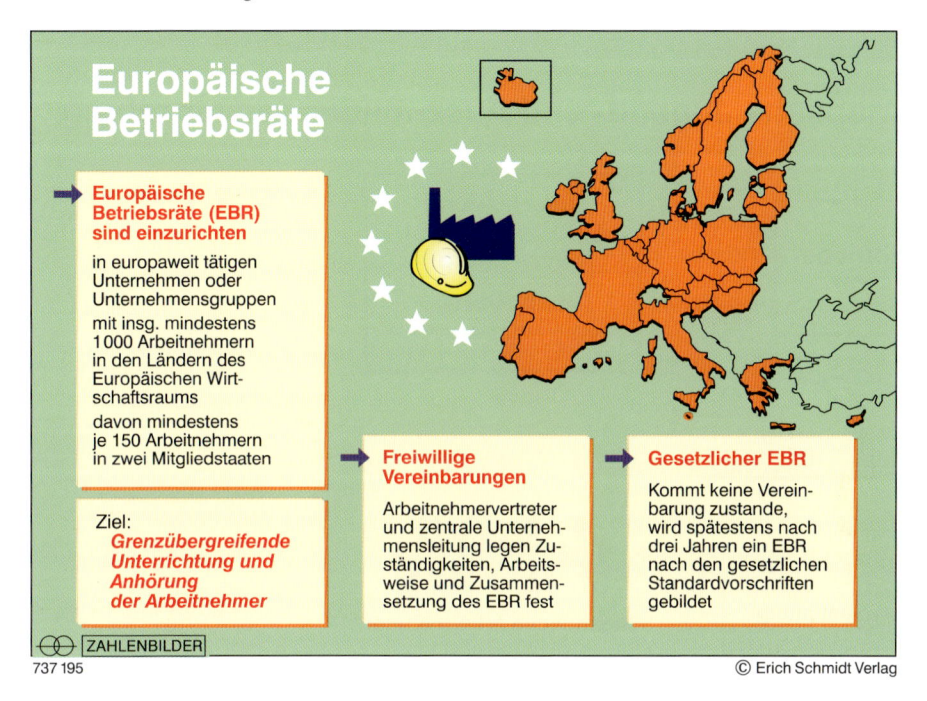

Europäische Betriebsräte

Europäische Betriebsräte (EBR) sind einzurichten

in europaweit tätigen Unternehmen oder Unternehmensgruppen

mit insg. mindestens 1 000 Arbeitnehmern in den Ländern des Europäischen Wirtschaftsraums

davon mindestens je 150 Arbeitnehmern in zwei Mitgliedstaaten

Ziel: *Grenzübergreifende Unterrichtung und Anhörung der Arbeitnehmer*

Freiwillige Vereinbarungen

Arbeitnehmervertreter und zentrale Unternehmensleitung legen Zuständigkeiten, Arbeitsweise und Zusammensetzung des EBR fest

Gesetzlicher EBR

Kommt keine Vereinbarung zustande, wird spätestens nach drei Jahren ein EBR nach den gesetzlichen Standardvorschriften gebildet

ZAHLENBILDER 737 195 © Erich Schmidt Verlag

2.3 Jugend- und Auszubildendenvertretung – nur mit Betriebsrat

Wo ein Betriebsrat besteht und mindestens fünf jugendliche Arbeitnehmer oder Auszubildende beschäftigt sind, kann eine **Jugend- und Auszubildendenvertretung** gewählt werden. Die Jugend- und Auszubildendenvertretung ist folglich kein selbstständiges Organ der Betriebsverfassung, sondern bleibt **dem Betriebsrat nachgeordnet;** nur durch dessen Vermittlung kann sie auf den Arbeitgeber einwirken. Damit sie ihre Aufgaben erfüllen kann, muss der Betriebsrat sie rechtzeitig und umfassend informieren und ihr die erforderlichen Unterlagen zur Verfügung stellen. Zu jeder Betriebsratssitzung kann sie einen Vertreter oder eine Vertreterin entsenden; stehen Jugend- und Ausbildungsfragen auf der Tagesordnung, ist sie mit allen Mitgliedern teilnahmeberechtigt. Darüber hinaus haben die Jugend- und Auszubildendenvertreter auch Stimmrecht, wenn im Betriebsrat ein Beschluss gefasst werden soll, der die jugendlichen Arbeitnehmer oder die Auszubildenden betrifft.

Vor oder nach jeder Betriebsversammlung kann im Einvernehmen mit dem Betriebsrat eine betriebliche Jugend- und Auszubildendenversammlung abgehalten werden; soll sie zu einem anderen Zeitpunkt stattfinden, muss auch der Arbeitgeber zustimmen. Jugend- und Auszubildendenvertretungen werden in den Betrieben jeweils im Oktober oder November für eine **Amtszeit von zwei Jahren** gewählt. **Wahlberechtigt** sind alle jugendlichen Arbeitnehmer(-innen) unter 18 Jahren und alle Auszubildenden unter 25 Jahren. **Wählbar** sind alle Arbeitnehmer des Betriebs, die das 25. Lebensjahr noch nicht vollendet haben; sie dürfen nicht gleichzeitig dem Betriebsrat angehören.

Die Größe der Jugendvertretung (1 bis 15 Mitglieder) richtet sich nach der Zahl der Jugendlichen und Auszubildenden im Betrieb. Bestehen in einem Unternehmen mehrere Jugend- und Auszubildendenvertretungen, ist eine Gesamt-Jugend- und Auszubildendenvertretung zu errichten.

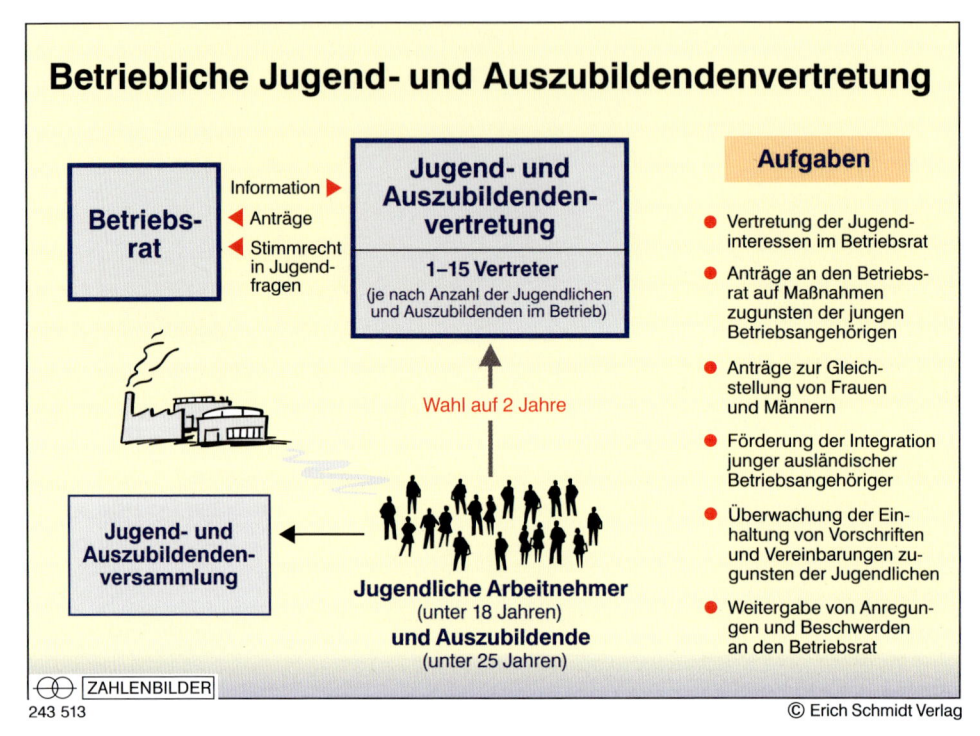

Betriebliche Jugend- und Auszubildendenvertretung

Betriebsrat
- Information ▶
- ◀ Anträge
- ◀ Stimmrecht in Jugendfragen

Jugend- und Auszubildendenvertretung
1–15 Vertreter
(je nach Anzahl der Jugendlichen und Auszubildenden im Betrieb)

Wahl auf 2 Jahre

Jugendliche Arbeitnehmer (unter 18 Jahren) **und Auszubildende** (unter 25 Jahren)

Jugend- und Auszubildendenversammlung

Aufgaben
- Vertretung der Jugendinteressen im Betriebsrat
- Anträge an den Betriebsrat auf Maßnahmen zugunsten der jungen Betriebsangehörigen
- Anträge zur Gleichstellung von Frauen und Männern
- Förderung der Integration junger ausländischer Betriebsangehöriger
- Überwachung der Einhaltung von Vorschriften und Vereinbarungen zugunsten der Jugendlichen
- Weitergabe von Anregungen und Beschwerden an den Betriebsrat

ZAHLENBILDER 243 513 © Erich Schmidt Verlag

Die Mitglieder des Betriebsrats bzw. der Jugend- und Auszubildendenvertretung dürfen in der Ausübung ihrer Tätigkeit nicht gestört oder behindert werden. Sie dürfen wegen ihrer Tätigkeit nicht benachteiligt oder begünstigt werden; dies gilt auch für ihre berufliche Entwicklung (BetrVG § 78). Beabsichtigt der Arbeitgeber, einen Auszubildenden, der Mitglied der Jugend- und Auszubildendenvertretung bzw. des Betriebsrats ist, nach Beendigung des Berufsausbildungsverhältnisses nicht in ein Arbeitsverhältnis auf unbestimmte Zeit zu übernehmen, so hat er dies drei Monate vor Beendigung des Berufsausbildungsverhältnisses dem Auszubildenden mitzuteilen (BetrVG § 78 a).

2.4 Betriebsvereinbarung – Arbeitgeber mit Betriebsrat

In Betriebsvereinbarungen werden vom Betriebsrat und dem einzelnen Arbeitgeber für das jeweilige Unternehmen **betriebsinterne Regelungen** beschlossen (BetrVG § 77).

Solche betriebsinternen Bestimmungen betreffen z. B. Arbeitszeitregelung, Rauchverbot, Meldung von Unfällen, soziale Maßnahmen, Maßnahmen zur Unfallverhütung.

Tarifvertragliche Regelungen dürfen grundsätzlich nicht Gegenstand einer Betriebsvereinbarung sein, es sei denn, der Tarifvertrag enthält eine Öffnungsklausel.

In Betriebsordnungen und Dienstordnungen, welche den Betriebsangehörigen z. B. durch Aushang zugänglich sein müssen, sind solche Betriebsvereinbarungen festgelegt.

Personalwirtschaftliche Aufgaben wahrnehmen

Lernfeld 4

ZUSAMMENFASSUNG

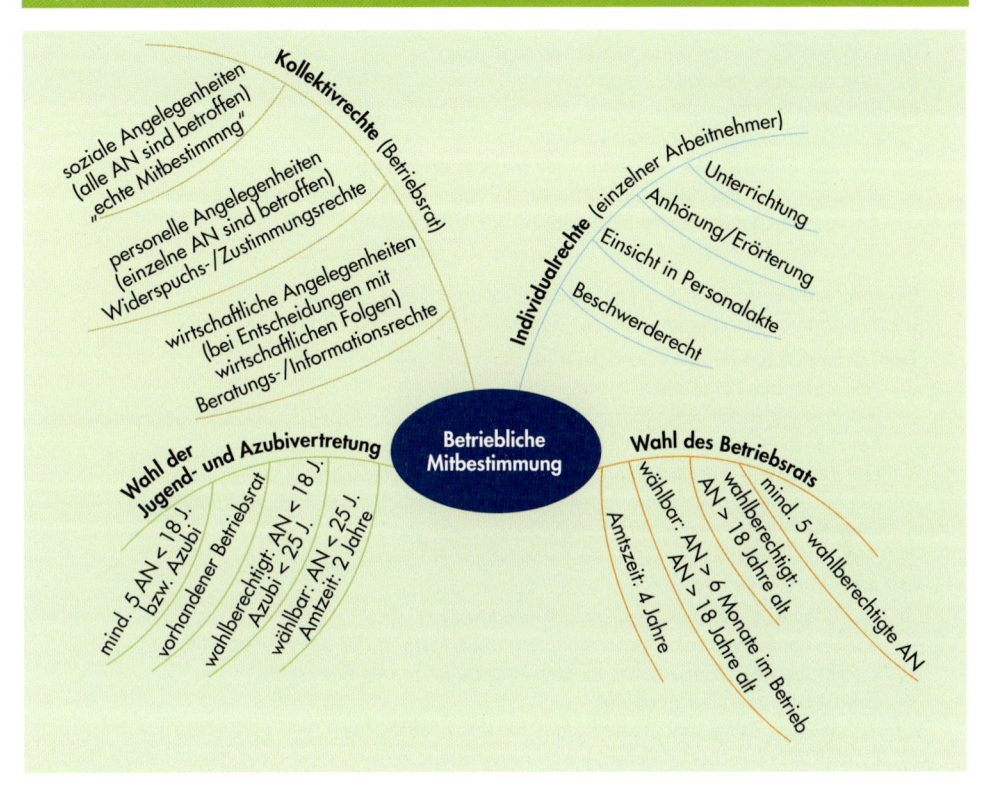

Betriebliche Mitbestimmung

Kollektivrechte (Betriebsrat)
- soziale Angelegenheiten (alle AN sind betroffen) „echte Mitbestimmung"
- personelle Angelegenheiten (einzelne AN sind betroffen) Widerspuchs-/Zustimmungsrechte
- wirtschaftliche Angelegenheiten (bei Entscheidungen mit wirtschaftlichen Folgen) Beratungs-/Informationsrechte

Individualrechte (einzelner Arbeitnehmer)
- Unterrichtung
- Anhörung/Erörterung
- Einsicht in Personalakte
- Beschwerderecht

Wahl der Jugend- und Azubivertretung
- mind. 5 AN < 18 J. bzw. Azubi
- vorhandener Betriebsrat
- wahlberechtigt: AN < 25 J., Azubi < 18 J.
- wählbar: AN < 25 J.
- Amtszeit: 2 Jahre

Wahl des Betriebsrats
- mind. 5 wahlberechtigte AN
- wahlberechtigt: AN > 18 Jahre alt
- wählbar: AN > 6 Monate im Betrieb, AN > 18 Jahre alt
- Amtszeit: 4 Jahre

AUFGABEN

1 Bilden Sie mehrere Arbeitsgruppen. Schreiben Sie die Fragen a) bis j) auf Kärtchen (eine Frage pro Kärtchen). Beantworten Sie in den Gruppen die Fragen und schreiben Sie die Lösungen auf das jeweilige Kärtchen. Veranstalten Sie in Ihrer Gruppe ein Frage-Antwort-Spiel (wer die meisten Kärtchen gewinnt, ist Gruppensieger). Die Gruppensieger können anschließend den Klassensieger des **Gruppenturniers** unter sich ausspielen.

Fragen:
a) Unterscheiden Sie die drei Ebenen der Mitbestimmung.
b) In welchen Betrieben kann ein Betriebsrat gewählt werden?
c) Welche Arbeitnehmer besitzen das aktive bzw. passive Wahlrecht bei der Betriebsratswahl?
d) Unter welchen Voraussetzungen kann eine Jugend- und Auszubildendenvertretung (JAV) gewählt werden?
e) Welcher Personenkreis besitzt für die JAV das aktive bzw. passive Wahlrecht?
f) Erläutern Sie einige Aufgaben des Betriebsrats und der JAV.
g) Unterscheiden Sie zwischen sozialen, personellen und wirtschaftlichen Angelegenheiten.
h) Erläutern Sie die abgestuften Rechte des Betriebsrats. Unterscheiden Sie dabei zwischen Mitbestimmung (im engeren Sinne) und Mitwirkung.
i) Unter welchen Voraussetzungen muss ein Europäischer Betriebsrat gewählt werden?
j) Welche Rechte hat der Europäische Betriebsrat?

Lernfeld 4 — Personalwirtschaftliche Aufgaben wahrnehmen

2 In der Maschinengroßhandlung Unterland AG, Heilbronn, hat der Betriebsrat zur Betriebsversammlung eingeladen.
   a) Welchen Zweck hat diese Betriebsversammlung?
   b) Wie oft findet sie statt?
   c) Betriebsratswahlen stehen bevor. Wer ist wahlberechtigt? Begründen Sie, ob aktives und eventuell passives Wahlrecht vorliegt.
   1. Monteur Fritz Haußer, 21 Jahre, vier Monate im Betrieb,
   2. Schlosser Achmed Yglür, Gastarbeiter, 19 Jahre, ein Jahr im Betrieb,
   3. Angestellte Claudia Herb, 36 Jahre, elf Jahre im Betrieb,
   4. Auszubildende Renate Schuster, 17 Jahre, 16 Monate im Betrieb.

3 Bei welchen der Vorfälle a) bis n) hat der Betriebsrat ein
   (1) Mitbestimmungsrecht (im engeren Sinne), (2) Mitwirkungsrecht?

   Tipp: Schlagen Sie im BetrVG nach.
   a) Änderung der Pausenzeiten,
   b) Beschaffung neuer Schreibtische zur Verbesserung der Arbeit an Bildschirmarbeitsplätzen,
   c) Kauf eines Nachbargrundstücks zwecks Vergrößerung der Lagerfläche,
   d) Einführung von Arbeitszeitkonten für die gesamte Belegschaft,
   e) Anordnung eines verkaufsoffenen Sonntags anlässlich eines Firmenjubiläums,
   f) Einstellung eines neuen Mitarbeiters,
   g) Entlassung eines Mitarbeiters wegen häufiger Fehlzeiten,
   h) Anordnung von Überstunden wegen Inventurarbeiten,
   i) Verhängung eines Rauchverbots am Arbeitsplatz,
   j) Auflösung des zentralen Schreibbüros und Entlassung der betroffenen Mitarbeiter,
   k) Einführung des Prämienlohns für alle Mitarbeiter in der Werkstatt,
   l) Gründung eines Zweigbetriebs,
   m) Aufstellung des Personalbedarfsplans für das nächste Jahr,
   n) Einführung eines betrieblichen Vorschlagswesens.

4 Welche/r der o. g. Vorfälle (siehe Aufgabe 3) könnte/n zum Gegenstand einer Betriebsvereinbarung gemacht werden?

5 Stellen Sie eine Betriebsvereinbarung (das kann auch die Betriebsordnung sein) aus Ihrem Ausbildungsbetrieb vor. Vergleichen Sie ggf. verschiedene Betriebsvereinbarungen zum gleichen Problembereich (z. B. Nichtraucherschutz, Arbeitszeitflexibilisierung) und diskutieren Sie über die Unterschiede.

6 a) Inwiefern ist die Einrichtung des Europäischen Betriebsrats ein „zweischneidiges Schwert"?
  b) Vergleichen Sie die Rechte des Eurobetriebsrats mit den Rechten eines Betriebsrats nach dem BetrVG. Worin sehen Sie die Gründe für diese Abweichungen?

7 a) Weshalb nutzt die Mitbestimmung sowohl den Arbeitgebern als auch den Arbeitnehmern?
  b) Welcher Personenkreis zählt nach BetrVG § 5 zu den Arbeitnehmern?

Personalwirtschaftliche Aufgaben wahrnehmen

Lernfeld 4

3 Arbeitsschutzvorschriften im Überblick

PROBLEM

Kurt Leger, 16 Jahre, Auszubildender zum Bürokaufmann in einer großen Bauunternehmung, und die Auszubildende Katja Müller treffen sich im Übungsraum ihrer Band zu den Proben fürs Wochenende.

Kurt: „Wieder ein Tag zum Abhaken. Sieben Stunden Berufsschule und dann noch zwei Stunden im Betrieb. Morgens ab sechs Uhr bis zum Unterrichtsbeginn muss ich in letzter Zeit da sein. Mein Chef will mir die Einteilung der Baustellenarbeiter zeigen. Mir reicht's für heute."

Katja: „Mir reichen die sechs Stunden Schule schon. Ich bin total gestresst. Ich würde mir das nicht gefallen lassen. Neun Stunden Arbeit an einem Tag! Ist das überhaupt zulässig? Ich würde mich sofort krank melden."

Kurt: „Lieber nicht! Wenn das mein Chef mitkriegt, werde ich sofort entlassen. Die Leute stehen doch Schlange für so eine gute Lehrstelle. Ich würde sogar Nachtschichten in Kauf nehmen."

Katja: „Dein Chef kann mit dir jedenfalls zufrieden sein. Du lässt dich nach Belieben ausbeuten. Du arbeitest doch auch am Samstagvormittag. Das darfst du doch gar nicht."

Kurt: „Weiß ich nicht! Jedenfalls hat mein Chef mir versprochen, dass ich die Überstunden im Winter am Stück abfeiern kann, wenn ich 60 Stunden pro Woche durchmaloche. Die 20 Arbeitstage Urlaub will er mir auszahlen."

Katja: „Wir sind doch nicht in Indien, wo die Kinder von fünf Uhr morgens bis zehn Uhr nachts Teppiche knüpfen. Soviel ich weiß, stehen dir außerdem mehr als 20 Werktage Urlaub zu."

Kurt: „So schlimm ist das nicht. Wenn mir nicht dauernd der Rücken weh tun würde. Ich habe so einen alten Drehstuhl, der lässt sich nicht verstellen. Ich muss immer so verkrampft sitzen. Meine Augen sind auch immer ganz trocken."

Katja: „Soviel ich weiß, gibt es eine Vorschrift, dass der Arbeitgeber Arbeitsplätze so ausstatten muss, dass keine Gesundheitsschäden entstehen können. Wenigstens hast du einen sicheren Arbeitsplatz. Meine Schwester ist schwanger und hat Angst, dass sie ihren Job verliert. Sie weiß nicht, wie es dann weitergehen soll."

1. *Wählen Sie aus dem Klassenverband zwei Schüler, die den vorstehenden Dialog nachspielen.*
2. *Nehmen Sie zu den einzelnen Aussagen Stellung. Prüfen Sie insbesondere, ob die Aussagen richtig sind.*

SACHDARSTELLUNG

3.1 Arbeitsschutzgesetz – ArbSchG

> **Merke:** Der **Arbeitsschutz** beinhaltet alle Maßnahmen zur **Verhütung von Unfällen**, zur **Vermeidung arbeitsbedingter Gesundheitsgefahren** und zur **menschengerechten Arbeitsgestaltung**.

Der **Arbeitgeber ist verpflichtet**, die erforderlichen Arbeitsschutzmaßnahmen auf eigene Kosten zu treffen und ihre Wirksamkeit laufend zu überprüfen und zu verbessern (ArbSchG § 3). Bei besonderen Gefahren hat er die Beschäftigten über die zu treffenden Schutzmaßnahmen zu unterrichten (ArbSchG § 9).

Zur Unfallverhütung erlassen die **Berufsgenossenschaften** als Träger der gesetzlichen Unfallversicherung (siehe Band 1, LF10, Kap. 8.2 Wesentliche Leistungen der Sozialversicherung) **berufsgenossenschaftliche Vorschriften** (BGV). Diese sind für Arbeitgeber und Arbeitnehmer verbindlich.

Beispiel: Auszug aus der BGV A1 Allgemeine Vorschriften

- Verkehrswege müssen freigehalten werden.
- Rettungswege und Notausgänge sind stets freizuhalten.
- Versicherte dürfen bei der Arbeit nur Kleidung tragen, durch die ein Arbeitsunfall durch sich bewegende Teile nicht verursacht werden kann, dies gilt auch für die Fußbekleidung.
- Für gesundheitsgefährliche Flüssigkeiten dürfen keine Trinkgefäße oder Getränkeflaschen benutzt werden (wegen der Verwechslungsgefahr).
- An gefährlichen Stellen (z. B. im Bereich von Kränen, Baggern) dürfen sich Versicherte nicht unnötig aufhalten.
- Versicherte dürfen durch Alkoholgenuss sich und andere nicht gefährden.
- Einrichtungen und Arbeitsstoffe dürfen nicht unbefugt benutzt werden.

Diese sicherheitsorganisatorischen Maßnahmen müssen durch **Sicherheitskennzeichen** ergänzt werden. Solche Schilder weisen mithilfe von Symbolen und Farben auf besondere Gefahren und Risiken hin.

Beispiel: Einige Sicherheitskennzeichen am Arbeitsplatz (BGV A8)

Verbotszeichen	Warnzeichen	Gebotszeichen	Rettungszeichen
Feuer, offenes Licht und Rauchen verboten	Warnung vor gefährlicher elektrischer Spannung	Schutzschuhe tragen	Richtungsangabe zur ersten Hilfe

Die **Arbeitsstätten- und die Bildschirmarbeitsverordnung** enthalten Mindestanforderungen zur Gestaltung von Arbeitsbedingungen in Arbeitsstätten bzw. an Bildschirmarbeitsplätzen. Die **berufsgenossenschaftlichen Informationen** (BGI) bieten konkrete

Hilfen bei der Umsetzung dieser Vorschriften an. Empfehlungen zur Ausgestaltung enthält die Normenreihe DIN EN ISO 9241.

Mindestanforderungen gemäß ArbStättV und BildschArbV	
Raumtemperatur, Raumluft, Beleuchtung, Lärmpegel (ArbStättV JArbSchG §§ 3, 5, 6, Anhang)	• 19 °C, in Büroräumen mindestens 20 °C, bei Arbeitsbeginn • 40 % bis 70 % relative Luftfeuchtigkeit • mindestens 12 m³ Luftraum pro Arbeitsplatz • bei sitzender Tätigkeit mindestens 8 m² Grundfläche • Luftqualität entsprechend der Außenluft • Beleuchtungsstärke in Fensternähe mindestens 300 Lux, in Gruppenbüros mindestens 500 Lux • maximal 55 dB (Dezibel) bei überwiegend geistiger Arbeit, bei sonstigen Tätigkeiten maximal 85 dB
Bildschirmarbeit (BildschArbV §§ 6, 4, Anhang)	• Untersuchung der Augen und des Sehvermögens in regelmäßigen Abständen durch eine fachkundige Person • flimmerfreier Bildschirm (möglichst hohe Bildwiederholfrequenz und Auflösung, keine störenden Spiegelungen (z. B. Klasse I bei Positivdarstellung); leicht dreh- und neigbar • reflexionsfreie, ausreichend große Arbeitsfläche (160 cm x 80 cm), möglichst neig- und höhenverstellbar

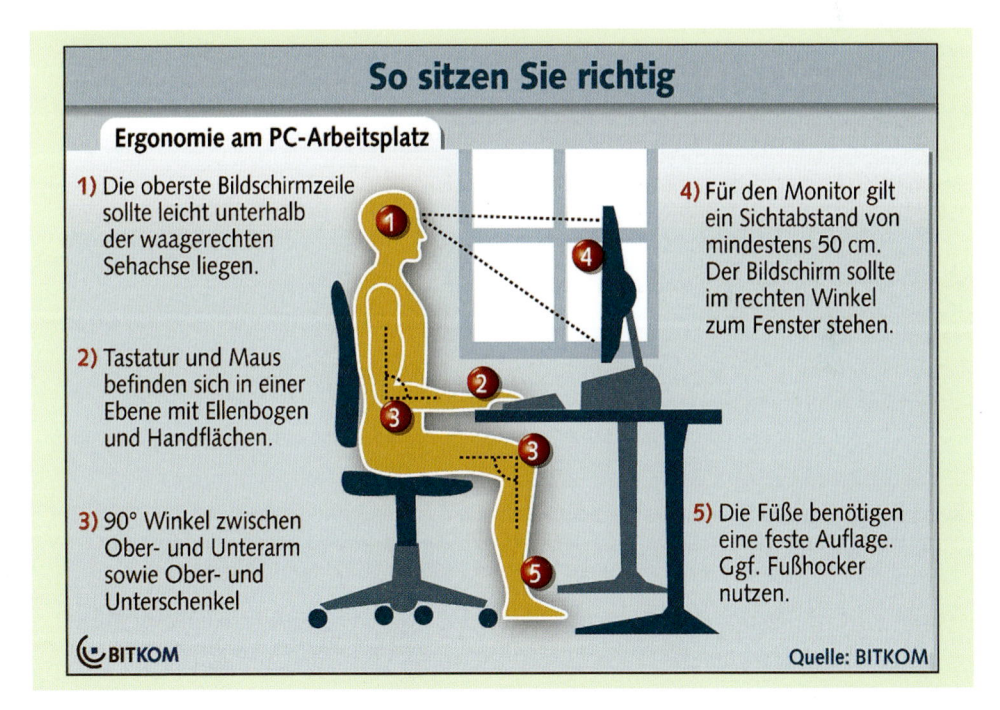

So sitzen Sie richtig

Ergonomie am PC-Arbeitsplatz

1) Die oberste Bildschirmzeile sollte leicht unterhalb der waagerechten Sehachse liegen.

2) Tastatur und Maus befinden sich in einer Ebene mit Ellenbogen und Handflächen.

3) 90° Winkel zwischen Ober- und Unterarm sowie Ober- und Unterschenkel

4) Für den Monitor gilt ein Sichtabstand von mindestens 50 cm. Der Bildschirm sollte im rechten Winkel zum Fenster stehen.

5) Die Füße benötigen eine feste Auflage. Ggf. Fußhocker nutzen.

BITKOM — Quelle: BITKOM

3.2 Jugendarbeitsschutzgesetz – JArbSchG

(→ siehe hierzu Jahrgangsstufe 1, LF10, Kap. 6.2)

Jugendliche, die in einer Berufsausbildung stehen oder als Arbeitnehmer beschäftigt sind, werden durch das Jugendarbeitsschutzgesetz vor Überforderung, Überbeanspruchung und Gefährdung am Arbeitsplatz geschützt. **Jugendlicher** ist, wer 15 Jahre, aber noch nicht 18 Jahre alt ist. Als Mindestalter für die Beschäftigung Jugendlicher legt das Gesetz das 15. Lebensjahr fest. Die Beschäftigung von **Kindern** (= Personen unter 15 Jahren) ist grundsätzlich verboten. Für Jugendliche, die noch der Vollzeitschulpflicht unterliegen, gelten die gleichen Schutzvorschriften wie für Kinder.

Für die Ausbildung wesentliche Regelungen des JArbSchG im Überblick	
Arbeitszeit (JArbSchG §§ 8, 12, 14, 15)	• Jugendliche dürfen nur an fünf Tagen in der Woche beschäftigt werden (in Ausnahmefällen auch an einem Samstag, Sonntag oder Feiertag). • Für Jugendliche gilt grundsätzlich eine Arbeitszeit von höchstens acht Stunden täglich und vierzig Stunden wöchentlich. Arbeitszeit ist die Zeit vom Beginn bis zum Ende der Beschäftigung ohne Ruhepausen. Kurzpausen unter 15 Minuten gelten als Arbeitszeit. • Die Schichtzeit (Arbeitszeit einschließlich Ruhepausen) darf zehn Stunden nicht überschreiten. • Wenn an einzelnen Werktagen die Arbeitszeit unter acht Stunden beträgt, dann können Jugendliche an den übrigen Werktagen derselben Woche bis zu 8,5 Stunden beschäftigt werden. • Der Arbeitstag eines Jugendlichen beginnt frühestens um sechs Uhr morgens und endet spätestens um 20 Uhr abends. Ausnahmen gelten für Jugendliche über 16 Jahren, die im Gaststätten- oder Schaustellergewerbe, in mehrschichtigen Betrieben, in der Landwirtschaft oder in Bäckereien arbeiten.
Freistellung (JArbSchG § 9)	Der Arbeitgeber hat den Jugendlichen für die Teilnahme am Berufsschulunterricht bzw. an Prüfungen und außerbetrieblichen Ausbildungsmaßnahmen freizustellen. Darüber hinaus sind Jugendliche an dem Arbeitstag, der der schriftlichen Abschlussprüfung unmittelbar vorausgeht, freizustellen.
Berufsschulzeit (JArbSchG § 9)	Auf die Arbeitszeit werden Berufsschultage mit mehr als fünf Unterrichtsstunden bzw. Berufsschulwochen mit mindestens 25 Stunden Unterricht mit acht bzw. 40 Stunden angerechnet[1]. Der Arbeitgeber darf den Jugendlichen nicht beschäftigen • vor einem vor neun Uhr beginnenden Unterricht (dies gilt auch für volljährige Auszubildende), • an einem Berufsschultag mit mehr als fünf Unterrichtsstunden von je 45 Minuten, einmal in der Woche, • in Berufsschulwochen mit einem Blockunterricht von mindestens 25 Stunden an mindestens fünf Tagen.
Ruhepausen (JArbSchG § 11)	Als Ruhepause gilt eine Arbeitsunterbrechung von mindestens 15 Minuten. Bei einer Arbeitszeit von mehr als 4,5 Stunden (bzw. 6 Stunden) müssen die Ruhepausen mindestens 30 Minuten (bzw. 60 Minuten) betragen.
Freizeit (JArbSchG § 13)	Nach Beendigung der täglichen Arbeitszeit dürfen Jugendliche nicht vor Ablauf einer ununterbrochenen Freizeit von mindestens zwölf Stunden beschäftigt werden.

---

[1] Die Freistellung des Auszubildenden für den Berufsschulunterricht beinhaltet auch die Pausen in der Schule sowie die Wegezeit von der Berufsschule zum Betrieb (BAG Az.: 5 AZR 413/99). Die **Anrechnung erfolgt** nicht auf die betriebsübliche, sondern **auf die gesetzliche Höchstarbeitszeit**. Diese beträgt bei erwachsenen Auszubildenden pro Woche 48, bei jugendlichen Auszubildenden 40 Arbeitsstunden.
Ein Berufsschultag mit neun Unterrichtsstunden wird mit acht Arbeitsstunden angerechnet; der Auszubildende muss anschließend nicht mehr in den Betrieb. Ein zweiter Berufsschultag von 8:40–11:25 Uhr und einer Wegezeit von 0,25 Stunden wird mit drei Arbeitsstunden angerechnet. Insgesamt würden die beiden Berufsschultage mit elf Stunden auf die gesetzliche Höchstarbeitszeit pro Woche angerechnet. Ein volljähriger Auszubildender müsste noch 37 Stunden, ein minderjähriger Auszubildender müsste noch 29 Stunden im Betrieb ableisten.

Personalwirtschaftliche Aufgaben wahrnehmen

Lernfeld 4

Für die Ausbildung wesentliche Regelungen des JArbSchG im Überblick	
Urlaub (JArbSchG § 19)	Der Arbeitgeber hat Jugendlichen jährlich bezahlten Erholungsurlaub zu gewähren. Wenn der Jugendliche am 1. Januar des Jahres noch nicht 16 Jahre (bzw. 17 Jahre bzw. 18 Jahre) alt ist, erhält er mindestens 30 Werktage Urlaub (bzw. 27 Werktage bzw. 25 Werktage). Der Urlaub soll in der Zeit der Berufsschulferien gegeben werden. Für jeden Urlaubstag, an dem die Berufsschule besucht wird, ist ein weiterer Urlaubstag zu gewähren.
Beschäftigungsverbote und -beschränkungen (JArbSchG §§ 22, 23)	Kinder dürfen grundsätzlich nicht beschäftigt werden. Jugendlichen darf keine Arbeit übertragen werden, die ihre Leistungsfähigkeit übersteigt oder die besondere Unfallgefahren und gesundheitliche oder sittliche Gefahren in sich birgt. Akkordarbeit und andere tempoabhängige Arbeitsformen sowie Arbeiten unter Tage sind verboten.
Gesundheitsschutz (JArbSchG §§ 31, 32, 33)	Jugendliche dürfen vom Arbeitgeber nicht körperlich gezüchtigt werden. Kein Jugendlicher darf ohne ärztliches Gesundheitszeugnis (Erstuntersuchung) beschäftigt werden. Ein Jahr nach Arbeitsbeginn muss eine Nachuntersuchung stattfinden. Nach Ablauf jedes weiteren Jahres kann sich der Jugendliche erneut nachuntersuchen lassen.

3.3 Arbeitszeitgesetz – ArbZG

Das ArbZG schützt alle volljährigen Arbeitnehmer. Wichtige Regelungen betreffen die tägliche Arbeitszeit, die Ruhepausen, die Nacht-, Sonn- und Feiertagsarbeit.

Wichtige Regelungen des ArbZG im Überblick	
Höchstarbeitszeit (ArbZG § 3)	• täglich bis zehn Stunden mit Ausgleich innerhalb sechs Monaten auf durchschnittlich acht Stunden/Tag; • maximal 48 Stunden pro Woche
Mindestruhezeit und -pausen (ArbZG §§ 4, 5)	• Nach Ende der Arbeitszeit mindestens elf Stunden Ruhezeit • nach sechs bis neun Stunden Arbeitszeit → 30 Minuten Ruhepause • nach über neun Stunden Arbeitszeit → 45 Minuten Ruhepause
Nacht- und Schichtarbeit (ArbZG § 6)	• Anspruch auf arbeitsmedizinische Untersuchung • Umsetzungsanspruch auf einen Tagesarbeitsplatz bei gesundheitlicher Gefährdung, Betreuung von Kindern unter zwölf Jahren
Sonn- und Feiertagsarbeit (ArbZG § 9, 10, 11)	• grundsätzliches Beschäftigungsverbot • Ausnahmen siehe ArbZG § 10, z. B. Beschäftigung in Not- und Rettungsdiensten sowie bei der Feuerwehr, zur Aufrechterhaltung der öffentlichen Sicherheit und Ordnung, in Krankenhäusern und anderen Einrichtungen zur Behandlung, Pflege und Betreuung von Personen, in Gaststätten und anderen Einrichtungen zur Bewirtung und Beherbergung sowie im Haushalt, bei Musikaufführungen, Theatervorstellungen, Filmvorführungen, Schaustellungen, in der Landwirtschaft und in der Tierhaltung • Ausgleichsregelungen siehe ArbZG § 11, z. B. müssen mindestens 15 Sonntage beschäftigungsfrei bleiben

3.4 Mutterschutz und Elternzeit

Das **Mutterschutzgesetz** (MuSchG) gilt für alle Frauen, die in einem Arbeitsverhältnis stehen. Nach dem **Bundeselterngeld- und Elternzeitgesetz** (BEEG) können erwerbstätige Mütter und Väter Elternzeit und Elterngeld beanspruchen.

Lernfeld 4 — Personalwirtschaftliche Aufgaben wahrnehmen

Wichtige Regelungen des MuSchG und BEEG

Beschäftigungsverbote (MuSchG §§ 4, 8)	• Beschäftigungsverbot gilt für sechs Wochen vor der Niederkunft und acht Wochen (bei Früh- bzw. Mehrlingsgeburten zwölf Wochen) danach (**Mutterschutzfristen**). • Werdende Mütter dürfen nicht beschäftigt werden mit schweren körperlichen, gefährlichen und gesundheitsgefährdenden Arbeiten, Akkord- und Fließbandarbeit. • Werdende Mütter dürfen keine Mehrarbeit, Nacht-, Sonntags- und Feiertagsarbeit leisten.
Kündigungsschutz (MuSchG § 9, BEEG § 18)	• während der Schwangerschaft und bis zum Ablauf von vier Monaten nach der Niederkunft (bei Kündigung muss die Arbeitnehmerin binnen zwei Wochen durch ein ärztliches Attest auf ihre Schwangerschaft hinweisen) • während der Elternzeit
Mutterschaftsgeld (MuSchG §13),	• während der Mutterschutzfristen 13,00 € pro Tag von der Krankenversicherung; Aufstockung durch den Arbeitgeber bis zum durchschnittlichen Nettoverdienst der letzten 13 Wochen
Elternzeit und Elterngeld (BEEG §§ 2, 15)	• **Elternzeit** für erwerbstätige Mütter oder Väter bis zum 36. Monat nach der Geburt ihres Kindes, weitgehender Kündigungsschutz in dieser Zeit. • **Elterngeld** für Kinder, wenn ein Elternteil auf die Berufstätigkeit verzichtet. Es beträgt 67 % des Nettoverdienstes (maximal 1 800,00 €, mindestens 300,00 € pro Monat) und wird zwölf Monate lang gezahlt. Nur 65 % bekommt, wer mehr als 1 240,00 € netto verdient. Die Zahlung verlängert sich um zwei Monate, wenn in dieser Zeit beide Eltern beruflich pausieren. Alleinerziehende erhalten das Elterngeld generell 14 Monate lang.

ZUSAMMENFASSUNG

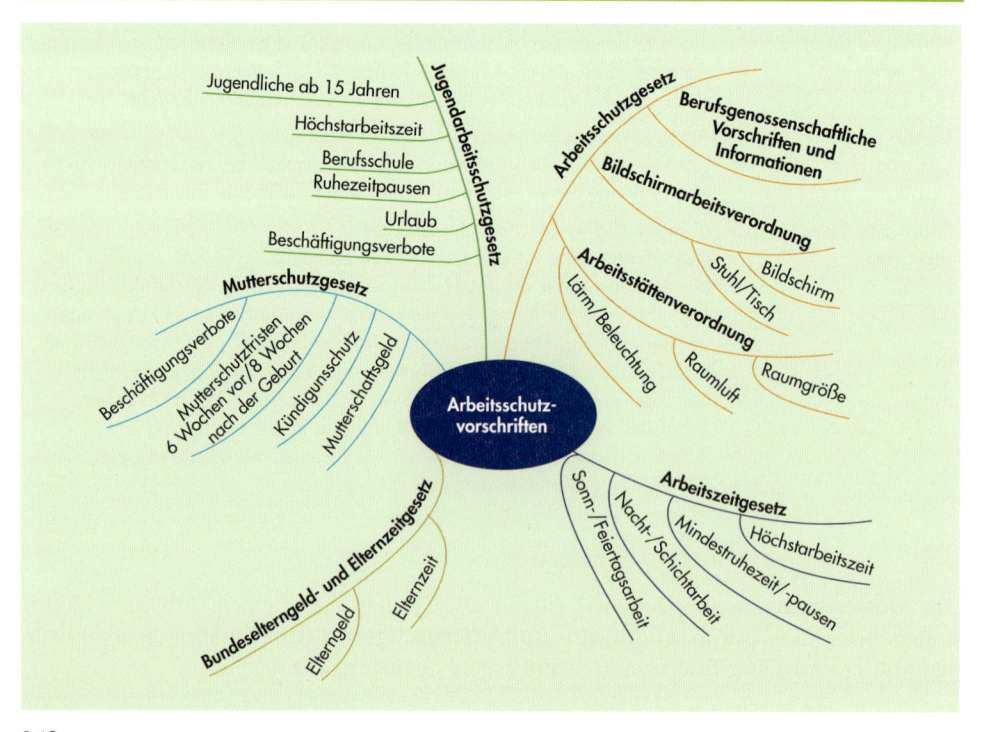

Mindmap: **Arbeitsschutzvorschriften**

- **Jugendarbeitsschutzgesetz**: Jugendliche ab 15 Jahren, Höchstarbeitszeit, Berufsschule, Ruhezeitpausen, Urlaub, Beschäftigungsverbote
- **Mutterschutzgesetz**: Beschäftigungsverbote, Mutterschutzfristen 6 Wochen vor / 8 Wochen nach der Geburt, Kündigungsschutz, Mutterschaftsgeld
- **Bundeselterngeld- und Elternzeitgesetz**: Elterngeld, Elternzeit
- **Arbeitszeitgesetz**: Sonn-/Feiertagsarbeit, Nacht-/Schichtarbeit, Mindestruhezeit/-pausen, Höchstarbeitszeit
- **Arbeitsstättenverordnung**: Lärm/Beleuchtung, Raumluft, Raumgröße
- **Bildschirmarbeitsverordnung**: Stuhl/Tisch, Bildschirm
- **Arbeitsschutzgesetz**
- **Berufsgenossenschaftliche Vorschriften und Informationen**

Personalwirtschaftliche Aufgaben wahrnehmen

Lernfeld 4

AUFGABEN

1 Schreiben Sie jeden der folgenden Begriffe auf die Kopfzeile eines DIN-A6-Kärtchens:

> Arbeitsschutz (Begriff), Sicherheitskennzeichen, Jugendarbeitsschutzgesetz (Geltungsbereich), Jugendarbeitsschutzgesetz (Vorschriftenbereiche), Jugendliche (nach JArbSchG), Kinder (nach JArbSchG), Schichtzeit, Arbeitszeit (nach JArbSchG), Beschäftigungsverbote (nach JArbSchG), Freistellung, Ruhepause (nach JArbSchG), Arbeitszeitgesetz (Vorschriftsbereiche), Mutterschutzgesetz (Geltungsbereich), Mutterschutzfristen, Kündigungsschutz (nach MuSchG), Mutterschaftsgeld, Elternzeit, Elterngeld

Sortieren Sie die Begriffskärtchen nach den Kriterien „weiß ich" oder „weiß ich nicht".
Bilden Sie Kleingruppen mit höchstens drei Mitgliedern.
Erklären Sie sich gegenseitig die „Weiß-ich-nicht"-Kärtchen. Schlagen Sie dabei die ungeklärten Begriffe im Schulbuch nach oder nehmen Sie Kontakt zu einer anderen Kleingruppe auf. Schreiben Sie die Begriffserklärungen auf die Rückseite Ihrer Kärtchen und ordnen Sie die Kärtchen unter der Leitkarte „Arbeitsschutz" alphabetisch in Ihren Lernkartei-Behälter ein.

2 Bilden Sie Teams mit jeweils drei Mitgliedern (Stammgruppen). Schreiben Sie jeden der Begriffe aus Aufgabe 1 auf ein extra Stück Papier und fügen Sie diese Papierkärtchen zu einer sinnvollen Struktur zusammen. Die Struktur kann durch Pfeile, Farben, Symbole, Texte (z. B. Überschriften), Bilder oder weitere Begriffe ergänzt werden.

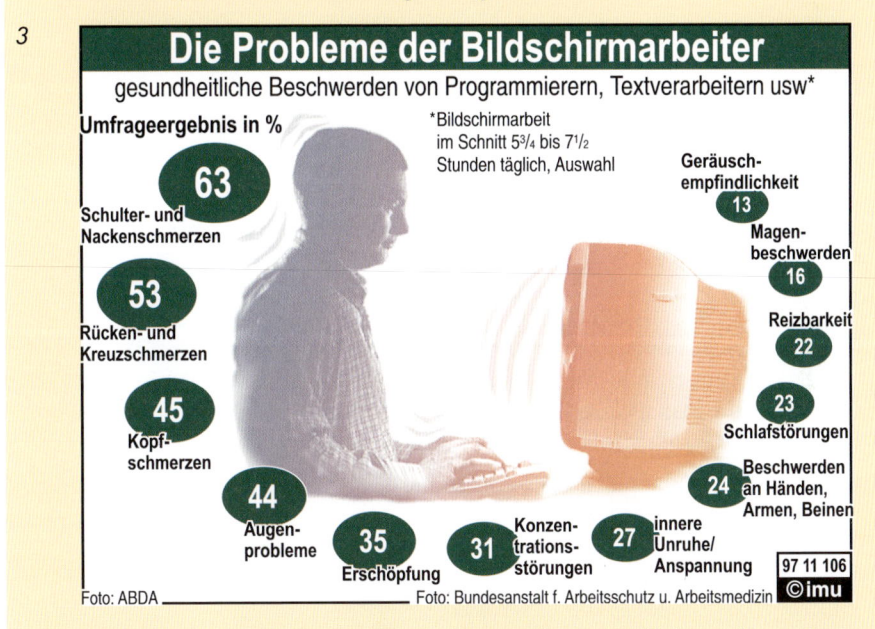

3 **Die Probleme der Bildschirmarbeiter**
gesundheitliche Beschwerden von Programmierern, Textverarbeitern usw*

*Bildschirmarbeit im Schnitt 5³/4 bis 7¹/2 Stunden täglich, Auswahl

Umfrageergebnis in %:
- Schulter- und Nackenschmerzen: 63
- Rücken- und Kreuzschmerzen: 53
- Kopfschmerzen: 45
- Augenprobleme: 44
- Erschöpfung: 35
- Konzentrationsstörungen: 31
- innere Unruhe/Anspannung: 27
- Beschwerden an Händen, Armen, Beinen: 24
- Schlafstörungen: 23
- Reizbarkeit: 22
- Magenbeschwerden: 16
- Geräuschempfindlichkeit: 13

Foto: ABDA — Foto: Bundesanstalt f. Arbeitsschutz u. Arbeitsmedizin   97 11 106 ©imu

a) Nehmen Sie zu dem dargestellten Umfrageergebnis zur Bildschirmarbeit Stellung.
b) Widerlegen Sie die Behauptung, dass Bildschirmarbeit krank macht, indem Sie auf die Ursachen für gesundheitliche Beschwerden eingehen.
c) Erläutern Sie einige Mindestanforderungen zur Gestaltung von Arbeitsbedingungen gemäß ArbStättV und BildschArbV.

4 a) Erläutern Sie einige Verhaltensregeln aus den BGV A1 „Allgemeine Vorschriften". Erkundigen Sie sich auch in Ihrem Ausbildungsbetrieb.
b) Beschreiben Sie einige Sicherheitskennzeichen nach Form und Farbe. Worin unterscheiden sich Verbots-, Gebots-, Warn- und Rettungszeichen?

5 Nehmen Sie mit Ihrem jetzt erworbenen Fachwissen zu den Aussagen von Katja Müller und Kurt Leger Stellung (siehe Problem auf Seite 135f.).

6 Vergleichen Sie die Regelungen von ArbZG, JArbSchG und MuSchG zum Geltungsbereich, zur Höchstarbeitszeit, zu Nacht-/Schichtarbeit und Sonn- und Feiertagsarbeit. Erstellen Sie hierzu eine Tabelle.

7 Bilden Sie vier Teams. Jedes Team erstellt ein Plakat bzw. eine Pinnwand. Verwenden Sie dabei möglichst Kärtchen mit sinnvollen Formen und Farben (Metaplantechnik).
Team A: „Jugendarbeitsschutz – wesentliche gesetzliche Regelungen"
Team B: „Bildschirmarbeit – wesentliche gesetzliche Regelungen"
Team C: „Arbeitszeit – wesentliche gesetzliche Regelungen"
Team D: „Mutterschutz – wesentliche gesetzliche Regelungen"

4 Geschäftsprozess Personalplanung

Der Geschäftsprozess Personalplanung ist, nach seinem Beitrag zur betrieblichen Wertschöpfung, ein Supportprozess, der aus folgenden Teilprozessen besteht:

Personalbedarf planen → Personal beschaffen → Personal verwalten und motivieren → Personal beurteilen und entwickeln

4.1 Personalbedarfsplanung – Blindflug vermeiden

PROBLEM

Kurz vor Jahresende trifft sich das Führungsteam der TRIAL GmbH zu einer wichtigen Besprechung.

Peter Gasch (Geschäftsführer): „... Es geht um die Errichtung unseres Zweigbetriebs in Westdeutschland. Wir waren uns einig, dass wir im Westen Deutschlands ein zweites Standbein gründen sollten. Die Baumaßnahmen sind fortgeschritten. Jetzt sollten wir daran gehen, das notwendige Personal einzustellen."

Markus Bundschuh (Personalleiter): „Hierzu müssen wir zuerst den Personalbedarf feststellen."

Peter Gasch: „Das fällt in Ihr Ressort."

1. Welche Richtgrößen bestimmen den Personalbedarf?
2. Machen Sie einen Vorschlag, wie Markus Bundschuh den Personalbedarf feststellen könnte.

SACHDARSTELLUNG

Aufgabe und Richtgrößen der Personalbedarfsplanung

Aufgabe der Personalbedarfsplanung ist die Bestimmung des zukünftigen Personalbedarfs nach der Zahl der Mitarbeiter (quantitativer Personalbedarf), der Qualifikation (qualitativer Personalbedarf), dem Einsatzort und dem Bedarfszeitpunkt (Wann wird das Personal benötigt?).

Der Personalplan muss mit den anderen Teilplänen des Unternehmens abgestimmt werden. **Richtgrößen** für den quantitativen und qualitativen Personalbedarf sind im Absatz- oder Auftrags-, Investitions- und im Finanzplan enthalten.

Vorgehensweise der Personalbedarfsplanung

Die Personalbedarfsplanung nach der **Stellenplan- oder Arbeitsplatzmethode** geht vom zukünftigen Organisationsplan aus und leitet daraus einen detaillierten Stellenplan ab. Durch Fortschreibung des aktuellen Planstellenbestands errechnet sich der zukünftige **Bruttopersonalbedarf** (zukünftiger Planstellenbestand). Dieser wird mit dem aktuellen Personalbestand abgeglichen. Sind Planstellen unbesetzt, dann liegt eine **Personalunterdeckung** vor. Sind mehr Mitarbeiter vorhanden als Planstellen, dann handelt es sich um eine **Personalüberdeckung**.

Zur Ermittlung des **Nettopersonalbedarfs** muss der Bruttobedarf noch um die schon feststehenden Zugänge vermindert (z. B. Rückkehrer aus Mutterschutz, Elternzeit, Bundesfreiwilligendienst) und um die zu ersetzenden Abgänge (z. B. wegen Ruhestand, Elternzeit, Bundesfreiwilligendienst, Krankheit, Fluktuation[1] = Arbeitsplatzwechsel) vermehrt werden.

Beispiel: Ermittlung des Bruttobedarfs für den neuen Zweigbetrieb

Planstellenbedarf	Einkauf	Lagerhaltung	Verkauf	Verwaltung	Summe
Plan-Stellenbestand am 1. Jan. …	0	0	0	0	0
+ neue Planstellen	+ 2	+ 3	+ 2	+ 1	+ 8
− abzubauende Planstellen	0	0	0	0	0
Brutto-Personalbedarf (Planstellen)	+ 2	+ 3	+ 2	+ 1	+ 8

Beispiel: Ermittlung des Nettobedarfs für den neuen Zweigbetrieb

Aktueller Planstellenbestand		0	Planstellen
+ neue/− abzubauende Planstellen		+ 8	Planstellen
Zukünftiger Brutto-Personalbedarf		8	
− Aktueller Personalbestand		− 0	Mitarbeiter/-innen
= **Personalüber-/unterdeckung** (hier: Unterdeckung)		8	Mitarbeiter/-innen
+ zu ersetzende Abgänge			
• sichere Abgänge (Ruhestand, Elternzeit)	+ 0		
• statistische Abgänge (Fluktuation, Tod)	+ 1	+ 1	Mitarbeiter/-innen
− feststehende Zugänge			
• Rückkehr vom Bundesfreiwilligendienst	− 0		
• Rückkehr von Bildungsurlaub, Elternzeit	− 1		
• Übernahme aus Ausbildungsverhältnissen	− 2	− 3	Mitarbeiter/-innen
= **Netto-Personalbedarf** (hier: Zusatzbedarf)		6	Mitarbeiter/-innen

Nachdem die Anzahl der benötigten (bzw. der zu viel vorhandenen) Mitarbeiter festliegt wurde, müssen personelle Einzelentscheidungen nach **qualitativen** Gesichtspunkten getroffen werden. Hierfür sind möglichst genaue **Anforderungsprofile** erforderlich, also die für den jeweiligen Arbeitsplatz notwendigen Ausbildungs-, Belastungs- und Verantwortlichkeitskriterien. Diese Angaben sind den **Stellenbeschreibungen**[2] zu entnehmen, die für alle leitenden Stellen, unabhängig vom konkreten Arbeitsplatz, erstellt werden.

---

[1] **Fluktuationsquote** = Abgänge · 100 : aktueller Personalbestand
[2] Siehe Jahrgangsstufe 1, LF10, Kap. 2.2 Aufbau- und Ablauforganisation.

Lernfeld 4 Personalwirtschaftliche Aufgaben wahrnehmen

Wesentliche **Inhalte einer Stellenbeschreibung** sind:
- Beschreibung der vom Stelleninhaber **wahrzunehmenden Aufgaben**,
- Erläuterung der **organisatorischen Eingliederung** der Stelle,
- Beschreibung der physischen, geistigen und charakterlichen **Anforderungen**, die an den Stelleninhaber gestellt werden (Anforderungsprofil).

ZUSAMMENFASSUNG

- **Berechnungsschema** für den Brutto- und Netto-Personalbedarf:
  aktueller Planstellen-Bestand
  + neue Planstellen/– abzubauende Planstellen

  = **zukünftiger Brutto-Personalbedarf** (Planstellenbedarf)
  – aktueller Personalbestand

  = Personalüberdeckung bzw. Personalunterdeckung
  + zu ersetzende Abgänge/– feststehende Zugänge

  = **zukünftiger Netto-Personalbedarf** (Zusatz- bzw. Freistellungsbedarf)
- Zur Feststellung des **qualitativen Personalbedarfs** eignen sich **Stellenbeschreibungen**.

AUFGABEN

1. Erläutern Sie die Aufgaben der Personalbedarfsplanung.
2. Welche Richtgrößen muss die Personalbedarfsplanung beachten?
3. Skizzieren Sie einen Stellenplan für eine Abteilung.
4. Unterscheiden Sie die Begriffe Brutto-Personalbedarf und Netto-Personalbedarf.
5. Erklären Sie den Begriff Fluktuation.
6. Nennen Sie wesentliche Inhalte einer Stellenbeschreibung.
7. Ermitteln Sie den Netto-Personalbedarf (Zusatz- bzw. Freistellungsbedarf) für die Abteilung Einkauf, wenn folgende Angaben vorliegen:

aktueller Personalbestand:	95 Arbeitskräfte
Planstellenbestand:	100 Planstellen
neue Planstellen (bereits genehmigt):	20 Planstellen
abzubauende Planstellen:	5 Arbeitskräfte
zu ersetzende Abgänge:	10 Arbeitskräfte
feststehende Zugänge:	12 Arbeitskräfte
8. Weshalb sollte der Abteilungsleiter bei einer Personalanforderung eine Stellenbeschreibung beifügen?
9. Erkundigen Sie sich, wie in Ihrem Ausbildungsbetrieb der Personalbedarf ermittelt wird.

4.2 Personalbeschaffung – viele Wege führen zum Ziel

PROBLEM

Markus Bundschuh entwirft zusammen mit seiner Mitarbeiterin Stefanie Binder folgende Stellenanzeige:

Personalwirtschaftliche Aufgaben wahrnehmen — Lernfeld 4

TRIAL GmbH
Bikewear & Fahrräder

TRIAL – einer der führenden Großhändler für Bikewear und Fahrräder in Süddeutschland – sucht für den neuen Standort in Köln eine/n

Sachbearbeiter/-in

Produktmanagement – Verkauf

Ihr Aufgabengebiet erstreckt sich von der Analyse des Marktpotenzials über die Aufnahme neuer Produkte und deren Vermarktungsmöglichkeiten bis zur Konzeption und Durchführung von Werbeaktivitäten, Sonderaktionen und der Erstellung von Werbeunterlagen.

Dazu sollten Sie vor neuen, kreativen Ideen nur so sprühen, diese aber auch umzusetzen wissen. Sie sind aufgeschlossen, kontaktfreudig und möchten gerne in einem dynamischen Team arbeiten. Wenn Sie außerdem über eine kaufmännische Ausbildung verfügen und bereits einige Erfahrungen in einer vergleichbaren Tätigkeit gesammelt haben, dann senden Sie Ihre kompletten Bewerbungsunterlagen mit Angabe Ihrer Gehaltsvorstellung und Ihres Eintrittstermins an folgende Adresse: Franz-Sigel-Straße 188, 69111 Heidelberg.

Für weitere Informationen steht Ihnen Frau Stefanie Binder unter Telefon +49 06221 222259 oder E-Mail SBinder@Trial.de zur Verfügung.

---

1. Beurteilen Sie die Aufmachung dieser Stellenanzeige.
2. Prüfen Sie den Inhalt dieser Stellenanzeige auf Vollständigkeit.
3. Verfassen Sie eine entsprechende innerbetriebliche Stellenausschreibung.
4. Erläutern Sie die weiteren Schritte der Personalbeschaffung.

SACHDARSTELLUNG

Prozess der Personalbeschaffung im Überblick

Personalanforderung → Personalwerbung → Grobauswahl Eignungsprüfung → Vorstellungsgespräch → Auswahl Einstellung

1. Schritt: Personalanforderung

Auf der Grundlage des genehmigten Personalbedarfsplans erfolgen die **Personalanforderungen** durch die Führungskräfte. Die erforderliche Qualifikation der angeforderten Mitarbeiter geht aus der entsprechenden Stellenbeschreibung hervor, die die Einordnung, die Aufgaben der zu besetzenden Stelle und die Anforderungen an den Stelleninhaber enthält.

2. Schritt: Personalwerbung

Vor der Personalwerbung auf dem außerbetrieblichen (externen) Arbeitsmarkt empfiehlt es sich, nicht zuletzt, weil es der Betriebsrat verlangen kann, den innerbetrieblichen (internen) Arbeitsmarkt auszuschöpfen. Die Ausschreibung muss geschlechtsneutral erfolgen (BetrVG § 93, AGG § 7).

Lernfeld 4

Personalwirtschaftliche Aufgaben wahrnehmen

Wege der Personalbeschaffung	
Interne Beschaffungswege	**Externe Beschaffungwege**
• Innerbetriebliche Stellenausschreibung • Innerbetriebliche Versetzungsmaßnahmen • Betriebliche Aufstiegsplanung • Betriebliche Umschulungsmaßnahmen • Übernahme von Auszubildenden	• Stellenanzeigen in der Presse • Auswertung von Stellengesuchen • Einschaltung der Arbeitsverwaltung • Vermittlung durch Betriebsangehörige • Personalberater/Personalleasing • Aushänge/Schilder am Werkstor usw. • Kontakte mit Bildungseinrichtungen • Internet-Jobbörsen

Internet-Jobbörsen gleichen die Eignungsprofile der Interessenten und die Stellenangebote der Unternehmen (Anforderungsprofil) miteinander ab. Liegt ein Angebot vor, das mit dem Profil des Interessenten übereinstimmt, dann wird dieser per E-Mail benachrichtigt. Erst wenn sich der Bewerber einverstanden erklärt, erhält das Unternehmen Zugriff auf die elektronische Akte des Bewerbers.

Internetadressen für die Internet-Jobsuche: arbeitsagentur.de, stepstone.de, jobpilot.de, hotjobs.de, jobscout24.de, job.de, monster.de, jobversum.de.

Die **innerbetriebliche Personalbeschaffung** ist sehr kostengünstig und wird von den Mitarbeitern als Anreiz (Aufstiegschancen) empfunden. Das Leistungsvermögen der eigenen Mitarbeiter ist bekannt, wodurch das Auswahlrisiko relativ gering ist. Auch wird das Lohn- und Gehaltsgefüge nicht gestört, was sich positiv auf das Betriebsklima auswirkt. Jedoch können Rivalitäten unter den Mitarbeitern aufkommen und Unzufriedenheit entstehen, wenn Mitarbeiter abgelehnt werden müssen. Unruhe entsteht zusätzlich durch das Personalkarussell (Stühlerücken), das ausgelöst wird, weil die Stelle des erfolgreichen Bewerbers auch wieder besetzt werden muss.

Die **außerbetriebliche Personalbeschaffung** bietet eine größere Auswahl. Außerdem bringen neue Mitarbeiter neue Impulse und Ideen mit („neue Besen kehren gut"). Die neuen Mitarbeiter müssen jedoch erst eingeführt werden, da sie die innerbetrieblichen Verhältnisse nicht kennen. Beschaffungskosten (z. B. Inserate, Fahrt-, Übernachtungskosten der Bewerber) und Auswahlrisiko sind relativ hoch. Das Betriebsklima kann sich verschlechtern, wenn sich das Stammpersonal übergangen fühlt.

Die richtig gestaltete **Stellenanzeige** verhindert, dass sich ungeeignete Bewerber melden. Die **offene Stellenanzeige** sollte Aussagen enthalten über:

- die Unternehmung (Name, Firmenlogo, Branche, Standort, Größe),
- das Anforderungsprofil der zu besetzenden Stelle (Aufgabenbeschreibung, Entwicklungschancen),
- das Fähigkeitsprofil des Stelleninhabers (Berufsbezeichnung, Ausbildung, Berufserfahrung, Kenntnisse, persönliche Eigenschaften, Alter),
- Leistungen des Unternehmens (z. B. Vergütung, Sozialleistungen, Arbeitszeit),
- gewünschte Bewerbungsunterlagen (z. B. Lebenslauf, Zeugnisse, Lichtbild, Referenzen).

Chiffreanzeigen (ohne Angabe des inserierenden Unternehmens) sollten nur aufgegeben werden, wenn der Arbeitsplatz noch besetzt ist und der Personalbedarf unerwünschten Interessenten oder der Konkurrenz nicht bekannt werden soll. Bei Anzeigen von **Personalberatern** müssen **Sperrvermerke** des Bewerbers beachtet werden. So wird verhindert, dass ein Bewerber sich bei seiner eigenen Firma bewirbt.

Viele Unternehmen bieten die Möglichkeit der **Onlinebewerbung**. Hier wird das Anschreiben durch die E-Mail ersetzt. Die Anlagen werden gescannt und in gängigen Dateiformaten (z. B. .doc, .pdf) angehängt. Die Anlagen kann der Bewerber auch über einen Link in seiner E-Mail zu seiner eigenen Homepage (Internetseite) abrufbereit halten. Im Vorfeld sollte der genaue Ansprechpartner geklärt werden und ob auf der Internetseite des Unternehmens ein Bewerberformular ausgefüllt werden soll.

3. Schritt: Auswertung der Bewerbungsunterlagen

Nach Eingang der Bewerbungen beginnt die **Erfassung und Auswertung der Bewerbungsunterlagen**. Viele Unternehmen schicken den Stellenbewerbern unmittelbar nach Eingang der Bewerbung einen **Personalfragebogen** zur Beantwortung zu. Dies erleichtert die Bearbeitung, da die Bewerbungen so besser verglichen werden können.

Bewerbungsunterlagen	
übliche Bewerbungsunterlagen	**mögliche zusätzliche Unterlagen**
• Bewerbungsschreiben • Bewerbungsfoto (Lichtbild) • Lebenslauf • letztes Schulzeugnis • letztes Arbeitszeugnis	• Referenzen (Auskunftspersonen) • Nachweis über besuchte Kurse • polizeiliches Führungszeugnis (bei Beamten) • Gesundheitszeugnis (bei Beamten) • Personalfragebogen

Während Bewerber beim Zusammenstellen der Bewerbungsunterlagen kaum nennenswerte Fehler machen, wird das **Bewerbungsschreiben** häufig zur eigentlichen Hürde, an der alles scheitert. Wer seine Chancen bei der Kandidatenkür wahren will, sollte sachlich, unaufdringlich und präzise auf die konkrete Stellenausschreibung eingehen. Das Anschreiben sollte möglichst kreativ gestaltet sein. Die Gliederung nach dem Elf-Punkte-System erleichtert die Auswertung.

Gliederung eines Bewerbungsschreibens nach der Elf-Punkte-Checkliste

1. Absenderangaben
2. Anschrift des Unternehmens
3. Datum und Anrede (möglichst persönliche Anrede mit Namen)
4. Betreff (möglichst originell: nicht „Ihre Stellenanzeige …")
5. Einstieg (Gründe für die Bewerbung bzw. gewünschte Ausbildung)
6. Werbung (Ausbildung, Berufsweg, Qualifikationen, besondere Kenntnisse, ggf. Grund für Stellenwechsel)
7. Eintrittstermin
8. Gehaltsvorstellung (Spielraum lassen) – nicht bei Berufsanfängern
9. Schlusssatz (möglichst originell!)
10. Grußformel und Unterschrift
11. Anlagen (z. B. Bewerbungsmappe)

Aussehen, Inhalt und Stil des **Bewerbungsschreibens** geben wertvolle Hinweise für die Eignung eines Bewerbers. Die Fähigkeit, die gestellte Aufgabe (hier: Anforderungen der Stellenanzeige) genau zu befolgen, Fehleinschätzungen und Unsicherheiten sowie übersteigerte Selbstdarstellung werden auf diese Weise aufgedeckt.

Die häufigsten Bewerbungsfallen

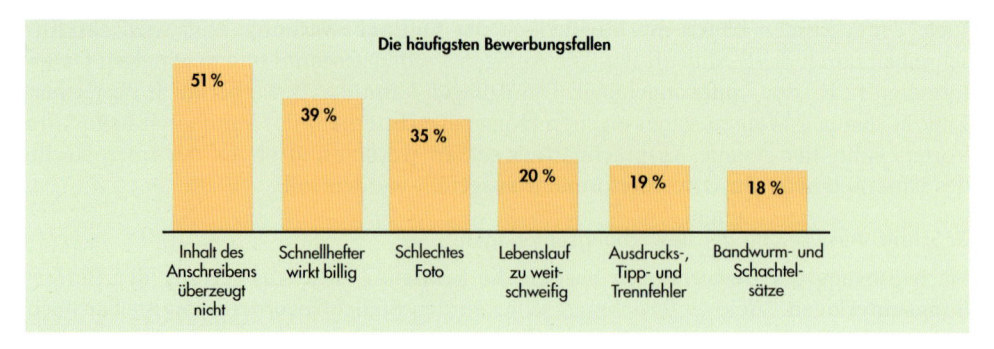

- Inhalt des Anschreibens überzeugt nicht: 51 %
- Schnellhefter wirkt billig: 39 %
- Schlechtes Foto: 35 %
- Lebenslauf zu weitschweifig: 20 %
- Ausdrucks-, Tipp- und Trennfehler: 19 %
- Bandwurm- und Schachtelsätze: 18 %

Zu jeder Bewerbung gehört ein **Lichtbild** neueren Datums. Es kann auf einen Extrabogen geklebt werden mit folgender Beschriftung: „Bei Ihnen bewirbt sich als …". Meist wird es auf den Lebenslauf geklebt. In jedem Fall sollten auf der Rückseite des Fotos Name und Anschrift nicht fehlen.

Der **Lebenslauf** (mit Lichtbild) gibt dem Adressaten einen ersten Überblick über den Werdegang des Bewerbers. Er muss heute nicht mehr **handschriftlich** aufgesetzt werden. Ein **tabellarischer** Lebenslauf ist schnell geschrieben und bietet den besten Überblick. Bei Berufsanfängern gehören folgende Punkte in den Lebenslauf:

- Angaben zur Person: Name, Geburtsdatum, Geburtsort, Anschrift, Staatsangehörigkeit
- Schulbildung mit Schulabschlüssen
- Ausbildung mit Abschluss
- Fortbildung
- Kurzbeschreibung der bisherigen Arbeitsstellen
- Besondere Kenntnisse und Fähigkeiten, außerschulische Aktivitäten
- Sonstiges (z. B. Auslandsaufenthalt, Bundesfreiwilligendienst)
- Unterschrift

Die „**Dritte Seite**" ergänzt und erläutert das Anschreiben und den Lebenslauf um eine Darstellung besonderer Erfahrungen und Wünsche. Ein solches persönliches Statement kann z. B. unter der Überschrift „Was Sie noch über mich wissen sollten", „Zu meiner Person", „Meine Motivation" verfasst werden. Es sollte höchstens eine Seite umfassen und kann auch ein Foto enthalten, z. B. der Bewerber beim Sport unter der Überschrift „Beim Sport". Wer einen Mannschaftssport betreibt, der kann auf diese Weise seine Teamfähigkeit unterstreichen.

Arbeitszeugnisse[1] geben Auskunft über das Leistungsniveau des Bewerbers.

Beispiel: Zeugnisaussagen und was dahinter steckt

Zusammenfassende Zufriedenheitsaussage	
1. Stufe: sehr gut	**stets** zu unserer **vollsten** Zufriedenheit
	stets außerordentlich zufrieden
2. Stufe: gut	[ ] zu unserer **vollsten** Zufriedenheit
	stets zu unserer **vollen** Zufriedenheit
3. Stufe: befriedigend	[ ] zu unserer **vollen** Zufriedenheit
4. Stufe: ausreichend	[stets] zu unserer [ ] Zufriedenheit
5. Stufe: mangelhaft	**insgesamt** zu unserer Zufriedenheit
	war **bemüht**, zu unserer Zufriedenheit
	mit **Fleiß** und **Interesse** bei der Arbeit

[1] Siehe Kap. 1.1 Individualrechtliche Grundlagen des Arbeitsverhältnisses auf Seite 112 ff.

Enthält ein Zeugnis Floskeln wie „Er hat stets zu unserer vollsten Zufriedenheit gearbeitet" oder „Ihr Verhalten zu Vorgesetzten und Mitarbeitern war immer einwandfrei", so liegt trotz dieser sehr guten Einzelaussagen keine sehr gute Bewertung vor **(Knappheitstechnik)**. Eine gute Beurteilung erfordert das Eingehen auf Motivation, Fähigkeiten, Fachwissen, Arbeitsstil und Erfolge. Die Ausführlichkeit, mit der einzelne Punkte angesprochen werden, oder das Weglassen von üblichen Aussagen **(Leerstellentechnik)** geben einem geübten Zeugnisleser eindeutige Hinweise. Für bewusst falsche Angaben im Zeugnis und bei sonstigen Auskünften (z. B. Referenzen) haftet der bisherige Arbeitgeber.

Zeugnisse dürfen nicht als Originale veschickt werden, sondern immer als Fotokopie. Die letzten beiden Schulzeugnisse gehören zu den Bewerbungsunterlagen, wenn noch keine Arbeitszeugnisse vorliegen (im letzteren Fall reicht das Schulabschlusszeugnis).

4. Schritt: Eignungsprüfung

Fehler bei der Auswahl von neuen Mitarbeitern/-innen sind teuer. Die Folgekosten einer Fehlbesetzung (Trennung, erneute Suche, doppelte Einarbeitungszeit) werden auf das 1,5-fache des Jahresgehaltes geschätzt. Es gilt nicht, den Besten/die Beste herauszufinden, sondern den Bewerber/die Bewerberin mit den richtigen Voraussetzungen für die zu besetzende Stelle.

Wenn für die zu besetzende Stelle schwer messbare Gesichtspunkte wichtig sind, wie Einstellungen, soziales Verhalten, charakterliche Eigenschaften oder Führungs- und Leistungsverhalten, dann sollten **psychologische Eignungstests** eingesetzt werden. Die Bewerber müssen darüber unterrichtet werden und sich einverstanden erklären.

Überblick über verbreitete Testverfahren	
Intelligenztest	Feststellung des logischen Denk- und räumlichen Vorstellungsvermögens, der Merkfähigkeit, der Kombinationsgabe usw., die für die konkrete Berufsausübung nötig sind. Bloße IQ-Tests sind unzulässig (IQ = Intelligenzquotient).
Leistungstest	Feststellung der körperlichen und geistigen Belastbarkeit, Schnelligkeit und Ausdauer durch Konzentrationstests. Überprüfung der Allgemeinbildung (Kenntnisse der Rechtschreibung. Grundrechenarten, Geografie, Biologie usw.) durch Kenntnistests. Berufsbezogene Eignungstests (z. B. Allgemeiner Büroarbeitstest, Hör-, Seh- und Motoriktests) stellen die Eignung für bestimmte Berufsrichtungen fest.
Persönlichkeitstest	Feststellung der Leistungsbereitschaft (Motivation), des Temperaments (extro- oder introvertierter Persönlichkeitstyp), der allgemeinen Lebenseinstellung usw.

Immer häufiger werden zur Absicherung von Einstellungs- und Beförderungsentscheidungen sogenannte **Assessmentcenter** (AC, engl. assessment = Einschätzung) durchgeführt. Die Teilnehmer bewältigen in einem mehrtägigen Seminar eine Reihe von Aufgaben, die für die angestrebte Position typisch sind. Gegenwärtige und zukünftige Berufsanforderungen werden möglichst praxisnah in Spiel- und Testsituationen unter Laborbedingungen simuliert. Bei der Bearbeitung werden die Kandidaten von mehreren Beobachtern (Assessoren), das sind Führungskräfte des Unternehmens und externe Berater, begutachtet. Zum Abschluss finden Feedback-Gespräche statt, in denen die Fehler analysiert werden.

Einen unmittelbaren Einblick in die Qualifikation des Bewerbers vermitteln **Arbeitsproben**. Sie sind nur bei bestimmten Berufsgruppen anwendbar. Arbeitsproben können eingereicht (z. B. Veröffentlichungen, Texte, Reportagen, Bilder) oder unter Aufsicht erstellt werden (z. B. Phonodiktat, Übersetzungen).

5. Schritt: Vorstellungsgespräch

Die Feinauswahl des geeigneten Bewerbers erfolgt aufgrund eines oder mehrerer **Vorstellungsgespräche** mit den Bewerbern, die in die engere Wahl gekommen sind. Die wesentlichen Gesprächsinhalte und der grobe Verlauf des Gesprächs sollten vorgeplant werden. Dies erleichtert die anschließende Auswertung.

Dem Vorstellungsgespräch sollte sich umgehend eine **systematische Auswertung** anschließen. Wichtig ist, dass sich der Interviewer zu diesem Zweck während des Gesprächs Notizen macht, z. B. über Verhaltensmerkmale (Sprechweise, Verhandlungsgeschick, Gestik) und Motive des Bewerbers.

Checkliste für den Verlauf eines Vorstellungsgesprächs	
1. Phase	Einleitung des Gesprächs • entspannte Gesprächsatmosphäre herstellen (z. B. „Haben Sie eine gute Anreise gehabt?") • persönliche Situation des Bewerbers
2. Phase	Prüfung der fachlichen und persönlichen Eignung des Bewerbers • Bildungsgang des Bewerbers • berufliche Entwicklung des Bewerbers • Interviewer nimmt sich zurück; Bewerber redet
3. Phase	Darstellung des Unternehmens und der zu besetzenden Stelle • wenn 2. Phase positiv verlaufen ist • Bewerber sollte zuhören und geschickte Fragen stellen • gegebenenfalls wird der zuständige Abteilungsleiter hinzugezogen • gegebenenfalls kurze Betriebsbegehung
4. Phase	Ausloten der Konditionen • wenn eine Zusammenarbeit denkbar ist • Eintrittstermin, Gehaltsvorstellungen
5. Phase	Gesprächsabschluss • Vertragsbedingungen sollten klar sein • Entscheidung offen halten (spontane Zusage nur in Ausnahmefällen) • Verabschiedung in „lockerer" Atmosphäre

Die Fragen sollten arbeitsrechtlich zulässig sein. Bei unwahrer oder unvollständiger Beantwortung kann der Arbeitgeber den Arbeitsvertrag anfechten und gegebenenfalls Schadenersatz verlangen. Arbeitsrechtlich unzulässige Fragen dürfen von den Bewerbern dagegen unwahr oder unvollständig beantwortet werden.

Frage	Arbeitsrechtlich zulässig
Frühere Gehaltshöhe	Wenn es sich bei der neuen Stelle um eine vergleichbare Tätigkeit handelt und das frühere Gehalt damit Bedeutung für das künftige Gehalt hat
Schwerbehinderung	Wenn die Behinderung für die auszuübende Tätigkeit von Bedeutung ist (BAG AZ: 2 AZR 467/93). Es besteht kein „Recht auf Lüge." (BAG AZ: 2 AZR 923/94)
Chronische Krankheiten	Wenn an der Kenntnis der Krankheit ein Interesse besteht • für das Unternehmen (Eignung für die vorgesehene Tätigkeit eingeschränkt), • für die übrigen Arbeitnehmer (Gefährdung von Kollegen und Kunden durch Ansteckung).
Schwangerschaft	Generell unzulässig. Die Bewerberin kann die Unwahrheit sagen, ohne Nachteile befürchten zu müssen [EU-Gerichtshof (AZ Rs. C-177/88), BAG AZ: 2 AZR 227/92].

Personalwirtschaftliche Aufgaben wahrnehmen   **Lernfeld 4**

Frage	Arbeitsrechtlich zulässig
Vermögens-verhältnisse	Bei Mitarbeitern der höheren und hohen Hierarchie-Ebene und Mitarbeitern, die in einem besonderen Vertrauensverhältnis zum Arbeitgeber stehen.
Vorstrafen	Wenn sie etwas mit der künftigen Arbeit zu tun haben, d.h., wenn und soweit die zu besetzende Arbeitsstelle oder die zu leistende Arbeit dies erfordert.

6. Schritt: Auswahlentscheidung

Aufgrund der Auswertungen der verschiedenen Auswahlstufen (Bewerbungsunterlagen, Vorstellungsgespräche, Eignungstests usw.) wird über die Einstellung entschieden. Personalleiter und anfordernde Stelle müssen sich auf einen Bewerber verständigen. Die Einstellung unterliegt grundsätzlich der **Mitbestimmung des Betriebsrats**. Danach muss der Betriebsrat vor jeder Einstellung unterrichtet werden. Ebenso ist ihm die vorgesehene Eingruppierung mitzuteilen (BetrVG § 99). In Unternehmen mit mehr als 1 000 Arbeitnehmern werden gemeinsam mit dem Betriebsrat **Auswahlrichtlinien** aufgestellt (BetrVG § 95). Bei Verstoß gegen die Auswahlrichtlinien kann der Betriebsrat die Einstellung verweigern.

Abgelehnte Bewerber müssen unverzüglich verständigt werden. Der Absagebrief sollte persönlich, höflich und ermunternd abgefasst sein. Die Bewerbungsunterlagen (Lebenslauf, Lichtbild, Zeugnisse) sind zurückzugeben.

7. Schritt: Einstellung

Mit dem künftigen Mitarbeiter wird unverzüglich der **Arbeitsvertrag**[1] geschlossen. Die Inhalte des Arbeitsvertrags sind spätestens einen Monat nach Arbeitsbeginn, die Inhalte des Berufsausbildungsvertrags sind spätestens vor Beginn der Berufsausbildung **schriftlich niederzulegen** (NachwG § 2, BBiG § 11).

Computergestützte Personalbeschaffung

Der Personalbeschaffungsprozess wird durch die integrierte Unternehmenssoftware (IUS) wie folgt unterstützt:

- Hinterlegung von Informationen für jeden Bewerber mit genauer Zuordnung der entsprechenden freien Stelle (Vakanz),
- Erstellen einer Bewerbervorauswahl auf Basis der jeweiligen Qualifikation, die wiederum mit den Anforderungen der vakanten Stelle verglichen werden kann,
- Anlegen und Pflegen eines aktuellen Bewerberstatus,
- Unterstützung bei der Bewerberkorrespondenz,
- Übernahme der Bewerberdaten in den Mitarbeiterstamm nach Abschluss des Auswahlprozesses.

ZUSAMMENFASSUNG

Prozessschritte der Personalbeschaffung	
1. Personalanforderung	Grundlage: Genehmigter **Personalbedarfsplan**
2. Personalwerbung	Interne und externe **Stellenausschreibung** gemäß Stellenbeschreibung für die vakante Stelle

---

[1] Siehe hierzu Kap. 1.1 Individualrechtliche Grundlagen des Arbeitsverhältnisses auf 112 ff.

Lernfeld 4 — Personalwirtschaftliche Aufgaben wahrnehmen

3. Grobauswahl	Auswertung der **Bewerbungsunterlagen** (Bewerbungsschreiben, Lebenslauf, Dritte Seite, Lichtbild, Zeugnisse, ggf. Personalfragebogen)
4. Eignungsprüfung	**Eignungsprüfung** (Testverfahren: Intelligenz-, Leistungs-, Persönlichkeitstests, Assessmentcenter, Arbeitsproben)
5. Vorstellungsgespräch	Feinauswahl durch **persönlichen Eindruck** von den Bewerbern; Fragen müssen arbeitsrechtlich zulässig sein
6. Auswahlentscheidung	Anhand einer **Entscheidungsbewertungstabelle** mit gewichteten Kriterien und Bewertungspunkten; Mitbestimmung des Betriebsrats beachten; unverzügliche Zusage bzw. Absagen
7. Einstellung	Abschluss des **Arbeitsvertrags**; Niederschrift spätestens einen Monat nach Antritt der Stelle

AUFGABEN

1 Schreiben Sie jeden der folgenden Begriffe auf die Kopfzeile eines DIN-A-6-Kärtchens:

> Bewerbungsunterlagen, Bewerbungsschreiben (Elf-Punkte-System), Lebenslauf (Gliederungspunkte), „Dritte Seite", Kurzbewerbung, Online-Bewerbung, Bewerbungsfallen, Testverfahren (Arten), Assessment-Center, Vorstellungsgespräch (5 Phasen), Vorstellungsgespräch (Grundregeln)

Sortieren Sie die Begriffskärtchen nach den Kriterien „weiß ich" oder „weiß ich nicht". Bilden Sie Kleingruppen mit höchstens drei Mitgliedern. Erklären Sie sich gegenseitig die „Weiß-ich-nicht"-Kärtchen. Schlagen Sie dabei die ungeklärten Begriffe im Lehrbuch nach oder nehmen Sie Kontakt zu einer anderen Kleingruppe auf.

2 Auf die Stellenanzeige der **TRIAL GmbH, Bikewear und Fahrräder** (siehe Problem auf Seite 145) melden sich ein interner und zwei externe Bewerber.

Bewerbungsunterlagen:

```
Michael Müller                                    Mannheim, 31. Juli ..
Krokusweg 12
68305 Mannheim



Bewerbung

Sehr geehrte Frau Binder,

o.g. interne Stellenausschreibung hat mich veranlasst, mich als
Sachbearbeiter im Produktmanagement zu bewerben.

Ich arbeite seit 1. Februar d.J. als Lagerarbeiter im Zentrallager.
Diese Arbeit entspricht nicht meinen Fähigkeiten und füllt mich daher
nicht aus. Bevor ich bei der TRIAL GmbH eintrat, war ich zwei Jahre in
der Werbeabteilung der Firma Stahl GmbH, Textilgroßhandlung, in Köln tätig.
Deshalb würde mich die ausgeschriebene Stelle interessieren. Außerdem
könnte ich wieder an meinen Geburtsort zurückkehren.

Da ich sicherlich in das Marketingteam passe, bitte ich Sie, mich
bei der Vergabe der Stelle zu berücksichtigen.

Mit freundlichen Grüßen
```

Michael Müller
Krokusweg 12
68305 Mannheim

Lebenslauf

Am 10. Mai 1989 wurde ich als Sohn des kaufmännischen Angestellten Bernd Müller und seiner Ehefrau Gisela, geb. Seidel, in Köln geboren. Ich bin evangelisch und seit dem 7. Juli 2012 mit Inga Becker, Elektroingenieurin, verheiratet und habe zwei Kinder im Alter von zwei und vier Jahren.

Von 1995 bis 2005 besuchte ich die Grund- und Hauptschule in Köln Nord. Danach begann ich eine dreijährige Lehre als Bürokaufmann bei der Firma Stahl GmbH, Textilgroßhandlung.

Am 15. Juli 2008 legte ich die Abschlussprüfung mit der Note „gut" ab.

Seit 1. Februar 2016 bin ich bei der TRIAL GmbH, Bikewear & Fahrräder, im Zentrallager tätig. Vom 1. August 2008 bis 31. Januar 2016 war ich in der Werbeabteilung meiner Ausbildungsfirma, der Stahl GmbH, tätig.

Mannheim, 15. Juli ..

Beurteilungsbogen

Arbeitnehmer:	Michael Müller		Personalnummer: 630008		
Abteilung: 0505	Zentrallager				
Zeitraum: 01.02... bis 30.06...	sehr gut	über Ø	Ø	unter Ø	schlecht
Aufgabendurchführung					
• Arbeitseinsatz, -menge, -tempo		X			
• Sorgfalt, Gründlichkeit	X				
• Belastbarkeit, Ausdauer			X		
• Sach-, Terminverantwortung			X		
• Ausdrucksvermögen			X		
Wirksamkeit in der Arbeitsgruppe					
• Weitergabe von Kenntnissen			X		
• Aufgreifen von Anregungen		X			
• Kooperationsbereitschaft		X			
• Kontaktpflege (intern/extern)		X			

Lernfeld 4

Personalwirtschaftliche Aufgaben wahrnehmen

Lisa Pullmann
Am Feldrain 1
51061 Köln

Köln, 1. August ..

Bewerbung

Sehr geehrte Frau Binder,

aufgrund Ihrer Zeitungsannonce im Kölner Stadtanzeiger bewerbe ich mich als Sachbearbeiterin für das Produktmanagement.

Da ich in meiner jetzigen Firma weder die Möglichkeit habe, meine Fachkenntnisse anzuwenden noch im Team zusammenzuarbeiten und mir an beidem sehr viel liegt, glaube ich, mich in Ihrer Firma wesentlich verbessern zu können.

Ich würde mich sehr über ein persönliches Vorstellungsgespräch freuen.

Die Angaben über meine Person und meine beruflichen Vorkenntnisse entnehmen Sie bitte den beigefügten Unterlagen.

Mit freundlichen Grüßen

Lisa Pullmann

Anlagen
Lebenslauf mit Lichtbild
Abschlusszeugnis der Berufsschule
Arbeitszeugnis (Zwischenzeugnis)

Kraus & Co. KG
Importe – Exporte
50997 Köln

Zwischenzeugnis

Frau Lisa Pullmann, ... trat am 1. September 2007 als Auszubildende (Kauffrau im Groß- und Außenhandel) in unser Unternehmen ein.

Nach Beendigung der Ausbildung übernahm sie in der Exportabteilung den Aufgabenbereich Zoll- und Zahlungsabwicklung.

Frau Pullmann bemühte sich, die ihr gestellten Aufgaben sorgfältig zu erledigen. Die sehr anspruchsvollen Arbeiten bewältigte sie mit dem notwendigen Sachverstand.

Durch ihre ruhige und unaufdringliche Art war sie in allen Abteilungen gern gesehen. Ihr Verhalten gegenüber Kollegen, Kunden und Vorgesetzten war im Wesentlichen korrekt.

Personalwirtschaftliche Aufgaben wahrnehmen

Lernfeld 4

Lisa Pullmann   Köln, 15. Juli ..
Am Feldrain 1
51061 Köln

Lebenslauf

Angaben zur Person
Name, Vorname: Pullmann, Lisa
Geburtsort, Geburtstag: Köln, 7. August 1988
Eltern: Pullmann, Lothar, Architekt
                          Pullmann, Gerda, geb. Menzel, Apothekerin
Wohnort: Am Feldrain 1, 51061 Köln
Familienstand: ledig
Schulbildung: Grundschule: vier Jahre
                          Realschule: sechs Jahre
                          Wirtschaftsgymnasium: vier Jahre
Berufsausbildung: Zwei Jahre Groß- und Außenhandelskauffrau
                          bei Kraus & Co. KG Köln
                          Kaufmannsgehilfenprüfung: „gut"
Berufstätigkeit: Sachbearbeiterin in der Exportabteilung
                          bei Kraus & Co. Köln
Weiterbildung: Lehrgang „Außenwirtschaftsrecht in der
                          Praxis", Textverarbeitung „Word für Fortge-
                          schrittene"

Bernd Waldmann   Köln, 2. August ..
Im Grund 33
50735 Köln

Bewerbung

Sehr geehrte Damen und Herren,

aufgrund Ihrer Anzeige im Kölner Stadtanzeiger bewerbe ich mich um
die angebotene Stelle als Sachbearbeiter für das Produktmanagement.

Meine bisherige berufliche Tätigkeit entspricht den in Ihrer Anzeige
genannten Anforderungen.

Zurzeit bin ich in ungekündigter Stellung bei der Firma Wenzel &
Partner GmbH, Chemische Fabrik, in Köln tätig. Ich möchte mich beruflich verändern, weil ich in meiner jetzigen Stellung keine Aufstiegs-
möglichkeiten sehe und mir die vor einigen Jahren in Aussicht
gestellte Höherstufung nach K5 vorenthalten wird.

Mit freundlichen Grüßen

Bernd Waldmann

Bernd Waldmann Köln, 2. August ..
Im Grund 33
50735 Köln

Lebenslauf

Angaben zur Person
Name, Vorname: Waldmann, Bernd
Geburtsort, Geburtstag: Köln, 17. April 1989
Wohnort: Im Grund 33, 50735 Köln
Familienstand: ledig
Bildungsweg: Grundschule: vier Jahre
                          Realschule: sechs Jahre (Mittlere Reife)
Berufsausbildung: Drei Jahre Kaufmann im Großhandel
                          bei der Abt KG, Sanitärgroßhandel, in Köln
                          Kaufmannsgehilfenprüfung: „gut"
Berufstätigkeit: Seit 1. September 2004 Sachbearbeiter
                          in der Personalabteilung bei Wenzel &
                          Partner, Chemische Fabrik in Köln
Weiterbildung: Lehrgang „Lohnbuchhaltung"
                          IHK-Kurse „Marketing I"
                          und „Marketing II"

Wenzel & Partner
Chemische Fabrik
51103 Köln

Arbeitszeugnis

Herr Bernd Waldmann ... ist seit 1. September 2008 für unser Unternehmen als Personalsachbearbeiter tätig.

Zum Aufgabengebiet des Herrn Waldmann gehört neben der selbstständigen Erstellung von Personalstatistiken das Führen der Personalakten.

Herr Waldmann ist ein zuverlässiger und gewissenhafter Mitarbeiter mit hervorragender Arbeitsmoral. Wir waren mit ihm jederzeit außerordentlich zufrieden.

Sein Verhalten gegenüber Kollegen und Vorgesetzten war stets einwandfrei.

Herr Waldmann möchte uns auf eigenen Wunsch verlassen, um eine Aufgabe im Absatzbereich zu übernehmen, die seinen Neigungen eher entspricht. Wir können ihm auf absehbare Zeit eine solche Aufgabe nicht bieten und bedauern sein Ausscheiden. Für die Zukunft wünschen wir ihm alles Gute und weiterhin viel Erfolg.

Personalwirtschaftliche Aufgaben wahrnehmen

Lernfeld 4

a) Treffen Sie eine **Vorauswahl** der Bewerber anhand der Bewerbungsunterlagen. Erstellen Sie hierzu eine Vergleichstabelle und weisen Sie Ihre Entscheidung mithilfe einer Entscheidungsbewertungstabelle nach.

Vergleichstabelle: Überlegen Sie Entscheidungskriterien, z. B. Vorbildung/Abschlüsse, Zeugnisse. Zusatzqualifikationen (z. B. Textverarbeitung, Internet), lückenloser Lebenslauf, Alter.

Vergleichskriterien	Bewerber A	Bewerber B	Bewerber C	...
Gesamteindruck der Bewerbung	Sauber, wenig kreativ	Bieder, keine persönliche Note	Wenig kreativ	
Schlüssige Begründung	Nein	Ja	Ja	
...				

Vorgehensweise zur Erstellung einer **Entscheidungsbewertungstabelle**:

Übernehmen Sie die Auswahlkriterien aus der Vergleichstabelle und gewichten Sie diese. (G = Gewichtungsziffern: Die Summe der Gewichtungsziffern soll 100 % betragen.)

Bewerten Sie die Bewerber, wie gut sie die Kriterien erfüllen
(B = Bewertungsziffern: von 0 = nicht erfüllt bis 5 = sehr gut erfüllt)

Berechnen Sie die Punkte, indem Sie Gewichtungs- und Bewertungsziffern multiplizieren (G · B).

Addieren Sie die Punkte für jeden Bewerber. Die Bewerber mit hoher Gesamtpunktzahl werden zum Vorstellungsgespräch eingeladen.

Bewerber/-in		Bewerber A		Bewerber B		...	
Auswahlkriterien	G	B	Punkte	B	Punkte	B	Punkte
Gesamteindruck der Bewerbung	15 %	4	60	3	45		
Schlüssige Begründung	10 %	2	20	4	40		
...		...	...	...	...		
Summe	100 %	...	...	...	...		

b) Führen Sie jeweils ein Vorstellungsgespräch (als Rollenspiel) mit den Bewerbern (Dauer: etwa zehn Minuten pro Bewerber).
Entwerfen Sie in Gruppenarbeit für dieses Rollenspiel zuerst eine Rollenbeschreibung für den Personalleiter, den Bewerber 1, 2 usw.
Bilden Sie einen Innenkreis mit den Rollenspielern.
Die übrigen Schüler im Außenkreis bewerten das Vorstellungsgespräch (schriftliche Notizen).

c) Entscheiden Sie sich in einer Diskussion (Befürworter des Bewerbers 1 gegen Befürworter des Bewerbers 2 usw.) für einen Bewerber.
Analysieren Sie den Verlauf der Diskussion und erstellen Sie Diskussionsregeln, die Sie bei der nächsten Diskussion beachten wollen.

d) Erstellen Sie ein Plakat mit dem Ablauf der Personalbeschaffung.

Lernfeld 4 Personalwirtschaftliche Aufgaben wahrnehmen

4.3 Eingruppierung, Einführung und Einarbeitung neuer Mitarbeiter

PROBLEM

Heute sollte Heidi Schwab ihre neue Arbeitsstelle antreten. Pünktlich erschien sie beim Pförtner, er wusste von nichts. Er schickte sie zur Personalabteilung.

„Ich soll heute hier anfangen", sagte sie zaghaft. „Ach, Sie sind die Neue, das habe ich ja ganz vergessen. Herr Wohlers wollte Sie eigentlich selbst begrüßen, aber er muss gleich weg. 316, das ist Ihr Zimmer, dort sitzen Frau Behr und Herr Wagner, die werden Ihnen alles zeigen."

Frau Behr und Herr Wagner waren höchst erstaunt, dass da eine neue Kollegin kommt. „Ja, was machen wir denn mit Ihnen? Na, wir räumen dort den Tisch leer, da können Sie sich erstmal hinsetzen."

Heidi kam sich überflüssig und verlassen vor.

1. Beurteilen Sie die Einführung der neuen Mitarbeiterin Heidi Schwab.
2. Erstellen Sie eine Checkliste für die Einführung neuer Mitarbeiter.

SACHDARSTELLUNG

Eingruppierung neuer Mitarbeiter

Bevor der neue Mitarbeiter eingestellt wird, muss die Höhe seiner monatlichen Vergütung ermittelt werden. Grundlage für die **Eingruppierung** sind die Tätigkeitsbeschreibungen des gültigen Entgelt- bzw. Vergütungstarifvertrags. Die Eingruppierung wird entsprechend den Anforderungen der Stellenbeschreibung des zu besetzenden Arbeitsplatzes von der Personalabteilung in Zusammenarbeit mit dem direkten Vorgesetzten des Neuen vorgenommen.

Beispiel: Gehaltsgruppen eines Gehaltstarifvertrags für Arbeitnehmer in Betrieben des Groß-, Außenhandels und Handelslogistik in Auszügen

Gruppe III	Kaufmännische und technische Tätigkeiten, die eine abgeschlossene Berufsausbildung als Kaufmann/-frau im Groß- und Außenhandel ... voraussetzen. Dieser Ausbildung entspricht eine kaufmännische oder technische Berufstätigkeit von vier Jahren. ... **Tätigkeitsbeispiele:** Erledigen von regelmäßig wiederkehrenden Inlands-Expeditionsarbeiten, form- und stilgerechtes Aufnehmen und Wiedergeben von Diktaten mittels Stenogramm oder Diktiergerät, Schreiben von Rechnungen, Auszeichnen, Bearbeiten von Kontokorrentkonten und Mahnen auch unter Verwendung von maschinellen Hilfsmitteln, Übertragen von Belegen auf Konten, Bearbeitung von Kontoauszügen, Verkaufen, Bedienen von Fernsprechanlagen ..., telefonische Auftragsannahme, Bestellen und Abrufen im Rahmen vorausgegangener Dispositionen, Erfassen und Prüfen von Daten, einfache Kassentätigkeit, Dekorieren nach Anweisung ...

Gruppe IV	Kaufmännische oder technische Tätigkeiten mit den Voraussetzungen der Gruppe III, die weitergehende Kenntnisse voraussetzen. **Tätigkeitsbeispiele:** Führen von Registraturen, Erledigen von Expeditionsarbeiten, selbstständiges Fertigen von Schriftstücken nach kurzen Angaben, ... auch mit fremdsprachlichem Text (eine Fremdsprache), Schreiben von Rechnungen, Führen und Auswerten von Statistiken, Bearbeiten und Überprüfen von Sach- und Kontokorrentkonten und Erledigen des sich hieraus ergebenden Schriftwechsels und Mahnwesens, Bearbeiten der Gehalts- und Lohnkonten, Erstellen von Provisionsabrechnungen, selbstständige Kassentätigkeit, Anbieten und Verkaufen von Waren, telefonische Auftragsannahme, telefonische Kundenbetreuung, Reisen, Einholen und Bearbeiten von Angeboten, Bestellen und Abrufen, Bearbeiten von technischen Offerten und Fertigungsplänen, Vorführen von einfachen Maschinen und Einweisen des Bedienungspersonals bei Kunden, Erstellen von einfachen Programmen unter Anleitung (Juniorprogrammieren), Bedienen von kleinen und mittleren EDV-Anlagen, Erfassen und/oder Prüfen von Daten mit höherem Schwierigkeitsgrad ...
Gruppe V	Kaufmännische oder technische Tätigkeiten mit den Voraussetzungen der Gruppe IV, die größere Erfahrung voraussetzen und weitgehend selbstständig ausgeübt werden. **Tätigkeitsbeispiele:** Sekretariatsarbeit, Führen fremdsprachlicher Korrespondenz, Übersetzen fremdsprachlicher Texte, Führen der Buchhaltung, Einkaufen, Verkaufen, Reisen, Kalkulieren, Erstellen von Angeboten, Dekorationstätigkeit nach eigenen Entwürfen, Leiten von Betriebsgruppen mit mehr als fünf MitarbeiterInnen, Erstellen von Programmen, Bedienen von größeren EDV-Anlagen ...
Gruppe VI	Selbstständige, verantwortliche Tätigkeiten, die gründliche Sachkenntnisse, umfangreiche, langjährige Berufserfahrung und Übersicht über betriebliche Zusammenhänge voraussetzen. **Tätigkeitsbeispiele:** Leiten des Lagers, Leiten von Expeditionen, hauptamtliches Ausbilden, Führen der Buchhaltung, Einkaufen, Verkaufen, Planen und Organisieren von neuen EDV-Abläufen (System-Analytiker) ...
Gruppe VII	Besonders verantwortliche Tätigkeiten, die mit Dispositions-, Weisungs- oder Aufsichtsbefugnis ausgeübt werden und weitgehende Branchen- und/oder Spezialkenntnisse erfordern. **Tätigkeitsbeispiele:** Leiten einer Betriebsabteilung

Vor der Eingruppierung und Einstellung muss der Betriebsrat unterrichtet werden (BetrVG § 99).

Einführung und Einarbeitung neuer Mitarbeiter

Untersuchungen haben ergeben, dass Zweidrittel der neuen Mitarbeiter, die kündigen, ihre Entscheidung innerhalb der ersten sechs Monate fällen. Dies ist ein deutliches Zeichen für Mängel bei der Einführung und Einarbeitung der neuen Mitarbeiter. Deshalb sollte die zuständige Führungskraft rechtzeitig vor Arbeitsantritt des neuen Mitarbeiters einen Mitarbeiter ihres Vertrauens bitten, sich für eine gewisse Zeit (z. B. Probezeit) als **Startbegleiter** (Pate, Mentor) zur Verfügung zu stellen. Er soll die Wege ebnen und den Neuen mit den geschriebenen und ungeschriebenen Regeln im Betrieb bzw. in der Arbeitsgruppe vertraut machen. Der Startbegleiter hat keinerlei Weisungsbefugnisse gegenüber dem Neuen.

Bevor der neue Mitarbeiter kommt, sollte der Startbegleiter Checklisten vor und für den ersten Arbeitstag erstellen bzw. abarbeiten.

Beispiele:

Checkliste für die Mitarbeitereinführung vor dem ersten Arbeitstag

1. **Anschreiben** zum Arbeitsbeginn (Uhrzeit, wo und bei wem soll der Neue sich melden, Wege- und Gebäudeplan)
2. **Einrichten des Arbeitsplatzes** (Raumnummer, Namensschild an der Tür, Grundausstattung (z. B. Hard-, Software, Möbel, Telefon)
3. **Information der Teamkollegen** (Name, Funktion des Neuen, Eintrittstermin)
4. **Vorbereitung des ersten Arbeitstags** (Zeit für die Begrüßung, kleine Aufmerksamkeit, Vorstellungsliste, Unterlagen für die Einarbeitung, Einarbeitungsablauf bzw. -stationen, Vorbereitung aller Beteiligten)
5. **Organisatorisches** (Aufnahme ins Telefonregister, Schlüssel und Zutrittsberechtigungen usw.)

Checkliste für den ersten Arbeitstag

1. **Einstellungsgespräch** bzw. Einführungsveranstaltung (Terminplan, Einführungsschrift mit Informationen über das Unternehmen, Aufnahme fehlender Personaldaten, Einarbeitungsplan, persönliche Probleme durch die Arbeitsaufnahme wie Umzug, Wohnungssuche)
2. **Einstellungsformalitäten** (Betriebsordnung, Unfallverhütungsvorschriften, Betriebsausweis, Aushändigung der Schlüssel, Abgabe der Arbeitspapiere wie Lohnsteuermerkmale (ELStAM), Sozialversicherungsausweis, Arbeits-, Aufenthaltserlaubnis)
3. **Besichtigungen und Besuche** (Betriebsrat, Betriebsarzt, Fertigungsanlagen, wichtige Kunden und Lieferanten usw.

Mit der ersten Lohn- und Gehaltsabrechnung hat der Arbeitgeber für seine Beschäftigten den Zeitraum der Beschäftigung und die Höhe des beitragspflichtigen Arbeitsentgelts zu melden. Auf der Grundlage der **Meldungen** führt die Krankenkasse ihr Versichertenverzeichnis und übermittelt die Daten dem Rentenversicherungsträger – der seinerseits das Versichertenkonto für später zu erbringende Leistungen anlegt bzw. fortschreibt – sowie der Bundesagentur für Arbeit, die die Meldungen für ihre Arbeitsmarkt steuernden Aufgaben analysiert.

Die **Einarbeitung** des neuen Mitarbeiters geschieht durch die Fachabteilung. In Arbeitsunterweisungen werden die besonderen Techniken und Arbeitsmethoden geschult. Bei der Arbeitsausführung sollte der Startbegleiter den Neuen begleiten und ggf. helfen, die Arbeitsergebnisse prüfen und besprechen und die Fortschritte anerkennen. Im Rahmen ihrer Fürsorgepflicht sollte sich die Führungskraft regelmäßig über den Stand der Einführung bzw. Einarbeitung informieren.

In Gesprächen haben die Neuen die Gelegenheit, ihre Probleme am neuen Arbeitsplatz darzulegen. Vor Ende der Probezeit muss die verantwortliche Führungskraft den neuen Mitarbeiter beurteilen. Gemeinsam mit der Personalabteilung wird dann entschieden, ob der Neue in ein Arbeitsverhältnis übernommen wird.

ZUSAMMENFASSUNG

Grundlage für die **Eingruppierung** des neuen Mitarbeiters sind die Tätigkeitsbeschreibungen des gültigen Entgelttarifvertrags. Diese werden mit den Anforderungen der Stellenbeschreibung des zu besetzenden Arbeitsplatzes verglichen.

Die **Einführung und Einarbeitung** des neuen Mitarbeiters verläuft erfolgreicher, wenn ihm ein **Startbegleiter** (Pate, Mentor) beiseitegestellt wird. Bevor der Neue kommt,

Personalwirtschaftliche Aufgaben wahrnehmen

Lernfeld 4

sollte der Startbegleiter Checklisten vor und für den ersten Arbeitstag erstellen. Vor Ende der Probezeit muss die verantwortliche Führungskraft den neuen Mitarbeiter beurteilen.

AUFGABEN

1. Warum ist eine planvolle Einführung des neuen Mitarbeiters so wichtig?
2. Nennen Sie wesentliche Inhalte einer Einführungsmappe.
3. Wie erfolgt die Einarbeitung in Ihrem Ausbildungsbetrieb?
4. In welchem Fall ist ein Einarbeitungsplan unerlässlich? Was beinhaltet er?
5.
    > **Der junge Vorgesetzte**
    >
    > Seine neue Aufgabe bewältigte Herr Fendrich sachlich hervorragend. Allerdings kommt es zu wachsender Unruhe unter den älteren Mitarbeitern seiner Abteilung, die sich z. T. bei der Stellenbesetzung übergangen fühlten. Herr Fendrich beschwert sich bei seiner Hauptabteilungsleiterin Frau Mertens, dass seine Mitarbeiter seine Anweisungen nur ungenügend und widerwillig befolgen.

    Wie würden Sie sich anstelle der Frau Mertens verhalten?

6. Stellen Sie eine Einstellungsmappe für neue Mitarbeiter zusammen und erarbeiten Sie das Programm für eine Einführungsveranstaltung für neue Mitarbeiter. Präsentieren Sie Ihre Einstellungsmappe in geeigneter Form (z. B. Pinnwände). Führen Sie eine Einführungsveranstaltung (ggf. mit Videosequenzen) vor einem ausgewählten Publikum (z. B. Ausbilder, Parallelklasse) durch.

    Tipp: Mithilfe einer Kartenabfrage können Sie die wesentlichen Inhalte bzw. Programmpunkte, die Ihrer Meinung nach in eine Einstellungsmappe bzw. zu einer Einführungsveranstaltung gehören, im Klassenverband herausarbeiten.

    Vorschläge für Gruppenaufträge

Gruppe 1 (mit mehreren Teilgruppen)	Tipps
Stellen Sie eine Einstellungsmappe mit allen für einen neuen Mitarbeiter wesentlichen Inhalten zusammen.	Bilden Sie für die Bearbeitung der einzelnen Inhaltspunkte arbeitsteilige Gruppen. Beschränken Sie sich auf drei ausgewählte Ausbildungsbetriebe. Bringen Sie die Inhalte (z. B. Unternehmensleitbild, Organigramm, zuständige Tarifverträge, Unfallverhütungsvorschriften) in eine möglichst plakative Form. Dies erleichtert die Präsentation.
Gruppe 2 (mit mehreren Teilgruppen)	**Tipps**
Entwerfen Sie das Programm einer Einführungsveranstaltung, an der mehrere neue Mitarbeiter gleichzeitig teilnehmen sollen.	Entwerfen Sie zuerst ein Programm und bilden Sie für die einzelnen Programmpunkte mehrere arbeitsteilige Gruppen, z. B. eine Gruppe, die die Veranstaltung organisiert (z. B. Einladungen, Pausenverpflegung), mehrere Gruppen, die verschiedene Videosequenzen (z. B. Leistungsangebot, Firmenchronik) erstellen, eine Gruppe, die die Moderation der Veranstaltung vorbereitet und durchführt usw.

Lernfeld 4 Personalwirtschaftliche Aufgaben wahrnehmen

4.4 Personalverwaltung, -beurteilung und -entwicklung

PROBLEM

„Sie werden nächstes Jahr für uns irgendwo im Ausland tätig sein, Frau Müller, da brauchen Sie spezielle Fremdsprachenkenntnisse. Lernen Sie irgendetwas Ausländisches."

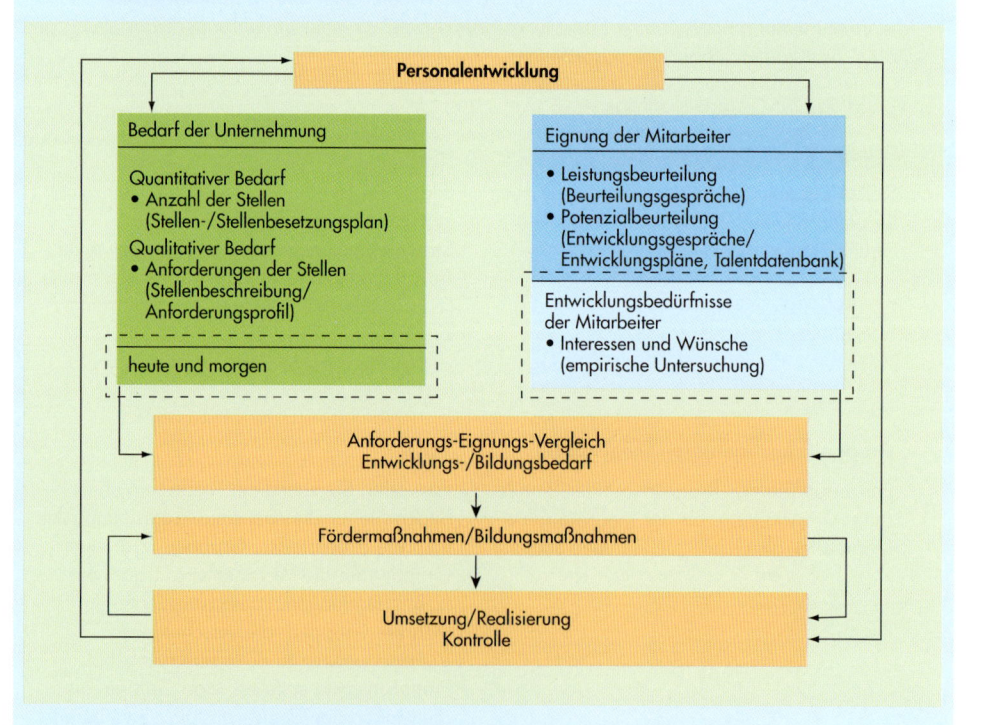

Personalentwicklung

Bedarf der Unternehmung

Quantitativer Bedarf
- Anzahl der Stellen
  (Stellen-/Stellenbesetzungsplan)

Qualitativer Bedarf
- Anforderungen der Stellen
  (Stellenbeschreibung/
  Anforderungsprofil)

heute und morgen

Eignung der Mitarbeiter
- Leistungsbeurteilung
  (Beurteilungsgespräche)
- Potenzialbeurteilung
  (Entwicklungsgespräche/
  Entwicklungspläne, Talentdatenbank)

Entwicklungsbedürfnisse
der Mitarbeiter
- Interessen und Wünsche
  (empirische Untersuchung)

Anforderungs-Eignungs-Vergleich
Entwicklungs-/Bildungsbedarf

↓

Fördermaßnahmen/Bildungsmaßnahmen

↓

Umsetzung/Realisierung
Kontrolle

1. Welches Problem der Personalentwicklung macht die Abbildung deutlich?
2. Erläutern Sie das dargestellte Personalentwicklungskonzept.

Personalwirtschaftliche Aufgaben wahrnehmen — Lernfeld 4

SACHDARSTELLUNG

Personalverwaltung – Datenschutz beachten

Die **Personalverwaltung** sorgt für die Abwicklung aller routinemäßigen Aufgaben des Personalbereichs. Hauptaufgaben der Personalverwaltung sind die Führung der **Personalakte** für jedes Belegschaftsmitglied, die Bearbeitung der **Personaldaten** und die Erstellung von **Personalstatistiken**.

In der **Personalakte** werden alle Unterlagen aufbewahrt, die mit dem Arbeitsvertrag zusammenhängen.

Der Arbeitnehmer hat das Recht, in die über ihn geführten Personalakten **Einsicht** zu nehmen. Er kann die Personalakten um zusätzliche Erklärungen ergänzen lassen und bei der Einsicht ein Mitglied des Betriebsrats hinzuziehen (BetrVG § 83).

Inhalte der Personalakte		
Personalbelege	**Vertragsbelege**	**Tätigkeitsbelege**
• Personalfragebogen • Zeugnisse • Ärztliche Untersuchungsberichte • Polizeiliches Führungszeugnis • Verwarnungen	• Arbeitsvertrag • Vertragsänderungen • Beförderungen • Entgeltänderungen (Zulagen, Lohn- Gehaltsgruppenänderung)	• Versetzungsmeldungen • Beurteilungsergebnisse • Art der Tätigkeit • Kursabschlüsse • Besuchte Seminare und Fortbildungsmaßnahmen

Zu den Aufgaben von **Personalinformationssystemen** gehören die

- **Archivierung (Aufbewahrung)** der Daten, sodass sie gegen Verlust und Verfälschung geschützt sind und kurzfristig wiedergewonnen und aktualisiert werden können;
- **Aktualisierung und Fortschreibung** der Daten, d. h. Ergänzung, Erweiterung, Verbesserung der Daten, z. B. neue Arbeitszeitregelungen, jährliche Lohn- und Gehaltserhöhungen; Berechnung der aufgelaufenen Lohn-/Gehaltssummen;
- **Auskunfterteilung** an unterschiedliche Interessenten, z. B. Lohn-/Gehaltsabrechnung, Geschäftsleitung, Berichtswesen des Konzerns, Vorgesetzte, Versicherungsträger, Finanzamt, Kreditinstitute, Betroffene selbst, Statistikämter, Verbände, Kammern;
- **Überwachung** bestimmter Daten (z. B. Fehlzeiten, Krankenstand, Urlaubstage, Gleitzeitinanspruchnahme usw.).

Das Bundesdatenschutzgesetz (BDSG) lässt die Übermittlung und Nutzung bestimmter personenbezogener Daten zu, wenn kein schutzwürdiges Interesse besteht (BDSG § 4, freie Daten). Bei allen übrigen personenbezogenen Daten geht das BDSG davon aus, dass ein **schutzwürdiges Interesse** besteht.

freie Daten	schutzwürdige Daten
• Berufs-, Branchen oder Geschäftsbezeichnung • Namen • Titel • akademische Grade • Anschrift • Geburtsjahr	• gesundheitliche Verhältnisse • strafbare Handlungen • Ordnungswidrigkeiten • religiöse oder politische Anschauungen • arbeitsrechtliche Verhältnisse (z. B. Lohnhöhe)

Alle Personen, die personenbezogene Daten verarbeiten, sind auf das **Datengeheimnis** zu verpflichten und dürfen diese Daten nicht unbefugt weitergeben oder nutzen.

Der Arbeitnehmer hat nach BDSG § 6 folgende **unabdingbare Rechte**:

- **Benachrichtigung** über die Speicherung,
- kostenlose **Auskunft** über Herkunft und Empfänger der Daten,
- **Berichtigung** falscher Daten,
- **Sperrung** von Daten, deren Richtigkeit ohne konkrete Beweise angezweifelt werden,
- **Löschung** der Daten, die unzulässigerweise gespeichert wurden oder nicht mehr benötigt werden.

Unternehmen müssen einen **Beauftragten für den Datenschutz** bestellen (BDSG § 4f), wenn sie

- mindestens zehn Arbeitnehmer mit der automatisierten Verarbeitung,
- mindestens 20 Arbeitnehmer mit der konventionellen Verarbeitung personenbezogener Daten beschäftigen.

Der Datenschutzbeauftragte stellt sicher, dass die Datenschutzvorschriften eingehalten werden, die entsprechenden Mitarbeiter mit den Vorschriften vertraut sind, überwacht die ordnungsgemäße Anwendung der Datenverarbeitungsprogramme und führt Übersichten über Personaldaten und ihre Verwendung.

Zu den technischen und organisatorischen **Maßnahmen des Datenschutzes** gehören die Zugangs-, Abgangs-, Speicher-, Benutzer-, Zugriffs-, Übermittlungs-, Eingabe-, Auftrags-, Transport- und Organisationskontrolle.

Bei der Einführung und Anwendung von technischen Einrichtungen, die dazu bestimmt sind, **Leistung und Verhalten** der Arbeitnehmer zu überwachen, hat der Betriebsrat mitzubestimmen (BetrVG § 87).

Eine wichtige Aufgabe der Personalverwaltung ist die **Arbeitszeiterfassung**. Bei der „Zeiterfassung mit Systemzeit" wird bei der jeweiligen An-/Abmeldung die Zeit des Zeiterfassungssystems erfasst, an dem sich der Mitarbeiter an- oder abmeldet. Bei der „Zeiterfassung mit Vertrauenszeit" kann er die An- oder Abmeldezeit manuell festlegen.

Die allgemeine Öffnungszeit des Betriebs (Betriebszeit) und die individuelle Arbeitszeit der Mitarbeiter (Arbeitszeit) sind durch flexible Arbeitszeiten weitgehend entkoppelt. Moderne Arbeitszeitkonzepte **(Arbeitszeitmodelle)** bringen die persönlichen Wünsche der Arbeitnehmer und gesellschaftliche wie betriebliche Anforderungen zum Ausgleich. Die Arbeitsleistung (Produktivität) der Mitarbeiter und die Bindung an das Unternehmen werden dadurch erhöht.

Arbeitszeitmodelle im Überblick	
Teilzeit Classic	Die tägliche Arbeitszeit wird stundenweise reduziert. Durch regelmäßige Verteilung der Arbeitsstunden ist Teilzeit Classic die für Arbeitgeber am einfachsten umzusetzende Form von Teilzeit, z. B. 5 Tage à 4 Stunden = 20 Stunden pro Woche.
Teilzeit Classic Vario	Die wöchentliche Arbeitszeit wird auf zwei bis fünf Tage verteilt. Dabei kann auch die tägliche, wöchentliche oder monatliche Stundenanzahl variieren. So ist Teilzeit auch mit Vollzeit kombinierbar.

Personalwirtschaftliche Aufgaben wahrnehmen

Lernfeld 4

Arbeitszeitmodelle im Überblick	
Teilzeit Jobsharing	Zwei Arbeitnehmer teilen sich eigenverantwortlich eine Stelle. Teilzeit-Mitarbeiter können somit auch Vollzeitprojekte übernehmen und verantwortlich leiten, wenn sie sich regelmäßig abstimmen und Informationen austauschen.
Teilzeit Invest	Gearbeitet wird unverändert Vollzeit – bezahlt wird Teilzeit. Die Differenz wird als Zeit- oder Geldguthaben auf einem Langzeitkonto angespart. Damit werden mehrmonatige Urlaubsphasen (Sabbaticals[1]) oder langfristig sogar der vorgezogene Ruhestand möglich. Das Gehalt wird dabei jeweils weitergezahlt.
Teilzeit Team	Arbeitgeber geben nur vor, wie viele Mitarbeiter in bestimmten Zeitabschnitten anwesend sein müssen. Im Team wird dann die jeweilige persönliche Arbeitszeit geplant und abgesprochen. Kurzfristige Änderungen sind jederzeit möglich.
Teilzeit Saison	Zum Ausgleich von Über- bzw. Unterauslastung in Saisonbetrieben. In Hochphasen werden Arbeitnehmer vollzeit beschäftigt. Bei niedriger Auslastung haben sie frei. Die Arbeitnehmer haben ein gleichbleibendes Grundgehalt und sind sozialversichert.
Teilzeit Home (Telearbeit)	Arbeitnehmer arbeiten in Teilzeit zu Hause oder in Satellitenbüros und sind mit dem Intranet ihres Arbeitgebers verbunden. Vereinbarte Arbeitszeiten stellen die Erreichbarkeit sicher und erleichtern die Zusammenarbeit. Tägliche Leerlaufzeiten wie Hin- und Rückfahrten entfallen. Die Bindung ans Unternehmen wird durch einzelne Arbeitstage im Unternehmen gestärkt (alternierende Telearbeit).

(Quelle: Bundesministerium für Arbeit und Soziales: Teilzeitmodelle, Zugriff am 20.11.2010 unter: http://www.bmas.de/portal/10718/teilzeitmodelle.html)

Personalbeurteilung – Grundsätze beachten

Die **Personalbeurteilung** dient als Grundlage für den richtigen Personaleinsatz, für Personalentwicklungsmaßnahmen, für eine gerechte Entlohnung und für die Motivation der Mitarbeiter.

Personalbeurteilungen finden während **(Leistungsbeurteilungen)** und am Ende der Betriebszugehörigkeit **(Arbeitszeugnis)** statt.

Wichtige **Grundsätze von Beurteilungsverfahren** sind **Einheitlichkeit** (für alle Mitarbeiter gelten dieselben Beurteilungskriterien), **Einfachheit** (nicht zu viele Beurteilungskriterien) und **Vergleichbarkeit** (das Beurteilungsverfahren wird längere Zeit beibehalten).

Für die **Beobachtung** gelten folgende **Grundregeln**: den Mitarbeiter
- in Situationen beobachten, die für die geforderte Qualifikation wichtig sind,
- mehrfach in vergleichbaren Situationen beobachten, um seine Verhaltenskonstanz zu beurteilen,
- mehrfach in verschiedenen Situationen beobachten, die in ihrer Gesamtheit das gesamte Anforderungsbündel abdecken (Fach-, Methoden-, Human- und Sozialkompetenz),
- von verschiedenen Personen beobachten lassen, um das eigene Urteil abzusichern.

---

[1] Das Wort „**Sabbatical**" (oder Sabbatjahr) wurde schon im alten Testament erwähnt und umschrieb damals das einjährige Ruhenlassen des Feldes nach sechs Jahren Bewirtschaftung.

Eine Beurteilung läuft in mehreren **Phasen** ab:

Beobachtung ↓	Beobachter und Beobachtete müssen wissen, welche Kriterien gemessen werden sollen, sonst ist die Beurteilung eine reine Willkür, bei welcher diejenigen Mitarbeiter am besten abschneiden, die das besondere Wohlwollen des Chefs genießen. **Problem:** Auswahl und Gewichtung der Kriterien, Beobachtungssituation.
Beschreibung ↓	Das Wahrgenommene muss protokolliert und in eine begriffliche Form gebracht werden. **Problem:** Beurteilungskriterien umschreiben.
Bewertung ↓	Das beobachtete und beschriebene Verhalten muss mit einem Gütemaßstab verglichen und eingeordnet werden. **Problem:** Beurteilungsmaßstab, Beurteilungsfehler.
Beurteilungsgespräch ↓	Nach BetrVG § 82 (2) kann jeder Beurteilte die Erörterung seiner Beurteilung verlangen. Dabei kann ein Mitglied des Betriebsrats hinzugezogen werden. Der Beurteilte wird auf seine Stärken und Schwächen hingewiesen. Mögliche Fördermaßnahmen werden besprochen. **Problem:** Abweichungen von Eigen- und Fremdurteil.

Voraussetzungen für den Erfolg des angewandten Beurteilungsverfahrens sind die Schulung der Beurteiler, die Bereitstellung von Hilfsmitteln (z. B. Beurteilungsbogen), die richtige Einsatzterminierung und die Mitarbeiterinformation.

Viele Unternehmen haben die Schwächen standardisierter Mitarbeiterbeurteilungen erkannt und durch jährliche **Beratungs- und Fördergespräche** ersetzt. Schwierigster, aber auch ergiebigster Teil des Gesprächs ist die Vereinbarung konkreter, messbarer und realistischer Ziele mit möglichst genauen Zeitvorgaben. Das **Jahresgespräch mit Zielvereinbarung** bietet vierfachen Nutzen: Es nutzt:

- den **Führungskräften**, weil sie sich in der Vorbereitung des Gesprächs und im Gespräch selbst sehr gründlich mit Stärken und Schwächen des Mitarbeiters, aber auch mit der eigenen Führungsleistung auseinandersetzen müssen;
- den **Mitarbeitern**, weil sie eine fundierte Standortbestimmung erhalten und dadurch ihr Selbstbild mit dem Fremdbild des Vorgesetzten abgleichen können;
- beiden **Gesprächspartnern**, weil sie die Qualität ihrer Zusammenarbeit überprüfen können;
- dem **Unternehmen insgesamt**, weil die Gesprächsergebnisse eine gute Grundlage für systematische Entwicklungs- und Fördermaßnahmen sind.

Konfliktursachen und Konfliktbewältigung

Dass ein Problem zu einem Konflikt wird, liegt meist nicht an einer **Sachfrage**, sondern an der persönlichen **Beziehung** der Konfliktpartner. 90 % der Konflikte sind durch Kommunikationsstörungen auf der Beziehungsebene verursacht. Gedanken wie „Der nimmt mich nicht ernst!", „Der ist arrogant!", „Dem zeig ich es jetzt aber!", „Die lass' ich jetzt auflaufen!" sind dafür typisch.

Typische **Konfliktsignale** sind *Widerspruch* (z. B. unbegründete Einwände, Vorwürfe, Drohungen, Polemik, persönliche Angriffe, Beleidigungen, Uneinsichtigkeit), *Aufregung*

Personalwirtschaftliche Aufgaben wahrnehmen **Lernfeld 4**

(z. B. Unruhe, Streit, Cliquen- und Fraktionsbildung), *Ausweichen* (z. B. Schweigen, Blödeln, Bagatellisieren, ins Lächerliche ziehen, Unwichtiges diskutieren), *Lustlosigkeit* (z. B. Unaufmerksamkeit, Desinteresse, Müdigkeit, „innere Emigration", Teilnahmslosigkeit, Unpünktlichkeit) und *körperliche Symptome* wie Migräne, Kopfschmerzen, Unwohlsein und andere Krankheiten.

Die Endstufe eines unbewältigten Konflikts ist das **Mobbing**. Mobbing liegt vor, wenn der Konflikt über einen längeren Zeitraum besteht, die angegriffene Person unterlegen ist, die Angriffe absichtsvoll und geplant erfolgen und das Ziel haben, den Angegriffenen auszustoßen. Typische Mobbinghandlungen sind z. B. ständige Unterbrechungen, dauernde Kritik, Anschreien, Telefonterror, völlige Nichtbeachtung, Redeverbot, räumliche Isolation, üble Nachrede, Ausstreuen von Gerüchten, lächerlich machen, Angriffe auf die Gesundheit.

Zur Bewältigung von Konflikten bedienen sich die Beteiligten verschiedener mehr oder weniger erfolgreicher Konfliktlösungsstrategien.

Mögliche Konfliktlösungsstrategien im Überblick

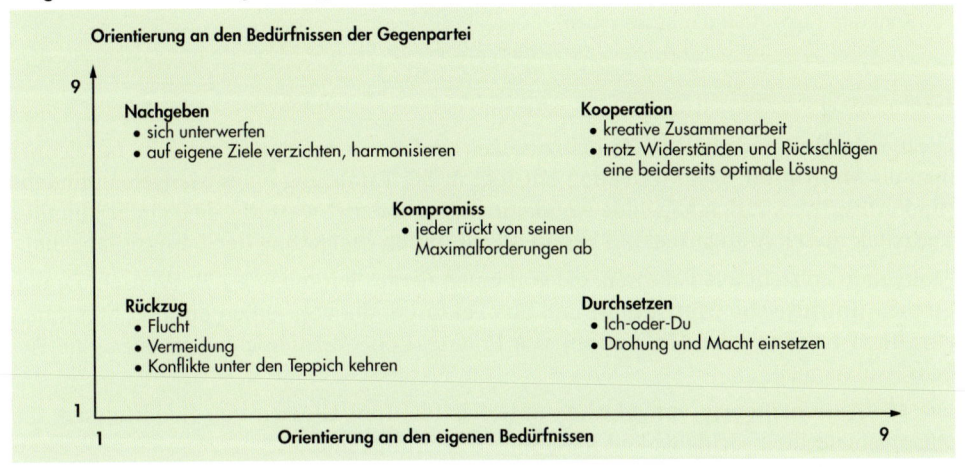

Orientierung an den Bedürfnissen der Gegenpartei

Nachgeben
- sich unterwerfen
- auf eigene Ziele verzichten, harmonisieren

Kooperation
- kreative Zusammenarbeit
- trotz Widerständen und Rückschlägen eine beiderseits optimale Lösung

Kompromiss
- jeder rückt von seinen Maximalforderungen ab

Rückzug
- Flucht
- Vermeidung
- Konflikte unter den Teppich kehren

Durchsetzen
- Ich-oder-Du
- Drohung und Macht einsetzen

Orientierung an den eigenen Bedürfnissen

Konflikte können nachhaltig gelöst werden, wenn möglichst früh ein Konfliktgespräch (möglichst in Anwesenheit eines neutralen Schlichters bzw. Mediators) stattfindet. Der **Schlichter** deckt unterschiedliche Sichtweisen und Standpunkte, vorgefasste Meinungen, Vorurteile und negative Unterstellungen auf. Er bringt beide Seiten dazu, die Sichtweisen, Bedürfnisse und Motive der Gegenseite zu verstehen, indem er Übereinstimmungen und Differenzen benennt.

Phasen eines Schlichtungsgesprächs	
Eröffnungsphase	Angenehme Atmosphäre schaffen; Ziel des Gesprächs klären („Es geht nicht um Siegen oder Verlieren!"); Zeitrahmen abstecken; Kommunikationsregeln vereinbaren.
Themenphase	Sammlung der Themen; jeder Partner schildert (ungestört) den Konflikt aus seiner Sicht. Es gibt keine Anschuldigungen, kein „Dazwischenreden", keine sofortige Suche nach Lösungen. Herausarbeiten der Interessen und Bedürfnisse: Jeder Partner schildert, was ihm an dem Thema wichtig ist – „Eigentlich geht es mir um …".
Lösungsphase	Brainstorming – Sammeln und gemeinsame Auswahl von Lösungen. Vereinbarungen treffen und festlegen, wie ihre Einhaltung zu überprüfen ist.

Konflikte können vermieden werden bzw. Konfliktgespräche verlaufen erfolgreich, wenn rechtzeitige **Rückmeldungen („Feedback")** stattfinden. Dabei teilt ein Gesprächspartner dem anderen mit, wie er sein Verhalten wahrgenommen und interpretiert hat. Feedback ist dabei eine große Chance, viel über sich und sein Verhalten zu erfahren. Rückmeldungen sollten möglichst sofort als „Ich-Botschaften" gegeben werden und sich auf konkrete Verhaltensweisen beziehen und möglichst sofort erfolgen. Sie wirken im Gegensatz zu „Du-Botschaften" weniger bedrohlich und provozieren dadurch weniger Abwehr und Rebellion. Beispiel: „Ich kann dir bei diesem Argument nicht folgen!" statt „Du redest wirres Zeug!"

Dreischritt einer erfolgreichen Rückmeldung

1. **Konkrete Ausgangslage beschreiben**
   Situation: „Sie brauchen überdurchschnittlich viel Zeit für die Aufgabe X."
2. **Konkrete Vorgehensweise beschreiben**
   Handlung: „Sie haben gestern 30 Minuten, letzten Donnerstag sogar 45 Minuten länger gebraucht."
3. **Konkrete Auswirkungen beschreiben**
   Ergebnis: „Das hat auf das Team/die Arbeitsabläufe/für Sie usw. folgende Auswirkungen: …"

Mitarbeitermotivation – Bedürfnisse erkennen

Die Bereitschaft, sich für ein Ziel einzusetzen und damit Erfolge zu erleben, bezeichnet man als **Motivation**. Die Motivation entsteht in der Erfahrung eines Mangelempfindens (Bedürfnis, Trieb, z. B. mangelnde Anerkennung) und der Erwartung, dass ein bestimmtes Verhalten diesen Mangelzustand beseitigt (z. B. durch Steigerung der Leistungsabgabe).

Motivation entsteht aus Faktoren, die von innen heraus wirken wie z. B. Wunsch, Drang, Streben **(intrinsische Motivation)** und aus Faktoren, die von außen auf den Menschen einwirken **(extrinsische Motivation)** wie Prämie, Lob, Aufstiegschancen oder gute Arbeitsbedingungen.

Die **Motivationstheorie von Maslow** unterscheidet fünf Klassen von Bedürfnissen, die entsprechend ihrer Dringlichkeit hierarchisch geordnet sind[1].

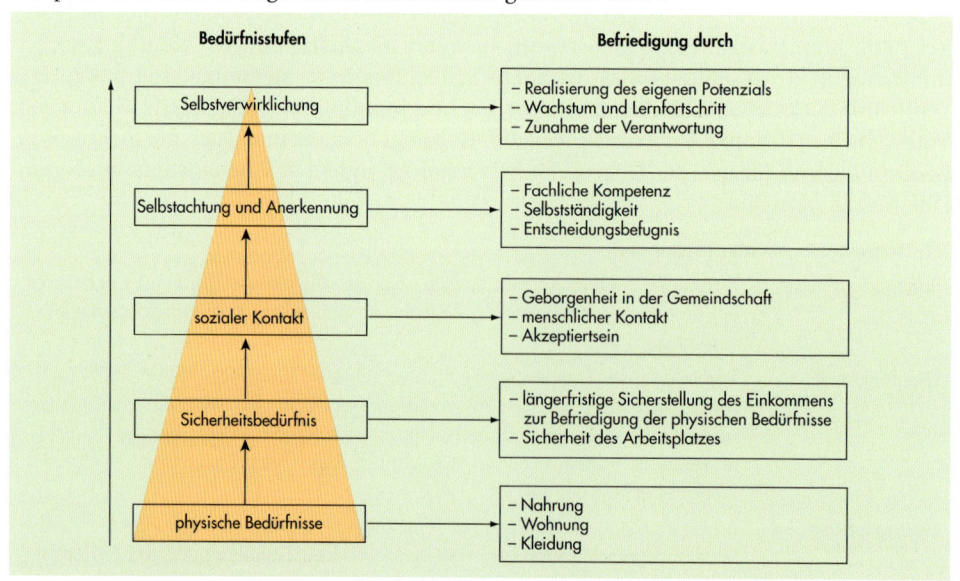

Bedürfnisstufen	Befriedigung durch
Selbstverwirklichung	– Realisierung des eigenen Potenzials – Wachstum und Lernfortschritt – Zunahme der Verantwortung
Selbstachtung und Anerkennung	– Fachliche Kompetenz – Selbstständigkeit – Entscheidungsbefugnis
sozialer Kontakt	– Geborgenheit in der Gemeinschaft – menschlicher Kontakt – Akzeptiertsein
Sicherheitsbedürfnis	– längerfristige Sicherstellung des Einkommens zur Befriedigung der physischen Bedürfnisse – Sicherheit des Arbeitsplatzes
physische Bedürfnisse	– Nahrung – Wohnung – Kleidung

[1] A. H. Maslow; Motivation and Personality, New York, Harper Collins, 1954.

Die zentrale Aussage der Maslow'schen **Bedürfnispyramide** lautet: Wenn ein Bedürfnis befriedigt ist, hört es auf, handlungsmotivierend zu wirken, bis es später als unbefriedigt wieder auftaucht. Menschliches Verhalten wird grundsätzlich durch das stärkste unbefriedigte Bedürfnis motiviert. Eine Steigerung der Motivation lässt sich nur dann erreichen, wenn die Führungskraft erkennt, welches Bedürfnis noch weitgehend unbefriedigt ist. Maßnahmen, die auf weitgehend befriedigte Bedürfnisse abzielen, haben keinen Erfolg. Fehleinschätzungen der Mitarbeiterbedürfnisse sind vor allem bei solchen Vorgesetzten die Regel, denen die Probleme und Interessen ihrer Mitarbeiter gleichgültig sind.

Herzberg erweiterte die Bedürfnispyramide Maslows durch seine **Zwei-Faktoren-Theorie**[1]. Durch Interviews von Arbeitern und Angestellten fanden Herzberg und seine Mitarbeiter heraus, dass bestimmte arbeitsbezogene Faktoren zur Zufriedenheit, andere zur Unzufriedenheit beitragen. Arbeitszufriedenheit wird durch Faktoren erreicht, die sich auf den Arbeitsinhalt beziehen *(Motivatoren)*, Unzufriedenheit durch Faktoren der Arbeitsumwelt *(Hygienefaktoren)*.

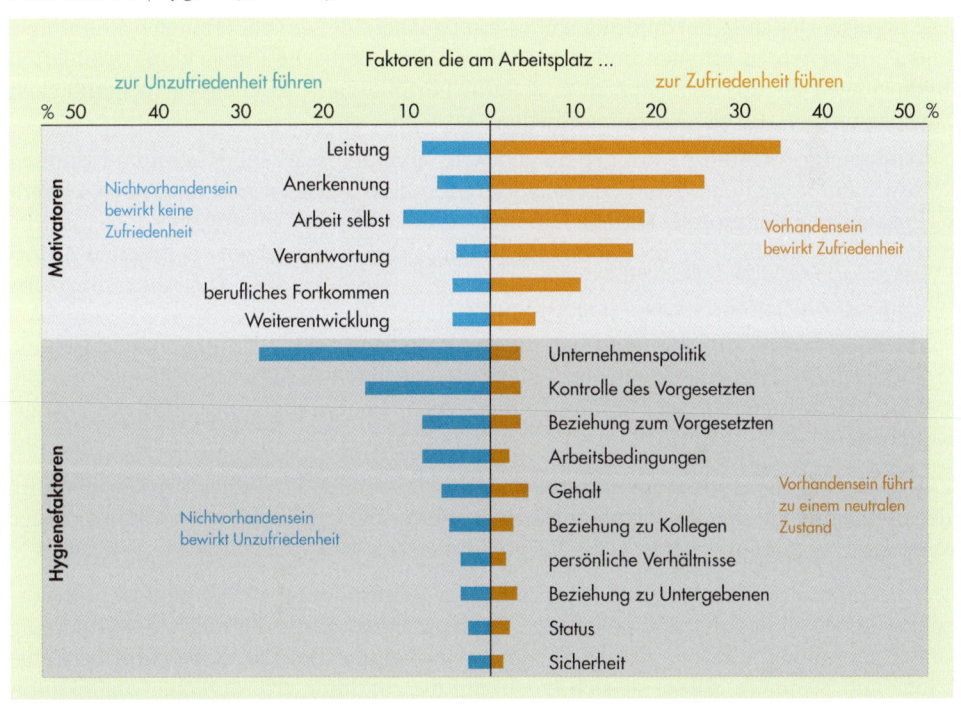

Um **Zufriedenheit** zu erreichen, muss der Vorgesetzte bei den Motivatoren ansetzen, d. h. Maßnahmen ergreifen, die unmittelbar die Arbeit seiner Mitarbeiter beeinflussen, z. B.
- attraktive Gestaltung des Arbeitsinhalts (Arbeit, die Freude macht),
- Schaffung von Verantwortungsbereichen (erlebte fachliche und persönliche Kompetenz),
- Mitarbeiter fordern durch komplexe Aufgaben (mit der Arbeit wachsen),
- Anerkennung der Leistung (unmittelbares Lob, Chancen zum berufl. Aufstieg usw.),
- Information und frühzeitige Beteiligung (kooperative Führung),
- gute Zusammenarbeit mit den Arbeitskollegen,
- gute Mischung von Arbeit und Freizeit (flexible individuelle Arbeitszeitgestaltung).

---

[1] vgl. F. Herzberg, B. Mausner, B. Snyderman; The Motivation to work, Wiley, New York – London, 1959.

Personalentwicklung – lebenslang lernen
Aufgaben der Personalentwicklung

> **Merke: Personalentwicklung** umfasst alle Maßnahmen zur Anpassung der Qualifikation der Mitarbeiter an gegenwärtige und künftige Anforderungen. Dabei sind die persönlichen Interessen der Mitarbeiter zu berücksichtigen, denn Personalentwicklung ist auf die berufliche **Förderung** des Einzelnen gerichtet.

Die berufliche Bildung gliedert sich in drei Bereiche (BBiG § 1): **berufsvorbereitende Berufsausbildung, berufsbegleitende** und **berufsverändernde Berufsbildung** (Umschulung).

Die **Berufsausbildung** des **dualen Berufsbildungssystems** – praktische Berufsausbildung im Betrieb, ergänzt um den theoretischen Unterricht in der Berufsschule – ist ausgerichtet auf die Erlernung eines „**Lebenszeitberufs**" (Erstausbildung).

Die berufsbegleitende **Fortbildung** soll es ermöglichen, die einmal erlangten Kenntnisse und Fertigkeiten zu erhalten und sie den durch die technische Entwicklung geänderten Bedingungen anzupassen oder zu erweitern. Fortbildungen können einen beruflichen Aufstieg fördern. Es werden unterschieden:

- **Anpassungsfortbildung** mit der Aufgabe, das einmal erworbene Wissen und Können sowie die Verhaltensweisen zu aktualisieren und zu vertiefen und durch den Erwerb zusätzlicher Kenntnisse, Fertigkeiten und Verhaltensweisen zu erweitern. Ziel ist, die berufliche Mobilität zu sichern und zu gewährleisten, um jederzeit veränderten Anforderungen eines gleichartigen Arbeitsplatzes gewachsen zu sein. Die Anpassungsfortbildung zielt auf die **horizontale Mobilität** durch lebenslanges Lernen.
- **Aufstiegsfortbildung** mit dem Ziel, die **vertikale Mobilität** zu erhöhen und durch die Entwicklung latent vorhandenen Potenzials auf einen beruflichen Aufstieg und die Übernahme qualifizierter Funktionen bzw. einer höherwertigen Berufstätigkeit vorzubereiten.

Zweck der **berufsverändernden Fortbildung** ist es, durch Maßnahmen der **Umschulung** den Beschäftigten, die ihren einmal erlernten Beruf nicht mehr ausüben können, neues Wissen zu vermitteln.

Der Betriebsrat hat zu Fragen der betrieblichen Berufsbildung ein Beratungs- und Vorschlagsrecht. Dieses umfasst neben der Berufsausbildung, der beruflichen Fortbildung und Umschulung auch kurzfristige Bildungsmaßnahmen (Praktika), betriebliche Lehrgänge und Seminare, sofern sie sich (auch) auf die zukünftig erforderliche Qualifikation der Arbeitnehmer beziehen (BetrVG §§ 96–98, BBiG § 1).

Da das einmal erworbene berufliche Fachwissen **(Hardskills)** immer schneller veraltet (im EDV-Bereich bereits nach einem Jahr), kommt es bei der Berufsbildung darauf an, längerfristig verwertbares **Basiswissen** und **Schlüsselqualifikationen**, sog. **Softskills** (planerisches Denken, selbstständiges Lernen, Verhandlungs- und Teamfähigkeit usw.) zu vermitteln. Ziel der beruflichen Ausbildung ist die Erlangung **beruflicher Handlungskompetenz**.

Komponenten der Handlungskompetenz

Fachkompetenz	Problemlösungen selbstständig und fachlich richtig zu erarbeiten
Methodenkompetenz	sich neues Wissen und Fertigkeiten selbstständig anzueignen, eigenständige Lern- und Lösungswege zu finden und diese auf andere Aufgaben zu übertragen
Personalkompetenz	sein Umfeld zu erkennen und zu beurteilen, eigene Begabungen zu erkennen und zu entfalten, Initiative zu ergreifen und Aufgaben pflichtbewusst, mit Ausdauer und selbstständig zu erfüllen
Sozialkompetenz	sich mit anderen zu verständigen und zwischenmenschliche Beziehungen (nach innen und nach außen) positiv zu gestalten sowie im Team zu arbeiten und Verantwortung zu übernehmen

Maßnahmen der Personalentwicklung

Maßnahmen zur Personalentwicklung können
- **direkt am Arbeitsplatz** (Training „on the job") oder an
- **außerbetrieblichen Lernorten** (Training „off the job") stattfinden.

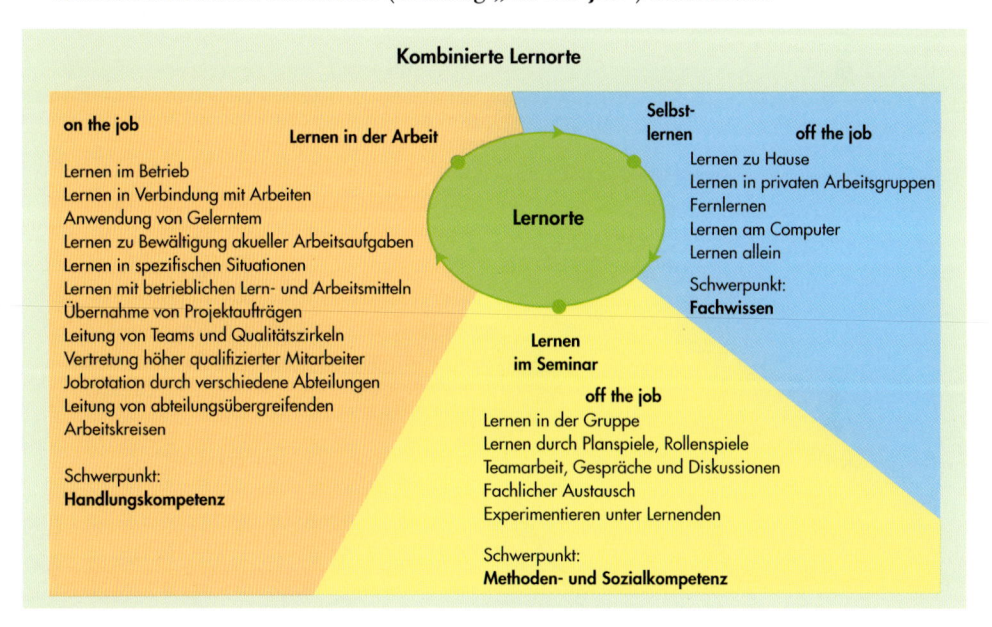

Kombinierte Lernorte

on the job — Lernen in der Arbeit
- Lernen im Betrieb
- Lernen in Verbindung mit Arbeiten
- Anwendung von Gelerntem
- Lernen zu Bewältigung akueller Arbeitsaufgaben
- Lernen in spezifischen Situationen
- Lernen mit betrieblichen Lern- und Arbeitsmitteln
- Übernahme von Projektaufträgen
- Leitung von Teams und Qualitätszirkeln
- Vertretung höher qualifizierter Mitarbeiter
- Jobrotation durch verschiedene Abteilungen
- Leitung von abteilungsübergreifenden Arbeitskreisen

Schwerpunkt: **Handlungskompetenz**

Lernorte

Selbstlernen — **off the job**
- Lernen zu Hause
- Lernen in privaten Arbeitsgruppen
- Fernlernen
- Lernen am Computer
- Lernen allein

Schwerpunkt: **Fachwissen**

Lernen im Seminar — **off the job**
- Lernen in der Gruppe
- Lernen durch Planspiele, Rollenspiele
- Teamarbeit, Gespräche und Diskussionen
- Fachlicher Austausch
- Experimentieren unter Lernenden

Schwerpunkt: **Methoden- und Sozialkompetenz**

Grundsätzlich gilt es, die Stärken eines jeden Lernorts zu nutzen. Die Hauptverantwortung liegt dabei beim direkten Vorgesetzten. Er muss dem Mitarbeiter on the job **Aufgaben übertragen**, die Aufschluss über seine Stärken und Schwächen geben und ihn konstruktiv fördernd begleiten. Schulungsmaßnahmen können hier nur unterstützen.

Mit Multimedia-Programmen in Form von **Computer-Based-Training** (CBT) lernen Mitarbeiter mithilfe eines PC ohne direkte Unterstützung durch einen Trainer. Meistens findet dieser Lernprozess in der Nähe des Arbeitsplatzes **(„near the job")** statt, wobei das System immer zur Verfügung steht, wenn der Mitarbeiter ein aktuelles Lernbedürfnis hat.

Lernfeld 4 — Personalwirtschaftliche Aufgaben wahrnehmen

Die Lernenden sind dabei nicht nur passive Zuschauer, sondern greifen **interaktiv** in das Geschehen ein, indem sie entsprechende Aufgabenstellungen im Dialog mit dem Programm erarbeiten. Die Lernenden überprüfen laufend ihren Wissensstand und Lernerfolg ohne Prüfungsängste und Stress. Die Trainer werden dadurch entlastet und können schwierigere Themen intensiver schulen. Nachdem sich die Lernenden die fachlichen Grundlagen im CBT-Selbststudium angeeignet haben, konzentrieren sich anschließende Seminare und Workshops auf Anwendungsübungen und kommunikative Lernziele.

Weiterentwicklung des Electronic Learnings zum Onlinelernen	
Web-Based-Training (WBT)	Hier stellt der jeweilige Bildungsanbieter die Lernumgebung auf seinem Webserver zur Verfügung.
Lernportale	Sie bieten neben CBT- und WBT-Elementen die Kommunikation zwischen den Lernenden und Lehrenden per E-Mail, Chat oder in Foren. Sie unterscheiden sich insbesondere durch **persönliche Betreuung** der Lernenden vom WBT.
Virtuelle Seminare/ Klassenzimmer	Mehrere Teilnehmer lernen **synchron (gleichzeitig)**, unabhängig vom Lernort. Die Informationen werden über eine Webcam übermittelt. Jeder Teilnehmer kann Rückfragen stellen bzw. Rückmeldungen erhalten.

ZUSAMMENFASSUNG

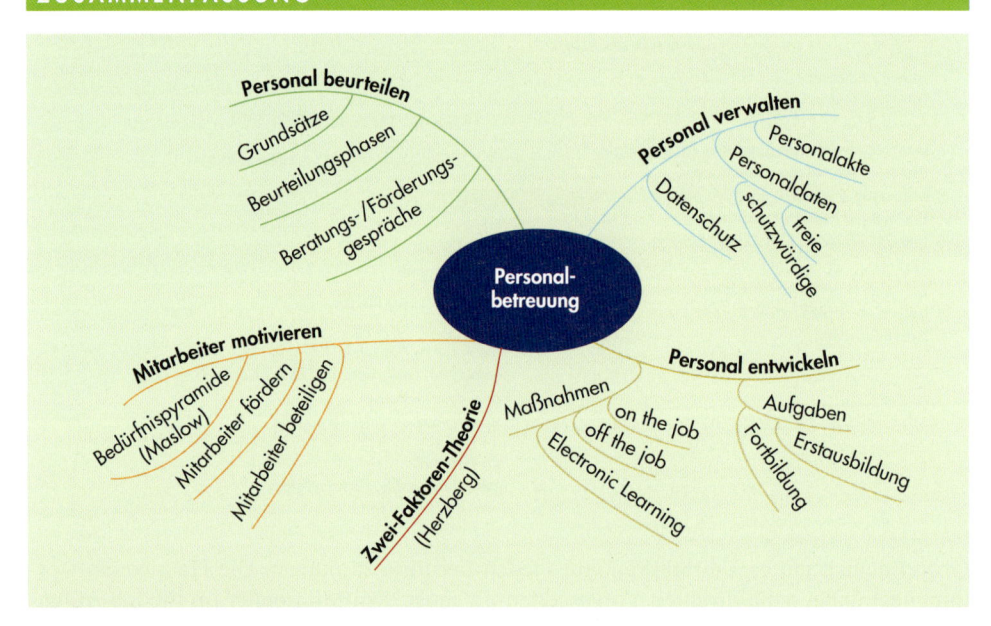

Mindmap „Personalbetreuung":
- **Personal beurteilen**: Grundsätze, Beurteilungsphasen, Beratungs-/Fördergespräche
- **Personal verwalten**: Personalakte, Personaldaten, Datenschutz, freie schutzwürdige
- **Mitarbeiter motivieren**: Bedürfnispyramide (Maslow), Mitarbeiter fördern, Mitarbeiter beteiligen, Zwei-Faktoren-Theorie (Herzberg)
- **Personal entwickeln**: Maßnahmen on the job, off the job, Electronic Learning, Aufgaben, Erstausbildung, Fortbildung

AUFGABEN

1 Bilden Sie mehrere **Expertengruppen** A, B, C usw. mit je sechs Mitgliedern. Die Gruppe A befasst sich mit den Fragen a) bis e), die Gruppe B mit f) bis j) usw. Tauschen Sie anschließend Ihre Informationen in sechs **Puzzle-Gruppen** aus. Die Puzzle-Gruppen bestehen aus je einem Mitglied jeder Expertengruppe A, B, C usw., dieses berichtet jeweils über die Ergebnisse seiner Expertengruppe. Anschließend beantworten zwei Puzzle-Gruppen im Wechsel die Fragen vor der Klasse und stellen sich der Kritik.

Fragen:
a) Welche Belege und Dokumente sind in der Personalakte enthalten?
b) Welches Recht hat der Arbeitnehmer bezüglich seiner Personalakte?
c) Führen Sie Vorteile und Inhalte der Personalkartei auf.
d) Erläutern Sie Aufgaben und Vorteile von Personalinformationssystemen.
e) Welche Rechte hat der einzelne Arbeitnehmer bezüglich der Erfassung seiner persönlichen Daten?
f) Bei welchen personenbezogenen Daten besteht ein schutzwürdiges Interesse des Betroffenen bzw. kein schutzwürdiges Interesse des Betroffenen?
g) Welche Unternehmen müssen einen Datenschutzbeauftragten bestellen?
h) Beschreiben Sie einige Aufgaben des betrieblichen Datenschutzbeauftragten.
i) Beschreiben Sie einige moderne Arbeitszeitmodelle.
j) Erläutern Sie einige Konfliktsignale und Konfliktlösungsstrategien.
k) Erklären Sie den Begriff Mobbing.
l) Beschreiben Sie den Ablauf eines Konfliktgesprächs.
m) Weshalb sind Rückmeldungen (Feedback) zur Konfliktbewältigung wichtig?
n) Welche Grundsätze der Personalbeurteilung sollten Sie beachten?
o) Nennen Sie Voraussetzungen für den erfolgreichen Einsatz von Beurteilungsverfahren.
p) Schildern Sie die einzelnen Phasen der Beurteilung.
q) Führen Sie beispielhaft einige Beurteilungskriterien auf.
r) Welche Probleme sind mit dem Einsatz standardisierter Beurteilungen verbunden?
s) Welchen Nutzen haben Beratungs- und Fördergespräche für die Beteiligten?
t) Erklären Sie den Begriff Motivation.
u) Erläutern Sie die Bedürfnispyramide Maslows und die Zwei-Faktoren-Theorie von Herzberg.
v) Welcher Zusammenhang besteht zwischen Information und Motivation?
w) Weshalb sollten bei Neuerungen die betroffenen Mitarbeiter aktiv beteiligt werden?

2 Der Personalleiter der TRIAL GmbH, Markus Bundschuh, liest in einer Fachzeitschrift folgenden Artikel:

Experten sehen Notwendigkeit des lebenslangen Lernens

(...) Der Begriff Weiterbildung hat zwar Konjunktur, nicht aber seine Umsetzung als „vierter Bildungsbereich". Weiterbildung ist meist noch ein Privileg für Personen, die am Arbeitsmarkt ohnehin im Vorteil sind. So hat sich jeder dritte Hochschulabsolvent in den letzten Jahren beruflich weitergebildet. Bei den Personen mit Hauptschulabschluss dagegen nicht einmal jeder Zehnte (...) Da heute die Halbwertszeit des erlernten Wissens nur noch wenige Jahre beträgt, ist lebenslanges Lernen notwendig.

a) Weshalb sind berufliche Bildungsmaßnahmen notwendig? Erläutern Sie wesentliche Aufgaben der Personalentwicklung.
b) Begründen Sie die Notwendigkeit lebenslangen Lernens. Weshalb tritt dabei die Vermittlung reinen Fachwissens zunehmend hinter anderen Kompetenzen zurück?
c) Unterscheiden Sie an Beispielen on-the-Job- und off-the-Job-Entwicklungsmaßnahmen.

Lernfeld 4 Personalwirtschaftliche Aufgaben wahrnehmen

d) Diskutieren Sie über die Probleme der Erfolgskontrolle von Personalentwicklungsmaßnahmen.
e) Welchen Nutzen haben regelmäßige Beratungs- und Fördergespräche mit Zielvereinbarungen im Rahmen eines Nachwuchsförderprogramms?

3 Erläutern Sie den Aussagegehalt des folgenden Schaubilds.

Warum Betriebe weiterbilden
Gründe für betriebliche Weiterbildung
Angaben in %

Grund	%
Kompetenzen der Mitarbeiter fördern	92
Steigerung der Wertschöpfung und des Geschäftserfolgs	88
Steigerung der Leistungsfähigkeit u. Produktivität der Mitarbeiter	87
Erhöhung der Motivation und Arbeitszufriedenheit der Mitarbeiter	86
Sicherung der Innovationsfähigkeit des Unternehmens	85
Mitarbeiterbindung	67
Qualifizierungsbedarf durch die Einführung neuer Technologien und/oder veränderter Arbeitsprozesse	65
Erhöhung der Attraktivität des Unternehmens für neue Mitarbeiter	55

Quelle: iw, IAB   Mehrfachnennungen   Stand 2008   © Globus 3262

5 Entgeltabrechnung

PROBLEM

Dreimal Lohn
Monatliche Durchschnittsbeträge je Arbeitnehmer in Euro

Arbeitnehmerentgelt
Diesen Betrag wendet der Betrieb auf
3 101 €

abzgl. Arbeitgeberanteil an den Sozialabgaben =
Bruttoverdienst
Dieser Betrag steht auf der Verdienstabrechnung
2 536 €

abzgl. Lohnsteuer und Arbeitnehmeranteil an den Sozialabgaben =
Nettoverdienst
Dieser Betrag wird überwiesen
1 691 €

Quelle: Statistisches Bundesamt   Stand 2012   © Globus 5597

Viele Arbeitnehmer wissen, was sie verdienen, selten aber, was sie kosten.

1. Betrachten Sie das Schaubild „Dreimal Lohn" und begründen Sie, weshalb die Personalaufwendungen für den Arbeitgeber den Bruttolohn des Arbeitnehmers stark übersteigen.
2. Erklären Sie den Unterschied zwischen Brutto- und Nettoentgelt.
3. Weshalb hängt die Höhe des Nettoentgelts von Familienstand und von der Kinderzahl ab?
4. Angenommen, Sie verdienen nach Ende Ihrer Ausbildung rund 2 000,00 € brutto im Monat. Schätzen Sie Ihr Nettogehalt mithilfe folgender Aufstellung:

Bruttolohn/-gehalt
– Lohn- und Kirchensteuer sowie Solidaritätszuschlag
– Sozialversicherungsbeiträge

Nettoeinkommen

SACHDARSTELLUNG

5.1 Ermittlung des Bruttoentgelts

Mit der **Bruttoabrechnung** wird der Bruttoverdienst für eine Periode (in der Regel ein Monat) ermittelt. Grundlage für die Höhe des Lohns bzw. Gehalts eines Arbeitnehmers ist die Einstufung in den Lohn- bzw. Gehaltsgruppenkatalog des entsprechenden Tarifvertrags. Die Lohn- und Gehaltstafeln enthalten neben der **Tarifgruppe** noch Merkmale wie **Alters-** und **Ortsklassen**, mit deren Hilfe soziale Gesichtspunkte in den Stundenlohn einfließen können.

Mit der Ermittlung des Akkordlohns bzw. der Übernahme des Gehalts ist die Bruttoabrechnung noch nicht beendet. Es müssen noch die Zulagen, Zuschläge, Zuwendungen und Sachbezüge hinzugezählt werden, um den **lohnsteuer- und sozialversicherungspflichtigen Bruttoverdienst** zu erhalten.

Beispiel: Ermittlung des Bruttoverdienstes für Stefanie Binder (TRIAL GmbH)

Akkord-/Zeit-/Prämienlohn, Gehalt	1 900,00 €	laut Lohnschein, Arbeits-, und Tarifvertrag
+ Zulagen	0,00 €	Gefahren-, Schmutz-, Entfernungs-, Bau-, Montagezulage
+ bezahlte Überstunden	60,00 €	Mehrarbeit an Werktagen (25 bis 50 % Zuschlag)
+ steuerfreie Zuschläge (EStG § 3 b)	0,00 €	Nacht- (20 bis 6 Uhr, 25 %), Sonntags- (50 %), Feiertagsarbeit (125 bis 150 %) → maximal 25,00 €/Stunde
= **Regelverdienst**	**1 960,00 €**	
+ steuerpflichtige Zuwendungen	40,00 €	Urlaubs-/Weihnachtsgeld, Arbeitgeberanteil zur Vermögensbildung, Mitarbeiterbeteiligung, Erfindervergütung usw.
+ steuerfreie und sozialversicherungsfreie Zuwendungen (EStG § 3)	0,00 €	Umzugskostenvergütung, Trinkgelder usw.
+ Sachbezüge (EStG §§ 8, 16) (Freigrenze: 44,00 €/Monat)	0,00 €	Entgelte, die nicht in Geld bestehen, z. B. Wohnung, Kost, Waren, Dienstleistungen usw. Die private Nutzung eines Dienstwagens ist für jeden Kalendermonat mit 1 % des Brutto-Listenpreises anzusetzen.
= **Bruttoverdienst**	**2 000,00 €**	
• **lohnsteuerpflichtig:**	2 000,00 €	Lohnsteuer/Kirchensteuer/Solidaritätszuschlag
• **sozialversicherungspflichtig:**	2 000,00 €	Kranken-, Pflege-, Renten-, Arbeitslosenversicherung

5.2 Ermittlung des Nettoentgelts

Wer Mitarbeiter/-innen beschäftigt, muss in der Regel bei der Lohn- bzw. Gehaltszahlung Lohnsteuer, Kirchensteuer und Sozialversicherungsbeiträge abziehen und an die Finanzkasse und die Einzugsstelle der Krankenkasse bzw. Berufsgenossenschaft abführen.

Zur Durchführung der Nettoabrechnung muss der Arbeitgeber für jeden Arbeitnehmer ein **Lohn- bzw. Gehaltskonto** führen (Einkommensteuergesetz – EStG § 41). Es muss folgende Daten enthalten (Lohnsteuer-Durchführungsverordnung – LStDV § 4):

- Vorname und Familienname, Geburtstag, Wohnsitz, Steuerklasse, Zahl der Kinderfreibeträge, Religionsbekenntnis, das zuständige Finanzamt, Zeitpunkt einer Datenänderung.[1]
- Persönlicher Lohnsteuerfreibetrag. Arbeitnehmer, deren jährliche Aufwendungen die Pauschal-Freibeträge (z. B. 1 000,00 € Werbungskosten) um mehr als 600,00 € übersteigen, erhalten diesen Freibetrag vom Finanzamt, wenn sie einen Antrag auf **Lohnsteuer-Ermäßigung** stellen.
- Entgeltzahlungstermin und -zeitraum.

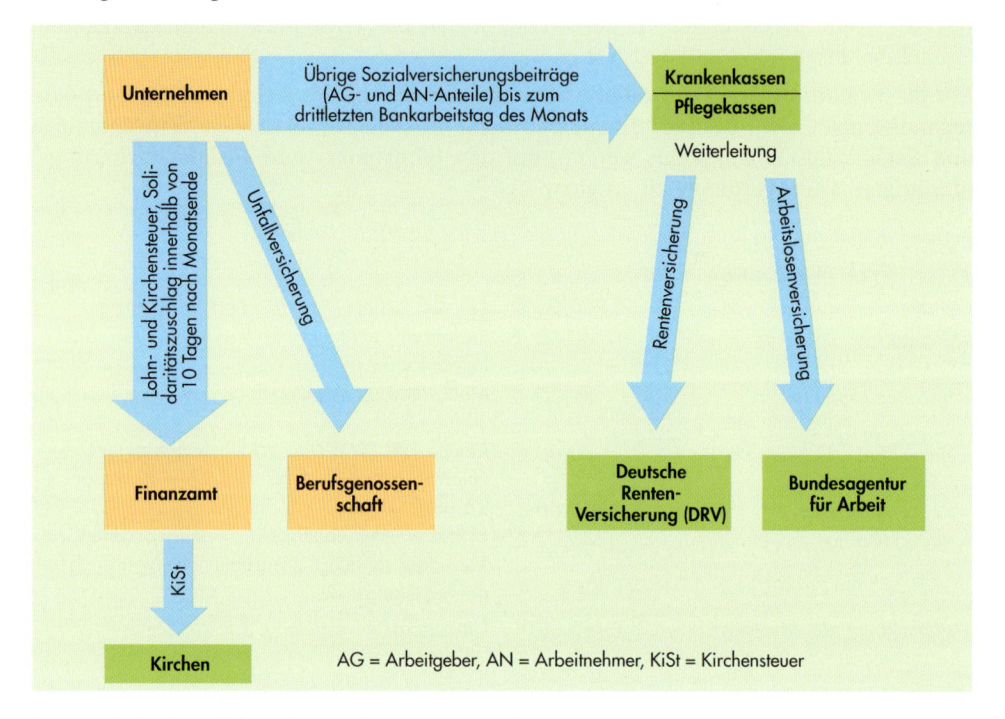

```
Unternehmen
  → Lohn- und Kirchensteuer, Solidaritätszuschlag innerhalb von 10 Tagen nach Monatsende → Finanzamt → KiSt → Kirchen
  → Unfallversicherung → Berufsgenossenschaft
  → Übrige Sozialversicherungsbeiträge (AG- und AN-Anteile) bis zum drittletzten Bankarbeitstag des Monats → Krankenkassen / Pflegekassen
     Weiterleitung:
       → Rentenversicherung → Deutsche Renten-Versicherung (DRV)
       → Arbeitslosenversicherung → Bundesagentur für Arbeit
```

AG = Arbeitgeber, AN = Arbeitnehmer, KiSt = Kirchensteuer

Der Arbeitgeber führt eine elektronische Lohnsteueranmeldung durch und übersendet dem Finanzamt am Ende des Jahres und bei einem Firmenwechsel des Arbeitnehmers eine **elektronische Lohnsteuerbescheinigung**. Diese enthält die elfstellige Steuer-Identifikationsnummer des Arbeitnehmers, mit der das Finanzamt den Arbeitnehmer der Lohnsteuerbescheinigung zuordnen kann.

Der Zahlenteil der Lohn- bzw. Gehaltskonten wird monatlich für alle Arbeitnehmer auf die **Lohn- bzw. Gehaltsliste** übernommen. Die Lohn- bzw. Gehaltsliste ist der **Buchungsbeleg** für die Lohnbuchhaltung.

---

[1] Im Rahmen der Einführung der **el**ektronischen **St**euererklärung **(ELSTER)** erteilte das Bundeszentralamt für Steuern jedem Steuerpflichtigen eine lebenslang gültige elfstellige Steuer-Identifikationsnummer (AO § 139 a). Seit 2011 werden keine Lohnsteuerkarten mehr ausgestellt. Die Arbeitgeber bekommen die Elektronischen Lohnsteuerabzugs-Merkmale **(ELStAM)** mithilfe der Steuer-Identifikationsnummer des Arbeitnehmers über das elektronische **Lohnsteuerverfahren „ElsterLohn II"**. Dem Arbeitnehmer werden seine elektronisch geführten Lohnsteuermerkmale vom Finanzamt bekannt gemacht.

Personalwirtschaftliche Aufgaben wahrnehmen

Lernfeld 4

Vereinfachtes Muster einer (Lohn-)Gehaltsliste (in €)

Gehaltsliste April ..

Name	Brutto-ver-dienst	Steuer-klasse	Kir-chen-steuer	Abzüge								Netto-ver-dienst	Arbeit-geber-anteil zur Sozial-vers.
				Finanzamt			Sozialversicherung				Ge-samt-abzüge		
				Lohn-steuer	SolZ	Kir-chen-steuer 8 %	Kran-ken-vers.	Pflege-vers.	Ren-ten-vers.	Ar-beits-losen-vers.			
Stefanie Binder	2 000	I	8 %	209,66	11,53	16,77	164,00	25,50	189,00	30,00	654,79	1353,54	385,50
Punkte ...													

Ermittlung der Lohnsteuer

Die Höhe der Lohnsteuer hängt von der **Lohnsteuerklasse** ab, in der der Arbeitnehmer nach seinen persönlichen Merkmalen (Alter, Familienstand, Kinderzahl) eingestuft ist.

Das Einkommensteuergesetz unterscheidet in § 38 b und § 39 b insgesamt sechs Steuerklassen, die hier verkürzt wiedergegeben werden:

Übersicht über die Lohnsteuerklassen			
Steuer-klasse	**Personenkreis**	**Pauschalen und Freibeträge**[1]	**2014**[2] **in €**
I	Ledige, verwitwete, geschiedene sowie verheiratete Arbeitnehmer, die **dauernd getrennt** leben.	Grundfreibetrag Arbeitnehmer-Pauschbetrag Sonderausgaben-Pauschbetrag Vorsorgepauschale[3]	8 354,00[5] 1 000,00 36,00 1 900,00
II	Alleinerziehende Arbeitnehmer der Steuerklasse I	Siehe Steuerklasse I Entlastungsbetrag	1 308,00
III	Verheiratete Arbeitnehmer, die nicht dauernd getrennt leben und deren Ehepartner keinen Arbeitslohn beziehen **oder** auf gemeinsamen Antrag in Steuerklasse V eingestuft werden[4].	Grundfreibetrag Arbeitnehmer-Pauschbetrag Sonderausgaben-Pauschbetrag Vorsorgepauschale	16 708,00[5] 1 000,00 36,00 3 000,00
IV	Verheiratete, die **beide Arbeitslohn** beziehen und nicht dauernd getrennt leben.	Grundfreibetrag Arbeitnehmer-Pauschbetrag Sonderausgaben-Pauschbetrag Vorsorgepauschale	8 354,00[5] 1 000,00 36,00 1 900,00

---

[1] Bei Bezug von Kindergeld entfällt der Kinderfreibetrag. Kinderfreibeträge werden deshalb im Regelfall bei der Ermittlung der Lohnsteuer nicht mehr berücksichtigt. Sie erscheinen nur deshalb noch in den Tabellen, weil sie für den Abzug des Solidaritätszuschlages und der Kirchensteuer von Bedeutung sind.
[2] Siehe hierzu Kap. 6.3 Berechnung der Einkommensteuer.
[3] Siehe hierzu Höchstbetragsrechnung im Kap. 6.2 Ermittlung des zu versteuernden Einkommens.
[4] Anstelle der Steuerklassenkombination III/V können Eheleute die Steuerklassenkombination IV-Faktor/IV-Faktor wählen (EStG § 39 f **individuelles Faktorverfahren**). Damit wird erreicht, dass bei dem jeweiligen Ehegatten mindestens die ihm persönlich zustehenden Frei- und Pauschbeträge berücksichtigt werden.
[5] Ab 2014: 8 354,00 € (Verheiratete: 16 708,00 €)

Übersicht über die Lohnsteuerklassen

Steuerklasse	Personenkreis	Pauschalen und Freibeträge[1]	2014[2] in €
V	Arbeitnehmer der Steuerklasse IV, wenn einer der Ehegatten auf **gemeinsamen Antrag** in die Steuerklasse III eingestuft wird[4].	Arbeitnehmer-Pauschbetrag Sonderausgaben-Pauschbetrag Vorsorgepauschale[3]	1 000,00 36,00
VI	Für einen Arbeitnehmer, der gleichzeitig Arbeitslohn von mehreren Arbeitgebern bezieht.		

Der steuerpflichtige Bruttoverdienst wird vor der Berechnung der Lohnsteuer um den **persönlichen Freibetrag** gekürzt. Außerdem werden bei der **Lohnsteuerberechnung** Pauschal-Freibeträge berücksichtigt (Grundfreibetrag, Arbeitnehmer-, Sonderausgaben-Pauschbetrag, Vorsorgepauschale, Entlastungsfreibetrag).

Im Regelfall wird die Lohnsteuer aus der **Monatslohnsteuertabelle** abgelesen. Für erhaltene „sonstige Bezüge" (z. B. Urlaubs-, Weihnachtsgeld, Abfindungen, Jubiläumsgelder, Nachzahlungen) gilt die **Jahreslohnsteuertabelle**. Die **Kirchensteuer** (nur für Konfessionen, die als öffentlich-rechtliche Körperschaft anerkannt sind) errechnet sich aus der Lohnsteuer (8 % von der Lohnsteuer in Bayern und Baden-Württemberg, 9 % in allen übrigen Bundesländern) und kann ebenfalls aus der Lohnsteuertabelle abgelesen werden.

Beispiel: Ermittlung der Steuerabzüge für Stefanie Binder (sie ist 25 Jahre alt)

lohnsteuerpflichtiges Entgelt	2 000,00 €	
– persönlicher Freibetrag	0,00 €	auf der Lohnsteuerkarte (laut Lohnsteuer-Ermäßigungsantrag)
= **Maßgeblicher Betrag für die Lohnsteuer**	2 000,00 €	Ablesen aus der Monats-Lohnsteuertabelle
Lohnsteuer	209,66 €	Lohnsteuerklasse I
Solidaritätszuschlag	11,53 €	5,5 % von der Lohnsteuer
Kirchensteuer	16,77 €	8 % von der Lohnsteuer

Berechnung der Sozialversicherungsbeiträge

Neben der Lohnsteuer sind den Arbeitnehmern die Sozialversicherungsbeiträge abzuziehen, da diese aufgrund gesetzlicher Vorschriften (Sozialgesetzbuch) in folgenden Sozialversicherungszweigen pflichtversichert werden müssen:

---

[1] Bei Bezug von Kindergeld entfällt der Kinderfreibetrag. Kinderfreibeträge werden deshalb im Regelfall bei der Ermittlung der Lohnsteuer nicht mehr berücksichtigt. Sie erscheinen nur deshalb noch in den Tabellen, weil sie für den Abzug des Solidaritätszuschlages und der Kirchensteuer von Bedeutung sind.
[2] Siehe hierzu Kap. 6.3 Berechnung der Einkommensteuer.
[3] Siehe hierzu Höchstbetragsrechnung im Kap. 6.2 Ermittlung des zu versteuernden Einkommens.
[4] Anstelle der Steuerklassenkombination III/V können Eheleute die Steuerklassenkombination IV-Faktor/IV-Faktor wählen (EStG § 39 f **individuelles Faktorverfahren**). Damit wird erreicht, dass bei dem jeweiligen Ehegatten mindestens die ihm persönlich zustehenden Frei- und Pauschbeträge berücksichtigt werden.

Personalwirtschaftliche Aufgaben wahrnehmen

Lernfeld 4

Auszüge aus der Monatslohnsteuertabelle[1] 2014

Monatsentgelt bis €	Steuerklasse	Lohnsteuer	ohne Kinderfreibetrag			mit 1 Kinderfreibetrag		
			SolZ 5,5%	Kirchensteuer 8%	Kirchensteuer 9%	SolZ 5,5%	Kirchensteuer 8%	Kirchensteuer 9%
500,99	I	–	–	–	–	–	–	–
	II	–	–	–	–	–	–	–
	III	–	–	–	–	–	–	–
	IV	–	–	–	–	–	–	–
	V	45,83	–	3,66	4,12	–	–	–
	VI	57,91	–	4,63	5,21	–	–	–
1001,99	I	6,66	–	0,53	0,59	–	–	–
	II	–	–	–	–	–	–	–
	III	–	–	–	–	–	–	–
	IV	6,66	–	0,53	0,59	–	–	–
	V	103,83	4,56	8,30	9,34	–	–	–
	VI	120,08	6,60	9,60	10,80	–	–	–
1502,99	I	94,41	2,68	7,55	8,49	–	–	–
	II	68,58	–	–	–	–	–	–
	III	–	–	–	–	–	–	–
	IV	94,41	2,68	7,55	8,49	–	2,46	2,77
	V	267,16	14,69	21,37	24,04	–	–	–
	VI	303,41	16,68	24,27	27,30	–	–	–
2000,99	I	209,66	11,53	16,77	18,86	–	5,05	5,69
	II	180,83	–	–	–	–	3,24	3,64
	III	26,33	–	2,10	2,36	–	–	–
	IV	209,66	11,53	16,77	18,86	7,73	10,70	12,04
	V	436,16	23,98	34,89	39,25	–	–	–
	VI	467,33	25,70	37,38	42,05	–	–	–
2501,99	I	329,66	18,13	26,37	29,66	9,29	13,52	15,21
	II	298,25	–	–	–	7,75	11,28	12,69
	III	113,66	–	9,09	10,22	–	0,64	0,72
	IV	329,66	18,13	26,37	29,66	13,58	19,76	22,23
	V	599,83	32,99	47,48	54,25	–	–	–
	VI	635,00	34,92	50,80	57,15	–	–	–
3002,99	I	459,91	25,29	36,79	41,39	15,69	22,83	25,68
	II	425,91	–	–	–	14,02	20,39	22,94
	III	221,16	11,83	17,69	19,90	–	6,97	7,84
	IV	459,91	25,29	36,79	41,39	20,36	29,62	33,32
	V	779,16	42,85	62,33	70,12	–	–	–
	VI	815,41	44,94	65,23	73,38	–	–	–
4502,99	I	926,00	50,93	74,08	83,34	38,99	56,72	63,81
	II	884,08	–	–	–	36,87	53,64	60,34
	III	572,50	31,48	45,80	51,52	22,66	32,96	37,08
	IV	926,00	50,93	74,08	83,34	44,83	65,21	73,36
	V	1 336,58	73,51	106,92	120,29	–	–	–
	VI	1 372,83	75,50	109,82	123,55	–	–	–
6000,00	I	1 514,25	83,28	121,14	136,28	69,79	101,52	114,21
	II	1 468,50	–	–	–	67,27	97,85	110,08
	III	1 002,83	55,15	80,22	90,25	45,07	65,56	73,75
	IV	1 514,25	83,28	121,14	136,28	76,53	111,32	125,24
	V	1 934,41	106,39	154,75	174,09	–	–	–
	VI	1 970,66	108,38	157,65	177,35	–	–	–

(Quelle: Stollfuß Tabellen, Gesamtabzug 2014, Monat, Allgemeine Tabelle, 98. Auflage, Stollfuß Medien, Bonn 2014, T 5, 8, 17, 27, 37, 47, 78)

[1] Allg. Lohnsteuertabelle mit der vollen Vorsorgepauschale für sozialversicherungspflichtige Arbeitnehmer

Lernfeld 4 — Personalwirtschaftliche Aufgaben wahrnehmen

Versicherungszweig	Beitragssatz[1]		Beitragsbemessungsgrenze[1]
	Arbeitnehmer	Arbeitgeber	
Krankenversicherung, z. B. 14,60 %, die Krankenkassen dürfen auf den Arbeitnehmeranteil von 7,3 % einen Zusatzbeitrag (z. B. 0,9 %-Punkte) erheben.	8,20	7,30 %	4 050,00 € pro Monat (alte und neue Bundesländer)
Pflegeversicherung, einheitlich 2,05 %, 23- bis 64-jährige Arbeitnehmer ohne Kinder zusätzlich 0,25 % allein	1,025 % bzw. 1,275 %	1,025 %[2]	
Rentenversicherung, einheitlich 18,9 %	9,45 %	9,45 %	5 950,00 € pro Monat (neue Bundesländer: 5 000,00 € pro Monat)
Arbeitslosenversicherung, einheitlich 3,0 %	1,50 %	1,50 %	
Gesamtversicherungsbeitrag • Versicherte mit Kindern • 23- bis 64-Jährige ohne Kinder	20,175 % 20,425 %	19,275 %	

Die Höhe des Sozialversicherungsbeitrags ist abhängig von

- der Höhe des **sozialversicherungspflichtigen Bruttoentgelts** (im Regelfall entspricht dieses dem steuerpflichtigen Bruttoentgelt, jedoch ist der persönliche Lohnsteuer-Freibetrag gemäß Lohnsteuer-Ermäßigungsantrag in der Sozialversicherung nicht beitragsfrei),
- der **Beitragsgruppe der Sozialversicherung**.

Beispiel: Ermittlung der Beiträge zur Sozialversicherung für Stefanie Binder (Angestellte)

Sozialversicherungspflichtiges Entgelt	2 000,00 €	Sozialversicherungstabelle
Krankenversicherung[3] (Arbeitnehmeranteil)	164,00 €	Beitragsgruppe 1000
Pflegeversicherung (Arbeitnehmeranteil)	25,50 €[4]	Beitragsgruppe 0001
Rentenversicherung (Arbeitnehmeranteil)	189,00 €	Beitragsgruppe 0100
Arbeitslosenversicherung (Arbeitnehmeranteil)	30,00 €	Beitragsgruppe 0010
Sozialversicherung (Arbeitnehmeranteil)	408,50 €	Beitragsgruppe 1111

---

[1] Stand: 2013. Ab der **Beitragsbemessungsgrenze** bleibt der €-Betrag des Beitrags unverändert (Höchstbeitrag). Siehe auch Jahrgangsstufe 1, LF10, Kap. 8.2 Wesentliche Leistungen der Sozialversicherung.

[2] Um die Arbeitgeber für ihren 50%igen Beitragsanteil zu entschädigen, wurden in allen Bundesländern (Ausnahme: Sachsen) der Buß- und Bettag bzw. der Pfingstmontag als Feiertag abgeschafft. In Sachsen zahlen die Arbeitnehmer den vollen Beitrag für die ersten 1 %; an den restlichen 1,05 % beteiligen sich die Arbeitgeber zur Hälfte; dafür wurde hier kein Feiertag abgeschafft. Wer keine Kinder hat und mindestens 23 Jahre und noch nicht 67 Jahre alt ist, zahlt statt 1,025 % (Arbeitnehmeranteil) jetzt 1,275 % (Ausnahme Sachsen: 1,525 % bzw. 1,775 %).

[3] Beitragssatz Arbeitnehmer: 8,20 %/Arbeitgeber 7,30 %

[4] Siehe Fußnote 2.

Beispiel: Ermittlung des Nettoverdienstes für Stefanie Binder

Bruttoverdienst	**2 000,00 €**
– Lohnsteuer	209,66 €
– Kirchensteuer	16,77 €
– Solidaritätszuschlag[1]	11,53 €
– Sozialversicherung	408,50 €
= Nettoverdienst	**1 353,54 €**

Ermittlung des auszuzahlenden Betrags

Der Nettoverdienst entspricht in der Regel nicht dem Betrag, den der Arbeitnehmer auf sein Konto gutgeschrieben bekommt.

Beispiel: Ermittlung des auszuzahlenden Betrags für Stefanie Binder

Nettoverdienst	**1 353,54 €**	
– vermögenswirksame Leistungen	40,00 €	Überweisung auf Vermögensbildungskonto des Arbeitnehmers
– Vorschuss/Abschlagszahlungen	0,00 €	Rückzahlung/Verrechnung
– sonstige Abzüge	0,00 €	Gewerkschaftsbeitrag, Betriebswohnungsmiete, Lohnpfändung usw.
= Auszuzahlender Betrag	**1 313,54 €**	

Als Abrechnungsbeleg erhält jeder Arbeitnehmer eine **vereinfachte Entgeltabrechnung**. Als sehr wirtschaftlich hat sich die Ausgliederung der Lohn- und Gehaltsabrechnung auf ein **Service-Rechenzentrum** erwiesen. Dieses übernimmt die umfangreichen Berechnungen nach dem neuesten Stand der gesetzlichen Vorschriften und erstellt alle Unterlagen für Finanzamt, Krankenkasse usw. unterschriftsfertig. Alle zusätzlichen Auswertungen können individuell abgerufen werden.

---

[1] Seit 1995 wird in den alten und neuen Bundesländern ein **Solidaritätszuschlag** erhoben, der den Aufbau der neuen Bundesländer beschleunigen helfen soll. Der Solidaritätszuschlag beträgt seit 1998 5,5 % von der Lohn- bzw. Einkommen-, Kapitalertrag- und Körperschaftsteuer. Der Solidaritätszuschlag kann erst am Ende des Jahres endgültig festgesetzt werden, wenn das zu versteuernde Einkommen (siehe LF4, Kap. 6.3 Berechnung der Einkommensteuer) und damit die festzusetzende Einkommensteuer feststeht. Der Arbeitgeber muss jedoch bereits während des Jahres beim Lohnsteuerabzug den Solidaritätszuschlag einbehalten und auf der Lohnsteuerbescheinigung ausweisen. Bis zu einer Jahreslohnsteuer von 972,00 € (Verheiratete: 1944,00 €) muss kein Solidaritätszuschlag abgeführt werden (SolZG § 3).

Lernfeld 4

Personalwirtschaftliche Aufgaben wahrnehmen

Beispiel: Vereinfachte Entgeltabrechnung für die Mitarbeiterin Stefanie Binder

Abrechnung der Brutto-Netto-Bezüge für den Monat März								Blatt: 1
Perso-nal-Nr.	Name, Vorname	Eintritt	Abt.-Nr.	KK-Nr.	St.-Kl.	Kinder-zahl	Sozialvers.-Schlüssel	Freibetrag
630007	Stefanie Binder	02.05.2005	143	01	1	0	1211	0
			Bezahlte Zeit Stunden	% Zuschlag		Faktor		Bruttobetrag (€)
01	Gehalt							1 900,00
08	Überstunden		4	25		12,0		60,00
42	VWL							40,00
Steuer-Brutto	Soz.vers.-Brutto							Gesamt-Brutto
2 000,00	2 000,00							2 000,00
Lohn-steuer	Kirchen-steuer	Sol.-Beitrag	Pflege-vers.	Kranken-vers.	Renten-vers.	Arb.losen-vers.		Gesamtabzüge
209,66	16,77	11,53	25,50	164,00	189,00	30,00		646,46
								Nettoverdienst
							Nettoentgelt	1353,54
							– VWL	40,00
							Auszahlung	1313,54

5.3 Entgeltbuchungen

In Branchen ohne Entgelt-Rahmen-Abkommen werden bei der Entgeltabrechnung noch die Begriffe Lohn und Gehalt verwendet. Dabei wird als **Lohn** das Bruttoentgelt der gewerblichen Arbeiter und als **Gehalt** das Bruttoentgelt der kaufmännischen und technischen Angestellten bezeichnet.

Vom Bruttoverdienst behält der Arbeitgeber zum Zeitpunkt der Entgeltzahlung die Lohnsteuer, die Kirchensteuer, den Solidaritätsbeitrag und die Beiträge zu Sozialversicherungen (Renten-, Kranken-, Arbeitslosen- und Pflegeversicherung) ein. Zusätzlich sind die Arbeitgeberanteile zu den Sozialversicherungen abzuführen.

Dabei werden die folgenden Konten verwendet:

Bruttoentgelte	620	**Löhne** im Soll
	630	**Gehälter** im Soll
Einbehaltene Steuern	483	**Sonstige Verbindlichkeiten gegenüber Finanzbehörden** (kurz: Verb. FB) im Haben
Einbehaltene Sozialversicherungen	484	**Verbindlichkeiten gegenüber Sozialversicherungsträgern** (kurz: Verb. SV) im Haben
Arbeitgeberanteile zur Sozialversicherung	640	**Arbeitgeberanteil zur Sozialversicherung** (kurz: AG-Anteil SV) im Soll

Vermögenswirksame Leistungen und deren Buchung

Viele Arbeitgeber unterstützen ihre Arbeitnehmer bei der Vermögensbildung nach dem Fünften Vermögensbildungsgesetz. Sie zahlen freiwillig oder auf Basis eines Tarifvertrags zwischen 6,65 € und 40,00 € für vermögenswirksame Leistungen (vwL) zum Regelentgelt hinzu. Der *Arbeitgeberzuschuss zu den vwL* wird auf dem Konto **649 Aufwendungen für Unterstützung** (kurz: Af Unterstützung) gebucht.

Personalwirtschaftliche Aufgaben wahrnehmen — Lernfeld 4

Die vwL werden vom Arbeitgeber direkt auf die vom Arbeitnehmer benannten Anlagekonten überwiesen. Je nach Anlageform muss bzw. kann der Arbeitnehmer selbst etwas hinzuzahlen. Der Arbeitgeber behält den Arbeitgeber- und Arbeitnehmeranteil zunächst ein und überweist anschließend den einbehaltenen Betrag an die Anlagekonten seiner Arbeitnehmer.

Arbeitgeberzuschuss zu den vwL des AN	649 Aufwendungen für Unterstützung (kurz Af Unterstützung) im Soll
Einbehaltener Gesamtbetrag der vwL	486 Verbindlichkeiten aus vermögenswirksamen Leistungen (kurz Verb. vwL) im Haben

Nach dem *Fünften Vermögensbildungsgesetz* werden vermögenswirksame Leistungen mit einer Arbeitnehmersparzulage vom Staat gefördert. Die förderfähigen langfristigen Sparformen sind vom Gesetzgeber vorgegeben.

Staatliche Förderung der Vermögensbildung

Grundlage	Geförderter Personenkreis	Art und Höhe der Förderung
Fünftes Vermögensbildungsgesetz (5. VermBG)	• Personen mit jährlichen Einkünften aus nichtselbstständiger Arbeit bis 20 000,00 € pro Jahr (Verheiratete bis 40 000,00 €) • Personen mit jährlichen Einkünften aus nichtselbstständiger Arbeit bis 17 900,00 € pro Jahr (Verheiratete bis 35 800,00 €)	Arbeitnehmersparzulage: • 20 % von höchstens 400,00 € pro Jahr für Sparbeiträge aufgrund eines Sparvertrags über Wertpapiere oder andere Vermögensbeteiligungen • 9 % von höchstens 470,00 € pro Jahr für Sparbeiträge in eine Anlage für wohnungswirtschaftliche Zwecke (z. B. Bausparvertrag)
Wohnungsbau-Prämiengesetz (WoPG)	Personen ab dem 16. Lebensjahr mit einem jährlichen zu versteuernden Einkommen bis 25 600,00 € (Verheiratete 51 200,00 €)	Wohnungsbauprämie: 8,8 % von höchstens 512,00 € pro Jahr für Sparbeiträge in eine Anlage für wohnungswirtschaftliche Zwecke (z. B. Bausparvertrag)

Zeitlicher Ablauf der Entgeltbuchungen

Die Entgeltbuchungen erfolgen in vier Schritten:

1. Schritt:
Buchung der Gesamtsozialversicherungsvorauszahlung

Am *drittletzten Bankarbeitstag* des laufenden Monats wird der *Gesamtsozialversicherungsbeitrag* (Arbeitgeber- und Arbeitnehmeranteil) geschätzt. Dieser wird mit dem Restbetrag bzw. Erstattungsanspruch aus dem Vormonat verrechnet. Daraus ergibt sich die **Gesamt-Sozialversicherungsvorauszahlung**, die an die Krankenkasse überwiesen wird. Als Verrechnungskonto dient das Konto 484 Verbindlichkeiten gegenüber Sozialversicherungsträgern (alternativ: 264 Sonstige Forderungen gg. Sozialversicherungsträger).

Lernfeld 4 — Personalwirtschaftliche Aufgaben wahrnehmen

Beispiel
Berechnungen für den Monat April:

Geschätzte Sozialversicherungsbeiträge (Arbeitnehmeranteil)	22 000,00 €
Geschätzter Sozialversicherungsbeitrag (Arbeitgeberanteil)	20 000,00 €
= Geschätzter Gesamtsozialversicherungsbeitrag für den April	42 000,00 €
+ Restbeitrag aus dem März (Vormonat)	+ 2 000,00 €
= Gesamtsozialversicherungsvorauszahlung für den April	44 000,00 €

Buchung am 28. April (drittletzter Bankarbeitstag):

| 484 Verb. SV | 44 000,00 € | an 280 Bank | 44 000,00 € |

2. Schritt:
Buchung der Entgeltauszahlung mit den tatsächlichen Sozialversicherungsbeiträgen

Am letzten Arbeitstag des laufenden Monats erfolgt die Buchung des auszuzahlenden Entgelts unter Einbehaltung der Steuern und der **tatsächlichen** Arbeitnehmeranteile zur Sozialversicherung. Gleichzeitig wird auch der **tatsächliche** Arbeitgeberanteil zur Sozialversicherung gebucht. Die meisten Arbeitgeber gewähren ihren Mitarbeitern zusätzlich zum Bruttoentgelt einen Zuschuss, wenn diese vermögenswirksam sparen.

Beispiel
Berechnungen für den Monat April:

Summe der Bruttolöhne	25 000,00 €
Summe der Bruttogehälter	75 000,00 €
+ Arbeitgeberzuschuss für vwL der AN	+ 1 560,00 €
= Steuer- und sozialversicherungspflichtiges Entgelt	101 560,00 €
– Lohnsteuer, Kirchensteuer, Solidaritätsbeitrag	– 21 000,00 €
– Tatsächliche Sozialversicherungsbeiträge (AN-Anteile)	– 21 800,00 €
= Summe der Nettoentgelte	58 760,00 €
– Vermögenswirksame Anlagen der Arbeitnehmer	– 2 400,00 €
= Auszahlung	56 360,00 €
Tatsächlicher Sozialversicherungsbeitrag (Arbeitgeberanteil)	19 400,00 €

Buchungen am 30. April (letzter Arbeitstag des Monats):

620 Löhne	25 000,00 €	an 483 Verb. FB	21 000,00 €
630 Gehälter	75 000,00 €	an 484 Verb. SV	21 800,00 €
649 Af Unterstützung	1 560,00 €	an 486 Verb. vwL	2 400,00 €
		an 280 Bank	56 360,00 €

Buchung des Arbeitgeberanteils zur Sozialversicherung am 30. April:

| 640 AG-Anteil SV | 19 400,00 € | an 484 Verb. SV | 19 400,00 € |

3. Schritt:
Bankeinzug der abzuführenden Steuern und Überweisung der vwL

Spätestens am *10. Kalendertag des Folgemonats* müssen die Lohnsteuer, die Kirchensteuer und der Solidaritätsbeitrag ans Finanzamt abgeführt werden. Die vermögenswirk-

Personalwirtschaftliche Aufgaben wahrnehmen

Lernfeld 4

samen Leistungen der Arbeitnehmer werden spätestens an diesem Tag auf die Anlagekonten der Arbeitnehmer überwiesen.

Beispiel
Abführung der Steuern und Überweisung der vwL für den Monat April am 10. Kalendertag des Folgemonats:

483 Verb. FB	21 000,00 €		
486 Verb. vwL	2 400,00 €	an 280 Bank	23 400,00 €

4. Schritt:
Berechnung des SV-Restbeitrags bzw. SV-Erstattungsbetrags und Überweisung des Gesamt-Sozialversicherungsbeitrags für den Folgemonat

Im folgendem Monat (hier: Mai) wird der am drittletzten Bankarbeitstag (hier: 29. Mai) geschätzte Sozialversicherungsbeitrag (der nicht mit dem tatsächlichen Sozialversicherungsbeitrag übereinstimmen muss – z. B. wegen zusätzlich geleisteter Überstunden) mit dem Restbeitrag bzw. dem Erstattungsanspruch aus dem Vormonat (hier: April) verrechnet.

Beispiel
Berechnung des Restbeitrags bzw. Erstattungsbetrags:

= Geschätzter Gesamt-Sozialversicherungsbeitrag (April)	42 000,00 €
− Tatsächlicher Sozialversicherungsbeitrag AN-Anteil (April)	21 800,00 €
− Tatsächlicher Sozialversicherungsbeitrag AG-Anteil (April)	19 400,00 €
= Erstattungsbetrag aus dem April für die Mai-Buchung (bei negativer Differenz handelt es sich um einen Restbeitrag)	800,00 €

Für den Monat Mai ergäbe sich folgende Gesamtversicherungsvorauszahlung:

Geschätzter Gesamt-Sozialversicherungsbeitrag für den Mai	45 000,00 €
− Erstattungsbetrag aus dem April (Vormonat)	− 800,00 €
= Gesamt-Sozialversicherungsvorauszahlung für den Mai	44 200,00 €

Buchung am 29. Mai (drittletzter Bankarbeitstag):

484 Verb. SV	44 200,00 €	an 280 Bank	44 200,00 €

Buchung von Vorschüssen

Es kommt vor, dass ein Arbeitnehmer mit der Zahlung einer fälligen Rechnung für eine größere Anschaffung (z. B. Auto-, Möbelkauf) nicht bis zum Zahltag seines Entgelts warten kann. Er kann in diesem Fall seinen Arbeitgeber um eine vorzeitige Barauszahlung eines Teils seines Entgelts bitten. Dieser **Vorschuss** stellt aus der Sicht des Arbeitgebers eine **Forderung an Mitarbeiter** dar. Diese Forderung wird mit der Auszahlung des Entgelts am Monatsende verrechnet.

Beispiel
Der Mitarbeiter (= MA) Bernd Loser erhält am 20. Mai einen Vorschuss in Höhe von 500,00 € in bar, der am Monatsende mit der Entgeltauszahlung verrechnet wird.

Lernfeld 4

Personalwirtschaftliche Aufgaben wahrnehmen

1. Auszahlung des Barvorschusses

| 265 Ford. an Mitarbeiter | 500,00 € | an 282 Kasse | 500,00 € |

2. Verrechnung mit der Entgeltauszahlung am Monatsende

| 630 Gehälter | 2 500,00 € | an 265 Ford. an MA | 500,00 € |
| | | an 280 Bank | 2 000,00 € |

Weitere Konten im Zusammenhang mit Buchungen im Personalbereich:

Beiträge zur Unfallversicherung	642 Beiträge zur Berufsgenossenschaft im Soll
Beiträge zu Altersvorsorge-einrichtungen	644 Aufwendungen für Altersversorgung im Soll
Unterstützung sozialer Betriebseinrichtungen	649 Aufwendungen für Unterstützung im Soll

ZUSAMMENFASSUNG

Vom Bruttoentgelt zum auszuzahlenden Betrag	
Grundentgelt	gemäß Lohnscheinen, Arbeits-, Tarifvertrag
+ Zulagen	für Gefahren, Schmutz, Montage usw.
+ Überstunden	bezahlte Mehrarbeit mit Zuschlägen
+ Zuschläge	steuerfreie Nacht-, Sonn-, Feiertagsarbeit
= Regelentgelt	
+ Zuwendungen	steuerpflichtige und steuerfreie Zuwendungen
+ Sachbezüge	verbilligte Mahlzeiten, Kfz-Gestellung usw.
= Bruttoentgelt	
– Lohnsteuer	gemäß Lohnsteuerklasse und -tabelle
– Solidaritätszuschlag	5,5 % von der Lohnsteuer
– Kirchensteuer	8 % bzw. 9 % von der Lohnsteuer
– Rentenversicherung	1/2 · 18,9 % vom Bruttoentgelt
– Krankenversicherung	1/2 · 14,60 % vom Bruttoentgelt (AN + 0,9 %-Punkte)
– Pflegeversicherung	1/2 · 2,05 % vom Bruttoentgelt bzw. 1,275 %
– Arbeitslosenversicherung	1/2 · 3,0 % vom Bruttoentgelt
= Nettoentgelt	
– vwL	Vermögenswirksame Leistungen (AN)
– Vorschüsse	Verrechnung von Abschlagszahlungen
– sonstige Abzüge	Gewerkschaftsbeitrag, Lohnpfändung usw.
= Auszuzahlender Betrag	Überweisung auf das Gehaltskonto des AN

Zeitlicher Ablauf der Entgeltbuchungen

1. Am drittletzten Bankarbeitstag des Monats:

Berechnungen	Buchungen
Geschätzter Gesamt-Sozialversicherungsbeitrag – Erstattungsbetrag/+ Restbetrag (Vormonat) = Gesamt-Sozialversicherungsvorauszahlung	Gesamt-Sozialversicherungsvorauszahlung: 484 Verb. SV an 280 Bank

Personalwirtschaftliche Aufgaben wahrnehmen

Lernfeld 4

2. Am letzten Arbeitstag des Monats:

Berechnungen	Buchungen	
Bruttolöhne Bruttogehälter + AG-Zuschuss für vwL	620 Löhne 630 Gehälter 649 Af Unterstützung	
− Lohn-, Kirchensteuer-, Solidaritätszuschlag − tatsächliche SV-Beiträge (Arbeitnehmeranteil) − vermögenswirksame Anlagen der AN		an 483 Verb. FB an 484 Verb. SV an 486 Verb. vwL
= Nettoentgelte bzw. Auszahlungsbetrag		an 280 Bank
Arbeitgeberanteil zur SV	640 AG-Anteil zur SV	an 484 Verb. SV

3. Am 10. Kalendertag des Folgemonats:

Berechnungen	Buchungen	
Abbuchung der Steuern und vwL	483 Verb. FB 486 Verb. vwL	an 280 Bank

4. Am drittletzten Bankarbeitstag des Folgemonats:

Berechnungen	Buchungen
Geschätzter Gesamt-Sozialversicherungsbeitrag − Erstattungsbetrag/+ Restbeitrag (Vormonat) = Gesamt-Sozialversicherungsvorauszahlung	Gesamt-Sozialversicherungsvorauszahlung: 484 Verb. SV an 280 Bank

---

AUFGABEN

1 Bilden Sie mehrere Arbeitsgruppen. Schreiben Sie die Fragen a) bis j) auf Kärtchen (eine Frage pro Kärtchen). Beantworten Sie in den Gruppen die Fragen und schreiben Sie die Lösungen auf das jeweilige Kärtchen. Veranstalten Sie in Ihrer Gruppe ein Frage-Antwort-Spiel (wer die meisten Kärtchen gewinnt, ist Gruppensieger). Die Gruppensieger können anschließend den Klassensieger des **Gruppenturnier** unter sich ausspielen.

Fragen:
a) Erläutern Sie die einzelnen Lohnbestandteile des Bruttoverdienstes.
b) Welche Daten muss das Lohn- bzw. Gehaltskonto enthalten?
c) Unterscheiden Sie zwischen Gehaltskonto und Gehaltsliste.
d) Welche Freibeträge sind in der Lohnsteuertabelle eingearbeitet?
e) Wovon hängt die Höhe der Lohnsteuer ab?
f) Erläutern Sie die sechs Lohnsteuerklassen.
g) Wovon hängt die Höhe des Sozialversicherungsbeitrags ab?
h) Erklären Sie den Begriff Beitragsbemessungsgrenze.
i) Unterscheiden Sie zwischen Brutto-, Nettoverdienst und auszuzahlendem Betrag.
j) Geben Sie wesentliche Inhalte der Verdienstabrechnung des Arbeitnehmers an.

2 In welcher Lohnsteuerklasse sind folgende Arbeitnehmer eingruppiert?
a) Karl Greiner, ledig, 40 Jahre alt, ein Kind
b) Regina Reiber, ledig, 25 Jahre alt, verlobt
c) Bernd Nuber, verheiratet, 30 Jahre alt, zwei Kinder, Ehefrau ist Hausfrau
d) Nesrin Özal, verheiratet, ein Kind, Ehemann Murat Özal ist auch Arbeitnehmer

e) Murat Özal verdient ungefähr das Doppelte wie seine Frau Nesrin
f) Yvonne Nusser, ledig, ein Kind, 20 Jahre alt, hat zwei Teilzeitjobs bei verschiedenen Arbeitgebern.

3 Auszug aus der Lohn- und Gehaltsliste der Weller KG:

Nr.	Name	Bruttoentgelt	Sonstige Hinweise
1	T. Möller	3 000,00 €	Alleinstehend, 26 Jahre alt, kinderlos
2	R. Miller	2 000,00 €	Alleinstehend, 30 Jahre alt, kinderlos, R. Miller hat sich einen persönlichen Freibetrag in Höhe von 6 000,00 € (monatlich 500,00 €) mit einem Antrag auf Lohnsteuerermäßigung in seinen elektronischen Lohnsteuerabzugsmerkmalen (ELStAM) anerkennen lassen
3	E. Klein	2 500,00 €	Verheiratet, 28 Jahre alt, 1 Kind, Ehepartner ist in Steuerklasse IV/0
4	T. Kraft	6 000,00 €	Verheiratet, 35 Jahre alt, 1 Kind, Ehepartner ist nicht erwerbstätig

a) Ermitteln Sie die Steuerabzüge (Auszüge aus der Monatslohnsteuer-Tabelle siehe auf Seite 179).
b) Ermitteln Sie die Sozialversicherungsabzüge. (Die Arbeitnehmer sind in allen Zweigen der Sozialversicherung versichert, Beitragssatz der Krankenkasse: 15,50 %, davon Arbeitnehmer: 8,20 %, Arbeitgeber: 7,30 %.)
c) Erstellen Sie für die vier Arbeitnehmer die Gehalt-Sabrechnungen, aus denen Bruttogehalt, Nettogehalt und auszuzahlender Betrag sichtbar sind.
Hinweis:
Nur R. Miller erhält eine vermögenswirksame Leistung. Der Arbeitgeberanteil beträgt 27,00 € und ist im obigen Bruttogehalt bereits enthalten. Der Arbeitgeber überweist monatlich jeweils 40,00 € auf das Vermögensbildungskonto des Arbeitnehmers.

4 a) Gehen Sie von der Entgeltabrechnung aus Aufgabe 3 aus. Berechnen Sie die Gesamtsummen des Bruttoentgelts, der vwL, der Steuern und Sozialversicherungen für alle vier Mitarbeiter.
b) Bilden Sie den Buchungssatz für die geschätzte Gesamt-Sozialversicherungsvorauszahlung für den laufenden Monat (4 800,00 €). Außerdem ist ein Erstattungsbetrag aus dem Vormonat in Höhe von 145,00 € zu beachten.
c) Bilden Sie die Buchungssätze für die Gehaltszahlung einschließlich Arbeitgeberanteil zur Sozialversicherung und vermögenswirksamen Leistungen.
d) Buchen Sie die Abführung der Steuern an das Finanzamt am 10. des Folgemonats und die Überweisung der vermögenswirksamen Leistungen.
e) Berechnen Sie den SV-Restbeitrag bzw. SV-Erstattungsbetrag, der im Folgemonat zu verrechnen ist.

5 a) Bilden Sie den Buchungssatz für die geschätzte Gesamt-Sozialversicherungsvorauszahlung am 29. Juli (8 400,00 €). Außerdem ist ein SV-Restbeitrag vom Juni in Höhe von 1 000,00 € zu beachten.
b) Bilden Sie die Buchungssätze für die Lohnzahlung einschließlich Arbeitgeberanteil zur Sozialversicherung und vermögenswirksamen Leistungen.

	Abzüge		
Regelgehälter	Steuern	SV (AN-Anteile)	SV (AG-Anteil)
23 170,00	3 900,00	4 750,00	4 590,00

Personalwirtschaftliche Aufgaben wahrnehmen **Lernfeld 4**

Vermögenswirksame Leistungen: Zuschuss des Arbeitgebers: 312,00 €, Überweisung auf die Anlagekonten der Arbeitnehmer: 480,00 €

c) Buchen Sie die Abführung der Steuern an das Finanzamt am 10. des Folgemonats und die Überweisung der vermögenswirksamen Leistungen.
d) Berechnen Sie den SV-Restbeitrag bzw. SV-Erstattungsbetrag, der im Folgemonat zu verrechnen ist.

6 a) Bilden Sie den Buchungssatz für die geschätzte Gesamt-Sozialversicherungsvorauszahlung am 29. Oktober (21 500,00 €). Außerdem ist ein SV-Erstattungsbetrag aus dem Vormonat in Höhe von 2 100,00 € zu beachten. Am 15. Oktober wurde ein Barvorschuss in Höhe von 1 000,00 € an einen Mitarbeiter ausgezahlt.
b) Bilden Sie die Buchungssätze für die Gehaltszahlung einschließlich Arbeitgeberanteil zur Sozialversicherung und vermögenswirksamen Leistungen. Berücksichtigen Sie dabei die Verrechnung des Vorschusses mit der Gehaltsauszahlung.

Regelgehälter	Abzüge		
	Steuern	SV (AN-Anteile)	SV (AG-Anteil)
50 200,00	9 700,00	10 250,00	9 950,00

Vermögenswirksame Leistungen: Zuschuss des Arbeitgebers: 650,00 €, Überweisung auf die Anlagekonten der Arbeitnehmer: 1 000,00 €

c) Buchen Sie die Abführung der Steuern, die Überweisung der vermögenswirksamen Leistungen und die Abführung der Unfallversicherung an die Berufsgenossenschaft (= 1,5 % der Bruttoentgeltsumme).
d) Berechnen Sie den SV-Restbeitrag bzw. SV-Erstattungsbetrag, der im Folgemonat zu verrechnen ist.

Unter BuchPlusWeb finden Sie weitere Inhalte speziell zum Thema Entgeltabrechnung.

6 Einkommensteuererklärung eines Arbeitnehmers

PROBLEM

„Brav, Cäsar, brav! Schön knurr-knurr gemacht! Braver Hund!"

(Abbildung: Jupp Wolter (Künstler), Haus der Geschichte, Bonn)

Weshalb lassen sich viele Bundesbürger ihre zu viel bezahlte Lohnsteuer nicht zurückerstatten?

SACHDARSTELLUNG

6.1 Einkommensteuerpflicht und Erhebungsformen

Natürliche Personen, die im Inland einen Wohnsitz oder ihren gewöhnlichen Aufenthalt haben, sind **unbeschränkt** einkommensteuerpflichtig (EStG § 1). Unbeschränkt heißt, dass sowohl die inländischen als auch die ausländischen Einkünfte der Einkommensteuer unterliegen. Personen mit ausländischem Wohnsitz sind nur mit ihren inländischen Einkünften **(beschränkt)** steuerpflichtig (EStG § 49).

Besondere Erhebungsformen der Einkommensteuer sind die **Lohnsteuer** und die **Kapitalertragsteuer** (seit 2009 als **Abgeltungsteuer**). Letztere sind **Abzugsteuern**, weil sie bereits an der Einkunftsquelle einbehalten und abgeführt werden. Zur Vermeidung einer Doppelbesteuerung werden diese Abzugsteuern auf Antrag auf die Einkommensteuerschuld des Steuerpflichtigen angerechnet.

Da die Lohnsteuerberechnung nicht alle individuellen Daten des Arbeitnehmers berücksichtigen kann (nur Pauschal-Freibeträge sind eingearbeitet), wird in der Regel zu viel Lohnsteuer einbehalten. Daher kann der Arbeitnehmer eine Einkommensteuererklärung abgeben. Für diese **Antragsveranlagung** (früher Lohnsteuerjahresausgleich genannt) kann er sich vier Jahre lang Zeit lassen. Die freiwillige Einkommensteuererklärung für das Jahr 2014 muss also spätestens am 31. Dezember 2018 abgegeben werden.

Viele Arbeitnehmer unterliegen jedoch einer **Pflichtveranlagung**, wenn sie noch weitere Einkunftsarten haben (z. B. Einkünfte aus Vermietung und Verpachtung). Wer verpflichtet ist, eine Einkommensteuererklärung abzugeben, für den gilt als Abgabetermin grundsätzlich der 31. Mai des folgenden Jahres (für das Jahr 2014 ist das der 31. Mai 2015).

Zum Antrag auf Einkommensteuerveranlagung gehören für Arbeitnehmer
- der vierseitige **Hauptvordruck ESt 1A** (für allgemeine Angaben, Sonderausgaben und außergewöhnliche Belastungen);
- die **Anlage N** (für Angaben zum Arbeitslohn, zu vermögenswirksamen Leistungen und zu den Werbungskosten);
- weitere Vordrucke für weitere Einkunftsarten.

Beispiel: Stefanie Binder muss eine Pflichtveranlagung durchführen lassen, da sie mehr als eine Einkunftsart hat. Sie hätte auch freiwillig eine Einkommensteuererklärung abgegeben, da ihre Werbungskosten und Sonderausgaben über den Pauschalbeträgen liegen. Sie hat zwei Einkunftsarten und muss zum Hauptvordruck noch zwei Anlagen (Anlage S für ihre Einkünfte aus selbstständiger Arbeit, Anlage N für ihre Einkünfte aus nichtselbstständiger Arbeit) beim Finanzamt einreichen.

6.2 Ermittlung des zu versteuernden Einkommens

Die Bemessungsgrundlage für die Einkommensteuer ist das zu versteuernde Einkommen, das der Steuerpflichtige im Kalenderjahr bezogen hat. Nach EStG § 2 wird es stufenweise ermittelt.

Schema zur Berechnung des zu versteuernden Einkommens (stark vereinfacht):

1. Einkünfte aus Land- und Forstwirtschaft 2. Einkünfte aus Gewerbebetrieb 3. Einkünfte aus selbstständiger Arbeit	**Gewinneinkünfte**	Betriebseinnahmen – Betriebsausgaben = Gewinn
4. Einkünfte aus nichtselbstständiger Arbeit 5. Einkünfte aus Kapitalvermögen 6. Einkünfte aus Vermietung und Verpachtung 7. Sonstige Einkünfte	**Überschusseinkünfte**	Einnahmen – Werbungskosten = Überschuss

= Summe der Einkünfte
– Altersentlastungsbetrag, Freibetrag für Land- und Forstwirtschaft, Entlastungsbetrag

= Gesamtbetrag der Einkünfte
– Sonderausgaben, außergewöhnliche Belastungen

= Einkommen
– Kinder-, Erziehungsfreibetrag[1] (insgesamt 3 504,00 € pro Kind und Elternteil)

= zu versteuerndes Einkommen

Im Folgenden werden die verwendeten Begriffe erläutert.

Einkunftsarten – sieben an der Zahl

Unter **Einkunft** ist der Reinertrag bzw. -verlust aus einer Einkunftsart zu verstehen. Dabei kann jede Einkunftsart mehrere **Einkunftsquellen** haben.

Gewinneinkünfte

Die Gewinneinkünfte im Überblick:

Einkunftsart	Mögliche Einkunftsquellen
• **Land- und Forstwirtschaft** (EStG §§ 13–14 a)	Einkünfte aus dem Betrieb von Land- und Forstwirtschaft, Weinbau, Gartenbau, Obstbau, Gemüsebau, Baumschulen; aus der Tierzucht, der Binnenfischerei, der Teichwirtschaft usw.
• **Gewerbebetrieb** (EStG §§ 15–17)	Einkünfte aus gewerblichen Unternehmen; Gewinnanteile der Gesellschafter einer OHG oder einer KG; Gewinne aus der Veräußerung eines Gewerbebetriebs oder eines Gesellschafteranteils
• **Selbstständige Arbeit** (EStG § 18)	Einkünfte aus freiberuflicher Tätigkeit (insbesondere die selbstständig ausgeübte wissenschaftliche, künstlerische, schriftstellerische, unterrichtende oder erzieherische Tätigkeit, die selbstständige Berufstätigkeit der Ärzte, Rechtsanwälte, Notare, Ingenieure, Architekten, Wirtschaftsprüfer, Steuerberater, Heilpraktiker, Journalisten, Dolmetscher usw.); Vergütungen für die Tätigkeit als Aufsichtsratsmitglied

Bei den Gewinneinkunftsarten werden die Einkünfte als Gewinn ermittelt.

---

[1] Bei Bezug von Kindergeld nach Bundeskindergeldgesetz § 6 (erstes bis zweites Kind: je 184,00 €/Monat, drittes Kind: 190,00 €, ab dem 4. Kind 215,00 €/Monat) entfallen der Kinderfreibetrag (2 184,00 €/Jahr je Kind und Elternteil) und der Erziehungsfreibetrag (1 320,00 €/Jahr je Kind und Elternteil). Das Finanzamt führt eine Günstigerrechnung durch.

Überschusseinkünfte

Die Überschusseinkünfte im Überblick:	
Einkunftsart	**Mögliche Einkunftsquellen**
• **Nichtselbstständige Arbeit** (EStG § 19)	Gehälter, Löhne, Gratifikationen, Tantiemen und andere Bezüge und Vorteile, die für eine Beschäftigung im öffentlichen oder privaten Dienst gewährt werden; Wartegelder, Ruhegelder, Witwen- und Waisengelder und andere Bezüge und Vorteile aus früheren Dienstverträgen
• **Kapitalvermögen** (EStG § 20)	Dividenden inländischer Gesellschaften, Investmenterträge (Zins- und Dividendenanteil), Einnahmen aus Zinsen jeglicher Art. Gewinne aus der Veräußerung von Wertpapieren, die nach dem 31.12.2008 erworben wurden. Bei Rentenversicherungen mit Kapitalwahlrecht und Lebensversicherungen für den Erlebensfall errechnet sich der Kapitalertrag aus dem Unterschiedsbetrag zwischen der Versicherungsleistung und der Summe der auf sie entrichteten Beiträge, soweit nicht die lebenslange Rentenzahlung gewählt und erbracht wird, und bei Kapitalversicherungen mit Sparanteil, wenn der Vertrag nach dem 31. Dezember 2004 abgeschlossen worden ist. Wird die Versicherungsleistung nach Vollendung des 60. Lebensjahres des Steuerpflichtigen und nach Ablauf von zwölf Jahren seit dem Vertragsabschluss ausgezahlt, ist die Hälfte des Unterschiedsbetrags anzusetzen.
• **Vermietung und Verpachtung** (EStG § 21)	Einkünfte aus Vermietung und Verpachtung von Grundstücken, Gebäuden und Wohnungen
• **Sonstige Einkünfte** (EStG §§ 22–23)	Einkünfte aus wiederkehrenden Bezügen (insbesondere Renten); Einkünfte aus privaten Veräußerungsgeschäften (wenn Grundstücke innerhalb von zehn Jahren erworben und mit Gewinn veräußert werden); Einkünfte aus gelegentlichen Vermittlungen und aus der Vermietung beweglicher Gegenstände

Bei den Überschusseinkunftsarten ergeben sich die Einkünfte als Überschuss der Einnahmen über die Werbungskosten. Das kann auch ein Verlust sein.

Abzugsfähige Aufwendungen

Werbungskosten

> **Merke: Werbungskosten** sind alle Aufwendungen, die getätigt werden müssen, **um Einnahmen zu erzielen, zu sichern und zu erhalten** (EStG § 9).

Sie können nur bei den Überschusseinkunftsarten entstehen und sind bei der Einkunftsart abzusetzen, bei der sie entstanden sind. Gegenstände, die über mehrere Jahre hinweg genutzt werden und deren Anschaffungskosten mehr als 410,00 € (ohne Umsatzsteuer) betragen, sind auf die Nutzungsdauer zu verteilen (Lohnsteuerrichtlinien Abschnitt 44).

Personalwirtschaftliche Aufgaben wahrnehmen

Lernfeld 4

Beispiel: Werbungskosten bei der Einkunftsart „Nichtselbstständige Arbeit"

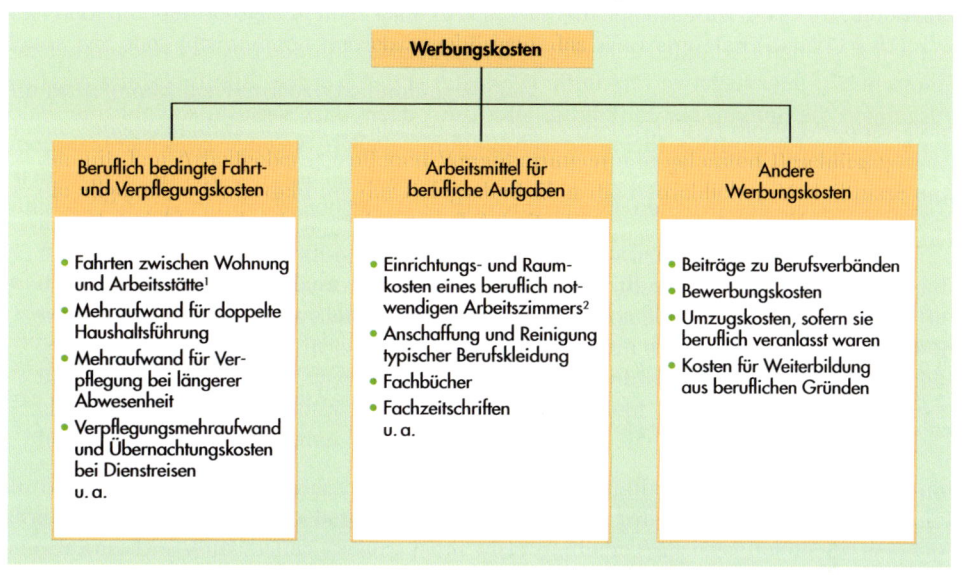

```
                          Werbungskosten
         ┌───────────────────────┼───────────────────────┐
Beruflich bedingte Fahrt-   Arbeitsmittel für        Andere
und Verpflegungskosten      berufliche Aufgaben      Werbungskosten
```

Beruflich bedingte Fahrt- und Verpflegungskosten
- Fahrten zwischen Wohnung und Arbeitsstätte[1]
- Mehraufwand für doppelte Haushaltsführung
- Mehraufwand für Verpflegung bei längerer Abwesenheit
- Verpflegungsmehraufwand und Übernachtungskosten bei Dienstreisen
u. a.

Arbeitsmittel für berufliche Aufgaben
- Einrichtungs- und Raumkosten eines beruflich notwendigen Arbeitszimmers[2]
- Anschaffung und Reinigung typischer Berufskleidung
- Fachbücher
- Fachzeitschriften
u. a.

Andere Werbungskosten
- Beiträge zu Berufsverbänden
- Bewerbungskosten
- Umzugskosten, sofern sie beruflich veranlasst waren
- Kosten für Weiterbildung aus beruflichen Gründen

Beispiel: Die Buchhalterin Stefanie Binder hat ein eigenes Auto, mit dem sie fünfmal pro Woche zur Arbeit fährt (im Jahr sind das 250 Tage − 30 Urlaubstage = 220 Arbeitstage). Sie legt bis zu ihrer Arbeitsstelle 33 Entfernungskilometer zurück. Zusätzlich kann sie Gewerkschaftsbeiträge, Arbeitsmittel, Kosten des IHK-Kurses „Arbeitsrecht für Lohnbuchhalter" und Kontoführungsentgelt für ihr Gehaltskonto absetzen.

Marlies errechnet folgende Werbungskosten aus nichtselbstständiger Arbeit:

Fahrtkosten zur Arbeit	220 Tage · 0,30 €/km · 33 km	2 178,00 €
Gewerkschaftsbeiträge	etwa 1 % des Gehalts (27 000,00 €)	270,00 €
Arbeitsmittel	Fachbücher, -zeitschriften	336,00 €
Weiterbildungskosten	IHK-Buchhaltungskurs	200,00 €
Kontoführungsentgelt	für Gehaltskonto	16,00 €
Summe der Werbungskosten aus nichtselbstständiger Arbeit		**3 000,00 €**

Aus Gründen der Vereinfachung des Besteuerungsverfahrens sind folgende **Pauschbeträge** abzuziehen, wenn keine höheren Werbungskosten nachgewiesen werden (EStG § 9 a):

- Einnahmen aus nichtselbstständiger Arbeit: **Werbungskostenpauschbetrag für Arbeitnehmer** von 1 000,00 €.
- Einnahmen aus Kapitalvermögen: **Sparerpauschbetrag** von 801,00 €.
- Bei wiederkehrenden Bezügen, z. B. Leibrente (sonstige Einkünfte): **Pauschbetrag** von 102,00 €.

---

[1] Für jeden vollen Kilometer der einfachen Entfernung zwischen Wohnung und Arbeitsstätte können 0,30 € bis zur Höchstgrenze von 4 500,00 € abgesetzt werden. Nutzer öffentlicher Verkehrsmittel müssen sich entweder für den Ansatz der **Entfernungspauschale** je Kilometer (**Kilometer-Pauschale**) oder für den Ansatz der Kosten für Bus- und Bahntickets entscheiden.

[2] Unbeschränkt abzugsfähig, wenn das Arbeitszimmer den Mittelpunkt der gesamten betrieblichen und beruflichen Betätigung bildet. Beschränkt bis in Höhe von 1 250,00 € abzugsfähig, wenn für die betriebliche oder berufliche Tätigkeit kein anderer Arbeitsplatz zur Verfügung steht.

Die Pauschbeträge dürfen jedoch **nicht zu einem Verlust** aus der betreffenden Einkunftsart führen.

Bei den einzelnen Einkunftsquellen bzw. Einkunftsarten können positive (Gewinne bzw. Überschüsse) oder negative Einkünfte (Verluste) erzielt werden. Alle Einkünfte ergeben zusammen die Summe der Einkünfte. Dies führt dazu, dass Verluste sowohl innerhalb der einzelnen Einkunftsart (bei mehreren Einkunftsquellen) als auch zwischen mehreren Einkunftsarten ausgeglichen werden können **(Verlustausgleich[1])**. Dabei ist zu beachten, dass die **Kosten der privaten Lebensführung** (z. B. für den Unterhalt der Familie, für Urlaubsreise) weder als Betriebsausgaben noch als Werbungskosten abziehbar sind.

Beispiel: Berechnung der Summe der Einkünfte und des Gesamtbetrags der Einkünfte: Stefanie Binder hatte sowohl Gewinn- als auch Überschusseinkünfte erzielt. Sie gibt als Nebenbeschäftigung betriebsinterne Buchhaltungskurse für interessierte Mitarbeiter und hatte Einnahmen aus selbstständiger Arbeit (1 200,00 €). Um diese Kurse optimal vorzubereiten, hatte sie Aufwendungen in Höhe von 200,00 € (z. B. Abschreibungen für einen Laptop mit Laserdrucker usw.). Stefanie Binder hatte außerdem Einnahmen aus Kapitalvermögen in Höhe von 700,00 €.

Einkünfte aus selbstständiger Arbeit	Betriebseinnahmen – Betriebsausgaben	1 200,00 € 200,00 €	1 000,00 €
Einkünfte aus nichtselbstständiger Arbeit	Bruttolohn – Werbungskosten	27 000,00 € 3 000,00 €	24 000,00 €
Einkünfte aus Kapitalvermögen	Einnahmen – Sparerpauschbetrag	700,00 € 801,00 €	0,00 €[2]
Summe der Einkünfte			**25 000,00 €**
– Altersentlastungsbetrag, Freibetrag für Land- und Forstwirte			0,00 €
Gesamtbetrag der Einkünfte			**25 000,00 €**

Sonderausgaben

Merke: Sonderausgaben sind Aufwendungen der Lebensführung, die aus **sozial-, wirtschafts- oder finanzpolitischen Gründen** steuerlich begünstigt werden (EStG § 10). Sie sind weder Werbungskosten noch Betriebsausgaben.

Überblick über die Sonderausgaben	
Vorsorgeaufwendungen	Die Vorsorgeaufwendungen werden nach EStG § 39 b (2) Nr. 3 bereits beim Lohnsteuerabzug berücksichtigt[3]. Sie setzen sich aus folgenden Teilbeträgen zusammen: • Teilbetrag für den **Arbeitnehmeranteil zur gesetzlichen Rentenversicherung** und Beiträge für eine nicht übertragbare private Rentenversicherung („Rürup-Rente"). Der jährliche Höchstbetrag beträgt hierfür insgesamt 20 000,00 € bzw. 40 000,00 € für Ehegatten [EStG § 10 (3)].

---

[1] Von einem Kreditinstitut bescheinigte *Verluste aus Kapitaleinkünften* sind nicht mit Einkünften aus anderen Einkunftsarten verrechenbar. Sie können nur mit Kapitaleinkünften des laufenden Jahres bei anderen Banken oder mit Kapitaleinkünften der Folgejahre verrechnet werden [EStG § 20 (6)]. Verluste aus Aktienverkäufen können z. B. grundsätzlich nur mit Gewinnen aus Aktienverkäufen verrechnet werden.
[2] Der Sparerpauschbetrag darf nicht zu negativen Einkünften aus Kapitalvermögen führen.
[3] Siehe Lohnsteuerklassen auf Seite 177 f.

	- Teilbetrag für den **Arbeitnehmeranteil zur Basisversorgung in der gesetzlichen Kranken- und Pflegeversicherung** (Krankengeld und Zusatztarife für Zahnersatz gehören nicht zur Basisversorgung). Der jährliche Höchstbetrag beträgt insgesamt 1 900,00 € (Verheiratete: 3 000,00 €). Ist die Basisversorgung jedoch teurer, dann sind mindestens die tatsächlich geleisteten Beiträge anzusetzen. Bringen Beschäftigte (z. B. Selbstständige) den Gesamtbeitrag allein auf, dann beträgt der Höchstbetrag 2 800,00 € (Verheiratete: 5 600,00 €). - Teilbetrag für die **Basisversorgung in der privaten Krankenversicherung bzw. privaten Pflegepflichtversicherung** bei Arbeitnehmern, die nicht Mitglied in der gesetzlichen Kranken- bzw. sozialen Pflegeversicherung sind (z. B. höher verdienende Arbeitnehmer, privat versicherte Beamte). Die Höhe der Basisversorgung wird vom Versicherungsunternehmen bescheinigt. Der Arbeitnehmer muss dies seinem Arbeitgeber mitteilen, sonst erhält er lediglich die **Mindestvorsorgepauschale** (12 % des Arbeitslohns, höchstens jährlich 1 900,00 €). - **Sonstige Vorsorgeaufwendungen:** Beiträge zu einer Berufsunfähigkeits-, Haftpflicht- oder Unfallversicherung sind nur dann als Sonderausgaben abzugsfähig, wenn oben genannten Höchstbeträge noch nicht ausgeschöpft sind.
Übrige Sonderausgaben EStG § 10	Abzugsfähig ist mindestens der **Sonderausgabenpauschbetrag: 36,00 €** - *Unbeschränkt abzugsfähig:* gezahlte Kirchensteuer, Versorgungsleistungen im Zusammenhang mit der Übertragung eines Mitunternehmeranteils oder eines Betriebs, Leistungen aufgrund eines schuldrechtlichen Versorgungsausgleichs - *Beschränkt abzugsfähig:* jährliche Aufwendungen für die eigene Berufsausbildung bis 6 000,00 €, jährliche Zuwendungen an politische Parteien bis insgesamt 1 650,00 €, Spenden und Mitgliedsbeiträge (siehe hierzu EStG §§ 10 b, 34 g), jährliche Unterhaltsleistungen an den geschiedenen oder dauernd getrennt lebenden Ehegatten bis zu 13 805,00 €, jährliche Kinderbetreuungskosten[1] bis 4 000,00 € pro Kind.

Beispiel: Stefanie Binder wurden laut Lohnsteuerbescheinigung 3 500,00 € Lohnsteuer, 280,00 € Kirchensteuer, 192,00 € Solidaritätszuschlag, 2 600,00 € für die gesetzliche Rentenversicherung und 2 500,00 € für die gesetzliche Kranken- und Pflegeversicherung einbehalten. Für Berufsunfähigkeits- und Haftpflichtversicherungen hat sie insgesamt 1 000,00 € ausgegeben. Der Caritas und dem Roten Kreuz hat sie insgesamt 220,00 € gespendet.

Unbeschränkt abziehbar	gezahlte Kirchensteuer	280,00 €
Beschränkt abziehbar	Spenden	220,00 €
Übrige Sonderausgaben insgesamt		**500,00 €**

---

[1] Eltern (auch wenn nicht beide Elternteile berufstätig sind) können zwei Drittel der Betreuungskosten (höchstens 4 000,00 €) pro Kind und Jahr als Sonderausgaben absetzen. Dies gilt für alle Kinder bis 14 Jahren und bei körperlichen, geistigen oder seelischen Behinderungen zeitlich unbegrenzt.

Beispiel: Berechnung der abziehbaren Vorsorgeaufwendungen für Stefanie Binder:

	Teilbetrag für Rentenversicherung	
	Arbeitnehmeranteil zur gesetzlichen Rentenversicherung	2 600,00 €
	höchstens 56 %[1] sind abziehbar	**1 456,00 €**
	andere Berechnungsweise:	
	AG- und AN-Anteil zur gesetzlichen Rentenversicherung	5 200,00 €
	höchstens sind abzugsfähig einschließlich Rürup-Rente jährlich	20 000,00 €
	höchstens 78 %[2] vom niedrigeren Betrag	4 056,00 €
	– Arbeitgeberanteil zur gesetzlichen Rentenversicherung	– 2 600,00 €
	= abzugsfähige Altersvorsorgeaufwendungen	= 1 456,00 €
+	**Teilbetrag für Kranken- und Pflegeversicherung** (bis 12 % des Arbeitslohns)	
	AN-Anteile zur gesetzlichen Kranken- und Pflegeversicherung	2 500,00 €
	davon Basisversorung (Beiträge abzüglich 4 % für Krankengeld)	2 400,00 €
	höchstens 1 900,00 €, mindestens der tatsächliche Basisbeitrag	**2 400,00 €**
+	**Sonstige Vorsorgeaufwendungen**: Beiträge zu einer weiteren privaten Berufsunfähigkeits-, Haftpflicht-, Zusatzkranken-, Lebens- oder Unfallversicherung bis in Höhe des noch nicht ausgeschöpften Teils des Höchstbetrags von 1 900,00 €	1 000,00 € **0,00 €**
	als Sonderausgaben abziehbare Vorsorgeaufwendungen	**3 856,00 €**

Das Bürgerentlastungsgesetz sieht für den Zeitraum 2010 bis 2019 eine sogenannte automatische Günstigerprüfung vor. Das bedeutet, dass in jedem Einzelfall geprüft wird, ob die bisherige oder die neue Rechtslage (ab 2010) für den Steuerpflichtigen günstiger ist. Hätte Stefanie Binder nach der alten Rechtslage höhere Beiträge als Vorsorgeaufwendungen geltend machen können, dann kann sie den höheren Betrag unter den bereits genannten Voraussetzungen bis zum Jahr 2019 auch weiterhin absetzen.

Außergewöhnliche Belastungen

Neben den Sonderausgaben können **außergewöhnliche Belastungen** vom Gesamtbetrag der Einkünfte abgezogen werden.

> **Merke:** Eine **außergewöhnliche Belastung** eines Steuerpflichtigen liegt dann vor, wenn er zwangsläufig größere Aufwendungen hat als die überwiegende Mehrzahl der Steuerpflichtigen gleicher Einkommens- und Vermögensverhältnisse und gleichen Familienstands (EStG § 33).

Absetzbar sind nur finanzielle Belastungen in angemessener Höhe.

Zwangsläufig sind Aufwendungen dann, wenn sich der Steuerpflichtige ihnen nicht entziehen kann aus

- rechtlichen Gründen (z. B. Unterhaltspflicht gegenüber seinen Eltern);
- tatsächlichen Gründen (z. B. nicht erstattete Krankheitskosten, Beerdigungskosten);
- sittlichen Gründen (z. B. Unterstützung eines bedürftigen Bruders)[3].

Steuerlich kann nur der Teil der allgemeinen außergewöhnlichen Aufwendungen abgesetzt werden, der die **zumutbare Belastung** übersteigt und nicht von anderen Stellen (z. B. Versi-

---

[1] Stand 2014, 2015: 60 %, danach jährlich bis 2025 um 4 Prozentpunkte ansteigend
[2] Stand 2014, 2015: 80 %, danach jährlich bis 2025 um 2 Prozentpunkte ansteigend
[3] Unterhaltsleistungen sind nur bei gesetzlicher Unterhaltspflicht steuerlich abzugsfähig. Für Lebensgemeinschaften und Geschwister gibt es eine Härteklausel (EStG § 33 a).

cherungen) erstattet worden ist. Die zumutbare Belastung beträgt zwischen 1 % und 7 % des Gesamtbetrags der Einkünfte, je nach Familienstand, Kinderzahl und Höhe der Einkünfte.

Außergewöhnliche Belastungen	
„in besonderen Fällen" (beschränkt abzugsfähig bis zu einem bestimmten Höchstbetrag oder als Pauschbetrag)	„allgemeiner Art" (zu kürzen um die sogenannte „zumutbare Belastung")
• Behinderten-Pauschbetrag • Hinterbliebenen-Pauschbetrag • Aufwendungen für die Unterstützung bedürftiger Personen • Ausbildungsfreibetrag • Aufwendungen für die Beschäftigung einer Haushaltshilfe bzw. Hausgehilfin • Aufwendungen für die Heim- oder Pflegeunterbringung • Freibetrag für besondere Fälle (z. B. Flüchtling, Vertriebener) • Pflege-Pauschbetrag	Hier müssen bestimmte Voraussetzungen erfüllt werden. Abzugsfähig können z. B. sein: • von der Krankenversicherung nicht erstattete Krankheits- und Kurkosten • Kosten der Ehescheidung • Beerdigungskosten • Aufwendungen zur Beseitigung gesundheitsschädlicher Stoffe in der Wohnung bzw. im Haus

Beispiel: Für eine aufwendige kieferorthopädische Zahnbehandlung erhielt Stefanie Binder von ihrer Krankenversicherung nur 2/3 der Kosten erstattet. Den Restbetrag in Höhe von 1 000,00 € kann Stefanie Binder als außergewöhnliche Belastung absetzen. Ihre zumutbare Belastung (6 % vom Gesamtbetrag der Einkünfte = 6 % · 25 000,00 € = 1 500,00 €) muss sie jedoch davon abziehen. Eine außergewöhnliche Belastung kann sie daher nicht geltend machen.

6.3 Berechnung der Einkommensteuer

Zu versteuerndes Einkommen

Stefanie Binder ermittelt ihre Erstattungs- bzw. Abschlusszahlung durch eine Selbstberechnung:

Einkünfte aus selbstständiger Arbeit	Betriebseinnahmen – Betriebsausgaben	1 200,00 € – 200,00 €	– 1 000,00 €
Einkünfte aus nichtselbstständiger Arbeit	Bruttoentgelt – Werbungskosten	27 000,00 € – 3 000,00 €	24 000,00 €
Einkünfte aus Kapitalvermögen	Einnahmen – Sparerpauschbetrag	700,00 € – 801,00 €	0,00 €
Summe der Einkünfte			**25 000,00 €**
– Altersentlastungsbetrag, Freibetrag für Land- und Forstwirte, Entlastungsbetrag			0,00 €
Gesamtbetrag der Einkünfte			**25 000,00 €**
– Sonderausgaben	übrige Sonderausgaben Vorsorgeaufwendungen	500,00 € 3 856,00 €	4 356,00 €
– außergewöhnliche Belastungen			0,00 €
Einkommen			**20 644,00 €**
– Kinder-, Erziehungsfreibetrag[1]			0,00 €
Zu versteuerndes Einkommen (zvE)			**20 644,00 €**

---

[1] Bei Bezug von Kindergeld entfällt der Kinder- und Erziehungsfreibetrag. Das Finanzamt führt eine Günstigerrechnung durch.

Tarifliche Einkommensteuer (siehe Tarifformel)		2 808,00 €
+ abzuführender Solidaritätszuschlag (5,5 %)	+	154,00 €
− vom Arbeitgeber einbehaltene Lohnsteuer	−	3 500,00 €
− anrechenbarer Solidaritätszuschlag (5,5 %)	−	192,00 €
− geleistete Einkommensteuervorauszahlungen		0,00 €
Erstattung (−) bzw. Abschlusszahlung (+)	−	730,00 €

Aufgrund der eingereichten Einkommensteuererklärung setzt das Finanzamt die Erstattungs- bzw. Abschlusszahlung fest. Darüber erhält der Steuerpflichtige einen **Einkommensteuerbescheid**, in dem auch ggf. die zu leistenden Einkommensteuervorauszahlungen angegeben sind. Die zu viel einbehaltene Kirchensteuer wird vom Kirchensteueramt erstattet, eine Nachzahlung entsprechend mittels des **Kirchensteuerbescheids** eingefordert.

Tarifformel und Tarifzonen

Seit 2004 gibt es keine amtliche Einkommensteuertabelle mit Stufentarif mehr. Die tarifliche Einkommensteuer wird genau berechnet (Formeltarif) und bemisst sich nach dem zu versteuernden Einkommen (zvE).

Tarifformel T2013 nach EStG § 32a		
Tarifzone	**Zu versteuerndes Einkommen (zvE)**	**Tarifformel**
1	bis 8 354,00 € (Grundfreibetrag)	0
2	von 8 355,00 € bis 13 469,00 €	(974,58 · y + 1 400) · y
3	von 13 470,00 € bis 52 881,00 €	(228,74 · z + 2397) · z + 971
4	von 52 882,00 € bis 250 730,00 €	0,42 · x − 8 239
5	von 250 731,00 € an	0,45 · x − 15 761

Dabei ist

- „y" das 1/10 000 des 8 354,00 € übersteigenden Teils des auf einen vollen €-Betrag abgerundeten zvE,
- „z" das 1/10 000 des 13 469,00 € übersteigenden Teils des auf einen vollen €-Betrag abgerundeten zvE,
- „x" das auf einen vollen €-Betrag abgerundete zvE.

Der sich ergebende Steuerbetrag ist auf den nächsten vollen €-Betrag abzurunden.

Beispiel 1: Berechnung des Steuerbetrags für Stefanie Binder
Das zvE der Stefanie Binder (= 20 644,00 €) fällt in die **Tarifzone 3**.

Damit errechnet sich die Einkommensteuer wie folgt:

Nebenrechnung: z = (20 644 − 13 469) : 10 000 = 0,7175
Einkommensteuer = (228,74 · 0,7175 + 2397) · 0,7175 + 971 = **2 808,00 €**
Individueller Einkommensteuersatz der Stefanie Binder: 2 808 · 100 : 20 644 = 13,60 %

Beispiel 2: Berechnung des Steuerbetrags für das halbe zvE der Stefanie Binder (10 322,00 €)
Dieses zvE fällt in die **Tarifzone 2**.

Damit errechnet sich die Einkommensteuer wie folgt:
Nebenrechnung: y = (10 322 − 8 354) : 10 000 = 0,1968
Einkommensteuer = (974,58 · 0,1968 + 1 400) · 0,1968 = **313,00 €**
Individueller Einkommensteuersatz für diesen Fall: 313 · 100 : 10 322,00 = 3,03 %

Wie hoch das zu versteuernde Einkommen (zvE) besteuert wird, ergibt sich aus dem Einkommensteuertarif (EStG § 32 a). Um sicherzustellen, dass der leistungsfähigere Steuerpflichtige auch stärker belastet wird, ist der Steuertarif in fünf Zonen unterteilt. Die Tarifzonen werden wie folgt unterschieden (für Verheiratete gelten die doppelten Beträge):

Tarifzonen der Einkommensteuer (Angaben in €)			
Tarifzonen Jahre	2010 T2010	2013 T2013	2014 T2014
Freizone (Grundfreibetrag) bis zu einem zvE von beträgt der Steuersatz	8 004 0,00 %	8 130 0,00 %	8 354 0,00 %
Erste Progressionszone ab einem zvE von Eingangssteuersatz (danach ansteigend mit steigendem zvE)	8 005 14,0 %	8 131 14,0 %	8 355 14,0 %
Zweite Progressionszone ab einem zvE von anfänglicher Steuersatz (danach ansteigend mit steigendem zvE)	13 470 23,97 %	13 470 23,97 %	13 470 23,97 %
Erste Proportionalzone ab einem zvE von gleichbleibender Steuersatz	52 882 42,0 %	52 882 42,0 %	52 882 42,0 %
Zweite Proportionalzone ab einem zvE von gleichbleibender Höchst-/Spitzensteuersatz	250 731 45,0 %	250 731 45,0 %	250 731 45,0 %

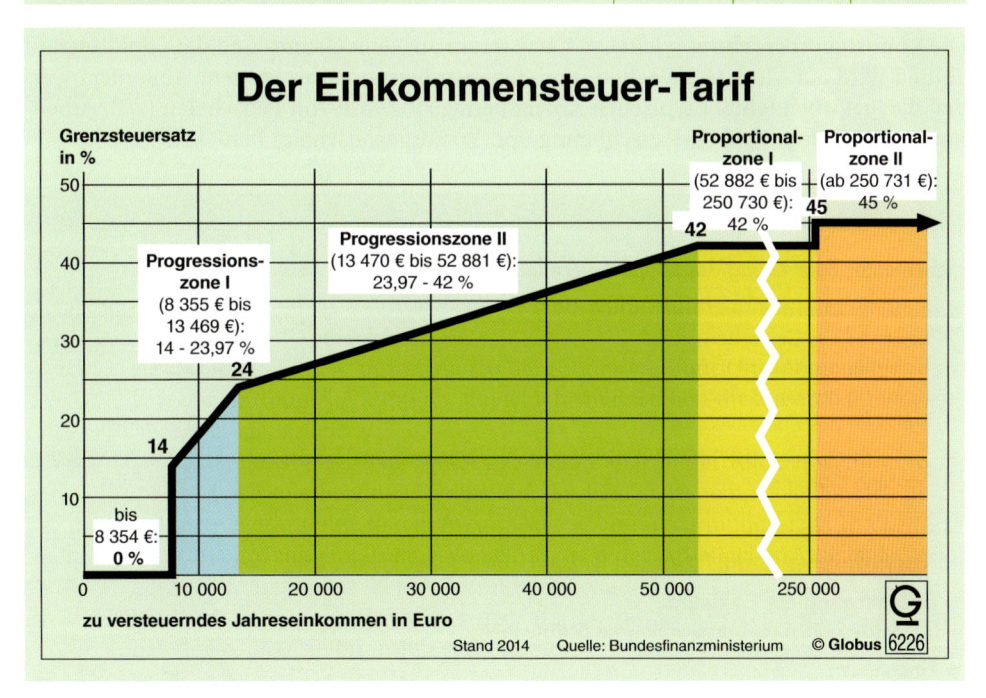

Der Einkommensteuer-Tarif

Grenzsteuersatz in %

- bis 8 354 €: 0 %
- Progressionszone I (8 355 € bis 13 469 €): 14 – 23,97 %
- Progressionszone II (13 470 € bis 52 881 €): 23,97 – 42 %
- Proportionalzone I (52 882 € bis 250 730 €): 42 %
- Proportionalzone II (ab 250 731 €): 45 %

zu versteuerndes Jahreseinkommen in Euro

Stand 2014   Quelle: Bundesfinanzministerium   © Globus 6226

Grenzbelastung und Durchschnittsbelastung

Die **Grenzbelastung** gibt an, mit wie viel Prozent ein Einkommenszuwachs um einen € besteuert wird. Die **Durchschnittsbelastung** gibt an, mit wie viel Prozent das gesamte zu versteuernde Einkommen (zvE) belastet wird.

Beispiel: Grenzbelastung der Stefanie Binder nach T2014: etwa 27 % (abgelesen aus der obigen Grafik); Durchschnittsbelastung der Stefanie Binder nach T2014: 2808 (ESt) · 100 : 20644 = 13,60 %. Würde Stefanie Binder einen € mehr verdienen, dann würde dieser letzte € mit 27 Cent besteuert. Durchschnittlich werden ihr von jedem € ihres Gesamtverdienstes 14 Cent Einkommensteuer abgezogen.

Grundtarif und Splittingtarif

Das Einkommensteuergesetz enthält die Tarifformel (EStG § 32 a), mit der sich die zu zahlende Einkommensteuer berechnen lässt. Für Alleinstehende und einzeln veranlagte Verheiratete ist der **Grundtarif**, für Verheiratete, die die Zusammenveranlagung wählen, ist der **Splittingtarif** anzuwenden. Der Splittingtarif ist vom Grundtarif abgeleitet; dabei wird das zvE beider Ehegatten halbiert, die Einkommensteuer nach dem Grundtarif berechnet und verdoppelt. Dadurch ergibt sich eine niedrigere Grenzbelastung. Dies führt zu einer erheblichen Steuerersparnis, wenn einer der zusammenveranlagten Ehegatten ein erheblich höheres zvE hat als der andere.

Beispiel: Nach dem Grundtarif T2014 beträgt die Einkommensteuer der Stefanie Binder 2 808,00 €. Wäre sie verheiratet und das zvE ihres Ehegatten gleich null, dann müsste sie nach dem Splittingtarif 626,00 € versteuern.
Der Splittingtarif errechnet sich auf der Grundlage des halben zvE. Der ermittelte Steuerbetrag (siehe Beispiel 2 im Kap. 6.3 Berechnung der Einkommensteuer) wird anschließend verdoppelt. Für Stefanie Binder ergäbe sich nach T2014 ein Steuerbetrag von 313,00 €, verdoppelt sind das 626,00 €.

Die **Lohnsteuerberechnung** leitet sich wiederum aus dem Grund- und dem Splittingtarif ab und wird auf Monats-, Wochen- und Tagesverdienste zugeschnitten. Außerdem werden die für Arbeitnehmer typischen Abzugsbeträge in Form von Pauschalen (z. B. Arbeitnehmer-, Sonderausgaben-Pauschbetrag und Vorsorgepauschale) berücksichtigt.

ZUSAMMENFASSUNG

Schema zur Berechnung des zu versteuernden Einkommens (stark vereinfacht):

1. Einkünfte aus Land- und Forstwirtschaft 2. Einkünfte aus Gewerbebetrieb 3. Einkünfte aus selbstständiger Arbeit	**Gewinneinkünfte**	Betriebseinnahmen − Betriebsausgaben = Gewinn
4. Einkünfte aus nichtselbstständiger Arbeit 5. Einkünfte aus Kapitalvermögen 6. Einkünfte aus Vermietung und Verpachtung 7. Sonstige Einkünfte	**Überschusseinkünfte**	Einnahmen − Werbungskosten = Überschuss

= **Summe der Einkünfte**
− Altersentlastungsbetrag, Freibetrag für Land- und Forstwirtschaft, Entlastungsbetrag

= **Gesamtbetrag der Einkünfte**
− Sonderausgaben, außergewöhnliche Belastungen

= **Einkommen**
− Kinder-, Erziehungsfreibetrag

= **zu versteuerndes Einkommen (zvE)**

Einkommensteuer (berechnet mit der Tarifformel)
+ abzuführender Solidaritätszuschlag (5,5 % von ESt)
− vom Arbeitgeber einbehaltene Lohnsteuer/SolZ
− geleistete Einkommensteuervorauszahlungen

= **Einkommensteuererstattung (−) bzw. -abschlusszahlung (+)**

Personalwirtschaftliche Aufgaben wahrnehmen

Lernfeld 4

AUFGABEN

1 Bilden Sie drei **Arbeitsgruppen** A, B und C mit je sechs Mitgliedern. Die Gruppe A befasst sich mit den Fragen a) bis d), die Gruppe B mit e) bis h), die Gruppe C mit i) bis k). Tauschen Sie anschließend Ihre Informationen in sechs **Puzzle-Gruppen** aus. Die Puzzle-Gruppen bestehen aus je einem Mitglied jeder Arbeitsgruppe A, B und C; dieses berichtet jeweils über die Ergebnisse seiner Arbeitsgruppe. Anschließend beantworten zwei Puzzle-Gruppen im Wechsel die Fragen vor der Klasse und stellen sich der Kritik.

Fragen:
a) Unterscheiden Sie unbeschränkte und beschränkte Einkommensteuerpflicht.
b) Begründen Sie, warum Lohn-, Kapital-, Zinsabschlagsteuer besondere Erhebungsformen der Einkommensteuer sind.
c) Erläutern Sie die sieben Einkunftsarten kurz.
d) Unterscheiden Sie
   - Einnahmen und Einkünfte,
   - Gewinneinkünfte und Überschusseinkünfte,
   - Werbungskosten und Sonderausgaben.
e) Erklären Sie das Schema zur Berechnung des zu versteuernden Einkommens.
f) Nennen Sie steuerbare Einnahmen, die von der Einkommensteuer befreit sind.
g) Nennen Sie Beispiele für
   - Werbungskosten,
   - Sonderausgaben,
   - außergewöhnliche Belastungen.
h) Weshalb gewährt der Staat steuerliche Vorteile, wenn ein Steuerpflichtiger Haftpflicht- oder Lebensversicherungsbeiträge leistet?
i) Erläutern Sie, unter welchen Voraussetzungen ein Arbeitnehmer eine
   - Pflichtveranlagung durchführen lassen muss;
   - Antragsveranlagung durchführen lassen sollte.
j) Erklären Sie die Begriffe
   - Proportionalzone,
   - Progressionszone.
k) Unterscheiden Sie
   - Grenz- und Durchschnittsbelastung,
   - Grund- und Splittingtarif.

2 Zu welcher Einkunftsart gehören folgende Einnahmequellen?
a) Gewinnanteil eines GmbH-Gesellschafters,
b) Gewinnanteil eines OHG-Gesellschafters,
c) Gehalt eines Buchhalters,
d) Besoldung eines Beamten,
e) Honorar eines Arztes,
f) Provision eines angestellten Handlungsreisenden,
g) Provision eines selbstständigen Handelsvertreters,
h) Ruhegeld eines Rentners.

3 a) Abzugsfähig sind Werbungskosten, Sonderausgaben und außergewöhnliche Belastungen. Ordnen Sie die folgenden Aufwendungen der Sekretärin Helga Kirsten (25 Jahre alt) diesen drei Begriffen zu (Tabelle). Ermitteln Sie auch die entsprechenden abzugsfähigen Beträge.

		Aufwendungen im Jahr
a1)	Arbeitnehmeranteil zur gesetzlichen Rentenversicherung	3 000,00 €
a2)	Arbeitnehmeranteil zur gesetzlichen Kranken- und Pflegeversicherung	2 750,00 €
a3)	Gezahlte Kirchensteuer	336,00 €
a4)	gezahlte Kraftfahrzeugsteuer	200,00 €
a5)	Fahrtkosten zur Arbeitsstelle (32 km entfernt, 230 Arbeitstage)	? €
a6)	von der Krankenkasse nicht erstatteter Teil der Kurkosten	515,00 €
a7)	von der Krankenkasse nicht erstattete Zahnarztbehandlung	2 400,00 €

a8)	Aufwendungen für Fachliteratur	70,00 €
a9)	Beiträge zu ihrer Kraftfahrzeug-Vollkaskoversicherung	250,00 €
a10)	Beiträge zu einer privaten Berufsunfähigkeitsversicherung	200,00 €
a11)	Beiträge zu ihrer Kraftfahrzeug-Haftpflichtversicherung	210,00 €
a12)	Kosten eines Volkshochschulkurses „Wie telefoniere ich richtig?"	60,00 €
a13)	Kosten eines Englischkurses für Kaufleute bei der IHK	50,00 €

b) Führen Sie für Frau Kirsten eine Höchstbetragsrechnung durch. Ihr Jahresgehalt betrug 30 000,00 €.

c) Führen Sie für Helga Kirsten eine Einkommensteuerveranlagung durch. Ihr wurden laut Lohnsteuerbescheinigung 4 200,00 € Lohnsteuer und 231,00 € SolZ abgezogen.

c1) Füllen Sie für Frau Kirsten die Einkommensteuererklärung aus.
c2) Ermitteln Sie die Werbungskosten.
c3) Berechnen Sie die abzugsfähigen Vorsorgeaufwendungen.
c4) Berechnen Sie das zu versteuernde Einkommen.
c5) Berechnen Sie die Einkommensteuer nach dem Formeltarif (siehe Seite 198).
c6) Ermitteln Sie den Erstattungsbetrag bzw. die Abschlusszahlung.

4 Welche Steuerersparnis bringen zusätzliche Werbungskosten (über den Pauschbetrag hinaus) von 1 000,00 € einem Steuerpflichtigen mit einem Durchschnittssteuersatz von 22 % und einer Grenzbelastung von 32 %?

a) 1 000,00 €   c) 320,00 €
b) 220,00 €   d) 780,00 €

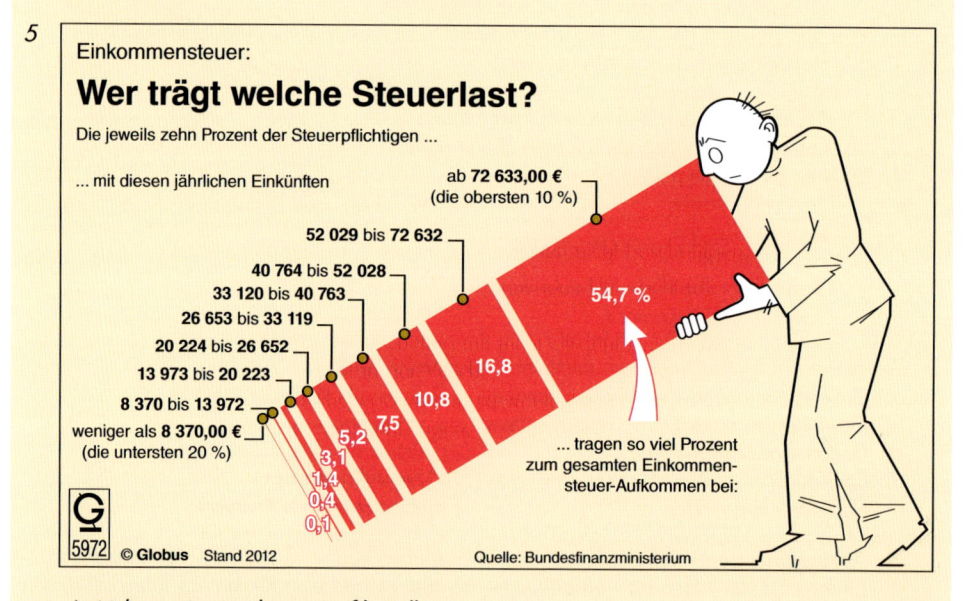

5 **Einkommensteuer:**

Wer trägt welche Steuerlast?

Die jeweils zehn Prozent der Steuerpflichtigen ...

... mit diesen jährlichen Einkünften:
- ab 72 633,00 € (die obersten 10 %): 54,7 %
- 52 029 bis 72 632: 16,8
- 40 764 bis 52 028: 10,8
- 33 120 bis 40 763: 7,5
- 26 653 bis 33 119: 5,2
- 20 224 bis 26 652: 3,1
- 13 973 bis 20 223: 1,4
- 8 370 bis 13 972: 0,4
- weniger als 8 370,00 € (die untersten 20 %): 0,1

... tragen so viel Prozent zum gesamten Einkommensteuer-Aufkommen bei:

© Globus 5972 Stand 2012   Quelle: Bundesfinanzministerium

a) Nehmen Sie zu obiger Grafik Stellung.
b) Beschreiben Sie den Aufbau des Einkommensteuertarifs.
c) Diskutieren Sie über den Aufbau des Einkommensteuertarifs unter dem Gesichtspunkt der Steuergerechtigkeit.

Schwerpunkt Steuerung und Kontrolle
Lernfeld 8: Preispolitische Maßnahmen erfolgsorientiert vorbereiten und steuern

1 Preis- und Konditionenpolitik

PROBLEM

Die Auszubildende Katja Müller nimmt an einer Krisensitzung der TRIAL GmbH teil, zu der Herr Gasch alle Mitarbeiter eingeladen hat. Er führt aus, dass ein weiterer Fahrradgroßhandel nur 200 Meter von der TRIAL GmbH entfernt in drei Wochen eröffnen wird. „Wahrscheinlich werden Eröffnungsangebote unsere Preise unterbieten", warnt Herr Gasch. Herr Stadlinger schlägt vor, die Kostensituation und die Liefer- und Zahlungsbedingungen der TRIAL GmbH zu analysieren und wenn möglich zu überarbeiten.

1. Aus welchen Gründen hat Herr Gasch zu dieser Krisensitzung eingeladen?
2. Aus welchen Kostenkomponenten setzen sich die Verkaufspreise der Produkte der TRIAL GmbH zusammen?
3. Welche Groß- und Außenhandelsunternehmen gibt es in der näheren Umgebung Ihres eigenen Ausbildungsunternehmens?
4. Analysieren Sie, aus welchen Gründen die Liefer- und Zahlungsbedingungen überprüft werden sollten.

SACHDARSTELLUNG

Die Preispolitik hat u.a. die Aufgabe, den richtigen Verkaufspreis eines Artikels zu bestimmen. Zunächst müssen sämtliche anfallende Kosten in einer Unternehmung durch den Verkaufspreis gedeckt werden. Des Weiteren sollte ein angemessener Gewinn in den Verkaufspreis einkalkuliert sein.

Durch die herrschende Wettbewerbssituation ist es weiterhin nötig, die Preise von Konkurrenzunternehmen mit den eigenen Preisen zu vergleichen. Eine Preisgestaltung allein unter Bezugnahme der eigenen Kostensituation und eines wünschenswerten Gewinns kann ohne den Blick auf die Preispolitik von Unternehmen desselben Marktsegmentes in der Regel nicht die gesetzten Unternehmensziele (z.B. Steigerung des Absatzes, Erreichung neuer Käufergruppen) erfüllen.

Ein weiterer Aspekt bzgl. der Festsetzung des Verkaufspreises ist das Nachfrageverhalten der Käufer (Kunden): Sind die Kunden bereit, einen bestimmten Verkaufspreis zu akzeptieren und die entsprechenden Waren zu kaufen, oder weichen sie auf andere, ähnlich geartete Produkte aus?

Preispolitische Maßnahmen sollten folgende Punkte berücksichtigen:

- Deckung der eigenen Kosten mit einem angemessenen Gewinnzuschlag durch den Verkaufspreis,
- Befriedigung des Nachfrageverhaltens von Kunden durch einen von den Kunden akzeptierten Verkaufspreis,
- Vergleich der Verkaufspreise mit Unternehmen, die bzgl. der eigenen Produktpalette eine Konkurrenz darstellen.

Beispiel: Die TRIAL GmbH hat den Verkaufspreis für ein Rennrad auf 1 200,00 € festgelegt und erzielt damit Kostendeckung und einen Gewinn. Ein Konkurrenzunternehmen – die Quart AG – verkauft ein ähnlich ausgestattetes Rennrad für 990,00 €. Die TRIAL GmbH kann nun versuchen, den Verkaufspreis zu senken und dennoch alle Kosten zu decken.

Ein Unternehmen muss aber nicht zwangsläufig den Verkaufspreis verringern, um konkurrenzfähig zu bleiben. Es kann Dienstleistungen (z. B. einen kostenlosen Kundendienst für die ersten zwei Jahre) anbieten oder Zahlungsfristen verlängern, um gegenüber den Kunden einen höheren Verkaufspreis zu rechtfertigen.

Beispiel: Die TRIAL GmbH kann trotz eines hohen Verkaufspreises eines Rennrades den Kunden mit einer Garantieverlängerung inkl. Kundendienst von zwei auf drei Jahre ein gutes Verkaufsargument bieten.

Preispolitik – kostenorientiert

Über eine Vorwärtskalkulation – unter Berücksichtigung von Liefererrabatten, Skontoausnutzung und sonstigen Konditionen, Handlungskosten und Gewinnzuschlag – kann ein Verkaufspreis bestimmt werden.

Beispiel: Die TRIAL GmbH kauft Radtrikots zu einem Preis von 15,00 € ein und möchte einen Verkaufspreis kalkulieren. Dazu benötigt die verantwortliche Abteilung exakte Informationen über die Kostensituation.

Von der Warenlieferung bis zum Verkauf fallen für ein Unternehmen eine Vielzahl von Kosten an. Diese Kosten können auf unterschiedliche Weise gegliedert und geordnet werden. Im Bereich der Kosten- und Leistungsrechnung ergibt sich folgende sinnvolle Einteilung der Kosten:

- Einzel- und Gemeinkosten,
- variable und fixe Kosten.

Einzelkosten

Unter Einzelkosten werden alle Kosten zusammengefasst, die einem Produkt (Ware oder Warengruppe) direkt zurechenbar sind.

Beispiel: Die TRIAL GmbH erhält von einem Lieferanten eine Warensendung über zehn Radtrikots zu einem Gesamtpreis von 150,00 €. Die anfallenden Kosten von 15,00 € je Stück können direkt dem Produkt Radtrikot zugerechnet werden.

Preispolitische Maßnahmen erfolgsorientiert vorbereiten und steuern   **Lernfeld 8**

Gemeinkosten

Unter Gemeinkosten werden solche Kosten zusammengefasst, die einem Produkt nicht direkt zurechenbar sind. Anfallende Gemeinkosten können mithilfe von Verteilungsschlüsseln auf die einzelnen Produkte zugerechnet werden.

Beispiel: Die TRIAL GmbH zahlt ihren Mitarbeitern Gehälter. Die Zahlung von Gehältern stellt für die TRIAL GmbH Kosten dar, die in den Verkaufspreis einkalkuliert werden müssen. Das Rechnungswesen hat einen Verteilungsschlüssel festgelegt, wie diese Kosten auf die Warengruppen verteilt werden: 45 % der Gehälter werden in die Kalkulation des Verkaufspreises für Rennräder einbezogen, 40 % in die Festsetzung des Verkaufspreises für Mountain-Bikes und der Rest für Bikewear.

Variable Kosten

Variable Kosten sind abhängig von der zu bestellenden Menge (bzw. Produktionsmenge) und können Einzelkosten oder Gemeinkosten darstellen.

Beispiel: Die TRIAL GmbH erwirbt zehn Radtrikots für insgesamt 150,00 €. Die variablen Kosten betragen 15,00 € je Radtrikot (Einzelkosten).
Ein Konkurrent der TRIAL GmbH beschäftigt einen Reisenden. Dieser erhält pro verkauftem Produkt (zusätzlich zu einem Fixgehalt) einen Betrag in Höhe von 25,00 € vergütet (Gemeinkosten).

Die Höhe der variablen Kosten ist somit abhängig vom zu erzielenden Umsatz. Ist in einer Abrechnungsperiode mit einem steigenden Umsatz zu rechnen, so müssen auch mehr Waren eingekauft werden, was zu erhöhten Kosten hinsichtlich der Warenaufwendungen führt. Variable Kosten sind umsatzabhängige bzw. beschäftigungsabhängige Kosten.

Beispiel: Anna Müller möchte den Kostenverlauf mithilfe eines Schaubildes visualisieren. Dazu ermittelt sie das erforderliche Zahlenmaterial anhand einer Wertetabelle:

Anzahl zu bestellender Radtrikots in Stück	0	5	10	15	20
Einzelpreis in € (variable Stückkosten)	15,00	15,00	15,00	15,00	15,00
Gesamtpreis in € (variable Gesamtkosten)	0,00	75,00	150,00	225,00	300,00

Dies ergibt die folgenden Schaubilder zur Darstellung der variablen Stückkosten und Gesamtkosten.

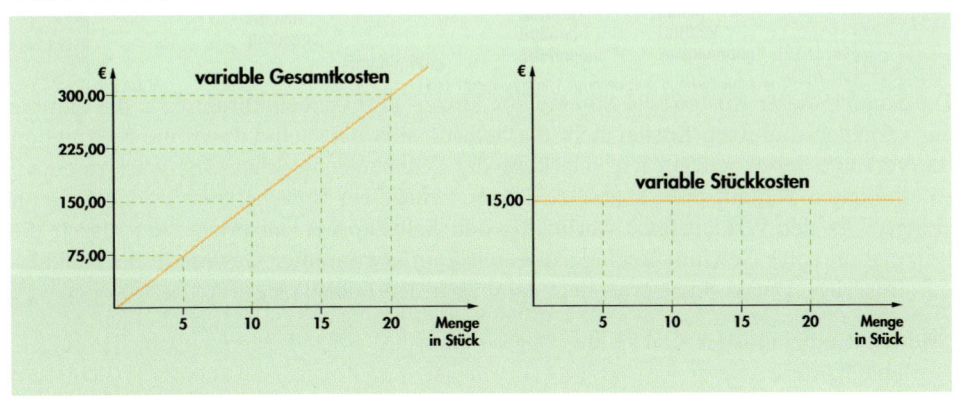

Die variablen Gesamtkosten zeigen einen linearen Verlauf. Die Kosten nehmen mit zunehmender Bestellmenge proportional zu.

Fixe Kosten

Fixe Kosten sind unabhängig von der zu bestellenden Menge (bzw. Produktionsmenge). Sie fallen in jedem Fall an, auch wenn keine Waren eingekauft bzw. verkauft werden. Da sie nicht vom zu erzielenden Umsatz abhängen, heißen die fixen Kosten auch beschäftigungsgradunabhängige Kosten.

Beispiel: Die monatliche Zahlung von Gehältern in Höhe von 23 000,00 € fällt auch an, wenn die TRIAL GmbH den Betrieb für einen Monat wegen Betriebsferien schließt.

Anzahl von zu bestellenden bzw. verkauften Radtrikots in Stück	0	5	10	15	20
Gehälter in € (fixe Gesamtkosten)	23 000,00	23 000,00	23 000,00	23 000,00	23 000,00
Anteilige Gehälterbeiträge in Bezug auf die Bestellmenge in €	–	4 600,00	2 300,00	1 533,33	1 150,00

Die Höhe der Gehälter bleibt gleich, gleichgültig, ob der Umsatz bzw. die Warenaufwendungen steigen oder fallen. Die anteiligen Gehälterbeiträge nehmen mit zunehmender Menge ab, d.h., je höher die Verkaufsmenge, umso mehr verteilen sich die Fixkosten auf die einzelnen Produkte (Fixkostendegression).

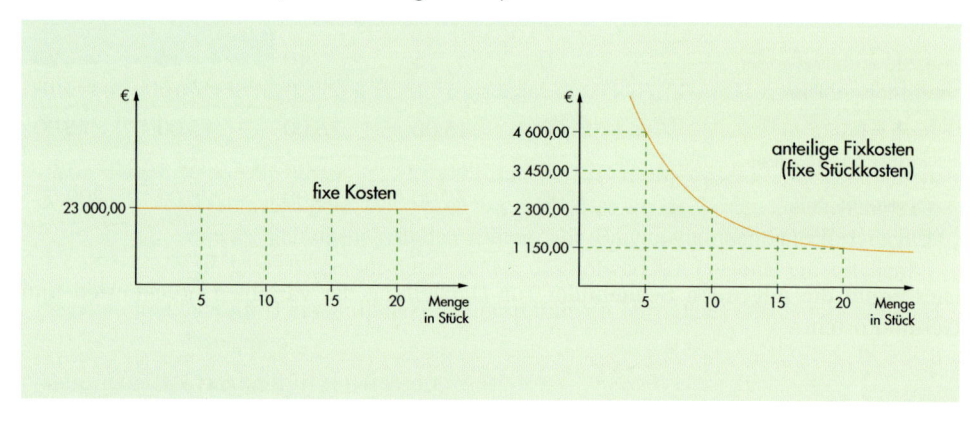

Die Summe dieser Kosten (die Summe der Einzel- und Gemeinkosten bzw. die Summe der variablen und fixen Kosten stellt die Selbstkosten dar) sollte durch die Kalkulation des Verkaufspreises gedeckt sein (Deckung der Selbstkosten). Sollte eine Ware zu einem so ermittelten Verkaufspreis abgesetzt werden, würde ein Unternehmen keinen Gewinn erzielen, da der Verkaufspreis wertmäßig den Selbstkosten entspricht. Erst durch die Kalkulation eines Gewinnzuschlagssatzes wird ein erwünschter Gewinn in die Kalkulation integriert. Der Verkaufspreis liegt dann über den Selbstkosten.

Merke: Gemeinkosten sind in der Regel Fixkosten. Einzelkosten sind in der Regel variable Kosten.

Preispolitische Maßnahmen erfolgsorientiert vorbereiten und steuern   **Lernfeld 8**

Preispolitik – konkurrenzorientiert

Eine konkurrenzorientierte Preispolitik ist dann gegeben, wenn

- ein Unternehmen keine Monopolstellung besitzt,
- die Waren von Konkurrenzunternehmen gleichartig (homogen) mit der eigenen Sortimentsstruktur sind.

Sobald ein Konkurrenzunternehmen den Verkaufspreis einer Ware senkt bzw. unterbietet, müssen andere Unternehmen (mit gleichartigen Gütern) darauf reagieren. **Dies bedeutet aber nicht zwangsläufig, dass auch hier Preissenkungen stattfinden müssen.** Da das Ziel der Kostendeckung weiterhin gegeben sein sollte, gilt es zu überprüfen, welche Kosteneinsparungen vorgenommen werden könnten, um dennoch Kostendeckung zu erreichen.

Kostensenkungen können erzielt werden über:

- Verhandlungen mit Lieferanten über höhere Rabatte bzw. Lieferungen frei Haus,
- Erhöhung von Bestellmengen, um Mengenrabatte zu erhalten,
- Senkung von Handlungskosten,
- Analyse über Eigenlagerung und Fremdlagerung,
- Minderung des Gewinnzuschlages.

Welche Alternativen für Kostensenkungen ein Unternehmen wählt, hängt von einer Vielzahl von Faktoren ab (z. B. Anzahl von Lieferanten, Standort der Lieferanten, Arbeitsverträge). Ebenso besitzt kein Unternehmen eine Garantie, dass Kostensenkungen auch den gewünschten Erfolg erzielen. So kann sich die Minderung von Werbekosten negativ auf den Absatz von Waren auswirken.

Preispolitik – nachfrageorientiert

Der typische Käufer der heutigen Zeit ist kritisch und wählerisch. Er ist bereit, um den Verkaufspreis einer Ware zu handeln und dann gegebenenfalls – bei keinerlei Zugeständnissen – nichts zu erwerben. Die Marktsituation spiegelt zurzeit einen Käufermarkt wider: Dem Kunden steht ein Angebotsüberschuss zur Verfügung, der sich aus einem steigenden Warenangebot und konstanter Nachfrage ergibt. Ein Angebotsüberschuss ist das Ergebnis eines schnelleren Angebotswachstums im Vergleich zum Wachstum der Nachfrage.

Mitarbeiter im Bereich Verkauf müssen somit genau wissen, wie weit sie einen ausgezeichneten Verkaufspreis senken können, um nicht in die Verlustzone zu gelangen (z. B. über die Ermittlung von Preisuntergrenzen, siehe Kap. 3.2).

Die Ermittlung der Einzelkosten und der Gemeinkosten, deren Verteilung auf die Produkte, die Festlegung eines Preises, bei dem gerade noch ein Gewinn erzielt wird, sind u. a. Aufgaben der Kosten- und Leistungsrechnung.

Es ist aber in den letzten Jahren festzustellen, dass Unternehmen ihre Kostenreduzierungen über den Lieferanten erreichen wollen. Dies ist möglich bei:

- Vereinbarung von Preisnachlässen (z. B. Mengenrabatte, Treuerabatte und die Vereinbarung höherer Rabatte, als sie in den vergangenen Geschäftsbeziehungen üblicherweise gewährt worden sind, bzw. höhere Skontoprozentsätze);
- Vereinbarung von längeren Zahlungsfristen (die Zahlungsfrist erhöht sich z. B. von 30 Tagen auf 60 Tage, dadurch kann ein Lieferantenkredit sich als sinnvoll erweisen);
- Reduzierung der Transport- und Verpackungskosten sowie der sonstigen Bezugskosten (der Lieferant übernimmt ab einer bestimmten Bestellmenge die Verpackungskosten).

Lernfeld 8 — Preispolitische Maßnahmen erfolgsorientiert vorbereiten und steuern

ZUSAMMENFASSUNG

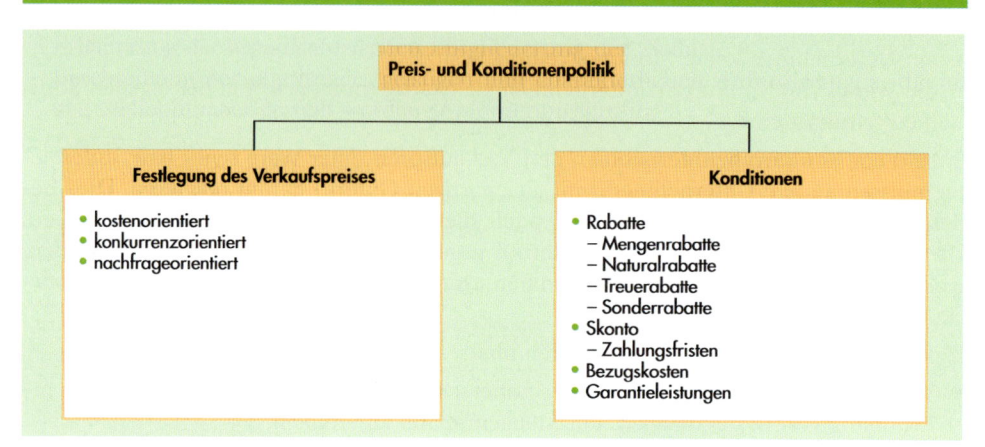

Preis- und Konditionenpolitik

Festlegung des Verkaufspreises
- kostenorientiert
- konkurrenzorientiert
- nachfrageorientiert

Konditionen
- Rabatte
  - Mengenrabatte
  - Naturalrabatte
  - Treuerabatte
  - Sonderrabatte
- Skonto
  - Zahlungsfristen
- Bezugskosten
- Garantieleistungen

AUFGABEN

1. Erläutern Sie anhand einer Ware bzw. Warengruppe das Zustandekommen des Verkaufspreises unter Berücksichtigung von preispolitischen und konditionspolitischen Aspekten.

2. Aus welchen Gründen können Unternehmen die Verkaufspreise nicht nur über eine Kalkulation festsetzen?

3. Die TRIAL GmbH hat bei der Einführung des Mountainbikes Extrem One vor zwei Jahren einen Verkaufspreis von 1 560,00 € netto kalkuliert. Heute wird das Mountain-Bike für 999,00 € angeboten. Begründen Sie, warum der Verkaufspreis innerhalb von zwei Jahren gesunken ist.

4. Ein Unternehmen erwirbt fünf Waren zu einem Stückpreis von 60,00 €. Stellen Sie den Verlauf der variablen Stückkosten und der variablen Gesamtkosten in einer Wertetabelle und in einer Grafik dar.

5. Ein Unternehmen kauft 20 Waren zu einem Gesamtpreis von 500,00 € netto. Die Speditionskosten belaufen sich auf 40,00 €, unabhängig von der bestellten Anzahl an Waren. Erläutern Sie anhand dieses Beispieles die Begriffe fixe und variable Kosten.
Stellen Sie sämtliche Kostenverläufe grafisch dar.

6. Erläutern Sie den Begriff Konditionenpolitik unter Zuhilfenahme von Beispielen.

7. Die TRIAL GmbH verkauft das Rennrad Ventoux für einen Nettopreis von 555,00 €. Ein Konkurrenzunternehmen bietet ein ähnliches Rennrad für 529,00 € an. Welche preis- und konditionspolitischen Maßnahmen könnte die TRIAL GmbH ergreifen?

8. Grenzen Sie die Begriffe variable Kosten, fixe Kosten, Gemeinkosten und Einzelkosten gegeneinander ab.

9. Welche der folgenden Aussagen sind falsch bzw. richtig? Ändern Sie falsche Aussagen in richtige Aussagen um:
   a) Einzelkosten sind stets variable Kosten.
   b) Telefonkosten sind immer Fixkosten.
   c) Bezugskosten hängen in der Regel von der bestellten Menge ab und sind somit Einzelkosten und variable Kosten.
   d) Akkordlöhne sind zusammengesetzt aus variablen und fixen Kosten.
   e) Akkordlöhne sind stets Einzelkosten.
   f) Der Einkauf von Waren kann auch Gemeinkosten darstellen.

Preispolitische Maßnahmen erfolgsorientiert vorbereiten und steuern — Lernfeld 8

2 Kosten- und Leistungsrechnung im Groß- und Außenhandel

PROBLEM

Katja Müller liest im Heidelberger Tagesblatt, dass die TRIAL GmbH im vergangenen Geschäftsjahr einen Gewinneinbruch erlitten hat. Dennoch konnte aber ein Unternehmensgewinn erwirtschaftet werden. Herr Stadlinger erklärt ihr mit besorgter Miene, dass der Zeitungsartikel inhaltlich schon richtig sei, aber wahrscheinlich ein Betriebsverlust eintreten werde. Die Analyse der Kostensituation sei in den letzten Jahren in der TRIAL GmbH etwas vernachlässigt worden.

1. Aus welchen Gründen gibt es bei Unternehmen ein Unternehmensergebnis und ein Betriebsergebnis?
2. Informieren Sie sich über die Zusammensetzung der Verkaufspreise in Ihrem Ausbildungsunternehmen.
3. Sie haben als Auszubildender einige Abteilungen Ihres Unternehmens bereits kennengelernt. Welche Kosten fallen in diesen Abteilungen an? Überlegen Sie, aus welchen Gründen die Kosten für die Gestaltung der Verkaufspreise der Artikel eine große Rolle spielen.
4. Wählen Sie aus der Produktpalette Ihres Unternehmens eine Warengruppe aus und senken Sie fiktiv die Verkaufspreise um 20 %. Welche Auswirkungen hätte diese Preissenkung auf das Unternehmensergebnis, auf das Nachfrageverhalten der Kunden und auf die Konkurrenzunternehmen?

SACHDARSTELLUNG

2.1 Grundlagen der Kosten- und Leistungsrechnung

Sämtliche güterwirtschaftlichen und finanzwirtschaftlichen Prozesse innerhalb von unternehmerischen Transaktionen werden im Rechnungswesen geld- und mengenmäßig erfasst und bewertet. Das Rechnungswesen erfasst, verrechnet und kontrolliert sämtliche Aufwendungen und Erträge, Kosten und Leistungen, welche in den einzelnen Abteilungen eines Unternehmens entstehen, und widmet sich hauptsächlich folgenden Aufgaben:

- Erfassung sämtlicher Geschäftsvorfälle anhand von Belegen in lückenloser, chronologischer und sachlicher Form,
- Feststellung des Gesamtergebnisses einer Rechnungsperiode – unter Beachtung rechtlicher Rahmenbedingungen,
- Kalkulation der Preise unter der Voraussetzung der Bereitstellung von relevanten Informationen wie z. B. Kalkulationszuschlägen,
- Erstellung von Prognosen zukünftiger Preisentwicklungen, Nachfragebedürfnissen, u. a.

Um diesen Aufgaben gerecht zu werden, ist eine Gliederung des Rechnungswesens in folgende Teilgebiete notwendig:

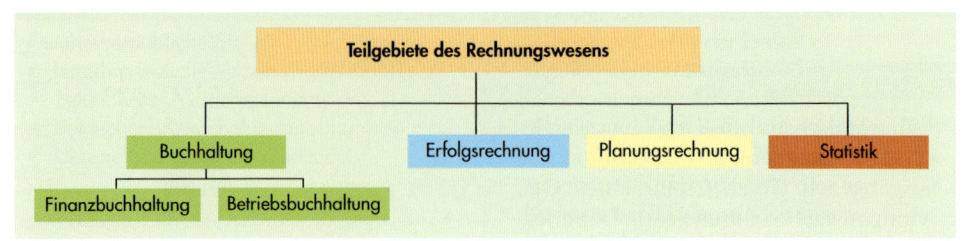

```
                    Teilgebiete des Rechnungswesens
         ┌──────────────┬──────────────┬──────────────┐
      Buchhaltung   Erfolgsrechnung  Planungsrechnung  Statistik
      ┌──────┴──────┐
Finanzbuchhaltung  Betriebsbuchhaltung
```

Finanzbuchhaltung und Betriebsbuchhaltung

Die Finanzbuchhaltung erfasst sämtliche Vorgänge, die zu einer Umgestaltung von Vermögen und Kapital führen. Sie wird auch als Geschäftsbuchhaltung bezeichnet und muss rechtliche Rahmenbedingungen – Handelsrecht, Steuerrecht, Abgabenordnung – berücksichtigen. Die Ergebnisse der Geschäftsbuchhaltung dienen als Grundlage für den Jahresabschluss, als Steuerbemessungsgrundlage und Kontrollinstrument.

Die Betriebsbuchhaltung – auch als Kosten- und Leistungsrechnung bezeichnet – erfasst nur innerbetriebliche Vorgänge: Sie filtert aus den Ergebnissen der Finanzbuchhaltung nur diejenigen heraus, die etwas mit dem Betriebszweck zu tun haben.

Beispiel: Der Betriebszweck der TRIAL GmbH ist der Einkauf und der Verkauf von Fahrrädern und Bikewear. Eine Spende eines ehemaligen Radprofis an die TRIAL GmbH wird buchhalterisch in der Finanzbuchhaltung erfasst, aber nicht in der Betriebsbuchhaltung, da der Erhalt einer Spende nicht zum Betriebszweck der TRIAL GmbH gehört.

Die Organisation von Finanz- und Betriebsbuchhaltung erfolgt in einem Zweikreissystem, da beide Systeme organisatorisch voneinander getrennt sind.

Rechnungskreis I	Rechnungskreis II
Finanzbuchhaltung (Geschäftsbuchführung)	Betriebsbuchhaltung (Kosten- und Leistungsrechnung)
externes Rechnungswesen	internes Rechnungswesen
unternehmensbezogenes Gesamtergebnis nach handelsrechtlichen und steuerlichen Gesichtspunkten	betriebsbezogenes Betriebsergebnis
Ergebnis = Erträge – Aufwendungen (Ergebnisausweis in der GuV)	Ergebnis = Leistungen – Kosten
Beachtung rechtlicher Rahmenbedingungen	keine rechtlichen Rahmenbedingungen vorgegeben

Kurzfristige Erfolgsrechnung

Für eine Unternehmensleitung kann es nicht befriedigend sein, den Erfolg der unternehmerischen Tätigkeit nur einmal im Jahr – am Ende eines Geschäftsjahrs – festzustellen. Dieser Erfolg muss für etwaige Steuerungsmaßnahmen mehrmals in einem Geschäftsjahr ermittelt werden (z.B. monatlich oder vierteljährlich). So können z.B. saisonale Schwankungen in einem Geschäftsjahr für unterschiedlich hohe Kapazitätsauslastungen und Umsätze sorgen und eine Erklärung dafür liefern, dass die Gewinne in verschiedenen Monaten unterschiedlich hoch ausfallen.

Planungsrechnung

Die Planungsrechnung ermöglicht die Vorbereitung von Handlungsweisen, die sich auf alle Abteilungen eines Unternehmens auswirken können. Ziel ist die Optimierung zahlreicher Vorgänge z. B. unter dem Gesichtspunkt der Kostenkontrolle:

- Wie viele Waren sollen bestellt werden?
- Ist das Sortiment zeitgemäß, sollten neue Produkte in das Warensortiment aufgenommen werden?
- Sind die Bilanzkennzahlen für ein Unternehmen zufriedenstellend?

Beispiel: Die TRIAL GmbH nimmt an einer Outdoor-Messe in Berlin teil. Die Unternehmensleitung muss sich Gedanken über Folgendes machen:
- *Soll ein bestimmter Fahrradtyp besonders hervorgehoben werden?*
- *Soll eine neue Warengruppe zwecks Messebesuch in das bisherige Warensortiment aufgenommen werden?*
- *Passt diese neue Warengruppe in das bisherige Sortiment?*
- *Welche Produkte stellt die Konkurrenz in den Vordergrund?*
- *Welche neuen Fahrradtrends sind zukünftig zu beachten?*

Statistik

Statistisches Datenmaterial dient in erster Linie zum Vergleich von aktuellen Werten mit vergangenen Werten. Dies kann mit einem Soll-Ist-Vergleich erfolgen.

EXKURS

Ein Soll-Ist-Vergleich ist nicht unbedingt eine Erfindung aus der Betriebswirtschaft. Ein **kybernetischer Regelkreis** findet sich beispielsweise auch in der Biologie. Der menschliche Körper stellt den Blutzuckerspiegel automatisch auf einen Sollzustand ein. Vergleichsmechanismen prüfen, ob die aktuellen Werte, die Istwerte, diesem Sollzustand entsprechen. Bei einer Abweichung versorgt der menschliche Körper das Blut vermehrt mit blutzuckersenkenden bzw. -erhöhenden Stoffen, um diesen Sollzustand wieder zu erreichen (Korrektur).

In einem Unternehmen findet dieser „kybernetische Regelkreis" seine wirtschaftliche Bedeutung: Von einem vorgegebenen Ziel (z. B. Umsatzsteigerung um 5 % im ersten Quartal = Sollzustand) wird mithilfe von den Ergebnissen der Buchhaltung eine kurzfristige Erfolgsrechnung erstellt und die tatsächliche Umsatzsteigerung (z. B. Umsatzsteigerung um + 1 % im ersten Quartal = Istzustand) ermittelt. Da sich die beiden Größen nicht decken, müssen Korrekturmechanismen eingesetzt werden, um das Ziel einer Umsatzsteigerung zu erreichen (z. B. Werbemaßnahmen, Konkurrenzanalyse, Preisanpassung). Eventuell kann auch das erwünschte Ziel revidiert werden.

Statistisches Zahlenmaterial ist in sämtlichen Bereichen eines Unternehmens zu finden:
- Abteilung Personal (Personalstatistik, Statistik über Bruttogehälter, Statistik über Fehlzeiten ...),
- Abteilung Verkauf (Verkaufsstatistik einzelner Warengruppen/Waren, Statistik über das Kaufverhalten von Kunden/Konsumenten ...),
- Abteilung Einkauf (Einkaufsstatistik einzelner Warengruppen/Waren, Statistik über Lieferanten ...),
- Abteilung Lager (Statistiken über Lagerdauer ...),
- sonstige Abteilungen (Gewinnstatistiken ...).

Der Kostenbegriff und der Leistungsbegriff

Die Kosten- und Leistungsrechnung unterscheidet zwischen:

Auszahlungen	Abfluss von Zahlungsmitteln in Form von Bargeld, Überweisungen oder Scheckzahlungen. *Beispiel:* Die TRIAL GmbH zahlt die Reparatur eines PCs in bar an die Computerfirma. Erfassung in der Finanzbuchhaltung
Ausgaben	Der Abfluss von Zahlungsmitteln wird durch eine Verbindlichkeit zeitlich verzögert. *Beispiel:* Die TRIAL GmbH erhält am 12.01. für eine Eingangsrechnung (1 340,00 €) ein Zahlungsziel von 30 Tagen. Die Ausgabe am 12.01. beträgt 1 340,00 €. Erfassung in der Finanzbuchhaltung
Aufwendungen	Aufwendungen stellen einen betrieblichen Werteverzehr für eine bestimmte Rechnungsperiode dar, vollkommen gleichgültig, ob dieser Werteverzehr dem Betriebszweck dient oder nicht. Es wird unterschieden zwischen: • Zweckaufwendungen: betrieblicher Werteverzehr für eine bestimmte Rechnungsperiode, wenn dieser Werteverzehr ausschließlich dem Betriebszweck dient *Beispiel:* Die TRIAL GmbH erhält eine Eingangsrechnung für Waren („Warenaufwand"). Die TRIAL GmbH zahlt die Januargehälter an die Mitarbeiter am 30.01. Erfassung in der Finanzbuchhaltung und in der Kostenrechnung • Neutrale Aufwendungen (betriebs- und periodenfremd, außerordentlich): betrieblicher Werteverzehr für eine bestimmte Rechnungsperiode, wenn dieser Werteverzehr i. d. R. nicht dem Betriebszweck dient. Erfassung ausschließlich in der Finanzbuchhaltung

	- **Betriebsfremde Aufwendungen:** Aufwendungen stehen in keinem Zusammenhang mit dem Betriebszweck *Beispiel: Die TRIAL GmbH muss am 12.02. eine vermietete Lagerhalle aufgrund baulicher Mängel für 5600,00 € sanieren.* - **Außerordentliche Aufwendungen:** Aufwendungen stehen in einem gewissen Zusammenhang mit dem Betriebszweck, fallen aber nur unregelmäßig oder vereinzelt an *Beispiel: Die TRIAL GmbH verkauft ein Lagerregal (Buchwert: 500,00 €) für 200,00 €: außerordentl. Aufwand: 300,00 €.* - **Periodenfremde Aufwendungen:** Aufwendungen stehen in einem Zusammenhang mit dem Betriebszweck, fallen aber erst in einer nachfolgenden Rechnungsperiode an *Beispiel: Die TRIAL GmbH muss in diesem Geschäftsjahr Prozesskosten in Höhe von 12 000,00 € für ein Gerichtsverfahren zahlen, das im vergangenen Jahr stattgefunden hat (geplante Prozesskosten 8 000,00 €, periodenfremder Aufwand 4 000,00 €).*
Kosten	- **Grundkosten:** betrieblicher Werteverzehr für eine bestimmte Rechnungsperiode, wenn dieser Werteverzehr ausschließlich dem Betriebszweck dient (= Zweckaufwendungen) - **Kalkulatorische Kosten:** Kosten, die keine Aufwendungen sind (Zusatzkosten) oder Kosten, denen Aufwendungen in anderer Höhe gegenüberstehen (Anderskosten)
Einzahlungen	Zufluss von Zahlungsmitteln in Form von Bargeld, Überweisungen oder Scheckzahlungen *Beispiel: Die TRIAL GmbH erhält von einem Kunden den Rechnungsbetrag in Höhe von 230,00 € in bar.* Erfassung in der Finanzbuchhaltung
Einnahmen	Der Zufluss von Zahlungsmitteln wird durch eine Forderung zeitlich verzögert. *Beispiel: Die TRIAL GmbH sendet am 23.02. eine Ausgangsrechnung (560,00 €) an einen Kunden und gewährt ein Zahlungsziel von 30 Tagen. Die Einnahme am 25.03. beträgt 560,00 € brutto.* Erfassung in der Finanzbuchhaltung
Erträge	Erträge stellen einen betrieblichen Wertezuwachs für eine bestimmte Rechnungsperiode dar, vollkommen gleichgültig, ob dieser Wertezuwachs dem Betriebszweck dient oder nicht. Es wird unterschieden zwischen: - **Betriebliche Erträge:** betrieblicher Wertezuwachs für eine bestimmte Rechnungsperiode, wenn dieser Wertezuwachs ausschließlich dem Betriebszweck dient *Beispiel: Die TRIAL GmbH erstellt eine Ausgangsrechnung für einen Kunden (Umsatzerlöse).* Erfassung in der Finanzbuchhaltung und in der Kostenrechnung

Erträge	• Neutrale Erträge (betriebs-, periodenfremd, außerordentlich): betrieblicher Wertezuwachs für eine bestimmte Rechnungsperiode, wenn dieser Wertezuwachs i. d. R. nicht dem Betriebszweck dient Erfassung ausschließlich in der Finanzbuchhaltung • Betriebsfremde Erträge: Erträge stehen in keinem Zusammenhang mit dem Betriebszweck *Beispiel: Die TRIAL GmbH erhält am 23.03. eine Spende des örtlichen Radsportvereins in Höhe von 120,00 €.* • Außerordentliche Erträge: Erträge stehen in einem gewissen Zusammenhang mit dem Betriebszweck, fallen aber nur unregelmäßig oder vereinzelt an *Beispiel: Die TRIAL GmbH verkauft ein Lagerregal (Buchwert: 350,00 €) für 380,00 €: außerordentl. Ertrag: 30,00 €.* • Periodenfremde Erträge: Die Erträge stehen in einem Zusammenhang mit dem Betriebszweck, fallen aber erst in einer nachfolgenden Rechnungsperiode an. *Beispiel: Die TRIAL GmbH erhält in diesem Geschäftsjahr eine Steuerrückerstattung in Höhe von 3 459,00 € für das abgelaufene Geschäftsjahr.*
Leistungen	• Grundleistungen: betrieblicher Wertezuwachs für eine bestimmte Rechnungsperiode, wenn dieser Wertezuwachs ausschließlich dem Betriebszweck dient (= betrieblicher Ertrag) • Zusatzleistungen: Leistungen, die keine Erträge darstellen *Beispiel: Eine Praktikantin der TRIAL GmbH erhält unentgeltlich ein Mountainbike.*

Daraus ergeben sich folgende Abgrenzungen bzgl. Aufwendungen und Kosten:

Aufwendungen der Finanzbuchhaltung			
Neutrale Aufwendungen	Betriebliche Aufwendungen (Zweckaufwendungen)		
	Grundkosten	Kalkulatorische Kosten	
	Kosten der Kosten- und Leistungsrechnung		

Der Einsatz von kalkulatorischen Kosten in der Kosten- und Leistungsrechnung (KLR)

Die Verrechnung von kalkulatorischen Kosten dient der Einplanung von Kosten, die in einem ungünstigen Fall eintreten können (z. B. Vernichtung von Waren durch Wasserschäden) und der Planung von Kosten, die einen stetigen und reibungslosen Geschäftsbetrieb garantieren sollen.

Die Kosten- und Leistungsrechnung erfasst alle Kosten innerhalb einer Abrechnungsperiode verursachungs- und periodengerecht. Gesetzliche Vorschriften spielen bei der

Gestaltung der Kosten- und Leistungsrechnung keine wesentliche Rolle, sodass Aufwendungen und Kosten in unterschiedlicher Höhe anfallen können. Die Kosten- und Leistungsrechnung erfasst die tatsächlich angefallenen Kosten.

In der Praxis finden u.a. die folgenden kalkulatorischen Kosten Anwendung:
- Kalkulatorische Abschreibungen
- Kalkulatorische Zinsen
- Kalkulatorische Wagnisse
- Kalkulatorischer Unternehmerlohn

Kalkulatorische Abschreibungen

Anlagegüter unterliegen einem Werteverschleiß und müssen daher abgeschrieben werden. Diese bilanziellen Abschreibungen folgen handelsrechtlichen und steuerlichen Gesetzesvorschriften. Sie dienen der *nominellen Kapitalerhaltung*. Kalkulatorische Abschreibungen sind an keine gesetzlichen Vorschriften geknüpft und sollen die *substanzielle Kapitalerhaltung* sicherstellen. Aus diesem Grund gelten für kalkulatorische Abschreibungen i.d.R. folgende Grundlagen: Ausgangspunkt sind nicht die Anschaffungskosten, sondern die Wiederbeschaffungskosten. Damit wird sichergestellt, dass ein Wirtschaftsgut nach der Nutzungsdauer allein aus den bisher verrechneten Abschreibungsbeträgen durch die Umsatzerlöse in voller Höhe ersetzt bzw. neu angeschafft werden kann. Die Abschreibungsbeträge sollen jährlich denselben Betrag aufweisen, daher wird bei der Verrechnung von kalkulatorischen Abschreibungen das lineare Verfahren gewählt. Dadurch wird auch erreicht, dass der Abschreibungsbetrag eines geringwertigen Wirtschaftsgutes (GWG) nicht in voller Höhe in die Verkaufspreise kalkuliert wird, sondern über die gesamte Nutzungsdauer verteilt wird. Steuerliche Aspekte bleiben unberücksichtigt.

Beispiel: Ein Unternehmen erwirbt am 01.01. eine neue Verpackungsmaschine im Wert von 35 000,00 €. Die Nutzungsdauer beträgt sieben Jahre. Der geschätzte Wiederbeschaffungswert dieser Maschine wird mit 42 000,00 € angesetzt.

Die bilanziellen Abschreibungen erlauben eine Wahl zwischen der linearen und der degressiven Abschreibungsmethode. Dies bedeutet für das erste Nutzungsjahr:
- *Lineare bilanzielle Abschreibung: 5 000,00 €*
- *Degressive bilanzielle Abschreibung: 8 750,00 € (25 % degressiver Satz)*

Die kalkulatorischen Abschreibungen werden linear vom Wiederbeschaffungswert ermittelt:
Kalkulatorische Abschreibung: 6 000,00 € jährlich

Diese 6 000,00 € werden in die Kosten- und Leistungsrechnung übernommen und in die Verkaufspreise einkalkuliert. Nur dann ist gewährleistet, dass die Maschine am Ende der Nutzungsdauer auch refinanziert werden kann (substanzielle Kapitalerhaltung).

Kalkulatorische Zinsen

Unternehmen haben i.d.R. zur Finanzierung von Investitionen Darlehen bei Banken aufgenommen. Dafür müssen sie Zinsen zahlen. Dies sind Geldbeträge für überlassenes Fremdkapital seitens der Banken. Zinsen sind Aufwendungen und werden in den Verkaufspreis einkalkuliert. Das eingesetzte Eigenkapital wurde bisher noch nicht berücksichtigt. Auch dieses sollte einer angemessenen Verzinsung unterliegen. Diese Geldmittel könnte ein Unternehmer anstatt in der Firma auch anderweitig einsetzen (z.B. in Anleihen oder festverzinsliche Wertpapiere) und würde dafür einen entsprechenden Zins erhalten. Die kalkulatorischen Zinsen berücksichtigen daher nicht nur das in einem Unternehmen eingesetzte Fremdkapital, sondern fordern zusätzlich eine Verzinsung des

Eigenkapitals. Als Berechnungsgrundlage dient das betriebsnotwendige Kapital. Dieses berechnet sich wie folgt:

    Betriebsnotwendiges Anlagevermögen (abnutzbar und nicht abnutzbar)
+ Betriebsnotwendiges Umlaufvermögen (Durchschnittswerte)
= Betriebsnotwendiges Vermögen
− Abzugskapital (zinsfreies Fremdkapital wie z. B. Anzahlungen von Kunden, zinsfreie Darlehen)
= Betriebsnotwendiges Kapital

Betriebsnotwendiges Kapital · banküblicher Zinssatz = kalkulatorische Zinsen

Beispiel: Ein Unternehmen ermittelt folgendes Vermögen:
Gebäude 230 000,00 €, Lagerhalle 98 000,00 €, Geschäftsausstattung 12 000,00 €, Waren (Durchschnitt) 120 000,00 €, Forderungen aus LuL 6 900,00 €, Bank 13 600,00 €, Kundenanzahlungen 2 400,00 €. Der banklübliche Zinssatz liegt bei 6 %.

	Betriebsnotwendiges Anlagevermögen	340 000,00 €
+	Betriebsnotwendiges Umlaufvermögen	140 500,00 €
=	Betriebsnotwendiges Vermögen	480 500,00 €
−	Abzugskapital	2 400,00 €
=	Betriebsnotwendiges Kapital	478 100,00 €

Betriebsnotwendiges Kapital · banküblicher Zinssatz = kalkulatorische Zinsen
478 100,00 €   · 6 %   = 28 686,00 € kalkulatorische Zinsen pro Jahr

Kalkulatorischer Unternehmerlohn

Unternehmen in der Rechtsform der Einzelgesellschaft bzw. der Personengesellschaft sehen keine Gehaltszahlungen für einen mitarbeitenden Inhaber oder Gesellschafter vor. Durch die Privatentnahme von Geldmitteln bestreiten diese ihren Lebensunterhalt, d. h., die Arbeitsleistung wird aus dem Gewinn des Unternehmens beglichen. Diese Entnahme muss durch die Verkaufspreise erzielt werden. Die Annahme eines kalkulatorischen Unternehmerlohns entspricht dem Gehalt (einschließlich Sozialleistungen), welches dem mitarbeitenden Inhaber oder Gesellschafter bei einer anderen Firma per Arbeitsvertrag zustehen würde. Da in der Finanzbuchhaltung dieser Position kein Aufwand gegenübersteht, stellt der kalkulatorische Unternehmerlohn für eine Einzelgesellschaft bzw. Personengesellschaft Zusatzkosten dar.

Beispiel: Das Monatsgehalt eines Geschäftsführers beträgt bei einer GmbH im südlichen Bereich von Deutschland im Durchschnitt 4 600,00 €. Somit liegt der kalkulatorische Unternehmerlohn einer Personengesellschaft bei 4 600,00 € pro Monat.

Abschreibungen und Zinsaufwendungen finden sich auch in der Kosten- und Leistungsrechnung wieder. Die verrechneten Beträge sind aber unterschiedlich hoch, da die Finanzbuchhaltung für die Berechnung von Abschreibungen und Zinsen von anderen Grundvoraussetzungen ausgeht. Daher werden die kalkulatorischen Abschreibungen und kalkulatorischen Zinsen als Anderskosten bezeichnet, da sie mit einem abweichenden Wert in die Kosten- und Leistungsrechnung übernommen werden.

Abschreibungen			Zinsaufwendungen	
Bilanziell	Kalkulatorisch		Bilanziell	Kalkulatorisch
Ausgehend von den Anschaffungskosten	Ausgehend von den Wiederbeschaffungskosten		Ausgehend von den Fremdkapitalzinsen	Ausgehend vom betriebnotwendigen Kapital
Lineare oder degressive Abschreibung	Lineare Abschreibung			

Für die Position des kalkulatorischen Unternehmerlohns gibt es keine entsprechende Buchung auf der Seite der Finanzbuchhaltung. Die Berücksichtigung eines kalkulatorischen Unternehmerlohns stellt in der Kosten- und Leistungsrechnung reine Zusatzkosten dar.

Daraus ergeben sich folgende Ergänzungen für die Abgrenzung von Kosten und Aufwendungen:

	Aufwendungen der Finanzbuchhaltung		
Neutrale Aufwendungen	Betriebliche Aufwendungen (Zweckaufwendungen)	Betriebliche Aufwendungen	
	Gleicher Betrag in der Finanzbuchhaltung und in der Kosten- und Leistungsrechnung	Anderer Betrag in der Finanzbuchhaltung als in der Kosten- und Leistungsrechnung	
	Grundkosten	Anderskosten	Zusatzkosten
	Kosten der Kosten- und Leistungsrechnung		

Die Kosten- und Leistungsrechnung gliedert sich in drei Teilbereiche:
- Kostenartenrechnung,
- Kostenstellenrechnung,
- Kostenträgerrechnung.

Lernfeld 8 — Preispolitische Maßnahmen erfolgsorientiert vorbereiten und steuern

ZUSAMMENFASSUNG

Aufwendungen stellen den gesamten Werteverzehr eines Unternehmens während einer Abrechnungsperiode dar. Erträge stellen den gesamten Wertezufluss eines Unternehmens während einer Abrechnungsperiode dar.

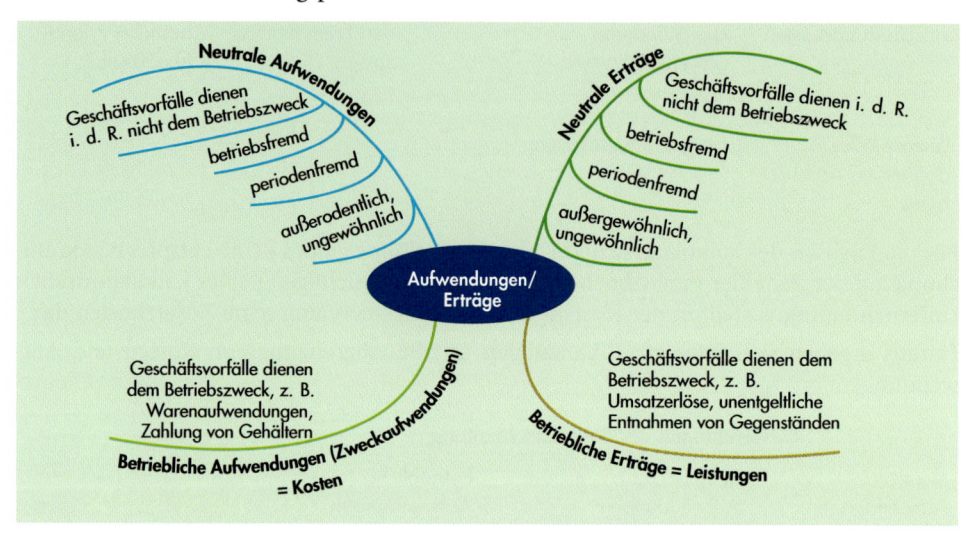

Aufwendungen/Erträge

- **Neutrale Aufwendungen**
  - Geschäftsvorfälle dienen i. d. R. nicht dem Betriebszweck
  - betriebsfremd
  - periodenfremd
  - außerordentlich, ungewöhnlich
- **Neutrale Erträge**
  - Geschäftsvorfälle dienen i. d. R. nicht dem Betriebszweck
  - betriebsfremd
  - periodenfremd
  - außergewöhnlich, ungewöhnlich
- **Betriebliche Aufwendungen (Zweckaufwendungen) = Kosten**
  - Geschäftsvorfälle dienen dem Betriebszweck, z. B. Warenaufwendungen, Zahlung von Gehältern
- **Betriebliche Erträge = Leistungen**
  - Geschäftsvorfälle dienen dem Betriebszweck, z. B. Umsatzerlöse, unentgeltliche Entnahmen von Gegenständen

Neutrale Aufwendungen und neutrale Erträge werden nicht in die Kosten- und Leistungsrechnung übernommen. Die Kosten- und Leistungsrechnung unterscheidet zwischen Grundkosten, Anderskosten und Zusatzkosten.

Kosten

- **Grundkosten** (Kosten = betriebliche Aufwendungen)
- **Anderskosten** (Kosten ≠ betriebliche Aufwendungen, z. B. kalk. Abschreibungen, kalk. Zinsen)
- **Zusatzkosten** (Kosten, denen kein betrieblicher Aufwand gegenübersteht, z. B. Unternehmerlohn)

Es gilt:

Erträge – Aufwendungen = unternehmensbezogenes Gesamtergebnis

Leistungen – Kosten = Betriebsergebnis

AUFGABEN

1. Erläutern Sie die Aufgabengebiete der Finanzbuchhaltung und der Betriebsbuchhaltung.
2. Welche der folgenden Aufwendungen bzw. Erträge sind neutral oder betrieblich bedingt (gehen Sie bei der Lösung von einem Groß- und Außenhandelsbetrieb aus)?
   a) Einkauf von Waren
   b) Verkauf von Waren an Kunden

Preispolitische Maßnahmen erfolgsorientiert vorbereiten und steuern **Lernfeld 8**

c) Mieteinnahmen einer vermieteten Lagerhalle
d) Zinszahlungen für ein Darlehen
e) Zahlung von Beiträgen an die Industrie- und Handelskammer
f) Monatliche Zahlung der Krankenkassenbeiträge für die Mitarbeiter an die entsprechenden Stellen
g) Spende an eine gemeinnützige Anstalt
h) Diebstahl von 20 Paletten mit Waren
i) Zahlung des Jahresbeitrags für die Gebäudeversicherung

3 Welche der folgenden Aufwendungen bzw. Erträge sind neutral oder betrieblich bedingt (gehen Sie bei der Lösung von einem Groß- und Außenhandelsbetrieb aus) und stellen Kosten oder Leistungen dar?

a) Umsatzerlöse für verkaufte Waren
b) Privatentnahme von 300,00 € aus der Kasse
c) Ein Wertpapiergeschäft bringt einen Verlust von 4 000,00 €
d) Ein Kunde mit offenen Posten meldet Konkurs an
e) Ein Kunde mit offenen Posten aus dem vergangenen Geschäftsjahr meldet in diesem Geschäftsjahr Konkurs an (6 700,00 €)
f) Das Finanzamt fordert eine Summe von 2 300,00 € aus dem vergangenen Jahr nach
g) Ein Mitarbeiter entnimmt eine Ware unentgeltlich
h) Ein Mitarbeiter entnimmt eine Ware und zahlt die Hälfte des Verkaufspreises
i) Ein Mitarbeiter entnimmt eine Ware und zahlt den vollen Verkaufspreis
j) Ein im vergangenen Geschäftsjahr eröffneter Prozess geht in diesem Geschäftsjahr zu Ende
k) Ein in diesem Geschäftsjahr eröffneter Prozess geht im nächsten Geschäftsjahr zu Ende
l) Zahlung einer Rechnung an ein Wettbüro
m) Ein langfristig angelegtes Wertpapier erbringt Zinsen in Höhe von 450,00 €
n) Kauf von Waren (Warenwert netto inkl. Bezugskosten)
o) Zahlung einer Rechnung an eine Werbeagentur

4 „Zinseinnahmen können auch Leistungen darstellen". Für welche Unternehmen könnte diese Aussage zutreffen?

5 Ein Unternehmen ermittelt folgende Zahlen:

Umsatzerlöse	50 000,00 €
Zinserträge	10 000,00 €
Warenaufwendungen	26 000,00 €
Gehälter	12 000,00 €
Verluste aus dem Abgang von Vermögensgegenständen	5 000,00 €
Betriebliche Steuern	7 600,00 €
Betriebsfremde Aufwendungen	2 000,00 €

a) Stellen Sie die Erträge und Aufwendungen in einem GuV-Konto gegenüber.
b) Ermitteln Sie den Gewinn bzw. den Verlust.
c) Ermitteln Sie den Gewinn bzw. Verlust unter Berücksichtigung von Kosten und Leistungen und interpretieren Sie das Ergebnis.

6 Ein Unternehmen ermittelt folgende Zahlen:

Umsatzerlöse	210 000,00 €
Mieterträge	23 000,00 €
Zinserträge	34 000,00 €
Entnahme von Waren	900,00 €
Warenaufwendungen	99 000,00 €

Lernfeld 8 — Preispolitische Maßnahmen erfolgsorientiert vorbereiten und steuern

Gehälter	120 000,00 €
Soziale Abgaben	23 000,00 €
Erträge aus dem Abgang von Vermögensgegenständen	6 000,00 €
Abschreibungen	12 000,00 €
Leasingaufwand	3 400,00 €
Büromaterial	560,00 €
Spenden	2 300,00 €
Gewerbesteuer	3 900,00 €
Zinsaufwendungen	2 400,00 €
periodenfremde Aufwendungen	3 400,00 €

a) Stellen Sie die Erträge und Aufwendungen in einem GuV-Konto gegenüber.
b) Ermitteln Sie den Gewinn bzw. den Verlust.
c) Ermitteln Sie den Gewinn bzw. Verlust unter Berücksichtigung von Kosten und Leistungen und interpretieren Sie das Ergebnis.

7 Ein Unternehmen weist jeweils die folgenden Zahlen eines Gewinn- und Verlustkontos von zwei aufeinanderfolgenden Geschäftsjahren auf (in Tsd. €):

Geschäftsjahr		2010	2011			2010	2011
6000	Warenaufwand	310	330	5000	Umsatzerlöse	620	590
6140	Frachten	3	4	5400	Mieterträge	12	9
6300/6400	Personalkosten	45	43	5410	Provisionserträge	6	2
6500	Abschreibungen	23	33	5480	Erträge Auflösung Rückstellungen	6	1
6700	Mietaufwand	13	15	5710	Zinserträge	10	15
6870	Werbung	12	14				
6960	Verluste Abgang Vermögensg.	14	4				
7510	Zinsaufwendungen	17	19				

Die Unternehmensleitung ist mit dem Unternehmensergebnis des aktuellen Jahres im Vergleich zum Vorjahr sehr zufrieden. Prüfen Sie, ob Sie diese Auffassung teilen würden.

8 a) Welche kalkulatorischen Kosten können in Unternehmen verrechnet werden?
   b) Aus welchen Gründen werden kalkulatorische Kosten in der Betriebsbuchhaltung berücksichtigt?

9 Die TRIAL GmbH kauft am 03.01. einen neuen Gabelstapler für 24 000,00 € netto. Der Stapler hat eine Nutzungsdauer von fünf Jahren. Die Geschäftsleitung geht davon aus, dass ein ähnlicher Stapler in fünf Jahren 28 000,00 € kosten wird.
   a) Ermitteln Sie die beiden möglichen bilanziellen Abschreibungsbeträge und die kalkulatorischen Abschreibungsbeträge im ersten Nutzungsjahr.
   b) Erläutern Sie an diesem Beispiel die Bedeutung dieser unterschiedlichen Abschreibungsbeträge für die Kosten- und Leistungsrechnung und für die Finanzbuchhaltung.

10 Die TRIAL GmbH erwirbt am 10.01. ein Kragarmregal für 16 660,00 € brutto (Nutzungsdauer acht Jahre) und einen Schreibtisch für 297,50 € brutto (Nutzungsjahre sechs Jahre). Die Wiederbeschaffungskosten werden anhand einer jährlichen Preissteigerungsrate von 3 % angesetzt.

Ermitteln Sie die beiden möglichen bilanziellen Abschreibungsbeträge und die kalkulatorischen Abschreibungsbeträge im ersten und im zweiten Nutzungsjahr.

11 Ein Unternehmer behauptet: Wenn ich eine Verpackungsmaschine für 20 000,00 € kaufe und zehn Jahre nutze und jährlich die Abschreibungen von 2 000,00 € in die Verkaufspreise einkalkuliere, dann erwirtschafte ich daraus genug, um in zehn Jahren eine neue Maschine kaufen zu können.

Analysieren Sie diese Aussage.

12 Ein Unternehmen ermittelt das folgende Zahlenmaterial:

Gebäude	490 000,00 €
Lagerausstattung	210 000,00 €
Geschäftsausstattung	120 000,00 €
Waren	230 000,00 €
Forderungen aus LuL	98 000,00 €
Bank	34 000,00 €
Abzugskapital	55 000,00 €
Kalkulatorischer Zinssatz	9 %

Berechnen Sie die kalkulatorischen Zinsen.

13 Ein Unternehmen ermittelt das folgende Zahlenmaterial:

Gebäude	810 000,00 €
Fuhrpark	110 000,00 €
Geschäftsausstattung	170 000,00 €
Waren	490 000,00 €
Forderungen aus LuL	198 000,00 €
Bank	99 000,00 €
Kundenanzahlungen	10 000,00 €
Kalkulatorischer Zinssatz	7,5 %
Fremdkapitalzinsen	73 000,00 €

a) Berechnen Sie die kalkulatorischen Zinsen.
b) Erläutern Sie an diesem Beispiel die Aussage: Kalkulatorische Zinsen stellen Anderskosten dar.

14 Ein Einzelhändler kalkuliert einen Unternehmerlohn von monatlich 4 500,00 €.

Erläutern Sie an diesem Beispiel die Notwendigkeit der Erfassung eines kalkulatorischen Unternehmerlohns.

15 Überprüfen Sie die folgenden Aussagen auf ihren Wahrheitsgehalt. Formulieren Sie falsche Aussagen in richtige Aussagen um:

a) Summe der Grundkosten = Summe der Zweckaufwendungen.
b) Ein Gewinn aus dem GuV-Konto wird als Betriebsergebnis bezeichnet.
c) Kalkulatorische Abschreibungen weisen immer einen niedrigeren Betrag auf als die bilanziellen Abschreibungen.
d) Kalkulatorische Zinsen werden vom betriebsnotwendigen Vermögen berechnet.
e) Der kalkulatorische Unternehmerlohn erfordert keine Buchung in der Finanzbuchhaltung.
f) In einem Geschäftsjahr gilt: Ausgaben = Kosten.

2.2 Aufbau der Kosten- und Leistungsrechnung

2.2.1 Kostenartenrechnung und die Ermittlung des Betriebsergebnisses

Die Kostenartenrechnung ist die erste Stufe der Kosten- und Leistungsrechnung (KLR) und beschäftigt sich mit einer generellen Frage:

Welche Kosten sind in einem Abrechnungszeitraum angefallen?

Sämtliche Kosten einer Abrechnungsperiode werden erfasst und strukturiert. Diese Erfassung und Strukturierung bilden die Grundlage und die Voraussetzungen für die beiden weiteren Teilgebiete der KLR.

Sämtliche Kosten werden der Art nach und wertmäßig durch Belege aus der Finanzbuchhaltung aufgezeichnet. Die Einteilung der Kosten kann nach unterschiedlichen Gesichtspunkten vorgenommen werden, je nachdem, für welche Zwecke ein Unternehmen die Kosten strukturieren möchte. Es sollte aber darauf geachtet werden, dass die Zuordnung von Kosten in eindeutiger und einheitlicher Weise erfolgt.

Einteilungsmöglichkeiten der entstandenen Kosten einer Abrechnungsperiode:

- Einteilung nach den Produktionsfaktoren:
  - Personalkosten (Löhne, Gehälter, soziale Aufwendungen, Pensionszahlungen …)
  - Kapitalkosten (Zinsaufwendungen, Dividendenzahlungen …)
  - Materialkosten (Warenaufwendungen …)
  - Raumkosten (Miet-, Pacht-, Reinigungsaufwendungen …)
  - Dienstleistungskosten (Steuerabgaben, Gewährleistungsansprüche …)
  - Kalkulatorische Kosten
- Einteilung nach der Verrechnungsart:
  - Einzelkosten   – Gemeinkosten
- Einteilung nach der Art der Beschäftigung:
  - Fixe Kosten   – Variable Kosten

Bei der Einteilung der Kosten muss jedoch berücksichtigt werden, dass nicht jeder Aufwand in der Finanzbuchhaltung auch Kosten im Sinne der Kosten- und Leistungsrechnung darstellt (entsprechend stellt nicht jeder Ertrag in gleicher Höhe eine Leistung dar). Aufwendungen, die keine Kosten oder Kosten in anderer Höhe aufweisen, dürfen nicht bzw. nicht in dieser Höhe in die Kostenartenrechnung übernommen werden.

Kosten und Aufwendungen, Leistungen und Erträge müssen erst voneinander abgegrenzt werden. Das organisatorische Hilfsmittel dieser Abgrenzung ist eine **Ergebnistabelle**.

Ergebnistabellen führen in der Regel zehn Spalten auf und können in der Kopfzeile wie folgt strukturiert sein:

Spalte 1	Spalte 2	Spalten 3 und 4		Spalten 5 und 6		Spalten 7 und 8		Spalten 9 und 10	
		Rechnungskreis I		Rechnungskreis II					
		Finanzbuchhaltung		Abgrenzungsbereich				KLR	
				Unternehmensbezogene Abgrenzung		Kostenrechnerische Korrekturen			
Konto-Nr.	Konto	Aufwand	Ertrag	neutraler Aufwand	neutraler Ertrag	verrech. Aufwand	verrech. Kosten	Kosten	Leistungen

Lernfeld 8 — Preispolitische Maßnahmen erfolgsorientiert vorbereiten und steuern

Die Aufgabe der Ergebnistabelle liegt in der Zuweisung der Aufwendungen und der Erträge aus der Finanzbuchhaltung in die Spalten des Rechnungskreises II im Hinblick auf die Fragestellung:

Handelt es sich bei den Aufwendungen (Erträgen) der Finanzbuchhaltung (des GuV-Kontos) um

- neutrale Aufwendungen (bzw. neutrale Erträge)
  oder
- Anderskosten
  oder
- Grundkosten (bzw. Leistungen)?

Um diese Frage zu beantworten, sind folgende Schritte für das Erstellen einer Ergebnistabelle vorzunehmen:

- **Schritt 1:**
  Sämtliche Aufwands- und Ertragskonten des GuV-Kontos werden namentlich und wertmäßig übernommen (zunächst Erträge, dann Aufwendungen) → Spalten 1–4. Der Saldo der Spalten 3 und 4 ergibt den Saldo des GuV-Kontos, d.h. das Ergebnis aus unternehmerischer Tätigkeit.
  Tipp: Eventuell muss am Ende der Spalten 1 und 2 das Konto „Kalkulatorischer Unternehmerlohn" ergänzt werden.

- **Schritt 2:**
  Bei jedem Konto muss die Frage gestellt werden, ob
  - der Betrag in voller Höhe Kosten oder Leistungen darstellt (Übertrag Spalte 3 in Spalte 9 bzw. Übertrag Spalte 4 in Spalte 10),
  - der Betrag einen neutralen Aufwand (Übertrag Spalte 3 in Spalte 5) oder einen neutralen Ertrag (Übertrag Spalte 4 in Spalte 6) darstellt,
  - der Betrag in anderer Höhe in die Kosten- und Leistungsrechnung übernommen wird (Übertrag von Spalte 3 in Spalte 7).

Beispiel: Die Ergebnistabelle eines Unternehmens des Groß- und Außenhandels mit dem Zahlenmaterial aus der GuV zeigt folgendes Aussehen (Auszug, Schritt 1 wurde bereits vorgenommen):

		Rechnungskreis I		Rechnungskreis II					
		Finanzbuchhaltung		Abgrenzungsbereich				KLR	
				Unternehmensbezogene Abgrenzung		Kostenrechnerische Korrekturen			
Konto-Nr.	Konto	Aufwand	Ertrag	neutraler Aufwand	neutraler Ertrag	verrech. Aufwand	verrech. Kosten	Kosten	Leistungen
5000	Umsatzerlöse		7 500,00						
5710	Zinserträge		350,00						
6000	Warenaufwand	3 000,00							
6500	Abschreibungen	800,00							
6960	Verluste Abgang AV	2 000,00							

Für Schritt 2 gelten nun folgende Regeln:

- Konto Umsatzerlöse: Ertrag = Leistungen (dient dem Betriebszweck), Übertrag in Spalte 10
- Konto Zinserträge: Zinserträge dienen nicht dem Betriebszweck = neutraler Ertrag, Übertrag in Spalte 6
- Konto Warenaufwand: Aufwand = Grundkosten, Übertrag in Spalte 9
- Konto Abschreibung: Das GuV-Konto sammelt die bilanziellen Abschreibungen, in der Kosten- und Leistungsrechnung werden aber kalkulatorische Abschreibungen (hier: 1 000,00 €) verrechnet (kostenrechnerische Korrekturen), Übertrag des Betrags von 800,00 € in Spalte 7, Übertrag des Betrags von 1 000,00 € in die Spalten 8 und 9.
- Konto Verluste aus dem Abgang von Anlagevermögen = neutraler Aufwand (betriebsfremd), Übertrag in Spalte 5.

Die Ergebnistabelle zeigt nach der Abgrenzung folgendes Bild:

		Rechnungskreis I		Rechnungskreis II					
		Finanzbuchhaltung		Abgrenzungsbereich				KLR	
				Unternehmensbezogene Abgrenzung		Kostenrechnerische Korrekturen			
Konto-Nr.	Konto	Aufwand	Ertrag	neutraler Aufwand	neutraler Ertrag	verrech. Aufwand	verrech. Kosten	Kosten	Leistungen
5000	Umsatzerlöse		7 500,00						7 500,00
5710	Zinserträge		350,00		350,00				
6000	Warenaufwand	3 000,00						3 000,00	
6500	Abschreibungen	800,00				800,00	1 000,00	1 000,00	
6960	Verluste Abgang AV	2 000,00		2 000,00					

Aus der Ergebnistabelle lassen sich drei unterschiedliche Ergebnisse ableiten:

- Der Saldo aus Spalte 3 und 4 ergibt das Gesamtergebnis der Finanzbuchhaltung.
- Die Salden der Spalten 5 und 6 bzw. 7 und 8 ergeben das neutrale Ergebnis.
- Der Saldo aus Spalte 9 und 10 ergibt das Betriebsergebnis.

Beispiel: Die Salden der Ergebnistabelle lauten:

		Rechnungskreis I		Rechnungskreis II					
		Finanzbuchhaltung		Abgrenzungsbereich				KLR	
				Unternehmensbezogene Abgrenzung		Kostenrechnerische Korrekturen			
Konto-Nr.	Konto	Aufwand	Ertrag	neutraler Aufwand	neutraler Ertrag	verrech. Aufwand	verrech. Kosten	Kosten	Leistungen
5000	Umsatzerlöse		7 500,00						7 500,00
5710	Zinserträge		350,00		350,00				
6000	Warenaufwand	3 000,00						3 000,00	
6500	Abschreibungen	800,00				800,00	1 000,00	1 000,00	
6960	Verluste Abgang AV	2 000,00		2 000,00					
		5 800,00	7 850,00	2 000,00	350,00	800,00	1 000,00	4 000,00	7 500,00
Salden		2 050,00			1 650,00	200,00		3 500,00	

Das Gesamtergebnis laut GuV weist einen Gesamtgewinn in Höhe von 2 050,00 € aus.

Das Betriebsergebnis – das Ergebnis aus Geschäftstätigkeit nach dem Betriebszweck – weist einen Betriebsgewinn in Höhe von 3 500,00 € aus.

Das neutrale Ergebnis aus den Salden des Abgrenzungsbereichs lautet –1 450,00 € (–1 650,00 € + 200,00 €) und ist somit ein neutraler Verlust.

Es gilt die Gleichung:
Gesamtergebnis   = neutrales Ergebnis   + Betriebsergebnis
2 050,00   = – 1 450,00   + 3 500,00

Die Ergebnisse müssen sodann miteinander verglichen und interpretiert werden. Das Gesamtergebnis ist niedriger als das Betriebsergebnis, da in der Abrechnungsperiode ein hoher neutraler Aufwand verrechnet wurde, der aber in den kommenden Abrechnungsperioden wohl nicht mehr in dieser Höhe vorkommen wird.

Sollte ein Unternehmen ein sehr gutes Gesamtergebnis erzielen, kann das Betriebsergebnis dennoch negativ ausfallen.

Beispiel: *Ein Unternehmen weist laut GuV einen Gewinn in Höhe von 4 500,00 € aus. In dem Abrechnungszeitraum wurden jedoch hohe Beträge als neutrale Erträge erwirtschaftet, sodass das neutrale Ergebnis z. B. einen neutralen Gewinn von +6 000,00 € aufweist. Würde das Unternehmen keine Ergebnistabelle führen, so wäre der Gewinn aus anderen Gründen zustande gekommen, aber **nicht** aus der unternehmerischen Tätigkeit aus dem Betriebszweck heraus. Das Betriebsergebnis würde in diesem Fall bei – 1 500,00 € liegen.*

Lernfeld 8

Preispolitische Maßnahmen erfolgsorientiert vorbereiten und steuern

ZUSAMMENFASSUNG

Die Kostenartenrechnung ermittelt und gliedert die gesamten Kosten eines Unternehmens.

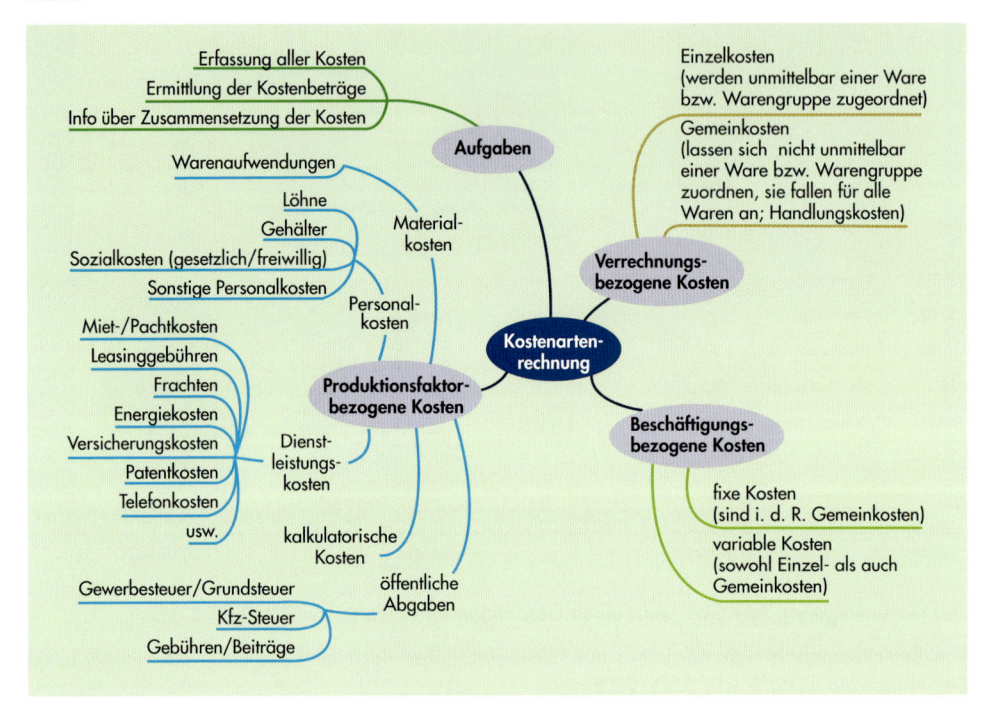

Aufgaben
- Erfassung aller Kosten
- Ermittlung der Kostenbeträge
- Info über Zusammensetzung der Kosten

Verrechnungsbezogene Kosten
- Einzelkosten (werden unmittelbar einer Ware bzw. Warengruppe zugeordnet)
- Gemeinkosten (lassen sich nicht unmittelbar einer Ware bzw. Warengruppe zuordnen, sie fallen für alle Waren an; Handlungskosten)

Produktionsfaktorbezogene Kosten
- Materialkosten: Warenaufwendungen
- Personalkosten: Löhne, Gehälter, Sozialkosten (gesetzlich/freiwillig), Sonstige Personalkosten
- Dienstleistungskosten: Miet-/Pachtkosten, Leasinggebühren, Frachten, Energiekosten, Versicherungskosten, Patentkosten, Telefonkosten, usw.
- kalkulatorische Kosten
- öffentliche Abgaben: Gewerbesteuer/Grundsteuer, Kfz-Steuer, Gebühren/Beiträge

Beschäftigungsbezogene Kosten
- fixe Kosten (sind i. d. R. Gemeinkosten)
- variable Kosten (sowohl Einzel- als auch Gemeinkosten)

Die Einteilung der aus der Finanzbuchhaltung ermittelten Aufwendungen und Erträge in einen neutralen und abgrenzungsbezogenen Teil und die Ermittlung von Kosten und Leistungen erfolgt in einer Ergebnistabelle.

Die Ergebnistabelle führt zu einem

- Unternehmensergebnis (Ergebnis der Finanzbuchhaltung),
- Betriebsergebnis (Ergebnis der Kosten- und Leistungsrechnung),
- neutralen Ergebnis (Ergebnis der neutralen und abgrenzungsbezogenen Aufwendungen und Erträge).

AUFGABEN

1 a) Erläutern Sie den Aufbau einer Kostenartenrechnung
   - in einem Betrieb des Groß- und Außenhandels,
   - in einem Betrieb der Urproduktion (z. B. Fischfang),
   - in einem Musikverein.
   b) Welche Kosten fallen in den genannten Betrieben bzw. in einem Verein an?

Lernfeld 8

2 Die Abteilung Rechnungswesen eines Unternehmens des Groß- und Außenhandels ermittelt für eine Abrechnungsperiode folgendes Zahlenmaterial:

5000	Umsatzerlöse	790 000,00 €
5400	Mieterträge	45 000,00 €
5410	Provisionserträge	23 000,00 €
6000	Warenaufwendungen	230 000,00 €
6300	Gehälter	56 000,00 €
6400	Soziale Abgaben	19 000,00 €
6500	Abschreibungen Sachanlagen	37 000,00 €
6510	Abschreibungen Finanzanlagen	10 000,00 €
7510	Zinsaufwendungen	16 000,00 €

Kalkulatorische Abschreibungen Sachanlagen	32 000,00 €
Kalkulatorische Zinsen	20 000,00 €
Kalkulatorischer Unternehmerlohn	12 000,00 €

a) Ermitteln Sie das Gesamtergebnis und das Betriebsergebnis mithilfe einer Ergebnistabelle und interpretieren Sie die Ergebnisse.
b) Berechnen Sie die Handlungskosten.

3 Die Abteilung Rechnungswesen eines Unternehmens des Groß- und Außenhandels ermittelt für das 3. Quartal folgende Zahlen für Aufwendungen und Erträge:

5000	Umsatzerlöse Warengruppe Ball	295 000,00 €
5010	Umsatzerlöse Warengruppe Winter	128 000,00 €
5400	Mieterträge	51 000,00 €
5430	Andere sonst. betriebliche Erträge	6 000,00 €
5460	Erträge aus dem Abgang von Gegenständen d. AV	17 500,00 €
5710	Zinserträge	12 000,00 €
6000	Aufwendungen Warengruppe Ball	190 000,00 €
6010	Aufwendungen Warengruppe Winter	88 000,00 €
6300	Gehälter	76 000,00 €
6400	Soziale Abgaben	24 000,00 €
6500	Abschreibungen Sachanlagen	39 800,00 €
6770	Rechts- und Beratungskosten	10 000,00 €
6870	Werbung	13 500,00 €
6880	Spenden	9 000,00 €
6990	Periodenfremde Aufwendungen	1 300,00 €
7510	Zinsaufwendungen	28 000,00 €
7080	Sonst. betriebl. Steuern	6 200,00 €

Für die Ermittlung der kalkulatorischen Abschreibungen gilt (Jahreswerte):

Wiederbeschaffungswert (Durchschnitt) des Anlagevermögens	1 360 000,00 €
Abschreibungssatz (kalkulatorisch, linear)	12,5 %

Für die Ermittlung der kalkulatorischen Zinsen gilt (Jahreswerte):

Betriebsnotwendiges Anlagevermögen	900 000,00 €
Betriebsnotwendiges Umlaufvermögen	600 000,00 €
Zinslose Liefererverbindlichkeiten	4 500,00 €
Kalkulatorischer Jahreszinssatz	8 %

a) Ermitteln Sie das Gesamtergebnis und das Betriebsergebnis mithilfe einer Ergebnistabelle und interpretieren Sie die Ergebnisse.
b) Berechnen Sie die Handlungskosten.

4 Die Abteilung Rechnungswesen eines Unternehmens des Groß- und Außenhandels ermittelt für das aktuelle Geschäftsjahr folgende Zahlen für Aufwendungen und Erträge (in Tsd.):

5000	Umsatzerlöse Warengruppe 1	620,00 €
5010	Umsatzerlöse Warengruppe 2	320,00 €
5430	Andere sonst. betriebliche Erträge	17,00 €
5460	Erträge aus dem Abgang von Gegenständen d. AV	5,00 €
5480	Erträge aus der Auflösung von Rückstellungen	8,00 €
5710	Zinserträge	9,00 €
6000	Aufwendungen Warengruppe 1	490,00 €
6010	Aufwendungen Warengruppe 2	210,00 €
6300	Gehälter	88,00 €
6400	Soziale Abgaben	34,00 €
6500	Abschreibungen Sachanlagen	71,00 €
6800	Büromaterial	7,00 €
6860	Bewirtung und Repräsentation	3,00 €
6900	Versicherungsbeiträge	7,00 €
6960	Verluste aus dem Abgang von Gegenständen d. AV	22,00 €
7510	Zinsaufwendungen	48,00 €

Für die Ermittlung der kalkulatorischen Abschreibungen gilt:

Wiederbeschaffungswert des Gebäudes	390 000,00 €
Abschreibungssatz Gebäude	5 %
Wiederbeschaffungswert (Durchschnitt) des sonstigen Anlagevermögens	420 000,00 €
Abschreibungssatz (kalkulatorisch, linear)	12,5 %

Für die Ermittlung der kalkulatorischen Zinsen gilt:

Betriebsnotwendiges Anlagevermögen	690 000,00 €
Betriebsnotwendiges Umlaufvermögen	390 000,00 €
Abzugskapital	24 000,00 €
Kalkulatorischer Jahreszinssatz	5,5 %

a) Ermitteln Sie das Gesamtergebnis und das Betriebsergebnis mithilfe einer Ergebnistabelle und interpretieren Sie die Ergebnisse.
b) Berechnen Sie die Handlungskosten.

5 Die Großhandlung Bad und Meer KG ermittelt das folgende GuV-Konto (in Tsd. €):

S			GUV		H
	Warenaufwand WC	650	Umsatzerlöse WC		790
	Warenaufwand Dusche	1 100	Umsatzerlöse Dusche		1 300
	Instandhaltung/Reparatur	120	Mieterträge		40
	Gehälter	90	Provisionserträge		15
	Soziale Abgaben	34	Erträge Abgang AV		12
	Abschreibung Sachanlagen	56	Periodenfremde Erträge		5
	Mietaufwand	12	Zinserträge		4
	Werbung	32			
	Versicherungsbeiträge	21			
	Verluste aus Schadensfällen	2,5			
	Abschreibung auf Ford.	4			
	Verluste Abgang AV.	1,5			
	Kraftfahrzeugsteuer	1,1			
	Zinsaufwendungen	58			

Preispolitische Maßnahmen erfolgsorientiert vorbereiten und steuern — **Lernfeld 8**

Die Mieterträge resultieren aus der Vermietung eines kleinen Büros im vierten Stock des Unternehmensgebäudes an ein Wettbüro. Das Büro macht 4 % der gesamten Fläche des Gebäudes aus, ist mit 1 300,00 € versichert und wurde für 80 000,00 € komplett saniert.

Für die Ermittlung der kalkulatorischen Abschreibungen gilt:

Wiederbeschaffungswert des Gebäudes	375 000,00 €
Abschreibungssatz Gebäude	5 %
Wiederbeschaffungswert (Durchschnitt) des sonstigen Anlagevermögens	320 000,00 €
Abschreibungssatz (kalkulatorisch, linear)	10 %

Für die Ermittlung der kalkulatorischen Zinsen gilt:

Betriebsnotwendiges Anlagevermögen	580 000,00 €
Betriebsnotwendige Warenvorräte	120 000,00 €
Forderungen	70 000,00 €
Bank	50 500,00 €
Abzugskapital	19 000,00 €
Kalkulatorischer Jahreszinssatz	7 %

a) Ermitteln Sie das Gesamtergebnis und das Betriebsergebnis mithilfe einer Ergebnistabelle und interpretieren Sie die Ergebnisse.

b) Berechnen Sie die Handlungskosten.

6 Die Auszubildende Katja Müller ermittelt folgende Ergebnistabelle. Herr Stadlinger findet darin inhaltliche Fehler. Welche Fehler hat Katja Müller beim Ausfüllen der Ergebnistabelle begangen?

Lernfeld 8 — Preispolitische Maßnahmen erfolgsorientiert vorbereiten und steuern

Finanzbuchhaltung				Kosten- und Leistungsrechnung				Betriebsergebnisrechnung	
				Abgrenzungsrechnung		Kostenrechn. Korrekturen			
	Gesamtergebnisrechnung FB			Abgrenz. neutr. Aufw. u. Ertr.					
Kto-Nr.	Kontobezeichnung	Aufwand	Ertrag	neutr. Aufw.	neutr. Erträge	betriebl. Aufw.	verr. Kosten	Kosten	Leistungen
5000	Umsatzerlöse Bikewear		409 000,00						409 000,00
5010	Umsatzerlöse Mountainbike		990 000,00						990 000,00
5020	Umsatzerlöse Rennräder		830 000,00						830 000,00
5400	Mieterträge		23 000,00		23 000,00				
5710	Zinserträge		1 200,00			1 200,00	15 000,00	15 000,00	
5460	Erträge Vermögensabgang		34 000,00					34 000,00	
6000	Warenaufw. Bikewear	220 000,00						220 000,00	
6020	Warenaufw. Rennräder	570 000,00						570 000,00	
6130	Instandhaltung/Reparatur	3 000,00						3 000,00	
6200/6300	Löhne/Gehälter	54 000,00						54 000,00	
6400	Soziale Abgaben	23 000,00						23 000,00	
6700	Pacht	4 000,00		4 000,00				4 000,00	
6500	Abschreibungen Sachanl.	19 400,00						19 400,00	
7510	Zinsaufwendungen	13 200,00		13 200,00					
6990	periodenfremde Aufwendungen	3 400,00						3 400,00	
		910 000,00	2 287 200,00	17 200,00	23 000,00	1 200,00	15 000,00	945 800,00	2 229 000,00
		1 377 200,00		5 800,00		13 800,00		1 283 200,00	

230

2.2.2 Kostenstellenrechnung

Die Kostenstellenrechnung beschäftigt sich mit einer generellen Frage:
Wo – an welchen betrieblichen Orten bzw. Kostenträgern – sind die Kosten angefallen?

Die angefallenen Kosten müssen nun auf die Warengruppen bzw. Waren (= Kostenträger) verursachungsgerecht verteilt werden.

Zu diesem Zweck erfolgt eine Gliederung der in der Kostenartenrechnung ermittelten Kosten in Einzel- und Gemeinkosten.

Einzelkosten	Gemeinkosten
direkt den Waren/Warengruppen zurechenbar	nicht direkt den Waren/Warengruppen zurechenbar, Verteilung an die Kostenstellen mithilfe von Schlüsseln
Einkaufspreis von Waren Bezugspreis von Waren	Personalkosten, Abschreibungen, Steuern ...

Das organisatorische Hilfsmittel der Kostenstellenrechnung ist der **Betriebsabrechnungsbogen (BAB)**. In einem Betriebsabrechnungsbogen erfolgt die Verteilung der Gemeinkosten auf die Kostenstellen.

Kostenstelle

Die Bildung von Kostenstellen ist abhängig von der Betriebsform. Unternehmen der Industrie werden andere Kostenstellen unterhalten als Unternehmen des Groß- und Außenhandels. In einem BAB des Groß- und Außenhandels werden i. d. R. folgende Kostenstellen geführt:

Hauptkostenstelle	Sämtliche Gemeinkosten werden auf die Hauptkostenstellen umgelegt.	*Beispiele:* Waren/Warengruppen (selten: Verkaufsgebiete)
Allgemeine Kostenstelle	Deren Gemeinkosten werden auf alle anderen Kostenstellen umgelegt.	*Beispiele:* Fuhrpark, Geschäftsleitung (erbringen Leistungen für alle Kostenstellen)
Hilfskostenstelle	Deren Gemeinkosten werden nur auf die Hauptkostenstellen umgelegt.	*Beispiele:* Einkauf, Verwaltung, Vertrieb, Lager

Beispiel: Ein Unternehmen führt die Bereiche Fuhrpark und Geschäftsleitung als allgemeine Kostenstellen, die Bereiche Einkauf, Lager und Verkauf als Hilfskostenstellen und die beiden Warengruppen Bikewear und Rennräder als Hauptkostenstellen.

Die Praxis unterscheidet zwischen einem einstufigen und einem mehrstufigen Betriebsabrechnungsbogen.

Aufbau eines einstufigen Betriebsabrechnungsbogens

Der einstufige Betriebsabrechnungsbogen (BAB) übernimmt das Zahlenmaterial aus der Kostenartenrechnung (Ergebnistabelle) und verteilt die dort ermittelten Gemeinkosten bzw. Handlungskosten verursachungsgerecht auf die Hauptkostenstellen. Die Hauptkostenstellen sind in einem Unternehmen der Branche Groß- und Außenhandel in der Regel die einzelnen Warengruppen. Die Bildung von Hauptkostenstellen vollzieht sich nach unterschiedlichen Kriterien und richtet sich nach den Aufgabengebieten der Kostenrechnung.

| Lernfeld 8 | Preispolitische Maßnahmen erfolgsorientiert vorbereiten und steuern |

Die Gliederung der Kostenstellen nach Warengruppen kann daher organisationsbedingt, funktionsbezogen oder raumorientiert bedingt sein.

> **Merke:** In einem einstufigen Betriebsabrechnungsbogen werden die Handlungskosten nur auf die Hauptkostenstellen verteilt, auf die Bildung von allgemeinen Kostenstellen und Hilfskostenstellen wird in einem einstufigen Betriebsabrechnungsbogen verzichtet.

Beispiel:

Ein Unternehmen in der Branche Groß- und Außenhandel führt in seinem Sortiment vier Warengruppen:

Warengruppe 1: Ballsport
Warengruppe 2: Wintersport
Warengruppe 3: Wassersport
Warengruppe 4: Fitness

In einem Betriebsabrechnungsbogen werden die Gemeinkosten der Ergebnistabelle auf diese vier Hauptkostenstellen verteilt. Der Aufbau eines Betriebsabrechnungsbogens ähnelt in der Regel dem Aufbau einer Matrix:

Kontobezeichnung (Kostenarten)	Betrag in €	Verteilungs-grundlage	Hauptkostenstellen			
			Ballsport	Winter-sport	Wasser-sport	Fitness

Das Zahlenmaterial der **Handlungskosten** aus der Ergebnistabelle (in der Regel alle Kosten außer den Warenaufwendungen) muss nach bestimmten **Verteilungsgrundlagen** auf die **Hauptkostenstellen** verursachungsgerecht verteilt werden. Wir unterscheiden in der Regel zwei Möglichkeiten, auf welche Art und Weise die Gemeinkosten (Handlungskosten) verteilt werden können:

- direkte Verteilung der Handlungskosten durch z. B. Lohn- oder Gehaltslisten oder Reparaturaufträge (= **Stelleneinzelkosten**),
oder

- indirekte Verteilung der Handlungskosten mithilfe von Schlüsseln, z. B. nach qm, Anzahl an Elektroanschlüssen, gefahrene km, Wertschlüssel etc. (= **Stellengemeinkosten**). Die korrekte Verteilung der Kosten durch geeignete Schlüssel kann sich als schwieriges Unterfangen darstellen. Falsch ermittelte Schlüssel führen eventuell zu falsch kalkulierten Zuschlagssätzen und Verkaufspreisen.

Die **Einzelkosten** (i. d. R. die **Warenaufwendungen**) sind den einzelnen Warengruppen direkt zurechenbar und müssen daher nicht auf dieselben verteilt werden. Da die Einzelkosten jedoch für die Ermittlung des Handlungskostenzuschlagssatzes (HKZ) benötigt werden, erscheinen sie dennoch für Informations- und Berechnungszwecke in einem Betriebsabrechnungsbogen.

Beispiel für einen Betriebsabrechnungsbogen mit Gemeinkosten:

In einem Unternehmen zeigte die Ergebnistabelle des vergangenen Monats u. a. Personalkosten in Höhe von 55 000,00 € und Energiekosten in Höhe von 4 100,00 € auf. Beide Kostenarten sind Gemeinkosten.

Die Personalkosten werden nach der Gehaltsliste der einzelnen Angestellten direkt auf die Kostenträger wie folgt verteilt: Warengruppe 1: 8 000,00 €, Warengruppe 2: 35 000,00 €, Warengruppe 3: 7 000,00 € und Warengruppe 4: 5 000,00 €.

Preispolitische Maßnahmen erfolgsorientiert vorbereiten und steuern

Lernfeld 8

Die Energiekosten werden indirekt nach qm verteilt (Warengruppe 1: 90 qm, Warengruppe 2: 180 qm, Warengruppe 3: 90 qm, Warengruppe 4: 50 qm).

Die indirekte Verteilung erfolgt mithilfe eines Dreisatzes: Die Gesamtsumme an qm beträgt 410 qm. Diese Summe wird mit 4 100,00 € gleichgesetzt und danach berechnet, wieviel € für 1 qm anfallen:

$$4\,100,00\ € \quad\quad 410\ qm$$
$$x\ € \quad\quad\quad\quad 1\ qm \quad\quad x = 10,00\ €/qm$$

Damit ergibt sich für die Hauptkostenstelle Warengruppe 1 eine verursachungsgerechte Verteilung von 900,00 € (10,00 €/qm · 90 qm).

Die jeweiligen Zahlenbeträge unter den Kostenstellen werden addiert und ergeben die jeweiligen Gemeinkosten der entsprechenden Kostenstellen.

Der einstufige BAB zeigt folgendes Bild (Auszug):

Kontobe-zeichnung	€	Verteilungs-grundlage	Hauptkostenstellen			
			Waren-gruppe 1	Waren-gruppe 2	Waren-gruppe 3	Waren-gruppe 4
Gehälter	55 000,00	Gehaltslisten	8 000,00	35 000,00	7 000,00	5 000,00
Energieauf-wand	4 100,00	qm	900,00	1 800,00	900,00	500,00
Summe	59 100,00		8 900,00	36 800,00	7 900,00	5 500,00

Die Handlungskosten in Höhe von 59 100,00 € wurden verursachungsgerecht auf die Hauptkostenstellen verteilt. Es gilt:

Handlungskosten der Warengruppe 1: 8 900,00 €
Handlungskosten der Warengruppe 2: 36 800,00 €
Handlungskosten der Warengruppe 3: 7 900,00 €
Handlungskosten der Warengruppe 4: 5 500,00 €

Summe: 59 100,00 €

Beispiel für einen Betriebsabrechnungsbogen mit Gemeinkosten und Einzelkosten:

Die TRIAL GmbH bildet aus ihrem Sortiment zwei Hauptkostenstellen: Die Artikel Fahrradhelme und Trikots bilden die Warengruppe Bikewear (Warenaufwand Monat Mai: 21 000,00 €) und die Rennräder bilden die Warengruppe Rennräder (Warenaufwand Mai: 32 000,00 €).

Für die Warengruppe Bikewear sind zwei Mitarbeiter zuständig (Nettogehalt laut Arbeitsvertrag: 2 500,00 € und 3 000,00 €), für die Warengruppe Rennräder sind drei Mitarbeiter zuständig (Nettogehalt laut Arbeitsvertrag: je 2 800,00 €). Die kalkulatorischen Zinsen (1 200,00 € pro Monat) sind im Verhältnis 2 : 3 auf die beiden Hauptkostenstellen zu verteilen. Die Gehälter und die kalkulatorischen Zinsen zählen zu den Handlungskosten.

Für die Verteilung der kalkulatorischen Zinsen ist Folgendes zu beachten:

Die beiden Verhältniszahlen 2 und 3 werden addiert, deren Summe ergibt die Zahl 5. Diese Zahl 5 ist mit den Gesamtkosten der Zinsen in Höhe von 1 200,00 € gleichzusetzen.

5 Verhältnisteile   =   1 200,00 €

Weiter ist zu berechnen, wie viel € ein Verhältnisteil besitzt. Dies kann über die Berechnung eines Dreisatzes ermittelt werden:

5 Verhältnisteile   =   1 200,00 €
1 Verhältnisteil   =   240,00 €

Lernfeld 8 — Preispolitische Maßnahmen erfolgsorientiert vorbereiten und steuern

Damit gilt: Warengruppe Bikewear: 2 Verhältnisteile ergibt eine Summe von 480,00 €
(240,00 € · 2 Teile).
Warengruppe Rennräder: 3 Verhältnisteile ergibt eine Summe von 720,00 €
(240,00 € · 3 Teile).
Die Summe der beiden €-Beträge ergibt die Gesamtsumme der kalkulatorischen Zinsen in Höhe von 1 200,00 €.

Der Betriebsabrechnungsbogen der TRIAL GmbH für den Monat Mai besitzt das folgende Aussehen (die kalkulatorischen Zinsen werden anteilsmäßig auf einen Monat verteilt):

Kontobezeichnung	€	Verteilungs-grundlage	Hauptkostenstellen	
			Warengruppe Bikewear	Warengruppe Rennräder
Einzelkosten				
Warenaufwand Bikewear	21 000,00		21 000,00	
Warenaufwand Rennräder	32 000,00			32 000,00
Gemeinkosten				
Gehälter	13 900,00	Gehaltslisten	5 500,00	8 400,00
kalk. Zinsen	1 200,00	Schlüssel 2 : 3	480,00	720,00
Summe der Gemeinkosten	15 100,00		5 980,00	9 120,00

= 15 100,00 €

Aufgrund dieser verursachungsgerechten Kostenaufteilung (die Kosten werden dort erfasst, wo sie auch anfallen), lassen sich die **Selbstkosten** (Addition der Gemeinkosten und der Einzelkosten) für jede Hauptkostenstelle bestimmen (siehe auch Ausführungen auf den nächsten Seiten).

Die Selbstkosten für die Warengruppe Bikewear betragen 26 980,00 € (Einzelkosten 21 000,00 € + Handlungskosten 5 980,00 €).

Kontobezeichnung	€	Verteilungs-grundlage	Hauptkostenstellen	
			Warengruppe Bikewear	Warengruppe Rennräder
Einzelkosten				
Warenaufwand Bikewear	21 000,00		21 000,00	
Warenaufwand Rennräder	32 000,00			32 000,00
Gemeinkosten				
Gehälter	13 900,00	Gehaltslisten	5 500,00	8 400,00
kalk. Zinsen	1 200,00	Schlüssel 2 : 3	480,00	720,00
Summe der Gemeinkosten	15 100,00		5 980,00	9 120,00
Selbstkosten			26 980,00	41 120,00

Wichtiger Hinweis:

Bei der Erstellung eines Betriebsabrechnungsbogens ergeben sich eine Vielzahl von möglichen Fehlerquellen. So muss auf eine klare Trennung der Einzelkosten und der Gemeinkosten geachtet werden, sonst besteht die Gefahr, dass bei der Ermittlung der Gesamtsumme der Handlungskosten die Einzelkosten versehentlich mitaddiert werden.

Bei der Aufstellung eines Betriebsabrechnungsbogens sind folgende Schritte durchzuführen:
- Trennung der Konten und der Kostenbeträge aus der Ergebnistabelle in Einzel- und Gemeinkosten (vorletzte Spalte);
- Übernahme der Konten und der Kostenbeträge aus der Ergebnistabelle in einen Betriebsabrechnungsbogen;
- Festlegung der Hauptkostenstellen (Warengruppen);
- Verteilung der Gemeinkosten auf die Hauptkostenstellen;
- Addition der verteilten Beträge der Gemeinkosten, um die Handlungskosten je Hauptkostenstelle zu erhalten;
- Überprüfen, ob die Summe der Gemeinkosten der Hauptkostenstellen mit der Summe der Gemeinkosten aus der Ergebnistabelle übereinstimmt.

Mithilfe des Zahlenmaterials aus einem Betriebsabrechnungsbogens lassen sich weitere für die spätere Kalkulation notwendige Informationen ableiten:
- Ermittlung des Handlungskostenzuschlagssatzes
- Ermittlung der Selbstkosten
- Ermittlung des Gewinnzuschlagssatzes
- Berechnung von Normalzuschlagssätzen

Ermittlung des Handlungskostenzuschlagssatzes

Mit den Ergebnissen des Betriebsabrechnungsbogens können die Handlungskostenzuschlagssätze (HKZ) für die Kalkulation (Vor- und Nachkalkulation) ermittelt werden.

Die auf die Warengruppen verteilten Gemeinkosten in einem Betriebsabrechnungsbogen beinhalten sämtliche nicht direkt den Warengruppen zurechenbaren Kosten (Gehälter, Lagerkosten, Werbung ...). Diese Gemeinkosten werden auch als Handlungskosten bezeichnet.

Merke: Handlungskosten einer Warengruppe = Gemeinkosten einer Warengruppe

Für die Kalkulation der einzelnen Verkaufspreise werden die Handlungskosten mittels eines Prozentsatzes – dem Handlungskostenzuschlagssatz (HKZ) – auf den Bezugspreis addiert. Dadurch ist sichergestellt, dass der dadurch ermittelte Betrag (= Selbstkosten) die Kosten für den Warenaufwand und die Handlungskosten („interne Kosten eines Unternehmens") deckt.

Die Berechnung der Handlungskostenzuschlagssätze (HKZ) erfolgt durch den Quotienten:

$$HKZ = \frac{Handlungskosten\ der\ Warengruppe \cdot 100}{Bezugspreis\ (Einstandspreis)\ der\ Warengruppe\ (Warenaufwand)}$$

Lernfeld 8 — Preispolitische Maßnahmen erfolgsorientiert vorbereiten und steuern

Beispiel: Der Handlungskostenzuschlagssatz (HKZ) der Warengruppe Bikewear beträgt (das Zahlenmaterial ist dem obigen Betriebsabrechnungsbogen zu entnehmen):

$$\text{HKZ} = \frac{\text{Handlungskosten der Warengruppe Bikewear} \cdot 100}{\text{Bezugspreis der Warengruppe}} = \frac{5\,980{,}00 \cdot 100}{21\,000{,}00} = 28{,}4762\,\%$$

Ermittlung der Selbstkosten

Mithilfe des Zahlenmaterials des Betriebsabrechnungsbogens können die Selbstkosten einer jeden Warengruppe ermittelt werden. Die Selbstkosten setzen sich zusammen aus den Warenaufwendungen und den Handlungskosten einer jeden Warengruppe, sie stellen somit die Summe aller durch den Leistungsprozess eines Betriebs entstandenen Kosten für einen Kostenträger (d. h. für eine Warengruppe) dar.

> **Merke:**
> Bezugspreis einer Warengruppe (Warenaufwand)
> + Handlungskosten einer Warengruppe
> = Selbstkosten einer Warengruppe

Beispiel: Die Warengruppe Bikewear verursachte in der Abrechnungsperiode laut Betriebsabrechnungsbogen folgende Selbstkosten:

Bezugspreis	21 000,00 €
+ Handlungskosten	5 980,00 €
= Selbstkosten	26 980,00 €

Alternative Rechnung:

Bezugspreis	21 000,00 €
+ Handlungskostenzuschlagssatz 28,4762 %	5 980,00 €
= Selbstkosten	26 980,00 €

(Hinweis: 28,4762 % von 21 000,00 € ergeben 5 980,00 €)

Ermittlung des Gewinnzuschlagssatzes

Angenommen, die TRIAL GmbH würde die gesamten Artikel der Warengruppe Bikewear zu einem Preis von 26 980,00 € netto verkaufen, so hätte das Unternehmen weder einen Gewinn noch einen Verlust erzielt. Die Summe der Selbstkosten in Höhe von 26 980,00 € würde exakt der Summe der Umsatzerlöse entsprechen. Um einen Gewinn realisieren zu können, muss der Gesamt-Verkaufspreis der Artikel der Warengruppe Bikewear über 26 980,00 € liegen.

Die Ergebnisse des Betriebsabrechnungsbogens und die Umsatzzahlen lassen die Ermittlung eines Gewinnzuschlagssatzes zu:

$$\text{Gewinnzuschlagssatz} = \frac{\text{Erzielter Gewinn der Warengruppe in der Abrechnungsperiode} \cdot 100}{\text{Selbstkosten der Warengruppe}}$$

Beispiel: Angenommen, die Umsatzerlöse der Warengruppe Bikewear betragen nach dem GuV-Konto 37 980,00 €. Damit erzielt diese Warengruppe einen Gewinn in Höhe von 11 000,00 €.

Umsatzerlöse	37 980,00 €
– Selbstkosten	26 980,00 €
= Gewinn	11 000,00 €

Der Gewinnzuschlagssatz für die Warengruppe Bikewear lautet für diesen Abrechnungszeitraum:

$$\text{Gewinnzuschlagssatz} = \frac{11\,000,00 \cdot 100}{26\,980,00} = 40,77\,\%$$

Für eine bessere übersichtliche Darstellung kann der Betriebsabrechnungsbogen um die Zeilen Handlungskostenzuschlagssätze, Selbstkosten, Nettoumsatzerlöse, Betriebsergebnis und Gewinnzuschlagssätze erweitert werden:

Kontobezeichnung	€	Verteilungs-grundlage	Hauptkostenstellen	
			Warengruppe Bikewear	Warengruppe Rennräder
Einzelkosten				
Warenaufwand Bikewear	21 000,00		21 000,00	
Warenaufwand Rennräder	32 000,00			32 000,00
Gemeinkosten				
Gehälter	13 900,00	Gehaltslisten	5 500,00	8 400,00
kalk. Zinsen	1 200,00	Schlüssel 2 : 3	480,00	720,00
Summe der Gemeinkosten	15 100,00		5 980,00	9 120,00
Selbstkosten			26 980,00	41 120,00
HKZ			28,48 %	28,50 %
Umsatzerlöse (z. B. aus GuV)			37 980,00	50 120,00
Ergebnis (Umsatzerlöse – Selbstkosten = Gewinn bzw. Verlust)			11 000,00	9 000,00
Gewinnzuschlagssatz			40,78 %	21,89 %

Hinweis: Die Prozentsätze werden auf zwei Nachkommastellen gerundet.

Berechnung der Normalzuschlagssätze

Die verursachungsgerechte Aufteilung der Gemeinkosten auf die entsprechenden Kostenträger im Betriebsabrechnungsbogen einer bestimmten Abrechnungsperiode zeigt die Kostenzuteilung für diese Abrechnungsperiode auf. Die im Betriebsabrechnungsbogen ermittelten Kosten sind Istkosten und beziehen sich auf den vergangenen Abrechnungszeitraum. Die Festsetzung der für diesen Zeitraum ermittelten Zuschlagssätze für die Kalkulation birgt die Gefahr, dass eventuell sinkende Absatzzahlen zu einem niedrigeren Gewinn und somit zu niedrigeren Gewinnzuschlagssätzen führen.

Aus diesem Grund werden die im Betriebsabrechnungsbogen ermittelten Ist-Zuschlagssätze mit denen von vorangegangenen Perioden verglichen und entsprechend angepasst.

Dabei wird von mehreren vergangenen Abrechnungsperioden ein Durchschnittswert der Handlungskostenzuschlagssätze ermittelt.

Beispiel:

Die Handlungskostenzuschlagssätze der vergangenen Abrechnungsperioden für die Warengruppe Bikewear lauten:

	Warengruppe Bikewear
HKZ 3. Quartal	25,00 %
HKZ 2. Quartal	28,50 %
HKZ 1. Quartal	29,00 %

Es ergibt sich ein Durchschnittswert von:

$$\frac{25{,}00 + 28{,}50 + 29{,}00}{3} = \frac{82{,}50}{3} = 27{,}5\,\%$$

Der somit ermittelte Zuschlagssatz bildet den Normalzuschlagssatz der Warengruppe Bikewear.

Die auf dieser Grundlage basierende Normalkostenrechnung versucht die Nachteile der Istkostenrechnung und die Berücksichtigung von Zufallsschwankungen der Prozentsätze zu mindern. Erwartete Veränderungen der Kosten können in die Rechnung einfließen und das Ergebnis aussagekräftiger machen.

Ein Vergleich der Normalzuschlagssätze mit den im Betriebsabrechnungsbogen ausgewiesenen Ist-Zuschlagssätzen zeigt auf, inwieweit sich die Ist-Gemeinkosten und die Normal-Gemeinkosten decken.

Die Berechnung der Normalkosten erfolgt nach der Gleichung:

Normal(gemein)kosten in € = HKZ (Normal) · Wareneinsatz laut BAB

Der Handlungskostenzuschlagssatz Normal ist der Durchschnittswert der Handlungskostenzuschlagssätze der vergangenen Perioden.

Preispolitische Maßnahmen erfolgsorientiert vorbereiten und steuern — **Lernfeld 8**

> **Merke:** Die Handlungskosten Normal stellen einen Durchschnittswert aus Handlungskosten der Vergangenheit dar. Es wird angenommen, dass diese Zahlen in einem Abrechnungszeitraum gültig sind.
>
> Die Handlungskosten Ist stellen das tatsächliche Zahlenmaterial eines vergangenen Abrechnungszeitraumes dar. Dieses Zahlenmaterial ist einem Betriebsabrechnungsbogen zu entnehmen.
>
> Die erwarteten Handlungskosten (Normal) werden nun mit den tatsächlichen Zahlen (Ist) verglichen. Mögliche Kostenabweichungen müssen analysiert werden.

Beispiel: Die Normalgemeinkosten der Warengruppe Bikewear lauten:

HKZ (Normal) · Wareneinsatz laut BAB = Normal(gemein)kosten in €

27,50 % · 21 000,00 € (laut BAB) = 5 775,00 €

Daher wird erwartet, dass in der aktuellen Abrechnungsperiode 5 775,00 € an Handlungskosten für die Warengruppe Bikewear anfallen müssten.

Kostenüberdeckungen/Kostenunterdeckungen

Sind die Ist-Handlungskosten (laut BAB) höher als die Normal-Handlungskosten, so liegt wirtschaftlich gesehen eine **Kostenunterdeckung** vor. Die bisher ermittelten Kosten (Normal-Handlungskosten) liegen unter dem aktuellen Ist-Wert. Sind dagegen die Ist-Handlungskosten kleiner als die Normal-Handlungskosten, so liegt eine **Kostenüberdeckung** vor.

Die Unternehmungsleitung muss die Gründe für Kostenüberdeckungen bzw. Kostenunterdeckungen interpretieren und gegebenenfalls die Handlungskostenzuschlagssätze für künftige Kalkulationszwecke (Ermittlung von Angeboten für Kunden) ändern.

> **Merke:**
>
> Ist-Handlungskosten (laut BAB) > Normal-Handlungskosten (erwartete Werte) — Kostenunterdeckung
>
> Ist-Handlungskosten (laut BAB) < Normal-Handlungskosten (erwartete Werte) — Kostenüberdeckung

Beispiel: Ein Vergleich der Ist- und Normal-Gemeinkosten der Warengruppe Bikewear ergibt eine Kostenunterdeckung von 205,00 €.

Normal-Handlungskosten 5 775,00 € – Ist-Handlungskosten nach BAB 5 980,00 €
= Kostenunterdeckung 205,00 €

Die Trial GmbH muss nun analysieren, aus welchen Gründen die Gemeinkosten dieser Warengruppe um 205,00 € gegenüber dem letzten Abrechnungszeitraum höher ausfallen.

Gründe für diese Erhöhung könnten z. B. sein:

Mieterhöhungen, höhere Personalkosten, höhere Werbekosten (nicht in diesem BAB aufgeführt).

Kostenunter- und -überdeckungen können in einem Betriebsabrechnungsbogen zusätzlich aufgeführt werden. Damit zeigt der obige Betriebsabrechnungsbogen das folgende Bild (die entsprechenden Handlungskosten und Zuschlagssätze wurden um die Begriffe

Lernfeld 8 — Preispolitische Maßnahmen erfolgsorientiert vorbereiten und steuern

IST und NORMAL ergänzt, der Gewinnzuschlagssatz ist zwecks Übersichtlichkeit hier nicht aufgeführt, der HKZ Normal für die Warengruppe Rennräder wurde mit 30 % angenommen)

			Hauptkostenstellen	
Kontobezeichnung	€	Verteilungs-grundlage	Warengruppe Bikewear	Warengruppe Rennräder
Einzelkosten				
Warenaufwand Bikewear	21 000,00		21 000,00	
Warenaufwand Rennräder	32 000,00			32 000,00
Gemeinkosten				
Gehälter	13 900,00	Gehaltslisten	5 500,00	8 400,00
kalk. Zinsen	1 200,00	Schlüssel 2 : 3	480,00	720,00
Summe der Gemeinkosten (Handlungskosten) (IST)	15 100,00		5 980,00	9 120,00
Selbstkosten			26 980,00	41 120,00
HKZ (IST)			28,48 %	28,50 %
HKZ (NORMAL)			27,5 %	30 %
Handlungskosten (NORMAL)			5 775,00	9 600,00
Kostenunterdeckung			205,00	
Kostenüberdeckung				480,00

Hinweis:

Die Warengruppe Rennräder erzielte laut Betriebsabrechnungsbogen eine Kostenüberdeckung in Höhe von 480,00 €, d.h., die Handlungskosten sind im aktuellen Abrechnungszeitraum geringer als angenommen.

Die Bedeutung der Zuschlagssätze NORMAL und IST wird im Rahmen einer Vorkalkulation und einer Nachkalkulation deutlich (siehe nächstes Kapitel).

Hinweis:

Der mehrstufige Betriebsabrechnungsbogen wird laut Lehrplan nicht mehr behandelt.

ZUSAMMENFASSUNG

Die Kostenstellenrechnung hat folgende Aufgaben:
- Ermittlung von Hauptkostenstellen, an denen die Kosten entstehen (Kostenstellen).
- Verteilung der Gemeinkosten (Handlungskosten) auf die Kostenträger (Hauptkostenstellen = Warengruppen) mittels eines Betriebsabrechnungsbogens.

Preispolitische Maßnahmen erfolgsorientiert vorbereiten und steuern — **Lernfeld 8**

- Die Verteilung der Handlungskosten vollzieht sich mittels Verteilungsschlüsseln oder Belegen.
- Ermittlung von (Ist-)Zuschlagssätzen (Handlungskostenzuschlagssatz und Gewinnzuschlagssatz).
- Kontrolle der Wirtschaftlichkeit durch Vergleich von Ist-Zuschlagssätzen mit Normal-Zuschlagssätzen (mit Werten aus der Vergangenheit) ≙ Kostenüber- bzw. Kostenunterdeckungen.
- Allgemeiner Aufbau eines Betriebsabrechnungsbogens:

Kontobezeichnung	€	Verteilungsgrundlage	Hauptkostenstellen	
			Warengruppe 1	Warengruppe 2
Einzelkosten				
Warenaufwand 1	x €		x €	
Warenaufwand 2	y €			y €
Gemeinkosten				
Handlungskosten 1		direkte Verteilung		
Handlungskosten 2		indirekte Verteilung		
Summe der Gemeinkosten	a €		b €	c €

Es gilt: a € = b € + c €

Handlungskostenzuschlagssatz WG1 = $\dfrac{b}{x} \cdot 100$

Selbstkosten WG1 = $x + b$

Gewinnkostenzuschlagssatz WG1 = $\dfrac{\text{Gewinn WG1}}{x + b}$

AUFGABEN

1. a) Aus welchen Teilgebieten setzt sich die Kosten- und Leistungsrechnung zusammen?
   b) Welche Aufgaben nehmen die einzelnen Teilgebiete wahr?
   c) Beschreiben Sie den Aufbau eines einfachen Betriebsabrechnungsbogens mit eigenen Worten.
   d) Erläutern Sie die Kriterien zur Verteilung von Gemeinkosten in einem Betriebsabrechnungsbogen.
   e) Welche Kostenstellen können in einem Unternehmen des Spielzeuggroßhandels geführt werden?
   f) Aus welchen Gründen ist die Zuschlagskalkulation für einen Groß- und Außenhandelsbetrieb unerlässlich?
   g) Erläutern Sie den Unterschied zwischen Kostenstelleneinzelkosten und Kostenstellengemeinkosten und geben Sie jeweils zwei Kostenbeispiele an.

Lernfeld 8 — Preispolitische Maßnahmen erfolgsorientiert vorbereiten und steuern

2 Die Abteilung Rechnungswesen ermittelt für vier Warengruppen folgende Zahlen (in €):

	Warenaufwand	Handlungskosten	Selbstkosten	Umsatzerlöse
Warengruppe 1	23 000,00	45 600,00		99 430,00
Warengruppe 2		32 400,00	55 210,00	54 870,00
Warengruppe 3	6 500,00		21 300,00	45 200,00
Warengruppe 4	19 400,00	21 700,00		33 540,00

Ermitteln Sie die Handlungskostenzuschlagssätze und die Gewinnzuschlagssätze.

3 Vervollständigen Sie die folgende Tabelle (WG = Warengruppe):

	Waren-aufwand	Hand-lungs-kosten	HKZ	Selbst-kosten	Umsatz-erlöse	Betriebs-ergebnis	Gewinn-zu-schlags-satz
WG 1	46 000,00	12 000,00			66 000,00		
WG 2		5 600,00		37 200,00		4 200,00	
WG 3		12 560,00	45,5 %			4 600,00	10,5 %
WG 4	23 970,00		30,0 %		23 000,00		4,5 %
WG 5		9 400,00	55,0 %			– 3 900,00	

4 a) Die Mietkosten in Höhe von 56 000,00 € müssen auf vier Hauptkostenstellen umgelegt werden. Als Verteilungsgrundlage dienen die benötigten Flächen der Warengruppen. Es gilt: Warengruppe 1: 300 qm, Warengruppe 2: 200 qm, Warengruppe 3: 50 qm, Warengruppe 4: 450 qm.
Verteilen Sie die Mietkosten auf die vier Hauptkostenstellen.

b) Die Position Instandhaltung und Reparatur (Kosten laut Ergebnistabelle: 45 000,00 €) wird auf drei Hauptkostenstellen im Verhältnis 3 : 5 : 1 verteilt.
Verteilen Sie die Kosten der Position Instandhaltung und Reparatur auf die Hauptkostenstellen.

c) Erläutern Sie die unterschiedlichen Verteilungsgrundlagen der Aufgabenteile a) und b).

5 Ein Unternehmen des Sanitärgroßhandels richtet fünf Hauptkostenstellen ein: (Warengruppe WC, Warengruppe Badewannen, Warengruppe Waschtisch, Warengruppe Dusche und Warengruppe Badmöbel).

Die Werbekosten in Höhe von 76 000,00 € müssen auf fünf Hauptkostenstellen verteilt werden. Als Verteilungsgrundlage dient die Anzahl der ganzseitigen Anzeigen in diversen Fachzeitschriften in einer Abrechnungsperiode (Warengruppe WC: 4 Seiten, Warengruppe Badewannen: 8 Seiten, Warengruppe Waschtisch: 6 Seiten, Warengruppe Dusche: 20 Seiten, Warengruppe Badmöbel: 2 Seiten).

Die kalkulatorischen Abschreibungen (36 000,00 €) sollen durch den Verteilungsschlüssel 3,5 : 6 : 5 : 9,5 : 1 auf die Hauptkostenstellen verteilt werden (Reihenfolge der Hauptkostenstellen wie oben).

Verteilen Sie die Kosten auf die Hauptkostenstellen. Aus welchen Gründen könnte das Unternehmen auf diesen Verteilungsschlüssel bzgl. der kalkulatorischen Zinsen gekommen sein?

Preispolitische Maßnahmen erfolgsorientiert vorbereiten und steuern — Lernfeld 8

6   Ein Unternehmen ermittelt für den vergangenen Monat den folgenden Betriebsabrechnungsbogen:

Kontobezeichnung €		Verteilungsgrundlage	Hauptkostenstellen	
			Warengruppe Wohnzimmer	Warengruppe Schlafzimmer
Einzelkosten				
Warenaufwand Wohnzimmer	88 000,00			
Warenaufwand Schlafzimmer	112 000,00			
Gemeinkosten				
Gehälter	20 000,00	Gehaltslisten	12 000,00	
Soziale Abgaben	9 000,00	Im Verhältnis der Gehälter		
Versicherung	6 000,00	Schlüssel 1 : 3		
Energiekosten	4 500,00	Nach ccm: 1 200 ccm : 1 800 ccm		
Summe der Gemeinkosten				
Selbstkosten				

Übertragen Sie den Betriebsabrechnungsbogen in ihr Heft und ergänzen Sie die fehlenden Zellen. Berechnen Sie die jeweiligen Handlungskostenzuschlagssätze.

7   Ein Unternehmen ermittelt für das vergangene Quartal den folgenden Betriebsabrechnungsbogen:

Kontobezeich-nung	€	Verteilungs-grundlage	Hauptkostenstellen		
			Warengruppe Küche	Warengruppe Waschmaschine	Warengruppe Trockner
Einzelkosten					
Warenaufwand Küche	120 000,00				
Warenaufwand Waschmaschine	98 000,00				
Warenaufwand Trockner	110 000,00				

Lernfeld 8 — Preispolitische Maßnahmen erfolgsorientiert vorbereiten und steuern

Kontobezeich-nung	€	Verteilungs-grundlage	Hauptkostenstellen		
			Waren-gruppe Küche	Waren-gruppe Waschmaschine	Waren-gruppe Trockner
Gemeinkosten					
Gehälter	32 000,00	Gehaltslisten	10 500,00	12 000,00	
Soziale Abgaben	14 000,00	Im Verhältnis der Gehälter			
Kalkulatorische Abschreibungen	9 000,00	Schlüssel 2 : 2,5 : 3			
Mieten	13 500,00	Nach qm: 210 qm : 110 qm : 80 qm			
Werbung	20 000,00	Nach Umsatz-erlösen			
Summe der Gemeinkosten					
Selbstkosten					
Umsatzerlöse netto in €			250 000,00	140 000,00	160 000,00

Übertragen Sie den Betriebsabrechnungsbogen in Ihr Heft und ergänzen Sie die fehlenden Zellen. Berechnen Sie die jeweiligen Handlungskostenzuschlagssätze und das Betriebsergebnis.

8 Eine Elektrogroßhandlung führt die beiden Warengruppen Plasmabildschirme (P) und Röhrenbildschirme (R). Die Abteilung Rechnungswesen liefert für den Monat September folgendes Zahlenmaterial aus dem GuV-Konto:

5000	Umsatzerlöse P	710 000,00 €
5010	Umsatzerlöse R	240 000,00 €
6000	Warenaufwendungen P	375 000,00 €
6010	Warenaufwendungen R	103 000,00 €
6300	Gehälter	54 000,00 €
6400	Soziale Abgaben	21 500,00 €
6500	Bilanzielle Abschreibungen	41 600,00 €
7500	Zinsaufwand	12 000,00 €

Die Großhandlung führt die beiden Warengruppen als Hauptkostenstellen. Diese benötigen eine Lagerfläche von 230 qm bzw. 120 qm.

Die Verteilung der Gemeinkosten auf die Kostenstellen wird wie folgt vorgenommen:

	Warengruppe P	Warengruppe R
Gehälter	30 000,00	24 000,00
Kalkulatorische Abschreibungen	1	2
Kalkulatorische Zinsen	5	3

Die Sozialen Abgaben verteilen sich im Verhältnis der Gehälter.

Die kalkulatorischen Abschreibungen betragen 45 000,00 €, die kalkulatorischen Zinsen belaufen sich auf 16 400,00 €.

a) Stellen Sie einen Betriebsabrechnungsbogen auf und ermitteln Sie die Handlungskostenzuschlagssätze der beiden Warengruppen.

b) Berechnen Sie das Gesamtergebnis für den Monat September.

c) Bestimmen Sie die Gewinnzuschlagssätze der beiden Warengruppen.

9 Die Textilgroßhandlung Ankleide KG führt die Warengruppen Damenröcke (D), Herrenanzüge (H) und Damenpullover (DP). Die Ergebnistabelle liefert für den Monat September das folgende Zahlenmaterial:

5000	Umsatzerlöse D	76 000,00 €
5010	Umsatzerlöse H	132 000,00 €
5020	Umsatzerlöse DP	54 000,00 €
6000	Warenaufwand D	33 000,00 €
6010	Warenaufwand H	57 000,00 €
6020	Warenaufwand DP	21 000,00 €
6300/6400	Personalkosten	42 000,00 €
6700	Mietaufwand	10 500,00 €
	Kalk. Abschreibungen	31 500,00 €

Herr Ankleide, der Geschäftsführer, erhält jährlich einen kalkulatorischen Unternehmerlohn in Höhe von 75 000,00 €.

Die drei Hauptkostenstellen setzen sich aus den drei Warengruppen zusammen.

Für die Verteilung der Gemeinkosten existieren die folgenden Schlüssel bzw. Verteilungsgrundlagen:

Personalkosten: 2 : 4 : 1
Mietaufwand   300 qm : 350 qm : 250 qm
Kalk. Abschreibungen: 2 : 3 : 1
Kalk. Unternehmerlohn 1 : 6 : 5

a) Erstellen Sie einen Betriebsabrechnungsbogen und ermitteln Sie das Betriebsergebnis.

b) Für Warengruppe Damenröcke wurde ein Normal-Kostenzuschlagssatz von 34 % ermittelt. Prüfen Sie, ob und in welcher Höhe für den Monat September eine Kostenunter- oder Kostenüberdeckung vorliegt. Nennen Sie Gründe für diese Kostenabweichung.

Lernfeld 8 — Preispolitische Maßnahmen erfolgsorientiert vorbereiten und steuern

10 Die Möbelgroßhandlung Wexa AG ermittelt für den Monat Juni den folgenden Betriebsabrechnungsbogen:

Kontobezeichnung	€	Verteilungsgrundlage	Hauptkostenstellen		
			Warengruppe Bad	Warengruppe Esszimmer	Warengruppe Schlafzimmer
Einzelkosten					
Warenaufwand Bad	145 000,00				
Warenaufwand Esszimmer	120 000,00				
Warenaufwand Schlafzimmer	230 000,00				
Gemeinkosten					
Personalaufwendungen	86 000,00	Gehaltslisten	34 000,00	14 000,00	38 000,00
Fremdinstandsetzung	12 000,00	Nach Stunden	12 Stunden	4 Stunden	8 Stunden
Kalkulatorische Abschreibungen	41 500,00	Direkt	21 300,00	8 500,00	11 700,00
Betriebliche Steuern	11 500,00		3 Teile	6 Teile	3 Teile
Zinsaufwendungen	8 500,00	Direkt	3 200,00	3 000,00	2 300,00
Summe der Gemeinkosten					
Selbstkosten					
Umsatzerlöse (netto)			295 000,00	270 000,00	352 000,00
HKZ NORMAL			25,00 %	56,00 %	28,50 %

a) Erläutern Sie, nach welchen Kriterien die Wexa AG die Gemeinkosten auf die Hauptkostenstellen verteilt.

b) Erläutern Sie, aus welchen Gründen die Wexa AG für jede Warengruppe einen Handlungskostenzuschlagssatz ermittelt und nicht einen einheitlichen Prozentsatz verwendet (z. B. könnten die Gemeinkosten durch drei geteilt werden, da drei Warengruppen existieren). Welcher Zuschlagssatz würde sich in diesem Fall ergeben?

c) Berechnen Sie die Handlungskostenzuschlagssätze IST und die Selbstkosten. Vergleichen Sie die Zahlen mit dem Zahlenmaterial aus Aufgabe b).

d) Überprüfen Sie, ob bei einer der Warengruppen eine Kostenunterdeckung vorliegt.

Preispolitische Maßnahmen erfolgsorientiert vorbereiten und steuern — **Lernfeld 8**

11 Die Süßwarengroßhandlung Lolly und mehr OHG untergliedert ihre Waren in zwei Warengruppen: Warengruppe Lutscher und Warengruppe Schokolade.
Folgende Tabelle gibt Auskunft über die Kostenstruktur:

Kostenart	Handlungskosten in €	Verteilung nach	Hauptkostenstelle Lutscher	Hauptkostenstelle Schokolade
Energie	34 000,00	qm	25 qm	30 qm
Werbung	12 000,00	Umsatzerlöse	76 400,00 €	88 300,00 €
Umsatzerlöse	88 300,00			
Umsatzerlöse				
Abschreibungen	7 400,00	Verhältnis des eingesetzten Kapitals	40 %	60 %
Gehälter	23 000,00	Gehaltslisten	13 000,00 €	20 000,00 €
Betriebliche Steuern	9 900,00	Indirekt	3,5 Teile	5,5 Teile
Wareneinsatz			23 500,00 €	25 200,00 €

a) Erstellen Sie einen Betriebsabrechnungsbogen und ermitteln Sie das Betriebsergebnis für die einzelnen Warengruppen und das gesamte Betriebsergebnis.

b) Bilden Sie selbstständig unterschiedliche Normal-Kostenzuschlagssätze und interpretieren Sie die Ergebnisse.

12 Vervollständigen Sie die folgende Tabelle:

Wareneinsatz	23 000,00		45 000,00	5 400,00	
Handlungskosten (IST)	45 000,00	230 700,00			250 000,00
Selbstkosten		560 000,00	65 000,00		
HKZ (IST) in %				120 %	
Umsatzerlöse	99 500,00	650 400,00	86 000,00		780 000,00
Betriebsergebnis				1 400,00	320 000,00
HKZ (Normal) in %	45 %				
Handlungskosten (Normal)		250 000,00			124 500,00
Gewinnzuschlagssatz in %					
Kostenunterdeckung			4 000,00		3 600,00
Kostenüberdeckung				500,00	

Lernfeld 8 — Preispolitische Maßnahmen erfolgsorientiert vorbereiten und steuern

13 In dem folgenden Betriebsabrechnungsbogen haben sich einige Fehler eingeschlichen. Finden Sie sämtliche Ungereimtheiten und korrigieren Sie das Zahlenmaterial:

Kontobezeichnung	€	Verteilungs-grundlage	Hauptkostenstellen	
			Waren-gruppe 1	Waren-gruppe 2
Einzelkosten				
Warenaufwand 1	60 000,00		60 000,00	
Warenaufwand 2	80 000,00			80 000,00
Gemeinkosten				
Gehälter	25 000,00	Gehaltslisten	15 000,00	10 000,00
kalk. Zinsen	4 000,00	Schlüssel 4 : 1	800,00	3 200,00
Summe der Gemeinkosten	29 000,00		15 800,00	93 200,00
Selbstkosten			75 800,00	186 400,00
HKZ			26,33 %	233,00 %
Umsatzerlöse (z. B. aus GuV)			170 000,00	150 000,00
Ergebnis (Umsatzerlöse – Selbstkosten = Gewinn bzw. Verlust)			– 94 200,00	+ 36 400,00

2.2.3 Kostenträgerrechnung

Die Kostenträgerrechnung soll die Frage beantworten:

Wofür sind die Kosten angefallen?

Kostenträger sind Leistungen eines Unternehmens. In einem Betrieb des Groß- und Außenhandels sind diese Leistungen den Warengruppen gleichzusetzen, deren Anschaffung und Bereitstellung für den Kunden innerbetriebliche Kosten verursachen (= Selbstkosten).

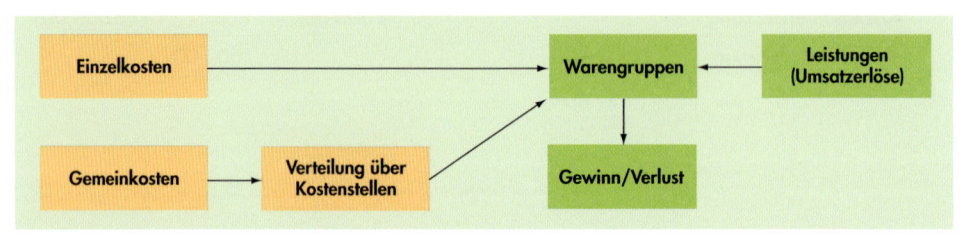

Die Aufgabe der Kostenträgerrechnung ist es nun, die Verkaufspreise der einzelnen Warengruppen (Kostenträger) zu ermitteln. Das organisatorische Hilfsmittel zur Bestimmung eines Verkaufspreises ist das Schema der Vorwärtskalkulation (auch Zuschlagskalkulation genannt). Dieses Schema findet auch dann Anwendung, wenn von einem Verkaufspreis ausgehend ein Einkaufspreis bzw. von vorhandenen Einkaufs- und Verkaufspreisen ein möglicher Gewinn ermittelt werden soll.

Aus diesen Gründen unterscheidet das betriebliche Rechnungswesen zwischen drei Kalkulationsverfahren, die sich auf die in Kap. 1 genannten Beispiele aus der Preispolitik beziehen:

- Vorwärtskalkulation
  Bestimmung des Verkaufspreises über rein kostentheoretische Gesichtspunkte
- Rückwärtskalkulation
  Bestimmung des Einkaufspreises über einen vorgegebenen Verkaufspreis (aus Konkurrenzgründen bzw. Nachfragegründen)
- Differenzkalkulation
  Bestimmung eines Gewinns (oder Verlusts) bei vorgegebenem Einkaufspreis und vorgegebenem Verkaufspreis (aus Konkurrenzgründen bzw. Nachfragegründen und z. B. festen Lieferverträgen mit Lieferanten)

Vorwärtskalkulation

Die wichtigste Aufgabe der Vorwärtskalkulation ist die Berechnung des Listenverkaufspreises. Dies ist der Verkaufspreis, zu dem die Ware dem Kunden angeboten werden soll. Dieser Verkaufspreis deckt die Selbstkosten und einen angemessenen Gewinn ab.

Zunächst muss von dem **Netto-Listenpreis** des Lieferers der vom Lieferanten gewährte Rabatt (z. B. Mengenrabatt) abgezogen werden. Die Differenz ergibt den **Zieleinkaufspreis**. Der Zieleinkaufspreis abzüglich des Liefererskontos (nachträglich gewährter Preisnachlass, wenn innerhalb einer bestimmten Frist der fällige Rechnungsbetrag beglichen wird) ergibt den **Bareinkaufspreis**. Durch die Addition der Bezugskosten (z. B. Transport- und Frachtkosten) erhält man den **Bezugspreis**.

Beispiel: Die TRIAL GmbH bestellt bei ihrem Lieferanten Bikemachines GmbH zehn Rennräder Ventoux Two zu einem Einzelpreis von 1 150,00 € netto.

				Bezugsgröße für Rabattberechnung	Bezugsgröße für Skontoberechnung
	Listenpreis gesamt (10 Räder · 1 150,00 €)		11 500,00 €	100 %	
−	Mengenrabatt (Lieferrabatt)	10 %	1 150,00 €	10 %	
=	Zieleinkaufspreis		10 350,00 €	90 %	100 %
−	Liefererskonto	3 %	310,50 €		3 %
=	Bareinkaufspreis		10 039,50 €		97 %
+	Bezugskosten		30,00 €		
=	Bezugspreis		10 069,50 €		

Die Ermittlung des Bezugspreises erfasst alle Kosten, die logistisch entstehen, bis die Waren im Lager eintreffen. Diesen Teil der Kalkulation nennt man **Einkaufs- oder Bezugskalkulation**.

Von der Lagerung bis zum Verkauf der Ware entstehen weitere Kosten, die in die Kalkulation mit einfließen müssen.

Beispiele:
- *Lagerkosten (Personalkosten der Lagerangestellten, Reparaturen und Abschreibungen für das Lagerinventar, Versicherungsbeiträge, Kosten für die Lagerpflege)*
- *Verwaltungskosten (Gehälter der kaufmännischen Angestellten, Steuern, Werbekosten)*

Diese Kosten heißen **Handlungskosten** und werden mithilfe eines Prozentsatzes, des **Handlungskostenzuschlagssatzes (HKZ)**, in die weitere Kalkulation integriert. Die Berechnung des HKZ erfolgt mit folgender Gleichung:

$$\text{Handlungskostenzuschlagssatz} = \frac{\text{Handlungskosten}}{\text{Wareneinsatz}} \cdot 100$$

Beispiel: Die Handlungskosten der TRIAL GmbH belaufen sich für den Monat März laut BAB auf 5700,00 €. Der Wert der eingekauften Waren (= Wareneinsatz) beträgt für diesen Zeitraum laut BAB 10350,00 €.

Der HKZ lautet:

$$HKZ = \frac{5700,00}{10350,00} \cdot 100 = 55,07\,\%$$

Die Kalkulation wird fortgesetzt, indem der Bezugspreis zu den Handlungskosten addiert wird. Als Ergebnis erhält man die **Selbstkosten**.

				Bezugsgröße
	Bezugspreis		10069,50 €	100 %
+	Handlungskostenzuschlagssatz	55,07 %	5545,27 €	55,07 %
=	Selbstkosten		15614,77 €	155,07 %

Es ergibt sich ein Selbstkostenpreis von 15614,77 € für die zehn Rennräder bzw. ein Selbstkostenpreis von 1561,48 € pro Rennrad. Würde die TRIAL GmbH ein Rennrad für genau diesen Verkaufspreis in Höhe von 1561,48 € verkaufen, so wären nur alle anfallenden Kosten gedeckt; es würde ein Gewinn von 0,00 € erzielt werden.

Die Einbeziehung des Gewinns vollzieht sich mithilfe des **Gewinnzuschlagssatzes**. Dieser soll eine angemessene Verzinsung des betriebsnotwendigen Kapitals, des Unternehmerrisikos und ggf. einen Unternehmerlohn gewährleisten. Die TRIAL GmbH rechnet mit einem Gewinnzuschlagssatz von 9 %, der zu den Selbstkosten addiert wird. Das Ergebnis ist der **Barverkaufspreis**.

Preispolitische Maßnahmen erfolgsorientiert vorbereiten und steuern — **Lernfeld 8**

				Bezugsgröße
	Selbstkosten		15 614,77 €	100 %
+	Gewinnzuschlagssatz	9 %	1 405,33 €	9 %
=	Barverkaufspreis		17 020,10 €	109 %

Es ergibt sich ein Barverkaufspreis von 17 020,10 € für die zehn Rennräder bzw. ein Barverkaufspreis von 1 702,01 € je Rennrad.

Die Gewährung von Rabatten und Skonti auf Rechnungsbeträge ist unter Kaufleuten üblich. Wie die TRIAL GmbH ihrerseits Skonto und Rabatte von den Lieferanten erwartet, so erwarten die Kunden der TRIAL GmbH ebenfalls die Gewährung von Skonti und Rabatten. Diese müssen in die Kalkulation mit einbezogen werden. Der Kundenskonto bezieht sich dabei immer auf den **Zielverkaufspreis** (= 100 %), der **Kundenrabatt** bezieht sich auf den Nettoverkaufspreis (= 100 %).

				Bezugsgröße	Bezugsgröße
	Barverkaufspreis		17 020,10 €	98 %	
+	Kundenskonto	2 %	347,35 €	2 %	
=	Zielverkaufspreis		17 367,45 €	100 %	95 %
+	Kundenrabatt	5 %	914,08 €		5 %
=	Verkaufspreis (netto)		18 281,53 €		100 %

Somit ergibt sich ein **Verkaufspreis netto** in Höhe von 1 828,15 € je Rennrad.

Die Einbeziehung von Kundenrabatt und Kundenskonto in das Kalkulationsschema vollzieht sich nach dem Schema Prozentrechnung **im Hundert**. Da der Kunde von einem Katalogpreis (= Netto-Verkaufspreis) von 100 % ausgeht, beträgt der Zielverkaufspreis nur noch 95 % (Verkaufspreis 100 % − Kundenrabatt 5 %).

Der Barverkaufspreis ist nach analoger Rechnung mit 98 % gleichzusetzen.

Beispiel:

	Barverkaufspreis		100,00		98 %
+	Kundenskonto	2,00 %	2,04		2 %
=	Zielverkaufspreis		102,04	95 %	100 %
+	Kundenrabatt	5 %	5,37	5 %	
=	Listenverkaufspreis (netto)		107,41	100 %	100 %
=	Listenverkaufspreis (brutto)		127,82		119 %

Die TRIAL GmbH kalkuliert einen Barverkaufspreis von 100,00 €. Somit muss der Preis der Ware mit 127,82 € inkl. Umsatzsteuer ausgezeichnet werden.

Von dieser Einnahme in Höhe von 127,82 € sind für die TRIAL GmbH folgende Beträge „verloren":

- 20,41 € Umsatzsteuer als Verbindlichkeit gegenüber dem Finanzamt
- 5,37 € Kundenrabatt und 2,04 € Kundenskonto

Vom Listenverkaufspreis in Höhe von 127,82 € ist ein Betrag von 27,82 € für die TRIAL GmbH nicht verfügbar. Das, was letztendlich übrig bleibt, ist der Wert des Barverkaufspreises von 100,00 €.

> **Merke:** Die auf den Ausgangsrechnungen ausgewiesene Umsatzsteuer ist nicht Bestandteil der Kalkulation. Die Umsatzsteuer wird auf einem Extra-Konto gebucht, ist ein durchlaufender Posten und wird nicht dem Konto Umsatzerlöse (Warenverkauf) hinzugerechnet.

Die Vorwärtskalkulation lässt sich durch die Berechnung eines Kalkulationszuschlagssatzes und Kalkulationsfaktors vereinfachen.

Kalkulationszuschlagssatz

Die Prozentzuschläge eines Unternehmens vom Bezugspreis zum Listenverkaufspreis (Handlungskosten, Gewinn, Kundenrabatt und Kundenskonto) bleiben in der Regel für eine bestimmte Zeitspanne konstant. Daher werden diese vier Prozentsätze zu einem einzigen Prozentsatz zusammengefasst. Dieser Prozentsatz heißt **Kalkulationszuschlagssatz**.

Beispiel: (Berechnung des Kalkulationszuschlagssatzes bei gegebenen Prozentsätzen): Die TRIAL GmbH möchte den Kalkulationszuschlagssatz der Warengruppe Rennräder bestimmen. Sie setzt den Bezugspreis mit 100,00 € an und übernimmt die ermittelten Prozentsätze.

	Bezugspreis		100,00 €
+	Handlungskostenzuschlagssatz	55,07 %	55,07 €
=	Selbstkosten		155,07 €
+	Gewinnzuschlagssatz	9,0 %	13,96 €
=	Barverkaufspreis		169,03 €
+	Kundenskonto	2 %	3,45 €
=	Zielverkaufspreis		172,48 €
+	Kundenrabatt	5 %	9,08 €
=	Verkaufspreis (netto)		181,56 €

Der Kalkulationszuschlag beträgt in diesem Beispiel betragsmäßig 81,56 € (Bezugspreis 100,00 € – Verkaufspreis 181,56 €).

Dies entspricht einem Prozentwert von 81,56 %:

Bezugspreis   *100,00 €*   *100 %*
Kalkulationszuschlagssatz   *81,56 €*   *x %*

Der Bezugspreis der Rennräder beträgt 10 069,50 €. Durch die Addition des Kalkulationszuschlages von 81,56 % erhält die TRIAL GmbH den Listenverkaufspreis in Höhe von 18 281,18 € (kleine Abweichungen im Preis sind aufgrund von Rundungen bei Kommabeträgen entstanden).

Bezugspreis	*10 069,50 €*
+ 81,56 % Kalkulationszuschlag	*8 212,68 €*
= Netto-Listenverkaufspreis	*18 282,18 €*

Ein Unternehmen kann für jeden Artikel aus einer Warengruppe den Netto-Verkaufspreis – ausgehend von den Bezugskosten – **in einem einzigen Rechenschritt ermitteln**. Für andere Warengruppen müssen andere Zuschlagssätze ermittelt und verwendet werden.

Merke: Jede Warengruppe besitzt in der Regel unterschiedliche Kalkulationszuschlagssätze.

Die Höhe des Kalkulationszuschlagssatzes kann auch ermittelt werden, indem das Kalkulationsschema für eine Warengruppe komplett ausgeführt wird. Mit den erhaltenen Größen Bezugspreis und Netto-Listenverkaufspreis wird der Kalkulationszuschlagssatz berechnet.

$$\text{Kalkulationszuschlagssatz} = \frac{\text{Listenverkaufspreis netto} - \text{Bezugspreis}}{\text{Bezugspreis}} \cdot 100$$

Kalkulationsfaktor

Mithilfe des Kalkulationsfaktors kann der Rechenaufwand weiter minimiert werden. Der Kalkulationsfaktor wird berechnet, indem der Listenverkaufspreis durch den Bezugspreis dividiert wird.

$$\text{Kalkulationsfaktor} = \frac{\text{Listenverkaufspreis}}{\text{Bezugspreis}}$$

Der Faktor für das obige Beispiel beträgt: $\text{Kalkulationsfaktor} = \dfrac{181,56}{100} = 1,8156$

Für die Warengruppe Rennräder bedeutet dies folgende Berechnung bei gegebenem Bezugspreis:

Netto-Listenverkaufspreis = Bezugspreis · Kalkulationsfaktor
  = 10 069,50 · 1,8156 = 18 282,18 €

Bezugspreis · Kalkulationsfaktor = Netto-Listenverkaufspreis

Lernfeld 8

Preispolitische Maßnahmen erfolgsorientiert vorbereiten und steuern

AUFGABEN

1. Ein Unternehmen erhält von seinem Lieferanten ein Angebot über 200 Stück des Artikels Bademode. Der Listeneinkaufspreis je Stück liegt bei 12,50 € netto. Der Lieferer gewährt 10 % Rabatt und 2 % Skonto. Die Bezugskosten für die gesamte Lieferung liegen bei 20,00 €. Der Handlungskostenzuschlagssatz des Unternehmens liegt bei 45 %, der Gewinnzuschlagssatz liegt bei 8 %. Das Unternehmen gewährt seinen Kunden einen Kundenskonto in Höhe von 3 %. Berechnen Sie den Verkaufspreis eines Artikels Bademode.

2. Ein Unternehmen geht von folgenden Daten aus: Listeneinkaufspreis je Stück: 240,00 €, Lieferantenskonto: 3 %, Liefererrabatt: 5 %, Bezugskosten: 2,00 € je Stück, HKZ: 50 %, GZ: 9,5 %, Kundenskonto: 2 %, Kundenrabatt: 10 %.
   Berechnen Sie den Listenverkaufspreis pro Stück.
   Angenommen das Unternehmen möchte 100 Stück eines anderen Artikels derselben Warengruppe bestellen. Berechnen Sie den Listenverkaufspreis je Stück mithilfe des Kalkulationszuschlags bzw. des Kalkulationsfaktors (Bezugspreis: 170,00 € netto).

Die Rückwärtskalkulation

Die TRIAL GmbH beobachtet genauestens die Entwicklung des Fahrradmarktes und die Konkurrenzsituation.

So kann die TRIAL GmbH zum Beispiel mithilfe der Vorwärtskalkulation einen Verkaufspreis für ein Mountainbike von 550,00 € errechnen. Bietet ein Konkurrent jedoch ein ähnliches Fahrrad für einen Preis von 480,00 € an, so muss die TRIAL GmbH den Verkaufspreis von 550,00 € auf ein ähnliches Niveau senken.

Für die TRIAL GmbH ergeben sich bei einer Senkung des Verkaufspreises folgende Fragen:

- Kann der Einkaufspreis des Lieferanten gesenkt werden?
- Gibt es Zugeständnisse beim Liefererrabatt?
- Kann der Gewinnzuschlagssatz in dieser Höhe gehalten werden?
- Werden die Handlungskosten gedeckt?

Diese Fragen können mithilfe der **Rückwärtskalkulation** beantwortet werden. Das Grundkalkulationsschema ist genau das gleiche wie bei der Vorwärtskalkulation. Der Unterschied besteht darin, dass vom Verkaufspreis netto auf den Listeneinkaufspreis zurückgerechnet wird.

> **Merke:** Das Kalkulationsschema wird zunächst entsprechend der Vorwärtskalkulation aufgestellt. Es wird dann vom Listenverkaufspreis auf den Listeneinkaufspreis gerechnet (rückwärts, von unten nach oben).

Beispiel: Die Biker & More GmbH, ein direkter Konkurrent der TRIAL GmbH, verkauft ein vergleichbares Rennrad für 310,00 € netto. Die TRIAL GmbH reagiert auf diese Situation und möchte das Rad ebenfalls zu exakt diesem Preis anbieten. Das Unternehmen führt zu diesem Zweck eine Rückwärtskalkulation durch, um herauszufinden, zu welchem Preis das Rennrad eingekauft werden müsste (bisheriger Listeneinkaufspreis netto: 230,00 €):

Preispolitische Maßnahmen erfolgsorientiert vorbereiten und steuern — **Lernfeld 8**

				Bezugsgröße	Bezugsgröße
	Listeneinkaufspreis (netto)		161,22	100 %	
–	Liefererrabatt	10,00 %	16,12	10 %	
=	Zieleinkaufspreis		145,10	80 %	100 %
–	Liefererskonto	3,00 %	4,35		3 %
=	Bareinkaufspreis		140,75		97 %
+	Bezugskosten		30,00		
=	Einstands(Bezugs-)preis		170,75	100 %	
+	Handlungskosten	55,07 %	94,03	55,07 %	
=	Selbstkosten		264,78	155,07 %	100 %
+	Gewinn	9,00 %	23,83		9 %
=	Barverkaufspreis		288,61	98 %	109 %
+	Kundenskonto	2,00 %	5,89	2 %	
=	Zielverkaufspreis		294,50	100 %	95 %
+	Kundenrabatt	5,00 %	15,50		5 %
=	Listenverkaufspreis (netto)		310,00		100 %

Die TRIAL GmbH müsste das Rennrad bei ihrem Lieferanten für 161,22 € netto einkaufen (anstelle des bisherigen Preises in Höhe von 230,00 €). Zur Überprüfung des Ergebnisses kann eine Vorwärtskalkulation erfolgen.

Vereinfachung der Rückwärtskalkulation: Handelsspanne

Die **Handelsspanne** schließt von einem ermittelten Netto-Listenverkaufspreis in einem Rechenschritt auf den Bezugspreis.

Beispiel: In dem oben erwähnten Beispiel wurde ein Listenverkaufspreis von 310,00 € ermittelt. Dieser wird mit 100 % gleichgesetzt. Die Differenz zwischen Listenverkaufspreis und Bezugspreis beträgt 139,25 € (310,00 € – 170,75 €). Damit ergibt sich (angenommen der neue Bezugspreis wurde vom Lieferanten akzeptiert), folgende Handelsspanne:

$$\text{Handelsspanne} = \frac{139,25}{310} \cdot 100$$

$$= \frac{\text{Listenverkaufspreis (netto)} - \text{Bezugspreis}}{\text{Listenverkaufspreis (netto)}} \cdot 100$$

Die Handelsspanne für die Warengruppe Rennräder beträgt 44,92 %.

Lernfeld 8 — Preispolitische Maßnahmen erfolgsorientiert vorbereiten und steuern

$$\text{Handelsspanne} = \frac{\text{Listenverkaufspreis netto} - \text{Bezugspreis}}{\text{Listenverkaufspreis netto}} \cdot 100$$

AUFGABE

Ein Unternehmen kann einen Artikel zu 190,00 € netto verkaufen. Wie hoch ist dann der Listeneinkaufspreis netto, wenn gilt: Liefererrabatt: 15 %, Bezugskosten: 1,50 € je Stück, HKZ: 30 %, GZ: 5 %, Kundenskonto: 2 %, Kundenrabatt: 10 %. Berechnen Sie die Handelsspanne. Welche Vorteile bietet die Berechnung der Handelsspanne?

Die Differenzkalkulation

Die TRIAL GmbH steht bei der Kalkulation der Rennräder vor einem Problem. Nicht nur, dass Konkurrenzbetriebe Fahrräder viel billiger anbieten, auch die Lieferanten geben in keiner Weise Preiszugeständnisse. Die Handlungskosten können auf die Schnelle ebenso wenig verändert werden.

Somit bleibt der TRIAL GmbH nur noch die Berechnung, ob der gewünschte Gewinn auch tatsächlich erwirtschaftet werden kann.

Diese Berechnung erfolgt mithilfe der Differenzkalkulation. Die Differenzkalkulation setzt sich zusammen aus:

- einer Vorwärtskalkulation bis zum Selbstkostenpreis,
- einer Rückwärtskalkulation bis zum Barverkaufspreis.

Die Differenz zwischen Selbstkostenpreis und Barverkaufspreis zeigt einen Gewinn oder Verlust an.

Beispiel: Ein Konkurrent der TRIAL GmbH verkauft ein vergleichbares Rennrad für 310,00 €. Die TRIAL GmbH kauft das Rennrad bei ihrem Lieferanten für 230,00 € ein. Die TRIAL GmbH kann nun berechnen, ob ein Gewinn oder ein Verlust erwirtschaftet wird.

	Listenpreis gesamt		230,00
−	Liefererrabatt	10 %	23,00
=	Zieleinkaufspreis		207,00
−	Liefererskonto	3 %	6,21
=	Bareinkaufspreis		200,79
+	Bezugskosten		30,00
=	Bezugspreis		230,79
+	Handlungskostenzuschlagssatz	55,07 %	127,10
=	Selbstkosten		357,89
+	Gewinnzuschlagssatz	− 19,36 %	− 69,28
=	Barverkaufspreis		288,61

Preispolitische Maßnahmen erfolgsorientiert vorbereiten und steuern — Lernfeld 8

+	Kundenskonto	2 %	5,89
=	Zielverkaufspreis		294,50
+	Kundenrabatt	5 %	15,50
=	Verkaufspreis (netto)		310,00

Die TRIAL GmbH erzielt mit diesem Verkaufspreis und dem Einkaufspreis bei diesen Prozentsätzen keinen Gewinn mehr, sondern einen Verlust von 19,36 %.

Die folgende Grafik gibt einen Überblick über Zusammenhänge zwischen Eingangsrechnungen, Kalkulation und Ausgangsrechnungen:

Eingangsrechnung an die TRIAL GmbH			Kalkulationsschema (Vorwärtskalkulation)		
20 Radtrikots à 23,40		468,00	Listeneinkaufspreis (netto)		468,00
abzgl. 7 % Rabatt		32,76	− Lieferrabatt	7,00 %	32,76
zzgl. Bezugskosten		20,00	= Zieleinkaufspreis		435,24
Summe netto		455,24	− Liefererskonto	2,00 %	8,70
zzgl. 19 % USt.		86,50	= Bareinkaufspreis		426,54
Summe brutto		541,74	+ Bezugskosten		19,60
Skonto: 2 %			= Einstands(Bezugs-)preis		446,14
			+ Handlungskosten	45,00 %	200,76
			= Selbstkosten		646,90
			+ Gewinn	12,00 %	77,63
			= Barverkaufspreis		724,53
			+ Kundenskonto	3,00 %	22,41
			= Zielverkaufspreis		746,94
			+ Kundenrabatt	10,00 %	82,99
			= Listenverkaufspreis (netto)		829,93
			Einzelverkaufspreis		41,50

Ausgangsrechnung der TRIAL GmbH	
20 Radtrikots à 41,50	830,00
abzgl. 10 % Rabatt	83,00
Summe netto	747,00
zzgl. 19 % USt.	141,93
Summe brutto	888,93
Kundenskonto: 3 %	

Anmerkungen zur Grafik:
Da die TRIAL GmbH den Skontoabzug nutzt, verringern sich auch die Bezugskosten um 2 %.

Handlungskosten- und Gewinnzuschlagssätze sind dem Betriebsabrechnungsbogen (Warengruppe Bikewear) zu entnehmen.

Der Listenverkaufspreis von 829,92 € für 20 Trikots wird auf einen Einzelverkaufspreis von 41,50 € aufgerundet.

Sollte der Kunde keinen Skontoabzug vornehmen, würde sich der Gewinn zusätzlich um 22,48 € erhöhen (Summe netto der Ausgangsrechnung − Barverkaufspreis), da in den Verkaufspreis ein Skontobetrag hineinkalkuliert wurde.

Die Umsatzsteuer spielt bei der Kalkulation keine Rolle (durchlaufender Posten).

Lernfeld 8 — Preispolitische Maßnahmen erfolgsorientiert vorbereiten und steuern

EXKURS

Vorkalkulation und Nachkalkulation

Als Grundlage für die Ermittlung des Verkaufspreises in der Vorwärtskalkulation dienen die Normal-Zuschlagssätze für die Handlungskosten und den Gewinn. In einem Betriebsabrechnungsbogen werden die tatsächlich erzielten Zuschlagssätze für eine Abrechnungsperiode ermittelt. Mithilfe der Differenzkalkulation kann nun nachträglich überprüft werden, ob z. B. der Normal-Gewinn auch erwirtschaftet wurde auf der Basis des Normal-Handlungskostenzuschlagssatzes und eventuell veränderter Daten in der Bezugskalkulation (z. B. niedrigere oder höhere Einstandspreise). Diese Kontrollrechnung wird als Nachkalkulation bezeichnet. Durch eine Nachkalkulation können die exakten Gewinne eines jeden Kostenträgers ermittelt werden.

Beispiel: Die TRIAL GmbH kaufte ein Radtrikot Tenno bei einem Lieferanten bisher für 12,30 € netto ein. Der Handlungskostenzuschlagssatz normal (Durchschnitt der Vergangenheitswerte) liegt bei 38 %, der Gewinnzuschlagssatz normal liegt bei 14,4 %. Mit diesem Zahlenmaterial ergibt sich in der Vorkalkulation ein Barverkaufspreis von 19,41 €.

Vorkalkulation (Vorwärtskalkulation)

Bezugspreis	12,30 €
+ Handlungskosten 38 %	4,67 €
= Selbstkosten	16,97 €
+ Gewinn 14,4 %	2,44 €
= Barverkaufspreis	19,41 €

Der aktuelle Betriebsabrechnungsbogen weist einen Handlungskostenzuschlagssatz Ist von 35 % aus, der Einkaufspreis des Trikots verteuerte sich auf 13,00 € netto. Die Nachkalkulation zeigt, dass der Gewinnzuschlagssatz nur noch 10,6 % beträgt, der Gewinn also niedriger ist als in der Vorkalkulation ausgewiesen. Der Barverkaufspreis wird von der Vorkalkulation übernommen, da der Kunde den Artikel zu diesem Preis erworben hat.

Nachkalkulation (Differenzkalkulation)

Bezugspreis	13,00 €	
+ Handlungskosten 35 %	4,55 €	
= Selbstkosten	17,55 €	
+ Gewinn	1,86 €	10,6 %
= Barverkaufspreis	19,41 €	

AUFGABE

Ein Unternehmen kauft 100 Stück eines Artikels zu einer Gesamtsumme von 1 600,00 € netto ein (= Listeneinkaufspreis). Der Lieferant gewährt 2,5 % Skonto und 10 % Rabatt. Die Bezugskosten für die komplette Lieferung liegen bei 160,00 €. Der HKZ des Unternehmens beträgt 33,5 %. Das Unternehmen kann den Artikel für 28,00 € netto je Stück verkaufen. Ermitteln Sie den Gewinnzuschlag je Stück (Kundenrabatt 8 %, Kundenskonto 1,5 %).

Preispolitische Maßnahmen erfolgsorientiert vorbereiten und steuern — Lernfeld 8

ZUSAMMENFASSUNG

- Die Kostenträgerrechnung dient zur Ermittlung der Verkaufspreise über Zuschlagskalkulationen.
- Die Zuschlagssätze werden im Betriebsabrechnungsbogen ermittelt.
- Für das Schema einer Zuschlagskalkulation gilt:

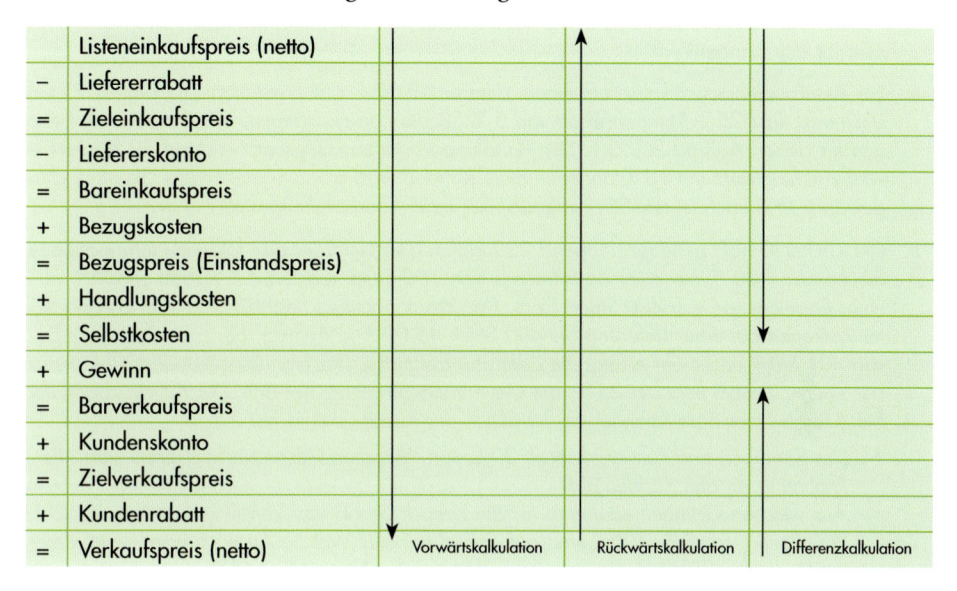

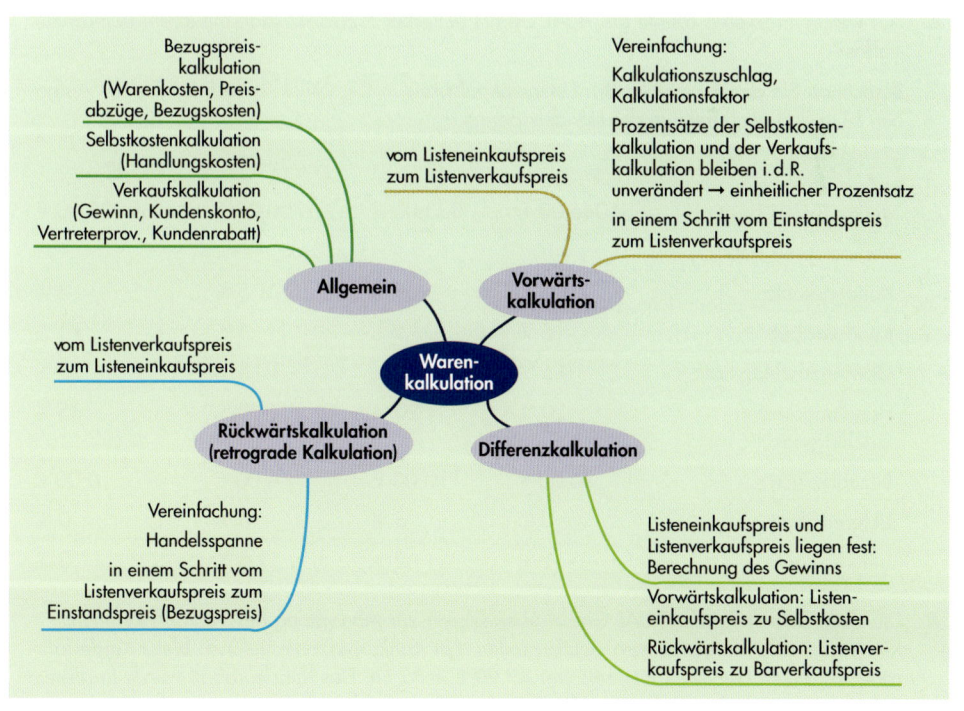

	Listeneinkaufspreis (netto)			
−	Liefererrabatt			
=	Zieleinkaufspreis			
−	Liefererskonto			
=	Bareinkaufspreis			
+	Bezugskosten			
=	Bezugspreis (Einstandspreis)			
+	Handlungskosten			
=	Selbstkosten			
+	Gewinn			
=	Barverkaufspreis			
+	Kundenskonto			
=	Zielverkaufspreis			
+	Kundenrabatt			
=	Verkaufspreis (netto)	Vorwärtskalkulation	Rückwärtskalkulation	Differenzkalkulation

Warenkalkulation

Allgemein:
- Bezugspreiskalkulation (Warenkosten, Preisabzüge, Bezugskosten)
- Selbstkostenkalkulation (Handlungskosten)
- Verkaufskalkulation (Gewinn, Kundenskonto, Vertreterprov., Kundenrabatt)

Vorwärtskalkulation: vom Listeneinkaufspreis zum Listenverkaufspreis

Vereinfachung: Kalkulationszuschlag, Kalkulationsfaktor
Prozentsätze der Selbstkostenkalkulation und der Verkaufskalkulation bleiben i. d. R. unverändert → einheitlicher Prozentsatz
in einem Schritt vom Einstandspreis zum Listenverkaufspreis

Rückwärtskalkulation (retrograde Kalkulation): vom Listenverkaufspreis zum Listeneinkaufspreis

Vereinfachung: Handelsspanne
in einem Schritt vom Listenverkaufspreis zum Einstandspreis (Bezugspreis)

Differenzkalkulation:
Listeneinkaufspreis und Listenverkaufspreis liegen fest: Berechnung des Gewinns
Vorwärtskalkulation: Listeneinkaufspreis zu Selbstkosten
Rückwärtskalkulation: Listenverkaufspreis zu Barverkaufspreis

Lernfeld 8 — Preispolitische Maßnahmen erfolgsorientiert vorbereiten und steuern

AUFGABEN

1. Aus welchem Grund steht im Kalkulationsschema der Liefererrabatt vor dem Liefererskonto, der Kundenskonto jedoch vor dem Kundenrabatt?

2. Hätte man die in der Sachdarstellung aufgeführte Kalkulation auch von Beginn an mit Stückpreisen kalkulieren können (mit Begründung)?

3. Welche Vor- und Nachteile kann die Verwendung von Kalkulationsfaktoren und Handelsspannen mit sich bringen?

4. Ein Titanrahmengestell kostet bei einem Lieferer 69,00 €. Die Ernst-Stahl AG bestellt 25 Gestelle und darf 25 % Mengenrabatt und 3 % Skonto berücksichtigen. Die Frachtkosten betragen für diesen Auftrag 20,00 €. Der Handlungskostenzuschlagssatz wird mit 33 %, der Gewinnzuschlagssatz mit 10 % angenommen. Kunden wird ein zweiprozentiger Skontonachlass gewährt. Wie hoch ist der Stückverkaufspreis eines Titanrahmengestells?

5. Die Zacher GmbH benötigt dringend 200 Reifen. Der Lieferant gibt folgende Informationen: Stückpreis: 7,00 €; bei einer Bestellmenge von 100 Stück werden 7 % Rabatt gewährt, ab einer Bestellmenge von 400 Stück 12 %. Der Skontonachlass liegt bei 3 %. Die Transportkosten betragen bei einer Lieferung bis 400 Stück 45,00 € je Auftrag, bei einer Bestellmenge von 401 Stück und mehr erfolgt die Lieferung frei Haus. Der Handlungskostenzuschlagssatz der Zacher GmbH liegt bei 25 %, der Gewinnzuschlagssatz bei 8 %. Der Kundenrabatt liegt bei 5 % ab einer Bestellmenge von 15 Stück, der Kundenskonto bei 2 %.
   - Der Kunde Fit and Fun AG bestellt 20 Reifen. Welchen Gesamtverkaufspreis weist die Rechnung an den Kunden auf?
   - Aus welchen Gründen könnte es für die Zacher GmbH von Vorteil sein, wenn sie nicht 200 Reifen, sondern 400 Reifen auf einmal bestellt? Welche Auswirkungen hätte dieser Sachverhalt auf den Verkaufspreis an den Kunden Fit and Fun AG?

6. Auf welche Probleme könnte die TRIAL GmbH bei einer Preisdiskussion mit ihrem Lieferanten stoßen?

7. Berechnen Sie den zu erzielenden Listeneinkaufspreis in € je Stück. Berechnen Sie die Aufgaben b) und c) auch mithilfe der Handelsspanne.

	a)	b)	c)	d)
Verkaufspreis brutto	4 046,00 €	333,00 €	5 700,00 €	69 020,00 €
Verkaufspreis netto				
Kundenskonto	1,5 %	1,5 %	1,5 %	2 %
Kundenrabatt	5 %	5 %	5 %	15 %
Gewinnzuschlagssatz	10,5 %	10,5 %	10,5 %	15 %
Handlungskostenzuschlagssatz	20 %	20 %	20 %	45 %
Bezugskosten	70,00 €	110,00 €	0,00 €	0,00 €
Liefererrabatt	0 %	5 %	6 %	0 %
Liefererskonto	2 %	2 %	2,5 %	3 %

8. Die Geschäftsleitung der TRIAL GmbH überlegt, ob zur Abrundung des Verkaufssortiments Kinderfahrräder aufgenommen werden sollen. Ein Konkurrenzunternehmen bietet Kinderfahrräder zu einem Listenverkaufspreis von 49,90 € netto an. Der Kundenrabatt würde in diesem Fall auf 12 % erhöht werden (Kundenskonto wie bisher 3 %).

Preispolitische Maßnahmen erfolgsorientiert vorbereiten und steuern **Lernfeld 8**

Der Lieferer der Kinderfahrräder gewährt 25 % Rabatt, 2,5 % Skonto und stellt Bezugskosten von 2,00 € pro Fahrrad in Rechnung. Die internen Zuschläge der TRIAL GmbH betragen 33 1/3 % Handlungskostenzuschlagssatz und 8 % Gewinnzuschlag. Zu welchem Preis müsste die TRIAL GmbH die Fahrräder bei ihrem Lieferanten einkaufen?

9 Berechnen Sie die fehlenden Größen. Ermitteln Sie, wenn möglich, den Kalkulationsfaktor und die Handelsspanne.

	a)	b)	c)	d)
Verkaufspreis netto	350,00 €	?	75,00 €	1 500,00 €
Kundenskonto	2 %	2 %	1,5 %	2 %
Kundenrabatt	0 %	5 %	0 %	10 %
Gewinnzuschlagssatz	?	18 %	7,5 %	?
Handlungskostenzuschlagssatz	23 %	25 %	20 %	30 %
Bezugskosten	5,00 €	0,00 €	2,00 €	20,00 €
Liefererrabatt	0,5 %	2 %	0 %	5 %
Liefererskonto	0,0 %	1,5 %	2 %	3 %
Einkaufspreis netto	120,00 €	230,00 €	?	870,00 €

10 Für ein Ersatzteil muss die TRIAL GmbH 464,10 € inkl. 19 % Umsatzsteuer bezahlen. Der Sofortrabatt des Lieferanten beträgt 20 % des Netto-Listenverkaufspreises. Kann der Lieferant einen Gewinn von 12 % realisieren bei einem Handlungskostenzuschlagssatz von 45 % und einem Bezugspreis von 220,00 €?

11 Ein Elektrogroßhändler erhält von seinem Lieferer 15 % Rabatt und 2,5 % Liefererskonto.
 a) Kalkulieren Sie den Netto-Verkaufspreis (Einkaufspreis 70,00 €, Bezugskosten 5,00 €, HKZ 34,5 %, Gewinnzuschlagssatz 12,5 %, Kundenrabatt 5 %, Kundenskonto 2 %) eines DVD-Players (Warengruppe Elektro).
 b) Der Händler nimmt den Artikel Radiowecker in sein Sortiment auf (Warengruppe Elektro). Die Bezugskosten belaufen sich auf 5,00 €, Liefererrabatt 5 %, Liefererskonto 3 %, Einkaufspreis 7,50 € netto. Wie hoch ist der Netto-Verkaufspreis?

12 Ein Weingut verkauft eine Flasche Wein zu 4,50 €. Bei einer Abnahme von drei Kartons (sechs Flaschen pro Karton) werden dem Einzelhändler 5 % Rabatt gewährt. Ein Einzelhändler kauft zehn Kartons.
 a) Welchen Gewinn erzielt der Einzelhändler, wenn ihm das Weingut 0,20 € je Flasche Bezugskosten berechnet und 2 % Skonto gewährt (der Einzelhändler selbst kalkuliert mit 18 % HKZ und 1,5 % Kundenrabatt und einem Verkaufspreis von 7,50 € je Flasche)?
 b) Das Weingut gewährt dem Einzelhändler bei einer Abnahme von 15 Kartons einen Naturalrabatt von sechs Flaschen als Dreingabe. Der Einzelhändler nimmt dieses Angebot wahr. Wird sein Gewinn je Flasche nun höher ausfallen (mit Berechnung)?

13 Ein Waschbecken wurde bisher von einem Großhändler für 250,00 € netto angeboten. Der HKZ betrug 15 %, der Kundenrabatt 6 %, der Kundenskonto 2 %. Der Verkaufspreis muss aus diversen Gründen zunächst um 2,5 % und dann nochmals um 4 % reduziert werden.
 a) Nennen Sie Beispiele für die in der Aufgabe aufgeführten diversen Gründe.
 b) Wie hoch ist nach den beiden Preissenkungen der Gewinn für ein Waschbecken (Bezugspreis 180,00 €)?

Lernfeld 8 — Preispolitische Maßnahmen erfolgsorientiert vorbereiten und steuern

14 Eine Großhandlung kauft ein Snowboard für 130,00 € netto bei einem Lieferanten ein. Die Großhandlung kalkuliert mit 15 % Liefererrabatt, 2 % Liefererskonto, 7,50 € Bezugskosten, 55 % HKZ, 12 2/3 % Gewinnzuschlag und 2 % Kundenskonto.
Ermitteln Sie den Angebotspreis und die Handelsspanne.

15 Ein Großhändler zahlt für eine Kiste Obst 1,20 € je 0,5 kg brutto für netto. Die Kiste Obst selbst wiegt komplett 4 kg. Der HKZ liegt bei 33 1/3 %, der Kundenrabatt liegt bei 2 %.
Berechnen Sie den Gewinn in € und Prozent, wenn der Großhändler 0,5 kg zu 2,70 € netto verkauft (es wurden 400 kg eingekauft und 380 kg verkauft).

16 Ein Unternehmen kalkuliert mit folgenden Zahlen:
Einstandspreis: 67,50 €, HKZ (normal): 80 %, Gewinnzuschlagssatz (normal): 12 %.
Aus dem aktuellen Betriebsabrechnungsbogen ist zu entnehmen: HKZ (Ist): 88 %.
Der Einstandspreis verringerte sich aufgrund von Preissenkungen auf 62,00 €.
Führen Sie eine Vor- und eine Nachkalkulation durch und interpretieren Sie die Ergebnisse.

17 Ein Unternehmen aus der Baubranche kalkuliert mit folgenden Zahlen:
Einstandspreis eines Sacks Zement: 3,70 €, HKZ (normal): 125 %, Gewinnzuschlagssatz (normal): 22 %.
Aus dem aktuellen Betriebsabrechnungsbogen ist zu entnehmen: HKZ (Ist): 110 %.
Der Einstandspreis erhöhte sich aufgrund von Preissteigerungen auf 3,90 € je Sack.
Führen Sie eine Vor- und eine Nachkalkulation durch und interpretieren Sie die Ergebnisse.

18 a) Kalkulieren Sie den Listenverkaufspreis eines Plasmabildschirms aus Aufgabe 8 auf Seite 244. Der Bezugspreis liegt bei 430,00 € netto, die Elektrogroßhandlung gewährt ihren Kunden einen Skontosatz von 2 %.

b) Ein Damenpullover wird für einen Listeneinkaufspreis von 23,00 € erworben. Der Lieferant gewährt einen Rabatt in Höhe von 10 % und einen Liefererskonto von 2 %. Die Bezugskosten betragen 1,20 € je Pullover. Ermitteln Sie den Verkaufspreis netto, wenn die Ankleide KG ihrerseits einen Rabatt von 4 % und einen Skontobetrag von 2,5 % gewährt. Führen Sie zusätzlich eine Nachkalkulation durch, wenn die Ankleide KG den Liefererskonto nicht in Anspruch nimmt (die Handlungskostenzuschlagssätze sind bzgl. der Ist- und der Normal-Kostenrechnung identisch, siehe Aufgabe 9, Seite 245).

c) Ermitteln Sie für einen Artikel aus der Warengruppe Esszimmer den Verkaufspreis unter Berücksichtigung der Normal-Kostensätze (Normalsätze: Gewinn 45 %, Handlungskosten 56 %). Der Einstandspreis des Artikels liegt bei 230,00 €. Die Wexa AG gewährt ihren Kunden einen Skontoabzug von 3 %. Führen Sie mit den Istzahlen des Betriebsabrechnungsbogens eine Nachkalkulation eines Artikels der Warengruppe Esszimmer durch und interpretieren Sie die Ergebnisse, wenn gilt (siehe Aufgabe 10, Seite 246):
1) Beibehaltung des Einstandspreises mit 230,00 € bzw. Erhöhung des Einstandspreises um 1,5 % seitens des Lieferanten.
2) Angenommen der Umsatz für die Warengruppe Schlafzimmer hätte sich verdreifacht. In welcher Art und Weise würden sich die Zuschlagssätze für diese Warengruppe ändern?

d) Ein Lieferant einer Großhandlung bietet eine neue Lutschersorte zu folgenden Bedingungen an: Listenpreis 0,60 € brutto, Skonto 2 %, Rabatt ab einer Einkaufsmenge von 1 000 Stück 5 %, ab einer Einkaufsmenge von 2 500 Stück 10 %. Bezugskosten 20,00 €, ab einer Bestellung von 2 000 Stück erfolgt die Lieferung frei Haus. Die Lolly und mehr OHG gewährt ihren Kunden 6 % Rabatt und 3 % Skonto. Berechnen Sie den Verkaufspreis je Stück, wenn die Bestellmenge bei 2 800 Stück liegt (Handlungskostenzuschlagssatz 61 %, Gewinnzuschlagssatz 17 %).

e) Aus Konkurrenzgründen muss der in Aufgabe b) ermittelte Verkaufspreis um 7,5 % gesenkt werden. Der Lieferant ist zu keinen Zugeständnissen bereit. Prüfen Sie, ob die Großhandlung noch einen Gewinn erzielt.

Preispolitische Maßnahmen erfolgsorientiert vorbereiten und steuern — Lernfeld 8

19 Ermitteln Sie die Höhe des Gewinns in € und Prozent des Artikels „Stoffbär Willi" für die Lieferung an den Kunden Baby Holz (Handlungskostenzuschlagssatz: 60 %, die Verpackungskosten der Eingangsrechnung werden jeweils zur Hälfte auf die beiden Waren verteilt, die Verpackungskosten sind nicht skontierbar, Sie sind Mitarbeiter des Unternehmens HIPPIE GmbH).

Horst Kinderparadies GmbH, Lallstr. 12, 67349 Ludwigshafen

HIPPIE GMBH
Wassersallstr. 23
86155 Mannheim

| Ihre Zeichen, Ihre Nachricht vom | Unsere Zeichen | ☎ 0621 290-5000 | Ludwigshafen, |
| Bestellung vom 17.09.2… | BH | | 24.09.2… |

Rechnung Nr. 69

Sehr geehrte Damen und Herren,

hiermit stellen wir Ihnen unsere Lieferung vom 24.09.2008 in Rechnung:

Artikel Nr.	Beschreibung	Menge	Einheit	Einzelpreis	Gesamtbetrag
1256	Baby-Gym	20	Stück	12,50	250,00
1549	Stoffbär Willi	25	Stück	20,00	500,00

zzgl. Verpackung	50,00
zzgl. 19 % USt.	152,00
Rechnungsbetrag brutto	**952,00**

Zahlbar innerhalb von 20 Tagen unter Abzug von 3 % Skonto, 30 Tage Ziel

---

HIPPIE GMBH Wassersallstr. 23 68155 Mannheim

Baby Holz
Turmstr. 2
89000 München

| Ihre Zeichen, Ihre Nachricht vom | Unsere Zeichen | ☎ 0621 14588-99 | Mannheim, |
| Bestellung vom 26.09.2… | KR | | 28.09.2… |

Rechnung Nr. 677–103

Sehr geehrte Damen und Herren,

hiermit stellen wir Ihnen unsere Lieferung vom 28.09.2008 in Rechnung:

Artikel Nr.	Beschreibung	Menge	Einheit	Einzelpreis	Gesamtbetrag
B12	Stoffbär Willi	20	Stück	40,00	800,00

Abzgl. Rabatt 10 %	80,00
zzgl. Fracht	20,00
Zwischensumme	740,00
zzgl. 19 % USt.	140,60
Rechnungsbetrag brutto	**880,60**

Zahlbar innerhalb von 10 Tagen unter Abzug von 2 % Skonto, 30 Tage Ziel

Lernfeld 8 — Preispolitische Maßnahmen erfolgsorientiert vorbereiten und steuern

3 Deckungsbeitragsrechnung

PROBLEM

Die TRIAL GmbH kaufte im vorletzten Quartal Bikewear im Wert von 230 000,00 €. Die Handlungskosten der Warengruppe Bikewear beliefen sich auf 90 000,00 €. Mit diesem Zahlenmaterial ergab sich ein Handlungskostenzuschlagssatz von 39,13 %.

Im vergangenen Quartal wurden Artikel der Warengruppe Bikewear saisonbedingt (sinkende Verkaufszahlen) nur für 140 000,00 € eingekauft.

Die Handlungskosten beliefen sich auf 60 000,00 €. Der Handlungskostenzuschlagssatz für dieses Quartal stieg auf 42,86 %.
Die Kalkulation für das vergangene Quartal ergab somit einen höheren Verkaufspreis als im vorletzten Quartal.

1. Beurteilen Sie, ob Sie die Erhöhung der Verkaufspreise für sinnvoll erachten.
2. Welchen Nachteil der Vollkostenrechnung erkennen Sie aus dieser Rechnung?
3. Welchen Verkaufspreis würden Sie in dieser Situation für sinnvoll erachten (mit Begründung)?

3.1 Grundlagen der Deckungsbeitragsrechnung

SACHDARSTELLUNG

Die Vollkostenrechnung besitzt ihre Stärken in der Kalkulation der Verkaufspreise. Jedoch können die Ergebnisse der Vollkostenrechnung auch zu Fehlinterpretationen führen.

Beispiel: Die TRIAL GmbH erzielte mit ihren drei Warengruppen Bikewear (BW), Mountain-Bikes (MB) und Rennräder (RR) in der vergangenen Abrechnungsperiode folgende Ergebnisse:

	Warengruppe BW	Warengruppe MB	Warengruppe RR
Erlöse	500 000,00 €	230 000,00 €	120 000,00 €
Selbstkosten	230 000,00 €	160 000,00 €	150 000,00 €
Absatzmenge	12 000 Stück	18 000 Stück	11 000 Stück

Das Betriebsergebnis errechnet sich aus:
Warengruppe BW: Erlöse – Kosten   =   270 000,00 €
Warengruppe MB: Erlöse – Kosten   =   70 000,00 €
Warengruppe RR: Erlöse – Kosten   =   –30 000,00 €

Der Gesamtgewinn beträgt somit 310 000,00 €, obwohl die Warengruppe Rennräder einen Verlust von 30 000,00 € erwirtschaftet.

Das Zahlenmaterial des Beispiels weist in der Vollkostenrechnung einen Verlustartikel aus. Die Eliminierung dieses Artikels aus dem Sortiment könnte sich aber als Fehler herausstellen, da nicht erkennbar ist, welche fixen Kosten die beiden verbliebenen Warengruppen

Preispolitische Maßnahmen erfolgsorientiert vorbereiten und steuern **Lernfeld 8**

nun decken müssen. Das bisher aus drei Warengruppen bestehende Sortiment deckte die anfallenden fixen Kosten gemeinschaftlich. Durch das Entfernen der Warengruppe RR müssen die Fixkosten nun von den beiden anderen Warengruppen getragen werden (immer unter der Voraussetzung, dass die fixen Kosten in gleicher Höhe bestehen bleiben und nicht aufgrund der Eliminierung einer Warengruppe verringert werden können).

Beispiel: Der Abteilungsleiter aus dem Rechnungswesen splittet die Gesamtkosten in einen variablen Teil und in einen Fixkostenblock auf:

- Variable Kosten der Warengruppe BW: 180 000,00 €
- Variable Kosten der Warengruppe MB: 110 000,00 €
- Variable Kosten der Warengruppe RR: 100 000,00 €
- Fixkosten: 150 000,00 €

Bei einer Eliminierung der Warengruppe RR würde die TRIAL GmbH zunächst nur die variablen Kosten in Höhe von 100 000,00 € einsparen. Da die Fixkosten in voller Höhe bestehen blieben, würde sich der Gewinn um 20 000,00 € auf 290 000,00 € verringern.

- Warengruppe BW: Erlöse − variable Kosten = 320 000,00 €
- Warengruppe MB: Erlöse − variable Kosten = 120 000,00 €

Abzgl. Fixkosten = 150 000,00 €

Gesamtgewinn = 290 000,00 €

Das Streichen einer Warengruppe, welche laut der Vollkostenrechnung einen Verlust erwirtschaftet, kann entgegen der Erwartung einer Gewinnsteigerung zu einem geringeren Gewinnausweis führen. Dies ist darin begründet, dass die gesamten Kosten (Vollkosten) auf die Verkaufspreise der Kostenträger verrechnet wurden. Dieses Kostenrechnungssystem wird in der Praxis als **Vollkostenrechnung** bezeichnet.

Im Gegensatz zu der Vollkostenrechnung verrechnet die **Teilkostenrechnung** nicht die gesamten Kosten auf einmal auf die jeweiligen Kostenträger, sondern nur die variablen Kosten. Die Differenz zwischen Umsatzerlösen und variablen Kosten ist der **Deckungsbeitrag**. Die Teilkostenrechnung wird daher auch als Deckungsbeitragsrechnung bezeichnet.

Der Deckungsbeitrag berechnet sich nach folgendem Schema:

Umsatzerlöse gesamt		Verkaufspreis je Stück
− variable Gesamtkosten	bzw.	− variable Stückkosten
= Deckungsbeitrag gesamt (DB)		= Deckungsbeitrag je Stück (db)

Der Deckungsbeitrag gibt an, inwieweit die variablen Kosten durch die Umsatzerlöse gedeckt werden. Wenn der Deckungsbeitrag positiv ist, dann trägt dieser positive Betrag zur Deckung der Fixkosten bei. Ab einem bestimmten Betrag sind auch die Fixkosten durch den Deckungsbeitrag gedeckt. Jeder weitere Deckungsbeitrag ist dann purer Gewinn.

Beispiel: Die Deckungsbeiträge der drei Warengruppen betragen:

	Warengruppe BW	Warengruppe MB	Warengruppe RR
Umsatzerlöse	500 000,00 €	230 000,00 €	120 000,00 €
− variable Gesamtkosten	180 000,00 €	110 000,00 €	100 000,00 €
= Deckungsbeitrag	320 000,00 €	120 000,00 €	20 000,00 €

Alle drei Warengruppen weisen einen positiven Deckungsbeitrag auf und tragen somit zur Deckung der fixen Kosten bei. Bei einer Eliminierung der Warengruppe RR würde der positive Deckungsbeitrag dieser Warengruppe in Höhe von 20 000,00 € wegfallen. Der Gewinn würde um genau diesen Betrag sinken (siehe Beispiel oben). Die beiden anderen positiven Deckungsbeiträge müssten bei Verzicht auf die Warengruppe RR den kompletten Fixkostenblock tragen.

Lernfeld 8 — Preispolitische Maßnahmen erfolgsorientiert vorbereiten und steuern

Merke:

(Stück-)Deckungsbeitrag > 0	Die Ware trägt zur Deckung der Fixkosten bei
(Gesamt-)Deckungsbeitrag − Fixkosten > 0	Betriebsgewinn
(Gesamt-)Deckungsbeitrag − Fixkosten < 0	Betriebsverlust

Die Deckungsbeitragsrechnung dient aber nicht nur als Entscheidungshilfe bei der Streichung bestimmter Warengruppen. Möchte ein Unternehmen eine neue Warengruppe in das bisherige Sortiment aufnehmen, muss es prüfen, ob diese Warengruppe einen positiven Deckungsbeitrag aufweisen würde. Wäre dies der Fall, würde unter kostenrechnerischen Gesichtspunkten einer Aufnahme in das Warensortiment nichts mehr im Wege stehen (unter der Voraussetzung, dass die Fixkosten annähernd konstant bleiben würden).

Merke: Die Deckungsbeitragsrechnung (Teilkostenrechnung) ist Entscheidungsträger bzgl. der Hereinnahme bzw. Streichung einzelner Waren/Warengruppen. Die Vollkostenrechnung würde zu Fehlentscheidungen hinsichtlich der Produktpolitik führen.

EXKURS

Grafische Bestimmung und Bedeutung des Deckungsbeitrages

Die Umsatzerlöse und die variablen Stückkosten sind jeweils abhängig von der Menge. Eine Erhöhung der Menge bringt eine lineare Erhöhung der Umsatzerlöse und der variablen Stückkosten mit sich. Eine Wertetabelle zeigt die Zusammenhänge (es werden ein Verkaufspreis von 25,00 € je Stück und variable Stückkosten in Höhe von 16,00 € unterstellt).

Menge x	0	5	10	15	20	25	30
Umsatzerlöse	0	125,00	250,00	375,00	500,00	625,00	750,00
Variable Kosten	0	80,00	160,00	240,00	320,00	400,00	480,00
Deckungsbeitrag gesamt	0	45,00	90,00	135,00	180,00	225,00	270,00
Deckungsbeitrag je Stück	−	9,00	9,00	9,00	9,00	9,00	9,00

Grafische Darstellung:

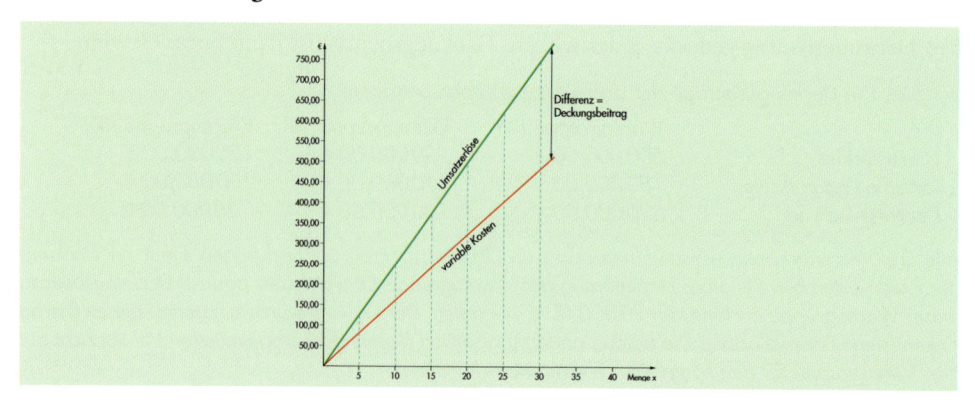

Preispolitische Maßnahmen erfolgsorientiert vorbereiten und steuern

Lernfeld 8

AUFGABEN

1 Ein Unternehmen ermittelt folgendes Zahlenmaterial:

Beträge in €	Warengruppe 1	Warengruppe 2	Warengruppe 3	Warengruppe 4
Einstandspreis je Stück	15,00	4,50	5,50	9,50
Handlungskosten (davon fix)	50 800,00 (55 %)	21 750,00 (35 %)	23 750,00 (25 %)	45 600,00 (40 %)
Verkaufserlöse gesamt	228 600,00	72 500,00	85 500,00	159 600,00
Absatzmenge	12 700 Stück	14 500 Stück	9 500 Stück	7 600 Stück

a) Berechnen Sie das Betriebsergebnis mithilfe der Vollkostenrechnung und der Teilkostenrechnung.
b) Welche Schlussfolgerungen würden Sie aus den Ergebnissen ziehen?
c) Erläutern Sie an diesem Beispiel die unterschiedlichen Aufgaben der Voll- und der Teilkostenrechnung.

2 Eine Textilgroßhandlung führt die Warengruppen Röcke, Hosen und Blusen. Für den Monat April liegt das folgende Zahlenmaterial vor:

	Warengruppe Röcke	Warengruppe Hosen	Warengruppe Blusen
Umsatzerlöse netto in €	23 000,00	51 000,00	37 000,00
Variable Kosten gesamt	12 000,00	39 000,00	11 000,00

Die Fixkosten betragen 19 500,00 €.
Berechnen Sie den Deckungsbeitrag pro Warengruppe, den gesamten Deckungsbeitrag und das Betriebsergebnis für den Monat April.

3.2 Anwendungsgebiete der Deckungsbeitragsrechnung

3.2.1 Bestimmung des optimalen Sortiments

Je höher der Stückdeckungsbeitrag einer Warengruppe, desto mehr trägt diese Warengruppe zu einem positiven Gesamtergebnis bei. Unternehmen sind bestrebt, eine Warengruppe mit hohen Deckungsbeiträgen besonders zu pflegen. Dies beginnt bei einer optimierten Lieferantenauswahl bis zu einer optimierten Kommunikationspolitik dieser Warengruppe. Gleichzeitig dürfen aber die weiteren Warengruppen nicht vernachlässigt werden.

Die optimale Sortimentsgestaltung vollzieht sich nach zwei Gesichtspunkten:
- Berücksichtigung der Höhe des Deckungsbeitrages der Warengruppen
- Berücksichtigung der Ertragskraft der Warengruppen

Die Ertragskraft zeigt den erzielten Deckungsbeitrag im Verhältnis zum erzielten Umsatz auf. Die Sortimentspflege wird nach der Reihenfolge der Ertragskraft vorgenommen.

Lernfeld 8 — Preispolitische Maßnahmen erfolgsorientiert vorbereiten und steuern

$$\text{Ertragskraft} = \frac{\text{Deckungsbeitrag einer Warengruppe}}{\text{Umsatzerlöse der Warengruppe}} \cdot 100$$

Beispiel: Die Ertragskraft der einzelnen Warengruppen beträgt:

	Warengruppe BW	Warengruppe MB	Warengruppe RR
Umsatzerlöse	500 000,00 €	230 000,00 €	120 000,00 €
− variable Gesamtkosten	180 000,00 €	110 000,00 €	100 000,00 €
= Deckungsbeitrag	320 000,00 €	120 000,00 €	20 000,00 €
Ertragskraft	64 %	52,17 %	16,67 %

Damit ergibt sich in der Sortimentspflege folgende Reihenfolge:
- 1. Rang: Warengruppe BW
- 2. Rang: Warengruppe MB
- 3. Rang: Warengruppe RR

AUFGABE

Eine Großhandlung führt vier Warengruppen. Für den Monat November liegt das folgende Zahlenmaterial vor:

Beträge in €	WG 1	WG 2	WG 3	WG 4
Umsatzerlöse netto	134 000,00	328 000,00	96 000,00	523 000,00
Warenaufwendungen	45 000,00	32 000,00	12 540,00	333 000,00
Handlungskosten gesamt	65 000,00	125 000,00	44 500,00	198 000,00
Variabler Anteil an den Handlungskosten	25 %	35 %	55 %	12 %

a) Berechnen Sie den Deckungsbeitrag pro Warengruppe, den gesamten Deckungsbeitrag und das Betriebsergebnis für den Monat November.
b) Ermitteln Sie die optimale Sortimentsgestaltung.

3.2.2 Annahme von Zusatzaufträgen

Ein Zusatzauftrag ist ein Auftrag, der zusätzlich zu den vorhandenen abzuarbeitenden Aufträgen anfällt. Ein Zusatzauftrag ist anzunehmen, wenn folgende Voraussetzungen zutreffen:
- Der vereinbarte Verkaufspreis je Stück ist größer (oder gleich) den variablen Stückkosten der jeweiligen Warengruppe (notwendige Bedingung).
- Der Zusatzauftrag ist aus Kapazitätsgründen möglich (hinreichende Bedingung).

Kapazitätsauslastungen werden auch durch den Begriff **Beschäftigungsgrad** ausgedrückt. Ein Beschäftigungsgrad von 100 % für eine bestimmte Warengruppe bedeutet, dass z. B. die Lager- oder Absatzmenge nicht mehr gesteigert werden kann.

Erst, wenn die notwendige Bedingung erfüllt ist, kann die hinreichende Bedingung überprüft werden. Ein Zusatzauftrag kann somit
- zu einem nicht geplanten Gewinnzuwachs in einer Abrechnungsperiode verhelfen und
- zu einer besseren Auslastung bisher nicht genutzter Kapazitäten führen.

Preispolitische Maßnahmen erfolgsorientiert vorbereiten und steuern **Lernfeld 8**

Beispiel: Die TRIAL GmbH weist folgendes Zahlenmaterial auf:

	Warengruppe BW	Warengruppe MB	Warengruppe RR
Erlöse	500 000,00 €	230 000,00 €	120 000,00 €
Variable Gesamtkosten	180 000,00 €	110 000,00 €	100 000,00 €
Absatzmenge	20 000 Stück	11 000 Stück	15 000 Stück
Beschäftigungsgrad	80 %	70 %	90 %

Die Unternehmensleitung erhält von einem Kunden die folgenden Zusatzaufträge:

- **Zusatzauftrag A:**
  Auftrag über 6 000 Stück des Artikels Radtrikot Tenno (Warengruppe Bikewear) zu einem Verkaufspreis netto von 9,50 €.
- **Zusatzauftrag B:**
  Auftrag über 3 000 Stück des Artikels Mountainbike Tremalso (Warengruppe Mountainbike) zu einem Verkaufspreis netto von 8,50 €.

Entscheidung über die Annahme des Zusatzauftrages A:

Der Verkaufspreis von Zusatzauftrag A liegt über den variablen Stückkosten in Höhe von 9,00 € (die notwendige Bedingung ist somit erfüllt).

Ein Beschäftigungsgrad von 100 % wird bei einer Menge von 25 000 Stück erreicht. Somit können dem Kunden nur 5 000 Stück angeboten werden (hinreichende Bedingung).

Würde sich der Kunde für einen Kauf von nur 5 000 Stück entscheiden, würde sich das Ergebnis durch den Zusatzauftrag um 2 500,00 € (0,50 € Gewinn · 5 000 Stück) erhöhen. Der Deckungsbeitrag des Zusatzauftrages liegt bei 0,50 € je Stück.

Entscheidung über die Annahme des Zusatzauftrages B:

Der Verkaufspreis von Zusatzauftrag B liegt unter den variablen Stückkosten in Höhe von 10,00 € und wird daher abgelehnt.

Zusatzaufträge, die einen positiven Deckungsbeitrag erwirtschaften, verbessern das Betriebsergebnis. Die Fixkosten (Voraussetzung: Die fixen Kosten steigen nicht oder unerheblich durch die Annahme des Zusatzauftrages) sind bereits durch die bisherigen Absatzzahlen gedeckt.

Das Unternehmen muss jedoch darauf achten, dass durch die niedrigen Verkaufspreise der Zusatzaufträge keine Stammkunden verärgert werden. Dies kann dazu führen, dass langjährige Kunden die bisher „höheren" Preise nicht länger hinnehmen und langwidrige Verhandlungen mit diesen Kunden geführt werden müssen.

AUFGABE

Eine Großhandlung für Sportartikel führt drei Warengruppen. Für den Monat Januar liegt das folgende Zahlenmaterial vor:

Beträge in €	WG Fitness	WG Ball	WG Kleidung
Listeneinkaufspreis je Stück	13,50	12,30	35,00
Handlungskosten variabel je Stück	5,60	5,30	6,10
Verkaufspreis netto je Stück	55,60	34,20	78,90
Absatzmenge	980 Stück	420 Stück	550 Stück
Anteilige Fixkosten	3 500,00	2 300,00	3 100,00

a) Berechnen Sie den Deckungsbeitrag pro Warengruppe, den gesamten Deckungsbeitrag und das Betriebsergebnis für den Monat Januar.
b) Die Großhandlung erhält für den Monat Januar noch einen Zusatzauftrag: 180 Stück der Warengruppe Fitness zu einem Verkaufspreis von 37,50 € je Stück. Prüfen Sie, ob dieser Zusatzauftrag angenommen werden sollte, wenn genügend Kapazitäten zur Verfügung stehen. Berechnen Sie das neue Betriebsergebnis.

3.2.3 Bestimmung der kurz- und der langfristigen Preisuntergrenze

Eine konkurrenzorientierte und nachfrageorientierte Preispolitik muss für Verkaufspreise sorgen, die zunächst eine volle Kostendeckung bewirken. Ein Verkaufspreis, der sämtliche Selbstkosten (fixe und variable Kosten) deckt, heißt langfristige Preisuntergrenze. Damit ist der Fortbestand eines Unternehmens gesichert, auf die Erzielung eines Gewinns wird aber verzichtet.

Zwingen aber z. B. Nachfrageschwankungen zu einer weiteren Senkung der Verkaufspreise, so wird auf die Deckung der fixen Kosten teilweise verzichtet. Sind nur noch die variablen Kosten gedeckt, dann ist die kurzfristige Preisuntergrenze erreicht. Die Existenz des Unternehmens ist dauerhaft gefährdet, wenn Artikel über einen längeren Zeitraum hinweg zu Verkaufspreisen der kurzfristigen Preisuntergrenze veräußert werden.

Merke:
Umsatzerlöse
− variable Kosten

= Deckungsbeitrag → Verkaufspreis an der kurzfristigen Preisuntergrenze (DB = 0)
− fixe Kosten

= Betriebsergebnis → Verkaufspreis an der langfristigen Preisuntergrenze (Gewinn = 0)

Beispiel: Für einen Artikel aus der Warengruppe Bikewear liegen für den vergangenen Monat folgende Zahlen vor:

- Verkaufsmenge = eingekaufte Menge: 450 Stück
- Verkaufspreis je Artikel netto: 25,00 €
- Variable Gesamtkosten: 7 875,00 €
- Anteilige fixe Kosten: 1 600,00 €

Ermittlung der kurzfristigen Preisuntergrenze:
Die kurzfristige Preisuntergrenze wird erreicht, wenn der Verkaufspreis den variablen Stückkosten entspricht → kurzfristige Preisuntergrenze: 17,50 €.

Bei einer Senkung des Verkaufspreises auf 17,50 € ergibt sich das folgende Schema der Deckungsbeitragsrechnung:

Umsatzerlöse	17,50 € · 450 Stück = 7 875,00 €
− variable Kosten	17,50 € · 450 Stück = 7 875,00 €
= Deckungsbeitrag	0,00 €
− fixe Kosten	1 600,00 €
= Betriebsergebnis	− 1 600,00 €

Es ergibt sich für diesen Artikel ein Verlust in Höhe der fixen Kosten von 1 600,00 €.

Preispolitische Maßnahmen erfolgsorientiert vorbereiten und steuern **Lernfeld 8**

Ermittlung der langfristigen Preisuntergrenze:
Die langfristige Preisuntergrenze ist erreicht, wenn der Verkaufspreis des Artikels bei einer exakt vorgegebenen Verkaufsmenge weder einen Verlust noch einen Gewinn erzielt.
Das Schema für die Berechnung der langfristigen Preisuntergrenze hat folgendes Aussehen (Rechnung von unten nach oben, ausgehend von einem Betriebsergebnis von 0,00 € und einem DB von 1 600,00 €):

Umsatzerlöse		9 475,00 €
− variable Kosten	17,50 € · 450 Stück =	7 875,00 €
= Deckungsbeitrag		1 600,00 €
− fixe Kosten		1 600,00 €
= Betriebsergebnis		0,00 €

Es ergibt sich die Gleichung: 9 475,00   = 450 Stück · x €
                                       x   =   21,06 €

Die langfristige Preisuntergrenze des Artikels liegt bei 21,06 €. Wird die Ware zu einem Preis von 21,06 € verkauft, dann beträgt bei einer Verkaufsmenge von 450 Stück der Gewinn 0,00 €.

> **Merke:** Die langfristige Preisuntergrenze kann nur berechnet werden, wenn sich die gesamten Fixkosten auf die einzelnen Warengruppen bzw. Artikel aufteilen lassen.

AUFGABE

Ein Unternehmen ermittelt für einen Artikel einer Warengruppe folgendes Zahlenmaterial: Listeneinkaufspreis je Stück: 45,00 €, variable Handlungskosten: 30,00 € je Stück, Verkaufspreis netto je Stück: 95,00 €. Die gesamten Fixkosten liegen bei 9 500,00 €, davon entfallen 20 % auf diese Warengruppe. Berechnen Sie die lang- und die kurzfristige Preisuntergrenze (Anzahl 800 Stück).

3.2.4 Bestimmung des Verlust- und des Gewinnbereichs

Die Ermittlung von Preisuntergrenzen geht von einer bestimmten Menge an eingekauften bzw. verkauften Artikeln aus. Da diese Mengen in der Realität jedoch von Abrechnungszeitraum zu Abrechnungszeitraum variieren, kann eine weitere Frage zur Erzielung eines Gewinns oder Verlusts von Bedeutung sein:

Welche Menge an Artikeln muss ein Unternehmen verkaufen, um weder einen Gewinn noch einen Verlust zu erzielen?

Diese Menge wird in der Kostenrechnung als Nutzenschwelle oder als Break-even-Point bezeichnet.

Merke:

	Nutzenschwelle	langfristige Preisuntergrenze
Gemeinsamkeiten	Es gilt: Kosten = Erlöse, d. h. Betriebsergebnis = 0	
Unterschiede	Es wird die Menge berechnet bei gegebenen Preisen, für die gilt: Kosten = Erlöse	Es wird der Verkaufspreis berechnet bei gegebener Menge, für den gilt: Kosten = Erlöse

Lernfeld 8 — Preispolitische Maßnahmen erfolgsorientiert vorbereiten und steuern

Für die Berechnung der Nutzenschwelle eines Artikels werden zunächst zwei Gleichungen bestimmt:
die Kostenfunktion K und die Erlösfunktion E.

Es gilt:
Kostenfunktion K(x) = variable Stückkosten · Menge + (anteilige) Fixkosten
Erlösfunktion E(x) = Verkaufspreis netto je Stück · Menge

Beide Funktionen werden gleichgesetzt und nach x aufgelöst (rechnerische Lösung) bzw. die Schaubilder der beiden Funktionen werden in ein Koordinatensystem eingetragen und die Koordinaten des Schnittpunktes bestimmt (grafische Lösung).

Beispiel: Ein Artikel kann für 34,00 € pro Stück erworben werden. Die anteiligen Fixkosten betragen 651,00 €, der Verkaufspreis wird auf 55,00 € festgelegt.

Daraus folgt:
$K(x) = 34x + 651$
$E(x) = 55x$

Rechnerische Lösung:
$34x + 651 = 55x$
$651 = 21x \quad\longrightarrow\quad x = 31$ Stück

Das Ergebnis lässt drei Schlussfolgerungen zu:

Bei einer Verkaufsmenge von

- genau 31 Stück ist die Nutzenschwelle erreicht (Betriebsergebnis = 0),
- mehr als 31 Stück wird ein Gewinn erzielt, der bei zunehmender Menge immer größer wird (abhängig von der Kapazitätsgrenze),
- weniger als 31 Stück wird ein Verlust erzielt, der bei abnehmender Menge immer größer wird.

Grafische Lösung und weiterführende Erläuterungen:

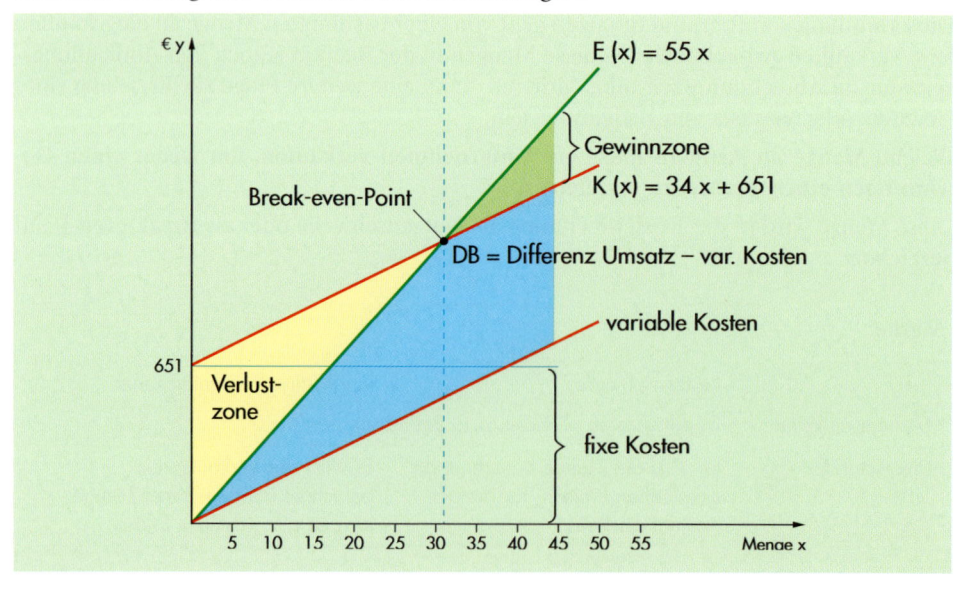

Preispolitische Maßnahmen erfolgsorientiert vorbereiten und steuern — **Lernfeld 8**

AUFGABE

Analysieren Sie das folgende Schaubild:

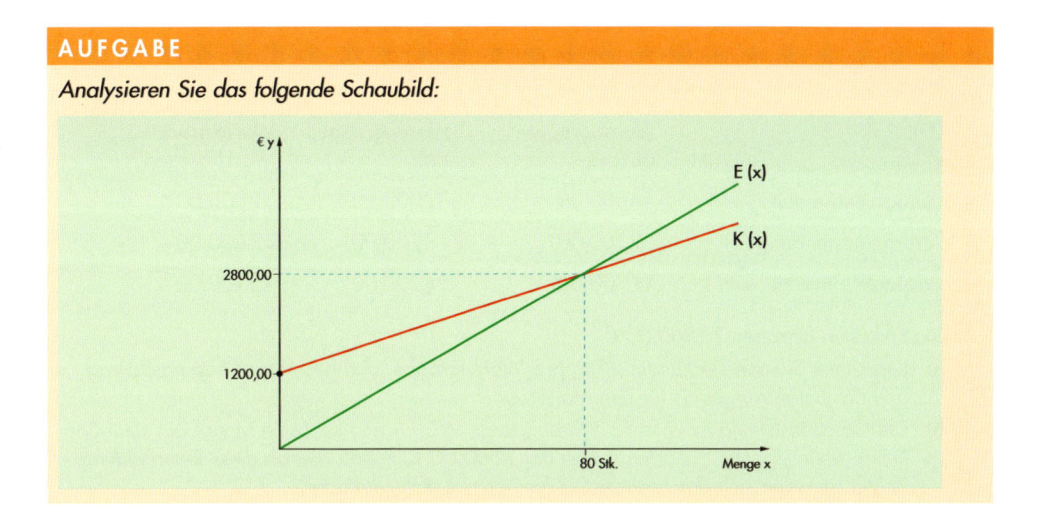

(Schaubild: Achsen €y und Menge x; Geraden E(x) und K(x); Markierungen bei 1.200,00 und 2.800,00 sowie 80 Stk.)

ZUSAMMENFASSUNG

Deckungsbeitragsrechnung (Teilkostenrechnung)

- Ein positiver Stückdeckungsbeitrag je Warengruppe bzw. je Artikel ist anzustreben
- Untergliederung in variable Kosten und fixe Kosten
- Umsatzerlöse
  − variable Kosten
  = Deckungsbeitrag
  − Fixkosten
  = Betriebsergebnis
- Aufgaben:
  - Annahme von Zusatzaufträgen
  - Ermittlung von Preisuntergrenzen
  - Ermittlung von Gewinn- und Verlustzonen mit Hilfe der Break-even-Analyse
  - Bestimmung der optimalen Sortimentsgestaltung

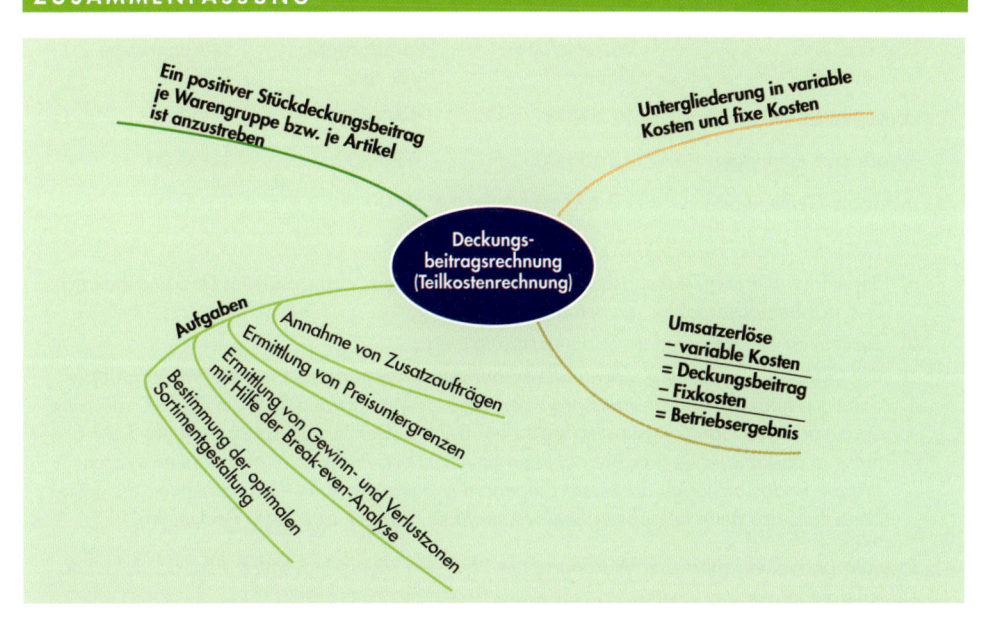

AUFGABEN

1. a) Erläutern Sie die unterschiedlichen Ansätze der Vollkostenrechnung und der Teilkostenrechnung.
   b) Erklären Sie den Begriff Deckungsbeitrag mit eigenen Worten.
   c) Untersuchen Sie, welche Kosten in Ihrem Ausbildungsunternehmen fix bzw. variabel sind.
   d) Ermitteln Sie den Deckungsbeitrag eines Artikels aus dem Sortiment Ihres Ausbildungsunternehmens.
   e) Stellen Sie die Vor- und Nachteile der Vollkostenrechnung und der Teilkostenrechnung in einer Tabelle zusammen.
   f) Erläutern Sie die Begriffe Zusatzauftrag, Preisuntergrenze und Nutzenschwelle.

Lernfeld 8 — Preispolitische Maßnahmen erfolgsorientiert vorbereiten und steuern

2 Eine Sanitärgroßhandlung führt die Warengruppen Dusche, WC und Waschbecken. Für den Monat Juni liegt das folgende Zahlenmaterial vor:

Beträge in €	Warengruppe Dusche	Warengruppe WC	Warengruppe Waschbecken
Umsatzerlöse netto	54 000,00	32 000,00	49 000,00
Warenaufwendungen	19 500,00	18 700,00	17 600,00
Variable Gemeinkosten	11 300,00	14 200,00	15 100,00

Die Fixkosten betragen 13 800,00 €.
a) Berechnen Sie den Deckungsbeitrag pro Warengruppe, den gesamten Deckungsbeitrag und das Betriebsergebnis für den Monat Juni.
b) Die Geschäftsleitung möchte die Warengruppe WC für den nächsten Monat aus dem Sortiment streichen. Die Fixkosten sinken um 2 800,00 €. Prüfen Sie, ob diese Entscheidung richtig ist, wenn sich das restliche Zahlenmaterial nicht verändert.

3 Eine Gartengroßhandlung führt die Warengruppen Blumen, Sträucher und Töpfe. Für den Monat Mai liegt das folgende Zahlenmaterial vor:

Beträge in €	Warengruppe Blumen	Warengruppe Sträucher	Warengruppe Töpfe
Umsatzerlöse netto	12 400,00	15 400,00	5 300,00
Warenaufwendungen	3 650,00	4 230,00	1 450,00
Variable Gemeinkosten	2 400,00	2 600,00	1 100,00

Die Fixkosten liegen bei 7 500,00 €.
a) Berechnen Sie den Deckungsbeitrag pro Warengruppe, den gesamten Deckungsbeitrag und das Betriebsergebnis für den Monat Mai.
b) Bestimmen Sie die optimale Sortimentsgestaltung.
c) Die Gartengroßhandlung möchte die bisherigen Warengruppen um die Warengruppe Samen ergänzen. Der Einstandspreis der neuen Warengruppe liegt bei 0,50 €, die sonstigen variablen Handlungskosten liegen bei 0,25 €. Der Verkaufspreis liegt bei 1,80 € (alles je Packung). Die Fixkosten bleiben unverändert. Prüfen Sie, ob die neue Warengruppe in das bisherige Sortiment aufgenommen werden sollte und berechnen Sie gegebenenfalls das neue Betriebsergebnis (Annahme: Verkauf von 2 800 Packungen).

4 Eine Großhandlung führt drei Warengruppen. Für den Monat November liegt das folgende Zahlenmaterial vor:

Beträge in €	WG 1	WG 2	WG 3
Listeneinkaufspreis je Stück	12,50	18,00	43,50
Bezugskosten je Stück	1,00	0,50	1,00
Handlungskosten variabel je Stück	5,60	11,00	22,50
Verkaufspreis netto je Stück	33,90	49,90	104,50
Absatzmenge	780 Stück	350 Stück	880 Stück

Die Fixkosten betragen 27 800,00 €.

a) Berechnen Sie den Deckungsbeitrag pro Warengruppe, den gesamten Deckungsbeitrag und das Betriebsergebnis für den Monat November.
b) Ermitteln Sie die optimale Sortimentsgestaltung.
c) Die Großhandlung erhält für den Monat November noch einen Zusatzauftrag eines Kunden. Dieser möchte 200 Stück der Warengruppe 3 zu einem Gesamtbruttopreis von 13 566,00 € erwerben. Prüfen Sie, ob dieser Zusatzauftrag angenommen werden sollte, wenn genügend Kapazitäten zur Verfügung stehen.
d) Bestimmen Sie die kurz- und die langfristige Preisuntergrenze eines Artikel der Warengruppe 1, wenn die Warengruppe 30 % der Fixkosten trägt.
e) Für den nächsten Monat liegen folgende Aufträge vor:
WG 1   850 Stück, WG 2   290 Stück.
Wie viele Artikel der Warengruppe 3 müssen verkauft werden, um den Gewinn des Vormonats um 5 % zu steigern?

5   Eine Großhandlung ermittelt für ein Produkt das folgende Zahlenmaterial:

Listeneinkaufspreis:	55,00 € je Stück
Lieferererskonto:	3 %
Bezugskosten:	2 % des Listeneinkaufspreises je Stück
Variable Handlungskosten:	23,50 € je Stück
Fixkosten:	5 600,00 €
Verkaufspreis netto:	99,90 € je Stück
Kapazitätsgrenze:	450 Stück

a) Die Großhandlung könnte 230 Stück dieses Produktes verkaufen. Überprüfen Sie, ob das Unternehmen mit dieser Absatzmenge einen Gewinn erzielen würde.
b) Ermitteln Sie die Nutzenschwelle rechnerisch und zeichnerisch.
c) Bestimmen Sie die lang- und die kurzfristige Preisuntergrenze dieses Produktes (Verkauf: 400 St.).
d) Für den laufenden Monat beträgt der Beschäftigungsgrad 70 %. Ein Kunde der Großhandlung wäre bereit, in diesem Monat zusätzlich 130 Produkte für einen Preis von 90,00 € netto je Stück zu erwerben. Prüfen Sie, ob dieser Zusatzauftrag angenommen werden kann. Um wie viel Prozent würde das Betriebsergebnis ansteigen?

6   Die Abteilung Controlling eines Großhandelsunternehmens für Bademoden ermittelt für den Monat April folgende Zahlen:

Beträge in €	WG Badehosen	WG Tankini	WG Bikini
Verkaufspreis netto je Stück	49,90	55,50	69,90
Einstandspreise gesamt	36 540,00	42 500,00	47 520,00
Handlungskosten variabel je Stück	12,50	17,00	15,50
Absatzmenge	1 740 Stück	1 250 Stück	1 080 Stück
Fixkosten gesamt: 38 230,00 €			

a) Berechnen Sie den Deckungsbeitrag pro Warengruppe, den gesamten Deckungsbeitrag und das Betriebsergebnis für den Monat April.
b) Ermitteln Sie die optimale Sortimentsgestaltung.
c) Ermitteln Sie die kurz- und die langfristige Preisuntergrenze der Warengruppe Tankini.

Lernfeld 8 — Preispolitische Maßnahmen erfolgsorientiert vorbereiten und steuern

d) Die Großhandlung könnte für den Monat April noch einen Zusatzauftrag annehmen. Der Auftrag lautet über 140 Stück der Warengruppe Badehosen zu einem Verkaufspreis von 39,90 € je Stück. Prüfen Sie, ob dieser Zusatzauftrag angenommen werden sollte, wenn genügend Kapazitäten zur Verfügung stehen und wenn durch den Zusatzauftrag zusätzliche Kosten in Höhe von 990,00 € entstehen.

e) Welchen Gesamtverkaufspreis müsste die Großhandlung dem Kunden aus Aufgabe d) mindestens anbieten, damit sich der Zusatzauftrag lohnen würde?

f) Berechnen Sie die Nutzenschwellen der drei Warengruppen, wenn sich die Fixkosten im Verhältnis 1 : 2 : 2 auf die Warengruppen verteilen.

g) Die Warengruppe Tankini wird im nächsten Monat nicht mehr angeboten. Eine Werbeaktion (zusätzliche Kosten: 6 500,00 €) für die Warengruppe Bikini soll deren Absatzzahlen steigern. Wie viele Bikinis müssten im Vergleich zum Vormonat mehr verkauft werden, wenn der Gewinn um 2 400,00 € ansteigen soll (Zahlenmaterial für Badehosen bleiben unverändert)?

7 Die Kostenrechnung eines Kosmetikgroßhändlers ermittelt folgende Daten für den Monat Februar:

Beträge in €	WG Lippenstift	WG Nagellack	WG Wimperntusche
Listeneinkaufspreis je Stück	2,20	1,20	2,70
Handlungskosten variabel je Stück	2,30	0,40	0,10
Verkaufspreis netto je Stück	6,50	2,40	3,70
Absatzmenge	8 500 Stück	6 700 Stück	5 400 Stück
Beschäftigungsgrad	80 %	80 %	90 %

Die Fixkosten betragen 14 300,00 €.

a) Berechnen Sie den Deckungsbeitrag pro Warengruppe, den gesamten Deckungsbeitrag und das Betriebsergebnis für den Monat Februar.

b) Die Kosmetikgroßhandlung könnte für den laufenden Monat drei Zusatzaufträge erhalten:
- **Zusatzauftrag 1**
Mögliche Verkaufsmenge 1 300 Stück der Warengruppe Lippenstift zu einem Verkaufspreis von 4,30 € je Stück.
- **Zusatzauftrag 2**
Mögliche Verkaufsmenge 1 300 Stück der Warengruppe Nagellack zu einem Verkaufspreis von 1,90 € je Stück.
- **Zusatzauftrag 3**
Mögliche Verkaufsmenge 1 400 Stück der Warengruppe Wimperntusche zu einem Verkaufspreis von 2,40 € je Stück.

Prüfen Sie, ob diese Zusatzaufträge angenommen werden sollten, und ermitteln Sie das neue Betriebsergebnis, wenn
– die Kunden der Zusatzaufträge auch geringere Stückzahlen akzeptieren würden,
– die Kunden nur eine vollständige Lieferung erhalten möchten.

8 Eine Großhandelsfirma führt das folgende Sortiment:
- Die Warengruppe Winter besteht aus den Artikeln Ski und Snowboard.
- Die Warengruppe Wasser besteht aus den Artikeln Surfboard und Kanu.

Preispolitische Maßnahmen erfolgsorientiert vorbereiten und steuern — Lernfeld 8

Das Zahlenmaterial für den Monat Juni zeigt folgendes Bild:

Beträge in €	Artikel Ski	Artikel Snowboard	Artikel Surfboard	Artikel Kanu
Einstandspreis gesamt	184 000,00	45 000,00	451 000,00	406 250,00
Variable Gesamtkosten	126 500,00	36 000,00	102 500,00	15 600,00
Verkaufserlöse gesamt	391 000,00	135 000,00	738 000,00	812 500,00
Absatzmenge	2 300 Stück	4 500 Stück	4 100 Stück	3 250 Stück

Die Fixkosten wurden unterteilt in:

Beträge in €	Artikel Ski	Artikel Snowboard	Artikel Surfboard	Artikel Kanu
Artikelfixkosten	32 000,00	29 000,00	41 000,00	24 000,00
Warengruppenfixkosten	13 000,00		8 500,00	
Unternehmensfixkosten	9 900,00			

a) Geben Sie Beispiele für die unterschiedlichen Fixkostenarten an.
b) Berechnen Sie den Deckungsbeitrag pro Warengruppe, den gesamten Deckungsbeitrag und das Betriebsergebnis für den Monat Juni.
c) Ermitteln Sie die optimale Sortimentsgestaltung.
d) Die Absatzzahlen des Artikels Snowboard werden nach den neuesten Umfragen weiter rückläufig sein. Der Abteilungsleiter des Rechnungswesens ist der Meinung, dass ein Verkaufspreis an der kurzfristigen Preisuntergrenze für den nächsten Monat sinnvoll wäre. Stimmen Sie mit dieser Maßnahme überein?
e) Der Einstandspreis für den Artikel Ski wird sich im kommenden Monat um 5 % erhöhen. Die Geschäftsleitung geht nun von drei Alternativen aus:
- Streichung des Artikels aus dem Sortiment (Abnahme der Fixkosten der Warengruppe um 40 %)
- Beibehaltung des bisherigen Verkaufspreises, um die Absatzmenge zu halten
- Erhöhung des Verkaufspreises um 30,00 € bei einer Verringerung des Absatzes um 10 %

Prüfen Sie, welche Alternative für die Großhandlung unter dem Gesichtspunkt der Gewinnmaximierung am sinnvollsten erscheint (die Fixkosten bleiben unverändert).

9 Ein Großhändler kalkuliert mit folgenden Zahlen:
Listeneinkaufspreis: 134,00 €
Lieferskonto: 2 %
Liefererrabatt: 5 %
Bezugskosten: 20,00 € pauschal
Handlungskostenzuschlagssatz: 35 %
(davon 90 % fix)
Gewinnzuschlagssatz: 8 %
Kundenskonto: 3 %
Kundenrabatt: 10 %
anteilige Fixkosten: 5 000,00 €

a) Ermitteln Sie den Verkaufspreis.
b) Berechnen Sie den Deckungsbeitrag.
c) Ermitteln Sie die Nutzenschwelle rechnerisch und zeichnerisch.
d) Berechnen Sie die kurz- und die langfristige Preisuntergrenze.
e) Der bisherige Absatz liegt bei 130 Stück. Der Großhändler senkt den Verkaufspreis (siehe Aufgabe a)) um 10 %. Wie viel Stück muss er nun verkaufen, um den Gewinn um 100,00 € zu steigern?

10 Die Abteilung Rechnungswesen eines Großhandelsbetriebs mit Deluxe-Babyartikeln stellt das folgende Zahlenmaterial für das zweite Quartal zur Verfügung:

Umsatzerlöse Warengruppe Babybett	360 700,00 €
Umsatzerlöse Warengruppe Baby-Kleinartikel	199 500,00 €
Erträge aus dem Abgang von Gegenständen d. AV	7 400,00 €
Erträge aus der Auflösung von Rückstellungen	1 200,00 €
Zinserträge	2 400,00 €
Aufwendungen Warengruppe Babybett	120 000,00 €
Aufwendungen Warengruppe Baby-Kleinartikel	98 400,00 €
Gehälter	13 450,00 €
Soziale Abgaben	5 764,50 €
Abschreibungen Sachanlagen	5 500,00 €
Büromaterial	2 920,00 €
Werbung	2 100,00 €
Versicherungsbeiträge	4 200,00 €
Verluste aus dem Abgang von Gegenständen d. AV	2 300,00 €
Zinsaufwendungen	3 500,00 €

Für die Ermittlung der kalkulatorischen Abschreibungen gilt:
- Wiederbeschaffungswert des Gebäudes — 250 000,00 €
- Abschreibungssatz Gebäude — 4 %
- Wiederbeschaffungswert (Durchschnitt) des sonstigen Anlagevermögens — 125 000,00 €
- Abschreibungssatz (kalkulatorisch, linear) — 10 %

Für die Ermittlung der kalkulatorischen Zinsen gilt
- Betriebsnotwendiges Anlagevermögen — 300 000,00 €
- Betriebsnotwendiges Umlaufvermögen — 75 000,00 €
- Abzugskapital — 5 500,00 €
- Kalkulatorischer Jahres-Zinssatz — 4,5 %

Für das Beständewagnis werden kalkulatorische Kosten in Höhe von 1,5 % der Warenaufwendungen verrechnet. Die Gehälter, die sozialen Abgaben, die Abschreibungen, die Versicherungsbeiträge und die Zinsaufwendungen sind Fixkosten. Für das Büromaterial gilt ein Verhältnis von Fix- zu variablen Kosten von 6 : 4, für die Werbung gilt ein Verhältnis von Fix- zu variablen Kosten von 1 : 5, die Wagnisse stellen nur var. Kosten dar.

Die beiden Warengruppen bilden die beiden Hauptkostenstellen. Die Verteilung der Gemeinkosten erfolgt nach folgenden Schlüsseln (Reihenfolge im Betriebsabrechnungsbogen: Warengruppe Babybett, Warengruppe Baby-Kleinartikel):

- Gehälter   6 800,00 € : 6 650,00 €
- Soziale Abgaben in Prozentsätzen zu den jeweiligen Gehältern
- Abschreibungen   6 : 4
- Büromaterial   1 : 1
- Werbung im Verhältnis der Umsatzerlöse nur auf die Hauptkostenstellen
- Versicherungsbeiträge 2 : 1
- Zinsaufwendungen   3 : 1
- Wagnisse 6 : 5 nur auf die Hauptkostenstellen

Preispolitische Maßnahmen erfolgsorientiert vorbereiten und steuern — Lernfeld 8

Die Hilfskostenstellen werden jeweils zur Hälfte auf die Hauptkostenstellen verteilt.
Die Handlungskostenzuschlagssätze der letzten drei Quartale betrugen:
- Warengruppe Babybett   24 %   20 %   21,5 %
- Warengruppe Baby-Kleinartikel 17 %   14 %   14 %

a) Stellen Sie das Zahlenmaterial in einem Betriebsabrechnungsbogen dar und ermitteln Sie das Betriebsergebnis des zweiten Quartals.

b) Stellen Sie die Kostenüber- bzw. unterdeckungen fest.

c) Ermitteln Sie das Betriebsergebnis mithilfe der Deckungsbeitragsrechnung.

d) Bestimmen Sie die kurzfristige Preisuntergrenze der Warengruppe Babybett (Menge 2800 St.).

e) Führen Sie für beide Warengruppen eine Vorkalkulation durch (Einzelpreis Babybett 85,00 €, Liefererrabatt 10 %, Bezugskosten 5,00 € je St., Gewinnzuschlagssatz normal 135 %, Kundenskonto 2 %; Einzelpreis Nuckelflasche 4,70 €, Liefererrabatt 10 %, Liefererskonto 3 %, Lieferung frei Haus, Gewinnzuschlagssatz normal 50 %, Kundenskonto 2 %).

f) Führen Sie für das Babybett eine Nachkalkulation durch, wenn sich der Einzelpreis um 5 % erhöht hat.

Schwerpunkt Gesamtwirtschaft

Lernfeld 11: Gesamtwirtschaftliche Beziehungen und deren Einflüsse auf das Groß- und Außenhandelsunternehmen analysieren

1 Wirtschaftskreislauf – alles im Fluss

PROBLEM

Die Auszubildende Katja Müller und Michael Müller (Lagerarbeiter) unterhalten sich im Pausenraum der TRIAL GmbH.

Herr Müller: „Nun erzählen Sie doch mal, was Sie in der Berufsschule so machen."
Katja: „Gestern haben wir besprochen, wie die Wirtschaft funktioniert."
Herr Müller: „Hört, hört!"
Katja: „Das ist ganz einfach. Von den Unternehmen bekommen wir die Konsumgüter, dafür müssen wir den ganzen Tag arbeiten. Einen Teil des Einkommens sparen wir bei den Banken. Diese geben das Geld als Kredite an die Unternehmen weiter. Vom Staat bekommen wir später die Rente und vielleicht Arbeitslosengeld, dafür müssen wir Steuern und Sozialversicherungsbeiträge zahlen. Vom Ausland kaufen wir Rohstoffe und Coke, die wir gegen unsere Autos und Maschinen eintauschen."
Herr Müller: „Das sollten Sie unserer Regierung mal erzählen. Die wollen schon wieder die Steuern und Beiträge erhöhen."
Katja: „Die sollten sich das noch mal überlegen. Denn das hat ziemlich ungünstige Auswirkungen auf die Wirtschaft."

1. Skizzieren Sie anhand des dargestellten Kreislaufmodells die Zusammenhänge, die Katja Müller in diesem Gespräch angesprochen hat.

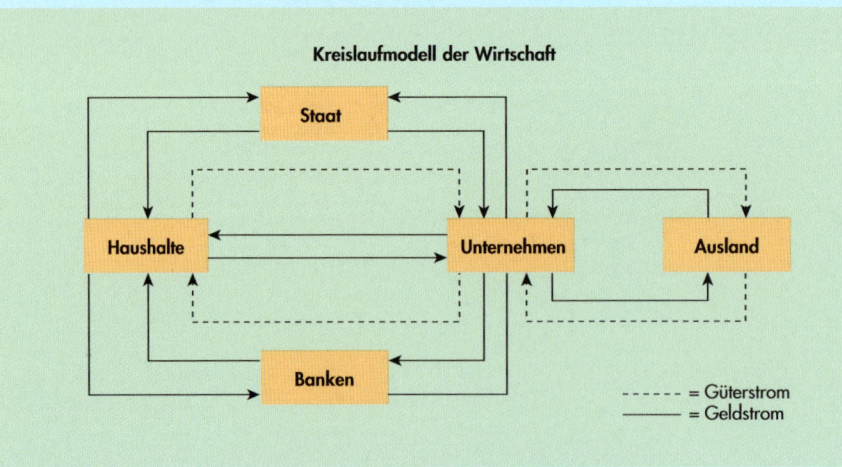

Kreislaufmodell der Wirtschaft

(Diagramm mit: Staat, Haushalte, Unternehmen, Ausland, Banken; ----- = Güterstrom, ——— = Geldstrom)

2. Ergänzen Sie den Kreislauf, indem Sie alle Beziehungen benennen.
3. Wie wirken sich Steuererhöhungen auf den Wirtschaftskreislauf aus?

Gesamtwirtschaftliche Beziehungen und deren Einflüsse — Lernfeld 11

SACHDARSTELLUNG

1.1 Wirtschaftssubjekte

Jeder Betrieb ist ein Teil der Gesamtwirtschaft (auch Volkswirtschaft genannt). Aus der Sicht der Gesamtwirtschaft bildet die Gesamtheit aller Betriebe das Wirtschaftssubjekt **Unternehmen**. Das Wirtschaftssubjekt Unternehmen hat Beziehungen zu anderen Wirtschaftssubjekten. Das können die Gesamtheit aller Verbraucher (= **private Haushalte**), der **Staat** oder das Ausland sein. Das Wirtschaftssubjekt **Ausland** umfasst alle Betriebe, die ihren Sitz im Ausland haben. Die Gesamtheit der **Banken** bildet, aufgrund ihrer besonderen Bedeutung als Drehscheibe für das Geld einer Volkswirtschaft (Kapitalsammelstelle) ein eigenes Wirtschaftssubjekt.

1.2 Einfacher Wirtschaftskreislauf – Unternehmen und Haushalte

Im **einfachen Wirtschaftskreislauf** werden die Beziehungen der **Wirtschaftssubjekte Unternehmen und private Haushalte** modellhaft dargestellt.

Die privaten Haushalte stellen den Unternehmen die **Produktionsfaktoren** zur Verfügung. Das sind im Wesentlichen die **Arbeitskraft**, die **Natur** (in Form von Grund und Boden) und das **Kapital** (in Form von Kapitaleinlagen). Mit diesen Produktionsfaktoren stellen die Unternehmen **Konsumgüter** her, die sie an die privaten Haushalte verkaufen. In der Gesamtwirtschaft werden also Produktionsfaktoren gegen Konsumgüter eingetauscht (**Güterkreislauf**).

Für die zur Verfügung gestellten Produktionsfaktoren erhalten die privaten Haushalte von den Unternehmen **Einkommen** (in Form von Arbeitsentgelten, Mieten, Zinsen und Gewinnen). Dieses Einkommen geben die Haushalte für Konsumgüter aus. Aus der Sicht der Unternehmen führen die Einkommen der Haushalte zu Ausgaben. Die **Konsumausgaben** der Haushalte stellen für die Unternehmen Einnahmen dar. Dem Güterstrom fließt also immer ein Geldstrom entgegen (**Geldkreislauf**).

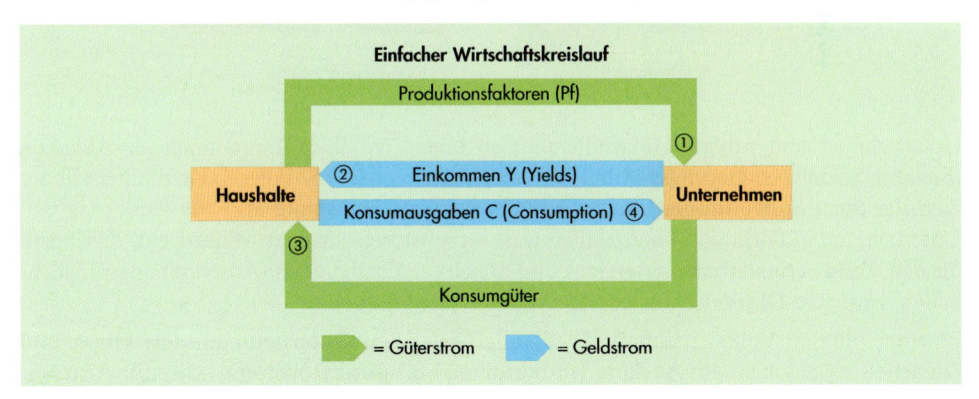

Einfacher Wirtschaftskreislauf

Produktionsfaktoren (Pf) ①
Haushalte ② Einkommen Y (Yields) Unternehmen
Konsumausgaben C (Consumption) ④
③ Konsumgüter

= Güterstrom   = Geldstrom

Ausgaben und Einnahmen aus der Sicht der privaten Haushalte

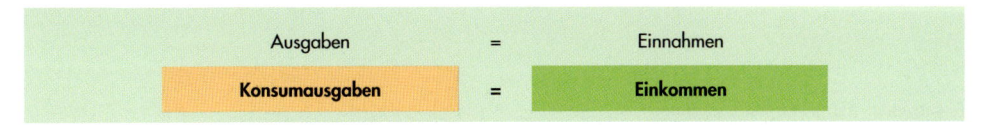

Ausgaben	=	Einnahmen
Konsumausgaben	=	**Einkommen**

Ausgaben und Einnahmen aus der Sicht der Unternehmen

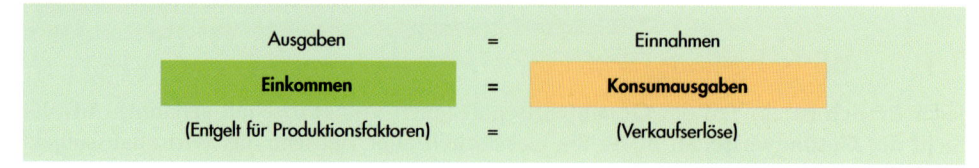

Ausgaben	=	Einnahmen
Einkommen	=	**Konsumausgaben**
(Entgelt für Produktionsfaktoren)	=	(Verkaufserlöse)

1.3 Erweiterter Wirtschaftskreislauf – mit Banken, Staat und Ausland

Im erweiterten Wirtschaftskreislauf werden die Wirtschaftssubjekte private Haushalte und Unternehmen um die Wirtschaftssubjekte **Banken, Staat und Ausland** ergänzt. So entsteht ein wirklichkeitsnäheres Abbild der wirtschaftlichen Zusammenhänge.

Die privaten Haushalte geben nicht ihr gesamtes Einkommen für Konsumgüter aus, sondern legen einen Teil davon als **Ersparnisse** bei den **Banken** an. Die Banken geben diese Gelder in Form von Krediten an die Unternehmen weiter. Die Unternehmen verwenden diese Kredite für **Investitionen** (z. B. Kauf neuer Maschinen). Die Ersparnisse der Haushalte, also ihr Konsumverzicht, sind also die Voraussetzung für Investitionen und damit für eine wachsende Wirtschaft.

Ausgaben und Einnahmen mit Banken aus der Sicht der privaten Haushalte

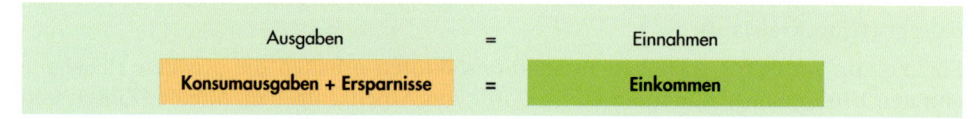

Ausgaben	=	Einnahmen
Konsumausgaben + Ersparnisse	=	**Einkommen**

Ausgaben und Einnahmen mit Banken aus der Sicht der Unternehmen

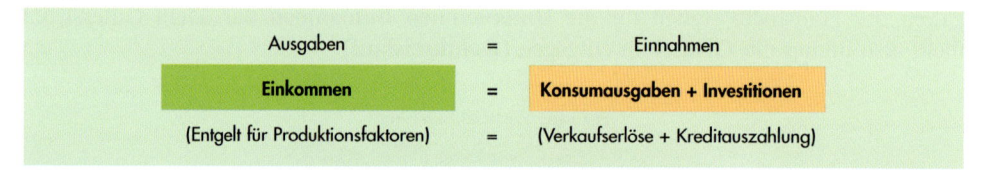

Ausgaben	=	Einnahmen
Einkommen	=	**Konsumausgaben + Investitionen**
(Entgelt für Produktionsfaktoren)	=	(Verkaufserlöse + Kreditauszahlung)

Unternehmen und private Haushalte müssen einen Teil ihrer Einnahmen als **Abgaben** (Steuern, Sozialversicherungsbeiträge) an den **Staat** abführen. Mit diesen Geldmitteln finanziert der Staat **Subventionen**[1] für sozial benachteiligte Haushalte und zur Förderung von Unternehmen in Form von Finanzhilfen (z. B. Arbeitslosen-, Kinder-, Elterngeld, Zuschüsse für den Absatz erneuerbarer Energien) und Steuervergünstigungen (Abschreibungsmöglichkeiten, geringere Ökosteuer für energieintensive Unternehmen).

In einer offenen Volkswirtschaft (Freihandel) beziehen Unternehmen viele Güter und Dienstleistungen aus dem Ausland (Importgüter, vor allem Rohstoffe). Dies führt zu **Importausgaben** an ausländische Unternehmen. Umgekehrt führen die Unternehmen einen Teil ihrer produzierten Güter und Dienstleistungen ins Ausland aus (Exportgüter, z. B. Automobile, Maschinen). Daraus erzielen sie **Exporteinnahmen**.

---

[1] subvenire (lat.) = zu Hilfe kommen

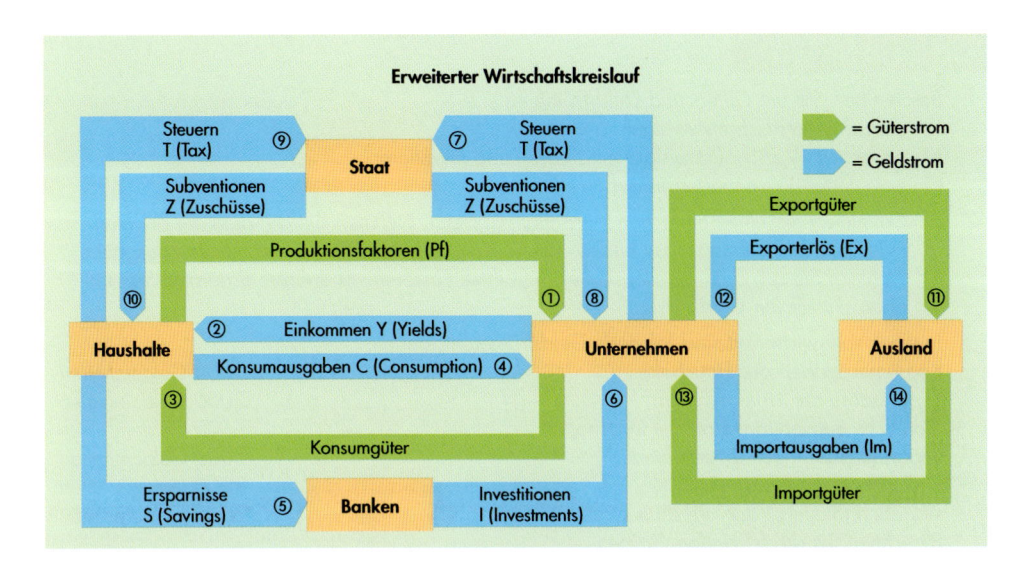

Gesamtwirtschaftliche Beziehungen und deren Einflüsse — Lernfeld 11

Erweiterter Wirtschaftskreislauf

Diagramm mit folgenden Elementen:
- Güterstrom (grün) / Geldstrom (blau)
- Staat: Steuern T (Tax) ⑨ ⑦, Subventionen Z (Zuschüsse)
- Haushalte ⟷ Unternehmen: Produktionsfaktoren (Pf) ①, Einkommen Y (Yields) ②, Konsumausgaben C (Consumption) ④, Konsumgüter ③ ⑥
- Banken ⑤: Ersparnisse S (Savings), Investitionen I (Investments)
- Ausland ⑪: Exportgüter, Exporterlös (Ex) ⑫, Importausgaben (Im) ⑬, Importgüter ⑭
- Weitere Markierungen: ⑧ ⑩

Ausgaben und Einnahmen mit Staat aus der **Sicht der privaten Haushalte**:

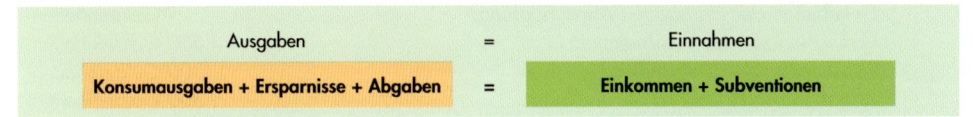

Ausgaben	=	Einnahmen
Konsumausgaben + Ersparnisse + Abgaben	=	Einkommen + Subventionen

Ausgaben und Einnahmen mit Staat und Ausland aus der **Sicht der Unternehmen**:

Ausgaben	=	Einnahmen
Einkommen + Abgaben + Importausgaben	=	Konsumausgaben + Investitionen + Subventionen + Exporteinnahmen

ZUSAMMENFASSUNG

Mindmap: **Wirtschaftskreislauf**

- **Wirtschaftssubjekte**: Unternehmen, Private Haushalte, Staat, Ausland
- **einfacher Wirtschaftskreislauf**:
  - Unternehmen: Ausgaben = Einnahmen, $Y = C$
  - Private Haushalte: Ausgaben = Einnahmen, $C = Y$
- **erweiterter Wirtschaftskreislauf mit Banken**:
  - Unternehmen: $Y = C + I$
  - Private Haushalte: $Y = C + S$
- **erweiterter Wirtschaftskreislauf mit Banken, mit Ausland, mit Staat**:
  - Unternehmen: $Y = C + I + Z_U - T_U + Ex - Im$
  - Private Haushalte: $Y = C + S + T_H - Z_H$

Lernfeld 11 — Gesamtwirtschaftliche Beziehungen und deren Einflüsse

AUFGABEN

1. Beschreiben Sie die Güter- und Geldströme im
   a) einfachen Wirtschaftskreislauf,
   b) einfachen Wirtschaftskreislauf mit Sparen und Investieren,
   c) erweiterten Wirtschaftskreislauf.

2. a) Skizzieren Sie einen einfachen Wirtschaftskreislauf. Nehmen Sie an, dass die privaten Haushalte keine Ersparnisse bilden und für Konsumgüter 1 000 Geldeinheiten ausgeben.
   b) Nehmen Sie an, dass die Haushalte 25 % ihres Einkommens sparen. Ergänzen Sie den oben skizzierten Geldkreislauf.

3. In einer Volkswirtschaft sind folgende Geldströme entstanden:

Konsumausgaben der Haushalte:	5 000 Geldeinheiten
Exporterlöse der Unternehmen:	2 000 Geldeinheiten
Staatliche Subventionen an die Haushalte:	1 000 Geldeinheiten
Importausgaben der Unternehmen:	1 000 Geldeinheiten
Einkommen der Haushalte:	8 000 Geldeinheiten
Abgaben (Steuern) der Haushalte:	2 000 Geldeinheiten

   Berechnen Sie die fehlenden Größen.

4. a) Zeichnen Sie einen Wirtschaftskreislauf mit allen Wirtschaftssubjekten und verwenden Sie dabei folgende Angaben (ermitteln Sie die fehlende Größe):

Einkommen der Haushalte (Wertschöpfung):	? Geldeinheiten
Verkaufserlöse der Unternehmen:	1 500 Geldeinheiten
Investitionen der Unternehmen:	300 Geldeinheiten
Abgaben der Haushalte an den Staat:	300 Geldeinheiten
Abgaben der Unternehmen an den Staat:	100 Geldeinheiten
Subventionen der Haushalte vom Staat:	100 Geldeinheiten
Staatliche Zuschüsse an die Unternehmen:	100 Geldeinheiten
Exporterlöse der Unternehmen:	300 Geldeinheiten
Importausgaben der Unternehmen:	100 Geldeinheiten

   b) Prüfen Sie, ob der Kreislauf geschlossen ist.
   c) Begründen Sie, warum auch der erweiterte Wirtschaftskreislauf immer noch eine starke Vereinfachung des Wirtschaftsgeschehens darstellt.

Gesamtwirtschaftliche Beziehungen und deren Einflüsse — Lernfeld 11

2 Standortwahl eines Groß- und Außenhandelsbetriebs

PROBLEM

Ihnen liegt folgendes Umfrageergebnis vor:

Unternehmen in den neuen Ländern:

Was ist wichtig für den Standort?

Von je 100 befragten Industrie-Unternehmen sehen als sehr wichtig an:

Standortfaktor	Wert
Kundennähe	49
Subventionen	40
Lohnkosten	38
Qualifizierte Arbeitskräfte	34
Lieferantennähe	29
Autobahnanschluß	29
Energiekosten	26
Dienstleistung d. örtlichen Banken	25
Unterstützung durch IHK	16
Image der Stadt/Region	16
Wirtschaftsförderungsgesellschaft	14
Kommunale Abgaben	12
Grundstückspreise	12
Qualität d. kommunalen Verwaltung	11
Gewerbemieten	11
Nähe zu Hochschulen	9
Nähe zu Forschungseinrichtungen	8
Wohnungen, Wohnumfeld	7
Öffentl. Nahverkehr	7

Quelle: DIW, Mehrfachnennungen
© Globus 3469

1. Ordnen Sie die genannten Standortfaktoren nach ihrer Bedeutung für die Kosten (Input) und für den Markterfolg (Output) eines Unternehmens. Suchen Sie nach weiteren Standortfaktoren und ordnen Sie diese ebenso zu.
2. Stellen Sie fest, welche Standortfaktoren für Ihren Ausbildungsbetrieb von Bedeutung sind. Begründen Sie die Unterschiede.
   Tipp: Unterscheiden Sie die Ausbildungsbetriebe nach ihrer Branchenzugehörigkeit (z. B. Stahl, Textil, Baustoffe) und ordnen Sie Ihre Standortfaktoren entsprechend zu.

SACHDARSTELLUNG

2.1 Standortfaktoren – nicht unabänderlich

Merke: Der **Standort** eines Unternehmens ist der Ort seiner Niederlassung, also seine geografische Lage. **Standortfaktoren** sind Einflussgrößen, die mit den Unternehmenszielen abgestimmt und daher für die Standortentscheidung bedeutsam sind.

Gebundene und freie Standorte

Natürliche bzw. **gebundene Standorte** wie Nähe zu Rohstoffvorkommen, Energiequellen (v. a. Wasserkraft), naturgegebene Transportwegen (Flüsse) usw. spielen nur noch eine untergeordnete Rolle, wenn über den Standort entschieden wird. Gebundene Standorte findet man heute fast nur noch bei Urproduktionsbetrieben (Landwirtschaft, Weinbau, Bergbau, Kieswerk, Ziegelei usw.). Dienstleistungs- und Handelsbetriebe sowie die meisten Industrie- und Handwerksbetriebe können über ihren Standort frei entscheiden **(freier Standort)**.

Dominiert im Rahmen der Standortentscheidung ein Standortfaktor, dann wird von einer rohstoff-, energie-, arbeits- oder nachfrageorientierten Standortwahl gesprochen.

Quantitative und qualitative Standortfaktoren

Während der Beitrag der **quantitativen Standortfaktoren** zur Zielerreichung in Geld gemessen werden kann, lässt sich der Einfluss der **qualitativen Standortfaktoren** auf den Unternehmenserfolg nicht in Zahlen feststellen.

Ausreichende und durch eine Wirtschaftsentwicklungsplanung **gesicherte Gewerbeflächen** gelten heute als wichtigster Standortfaktor, weil insbesondere in Ballungsgebieten kaum neue Gewerbeflächen verfügbar sind und Raumordnungspolitik und Umweltschutz berechtigterweise oft einer Ansiedlung entgegenstehen. Bei der Standortentscheidung müssen neben politischen und wirtschaftlichen Gesichtspunkten die **Erwartungen und Einstellungen der Kunden und Mitarbeiter** beachtet werden. Standortuntersuchungen ergaben, dass die Lebensqualität (Unterhaltungs-, Freizeit-, Kulturangebot, Umweltqualität) in der Werteskala der Mitarbeiter ganz oben steht.

Liste von Standortfaktoren	
Quantitative Standortfaktoren	Transportkosten, Grundstückspreise, Personalkosten, Beschaffungskosten für Materialien, Finanzierungskosten, Förderungsmaßnahmen der öffentlichen Hand, Grund- und Gewerbesteuer (Hebesätze), Gewinnsteuern (international), regionaler Produktbedarf, regionale Differenzierung der Absatzpreise, Energiepreise, regionale Kaufkraft, Entsorgungskosten
Qualitative Standortfaktoren	• Grundstück (Lage, Form, Bodenbeschaffenheit, Bebauungsvorschriften, Umgebungseinflüsse, Ausdehnungsmöglichkeiten) • Infrastruktur (Verkehrsnetze, Transportgewerbe, Beratungsdienste, Kunden- und Lieferantenkontakte, Vorkommen und Bezugsmöglichkeiten von Rohstoffen und Energie, Kreditinstitute) • Personalverfügbarkeit (Bevölkerungsstruktur und -ausbildung, Arbeitskräftereserven, Konkurrenz auf dem Arbeitsmarkt) • Soziale und politische Faktoren (Wirtschafts- und Rechtsordnung, Regierungssystem, innere Ordnung, soziales Klima) • Lebensqualität am Ort (Schulen, Krankenhäuser, Geschäfte, Theater, Freizeiteinrichtungen, Bebauung, Komfortniveau, Umgebung, Klima) • Umwelteinflüsse (Klima) und Umweltbelastungsmöglichkeiten (Abfall, Abwasser, Abluft)

2.2 Standortentscheidung der Unternehmung

Die Entscheidung für einen bestimmten Standort ist besonders wichtig, weil eine Fehlentscheidung kurzfristig überhaupt nicht und langfristig nur mit sehr hohem Aufwand rückgängig gemacht werden kann.

Die Frage der Standortwahl stellt sich **nicht nur bei der Gründung** einer Unternehmung. Sie kann im Laufe der Unternehmensentwicklung immer wieder auftreten, wenn sich die Standortfaktoren verschlechtern oder im Zuge des Unternehmenswachstums über eine optimale Standortverteilung bzw. Standortstrategie nachgedacht werden muss. Unterhält eine Unternehmung mehrere Niederlassungen (Filialen), dann liegt eine **Standortspaltung** vor.

Verschlechtern sich heimische Standortfaktoren, reagieren Unternehmen häufig vorschnell mit einer Standortverlagerung. Sie übersehen dabei, dass sie an ihrem Stammsitz in ein Netzwerk mehr oder weniger gut funktionierender Beziehungen eingebunden sind. Dieses Beziehungsgeflecht reicht von der eingespielten Zusammenarbeit mit Kunden oder Lieferanten über **kooperative Netzwerke** mit Dienstleistungsbetrieben (z. B. Transporteure, Ingenieurbüros, Forschungseinrichtungen) bis hin zu losen Kontakten zu befreundeten Unternehmern und der lokalen Verwaltung. Am vermeintlich günstigeren Standort fehlen diese Netzwerke. Es kann kostspielig sein, vergleichbar leistungsstarke Beziehungen am neuen Standort wieder aufzubauen. Die Standortqualität lässt sich durch regionale Kooperationen wirksam verbessern.

Standortentscheidung mittels Entscheidungsbewertungstabelle

Die Standortentscheidung sollte mittels **Entscheidungsbewertungstabelle (Scoringverfahren)** getroffen werden, denn nur so können auch qualitative Standortfaktoren angemessen berücksichtigt werden.

Vorgehensweise beim Scoringverfahren	
1. Schritt	Standortalternativen und Standortfaktoren auswählen
2. Schritt	Vergleichstabelle mit den Ausprägungen der Standortfaktoren erstellen
3. Schritt	Standortfaktoren nach ihrer Bedeutung gewichten (Gewichtungsziffern)
4. Schritt	Standorte bezüglich der Standortfaktoren bewerten (Bewertungsziffern)
5. Schritt	Punktwerte berechnen (Gewichtungsziffer · Bewertungsziffer)
6. Schritt	Punktwerte der einzelnen Standorte addieren
7. Schritt	Standort mit der höchsten Punktsumme auswählen

Ein wesentlicher Vorteil des Scoringverfahrens ist, dass der Entscheidungsprozess durch die Gewichtungs- und Bewertungsziffern nachvollziehbar und transparent wird. Problematisch ist die subjektive Vorauswahl der Standorte und der Standortfaktoren, die subjektive Gewichtung der Standortfaktoren und die subjektive Bewertung der Standorte. Außerdem sollte beachtet werden, dass sich die Standortfaktoren im Laufe der Zeit verändern.

Beispiel:

Vergleichstabelle mit Standorten und Ausprägungen der Standortfaktoren			
Standortfaktoren	**Standort X**	**Standort Y**	**Standort Z**
Grundstückskosten	5,00 €/m²	15,00 €/m²	40,00 €/m²
Konkurrenzsituation	ungünstig	günstig	ungünstig
Arbeitskräfteangebot	Fachkräfte	kaum Fachkräfte	keine Fachkräfte
Fördermittel	sehr gut	schlecht	gut
Verkehrsanbindung	gut	sehr gut	befriedigend
Gewerbesteuer-Hebesatz	400 %	250 %	300 %
Kundennähe	schlecht	sehr gut	ausreichend

Gewichtungs- und Bewertungsziffern			
Gewichtungsziffern	**G**	**Bewertungsziffern**	**B**
äußerst wichtig	5	sehr gut	3
sehr wichtig	4	gut	2
wichtig	3	befriedigend	1
mäßig wichtig	2	unbefriedigend	0
unwichtig	1		

Entscheidungsbewertungstabelle (Scoring-Modell)							
Standortalternativen		**Standort X**		**Standort Y**		**Standort Z**	
Standortfaktoren	**G**	**B**	**G · B**	**B**	**G · B**	**B**	**G · B**
Grundstückskosten	4	3	12	2	8	0	0
Konkurrenzsituation	2	0	0	2	4	0	0
Arbeitskräfteangebot	3	3	9	1	3	0	0
Fördermittel	4	3	12	0	0	2	8
Verkehrsanbindung	4	2	8	3	12	1	4
Steuerbelastung	2	0	0	3	6	1	2
Kundennähe	5	0	0	3	15	1	5
Summe			41		48		19

Ergebnis: Die Entscheidung fällt zugunsten des Standortes Y.

2.3 Standortfaktoren bei internationaler Ausrichtung des Unternehmens

Die meisten Betriebe des Außenhandels wählen ihren Standort an den großen **Güterumschlagsplätzen** (z. B. Containerterminals, Binnen- und Seehäfen, Güterbahnhöfe) und **Verkehrsknotenpunkten** (z. B. Hauptbahnhöfe, Autobahnanschlüsse, Flugplätze). Der Standortfaktor **Verkehrsanbindung** ist vor allem für den Großhandel mit schweren und voluminösen Massengütern wichtig (Eisen, Stahl, Holz, Baustoffe, Schrott). Günstige

Transportmöglichkeiten verkürzen die Lieferzeiten und verbessern die Wettbewerbsfähigkeit.

An den großen Umschlagsplätzen können Außenhändler (Import- und Exportgroßhändler) **kooperative Netzwerke** mit allen wichtigen Dienstleistern (z. B. Lagerhäuser, Zollämter, Versicherungen, Logistikunternehmen, Kreditinstitute) aufbauen. Verkehrszentren sind gleichzeitig auch **zentrale Handelsplätze**, an denen wichtige Auktionen (Versteigerungen) stattfinden und Warenbörsen ihren Sitz haben. Großhändler gelangen rasch an Marktinformationen, können Preisvorteile nutzen und damit Wettbewerbsvorteile erlangen.

Trotz guter heimischer Standortbedingungen, sind viele Großhandelsunternehmen aufgrund zunehmender Globalisierung gezwungen, Filialen im Ausland zu gründen oder ihren Standort ganz ins Ausland zu verlagern.

> **Merke:** Der Prozess der zunehmenden weltumspannenden Vernetzung der Informations-, Personen-, Waren-, Dienstleistungs- und Finanzströme wird als **Globalisierung**[1] bezeichnet.

Im globalen Wettbewerb orientiert sich die Standortwahl immer öfter an der verfolgten Globalisierungsstrategie.

Globalisierungsstrategie	Standortfaktoren
Markterschließung	**Handelshemmnisse** (z. B. Mengenbeschränkungen, Local-Content-Bestimmungen) und die **Kundenorientierung** auf wettbewerbsintensiven Auslandsmärkten erzwingen häufig eine Präsenz vor Ort.
Orientierung an Innovationszentren	Standorte in der Nähe ausländischer **Innovationszentren** helfen, neue technologische Entwicklungen oder Branchentrends (Silicon Valley, Modemetropole Mailand) frühzeitig zu erkennen und erfolgreich zu nutzen.
Kostensenkung durch Ansiedlung in Niedriglohnländern	**Niedriglöhne** in einigen Weltregionen (z. B. Tschechien, Polen, Portugal, China, Südkorea) können die Standortverlagerung lohnenswert machen. Allerdings ist die Arbeitsproduktivität in Billiglohnländern erheblich niedriger als in Deuschland.
Räumliche Nähe zu Schlüsselkunden (following customer)	Bedeutende Kunden fordern von ihren meist kleineren Zulieferern weltweite **räumliche Nähe** (z. B. Automobilindustrie). Die Lieferanten müssen ihren Schlüsselkunden folgen (following customer), um im Geschäft zu bleiben.
Sicherung des Güternachschubs	Auf der Einkaufsseite gründen viele Großhändler Filialen im Ausland, um die **Versorgung** mit stark spezialisierten Produkten zu sichern.

---

[1] globus (lat.) = Kugel, Ball; Globus = Erdkugel, global = weltumspannend

Lernfeld 11
Gesamtwirtschaftliche Beziehungen und deren Einflüsse

ZUSAMMENFASSUNG

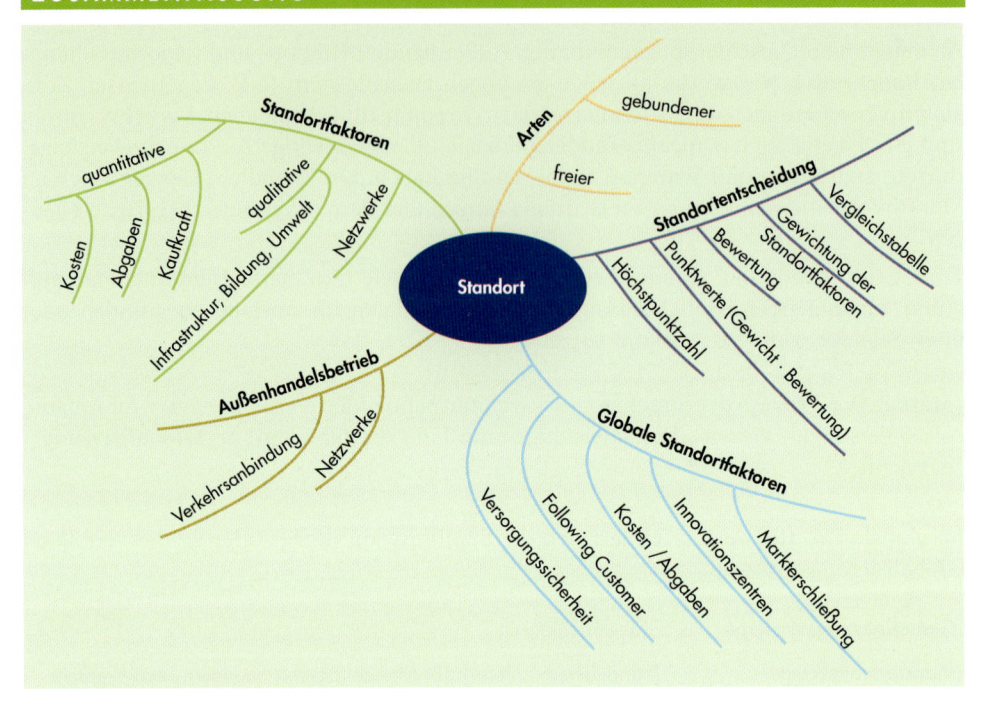

Mindmap "Standort" mit folgenden Hauptästen:

- **Standortfaktoren**
  - quantitative: Kosten, Abgaben, Kaufkraft
  - qualitative: Infrastruktur, Bildung, Umwelt
  - Netzwerke
- **Arten**
  - gebundener
  - freier
- **Standortentscheidung**
  - Vergleichstabelle
  - Gewichtung der Standortfaktoren
  - Bewertung
  - Punktwerte (Gewicht · Bewertung)
  - Höchstpunktzahl
- **Globale Standortfaktoren**
  - Markterschließung
  - Innovationszentren
  - Kosten / Abgaben
  - Following Customer
  - Versorgungssicherheit
- **Außenhandelsbetrieb**
  - Verkehrsanbindung
  - Netzwerke

AUFGABEN

1 Schreiben Sie jeden der folgenden Begriffe auf die Kopfzeile eines DIN-A6-Kärtchens:

> Standort (Begriff), Gebundener Standort, Freier Standort, Quantitative Standortfaktoren, Qualitative Standortfaktoren, Standortspaltung, Kooperative Netzwerke, Scoringverfahren (Vorgehensweise), Standortfaktoren eines Außenhandelsbetriebs, Globalisierung (Begriff), Standortfaktoren im globalen Wettbewerb

   a) Sortieren Sie die Begriffskärtchen nach den Kriterien „weiß ich" oder „weiß ich nicht".
   b) Bilden Sie Kleingruppen mit höchstens drei Mitgliedern. Erklären Sie sich gegenseitig die „Weiß-ich-nicht"-Kärtchen. Schlagen Sie dabei die ungeklärten Begriffe im Schulbuch nach oder nehmen Sie Kontakt zu einer anderen Kleingruppe auf.
   c) Schreiben Sie die Begriffserklärungen auf die Rückseite Ihrer Kärtchen und ordnen Sie die Kärtchen unter der Leitkarte „Standortfaktoren" alphabetisch in Ihren Lernkartei-Behälter ein.

2 Bilden Sie Teams mit jeweils drei Mitgliedern (Stammgruppen). Schreiben Sie jeden der Begriffe aus Aufgabe 1 auf ein separates Stück Papier und fügen Sie diese Papierkärtchen zu einer sinnvollen Struktur zusammen. Die Struktur kann durch Pfeile, Farben, Symbole, Texte (z. B. Überschriften), Bilder oder weitere Begriffe ergänzt werden.

3 Welche Standortfaktoren sind besonders wichtig für
   a) Aufkaufgroßhändler,
   b) Produktionsverbindungsgroßhändler,
   c) Absatzgroßhändler,
   d) Außenhändler?

Gesamtwirtschaftliche Beziehungen und deren Einflüsse — Lernfeld 11

4 Der Elektrogroßhändler Meinrad e.K. möchte eine Filiale gründen.
   Eine Standortanalyse erbrachte folgende Ergebnisse:

	Standort A	Standort B	Standort C	Standort D
Ansässige Elektronikunternehmen (Potenzielle Abnehmer)	5 Kleinbetriebe (bis 20 Mitarbeiter); ein Großbetrieb mit rund 1000 Mitarbeitern	7 Kleinbetriebe (bis 20 Mitarbeiter); 5 Mittelbetriebe (bis 500 Mitarbeiter) und 2 Großbetriebe mit zusammen 2000 Mitarbeitern	14 Kleinbetriebe (bis 20 Mitarbeiter); 7 Mittelbetriebe (bis 500 Mitarbeiter); ein Großbetrieb (500 bis 1000 Mitarbeiter); ein multinationaler Konzern (über 30000 Mitarbeiter)	16 Kleinbetriebe (bis 20 Mitarbeiter); 5 Mittelbetriebe (bis 500 Mitarbeiter); ein multinationaler Konzern (über 20000 Mitarbeiter)
Fachkräfteangebot	etwa 1500 bis 1700	etwa 4200 bis 4600	etwa 49000 bis 52000 in der Region	etwa 30000 bis 35000 in der Region
Infrastruktur	vorzüglich ausgebaut	gut ausgebaut	sehr gut ausgebaut	gut bis sehr gut ausgebaut
Fachmessennähe	1 (jährlich)	2 (jährlich)	5 (jährlich)	2 (jährlich)
Wohn- und Freizeitwert	gut (liebliche Landschaft; ländlich strukturiert; kleine Flüsse und Seen; kleine Berge)	sehr hoch (Berge, reizvolle Seen in schnell erreichbarer Nähe; unmittelbares Umland weniger attraktiv)	außergewöhnlich hoch (hohe Berge; große und kleine Seen in unmittelbarer Nähe; sehr attraktives Umland)	durchschnittlich (Hügelland mit wechselndem Reiz; raues Klima; keine Seen; weite Entfernungen zu den Bergen und zu großen Seen; übliches städtisches Freizeitangebot)
Gewerbeflächenangebot	sehr günstig (5,00 bis 25,00 €/m²)	günstig (20,00 bis 40,00 €/m²)	sehr teuer (90,00 bis 190,00 €/m²)	teuer (60,00 bis 125,00 €/m²)
Verkehrsanbindung	sehr gute Straßen-, Schienen- und Schiffsverkehrsanbindungen; weite Entfernung zum nächsten Großflughafen (150 km)	sehr gute Straßen- und Schienenanbindungen; weite Entfernung zum nächsten Großflughafen (100 km)	sehr gute Straßen- und Schienenanbindungen sowie ausgezeichnete Flugverbindungen; Großflughafenverbindung 10 km	sehr gute Straßen- und Schienenanbindung; gute Flugverbindungen; Großflughafen 30 km entfernt
Wirtschaftsförderung	sehr hoch (60 % der Investitionssumme)	hoch (40 % der Investitionssumme)	mäßig (15 % der Investitionssumme)	hoch (35 % der Investitionssumme)
Hochschulkontaktmöglichkeiten	Eine Technische Universität, 2 Fachhochschulen, 2 Forschungsinstitute in der Region	2 Fachhochschulen, 3 Forschungsinstitute in der Region	2 Technische Universitäten, 4 Fachhochschulen, 6 Forschungsinstitute in der Region	Eine Technische Universität, 2 Fachhochschulen, 5 Forschungsinstitute

a) Helfen Sie dem Elektrogroßhändler, indem Sie den optimalen Standort mithilfe einer Entscheidungsbewertungstabelle (Scoringverfahren) feststellen.
b) Begründen Sie Ihre Empfehlung in einem Bericht, in dem Sie die Vor- und Nachteile des vorgeschlagenen Standorts kurz zusammenfassen.
c) Erweitern Sie die Standort-Vergleichstabelle um den Standort Ihres Ausbildungsbetriebs. Stellen Sie den Gesamtpunktwert für diesen Standort fest.
   Tipp: Informationen über Ihren Standort finden Sie im Internet (Standort-Informationssystem der IHK).

Lernfeld 11 — Gesamtwirtschaftliche Beziehungen und deren Einflüsse

5 Führen Sie in Ihrem Ausbildungsbetrieb eine **Befragung** zur „Standortattraktivität" durch. Verwenden Sie dabei den folgenden Fragebogen (sie können weitere Fragen aufnehmen). Fassen Sie die Befragungsergebnisse Ihrer Mitschüler (das können auch Schüler aus anderen Großhandelsklassen sein) zusammen. Präsentieren Sie die Ergebnisse mithilfe einer aussagekräftigen Grafik.

Fragen zur Standortattraktivität

Fragebogen
1. Wie bewerten Sie insgesamt die regionalen Rahmenbedingungen am Standort Ihres Unternehmens? ❏ sehr gut   ❏ gut   ❏ befriedigend   ❏ ausreichend   ❏ schlecht
2. Wie haben sich die regionalen Rahmenbedingungen insgesamt am Standort Ihres Unternehmens in den letzten drei Jahren verändert? ❏ verbessert   ❏ nicht verändert   ❏ verschlechtert
3. Wie bewerten Sie folgende regionale Rahmenbedingungen am Standort Ihres Unternehmens?

	wenig relevant für unser Unternehmen	sehr gut	gut	befriedigend	ausreichend	schlecht
Verkehrsinfrastruktur in der Region						
Technologietransfer/ Hochschulkooperation						
Qualität der Bildungseinrichtungen in der Region?						
Verfügbarkeit/ Kosten von Gewerbeflächen						
Höhe kommunaler Steuern, Gebühren, Abgaben?						
Leistungsfähigkeit kommunaler Behörden?						
Nähe zu Lieferanten/Kunden/ Partnern?						

4. Zum Standort Deutschland: Welche Maßnahmen sind aus Ihrer Sicht in den nächsten Jahren am dringlichsten für die Attraktivität des Standortes Deutschland?
   ❏ Bildungssystem modernisieren
   ❏ Arbeits- und Tarifrecht flexibilisieren
   ❏ Sozialbeiträge und Steuern senken/vereinfachen
   ❏ moderate Lohnpolitik
   ❏ Angebot an Fachkräften verbessern
   ❏ Zugang zu Finanzierungsmitteln verbessern

Gesamtwirtschaftliche Beziehungen und deren Einflüsse — Lernfeld 11

6

a) Betrachten Sie die obige **Karikatur**.
   Tipp: Beantworten Sie hierzu folgende Fragen: Was ist zu sehen? Wer sind die handelnden Personen? Wen vertreten sie?
b) Interpretieren Sie diese Karikatur.
   Tipp: Beantworten Sie hierzu folgende Fragen: Wie lautet die Aussage der Karikatur? Welche Meinung vertritt der Verfasser der Karikatur? Was ist Ihre Meinung dazu?
c) Begründen Sie die Schwächen des Standorts Deutschland im globalen Wettbewerb anhand von Beispielen.
d) Listen Sie einige Stärken des Standorts Deutschland auf.

Lernfeld 11 — Gesamtwirtschaftliche Beziehungen und deren Einflüsse

3 Bruttoinlandsprodukt – gesamtwirtschaftliche Wertschöpfung

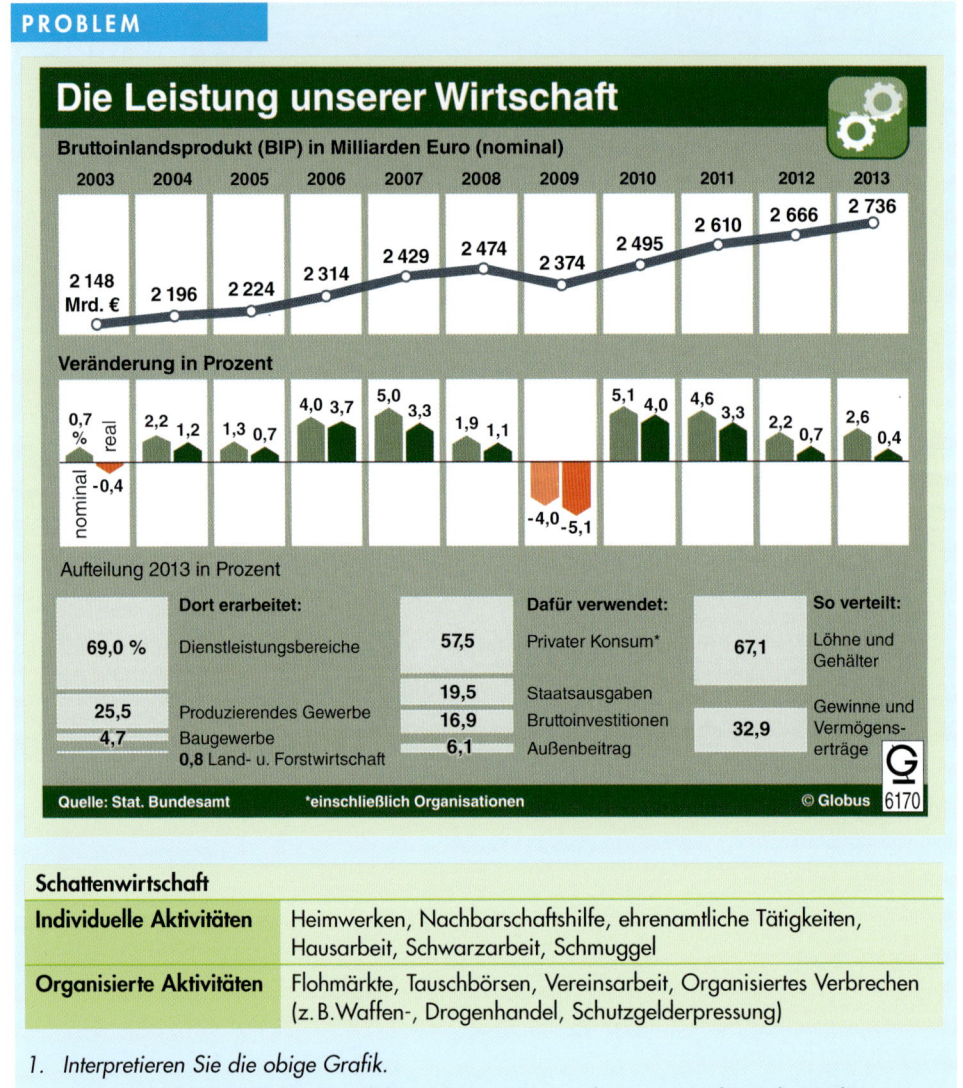

PROBLEM

Die Leistung unserer Wirtschaft

Bruttoinlandsprodukt (BIP) in Milliarden Euro (nominal)

Jahr	2003	2004	2005	2006	2007	2008	2009	2010	2011	2012	2013
BIP (Mrd. €)	2 148	2 196	2 224	2 314	2 429	2 474	2 374	2 495	2 610	2 666	2 736

Veränderung in Prozent

Jahr	2003	2004	2005	2006	2007	2008	2009	2010	2011	2012	2013
real	0,7	1,2	0,7	3,7	3,3	1,1	-5,1	4,0	3,3	0,7	0,4
nominal	-0,4	2,2	1,3	4,0	5,0	1,9	-4,0	5,1	4,6	2,2	2,6

Aufteilung 2013 in Prozent

Dort erarbeitet:		Dafür verwendet:		So verteilt:	
69,0 %	Dienstleistungsbereiche	57,5	Privater Konsum*	67,1	Löhne und Gehälter
25,5	Produzierendes Gewerbe	19,5	Staatsausgaben	32,9	Gewinne und Vermögenserträge
4,7	Baugewerbe	16,9	Bruttoinvestitionen		
0,8	Land- u. Forstwirtschaft	6,1	Außenbeitrag		

Quelle: Stat. Bundesamt *einschließlich Organisationen © Globus 6170

Schattenwirtschaft	
Individuelle Aktivitäten	Heimwerken, Nachbarschaftshilfe, ehrenamtliche Tätigkeiten, Hausarbeit, Schwarzarbeit, Schmuggel
Organisierte Aktivitäten	Flohmärkte, Tauschbörsen, Vereinsarbeit, Organisiertes Verbrechen (z. B. Waffen-, Drogenhandel, Schutzgelderpressung)

1. Interpretieren Sie die obige Grafik.
2. Wo wurde das Bruttoinlandsprodukt erarbeitet, wie wurde es verwendet und verteilt?
3. Weshalb geht die Leistung der Schattenwirtschaft nicht in das Bruttoinlandsprodukt ein?
4. Inwiefern ist die Aussagekraft des Bruttoinlandsprodukts als Maßstab für den Wohlstand beschränkt?

Gesamtwirtschaftliche Beziehungen und deren Einflüsse   **Lernfeld 11**

SACHDARSTELLUNG

Die statistische Erfassung aller wesentlichen Geldströme einer Volkswirtschaft bezogen auf eine bestimmte Periode bezeichnet man als **Volkswirtschaftliche Gesamtrechnung (VGR)**. Die VGR wird im Zuge der EU-Harmonisierung nach dem **Europäischen System Volkswirtschaftlicher Gesamtrechnungen (ESVG)** dargestellt.

3.1 Entstehung, Verwendung und Verteilung des Inlandsprodukts

Das **Inlandsprodukt** (Sozialprodukt) gibt die **wirtschaftliche Gesamtleistung** einer Nation an. In Deutschland fasst das Statistische Bundesamt den Wert aller **innerhalb eines Kalenderjahres** produzierten Waren und geleisteten Dienste (abzüglich fremdbezogene Vorleistungen) zusammen.

Beispiel: Gesamtleistung einer Volkswirtschaft

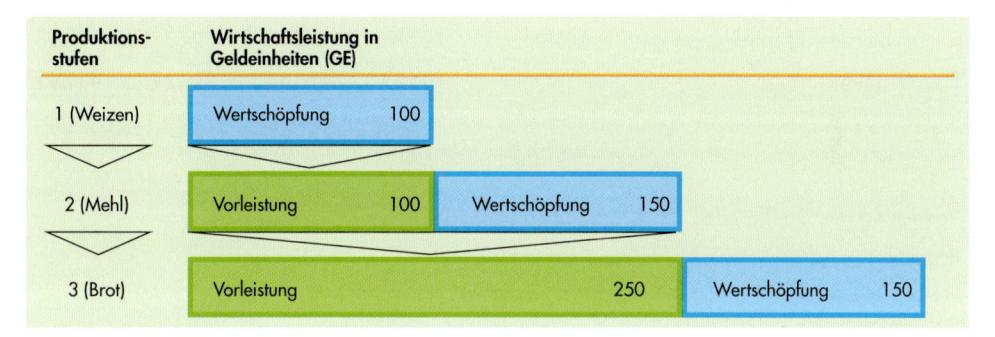

Produktionsstufen	Wirtschaftsleistung in Geldeinheiten (GE)
1 (Weizen)	Wertschöpfung 100
2 (Mehl)	Vorleistung 100 — Wertschöpfung 150
3 (Brot)	Vorleistung 250 — Wertschöpfung 150

Bruttoproduktionswert = 100 (Stufe 1) + 250 (Stufe 2) + 400 (Stufe 3) = 750 GE
− Vorleistungen   0 (Stufe 1) + 100 (Stufe 2) + 250 (Stufe 3) = 350 GE

Inlandsprodukt   Summe der Wertschöpfungen (Stufe 1–3) = 400 GE

Rechnet man den Preisanstieg heraus, dann ergibt sich das reale Inlandsprodukt.

Entstehung des Inlandsprodukts

Entstehungsrechnung (in jeweiligen Preisen, Angaben in Mrd. €)

Wirtschaftsbereiche Jahr	2010	2011	2012	2013
• Land- und Forstwirtschaft	17,8	18,5	20,0	18,8
• produzierendes Gewerbe	573,6	607,8	616,9	625,2
• Baugewerbe	102,1	109,2	111,3	114,9
• Handel, Gastgewerbe, Verkehr	326,3	339,1	347,5	355,7
• Information und Kommunikation	90,2	94,7	96,0	96,6
• Finanzierung, Vermietung und Unternehmensdienstleister	612,8	638,6	648,2	677,3
• öffentliche und sonstige Dienstleister	512,3	527,1	546,8	562,9
Bruttowertschöpfung (BWS)	**2235,2**	**2334,9**	**2386,8**	**2451,2**
+ Gütersteuern − Gütersubventionen	259,8	275,0	279,6	284,6
Bruttoinlandsprodukt (nominal)	**2495,0**	**2609,9**	**2666,4**	**2735,8**
Prozentuale Veränderung	5,1	4,6	2,2	2,6

(Quelle: https://www.destatis.de/DE/ZahlenFakten/GesamtwirtschaftUmwelt/VGR/Inlandsprodukt/Inlandsprodukt.html, abgerufen am 03.02.2014)

Lernfeld 11 — Gesamtwirtschaftliche Beziehungen und deren Einflüsse

Nach dem *Europäischen System Volkswirtschaftlicher Gesamtrechnungen* (ESVG 1995) entsteht das Inlandsprodukt in *sechs Wirtschaftszweigen*. In den Werten sind die Kosten für die Produktionsfaktoren (Arbeitnehmerentgelte sowie Unternehmens- und Vermögenseinkommen), die Kostensteuern (z. B. Gewerbesteuer verrechnet mit den Kostensubventionen, z. B. Lohnsubventionen) und die Abschreibungen enthalten.

Erwerbstätige nach Wirtschaftsbereichen (Inlandskonzept in 1 000 Personen)

Wirtschaftsbereich Jahr	2010	2011	2012	2013
Land- und Forstwirtschaft; Fischerei	663	667	669	637
Produzierendes Gewerbe (ohne Baugewerbe)	7 604	7 739	7 839	7 855
Baugewerbe	2 383	2 424	2 456	2 480
Übrige Wirtschaftsbereiche (Dienstleistungen)	29 953	30 334	30 655	30 869
• Handel, Gastgewerbe und Verkehr	9 360	9 494	9 577	9 591
• Information und Kommunikation	1 219	1 236	1 273	1 258
• Finanz-, Wohnungs- und Unternehmensdienstleister	6 788	7 021	7 118	7 212
• Öffentliche und sonstige private Dienstleister	12 586	12 583	12 687	12 808
Erwerbstätige	**40 603**	**41 164**	**41 619**	**41 841**

(Quelle: https://www.destatis.de/DE/ZahlenFakten/GesamtwirtschaftUmwelt/Arbeitsmarkt/Erwerbstaetigkeit/TabellenErwerbstaetigenrechnung/ArbeitnehmerWirtschaftsbereiche.html, abgerufen am 01.02.2014)

Bedeutung des Großhandels (ohne Kraftfahrzeughandel)

Branche	Merkmal	2010	2011
Handelsvermittlungen	Umsatz	7,9 Mrd. €	9,7 Mrd. €
	Beschäftigte	88 Tsd.	94 Tsd.
Großhandel mit landwirtschaftlichen Grundstoffen und lebenden Tieren	Umsatz	45,7 Mrd. €	63,6 Mrd. €
	Beschäftigte	61 Tsd.	64 Tsd.
Großhandel mit Nahrungsmitteln, Getränken und Tabakwaren	Umsatz	160,1 Mrd. €	167,1 Mrd. €
	Beschäftigte	258 Tsd.	268 Tsd.
Großhandel mit Gebrauchs- und Verbrauchsgütern	Umsatz	217,8 Mrd. €	232,7 Mrd. €
	Beschäftigte	501 Tsd.	534 Tsd.
GH mit Geräten der Informations- und Kommunikationstechnik	Umsatz	81,8 Mrd. €	85,1 Mrd. €
	Beschäftigte	119 Tsd.	137 Tsd.
Großhandel mit sonstigen Maschinen, Ausrüstungen und Zubehör	Umsatz	89,1 Mrd. €	100,1 Mrd. €
	Beschäftigte	250 Tsd.	266 Tsd.
Sonstiger Großhandel	Umsatz	355,2 Mrd. €	409,1 Mrd. €
	Beschäftigte	456 Tsd.	501 Tsd.
Großhandel ohne ausgeprägten Schwerpunkt	Umsatz	56,7 Mrd. €	66,2 Mrd. €
	Beschäftigte	87 Tsd.	102 Tsd.
Großhandel insgesamt	**Umsatz**	**1 014,1 Mrd. €**	**1 133,6 Mrd. €**
	Beschäftigte	**1 820 Tsd.**	**1 966 Tsd.**

(Quelle: Statistisches Bundesamt, Wiesbaden, Genesis-Online-Datenbankabfrage vom 01.02.2014)

Verwendung des Inlandsprodukts

Die *Verwendungsrechnung* zeigt für welche Zwecke das Sozialprodukt erarbeitet wurde. Das ESVG unterscheidet sieben Verwendungsmöglichkeiten.

Gesamtwirtschaftliche Beziehungen und deren Einflüsse **Lernfeld 11**

Verwendungsrechnung (in jeweiligen Preisen, Angaben in Mrd. €)

Verwendungszwecke	2010	2011	2012	2013
Konsumausgaben	**1922,3**	**1997,9**	**2048,2**	**2106,6**
• davon private Konsumausgaben	1435,1	1498,4	1533,9	1572,0
• davon Konsumausgaben des Staates	487,2	499,6	514,4	534,6
Bruttoinvestitionen	**432,5**	**476,3**	**460,3**	**462,5**
• davon Bruttoanlageinvestitionen	435,1	473,2	470,6	471,4
• davon Vorratsveränderungen	−2,5	3,2	−10,3	−8,9
Inländische Verwendung von Gütern	2354,8	2474,3	2508,5	2569,1
Außenbeitrag (Exporte − Importe)	**140,2**	**135,7**	**157,9**	**166,7**
• davon Exporte	1188,6	1321,4	1381,0	1382,4
• davon Importe	1048,4	1185,8	1223,1	1215,7
Bruttoinlandsprodukt (nominal)	**2495,0**	**2609,9**	**2666,4**	**2735,8**
Prozentuale Veränderung		5,1	4,6	2,2	2,6

(Quelle: https://www.destatis.de/DE/ZahlenFakten/GesamtwirtschaftUmwelt/VGR/VolkswirtschaftlicheGesamtrechnungen.html, abgerufen am 03.02.2014)

Konsumausgaben der privaten Haushalte im Inland (in Mrd. €)

Verwendungszwecke	2010	2011	2012	2013
Nahrungsmittel, Getränke, Tabakwaren	198,7	207,4	214,2	226,3
Bekleidung und Schuhe	66,3	68,4	69,8	73,8
Wohnung, Wasser, Strom, Gas und andere Brennstoffe	337,9	343,9	352,5	362,2
Einrichtungsgegenstände, Geräte für den Haushalt	83,8	87,6	89,1	91,9
Verkehr und Nachrichtenübermittlung	217,3	234,6	240,1	238,0
Freizeit, Unterhaltung und Kultur	123,6	126,0	127,7	132,6
Beherbergungs- und Gaststättendienstleistungen	78,8	83,3	86,6	89,0
Übrige Verwendungszwecke	253,2	258,7	261,3	273,3
Konsumausgaben der privaten Haushalte im Inland insgesamt	**1359,5**	**1409,8**	**1441,3**	**1487,1**

(Quelle: https://www.destatis.de/DE/ZahlenFakten/GesamtwirtschaftUmwelt/VGR/Inlandsprodukt/Tabellen/KonsumausgabenVerwendung.html, abgerufen am 03.02.2014)

Die **privaten Konsumausgaben** enthalten den Wert aller Güter und Dienstleistungen, die von den Sektoren private Haushalte und private Organisationen ohne Erwerbszweck (z. B. Kirchen, Gewerkschaften, Parteien) *für private Zwecke* gekauft bzw. beansprucht werden. Die **staatlichen Konsumausgaben (Staatsverbrauch)** beinhalten alle Aufwendungen des Staates, die nicht Investitionszwecken dienen wie Sozialausgaben, Entgeltzahlungen an Beamte und sonstige Beschäftigte, Mietzahlungen, Energie-, Erhaltungsaufwendungen usw.

Der Begriff **Bruttoinvestitionen** umfasst alle Ausgaben, die in das Anlage- und Umlaufvermögen der Unternehmen und des Staates fließen. Dazu gehören die Anlageinvestitionen, die der Erweiterung, dem Ersatz und der Rationalisierung von *Ausrüstungen* (z. B. Maschinen, Vorrichtungen, Fuhrpark), *Bauten* und *sonstigen Anlagen* (z. B. immaterielle Vermögensgegenstände wie Software, Urheberrechte) dienen, und *die Vorratsveränderungen* (z. B. Erhöhung und Verringerung von Vorräten bei Roh-, Hilfs- und Betriebsstoffen, unfertigen und Fertigerzeugnissen).

Lernfeld 11 — Gesamtwirtschaftliche Beziehungen und deren Einflüsse

Investitionen (in jeweiligen Preisen, Angaben in Mrd. €)

Zusammensetzung der Investitionen	2010	2011	2012	2013
Anlageinvestitionen (Bauten, Ausrüstungen, sonstige)	435,1	473,2	470,6	471,4
+ Vorratsveränderungen (Veränderungen der Vorräte)	−2,5	3,2	−10,3	−8,9
= **Bruttoinvestitionen** (im Bruttoinlandsprodukt enthalten)	432,5	476,3	460,3	462,5
− Ersatzinvestitionen (Abschreibungen)	380,2	391,1	402,1	408,8
= **Nettoinvestitionen**	52,4	85,3	58,2	53,8

(Quelle: https://www.destatis.de/DE/ZahlenFakten/GesamtwirtschaftUmwelt/VGR/Inlandsprodukt/Inlandsprodukt.html, abgerufen am 03.02.2014)

Verteilung des Inlandsprodukts

Die *Verteilungsrechnung* zeigt, welchen sozialen Gruppen das Sozialprodukt (hier gemessen am Volkseinkommen) zugeflossen ist. Dabei werden Arbeitnehmerentgelt und Unternehmens-/Vermögenseinkommen unterschieden. Das *Arbeitnehmerentgelt* enthält die Bruttoverdienste einschließlich Sonderzahlungen und gesetzliche Arbeitgeberbeiträge zur Sozialversicherung.

Verteilungsrechnung (in jeweiligen Preisen, Angaben in Mrd. €)

Empfängergruppen	2010	2011	2012	2013
Arbeitnehmerentgelte (1)	1 270,4	1 325,9	1 377,6	1 417,1
+ Unternehmens- und Vermögenseinkommen (2)	651,8	686,1	676,6	695,3
= Volkseinkommen (3)	1 922,2	2 012,0	2 054,3	2 112,3
Lohnquote in % [(1) · 100 : (3)]	66,1	65,9	67,1	67,1
Gewinnquote in % [(2) · 100 : (3)]	33,9	34,1	32,9	32,9

(Quelle: https://www.destatis.de/DE/ZahlenFakten/GesamtwirtschaftUmwelt/VGR/Inlandsprodukt/Inlandsprodukt.html, abgerufen am 03.02.2014)

$$Lohnquote = \frac{Arbeitnehmerentgelte \cdot 100}{Volkseinkommen}$$

$$Gewinnquote = \frac{Unternehmens\text{-} und\ Vermögenseinkommen \cdot 100}{Volkseinkommen}$$

Bei der Interpretation der Begriffe **Lohnquote** und **Gewinnquote** ist Vorsicht geboten. Beide Einkommensquellen sagen nichts über die Personen aus, die diese Einkommen erzielen. Denn auch Arbeitnehmerhaushalte beziehen beträchtliche Vermögenseinkommen wie Mieten, Dividenden und Zinsen. So zählen Zinseinkünfte eines Rentners genauso zum Unternehmens- und Vermögenseinkommen wie die Dividenden der immer zahlreicher werdenden Aktionäre oder die Mieteinnahmen einer Rentnerin. Über die Hälfte aller Arbeitnehmerhaushalte besitzen heute Immobilien, deren Erträge den Unternehmen zugerechnet werden. Steigt die Zahl der Unternehmensgründungen, dann steigt automatisch die Gewinnquote, sinkt jedoch aufgrund der Arbeitslosigkeit die Zahl der Beschäftigten, dann sinkt die Lohnquote.

3.2 Messgrößen des Inlandsprodukts

Beim **Inlandskonzept** (Inlandsprodukt) wird die Gesamtleistung gemessen, die innerhalb der Grenzen eines Landes erwirtschaftet wurde (gleichgültig, ob Inländer oder Ausländer zur Leistung beigetragen haben). Beim **Inländerkonzept** (Inländerprodukt) wird die Leistung gemessen, die von Inländern geschaffen wurde (hierzu zählen auch Einkommen, die Inländern aus dem Ausland zufließen).

Grober Zusammenhang zwischen Inlands- und Inländerprodukt

Bruttoinlandsprodukt (im Inland von Inländern oder Ausländern erwirtschaftete Einkommen)		vom Ausland zugeflossene Einkommen
ins Ausland abgeflossene Einkommen	Bruttosozialprodukt (nur von Inländern im Inland und im Ausland erwirtschaftete Einkommen = Inländerprodukt)	

Volkswirtschaftliche Gesamtrechnung nach dem Inländerkonzept			
Inländerkonzept (in Mrd. €)	2011	2012	2013
Bruttoinlandsprodukt (nominal)	2 609,9	2 666,4	2 735,8
+ Saldo der Primäreinkommen aus der übrigen Welt	59,0	63,7	62,9
= Bruttonationaleinkommen = Bruttosozialprodukt	2 668,9	2 730,1	2 798,7
− Abschreibungen	391,1	402,1	408,8
= Nettonationaleinkommen = Primäreinkommen	2 277,9	2 328,0	2 389,9
+ von übriger Welt empfangene Leistungen	15,1	14,7	17,1
− an übrige Welt geleistete Transfers	−46,6	−48,4	−54,7
= Verfügbares Einkommen	2 246,4	2 294,3	2 352,4

(Quelle: https://www.destatis.de/DE/ZahlenFakten/GesamtwirtschaftUmwelt/VGR/Inlandsprodukt/Inlandsprodukt.html, abgerufen am 03.02.2014)

Die Berechnung realer Größen wurde im Rahmen der Revision von der Festpreisbasis auf die Vorjahrespreisbasis mit anschließender Verkettung umgestellt. Dabei werden die Mengen mit den Durchschnittspreisen des Vorjahres bewertet und die jeweiligen Veränderungen verkettet (**Kettenindex** mit Referenzjahr 2005 = 100 %). Die einzelnen Größen der VGR lassen sich daher nicht mehr einfach addieren.

Volkswirtschaftliche Gesamtrechnung nach dem Inlandskonzept			
Inlandskonzept (in Mrd. €)	2011	2012	2013
Arbeitnehmerentgelte	1 325,9	1 377,6	1 417,1
+ Unternehmens- und Vermögenseinkommen	686,1	676,6	695,3
= Nettoinlandsprodukt zu Faktorkosten (Volkseinkommen)	2 012,0	2 054,3	2 112,3
+ Produktions- und Importabgaben − Subventionen	265,8	273,7	277,6
= Nettoinlandsprodukt zu Marktpreisen	2 277,9	2 328,0	2 389,9
+ Abschreibungen	391,1	402,1	408,8
= Bruttonationaleinkommen = Bruttosozialprodukt	2 668,9	2 730,1	2 798,7
− Saldo der Primäreinkommen aus der übrigen Welt	59,0	63,7	62,9
= Bruttoinlandsprodukt zu Marktpreisen	2 609,9	2 666,4	2 735,8

(Quelle: https://www.destatis.de/DE/ZahlenFakten/GesamtwirtschaftUmwelt/VGR/Inlandsprodukt/Inlandsprodukt.html, abgerufen am 03.02.2014)

Lernfeld 11
Gesamtwirtschaftliche Beziehungen und deren Einflüsse

Das Inlandsprodukt lässt sich in Kontoform darstellen **(Nationales Produktionskonto)**, wenn man einige Größen saldiert ausweist. So werden die Steuern der Unternehmen an den Staat (T) mit den staatlichen Zuschüssen saldiert ausgewiesen (T–Z). Ebenso werden die Exporteinnahmen mit den Importausgaben saldiert (E-Im = *Außenbeitrag*). Die Wertminderung der Produktionsmittel und die Ersatzinvestitionen werden als Abschreibungen auf der Ausgabenseite erfasst, dafür werden auf der Einnahmenseite die Investitionen als *Bruttoinvestitionen* (I) ausgewiesen. Im Geldstrom des Wirtschaftskreislaufs sind nur die *Nettoinvestitionen* berücksichtigt (I–Ab), da die Abschreibungen zu keinen Geldabflüssen führen.

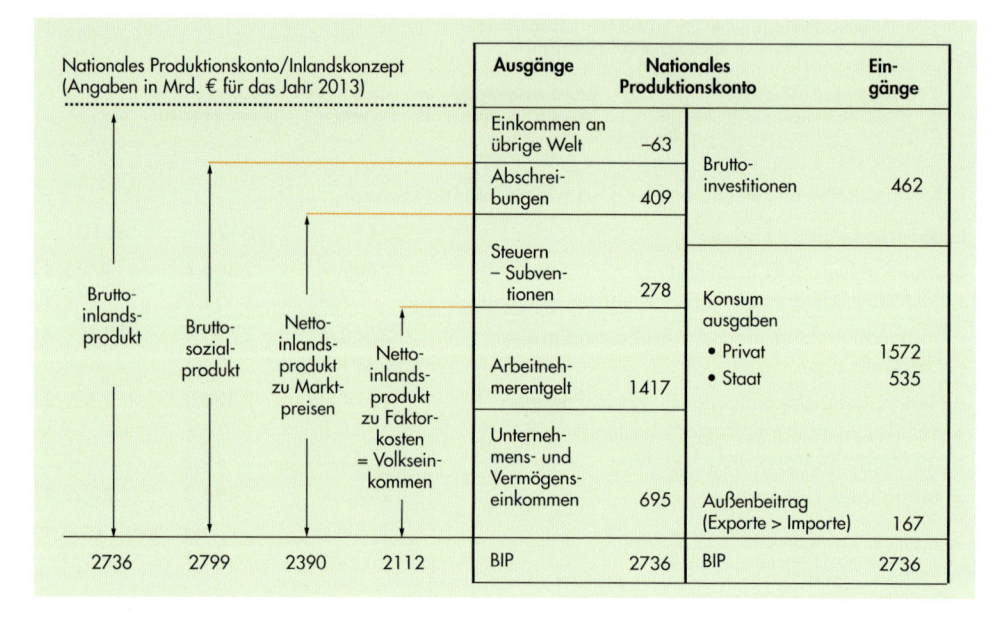

Nationales Produktionskonto/Inlandskonzept (Angaben in Mrd. € für das Jahr 2013)

Ausgänge		Nationales Produktionskonto	Eingänge
Einkommen an übrige Welt	–63	Bruttoinvestitionen	462
Abschreibungen	409		
Steuern – Subventionen	278	Konsumausgaben	
		• Privat	1572
		• Staat	535
Arbeitnehmerentgelt	1417		
Unternehmens- und Vermögenseinkommen	695	Außenbeitrag (Exporte > Importe)	167
BIP	2736	BIP	2736

Bruttoinlandsprodukt: 2736
Bruttosozialprodukt: 2799
Nettoinlandsprodukt zu Marktpreisen: 2390
Nettoinlandsprodukt zu Faktorkosten = Volkseinkommen: 2112

3.3 Aussagegehalt des Sozialprodukts

Kritiker der Sozialproduktsberechnung weisen auf die eingeschränkte Aussagefähigkeit des Sozialprodukts hin. Sie führen folgende Mängel auf:

- Die **Eigenleistungen** der privaten Haushalte, vor allem der gesamte Do-it-yourself-Bereich und die Leistungen der Hausfrauen, werden nicht mit einbezogen, weil sie keine marktmäßig bewerteten Dienstleistungen sind. Sie mehren aber das Sozialprodukt und damit den Wohlstand. Längerfristige und internationale Wohlstandsvergleiche mithilfe der ESVG sind deshalb nicht unproblematisch.
- „**Externe Kosten**", die durch den Gebrauch von Gütern und durch deren Produktion ent-stehen, nicht aber dem Verursacher (Produzent oder Konsument) in Rechnung gestellt, sondern Dritten oder der Gesellschaft angelastet werden, bleiben unberücksichtigt. Dazu gehören die gesamten Umweltschäden, die Verschmutzung des Wassers oder der Luft. Andererseits lassen sich aber auch viele „**externe Erträge**", wie etwa die Vorteile der Mobilität durch den Besitz eines Autos, nicht quantifizieren, sodass sie aus der Sozialproduktberechnung herausfallen. Zumindest ist umstritten, ob sich diese Vorteile vollständig in den Marktpreisen beispielsweise für die Autonutzung niederschlagen.
- Unberücksichtigt in der Sozialproduktberechnung bleibt auch die verbesserte Aufteilung der dem Einzelnen zur Verfügung stehenden Zeit in Arbeitszeit und Freizeit. Es

steht außer Frage, dass mehr **Freizeit** als Wohlstandsgewinn zu werten ist, der sich im traditionellen Sozialprodukt nicht niederschlägt.
- Weil Wohlstand sich nicht nur in der Summe der Einkommen und Güter, sondern auch in der Verteilung dieser Größen auf die einzelnen Wirtschaftssubjekte widerspiegelt, ist jede ungleiche **Einkommensverteilung** wohlstandspolitisch negativ zu werten, ohne dass dies in die Berechnung des Sozialprodukts einbezogen werden könnte.
- **Schattenwirtschaftliche Aktivitäten** sind im Sozialprodukt nicht enthalten, sodass es regelmäßig zu niedrig ausgewiesen wird.

	Schattenwirtschaft	
	Erlaubter (legaler) Bereich	Unerlaubter (illegaler) Bereich
Individuelle Aktivitäten	Arbeit im privaten Haushalt (z. B. Garten- oder Putzarbeit, Waschen), abgabenfreie Tätigkeiten außerhalb des Haushalts (z. B. Nachbarschaftshilfe)	Schwarzarbeit (legale Tätigkeiten werden nicht oder falsch angegeben, um Abgaben zu hinterziehen), Kriminalität mit wirtschaftlicher Zielsetzung (Diebstahl, Schmuggel, Hehlerei)
Organisierte Aktivitäten	Teilnahme an abgabefreien Märkten (z. B. Flohmärkten, Tauschbörsen), unentgeltliche Tätigkeit in Institutionen und Vereinen (z. B. Ehrenämter, gemeinsamer Bau eines Vereinsheims)	Unternehmenskriminalität (z. B. Subventionsbetrug, Schmiergelder, Preis- oder Gebietsabsprachen), Organisiertes Verbrechen (z. B. illegaler Waffen-, Drogenhandel, Schutzgelderpressung)

- Auch die **staatlichen Leistungen** fließen unter Wohlstandsgesichtspunkten nur unzulänglich in die Sozialproduktsberechnung mit ein. Da staatliche Dienstleistungen den Bürgern in der Regel ohne unmittelbare Gegenleistung zur Verfügung stehen, werden sie mit ihren Herstellungskosten bewertet und in der Sozialproduktberechnung aufgenommen. Diese Bewertung ist aber unzulänglich. So würde zum Beispiel eine Aufbesserung der Löhne in der städtischen Müllabfuhr gleichgesetzt mit einer Verbesserung der Abfallentsorgung, was nicht unbedingt zutrifft.
- Besonders wichtig sind schließlich die Aufwendungen zur **Beseitigung von Umweltschäden**, die nach der Systematik der Sozialproduktberechnung einen positiven Beitrag zum Sozialprodukt leisten. Bezieht man aber das „natürliche Kapital" in die Betrachtung mit ein und erweitert damit den Kapitalbegriff, so handelt es sich um Aufwendungen zur Erhaltung der natürlichen Lebensgrundlagen, die als Ersatzinvestitionen bei der Sozialproduktberechnung abgezogen werden müssten. Dies geschieht aber nicht.
- Die Sozialproduktberechnung erfasst nicht den Substanzverlust des Naturvermögens und damit die **Verminderung der Lebensqualität** künftiger Generationen.

3.4 Umweltökonomische Gesamtrechnung – Ökosozialprodukt

Es ist heute unstrittig, dass zur Lösung der großen umweltpolitischen Aufgaben die statistischen Informationen verbessert werden müssen. So bietet das Statistische Bundesamt seit einiger Zeit neben der VGRauch eine **„Umweltökonomische Gesamtrechnung"** (UGR) an. Ziel dieser Statistik ist es, die Wechselwirkungen zwischen Wirtschaft und Umwelt zu erfassen und in einem Gesamtsystem übersichtlich darzustellen. Dieses neue Berichtssystem soll Auskunft darüber geben, welche Umweltbelastungen durch menschliche Aktivitäten entstehen, wie sich der Zustand der Umwelt verändert und welche Maßnahmen zum Schutz der Umwelt ergriffen werden.

Grundidee ist dabei, genauso wie auf produzierte Vermögensgegenstände auch auf das „Naturvermögen" Abschreibungen (Kapitalverzehr, Naturverbrauch) zu kalkulieren.

Lernfeld 11 — Gesamtwirtschaftliche Beziehungen und deren Einflüsse

Dieses Vorhaben ist allerdings mit vielfältigen theoretischen (unscharf definierte Begriffe) und methodischen Problemen (es fehlt ein einheitlicher Maßstab) verbunden.

Darstellungsgebiete der Umweltökonomischen Gesamtrechnung

Nutzung der Umwelt als Standort (räumliche Umwelt)	• agrarische, gewerbliche und private (z. B. Wohnen, Freizeit) Boden- und Raumnutzung • Erfassung ganzer Ökosysteme (z. B. Biotope)
Abbau und Nutzung natürlicher Rohstoffe	• pflanzliche, tierische, mineralische, fossile Rohstoffe • Elementargüter (Wasser, Luft, Sonnen-, Wasser-, Windenergie)

Umweltbezogene ökonomische Aktivitäten	• Kosten des Umweltschutzes, z. B.
	  – Luftreinhaltung, – Schadstoffvermeidung,
	  – Abwasserbehandlung, – Abfallbeseitigung
	  – Lärmschutz,

Emissionen und Emissionsverbleib	• Ausstoß von Rest- und Schadstoffen bei der Gütererzeugung und Leistungserbringung (z. B. Transport) • Verbleib von Rest- und Schadstoffen durch Abgabe in die Umwelt, Recycling, Entsorgung (inkl. Gebrauchsgüter)

Immissionslage	• Messwerte für den Zustand der Umwelt, z. B.
	  – Veränderungen von Boden, Wasser, Luft
	  – Strahlungen
	  – Lärmpegel

ZUSAMMENFASSUNG

- In der **volkswirtschaftlichen Gesamtrechnung** werden alle wesentlichen Geldströme einer Volkswirtschaft bezogen auf eine bestimmte Periode erfasst.
- Ermittlung des Volkseinkommens:

Bruttoproduktionswert – Vorleistungen	Umsatzerlöse über alle Produktionsstufen hinweg fremdbezogene Materialien und Leistungen
Bruttoinlandsprodukt – Abschreibungen	Bruttoinvestitionen + Konsum + Außenbeitrag Ersatzinvestitionen
Nettoinlandsprodukt zu Marktpreisen – Produktions- und Gütersteuern + Subventionen	 Gewerbesteuer, Umsatzsteuer, Verbrauchsteuer Staatszuschüsse (z. B. Finanzhilfen, Steuervergünstigung)
Nettoinlandsprodukt zu Faktorkosten	Volkseinkommen (Y)

- Ermittlung des BIP

Bruttosozialprodukt (Inländerprodukt)	
– Einkommen von Inländern aus Erwerbstätigkeit und Vermögen im Ausland	
+ Einkommen von Ausländern aus Erwerbstätigkeit und Vermögen im Inland	
Bruttoinlandsprodukt	

- Entstehung, Verwendung des Inlandsprodukts und Verteilung des Volkseinkommens

Entstehungsrechnung	Verwendungsrechnung	Verteilungsrechnung
Von welchen Wirtschaftsbereichen wurde das Inlandsprodukt erwirtschaftet?	Für welche Zwecke wurde das Inlandsprodukt verwendet?	Welchen sozialen Gruppen ist das Inlandsprodukt zugeflossen?

Gesamtwirtschaftliche Beziehungen und deren Einflüsse

Lernfeld 11

- Ziel der **umweltökonomischen Gesamtrechnung (UGR)** ist es, die Wechselwirkungen zwischen Wirtschaft und Umwelt zu erfassen und übersichtlich darzustellen.

AUFGABEN

1 In einer Volkswirtschaft entstanden folgende Zahlungsströme:

	1. Produktionsstufe (Forstwirtschaft)	2. Produktionsstufe (Möbelfabriken)	3. Produktionsstufe (Möbelhandel)
Vorleistungen	0	110	300
Bruttoinvestitionen	10	40	20
Abschreibungen	5	20	10
T_U-Z_U	10	50	20
Gewinn	20	50	20
Löhne, Gehälter	85	130	40
Umsatzerlöse	110	300	?
Außenbeitrag	0	20	30

a) Ergänzen Sie die Tabelle.
b) Berechnen Sie folgende Größen für diese Volkswirtschaft:
  1. Bruttoproduktionswert
  2. Bruttoinlandsprodukt
  3. Nettoinlandsprodukt zu Marktpreisen
  4. Volkseinkommen (Inländerkonzept)
  5. Nettoinvestitionen
c) Wie werden die Vorleistungen bei der Berechnung des Sozialprodukts behandelt? Begründen Sie Ihre Feststellung.
d) Erstellen Sie das Nationale Produktionskonto für diese Volkswirtschaft.

2 Es liegt folgendes Nationales Produktionskonto vor:

Soll		Nationales Produktionskonto	Haben
Vorleistungen	2 000 GE	Verkaufserlöse	
Abschreibungen (Ab)	1 000 GE	(einschließlich Vorleistungen)	3 000 GE
T_U-Z_U	600 GE	Bruttoinvestitionen (I_{brutto})	1 400 GE
Faktorkosten (Löhne ...)	1 400 GE	Exporte – Importe (Ex-Im)	600 GE

a) Berechnen Sie:
  - den Bruttoproduktionswert
  - das Bruttoinlandsprodukt zu Marktpreisen
  - das Nettoinlandsprodukt zu Marktpreisen
  - das Volkseinkommen (Wertschöpfung)
  - die Nettoinvestitionen
b) Erklären Sie den Begriff Außenbeitrag.
c) Unterscheiden Sie zwischen Inländer- und Inlandsprodukt.

3 a) Erläutern Sie kurz die Entstehungsrechnung, Verwendungsrechnung, Verteilungsrechnung des Sozialprodukts.
b) Ermitteln Sie anhand der Statistiken auf Seite 295 und 296 die Anteile des Wirtschaftsbereichs Handel, Gastgewerbe und Verkehr an der Bruttowertschöpfung und an der Erwerbstätigenzahl für das Jahr 2013.
c) Vergleichen Sie anhand der Statistik auf Seite 298 die Entwicklung der Arbeitnehmerentgelte und der Unternehmens-/Vermögenseinkommen.

d) Gehen Sie auf die Zusammensetzung dieser Größen ein.
e) Nennen und erläutern Sie mindestens drei Kritikpunkte der Sozialproduktberechnung.
f) Mit Tabak und Tabakutensilien wird in Deutschland ein Umsatz von rund 18 Mrd. € erzielt. Die Gesundheitsrisiken, die allein durch das Rauchen entstehen, belaufen sich auf rund 45 Mrd. €.
Wie gehen diese Werte in die Sozialproduktberechnung ein?
g) Weshalb lassen sich Umweltschäden nur sehr schwierig wertmäßig erfassen? Diskutieren Sie in diesem Zusammenhang die Bemühungen des Statistischen Bundesamtes, ein Öko-Sozialprodukt (Umweltökonomische Gesamtrechnung) zu ermitteln, in dem die Gesundheits- und Umweltschäden erfasst werden.

4 Markt und Preisbildung – Markt oder Macht?

PROBLEM

Faire Marktpreise

Unter Ökonomen ist es weitgehend unstrittig, dass die marktwirtschaftliche Form der Preisbildung ein effizientes System ist. Doch werden die Preise, die sich nach Angebot und Nachfrage bilden, in der Bevölkerung auch als „fair" empfunden? Eine Untersuchung der beiden Wirtschaftswissenschaftler Bruno S. Frey und Werner W. Pommerehne kommt zu einigen aufschlussreichen Ergebnissen.

Nur eine Minderheit der Bevölkerung hält nämlich die Regeln der Preisbildung in der Marktwirtschaft für fair, hat die im Hamburger Jahrbuch für Wirtschafts- und Gesellschaftspolitik veröffentlichte Umfrage unter 1750 Personen in Berlin und im Schweizer Kanton Zürich ergeben. Die Frage lautete: „Auf einem nur zu Fuß erreichbaren Aussichtspunkt wurde eine Wasserquelle erschlossen. Das in Flaschen gefüllte Wasser wird an einem Stand an durstige Wanderer verkauft. Der Preis beträgt 1 CHF pro Flasche. Die tägliche Produktion und damit der Tagesvorrat besteht aus 100 Flaschen. An einem besonders heißen Tag möchten 200 Wanderer eine Flasche erwerben. Daraufhin erhöht der Stand den Preis auf 2 CHF pro Flasche. Wie finden Sie diese Preiserhöhung?"
Diese Frage beantworteten 452 Personen, von denen 5% die Preiserhöhung als „völlig fair" und 17% als „akzeptabel" einstuften. Die restlichen 78% hielten die Anhebung für „unfair" oder „sehr unfair". Das Ergebnis stehe im Gegensatz zur vorherrschenden Auffassung in der traditionellen Nationalökonomie, derzufolge dem Markt vorwiegend positive Eigenschaften zugeschrieben werden, konstatieren die beiden Autoren. Interessant ist, dass die Befragten zur Lösung einer Übernachfragesituation das Prinzip „Wer zuerst kommt, mahlt zuerst" bei weitem am häufigsten akzeptieren. Diese Einstufung sei nicht unbedingt selbstverständlich, denn warum sollte es unbedingt fair sein, wenn die zuletzt am Aussichtspunkt ankommenden Wanderer kein Wasser mehr erhalten, meinen die Autoren. An zweiter Stelle hinsichtlich der Fairness folgt die Zuweisung durch die Gemeinde oder den Staat „nach deren eigenem Ermessen". Als dritt-fairste von insgesamt vier Alternativen wird die Preiserhöhung eingestuft ...
Die Ergebnisse zeigen deutliche Vorbehalte der Bevölkerung gegenüber den Ergebnissen des Marktes. Dies müsste eine Aufforderung sein, Funktionsweise und Leistungsfähigkeit einer Marktwirtschaft in der Öffentlichkeit stärker hervorzuheben.

(Quelle: hek: Faire Marktpreise, in: Handelsblatt, 11.01.89, Seite 2)

Gesamtwirtschaftliche Beziehungen und deren Einflüsse **Lernfeld 11**

1. Beschreiben Sie anhand des Zeitungsartikels den Preisbildungsprozess in einer Marktwirtschaft.
2. Weshalb berücksichtigen Marktpreise keine moralischen Gesichtspunkte?
3. Nehmen Sie zu den Lösungsvorschlägen (bei einer Übernachfrage) der Befragten Stellung.

4.1 Markt und Marktfunktionen

Der **Markt** ist der Ort, wo sich Nachfrager und Anbieter treffen. Die Anbieter wollen möglichst viele Güter zu möglichst hohen Preisen verkaufen. Die angebotene Menge wird im Wesentlichen von den Produktionskosten und den Gewinnerwartungen bestimmt. Die Nachfrager möchten möglichst viele Güter zu möglichst günstigen Preisen erwerben, um ihren Bedarf zu decken. Die nachgefragte Menge wird im Wesentlichen vom verfügbaren Einkommen und den Zukunftserwartungen bestimmt.

Die unterschiedlichen Interessen der Marktteilnehmer werden am Markt über den Preis zum Ausgleich gebracht (**Ausgleichsfunktion** des Marktpreises).

| Der **Anbieter** will sein Produkt möglichst teuer verkaufen | → | **Markt**
• Ort, wo sich Anbieter und Nachfrager treffen
• Ort, wo sich der Preis bildet | ← | Der **Nachfrager** will das Produkt möglichst billig einkaufen |

Hohe Preise
- signalisieren den Marktteilnehmern, dass das Gut relativ knapp ist (**Signalfunktion**);
- reizen die Anbieter an, dieses Gut vermehrt zu produzieren; sie lenken ihre Produktionsfaktoren auf diese lukrativen Märkte (**Lenkungsfunktion**);
- erzwingen den sparsamen Umgang mit diesen knappen Gütern (**Erziehungsfunktion**).

4.2 Modell des vollkommenen Marktes

Modelle haben die Aufgabe, komplizierte Zusammenhänge der Wirklichkeit vereinfacht nachzubilden. Sie sind vereinfachte Ausschnitte der Realität. So ist z. B. der vom Architekten gezeichnete Grundriss eines Gebäudes nur ein vereinfachtes Abbild des tatsächlich vorhandenen Gebäudes.

Das Modell des vollkommenen Marktes geht von folgenden **Annahmen** aus:

Gleichartige (homogene) Güter	Gleiche (einheitliche) Aufmachung und Qualität der Güter; z. B. gleiches Modell einer Automarke, Bücher einer bestimmten Auflage, Kaffee einer bestimmten Marke und Herkunft
Keine Bevorzugungen (keine Präferenzen)	Keine Präferenzen räumlicher Art (z. B. In- und Ausland, Standortunterschiede), zeitlicher Art (z. B. Haupt- und Nebensaison), persönlicher Art (z. B. Sympathie und Antipathie) oder sachlicher Art (z. B. Mengenrabatte, Serviceunterschiede)
Vollkommene Marktübersicht (Markttransparenz)	Marktteilnehmer kennen ihre Preis- und Mengenvorstellungen; sie sind zur gleichen Zeit am gleichen Ort (zentraler bzw. Punktmarkt) und können daher sehr schnell auf Preisänderungen reagieren.

Lernfeld 11 — Gesamtwirtschaftliche Beziehungen und deren Einflüsse

Nur wenn die genannten Bedingungen des **vollkommenen Marktes** erfüllt sind, kann sich ein *einheitlicher Marktpreis* für ein bestimmtes Gut (Einheitsgut) bilden. In der Realität kommen alle zentral organisierten Märkte (z. B. Waren-, Wertpapierbörse, Messen) diesem Marktmodell am nächsten. Aber auch hier lassen sich Präferenzen aufgrund unzureichender Informationen der Marktteilnehmer nicht ausschließen.

Sobald eine der Modellannahmen des vollkommenen Marktes fehlt, spricht man von einem **unvollkommenen Markt**. Diese Unvollkommenheit hat zur Folge, dass das gleiche Gut zu *unterschiedlichen Preisen* angeboten bzw. nachgefragt wird.

Nach der Zahl der Anbieter werden folgende Marktformen unterschieden:

Nachfrager	Anbieter einer	wenige	viele
viele	Angebotsmonopol	Angebotsoligopol	Polypol
Beispiele	Gas-, Wasserwerke	Mineralöl-, Automarkt, Fluggesellschaften, Zigarettenmarkt	Waren-, Wertpapierbörsen, Bäckereien

4.3 Preisbildung beim Polypol

Polypol auf einem vollkommenen Markt

Beim *Polypol*[1] steht einer sehr großen Anzahl von Nachfragern eine **sehr große Zahl von Anbietern** gegenüber.

Die nachgefragte Menge hängt vom Preis ab und ist umso größer, je niedriger der Preis ist. Umgekehrt wird das Angebot um so größer sein, je höher der erzielbare Preis ist. Ein niedriger Preis regt den Konsum, ein hoher Preis die Produktion an.

Beispiel: Preisbildung beim Polypol auf einem vollkommenen Markt

An einer Warenbörse liegen dem Makler folgende Aufträge vor:

Nachfrage			Angebot		
Käufer	Höchstpreis je kg in €	nachgefragte Menge in kg	Verkäufer	Mindestpreis je kg in €	angebotene Menge in kg
A	8,50	500	E	7,90	750
B	8,30	500	F	8,10	1 000
C	8,10	750	G	8,30	500
D	7,90	1 000	H	8,50	250

Der Makler erstellt aus den Kauf- und Verkaufsaufträgen die folgende Übersicht:

Preis	Nachfrage in kg					Angebot in kg				
	A	B	C	D	insgesamt	E	F	G	H	insgesamt
7,90	500	500	750	1 000	2 750	750	–	–	–	750
8,10	500	500	750	–	1 750	750	1 000	–	–	1 750
8,30	500	500	–	–	1 000	750	1 000	500	–	2 250
8,50	500	–	–	–	500	750	1 000	500	250	2 500

---

[1] polýs (griech.) = viel; Pólis (griech.) Stadt, Markt

Gesamtwirtschaftliche Beziehungen und deren Einflüsse — Lernfeld 11

Daraus ermittelt der Makler folgende Notierung (= Einheitspreis)!

Preis	Nachfrage (N)	Angebot (A)	Verhältnis zwischen A und N	Preistendenz	verkaufte Menge
€/kg	kg	kg			kg
7,90	2750	750	N > A	steigend	750
8,10	1750	1750	N = A	konstant	1750
8,30	1000	2250	N < A	fallend	1000
8,50	500	2500	N < A	fallend	500

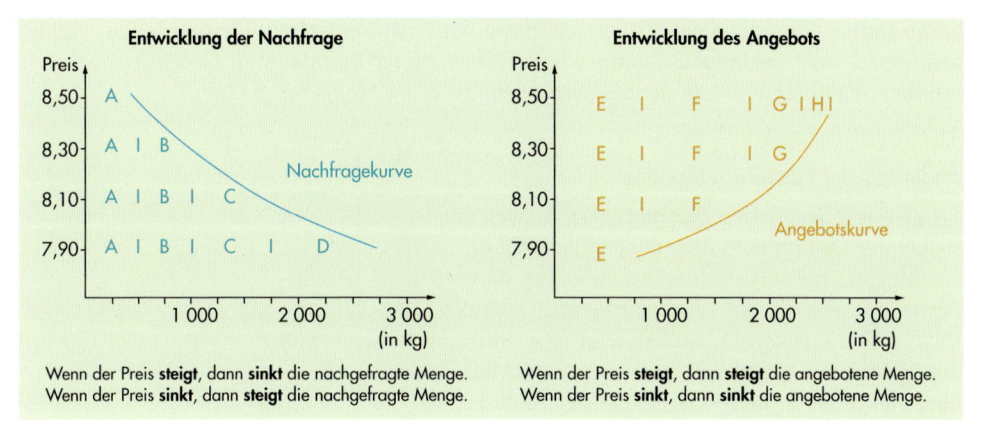

Entwicklung der Nachfrage

Wenn der Preis **steigt**, dann **sinkt** die nachgefragte Menge.
Wenn der Preis **sinkt**, dann **steigt** die nachgefragte Menge.

Entwicklung des Angebots

Wenn der Preis **steigt**, dann **steigt** die angebotene Menge.
Wenn der Preis **sinkt**, dann **sinkt** die angebotene Menge.

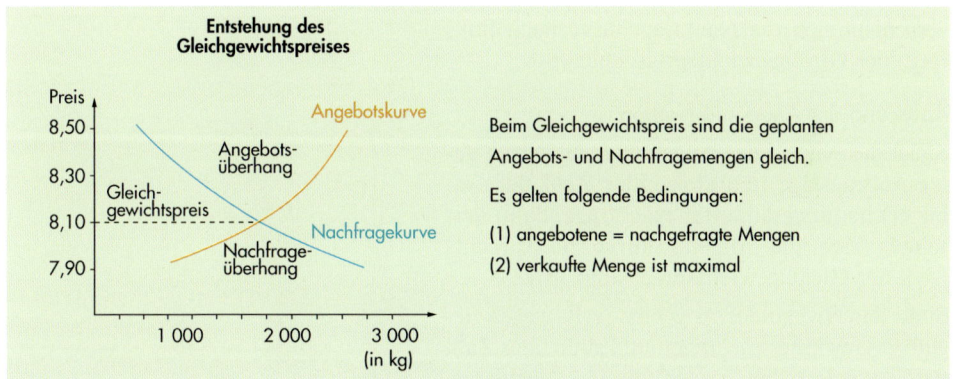

Entstehung des Gleichgewichtspreises

Beim Gleichgewichtspreis sind die geplanten Angebots- und Nachfragemengen gleich.

Es gelten folgende Bedingungen:

(1) angebotene = nachgefragte Mengen
(2) verkaufte Menge ist maximal

Alle Kaufaufträge, die mit 8,10 € und darüber limitiert sind, werden ausgeführt (die Nachfrager A, B, C kommen zum Zug) und alle Verkaufsaufträge, die mit 8,10 € und darunter limitiert sind (Anbieter E, F). Außerdem werden alle „billigst" und „bestens" erteilten Aufträge ausgeführt (solche Aufträge lagen in diesem Beispiel nicht vor).

Unterhalb des Gleichgewichtspreises besteht ein **Nachfrageüberhang (Angebotslücke)**, da lediglich der Anbieter E bereit gewesen wäre, die Ware auch unter 8,10 € abzugeben, während alle Nachfrager zu diesem Preis gekauft hätten. Oberhalb des Gleichgewichtspreises liegt ein **Angebotsüberhang (Nachfragelücke)** vor, da hier auch die Anbieter G und H konkurrenzfähig wären, jedoch nur die Nachfrager A, B bereit gewesen wären, diesen höheren Preis zu zahlen. Alle Nachfrager, die bereit gewesen wären, einen höheren Preis zu zahlen als den Gleichgewichtspreis, haben eine **Konsumentenrente**. Entsprechend haben alle Anbieter, die einen niedrigeren Preis gefordert hätten, eine **Produzentenrente**.

Der Preis, bei dem Angebots- und Nachfragemengen gleich sind und die umgesetzte Menge am größten (maximal) ist, wird als **Gleichgewichtspreis** bezeichnet. Der Gleichgewichtspreis räumt daher den Markt. Im Beispiel würden sich beim Preis von 8,10 € Nachfrage und Angebot mit je 1750 kg entsprechen. Die verkaufte Menge ist hier am höchsten (1750 kg).

Auf einem vollkommenen Markt bildet sich für das entsprechende Gut ein einheitlicher Preis, den weder ein einzelner Anbieter noch ein einzelner Nachfrager beeinflussen kann, da deren Marktanteile (Marktmacht) aufgrund der großen Zahl der Marktteilnehmer zu gering sind. Der Gleichgewichtspreis ist für alle Marktteilnehmer daher ein Datum (feste Größe). Sie können lediglich ihre Angebots- bzw. Nachfragemenge anpassen.

Setzt z. B. ein Anbieter seinen Preis herauf (über den Gleichgewichtspreis), dann verliert er alle seine Kunden. Sein Gesamtgewinn geht gegen null. Setzt ein Anbieter seinen Preis herab (unter den Gleichgewichtspreis), dann wird er seine relativ kleine Menge reißend los, macht aber weniger Gesamtgewinn. Der Anbieter kann seinen Gewinn daher nur erhöhen, wenn er seine Angebotsmenge erhöht; er ist *Mengenanpasser*.

Preismechanismus
Änderung der Nachfragesituation

Steigt das Niveau der Nachfrage (z. B. wegen steigender Einkommen oder steigender Zahl der Nachfrager) bei unverändertem Angebot, dann verschiebt sich die Nachfragekurve nach rechts (N_1); der Gleichgewichtspreis steigt (p_1). Sinkt das Niveau der Nachfrage (z. B. wegen rückläufiger Nettoeinkommen oder sinkender Zahl der Nachfrager) bei unverändertem Angebot, dann verschiebt sich die Nachfragekurve nach links (N_2); der Gleichgewichtspreis sinkt (p_2).

Änderung der Angebotssituation

Steigt das Niveau des Angebots (z. B. wegen guter Auftragslage und steigender Zahl der Anbieter) bei unveränderter Nachfrage, dann verschiebt sich die Angebotskurve nach rechts (A_1); der Gleichgewichtspreis sinkt (p_1).

Sinkt das Niveau des Angebots (z. B. wegen negativer Gewinnerwartungen und sinkender Zahl der Anbieter) bei unveränderter Nachfrage, dann verschiebt sich die Angebotskurve nach links (A_2); der Gleichgewichtspreis steigt (p_2).

Es ergeben sich folgende „**Preisgesetze**":

Bei gleich bleibendem Angebot führt eine *Nachfragesteigerung* zu steigenden Preisen, ein Nachfragerückgang zu sinkenden Preisen.

Bei gleich bleibender Nachfrage führt eine *Angebotserhöhung* zu sinkenden Preisen, ein Angebotsrückgang zu steigenden Preisen.

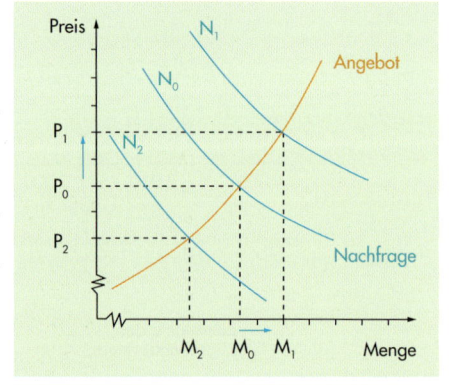

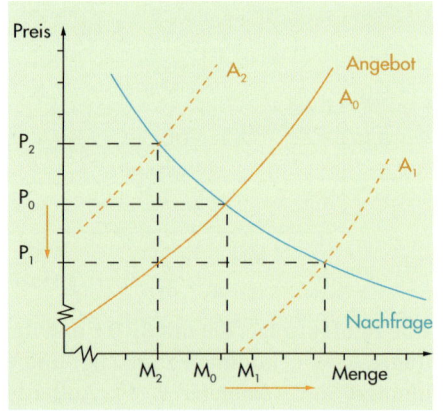

Polypol auf einem unvollkommenen Markt

Auf unvollkommenen Märkten gibt es für ein bestimmtes Gut unterschiedliche Preise. Die Gründe für die Unvollkommenheit der Märkte sind *Präferenzen* der Nachfrager (z. B.

Bequemlichkeit, Markentreue) oder Anbieter (z. B. Geschäftslage, Kundendienst), verschiedene *Aufmachungen* und *Qualitäten* der Ware oder *fehlende Marktübersicht* der Nachfrager.
Die unvollkommene Markttransparenz erlaubt den Anbietern, innerhalb einer bestimmten **Bandbreite** die Preise zu verändern, ohne dass sie dabei alle Kunden verlieren bzw. gewinnen. Auf der anderen Seite haben auch die Nachfrager oft keine eindeutige Vorstellung über den Preis einer Ware. Ein Nachfrager ist z. B. bereit, für eine Tafel Schokolade etwa 0,40 € bis 0,70 € auszugeben.

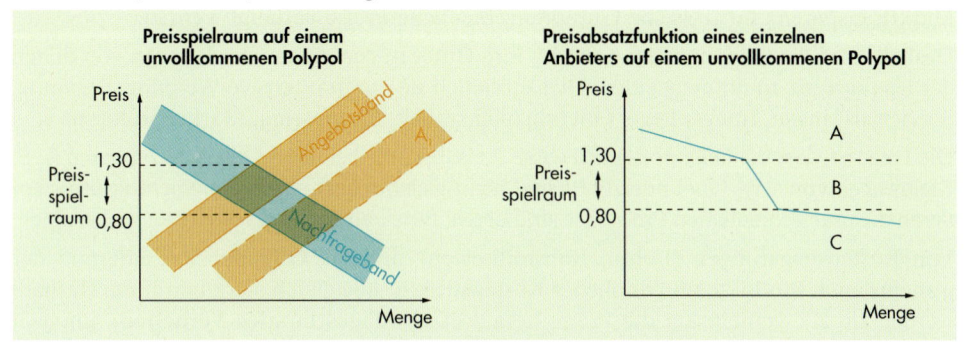

Auf unvollkommenen polypolistischen Märkten sind die Preisgesetze jedoch nicht vollkommen außer Kraft gesetzt. Überschreitet ein Anbieter seinen **Preisspielraum** (Bereich B), dann verliert er schlagartig seine Kunden an die Konkurrenz (Bereich A). Unterschreitet er seinen Preisspielraum, dann verzeichnet er zwar starke Kundenzuläufe, aber er kann seine Kosten nicht mehr decken (Bereich C).

Auf dem *Gesamtmarkt* führt eine starke Angebotserhöhung (A_1) zu einem Angebotsüberhang mit der Tendenz zu Preissenkungen. Umgekehrt führt ein Nachfrageüberhang auch auf unvollkommenen polypolistischen Märkten zu einem steigenden Preisniveau.

4.4 Preisbildung beim Angebotsoligopol

Beim *Angebotsoligopol* beherrschen **wenige Anbieter** den Markt. Ihnen stehen viele Nachfrager gegenüber.

Im Unterschied zum Polypol müssen die Oligopolisten bei ihrer Preisbildung nicht nur
- die *Reaktion der Nachfrager*, sondern auch
- die *Reaktion der Konkurrenten* berücksichtigen.

Oligopol auf dem vollkommenen Markt

Beim **vollkommenen Oligopol** verkaufen alle Anbieter gleichartige (homogene) Güter. Würde ein Oligopolist den Preis senken, dann würden ihm alle Kunden zuströmen, falls seine Konkurrenten nicht reagieren.

Zum einen könnte er aufgrund seiner begrenzten Kapazitäten diesen Nachfragezuwachs gar nicht bewältigen, zum anderen müsste er mit Gegenmaßnahmen (Preissenkungen) der Konkurrenz rechnen. Am Ende hätten alle Anbieter weniger Gewinn, da die Gesamtnachfrage sich nur unwesentlich erhöhen würde.

Würde ein Oligopolist den Preis erhöhen, dann würde er alle seine Kunden an die Konkurrenz verlieren.

Dies erklärt, dass auf vollkommenen Oligopol-Märkten **Preisstarrheit** herrscht („*Schlafmützenwettbewerb*").

Da preispolitische Maßnahmen für alle Oligopolisten nur Nachteile bringen, versuchen sie den Markt unvollkommen zu machen.

Oligopol auf einem unvollkommenen Markt

Auf dem **unvollkommenen Markt** können aufgrund von Präferenzen und der fehlenden Markttransparenz für dasselbe Gut unterschiedliche Preise verlangt werden.

Deshalb sind die Oligopolisten bestrebt, ihre Güter in den Augen der Kunden von denen der Konkurrenz zu unterscheiden. Dies erreichen sie durch intensive Werbung, Beratung, Serviceleistungen, Imagepflege, Öffentlichkeitsarbeit, Sponsoring, Markenpolitik usw.

Die Folge ist, dass die Oligopolisten gewisse Preisabstände bei ihren Gütern akzeptieren (z. B. Kleinwagen von VW, Opel oder Ford sind nicht gleich teuer). Auch die Nachfrager akzeptieren die unterschiedlichen Preise. Sie sind bereit, für einen Imagegewinn teuer zu bezahlen.

Von Kostensteigerungen (Lohn-, Rohstoffkosten) sind die Oligopolisten aufgrund der gemeinsamen Produkte und ähnlicher Kostenstruktur alle gleich stark betroffen. Deshalb werden sie alle gemeinsam die Preise heraufsetzen **(abgestimmtes Verhalten)**, um sich nicht gegenseitig die Kunden „wegzuschnappen". Dabei übernimmt bei jeder Preisrunde ein anderer Oligopolist die **Preisführerschaft**. So gleichen sich die anfänglichen Mengenverluste des Preisführers auf lange Sicht aus.

Weisen die Oligopolisten unterschiedliche Produktions- und Kostenstrukturen auf, so könnte sich für den kostengünstiger arbeitenden Oligopolisten ein Preiskrieg lohnen, wenn er dadurch einen seiner Konkurrenten vom *Markt verdrängen* und dessen Marktanteile übernehmen könnte.

Da Preiskriege für alle Beteiligten ruinös enden können und zudem regelmäßig die staatlichen Überwachungsbehörden (z. B. Kartellämter) auf den Plan rufen, sind die meisten Oligopolisten stillschweigend auf *friedliche Verhaltensweisen* übergegangen.

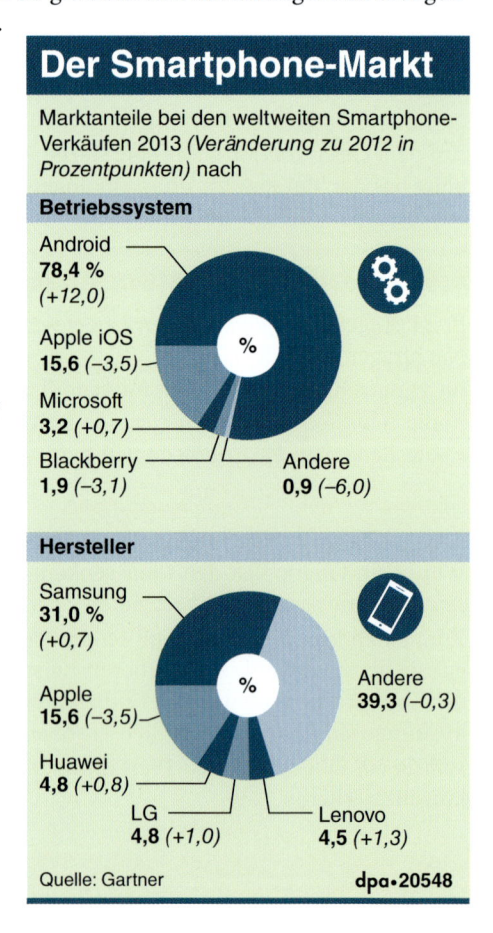

Der Smartphone-Markt

Marktanteile bei den weltweiten Smartphone-Verkäufen 2013 *(Veränderung zu 2012 in Prozentpunkten)* nach

Betriebssystem
- Android 78,4 % (+12,0)
- Apple iOS 15,6 (−3,5)
- Microsoft 3,2 (+0,7)
- Blackberry 1,9 (−3,1)
- Andere 0,9 (−6,0)

Hersteller
- Samsung 31,0 % (+0,7)
- Apple 15,6 (−3,5)
- Huawei 4,8 (+0,8)
- LG 4,8 (+1,0)
- Lenovo 4,5 (+1,3)
- Andere 39,3 (−0,3)

Quelle: Gartner   dpa•20548

Beispiel: Smartphone-Markt

4.5 Preisbildung beim Angebotsmonopol

Beim *Angebotsmonopol* stehen **einem Anbieter** viele Abnehmer gegenüber. Der Monopolist ist daher in der **Preisfestsetzung frei**. Allerdings wird die nachgefragte Menge um so geringer, je höher der Preis steigt. Bei maßlosen Preisforderungen kann unter Umständen die Nachfrage sogar ganz ausbleiben.

Die Nachfrager können nur darüber entscheiden, ob sie das Gut zum gegebenen Preis kaufen, ob sie sich einschränken oder – wenn möglich – auf Substitutionsgüter ausweichen, z. B. von Heizöl auf Gas, Kohle, Solarenergie.

Andererseits kann der Monopolist auch die **Absatzmenge festlegen**, z. B. Fördermengen beim Erdöl. Er wird so viel verkaufen, dass sein *Gewinn am größten* ist. Dies ist dann gegeben, wenn der Unterschied zwischen dem Umsatzerlös (Produkt aus Menge und Preis) und den dabei anfallenden Gesamtkosten am größten ist. Hier liegt eine Begründung dafür, dass bei sehr großen Ernten oft ein Teil vernichtet wird, damit die Preise nicht zu sehr absinken, z. B. bei Kaffee, Aprikosen, Tomaten.

Beispiel: Die Computer GmbH hat ein neues Computerspiel „Telestar" entwickelt. Aufgrund einer Marktuntersuchung werden folgende Absatzchancen prognostiziert:

Preis (€)	250,00	200,00	150,00	100,00	50,00
Verkaufsmenge (Stück)	100 000	150 000	200 000	250 000	300 000

Die Produktionsplanung geht von folgender Kostensituation aus:

Fixkosten[1]: 5,00 Mill. €
Variable Kosten: 50,00 € pro Stück

Aus diesen Daten errechnet die Geschäftsleitung folgende Gewinnprognose:

Preis (€)	250,00	200,00	150,00	100,00	50,00
Verkaufsmenge (Stück)	100 000	150 000	200 000	250 000	300 000
Umsatz (Tsd. €)	25 000,00	30 000,00	30 000,00	25 000,00	15 000,00
– Fixkosten (Tsd. €)	5 000,00	5 000,00	5 000,00	5 000,00	5 000,00
– variable Kosten (Tsd. €)	5 000,00	7 500,00	10 000,00	12 500,00	15 000,00
Gewinn (Tsd. €)	15 000,00	17 500,00	15 000,00	7 500,00	– 5 000,00

Ergebnis: Der **optimale Monopolpreis** für das neue Computerspiel „Telestar" liegt bei 200,00 €. Dieser Preis garantiert der Computer GmbH den höchstmöglichen Gewinn.

Der Monopolist muss jedoch beachten, dass sich unter dem Schutzmantel hoher Preise neue Anbieter formieren, die ähnliche Güter (Ersatz-, bzw. Substitutionsgüter) herstellen. Überhöhte Monopolpreise können daher dem Monopolisten gefährlich werden.

Die Ölkrisen in den letzten Jahren brachte z. B. einerseits eine Einschränkung des Verbrauchs und bewirkte gleichzeitig erhöhte Anstrengungen, die fehlende Energie durch neue Quellen, z. B. Kernkraftwerke, erneuerbare Energien zu ersetzen.

Angebotsmonopole können sein:
- **natürliche Monopole**, z. B. aufgrund von Bodenschätzen wie Erdöl, Uran, Gold;
- **staatliche Monopole**, wenn der Staat es ausschließlich übernimmt, bestimmte Versorgungsleistungen sicherzustellen, z. B. Versorgung mit Gas, Wasser;

---

[1] **Fixkosten** entstehen unabhängig von der Produktions- bzw. Verkaufsmenge (z. B. Miete, Abschreibungen, Gehälter).

Lernfeld 11 — Gesamtwirtschaftliche Beziehungen und deren Einflüsse

- **gesetzliche Monopole**, durch Patent- und Gebrauchsmusterschutz können – zumindest auf bestimmte Zeit – Monopole entstehen. Allerdings regen Patente oft zur Erfindung von Konkurrenzprodukten an;
- **vertragliche Monopole**, wenn Wettbewerber zusammenarbeiten.

ZUSAMMENFASSUNG

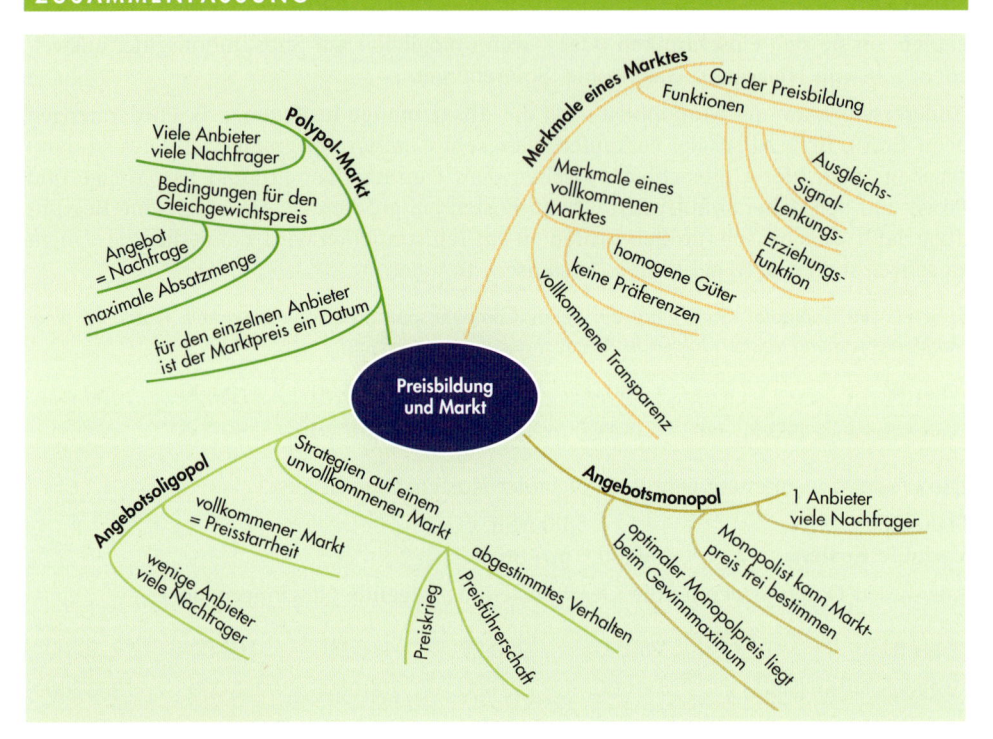

Mindmap: Preisbildung und Markt

- **Polypol-Markt**
  - Viele Anbieter, viele Nachfrager
  - Bedingungen für den Gleichgewichtspreis
  - Angebot = Nachfrage
  - maximale Absatzmenge
  - für den einzelnen Anbieter ist der Marktpreis ein Datum
- **Merkmale eines Marktes**
  - Funktionen
    - Ort der Preisbildung
    - Ausgleichsfunktion
    - Signal-Lenkungsfunktion
    - Erziehungsfunktion
  - Merkmale eines vollkommenen Marktes
    - homogene Güter
    - keine Präferenzen
    - vollkommene Transparenz
- **Angebotsmonopol**
  - 1 Anbieter, viele Nachfrager
  - Monopolist kann Marktpreis frei bestimmen
  - optimaler Monopolpreis liegt beim Gewinnmaximum
- **Strategien auf einem unvollkommenen Markt**
  - abgestimmtes Verhalten
  - Preisführerschaft
  - Preiskrieg
- **Angebotsoligopol**
  - wenige Anbieter, viele Nachfrager
  - vollkommener Markt = Preisstarrheit

AUFGABEN

1 Bilden Sie drei **Expertengruppen** A, B und C mit je sechs Mitgliedern. Die Gruppe A befasst sich mit den Fragen a) bis d), die Gruppe B mit e) bis h), die Gruppe C mit i) bis l). Tauschen Sie anschließend Ihre Informationen in sechs **Puzzle-Gruppen** aus. Die Puzzle-Gruppen bestehen aus je einem Mitglied jeder Expertengruppe A, B und C; dieses berichtet jeweils über die Ergebnisse seiner Expertengruppe. Anschließend beantworten zwei Puzzle-Gruppen im Wechsel die Fragen vor der Klasse und stellen sich der Kritik.

Fragen:
a) Erklären Sie den Begriff Markt.
b) Erläutern Sie die Funktionen des Marktes.
c) Beschreiben Sie die Modellannahmen des vollkommenen Marktes.
d) Unterscheiden Sie Marktformen nach der Zahl der Anbieter.
e) Welcher Zusammenhang besteht zwischen dem Preis eines Gutes und seiner Nachfragemenge?
f) Welcher Zusammenhang besteht zwischen dem Preis eines Gutes und seiner Angebotsmenge?
g) Erklären Sie die Begriffe Nachfrageüberhang und Angebotsüberhang.
h) Was versteht man unter dem Gleichgewichtspreis?
i) Von welchen Einflussgrößen hängt die Nachfrage ab?

j) Nennen Sie einige Bestimmungsgründe des Angebots.
k) Beschreiben Sie die Preisgrenze beim vollkommenen Polypol.
l) Begründen Sie die Aussage „Polypolisten auf einem vollkommen Markt sind Mengenanpasser; der Preis ist für sie ein Datum!"

2 a) Welche Folgen hat (1) die Erhöhung der Nachfrage, (2) die Erhöhung des Angebots für den Gleichgewichtspreis?
b) Weisen Sie die Veränderungen anhand einer Grafik nach.
c) Wie wirken sich folgende Zeitungsmeldungen auf den Gleichgewichtspreis auf den entsprechenden Märkten aus?
   (1) Missernte bei Kaffee erwartet: Unwetter in Brasilien
   (2) Verbraucherschützer warnen vor Energiegetränken:
       Kraftbrausen sind teuer und ungesund.
   (3) Japanische Stereoanlagen überschwemmen den deutschen Markt
   (4) Skihersteller setzen auf Snowboards: hohe Gewinne zu erwarten.

3 Einem Makler an der einzigen Warenbörse einer Volkswirtschaft liegen von verschiedenen Auftraggebern folgende Kauf- und Verkaufsaufträge für ein Produkt vor:

Kaufaufträge			Verkaufsaufträge		
Käufer	Mengen in Tonnen (t)	höchstens zu €/t	Verkäufer	Mengen in t	mindestens zu €/t
A	50 t	80,00 €	W	30 t	80,00 €
B	20 t	96,00 €	X	45 t	96,00 €
C	30 t	108,00 €	Y	30 t	108,00 €
D	25 t	120,00 €	Z	50 t	120,00 €

a) Berechnen Sie bei den oben genannten Preisen die Angebotsmenge, die Nachfragemengen und die jeweils maximal erzielbaren Umsätze unter Verwendung des folgenden Lösungsschemas:

Preise €/t	Nachfrage t	Angebot t	Umsätze €

b) Begründen Sie, welchen Preis der Makler festlegen wird.
c) Welche Aufträge können bei dem vom Makler festgesetzten Preis berücksichtigt werden?
d) Wie viel € beträgt die Konsumentenrente des Käufers D insgesamt?
e) Welche Anbieter erhalten im Allgemeinen eine Produzentenrente?
f) Bei welchen Preisen liegt ein Angebotsüberhang vor?
g) Bei welchen Preisen besteht ein Nachfrageüberhang?

4 Der deutsche Betriebwirt Eugen Schmalenbach schildert in seinem Buch „Der freien Wirtschaft zum Gedächtnis"[1] die Situation des Verbrauchers auf einem unvollkommenen Markt: „Ich brauchte seinerzeit einen neuen Regenschirm. Es war zu überlegen, wie ich in meiner Rolle als Abnehmer die in der freien Marktwirtschaft mir obliegende Pflicht am besten treffen könnte. In Köln gibt es, so nahm ich an, etwa 50 Läden, in denen man einen Regenschirm kaufen kann. Diese müsste ich pflichtgemäß alle aufsuchen ... Dann gibt es schätzungsweise 200 Sorten Regenschirme für Herren. Da es ein schwarzer Regenschirm mit gebogener Krücke sein sollte,

---

[1] Eugen Schmalenbach, Der freien Wirtschaft zum Gedächtnis, Westdeutscher Verlag Köln/Opladen 1958, Seite 58.

mag sich die Sortenzahl auf 100 ermäßigen. Nun aber geht es mir um einen möglichst dauerhaften Regenschirm, dessen Stoff, Stock und Mechanik lange halten und auch bei starkem Wind brauchbar bleiben. Ich fand bald heraus, dass, allein um die Güte der Regenschirmstoffe auf Haltbarkeit und Wasserdurchlässigkeit zu prüfen, ein Kursus nötig sei, den ein Freund auf vier Wochen Dauer schätzte ... Auch die Mechanik sei, so meinte er, in ihrer Qualität verschieden, und man müsse schon etwas davon verstehen, wenn man eine sachkundige Auswahl treffen wolle. Diese Überlegungen führten dahin, dass ich, um mich und meine Familie mit dem nötigen Hausrat und der nötigen Bekleidung zu versehen, meinen Beruf aufgeben und dazu noch einen Assistenten anstellen müsse. Dieses bedenkend, verzichtete ich auf jede Konkurrenzprüfung, ging in den nächsten Laden und kaufte unter zehn vorgelegten Schirmen einen ohne lange Prüfung und zahlte dafür, was gefordert wurde."

a) Machen Sie Vorschläge, wie die Verbraucher ihre Stellung auf dem Markt verbessern könnten.
b) Überlegen Sie, ob auch der Anbieter eine schwache Position auf dem Markt haben kann.
c) Wodurch können sich Anbieter auf einem unvollkommenen Polypol Preisspielräume schaffen?
d) Beweisen Sie, dass auch auf unvollkommenen polypolistischen Märkten die Preisgesetze gelten.

5

„Da kann ich nichts machen. Das ist keine unzulässige Absprache; das ist ihre Art zu grüßen."
(Abb.: Jupp Wolter (Künstler), Haus der Geschichte, Bonn)

a) Welche oligopolistische Verhaltensweise ist in der Karikatur dargestellt?
b) Beschreiben Sie weitere Verhaltensweisen von Oligopolisten gegenüber Konkurrenten.
c) Begründen Sie, warum auf oligopolistischen Märkten ein „Schlafmützenwettbewerb" herrscht.
d) Welche Folgen kann ein Preiskrieg zwischen den Oligopolisten für Verbraucher und Konkurrenten haben?
e) Weshalb schreitet der Staat bei Preiskämpfen unter Oligopolisten meistens ein?

6 Die Theaterleitung möchte den Eintrittspreis für eine Uraufführung bestimmen. Sie verfügt über folgendes Zahlenmaterial:

Preis (€)	100,00	70,00	50,00	25,00	15,00
Besucherzahl	0	1 000	3 000	8 000	10 000
Kosten (€)	25 000,00	70 000,00	100 000,00	125 000,00	150 000,00

a) Wie geht die Theaterleitung bei der Preisbildung vor?
(Nennen Sie vier Schritte.)
b) Bestimmen Sie den optimalen Monopolpreis.
c) Wie viele Karten bleiben bei diesem Preis unverkauft?
d) Welche Folgen nimmt der Monopolist in Kauf, wenn er seinen Preis zu hoch festsetzt?
Tipp: Verwenden Sie ein Tabellenkalkulationsprogramm.

Gesamtwirtschaftliche Beziehungen und deren Einflüsse   **Lernfeld 11**

7 Aufgrund eigener Marktuntersuchungen stellt Spielehersteller Klos fest, dass die Käufer des soeben „patentierten" Brettspiels „GO-HAH" auf Preisänderungen wie folgt reagieren:

Preis in € je Stück	28,00	26,00	24,00	22,00	20,00	18,00	16,00	14,00
absetzbare Menge in Stück	1000	1500	2000	2500	3000	3500	4000	4500

Unternehmensinterne Ermittlungen ergaben folgende Kosten:
Variable Kosten je Spiel 15,00 €, fixe Kosten 10 000,00 €
Alle Zahlen gelten für ein Geschäftsjahr.

a) Tragen Sie die Zahlen in eine Tabelle mit folgender Kopfzeile ein:

Absetzbare Menge	Preis je Stück	Fixe Kosten	Variable Kosten	Gesamt-Kosten	Umsatz = Menge · Preis	Gesamt gewinn/verlust

b) Zu welchem Preis sollte Klos das Spiel verkaufen, wenn folgende Zielsetzungen verfolgt werden (Begründen Sie Ihre Entscheidungen):
  1. Gewinnmaximierung,
  2. Umsatzmaximierung,
  3. maximaler Absatz bei kostendeckendem Preis.

c) Begründen Sie, welcher Zielsetzung Sie aufgrund der gegebenen Zahlen den Vorzug geben würden.

Tipp: Verwenden Sie ein Tabellenkalkulationsprogramm.

5 Soziale Marktwirtschaft – Wohlfahrt für alle?

PROBLEM

Im Pausenraum der TRIAL GmbH unterhalten sich Katja Müller (Auszubildende) und Anna Lurka (Verkaufsleiterin) über folgende Zeitungsmeldung:

Insolvenz/32 Mitarbeiter bangen

Sanitärgroßhandel Becker e. K. ist zahlungsunfähig

Die Rettungsbemühungen von Klaus Becker waren vergebens: Er musste für seinen Sanitärgroßhandelsbetrieb Insolvenz anmelden. 32 Mitarbeiter bangen um ihre Zukunft.

„Im Frühjahr hätten wir noch irgendwo unterkommen können. Aber jetzt, vor dem Winter, stellt uns keiner mehr ein", sagt ein Mitarbeiter. Die Insolvenzverwalterin Julia Erdle: „Ich sehe kaum Aussichten, den Betrieb zu retten. Der Sanitärbereich hängt am Nabel der Baubranche. Wenn weniger gebaut wird, sind weniger Wasserleitungen und Badewannen gefragt. Das ist Marktwirtschaft." 20 Mitarbeiter sind von der Arbeit freigestellt worden. Zwölf Mitarbeiter sind mit der Erfüllung der laufenden Aufträge beschäftigt. „Gekündigt wurde noch niemand", betont Julia Erdle. „Die Gehälter zahlt jetzt die Arbeitsagentur. Mit Eröffnung des Insolvenzverfahrens haben die Mitarbeiter Anspruch auf Insolvenzgeld in Höhe ihres vollen Gehalts." Die Insolvenzverwalterin erklärt die Situation bei Becker so: „Bei sinkenden Aufträgen fallen die Erträge und wenn die Kosten nicht in gleichem Maße gesenkt werden können, dann führt das über kurz oder lang zur Zahlungsunfähigkeit. Hinzu kommt der gnadenlose Konkurrenzkampf um die wenigen Aufträge."

Lernfeld 11 — Gesamtwirtschaftliche Beziehungen und deren Einflüsse

Katja: „Mensch, der Vater meiner besten Freundin Ayse Alan arbeitet doch bei Sanitär Becker. Sie hat doch eben erst ihr BWL-Studium angefangen. Sie weiß vielleicht noch gar nichts davon."

Anna: „Alles halb so wild. Die Becker-Mitarbeiter bekommen doch Insolvenzgeld vom Staat. Wenn er tatsächlich gekündigt wird, gibt es erstmal ein Jahr lang Arbeitslosengeld."

Katja: „Gut, dass wir in einer sozialen Marktwirtschaft leben und nicht jeder auf sich allein gestellt ist."

1. Sammeln Sie Vorkommnisse (eigene Erlebnisse oder die von Bekannten, Zeitungsmeldungen), in denen der Staat helfend eingegriffen hat. Verfassen Sie kurze Berichte und erstellen Sie daraus eine Wandzeitung mit der Überschrift „Vorteile von Staatseingriffen".
2. Sammeln Sie Vorkommnisse, in denen der Staat unsere Freiheiten einengt. Verfassen Sie kurze Berichte und erstellen Sie daraus eine Wandzeitung mit der Überschrift „Nachteile von Staatseingriffen".
3. Teilen Sie sich in Befürworter und Gegner von Staatseingriffen auf und führen Sie eine Diskussion durch. Erstellen Sie vorab einige Diskussionsregeln.

SACHDARSTELLUNG

5.1 Merkmale der sozialen Marktwirtschaft

Begriff der sozialen Marktwirtschaft

Der Wirtschaftswissenschaftler Alfred Müller-Armack (1901–1978) prägte 1946 den Begriff soziale Marktwirtschaft. Er verstand darunter eine Wirtschaft, die nicht sich selbst überlassen, sondern bewusst sozial gesteuert wird. Der politische Vater der sozialen Marktwirtschaft war **Ludwig Erhard** (1897–1977). Er war federführend an der Währungsreform 1948 beteiligt und setzte die Wirtschaftsordnung der sozialen Marktwirtschaft gegen erhebliche politische Widerstände durch. Ludwig Erhard wurde 1949 Bundeswirtschaftsminister, war von 1963 bis 1966 Bundeskanzler und gilt als der „Vater des Wirtschaftswunders" in den 1950er- und 1960er-Jahren. 1957 erschien sein Buch „Wohlstand für alle".

Merke: Die **soziale Marktwirtschaft** ist eine Wirtschaftsordnung, die das freie Spiel des Wettbewerbs auf den Märkten mit den Ansprüchen persönlicher Freiheit und sozialer Gerechtigkeit verbindet.

Ludwig Erhard betonte, dass soziale Leistungen nur aus einer Quelle schöpfen: Das ist die Arbeit des Volkes in einer freien Wirtschaft und Gesellschaft. Die wirtschaftliche Leistung allein sichert den sozialen Fortschritt. Sozialpolitik kann gegenüber der Wirtschaftspolitik daher niemals vorrangig sein.

Gesamtwirtschaftliche Beziehungen und deren Einflüsse

Lernfeld 11

Freiheitliche Rahmenbedingungen der sozialen Marktwirtschaft

Das Grundgesetz sichert die persönlichen Freiheitsrechte durch Einschränkung staatlicher Eingriffe.

Freiheitliche Ordnungsvorstellungen des Grundgesetzes
Artikel 2 (1): Jeder hat das Recht auf die freie Entfaltung seiner Persönlichkeit ...
Artikel 9 (3): Das Recht zur Wahrnehmung und Förderung der Arbeits- und Wirtschaftsbedingungen Vereinigungen zu bilden, ist für jedermann und für alle Berufe gewährleistet ...
Artikel 12 (1): Alle Deutschen haben das Recht, Beruf, Arbeitsplatz und Ausbildungsstätten frei zu wählen ...
Artikel 14 (1): Das Eigentum und das Erbrecht werden gewährleistet ...

Sozialstaatsprinzip – Solidarität und Subsidiarität

Das Grundgesetz geht von einem verantwortungsvollen Gebrauch der Freiheitsrechte und von einem solidarischen Verhalten aller mit den sozial Benachteiligten der Gesellschaft aus.

Soziale Ordnungsvorstellungen des Grundgesetzes
Artikel 14 (2): Eigentum verpflichtet. Sein Gebrauch soll zugleich dem Wohle der Allgemeinheit dienen.
Artikel 15: Grund und Boden, Naturschätze und Produktionsmittel können zum Zwecke der Vergesellschaftung durch ein Gesetz, das Art und Ausmaß der Entschädigung regelt, in Gemeineigentum ... überführt werden.
Artikel 20 (1): Die Bundesrepublik Deutschland ist ein demokratischer und sozialer Bundesstaat.
Artikel 20 (1): Die verfassungsmäßige Ordnung in den Ländern muss den Grundsätzen des ... sozialen Rechtsstaates im Sinne dieses Grundgesetzes entsprechen.

Aufgaben des Sozialstaats im Überblick	
Soziale Sicherheit und sozialer Schutz	Der Staat schützt seine Bürger vor Armut und ermöglicht ihnen ein menschenwürdiges Dasein. Sozial Schwächere (Alte, Kranke, Arbeitnehmer, Mieter, Konsumenten usw.) nimmt der Staat in Schutz (z. B. Sozialversicherung, Mieter-, Verbraucher- und Arbeitsschutzvorschriften).
Soziale Gerechtigkeit (sozialer Ausgleich)	Der Staat nimmt von den Leistungsstarken höhere Steuern und Sozialversicherungsbeiträge und verteilt diese auf weniger leistungsstarke Bevölkerungsgruppen. Er sorgt dafür, dass auch sozial Benachteiligte am allgemeinen Wohlstand teilhaben.
Soziale Gleichheit	Der Staat sorgt dafür, dass alle Bürger, unabhängig von ihrer Zugehörigkeit zu einer bestimmten gesellschaftlichen Schicht, gleiche Lebens-, Berufs- und Bildungschancen haben.
Sozialer Frieden	Der Staat verhindert tief greifende gesellschaftliche Konflikte zwischen Arm und Reich, Inländern und Ausländern usw. durch Eingliederung von Minderheiten (z. B. Ausländer, Behinderte).

Hinter dem **Sozialstaatsprinzip** steckt der Grundgedanke der solidarischen Verbundenheit des Einzelnen mit der Gemeinschaft.

Solidarität meint sowohl die Hilfe des Einzelnen durch die Solidargemeinschaft als auch die Unterstützung der Gemeinschaft durch den Einzelnen. Eine Solidargemeinschaft kann ihre Mitglieder nur so weit unterstützen, wie sie von diesen dazu in die Lage versetzt wird.

Beispiel: Die gesetzliche Krankenversicherung zahlt die Behandlungskosten, wenn ein Beitragszahler erkrankt ist. Andererseits zahlt der Beitragszahler in die gesetzliche Krankenversicherung ein.

Um Staatseingriffe zu begrenzen, gilt das **Subsidiaritätsprinzip**, wonach die Gemeinschaft nur die Aufgaben übernimmt, die der Einzelne oder bestimmte Gruppen nicht selbst in Eigenverantwortung übernehmen können.

Beispiel: Wenn der Verdienst eines Arbeitnehmers die Versicherungspflichtgrenze übersteigt, dann kann er aus der gesetzlichen Krankenversicherung austreten und seine Krankheitskosten selbst bezahlen.

Lösung der Grundfragen in der sozialen Marktwirtschaft

Grundfragen	Lösungsansatz in der sozialen Marktwirtschaft
Wer plant das Wirtschaftsgeschehen?	Produzenten **entscheiden selbst**, was sie herstellen (Angebot) und Konsumenten bestimmen selbst, was sie kaufen (Nachfrage), ohne dass sich der Staat einmischt. Auch die Löhne werden von den Tarifpartnern (Gewerkschaften und Arbeitgeberverbände) **ohne Einmischung des Staates** ausgehandelt. Der Staat setzt lediglich die Rahmenbedingungen (z. B. Garantie der Freiheitsrechte, Schutzrechte). Er kann auch selbst Leistungen anbieten (z. B. öffentlicher Nahverkehr) oder nachfragen (Auftraggeber für öffentliche Bauten).
Wer steuert und kontrolliert das Wirtschaftsgeschehen?	Anbieter und Nachfrager kommen auf dem Markt zusammen. Hier entscheidet der Preis, wer seine Pläne durchsetzen kann. Ein steigender Marktpreis zeigt an, dass das betreffende Gut knapp ist. Steigende Preise versprechen Gewinnchancen. Das lockt weitere Anbieter an, sodass sich das Angebot erhöht und die Marktlücke (Angebotslücke) ausgeglichen wird. Der Marktpreis sinkt (Lenkungsfunktion des Preises). Damit dieser **Preismechanismus** und der **freie Wettbewerb** erhalten bleiben, verhindert der Staat Machtballungen auf der Angebots- oder Nachfrageseite (Wettbewerbspolitik).
Wem gehören die Produktionsmittel?	Produktionsmittel sind Maschinen, Gebäude und Rohstoffe, die für den Leistungsprozess verwendet werden. Sie befinden sich vorwiegend in privater Hand. Der Staat garantiert das **Privateigentum**, da es zur Leistung motiviert und Produzenten und Konsumenten zum sparsamen Verbrauch knapper Güter (Ressourcen) anregt. Um die Grundversorgung im Bereich der Infrastruktur zu sichern und die öffentliche Sicherheit aufrechtzuerhalten, gibt es auch Staatseigentum (z. B. Straßen, Schulen, Abwasserkanäle, Polizei, Bundeswehr).
Welches Ziel hat das Wirtschaften?	Die Produzenten wollen auf lange Sicht **Gewinn erwirtschaften**, die privaten Haushalte streben nach möglichst hohem Wohlstand. Dieser **Eigennutz der Einzelnen** sorgt dafür, dass sich das Wirtschaften zum Nutzen aller (Gemeinnutz, Gesamtwohl) auswirkt. Wenn es jedem Einzelnen gut geht, dann geht es allen gut. Der Staat sorgt dafür, dass soziale und ökologische Belange nicht zu kurz kommen.

5.2 Rolle des Staates in der sozialen Marktwirtschaft

Aufgaben des Staates in der sozialen Marktwirtschaft

Zu den Hauptaufgaben des Staates in der sozialen Marktwirtschaft gehören die

- Gewährleistung der **freiheitlichen Grundordnung** (Garantie der Eigentums-, Gewerbe-, Vertragsfreiheit),
- Sicherung der **Grundausrüstung** der Wirtschaft (Rechtsordnung, Geldwesen, Infrastruktur usw.),
- Sicherung des **Sozialstaatsprinzips** (soziale Sicherung, sozialer Ausgleich usw.) gemäß den Grundsätzen der Solidarität und Subsidiarität,
- Aufrechterhaltung eines **funktionierenden Wettbewerbs** (Garantie des freien Marktzugangs, Verhinderung von Machtzusammenballungen),
- Korrektur **wirtschaftlicher Fehlentwicklungen** durch wirtschaftspolitische Eingriffe (z. B. Steuerpolitik, Gesundheits-, Arbeits-, Verbraucherschutz, Struktur-, Außenwirtschafts- und Wettbewerbspolitik) und Aufsichtsorgane (Bundesämter für Umweltschutz, Finanzdienstleistungsaufsicht, Gesundheit, Kartellbehörden)
- Sicherung der **natürlichen Lebensgrundlagen** (Umweltschutz).

Mängel des staatlichen Sozialsystems

Um den Sozialstaat und damit den sozialen Frieden zu retten, muss an den **Mängeln des Sozialsystems** angesetzt werden.

Mängel des staatlichen Sozialsystems	
Unübersichtlichkeit und zu wenig Kontrolle	Zu viele auszahlende und verwaltende Stellen (Behörden und Versicherungsträger) erschweren die Erfolgskontrolle und begünstigen den Missbrauch von Sozialleistungen.
Zu wenig Wettbewerb der zuständigen Stellen	Unter den zuständigen Leistungsanbietern (z. B. staatliche Krankenhäuser, Kassenärzte) und unter den Kostenträgern (z. B. Arbeitsagenturen, Krankenkassen) gibt es so gut wie keinen Leistungs- bzw. Kostenwettbewerb.
Zu wenig Eigenverantwortung und Eigenvorsorge	Angesichts des dicht gewobenen sozialen Netzes halten viele Bürger die Eigenvorsorge für überflüssig. Andererseits wird der finanzielle Spielraum für die Eigenvorsorge immer geringer, wenn der Staat dem Bürger immer tiefer in die Tasche greift. Die Abhängigkeit des Bürgers vom Staat ist umso bedenklicher, da der Staat die Sozialleistungen aus laufenden Einnahmen finanziert und ebenfalls keine nennenswerten Rücklagen bildet.
Enge Kopplung an den Arbeitsvertrag	Die Beitragssätze der Sozialversicherungszweige beziehen sich auf das Bruttoentgelt der Arbeitnehmer. Dies verteuert die Arbeitskraft, vermindert die Lohnkaufkraft und verschlechtert die Wettbewerbsfähigkeit arbeitsintensiver Unternehmen. Andere Einkommensarten (z. B. Zins-, Miet-, Spekulationseinkommen) werden nicht mit Sozialabgaben belastet.

Vorschläge zur Rettung des Sozialsystems

Zur Rettung des Sozialstaats werden folgende **Lösungen** angeboten:

- **Vorrang der Eigenvorsorge** und Eigenverantwortung des Einzelnen, also Rückkehr zum Subsidiaritätsprinzip, z. B. durch teilweise kapitalgedeckte Rentenversicherung;
- **Stärkung des Versicherungsprinzips** gegenüber dem reinen Versorgungsprinzip und **Leistungsbegrenzung auf Grundrisiken**, z. B. durch Grundsicherung mit individuellen Wahlleistungen und Selbstbeteiligungen;

- **Beschränkung der Sozialleistungen auf wirklich Bedürftige**, z. B. durch stärkere Missbrauchskontrolle und stärkere Anrechnung von Vermögen;
- **Erweiterung des Kreises der Beitragszahler**, z. B. bei den Krankenkassen durch eine Bürgerversicherung, in die alle Bürger (neben Arbeitgebern und Arbeitnehmern auch Beamte, Vermieter und Leute, die Zinseinkünfte haben) einzahlen;
- **Stärkung des Wettbewerbs** unter den Leistungsanbietern und Kostenträgern (z. B. Sozialversicherungsträgern) bei gleichzeitiger Rücknahme staatlicher Vorschriften und Regelungen **(Deregulierung)**.

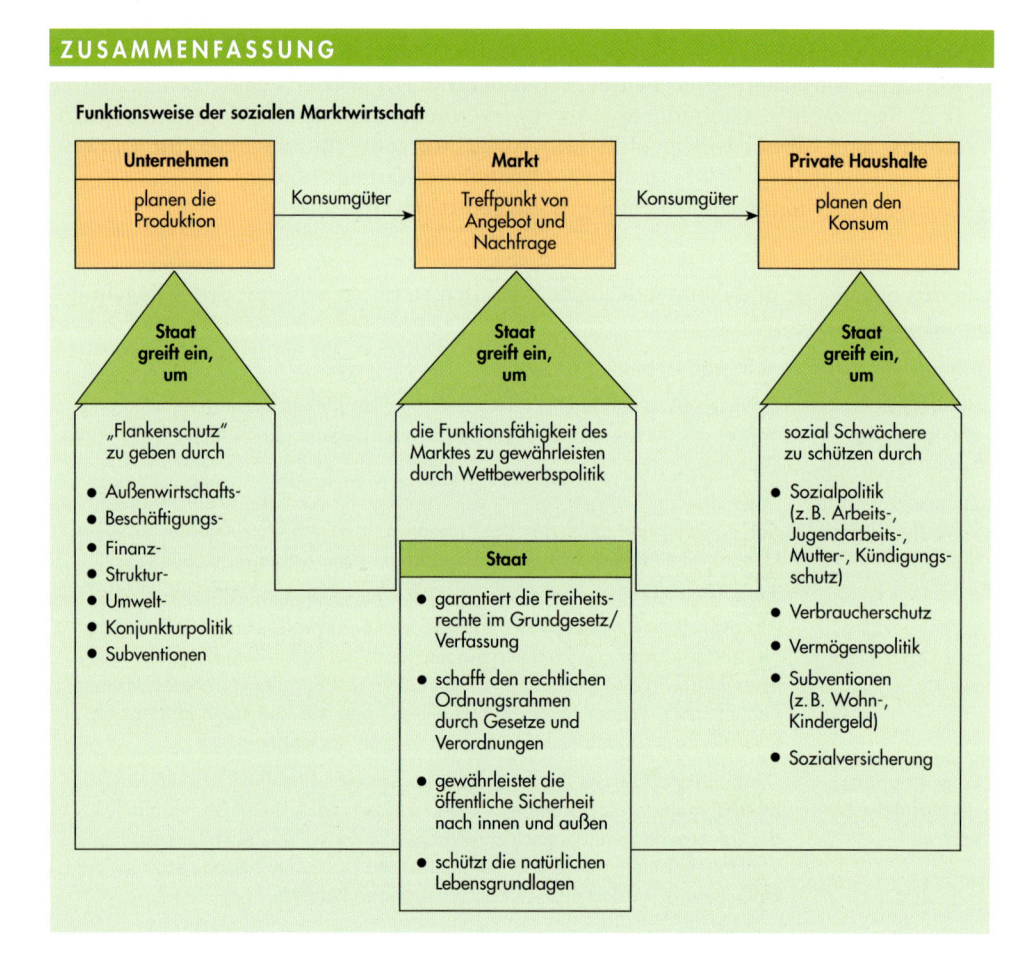

ZUSAMMENFASSUNG

Funktionsweise der sozialen Marktwirtschaft

Unternehmen		Markt		Private Haushalte
planen die Produktion	→ Konsumgüter →	Treffpunkt von Angebot und Nachfrage	→ Konsumgüter →	planen den Konsum

Staat greift ein, um "Flankenschutz" zu geben durch
- Außenwirtschafts-
- Beschäftigungs-
- Finanz-
- Struktur-
- Umwelt-
- Konjunkturpolitik
- Subventionen

Staat greift ein, um die Funktionsfähigkeit des Marktes zu gewährleisten durch Wettbewerbspolitik

Staat
- garantiert die Freiheitsrechte im Grundgesetz/Verfassung
- schafft den rechtlichen Ordnungsrahmen durch Gesetze und Verordnungen
- gewährleistet die öffentliche Sicherheit nach innen und außen
- schützt die natürlichen Lebensgrundlagen

Staat greift ein, um sozial Schwächere zu schützen durch
- Sozialpolitik (z. B. Arbeits-, Jugendarbeits-, Mutter-, Kündigungsschutz)
- Verbraucherschutz
- Vermögenspolitik
- Subventionen (z. B. Wohn-, Kindergeld)
- Sozialversicherung

Gesamtwirtschaftliche Beziehungen und deren Einflüsse — Lernfeld 11

AUFGABEN

1. Bilden Sie **Expertengruppen**. Jede Gruppe befasst sich mit einem Teil der Fragen (z. B. Gruppe A mit den Fragen a) bis b) usw.) Tauschen Sie anschließend Ihre Informationen in Puzzle-Gruppen aus. Die **Puzzle-Gruppen** bestehen aus je einem Mitglied jeder Expertengruppe, das jeweils über die Ergebnisse seiner Expertengruppe berichtet. Anschließend beantworten zwei Puzzle-Gruppen im Wechsel die Fragen vor der Klasse und stellen sich der Kritik.
   a) Erklären Sie den Begriff soziale Marktwirtschaft.
   b) Beschreiben Sie wichtige freiheitliche und soziale Ordnungsvorstellungen des Grundgesetzes.
   c) Erläutern Sie einige Aufgaben des Sozialstaats.
   d) Erklären Sie die Begriffe Solidarität und Subsidiarität.
   e) Erläutern Sie, wie die wirtschaftlichen Grundfragen in der sozialen Marktwirtschaft gelöst werden.
   f) Beschreiben Sie die Rolle des Staates in der sozialen Marktwirtschaft.
   g) Erläutern Sie einige Mängel des Sozialsystems.
   h) Welche Vorschläge werden zur Rettung des Sozialstaats gemacht?

2.
Die volkswirtschaftliche Bedeutung des Eigentums

„Eigentumsrechte und damit die Möglichkeit, andere vom Gebrauch einer Sache auszuschließen, sind eine Bedingung für die rationelle Nutzung knapper Ressourcen. Man nehme als Beispiel den Fischfang: Solange es nicht möglich ist, eindeutige Eigentumsrechte an Fischbeständen zu vergeben, und alle in den gleichen Gebieten fischen, so lange besteht für den einzelnen Fischer kaum ein Anreiz, bei seiner Fangquote auf die langfristige Sicherung der Fischbestände zu achten, da er nicht mit Sicherheit davon ausgehen kann, von den langfristig positiven Auswirkungen zu profitieren. Es kommt zur Überfischung zum Nachteil aller Beteiligten. Würde man den Fischern eindeutige Eigentumsrechte in bestimmten Fanggebieten zuweisen, dann würden die einzelnen Fischer ihre Fangquoten so einrichten, dass sie auf lange Sicht erfolgreich ihrer Tätigkeit nachgehen können."

(Quelle: Hans Kaminski: Wenn Fischer zu viele Fische fangen, in: Handelsblatt – Ökonomie und Bildung, 2. Juli 2004, Seite 3)

Belegen Sie anhand des Beispiels von den Fischern, dass der Schutz des Privateigentums eine tragende Säule der sozialen Marktwirtschaft ist.

3. Trotz des steigenden Wohlstands hat der Staat das soziale Netz Jahr für Jahr weiter ausgebaut. Die staatlichen Sozialleistungen betragen mit über 750 Mrd. € inzwischen über 30 % der gesamten Wirtschaftsleistung. Obwohl der Lebensstandard 1950 erheblich niedriger war, betrugen damals die Sozialleistungen nicht einmal 20 Mrd. € und die Sozialleistungsquote lag bei 15 %. Weite Kreise der Bevölkerung sind heute auf staatliche Unterstützung (z. B. Arbeitslosengeld II, Wohngeld, Sozial-, Kindergeld, Ausbildungsförderung) angewiesen bzw. haben sich im sozialen Netz eingerichtet.

Diskutieren Sie über Für und Wider staatlicher Sozialleistungen.

Lernfeld 11 — Gesamtwirtschaftliche Beziehungen und deren Einflüsse

6 Staatliche Wettbewerbspolitik

PROBLEM

1. Nehmen Sie zur obigen Karikatur Stellung.
2. Begründen Sie, weshalb staatliche Eingriffe in den Wettbewerb notwendig sind.

SACHDARSTELLUNG

6.1 Ziele staatlicher Wettbewerbspolitik

Wirtschaftlicher **Wettbewerb** findet statt, wenn viele voneinander unabhängige Anbieter auf einem Markt versuchen, durch ein besseres Leistungsangebot das Interesse möglichst vieler Nachfrager auf sich zu lenken.

In der sozialen Marktwirtschaft nimmt der Wettbewerb bei der Steuerung und Koordination des Marktgeschehens eine zentrale Rolle ein. Nur der Wettbewerb stellt sicher, dass die Preisfunktionen (Signal-, Lenkungs-, Ausgleichs- und Erziehungsfunktion) zum Zuge kommen, also der Markt funktioniert.

Wichtige Funktionen des Wettbewerbs	
Wohlstandsfunktion	Der Wettbewerb sorgt für ein reichhaltiges Güterangebot auf allen Märkten.
Steuerungsfunktion	Der Wettbewerb zwingt die Unternehmen dazu, immer bessere Produkte und Produktionsverfahren zu entwickeln, die den Wünschen der Verbraucher möglichst nahe kommen.
Fortschrittsfunktion	Jene Unternehmen, die grundlegende Neuerungen bei ihren Produktionsverfahren oder Produkten zuerst einführen, erhalten Pioniergewinne durch ihren Wettbewerbsvorsprung. Dies veranlasst die Konkurrenten ebenso in die Forschung und Entwicklung zu investieren, um selbst die Nase vorn zu haben oder zumindest gegen die Gefahr eines plötzlichen Wettbewerbsvorsprungs des Konkurrenten gewappnet zu sein.

Kostenkontrollfunktion	Der Wettbewerb zwingt im unternehmerischen Einzelinteresse zum sparsamen Einsatz knapper Ressourcen. Das Unternehmen, das billiger anbietet, ist am Markt erfolgreich. Gleichzeitig bleibt dem Konkurrenten keine andere Wahl als auch seinen Betrieb zu rationalisieren. Dadurch kommt es insgesamt zu einer optimalen Kombination der Produktionsfaktoren und zu Kostensenkungen, die wiederum in Preissenkungen durchschlagen.
Entmachtungsfunktion	Die Entmachtungsfunktion des Wettbewerbs sorgt dafür, dass ein Wettbewerbsvorsprung nicht ewig andauert. Früher oder später werden die Wettbewerber ihrerseits mit Neuerungen nachziehen. Aufgrund der Gewinnchancen werden neue Anbieter auf diese lukrativen Märkte gelockt, sodass sich die Anbietermacht allmählich auflöst und die Nachfrager wieder Auswahlmöglichkeiten vorfinden.

Aufgabe des Staates ist es, den **freien Marktzutritt**, also den freien Wettbewerb, sicherzustellen, indem er den Missbrauch der wirtschaftlichen Freiheit auf der Angebots- und Nachfrageseite verhindert. Dadurch schützt der Staat Wettbewerber und Verbraucher und stellt die uneingeschränkte Güterversorgung der Bürger sicher.

Damit der Wettbewerb nicht ausartet, bedarf es der **Zügelung des Wettbewerbs** durch wettbewerbsrechtliche Vorschriften, die das „Fairplay". sicherstellen. Beschränkungen des Wettbewerbs beschneiden nicht nur die wirtschaftlichen Freiheitsrechte, sondern gefährden das Sozialstaatlichkeitsprinzip und die Marktwirtschaft als Ganzes. Deshalb ist der Staat aufgefordert, für Wettbewerbsregeln und deren Einhaltung zu sorgen. Direkte staatliche Markteingriffe sind in einer Marktwirtschaft grundsätzlich nur vorübergehend zur Behebung von Not- oder Missständen zulässig.

6.2 Gesetz gegen Wettbewerbsbeschränkungen (GWB)

Nach Art. 74 (1) GG gehört es zu den Aufgaben des Staates, den Missbrauch wirtschaftlicher Machtstellung zu verhüten. Dazu verabschiedete der Bundestag 1957 das **Gesetz gegen Wettbewerbsbeschränkungen** (GWB). Als Wettbewerbshüter wurden die Kartellbehörden eingesetzt. Kartellbehörden sind das **Bundeskartellamt** mit Sitz in Bonn, das Bundesministerium für Wirtschaft und Arbeit und die nach Landesrecht zuständigen obersten Landesbehörden (GWB § 48). Für die Mitwirkung an Verfahren der Kommission der Europäischen Gemeinschaft ist ausschließlich das Bundeskartellamt zuständig (GWB § 50).

Verbot wettbewerbsbeschränkender Vereinbarungen

Alle Vereinbarungen zwischen Unternehmen, Beschlüsse von Unternehmensvereinigungen und aufeinander abgestimmte Verhaltensweisen, die eine Verhinderung, Einschränkung oder Verfälschung des Wettbewerbs bezwecken oder bewirken, sind verboten. Dies gilt auch für Vereinbarungen, die den Wettbewerb innerhalb des Gemeinsamen Marktes einschränken (GWB § 1, AEUV Art. 101 Absatz 1[1]).

Verboten und nichtig sind insbesondere folgende Verhaltensweisen:
- Einschränkung oder Kontrolle der Erzeugung, des Absatzes, der technischen Entwicklung oder der Investitionen;
- Aufteilung der Märkte oder Versorgungsquellen;

---

[1] Der Vertrag über die Arbeitsweise der Europäischen Union (AEUV oder AEU-Vertrag) ist neben dem Vertrag über die Europäische Union (EUV oder EU-Vertrag) einer der Gründungsverträge der Europäischen Union (EU). Zusammen bilden sie die Grundlage des politischen Systems der EU.

- Anwendung unterschiedlicher Bedingungen bei gleichwertigen Leistungen gegenüber Handelspartnern, wodurch diese im Wettbewerb benachteiligt werden;
- an den Abschluss von Verträgen geknüpfte Bedingung, dass die Vertragspartner zusätzliche Leistungen annehmen, die weder sachlich noch nach Handelsbrauch in Beziehung zum Vertragsgegenstand stehen;
- unmittelbare oder mittelbare Festsetzung der An- oder Verkaufspreise oder sonstiger Geschäftsbedingungen.

Grundsatz der Legalausnahme – Freistellung vom Verbot

Wettbewerbsbeschränkende Vereinbarungen sind nach den **Freistellungsvoraussetzungen** nach GWB § 2 und AEUV Art. 101 Absatz 3 nicht verboten, wenn sie
- unter angemessener Beteiligung der Verbraucher an dem entstehenden Gewinn zur *Verbesserung der Warenerzeugung oder -verteilung* oder
- zur *Förderung des technischen oder wirtschaftlichen Fortschritts* beitragen.

Eine Anmeldung oder die vorherige Entscheidung einer Kartellbehörde ist für die Freistellung vom allgemeinen Verbot wettbewerbsbeschränkender Vereinbarungen nicht erforderlich (**Grundsatz der Legalausnahme**). Wer sich auf die Legalausnahme und damit auf eine der *Freistellungsvoraussetzungen* beruft, der muss im Zweifelsfall beweisen, dass diese auf ihn zutrifft.

Die Freistellung gilt nur, wenn der Wettbewerb nicht wesentlich beeinträchtigt wird und die Zusammenarbeit dazu dient, die Wettbewerbsfähigkeit kleiner oder mittlerer Unternehmen zu verbessern (GWB § 3, **Mittelstandskartelle**).

Gruppenfreistellungsverordnungen (GVO) der EU

Das Preisbindungsverbot und das allgemeine Verbot wettbewerbsbeschränkender Vereinbarungen greifen nicht, wenn diese aufgrund einer *Gruppenfreistellungsverordnung (GVO)* der europäischen Kommission der EU erlaubt sind. Deutsche Kartellbehörden und Gerichte müssen hier das europäische Wettbewerbsrecht anwenden (**Vorrang des europäischen Wettbewerbsrechts, EG-VO 1/2003 Art. 3**). Deshalb sind vertikale Preisbindungen in der Landwirtschaft (GWB § 28), der Kredit- und Versicherungswirtschaft (GWB § 29) und bei Zeitungen und Zeitschriften (GWB § 30) zulässig.

Für die Anwendbarkeit einer GVO kommt es darauf an, dass bestimmte Marktanteile auf den betroffenen Märkten nicht überschritten werden.

Missbrauchsaufsicht über marktbeherrschende Unternehmen

Die missbräuchliche Ausnutzung einer marktbeherrschenden Stellung durch ein oder mehrere Unternehmen ist verboten (GWB § 19, AEUV Art. 102). Der räumlich relevante Markt im Sinne des GWB kann weiter sein als der inländische Markt oder auch nur lokale oder regionale Gebiete des Inlands umfassen.

Wenn ein Unternehmen als Anbieter oder Nachfrager einer bestimmten Art von Waren oder gewerblichen Leistungen keinen wesentlichen Wettbewerber hat oder gegenüber seinen Wettbewerbern eine überragende Marktstellung besitzt, dann liegt **Marktbeherrschung** vor. Bei einem Marktanteil von mindestens einem Drittel wird vermutet, dass Marktbeherrschung vorliegt (GWB § 19 [2, 3]).

Eine Gesamtheit von Unternehmen gilt als marktbeherrschend, wenn sie aus höchstens drei Unternehmen besteht, die zusammen einen Marktanteil von 50 % erreichen, oder aus höchstens fünf Unternehmen besteht, die zusammen einen Marktanteil von 66 2/3 % erreichen.

Ein **Missbrauch der Marktbeherrschung** liegt vor, wenn ein marktbeherrschendes Unternehmen
- die Wettbewerbsmöglichkeiten anderer Unternehmen auf dem Markt in erheblicher Weise ohne sachlich gerechtfertigten Grund beeinträchtigt;
- Entgelte oder sonstige Geschäftsbedingungen fordert, die auf vergleichbaren Märkten mit wirksamem Wettbewerb nicht durchsetzbar wären oder die es auf anderen vergleichbaren Märkten nicht fordert;
- sich weigert, einem anderen Unternehmen gegen angemessenes Entgelt Zugang zu den eigenen Netzen oder anderen Infrastruktureinrichtungen zu gewähren, wenn es dem anderen Unternehmen sonst nicht möglich ist, als Wettbewerber des marktbeherrschenden Unternehmens tätig zu werden.

Verbotene Verhaltensweisen marktbeherrschender Unternehmen	
Diskriminierungsverbot (GWB § 20)	Unterschiedliche Behandlung von Wettbewerbern ohne sachlich gerechtfertigten Grund, insbesondere durch Gewährung von Vorzugsbedingungen.
Verbot unbilliger Behinderung (GWB § 20)	Eine unbillige Behinderung liegt vor, wenn ein Unternehmen Waren oder gewerbliche Leistungen nicht nur gelegentlich unter Einstandspreis anbietet.
Boykottverbot (GWB § 21)	Aufforderung anderer Unternehmen zu Liefersperren oder Bezugssperren, um bestimmte Unternehmen zu beeinträchtigen.

Die Kartellbehörden können gegen den Missbrauch der Marktmacht von marktbeherrschenden Unternehmen folgende **Maßnahmen** einleiten:
- *Abstellung von Zuwiderhandlungen* (GWB § 32);
- *einstweilige Maßnahmen*, wenn die Gefahr eines ernsten, nicht wieder gutzumachenden Schadens für den Wettbewerb besteht (GWB § 32a);
- *Entzug der Gruppenfreistellung*, wenn das abgestimmte Verhalten mit dem Wettbewerbsrecht unvereinbar ist (GWB § 32d);
- *Untersuchung* eines bestimmten Wirtschaftszweigs oder einer bestimmten Art von Vereinbarungen (GWB § 32e);
- *Unterlassung* des wettbewerbswidrigen Verhaltens verlangen (GWB § 33);
- *Verpflichtung zum Schadensersatz* (GWB § 33);
- *Vorteilsabschöpfung*. Die Kartellbehörden sowie Berufsverbände können die Herausgabe des wirtschaftlichen Vorteils an den Bundeshaushalt verlangen (GWB § § 34, 34a).
- *Bußgeld* bis zur Höhe von 10 % des weltweiten Umsatzes des Vorjahres, nicht mehr als eine Million € (GWB § 81).

Zusammenschlusskontrolle

Möglichkeiten von Zusammenschlüssen nach GWB § 37:	
Erwerb des Vermögens	eines anderen Unternehmens ganz oder zu einem wesentlichen Teil.
Erwerb der Kontrolle	über ein anderes Unternehmen. Die Kontrolle kann durch Rechte (z. B. Eigentums- oder Nutzungsrechte), Verträge oder andere Mittel begründet sein.
Erwerb von Anteilen	an einem anderen Unternehmen, wenn diese 50 % oder 25 % des Kapitals oder der Stimmrechte des anderen Unternehmens erreichen.
Verbindung von Unternehmen	durch die ein oder mehrere Unternehmen einen wettbewerblich erheblichen Einfluss auf ein anderes Unternehmen ausüben können.

Die Kartellbehörden kontrollieren Unternehmenszusammenschlüsse, wenn die beteiligten Unternehmen im letzten Geschäftsjahr vor dem Zusammenschluss folgende **Aufgreifkriterien** erfüllen (GWB § 35):
- Insgesamt haben die beteiligten Unternehmen weltweit mehr als 500 Mio. € Umsatz.
- Mindestens ein beteiligtes Unternehmen im Inland hat mehr als 25 Mio. € Umsatz.

Zusammenschlüsse, die die Aufgreifkriterien nach GWB §§ 35 und 37 erfüllen, sind vor dem Vollzug beim Bundeskartellamt in Bonn anzumelden (GWB § 39). Das Bundeskartellamt entscheidet innerhalb von vier Monaten, ob der Zusammenschluss untersagt oder freigegeben wird (GWB § 40).

Ein vom Bundeskartellamt untersagter Zusammenschluss kann vom Bundesminister für Wirtschaft und Arbeit auf Antrag erlaubt werden (GWG § 42, **Ministererlaubnis**), wenn im Einzelfall die Wettbewerbsbeschränkung
- von **gesamtwirtschaftlichen Vorteilen** des Zusammenschlusses aufgewogen wird oder
- durch ein **überragendes Interesse der Allgemeinheit** gerechtfertigt ist.

Vor der Entscheidung ist eine Stellungnahme der Monopolkommission einzuholen.

6.3 Fusionskontrollverordnung der Europäischen Union (E-FKVO)

Um einen wirksamen Wettbewerb auf dem Gebiet des Gemeinsamen Marktes zu wahren oder ihn wiederherzustellen, schuf die Kommission der Europäischen Union die Fusionskontrollverordnung **(E-FKVO)**[1]. Die **EU-Fusionskontrollverordnung** gilt für alle Zusammenschlüsse von gemeinschaftsweiter Bedeutung.

Eine **gemeinschaftsweite Bedeutung** liegt nach der E-FKVO Art. 1 vor, wenn folgende Umsätze erzielt werden:
- ein *weltweiter* Gesamtumsatz aller beteiligten Unternehmen zusammen von mehr als 5 Mrd. € und
- ein *gemeinschaftsweiter* Gesamtumsatz von mindestens zwei beteiligten Unternehmen von jeweils mehr als 250 Mio. €.

Keine gemeinschaftsweite Bedeutung liegt vor, wenn die beteiligten Unternehmen jeweils mehr als zwei Drittel ihres gemeinschaftsweiten Gesamtumsatzes in ein und demselben Mitgliedstaat erzielen.

Ein Zusammenschluss bewirkt eine dauerhafte Veränderung der Kontrolle über ein Unternehmen dadurch, dass
- zwei oder mehr bisher voneinander unabhängige Unternehmen oder Unternehmensteile fusionieren oder dass
- Personen, die bereits ein Unternehmen kontrollieren durch den Erwerb von Anteilsrechten oder Vermögenswerten, durch Vertrag oder in sonstiger Weise die Kontrolle über ein anderes Unternehmen erwerben (E-FKVO Art. 3).

Zusammenschlüsse von gemeinschaftsweiter Bedeutung sind *nach Vertragsabschluss*, nach Veröffentlichung des Übernahmeangebots oder nach Erwerb der Beteiligung und *vor ihrem Vollzug* bei der Kommission anzumelden (E-FKVO Art. 4, **Anmeldepflicht**). Stellt die Kommission fest, dass ein Zusammenschluss unter die Fusionskontrollverordnung fällt, so veröffentlicht sie die Anmeldung.

Die Fusionskontrolle kann durch die Kartellbehörde eines Mitgliedslandes erfolgen, wenn eines der beteiligten Unternehmen dies beantragt oder die Kommission der Auffassung ist,

---

[1] Verordnung (EG) Nr. 139/2004 des Rates vom 20. Januar 2004 über die Kontrolle von Unternehmenszusammenschlüssen („EG-Fusionskontrollverordnung")

dass Wettbewerbsfolgen nur für den Markt innerhalb eines Mitgliedstaats (gesonderter Markt) bestehen (E-FKVO Art. 4, **Verweisungsrecht**). Wenn der Zusammenschluss keine gemeinschaftsweite Bedeutung hat und nach dem Wettbewerbsrecht mindestens dreier Mitgliedstaaten geprüft werden müsste, können die Beteiligten beantragen, dass der Zusammenschluss von der Kommission geprüft werden sollte **(3plus-Regel)**.

Die Kommission kann feststellen, dass der Zusammenschluss mit dem Gemeinsamen Markt vereinbar ist oder nicht (E-FKVO Art. 2). In beiden Fällen teilt sie ihre **Entscheidung** den beteiligten Unternehmen und den zuständigen Behörden der Mitgliedstaaten unverzüglich mit.

6.4 Gesetz gegen den unlauteren Wettbewerb (UWG)

Das Gesetz gegen den unlauteren Wettbewerb (UWG) schützt Mitbewerber, Verbraucher und sonstige Marktteilnehmer (z. B. Nachfrager, Anbieter) vor unlauterem Wettbewerb. Ein unverfälschter Wettbewerb liegt im Interesse der Allgemeinheit (UWG § 1). **Unlauterer Wettbewerb** liegt vor, wenn der Wettbewerb zum Nachteil der Mitbewerber, der Verbraucher oder der sonstigen Marktteilnehmer nicht unerheblich verfälscht wird. Unlautere Wettbewerbshandlungen sind generell unzulässig (**Generalklausel**, UWG § 3).

Beispiele unlauteren Wettbewerbs (UWG § 4)

- Durch *Ausübung von Druck* die Entscheidungsfreiheit der Verbraucher beeinträchtigen.
- *Ausnutzung der geschäftlichen Unerfahrenheit* und Leichtgläubigkeit insbesondere von Kindern oder Jugendlichen.
- *Angabe unklarer Bedingungen* für die Inanspruchnahme von Preisnachlässen, Zugaben, Geschenken, Preisausschreiben oder Gewinnspielen.
- Teilnahme an einem Preisausschreiben oder Gewinnspiel von dem Erwerb einer Ware oder der Inanspruchnahme einer Dienstleistung abhängig machen.
- *Verunglimpfung* von Kennzeichen, Waren, Dienstleistungen, Tätigkeiten oder persönlichen oder geschäftlichen Verhältnissen eines Mitbewerbers.
- *Behauptung und Verbreitung unwahrer Tatsachen* über die Waren, Dienstleistungen des Unternehmens eines Mitbewerbers oder über den Unternehmer oder ein Mitglied
- *Nachahmung* von Waren oder Dienstleistungen eines Mitbewerbers, wenn die dazu notwendigen Kenntnisse oder Unterlagen unredlich erlangt wurden.

Irreführende Werbung

Wer irreführend wirbt, handelt nach UWG § 5 unlauter. **Irreführende Werbung** liegt vor, wenn falsche Angaben gemacht werden über

- die Merkmale der Waren oder Dienstleistungen (z. B. Verfügbarkeit, Art, Zusammensetzung, Herstellung, Zwecktauglichkeit, Menge, Herkunft, Testergebnisse);
- den Anlass des Verkaufs, den Preis oder die Art der Preisberechnung und die Lieferungs- und Geschäftsbedingungen;
- die geschäftlichen Verhältnisse (z. B. Identität des Werbenden, seine Eigentumsrechte, seine Befähigung oder seine Auszeichnungen oder Ehrungen).

Mit der *Herabsetzung eines Preises* zu werben, ist irreführend, wenn der Preis nur für eine unangemessen kurze Zeit gefordert worden ist. Es ist irreführend, für eine Ware bzw. Dienstleistung zu werben, die nicht in *angemessener Menge* bzw. Kapazität zur Befriedigung der zu erwartenden Nachfrage vorgehalten ist. Angemessen ist im Regelfall ein *Vorrat für zwei Tage*.

Bei der Beurteilung, ob das *Verschweigen einer Tatsache* irreführend ist, ist insbesondere deren Bedeutung für die Entscheidung zum Vertragsschluss zu berücksichtigen.

Vergleichende Werbung

Vergleichende Werbung liegt vor, wenn unmittelbar oder mittelbar ein Mitbewerber oder die von ihm angebotenen Waren oder Dienstleistungen erkennbar gemacht werden (UWG § 6).

Vergleichende Werbung ist unlauter, wenn der Vergleich
- sich nicht auf Waren oder Dienstleistungen für den gleichen Bedarf oder dieselbe Zweckbestimmung bezieht,
- nicht objektiv auf eine oder mehrere wesentliche, relevante, nachprüfbare und typische Eigenschaften oder den Preis dieser Waren oder Dienstleistungen bezogen ist,
- im geschäftlichen Verkehr zu Verwechslungen zwischen dem Werbenden und einem Mitbewerber oder zwischen den von diesen angebotenen Waren oder Dienstleistungen oder den von ihnen verwendeten Kennzeichen führt,
- die Wertschätzung des von einem Mitbewerber verwendeten Kennzeichens in unlauterer Weise ausnutzt oder beeinträchtigt,
- die Waren, Dienstleistungen, Tätigkeiten oder persönlichen oder geschäftlichen Verhältnisse eines Mitbewerbers herabsetzt oder verunglimpft,
- oder eine Ware oder Dienstleistung als Imitation oder Nachahmung einer unter einem geschützten Kennzeichen vertriebenen Ware oder Dienstleistung darstellt.

Bei *Sonderangeboten* sind der Zeitpunkt des Beginns und des Endes des Angebots eindeutig anzugeben. Gilt das Angebot nur so lange, wie die Waren oder Dienstleistungen verfügbar sind, so ist darauf hinzuweisen.

Unzumutbare Belästigungen

Wer einen Marktteilnehmer in unzumutbarer Weise belästigt, der handelt unlauter (UWG § 7). Eine **unzumutbare Belästigung** ist insbesondere anzunehmen
- wenn erkennbar ist, dass der Empfänger diese Werbung nicht wünscht;
- bei einer Werbung mit Telefonanrufen gegenüber Verbrauchern ohne deren Einwilligung oder gegenüber sonstigen Marktteilnehmern ohne deren zumindest mutmaßliche Einwilligung;
- bei einer Werbung unter Verwendung von automatischen Anrufmaschinen, Faxgeräten oder elektronischer Post (E-Mail), ohne dass eine Einwilligung der Adressaten vorliegt;
- bei einer Werbung mit elektronischen Nachrichten, bei der die Identität des Absenders, in dessen Auftrag die Nachricht übermittelt wird, verschleiert oder verheimlicht wird oder bei der keine gültige Adresse vorhanden ist, an die der Empfänger eine Aufforderung zur Einstellung solcher Nachrichten richten kann.

Ungefragte Werbeanrufe sind tabu

Ein Versicherungsunternehmen darf einem Kunden nicht ungefragt telefonisch neue Angebote machen. Denn die Telefonwerbung ohne Einwilligung der Verbraucher [...] sei wettbewerbswidrig entschied das OLG Frankfurt [...]. Das Telefon-Werbeverbot gelte auch dann, wenn der Verbraucher bereits Kunde bei der Versicherungsgesellschaft sei. [...] Dagegen seien telefonische Angebote für neue Versicherungen oder auch nur inhaltliche Änderungen wie Vertragsverlängerung oder Ausweitung unzulässig. Mit der bloßen Angabe seiner Telefonnummer auf dem Vertragsformular gibt ein Kunde übrigens nicht seine Zustimmung für Werbeanrufe betonen die hessischen Oberlandesrichter.

(Quelle: dpa: Ungefragte Werbeanrufe sind tabu, in: Südwestpresse vom 02.01.2006, Seite 21)

Rechtsfolgen bei unlauteren Wettbewerbshandlungen

Überblick über die Rechtsfolgen	
Beseitigung und Unterlassung UWG § 8	Diese Ansprüche stehen jedem Mitbewerber, rechtsfähigen Verbänden zur Förderung des Wettbewerbs, Einrichtungen, die in die Liste qualifizierter Einrichtungen (z. B. Verbraucherorganisationen) eingetragen sind, und den Industrie- und Handelskammern oder den Handwerkskammern zu. Anspruch auf Unterlassung besteht bereits dann, wenn eine Zuwiderhandlung gegen das UWG droht.
Schadensersatz UWG § 9	Wer vorsätzlich oder fahrlässig gegen das UWG verstößt, ist den Mitbewerbern zum Ersatz des daraus entstehenden Schadens verpflichtet.
Gewinnabschöpfung UWG § 10	Wer vorsätzlich gegen das UWG verstößt und dadurch auf Kosten einer Vielzahl von Abnehmern einen Gewinn erzielt, kann auf Herausgabe dieses Gewinns beansprucht werden. Anspruchsberechtigt sind nur rechtsfähige Verbände, qualifizierte Einrichtungen und Industrie- und Handels- bzw. Handwerkskammern. Diese haben der zuständigen Bundesstelle Auskunft zu erteilen und auf Verlangen Rechenschaft abzulegen.

Die Anspruchsberechtigten sollen den Schuldner vor der Einleitung eines Gerichtsverfahrens **abmahnen** und ihm Gelegenheit geben, den Streit durch Abgabe einer **Unterlassungsverpflichtung** beizulegen. Hierzu dienen die Einigungsstellen bei den Industrie- und Handelskammern. Die Ansprüche **verjähren** in sechs Monaten, beginnend mit dem Zeitpunkt, in dem der Anspruchsberechtigte von der Zuwiderhandlung Kenntnis erlangt hat; unabhängig von der Kenntnis in drei Jahren.

Strafvorschriften

Verrat von Geschäftsgeheimnissen (hier ist bereits der Versuch strafbar, UWG § 17), **unbefugte Verwertung anvertrauter Vorlagen** (z. B. Zeichnungen, Modelle, Rezepte, UWG § 18) und das **Verleiten und Erbieten zum Verrat** (Bestechung, Bestechlichkeit, UWG § 19) werden *auf Antrag* verfolgt und mit Freiheits- und Geldstrafe bestraft.

Strafbare Werbung wird *von Amts wegen* verfolgt und mit Freiheitsstrafe bis zu zwei Jahren oder mit Geldstrafe bestraft. **Strafbare Werbung** betreibt nach § 16 UWG, wer

- in öffentlichen Bekanntmachungen oder in Mitteilungen für einen größeren Personenkreis durch unwahre Angaben irreführend wirbt, in der Absicht, den *Anschein eines besonders günstigen Angebots* hervorzurufen;
- Verbraucher zur Abnahme von Waren, Dienstleistungen oder Rechten veranlasst, indem er **besondere Vorteile verspricht**, wenn sie **andere zum Abschluss gleichartiger Geschäfte veranlassen**, die ihrerseits derartige Vorteile für eine entsprechende Werbung weiterer Abnehmer erlangen sollen **(Schneeballsystem)**. Seriöse Strukturvertriebssysteme wenden sich ausschließlich an selbstständige Absatzmittler, z. B. Handelsvertreter. Unseriöse Schneeballsysteme hingegen locken Verbraucher an, das Produkt selbst zu vertreiben und dazu eigene Vertriebsmitarbeiter aus dem Bekanntenkreis anzuwerben, die ihrerseits wieder Vertreter anwerben sollen, usw. Für deren Umsätze werden ihnen Provisionen versprochen. An jedem Verkauf verdienen also mehrere Personen (Pyramidenstruktur). Dabei wird massiv psychischer Druck ausgeübt und die Verschwiegenheit durch Vertragsstrafen abgesichert. Den Reibach machen nur die Initiatoren dieses Kettenverkaufs, da sie an allen Umsätzen beteiligt sind.

Lernfeld 11 — Gesamtwirtschaftliche Beziehungen und deren Einflüsse

ZUSAMMENFASSUNG

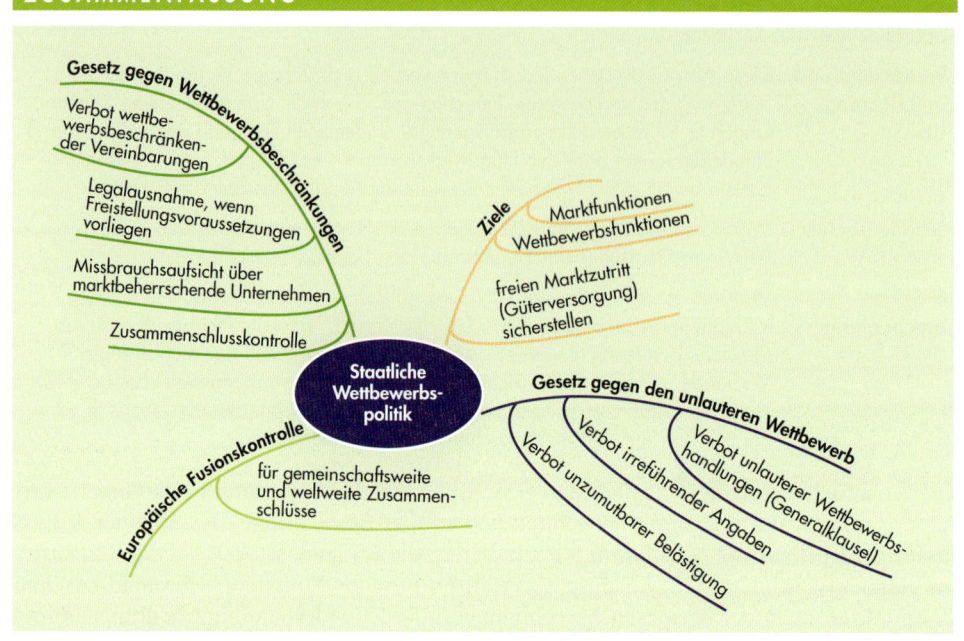

Staatliche Wettbewerbspolitik

- **Gesetz gegen Wettbewerbsbeschränkungen**
  - Verbot wettbewerbsbeschränkender Vereinbarungen
  - Legalausnahme, wenn Freistellungsvoraussetzungen vorliegen
  - Missbrauchsaufsicht über marktbeherrschende Unternehmen
  - Zusammenschlusskontrolle
- **Europäische Fusionskontrolle**
  - für gemeinschaftsweite und weltweite Zusammenschlüsse
- **Ziele**
  - Marktfunktionen
  - Wettbewerbsfunktionen
  - freien Marktzutritt (Güterversorgung) sicherstellen
- **Gesetz gegen den unlauteren Wettbewerb**
  - Verbot unlauterer Wettbewerbshandlungen (Generalklausel)
  - Verbot irreführender Angaben
  - Verbot unzumutbarer Belästigung

AUFGABEN

1. Welche Ziele verfolgt der Staat mit der Wettbewerbspolitik?
2. Wettbewerbsbeschränkende Vereinbarungen sind verboten.
   a) Führen Sie Beispiele für wettbewerbsbeschränkendes Verhalten an.
   b) Erläutern Sie die Freistellungsvoraussetzungen (Legalausnahmen) vom Verbot wettbewerbsbeschränkender Vereinbarungen.
   c) Erklären Sie den Grundsatz der Legalausnahme. Unter welchen Bedingungen gilt dieser Grundsatz?
   d) Unter welchen Voraussetzungen gilt die Legalausnahme für miteinander in Wettbewerb stehende Unternehmen und für Preisempfehlungen?
3. Die missbräuchliche Ausnutzung einer marktbeherrschenden Stellung ist verboten.
   a) Unter welchen Voraussetzungen liegt eine marktbeherrschende Stellung vor?
   b) Wann liegt ein Missbrauch der Marktbeherrschung vor?
   c) Erklären Sie in diesem Zusammenhang die Tatbestände der Diskriminierung, der unbilligen Behinderung und des Boykotts.
   d) Erläutern Sie Maßnahmen, mit denen die Kartellbehörden Wettbewerbsbeschränkungen entgegenwirken können.
4. Die Kartellbehörden kontrollieren Unternehmenszusammenschlüsse.
   a) Erläutern Sie die Aufgreifkriterien für die Zusammenschlusskontrolle.
   b) In welchen Fällen ist der Zusammenschluss zu untersagen (Eingreifkriterien)?
   c) Erklären Sie in diesem Zusammenhang das Instrument der Ministererlaubnis.
   d) Wann ist die Fusionskontrollverordnung der EU-Kommission anzuwenden?
5. Kartellverfahren finden auf nationaler oder europäischer Ebene statt.
   a) Skizzieren Sie den Ablauf des Kartellverfahrens.
   b) Skizzieren Sie den Ablauf des EU-Fusionskontrollverfahrens.

6 Auszüge aus der **Gruppenfreistellungsverordnung (EU) Nr. 330/2010 für vertikale Beschränkungen**

Artikel 2 Freistellung
(1) Nach Artikel 101 Absatz 3 AEUV und nach Maßgabe dieser Verordnung gilt Artikel 101 Absatz 1 AEUV nicht für vertikale Vereinbarungen. Diese Freistellung gilt, soweit solche Vereinbarungen vertikale Beschränkungen enthalten.
(5) Diese Verordnung gilt nicht für vertikale Vereinbarungen, deren Gegenstand in den Geltungsbereich einer anderen Gruppenfreistellungsverordnung fällt, es sei denn, dies ist in einer solchen Verordnung vorgesehen.

Artikel 3 Marktanteilsschwelle
(1) Die Freistellung nach Artikel 2 gilt nur, wenn der Anteil des Anbieters an dem relevanten Markt, auf dem er die Vertragswaren oder -dienstleistungen anbietet, und der Anteil des Abnehmers an dem relevanten Markt, auf dem er die Vertragswaren oder -dienstleistungen bezieht, jeweils nicht mehr als 30 % beträgt.

Artikel 10 Geltungsdauer
Diese Verordnung tritt am 1. Juni 2010 in Kraft. Sie gilt bis zum 31. Mai 2022. Diese Verordnung ist in allen ihren Teilen verbindlich und gilt unmittelbar in jedem Mitgliedstaat.

Auszüge aus der **Gruppenfreistellungsverordnung (EU) Nr. 461/2010 im Kraftfahrzeugsektor**

Artikel 2 Geltung der Verordnung (EG) Nr. 1400/2002
Nach Artikel 101 Absatz 3 AEUV gilt Artikel 101 Absatz 1 AEUV vom 1. Juni 2010 bis zum 31. Mai 2013 nicht für vertikale Vereinbarungen, die die Bedingungen betreffen, unter denen die beteiligten Unternehmen neue Kraftfahrzeuge beziehen, verkaufen oder weiterverkaufen dürfen, und die die in der Verordnung (EG) Nr. 1400/2002 festgelegten Freistellungsvoraussetzungen erfüllen …

Artikel 3 Anwendung der Verordnung (EU) Nr. 330/2010
Ab dem 1. Juni 2013 gilt die Verordnung (EU) Nr. 330/2010 für vertikale Vereinbarungen über den Bezug, Verkauf oder Weiterverkauf neuer Kraftfahrzeuge.

Artikel 4 Freistellung
Nach Artikel 101 Absatz 3 AEUV und nach Maßgabe dieser Verordnung gilt Artikel 101 Absatz 1 AEUV nicht für vertikale Vereinbarungen, die die Bedingungen betreffen, unter denen die beteiligten Unternehmen Kraftfahrzeugersatzteile beziehen, verkaufen oder weiterverkaufen oder Instandsetzungs- und Wartungsdienstleistungen für Kraftfahrzeuge erbringen dürfen, und die die Freistellungsvoraussetzungen der Verordnung (EU) Nr. 330/2010 erfüllen …

Artikel 6 Nichtanwendung dieser Verordnung
Nach Artikel 1a der Verordnung Nr. 19/65/EWG kann die Kommission durch Verordnung erklären, dass in Fällen, in denen mehr als 50 % des relevanten Marktes von parallelen Netzen gleichartiger vertikaler Beschränkungen abgedeckt werden, die vorliegende Verordnung auf vertikale Vereinbarungen, die bestimmte Beschränkungen des Wettbewerbs auf diesem Markt enthalten, keine Anwendung findet.

Artikel 8 Geltungsdauer
Diese Verordnung tritt am 1. Juni 2010 in Kraft. Sie gilt bis zum 31. Mai 2023. Diese Verordnung ist in allen ihren Teilen verbindlich und gilt unmittelbar in jedem Mitgliedstaat.

a) Informieren Sie sich mithilfe des Internets über wesentliche Inhalte der Gruppenfreistellungsverordnung im Kraftfahrzeugsektor (EU-Verordnung Nr. 461/2010 vom 27. Mai 2010).
b) Inwiefern kann eine Gruppenfreistellungsverordnung (GVO) wettbewerbsfördernd wirken?

Lernfeld 11 — Gesamtwirtschaftliche Beziehungen und deren Einflüsse

7 a) Beschreiben Sie den Zweck des UWG.
   b) Erklären Sie den Begriff unlauterer Wettbewerb. Geben Sie Beispiele an.
   c) Unterscheiden Sie zwischen irreführender und strafbarer Werbung.
   d) Unter welchen Voraussetzungen ist die vergleichende Werbung erlaubt?
   e) Wann liegt eine unzumutbare Belästigung vor? Geben Sie einige Beispiele.
   f) Welche Rechtsfolgen können unlautere Wettbewerbshandlungen haben?
   g) Welche Wettbewerbshandlungen sind auf Antrag, welche von Amts wegen strafbar?

8 Beurteilen Sie die folgenden Fälle anhand des UWG und begründen Sie jeweils Ihre Entscheidung, ob unlauterer Wettbewerb vorliegt (mit Angabe des entsprechenden Paragraphen):
   a) Auf dem Briefbogen der Mechanikerwerkstatt Maier KG ist ein großer Fabrikkomplex abgebildet.
   b) Großhändler Munding erzählt dem Fabrikanten Scholz, die Metallwarenfabrik Groß KG sei pleite. Er habe heute seine Forderungen beim Insolvenzverwalter angemeldet.
   c) Handelsvertreter Huber schenkt der Chefsekretärin Lohnse der Lackfabrik AG eine Krokodillederhandtasche und bittet sie, ein gutes Wort für ihn einzulegen.
   d) Kaufmann Rommel sagt seinem Auszubildenden Hartmann, er solle doch über seinen Klassenkameraden Färber in der Berufsschule versuchen, die Lieferanten und die Einkaufspreise von dessen Ausbildungsbetrieb zu erfahren.
   e) Ein Hersteller lässt in Italien Geräte herstellen, auf welche er „Made in Germany" aufkleben lässt.
   f) Ziegelei Motzer KG inseriert: „Größter Dachziegelhersteller Süddeutschlands".
   g) Autozubehörhandlung Gruber KG schreibt: „Wechseln Sie jetzt das Motoröl! Fragen Sie nach Gruber-Super-Öl; es gibt kein besseres!"
   h) Herr Braun erzählt seiner Stammtischrunde, sein neuer Pkw sei wegen verschiedener Fabrikationsmängel in den ersten 14 Tagen fünfmal zur Reparatur gewesen.
   i) Großhandlung Meyer GmbH wirbt in der Eisenwarenfachzeitschrift: „Unsere Waren sind billiger und schöner als die Waren unserer Konkurrenzfirma Schuber KG."
   j) Anzeige in einer Tageszeitung: „Wir haben die schönsten Biergläser! Vergleichen Sie!"
   k) Aus einem Werbebrief: „Wir haben 20 Mio. € Umsatz im Jahr! Diese Tatsache zeigt, dass unsere Kunden Vertrauen zu unseren Waren haben." Der tatsächliche Umsatz beträgt jedoch nur 2 Mio. €.

2. Teil:
Jahrgangsstufe 3

Lernfeld 5

Lernfeld 6

Lernfeld 9

Lernfeld 12

Schwerpunkt Betriebswirtschaft
Lernfeld 5: Marketing planen, durchführen und kontrollieren

1 Grundlagen des Marketing

PROBLEM

Testmärkte als Möglichkeiten der Konsumforschung

Haßloch in der Pfalz hat ca. 20 000 Einwohner und ist der einzige Ort in Deutschland, in dem die Nürnberger Gesellschaft für Konsumforschung (GfK) untersucht, ob ein Produkt, das neu auf den Markt kommen soll, eine Chance hat oder nicht. Stellvertretend für alle Konsumenten in Deutschland entscheiden die Haßlocher, was künftig im deutschen Handel angeboten wird und was nicht. In Haßloch kann es also passieren, dass beim Einkaufen ein Produkt im Wagen liegt, das es sonst nirgendwo anders in Deutschland gibt.

Etwa 3 000 Haushalte in Haßloch haben eine GfK-Kundenkarte, die aussieht wie eine Kreditkarte. Die Haushalte sind so ausgewählt, dass sie repräsentativ für die deutsche Gesellschaft sind. Bei jedem Einkauf in den Läden der Stadt legt jeder dieser ausgewählten Haushalte seine GfK-Karte vor. Damit wird das ganze Jahr über registriert, was im Einkaufswagen gelandet ist. So kann die GfK auswerten, welche der Artikel, die sie zum Test im Laden positioniert hat, gekauft werden. Die Testprodukte werden dabei unauffällig zwischen die anderen Produkte gestellt, damit die Konsumenten nicht wahrnehmen, dass es sich um ein Testprodukt handelt. Selbstverständlich werden die Kundendaten anonym behandelt. Sind die Produkte auf dem Testmarkt nicht erfolgreich, erscheinen sie nie in den Regalen der anderen Märkte in Deutschland.

Neben der GfK-Kundenkarte ist die Fernsehwerbung das zweite wichtige Instrument bei der Konsumforschung. 2 000 der 3 000 Testhaushalte haben neben ihrem Fernsehgerät einen speziellen Decoder stehen, mit dem es möglich ist, neben den normalen Werbeblöcken der öffentlichen und privaten Sender auch spezielle Spots nur für diese Testprodukte zu senden. Vergleicht man nun das Einkaufsverhalten der 2 000 Haushalte mit den 1 000 anderen Haushalten, kann man ermitteln, welche Wirkung die Werbefilme auf das Kaufverhalten der Konsumenten erzielt haben. Anschließend kann dann die GfK ihren Kunden empfehlen, für ein neues Produkt Fernsehwerbung zu machen oder nicht.

Die GfK hat im Schnitt zehn bis zwölf Aufträge, die zeitgleich auf dem Testmarkt laufen. Die Tests können zwischen 80 000,00 und 300 000,00 € kosten. Wichtig ist den Auftraggebern die Erkenntnis, ob es einem Produkt gelingt, dauerhaft von den Konsumenten gekauft zu werden. Bei Joghurts kann man diese Erkenntnis schneller gewinnen als bei Waschmitteln, weil Joghurts schneller verbraucht und wieder gekauft werden als Waschmittel. Bei Waschmitteln dauert die Testperiode länger, dementsprechend teurer ist der Test.

Beschreiben Sie, wie die GfK auf einem Testmarkt Konsumforschung betreibt.

1.1 Marketing als Unternehmensstrategie

Die Ursprünge des Marketings findet man zu Beginn des 20. Jahrhunderts. Ausgangspunkt waren die Probleme der Unternehmen bei der Distribution von Produkten. Marketing war zu dieser Zeit also eine rein auf den Vertrieb von Produkten ausgerichtete Unternehmensfunktion.

Ab den 60er-Jahren des vergangenen Jahrhunderts gewinnt der Unternehmensbereich Marketing auch außerhalb des Vertriebsbereichs immer mehr an Gewicht. Ursache ist die Wandlung der Märkte von Verkäufermärkten hin zu Käufermärkten. Es gilt nicht mehr eine unterversorgte Bevölkerung mit dringend notwendigen Gütern zu versorgen, sondern der Markt wird im Gegenteil zum Engpass: Ein Überangebot an Gütern trifft auf gesättigte Märkte; nicht der Verkäufer, sondern der Käufer nimmt auf diesen Märkten eine dominierende Stellung ein.

Durch die Gegebenheiten auf diesen Märkten werden die Unternehmen zu einem Umdenken gezwungen; weg vom produktionsorientierten, hin zum marktorientierten Denken. Marketing ist seit dieser Zeit nicht mehr nur eine Unternehmensfunktion, sondern neben dem Controlling, dem Qualitätsmanagement, der Personalführung usw. eines der zentralen Konzepte der Unternehmensführung geworden, das sämtliche Unternehmensfunktionen durchdringt. Marketing wird damit zu einer der strategischen Verhaltensweisen der Unternehmen, die maßgeblich die Kernprozesse des Unternehmens beeinflussen und formen.

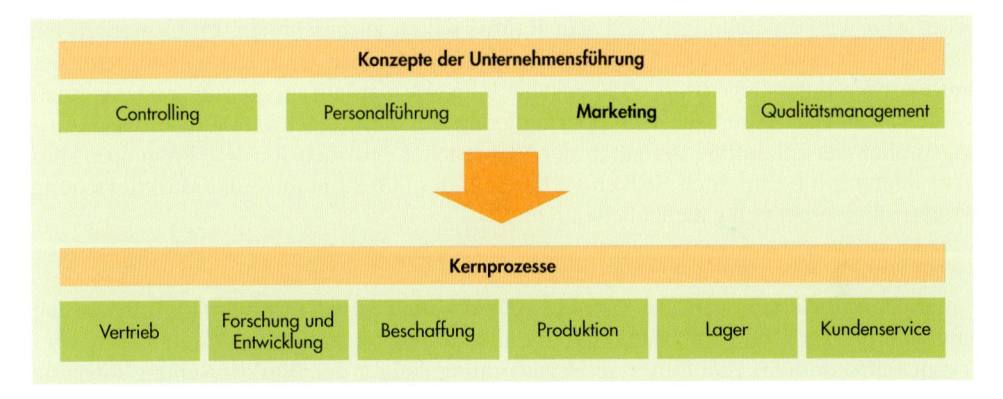

Konzepte der Unternehmensführung

Controlling | Personalführung | **Marketing** | Qualitätsmanagement

↓

Kernprozesse

Vertrieb | Forschung und Entwicklung | Beschaffung | Produktion | Lager | Kundenservice

Unter einer Unternehmensstrategie versteht man die langfristige Vorgehensweise eines Unternehmens unter Beachtung bestimmter Umweltbedingungen (Kunden, Konkurrenten, Staat …). Marketing als Unternehmensstrategie ist die Ausrichtung des Unternehmens am Markt (Marktorientierung). Vor allem die Kernprozesse im Unternehmen sind unter dem Aspekt der Marktorientierung zu überprüfen. Bei Interessenskonflikten sind marktorientierte Prioritäten festzulegen.

Inwieweit Marketing als Unternehmensstrategie sich in einem Unternehmen durchgesetzt hat, kann man u. a. an folgenden Merkmalen erkennen:

- Wie stark sucht das Unternehmen den Dialog mit den Kunden?
- Produziert das Unternehmen kundengerechte Produkte?
- Wie gut ist der Kundenservice im Unternehmen?
- Ist der Vertriebsweg kundennah?
- Hat das Unternehmen eine prozessorientierte Vertriebsstruktur?

1.2 Marketing als Unternehmensfunktion

Marketing ist aber nicht nur eine strategische Verhaltensweise im Unternehmen, sondern darüber hinaus auch eine Unternehmensfunktion, wie bspw. Finanzierung, Personal, Einkauf. Dabei sollte jedes Unternehmen ein ganz individuelles Konzept entwickeln, welche Ziele es mit den Maßnahmen des Marketing erreichen will und welche Instrumente es dafür einsetzen möchte (Marketingkonzept). Für die Entwicklung eines **Marketingkonzepts** im Rahmen der Unternehmensfunktion Marketing muss ein Unternehmen folgende Vorgehensweise in der angegebenen Reihenfolge beachten:

- Sammeln und Auswerten von Daten im Rahmen der Marktforschung
- Erstellen von Marktprognosen auf der Basis der Marktforschung
- Festlegung der Marketingziele
- Entwicklung der Marketingstrategien
- Einsatz der Instrumente des Marketing zur Verwirklichung der Ziele und Strategien
- Kontrolle und Feedback der Marketingmaßnahmen und -ergebnisse

1.2.1 Möglichkeiten und Ziele der Marktforschung

Alle Kernmärkte (Automobil, Telekommunikation, Textil, Nahrungsmittel usw.) sind gesättigte Märkte, der Kunde wählt aus einem Überangebot an Gütern und Dienstleistungen dasjenige aus, das seinen Bedürfnissen und Wünschen am ehesten entspricht. Unternehmen sind deshalb gezwungen, sich Informationen über den Kunden, seine Produktwünsche, seine Preisvorstellungen und sein Kaufverhalten zu beschaffen. Problematisch ist, dass die Informationen der Marktforschung beispielsweise über Produktwünsche der Verbraucher in der Gegenwart erhoben, aber teilweise erst Jahre später umgesetzt werden können. Auf der Grundlage von Informationen aus der Gegenwart müssen also Aussagen über das zukünftige Verhalten der Verbraucher getroffen werden. Prognosen sind aber immer mit bestimmten Risiken verbunden, deshalb kann auch die Marktforschung Marktrisiken nicht völlig ausschließen.

Formen der Marktforschung

Unter Marktforschung versteht man die systematische Suche, Sammlung, Aufbereitung und Interpretation von Informationen, die für die Erschließung von Absatzmärkten relevant sein könnten. Zur Informationsgewinnung stehen der Marktforschung folgende Formen zur Verfügung:

- Die **Marktanalyse** ist eine einmalige Untersuchung des Marktes zu einem ganz bestimmten Zeitpunkt (Beispiel: Datenerhebung zum 31.12. eines bestimmten Jahres). Mit ihrer Hilfe können beispielsweise Aussagen über die Marktstellung des Unternehmens (Marktanteil, Zahl der Kunden, Umsatz) zu einem bestimmten Zeitpunkt getroffen werden.
- Die **Marktbeobachtung** ist eine fortlaufende Untersuchung des Marktes über einen längeren Zeitraum hinweg. Mit der Marktbeobachtung können ebenfalls Aussagen über die Marktstellung, ihre Entwicklung im Laufe der Zeit (Umsatzentwicklung, Entwicklung der Marktanteile, Entwicklung der Zahl der Kunden), aber auch Veränderungen im Kundenverhalten und neue Trends aufgezeigt werden.

Eine unsystematische Untersuchung des Marktes durch spontane Kundenbefragungen ohne gezielte Auswahl und ohne gezielte Auswertung der Ergebnisse ist keine Marktforschung.

Anforderungen an die Informationsgewinnung im Rahmen der Marktforschung:

1. Ziel der Marktforschung ist es nicht, alle erdenklichen Informationen zu gewinnen, sondern nur die für die Entscheidung relevanten Informationen.
2. Ganz wichtig ist, dass Informationen, die als Entscheidungsgrundlage verwendet werden, aktuell sind.
3. Kosten und Nutzen der Erhebung und der Auswertung der Informationen müssen in einem angemessenen Verhältnis zum Ergebnis stehen.
4. Marktforschung muss garantieren, dass die erhobenen Informationen genau den zu untersuchenden Sachverhalt betreffen (Validität).
5. Die Erhebung der Daten muss zuverlässig sein, d.h., dass eine wiederholte Untersuchung des Sachverhaltes unter gleichen Bedingungen zum gleichen Ergebnis führen würde.
6. Informationen können im Rahmen einer Vollerhebung oder einer Teilerhebung gewonnen werden. Da eine Vollerhebung aus wirtschaftlichen und zeitlichen Gründen in aller Regel nicht möglich ist, kommt in der Praxis nur eine Teilerhebung in Betracht. Dabei muss genau darauf geachtet werden, dass diese Auswahl ein getreues Abbild der Gesamtheit abgibt, d.h., die Teilerhebung muss repräsentativ sein.

Gegenstand der Marktforschung

Der Erhebungsgegenstand der Marktforschung kann das Objekt (das Gut, das verkauft werden soll), aber auch das Subjekt (der Kunde) sein. Je nachdem, welchen Erhebungsgegenstand die Marktforschung zum Thema hat, handelt es sich um ökoskopische oder demoskopische Marktforschung.

Ökoskopische Marktforschung

Die ökoskopische Marktforschung untersucht den Markt und die Produkte. Dieser Teil der Marktforschung ist objektbezogen und geht von den tatsächlichen Verhältnissen am Markt oder im Unternehmen aus. Ökoskopische Marktforschung erhebt zwei verschiedene Arten von Daten:

1. Kennzahlen über das Unternehmen und den Markt, auf dem es tätig ist:

- Marktpotenzial: Maximale Aufnahmefähigkeit des Marktes
- Marktvolumen: Tatsächlicher Absatz aller Unternehmen
- Absatzpotenzial: Maximal möglicher Absatz eines Unternehmens
- Absatzvolumen: Tatsächlicher Absatz eines Unternehmens
- Marktanteil: Eigener Absatz · 100 : Marktvolumen
- Relativer Marktanteil: Eigener Marktanteil · 100 : Marktanteil des stärksten Konkurrenten (Marktführer)
- Marktsättigung: Marktvolumen · 100 : Marktpotenzial

2. Daten über gegenwärtige Stärken und Schwächen des Unternehmens oder seiner Leistungen (Standort, Kundenorientierung und Kundendienst, Qualifikation der Mitarbeiter, Know-how etc.).

Erhebung ökoskopischer Daten auf internationalen Märkten

War in der Vergangenheit die Internationalisierung der Geschäftstätigkeit nur bei Großunternehmen anzutreffen, ist durch die zunehmende Globalisierung immer mehr auch die mittelständische Wirtschaft zu einer Internationalisierung ihrer Beschaffungs- und Absatzbemühungen gezwungen. Ursache dieser Globalisierungswelle sind die allgemeinen Zoll- und Handelserleichterungen, die unter Mitarbeit der WTO zustande kamen, die neuen Möglichkeiten der Kommunikation und nicht zuletzt die Errungenschaften der modernen Logistik, die zu einer erheblichen Verbilligung der weltweiten Transporte geführt haben.

Am Beginn dieser Bemühungen um eine Internationalisierung der Geschäfte steht die Erschließung und Bearbeitung neuer Ländermärkte. Voraussetzung für die Erschließung von Märkten ist die Gewinnung und Verarbeitung von relevanten Informationen über diese Märkte. Diese Informationsphase ist wegen des größeren Risikos auf ausländischen Märkten besonders wichtig. Im Unternehmen übernimmt diese Aufgabe die internationale Marktforschung.

Vor einem möglichen Markteintritt in ein neues Land muss die internationale Marktforschung zuerst Daten über das Land bzw. den potenziellen Markt erheben (**ökoskopische Daten**); es werden Informationen über politische Verhältnisse, das Rechtssystem, über wirtschaftliche Verhältnisse u. a. über diese Länder beschafft. Zeigen sich bei der Analyse dieser Basisdaten gravierende Mängel, z. B. ein nicht nachvollziehbares oder nicht vorhandenes Rechtssystem, muss von einem Markteintritt abgeraten werden. Informationen über folgende Merkmale gelten als grundlegend für die Erstellung einer Länderanalyse:

1. Kulturelle Umwelt

Unter Kultur versteht man die Summe der kollektiven Verhaltensweisen/-muster eines Landes, die über Generationen weitergegeben werden. Dazu zählen u. a. die Sprache/n des jeweiligen Landes, die Ausprägung des Nationalbewusstseins, das Sozialverhalten (z. B.: Rollenverteilung von Mann und Frau), die Religion/en (z. B.: Einfluss der Religion auf das Konsumverhalten) und die Konventionen in einem Land (z. B.: länderspezifische Tier- und Farbsymbole, Statussymbole usw.).

2. Politische Umwelt

Dabei sind u. a. folgende Fragen zu klären: Welches politische System ist in dem Land vorherrschend? Wie stark ist die Verankerung dieses politischen Systems? Ist dieses politische System weltweit anerkannt oder wurden gegen dieses System Sanktionen erhoben?

3. Rechtliche Umwelt

Unter der Rechtsordnung eines Staates versteht man die Gesamtheit aller schriftlich fixierten Rechtsnormen sowie der gewohnheitsrechtlichen Regelungen. In verschiedenen Ländern gibt es teilweise erhebliche Unterschiede in den zugrunde liegenden Rechtsordnungen. Beispielsweise liegt der amerikanischen und der englischen Rechtsprechung das sogenannte Fallrechtssystem zugrunde. In den meisten europäischen Staaten (u. a. in Deutschland, Frankreich, Italien) gibt es ein kodifiziertes Rechtssystem. Neben dieser Analyse der grundlegenden Rechtsvorschriften ist es für ein Unternehmen wichtig, noch weitergehende Informationen über unternehmensrelevante Rechtsvorschriften wie Gesellschafts-, Arbeits-, Sozial-, Steuer-, Währungs-, Außenwirtschafts- und Wettbewerbsrecht zu erhalten.

4. Ökonomische Umwelt

Die ökonomischen Daten sollen vor allem Auskunft über die Größe und die Eigenschaften eines Marktes geben (Marktvolumen/-potenzial). Indikatoren dafür sind u. a.: Bevölkerungszahl und -wachstum, Bruttoinlandsprodukt/Kopf, Pro-Kopf-Einkommen, Einkommensverteilung, protektionistische Maßnahmen dieses Landes (Subventionen, Importbeschränkungen, Schutzzölle, Antidumpingmaßnahmen usw.), Mitgliedschaft in einer Wirtschaftsvereinigung (EU, NAFTA usw.), Zahlungsbilanz, Währungskonvertibilität, Inflationsrate.

5. Natürliche Umwelt

Dazu zählen vor allem die topografischen Gegebenheiten (Seen, Gebirge, Wüsten, die Größe des Landes und seine Entfernungen usw.), klimatische Gegebenheiten, Ressourcenausstattung, die vorhandene Infrastruktur (Verkehrsnetz, soziale Einrichtungen usw.), Kommunikationsmöglichkeiten und die Energieversorgung.

Demoskopische Marktforschung

Die demoskopische Marktforschung untersucht hauptsächlich die demoskopischen Merkmale der Kunden sowie ihre Einstellungen und ihr Kaufverhalten. Diese Form der Marktforschung ist subjektbezogen, d.h. sie richtet sich auf die Person des Kunden. Zur Ermittlung der Informationen über das Kaufverhalten der Kunden werden soziologische und psychologische Methoden der Marktforschung angewandt:

- Demografische Merkmale der Kunden: Alter, Geschlecht, Familienstand, Einkommen, Beruf, Haushaltsgröße, Wohnort etc.
- Informationen über das Kaufverhalten: Kaufgewohnheiten (Zeitpunkt und Ort des Kaufs, Art des Geschäfts), Kaufgewohnheiten, Lebensstil, Einstellungen etc.

Erhebung demoskopischer Daten von internationalen Märkten

Ein Ansatzpunkt hierfür ist die Fragestellung, inwieweit Konsumentenbedürfnisse in allen Ländern auf der Welt gleich sind, was zur Folge hätte, dass ein einheitliches Marketing (Produkt-, Preis-, Kommunikationspolitik usw.) möglich wäre. Sind die Konsumentenbedürfnisse dagegen unterschiedlich, ist auch ein differenziertes Vorgehen im Marketing notwendig. Die Marketingpraxis zeigt, dass die Bedürfnisse der Verbraucher je nach Produktbereich sehr differenziert sind. Beispielsweise sind die Bedürfnisse bei langfristigen Konsumgütern nahezu identisch, während bei Nahrungsmitteln die Geschmäcker sehr verschieden sind, was ein globales Marketing nicht einfach macht. Trotz stärkerem Zusammenwachsen der Länder, beispielsweise in der EU, zunehmender Mobilität und verbesserten Kommunikationsmöglichkeiten wird die Vielfalt und Unterschiedlichkeit der Konsumentenbedürfnisse in den einzelnen Ländern auf absehbare Zeit bestehen bleiben.

In den einzelnen Ländern gibt es allerdings verschiedene Verbrauchertypen (Aufsteiger, Trendsetter, Traditionalisten usw.), deren Konsumverhalten länderübergreifend ähnlich ist. Im Marketing werden deshalb oft länderübergreifende Konsumententypen gebildet, auf die die Unternehmen ihre Produkte, Preise usw. ausrichten. Aufgrund der individuellen und länderspezifischen Kundenbedürfnisse ist eine globale Marketingstrategie deshalb oft nicht erfolgreich.

Methoden der Marktforschung

Bei den Methoden der Marktforschung geht es um die Art und Weise, wie Informationen beschafft werden. Hier werden die Methoden Primär- und Sekundärforschung unterschieden.

Sekundärforschung

Im Rahmen der Sekundärforschung werden Informationen durch die Beschaffung, Zusammenstellung und Auswertung von bereits vorhandenem Datenmaterial gewonnen. Damit ist Sekundärforschung Quellenforschung mit fast unbegrenztem Datenmaterial aus unternehmensinternen und -externen Quellen.

Die Vorteile der Sekundärforschung liegen auf der Hand. Die Informationen sind sehr schnell und kostengünstig zu beschaffen. Insbesondere durch das Internet stehen Sekundärdaten unmittelbar, in der Regel kostenlos und in fast unbegrenztem Umfang zur Verfügung.

Trotz ihrer unbestreitbaren Vorteile gibt es auch gravierende Nachteile der Sekundärforschung. Den Daten fehlt die Aktualität, sie sind in aller Regel nicht für die spezifischen Wünsche eines Unternehmens zu verwenden und es fehlt die Sicherheit bezüglich der Art der Erhebung der Daten, der Auswahl der zu befragenden Personen (repräsentative Menge) und die Validität der Informationen.

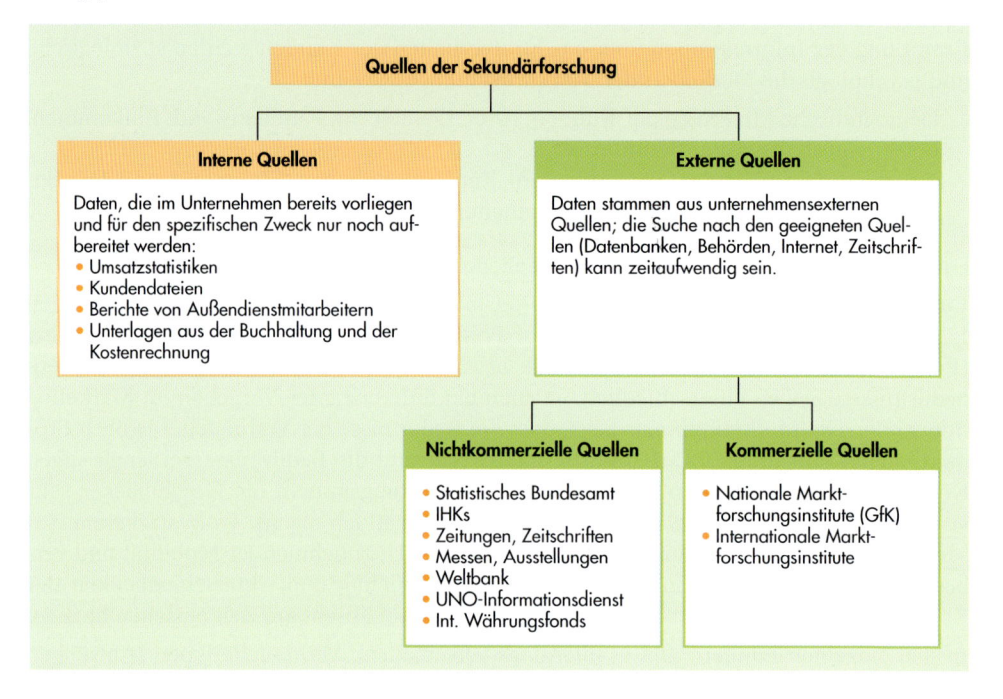

Quellen der Sekundärforschung

Interne Quellen

Daten, die im Unternehmen bereits vorliegen und für den spezifischen Zweck nur noch aufbereitet werden:
- Umsatzstatistiken
- Kundendateien
- Berichte von Außendienstmitarbeitern
- Unterlagen aus der Buchhaltung und der Kostenrechnung

Externe Quellen

Daten stammen aus unternehmensexternen Quellen; die Suche nach den geeigneten Quellen (Datenbanken, Behörden, Internet, Zeitschriften) kann zeitaufwendig sein.

Nichtkommerzielle Quellen
- Statistisches Bundesamt
- IHKs
- Zeitungen, Zeitschriften
- Messen, Ausstellungen
- Weltbank
- UNO-Informationsdienst
- Int. Währungsfonds

Kommerzielle Quellen
- Nationale Marktforschungsinstitute (GfK)
- Internationale Marktforschungsinstitute

Primärforschung

Im Rahmen der Primärforschung werden neue, bisher noch nicht bekannte Daten vom Markt gewonnen. Die Datenerhebung wird im Regelfall von Marktforschungsinstituten durchgeführt. Die Methoden der Primärforschung sind im internationalen und im nationalen Rahmen identisch (Befragung, Beobachtung, Experiment), allerdings ist die Erhebung der Daten aus fremden Ländern erheblich aufwendiger.

Vorteile der Primärforschung

Die Daten sind aktuell, für den speziellen Unternehmenszweck erhoben und die Sicherheit der Daten bezüglich der Art der Erhebung, der Auswahl der zu befragenden Personen und der Validität ist durch die Auftragserteilung an ein etabliertes Marktforschungsinstitut gewährleistet.

Nachteile der Primärforschung

Im Vergleich zu den Daten, die im Rahmen der Sekundärforschung erhoben werden, sind die Primärdaten ungleich teurer zu erheben. Zusätzlich dauern die Erhebung und die

Auswertung deutlich länger, was zur Folge hat, dass bei dringend ansehenden Entscheidungen die Primärdaten nicht sofort zur Verfügung stehen.

Methoden der Primärforschung

1. Befragung

Die Befragung ist die bekannteste und am weitesten verbreitete Methode der Gewinnung von Primärdaten. Im Rahmen von Befragungen sollen ausgewählte Personen zu bestimmten Sachverhalten Auskunft geben. Diese Befragungen können in mündlicher (Interview), schriftlicher oder in telefonischer Form durchgeführt werden. Alle Formen der Befragung können mit vorformulierten Fragen auf Fragebögen (standardisiertes Interview) oder im freien Gespräch durchgeführt werden. Werden die Daten standardisiert erhoben, handelt es sich um geschlossene Fragen, d.h., der Befragte kann nur eine oder mehrere Antwortmöglichkeiten (Skalierung) ankreuzen.

Eine Sonderform ist das Panel. Im Rahmen eines Panels wird ein immer gleichbleibender Kreis von Personen, Unternehmen oder Einkaufsstätten in regelmäßigen Abständen zum gleichen Thema befragt. Ziel der Paneluntersuchungen ist die Erforschung von Verhaltens- oder Meinungsänderungen im Zeitablauf. Ein bekanntes und sehr stark beachtetes Panel ist das Haushaltspanel, bei dem ein repräsentativer Kreis an Haushalten regelmäßig über ihre Einkäufe (Menge, Art, Geschäft etc.) befragt werden. Ergebnisse des Panels werden bei den Aussagen zur künftigen und gegenwärtigen Konjunkturentwicklung verwendet.

Vor- und Nachteile der schriftlichen, mündlichen und telefonischen Befragung		
Schriftliche Befragung	**Mündliche Befragung**	**Telefonische Befragung**
Vorteile:	**Vorteile:**	**Vorteile:**
Ein großes Gebiet kann abgedeckt werden. Es entstehen geringe Kosten. Diese Befragung ist i.d.R. standardisiert, deshalb entfallen die Möglichkeiten der Beeinflussung durch den Inerviewer	Höhere Erfolgsquote als bei der schriftlichen Befragung Es kann auf die spezielle Befragungssituation besser eingegangen werden. Zusätzliche Informationen können durch spontane Reaktionen erzielt werden	Im Vergleich zur mündlichen Befragung ist die telefonische Befragung sehr kurzfristig einsetzbar und viel kostengünstiger.
Nachteile:	**Nachteile:**	**Nachteile:**
• Die Rücklaufquote ist in aller Regel viel zu niedrig. Deshalb ist die Befragung nicht mehr repräsentativ. • Es kann nicht sichergestellt werden, dass eine bestimmte Person die Fragen beantwortet. • Bestimmte Reaktionen (Emotionen, spontane Reaktionen) können nicht erfasst werden.	• Es entstehen höhere Kosten. • Im Rahmen eines Interviews können verfälschende Beeinflussungen des Interviewers nicht ausgeschlossen werden.	• Mangelnde Bereitschaft der Befragten, am Telefon Auskunft zu geben. • Der Befragte ist in aller Regel nicht bereit, längere Befragungen am Telefon über sich ergehen zu lassen, deshalb sind nur bestimmte Befragungsthemen möglich.

Die klassische schriftliche Befragung über an Haushalte verschickte Fragebögen kann mittlerweile durch Internetbefragungen ergänzt oder zukünftig auch ersetzt werden. Diese Art der Befragungen sind kostengünstiger als konventionelle Umfragen. Zusätzlich ist die Rücklaufquote höher. Eine derartige Onlinemarktforschung läuft folgendermaßen ab:

1. Das Marktforschungsinstitut sucht im Internet Personen, die an regelmäßigen Befragungen teilnehmen möchten.
2. Teilnehmer melden sich unter Angabe von Geschlecht, Alter, Bildungsgrad usw.
3. Das Marktforschungsinstitut wählt Personen aus und stellt eine repräsentative Auswahl zusammen.
4. Die betreffenden Personen werden angemailt und erklären ihre Bereitschaft, an den Befragungen teilzunehmen.
5. Danach beginnen die ersten Befragungen zu bestimmten Themen.
6. Die versendeten Fragebögen werden dann zuerst auf Plausibilität untersucht und anschließend ausgewertet.

2. Beobachtung

Unter Beobachtung versteht man die systematische Erfassung von sinnlich wahrnehmbaren Sachverhalten durch Personen oder technische Hilfsmittel (z. B. Kameras). Beobachtet werden kann zum Beispiel das Verhalten von Konsumenten beim Kauf von Waren im Supermarkt. Einstellungen, Meinungen, Präferenzen oder Verhaltensabsichten lassen sich mit der Beobachtung nicht ermitteln. Der wesentliche Vorteil der Beobachtung ist, dass Abläufe und Geschehnisse spontan erfasst werden, der Beobachtete weiß nicht, dass er beobachtet wird und verändert sein Verhalten nicht.

Beobachtungen allein genügen in der Regel nicht, um beispielsweise ausreichend Informationen über das Kaufverhalten oder die entscheidenden Kriterien für den Kauf zu ermitteln. Oft müssen Befragungen zusätzlich durchgeführt werden. Beobachtungen führen nur zu weiteren, zusätzlichen Informationen.

3. Experiment

Das Experiment ist eine weitere Methode der Primärforschung, bei der ein bestimmter Sachverhalt unter genau gleichen Umweltbedingungen (z. B. gleiche Personen, gleiche Zeit, gleiche Umgebung) mehrfach untersucht wird. Der zu untersuchende Sachverhalt wird bei jeder Befragung ein wenig verändert.

Beispiel: Eine ausgewählten Zielgruppe wird ein Wochenende in ein Hotel eingeladen. Dort werden ihr verschiedene Varianten von Verdecken für Cabrios gezeigt und ihre Meinung dazu eingeholt.

Ziele der Marktforschung

1. Aus der Fülle der Informationen die für das Unternehmen relevanten Informationen herausfiltern (Informationsanalyse).
2. Risiken auf nationalen und internationalen Märkten frühzeitig zu erkennen (Risikoanalyse).
3. Chancen und Entwicklungen auf den Märkten entdecken (Perspektivanalyse).

1.2.2 Bildung von Marktsegmenten

Ein Gesamtmarkt setzt sich aus einer Vielzahl von Konsumenten zusammen, deren Bedürfnisse und Wünsche hinsichtlich der Produkte völlig unterschiedlich sind. Gelingt es nun, diesen Gesamtmarkt u.a. auch mittels der Ergebnisse der Marktforschung in bestimmte Teilmärkte zu untergliedern, die ein ähnliches Kaufverhalten zeigen bzw. ähnliche Produktwünsche haben, kann auf die differenzierten Wünsche dieser Teilmärkte bezüglich des Preises, der Produkte, der Kommunikationsansprache etc. genauer eingegangen werden.

Unter **Marktsegmentierung** versteht man folglich die Aufteilung des Gesamtmarktes in homogene Teilmärkte und die differenzierte Bearbeitung dieser Teilmärkte. Marktsegmentierung umfasst somit einerseits die Aufteilung des Gesamtmarktes und die Bearbeitung der daraus entstehenden Teilmärkte.

Ziele und Aufgaben der Marktsegmentierung

Mit der Marktsegmentierung sollen im wesentlichen folgende Ziele erreicht werde:

- Durch den gezielten Einsatz der Marketinginstrumente (Produkt, Preis, Kommunikation, Distribution) wird den Bedürfnissen der einzelnen Teilmärkte besser entsprochen.
- Durch die Bildung von Teilmärkten wird die Prognose von Marktentwicklungen erleichtert.
- Hauptziel der Marktsegmentierung ist es möglichst viele Informationen über einen Teilmarkt und deren Konsumenten zu erhalten, um aus diesen Informationen eine hohe Identifikation zwischen dem angebotenen Produkt/Dienstleistung und den Bedürfnissen der Zielgruppe zu erreichen.

Um diese Ziele zu erreichen, müssen im Rahmen der Marktsegmentierung folgende **Aufgaben** erfüllt werden:

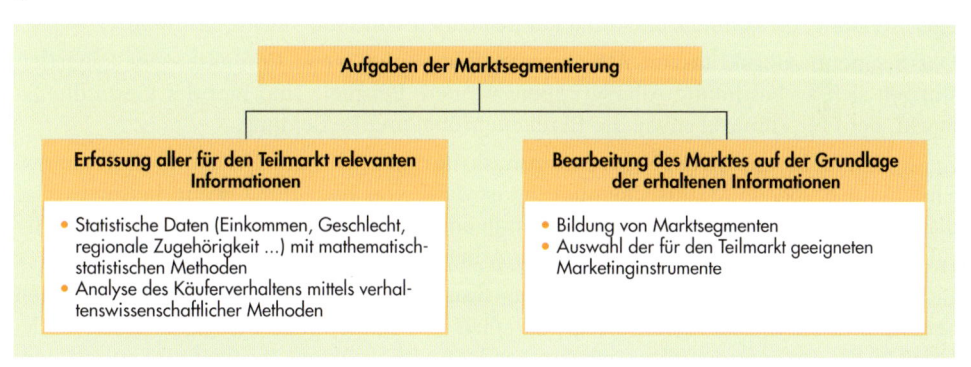

```
                    Aufgaben der Marktsegmentierung
                    ┌──────────────┴──────────────┐
Erfassung aller für den Teilmarkt relevanten    Bearbeitung des Marktes auf der Grundlage
              Informationen                            der erhaltenen Informationen

• Statistische Daten (Einkommen, Geschlecht,    • Bildung von Marktsegmenten
  regionale Zugehörigkeit ...) mit mathematisch-• Auswahl der für den Teilmarkt geeigneten
  statistischen Methoden                          Marketinginstrumente
• Analyse des Käuferverhaltens mittels verhal-
  tenswissenschaftlicher Methoden
```

Grundvoraussetzung für die sehr aufwendige und kostenintensive Marktsegmentierung ist, dass diese Kosten der Marktsegmentierung durch zusätzliche Erlöse aus der Marktsegmentierung zumindest kompensiert werden. Deshalb muss der Gesamtmarkt, den das Unternehmen bearbeitet, entsprechend groß sein, um die Bildung von ausreichend großen und ökonomisch interessanten Teilmärkten in diesem Gesamtmarkt zu ermöglichen.

Möglichkeiten der Marktsegmentierung

Zur Aufteilung des Gesamtmarktes in Teilmärkte gibt es eine Reihe von verschiedenen Segmentierungskriterien, von denen die wichtigsten im Folgenden kurz erläutert werden:

Geografische Marktsegmentierung

Eine leicht durchzuführende Segmentierung ist die Segmentierung des Gesamtmarktes auf der Grundlage geografischer Merkmale. Bei der **makrogeografischen Segmentierung** wird beispielsweise das Bundesgebiet nach Bundesländern, Landkreisen, Städten oder Gemeinden aufgeteilt.

Das bekannteste Beispiel dafür ist die regionale Marktunterteilung des Marktforschungsinstitutes A.C. Nielsen.

Auszug aus der Nielsen-Segmentierung:

Nielsen-Gebiete	Nielsen-Standard-Regionen	Nielsen-Ballungsräume
Gebiet 1: Hamburg, Bremen, Schleswig-Holstein, Niedersachsen	Nord: Hamburg, Schleswig-Holstein Süd: Bremen, Niedersachsen	Hamburg Bremen Hannover
Gebiet 3b: Baden-Württemberg	Nord: Regierungsbezirk Stuttgart, Karlsruhe Süd: Regierungsbezirk Tübingen, Freiburg	Rhein-Neckar Stuttgart

Soziodemografische Marktsegmentierung

Bei der soziodemografischen Segmentierung wird der Gesamtmarkt nach demografischen und sozioökonomischen Kriterien unterteilt.

Zu den **demografischen Segmentierungskriterien** zählen u. a. Alter und Geschlecht der Personen.

Die Frage nach dem Geschlecht ist immer dann von Bedeutung, wenn man wissen möchte, wer in einem Haushalt die Kaufentscheidung für ein bestimmtes Produkt trifft. Beispielsweise weiß man, dass bei Gartengeräten (Schlauch, Schere etc.), entgegen landläufiger Meinung, die Kaufentscheidung hauptsächlich von Frauen getroffen wird.

Das Segmentierungskriterium Alter ist von Bedeutung, wenn Produkte oder Dienstleistungen sich an bestimmte Altersgruppen wenden. Beispiele sind hier der Gesundheitsmarkt, der Freizeitmarkt sowie die Bereiche Möbel und Bekleidung.

Zu den **sozioökonomischen Segmentierungskriterien** zählen u. a. Beruf und Einkommen. Eine berufsbezogene Marktsegmentierung ist dann von Bedeutung, wenn beispielsweise die Nachfrage nach bestimmten Produkten in engem Zusammenhang mit bestimmten Berufsgruppen steht, wie die Nachfrage nach Arbeitskleidung oder nach Werkzeug.

Bei Gütern des täglichen Bedarfs ist das Kaufverhalten nur wenig vom Einkommen abhängig; bei Gebrauchsgütern dagegen spielt das Einkommen aber eine große Rolle. Obwohl das Einkommen also nicht immer in einem direkten Zusammenhang mit dem Kaufverhalten der Konsumenten steht, ist es doch das am häufigsten verwendete Marktsegmentierungskriterium. Aufgrund der Vermögenszuwächse in fast allen Schichten der Bevölkerung hat das Haushaltseinkommen aber als das zentrale Segmentierungskriterium an Bedeutung verloren. Insgesamt verliert die klassische Segmentierung nach sozioökonomischen Kriterien an Bedeutung gegenüber der Segmentierung nach psychografischen Kriterien.

Segmentierung nach psychografischen Kriterien

Bei diesem modernen Ansatz der Marktsegmentierung wird insbesondere dem Merkmal Einstellung der Konsumenten eine überragende Bedeutung zugeordnet. Das Konstrukt

Einstellung wird in der Regel nicht als isoliertes Segmentierungskriterium, sondern in seinen verschiedenen Ausprägungen als Lebensstil-Segmentierung oder als Nutzensegmentierung verwandt. Im Folgenden soll dieser Ansatz am Beispiel der **Lebensstil-Segmentierung** erläutert werden.

Seit Mitte der 1980er-Jahre gewinnt die Ermittlung des Lebensstils von Konsumenten, in Form der verschiedenen Konsumententypologien, wie Yuppies, Dinks etc., immer mehr an Bedeutung. Lebensstil-Analysen werden folglich vor allem zur Beschreibung von Verhaltensmustern (Freizeitverhalten, Lebensziel, Gesellschaftsbild, Lebensstil, Werte, Meinungen) bestimmter Personengruppen verwendet. Unterdessen bedient sich insbesondere die Automobilindustrie dieser Marktsegmentierungsphilosophie.

1.2.3 Entwicklung von Marktprognosen

Ohne die Ergebnisse der Marktforschung könnte keine einigermaßen fundierte Voraussage über die künftige Entwicklung des Marktes (Marktprognose) getroffen werden. Marktprognosen sind individuell für den Markt des betreffenden Unternehmens zu erstellen. Sie geben Aussagen über den möglichen mengenmäßigen Absatz an Gütern, über die zukünftigen Trends (z. B. Design, Technik, Preis, Umweltgesichtspunkte) und das Verhalten der Kunden (z. B. Einkaufsgewohnheiten, Einstellung zum Produkt, Erwartungen an das Produkt, Wertvorstellungen).

Kurzfristige Marktprognosen reichen bis zu einem Jahr; langfristige haben ein Zeitfenster von bis zu zehn Jahren. Gegenstand kurzfristiger Marktprognosen sind beispielsweise die Umsatzentwicklungen der aktuellen Produkte; Gegenstand langfristiger Marktprognosen sind Aussagen über die Entwicklung von Märkten (Marktpotenzial, mögliche Marktanteile usw.), die Erforschung von Trends und die Vorgehensweise, um ungenutzte Marktpotenziale zu nutzen.

1.2.4 Festlegung von Marketingzielen

Aufbauend auf den Ergebnissen der Marktforschung werden im Unternehmen Unternehmensziele festgelegt. Unternehmensziele sind die konkreten Planvorgaben eines bestimmten Unternehmens für einen bestimmten Zeitraum. Marketingziele sind, wie die Ziele anderer Unternehmensfunktionen auch, aus den allgemeinen Unternehmenszielen abgeleitet. Insofern hat die Funktion Marketing die Aufgabe, mit den Möglichkeiten des Marketings diese abgeleiteten Ziele zu erfüllen.

Unternehmensziele				
Marktstellungsziele	**Rentabilitätsziele**	**Finanzielle Ziele**	**Soziale Ziele**	**Einfluss- und Prestigeziele**
• Erhöhung des Marktanteils • Umsatzsteigerung	• Gewinnsteigerung • Erhöhung der Umsatzrentabilität • Erhöhung der Kapitalrentabilität	• Erhöhung der Kreditwürdigkeit • Verbesserung der Liquidität • Verbesserung der Kapitalstruktur	• Verbesserung der Arbeitszufriedenheit • Verbesserung der Arbeitsplatzsicherheit	• Unabhängigkeit von Kapitalgebern • Imageverbesserung

Die Unternehmensziele werden den einzelnen betrieblichen Funktionen als Ziele vorgegeben. Dabei werden die Ziele soweit wie möglich konkretisiert und operationalisierbar gemacht. Jede betriebliche Funktion versucht die Zielvorgaben für ihren Bereich zu verwirklichen.

| Beschaffung | **Marketing** | Produktion | Lager ... |

Auch die Funktion Marketing hat die Aufgabe, mit den Möglichkeiten des Marketings diese Zielvorgaben zu erreichen. Erreicht werden kann dies mit einem gezielten Einsatz der Instrumente des Marketings.

Produktpolitik	**Preispolitik**	**Kommunikationspolitik**	**Distributionspolitik**
• Neue, innnovative Produkte • Elimination von Verlustbringern	• Geringere Rabatte an Kunden • Preiserhöhung bei „Rennerprodukten"	• Erhöhung des Bekanntheitsgrades • Verbesserung des Firmenimages	• Senkung der Kosten der physischen Logistik • Verbesserung der Termintreue

Ziele sollten messbar (operationalisierbar) sein, damit ihr erreichen oder ihr scheitern festgestellt werden kann. Dies ist bei wirtschaftlichen (ökonomischen) Zielen relativ leicht zu überprüfen, beispielsweise sind die Umsatz- und Marktanteilsziele nach Ablauf einer bestimmten Periode leicht zu überprüfen.

Viel schwieriger ist die Zielerreichung bei nicht wirtschaftlichen Zielen (psychografische), wie beispielsweise die Verbesserung des Firmenimages zu messen. Mit speziellen Imagetests, durchgeführt von Marktforschungsinstituten, lassen sich aber auch Einstellungsveränderungen feststellen.

Ökonomische Marketingziele

Erhöhung des Marktanteils

Unter dem Marktanteil versteht man den prozentualen Anteil eines Unternehmens am Gesamtabsatz aller Unternehmen auf diesem Markt.

$$\text{Marktanteil} = \frac{\text{Umsatz/Absatz eines bestimmten Unternehmens} \cdot 100}{\text{Gesamtumsatz/-absatz aller Unternehmen (Marktvolumen)}}$$

Mit der Bestimmung des Marktanteils lassen sich die Positionen eines Unternehmens auf einem bestimmten Markt und deren Veränderungen genau bestimmen. Die zeitliche Veränderung des Marktanteils gibt Aufschlüsse über die Entwicklung der Unternehmensstellung auf dem Markt. Neben dem absoluten ist auch die Erhöhung des relativen Marktanteils wichtig für ein Unternehmen.

Umsatzsteigerung

Der Umsatz ist der in Werteinheiten (i. d. R. in €) gemessene Marktabsatz eines Unternehmens in einer bestimmten Periode. Die Umsatzhöhe ist gleichzeitig bestimmend für die Ermittlung des Marktanteils eines Unternehmens.

Umsatzsteigerung ist nicht gleichbedeutend mit Gewinnsteigerung, trotzdem ist die Umsatzsteigerung ein ganz wesentliches Marketing- und auch Unternehmensziel. Höhere

Umsätze reduzieren die Kosten des Einkaufs, u. a. durch höhere Mengenrabatte beim Einkauf und günstigere Transportkosten, senken die Kosten der Lagerhaltung und erhöhen damit die preispolitischen Möglichkeiten auf der Verkaufsseite.

Gewinnung neuer Kunden/Märkte

Von entscheidender Bedeutung für das Unternehmen ist auch die Eroberung neuer Kunden auf alten oder auf neuen Märkten. Einerseits bringen neue Kunden mehr Umsatz, damit lässt sich das Ziel Umsatzsteigerung leichter erfüllen. Andererseits kann das Unternehmen neue Zielgruppen oder Kunden in anderen Ländern/Regionen ansprechen und damit eine Diversifizierung der Kundenstruktur erreichen. Als ideale Möglichkeit bei der Gewinnung neuer Kunden erweist sich immer mehr das Internet. Selbst kleinere und mittlere Firmen sind mit ihrem Internetauftritt in der Lage, weltweit und ohne große Kosten neue Kunden anzusprechen.

Psychografische Marketingziele

Verbesserung des Firmen- und Produktimages

Die meisten Kernmärkte (Automobil-, Textil-, Sportmarkt usw.) sind gesättigte Märkte. Langfristiges und nachhaltiges Wachstum in gesättigten Märkten lässt sich nur noch über Imageverbesserungen erreichen. Ohne Produkt- und/oder Markenimage wird der Wettbewerb der Unternehmen immer härter, Marktstellungsziele werden nur noch über Preiskämpfe erreicht. Die Hersteller wenden folglich immer höhere Beträge zur Verbesserung der Produkt- und Markenimages auf. Das Image eines Produkts beruht auf dem Vorhandensein von kaufrelevanten Kriterien wie beispielsweise Qualität, Preis, Design. Das Aufzeigen von Möglichkeiten der Verbesserung von Produkt- und Firmenimage und die Kommunikation dieses Images an die Märkt ist ein zentrales Ziel der Marketingabteilung.

Erhöhung der Präferenzen

Präferenzen bedeuten, dass die Kunden die Produkte eines bestimmten Unternehmens den Produkten anderer Unternehmen vorziehen. Ursache solcher Präferenzen können die Qualität des Produkts, sein Bekanntheitsgrad, sein Image usw. sein. Letztendlich sind Präferenzen bei der Fülle an Produkten, unter denen der Käufer auswählen kann, ein ganz entscheidendes Kaufargument.

1.2.5 Entwicklung von Marketingstrategien

Marketingstrategien sind langfristige (strategische) Verhaltensweisen bzw. Maßnahmen im Marketing, mit denen man sicherstellen will, dass die angestrebten Marketingziele erreicht werden. Die im Folgenden vorgestellten Marketingstrategien sind nur Beispiele aus einer Fülle von möglichen Strategien.

Kundengerichtete Strategien

Im Zuge des Wandels der Märkte von Verkäufer- zu Käufermärkten ist ein Schwerpunkt der Marketingstrategien der Unternehmen der Kunde. Aus Marketingsicht lassen sich zwei grundsätzlich verschiedene strategische Verhaltensweisen gegenüber dem Kunden unterscheiden:

- die Qualitätsstrategie,
- die Preisstrategie.

Bei der **Qualitätsstrategie** versucht ein Unternehmen die Qualität seiner Produkte bzw. seiner Dienstleistungen dem Kunden zu vermitteln. Qualität sieht der Kunde dann gegeben, wenn seine Ansprüche an das Produkt/Dienstleistung in hohem Maße erfüllt sind. Kriterien für dieses Empfinden des Kunden sind u.a die Haltbarkeit der Produkte, der Gebrauchsnutzen, die Zuverlässigkeit beim Gebrauch und die Ausstattung.

Gelingt es einem Unternehmen, diesen Qualitätsanspruch zu vermitteln, richtet der Kunde seinen Blick nicht mehr nur auf den Preis, sondern er ist bereit, ein Gut oder eine Dienstleistung trotz des vergleichsweise höheren Preises zu kaufen. Die Qualität (z. B. Haltbarkeit, Gebrauchsnutzen) der Produkte ist mittlerweile bei vielen Unternehmen sehr gut, Qualität in dieser Form wird häufig vom Verbraucher nicht mehr ausreichend als Präferenzkriterium wahrgenommen. Deshalb ist es notwendig, weitere, vom Verbraucher als Qualitätsmerkmale wahrgenommene Kriterien zu erfüllen:

Einführung vieler neuer Produkte (Produktinnovationen)

Viele Produktinnovationen verleihen einem Unternehmen eine besondere Position am Markt; das Unternehmen erlangt einen strategischen Wettbewerbsvorteil: Es wird als äußerst kreatives Pionierunternehmen wahrgenommen. Das Unternehmen gilt als Knowhow-Führer, weil es neue Maßstäbe setzt. Diese Know-how-Führerschaft setzt allerdings ein Höchstmaß an (technischem) Wissen und Erfahrung voraus. Deshalb ist diese Strategie nur von sehr großen Unternehmen durchzuführen.

Ein Beispiel für ein Unternehmen, dem es durch viele Produktinnovationen gelungen ist, den Kunden von der Qualität seiner Produkte zu überzeugen, ist die Audi AG (z. B. permanenter Allradantrieb, Aluminiumkarosserie).

Etablierung einer oder mehrerer Marken

Markenstrategien			
Einzelmarkenstrategie	**Mehrmarkenstrategie**	**Markenfamilienstrategie**	**Dachmarkenstrategie**
= Jedes Produkt eines Produktbereichs wird als eigene Marke geführt. Diese Marke spricht aber nur ein bestimmtes Marktsegment an. Bsp.: Procter & Gamble: • Meister Proper • Pampers • Sunil • Coral	= In einem Produktbereich sind mindestens 2 Marken, die parallel geführt werden. Der Name des Unternehmens ist oft ebenfalls eine bekannte Marke. Bsp.: Henkel Waschmittel (Persil, Weißer Riese)	= Mehrere Produkte aus einem Produktbereich werden unter einer Marke geführt. Der Name des Unternehmens bleibt oft im Hintergrund. Bsp.: Nivea (Creme, Sonnenmilch, Shampoo, Duschgel, After Shave)	= Sämtliche Produkte eines Unternehmens werden unter einem Dach geführt. Bsp.: • Sony • SAP • Allianz • HP

Marken sind Namen, Zeichen, Farben von Produkten oder Dienstleistungen, die von Unternehmen im Geschäftsverkehr verwendet werden. Hat ein Produkt eine Marke, wird das Produkt individualisiert und vom Kunden überall auf der Welt identifiziert. Die Markierung von Produkten wird damit zum wichtigsten Mittel der Produktidentifikation, national wie international. Ist die Marke z. B. aufgrund ihres hohen Qualitätsanspruches sehr bekannt, entsteht **Markentreue**. Markentreue bedeutet, dass Kunden immer wieder dasselbe Produkt kaufen. Je größer die Markentreue, desto größer der Geschäftserfolg des Unternehmens.

Zusätzlich ist mit dem Besitz bestimmter Markenprodukte für viele Käufer ein **Image- oder Prestigegewinn** verbunden. Vor allem beim Kauf von Konsumgütern, wie beispielsweise Kleidung, Autos, Möbel, Sportartikel, wird sehr stark auf die Marke geachtet. Die Markierung von Produkten schafft damit **Präferenzen**. Folglich hat der Markenartikelhersteller bei seiner **Preispolitik** auch weitaus größere Handlungsspielräume. Absatzerfolge sind nicht zuletzt auch die Folge eines bekannten Markennamens.

Bei der **Preisstrategie** geht es eindimensional nur um den Preis: Der Kunde soll das Produkt im Wesentlichen aufgrund des sehr niedrigen Preises kaufen, durchschnittliche Qualität sollte aber vorhanden sein. Voraussetzung für diese Preisstrategie ist, dass das betreffende Unternehmen Kostenvorteile gegenüber anderen Unternehmen realisiert. Diese können in verschiedenen Bereichen erzielt werden. Häufig werden Kostenvorteile auf der Beschaffungsseite, z. B. durch günstigen Einkauf erzielt. Aber auch in anderen Bereichen, wie Personal-, Produktions- oder Forschungs- und Entwicklungskosten lassen sich Kostenvorteile erzielen.

Konkurrenzorientierte Strategien

Wird die Konkurrenz in keiner Weise in die Entscheidungen des Unternehmens einbezogen, spricht man von einem passivem konkurrenzorientierten Verhalten. In der Realität dürfte dieses Verhalten nicht mehr vorkommen. Im anderen Fall liegt ein aktives konkurrenzorientiertes Verhalten vor. Dies entspricht der Realität der Unternehmen, deshalb wird in der Folge auch nur auf dieses Verhalten und seine verschiedenen Ausprägungen eingegangen.

Konfliktstrategie

Bei der Anwendung einer Konfliktstrategie versucht ein Unternehmen Vorteile gegenüber der Konkurrenz, z. B. in Form von Marktanteilsgewinnen, zu erlangen. Vor allem in stagnierenden oder schrumpfenden Märkten ist diese Strategie anzutreffen. In seiner extremsten Form versucht ein Unternehmen Wettbewerber, z. B. über einen Preiskampf, aus dem Markt zu drängen.

Beispiel: Wettbewerb auf dem Lebensmittelmarkt in Deutschland

Anpassungsstrategie

Hier wird das eigene Verhalten an die Maßnahmen der Wettbewerber angepasst. Senkt der Wettbewerber die Preise oder erhöht er die Anzahl seiner Verkaufsniederlassungen, werden diese Maßnahmen in jedem Fall nachvollzogen.

Strategien gegenüber dem Absatzmittler

Vor allem zwei Tendenzen auf der Seite der Absatzmittler lassen ein gezieltes strategisches Vorgehen als notwendig erscheinen: einerseits die zunehmende Konzentration auf der Seite des Handels, andererseits das Anwachsen neuer Wettbewerber aus dem In- und Ausland und die begrenzt zur Verfügung stehenden Regalplätze. Der Handel entscheidet folglich, ob ein Produkt überhaupt angeboten wird, ob es „markenadäquat" angeboten wird, welcher Regalplatz zur Verfügung gestellt wird und welche Beratung bzw. welcher Service er dem Produkt zukommen lässt. Die folgenden Strategien sind nur eine Auswahl der möglichen Verhaltensweisen.

Anpassungsstrategie

Bei dieser Strategie passt das Unternehmen den Vertrieb der eigenen Erzeugnisse den Vorstellungen des Handels an. Hiermit ist der Hersteller auf Gedeih und Verderben dem Handel ausgeliefert. In diesen Fällen kommt es soweit, dass der Handel z. B. eine Regalplatzpflege (auszeichnen, einräumen usw.) vom Lieferanten verlangt. Vielen kleinen Unternehmen bleibt aber gar keine andere Strategie übrig.

Umgehungsstrategie

Der Hersteller versucht, ganz gezielt den Handel/Absatzmittler zu umgehen, indem er eigene Vertriebswege aufbaut. Beispielsweise wäre ein Direktverkauf (Telefon-, Onlineverkauf), eigene Verkaufsfilialen oder ein Fabrikverkauf möglich.

ZUSAMMENFASSUNG

Marketing – Zentrale Unternehmensstrategie

Marketingstrategien (Unternehmensebene)

= die langfristige Ausrichtung aller Unternehmensfunktionen und -prozesse an den Bedingungen des Marktes, d. h.:

- Das Unternehmens muss **marktorientiert** arbeiten.
- Das Unternehmen beobachtet ständig das **Marktumfeld** (Konkurrenten, Staat ...).
- Das Unternehmen ist ständig auf der Suche nach **neuen Märkten und Kundenschichten.**

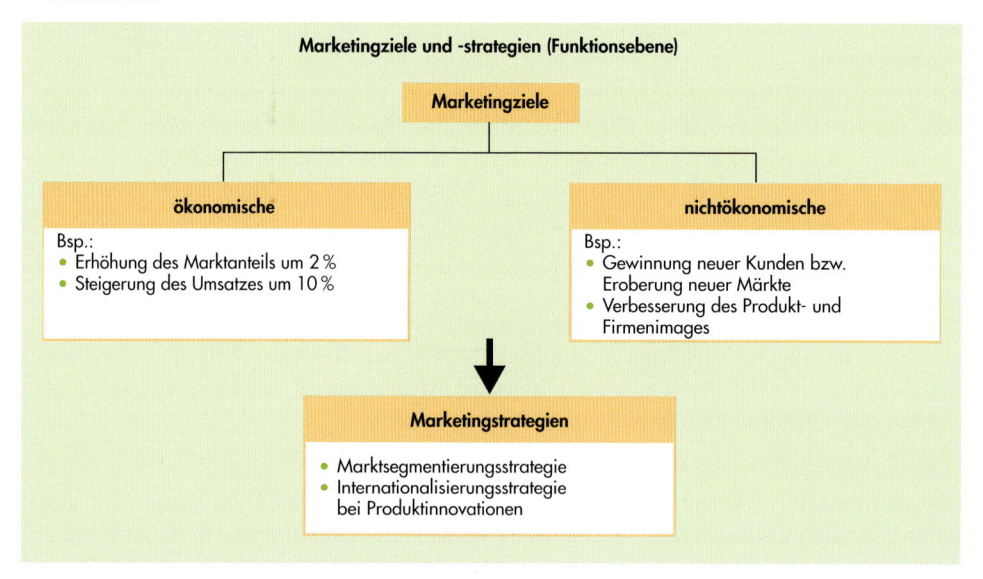

Marketingziele und -strategien (Funktionsebene)

Marketingziele

ökonomische
Bsp.:
- Erhöhung des Marktanteils um 2 %
- Steigerung des Umsatzes um 10 %

nichtökonomische
Bsp.:
- Gewinnung neuer Kunden bzw. Eroberung neuer Märkte
- Verbesserung des Produkt- und Firmenimages

Marketingstrategien
- Marktsegmentierungsstrategie
- Internationalisierungsstrategie bei Produktinnovationen

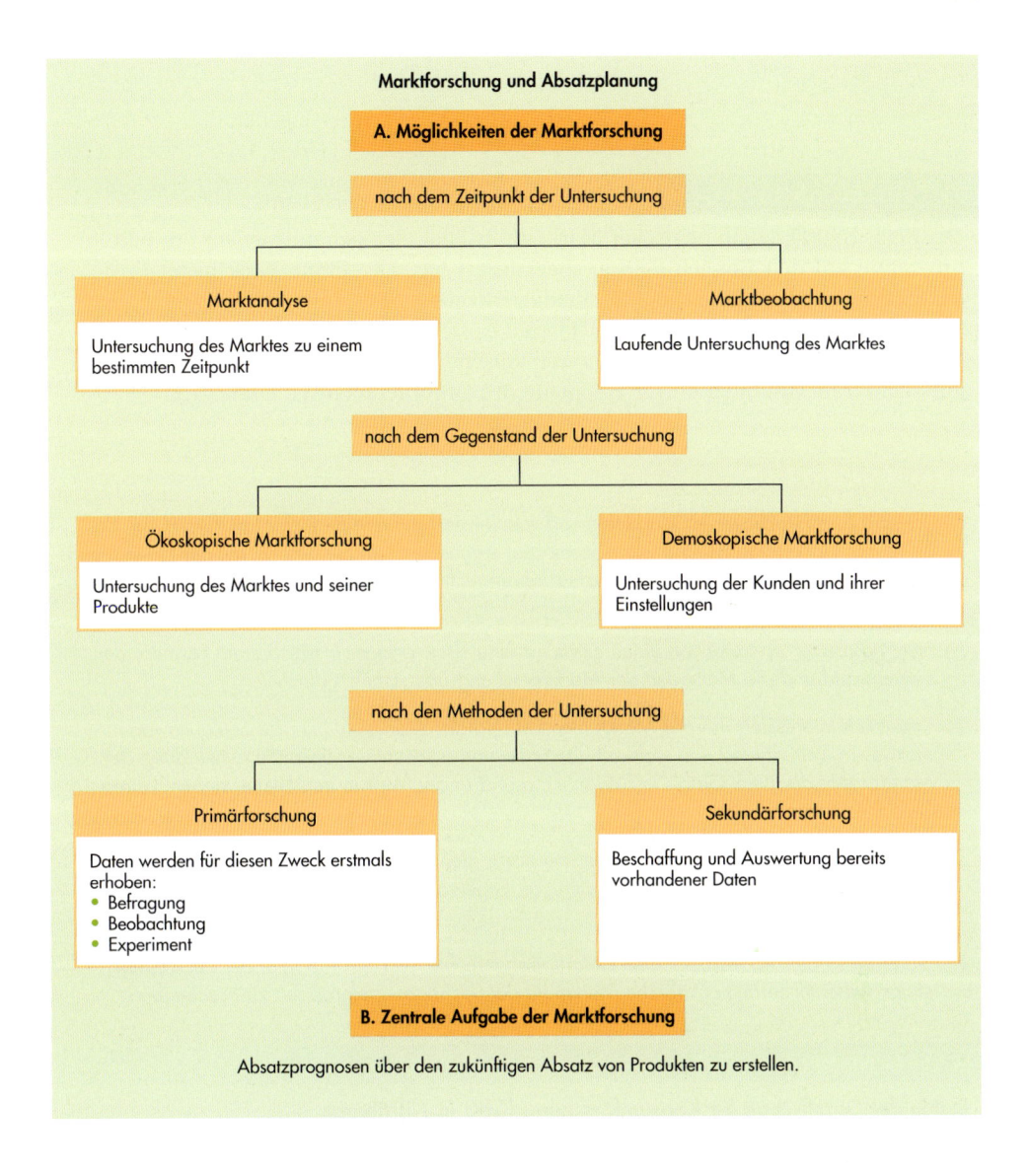

Marketing planen, durchführen und kontrollieren — **Lernfeld 5**

Marktforschung und Absatzplanung

A. Möglichkeiten der Marktforschung

nach dem Zeitpunkt der Untersuchung

- **Marktanalyse**: Untersuchung des Marktes zu einem bestimmten Zeitpunkt
- **Marktbeobachtung**: Laufende Untersuchung des Marktes

nach dem Gegenstand der Untersuchung

- **Ökoskopische Marktforschung**: Untersuchung des Marktes und seiner Produkte
- **Demoskopische Marktforschung**: Untersuchung der Kunden und ihrer Einstellungen

nach den Methoden der Untersuchung

- **Primärforschung**: Daten werden für diesen Zweck erstmals erhoben:
  - Befragung
  - Beobachtung
  - Experiment
- **Sekundärforschung**: Beschaffung und Auswertung bereits vorhandener Daten

B. Zentrale Aufgabe der Marktforschung

Absatzprognosen über den zukünftigen Absatz von Produkten zu erstellen.

Lernfeld 5 — Marketing planen, durchführen und kontrollieren

Lernsituation: Die Ergebnisse der Marktforschung analysieren und beurteilen

UNTERNEHMENSPROFIL

Die Beck GmbH ist ein deutscher Markenhersteller, der sich mit seinem Produktprogramm auf den Bereich Garten spezialisiert hat. Die Firma Beck bietet Produkte u.a. in den Bereichen Schneidewerkzeuge, Rasenpflege, Teichzubehör, Wasserversorgung etc. an. Bei Beck handelt es sich um den größten europäischen Hersteller für Gartenartikel mit mehreren tausend Mitarbeitern und einem Umsatz von mehreren Millionen €. Der Hauptsitz des Unternehmens ist Ulm.

ARBEITSAUFTRÄGE

Sie sind Sachbearbeiter im Marketing und spezialisiert auf den Bereich Marktforschung. Der Leiter der Marketingabteilung, Herr Schmelzer, wendet sich an Sie, weil er mit der Entwicklung der Sparte Schlauchwagen in den letzten Jahren nicht zufrieden ist. Benutzen Sie jeweils die Informationen in den Materialien.

1 *Herr Schmelzer erwartet von Ihnen zunächst eine Tischvorlage, in der Sie die Formen, den Gegenstand und die Methoden der Marktforschung übersichtlich darstellen.*

2 *Zusätzlich interessiert ihn das Marktpotenzial und das Marktvolumen des Schlauchwagenmarktes in Deutschland und weltweit. Darüber hinaus möchte er über die Entwicklung der Marktanteile der Beck GmbH in Deutschland und in der Welt in den letzten sieben Jahren Bescheid wissen.*

3 *Geben Sie zusätzlich eine Antwort auf die Form, den Gegenstand und die Methode der Marktforschung, die Sie im vorliegenden Fall angewandt haben. Begründen Sie jeweils Ihre Entscheidung.*

4 *Sie erhalten den Auftrag, für eine zielgruppengerechte Werbekampagne der Beck GmbH einige wesentliche demografische Merkmale der wichtigen Zielgruppen zu beschreiben.*

MATERIALIEN

Daten der Gesellschaft für Konsumforschung (GfK) in Nürnberg:

In Deutschland gibt es im Ausgangsjahr ca. 19 Mio. Gartenbesitzer, davon haben ca. 40 % einen Schlauchwagen. Die jährlichen Verkaufszahlen bei Schlauchwagen in Deutschland liegen bei ca. 5 % des Schlauchwagenbestandes (Ersatz- und Neukäufe).

Weltweit liegt die Zahl der Gartenbesitzer im Ausgangsjahr bei 150 Mio.; davon besitzen 35 % einen Schlauchwagen. Die jährlichen Verkaufszahlen weltweit betragen etwa 6 % des Schlauchwagenbestandes.

Die Daten über die Absatzzahlen sind ebenfalls aus Erhebungen der GfK übernommen.

Die Bär AG ist der größte Konkurrent in Deutschland mit einer verkauften Stückzahl von 59 000 Einheiten; weltweit ist die Nature Ltd. der größte Konkurrent mit weltweit 1,2 Mio. verkauften Einheiten (jeweils im Jahr 07).

Marketing planen, durchführen und kontrollieren

Lernfeld 5

Eine von der Beck GmbH in Auftrag gegebene Marktforschung ergab folgende Daten:

Jahre	Verkaufte Schlauchwagen in Deutschland in Tsd. Stück	Jahre	Verkaufte Schlauchwagen weltweit in Tsd. Stück
1	330	1	2 700
2	340	2	2 840
3	360	3	2 980
4	340	4	2 790
5	370	5	2 970
6	410	6	3 330
7	460	7	3 610

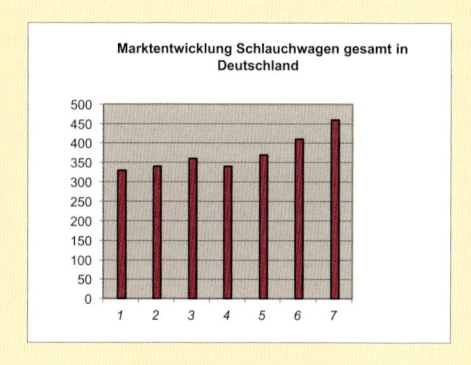

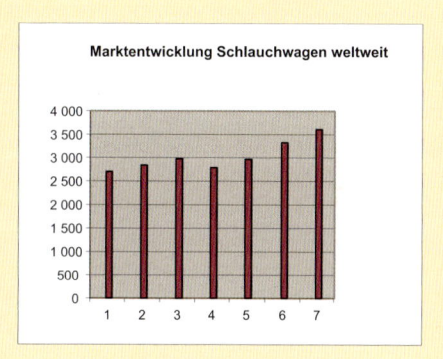

Marktentwicklung Schlauchwagen gesamt in Deutschland

Marktentwicklung Schlauchwagen weltweit

Jahre	Verkaufte Schlauchwagen der Beck GmbH in Deutschland in Tsd. Stück	Jahre	Verkaufte Schlauchwagen der Beck GmbH weltweit in Tsd. Stück
1	49,5	1	108
2	54,4	2	113,6
3	59,4	3	134,1
4	56,1	4	111,6
5	57,35	5	103,95
6	59,45	6	99,9
7	64,4	7	108,3

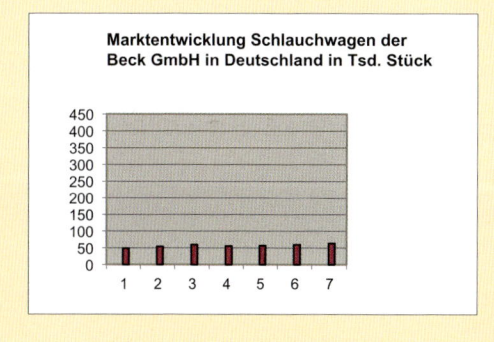

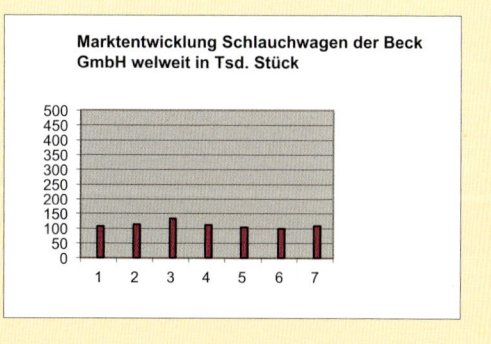

Marktentwicklung Schlauchwagen der Beck GmbH in Deutschland in Tsd. Stück

Marktentwicklung Schlauchwagen der Beck GmbH welweit in Tsd. Stück

Marktforschung kompakt

Unter Marktpotenzial versteht man die maximale Absatzmenge auf einem Markt für ein bestimmtes Produkt. Dies ist in aller Regel eine theoretische Zahl, da bei vollständiger Ausnutzung des Marktpotenzials alle möglichen Zielpersonen ein bestimmtes Produkt erwerben müssten. Das Marktvolumen hingegen ist die gegenwärtig realisierte Absatzmenge eines Unternehmens bzw. aller Unternehmen. Bildet man den Quotienten aus realisierter Menge bzw. Umsatz eines Unternehmens und der realisierten Menge/Umsatz aller Unternehmen, so erhält man den Marktanteil eines Unternehmens am Gesamtmarkt. Bildet man abschließend noch den Quotienten aus eigenem Marktanteil und dem Marktanteil des Marktführers, also dem Unternehmen, das den höchsten Marktanteil aufweist, erhält man den relativen Marktanteil des betreffenden Unternehmens.

Formen der Marktforschung gibt es grundsätzlich zwei: Die Marktanalyse, bei der an einem bestimmten Stichtag eine einmalige Untersuchung des Marktes durchgeführt wird, und die Marktbeobachtung, bei der der betreffende Markt über einen längeren Zeitraum, beispielsweise mehrere Jahre, untersucht wird.

Gegenstände der Marktforschung sind ökoskopische und demografische Daten. Während bei ökoskopischer Marktforschung Daten über das Unternehmen und den Markt (Marktanteil, Marktvolumen, Umsatz, Gewinn …) erhoben werden, geht es bei der demografischen Marktforschung um Daten über den Kunden (Alter, Geschlecht, Beruf …) und sein Kaufverhalten (Lebensstil, Einstellungen …).

Abschließend unterscheidet man noch verschiedene Methoden der Marktforschung: Sekundärforschung, bei der die Daten aus bereits vorhandenem Datenmaterial entnommen werden, und Primärforschung, bei der die Daten erstmalig für diesen speziellen Zweck erhoben werden. Für Sekundärforschung sprechen die günstigen Kosten und die schnelle Verfügbarkeit der Daten. Nachteile sind die oft fehlende Aktualität, der zu allgemeine Charakter der Daten und die teilweise fehlende Zuverlässigkeit. Die Nachteile der Sekundärforschung sprechen für den Einsatz einer Primärforschung, während die Vorteile als Nachteile der Primärforschung gelten.

Marketing planen, durchführen und kontrollieren

Lernfeld 5

Soziodemografische Merkmale der Zielgruppen

Untätige Desinteressierte
- 20–49 Jahre, viele Singles
- hohes Bildungsniveau
- geringes + hohes Einkommen
- 2–3 Pers./HH
- ländliches Umfeld

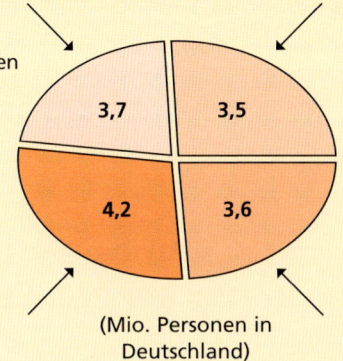

Leidenschaftl. Hobbygärtner
- 40–64 Jahre
- geringes Bildungsniveau
- mittleres Einkommen
- 2 Pers./HH
- ländliches Umfeld

3,7 | 3,5
4,2 | 3,6

(Mio. Personen in Deutschland)

Bequeme Gartengenießer
- 30–49 Jahre
- mittleres–hohes Bildungsniveau
- sehr hohes Einkommen
- 3–4 Pers./HH
- urbanes Umfeld

Passionierte Probierfreudige
- 30–59 Jahre
- mittleres Bildungsniveau
- mittleres–hohes Einkommen
- 3–4 Pers./HH
- kleinstädtisches Umfeld

Einstellungsmerkmale + Gewichtung der Zielgruppen

Untätige Desinteressierte
- geringes Ausstattungsniveau
- nicht innovationsorientiert
- Garten spielt eher untergeordnete Rolle

→ **vernachlässigen**

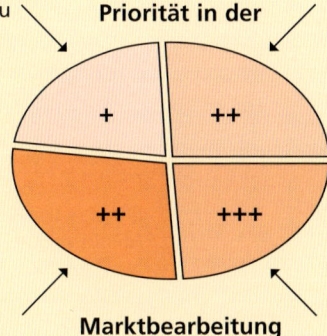

Priorität in der

Leidenschaftl. Hobbygärtner
- hohes Ausstattungsniveau
- sehr innovationsorientiert
- durchschn. gesellschafts- + aktivitätsorientiert
- Gartenarbeit als Erlebnis

→ **bestätigen**

+ | ++
++ | +++

Marktbearbeitung

Bequeme Gartengenießer
- mittleres Ausstattungsniveau
- kaum innovationsorientiert
- überdurchschn. aktivitätsorientiert
- Gartenaufenthalt als Erlebnis

→ **ausbauen**

Passionierte Probierfreudige
- mittleres Ausstattungsniveau
- innovationsorientiert
- überdurchschn. gesellschafts- + aktivitätsorientiert
- Gartenarbeit + -aufenthalt als Erlebnis

→ **ausbauen**

(Quelle: Gruner + Jahr, Wohnen und leben, 10/99)

Lernfeld 5

Marketing planen, durchführen und kontrollieren

AUFGABEN

1. Erklären Sie die folgenden Sachverhalte.
   a) Kennzeichnen Sie die Rolle der Nachfrager auf den wichtigsten Märkten.
   b) Was versteht man unter der Unternehmensstrategie Marketing?
   c) An welchen Merkmalen erkennt man, ob ein Unternehmen marktorientiert arbeitet oder nicht?
   d) Nennen Sie zwei Faktoren, die dafür verantwortlich sein können, dass der Marktanteil eines Unternehmens sich verändert.
   e) Was versteht man unter Marktsegmentierung und welche Ziele werden damit verfolgt?
   f) Nennen Sie je ein Anwendungsgebiet für die demografische und die sozioökonomische Segmentierung des Marktes.

2.
Lifestyle und Körperkult – nicht nur bei Frauen

Der Parfümmarkt wird zurzeit in drei Marktsegmente aufgeteilt: das obere Segment, umsatzmäßig das kleinste Segment, ist der „Prestigemarkt". In ihm findet man Parfüms wie die von Calvin Klein, Armani, Chanel No. 5 usw. Für den Vertrieb der Düfte besteht ein Fachhandelszwang; die Preise bewegen sich am oberen Level. Im mittleren Segment tummeln sich preiswertere Düfte, wie die von Gabriela Sabatini oder Naomi Campbell. Diese Parfüms sind zwar nicht beim Discounter, aber bereits in den Drogeriemärkten anzutreffen. Im untersten Segment tobt der Preiskampf. Marken wie Adidas oder Axe werden sowohl beim Discounter als auch in Drogeriemärkten verkauft. Die einzelnen Parfüms kommen maximal auf einen Marktanteil von 3 %; es handelt sich also um atomistische Märkte, d.h. um kleine und kleinste Zielgruppen. In solchen Märkten ist eine Zielgruppenbestimmung äußerst schwierig, da sich die einzelnen Zielgruppen oft nur minimal in ihren Einstellungen unterscheiden und die Übergänge fließend sind. Soziodemografische Marktdaten sind für den Parfümmarkt nur sehr oberflächlich vorhanden:

- Ein großer Teil der deutschen Bevölkerung parfümiert sich gern, überwiegend natürlich die Frauen.
- Männerdüfte sind zunehmend gefragt, auch wenn die Mengen noch nicht so groß sind. Vor allem junge Männer und „best ager" (ab 50 Jahre) parfümieren sich gern.
- Fast 20 % des Umsatzes werden in der Zeit kurz vor Weihnachten erzielt.

Bei diesen groben soziodemografischen Marktdaten sind die Hersteller auf Lifestyle-Cluster angewiesen, die oft von aktuellen Modetrends abgeleitet werden oder das Ergebnis einer aufwendigen Marktuntersuchung sind, deren Ergebnisse strikt geheim gehalten werden.

Beispielsweise könnte die Befragung einer bestimmten weiblichen Zielgruppe im oberen Marktsegment folgende Ergebnisse hervorbringen: Die Zielgruppe ist erfolgsorientiert, sehr an Sport interessiert, hat ein positives Lebensgefühl, lebt sehr bewusst und findet attraktive Männlichkeit sehr anziehend.

Diese Lebenseinstellungen müssen nun zur Identifikation der Parfümmarke verwendet werden. Die Kommunikation dieser Werte in Lifestyle- oder Modemagazinen, auf Plakaten oder in den visuellen Medien wird beispielsweise von einer sehr attraktiven Frau (Key-Visual) wahrgenommen, die überdies sehr sportlich (Kampfsport) und sehr erfolgreich (Managerin, Selbstständige) ist. Ihre Lebenseinstellung ist offen, positiv und interessiert; ihre bildliche Darstellung ist sexy und sinnlich (erotische Auftritte sind in der Werbung für Parfüms ausdrücklich von der Zielgruppe erwünscht).

Da sich diese Lebenseinstellungen verändern, müssen auch die Key-Visuals immer wieder neu positioniert werden.

Marketing planen, durchführen und kontrollieren — Lernfeld 5

a) Welche Informationen enthält der Text über das Marktsegment „Parfüms"?
b) Inwieweit wird eine Zielgruppendifferenzierung nach soziodemografischen Kriterien und Lifestyle-Kriterien vorgenommen?

3 Sie sind Mitglied des Marktforschungsteams des Elektrogeräteherstellers Mürdel KG. Das Team überprüft, ob die Marketingstrategie der vergangenen Jahre erfolgreich war und wie sie an zu erwartende neue Trends angepasst werden kann. Ihnen liegen folgende Umsatzzahlen (in Mio. €) zur Auswertung vor:

Produkt-gruppe	Vorjahr	Berichtsjahr					Planjahr
	Gesamt	1. Quartal	2. Quartal	3. Quartal	4. Quartal (Plan)	Gesamt	1. Quartal
1	158	41	39	37	46	163	42
2	38	10	8	8	13	39	10
3	132	33	31	23	21	108	19
4	184	40	50	38	70	198	49
Gesamt	512	124	128	106	150	508	120

1 = Waschmaschinen 2 = Wäschetrockner 3 = Geschirrspüler 4 = Kühlgeräte

a) Analysieren Sie die Umsatzentwicklung jeder einzelnen Produktgruppe.
b) Finden Sie mögliche Erklärungen für die unterschiedliche Entwicklung der einzelnen Produktgruppen.
c) Machen Sie Vorschläge, wie die Umsatzsituation der schlechtesten Produktgruppe verbessert werden könnte.
d) Um welche Art der Marktforschung handelt es sich im vorliegenden Fall?
   1. Nach der Zeit 2. Nach dem Gegenstand 3. Nach der Methode?
   Begründen Sie jeweils Ihre Antwort.
e) In Deutschland sind in Zukunft drei Trends zu erwarten: Überalterung der Bevölkerung, Zunahme der Single-Haushalte und des Umweltbewusstseins.
   e1) Mit welchen Arten der Marktforschung (nach Zeit, Gegenstand, Methode) wurden diese drei Trends festgestellt?
   e2) Welche absatzpolitischen Konsequenzen haben diese Trends für die Mürdel KG im Sortimentsbereich Geschirrspüler?

Lernfeld 5

Marketing planen, durchführen und kontrollieren

2 Produkt- und Sortimentspolitik

PROBLEM

Acht Jahre nach seiner Einführung wurde ein Pkw aufgrund sehr stark zurückgehender Absatzzahlen vom Markt genommen. Nach sechs Jahren Entwicklungszeit bis zur Markteinführung und acht Jahren Angebot auf dem Markt lassen sich rückblickend folgende Zahlenwerte ermitteln:

Jahre	Umsatz	Kosten	Gewinn
Entstehungsphase			
1	0	20 Mio. €	
2	0	50 Mio. €	
3	0	130 Mio. €	
4	0	200 Mio. €	
5	0	200 Mio. €	
6	0	250 Mio. €	
Marktphase			
Jahr 1	0,7 Mrd. €	0,75 Mrd. €	
Jahr 2	2,0 Mrd. €	1,5 Mrd. €	
Jahr 3	3,5 Mrd. €	2,5 Mrd. €	
Jahr 4	5,0 Mrd. €	3,8 Mrd. €	
Jahr 5	4,3 Mrd. €	3,5 Mrd. €	
Jahr 6	3,5 Mrd. €	3,0 Mrd. €	
Jahr 7	2,0 Mrd. €	2,0 Mrd. €	
Jahr 8	1,0 Mrd. €	1,5 Mrd. €	

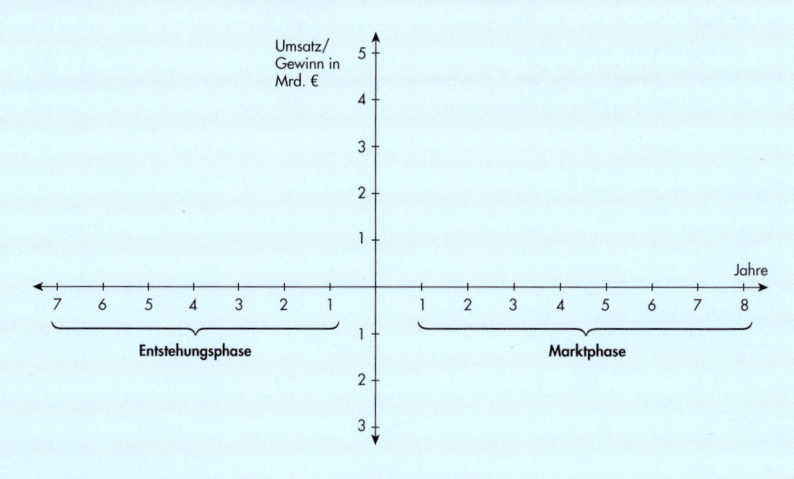

1. Ermitteln Sie die Höhe des Gewinns in den einzelnen Jahren.
2. Zeichnen Sie in ein Koordinatensystem die Gewinn- und Umsatzkurve. (Umsatz- und Kostenwerte nicht am Ende, sondern in der Mitte des jeweiligen Jahres einzeichnen.)
3. Beschreiben Sie den Verlauf der beiden Kurven.

Marketing planen, durchführen und kontrollieren — Lernfeld 5

2.1 Ziele und Strategien der Produktpolitik

Unter Produktpolitik versteht man alle Handlungen, die ein Unternehmen ergreift, um kundengerechte Produkte auf dem Markt anzubieten. Die Produktpolitik ist das „Herz des Marketings" (Meffert), was bedeutet, dass die Entwicklung neuer Produkte, die ständige Verbesserung und Veränderung bereits auf dem Markt befindlicher Produkte und auch die Elimination von nicht mehr marktgerechten Produkten entscheidend ist für den Erfolg beim Kunden und damit für das Überleben des Unternehmens auf dem Markt.

Zu dieser grundsätzlichen Bedeutung der Produktpolitik kommen in den letzten Jahren – und dieser Trend wird sich in Zukunft eher noch verstärken – weitere Entwicklungen auf dem Markt, die die Bedeutung der Produktpolitik als Instrument des Marketing immer wichtiger werden lassen:

- Verschärfung der gesetzlichen Regelungen, die die **Produkthaftung** der Hersteller betreffen. Verkauft das Unternehmen auch auf ausländischen Märkten (Beispiel: USA) ist dieser Punkt aufgrund der extrem hohen Haftungsrisiken von zentraler Bedeutung.
- Der steigende **Stellenwert der Umwelt** im Bewusstsein der Marktteilnehmer (Beispiel: CO_2 Ausstoß bei Fahrzeugen).
- Die Bedeutung der **Hersteller-Kundenbeziehung**, u.a. für eine Verstetigung der Umsatzentwicklung und die zentrale Bedeutung der Produkte für diese Beziehung.
- Die zunehmenden **Qualitätsansprüche der Konsumenten**: Dies spiegelt sich auch in der Verlängerung der Garantiezeiten für Produkte wider.
- Die **Ansprüche der Kunden** an die **Leistungsfähigkeit** und die **Ausstattung** von Produkten (Beispiel: Handy, Auto).

Verbindet man die ökonomischen Ziele wie Rentabilität und Wachstum, die ein Unternehmen immer verfolgt, mit den Ansprüchen des Marktes bezüglich der Produktqualität, der Produktausstattung und der Umweltverträglichkeit, erhält man die wesentlichen Ziele der Produktpolitik.

Ziele der Produktpolitik

Rentabilität	Wachstum	Qualität	Sicherheit	Umwelt
• Kapitalrentabilität • Umsatzrentabilität	• Umsatz • Gewinn • Marktanteil	• Wenig Kundenreklamationen • Hohe Leistungsfähigkeit	Diversifikation des Produktprogramms, um Umsatzrückgänge bei bestimmten Produkten wieder auszugleichen	• Geringe Emissionen • Hohe Recyclingquote • Image eines umweltbewussten Unternehmens

Produkt-/Sortimentsstrategien

Das Unternehmen muss sich nach der Formulierung der produkt- bzw. sortimentspolitischen Ziele längerfristige Verhaltensweisen (Strategien) überlegen, wie sich diese Ziele

359

erreichen lassen. Beispiele für Produkt- bzw. Sortimentsstrategien im Unternehmen sind die Strategie der Produktprogramm- bzw. Sortimentsgestaltung und die Portfolioanalyse (vgl. Kap. 7 Absatzcontrolling).

Produkt-/Sortimentsgestaltung

Im Rahmen der strategischen Produkt-/Sortimentsgestaltung müssen langfristige Entscheidungen über die Breite und Tiefe des Produktprogramms bzw. Sortiments sowie über Kern- und mögliche Randsortimente getroffen werden.

	Produkt-/Sortimentsbreite = Anzahl der verschiedenen Warengruppen/Produktlinien		
	Produktlinie 1/ Warengruppe 1 Sanitärartikel	**Produktlinie 2/ Warengruppe 2 Sanitärmaterial**	**Produktline 3/ Warengruppe 3 Sanitärmöbel**
Produkt- /Sortiments- tiefe = Anzahl der verschiedenen Artikel und Sorten	• Artikel „Duschwanne" – Viereckige Duschwannen aus Stahl (90×90) – Viereckige Duschwannen aus Stahl (80×90) …	• Artikel „Schrauben" – Torxschrauben (60×45) – Torxschrauben (50×40) …	• Artikel „Spiegel" – runde Spiegel (Ø50cm) – runde Spiegel (Ø60cm) …
	• Artikel „Badewannen" – Runde Badewannen (Ø1,50) aus Stahl …	• Artikel „Isoliermaterial" – Glaswolle – Rolle (0,6×5 m)	• Artikel „Badschränke" – Schrank 45×78 cm) …
	• Artikel „Waschtisch" – Waschtisch (60×60) – Waschtisch (60×65) …	• Artikel „Rohre" – Kunststoffrohr (0,1×5m)	• Artikel „Badstühle" – Stuhl aus Holz/Aluminium

Einflussgrößen bei der Gestaltung des Produktprogramms bzw. des Sortiments

1. Orientierung an der Konkurrenz (welche Breite und Tiefe bietet die Konkurrenz?)
2. Orientierung an den speziellen Bedürfnissen der Kunden (will die Kundschaft eher eine sehr tiefe Ausrichtung des Sortiments mit wenigen Warengruppen?)
3. Orientierung nach Preislagen (Artikel werden nach Preisgruppen zusammengestellt)
4. Sortimentsgestaltung nach dem Material der Artikel (Eisenwaren, Textilien …)
5. Eine weitere wichtige Einflussgröße sind Diversifikationsbestrebungen.

Produktlebenszyklus

Der Lebenszyklus stellt ein Marktreaktionsmodell dar, das zeitraumbezogen ist. Auf der x-Achse wird die Zeit abgetragen, auf der y-Achse die Umsätze, der Gewinn und möglicherweise die Kosten je Zeiteinheit. Die Darstellung des Produktlebenszyklus ist ein Modell, insofern ist die Aussagekraft auch sehr begrenzt. Sein Hauptaugenmerk richtet sich auf die anschauliche Darstellung des „Wachsens und Sterbens".

Allerdings lassen sich aus dem Verlauf keine Gesetzmäßigkeiten ableiten, da unterschiedliche Produkte völlig unterschiedliche Lebenszyklen, sowohl in ihrer Länge als auch in ihrer Ausprägung, haben (bei einem modischen Bekleidungsartikel sehr kurz, bei pharmazeutischen Artikeln und bei Verkehrsflugzeugen u. U. sehr lang). Aus einem

Lebenszyklusmodell können deshalb keine Umsatzprognose und auch kein Einsatz von Marketinginstrumenten abgeleitet werden.

Bei der Darstellung des Produktlebenszyklus unterscheidet man fünf Phasen:

1. Einführung
2. Wachstum
3. Reife
4. Sättigung
5. Rückgang

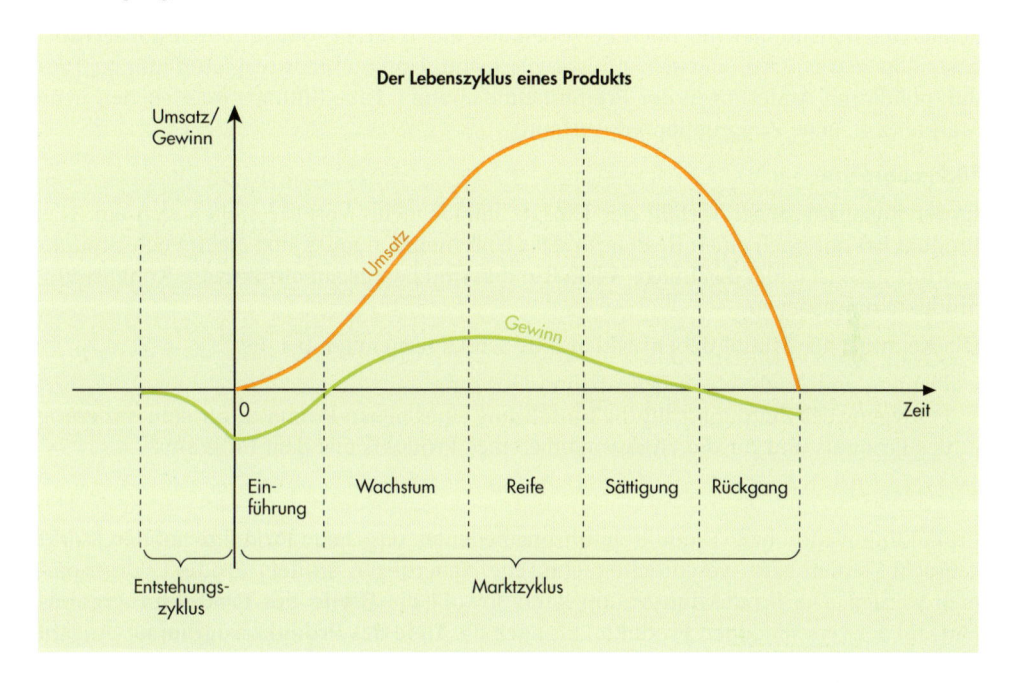

Der Lebenszyklus eines Produkts

Einführungsphase

In der Phase der Einführung des Produkts auf dem Markt werden zunächst geringe Umsätze verzeichnet. Ursache dafür ist, dass das Produkt dem Käufer zuerst bekannt gemacht werden muss. Erst mit zeitlicher Verzögerung beginnt der Kunde das Produkt zu kaufen. Bei Produkten, die auch schon bei der Markteinführung ein „Verkaufshit" sind, gibt es am Anfang oft fertigungstechnische Probleme, die notwendigen Stückzahlen bereitzustellen.

In der Produkteinführungsphase werden i.d.R. keine Gewinne erzielt, weil am Anfang die Kosten höher sind als der Umsatz. Dies liegt an den noch relativ niedrigen Stückzahlen und an den hohen Kosten der Markteinführung (Einführungswerbung, Schulung des Verkaufspersonals usw.).

Wachstumsphase

Ist das Produkt ein Verkaufserfolg, tritt in der Wachstumsphase der Umsatz- und Gewinnboom ein. Fertigungstechnisch treten keine Probleme mehr auf („Kinderkrankheiten"), die hohen Einführungskosten fallen weg; das Produkt erreicht den Höhepunkt seines Lebenszyklus. In dieser Phase treten jedoch immer mehr Unternehmen als Nachahmer auf, die ähnliche Produkte anbieten. Bei starker Konkurrenz hat dies Auswirkungen auf das Preisgefüge.

Reifephase

In der Reifephase erreicht der Umsatz seinen Höhepunkt. Der immer größeren Anzahl an Konkurrenten kann das Unternehmen z. B. durch vermehrte Werbung, Preissenkungen oder Steigerung der Attraktivität des Produkts durch verbesserte Ausstattung, Verpackung und Kundendienstleistungen begegnen. Diese absatzpolitischen Maßnahmen erhöhen die Kosten, sodass der Gewinn sich rückläufig entwickelt.

Sättigungsphase

Umsatz und Gewinn gehen in dieser Phase ständig zurück. In dieser Phase des Lebenszyklus treten als Käufer nur noch Personen auf, die in ihrem Kaufverhalten konservativ, besonders markentreu oder sehr preisbewusst sind. Unternehmer reagieren in ihrer Produktpolitik mit Änderungen der Produktaufmachung („Face-Lifting") oder suchen neue Märkte (z. B. neue Zielgruppen im Ausland).

Rückgangsphase

In der Rückgangsphase verfällt der Umsatz immer mehr. Verluste stellen sich ein. Das Produkt hat nur noch einen Restmarkt. Das Unternehmen muss jetzt Nachwuchsprodukte bringen, sonst leidet das Image. Viele Kunden sind bereits auf attraktivere Konkurrenzprodukte umgestiegen.

Die Kenntnis der Produktlebenszyklen hilft den Unternehmen bei der

- Planung und Analyse von Umsatz und Gewinn,
- Festlegung des Zeitpunkts für die Einführung eines neuen Produkts, für eine Änderung des Produkts und für die Herausnahme eines Produkts aus dem Programm.

Produktpolitische Entscheidungen

Produktinnovation bzw. Produkteinführung bedeutet, dass neue Produkte auf den Markt gebracht werden bzw. wesentliche technische Neuerungen an dem Produkt vorgenommen werden. Die Produktinnovation kann sowohl die **Breite des Produktprogramms** (Anzahl der verschiedenen Produkte) als auch die **Tiefe des Produktprogramms** (Anzahl der Sorten bzw. Varianten eines Produkte) verändern.

Ablauf einer Produktinnovation

1. Gewinnung von Produktideen

Unternehmensintern	Unternehmensextern	
	Experten	Kunden
<ul><li>Betriebliches Vorschlagswesen</li><li>Hinweise des Außendienstes</li><li>Entwicklungen der F&E-Abteilung</li><li>Ergebnisse von Marktanalysen</li><li>Ergebnisse von Mitarbeiterbefragungen</li><li>Brainstorming der betroffenen Mitarbeiter</li></ul>	<ul><li>Aufträge an Forschungsinstitute</li><li>Analyse der Konkurrenzprodukte</li><li>Vorschläge von Lieferanten und Händlern</li><li>Analyse von Patenten und Erfindungen</li><li>Informationen von Messen und Ausstellungen</li></ul>	<ul><li>Kundenwünsche</li><li>Kundenbeschwerden</li></ul>

2. Ideenauswahl

- **Vorauswahl**
  Produktinnovationen müssen bestimmte Mindestanforderungen erfüllen, dazu gehören Erfolgsaussichten, Entwicklungszeit, Entwicklungskosten und die Befriedigung grundlegender Kundenbedürfnisse. Ist dies nicht der Fall, werden Produktideen frühzeitig gestrichen.
- **Analyse der restlichen Produktideen**
  Entscheidend für die weitere Entwicklung einer Produktidee sind die Ergebnisse von Wirtschaftlichkeitsanalysen. Dabei werden im Wesentlichen quantitativ messbare Größen, wie Deckungsbeitrag, Gewinn, Umsatz oder Rentabilität überprüft.

3. Produktentwicklung

Anschließend wird das Produkt nach technischen und betriebswirtschaftlichen Erfordernissen im Unternehmen entwickelt.

4. Markttest

Ein Markttest muss und wird nicht immer durchgeführt. Er vermindert allerdings das Risiko einer Produktneueinführung erheblich.

5. Produkteinführung

Produktvariation

Im Rahmen einer Produktvariation werden bestimmte Eigenschaften von Produkten, die bereits auf dem Markt eingeführt sind, verändert. Die **Ursachen** einer Produktvariation liegen zum einen in der Notwendigkeit, länger eingeführte Produkte den veränderten Anforderungen bezüglich der Technik, des Designs usw. anzupassen, zum anderen soll durch eine Produktvariation sich verändernden Kundenwünschen (Beispiel: Ausstattung eines Autos) Rechnung getragen werden.

Arten der Produktvariation

- Veränderung der physikalischen Eigenschaften eines Produkts,
- Veränderung der funktionalen Eigenschaften eines Produkts,
- Veränderung ästhetischer Eigenschaften (Design, Farbe, Stil, Verpackung usw.),
- Veränderung des Namens bzw. der Marke eines Produkts,
- Veränderung des Gesamtnutzens durch das Anbieten von Zusatzleistungen (Kundendienst; Garantieerweiterung usw.).

Mit der Produktvariation wird das Produkt im Großen und Ganzen unverändert gelassen, trotzdem soll der Käufer das Gefühl haben, dass er etwas Vertrautes mit mehr Nutzen erwirbt. Die Produktvariation sollte so umfassend sein, dass das Produkt mit Konkurrenzprodukten, die kürzere Zeit auf dem Markt eingeführt sind, unter Nutzengesichtspunkten mithalten kann. Dies ist nicht einfach, da bei der Entwicklung von „jüngeren" Produkten neue technische Entwicklungen bzw. Designansprüche weitaus besser berücksichtigt werden konnten.

Der **zeitliche Einsatz** einer Produktvariation lässt sich am Beispiel des Lebenszyklus eines Autos zeigen. In der Sättigungsphase geht der Verkauf des Modells stark zurück. Um diesen Umsatzrückgang nicht zu stark werden zu lassen, finden bei Automobilen in diesen Phasen manchmal sogar mehrere Produktvariationen statt: während der Sättigungsphase eine leichte Veränderung des Designs und Ausstattungsverbesserungen, in der Rückgangsphase ca. ein Jahr vor der Einführung des neuen Modells, je nach Verkaufszahlen, noch weitere Ausstattungsverbesserungen.

Produktdifferenzierung

Eine weitere Maßnahme der Produktpolitik ist die Produktdifferenzierung, bei der entweder gleich bei der Einführung der Produktinnovation oder später mehrere Varianten eines Produkts angeboten werden, um auf die verschiedenen Bedürfnisse der Zielgruppen genauer eingehen zu können.

Beispiele: Bei einem bestimmten Automodell gibt es verschiedene Motoren, Ausstattungen etc.

Ziele der Produktdifferenzierung sind u. a.:
- Umsatzsteigerung als Folge der Befriedigung differenzierter Kundenwünsche
- Möglichkeit einer Preisdiffernzierung beim gleichen Produkt

Produkteliminierung

Die **Produkteliminierung** bewirkt die **Bereinigung des Produktionsprogramms**, d. h., die Herstellung veralteter und unrentabler Produkte wird eingestellt, z. B. Aufgabe der Produktion der alten 3er-Serie zugunsten einer neuen 3er-Serie.

Der Entscheidung, ein Produkt nicht mehr herzustellen, gehen genaue Analysen voraus, z. B. Kosten- und Rentabilitätsanalysen.

Quantitative und qualitative **Entscheidungsgesichtspunkte** können für das Herausfinden eliminierungsverdächtiger Produkte von Bedeutung sein:

Beispiele: für quantitative Kriterien: sinkender Umsatz und/oder Marktanteil, geringerer Umsatzanteil am Gesamtumsatz, sinkender Deckungsbeitrag, sinkender Kapitalumschlag und sinkende Rentabilität.

Beispiele: für qualitative Kriterien: Störungen im Produktionsablauf, negative Rückschlüsse auf das gesamte Produktionsprogramm bei einem überholten und veralteten Produkt, negativer Einfluss auf das Firmenimage (z. B. Reparaturanfälligkeit), nachlassende Wirkung der Marketingaktivitäten (z. B. Werbung), Änderung der Bedarfsstruktur und Änderung gesetzlicher Vorschriften (z. B. verschärfte Abgasbestimmungen bei Ölbrennern).

Die Grenze, an der ein Produkt eliminiert oder weiterproduziert werden soll, ist oft schwierig zu ziehen. Häufig geht eine Produktelimination einher mit einer Produktinnovation oder Produktvariation.

Kundendienst

Formen des Kundendienstes

Unter Kundendienst versteht man alle Serviceleistungen, die ein Unternehmen seinen Kunden vor, während und nach dem Kauf anbietet.

Art des Kundendienstes	Beispiele
Information und Beratung beim Verkauf bezüglich	• Verwendungszweck • Leistung • Qualität • Bedienung und Anwendung • Liefertermine • Zahlungsbedingungen • Finanzierungsbedingungen • Ersatzteilbeschaffung • Wartungsdienst • Garantieleistungen
Einweisung und Schulung	Bedienung, Wartungshinweise, Unfallverhütung, Reparaturanleitungen

Art des Kundendienstes	Beispiele
Zustellung und Installation	Transport, Montage von Anlagen, Probeläufe
Reparatur-, Ersatzteil- und Unterhaltungsdienst	**Beispiel:** Wartungsabonnement
	Beispiel: Garantie bestimmter Reparaturfristen
	Beispiel: Jahrelanger Ersatzteilservice, Einrichtung einer „Hotline"

Dabei lassen sich folgende **Kundendienstleistungen** unterscheiden:

- **Verpflichtende Leistungen:** Hierzu zählen Leistungen, die die erstmalige Nutzung eines Produkts erst ermöglichen und ohne die ein Verkauf nicht oder nur schwer möglich wäre, beispielsweise die Lieferung der Produkte zum Kunden, deren Installation bzw. Aufbau beim Kunden sowie gesetzliche Gewährleistungen. Diese Serviceleistungen sind in der Regel im Kaufpreis enthalten.
- **Erwartete Leistungen:** Dies sind Serviceleistungen, die im Kaufpreis in aller Regel nicht enthalten sind, die aber für Kunden ein entscheidendes Kaufargument darstellen. Beispielsweise werden bei Computern, bei Bau- und Landmaschinen, bei Investitionsgütern wie Maschinen keine oder nur geringe Stillstandszeiten durch Störungen vom Kunden akzeptiert. Erwartete Serviceleistungen sind in diesen Fällen u. a. ein 24-Stunden-Service oder extrem kurze Reaktionszeiten beim Kundenservice. Mittlerweile werden in bestimmten Branchen auch Kundendienstverträge angeboten. Kundendienst wird nicht mehr nur dann angeboten, wenn die Produkte defekt sind, sondern es wird eine regelmäßige Betreuung der Produkte durchgeführt. Dadurch entsteht eine Art Vertrauensverhältnis zwischen Kundendienstpersonal und dem Kunden, was sich positiv auf die Kundenbindung auswirkt.
- **Zusatzleistungen:** Hierunter sind solche Serviceleistungen zu verstehen, die durch spezifische Kundenbedürfnisse entstehen und durch die sich das Unternehmen einen Zusatznutzen beim Kunden und eine Profilierung gegenüber den Wettbewerbern erhofft. So bringt beispielsweise ein Kunde sein Auto in die Werkstatt, braucht aber für die Zeit der Reparatur dringend ein Fahrzeug. Dies wird ihm vom Autohaus kostenlos zur Verfügung gestellt.

Kundendienst war früher ausschließlich eine Nebenleistung, die notwendigerweise mit dem Verkauf von Produkten anfiel. Heute ist Kundendienst eine eigenständige Absatzleistung (Kundendienstmanagement), die von den Unternehmen aktiv zur Schaffung von Wettbewerbsvorteilen und zur Differenzierung gegenüber Wettbewerbern eingesetzt wird.

Ziele des Kundendienstmanagements

Ökonomische Ziele	1. Umsatz und Gewinn werden durch Kundendienstleistungen, u. a. durch zusätzliche Kundendienstverträge erwirtschaftet.
	2. Guter Kundendienst schafft Kundenzufriedenheit; Kundenzufriedenheit erzeugt Kundenbindung; Kundenbindung bringt Umsatz- und Gewinnzuwächse.
Psychologische Ziele	1. Kundendienstzufriedenheit: Diese wird dann erreicht, wenn Art und Umfang der Kundendienstleistung, die Pünktlichkeit bei der Ausübung und der in Rechnung gestellte Preis aus Sicht des Kunden in Ordnung sind.
	2. Ein vorbildlicher Kundendienst ist ein zentraler Einflussfaktor für den Wiederkauf der Produkte durch den Kunden und damit die **Kundenbindung**. Eine stärkere Kundenbindung gilt als das zentrale Marketingziel, das mithilfe des Kundendienstes erreicht werden soll.

Markenpolitik und Markenrecht – national und international

Marken sind Namen, Zeichen, Farben von Produkten oder Dienstleistungen, die von Unternehmen im Geschäftsverkehr verwendet werden. Hat ein Produkt eine Marke, wird das Produkt individualisiert und vom Kunden überall auf der Welt identifiziert. Die Markierung von Produkten wird damit zum wichtigsten Mittel der Produktidentifikation, national und international. Ist die Marke z. B. aufgrund ihres hohen Qualitätsanspruchs sehr bekannt, entsteht **Markentreue**. Markentreue bedeutet, dass Kunden immer wieder dasselbe Produkt kaufen. Je größer die Markentreue, desto größer der Geschäftserfolg des Unternehmens.

Zusätzlich ist mit dem Besitz bestimmter Markenprodukte für viele Käufer ein Image- bzw. **Prestigegewinn** verbunden. Vor allem beim Kauf von Konsumprodukten, wie beispielsweise Kleidung, Autos, Möbel, Sportartikel usw., wird sehr stark auf die Marke geachtet. Die Markierung von Produkten schafft damit **Präferenzen**. Folglich hat der Markenartikelhersteller bei seiner **Preispolitik** auch weitaus größere **Handlungsspielräume**. Absatzerfolge sind nicht zuletzt die Folge eines bekannten Markennamens.

Grundlagen einer internationalen Markierung sind u. a.:
1. ein einheitlicher Markenname,
2. ein identisches Markenzeichen,
3. ein einheitliches Design,
4. eine einheitliche Verpackung.

Neben den bereits beschriebenen Vorteilen bietet die internationale Marke für den Eintritt in neue Ländermärkte den Vorteil, dass dieser mit dem Image der Marke weitaus einfacher und kostengünstiger möglich ist und darüber hinaus auch die Rekrutierung von adäquaten Mitarbeitern leichter ist.

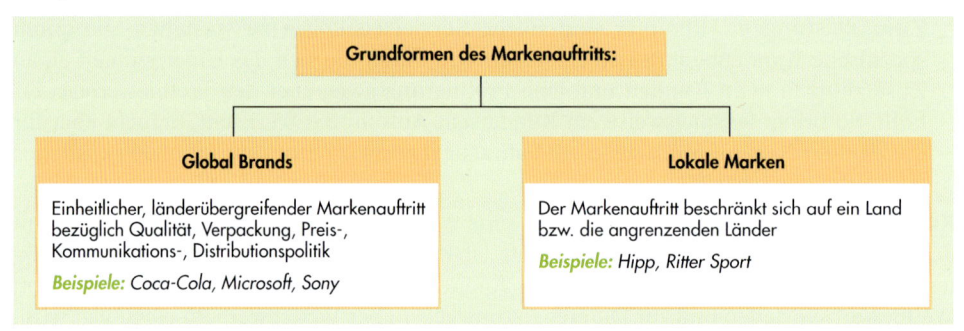

Grundformen des Markenauftritts:

Global Brands	Lokale Marken
Einheitlicher, länderübergreifender Markenauftritt bezüglich Qualität, Verpackung, Preis-, Kommunikations-, Distributionspolitik	Der Markenauftritt beschränkt sich auf ein Land bzw. die angrenzenden Länder
Beispiele: Coca-Cola, Microsoft, Sony	*Beispiele:* Hipp, Ritter Sport

Neben der Entscheidung für globalen oder lokalen Markenauftritt muss ein Unternehmen, das mehrere Produkte im Produktprogramm führt, entscheiden, ob alle Produkte unter einer Marke geführt werden oder ob für jedes Produkt ein eigener Markenauftritt angestrebt werden soll. Diese Überlegungen bilden zusammen mit dem Konzept des Markenauftritts die Markenstrategie eines Unternehmens.

Markenrecht – national und international

Erhebliche Probleme bereitet die internationale Markenpiraterie. Darunter versteht man die Nachahmung von Marken ohne Einverständnis des Markenherstellers.

Wer sich einen Markennamen aufgebaut hat und ihn im Geschäftsverkehr nutzt, muss sich deshalb gegen Nachahmung und Missbrauch schützen. Die Marke kann als Kennzeichnung von Waren und Dienstleistungen angemeldet und eingetragen werden. Dafür gibt es drei Möglichkeiten:

1. Die nationale Markenanmeldung beim Deutschen Patentamt in München. Folge: Nationaler Schutz der Marke.
2. Die Anmeldung einer EU-Gemeinschaftsmarke in Alicante (Spanien). Folge: Schutz der Marke in der EU.
3. Die internationale Markenanmeldung bei der WIPO (World Intellectual Property Organization) in Genf. Folge: Internationaler Schutz der Marke.

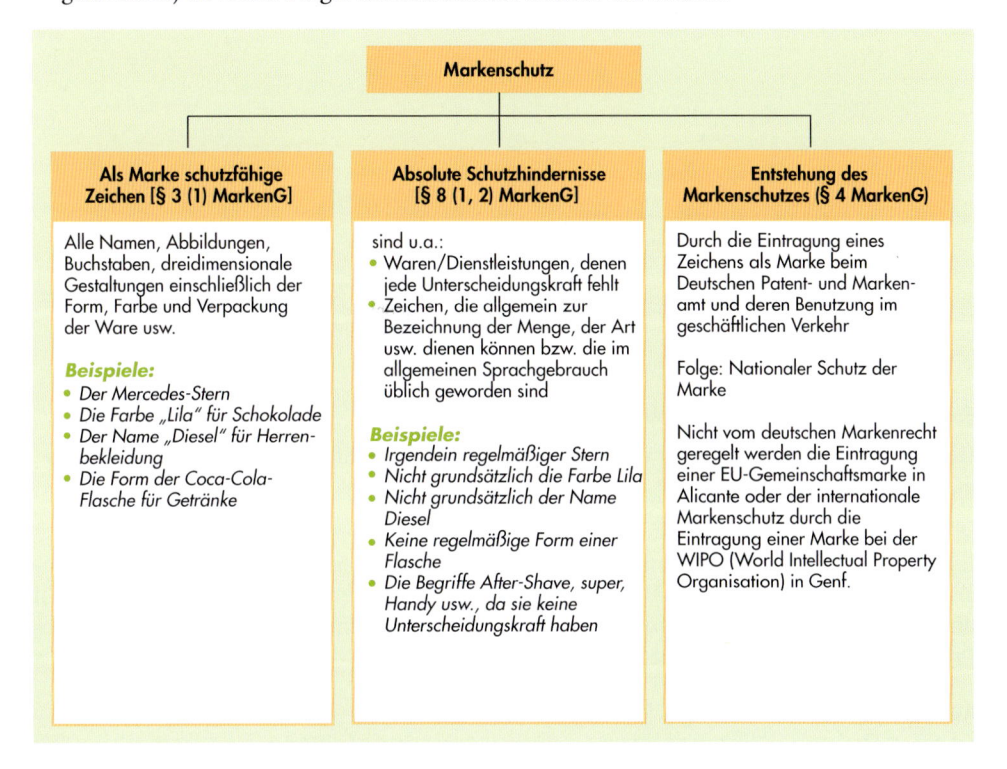

Markenschutz

Als Marke schutzfähige Zeichen [§ 3 (1) MarkenG]	Absolute Schutzhindernisse [§ 8 (1, 2) MarkenG]	Entstehung des Markenschutzes (§ 4 MarkenG)
Alle Namen, Abbildungen, Buchstaben, dreidimensionale Gestaltungen einschließlich der Form, Farbe und Verpackung der Ware usw. **Beispiele:** • Der Mercedes-Stern • Die Farbe „Lila" für Schokolade • Der Name „Diesel" für Herrenbekleidung • Die Form der Coca-Cola-Flasche für Getränke	sind u.a.: • Waren/Dienstleistungen, denen jede Unterscheidungskraft fehlt • Zeichen, die allgemein zur Bezeichnung der Menge, der Art usw. dienen können bzw. die im allgemeinen Sprachgebrauch üblich geworden sind **Beispiele:** • Irgendein regelmäßiger Stern • Nicht grundsätzlich die Farbe Lila • Nicht grundsätzlich der Name Diesel • Keine regelmäßige Form einer Flasche • Die Begriffe After-Shave, super, Handy usw., da sie keine Unterscheidungskraft haben	Durch die Eintragung eines Zeichens als Marke beim Deutschen Patent- und Markenamt und deren Benutzung im geschäftlichen Verkehr Folge: Nationaler Schutz der Marke Nicht vom deutschen Markenrecht geregelt werden die Eintragung einer EU-Gemeinschaftsmarke in Alicante oder der internationale Markenschutz durch die Eintragung einer Marke bei der WIPO (World Intellectual Property Organisation) in Genf.

2.2 Ziele und Strategien der Sortimentspolitik

Das Sortiment umfasst alle Waren und Dienstleistungen, die von einem Anbieter (Hersteller oder Händler) auf dem Markt verkauft werden.

Grundlegend bei der Sortimentsbildung ist die Marktorientierung; d.h., die Sortimentsbildung und -anpassung muss sich an den Bedürfnissen der Kunden orientieren.

Die Zusammenstellung von Waren zu einem Sortiment ist eine der wichtigsten Aufgaben des Großhandels im Bereich des Marketings.

Sortimentspolitische Entscheidungen

Sorte – Artikel – Warengruppe

Jedes **Sortiment** wird aus einzelnen Sorten von Waren gebildet. Die **Sorte** ist demnach die **kleinste**, nicht weiter teilbare Einheit eines Sortiments. Gleichartige Sorten, die sich lediglich geringfügig unterscheiden, z. B. in Farbe, Größe, Form, bilden einen **Artikel**[1]. Die Artikel selbst werden zu **Warengruppen** zusammengefasst.

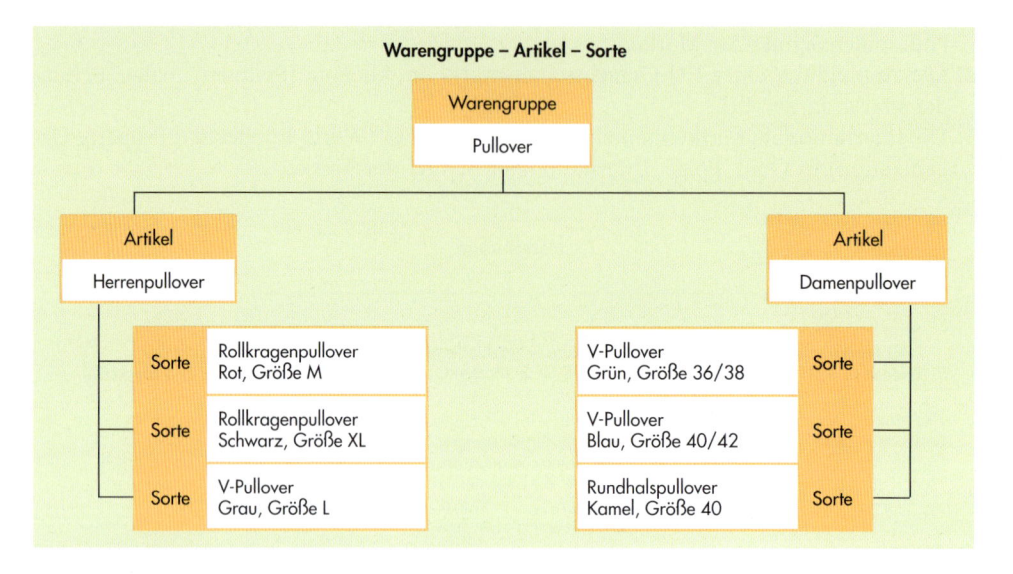

```
                        Warengruppe – Artikel – Sorte

                              ┌──────────────┐
                              │  Warengruppe │
                              │   Pullover   │
                              └──────────────┘
                    ┌──────────────┴──────────────┐
            ┌──────────────┐              ┌──────────────┐
            │    Artikel   │              │    Artikel   │
            │ Herrenpullover│             │ Damenpullover│
            └──────────────┘              └──────────────┘
         ┌─ Sorte  Rollkragenpullover     V-Pullover         Sorte ─┐
         │        Rot, Größe M            Grün, Größe 36/38         │
         ├─ Sorte  Rollkragenpullover     V-Pullover         Sorte ─┤
         │        Schwarz, Größe XL       Blau, Größe 40/42         │
         └─ Sorte  V-Pullover             Rundhalspullover   Sorte ─┘
                  Grau, Größe L           Kamel, Größe 40
```

Sortimentsbreite – Sortimentstiefe

Die **Sortimentsbreite** hängt ab von der Zahl der im Sortiment vertretenen **Warengruppen**.

Die **Sortimentstiefe** dagegen ist bestimmt durch die Zahl der **Artikel** und der dazugehörenden **Sorten** innerhalb einer Warengruppe.

In der **Industrie** entspricht dem Sortiment des Groß- und Einzelhandels das **Produktprogramm**. Dabei entspricht die **Programmbreite** (Zahl der verschiedenen Güter) der Zahl der Warengruppen und die **Programmtiefe** (Zahl der verschiedenen Ausführungen eines Produkts) der Zahl der Artikel und Sorten.

Kernsortiment – Randsortiment

Nicht alle Waren haben innerhalb eines Sortiments die gleiche Bedeutung für Umsatz und Gewinn. Die Artikel werden deshalb in zwei Gruppen unterteilt:

- **Kernsortiment** (**Standardsortiment**). Es umfasst die Artikel, welche als Grundausstattung eines Sortiments angesehen werden. Die Grenzen sind nicht genau festzulegen.
  Innerhalb des Kernsortiments wird der Absatz besonders verkaufsinteressanter Artikel (**V-I-Artikel**) gefördert. Dies sind insbesondere Standardartikel, welche keinen Modeschwankungen unterworfen sind und für welche absehbar eine lang andauernde Nachfrage besteht.

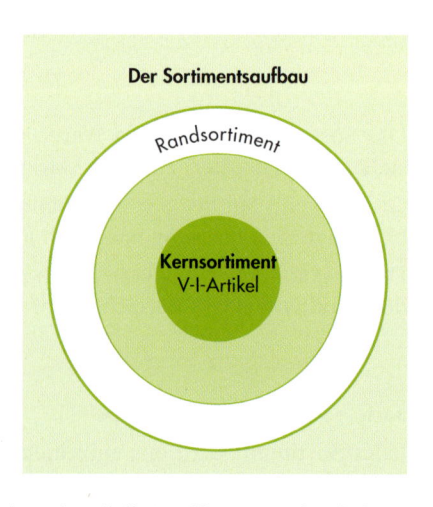

Der Sortimentsaufbau

(Darstellung: Randsortiment als äußerer Ring, Kernsortiment V-I-Artikel als innerer Kreis)

---

[1] In der kaufmännischen Praxis, besonders auch im Einzelhandel, werden oft die Begriffe Sorte und Artikel umgekehrt verwandt.

Das Kernsortiment soll im Allgemeinen gewährleisten, dass variable und fixe Kosten gedeckt sind.
- **Randsortiment (Rahmen-, Füll-, Wahlsortiment)**. Es dient als Ergänzung des Kernsortiments und soll zum **optimalen Sortiment** führen, das dann erreicht ist, wenn eine **größtmögliche Kundenzufriedenheit** erzielt wird.

Das Randsortiment kann durch **Aufnahme weiterer Warengruppen** entstehen. Es können aber auch **zusätzliche Artikel** bzw. Sorten bereits eingeführter Warengruppen, z. B. bessere oder auch mindere Qualitäten, das Sortiment ergänzen.

Einflussgrößen der Sortimentsbildung

Nachdem die grundsätzliche Entscheidung über den Sortimentsaufbau getroffen und das Kernsortiment damit in groben Zügen definiert ist, geht es im Folgenden darum, die genaue Zusammensetzung des Sortiments festzulegen. Dabei sind u. a. folgende **Einflussgrößen** zu beachten:
- **wirtschaftliche Aspekte,**
- **rechtliche Aspekte,**
- **Aspekte der Umweltverträglichkeit.**

Die Sortimentsbildung wird dabei oft zum Balanceakt zwischen wirtschaftlichen Zielen einerseits und rechtlichen bzw. Umweltzielen andererseits. Beispielsweise genügen ökologische Baustoffe aus nachwachsenden Rohstoffen (z. B. Flachs) oder tierischen Produkten (z. B. Schafswolle) den Kriterien der Umweltverträglichkeit. Aus wirtschaftlicher Sicht ist ein Sortiment, das sich nur aus ökologischen Baustoffen zusammensetzt, allerdings problematisch, da diese Baustoffe höhere Beschaffungspreise und somit auch höhere Endverkaufspreise haben. Viele Kunden können sich aber, trotz vorhandenen ökologischen Bewusstseins, diese Produkte nicht leisten.

Wirtschaftliche Aspekte bei der Sortimentsbildung

Im Vordergrund der Überlegungen zur Sortimentsbildung stehen die wirtschaftlichen Aspekte, d. h., der Großhändler überlegt sich, mit welcher Zusammensetzung des Sortiments eine Umsatzsteigerung und/oder eine Kostensenkung und damit eine Gewinnsteigerung erzielt werden kann. Diese wirtschaftlichen Ziele erfüllen sich nur dann, wenn u. a. folgende Punkte bei der Sortimentsbildung berücksichtigt werden:
- **Marktorientierung der Produkte:** Die einzelnen Produkte, die ins Sortiment aufgenommen werden, müssen den aktuellen Bedürfnissen der Kunden entsprechen. Dabei sind die neueste technische Entwicklung (bei technischen Geräten), Modetrends (Bekleidung) und die Qualität der Produkte zu beachten. Sind die Produkte nicht oder nur teilweise marktorientiert, sind sie nur mit Preisnachlässen zu verkaufen.
- **Günstige Beschaffungspreise:** Marktorientierung allein reicht noch nicht aus, denn auch die Konkurrenzunternehmen haben im Regelfall ein marktorientiertes Sortiment. Verkauft wird immer auch über den Preis. Ein entsprechend günstiger Verkaufspreis setzt u. a. auch niedrigere Beschaffungspreise voraus. Niedrigere Beschaffungskosten bei gleicher Qualität der Produkte sind entweder über entsprechende Einkaufsnachlässe (Mengen-, Treue-, Staffelrabatte, Skonti) oder über grundsätzlich günstigere Bezugsquellen (Einkauf im Ausland) zu erzielen.

Beispiel: Die Pharmahersteller verkaufen ihre Erzeugnisse in Deutschland zu weitaus höheren Preisen als im europäischen Ausland. Dieselben Präparate kann der Pharmagroßhändler also billiger im Ausland beziehen.

Rechtliche Aspekte bei der Sortimentsbildung

Rechtliche Aspekte, die bei der Sortimentsbildung beachtet werden müssen, sind u. a.:

- Feste Vertriebsbindungen bestimmter Markenhersteller verhindern die Aufnahme der Produkte ins eigene Sortiment;
- Gewährleistungsrisiken bei gesundheitsgefährdenden Artikeln;
- mangelnde Produktqualität und/oder Lieferverzögerungen bei ausländischen Lieferanten können aufgrund einer anderen Rechtsprechung im Land des Lieferanten rechtlich nicht verfolgt werden;
- ausländische Produkte entsprechen teilweise nicht den deutschen Normen und Gesetzen (z. B. importierte Autos und elektrische Geräte).

Aspekte der Umweltverträglichkeit bei der Sortimentsbildung

Ökologische Aspekte spielen in unserer Gesellschaft eine immer wichtigere Rolle. Umweltgesichtspunkte fließen u. a. in die Verkehrspolitik, in das Bauwesen, in industrielle Fertigungsverfahren und natürlich auch in den Prozess der Produktauswahl des Verbrauchers mit ein. Ein wesentliches Kaufargument ist bei vielen Produkten mittlerweile die Umweltverträglichkeit, d. h., die Verbraucher überlegen sich beim Kauf, ob die Produkte aus natürlichen Stoffen hergestellt sind oder ob sie wenigstens recyclingfähig sind, ob die Verpackung aus Kunststoff oder aus Pappe ist oder ob es sich um ein Einweg- oder ein Mehrwegsystem handelt.

Sortimentsanpassung und Sortimentskontrolle

Ein bestehendes Sortiment kann aufgrund der sich schnell verändernden Marktgegebenheiten nicht unabänderlich gleich bleiben. Vielmehr muss sich das Sortiment, zunehmend in immer kürzeren Zeitabständen, diesen neuen Marktgegebenheiten anpassen.

Ein Beispiel aus dem Bereich des Lebensmittelgroßhandels soll dies verdeutlichen:

Beispiel: Im Lebensmittelhandel mit seinem raschen, permanenten Wandel im Verbraucherverhalten ist es aus wirtschaftlichen Gründen unbedingt notwendig, das Sortiment rechtzeitig diesem Wandel anzupassen.

Aufgrund der Daten der Marktforschung ist bekannt, dass zwei Drittel aller Haushalte mittlerweile Single- oder Zweipersonenhaushalte sind. Da tagsüber gearbeitet wird, geht die Entwicklung hin zur schnellen Küche, zu vorgefertigten, tiefgefrorenen Menüs, die man schnell irgendwo abends nach dem Bürojob mitnimmt, zu Hause in die Mikrowelle schiebt und sie zu einer guten Flasche Wein verzehrt.

Für den Lebensmittelgroßhandel und auch den Einzelhandel ist dies eine ungeheure Chance. Um diese Nachfrage befriedigen zu können, muss das Sortiment auf diese sich ändernden Verbrauchergewohnheiten umgestellt bzw. angepasst werden.

Auch bei der Sortimentsanpassung müssen wirtschaftliche, rechtliche und ökologische Aspekte zugrunde gelegt werden. Dabei geht die Sortimentsanpassung immer mit der Kontrolle des Sortiments Hand in Hand. Die ständige Kontrolle des Sortiments bezüglich wirtschaftlicher, rechtlicher und ökologischer Aspekte ist die Grundlage einer späteren Sortimentsanpassung.

Wirtschaftliche Aspekte der Sortimentsanpassung

Sollen die wirtschaftlichen Ziele Umsatzsteigerung, Kostensenkung und Gewinnsteigerung erreicht werden, müssen, wie bei der ursprünglichen Sortimentsbildung, die Kriterien „Marktorientierung" und „Günstige Beschaffung" ständig mithilfe der Sortimentskontrolle geprüft und im Falle einer negativen Beurteilung das Sortiment dementsprechend verändert werden. Bei der Kontrolle eines bestehenden Sortiments unter wirtschaftlichen Aspekten reicht die ständige Beurteilung dieser beiden Kriterien nicht mehr aus. Vielmehr muss die Sortimentskontrolle immer auch eine Kostenkontrolle der Produkte im Sortiment gewährleisten.

Art der Kosten

Betrachtet man die Kosten in einer Geschäftsperiode, so stellt man fest, dass es zwei verschiedene Kostenarten gibt, die sich bei einer Änderung des betrieblichen Leistungsumfangs (Beschäftigung) unterschiedlich verhalten.

- **Fixe Kosten:** Hierzu zählen Kosten, die bei einer Änderung der Beschäftigung bzw. des Absatzes gleich bleiben.

    Beispiele: Miete, Gehälter der Angestellten, Zinskosten, Abschreibungen, Versicherungsbeiträge

    Die fixen Kosten fallen unabhängig davon an, ob und in welchem Umfang Leistungen von dem Unternehmen erbracht werden. Bezieht man die fixen Kosten einer Periode allerdings auf eine einzelne Leistungseinheit, so gehen die fixen Kosten je Leistungseinheit in dem Umfang zurück, wie die Leistungsmenge zunimmt. Die Ursache für dieses Verhalten liegt darin, dass sich die fixen Kosten auf eine größere Zahl von Leistungseinheiten verteilen. Bei einem Rückgang der Beschäftigung steigen die fixen Kosten pro Leistungseinheit an.

    Beispiel:
    – Ein Großhandelsunternehmen hat im Ausgangsjahr fixe Kosten von 100 000,00 €. Die Beschäftigung (Wareneinsatz) beträgt 2 000 Leistungseinheiten. Die fixen Kosten/Leistungseinheit betragen 50,00 €.
    – Im Folgejahr sinkt die Beschäftigung des Großhandelsunternehmens auf 1 000 Leistungseinheiten. Die gesamten fixen Kosten betragen weiterhin 100 000,00 €. Die fixen Kosten/Stück betragen dann 100,00 €.

- **Variable Kosten:** Das sind Kosten, die nur von diesem Produkt bzw. Auftrag verursacht werden und ihm direkt zugerechnet werden können. Bei einer Veränderung der Beschäftigung bzw. des Absatzes verändern sich auch die variablen Kosten.

    Beispiel: Wareneinsatz, Energiekosten, Provisionen im Vertrieb, Transport- und Verpackungskosten

    Die variablen Kosten fallen nur dann an, wenn ein Unternehmen Leistungen erbringt. Geht man davon aus, dass sich die variablen Kosten proportional zu einer Beschäftigungsänderung verhalten, ist ihr Stück- und Gesamtkostenverlauf genau umgekehrt wie bei den fixen Kosten.

    Beispiel:
    – Das Großhandelsunternehmen hat pro Leistungseinheit 100,00 € variable Kosten errechnet. Bei einer Beschäftigung von 2 000 Leistungseinheiten betragen die variablen Kosten pro Stück 100,00 €. Die gesamten variablen Kosten betragen dann 200 000,00 €.
    – Bei einem Rückgang der Beschäftigung auf 1 000 Leistungseinheiten bleiben die variablen Kosten pro Stück bei 100,00 €; die gesamten variablen Kosten gehen auf 100 000,00 € zurück.

Vollkostenrechnung und Sortimentspolitik

Ohne eine Aufteilung der Kosten im Unternehmen in fixe und variable Kostenbestandteile kann die Kostenrechnung nur in Form einer Vollkostenrechnung durchgeführt werden, d. h., dass sämtliche Kosten den einzelnen Produkten zugerechnet werden. Dabei wird aber keine Rücksicht darauf genommen, welche Kosten von den einzelnen Produkten direkt verursacht werden (variable Kosten) und wie viele der gesamten fixen Kosten das Produkt durch seine Verkaufserlöse abdeckt. Diese Art der Kalkulation kann zu falschen Entscheidungen in der Sortimentspolitik führen.

Beispiel: Ein Großhandelsbetrieb führt in seinem Sortiment die drei Produkte A, B und C. Für die Abrechnungsperiode April haben die Kostenrechner das folgende Zahlenmaterial zusammengestellt. Bei den fixen Kosten (453 000,00 €) handelt es sich nicht um erzeugnisfixe Kosten, sondern um unternehmensfixe Kosten, die unabhängig von der Sortimentsstruktur anfallen.

Produkte			
Art	Verkaufserlöse	Selbstkosten	Gewinn/Verlust
A	320 000,00 €	270 000,00 €	+ 50 000,00 €
B	400 000,00 €	420 000,00 €	– 20 000,00 €
C	240 000,00 €	210 000,00 €	+ 30 000,00 €

Die Vollkostenrechnung ergibt, dass der Artikel B 20 000,00 € Verlust erbringt. Unter wirtschaftlichen Gesichtspunkten wäre es also dringend erforderlich, den Artikel aus dem Sortiment zu streichen. Wird in einem Unternehmen nur die Vollkostenrechnung durchgeführt, ergibt sich für die Sortimentsgestaltung unter Kostenaspekten folgender Grundsatz: Produkte, die nach Abzug sämtlicher Kosten einen Gewinn erzielen, bleiben im Sortiment; Verlustprodukte werden aus dem Sortiment gestrichen.

Deckungsbeitrags-/Teilkostenrechnung

Bei der Deckungsbeitrags-/Teilkostenrechnung werden nicht alle Kosten auf die einzelnen Produkte verrechnet. Stattdessen werden einem Produkt nur die Kosten zugerechnet, die von ihm direkt verursacht werden (variable Kosten). Auf eine Verrechnung der fixen Kosten wird zunächst verzichtet. Erst bei der Ergebnisermittlung werden die fixen Kosten mit einbezogen.

Bei der Deckungsbeitragsrechnung werden, wie der Begriff schon sagt, Deckungsbeiträge ermittelt. Diese ergeben sich, wenn man von dem Gesamterlös einer Ware die variablen Kosten abzieht.

Grundschema der Deckungsbeitragsrechnung:

$$\begin{aligned} &\quad\text{Umsatzerlöse} \\ &-\ \text{variable Kosten} \\ &=\ \textbf{Deckungsbeitrag} \\ &-\ \text{fixe Kosten} \\ &=\ \text{Gewinn bzw. Verlust} \end{aligned}$$

Wie bereits erwähnt, sind die fixen Kosten noch nicht mit einberechnet. Der Deckungsbeitrag gibt also einen €-Betrag an, der zur Deckung der fixen Kosten zur Verfügung steht.

Auf den ersten Blick ergibt sich kein Unterschied zur Vollkostenrechnung; die Verrechnung der Kosten wird nur in zwei Rechenschritten durchgeführt. Tatsächlich gibt es aber einen großen Unterschied. Dieser liegt darin begründet, dass man durch die Aufteilung der Kosten in fixe und variable Bestandteile jetzt weiß, wie viel variable Kosten ein Produkt verursacht und welcher Betrag nach Ausgleich der variablen Kosten zur Deckung der gesamten im Unternehmen anfallenden fixen Kosten übrig bleibt.

Beispiel: Betrachtet man das vorangehende Beispiel aus der Sicht der Deckungsbeitragsrechnung, ergibt sich ein vollkommen anderes Bild als bei der Vollkostenrechnung. Variable Kosten: A = 216 000,00 €, B = 168 000,00 €, C = 63 000,00 €. Das Produkt B hat einen Deckungsbeitrag von 232 000,00 €, d. h., es trägt von den gesamten fixen Kosten den weitaus größten Teil. Würde man das Produkt B aus dem Sortiment streichen, wäre das Gesamtergebnis erheblich schlechter.

	Sortiment mit Produkt B	Sortiment ohne Produkt B
Verkaufserlöse	960 000,00 €	560 000,00 €
− variable Kosten	447 000,00 €	279 000,00 €
= Deckungsbeitrag	513 000,00 €	281 000,00 €
− fixe Kosten	453 000,00 €	453 000,00 €
= Gewinn/Verlust	60 000,00 €	172 000,00 €

Das Gesamtergebnis verändert sich gravierend; mit Produkt B entsteht ein Gewinn von 60 000,00 €, ohne Produkt B ein Verlust von 172 000,00 €.

Wird in einem Unternehmen auch eine Deckungsbeitragsrechnung durchgeführt, ergeben sich für die Sortimentspolitik folgende grundsätzliche Aspekte:

- Ein Produkt, das keinen positiven Deckungsbeitrag erzielt, wird unter Kostengesichtspunkten aus dem Sortiment gestrichen.
- Ein Produkt, das einen positiven Deckungsbeitrag erzielt, bleibt, kostenrechnerisch betrachtet, im Sortiment.

Begründung: Je höher der Deckungsbeitrag einer Ware, umso mehr trägt diese Ware zur Deckung der fixen Kosten und darüber hinaus zu einer Gewinnerhöhung bei.

Rechtliche Aspekte der Sortimentsanpassung

Artikel, bei denen z. B. gesundheitliche Gefährdungen durch den Gebrauch oder die Einnahme entstehen, müssen aus dem Sortiment genommen werden. Die Gewährleistungsansprüche der Kunden können sich auch gegen den Großhandel richten, wenn dieser, trotz Kenntnisnahme der Gefährdung, die Produkte im Sortiment weiterführt.

Beispiel: Ein Pharmagroßhändler muss Pillen aus dem Sortiment nehmen, wenn gesundheitsgefährdende Nebenwirkungen bekannt werden.

Ökologische Aspekte bei der Sortimentsanpassung

Ein bestehendes Sortiment muss, und zwar in allen Sparten des Großhandels, den wachsenden ökologischen Ansprüchen der Gesellschaft und damit der potenziellen Kunden gerecht werden. Produkte, die hohe Recyclingkosten verursachen oder aufwendige Produktverpackungen benötigen, müssen dem Verbraucherwunsch entsprechend aus dem Sortiment genommen und durch andere, umweltverträgliche Produkte ersetzt werden.

Formen der Sortimentsanpassung

Sortimentserweiterung

Bei der Sortimentserweiterung werden neue Artikel und Sorten in das Sortiment aufgenommen. Die Sortimentserweiterung kann sowohl die Sortimentstiefe als auch die Sortimentsbreite oder beides beeinflussen. Ziel der Sortimentserweiterung ist in erster

Linie eine Umsatzerhöhung. Diese kann mit dem bestehenden Kundenkreis oder mit neuen Kundengruppen, die mit dieser Sortimentserweiterung angesprochen werden, erwirtschaftet werden.

Eine Sonderform der Sortimentserweiterung ist die **Diversifikation**. Hier nimmt ein Unternehmen neue Artikel/Sorten in das Sortiment auf, die auf neuen Märkten angeboten werden, d. h., es werden neue Kundenkreise angesprochen.

Beispiel: Die TRIAL GmbH, ursprünglich nur im Fahrradhandel tätig, nimmt zusätzlich Büromöbel in ihr Sortiment mit auf.

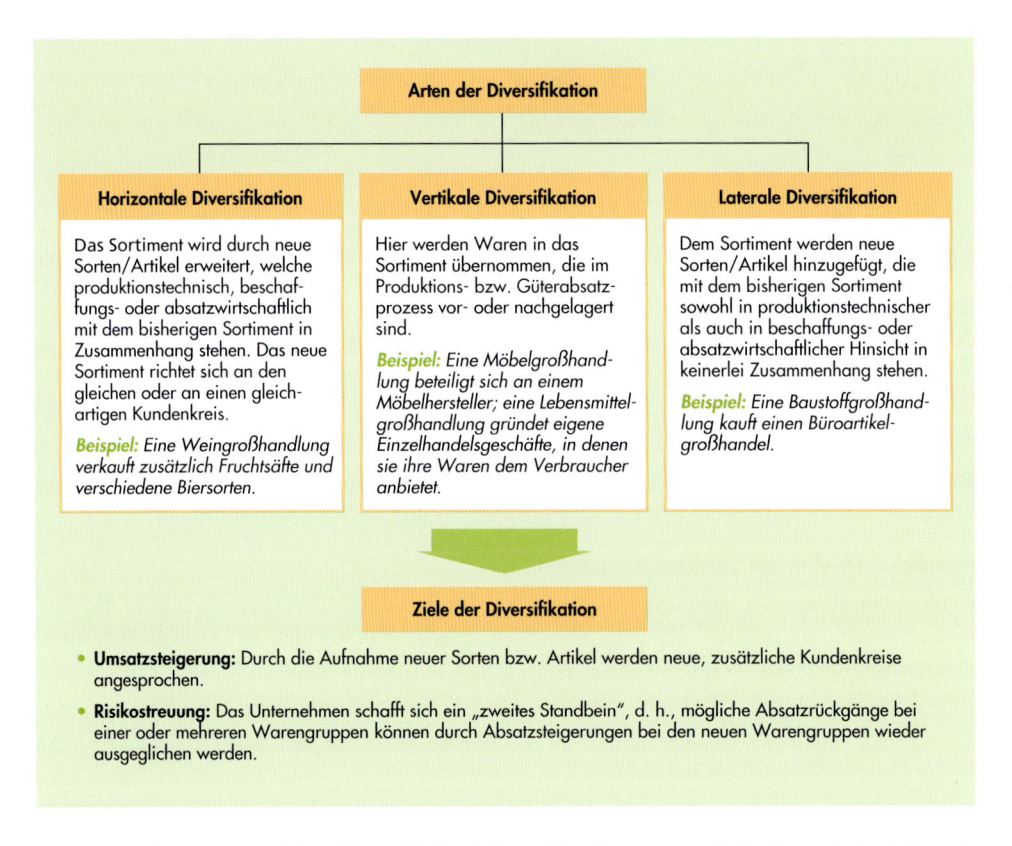

Arten der Diversifikation

Horizontale Diversifikation

Das Sortiment wird durch neue Sorten/Artikel erweitert, welche produktionstechnisch, beschaffungs- oder absatzwirtschaftlich mit dem bisherigen Sortiment in Zusammenhang stehen. Das neue Sortiment richtet sich an den gleichen oder an einen gleichartigen Kundenkreis.

Beispiel: Eine Weingroßhandlung verkauft zusätzlich Fruchtsäfte und verschiedene Biersorten.

Vertikale Diversifikation

Hier werden Waren in das Sortiment übernommen, die im Produktions- bzw. Güterabsatzprozess vor- oder nachgelagert sind.

Beispiel: Eine Möbelgroßhandlung beteiligt sich an einem Möbelhersteller; eine Lebensmittelgroßhandlung gründet eigene Einzelhandelsgeschäfte, in denen sie ihre Waren dem Verbraucher anbietet.

Laterale Diversifikation

Dem Sortiment werden neue Sorten/Artikel hinzugefügt, die mit dem bisherigen Sortiment sowohl in produktionstechnischer als auch in beschaffungs- oder absatzwirtschaftlicher Hinsicht in keinerlei Zusammenhang stehen.

Beispiel: Eine Baustoffgroßhandlung kauft einen Büroartikelgroßhandel.

Ziele der Diversifikation

- **Umsatzsteigerung:** Durch die Aufnahme neuer Sorten bzw. Artikel werden neue, zusätzliche Kundenkreise angesprochen.
- **Risikostreuung:** Das Unternehmen schafft sich ein „zweites Standbein", d. h., mögliche Absatzrückgänge bei einer oder mehreren Warengruppen können durch Absatzsteigerungen bei den neuen Warengruppen wieder ausgeglichen werden.

Ein wesentlicher Grund für die Wahl der Diversifikationsstrategie ist das mit der Diversifikation verbundene Risiko.

Bei der horizontalen Diversifikation (gleicher Kundenkreis, neue Artikel/Sorten, die in Zusammenhang mit dem bisherigen Sortiment stehen) ist das Risiko relativ gering.

Die laterale Diversifikation (anderer Kundenkreis, völlig andere Artikel und Sorten) ist mit einem erheblichen Risiko verbunden, da das Unternehmen aus seiner traditionellen Branche ausbricht und neue Aktionsfelder sucht.

Die **Diversifikation** kann durch **Zusammenschluss** mit anderen Unternehmen (Fusion), durch **Kauf** anderer Unternehmen, durch **Beteiligungen** oder durch **Neugründung** erfolgen.

Besonders in der Großindustrie ist durch die Konzernverflechtungen die Diversifikation stark verbreitet; z. B. Siemens, Bosch, Daimler, VW.

Sortimentsbereinigung

Die Sortimentsbereinigung ist Teil der Sortimentspflege. Da die Märkte sich ständig ändern, ist es notwendig, unrentable und veraltete Artikel und Sorten aus dem Sortiment zu streichen. Dadurch verkleinert sich einerseits die Zahl der angebotenen Waren, andererseits wird Platz geschaffen für die Aufnahme neuer Produkte.

ZUSAMMENFASSUNG

- **Sortiment:** Alle Waren und Dienstleistungen, die von einem Hersteller auf dem Markt verkauft werden.

-
Grundbegriffe der Sortimentsbildung		
– **Sorte:** Kleinste Einheit eines Sortiments – **Artikel:** Zusammenfassung gleichartiger Sorten – **Warengruppe:** Zusammenfassung mehrerer Artikel	– **Sortimentsbreite:** Anzahl der im Sortiment vertretenen Warengruppen – **Sortimentstiefe:** Anzahl der Artikel und Sorten innerhalb einer Warengruppe	– **Kernsortiment:** Alle Artikel, die als Grundausstattung eines Sortiments angeboten werden – **Randsortiment:** Ergänzung des Kernsortiments durch Aufnahme neuer Warengruppen

- **Einflussgrößen der Sortimentsbildung** sind wirtschaftliche, rechtliche und ökologische Aspekte.
- **Sortimentsanpassung:** Anpassung eines bestehenden Sortiments an sich ändernde Marktgegebenheiten, z. B. durch
  - **Sortimentserweiterung:** Dem Sortiment werden neue Artikel hinzugefügt, z. B. durch Diversifikation,
  - **Sortimentsbereinigung:** Unrentable und veraltete Artikel werden aus dem Sortiment gestrichen.
- **Sortimentskontrolle:** Kontrolle des Sortiments, inwieweit es noch den Anforderungen des Marktes und Kostengesichtspunkten gerecht wird.

Lernfeld 5

Marketing planen, durchführen und kontrollieren

Lernsituation: Produktpolitische Entscheidungen treffen

UNTERNEHMENSPROFIL

Die Beck GmbH ist ein deutscher Markenhersteller, der sich mit seinem Produktprogramm auf den Bereich Garten spezialisiert hat. Bei Beck handelt es sich um den größten europäischen Hersteller für Gartenartikel mit mehreren tausend Mitarbeitern und einem Umsatz von 700 Mio. €. Die Beck GmbH unternimmt große Anstrengungen, um ihren Kunden stets eine große Auswahl an qualitativ hochwertigen und auch innovativen Produkten anbieten zu können. Der Hauptsitz des Unternehmens ist Ulm.

ARBEITSAUFTRÄGE

Zur Beantwortung der Arbeitsaufträge benutzen Sie die Informationen aus den Materialien.

1 Für die Auszubildenden des 1. Ausbildungsjahres, die gerade einige Wochen im Unternehmen arbeiten, steht beim nächsten Ausbildungsgespräch das Produktprogramm des Unternehmens auf der Tagesordnung. Sie sind Auszubildender im 3. Ausbildungsjahr und erhalten den Auftrag, das Produktprogramm in einer übersichtlichen und strukturierten Form darzustellen. Zusätzlich sollen Sie die Art des Produktprogramms so genau wie möglich beschreiben.

2 Setzen Sie sich in einer Arbeitsgruppe mit mehreren Auszubildenden zusammen und überlegen Sie sich, wie den Kundenwünschen in der Produktpolitik entsprochen werden kann. Überlegen Sie sich auch eine produktpolitische Vorgehensweise bezüglich der 30 m Schläuche. Begründen Sie jeweils Ihre Vorgehensweise.

3 Produktdaten der Beck GmbH wie Marktwachstum, Marktanteil usw. sollen nun nicht mehr nur berechnet, sondern zur besseren Veranschaulichung auch grafisch dargestellt werden. Sie erhalten den Auftrag, die Daten der vorliegenden Tabelle (Marktwachstum, relativer Marktanteil, Umsatzhöhe) in einem Koordinatensystem grafisch darzustellen. Anschließend beurteilen Sie die Situation der Beck GmbH bezüglich ihres Produktprogramms. Benutzen Sie dazu die Informationen aus den Materialien.

MATERIALIEN

Das Produktprogramm/Sortiment der Beck GmbH setzt sich aus folgenden einzelnen Produkten zusammen:

Gartensäge gebogen; Gartensäge gerade; Schlauchstück ½ Zoll (= Durchmesser); Schlauchstück ¾ Zoll; Rasenmäher; Heckenschere klein; Heckenschere groß; Schlauch ½ Zoll in 10, 20, 30 m Länge; Schlauch ¾ Zoll in 10, 20, 30 m Länge; Schlauchwagen für Schläuche mit 10, 20 und 30 m Schlauchlänge; Blumenkralle; Blumenrechen; Astschere; Streuwagen; Gießkanne 5 l, 10 l, 13 l; Gartenberegner in fünf verschiedenen Größen; Kupplungsstück für Schlauch ½ Zoll; Kupplungsstück für Schlauch ¾ Zoll; Amboss Gartenschere 180; Amboss Gartenschere 195 C.

Informationen zum Produktprogramm/Sortiment

Als Sortiment oder Produktprogramm bezeichnet man die Gesamtheit an Produkten, die ein Unternehmen seinen Kunden auf dem Markt anbietet. Ein Produktprogramm besteht aus einzelnen Warengruppen oder Produktlinien. In diesen fasst man alle Produkte zusammen, die in einem Bedarfs- oder Produktionszusammenhang stehen. Je nachdem, wie viele Warengruppen ein Sortiment hat, spricht man von einem breiten Programm (bei einer großen Anzahl), bei einer geringen Anzahl an Warengruppen von einem schmalen Programm. Umfasst eine Warengruppe sehr viele Varianten gleichartiger Produkte, handelt es sich um ein tiefes, im anderen Fall um ein flaches Produktprogramm.

Ziel der Produktpolitik ist eine optimale Zusammensetzung des Sortiments in Bezug auf die Wünsche und Bedürfnisse der Kunden. Sind die Kunden mit dem Angebot zufrieden, ist das Ziel erreicht.

Maßnahmen der Produkt-/Sortimentspolitik

Entwicklungen in der Technik, bei Umweltvorschriften oder auch veränderte Kundenwünsche machen es notwendig, dass neue Produkte oder Artikel in das Produktprogramm aufgenommen werden. Handelt es sich dabei um Produkte, die völlig neu auf den Markt kommen oder wenigstens eine wesentliche technologische Neuentwicklung beinhalten, spricht man von Produktinnovation.

Im Rahmen von Produktvariationen werden Veränderungen an Produkten vorgenommen, die bereits auf dem Markt eingeführt worden sind. Die Grundfunktionen des Produkts bleiben erhalten, die Veränderungen betreffen das Design, das Leistungsspektrum des Produkts, die Ausstattung etc.

Bei der Produktdifferenzierung geht es darum, die Anzahl der verschiedenen Produktvarianten zu erhöhen, um noch genauer auf die Bedürfnisse der Kunden eingehen zu können. Beispielsweise werden von einem bestimmten Autotyp neben der Limousine noch ein Cabrio und ein Kombi angeboten. Darüber hinaus werden diese Typen mit den verschiedensten Motoren und Ausstattungslinien angeboten.

Kundenwünsche ändern sich, entsprechend ändert sich auch ein Produktprogramm. Kann mit Produktvariationen und Produktdifferenzierungen nicht mehr richtig auf die Kundenwünsche reagiert werden, müssen Produkte aus dem Produktprogramm eliminiert werden. Gründe dafür könnten auch veränderte Technik- oder Umweltvorschriften sein. Entscheidend für eine Produktelimination sind oft aber die Ergebnisse der Kostenrechnung. Erzielt ein Produkt keinen Gewinn oder Deckungsbeitrag mehr, wird ein Produkt eliminiert. Trägt ein Produkt aber zur Kundenbindung bei, kann es, trotz fehlendem Deckungsbeitrag, im Produktprogramm weitergeführt werden.

Eine Form der Produktprogrammgestaltung ist die Produktdiversifikation. Hier führt ein Unternehmen entweder völlig neuartige Produkte (Produktinnovation) oder nur für das Produktprogramm des betreffenden Unternehmens neue Produkte auf dem Markt ein. Gründe dafür sind eine mögliche Umsatzausweitung und eine Risikostreuung (2. Standbein). Werden z. B. von einem Unternehmen der Elektrotechnik Produkte aus der Umwelttechnik in das Produktprogramm aufgenommen, handelt es sich um eine Produktdiversifikation. Handelt es sich um artverwandte Produkte der gleichen Fertigungsstufe, liegt eine horizontale Produktdiversifikation vor; gehören die neu eingeführten Produkte einer im Vergleich zum bisherigen Produkt vor- oder nachgelagerten Produktionsstufe an, spricht man von vertikaler Produktdiversifikation. Besteht überhaupt kein Zusammenhang zwischen dem bisherigen Produktprogramm und der Produktinnovation, liegt eine laterale Produktdiversifikation vor.

Lernfeld 5

Marketing planen, durchführen und kontrollieren

Ausgewählte Produktdaten der Beck GmbH:

Produkt-gruppe	Umsatz (Mio. €)	Marktanteil	Marktwachstum	Marktanteil des stärksten Konkurrenten	Relativer Marktanteil
Schlauch	10	42 %	4 %	35 %	
Streuwagen	6	24 %	12 %	30 %	
Scheren	4	35 %	10 %	25 %	
Rasenmäher	1	12 %	4 %	20 %	

Interne Mail eines Marketingmitarbeiters an eine Produktmanagerin:

Von: Mueller Harry [harry.mueller@beckgmbH.de]	**Gesendet:** Di 16.07.20.. 14:55
An: s.geiger@beckgmbh.de	
Cc:	

Betreff: Produktprogramm

Sehr geehrte Frau Geiger,
aus vielen E-Mails von Kunden wissen wir, dass sie sich bei den Scheren und bei dem Rasenmäher ein umfangreicheres und in einigen Bereichen auch aktuelleres Angebot wünschen. Gleichzeitig zeigen die Verkaufszahlen, dass Gartenschläuche mit 30 m Länge fast überhaupt nicht mehr gekauft werden, weil die Grundstücke zunehmend kleiner werden und diese Länge einfach nicht mehr gebraucht wird.

Mit freundlichen Grüßen

Harry Mueller
Beck GmbH
Fon: 06021 14 28 56
Fax: 06021 14 28 57
Mail to: harry.mueller@beckgmbH.de

Marktwachstum

Relativer Marktanteil

Marketing planen, durchführen und kontrollieren

Lernfeld 5

AUFGABEN

1

Die Peller & Strehmel GmbH & Co. KG verändert ihr Sortiment

Die Peller & Strehmel GmbH & Co. KG, Stuttgart, ein Bekleidungsgeschäft für Kinder-, Jugend- und Erwachsenenbekleidung, ist mit dem Umsatz des abgelaufenen Jahres nicht zufrieden. Zwar erzielt man mit der Kundschaft jenseits der 40 seit Jahren immer in etwa dieselben guten Umsatzzahlen, dafür gehen die Umsatzzahlen, die man mit der Zielgruppe der „Teens" (unter 20 Jahre) und der Zielgruppe der „Twens" (zwischen 20 und 30 Jahre) erzielt, stetig zurück.

Aus diesem Grund wird Peller & Strehmel das Sortiment in Zukunft verändern und klar auf die jeweiligen Zielgruppen abstimmen. Die Fokussierung auf bestimmte Zielgruppen wird sich auch in der räumlichen Aufteilung des Bekleidungshauses widerspiegeln. So ist beispielsweise im Untergeschoss ein Jugendshop vorgesehen.

Zusätzlich wird, dem allgemeinen Trend zu mehr Freizeit, Sport und Fitness folgend, ein eigener Sport- und Fitnessbereich aufgebaut. Dort werden die gängigen Artikel aus den Sportarten Tennis, Skaten und Squash nebst Zubehör angeboten. Andere Sportarten sollen aufgenommen werden, wenn man nach dem Einführungsjahr erkennt, dass diese Sortimentserweiterung bei der Kundschaft ankommt.

a) Erklären Sie am Beispiel der Firma Peller & Strehmel die Grundbegriffe der Sortimentsbildung:
- Sorte, Artikel, Warengruppe,
- Kernsortiment und Randsortiment.

b) Erläutern Sie verschiedene wirtschaftliche Aspekte, die Peller & Strehmel bei ihrer Sortimentspolitik verfolgt.

c)

Produkte	Verkaufs-erlöse	Gesamt-kosten	Variable Kosten	Erwartete Verkaufszahlen
Sakko	270,00 €	180 000,00 €	110,00 €	1 200
Hose	130,00 €	105 000,00 €	50,00 €	1 500
Tennisschläger	190,00 €	600 000,00 €	140,00 €	3 000
Squashschläger	90,00 €	175 000,00 €	40,00 €	2 500

Entscheiden Sie auf der Basis der Voll- und der Teilkostenrechnung, ob Tennisschläger ins Sortiment aufgenommen werden sollen. Die fixen Kosten im Unternehmen betragen 183 000,00 €. Durch die Neuaufnahme der Sportartikel verändert sich die Höhe der fixen Kosten nicht.

d) Begründen Sie, ob es sich im vorliegenden Beispiel um eine Diversifikation des Sortiments handelt und wenn ja, um welche Form der Diversifikation.

Lernfeld 5 Marketing planen, durchführen und kontrollieren

2 Eine Elektrogroßhandlung teilt ihr Warensortiment in drei Warengruppen ein:

Waren-gruppe	Barverkaufspreis je Einheit	Einstandspreis je Einheit	Handlungskosten, davon 50 % variabel	Verkaufte Menge
1	220,00	120,00	8 600,00	1 200
2	58,00	60,00	4 200,00	540
3	450,00	200,00	5 800,00	880

a) Berechnen Sie den Deckungsbeitrag jeder Warengruppe und den Gesamtdeckungsbeitrag aller Warengruppen.

b) Welche Folgerungen ziehen Sie aus diesen Werten für die Sortimentsgestaltung der Elektrogroßhandlung? Begründung.

3 Die LANICA Ltd., ein japanischer Pkw-Hersteller mit weltweitem Produktions- und Vertriebsnetz, hat auf dem europäischen Markt erhebliche Probleme beim Absatz ihrer Fahrzeuge. Ursache dafür sind u. a. die zu langen Produktzyklen, das in den Augen der europäischen Kunden wenig ansprechende Design, die fehlende Marke usw.

Die Firma LANICA versucht nun, durch verschiedene Maßnahmen im Bereich des Marketings diese Probleme in den Griff zu bekommen. Der folgende Zeitungsbericht beschreibt die aktuelle Situation bei der Firma LANICA.

> ### Ein neuer Magna ist wichtig, doch entscheidend ist der nächste Tara – LANICA Deutschland soll mit neuen Modellen Marktanteile zurückgewinnen
>
> Bei Lanica Deutschland, einer Tochtergesellschaft der japanischen LANICA Ltd., stehen die Zeichen auf Sturm. Binnen weniger Jahre brach der Marktanteil in Deutschland von 12,4 % auf ca. 7,9 % ein. Eine von der Firma LANICA in Auftrag gegebene Studie einer Marktforschungsgesellschaft nennt vor allem zwei Gründe für diesen zurückgehenden Marktanteil:
>
> 1. Die Produktpolitik entspricht nicht den Bedürfnissen und Wünschen der Konsumenten.
> 2. Das Image der Marke LANICA in Deutschland ist äußerst schlecht.
>
> Bei den angebotenen Modellen erfüllt einzig der neue Desira im Marktsegment mittlere Mittelklasse in der Produktqualität und bei den abgesetzten Stückzahlen die Erwartungen. Der Desira ist seit ca. einem Jahr auf dem Markt und wird nur als Limousine in den Motorenvarianten 70, 90 und 110 PS angeboten. Der Turbodiesel mit 90 PS wurde vor 14 Tagen auf den Markt gebracht.
>
> Auf einem Bein steht es sich bekanntlich schlecht, deshalb sollen die bestehenden Modelle überarbeitet bzw. nach und nach neue Modelle auf den Markt gebracht werden.
>
> Im Übrigen sind die angebotenen Motorvarianten nicht ausreichend. Die höchsten Steigerungen bei den Zulassungszahlen für Neufahrzeuge weisen in den letzten Jahren Dieselfahrzeuge auf. LANICA hat für diese Zielgruppe bisher ausschließlich den Desira TD anzubieten, in allen anderen Marktsegmenten fehlt bisher diese Motorvariante.
>
> Trotz pfiffigen Designs gehen die Zulassungszahlen des in den ersten Jahren sehr erfolgreichen Kleinwagens Mira seit zwei Jahren kontinuierlich zurück. Der nur als Limousine angebotene Kleinwagen (Motorvarianten 45, 55, 70 PS) hat noch einen entscheidenden Nachteil: Viele LANICA-

Kunden steigen vom in der unteren Mittelklasse angesiedelten Tara, der als Limousine in den Motorvarianten 55, 70 und 90 PS angeboten wird, auf den kostengünstigen Mira um. Diese Kannibalisierungseffekte sieht man bei LANICA überhaupt nicht gern, da am Tara gutes Geld verdient wird, während beim Mira im Billigpreissegment nur über Stückzahlen etwas zu verdienen ist. In letzter Zeit wird aufgrund der zurückgehenden Absatzzahlen beim Mira mit Verlust gearbeitet.

Als Folge dieser Entwicklungen will LANICA in den nächsten Jahren 40 neue Fahrzeuge, Modell- und Motorvarianten auf den Markt bringen, eine Produktoffensive wie nie zuvor in der Geschichte des Unternehmens.

Ein erstes Beispiel will LANICA im Herbst auf dem Pariser Autosalon mit dem neuen Magna (obere Mittelklasse) zeigen. Es wird kein Weltauto mehr sein. Mit dem Konzept eines Weltautos hat man bei LANICA Schiffbruch erlitten. Insbesondere beim Design, aber auch bei den Motorvarianten, bei der Länge des Modellzyklus und bei der Qualität wird man in Zukunft auf regionale Bedürfnisse eingehen.

All dies wird beim neuen Magna berücksichtigt: Neben dem völlig neuen Design wird zusätzlich zu der bisher angebotenen Limousine mit den Benzinmotoren 90, 115 und 150 PS eine Kombi- und eine Cabrioversion mit denselben Benzinmotoren angeboten. Daneben werden für die Limousine und den Kombi noch zwei Turbodieselmotoren mit 115 und 150 PS mit ins Programm genommen.

Das alte Modell des in der Luxusklasse angesiedelten Luxera (Limousine 150, 170, 210 PS) musste wegen zu geringer Absatzzahlen vom Markt genommen werden. Mit verändertem Design, neuen Direkteinspritzer-Dieselmotoren, Sechs- und Achtzylindermotoren aus Aluminium, mit erheblich reduziertem Kraftstoffverbrauch und umfangreicher Serienausstattung (hervorragende Klimaanlage, zehn Airbags u. Ä.), aber unter dem alten Namen wird versucht, den bekannten Marken (BMW, Mercedes, Audi) in Deutschland Paroli zu bieten.

Ungeachtet dieser Modelloffensive bei den traditionellen Marktsegmenten wird LANICA auch die Nischen nicht vergessen. „Jede Nische wird geschlossen", versichert Entwicklungschef Takascha. Dabei wird zuerst an die Käufergruppe der Vanfahrer gedacht. Diese Zielgruppe wurde bisher sträflich vernachlässigt. Ein Van wurde bisher nicht angeboten. Vorgesehen sind nun ein Minivan Galaxa mit 90- und 115-PS-Benzinmotoren und zwei Turbodieselmotoren mit 90 und 115 PS.

Der neue Off-Roader „Rodeo" kommt nächstes Jahr mit Benzinmotoren von 90 und 115 PS sowie als Turbodiesel mit 115 und 150 PS auf den Markt. Ein weiteres völlig neues Modell ist der Pantera, der in ca. zwei Jahren auf den Markt kommen soll. Der Pantera ist zwischen der mittleren und der oberen Mittelklasse angesiedelt und wird als Sportcoupé und als zweisitziger Roadster angeboten, da für dieses Modell eine Dieselmotorisierung als nicht stilgerecht angesehen wird.

Sollte diese sportliche Variante ein Erfolg werden, wird für jedes Modell ein sportlicher Ableger geplant. Mit all diesen Maßnahmen in der Produktpolitik werden 10 % Marktanteil in Deutschland mittelfristig angestrebt.

Acht Jahre nach der Markteinführung des Modells Tara gehen die Absatzzahlen sehr stark zurück, trotz der seit einem Jahr angebotenen Sondermodelle, die teilweise umfangreiche Sonderausstattungen enthalten. Dies liegt nur zum Teil daran, dass viele Kunden statt des Tara den neueren und preisgünstigeren Mira kaufen. Der wesentliche Grund ist darin zu sehen, dass der konturlose Tara trotz der Sondermodelle und leichter Retuschen eigentlich nicht mehr konkurrenzfähig ist. Technik, Design, Sicherheitssysteme usw. sind veraltet und nicht mehr marktgerecht.

Lernfeld 5 — Marketing planen, durchführen und kontrollieren

Dem Hersteller LANICA stehen über den Tara folgende Zahlenwerte zur Verfügung:

Jahre	Umsatz	Kosten	Gewinn
1	0,7 Mrd. €	0,75 Mrd. €	
2	1,8 Mrd. €	0,9 Mrd. €	
3	2,7 Mrd. €	1,2 Mrd. €	
4	4,2 Mrd. €	3,3 Mrd. €	
5	3,8 Mrd. €	3,1 Mrd. €	
6	3,5 Mrd. €	3,0 Mrd. €	
7	2,0 Mrd. €	2,0 Mrd. €	
8	1,0 Mrd. €	1,5 Mrd. €	

a) Beschreiben Sie das **bisherige** und das **neue (geplante) Produktionsprogramm** der Firma LANICA entsprechend folgender Tabelle:
(Legen Sie für das bisherige und das neue Produktionsprogramm jeweils eine Tabelle an).

Modelltyp						
Marktsegment						
Kleinwagen						

b) Welche dieser neuen Modelle verändern die Produktbreite, welche die Produkttiefe des bestehenden Produktionsprogramms (Begründung)?

c) Beschreiben Sie die Zielgruppen, die LANICA mit den neuen Modellen Galaxa und Rodeo anspricht, indem Sie diesen Zielgruppen u. a. bestimmte Werte und Eigenschaften wie konservativ, sparsam, funktionsorientiert, genussorientiert, statusorientiert u. Ä. zuordnen.

d) Welche weiteren Veränderungen im Produktionsprogramm könnten Sie sich vorstellen?

e) Ermitteln Sie die Höhe des Gewinns vom Modell Tara in den einzelnen Jahren.

f) Zeichnen Sie in ein Koordinatensystem (vgl. unten) die Gewinn- und Umsatzkurve (Werte bitte in die Mitte des jeweiligen Jahres eingetragen).

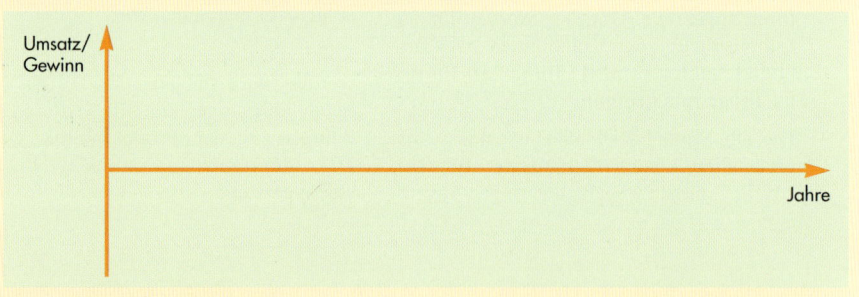

g) Beschreiben Sie anhand einiger Kriterien die Lebenszyklusphase, in der sich der Tara aktuell befindet.

h) Erläutern Sie den Sinn und Zweck der Markierung von Produkten/Dienstleistungen unter marketingpolitischen Gesichtspunkten.

i) Welche Möglichkeiten des Markenschutzes bestehen und wie umfassend ist dieser Markenschutz?

j) Beschreiben Sie, mit welchen Maßnahmen einzelne Automobilhersteller versuchen, das Ansehen ihrer Marke zu verbessern.

Marketing planen, durchführen und kontrollieren — Lernfeld 5

3 Preispolitik

PROBLEM

Die Weller KG möchte zahlreiche Kunden im süddeutschen Raum mit einer neuen 500-g-Trockenfrüchtemischung beliefern. Die zusätzlichen fixen Kosten (zusätzliche Abschreibungs- und Verwaltungskosten) betragen 50 000,00 €, die variablen Kosten (Wareneinsatz, Verpackung, Vertriebsprovisionen) betragen 2,00 € je 500-g-Beutel. Eine Erforschung des Marktes ergab, dass die Kunden, je nach Höhe des Verkaufspreises, unterschiedliche Mengen nachfragen würden. Die nachfolgende Tabelle gibt die Ergebnisse der Marktforschung wieder.

Nachgefragte Menge	Verkaufspreise	Variable Kosten/Stück
10 000	8,00 €	2,00 €
20 000	6,00 €	2,00 €
30 000	5,00 €	2,00 €
40 000	4,00 €	2,00 €
50 000	3,50 €	2,00 €

1. Ermitteln Sie die fixen Kosten/Stück, die Gesamtkosten/Stück, den Gesamtumsatz und den Gesamtgewinn.
2. Welchen Preis wird die Weller KG unter Berücksichtigung dieser Daten aus der Marktforschung wahrscheinlich verlangen?
3. Können Sie sich auch andere preispolitische Ziele vorstellen?

Unter **Preispolitik** versteht man alle Entscheidungen eines Unternehmens, die die Preisstellung auf dem Markt beeinflussen. In erster Linie zählt dazu die Veränderung des Produktpreises. Daneben sind aber auch die verschiedenen Formen der Rabattgewährung, die Vereinbarung bestimmter Lieferungs- und Zahlungsbedingungen sowie die Gewährung von Kundenkrediten Mittel im Rahmen der Preispolitik.

Preispolitische Entscheidungen sind notwendig im Rahmen

- der Produkteinführung (erstmalige Preisfestsetzung);
- von Kostenänderungen, z. B. Tariflohnerhöhungen;
- von Nachfrageänderungen, z. B. Umsatzrückgang;
- von Veränderungen im Konkurrenzverhalten, z. B. Preiskampf im Lebensmitteleinzelhandel.

3.1 Ziele und Strategien der Preispolitik

Ziele der Preispolitik

In der Praxis nimmt das Ziel der langfristigen Gewinnmaximierung immer noch eine überragende Stellung bei der Formulierung der preispolitischen Ziele ein.

Darüber hinaus sind preispolitische Ziele die Erhöhung des Absatzes, die Erhöhung von Marktanteilen, die Gewinnung neuer Kunden bzw. die Eroberung neuer Märkte bzw. Marktsegmente, die Ausschaltung der Konkurrenz oder der Aufbau eines bestimmten Preisimages (billigster Anbieter, exklusive Preispolitik im Rahmen der Markenpolitik).

Preispolitische Ziele sind in aller Regel auf den Markt (Kunden, Konkurrenz) bezogen; Preispolitik, die betriebsinterne Belange (z. B. Sicherung der Arbeitsplätze) zum Ziel hat, ist eher die Ausnahme.

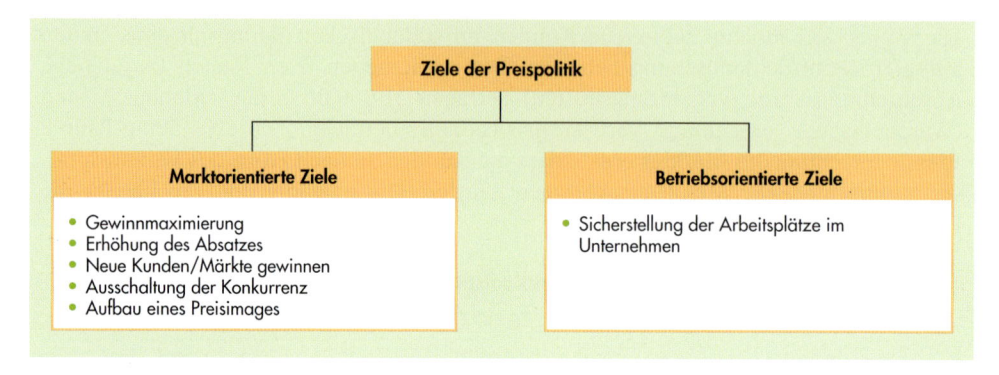

```
                        Ziele der Preispolitik
                       /                      \
         Marktorientierte Ziele          Betriebsorientierte Ziele
         • Gewinnmaximierung             • Sicherstellung der Arbeitsplätze im
         • Erhöhung des Absatzes           Unternehmen
         • Neue Kunden/Märkte gewinnen
         • Ausschaltung der Konkurrenz
         • Aufbau eines Preisimages
```

Strategien der Preispolitik

Preispolitische Strategien zur Erreichung der gesteckten Ziele im Unternehmen sind vielfältig. Dargestellt werden im Folgenden zwei Beispiele: die Preisdifferenzierungsstrategie und die Penetrations- bzw. Skimmingstrategie.

Preisdifferenzierungsstrategie

Preisdifferenzierung liegt dann vor, wenn gleiche Produkte zu unterschiedlichen Preisen auf dem Markt angeboten werden. Werden ähnliche bzw. nur gleichartige Produkte zu unterschiedlichen Preisen verkauft, ist dies keine Preisdifferenzierung. Bei der Preisdifferenzierung unterscheidet man folgende Arten:

Räumliche Preisdifferenzierung

Die gleichen Produkte werden auf räumlich getrennten Märkten mit teilweise erheblichen Preisunterschieden verkauft. Räumlich getrennte Märkte sind zum Beispiel der inländische Markt und ausländische Märkte. Voraussetzung dafür, dass eine Preisdifferenzierung auf ausländischen Märkten für den inländischen Markt keine Auswirkungen hat, ist, dass keine oder keine nennenswerten Reimporte aus diesen Ländern möglich sind. Für den EU-Markt ist diese Voraussetzung nicht mehr gewährleistet.

Ursachen sind erstens die gemeinsame Währung der EU-Länder, die Preisunterschiede für jeden deutlich veranschaulicht; zweitens die fehlenden Zollschranken, die Reimporte ohne großen Aufwand ermöglichen, und drittens Gerichtsurteile des Europäischen Gerichtshofs, die zum Beispiel die Auto- und Pharmahersteller und ihre Händler in den jeweiligen Ländern dazu zwingen, billigere Produkte an Ausländer zu verkaufen.

Zeitliche Preisdifferenzierung

Die einzelnen Produkte werden den Kunden je nach dem Zeitpunkt der Nachfrage zu unterschiedlichen Preisen angeboten.

Beispiele:
- *Preise für elektrischen Strom (Tag-, Nachttarif)*
- *Preise im Fremdenverkehr je nach Saison*
- *Preise der Werbeminuten im Fernsehen*

Mengenmäßige Preisdifferenzierung

Je nach Abnahmemenge erhalten die Kunden mehr oder weniger große Rabatte beim Kauf von Produkten.

Beispiele:
- *Mengenabhängige Staffelpreise beim Kauf von Produkten*
- *Mengenabhängiger Umsatzbonus*

Preisdifferenzierung nach dem Verwendungszweck

Beispiele:
- *Verschiedene Tarife für Haushalts- und Gewerbestrom*
- *Verschiedene Steuerbelastungen bei Diesel für private Autofahrer und landwirtschaftliche Nutzung*

Penetrations- und Skimmingstrategie

Wendet ein Unternehmen bei seiner Preispolitik die **Penetrationsstrategie** an, so versucht es, Massenmärkte, d. h. Märkte, auf denen große Stückzahlen verkauft werden, über einen niedrigen Produktpreis schnell zu erschließen. Insbesondere bei der Neueinführung von Produkten wird folglich nicht vom gewinnmaximalen Preis ausgegangen, sondern von einem „Penetrationspreis", der den gewinnmaximalen Preis erheblich unterschreitet.

Beispiel: Renault Logan (Auto im Billigpreissegment)

Für die Anwendung einer Penetrationsstrategie bei der Preisbildung gelten folgende Voraussetzungen:

1. Die **Nachfrageelastizität** ist sehr **groß**; folglich führen Preisvorteile zu einer erheblichen Steigerung der Nachfrage und zu Marktanteilsgewinnen, wenn Kunden von Konkurrenzprodukten abwandern. Diese Strategie ist insbesondere dann von Vorteil, wenn es auf dem Markt bereits ähnliche oder funktional gleiche Produkte gibt.
2. Gibt es auf dem Markt keine ähnlichen oder funktional gleichen Produkte, kann die Penetrationsstrategie als **Markteintrittsbarriere** für mögliche eintrittswillige Konkurrenten verwendet werden.
3. Nur ausreichend große Märkte garantieren bei der Penetrationsstrategie genügend große Stückzahlen, damit Kostenvorteile über die großen Mengen ausgenutzt werden können.
4. Eine Penetrationsstrategie darf nicht das Produkt- oder Unternehmensimage in der Form beschädigen, dass die Verbraucher auf minderwertige Produktqualität schließen.

Problematisch ist die Penetrationsstrategie, weil die niedrigen Preise lange Amortisationszeiten und damit lange Lebenszyklen voraussetzen. Dies ist nur bei einigen Produkten gegeben. Im Übrigen ist in der Folge der preispolitische Spielraum nach unten (aus Kostenüberlegungen) und nach oben (schwierig beim Konsumenten durchzusetzen) begrenzt.

Bei der **Skimmingstrategie** setzt der Unternehmer ganz im Gegensatz zur Penetrationsstrategie einen relativ hohen Preis bei der Markteinführung seines Produkts an. Mit zunehmender Erschließung des Marktes und steigendem Konkurrenzdruck wird dieser Preis dann sukzessive gesenkt.

Ziel dieser Preisstrategie ist es, die hohen Neuproduktinvestitionen über den hohen Preis und die damit verbundene hohe Gewinnmarge möglichst schnell zu amortisieren.

Für die Anwendung der Skimmingstrategie bei der Preisbildung gelten folgende Voraussetzungen:

1. Die Nachfrage auf dem Markt für diese hochwertigen Neuprodukte ist ausreichend groß. Es muss sich um Produkte handeln, die entweder im Trend liegen oder technische Neuheiten sind, die jeder haben will.
   Beispiel: Neue Handys
2. Die Produkte veralten sehr schnell.
   Beispiele: Handys, Markenbekleidung, Sportartikel usw.
3. Die Produkte können durch andere Produkte nicht oder nur sehr schlecht ersetzt (substituiert) werden.
4. Durch den hohen Einführungspreis können hohe Deckungsbeiträge generiert werden.
5. Die eigenen Produktions- und eventuell auch die Vertriebskapazitäten und vor allem auch die der Konkurrenz sind insbesondere am Anfang sehr begrenzt; d.h., die Nachfrage ist sehr viel höher als das Angebot.

Probleme der Skimmingstrategie

1. Hohe Gewinnspannen locken Konkurrenten an; bei entsprechenden Kapazitäten und vorhandenem Know-how würde das Angebot erhöht und die Gewinnspannen würden sinken. Um diesen Konkurrenzeintritt zu verhindern, muss versucht werden, **Markteintrittsbarrieren** aufzubauen, wie beispielsweise Patente, Kontrolle über Beschaffungsmärkte oder Absatzkanäle.
2. Ohne Markteintrittsbarrieren (Bsp.: Patente – vgl. Pharmaindustrie) lässt sich die Skimmingstrategie nur **kurzfristig anwenden.** In dieser Zeit müssen hohe Erträge die Kosten amortisieren und Gewinne abwerfen.

3.2 Einflussgrößen der Preispolitik

Einflussgrößen der Preisbildung sind u.a.
- die Kosten des Unternehmens;
- die Konkurrenzsituation;
- die Nachfragesituation;
- die unternehmerischen Zielsetzungen.

Kostenorientierte Preisbildung

Grundlage der kostenorientierten Preisbildung ist der kalkulierte Verkaufspreis, dem die Zahlen der betrieblichen Kostenrechnung zugrunde liegen. Die Ermittlung kann mithilfe der **Vollkosten- oder der Teilkostenrechnung** erfolgen.

Preisbildung auf Vollkostenbasis

Wird ein Verkaufspreis auf Vollkostenbasis kalkuliert, so bedeutet dies, dass durch den Verkaufspreis alle Kosten des Unternehmens gedeckt sein müssen, d.h. nicht nur die variablen Kosten (Kosten, die durch diesen Auftrag verursacht wurden), sondern auch die anteiligen fixen Kosten (vgl. Abschnitt 3.2, Wirtschaftliche Aspekte der Sortimentsanpassung).

Beispiel: Ein Unternehmen kalkuliert den Verkaufspreis von Torx-Schrauben (4 × 60 mm) auf Vollkostenbasis. Folgende Daten stehen zur Verfügung:

Gesamtkosten je Packung	*7,50 €*
Verkaufte Einheiten	*250 000 Packungen*
Verkaufspreis	*10,75 €/Packung*

Marketing planen, durchführen und kontrollieren — Lernfeld 5

Vollkostenrechnung	Pro Stück	Menge	Summe
Umsatzerlöse	10,75 €	250 000	2 687 500 €
− Kosten	7,50 €	250 000	1 875 000 €
= Gewinn	3,25 €	250 000	812 500 €

Für die Packung Torx-Schrauben eines anderen Herstellers stehen folgenden Daten zur Verfügung:

Gesamtkosten je Packung 9,50 €
Verkaufte Einheiten 100 000 Packungen
Verkaufspreis 9,00 €

Vollkostenrechnung	Pro Stück	Menge	Summe
Umsatzerlöse	9,00 €	100 000	900 000,00 €
− Kosten	9,50 €	100 000	950 000,00 €
= Verlust	0,50 €	100 000	50 000,00 €

Nach der Gesamtkostenbetrachtung dürfte man die Schrauben dieses Herstellers nicht verkaufen, da die Kosten größer sind als der Verkaufserlös. Tatsächlich werden bei dieser Art der Kostenrechnung die Kosten (Personalkosten, Lagerkosten, Transportkosten usw.) gleich hoch angesetzt, obwohl möglicherweise unterschiedlich hohe Kosten angefallen sind. Ist dies der Fall, ist die Entscheidung, die Schrauben des anderen Herstellers nicht zu verkaufen, eine Fehlentscheidung.

Insgesamt ist festzustellen, dass die Gesamtkostenbetrachtung, ohne eine differenzierte Betrachtung der Kosten, die speziell von einem Produkt verursacht wurden, zu falschen Entscheidungen bezüglich der Produkt- bzw. Sortimentspolitik führen kann.

Kennt man die Kosten je Produkt nicht genau, ist eine Preisdifferenzierung (unterschiedliche Preise für dieselben Produkte) für verschiedene Kunden eigentlich nicht möglich.

Preisbildung auf Teilkostenbasis

Die Preisbildung auf Teilkosten-/Deckungsbeitragsbasis setzt an den Nachteilen der Vollkostenrechnung an und versucht diese Probleme zu lösen. Aus kostenrechnerischer Sicht werden die Gesamtkosten in **fixe und variable Kostenbestandteile** zerlegt (vgl. Abschnitt Art der Kosten, Seite 371, Kap. 2.2 Ziele und Strategien der Sortimentspolitik). Ergibt sich nach Abzug der variablen Kosten von den Nettoverkaufserlösen ein positiver Deckungsbeitrag, kann das Unternehmen die Deckungsbeitragsrechnung nicht nur im Rahmen der Sortimentspolitik, sondern auch als Instrument der Preispolitik einsetzen. Für kurze Zeit können die fixen Kosten außer Acht gelassen werden, denn diese fallen an, ob nun ein Verkauf getätigt wird oder nicht. Kurzfristig kann das Unternehmen den Preis bis auf die Höhe der variablen Kosten absenken (absolute Preisuntergrenze). Damit bieten sich folgende Möglichkeiten der Preispolitik an:

- Durchführung zeitlich befristeter Sonderaktionen,
- Möglichkeit einer Preisdifferenzierung (vgl. Seite 384, Kap. 2.2 Ziele und Strategien der Preispolitik).

Beispiel: Ein Unternehmer verkauft die 200er-Packung Spax-Schrauben (40 x 60 mm), kalkuliert auf Vollkostenbasis, für 10,75 € netto. Alle im Unternehmen entstehenden fixen Kosten sind durch die Verkaufserlöse der anderen Produkte gedeckt. Eine große Baumarktkette würde 10 000 Packungen zu einem Preis von 7,00 € netto beziehen. Die variablen Kosten der Packung Schrauben betragen 5,50 €. Soll das Unternehmen das Angebot annehmen und die Schrauben zu 7,00 € liefern?

Deckungsbeitragsrechnung:
Nettoverkaufserlös/Packung	7,00 €
− Variable Kosten/Packung	5,50 €
= Deckungsbeitrag/Packung	1,50 €

Über den zusätzlichen Deckungsbeitrag ergibt sich eine Gewinnsteigerung um 15 000,00 €.

Die Vorteile dieser Preispolitik liegen in den Möglichkeiten der Preisdifferenzierung. Durch die Vorgabe von Preisuntergrenzen ist die Preis- und damit die Absatzpolitik flexibler geworden. Der Unternehmer ist in der Lage, auf das Marktgeschehen einzugehen und in hart umkämpften Märkten oder bei einem Neueintritt in einen Markt zu geringeren Preisen anzubieten. Diese Preise dürfen allerdings nicht unter den variablen Kosten der Produkte liegen.

Die Hauptgefahr dieser Preispolitik ist, dass ein Unternehmen die Deckungsbeitragsrechnung grundsätzlich für die Preiskalkulation heranzieht und insgesamt zu niedrige Preise auf dem Markt verlangt. Unbedingte Voraussetzung für die Anwendung der Deckungsbeitragsrechnung ist, dass, über einen längeren Zeitraum gesehen, die fixen Kosten insgesamt gedeckt sind, d. h., es muss eine Preispolitik gewährleistet sein, die langfristig eine volle Kostendeckung ermöglicht.

Nachfrageorientierte Preisgestaltung

Die Preispolitik kann nicht nur die eigenen Kosten beachten, sondern sie muss auch die **Preisvorstellungen der Nachfrager** im Auge behalten. Die entscheidende Frage ist hier, inwieweit die Nachfrager bereit sind, einen bestimmten Preis für ein Produkt zu bezahlen. Dabei sind u. a. folgende Punkte zu berücksichtigen:

- **Struktur der Nachfrager:** Gesamtnachfrage, Art der Nachfrager, Substituierbarkeit des Produkts, Reaktion der Nachfrager auf Preisänderungen.
- **Preisvorstellungen der Nachfrager:** Der Nachfrager ist heute durchaus in der Lage, Güter der gleichen Gattung miteinander zu vergleichen und sich eine Meinung zu bilden, was ein Produkt kosten darf. Wesentlich für ihn ist dabei, welchen Nutzen das Gut für ihn hat.
- **Einfluss von Qualität und Image:** Die Ursachen dafür, dass der Nachfrager auch einen möglichen höheren Preis für ein Gut akzeptiert, liegen vor allem in der Qualität eines Produkts und in seinem Image begründet.

Konkurrenzorientierte Preisbildung

Unter **konkurrenzorientierter Preisbildung** versteht man, dass sich der Verkaufspreis unter Berücksichtigung der eigenen Kostensituation und der Nachfrage im Wesentlichen an den Preisen der Konkurrenz orientiert. Diese Art der Preispolitik tritt hauptsächlich in zwei Formen auf:

- Das Unternehmen orientiert sich in seiner Preisgestaltung am durchschnittlichen Preis der gesamten Konkurrenz.
- Das Unternehmen orientiert sich an den Preisen des Preisführers auf dem Markt. Der Preisführer ist häufig der Anbieter mit dem überwiegenden Marktanteil.

Beide Formen der konkurrenzorientierten Preisbildung treten vor allem auf oligopolistischen Märkten, z. B. dem Benzinmarkt oder dem Arzneimittelmarkt, auf.

3.3 Konditionenpolitik

Bei der Festlegung der Konditionenpolitik entscheidet das Unternehmen, zu welchen Bedingungen die Produkte und Dienstleistungen den Kunden angeboten werden. Instrumente der Konditionenpolitik sind die Rabattpolitik, die Absatzkreditpolitik und die Lieferungs- und Zahlungsbedingungen.

Rabattpolitik

Rabatte sind Nachlässe, die ein Lieferant seinen Kunden gewährt, wenn er bestimmte Bedingungen, z. B. bestimmte Abnahmemengen, erfüllt. Werden dem Kunden Rabatte gewährt, spricht man von einem **Bruttopreissystem**, wird grundsätzlich kein Rabatt bei der Preisstellung gewährt, handelt es sich um ein **Nettopreissystem**.

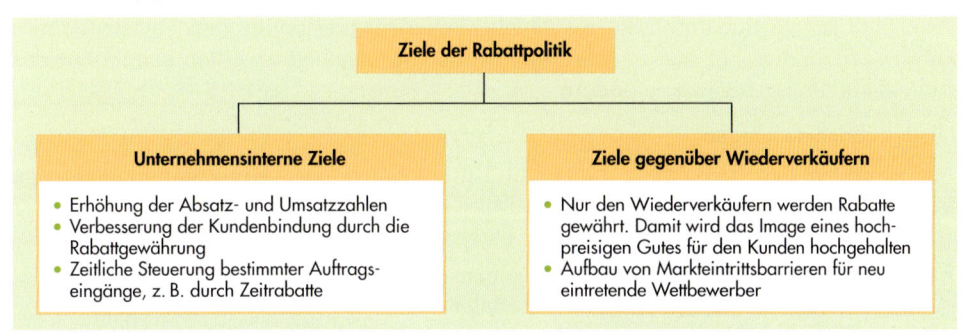

Ziele der Rabattpolitik

Unternehmensinterne Ziele	Ziele gegenüber Wiederverkäufern
• Erhöhung der Absatz- und Umsatzzahlen • Verbesserung der Kundenbindung durch die Rabattgewährung • Zeitliche Steuerung bestimmter Auftragseingänge, z. B. durch Zeitrabatte	• Nur den Wiederverkäufern werden Rabatte gewährt. Damit wird das Image eines hochpreisigen Gutes für den Kunden hochgehalten • Aufbau von Markteintrittsbarrieren für neu eintretende Wettbewerber

Für die Erreichung dieser Ziele sind zwei zentrale Entscheidungen zu treffen: die Wahl der richtigen Form der Rabatte und die Höhe der Rabattgewährung.

Rabattformen

Funktionsrabatte	Mengenrabatte	Zeitrabatte	Treuerabatte

• **Wiederverkäuferrabatt** (nur für Händler)
• **Finanzierungsrabatt**
  – **Skonto** (Nachlass für die Bezahlung innerhalb einer bestimmten Frist)
  – **Inkassorabatt** (Nachlass für den Einzug von Rechnungen)
  – **Delkredererabatt** (Nachlass für die Übernahme der Haftung bei Rechnungsstellung)
	Erhält der Kunde, wenn er bestimmte Mengen abnimmt. Wird häufig in Form von **Staffelrabatten** gewährt.
	
	Beispiel:
	Ab 100 Stück 10 %, ab 500 Stück 15 %, ab 1 000 Stück 20 %.
	
	Der Mengenrabatt kann auch in Form eines **Naturalrabattes** gewährt werden. Dabei ist eine **Draufgabe** (zusätzlich 10 Stück ohne Berechnung) oder eine **Dreingabe** (statt 500 werden nur 490 berechnet) möglich.
		Rabatte, die nur eine bestimmte Zeit gewährt werden.
		• **Einführungsrabatt** (bei der Einführung neuer Produkte)
		• **Auslaufrabatt** (wird gewährt am Ende des Produktlebenszyklus)
		• **Saisonrabatt** (wird bspw. für Winterartikel im Sommer gewährt)
		• **Messerabatt**
		• **Sonderaktionsrabatte** (Jubiläumsrabatte, Rabatte bei Aus- und Räumungsverkäufen)
			Treuerabatte werden in der Regel in Form von Rückvergütungen an Kunden, z. B. am Jahresende gewährt.
			
			Beispiel: **Bonus**
			Der Bonus wird am Jahresende in Form einer Umsatzgutschrift gewährt. Erreicht der Kunde z. B. einen Umsatz von 150 000,00 €, wird entweder nur für den Umsatz über 150 000,00 € oder für den kompletten Umsatz ein Rabatt gewährt.

Rabatthöhe

Die Rabatthöhe kann nicht für alle Kunden gleich hoch sein. Sie ist von verschiedenen Faktoren abhängig, beispielsweise von der Frage, wie viel verschiedene Rabatte ein Kunde bekommt. Werden mehrere verschiedene Rabattformen gewährt (Wiederverkäufer-, Mengen- und Treuerabatte), können die einzelnen Rabattsätze nicht so hoch sein, wie wenn der Kunde nur einen Bonus am Jahresende erhält.

Grundsätzlich ist die langfristige Rabattgewährung immer ganz wesentlich von der Höhe der Abnahmemenge (Staffelrabatte) und der Art des Kunden (etwa der Dauer der Geschäftsbeziehung) abhängig. Die kurzfristige Gewährung von Rabatten in Form von Auslauf-, Messe-, Einführungs- oder Sonderaktionsrabatten kann durchaus für alle Kunden in gleicher Höhe durchgeführt werden.

Prinzipiell ist die Rabattpolitik eine Möglichkeit der „preispolitischen Feinsteuerung", mit der ganz individuell auf den einzelnen Kunden eingegangen werden kann, ohne das strategische Preisgefüge zu verändern.

Mindestabnahmemengen

Aus Gründen der Rentabilität kann ein Unternehmen eine **Mindestabnahmemenge** festlegen, unter welcher es nicht verkauft. Der Kunde muss sich dann entweder nach einer anderen Lieferquelle umschauen oder die entsprechende Mindestabnahmemenge kaufen.

Ähnliches gilt auch für den **Mindermengenzuschlag**. Der Verkäufer verlangt einen Zuschlag zum Verkaufspreis, wenn der Abnehmer nicht mindestens eine bestimmte Menge abnimmt. Damit will der Verkäufer Kleinaufträge verhindern, die u. U. nicht kostendeckend oder wenig rentabel durchgeführt werden müssten.

Kundenkreditpolitik

Die Gewährung von Kundenkrediten spielt im Rahmen der Preispolitik insofern eine Rolle, als der Kunde durch diesen Kredit mit Kaufkraft ausgestattet wird, die er überhaupt nicht oder nicht zum jetzigen Zeitpunkt gehabt hätte.

Da die Kundenkredite der Unternehmen (Beispiel: Automobilhersteller) i. d. R. auch noch günstiger sind als vergleichbare Bankkredite, müssen die Kundenkredite bei einem Preisvergleich durch den Abnehmer in die Preiskalkulation mit eingerechnet werden. Ist der Zinssatz niedriger als der Zinssatz für Spar-/Termineinlagen, ist die Inanspruchnahme des Kredits ein „Geschäft" für den Kunden, das er aus wirtschaftlichen Überlegungen heraus machen wird.

Insofern ist die Kreditpolitik ein ganz effektives Instrument im Rahmen der Preispolitik, bei der, ohne dass der Preis direkt verändert werden muss, das Produkt über den „Preis" der Finanzierung günstiger wird.

In der Praxis kommt die **Kreditpolitik** hauptsächlich in drei Formen vor:

- Als **Lieferantenkredit**, d. h., der Lieferant stundet dem Kunden den Rechnungsbetrag für eine bestimmte Zeit.
  Beispiel: „3 % Skonto bei Bezahlung innerhalb von 10 Tagen; innerhalb von 60 Tagen zahlbar netto Kasse."
- Als **direkter Kundenkredit**, d. h., der Kunde erhält einen Kredit, der zweckgebunden zum Kauf des Produkts verwendet werden muss.
- In Form eines **Leasinggeschäfts**; hier wird der Kaufpreis in laufende Mietzahlungen umgewandelt, sodass der Kunde zum Zeitpunkt des Kaufes nicht den gesamten Kaufpreis aufbringen muss (vgl. Seite 476 ff., LF6, Kap. 4 Leasing, Factoring).

Marketing planen, durchführen und kontrollieren — **Lernfeld 5**

Der in den letzten Jahren ganz massiv einsetzende Trend in Richtung Kundenkredite bzw. allgemein in Richtung Kreditpolitik hat seine Ursache darin, dass sich mit diesen Mitteln oft bessere und schnellere Ergebnisse erzielen lassen als durch den Einsatz anderer Instrumente.

ZUSAMMENFASSUNG

- **Einflussgrößen der Preisbildung** sind
  - Kosten des Unternehmers,
  - Nachfragesituation,
  - Konkurrenzsituation,
  - unternehmerische Zielsetzung.
- **Preisdifferenzierung:** Preisdifferenzierung bedeutet, dass ein und derselbe Anbieter für das gleiche Produkt von verschiedenen Nachfragern verschiedene Preise verlangt. Man unterscheidet
  - räumliche Preisdifferenzierung,
  - zeitliche Preisdifferenzierung,
  - personelle Preisdifferenzierung,
  - mengenmäßige Preisdifferenzierung.
- **Preisstellungssysteme:**

Bruttopreissysteme	Nettopreissysteme
Der Bruttopreis abzüglich Rabatte ergibt den zu zahlenden Betrag.	Beim Nettopreissystem sind Rabatte nicht vorgesehen.

- **Konditionenpolitik:** Neben den Rabatten als Mittel der Absatzpolitik können noch weitere Konditionen vereinbart werden, die den Preis beeinflussen:
  - Bonus: Gutschrift am Ende einer Abrechnungsperiode
  - Skonto: Nachlass für die Zahlung innerhalb eines bestimmten Zeitraumes
  - Mindestabnahmemenge/Mindestmengenzuschlag
  - Lieferungs- und Zahlungsbedingungen
- **Kreditpolitik:** Kreditpolitik ist ein Mittel der Absatzfinanzierung. Sie hat das Ziel, dem Kunden Kaufkraft zur Verfügung zu stellen.

Lernfeld 5 — Marketing planen, durchführen und kontrollieren

Lernsituation: Preispolitische Maßnahmen gezielt einsetzen

UNTERNEHMENSPROFIL

Die Beck GmbH ist ein deutscher Markenhersteller, der sich mit seinen Produkten auf den Bereich Garten spezialisiert hat. Die Beck GmbH ist der größte europäische Hersteller für Gartenartikel mit mehreren tausend Mitarbeitern und einem Umsatz von mehreren Millionen Euro. Als Unternehmen, das im Konsumgüterbereich tätig ist, muss sich die Beck GmbH besonders kundenorientiert verhalten. Dies zeigt sich u. a. daran, dass die Beck GmbH nie eine einheitliche Preispolitik verfolgt, bei der jeder Kunde denselben Preis erhält, stattdessen werden Preise immer auf den jeweiligen Kunden (Großkunde, Kunde im Inland bzw. im Ausland) abgestimmt. Bei der Beck GmbH ist man sich im Klaren darüber, dass auch der Ort und die Art und Weise, wie Produkte dem Kunden präsentiert werden, ganz wichtig für seine Kaufentscheidung sind. Dementsprechend werden Art und Anzahl der Verkaufsstätten ausgewählt.

ARBEITSAUFTRÄGE

Zur Bearbeitung der Arbeitsaufträge benutzen Sie bitte die Informationen aus den Materialien.

1. Sie sind im Marketing der Beck GmbH beschäftigt und gerade dabei einen neuen Mitarbeiter, der bisher nicht im Marketing tätig war, in die Grundlagen der Preispolitik einzuarbeiten. Erstellen Sie dazu eine übersichtliche Darstellung der wichtigsten Fakten aus der Preispolitik.
2. Ihrem neuen Mitarbeiter geben Sie den Auftrag, für zwei neu eingeführte Produkte die Verkaufspreise festzulegen und die Gesamtgewinne in Abhängigkeit von den geplanten Verkaufszahlen zu ermitteln.
3. Von Ihrem Abteilungsleiter erhalten Sie den Auftrag, rechnerisch nachzuweisen, ob bei einem Verkauf des neuen Beregners in den Ländern Italien, Spanien und Frankreich mit oder ohne Preisdifferenzierung ein höherer Gewinn zu erzielen ist.
4. Der Ländermarkt Kanada ist für das Unternehmen ein neuer Markt, in dem man erst seit einigen Jahren Umsätze tätigt. Um die Marktstellung der Beck GmbH in diesem Markt beurteilen zu können, erheben Sie die Marktanteile der einzelnen Unternehmen und verfolgen Ihre Preispolitik in den verschiedenen Verkaufsstätten/Absatzkanälen.
5. Von besonderem Interesse für die Beck GmbH ist die Preispolitik ihrer direkten Konkurrenten auf dem Ländermarkt Kanada und ihre Absatzkanalentscheidungen. Entscheiden Sie begründet, wer die direkten Konkurrenten der Beck GmbH sind, welche Absatzkanäle sie bevorzugen und welche Preispolitik sie verfolgen.

MATERIALIEN

Produkt: Schlauch 15 m

Geplante Verkaufszahlen in Stück	Fixkosten in €
40 000	800 000,00
45 000	800 000,00
60 000	800 000,00
80 000	800 000,00

Die variablen Kosten/Stück bei der Produktion betragen 25,95 €. Ab 60 000 Stück sinken die variablen Kosten um 20 %, ab 80 000 Stück sinken sie um 25 %. Der Gewinnzuschlag beträgt 20 % auf die jeweiligen Selbstkosten/Stück (Rabatte und Skonti werden nicht berücksichtigt). Die Fixkosten betragen unabhängig von der geplanten Verkaufszahl jeweils 800 000,00 €.

Produkt: Beregner mit Zeitschaltuhr

Geplante Verkaufszahlen in Stück	Fixkosten in €
70 000	1 200 000,00
75 000	1 200 000,00
85 000	1 200 000,00
105 000	1 200 000,00

Die variablen Kosten/Stück bei der Produktion betragen 89,95 €. Ab 85 000 Stück sinken die variablen Kosten um 15 %, ab 100 000 Stück sinken sie um 20 %. Der Gewinnzuschlag beträgt 25 % auf die jeweiligen Selbstkosten/Stück (Rabatte und Skonti werden nicht berücksichtigt). Die Fixkosten betragen unabhängig von der geplanten Verkaufszahl jeweils 1 200 000,00 €.

Verkauf des Beregners im Ausland

Ohne Preisdifferenzierung	Mit Preisdifferenzierung
Wir verkaufen in die drei neuen Ländermärkte Frankreich, Italien und Spanien den Beregner zum gleichen Preis wie in Deutschland. Die zusätzlich geplante Verkaufszahl in allen drei Ländern beträgt zusammen: 50 000 Stück (Deutschland: 105 000 Stück) Zusätzliche fixe Kosten: 800 000,00 €. Durch die größere Stückzahl sinken die variablen Kosten für die Herstellung aller Beregner um weitere 5 % gegenüber den bisher niedrigsten variablen Kosten in Deutschland.	Verkaufspreis in Frankreich: 90,00 €, geplante Verkaufszahl: 30 000 Stück Verkaufspreis in Italien: 80,00 €, geplante Verkaufszahl: 25 000 Stück Verkaufspreis in Spanien: 75,00 €, geplante Verkaufszahl: 20 000 Stück (Deutschland: 105 000 Stück, Preis: 95,00 €) Zusätzliche fixe Kosten: 800 000,00 € Durch die größere Stückzahl sinken die variablen Kosten für die Herstellung aller Beregner um weitere 15 % gegenüber den bisher niedrigsten variablen Kosten in Deutschland.

Informationen zur Preispolitik

Unter Preispolitik versteht man alle Entscheidungen eines Unternehmens, die die Preisstellung auf dem Markt beeinflussen. Dabei gilt es zwischen langfristiger und kurzfristiger Preispolitik zu unterscheiden. Zur langfristigen Preispolitik zählt die erstmalige Festlegung des Preises bei der Produkteinführung, ebenfalls die grundsätzliche Festlegung, ob Preisnachlässe in Form von Rabatten oder Skonti gewährt werden, und die dauerhafte Veränderung des Preises bei einem bereits eingeführten Produkt, sei es in Form einer Preiserhöhung oder einer Senkung des Preises. Zur langfristigen Preispolitik zählen ebenfalls die verschiedenen Preisstrategien, das sind langfristig angelegte Überlegungen, wie der Preis am Markt gestaltet werden soll. Bei diesen Überlegungen spielen folgende Einflussfaktoren eine Rolle: eigene Kosten, Preise der Konkurrenz, Kaufkraft der Kunden ... Beispielsweise werden bei der Preisdifferenzierungsstrategie die gleichen

Produkte zu verschiedenen Preisen angeboten, z. B. im In- und Ausland aufgrund der unterschiedlichen Kaufkraft der Kunden (räumliche Preisdifferenzierung). Als Preisdifferenzierung gilt auch, wenn Produkte an verschiedene Kundengruppen – Unternehmer und Privatpersonen, Schüler und Studenten – zu verschiedenen Preisen angeboten werden (personelle Preisdifferenzierung). Eine andere Preisstrategie ist es, wenn ein Unternehmen grundsätzlich nur mit sehr hohen Preisen für seine Produkte in den Markt geht (Skimmingstrategie) oder umgekehrt ein anderes mit sehr niedrigen Preisen (Penetrationsstrategie), um mit diesen niedrigen Preisen möglicherweise sofort Marktanteile zu gewinnen.

Einflussgrößen für die eigene Preispolitik sind in erster Linie die eigenen Kosten. Bei einer langfristig angelegten Preispolitik muss der Preis für ein Produkt sowohl die fixen als auch die variablen Kosten eines Produkts zumindest decken. Weitere Einflussgrößen für die Preisbildung sind noch der Preis, den die Konkurrenz für das gleiche Produkt verlangt, und die Kenntnis, wie viel der Nachfrager für ein bestimmtes Produkt bezahlen kann und will.

Im Rahmen der kurzfristigen Preisstrategie wird ein Listenverkaufspreis stets so kalkuliert, dass er nur die Basis für Verhandlungen mit Kunden darstellt. Kunden, die große Mengen abnehmen, erhalten Mengenrabatte vom Listenverkaufspreis, Kunden, die langjährig bei bei einem Unternehmen einkaufen, erhalten Treuerabatte und Kunden, die über das ganze Jahr verteilt eine bestimmte Umsatzhöhe erreicht haben, erhalten am Ende des Jahres einen Bonus. Bei Barzahlung ist es darüber hinaus üblich, Skontonachlässe zu gewähren. Mit diesen verschiedenen Preisnachlässen kann im Gegensatz zu langfristigen Preisstrategien kurzfristig Preispolitik gemacht werden.

Aus der Marktforschung für den Ländermarkt Kanada stehen folgende Informationen zur Verfügung:

Wettbewerbssituation auf dem Markt für Schlauchwagen in Kanada:

Unternehmen / Mengen/Werte	Verkäufe in Tsd. Stück	Verkäufe in Tsd. €	Marktanteile in €
Dagin	7	224	
Fistan	20	840	
Forrestier	33	1 155	
Ferrier	13	624	
Sandström	49	2 940	
Spear	12	420	
Tiger	10	250	
Random	6	420	

Marketing planen, durchführen und kontrollieren

Lernfeld 5

Umsätze nach Absatzkanälen (Umsatz in Tsd. Stück/Stückzahl in Tsd. Stück):

Absatzkanäle / Unternehmen	Fachhandel	Baumärkte	Gartencenter	Großflächengeschäfte (Verbrauchermärkte etc.)
Dagin	–	30/1,5	139/3,5	55/2
Fistan	170/3	270/7	170/4	230/6
Forrestier	281/3	226/7	530/15	118/4
Ferrier	180/3	335/8	109/2	–
Sandström	740/12	925/16	1 098/18	177/3
Spear	–	22/1	398/11	–
Tiger	31/1	90/4	82/3	47/2
Random	145/2	204/3	71/1	–

Absatzkanäle / Unternehmen	Fachhandel		Baumärkte		Gartencenter		Großflächengeschäfte	
	Umsatz in %	Preis/ Stück	Umsatz in %	Preis/ Stück	Umsatz in %	Preis/ Stück	Umsatz in %	Preis/ Stück
Dagin								
Fistan								
Forrestier								
Ferrier								
Sandström								
Spear								
Tiger								
Random								

Lernfeld 5 — Marketing planen, durchführen und kontrollieren

AUFGABEN

1. Erläutern Sie die einzelnen Einflussfaktoren der Preisbildung.
2. Ein Großhandelsunternehmen ist gezwungen, aus Wettbewerbsgründen seinen Nettoverkaufspreis für ein Fahrrad auf 300,00 € festzusetzen. Die Sportartikelfachgeschäfte erhalten 25 % Rabatt und 2 % Skonto. Die Wareneinsatzkosten betragen einschließlich der Bezugskosten 120,00 €. Die variablen Handlungskosten belaufen sich auf 25,00 €.
   Errechnen Sie den Deckungsbeitrag.
3. Worin liegt der wesentliche Unterschied zwischen dem Bruttopreissystem und dem Nettopreissystem?
4. Welchem Zweck dienen Mindestabnahmemengen?
5. Bei Büroausstatter Köhler, Karlsruhe, ist der Absatz des bisher so erfolgreichen Schreibtisches „Senator" rückläufig. So konnten im vergangenen Quartal nur 160 Schreibtische dieses Modells zum empfohlenen Richtpreis von 950,00 € verkauft werden, was einen Absatzrückgang von 10 % bedeutet. Bei einem Einstandspreis von 600,00 € und anteiligen Fixkosten von 48 000,00 € fiel deshalb der Gewinn recht bescheiden aus.

   Der Verkaufsleiter führt diesen Umsatzrückgang auf den verschärften Wettbewerb zurück. So seien beispielsweise die Verkaufsverhandlungen mit dem langjährigen Kunden Meier wegen 40 Schreibtischen, Modell „Senator" gescheitert, weil auf die Forderung nach einer 20%igen Preissenkung nicht eingegangen werden konnte. Er schlägt deshalb vor, in Zukunft Preisdifferenzierung zu betreiben. In Einzelfällen sollte das Prinzip der Vollkostendeckung aufgegeben werden. Stattdessen sollte man sich mehr am Deckungsbeitrag orientieren.

   a) Erläutern Sie den Begriff Preisdifferenzierung und geben Sie an, unter welchen Voraussetzungen Preisdifferenzierung möglich ist.
   b) Erläutern Sie die Bedeutung des Deckungsbeitrags bei der Preispolitik.
   c) Nehmen Sie an, Köhler wäre auf die Forderung Meiers nach einer 20%igen Preissenkung eingegangen und hätte den zusätzlichen Auftrag über 40 Schreibtische des Modells „Senator" erhalten.
   - Weisen Sie rechnerisch nach, wie sich der Gewinn verändert hätte.
   - Nehmen Sie zu dem Ergebnis Stellung.

4 Kommunikationspolitik

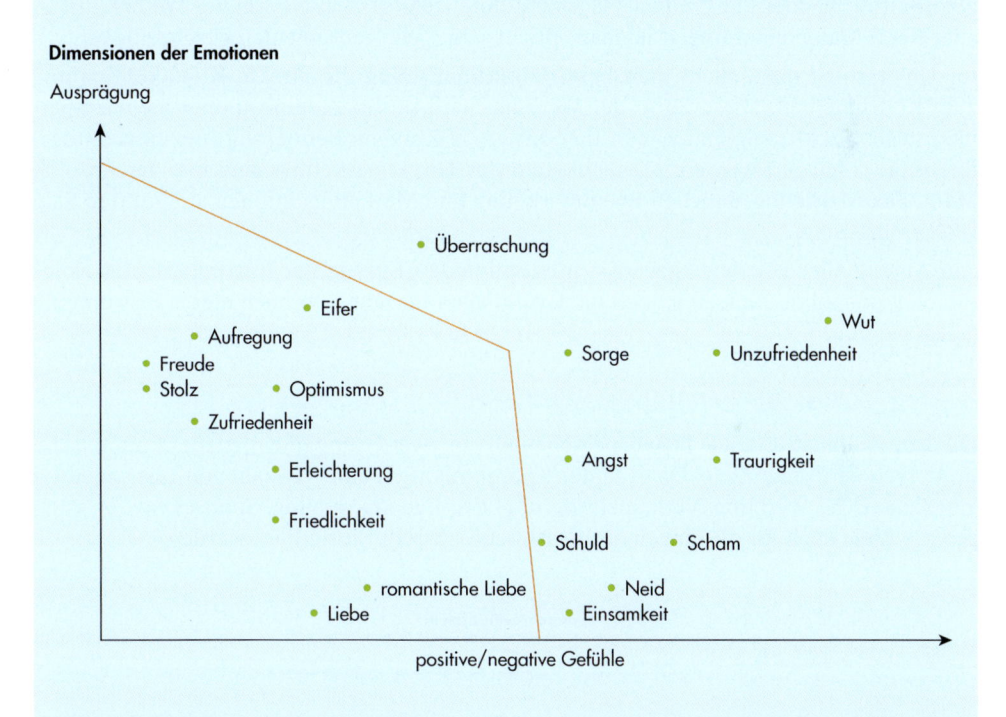

> **PROBLEM**
>
> **Emotionen in der Werbung**
>
> Der Begriff „Emotionen" ist im Marketing zurzeit in aller Munde. Das erscheint logisch, denn Emotionen sind zu jeder Zeit in jedem Kopf; eine erfolgreiche Marktbearbeitung muss dies berücksichtigen.
>
> Aber was ist eigentlich eine Emotion? In einer für das Marketing relevanten Definition lassen sich Emotionen als affektive Reaktionen von Konsumenten auf bestimmte Reize definieren. Untersucht man die Emotionen etwas genauer, lassen sich zwei Dimensionen erkennen: Einerseits können Emotionen der Konsumenten positiv (Freude, Stolz, Erleichterung …) oder negativ (Wut, Traurigkeit, Angst …) sein, andererseits ist die Ausprägung der positiven oder negativen Emotionen (hoch oder niedrig) sehr wichtig.
>
> **Dimensionen der Emotionen**
>
> Ausprägung
>
> - Überraschung
> - Eifer
> - Aufregung
> - Freude
> - Sorge
> - Wut
> - Stolz
> - Optimismus
> - Unzufriedenheit
> - Zufriedenheit
> - Erleichterung
> - Angst
> - Traurigkeit
> - Friedlichkeit
> - Schuld
> - Scham
> - romantische Liebe
> - Neid
> - Liebe
> - Einsamkeit
>
> positive/negative Gefühle
>
> Aus der Analyse der Emotionen wird deutlich, dass deren Anzahl begrenzt ist und dass sie skaliert werden können. Gleichzeitig wird klar, dass für die Kommunikation, z. B. für die Werbung, in der Regel nur positive Emotionen, insbesondere die mit starker Ausprägung, genutzt werden können. Das Marketingmanagement muss sich aber grundsätzlich entscheiden, welche der Emotionen man für das Unternehmen, die Marke oder das Produkt in der Kommunikation als „Kernemotion" einsetzen will. Versicherungen und Banken greifen dabei eher auf weniger ausgeprägte Emotionen wie Zufriedenheit oder Erleichterung zurück, Konsumgüterhersteller eher auf Aufregung oder wie die Firma BMW auf Freude.

> Zusammenfassend kann festgehalten werden, dass Emotionen ein ganz wesentlicher Pfeiler einer wirkungsvollen Werbekampagne sind.
>
> *Analysieren Sie die Art der Emotionen und ihre Rolle in der Werbung.*

Die Kommunikationspolitik eines Unternehmens beschäftigt sich damit, Informationen an in- und ausländische Märkte weiterzugeben. Zweck der Kommunikationsspolitik ist die Steuerung des Konsumentenverhaltens im Sinne einer positiven Beeinflussung. Mittel der Kommunikationspolitik sind die klassische Werbung, Instrumente der Verkaufsförderung, Public Relations und die vielfältigen Methoden des Direktmarketings.

Unter Werbung versteht man eine absichtliche Kundenbeeinflussung, um mithilfe ausgewählter Kommunikationsmittel absatzpolitische Ziele zu erreichen. Die Kommunikation mit dem potenziellen Kunden wird in der Werbung hauptsächlich mit Werbespots in bestimmten Werbemedien (Rundfunk, Fernsehen, Zeitschriften usw.), mit Sport-, Kultur- und Ökosponsoring oder mit Product-Placement durchgeführt. Diese Form der Werbung ist in aller Regel **Massenwerbung**, d.h., man spricht sehr viele Konsumenten gleichzeitig an.

Im Unterschied dazu sucht man beim **Direktmarketing** die direkte Kontaktaufnahme zum Konsumenten. Diese Form der Werbung wird in der Zukunft immer mehr zunehmen, weil Markterfolge auch von den Kriterien Kundenorientierung und Beziehungsintensität abhängen werden. Möglichkeiten des Direktmarketings sind u.a. Telefon-, E-Mail-, Fax-Marketing, daneben Eventmarketing und Marketingaktionen am Point of Sale (POS-Marketing).

Am Anfang aller Überlegungen zum internationalen Einsatz der Instrumente der Kommunikationspolitik müssen jedoch die Grundlagen für den Gebrauch dieser Instrumente gelegt werden.

4.1 Ziele der Kommunikationspolitik

Die Kommunikationsziele lassen sich ebenfalls in zwei Gruppen einteilen: ökonomische und psychografische Ziele. Da es in der Kommunikation eine Vielzahl von Instrumenten gibt (klassische Werbung, Verkaufsförderung, PR, Eventmarketing, Sponsoring ...), müssen die Ziele auch für die einzelnen Instrumente getrennt formuliert werden.

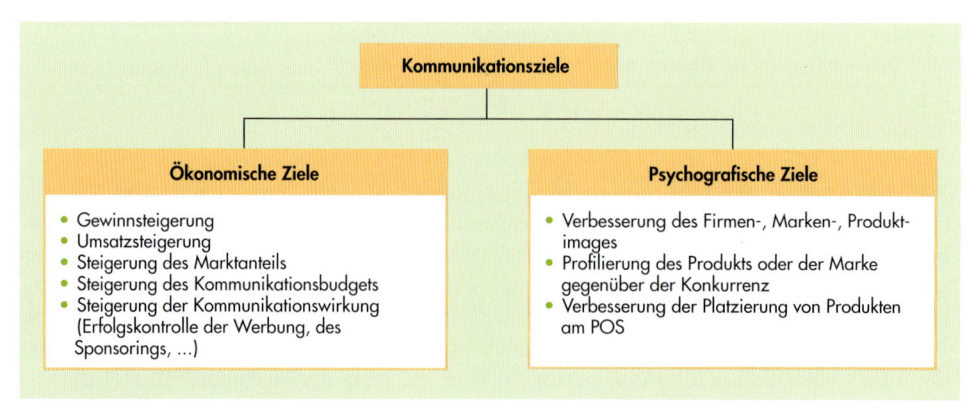

Kommunikationsziele

Ökonomische Ziele
- Gewinnsteigerung
- Umsatzsteigerung
- Steigerung des Marktanteils
- Steigerung des Kommunikationsbudgets
- Steigerung der Kommunikationswirkung (Erfolgskontrolle der Werbung, des Sponsorings, ...)

Psychografische Ziele
- Verbesserung des Firmen-, Marken-, Produktimages
- Profilierung des Produkts oder der Marke gegenüber der Konkurrenz
- Verbesserung der Platzierung von Produkten am POS

Vorgehensweisen zur Erreichung der Kommunikationsziele
- **Wecken von Emotionen** beim Kunden durch den Einsatz bestimmter Mittel und Methoden der Kommunikation (emotionale Kommunikation auf gesättigten Märkten
  Beispiele: Pkw, Bier, Süßwaren, Zigaretten ...
- **Reine Information über das Produkt bzw. das Unternehmen** (Sachliche, informative Kommunikation auf noch nicht gesättigten Märkten
  Beispiele: Altersvorsorgeprodukte, Pharmaprodukte ...

4.2 Strategien der Kommunikationspolitik

Kommunikationsstrategien sind langfristige Pläne für die Durchführung und Ausrichtung von Kommunikation. Im Rahmen eines langfristigen Kommunikationsplans sind zunächst die Objekte der Kommunikation festzulegen. **Objekte der Kommunikation** können das Produkt, die Marke in all ihren Ausprägungen oder das Unternehmen sein. Danach gilt es, die **Ziele der Kommunikation** in Bezug auf Personen, Zeit und Raum festzulegen. Anschließend werden die **Instrumente der Kommunikation** (Werbung, PR, Sponsoring usw.), die **mediale Ausrichtung** dieser Instrumente und die **Gestaltungselemente** in Form von Musik, Farbe usw. definiert.

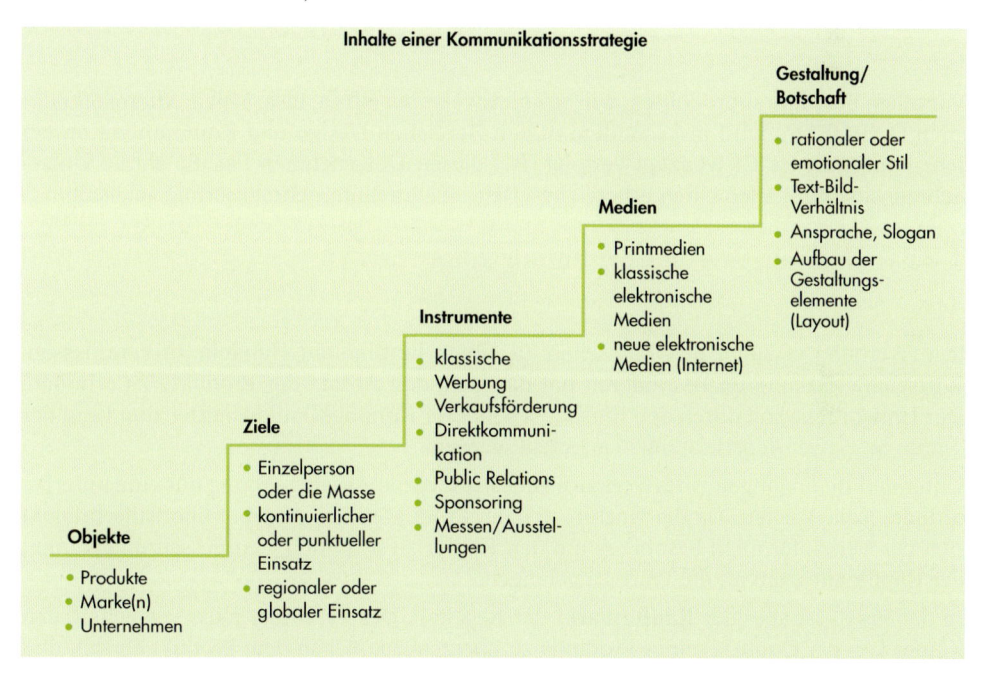

Inhalte einer Kommunikationsstrategie

- **Objekte**
  - Produkte
  - Marke(n)
  - Unternehmen
- **Ziele**
  - Einzelperson oder die Masse
  - kontinuierlicher oder punktueller Einsatz
  - regionaler oder globaler Einsatz
- **Instrumente**
  - klassische Werbung
  - Verkaufsförderung
  - Direktkommunikation
  - Public Relations
  - Sponsoring
  - Messen/Ausstellungen
- **Medien**
  - Printmedien
  - klassische elektronische Medien
  - neue elektronische Medien (Internet)
- **Gestaltung/Botschaft**
  - rationaler oder emotionaler Stil
  - Text-Bild-Verhältnis
  - Ansprache, Slogan
  - Aufbau der Gestaltungselemente (Layout)

Im Rahmen der strategischen Entscheidungen bei der Kommunikationspolitik spielt zurzeit vor allem der Begriff **Corporate Identity – CI** eine wichtige Rolle. Unter CI versteht man ein ganzheitliches Konzept, nach dem alle Kommunikationsziele, -inhalte und -instrumente ein einheitliches Bild von der Unternehmung abgeben. Ein erfolgreiches CI-Konzept verfolgt vor allem den Zweck der Verbesserung des Unternehmensimages und der Darstellung eines einheitlichen Erscheinungsbildes gegenüber der Außenwelt. Auf diese Weise kann die Wiedererkennung des Unternehmens nach außen erhöht werden und intern eine Verbesserung der Mitarbeiteridentifikation und vielleicht auch der Mitarbeitermotivation erreicht werden.

Bestandteile eines CI-Konzepts

Corporate Design
= optische Umsetzung der CI durch einheitliche visuelle Gestaltungselemente wie Farbe, Zeichen, Schrift auf dem Produkt, dem Gebäude, der Verpackung

Corporate Behaviour
= einheitliche Verhaltensweisen der Mitarbeiter eines Unternehmens, z.B. bei Kundenbestellungen oder -reklamationen

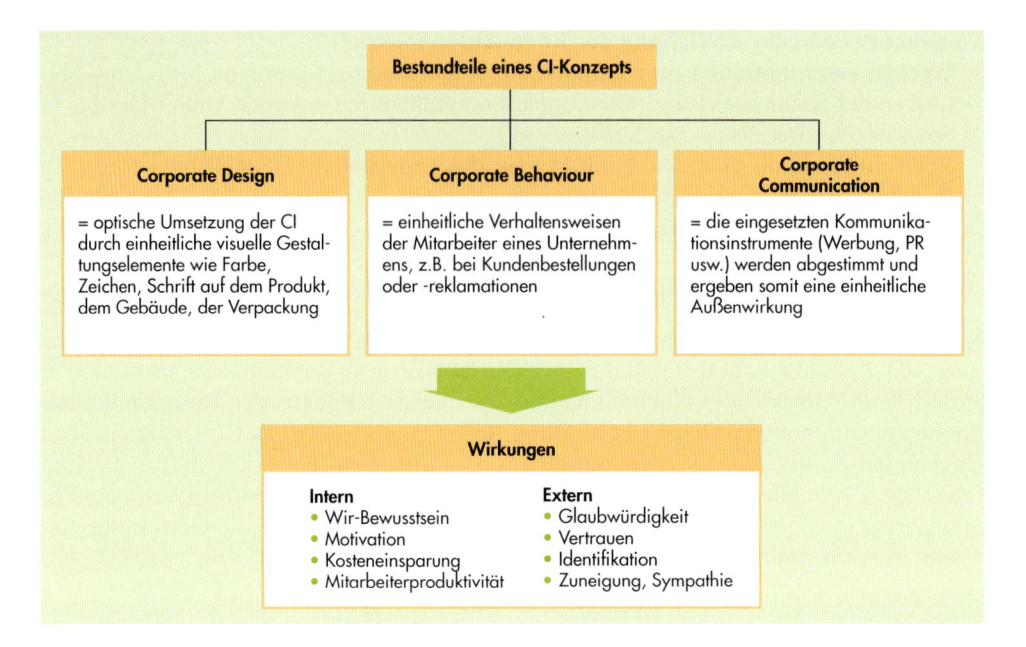

Corporate Communication
= die eingesetzten Kommunikationsinstrumente (Werbung, PR usw.) werden abgestimmt und ergeben somit eine einheitliche Außenwirkung

Wirkungen

Intern
- Wir-Bewusstsein
- Motivation
- Kosteneinsparung
- Mitarbeiterproduktivität

Extern
- Glaubwürdigkeit
- Vertrauen
- Identifikation
- Zuneigung, Sympathie

Vor allem bei Markenprodukten, wie beispielsweise bei Nivea, tesa, Milka, Microsoft oder auch GARDENA, wird insbesondere in den Bereichen Design und Kommunikation ein sehr konsequentes CI-Konzept verfolgt. Bei diesen Unternehmen hat die starke Unternehmensidentität auch einen erheblichen Beitrag zum Unternehmenserfolg geleistet.

4.3 Instrumente der Kommunikationspolitik

Werbung

Jede Werbung versucht den Menschen zu einem bestimmten Handeln zu veranlassen. Wirtschaftswerbung im Besonderen hat das Ziel, den Absatz der Produkte zu erhöhen. Der Umworbene soll durch den Einsatz besonderer Kommunikationsmittel zum Kauf der Waren bzw. der Dienstleistungen angeregt werden.

Unter den Bedingungen eines **Verkäufermarktes** würde Absatzwerbung nur eine untergeordnete Rolle spielen. Da die Nachfrage nach Produkten das Angebot übertrifft, braucht sich der Verkäufer nicht besonders um den Käufer zu bemühen; stattdessen unternimmt der Käufer alles, um an die Ware zu gelangen.

In der Praxis ist aber der **Käufermarkt** der Regelfall. Der Verkäufer muss versuchen, den Käufer von der Qualität seines Produkts zu überzeugen. Neben dem Produkt an sich und dem Preis ist die Werbung für ein bestimmtes Produkt oft der letzte Anstoß zum Kauf.

Aufgaben der Werbung

Wenn man nach den Aufgaben der Wirtschaftswerbung fragt, erhält man meist die Antwort: Werbung soll verkaufen. Dies ist sicher insofern richtig, als die Wirtschaftswerbung letzten Endes beim Verkauf von Waren und Dienstleistungen mitwirkt. Bevor aber verkauft werden kann, gilt es, die Existenz eines Erzeugnisses samt seiner Eigenarten, Verwendbarkeiten und Nutzen zunächst einmal bekannt zu machen. Dabei wird es in erster Linie darauf ankommen, Informationen zu bieten, Aufmerksamkeit und Interesse zu wecken und Vertrauen zu begründen. Damit sind aber Aufgabenkreis und Ziele der

Werbung noch keineswegs voll umschrieben; die Funktionen der Werbung sind weit differenzierter. Sehr häufig wird mit der Werbung der Wunsch nach Produkten erst geschaffen, u. a. durch den Einsatz von Leitbildern, welche die Entscheidungen der Verbraucher beeinflussen sollen. Manchmal kommt es darauf an, einem Erzeugnis durch Werbung „Alleinstellung", zumindest Profilierung gegenüber konkurrierenden Produkten zu geben. Zusammengefasst lassen sich die Aufgaben der Werbung mit der **AIDA-Formel** wiedergeben:

A = Attention = Aufmerksamkeit erregen;
I = Interest = Interesse wecken;
D = Desire = Wünsche nach Produkten schaffen;
A = Action = der Umworbene soll das Produkt kaufen.

Werbemittel und Werbeträger

Werbung kann nur erfolgreich sein, wenn die Werbebotschaft die Umworbenen erreicht. Den werbetreibenden Unternehmen stehen für diesen Zweck eine Fülle an Kommunikationsmöglichkeiten (Fernsehen, Rundfunk, Internet, Zeitungen, Illustrierte, Plakatsäulen, Verkehrsmittel usw.) zur Verfügung. Diese Kommunikationseinrichtungen, die dazu benutzt werden, die Werbung zu verbreiten, nennt man **Werbeträger**.

Über die Werbeträger gelangt die Werbebotschaft in verschiedenen Ausdrucksformen bzw. Darstellungen (Werbespot, Plakat, Brief, Inserat) an die Umworbenen. Die verschiedenen Ausdrucksformen/Darstellungen der Werbung nennt man **Werbemittel**.

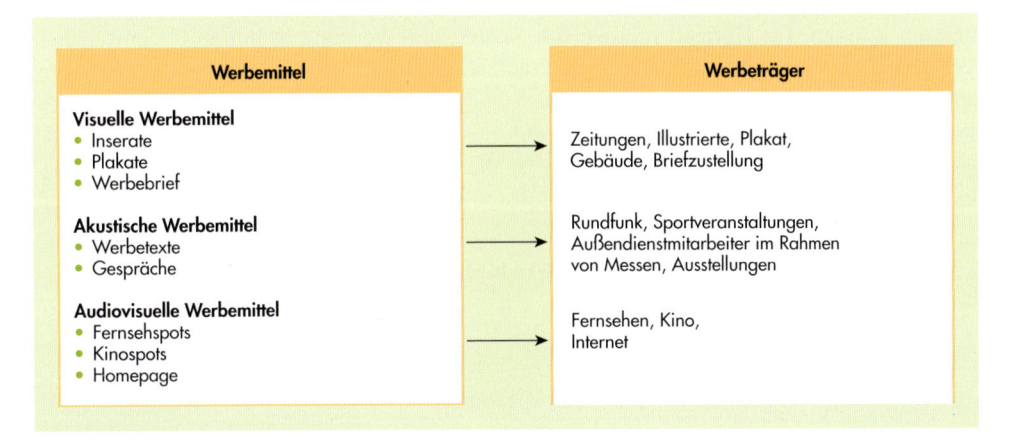

Werbemittel	Werbeträger
Visuelle Werbemittel • Inserate • Plakate • Werbebrief	Zeitungen, Illustrierte, Plakat, Gebäude, Briefzustellung
Akustische Werbemittel • Werbetexte • Gespräche	Rundfunk, Sportveranstaltungen, Außendienstmitarbeiter im Rahmen von Messen, Ausstellungen
Audiovisuelle Werbemittel • Fernsehspots • Kinospots • Homepage	Fernsehen, Kino, Internet

Werbearten

Die Absatzwerbung kann in den verschiedensten Erscheinungsformen auf dem Markt auftreten. Unterscheidungskriterien sind dabei u. a.:

Lernfeld 5 — Marketing planen, durchführen und kontrollieren

Ziele der Werbung	• Einführungswerbung (erstmalige Einführung eines Produkts) • Expansionswerbung (Werbung, die das Ziel hat, den Umsatz, den Marktanteil oder den Bekanntheitsgrad zu steigern)
Zahl der Werbenden	• Alleinwerbung (Die jeweilige Werbemaßnahme wird von einem Unternehmen durchgeführt.) • Sammelwerbung (Mehrere Unternehmen, die in der Werbung teilweise auch namentlich genannt werden, schließen sich für eine Werbekampagne zusammen. Beispielsweise annoncieren alle Autohäuser eines Herstellers in einer Region.) • Gemeinschaftswerbung (Mehrere Unternehmen, in der Regel aus einer Branche, werben gemeinsam: beispielsweise Optiker, Landwirte, Metzger …)
Zahl der Umworbenen	• Einzelwerbung bzw. Direktmarketing • Massenwerbung

Werbeplanung

Nach den bisherigen Aussagen könnte der Eindruck entstehen, dass das Kernziel einer Werbekampagne, die Umsatzsteigerung, mit kreativen Werbespots oder bekannten Filmstars, die in den Medien dargeboten werden, problemlos zu erreichen ist. Tatsächlich reicht diese Strategie, so schwierig sie im Einzelfall auch sein mag, noch nicht aus, um eine Umsatzsteigerung und vor allem eine Gewinnsteigerung herbeizuführen.

Es genügt nicht, einen Filmstar in der Werbung zu präsentieren. Der Filmstar muss zielgruppengerecht sein, d. h., die Zielgruppe der Werbung muss sich mit dem Star identifizieren können. Im Übrigen müssen die Kosten der Werbung in einem angemessenen Verhältnis zum Umsatz stehen. Nicht zuletzt ist der zeitliche Einsatz einer Werbung wesentlich für den Erfolg verantwortlich.

Diese Beispiele zeigen, dass vor der Durchführung einer Werbeaktion alle Details exakt geplant werden müssen. Der Werbeplan ist die systematische Vorbereitung der Werbekampagne.

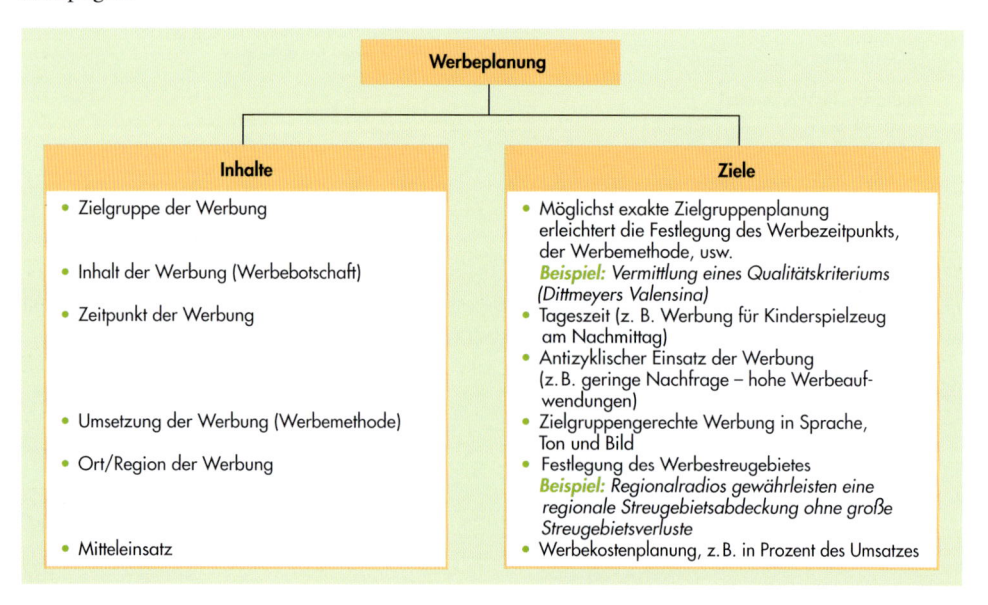

Werbeplanung

Inhalte
- Zielgruppe der Werbung
- Inhalt der Werbung (Werbebotschaft)
- Zeitpunkt der Werbung
- Umsetzung der Werbung (Werbemethode)
- Ort/Region der Werbung
- Mitteleinsatz

Ziele
- Möglichst exakte Zielgruppenplanung erleichtert die Festlegung des Werbezeitpunkts, der Werbemethode, usw.
  Beispiel: Vermittlung eines Qualitätskriteriums (Dittmeyers Valensina)
- Tageszeit (z. B. Werbung für Kinderspielzeug am Nachmittag)
- Antizyklischer Einsatz der Werbung (z. B. geringe Nachfrage – hohe Werbeaufwendungen)
- Zielgruppengerechte Werbung in Sprache, Ton und Bild
- Festlegung des Werbestreugebietes
  Beispiel: Regionalradios gewährleisten eine regionale Streugebietsabdeckung ohne große Streugebietsverluste
- Werbekostenplanung, z. B. in Prozent des Umsatzes

Entsprechend den Festlegungen im Werbeplan werden die Werbemittel und Werbeträger möglichst zielgruppengerecht eingesetzt. Zusätzlich werden in der Werbeplanung die Art der Werbung (Allein-, Gemeinschafts-, Massen- oder Direktwerbung) oder mögliche Kombinationen von verschiedenen Werbearten festgelegt.

Verkaufsförderung – Salespromotion

Als Ergänzung der klassischen Marketinginstrumente Werbung und Public Relations können weitere verkaufsfördernde Maßnahmen, sogenannte Promotions, von den Unternehmen eingesetzt werden. Die Zielgruppen der Promotions sind der herstellereigene Vertrieb, die Händler sowie die Verbraucher. Für jede Zielgruppe ist eine Fülle von verkaufsfördernden Maßnahmen denkbar.

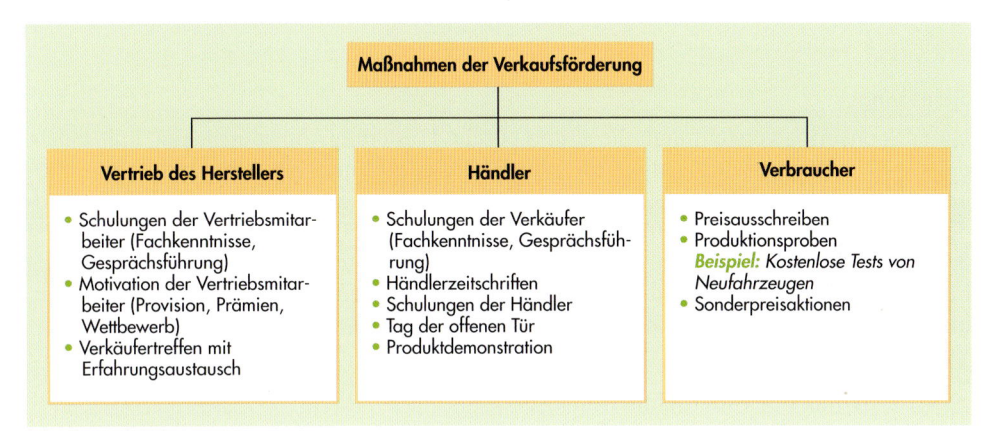

Maßnahmen der Verkaufsförderung

Vertrieb des Herstellers	Händler	Verbraucher
• Schulungen der Vertriebsmitarbeiter (Fachkenntnisse, Gesprächsführung) • Motivation der Vertriebsmitarbeiter (Provision, Prämien, Wettbewerb) • Verkäufertreffen mit Erfahrungsaustausch	• Schulungen der Verkäufer (Fachkenntnisse, Gesprächsführung) • Händlerzeitschriften • Schulungen der Händler • Tag der offenen Tür • Produktdemonstration	• Preisausschreiben • Produktionsproben *Beispiel: Kostenlose Tests von Neufahrzeugen* • Sonderpreisaktionen

Verkaufsförderung dient wie Werbung und Public Relations auch als Maßnahme, um den Absatz zu steigern. Darüber hinaus sollen verkaufsfördernde Maßnahmen aber auch die unmittelbar am Absatzprozess beteiligten Personen (Verkäufer und Händler) zusätzlich motivieren und das Interesse der Verbraucher wecken.

Alle verkaufsfördernden Maßnahmen müssen exakt geplant werden, z. B. in Bezug auf:

- **Ziel:** Welcher Zweck soll mit der Maßnahme erreicht werden (z. B. Vorstellung eines neuen Produkts)?
- **Zielgruppe:** Wer soll angesprochen werden (z. B. bestehender Kundenstamm)?
- **Zeitdauer:** Über welchen Zeitraum soll sich die verkaufsfördernde Maßnahme erstrecken (z. B. zwei Tage)?

Öffentlichkeitsarbeit – Public Relations

Unter Public Relations (PR) versteht man die gesamte Palette der Marketingmaßnahmen im Bereich der Öffentlichkeitsarbeit eines Unternehmens. Ziel der Öffentlichkeitsarbeit ist es, das Ansehen bzw. das Image eines Unternehmens in der Öffentlichkeit zu verbessern.

PR-Maßnahmen

- Maßnahmen zur Vorstellung des Unternehmens
  Beispiele: Tag der offenen Tür, Betriebsbesichtigungen
- Darstellung des Unternehmens in den Medien
  Beispiele: TV-Spots, Zeitungs- und Zeitschriftenanzeigen, Presseberichte über soziales und kulturelles Engagement des Betriebs

- Sonstige PR-Maßnahmen
  Beispiele: Geschäftsberichte, Betriebszeitschriften, Förderung von Wissenschaft, Kultur, Umweltprojekten, karitative Zwecke und Vereine

Werbung dient in erster Linie dazu, den Verkauf von Waren zu unterstützen. Ziel der PR-Maßnahmen ist nicht die Darstellung der Vorzüge des einzelnen Produkts (Produktwerbung), sondern die Vermittlung eines positiven Unternehmensbildes. Auch ohne den direkten Bezug zum Produkt ist Public Relations ein ausgezeichnetes Instrument im Rahmen der Absatzanbahnung, denn Produkte eines imageträchtigen Unternehmens lassen sich besser verkaufen. Das positive Image rechtfertigt auch einen höheren Preis; es verlangt in vielen Fällen geradezu nach einem höheren Produktpreis. Insofern lassen sich auch teure PR-Kampagnen unter Rentabilitätsgesichtspunkten durchaus rechtfertigen.

Moderne Instrumente der Kommunikation

Sponsoring

Unter Sponsoring versteht man die systematische Förderung von sportlichen, kulturellen oder sozialen Veranstaltungen oder Vereinen/Organisationen, um damit bestimmte Marketing- bzw. Kommunikationsziele zu erreichen. Die Sympathie, die der potenzielle Kunde für die gesponserte Veranstaltung bzw. den Verein/die Organisation hat, soll sich auf das Unternehmen übertragen. Durch die erhöhte Freizeitorientierung der Bevölkerung hat dieses Kommunikationsinstrument, insbesondere in den Bereichen Sport und Kultur, in den letzten Jahren erheblich an Bedeutung zugenommen.

Ziele des Sponsorings:
- Verbesserung des Unternehmensimages
- Erhöhung des Bekanntheitsgrades
- Verbesserung der Mitarbeitermotivation

Erscheinungsformen des Sponsoring:
- Sportsponsoring
  Beispiele: Sponsoring von Fußballvereinen, Tennisturnieren usw.
- Kultursponsoring
  Beispiele: Sponsoring von klassischen oder modernen Konzerten, Ausstellungen, Museen oder Tourneen
- Sozio- bzw. Umweltsponsoring
  Beispiele: einmalige Unterstützung beim Bau eines Kindergartens oder eines Schwimmbads, laufende Unterstützung z. B. einer Universität
- Programmsponsoring im Fernsehen
  Beispiele: Sponsoring einzelner Sendungen, bei denen dann vor oder nach der Sendung der Name des Sponsors für maximal fünf Sekunden eingeblendet wird
- Product-Placement: Markenprodukte werden gezielt in einer Fernsehsendung oder einem Kinofilm gezeigt, wie z. B. neue Automodelle in James-Bond-Filmen.

Eine Erfolgskontrolle wird im Wesentlichen nur so durchgeführt, dass die Medienresonanz erfasst wird. Eine weiterführende und genauere Erfolgskontrolle kann nur über eine Befragung der Teilnehmer einer Sponsoringaktion erreicht werden.

Eventmarketing

Beim Eventmarketing soll ein spezielles Ereignis, ein „Event", die Basis bzw. die Ausgangsform für die Präsentation eines Produkts oder eines Unternehmens sein. Eventmarketing ist also ein Kommunikationsinstrument, bei dem durch die Inszenierung eines Ereignisses die Aufmerksamkeit von anwesenden Konsumenten geweckt wird, um in der Folge ein Produkt, eine Dienstleistung oder das ganze Unternehmen vorzustellen.

Durch die Auswahl der Events kann Eventmarketing als sehr zielgruppengerechte Veranstaltung durchgeführt werden. Je nachdem, welche Zielgruppe mit dem Event angesprochen werden soll, wird der entsprechende Event organisiert. Während für jüngere Zielgruppen eher Multimedia-Shows, Videospots, Rollerblade-Nights oder Stuntshows geeignet sind, werden für ältere Zielgruppen eher „ruhigere" Events wie beispielsweise Talkshows oder Hausmessen arrangiert.

Ziele des Eventmarketings:

- Erhöhung des Bekanntheitsgrads
- Verbesserung des Firmenimages
- Möglichkeit eines dialogorientierten Marketings
- Präsentation von Unternehmen und Produkten in einer erlebnisorientierten Form

Direktkommunikation

Im Rahmen der Direktkommunikation wird vom Unternehmen aus versucht, einen direkten Kontakt zum Konsumenten herzustellen, um unter Umständen einen Dialog mit ihm einzuleiten. Neben der Gewinnung/Akquisition von Neukunden wird mit Direktkommunikation vor allem eine intensivere Betreuung des bisherigen Kundenstamms als Ziel verfolgt. Eine stärkere Kundennähe und Kundenbindung sind weitere Ziele, die mit dieser direkten Form der Kommunikation erreicht werden sollen.

Formen der Direktkommunikation:

- Direkte Verkaufsförderungsmaßnahmen (zur Unterstützung der Abverkäufe bei speziellen Kunden),
- direkte Public-Relations-Maßnahmen (individuelle Ansprache bestimmter Zielgruppen),
- Direktwerbung mit direkten Medien (schriftliche Werbesendungen „Direct Mailing", Telefonmarketing, Direktwerbung im Internet),
- Direktwerbung mit Massenmedien (Zeitungs- und Fernsehwerbung mit Antwortmöglichkeiten, beispielsweise mit beiliegenden Antwortcoupons oder eingeblendeten Telefonnummern im Rahmen einer Werbesendung).

Onlinekommunikation

Die Kundenansprache über das Internet weist einige Besonderheiten auf, die bei anderen Kommunikationsinstrumenten nicht zu finden sind. Mit dem Medium Internet kann die Kommunikation als Massenkommunikation, z. B. über Standardmails, oder als Individualkommunikation mit entsprechenden individuellen Mails erfolgen. Darüber hinaus kann der Konsument selbst entscheiden, welche Information er wann und in welchem Umfang abrufen will.

Formen der Onlinekommunikation:

Electronic Mailing (E-Mail): Durch E-Mail können Nachrichten in Form von Texten und/oder Bildern an einzelne Personen oder ganze Personengruppen im Internet verschickt werden. Das Versenden von E-Mails hat folgende Vorteile gegenüber traditionellen Briefsendungen:

- E-Mails können in kürzester Zeit weltweit verschickt werden.
- Das Versenden von E-Mails ist billiger als das übliche Briefporto.

- Die Zusendung ist jederzeit (auch bei Nacht und an Sonn- und Feiertagen) und von jedem Ort aus möglich.
- E-Mails können direkt weiterverarbeitet werden, ohne dass der Text oder die Bilder noch einmal erfasst werden müssen.
- Durch regelmäßige E-Mails (z. B. mit Informationen über neue Produkte, Preise usw.) an Stammkunden kann die Kundenzufriedenheit und möglicherweise die Kundenbindung erhöht werden.

Banner Ad: Hier werden Marken- und Firmennamen auf oft besuchten Internetseiten platziert. Hinter den meisten Banner Ads verbergen sich Hyperlinks zu den Webseiten der jeweiligen Unternehmen, die diese Form der Kommunikation durchführen. Als zentrales Argument für diese Form der Onlinewerbung führen Unternehmen vor allem die Erhöhung des Bekanntheitsgrades an.

Erfolgskontrolle der Onlinekommunikation:

Maßnahmen zur Erfolgskontrolle der Onlinekommunikation
1. Genaue Erfassung der Sichtkontakte mit der entsprechenden Internetseite (Pages).
2. Messung der Nutzungsintensität und -dauer bei einem Banner oder einer E-Mail (Visit).
3. Auch die Zahl der Personen, die ein Internetanbebot gesehen haben, kann berechnet werden (User).
4. Zusätzlich ist eine Aufstellung der Präferenzen des Internetnutzers möglich.
5. Durch die Protokollierung der Adresse kann festgestellt werden, aus welchem Land die Anfrage kommt.

ZUSAMMENFASSUNG

Ziele der Kommunikation
- Ökonomische Ziele (Gewinn-, Umsatzsteigerung, ...)
- Psychografische Ziele (Imageverbesserung, ...)

Kommunikationsstrategien

Aus den Zielen abgeleitete langfristige Pläne zur Durchführung der Kommunikation. Dabei werden die Objekte, Ziele, Instrumente, die Medien und die Botschaft der Kommunikation festgelegt

Instrumente der Kommunikation
- Werbung
- Verkaufsförderung
- Public Relations
- Sponsoring
- Eventmarketing
- Direktkommunikation

Marketing planen, durchführen und kontrollieren — Lernfeld 5

AUFGABEN

1. Erklären Sie die Aufgaben der Werbung mithilfe der AIDA-Formel.
2. Erklären Sie an aktuellen Beispielen, wie die Aufgaben „Attention" und „Interest" erreicht werden.
   Gehen Sie dabei auf die verwendeten Werbemittel und die darin angewandten Werbemethoden ein.
3. Stellen Sie sich vor, Sie sind Inhaber der Feldmann AG, die ihre neu entwickelte Sonnencreme „Öko-Sun" gerade auf den Markt bringt. Der Kundenkreis, der beliefert werden soll, ist der gesamte deutsche Markt.
   Entwerfen Sie für dieses neue Produkt einen Werbeplan, nach dem die Einführungswerbung durchgeführt werden soll (Metaplantechnik).
4. Die Großhandlung Belz AG, Pforzheim, beabsichtigt, als Eigenmarke das neuartige Flüssigwaschmittel „Sunflex" auf den Markt zu bringen. Das Waschmittel soll bundesweit angeboten werden. In der Werbeabteilung der Belz AG werden verschiedene Möglichkeiten des Einsatzes von Werbeträgern und Werbemitteln diskutiert.

Werbeträger	Werbemittel
Programmzeitschriften	ganzseitige Anzeige
Fernsehen	Fernsehspot
Fachzeitschrift für den Einzelhandel	ganzseitige Anzeige
Rundfunk	Rundfunkspot

a) Beurteilen Sie die Eignung obiger Werbeträger. Berücksichtigen Sie bei Ihrer Beurteilung insbesondere die Kriterien Streukreis und Eignung des Werbemittels im Hinblick auf die Vermittlung der erwünschten Werbebotschaft.
b) Entscheiden Sie sich unter Berücksichtigung beider Gesichtspunkte für einen Werbeträger. Begründen Sie Ihre Entscheidung.

5 Distributionspolitik

PROBLEM

Vertriebsstrukturen bei der Adolf Würth GmbH & Co KG

Wie Deutschlands größtes Handelsunternehmen seine Kunden optimal mit Verkaufs- und Serviceleistungen versorgt.

Das Kerngeschäft der Würth GmbH & Co KG ist der weltweite Handel mit Befestigungs- und Montagematerial. Grundlage des Geschäftserfolgs der Würth-Gruppe ist ihre Kompetenz, die Qualität der Produkte und vor allem die sprichwörtliche Kundennähe. Aus dem ehemaligen Schraubenspezialisten aus Künzelsau wurde ein Direktvertriebsprofi für Montagetechnik mit mehr als 56 000 Produkten für Handwerk und Industrie. Der Kundenkreis umfasst das Kfz-Handwerk, das Holz und Metall verarbeitende Handwerk, die Baubetriebe und verschiedene Industrieunternehmen.
Um die Ansprüche, die weltweit 2,5 Mio. Kunden an Produkte und Service stellen, zufriedenzustellen, hat Würth in 80 Ländern der Welt über 300 Verkaufsnieder-

lassungen mit über 25 000 Außendienstmitarbeitern gegründet. (In Deutschland sind es 90 Verkaufsniederlassungen mit 2 500 Außendienstmitarbeitern.) Die Nähe zum Kunden ist für Würth das entscheidende Kriterium im Vertrieb, denn durch den ständigen Kontakt mit dem Kunden lassen sich die Probleme hervorragend erkennen und dementsprechend optimal lösen.

Wichtige Merkmale des Direktvertriebs bei der Firma Würth in Deutschland:

1. Verkaufszentrale in Künzelsau:

- Der Würth-Außendienst ist nach den Kundensegmenten Kfz-Handwerk, Holz verarbeitendes Handwerk, Metall verarbeitendes Handwerk und Bauhandwerk organisiert.
- Gebietsplanung: Mindestens zweimal pro Jahr werden auf der Grundlage des Kundenpotenzials, der geografischen Gegebenheiten (Fahrzeit) und unter Berücksichtigung der Kundenbindung die Gebietsstrukturen überprüft und unter Umständen neu geplant. Dies passiert in Abstimmung mit den Mitarbeitern der 90 Verkaufsniederlassungen.
- Controlling der Verkaufsgebiete: Die Nähe zum Kunden und die optimale Versorgung des Kunden erfordern ständig aktualisierte Markt- und Potenzialdaten. Von der Verkaufszentrale wird ein ständiges Controlling der Verkaufsgebiete bzw. der Kundenstrukturen vorgenommen. Beispielsweise werden die Anzahl der Kunden je Außendienstmitarbeiter, seine Umsätze je Kunde usw. ständig erhoben. Die Ergebnisse beeinflussen die Gebietsplanung und den Einsatzbereich der einzelnen Außendienstmitarbeiter.

2. Vertriebsniederlassungen:

- Jeder Außendienstmitarbeiter hat einen bestimmten Kundenkreis, den er in bestimmten Zeitabständen (z. B. zweimal/ Woche) besucht.
- Sein Hauptaufgabengebiet ist es, den Kunden mit den Produkten von Würth zu versorgen, d.h., der Außendienstmitarbeiter füllt beim Kunden mehrmals pro Woche die Produkte auf, sodass sich der Kunde um nichts mehr kümmern muss. Gleichzeitig ist er Ansprechpartner für Reklamationen, Verbesserungs- oder Veränderungsvorschläge usw.

1. Beschreiben Sie den Vertriebsweg der Firma Adolf Würth GmbH & Co KG.
2. Vergleichen Sie diesen Vertriebsweg z. B. mit den Vertriebswegen im Automobilmarkt.

Die **Distributionspolitik** zeigt die Möglichkeiten auf, wie ein Produkt vom Hersteller zum Handel bzw. zum Endverwender gelangt. Die Distributionspolitik beinhaltet dabei zum einen die Entscheidung über die **Vertriebswege** bzw. Absatzkanäle, die ein Unternehmen gehen möchte, zum anderen die Konzepte der **physischen Distribution** (Logistik).

Grundvoraussetzung einer funktionierenden Distributionspolitik ist, dass die Produkte/Dienstleistungen zum richtigen Zeitpunkt und in der richtigen Qualität dem Verwender zur Verfügung stehen. Insofern umfasst Distributionspolitik immer auch ein Konzept für die physische Distribution (Logistik).

5.1 Ziele der Distributionspolitik

Die Ziele, die ein Unternehmen in der Distributionspolitik erreichen möchte, muss man in zwei Zielebenen unterteilen: die Ziele der Absatzkanalpolitik und die Ziele der physischen Verteilung der Produkte/Waren (Absatzlogistik).

Marketing planen, durchführen und kontrollieren — Lernfeld 5

Ziele der Distributionspolitik

Absatzkanalpolitik
- Reduzierung der Vertriebskosten durch Auswahl kostengünstiger Absatzkanäle
- Optimaler Distributionsgrad (richtige Anzahl an Absatzmittlern/Filialen in einem Verkaufsgebiet)
- Möglichst hohes Image des Absatzkanals
- Möglichst hohe Kontrolle über die Absatzkanäle

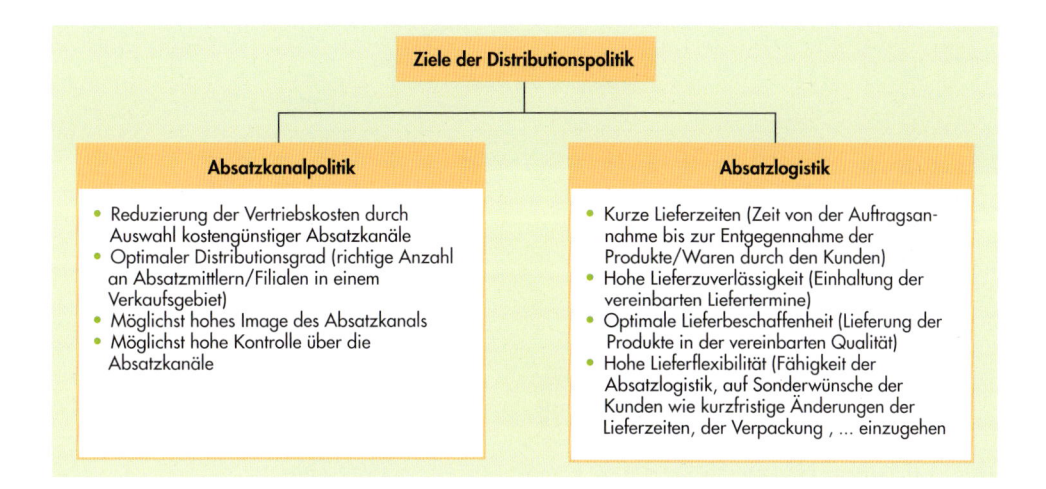

Absatzlogistik
- Kurze Lieferzeiten (Zeit von der Auftragsannahme bis zur Entgegennahme der Produkte/Waren durch den Kunden)
- Hohe Lieferzuverlässigkeit (Einhaltung der vereinbarten Liefertermine)
- Optimale Lieferbeschaffenheit (Lieferung der Produkte in der vereinbarten Qualität)
- Hohe Lieferflexibilität (Fähigkeit der Absatzlogistik, auf Sonderwünsche der Kunden wie kurzfristige Änderungen der Lieferzeiten, der Verpackung , ... einzugehen

5.2 Strategien der Absatzkanalpolitik

Bei den Überlegungen zur Gestaltung der Absatzkanalpolitik geht es vor allem darum, die Struktur der Absatzkanäle festzulegen.

Bei der Festlegung der Absatzkanäle muss ein Unternehmen zuerst eine Entscheidung über die **vertikale Struktur** und die **horizontale Struktur der Absatzkanäle** treffen.

Unter **vertikaler Struktur** versteht man die Länge des Absatzweges, den ein Produkt vom Unternehmen bis zum Kunden durchläuft. Je größer die Zahl der dazwischengeschalteten Absatzmittler, umso länger ist der Absatzweg; unter **horizontaler Struktur** versteht man die Breite und Tiefe der auf der einzelnen Absatzstufe eingeschalteten Absatzmittler. Die Anzahl der Einzelhändler gibt die Breite, die Art der eingeschalteten Einzelhändler gibt die Tiefe an. So wird ein Produkt beispielsweise nur über Fachmärkte, nicht aber über Discounter oder Baumärkte verkauft.

Die Entscheidung über Breite und Tiefe der Absatzkanäle ist wesentlich davon abhängig, welche Distributionsintensität das Unternehmen für seine Produkte wünscht:

- **Intensive Distribution:** Die Produkte sollen überall erhältlich sein, z. B. Güter des täglichen Bedarfs. Auch bei einer intensiven Distribution kann bereits eine selektive Auswahl erfolgen. Beispielsweise könnten bei einer „Baumarktdichte" von 10 bis 15 Märkten in einer Stadt zwei bis drei für die eigene Distribution ausgewählt werden.
- **Selektive Distribution:** Die Absatzmittler, die das Produkt verkaufen dürfen, werden nach qualitativen Gesichtspunkten ausgewählt, z. B. Größe des Geschäfts, Geschäftslage usw.
- **Exklusive Distribution:** Nur ausgewählte Absatzmittler dürfen das Produkt verkaufen. Den Absatzmittlern werden Exklusivverträge mit Gebietsschutz gewährt. Beispiele hierfür sind Markenbekleidung, Markenparfüm, eigentlich alle Markenprodukte des gehobenen Bedarfs.

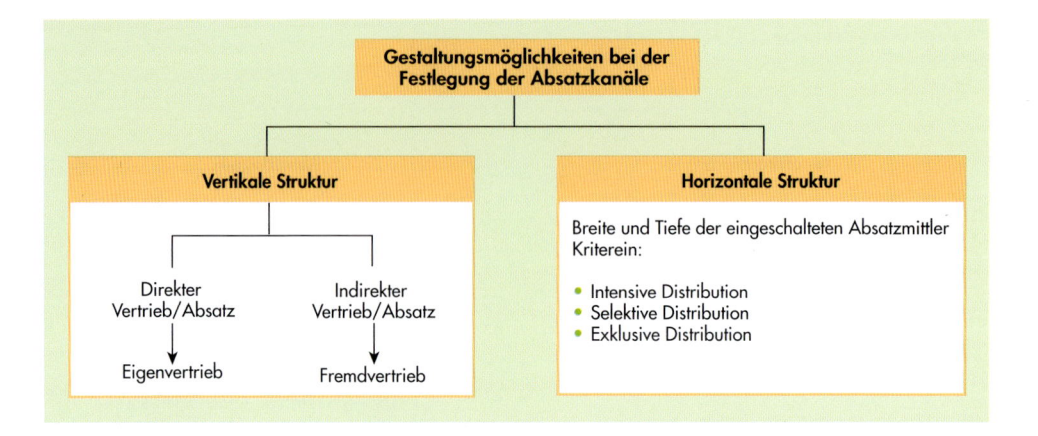

Lernfeld 5 — Marketing planen, durchführen und kontrollieren

```
                Gestaltungsmöglichkeiten bei der
                  Festlegung der Absatzkanäle
         ┌──────────────────┴──────────────────┐
   Vertikale Struktur                   Horizontale Struktur
   ┌────────┴────────┐          Breite und Tiefe der eingeschalteten Absatzmittler
 Direkter        Indirekter      Kriterein:
 Vertrieb/Absatz  Vertrieb/Absatz  • Intensive Distribution
     ↓                ↓            • Selektive Distribution
 Eigenvertrieb   Fremdvertrieb     • Exklusive Distribution
```

Unter **direktem Absatz** soll im Folgenden der Absatz der Produkte über unternehmenseigene Absatzorgane verstanden werden; unter **indirektem Absatz** der Absatz der Produkte über selbstständige Absatzmittler, wie beispielsweise Groß- und Einzelhandel, Handelsvertreter oder Kommissionäre.

Hinweis: In der Literatur werden die Begriffe direkter und indirekter Vertrieb durchaus unterschiedlich verwendet. So spricht beispielsweise Meffert („Marketing") von direktem Vertrieb nur in Zusammenhang mit dem Verkauf von Produkten im Rahmen von Haustürgeschäften. Auch eigene Filialen werden dem indirekten Vertrieb zugeordnet. Andere verstehen den Begriff viel umfassender und subsumieren unter den direkten Vertrieb auch den Absatz über Handelsvertreter und Kommissionäre, da diese sich beim Verkauf der Produkte vertraglich sehr stark an den Hersteller binden.

Direkte und indirekte Absatzwege

- **Direkter Absatz:** Der Erzeugungsbetrieb verkauft unmittelbar an den Endverbraucher oder an Weiterverarbeiter. Er verwendet hierzu Reisende, eigene Verkaufsfilialen, Werksniederlassungen und Auslieferungslager.

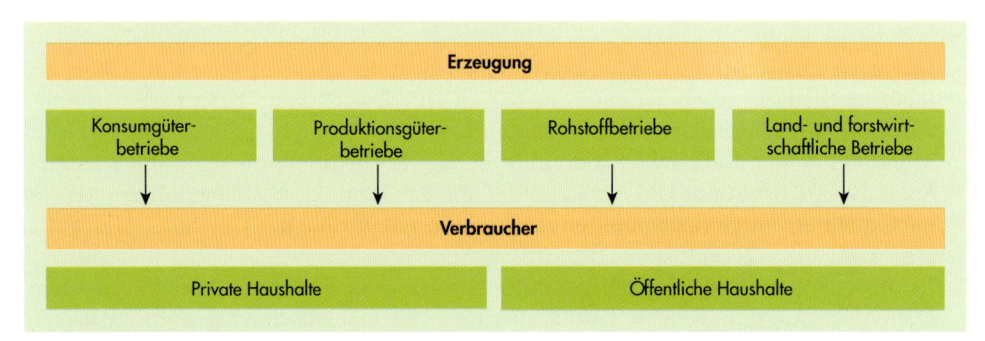

```
┌─────────────────────────────────────────────────────────────────┐
│                          Erzeugung                              │
└─────────────────────────────────────────────────────────────────┘
 Konsumgüter-   Produktionsgüter-   Rohstoffbetriebe   Land- und forstwirt-
  betriebe         betriebe                             schaftliche Betriebe
      ↓                ↓                  ↓                    ↓
┌─────────────────────────────────────────────────────────────────┐
│                          Verbraucher                            │
├──────────────────────────────────┬──────────────────────────────┤
│       Private Haushalte          │     Öffentliche Haushalte    │
└──────────────────────────────────┴──────────────────────────────┘
```

- **Indirekter Absatz:** Der Erzeugungsbetrieb verkauft seine Produkte an selbstständige Handelsbetriebe, z. B. Groß- und Einzelhändler bzw. an selbstständige Absatzmittler, wie Handelsvertreter und Kommissionäre. Diese verkaufen die Waren an die Verbraucher bzw. an andere Verwender weiter.

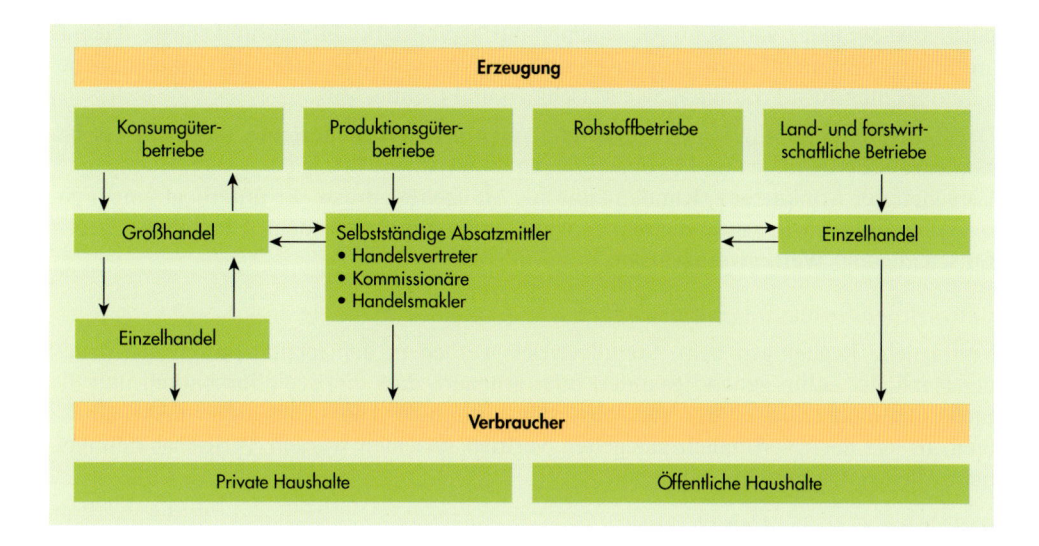

Marketing planen, durchführen und kontrollieren **Lernfeld 5**

```
┌─────────────────────────────────────────────────────────────────────┐
│                            Erzeugung                                │
└─────────────────────────────────────────────────────────────────────┘
   Konsumgüter-     Produktionsgüter-    Rohstoffbetriebe   Land- und forstwirt-
    betriebe            betriebe                            schaftliche Betriebe

    Großhandel  ⇄  Selbstständige Absatzmittler  ⇄   Einzelhandel
                    • Handelsvertreter
                    • Kommissionäre
                    • Handelsmakler
   Einzelhandel

┌─────────────────────────────────────────────────────────────────────┐
│                            Verbraucher                              │
└─────────────────────────────────────────────────────────────────────┘
       Private Haushalte              Öffentliche Haushalte
```

Unternehmenseigene Distributionsorgane

Verkaufsniederlassungen

Bei den **Verkaufsniederlassungen** handelt es sich um Verkaufsbüros oder Verkaufsfilialen, die das Unternehmen einrichtet, um sein gesamtes Absatzgebiet mit unternehmenseigenen Absatzstellen bedienen zu können. Verkaufsniederlassungen sind deshalb nicht nur auf das Inland beschränkt, sondern müssen auch in ausländischen Absatzmärkten flächendeckend errichtet werden. Die Vorteile dieses direkten Absatzes, d.h. ohne die Einschaltung von selbstständigen Wiederverkäufern, bestehen darin, dass zum einen die Beratung und der Service, insbesondere bei technischen Produkten, gewährleistet werden kann, zum anderen der Verkauf von Produkten über eigene Verkaufsstellen für das Markenimage gut ist. Nachteilig ist sicher, dass ein eigenes Vertriebsnetz im Vergleich zur Einschaltung von selbstständigen Wiederverkäufern weitaus höhere Kosten verursacht.

Reisende – angestellt und flexibel

Der **Reisende** ist ein Absatzmittler des direkten Absatzweges. Er hat die gleiche rechtliche Stellung wie die übrigen kaufmännischen Angestellten (Handlungsgehilfen). Darüber hinaus ist er gleichzeitig Handlungsbevollmächtigter. Er kann

- Kaufverträge abschließen (Abschlussvertreter),
- Zahlungen bei entsprechender Vollmacht kassieren,
- Mängelrügen entgegennehmen.

Dafür erhält er neben einem festen Gehalt (**Fixum**) als zusätzlichen Leistungsanreiz **Provision**, meist vom Umsatz, und **Spesen**, welche unterschiedlich eingesetzt werden können: Spesen aufgrund von Belegen, feste Spesen ohne Einzelnachweis oder Vertrauensspesen nach Angaben ohne Einzelnachweis.

Da der angestellte Reisende dem Arbeitgeber ganz zur Verfügung steht, kann er den Markt besser bearbeiten als der Handelsvertreter. Er konzentriert seine Arbeit auf den Absatz der Produkte eines Unternehmens. Er ist auch flexibler einsetzbar, z.B. um kurzfristig in einem Gebiet eine Werbeaktion durchzuführen. Allerdings ist ein ausgedehntes Vertriebssystem mit Reisenden teuer, sodass im Allgemeinen nur kapitalstarke Firmen und solche, die aufgrund ihres Sortiments dazu gezwungen sind, ein Netz von Reisenden unterhalten, z. B. bei beratungsintensiven Produkten, wie Maschinen und Lichttechnik.

Der Reisende schreibt in kurzen Abständen oder täglich **Reiseberichte**, in welchen er besonders auf Erfahrungen und Beobachtungen hinweist, wie Erfolg einer Werbekampagne, Vorgehen der Konkurrenz, Kundenwünsche, Mängelrügen usw. Er unterliegt einem gesetzlichen und i. d. R. vertraglichen (maximal zwei Jahre nach dem Ausscheiden gegen Entschädigung) **Wettbewerbsverbot**.

Unternehmensfremde Distributionsorgane

Vertragliche Regelungen beim Fremdvertrieb werden in den letzten Jahren auf Druck der Hersteller dahin gehend geändert oder erneuert, dass die Beeinflussbarkeit und die Steuerungsmöglichkeiten des Vertriebssystems durch die Hersteller immer mehr zunehmen. In fast allen vertraglich geregelten Vertriebssystemen werden Vertriebsbindungen oder Alleinvertriebsrechte vereinbart.

Vertriebsbindungs- und Alleinvertriebssystem

Bei einer vorliegenden Vertriebsbindung verpflichtet der Hersteller den Absatzmittler, vor allem räumliche oder personelle Restriktionen beim Vertrieb zu beachten.

Räumliche Restriktionen: Der Absatzmittler darf die Produkte des Herstellers nur in einer abgegrenzten Region verkaufen, was für ihn eine Einschränkung bedeutet.

Personelle Restriktionen: Der Absatz der Produkte darf nur an einen bestimmten Personenkreis erfolgen.

Bei Alleinvertriebssystemen erhält der Absatzmittler das Recht, die Produkte des Herstellers exklusiv zu vertreiben. Dieses exklusive Vertriebsrecht bedeutet in der Praxis, dass der Absatzmittler für eine bestimmte geografisch abgegrenzte Fläche einen Gebietsschutz erhält.

Handelsvertreter – im fremden Namen

Der **Handelsvertreter** ist als **selbstständiger Gewerbetreibender** ein Glied in der **indirekten** Absatzkette.

Er ist ständig damit betraut, für einen anderen Unternehmer Geschäfte zu vermitteln oder in dessen Namen abzuschließen. Selbstständig ist, wer im Wesentlichen seine Tätigkeit frei gestalten und seine Arbeitszeit frei bestimmen kann. Wenn nicht ausdrücklich ausgeschlossen darf der Vertreter gleichzeitig mehrere Firmen vertreten (HGB § 84). Dies gilt nicht für Konkurrenzartikel, sondern nur für Komplementärgüter; z. B. vertritt der Vertreter einer Likörfabrik gleichzeitig Likörgläser. Neben dem typischen „Ein-Mann-Unternehmen"-Handelsvertreter gibt es auch größere Handelsvertretungen mit zum Beispiel 20 bis 30 Beschäftigten. Diese größeren Handelsvertretungen bieten dann Industrieunternehmen an, den Vertrieb ihrer Waren vollständig oder teilweise zu übernehmen.

Die **Kündigung** eines Agenturvertrags kann im 1. Jahr mit einer Frist von einem Monat, im 2. Jahr mit einer Frist von zwei Monaten, im 3. bis 5. Jahr mit einer Frist von drei Monaten und danach mit einer Frist von sechs Monaten zum Monatsende erfolgen (HGB § 89).

Der Einsatz von Handelsvertretern ermöglicht es, ein Absatzgebiet lückenlos verhältnismäßig billig zu erschließen, da die Handelsvertreter auf Erfolgsbasis arbeiten. Nachteilig kann sich auswirken, dass der Handelsvertreter nicht seine ganze Arbeitskraft für den Absatz der Produkte einer Firma einsetzt, da er meistens noch andere Vertretungen parallel bearbeitet. Unmittelbar konkurrierende Produkte dürfen jedoch nicht vertreten werden. In den letzten Jahren zeigte sich, dass die selbstständigen Handelsvertreter ihr Dienstleistungsangebot durch Einrichtung von Musterlagern, Auslieferungslagern, eigenen Büros sowie verstärkte Kundenbesuche und -beratungen entscheidend erweitert haben. Fast zwei Drittel aller Industriebetriebe haben beim Absatz selbstständige Handelsvertreter eingesetzt.

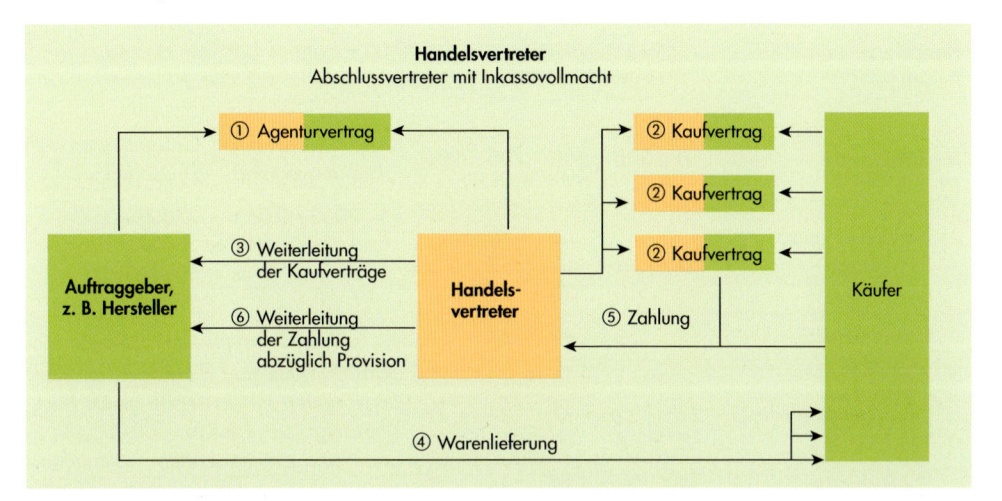

Handelsvertreter
Abschlussvertreter mit Inkassovollmacht

- ① Agenturvertrag (zwischen Auftraggeber, z. B. Hersteller und Handelsvertreter)
- ② Kaufvertrag (zwischen Handelsvertreter und Käufer)
- ③ Weiterleitung der Kaufverträge
- ④ Warenlieferung
- ⑤ Zahlung
- ⑥ Weiterleitung der Zahlung abzüglich Provision

Recht auf Buchauszug	Recht auf Ausgleich
Zur Kontrolle der monatlichen (spätestens nach drei Monaten vorgeschriebenen) Abrechnung kann der Handelsvertreter einen Buchauszug über alle für ihn provisionspflichtigen Geschäfte verlangen. Aufwendungen werden nur ersetzt, wenn dies in der Branche üblich ist (HGB §§ 87 c, d).	Nach Beendigung des Vertragsverhältnisses kann der Handelsvertreter einen angemessenen finanziellen Ausgleich dafür erhalten, dass sein Auftraggeber weiter mit dem vom Vertreter geworbenen Kunden Geschäfte macht. Der Ausgleich beträgt höchstens eine Jahresprovision aus dem Durchschnitt der letzten fünf Jahre (HGB § 89 b).

Reisende oder Handelsvertreter – ein Vergleich lohnt sich

Ob **Reisende oder Handelsvertreter** eingesetzt werden sollen, wird entscheidend von der Überlegung beeinflusst, über welchen Absatzweg die gestellte Aufgabe besser und gegebenenfalls auch billiger zu lösen ist.

Neben quantitativen, d.h. kostenbezogenen Überlegungen müssen auch qualitative Entscheidungsgründe betrachtet werden. Aus der Sicht des Herstellers liegen die Vorteile beim Einsatz von Reisenden in der leichten Steuerbarkeit, dem Fachwissen und der dadurch ermöglichten Beratung und der besseren Sortimentskenntnis. Beim Handelsvertreter überwiegen die Vorteile in der Marktnähe, in der besseren Information über den Markt und in der Verkaufsaktivität (starke Provisionsabhängigkeit!).

Jedes Unternehmen, das Reisende und/oder Handelsvertreter einsetzen will, muss unter Abwägung aller quantitativen und qualitativen Faktoren eigenverantwortlich seine Entscheidung treffen, durch wen es fachlich und qualitativ ausreichend am Markt vertreten sein wird.

Es ist jedoch zu beachten, dass ein eingeschlagener Absatzweg nicht beliebig oft und rasch ausgetauscht werden kann, da der Aufbau einer eingespielten Absatzorganisation mit Aufwand an Zeit und Geld und mit viel Erfahrung verbunden ist.

Beispiel: Vergleich der Kosten von Reisenden und Handelsvertretern

Kosten der Absatzmittler	monatliche Fixkosten	+ Umsatzprovision
Handelsvertreter	Werbematerial: 2 000,00 €/Jahr	+ 6 % vom Umsatz
Reisende	Grundgehalt/Jahr: 22 000,00 €/Jahr	+ 2 % vom Umsatz

Monatsumsatz (TEUR)	0	300	500	700	900
• Handelsvertreter					
Fixe Kosten	2	2	2	2	2
Provision 6 %	0	18	30	42	54
Gesamtkosten	2	20	32	44	56
• Reisende					
Grundgehalt (Fixum)	22	22	22	22	22
Provision 2 %	0	6	10	14	18
Gesamtkosten	22	28	32	36	40

$$\text{Gesamtkosten der Handelsvertreter} = \text{Gesamtkosten der Reisenden}$$

$$2000 + 0{,}06\,x = 22000 + 0{,}02\,x$$
$$0{,}04\,x = 20000$$
$$x = 500000$$
(kritischer Umsatz)

Bei einem monatlichen Umsatz von 500 000,00 € sind die Kosten für Handelsvertreter und Reisende gleich hoch. Übersteigt der Umsatz 500 000,00 €, dann sind die Reisenden kostengünstiger.

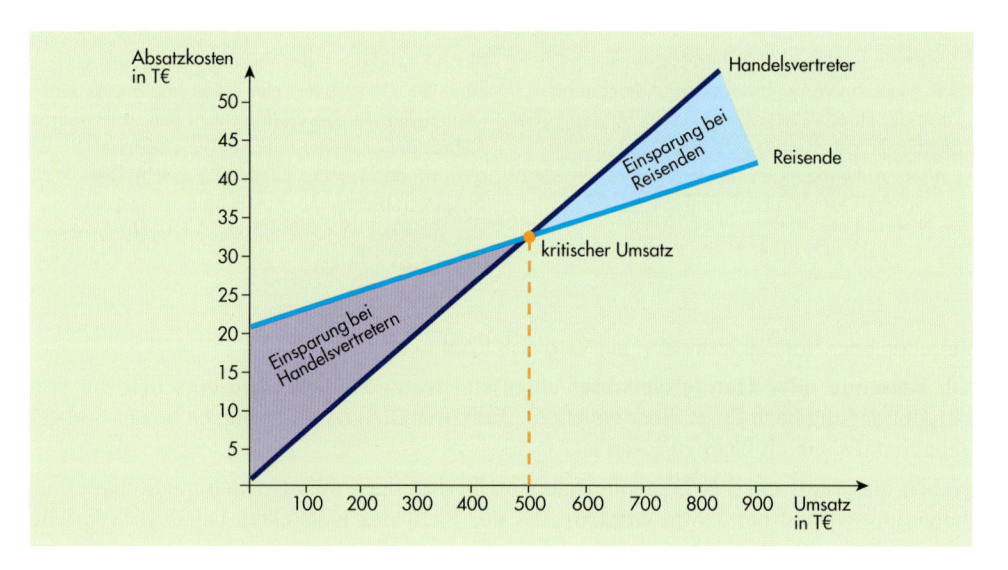

Kommissionär – im eigenen Namen

Kommissionär ist, wer es gewerbsmäßig übernimmt, **Waren oder Wertpapiere auf Rechnung eines anderen im eigenen Namen zu kaufen oder verkaufen** (HGB § 383).

Es gibt zwei **Arten** von Kommissionären:
- Einkaufskommissionäre;
- Verkaufskommissionäre.

Für den Absatz ist besonders der Verkaufskommissionär von Bedeutung.

Grundlage ist ein **Kommissionsvertrag** zwischen dem **Kommissionär**, der selbstständiger Kaufmann ist, und dem Auftraggeber, dem **Kommittenten**. Der Kommissionär kann ständig oder von Fall zu Fall eingesetzt werden. Für seine Tätigkeit erhält er eine Provision, wenn das Geschäft ausgeführt ist (HGB § 396). Haftet der Kommissionär für die Verbindlichkeiten, so steht ihm zusätzlich Delkredereprovision (HGB § 394) zu.

Die Kommissionäre können dabei vom Recht auf Selbsteintritt Gebrauch machen (HGB § 400). Der Kommissionär hat an dem Kommissionsgut ein Pfandrecht wegen alter Forderungen aus laufender Rechnung (HGB § 397).

Der Kommissionär hat Preisgrenzen einzuhalten; ein vorteilhafter Abschluss ist erlaubt (HGB §§ 386, 387). Für Kommissionär und Kommittenten ist das Kommissionsgeschäft vorteilhaft. Bei der Einführung neuer Waren, insbesondere bei modischen oder sonst risikoreichen Artikeln, übernimmt der Kommissionär die Ware in sein **Kommissionslager** mit dem Recht, nicht verkaufte Ware nach Ablauf einer gewissen Frist, z. B. einer Saison, zurückzugeben. Damit trägt der Auftraggeber, z. B. der Hersteller, allein das **Absatzrisiko**; andererseits übernimmt der Kommissionär die Lagerhaltung und die Abrechnung. Er braucht erst nach Abwicklung des Verkaufs zu bezahlen und kann sein Sortiment risikolos durch Neuheiten ergänzen und verbreitern. Die Kommissionswaren sind äußerlich nicht besonders gekennzeichnet.

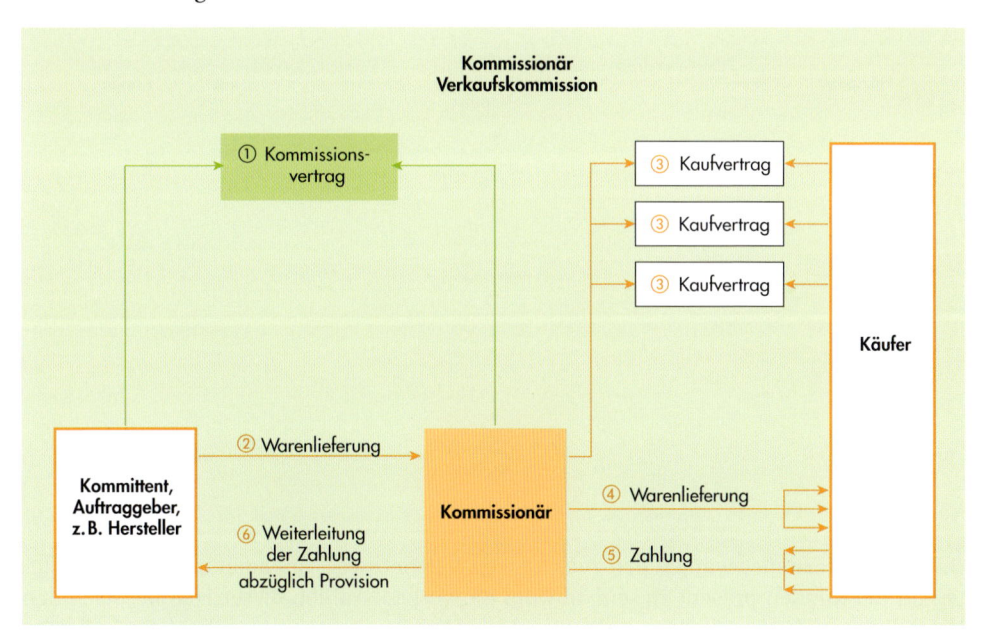

Vertragshändlersystem

Der Vertragshändler wird für den Hersteller in der Weise tätig, dass er die Produkte des Herstellers im eigenen Namen und auf eigene Rechnung verkauft. Der Hersteller verpflichtet den Vertragshändler, eine bestimmte Mindestmenge an Waren ins Lager zu nehmen und jeden Monat eine bestimmte Anzahl an Erzeugnissen abzunehmen.

Zusätzlich verpflichtet sich der Vertragshändler, Kunden- bzw. Reparaturdienste durchzuführen. Er verpflichtet sich, die absatzpolitischen Instrumente (Sortimentsgestaltung,

Kommunikationspolitik, Preispolitik) im Sinne des Herstellers durchzuführen. Nach außen tritt er unter dem Logo des Herstellers auf; mit seinem systemkonformen Außenbild bringt der Vertragshändler seine Zugehörigkeit zum Vertriebsnetz des Händlers zum Ausdruck. Im Unterschied zu Franchisesystemen, bei denen der Geschäftsinhaber völlig auf die Darstellung der eigenen Firma verzichtet, ist bei Vertragshändlersystemen den Kunden der Inhaber der Firma durchaus bekannt. Auch bei der Innenausstattung des Geschäfts, bei der Kleidung der Mitarbeiter usw. ist der Franchisingvertrag weitaus enger gefasst als der Vertrag mit einem Vertragshändler. Allerdings nähern sich die Vertragshändlersysteme, die in der Automobilbranche besonders häufig anzutreffen sind, immer mehr den Franchisingsystemen an. Insbesondere bei der Außen- und Innendarstellung der Gebäude wird immer mehr auf eine einheitliche Darstellung (Beispiel VW) Wert gelegt.

Beispiel: Vertragshändler in der Automobilbranche

1. Möglichkeit: Einstufiger, indirekter Vertriebsweg (Porsche, Jaguar)

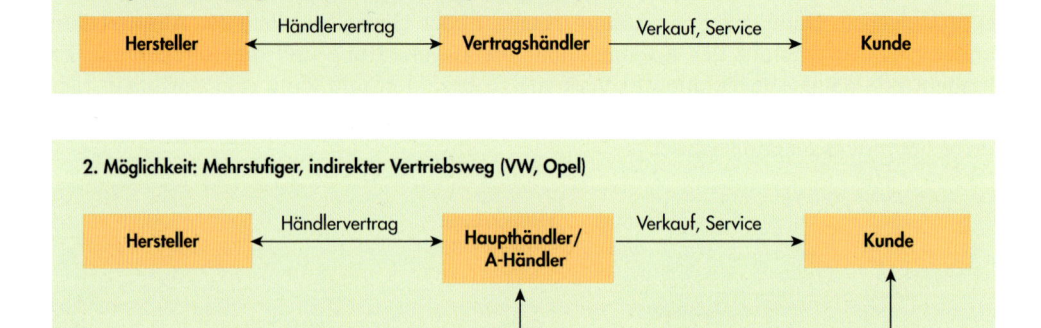

Hersteller ←Händlervertrag→ Vertragshändler ←Verkauf, Service→ Kunde

2. Möglichkeit: Mehrstufiger, indirekter Vertriebsweg (VW, Opel)

Hersteller ←Händlervertrag→ Haupthändler/A-Händler ←Verkauf, Service→ Kunde

Haupthändler/A-Händler ↕ Werkstättenvertrag ↕ Vertragshändler/B-Händler

Vertragshändler/B-Händler →Verkauf, Service→ Kunde

Bestimmte Hersteller wählen den zweistufigen Vertriebsweg, um auch in kleineren Städten für die Kunden präsent zu sein, obwohl die Verkaufszahlen dieser Händler nach den Vorstellungen des Herstellers nicht für einen Händlervertrag ausreichen. Deshalb gibt es neben den eigentlichen Vertragshändlern noch Unterhändler oder Vertragswerkstätten, die die Werkstatt- und Servicefunktion vor Ort vornehmen. Auch Neuwagenkäufe werden von diesen Händlern durchgeführt, allerdings auf Rechnung des Haupthändlers. Gebrauchtwagen, Ersatzteile und Zubehörteile werden auf eigene Rechnung verkauft.

Bestimmungsgründe für die Auswahl eines Absatzkanals

Das klassische Auswahlkriterium bei der Entscheidung für einen bestimmten Absatzkanal sind die **Vertriebskosten**. Dazu zählen u. a. die Transportkosten bis zum Kunden, die

Kosten für den Vertrieb im eigenen Haus sowie für den Außendienst, die Regalpflege, Maßnahmen der Verkaufsförderung und weitere Maßnahmen am POS.

Grundsätzlich gilt, dass die Vertriebskosten umso höher sind, je direkter die Verbindung zwischen Unternehmen und Kunde und je breiter und tiefer die horizontale Ebene der Distribution angelegt ist. Entschließt man sich, den bisher indirekt durchgeführten Vertrieb in ein direktes Vertriebssystem umzuwandeln, ist dies mit einem sprunghaften Anstieg der Vertriebskosten verbunden. Dies kann nur in Kauf genommen werden, wenn die Gewinnspanne beim Eigenvertrieb erheblich höher ist als beim Fremdvertrieb, und zwar so hoch, dass die höheren eigenen Vertriebskosten durch die größere Gewinnspanne mehr als kompensiert werden.

Allerdings können die Vertriebskosten unter Marketinggesichtspunkten nicht als einziges Kriterium herangezogen werden. Weitere Gesichtspunkte sind z. B. die Art und Weise, wie ein Produkt am Verkaufsort (Platzierung, Art des Handelsgeschäfts usw.) präsentiert wird, sowie die Beeinflussbarkeit und die Kontrolle des Vertriebssystems. Die Beeinflussbarkeit des Vertriebsweges ist bei Eigenvertrieb in aller Regel weitaus größer als bei Fremdvertrieb.

Bestimmungsgründe bei der Auswahl der Absatzkanäle	
Produkt	• Lagerfähigkeit • Gut des täglichen Bedarfs oder Luxusgut • Beratungsintensives Gut
Unternehmen	• Finanzkraft zur Finanzierung eines eigenen Vertriebsweges • Vertriebserfahrung • Produktprogramm
Kunde	• Geografische Verteilung • Anzahl • Einkaufsgewohnheiten
Konkurrenz	• Zahl • Vertriebswege • Wettbewerbsdruck
Absatzmittler	• Art und Anzahl • Standort • Beeinflussbarkeit • Fachliche Kenntnisse
Umwelt	• Konsequenzen bei Vertragskündigung (Handelsvertreter) • Öffentliche Meinung über den Vertriebsweg • Missbrauchsaufsicht bei Vertriebsbindungssystemen

5.3 Strategien der Absatzlogistik

Unter Absatzlogistik versteht man die Lagerhaltung der fertigen Produkte und den Transport der verkauften Produkte zum Kunden. Damit die Absatzlogistik diese Aufgaben erfüllen kann, braucht sie Informationen über den Zeitpunkt der Fertigstellung der Produkte, den Zeitpunkt und den Ort der Anlieferung sowie den Zeitpunkt und den Ort der Auslieferung an den Kunden.

Bei den **Strategien der Absatzlogistik** geht es z. B. um grundlegende Entscheidungen darüber, ob die Absatzlogistik vom eigenen Unternehmen durchgeführt oder ob sie auf darauf spezialisierte Logistiker übertragen wird. Ebenfalls eine strategische Entscheidung ist die Frage, ob die Absatzlogistik zentral oder dezentral über verschiedene Auslieferungslager betrieben wird.

Für dezentrale Lager in Kundennähe und eine eigene Absatzlogistik sprechen der höhere Lieferservice, die größere Flexibilität, die größere Lieferpünktlichkeit – alles Punkte, die sich sehr stark auf die Kundenzufriedenheit auswirken.

Für ein zentrales Lager und unternehmensfremde Logistiker sprechen in der Regel die geringeren Kosten.

Wie bei allen anderen Entscheidungen auch müssen bei der Absatzlogistik Kosten und Nutzen in einem angemessenen Verhältnis stehen. Erreicht man mit unternehmensfremden Logistikern neben den geringeren Kosten auch eine hohe Kundenzufriedenheit bezüglich der Zeit, der Art und der Flexibilität bei der Auslieferung, entsteht für das Unternehmen ein Wettbewerbsvorteil gegenüber der Konkurrenz.

Lagerhaltung

Ein ganz entscheidender Faktor bei der Optimierung der logistischen Leistungen beim Absatz der Güter sind Entscheidungen, die die Lagerhaltung (Auslieferungslager) betreffen. Einerseits verkürzen Auslieferungsläger die Lieferzeiten, andererseits sind die Lagerhaltungskosten zu beachten. Dazu gehören u. a. die Zinsen auf das eingelagerte Kapital, die Abschreibung der Gebäude und der Lagereinrichtung, die Reparaturkosten, die Transportkosten im Lager, Steuern, Versicherungen usw.

Unter Beachtung dieser Faktoren sind folgende Entscheidungen zu treffen:

- Wie viele und welche Zwischenlager sind auf dem Weg bis hin zum Kunden einzurichten? Je mehr Lager in der Nähe der jeweiligen Kunden eingerichtet werden, umso leichter ist das Ziel eines hohen Lieferservicegrades zu erreichen.
- Welche Lagereinrichtung soll gewählt werden? Je aufwendiger die Lagereinrichtung, desto höhere Lagerkosten entstehen. Umgekehrt ist die Lagereinrichtung auch wichtig für die Schnelligkeit des Lagerumschlags.
- Erfolgt die Lagerung in eigenen oder in fremden Lagern? Diese Entscheidung ist von Kostenüberlegungen, von Flexibilitätsüberlegungen und dem Umfang der zur Verfügung stehenden Mittel abhängig.
- Wie hoch sind die Lagerbestände in den einzelnen Lagern? Diese Entscheidung ist abhängig von folgenden Faktoren:
  – Wie hoch ist der vom Unternehmen gewünschte Servicegrad/die Lieferbereitschaft?
  – Wie ist das Bestellverhalten der Kunden (Bestellzyklus, -mengen)?
  – Wie lange dauert die Wiederbeschaffung der sich nicht im Lager befindlichen Waren?

Eigentransport oder Fremdtransport

Alle Unternehmen haben in der Regel ein großes Versandaufkommen und müssen deshalb bei der Auswahl des Transportmittels aus Kosten- und Wettbewerbsgründen sorgfältig vorgehen. **Kostenüberlegungen** dürfen nicht dominieren, denn dadurch würden die **Markterfordernisse** (Schnelligkeit, Sicherheit, Umweltverträglichkeit usw.) vernachlässigt. Die Güterbeförderung ist zunehmend eine Serviceleistung des Unternehmens. Bei der Entscheidung über die geeignete Güterbeförderung müssen verschiedene **Auswahlkriterien** beachtet werden.

Marketing planen, durchführen und kontrollieren — Lernfeld 5

Die Entscheidung, ob der Gütertransport in eigener Regie durchgeführt oder ob ein gewerbliches Transportunternehmen eingeschaltet werden soll, hängt von folgenden Faktoren ab:
- den Transportkosten,
- dem langfristig zu erwartenden Versandaufkommen,
- dem Streben nach Unabhängigkeit,
- der Möglichkeit der Absatzsteigerung durch Transportserviceleistungen und Werbewirkung des firmeneigenen Fuhrparks,
- dem Know-how des Personals,
- den zu erwartenden Transportrisiken (Haftungsfragen, Erfüllungsort, Versicherungen).

ZUSAMMENFASSUNG

Ziele der Distributionspolitik
- Absatzkanäle: Reduzierung der Vertriebskosten, optimaler Distributionsgrad, hohe Kontrolle, hohes Image des Absatzkanals
- Absatzlogistik: Kurze Lieferzeiten, hohe Lieferzuverlässigkeiten, hohe Lieferflexibilität, hohe Qualität der Lieferung

Strategien der Distributionspolitik
- Absatzkanäle: – direkter Vertriebsweg (Vertriebsniederlassung, Reisende)
  – indirekter Vertriebsweg (Handelsvertreter, Kommissionär, Vertragshändler)
- Absatzlogistik: Entscheidung über eigene oder fremde Lagerhaltung und über Eigen- oder Fremdtransport der Waren zum Kunden

AUFGABEN

1. Worin unterscheiden sich direkter und indirekter Absatz?
2. Suchen Sie Beispiele
   a) für direkten, zentralisierten Absatz,
   b) für direkten, dezentralisierten Absatz.
3. Stellen Sie fest, wie der Absatz in Ihrem Ausbildungsbetrieb organisiert ist.
4. a) Weshalb ist ein Reisender immer gleichzeitig Handlungsbevollmächtigter?
   b) Warum erhält der Reisende neben dem Fixum Provision?
   c) Welches besondere Recht steht dem Bezirksvertreter zu? Versuchen Sie, eine logische Begründung für die Bestimmung des HGB § 87 (2) zu geben.
5. Die Textilveredelungs-GmbH hat am 20. April ihren Handelsvertretern Haug und Schlüter gekündigt. Wann endet jeweils der Agenturvertrag, wenn Haug 2 1/2 Jahre, Schlüter sieben Jahre lang die Waren der Textilveredelungs-GmbH verkaufte (vgl. HGB § 89)?
6. a) Schlüter macht einen Ausgleichsanspruch nach HGB § 89 b geltend. Wie hoch wäre dieser höchstens, wenn alle Voraussetzungen erfüllt sind? Provision der sieben Jahre: 26 500,00 €, 34 000,00 €, 38 000,00 €, 32 000,00 €, 39 500,00 €, 46 000,00 €, 42 500,00 €.
   b) Suchen Sie nach Begründungen, die den Ausgleichsanspruch des Handelsvertreters rechtfertigen.

7 a) Zeitungskioske erhalten Zeitschriften und Tageszeitungen in Kommission. Weshalb ist in diesem Fall das Kommissionsgeschäft sinnvoll?
   b) Nennen Sie die Unterschiede zwischen Kommissionär und Handelsmakler.
   c) Welche Vorteile bietet das Kommissionsgeschäft für den Kommissionär?

8 In einer Tageszeitung erscheint folgende Anzeige:

> Wir sind ein wachsendes mittelständisches Unternehmen zur Herstellung von gesunden Nahrungsmitteln wie Natursauerteig, Brotmischungen und Müsli.
>
> Für unser Absatzteam suchen wir
>
> ## Mitarbeiter/-innen im Außendienst
>
> mit fundierten Kenntnissen im Nahrungsmittelbereich sowie Erfahrung im Verkauf.
>
> Wir bieten angemessenes Gehalt + Provision zuzüglich Spesen. Ein Firmenwagen steht zur Verfügung.
>
> Wenn Sie sich angesprochen fühlen, richten Sie Ihre Bewerbung mit den üblichen Unterlagen an
> Nahrungsmittelfabrik
> Werner & Franz GmbH

   a) Werden in der Anzeige Handelsvertreter oder Reisende gesucht? Begründen Sie Ihre Antwort.
   b) Bevor diese Anzeige in der Tageszeitung erschien, wurde in dem Unternehmen diskutiert, ob Vertreter oder Reisende eingesetzt werden sollten.

Folgende Daten lagen vor:
Handelsvertreter:
Provision 8 % vom Umsatz
Reisender:
Festes Gehalt einschließlich Sozialleistungen und Spesen monatlich 2 600,00 €, Provision 2 % vom Umsatz, Kfz-Kosten monatlich 1 000,00 €. Es wurde mit einem Jahresumsatz von 800 000,00 € je Außendienstmitarbeiter gerechnet.
Neben diesen kostenmäßigen Überlegungen spielten auch qualitative Gesichtspunkte eine wesentliche Rolle.

   b1) Bei welchem Jahresumsatz decken sich die Kosten des Handelsvertreters und des Reisenden?
        Berechnen und zeichnen Sie den kritischen Umsatz.
        (Kosten: 1 cm = 1 000,00 €; Umsatz: 1 cm = 100 000,00 €)
   b2) Bewerten Sie die qualitativen Kriterien von Handelsvertretern und Reisenden mit Punkten (Entscheidungstabelle). Ausprägung der Gesichtspunkte: 1 = sehr schlecht, 6 = sehr gut

Entscheidungsbewertungstabelle			
Gesichtspunkt	**Gewichtung**	**Vertreter**	**Reisender**
Steuerbarkeit Beeinflussbarkeit	30	–	–
Fachwissen	30	–	–
Marktnähe	25	–	–
Verkaufsaktivität	15	–	–
Summe	100	–	–

Marketing planen, durchführen und kontrollieren — Lernfeld 5

b3) Entscheiden Sie sich für Handelsvertreter oder Reisende, wenn Sie als Entscheidungsgrundlage sowohl die Kosten als auch die qualitativen Gesichtspunkte berücksichtigen.

9 Die Rauch GmbH, Rottweil, ist ein Spezialgroßhandelsunternehmen im Heizungs- und Sanitärbereich und beliefert fast ausschließlich Fachbetriebe.
  a) Die Geschäftsleitung prüft, ob in Zukunft neuartige Wasserrohre aus Kunststoff in das Sortiment aufgenommen werden sollen. Die neuen Rohre sind teurer als die bisher verwendeten Rohre, dafür aber langlebiger und ohne Korrosionsprobleme.
     a1) Wie wird diese Maßnahme der Produktpolitik bezeichnet?
     a2) Was erwartet die Geschäftsleitung von dieser Maßnahme? Nennen Sie zwei Argumente.
     a3) Woher könnte das Unternehmen Informationen über den vorhandenen Bedarf erhalten? Nennen Sie drei Informationsquellen.
     a4) Prüfen Sie, welche Art der Marktuntersuchung zur Gewinnung weiterer Informationen herangezogen werden sollte.
  b) Die Geschäftsleitung beauftragt Sie zu prüfen, ob Reisende oder Handelsvertreter eingesetzt werden sollen. Folgende Punkte sind mit entsprechender Gewichtung bei der Beurteilung zu verwenden:
     - Weisungsgebundenheit 10 %
     - Eigeninteresse am Umsatz 40 %
     - Marktübersicht 20 %
     - Betreuung von Kunden 30 %

     b1) Übernehmen Sie auf Ihr Lösungsblatt eine Entscheidungstabelle nach folgendem Muster:

Gesichtspunkte	Gewichtung	der Handelsvertreter	der Handlungsreisende

     Bewerten Sie die Gesichtspunkte durch Vergabe von jeweils 0 bis höchstens 3 Punkten.
     b2) Erläutern Sie Ihre Punktvergabe für die Merkmale „Weisungsgebundenheit" und „Betreuung von Kunden".
     b3) Für welchen Absatzmittler würden Sie sich aufgrund der Kostensituation entscheiden (rechnerische Begründung)? Der erwartete Umsatz beträgt 2,4 Mio. €/Jahr.

     Kosten Reisender:
     Fixum/Monat   1 250,00 €
     Weitere Kosten   1 000,00 €/Monat
     Provision   1 % vom Umsatz

     Kosten Handelsvertreter:
     Provision   2 % vom Umsatz
     Auslagenersatz   100,00 €/Monat pauschal

     b4) Bei welcher Umsatzhöhe sind die Kosten für den Handelsvertreter und den Reisenden gleich hoch?
     b5) Für welchen Absatzmittler würden Sie sich unter Berücksichtigung Ihrer Ergebnisse entscheiden?

10 a) Erklären Sie den Begriff Absatzlogistik.
   b) Erläutern Sie die Ziele der Absatzlogistik.

Lernfeld 5 Marketing planen, durchführen und kontrollieren

6 Marketingmix

PROBLEM

Marken stellen zurzeit zweifelsohne den wichtigsten Erfolgsfaktor eines Unternehmens dar. Manche Experten beziffern den Wert der Marke auf ca. 50 % des gesamten Unternehmenswertes, mit steigender Tendenz. Somit wird das Thema „Steigerung des Markenwertes" eines der zentralen Themen, das die Unternehmen in den nächsten Jahren beschäftigt wird.

Von entscheidender Bedeutung ist in diesem Zusammenhang die Frage, welchen Einfluss die einzelnen Instrumente des Marketings auf die Markenbildung haben und wie sich der Einsatz dieser Instrumente (Marketingmix) auf diese Wertbildung steuern lässt.

Mit Umfragen hat man ermittelt, welche Werte die Attraktivität einer Marke beeinflussen. Bei der Analyse der Umfrageergebnisse ergab sich folgende Reihenfolge:

1. **Exklusivität** der Marke (mit Abstand wichtigster Wert)
2. **Qualität** der Produkte
3. **Innovationskraft** des Unternehmens

In diesen Umfragen wurde auch ermittelt, welchen Einfluss die einzelnen Marketinginstrumente auf die Bildung dieser Werte haben. Die Übersicht gibt die Wichtigkeit der Instrumente in ihrer Reihenfolge wieder.

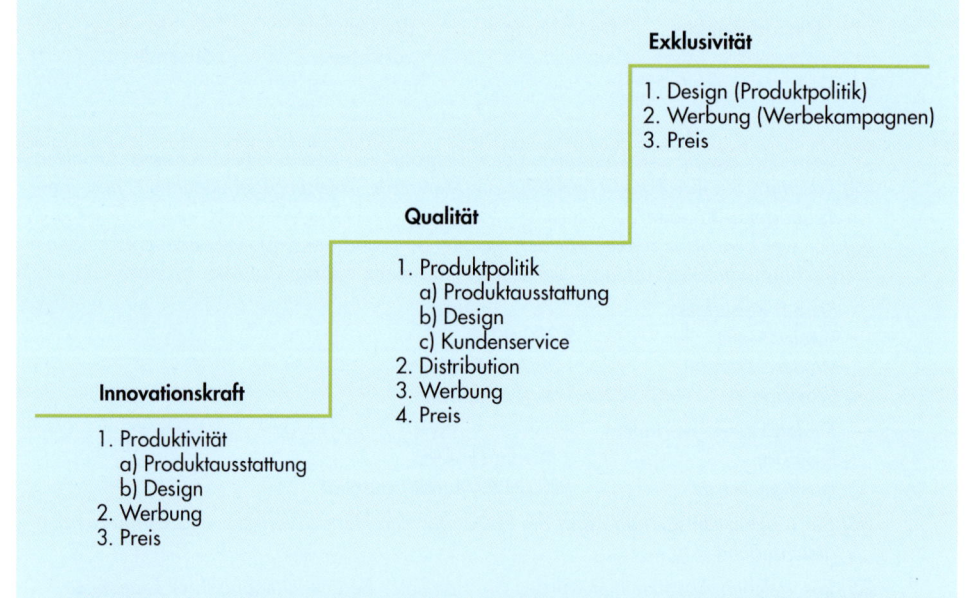

Exklusivität
1. Design (Produktpolitik)
2. Werbung (Werbekampagnen)
3. Preis

Qualität
1. Produktpolitik
   a) Produktausstattung
   b) Design
   c) Kundenservice
2. Distribution
3. Werbung
4. Preis

Innovationskraft
1. Produktivität
   a) Produktausstattung
   b) Design
2. Werbung
3. Preis

1. Erklären Sie die wichtigsten Werte, die für die Bildung einer Marke von Bedeutung sind.
2. Welche Vorgehensweise beim Einsatz der einzelnen Instrumente schlagen Sie vor, um die Exklusivität einer Marke zu erhöhen?

Marketing planen, durchführen und kontrollieren **Lernfeld 5**

Unter **Marketingmix** versteht man die von einem Unternehmen eingesetzte Kombination der marketingpolitischen Instrumente Produktpolitik, Sortimentspolitik, Preispolitik, Distributionspolitik und Kommunikationspolitik. Jedes Unternehmen steht vor dem Problem, welche marketingpolitischen Instrumente in welcher Kombination und wie lange in einer bestimmten Marktsituation eingesetzt werden sollen. Der Marketingmix hat dabei aber nicht nur eine quantitative Komponente (mengenmäßiger Einsatz bestimmter Instrumente), sondern auch eine qualitative, beispielsweise die Art der Distributionswege, der Produktgestaltung oder der PR-Maßnahmen.

Als **optimalen Marketingmix** bezeichnet man diejenige Kombination der marketingpolitischen Instrumente, durch die ein bestimmtes Marketingziel am besten erreicht wird. Die Bedeutung der einzelnen Instrumente hängt dabei wesentlich vom jeweiligen Betriebstyp (Groß- oder Einzelhandel, Konsumgüter- oder Investitionsgüterhersteller), vom Produkt und vom Käufer ab.

So spielt bei manchen Produkten der Preis eine wesentliche Rolle (Nahrungsmittel), bei anderen Produkten ist der Preis von untergeordneter Bedeutung (Sportartikel, Kleidung). Bei technischen Produkten (Automobile, Computer, Investitionsgüter) ist der Kundendienst von entscheidender Bedeutung, bei anderen spielt der Kundendienst überhaupt keine Rolle (Waschmittel, Körperpflege). Auch die Bedeutung der Werbung variiert stark in Abhängigkeit vom Produkt (Waschmittel – Brotwaren).

Das Hauptproblem beim Marketingmix besteht darin, die Instrumente unter Berücksichtigung ihrer Wechselwirkungen richtig einzusetzen; einerseits hinsichtlich der Intensität, andererseits hinsichtlich des Zeitpunkts ihres Einsatzes. Wegen der sich ständig ändernden Marktgegebenheiten muss jeder Marketingmix den Veränderungen des Marktes bzw. der Unternehmensziele angepasst werden. Die Instrumente werden gegebenenfalls modifiziert und zielbezogen neu optimiert. Beispielsweise hat die Waschmittelwerbung im Laufe der Jahre neben dem Aspekt „Reinheit" immer mehr den Aspekt „Umwelt" (biologisch abbaubare Inhalte, kleinere Verpackung) betont.

Beispiel: Die Büromöbelfabrik Weller KG ist ein mittelständischer Betrieb mit etwa 1 000 Mitarbeitern. Das Unternehmen produziert qualitativ hochwertige Büromöbel (Schreibtische, Schreibtischstühle, Ablageschränke …). Weller-Produkte sind fast durchweg aus unbehandeltem Vollholz; auch für die Rückseite der Schreibtische und Schränke werden keine Pressspanplatten verwendet. Der Vertrieb erfolgte bisher ausschließlich über den Facheinzelhandel, verbunden mit einem Gebietsschutz für den vertreibenden Einzelhändler, um die Exklusivität zu wahren. Mit Ausnahme der vergangenen zwei Jahre konnte die Weller KG ihren Umsatz von Jahr zu Jahr steigern.

Marktdaten: In den letzten Jahren weisen alle deutschen Büromöbelhersteller teilweise erhebliche Umsatzrückgänge auf. Ursachen dafür sind:
- *Die Nachfrager geben für Büromöbel weniger Geld aus; zudem werden die Büromöbel, insbesondere im privaten Bereich, länger benutzt.*
- *Der deutsche Markt wird überschwemmt von billigen Büromöbeln ausländischer Hersteller.*

Berichte der Reisenden:
- *Schreibtischstühle mit fünf Rollen werden in Discount- und Mitnahmemärkten schon für 100,00 bis 200,00 € angeboten. Der billigste Stuhl der Firma Weller kostet im Einzelhandelsgeschäft 400,00 €.*
- *Der Umsatz des Einzelhandels geht zurück, da viele Verbraucher die Billigprodukte kaufen.*

Lernfeld 5 — Marketing planen, durchführen und kontrollieren

Pressemitteilungen:
- Obwohl die Tarifabschlüsse über der Inflationsrate liegen, ist aufgrund der stark gestiegenen Steuer- und Abgabenerhöhungen mit einem Rückgang der Kaufkraft zu rechnen.
- In den neuen Bundesländern wird sich allerdings die Kaufkraft weiter verbessern, sodass die Verbraucher dort immer mehr zur Nachfrage beitragen.

   Untersuchungsergebnisse eines Marktforschungsinstitutes:
   - Viele Kunden der großen Möbelhäuser, die Büromöbel einkaufen, entscheiden sich bei größeren Preisunterschieden für das billigere Produkt. Dabei wird eine geringere Qualität in Kauf genommen. Fazit: Die meisten Kunden sind nicht bereit, Qualität mit dementsprechend höheren Preisen zu bezahlen.
   - Bei den Kunden des Facheinzelhandels ist dieses Kaufverhalten nicht ausgeprägt. Hier dominiert der Kunde, der in das Fachgeschäft geht, weil er dort qualitativ hochwertige Ware und eine gute Beratung bekommt. Den höheren Preis akzeptiert er.

Marketingziele: Aufgrund der vorliegenden Marktdaten fassen die Gesellschafter folgende Beschlüsse:
- Es werden neue Büromöbel produziert, die preislich günstiger, qualitativ aber etwas schlechter sind.
- Durch die zusätzlich verkauften Büromöbel soll die Kapazität der Fertigung besser ausgelastet werden.
- Da die Verkaufserlöse der alten Produkte die gesamten Fixkosten abdecken, werden die neuen Produkte auf Teilkostenbasis kalkuliert. Mit den Kostenersparnissen bei der günstigeren Herstellung soll das Preisniveau der Konkurrenzprodukte erreicht werden.
- Mit diesen Maßnahmen soll in den nächsten Jahren der Umsatz um jeweils etwa 10 % gesteigert werden.

Marketingmix-Konzept:
- **Produktpolitik/Sortimentspolitik**

   Im Bereich der Produktpolitik war es bisher die Strategie der Firma Weller, dass sie im Büromöbelmarkt nur qualitativ hochwertige Ware anbot. Es wurde bewusst nur das obere Marktsegment bedient, weil man sich nicht am Preisgerangel im unteren und mittleren Segment beteiligen wollte. Das jahrzehntelang gepflegte Image der „Weller-Produkte" hat dies möglich gemacht. Gezwungen durch den Umsatzrückgang der letzten zwei Jahre, will man nun in der Produktpolitik zweigleisig fahren.

   Im Mittelpunkt der Produktpolitik soll nach wie vor das hochwertige Produktsortiment an Büromöbeln stehen. Bei der Herstellung der Vollholzmöbel werden dieselben Qualitätskriterien wie bisher zugrunde gelegt, d. h. keine Pressspanteile und die ausschließliche Verwendung von unbehandeltem Holz.

   Daneben werden neue Büromöbel hergestellt, die diesen Kriterien nicht mehr gerecht werden. Zum Beispiel werden Rücken- und Seitenteile aus furnierten Pressspanteilen verwendet. Aus Imagegründen werden diese Produkte nicht unter dem Markennamen „Weller" angeboten, sondern unter dem neu konzipierten Namen „Nordland". Für den Verbraucher soll nicht ersichtlich sein, dass es sich um „Weller-Produkte" handelt, da die „Billig-Büromöbel" das Image der Firma Weller zu sehr beeinträchtigen könnten.

- **Preispolitik**

   Bei zwei verschiedenen Produktlinien werden auch zwei verschiedene Preise notwendig:
   - Das qualitativ hochwertige Sortiment an Büromöbeln wird nach wie vor im oberen Preissegment angeboten. Zwar ist kein Umsatzzuwachs in den nächsten Jahren mehr zu erwarten, aber dafür ist die Umsatzrendite doch recht beachtlich.
   - Die geringere Qualität des neuen Büromöbelsortiments erlaubt einen kostengünstigeren Herstellungsprozess. Folglich kann auch der Verkaufspreis niedriger kalkuliert werden. Neben dem

geringeren Verkaufspreis wird den Einzelhandelsketten je nach Umfang der Bestellmenge ein Mengenrabatt von 10 bis 20 % eingeräumt. Gute Kunden, die regelmäßig bestellen und über das Jahr gesehen eine bestimmte Umsatzhöhe erreichen, erhalten zusätzlich zum Mengenrabatt bei den Einzelbestellungen noch einen Bonus am Jahresende in Höhe von 5 %. Mit den zusätzlichen Umsätzen im unteren und mittleren Preissegment lässt sich insgesamt eine Umsatzsteigerung erreichen.

- **Kommunikationspolitik**
  - **Produktwerbung:** Die Produktwerbung der Firma Weller konzentriert sich ausschließlich auf das hochwertige Büromöbelsortiment; der Werbeplan bleibt unverändert.
  Beim Inhalt der Werbung wird als Hauptproduktversprechen die hohe Qualität der Möbel betont; Zielgruppen der Werbung sind der Facheinzelhandel, die Firmenkundschaft und der Endverbraucher. Als Werbemittel sind Fernsehspots im öffentlich-rechtlichen Fernsehen, Annoncen in „höherwertigen" Zeitschriften (Focus, Spiegel, Stern …) und in Fachzeitschriften vorgesehen. Die Werbung soll bundesweit ausgedehnt werden, da auch die Kunden im ganzen Bundesgebiet angesiedelt sind.
  - **Verkaufsförderung:** Für den neu hinzu gekommenen Teil des Büromöbelmarktes wird **keine eigene Produktwerbung** betrieben. Der Name der Firma Weller soll mit diesem „Billigprodukt" nach außen hin nicht in Verbindung gebracht werden. Geworben wird für diese Produkte ausschließlich über die Werbeangebote der jeweiligen Einzelhändler bzw. deren Zentralen. Stattdessen werden zur Absatzsteigerung verkaufsfördernde Maßnahmen eingesetzt. In erster Linie sollen in vielen großen Möbelhäusern Prospekte mit darin enthaltenen Preisausschreiben verteilt werden.

- **Distributionspolitik**

Die Vertriebskanäle, die man bearbeiten will, sind aufgrund des zweigeteilten Sortiments ebenfalls zweigeteilt:
  - Für den hochwertigen Teil des Büromöbelsortiments kommt nur ein „hochwertiger Vertriebsweg" infrage, d. h., die Ware wird im Wesentlichen über den Facheinzelhandel vertrieben.
  - Das neue, billigere Büromöbelsortiment wird ganz gezielt über die großen Einzelhandelsketten vertrieben. Als „Eintrittsgeld" werden, wie bereits erwähnt, den Ketten ein Mengenrabatt von 10 bis 20 % bei Großbestellungen, ein umsatzbezogener Bonus am Jahresende und Werbekostenzuschüsse für die Händlerwerbung angeboten.
  - Auf den Einsatz von Absatzmittlern wird verzichtet, da die Möbelhäuser und Discountmärkte i. d. R. direkt bestellen und diese Produkte der Firma Weller nicht besonders beratungsintensiv sind.
  - Eine ganz wesentliche Möglichkeit der Distributionspolitik ist die Darbietung der Produkte auf Messen und Ausstellungen. Diese Möglichkeit der Produktdarstellung und des Verkaufs wurde von der Firma Weller bisher kaum genutzt.
  In diesem Jahr werden regionale Messen und Ausstellungen besucht, daneben werden die Produkte der Firma Weller auf der „Orgatec", der Internationalen Büromesse in Köln, und der „Holz + Kunststoff-Messe" in Essen dargeboten.

ZUSAMMENFASSUNG

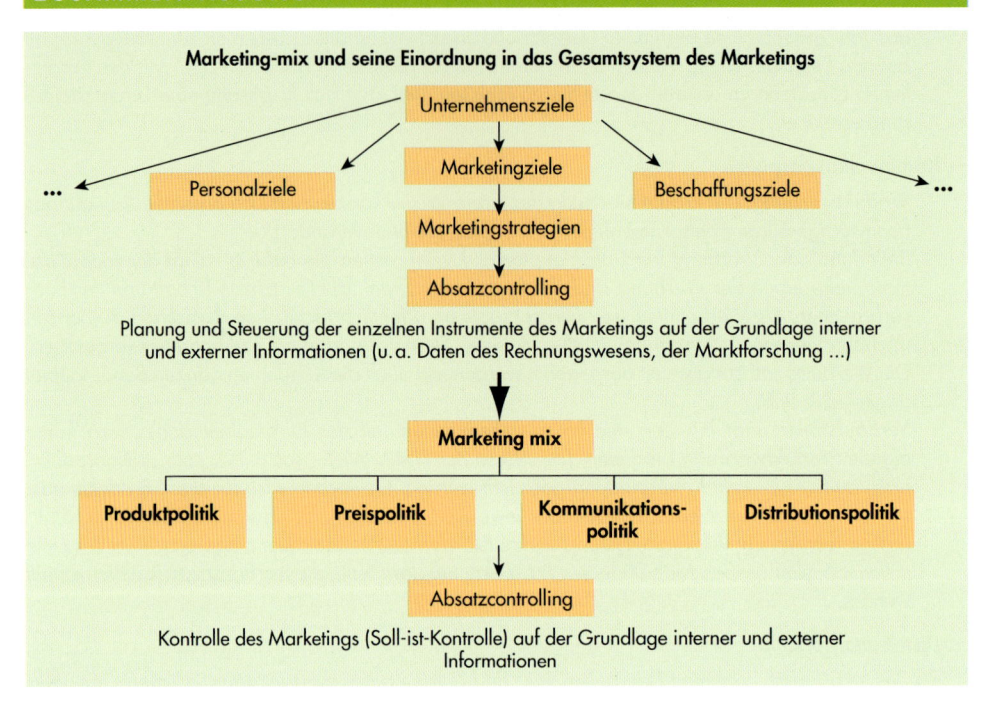

Marketing-mix und seine Einordnung in das Gesamtsystem des Marketings

```
                        Unternehmensziele
                               │
                        Marketingziele
    ... ← Personalziele ───────┼─────── Beschaffungsziele → ...
                        Marketingstrategien
                               │
                        Absatzcontrolling
```

Planung und Steuerung der einzelnen Instrumente des Marketings auf der Grundlage interner und externer Informationen (u. a. Daten des Rechnungswesens, der Marktforschung …)

```
                        Marketing mix
        ┌───────────┬──────────┬──────────────────┬──────────────┐
   Produktpolitik  Preispolitik  Kommunikations-   Distributionspolitik
                                    politik
                               │
                        Absatzcontrolling
```

Kontrolle des Marketings (Soll-ist-Kontrolle) auf der Grundlage interner und externer Informationen

7 Absatzcontrolling

PROBLEM

Kommunikationscontrolling im Automobilmarkt

Der Automobilmarkt ist, wie viele andere Kernmärkte auch, ein gesättigter Markt, auf dem ein sehr starker Verdrängungswettbewerb stattfindet. Die Steigerung der eigenen Absatzzahlen ist häufig nur zulasten anderer Anbieter möglich. Eine Kaufentscheidung für einen Autohersteller wird umso wahrscheinlicher, je mehr er sich von seiner Konkurrenz unterscheidet. Eine Differenzierung auf der Grundlage objektiv messbarer Merkmale, wie Geschwindigkeit, Beschleunigung, Verbrauch usw., wird immer schwieriger, weil sich die Daten der einzelnen Hersteller in diesen Punkten immer mehr annähern.

Eine wirkungsvolle Differenzierung ist also nur noch über subjektive Wahrnehmungen, vor allem das **Image einer Automobilmarke,** möglich. Das zentrale Instrument zur Vermittlung dieses Wertes ist die Kommunikation. Schafft es ein Unternehmen, über die Kommunikation das Image der Marke zu steigern, wird dies eine Steigerung der Absatzzahlen zur Folge haben.

Die Informationsflut in den Medien führt dazu, dass nur rund 5 % aller angebotenen Informationen vom Konsumenten wahrgenommen werden. Wie schafft man es nun, mit seiner Kommunikation hier hervorzustechen?

Marketing planen, durchführen und kontrollieren — **Lernfeld 5**

Zuerst einmal gilt es festzulegen, welche Werte notwendig sind, damit ein Konsument einer Automobilmarke ein gutes Image zugesteht. Dies sind laut einer Umfrage folgende Werte:

- Umgang mit den Kunden,
- ökologische Aspekte (Rußfilter, Entsorgungsmöglichkeiten, Verbrauch …),
- Sportlichkeit,
- Design,
- Individualität,
- Innovation,
- Komfort,
- Zuverlässigkeit,
- Sicherheit,
- Qualität.

Alle Kriterien zusammen sind in einer Kommunikationskampagne nur sehr schwer zu vermitteln. Deshalb muss das Unternehmen sich individuell auf bestimmte Werte wie z. B. **Sportlichkeit, Innovation** und **Zuverlässigkeit** konzentrieren.

Kommunikationscontrolling hat nun schon bei der Vorbereitung der Kommunikationskampagnen sicherzustellen, dass z. B. klassische Werbespots sich nur auf diese drei Werte konzentrieren. Des Weiteren muss die Wirkung dieser Kommunikation auf die Konsumenten kontrolliert werden. Dazu eignen sich kontinuierliche und repräsentative Befragungen der Verbraucher (Image-Tracking). Ergibt sich bei den Umfragen keine Verbesserung der Imagewerte, muss das Kommunikationscontrolling steuernd in die Kampagnen eingreifen, sei es durch eine Änderung der Kampagnen oder durch eine Erhöhung des Budgets.

1. *Erklären Sie die Bedeutung der Imagebildung im Automobilsektor.*
2. *Welche Aufgaben hat das Kommunikationscontrolling in diesem Bereich?*

Controlling ist nicht mehr nur eine Soll-Ist-Kontrolle anhand der Zahlen aus Buchhaltung und Kostenrechung, es entwickelt sich immer mehr zur zentralen zukunftsorientierten Steuerungsgröße im Unternehmen.

Controlling hat zwei allgemeine **Aufgaben** zu übernehmen:

1. **Ergebniskontrolle (Soll-Ist-Vergleich)**, z. B. durch die Prüfung von ökonomischen Daten (Umsatz-, Gewinn-, Marktstellungskontrolle, Berechnung von Kennzahlen) oder nichtökonomischen Größen, wie Einstellung, Image, Kundenzufriedenheit.
2. **Planung und Steuerung des Unternehmens,** z. B. durch die Vorgabe von Planungsgrößen, wie Absatz-, Umsatz-, Gewinn-, Marktanteilszahlen … für die kommende Periode. Bei der Steuerung wird versucht, Soll-Ist-Abweichungen durch Antizipation zu verhindern.

Informationsquellen des Controllings:

1. Buchhaltung und Kostenrechnung
2. Kapitalflussrechnung
3. Umwelt- und Unternehmensanalysen (Berichte von Absatzmittlern, Kundenanalysen, Analyse des Wettbewerberverhaltens …)

4. Portfolioanalysen *(Beispiel: Marktanteils-Marktwachstum-Analyse)*
5. Erfahrungskurvenkonzepte

Controlling ist deshalb ein Planungs- und Kontrollsystem, das interne und externe Daten sammelt, auswertet und aufbereitet und sie der Geschäftsführung zur Steuerung des Unternehmens zur Verfügung stellt.

Das **Absatzcontrolling** erweist sich als besonders schwierig, weil es im Unterschied zum Personal- oder Finanzierungscontrolling nicht nur mit Daten des internen Rechnungswesens, sondern mit externen Marktforschungsdaten arbeitet, die häufig zudem nichtökonomische Daten sind.

Umfang des Absatzcontrollings			
Produkt-/Sortiments-controlling	**Preis-/Kontrahie-rungscontrolling**	**Kommunikations-controlling**	**Distributions-controlling**
• Überprüfung des Produktprogramms bzw. des Sortiments • Kontrolle der Produktqualität • Überprüfung der Auftragsarten und Auftragsgrößen • Planung der Produktpolitik mithilfe von Portfolioanalysen und Erfahrungskurven • Informationen über neue Trends, Aktionen der Konkurrenten oder Auflagen des Staates einholen	• Kontrolle der Preisforderungen • Kontrolle der Wirksamkeit einer bestimmten Preis- und Konditionenpolitik • Ermittlung der Preisbereitschaft potenzieller Kunden und Planung zukünftiger Produktpreise • Informationen über mögliche Preisaktionen von Wettbewerbern einholen	• Kontrolle der Wirksamkeit von Werbe- oder anderen Kommunikationsmaßnahmen (Effizienzmessungen von Werbeaktionen, Verkaufsförderungen …)	• Kontrolle der Absatzkanäle • Kontrolle der physischen Distribution (Kosten der Auslieferung, Lagerhaltung) • Kosten des Außendienstes • Überprüfung der Größe der Verkaufsgebiete, der Anzahl der Verkaufsstellen • Berechnung der Wirtschaftlichkeit von Kunden • Überprüfung des Key-Account-Managements

7.1 Strategisches Absatzcontrolling

Die wichtigste Aufgabe des strategischen Controllings ist die umfassende Beschaffung, Auswertung und Interpretation von **Informationen**. Dem strategischen Controlling kommt so eine Art „Frühwarnfunktion" zu. Es geht darum, möglichst frühzeitig wichtige Veränderungen im Unternehmen und in der Umwelt des Unternehmens zu erkennen.

Die **Kontrollfunktion** des strategischen Absatzcontrollings knüpft unmittelbar an die Informationsfunktion an. Sie soll auf der Grundlage der aufbereiteten Informationen Fehlentwicklungen im Marketing aufzeigen.

Im Rahmen der Koordinationsfunktion werden Teilpläne des Absatzes aufeinander abgestimmt, beispielsweise werden bei der Produktinnovation Kommunikationspläne und Distributionspläne in verschiedenen Ländermärkten koordiniert. Ein weiteres Beispiel für die Koordinationsaufgabe des strategischen Absatzcontrollings ist die Methode des „Target Costing", wo auf der Grundlage von Informationen über die Preisbereitschaft potenzieller Kunden Zielkosten abgeleitet werden und diese zur zentralen Steuerungsgröße der Produktpolitik werden.

Marketing planen, durchführen und kontrollieren

Lernfeld 5

Marktwachstums-Marktanteils-Portfolio als Beispiel einer Maßnahme im Rahmen des strategischen Controllings:

Bei der Lebenszyklusanalyse geht es um die isolierte Betrachtung von Produkten oder Produktlinien. Bei der Portfolioanalyse werden alle Produkte, Produktlinien oder strategischen Geschäftseinheiten hinsichtlich ihrer Ertrags- und Wachstumschancen bzw. ihrer Risiken untersucht. Ziel der Portfolioanalyse ist es, ein ausgewogenes Produktportfolio hinsichtlich dieser Kriterien sicherzustellen.

Vorgehensweise bei der Erstellung einer Portfolioanalyse

1. Festlegung der Faktoren, die den langfristigen Erfolg der Unternehmensprodukte bzw. -produktlinien bestimmen. Dabei beschränkt man sich in der Regel auf **zwei zentrale Faktoren**. Beispiele dafür sind u. a. der Marktanteil, die Wachstumsrate des Marktes, in dem sich das Produkt befindet, die Rentabilität oder der Cashflow. Die Auswahl dieser Faktoren geschieht auf der Grundlage von Plausibilitätsüberlegungen oder empirischen Erfahrungen.
2. Diese Erfolgsfaktoren werden dann in einer **zweidimensionalen Matrix** aufgestellt.

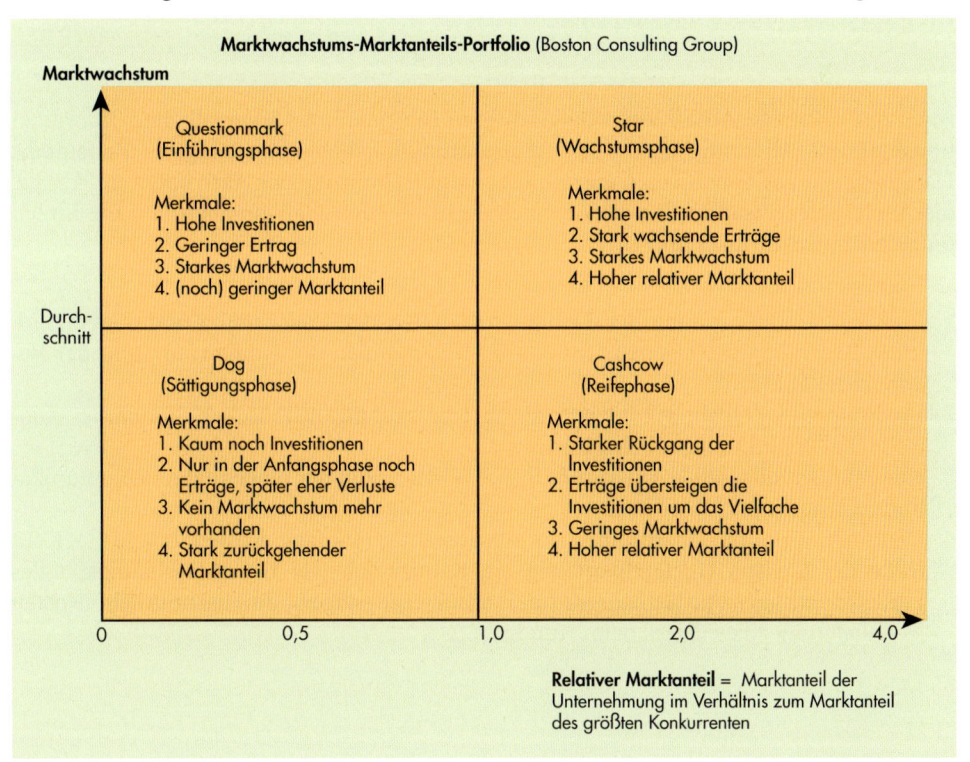

Marktwachstums-Marktanteils-Portfolio (Boston Consulting Group)

Marktwachstum

Questionmark (Einführungsphase)

Merkmale:
1. Hohe Investitionen
2. Geringer Ertrag
3. Starkes Marktwachstum
4. (noch) geringer Marktanteil

Star (Wachstumsphase)

Merkmale:
1. Hohe Investitionen
2. Stark wachsende Erträge
3. Starkes Marktwachstum
4. Hoher relativer Marktanteil

Durchschnitt

Dog (Sättigungsphase)

Merkmale:
1. Kaum noch Investitionen
2. Nur in der Anfangsphase noch Erträge, später eher Verluste
3. Kein Marktwachstum mehr vorhanden
4. Stark zurückgehender Marktanteil

Cashcow (Reifephase)

Merkmale:
1. Starker Rückgang der Investitionen
2. Erträge übersteigen die Investitionen um das Vielfache
3. Geringes Marktwachstum
4. Hoher relativer Marktanteil

0   0,5   1,0   2,0   4,0

Relativer Marktanteil = Marktanteil der Unternehmung im Verhältnis zum Marktanteil des größten Konkurrenten

Die meisten Portfolioananalysen bauen auf den Ergebnissen des PIMS-Projekts (Profit Impact of Market Strategies) des Strategic Planning Institutes in Cambridge/Mass. auf, dessen Portfolioanalyse auf den beiden Erfolgsfaktoren **Marktanteil** und **Wachstumsrate des Marktes** beruht.

Zentrale Aussage dieser Portfolioanalyse ist der Zusammenhang zwischen der Marktwachstumsrate und dem eigenen Marktanteil einerseits und der Rentabilität andererseits.

Je höher das Marktwachstum und der eigene Marktanteil, desto größer ist die Rentabilität dieser Produkte bzw. Produktlinien.

Bezüglich des Cashflows gilt die Aussage, dass eine hohe Wachstumsrate einen Cashflow-Abfluss, ein hoher Marktanteil einen Cashflow-Zufluss zur Folge hat.

Folgerungen aus diesem Marktwachstums-Marktanteils-Portfolio

- Questionmark-Produkte sind im Produktprogramm zu fördern und u. U. unter Hinzufügung weiterer Produkte dieser Art (Produktvariationen) in die Starphase zu bringen.
- Bei Produkten in der Star- oder der Cashcow-Phase muss auf die Erhaltung des Marktanteils geachtet werden. Unter anderem sind, falls erforderlich, Produktvariationen vorzunehmen.
- Produkte in der Dog-Phase müssen eliminiert werden und durch Produktinnovationen ersetzt werden.

Die Vorteile der Portfolioanalyse liegen in der hohen Anschaulichkeit der Darstellung und der einfachen Darstellung. Die Probleme ergeben sich daraus, dass versucht wird, den Cashflow mit zwei Einflussfaktoren zu erklären, und die Reaktionen der Konkurrenten nicht in das Modell mit einfließen.

7.2 Operatives Absatzcontrolling

Auch das operative Absatzcontrolling hat eine Informations,- Kontroll- und Koordinationsfunktion. Allerdings ist die Informationsfunktion hier von geringerer Bedeutung. Hauptaufgabe des operativen Controllings sind die Kontrolle der Aktivitäten im Absatz, die Analyse der Ursachen für die Abweichungen von den Planvorgaben und die Einleitung von Korrekturmaßnahmen.

Kontrolle der einzelnen Absatzinstrumente

1. Preispolitik: Überprüfung der Erfolgswirksamkeit der Preis- und Konditionenpolitik unter Beachtung der eigenen Kosten, der Maßnahmen der Konkurrenz und der Reaktion der Kunden
2. Produktpolitik: Qualitätskontrolle durch Überprüfung technischer Standards, Kontrolle des Produktimages beim Kunden …
3. Kommunikationspolitik: Überprüfung der Wirksamkeit der eingesetzten Kommunikationsinstrumente
4. Distributionspolitik: Überprüfung der Absatzkanäle (Umfang, Kosten, Image …), Kontrolle der Logistik (Lieferzuverlässigkeit, Kennzahlen wie Umschlagshäufigkeit des Fertigwarenlagers, Auslastungsgrad des Auslieferungslagers, durchschnittliche Kosten je Anlieferung eines Gutes beim Kunden …)

Beispiele für Maßnahmen im Rahmen des operativen Controllings

1. Bereich Kommunikationspolitik

Werbeerfolgskontrolle

Henry Ford wird folgender Ausspruch zugeschrieben: „Ich weiß genau, dass die Hälfte meiner Werbegelder zum Fenster hinausgeworfen ist, aber ich weiß nicht, welche Hälfte!"

Zur Beurteilung, ob Werbung wirtschaftlich ist, müssen Werbeaufwand und Werbeerfolg zueinander in Beziehung gesetzt werden. Dies ist jedoch nur theoretisch möglich, da am Markt gleichzeitig viele andere Faktoren, z. B. Verhalten der Konkurrenz, Kaufkraftveränderungen, das Käuferverhalten beeinflussen.

Auch ist die Beurteilung zwangsläufig unterschiedlich, je nachdem, ob mit der Werbemaßnahme eine Absatzsteigerung oder eine Preiserhöhung – bei ggf. gleicher Menge – erreicht oder ein Absatzrückgang aufgefangen werden soll.

Ökonomischer Werbeerfolg

Meist wird der Erfolg von Werbemaßnahmen an den dadurch verursachten Absatz-, Umsatz-, Gewinn- und Marktanteilsveränderungen gemessen.

$$\text{Werbeerfolg} = \frac{\text{Umsatzzuwachs}}{\text{Werbekosten}} \cdot 100$$

Beispiel: $\frac{100\,000}{50\,000} \cdot 100 = 200\,\%$

Bei der Methode der Bestellungen unter Bezugnahme auf Werbemittel (**BuBaW-Verfahren**) wird die Werbebotschaft mit einer Bestellkarte (Coupon, Preisausschreiben) oder Telefonnummer verbunden (bei Inseraten in Zeitungen und Zeitschriften, Werbebriefen). Dadurch lässt sich der Werbeerfolg an den eingehenden Bestellungen messen. Zusätzlich können dabei Daten über die Zielgruppe (Alter, Beruf, Ort) erhoben werden.

Beispiel: Die Werbeanzeige kostet 40 000,00 €. Es gehen insgesamt 1 000 Bestellungen ein. Der Preis des umworbenen Produkts beträgt 300,00 €, der kalkulierte Gewinn beträgt 50,00 €.

Kosten der Werbeaktion	Zusätzlicher Umsatz	Zusätzlicher Gewinn	Werbeerfolg	Mindestzahl von Bestellungen
40 000,00 €	1000 · 300 = 300 000,00 €	1000 · 50 = 50 000,00 €	50 000 – 40 000 = 10 000,00 €	40 000 : 50 = 800 Bestellungen

Die Werbeaktion war erfolgreich. Sie brachte einen zusätzlichen Gewinn von 10 000,00 €. Um die Werbekosten auszugleichen, hätten 800 Bestellungen ausgereicht.

Bei der Methode der **Direktbefragung** werden die Käufer befragt, auf welche Werbemaßnahme ihre Käufe zurückzuführen sind. Problematisch ist hier, dass viele Käufer den Einfluss der Werbung für ihre Kaufentscheidung nicht zugeben.

Außerökonomischer Werbeerfolg

Zu den bekanntesten Methoden in diesem Bereich gehören das Erinnerungsverfahren (Recall-Verfahren) und das Wiedererkennungsverfahren (Recognition-Verfahren).

Beim **Erinnerungsverfahren** sollen repräsentativ ausgewählte Personen Details einer bestimmten Werbebotschaft mit oder ohne Erinnerungshilfen beschreiben. Meist werden sie einen Tag nach dem Kontakt mit dem Werbeträger gefragt, an welche Anzeigen oder Werbespots sie sich noch erinnern können.

Beim **Wiedererkennungsverfahren** wird ermittelt, ob die Versuchspersonen Anzeigen ganz oder teilweise wiedererkennen. Sie bekommen dabei nur die Zeitschrift vorgelegt. Manchmal wird die Anzeige ganz oder teilweise abgedeckt und die Person muss sagen, wie die Inhalte der verdeckten Teile lauten.

Aus der unterschiedlichen Beachtung der Werbebotschaften lassen sich Rückschlüsse auf das Interesse und mögliche Kaufabsichten ziehen.

Die Werbepraxis zeigt, dass nicht die Höhe der Werbeausgaben über den Erfolg entscheidet, sondern der Aufmerksamkeitswert und die Nachhaltigkeit der Werbung. Bei der Neueinführung eines Produkts kann nur über eine intensive Werbeaktion sehr schnell ein hoher Bekanntheitsgrad erreicht werden. Dieser Anfangseffekt muss anschließend durch regelmäßige Werbeaktionen gehalten werden.

Mit speziellen **Image- und Einstellungstests** lassen sich Einstellungs- und Verhaltensänderungen feststellen, die durch die Werbung ausgelöst werden. Dabei interessiert vor allem der Vergleich mit der Positionierung des Produkts bzw. der Marke vor und nach der Werbeaktion.

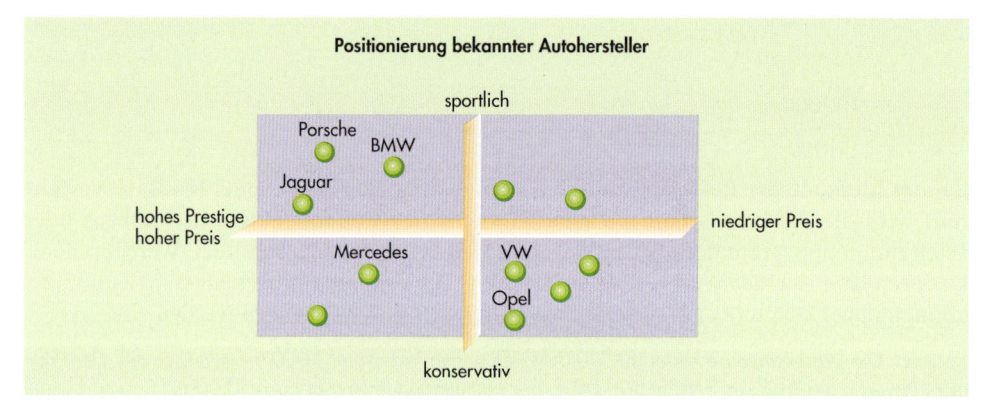

Positionierung bekannter Autohersteller

(sportlich – konservativ; hohes Prestige/hoher Preis – niedriger Preis)
Porsche, BMW, Jaguar, Mercedes, VW, Opel

2. Bereich Vertrieb

Kennzahlen zur Messung der Mitarbeiterleistung im Vertrieb

Kennzahlen zur Messung der Mitarbeiterleistung im Vertrieb	
Vertriebskennzahlen	• Anzahl Kundenbesuche/Tag • Anzahl Aufträge/Tag • Kosten je Kundenbesuch • Kosten/Außendienstmitarbeiter • Anteile der Neukunden/Monat • Anzahl der Reklamationen
Angebotserfolge	$\dfrac{\text{Erteilte Aufträge}}{\text{Gemachte Angebote}} \cdot 100$
Durchschnittlicher Auftragswert	$\dfrac{\text{Auftragswert}}{\text{Anzahl der Aufträge}} \cdot 100$
Umsatzanteil Produkt X	$\dfrac{\text{Umsätze Produkt X}}{\text{Umsätze aller Produkte}} \cdot 100$
Mahnquote	$\dfrac{\text{Anzahl gemahnter Kunden}}{\text{Gesamtkunden}} \cdot 100$
Reklamationsquote	$\dfrac{\text{Anzahl reklamierender Kunden}}{\text{Gesamtkunden}} \cdot 100$
Kleinaufträgeanteil	$\dfrac{\text{Anzahl der Aufträge} < 100{,}00\ \text{€}}{\text{Gesamtaufträge}}$

Auflistung wesentlicher Vertriebskosten

- Direkt zurechenbare Vertriebskosten
    - Vertreterprovisionen
    - Versandkosten
    - Kosten der Auftragsbearbeitung
- Nicht direkt zurechenbare Vertriebskosten
    - Werbeaktionen (Zeitungsannoncen, Prospekte …)
    - Gehälter im Vertrieb
    - Kosten des Kundendienstes
    - Benzinkosten
    - Kosten der Marktforschung – Bereich Vertrieb
    - Abschreibungen auf Gebäude, Einrichtung, Fuhrpark
    - Zinskosten für Gebäude, Einrichtung, Fuhrpark

ZUSAMMENFASSUNG

Absatzcontrolling

Strategisches Absatzcontrolling	Operatives Absatzcontrolling
Wichtigste Aufgabe ist die Beschaffung, Auswertung und Interpretation von Informationen. Es geht darum, frühzeitig Veränderungen im Unternehmen und der Umwelt des Unternehmens zu erkennen. Strategisches Absatzcontrolling soll Fehlentwicklungen im ganzen Absatz aufzeigen.	Hauptaufgabe sind die Kontrolle der Aktivitäten, die Analyse der Ursachen für Abweichungen von den Planvorgaben und die Einleitung von Korrekturmaßnahmen. Operatives Absatzcontrolling kontrolliert einzelne Aktivitäten im Absatz (eine Werbemaßnahme, eine Rabattaktion usw.) und leitet unmittelbar Korrekturmaßnahmen ein.

AUFGABEN

1. a) Weshalb ist das strategische Absatzcontrolling als Frühwarnsystem für die ganze Unternehmung zu verstehen?
   b) Erläutern Sie die Aufgaben des strategischen Absatzcontrollings.
   c) Versuchen Sie die Stärken und Schwächen Ihres Ausbildungsbetriebs herauszufinden. Führen Sie hierzu eine Kartenabfrage durch.
2. Das Vertriebscontrolling kann vornehmlich am Schreibtisch (Schreibtischkontrolle) oder vor Ort (Feldkontrolle) durchgeführt werden. Beide Vorgehensweisen ergänzen sich. Nehmen Sie Stellung zu nachfolgenden Controllingunterlagen:

Lernfeld 5 — Marketing planen, durchführen und kontrollieren

Übersicht über die Leistungsdaten eines Reisenden

Gebiet: Hannover-Süd Reisender: Max Müller	Jahr 1	Jahr 2	Jahr 3	Jahr 4
1. Netto-Umsatz Produkt A (Tsd. €)	2010,4	2025,6	2160,0	2104,8
2. Netto-Umsatz Produkt B (Tsd. €)	3385,6	3513,6	4431,2	4495,2
3. Netto-Umsatz insgesamt (Tsd. €)	5396,0	5539,2	6591,2	6600,0
4. Quotenerfüllung Produkt A (%)	95,6	92	88	84,7
5. Quotenerfüllung Produkt B (%)	120,4	122,3	134,9	130,8
6. Deckungsbeitrag Produkt A (Tsd. €)	402,08	405,12	432,00	420,96
7. Deckungsbeitrag Produkt B (Tsd. €)	338,56	351,36	443,12	449,52
8. Deckungsbeitrag insgesamt (Tsd. €)	740,64	756,48	875,12	870,48
9. Verkaufskosten (Tsd. €)	81,6	88,8	92,8	105,6
10. Verkaufskosten % vom Umsatz	1,5	1,6	1,4	1,6
11. Kundenbesuche pro Jahr	1675	1700	1680	1660
12. Kosten pro Besuch (€)	48,72	52,24	55,20	63,60
13. Kundenzahl (Jahresdurchschnitt)	320	324	328	334
14. Neu gewonnene Kunden	13	14	15	20
15. Verlorene Kunden	8	10	11	14
16. Umsatz pro Kunde (€)	16864	17096	20096	19760
17. Deckungsbeitrag pro Kunde (€)	2312	2336	2672	2608

Prüf- und Merkliste für die begleitende Beurteilung von Reisenden

Name   *Max Müller*

Beurteilender   *Röhr (Verkaufsleitung)*   Datum   *05.07.*

A. Verkaufstechnik
1. Besuchsanmeldung
2. Gesprächseröffnung
3. Gesprächsführung
4. Demonstration
5. Einwandentkräftung
6. Abschlusstechnik

B. Organisation
1. Tourenplanung
2. Zeiteinteilung
3. Besuchsvorbereitung
4. Berichtswesen

C. Ausrüstung
1. Zustand des Firmenwagens
2. Zustand der Unterlagen: Verkaufsmappe, Muster u. a.
3. Zustand der Kundenkartei

D. Kenntnisse
1. Firmenprodukte
2. Firmenpolitik
3. Konkurrenz
4. Kundenpotenzial
5. Kundenprobleme

3 a) Beschreiben Sie die Betrachtungsebenen und Aufgabenbereiche des operativen Absatzcontrollings (Vertriebscontrolling).
 b) Machen Sie Vorschläge, wie die Mitarbeiterleistung im Vertrieb gemessen werden kann. Erläutern Sie hierzu einige Vertriebskennzahlen.

Marketing planen, durchführen und kontrollieren — **Lernfeld 5**

4 a) Erstellen Sie für folgende Kunden eine Bewertungstabelle nach folgendem Muster.

Kunde 1:
Der Kunde kauft bei uns mehrmals pro Woche ein, der Umsatz steigt die letzten Jahre kontinuierlich an; ein Ende des Umsatzwachstums ist nicht abzusehen. Der Kunde zahlt äußerst pünktlich; seine Bonität ist hervorragend. Auf Preiserhöhungen reagiert er aber immer sehr empfindlich. Diese sind rechtzeitig anzukündigen und dem Kunden ausgiebig zu erklären, da auch seine Ansprüche an Beratung und Service höher sind als bei einem anderen Kunden. Dafür gibt es praktisch keine Reklamationen, weil insgesamt die Zusammenarbeit mit diesem Kunden sehr intensiv ist. Als großen Vorteil empfinden wir, dass der Kunde nur 30 km von uns entfernt seinen Standort hat.

Für den Kunden sind wir mit Abstand der wichtigste Lieferant; unser Anteil an seinem Produktprogramm beträgt mittlerweile fast 30 %. Unser Produkt-/Firmenimage ist beim Kunden ausgezeichnet; entsprechend gut sind die Geschäftsbeziehungen, obwohl bei den jährlichen Preisverhandlungen immer äußerst hart verhandelt wird. Die Geschäftsbeziehung besteht nun schon seit 15 Jahren.

Kunde 2:
Der Kunde kauft zwar bei uns noch häufig ein, aber es ist kein Umsatzwachstum mehr in Sicht. Ganz im Gegenteil, der Umsatz geht in letzter Zeit zurück. Die Bonität des Kunden und seine Zahlungsmoral lassen in letzter Zeit auch zu wünschen übrig. Preiserhöhungen sind aufgrund der schwierigen Lage, in der der Kunde sich befindet, kaum noch durchzusetzen. Auch die Zahl der Reklamationen nimmt ständig zu, dementsprechend leidet darunter die Zusammenarbeit. Die Beratungs- und Serviceansprüche sind durchschnittlich; sein Firmensitz ist 150 km von uns entfernt.

Der prozentuale Anteil unserer Produkte am Produktprogramm ist immer noch ziemlich groß, wir sind einer der wesentlichen Lieferanten des Kunden. Die Geschäftsbeziehung besteht ebenfalls schon sehr lange (zehn Jahre). Aufgrund der guten Qualität unserer Produkte haben wir beim Kunden ein gutes Image; die Beziehungen leiden etwas unter der schlechten Zahlungsmoral. Die Konditionen, die der Kunde erhält, entsprechen denen anderer Großkunden.

Attraktivität des Kunden an sich				Kundenattraktivität in Bezug auf die Wettbewerber			
Kriterien	G	B	P	**Kriterien**	G	B	P
• Kundenpotenzial (Einkaufshäufigkeit, Umsatz) • Potenzialentwicklung (Umsatzwachstum) • Bonität • Preissensibilität • Reklamationsverhalten • Kooperationsbereitschaft • Beratungsintensität • Serviceansprüche • Standort • …				• Anteil eigener Produkte am Gesamtbedarf des Kunden • Grad der Ausstattung mit eigenen Erzeugnissen • Dauer/Intensität der Geschäftsbeziehung • Produkt-/Firmenimage beim Kunden bzw. bei dessen Kunden • Beziehungen des eigenen Vertriebs zum Kunden • Konditionen • …			
Kundenattraktivität		---		**Wettbewerbsposition**		---	

G = Gewichtung (Summe 100 P); B = Bewertung (5 = sehr gut bis 0 = schlecht); P = G · B

Lernfeld 5 — Marketing planen, durchführen und kontrollieren

b) Interpretieren Sie das Kundenportfolio und ordnen Sie die in a) bewerteten Kunden in dieses Kundenportfolio ein.

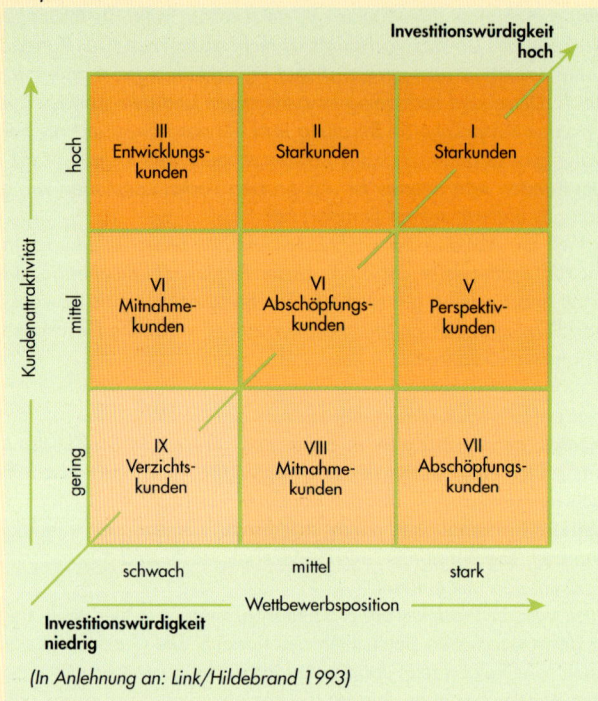

	schwach	mittel	stark
hoch	III Entwicklungskunden	II Starkunden	I Starkunden
mittel	VI Mitnahmekunden	VI Abschöpfungskunden	V Perspektivkunden
gering	IX Verzichtskunden	VIII Mitnahmekunden	VII Abschöpfungskunden

Kundenattraktivität (y-Achse) / Wettbewerbsposition (x-Achse)

Investitionswürdigkeit hoch (oben rechts) / Investitionswürdigkeit niedrig (unten links)

(In Anlehnung an: Link/Hildebrand 1993)

5 In einem Unternehmen macht man sich über den Vertrieb eines neuen Produkts Gedanken. Als alternative Vertriebswege sind möglich: der Vertrieb über neu zu gründende Filialen in Kundennähe, über Reisende oder über Handelsvertreter.
In den Filialen würde den Mitarbeitern beim Verkauf keine Umsatzprovision gewährt, stattdessen erhielten alle ein durchschnittliches Bruttogehalt/Monat von 2 600,00 €. In der Region müssten zehn Filialen mit insgesamt 30 Mitarbeitern eröffnet werden. Würden die Produkte über Reisende vertrieben, wären für die Abdeckung des Verkaufsgebietes 15 Reisende notwendig. Zusätzlich müssten in der Vertriebsabteilung der Zentrale drei Mitarbeiter eingestellt werden, die die Aufträge der Reisenden annehmen und bearbeiten. Den Reisenden würde ein Fixum von 2 000,00 €/Monat und eine Provision von 2 % vom Nettoumsatz bezahlt. Die drei zusätzlichen Vertriebsmitarbeiter erhalten durchschnittlich 2 600,00 € brutto/Monat.
Das Verkaufsgebiet könnte auch durch 15 Handelsvertreter erschlossen werden. Ihre Provision würde 5 % vom Nettoumsatz betragen. Bei der Anzahl und den Kosten der zusätzlich benötigten Vertriebsmitarbeiter wäre die Situation gleich wie bei den Reisenden.
Über den Filialvertrieb rechnet man mit einem jährlichen Absatz von 20 000 Stück, beim Vertrieb über Reisende mit 12 000 Stück und über Handelsvertreter mit 10 000 Stück. Der Bruttoerlös je Stück wird mit 238,00 € angesetzt. An Werbungskosten (Prospektmaterial, Zeitungsannoncen …) werden unabhängig vom Vertriebsweg 50 000,00 € angesetzt. Die Versandkosten betragen 10,00 € je Stück, diese Kosten fallen beim Filialvertrieb nicht an. Die Auftragsbearbeitungskosten je Auftrag 200,00 € (der Durchschnittsauftrag umfasst 50 Stück). Die Anschaffungskosten der Filialgebäude betragen 1 Mio. €; die Einrichtungskosten belaufen sich auf 700 000,00 € je Filiale. Die Abschreibung auf die jeweiligen Gebäude beträgt linear 2,5 % pro Jahr; die Abschreibung der Einrichtungsgegenstände (Computer, Schreibtische, Bürostühle …) liegt pro Jahr bei 100 000,00 € je Filiale.

Die Pkw der Reisenden werden mit 25 % pro Jahr abgeschrieben (Anschaffungskosten 35 000,00 €). Die Höhe der Benzinkosten je Reisenden und Jahr beträgt 4 000,00 €; die Benzinkosten fallen beim Filialbetrieb nicht an. Der Handelsvertreter benutzt seinen eigenen Pkw; Kosten rechnet er dafür nicht ab (seine Kosten muss er mit der höheren Provision abdecken).

Marktforschung wurde nicht betrieben und über die Kosten des Kundendienstes liegen noch keine Erfahrungswerte vor.

a) Ermitteln Sie die Vertriebskosten in den einzelnen Vertriebswegen und bestimmen Sie die Art der hier auftretenden Kosten.
b) Analysieren Sie die Kosten in den einzelnen Vertriebswegen.
c) Entscheiden Sie sich für einen Vertriebsweg. Überlegen Sie sich auch eine Vorgehensweise für den Fall, dass die geschätzten Absatzzahlen möglicherweise zu hoch angesetzt sind und in der Realität viel geringer ausfallen könnten.

Schwerpunkt Betriebswirtschaft
Lernfeld 6: Finanzierungsentscheidungen treffen

1 Ziele der Finanzierung

PROBLEM

Aktiva	TRIAL GmbH		Passiva
I. Anlagevermögen		I. Eigenkapital	600 000,00
1. Grundstücke/Gebäude	2 400 000,00	II. Fremdkapital	
2. Techn. Anlagen/Maschinen	1 500 000,00	1. Lfr. Verbindlichkeiten gegenüber Kreditinstit.	3 300 000,00
3. Betriebs- und Geschäftsausstattung	350 000,00	2. Kfr. Verbindlichkeiten gegenüber Kreditinstit.	1 000 000,00
II. Umlaufvermögen		3. Verbindlichkeiten aus Lieferungen und Leistungen	420 000,00
1. Waren	850 000,00		
2. Kasse	20 000,00		
3. Bank	200 000,00		
	5 320 000,00		5 320 000,00

1. In welcher Höhe hat sich die TRIAL GmbH bisher Kapital beschafft?
2. Beschreiben Sie so genau wie möglich die Herkunft des Kapitals.
3. In welcher Weise wird das Kapital im Unternehmen verwendet?

Der betriebliche Leistungsprozess im Handel umfasst im Wesentlichen die Beschaffung, die Lagerhaltung und den Absatz von Gütern und Dienstleistungen. Erst am Ende dieses unter Umständen sehr langen Prozesses fallen für das Unternehmen Einnahmen an. Problematisch ist die Tatsache, dass die Einnahmen frühestens am Ende des Prozesses, möglicherweise auch erst nach einem langen Kundenziel, im Unternehmen eingehen. Vor diesem Zeitpunkt fallen aber regelmäßig Ausgaben beispielsweise für Investitionen im Anlage- und Umlaufvermögen, für die Bezahlung der Mitarbeiter, für Versicherungen und Steuern usw.

Einzahlungen und Auszahlungen im betrieblichen Leistungsprozess	
Einzahlungen	Auszahlungen
• Umsatzerlöse aus Waren und Dienstleistungen • Kredittilgungen und Zinszahlungen von Schuldnern • Einlagen von Gesellschaftern	• Investitionen im Anlage- und Umlaufvermögen • Löhne und Gehälter • Kauf von Dienstleistungen • Versicherungen und Steuern • Zins- und Dividendenzahlungen

Dadurch, dass diese Ein- und Auszahlungen von ihrem zeitlichen Anfall und in ihrer Höhe nicht übereinstimmen, muss der entstehende Kapitalbedarf durch Mittelzuflüsse aus eigenen oder fremden Quellen ausgeglichen werden. Die Sicherung dieser Mittelzuflüsse genau zu dem Zeitpunkt und in der Höhe, in der sie gebraucht werden, ist die zentrale Aufgabe der Unternehmensfunktion Finanzierung. Eine weitere wichtige Aufgabe der Finanzierung ist die möglichst kostengünstige Beschaffung dieses Kapitals. Abschließend muss im Rahmen der Finanzierung darauf geachtet werden, dass der Kapitalzufluss dem Unternehmen auf längere Zeit Sicherheit verschafft und dass gleichzeitig die Unabhängigkeit des Unternehmens gewahrt bleibt.

Wird auf die Steuerung der Kapitalströme verzichtet, können sich gravierende Konsequenzen ergeben:

1. Das Unternehmen kann die Forderungen seiner Gläubiger nicht erfüllen (Illiquidität); dies führt zwangsweise zur Auflösung des Unternehmens im Rahmen einer Insolvenz.
2. Die Kapitalbeschaffung verursacht hohe Kosten, was zumindest zu geringeren Erträgen, unter Umständen auch zu Verlusten führen kann.
3. Das Verhältnis von Eigen- und Fremdkapital bzw. von Eigenkapital und Anlagevermögen ist sehr risikoreich. Das Unternehmen wird in der Folge von Anlegern und Kapitalgebern negativ beurteilt.

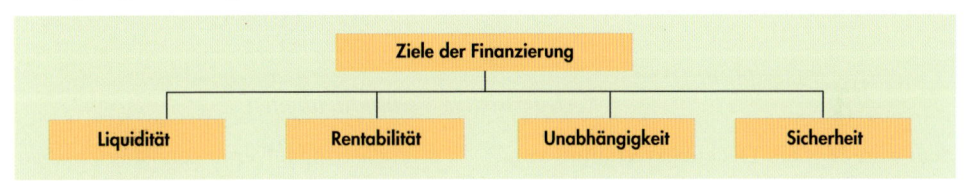

Ziele der Finanzierung: Liquidität | Rentabilität | Unabhängigkeit | Sicherheit

1.1 Liquidität

Ein Unternehmen ist dann liquide, wenn es jederzeit in der Lage ist, seinen Zahlungsverpflichtungen nachzukommen. Dies ist absolut notwendig, weil die Zahlungsunfähigkeit zwangsläufig zur Insolvenz des Unternehmens führt.

Die statistische Liquidität eines Unternehmens kann mithilfe von Liquiditätskennziffern ermittelt werden.

Die Kennzahlen setzen bestimmte Positionen des Umlaufvermögens ins Verhältnis zu den kurzfristigen Verbindlichkeiten auf der Passivseite der Bilanz. Problematisch ist die Ermittlung der Liquidität mithilfe von Kennzahlen deshalb, weil diese Kennzahlen die Liquidität nur an einem ganz bestimmten Zeitpunkt feststellen und deshalb nur die Liquidität zu diesem Zeitpunkt wiedergeben.

Bei der Ermittlung der Liquidität werden folgende Kennziffern berechnet:

a) Liquidität 1. Ordnung (Barliquidität)

Bei der Barliquidität werden nur die baren Mittel eines Unternehmens den kurzfristigen Verbindlichkeiten gegenübergestellt werden. Man ermittelt also, inwieweit ein Unternehmen in der Lage ist, mit den Kassenbeständen, dem Bank- und Postgiroguthaben, den Schecks und den diskontfähigen Kundenwechseln (= Kassenliquidität) die kurzfristigen Verbindlichkeiten abzudecken.

$$\text{Liquidität I} = \frac{\text{Kasse + Bank-, Postgiroguthaben + Schecks + diskontfähige Kundenwechsel}}{\text{Kurzfristige Verbindlichkeiten}}$$

Die Liquidität I gilt dann als positiv, wenn die Barliquidität mindestens 20 % beträgt.

Lernfeld 6 — Finanzierungsentscheidungen treffen

b) Liquidität 2. Ordnung

Bei der Liquidität II stellt man fest, ob das Unternehmen mit den baren Mitteln und den kurzfristigen Forderungen (Forderungen aus Warenlieferungen, nicht diskontfähige Wechsel, Aktien, Obligationen) in der Lage ist, die kurzfristigen Verbindlichkeiten zu begleichen.

$$Liquidität\ II = \frac{Liquide\ Mittel + Kurzfristige\ Forderungen}{Kurzfristige\ Verbindlichkeiten}$$

Die Liquidität II gilt dann als positiv, wenn die Kennziffer 1 beträgt, d.h. die Summe aus liquiden Mitteln und kurzfristig zu liquidierenden Mitteln gleich hoch ist wie die Summe der kurzfristigen Verbindlichkeiten.

c) Liquidität 3. Ordnung

Bei der Ermittlung der Liquidität III stellt man den kurzfristigen Verbindlichkeiten das gesamte Umlaufvermögen gegenüber. Man berechnet in dieser Kennziffer, ob das gesamte Umlaufvermögen ausreicht, um die kurzfristigen Verbindlichkeiten zu begleichen.

$$Liquidität\ III = \frac{Umlaufvermögen}{Kurzfristige\ Verbindlichkeiten}$$

Ideal wäre hier ein Deckungsverhältnis von 2 : 1, d.h., das Umlaufvermögen ist doppelt so groß wie die kurzfristigen Verbindlichkeiten.

Beispiel:

Aktiva		Bilanz in €	Passiva	
Anlagevermögen		2 000 000,00	Eigenkapital	1 000 000,00
Umlaufvermögen			Fremdkapital	
Waren		700 000,00	Langfristig	1 900 000,00
Forderungen		1 000 000,00	Kurzfristig	1 000 000,00
davon kurzfristig		400 000,00		
Kasse		20 000,00		
Bankguthaben		180 000,00		
		3 900 000,00		3 900 000,00

$$Liquidität\ I = \frac{200\,000,00\ €}{1\,000\,000,00\ €} = 0{,}20$$

$$Liquidität\ II = \frac{600\,000,00\ €}{1\,000\,000,00\ €} = 0{,}60$$

$$Liquidität\ III = \frac{1\,900\,000,00\ €}{1\,000\,000,00\ €} = 1{,}90$$

Generell gilt, dass die liquiden Mittel im Unternehmen nicht zu niedrig sein sollten, da sonst die Gefahr der **Illiquidität** besteht; andererseits sollten sie aber auch nicht zu hoch sein **(Überliquidität)**, weil bei dieser Situation Zinsverluste und damit eine Gewinnbeeinträchtigung zu erwarten sind.

1.2 Rentabilität

Neben der Liquidität ist die Rentabilität des eingesetzten Kapitals ein weiteres Ziel der Finanzierung. Die Rentabilität ist eine Maßzahl, die sich aus dem Verhältnis von Jahresüberschuss und Kapital eines Unternehmens ergibt. Ein Unternehmen arbeitet dann rentabel, wenn mit dem eingesetzten Kapital ein möglichst hoher Jahresüberschuss erzielt wird.

$$Rentabilität = \frac{Jahresüberschuss \cdot 100}{Kapital}$$

Die Rentabilität wird also von folgenden Faktoren beeinflusst:
1. Der Höhe des Jahresüberschusses.
   Der Jahresüberschuss ergibt sich aus dem Überschuss der Erträge über die Aufwendungen in der GuV. Will man den Jahresüberschuss erhöhen, muss man folglich die Erträge (z. B. Produktpreise) erhöhen und/oder die Aufwendungen (z. B. Personal- oder Beschaffungskosten) senken.
2. Der Höhe des eingesetzten Kapitals.
   Je höher das eingesetzte Kapital bei gleichbleibendem Jahresüberschuss, umso niedriger ist die Rentabilität des Kapitals.

Folgende Rentabilitäten lassen sich unterscheiden:

$$Eigenkapitalrentabilität = \frac{Jahresüberschuss \cdot 100}{Eigenkapital}$$

$$Gesamtkapitalrentabilität = \frac{(Jahresüberschuss + Fremdkapitalzinsen) \cdot 100}{(Eigenkapital + Fremdkapital)}$$

$$Umsatzrentabilität = \frac{Jahresüberschuss \cdot 100}{Umsatz}$$

1.3 Unabhängigkeit

Sämtliche Formen der **Eigenfinanzierung** sind an Mitspracherechte der Kapitalgeber gekoppelt. Mitspracherechte sind der notwendige Ausgleich dafür, dass die Eigentümer Risiken übernehmen müssen. Diese Haftungspflicht gilt uneingeschränkt für die Vollhafter bei Personengesellschaften und eingeschränkt (Risikohaftung) für die Eigentümer bei Kapitalgesellschaften. Entsprechend der Haftungsübernahme sind auch unterschiedliche Einflussmöglichkeiten der Kapitalgeber zu beachten. Während bei Personengesellschaften keine Trennung zwischen Kapitalgebern und Geschäftsführung vorgenommen wird, wird bei Kapitalgesellschaften zwischen Kapitalgebern und Geschäftsführung strikt getrennt.

Bei der **Fremdfinanzierung** muss die Frage der Abhängigkeiten vom Kapitalgeber differenziert gesehen werden. Normalerweise hat der Fremdkapitalgeber keinen Einfluss auf die Geschäftsführung. Ist der Kreditbedarf eines Unternehmens aber sehr hoch (hoher Fremdkapitalanteil), werden die Einflüsse der Fremdkapitalgeber auf die Geschäftsleitung u. U. sehr groß.

Der Fremdkapitalgeber (i. d. R. Kreditinstitute) könnte vom Unternehmen
- weitgehende Informationsrechte (Auftragslage, Kostensituation, Umsätze usw.)
- Mitsprache bei wesentlichen Unternehmensentscheidungen (Investitionen usw.)
- bestimmte Mindestdaten (Umsatz- und Gewinngrößen usw.)
- bis hin zur Mitwirkung bei der Geschäftsführung

fordern.

1.4 Sicherheit

Unter Sicherheit versteht man im Rahmen der Unternehmensfinanzierung den Ausschluss möglicher Risiken, die mit bestimmten Finanzierungsmaßnahmen auf die Unternehmung zukommen könnten. Die Finanzierungssicherheit ist wie das Ziel der Liquidität ein mit der Rentabilität konkurrierendes Unternehmensziel. Ein völliger Ausschluss aller Risiken bei der Finanzierung lässt sich niemals erreichen. Allerdings lassen sich bei der Berücksichtigung bestimmter **Finanzierungsgrundsätze** die Risiken minimieren.

Grundstücke sind auf unabsehbare Zeit an die Unternehmung gebunden. Werkshallen, Einrichtungen, Maschinen usw. werden im Laufe der Zeit durch die in den Verkaufserlösen enthaltenen kalkulierten Abschreibungen (Desinvestitionen) nach und nach wieder zu Geld. Diese flüssigen Mittel sollten für Ersatzbeschaffungen verwendet werden, da die Anlagegüter im Laufe der Jahre abgenutzt und unmodern werden und deshalb durch neue Güter ersetzt werden müssen.

Das **Anlagevermögen** sollte möglichst durch Kapital finanziert werden, das der Unternehmung unbefristet überlassen wird, also durch **Eigenkapital** (**Goldene Bilanzregel** im engeren Sinn) oder langfristig zur Verfügung stehendes **Fremdkapital** (= **Goldene Bilanzregel** im weiteren Sinne).

$$\text{Goldene Bilanzregel im engeren Sinne} = \frac{Eigenkapital}{Anlagevermögen}$$

$$\text{Goldene Bilanzregel im weiteren Sinne} = \frac{Eigenkapital + langfristiges\ Fremdkapital}{Anlagevermögen}$$

Bei Rohstoffen, unfertigen und fertigen Erzeugnissen, Forderungen usw., also bei den Gütern des **Umlaufvermögens**, ist es dagegen wahrscheinlich, dass sie im Verlaufe eines Jahres zu Geld werden. Sie sind die Gewinnträger des Unternehmens. Hierfür kann kurzfristiges **Fremdkapital** aufgenommen werden, das aus den eingehenden Verkaufserlösen zurückgezahlt werden kann. Normalerweise müssen aber zur Fortführung des Betriebs die aus dem Verkauf hereinkommenden flüssigen Mittel für neue Rohstoffbeschaffungen, Lohn- und Gehaltszahlungen usw. verwendet werden. Deshalb sollte auch ein erheblicher Teil des Umlaufvermögens lang- oder **mittelfristig** und nur der Rest **kurzfristig** fremdfinanziert sein. Neben dem Anlagevermögen sollten mindestens die dauernd gebundenen Teile des Umlaufvermögens, z. B. der eiserne Bestand, mit langfristigem Kapital finanziert werden (**Goldene Bilanzregel** im weitesten Sinn).

$$\text{Goldene Bilanzregel im weitesten Sinne} = \frac{\text{Eigenkapital} + \text{langfristiges Fremdkapital}}{\text{Anlagevermögen} + \text{langfristiges Fremdkapital}}$$

Was für das Verhältnis von Vermögen und Kapital gilt (horizontale Finanzierungsregeln), kann auch für die Zusammensetzung der Kapitalseite (vertikale Finanzierungsregeln) gefordert werden. Hier gilt aus Sicherheitserwägungen der Grundsatz: „Je höher der Anteil des Eigenkapitals im Verhältnis zum Fremdkapital ist, umso sicherer ist die Finanzierung des Unternehmens."

$$\text{Verschuldungsgrad} = \frac{\text{Fremdkapital}}{\text{Eigenkapital}}$$

Diese Finanzierungsgrundsätze, die nur eine grobe Faustregel darstellen, sollten nicht nur bei einzelnen Anschaffungen, sondern auch für den Betrieb als Ganzes beachtet werden. Bei sehr anlagenintensiven Betrieben, z. B. Kfz-Herstellern, wird in der Regel auch ein Teil des Anlagevermögens durch langfristiges Fremdkapital finanziert sein, während es bei Unternehmungen mit niedrigem Anlagevermögen, z. B. bei bestimmten Handelsbetrieben, zweckmäßig ist, auch einen Teil des Umlaufvermögens mit Eigenkapital zu finanzieren, weil im Interesse der Sicherheit und der Unabhängigkeit der Unternehmung ein Mindestmaß an Eigenkapital vorhanden sein muss.

ZUSAMMENFASSUNG

Unter Finanzierung versteht man alle Möglichkeiten der Kapitalbeschaffung zur Aufrechterhaltung des betrieblichen Leistungsprozesses.

Ziele der Finanzierung			
Liquidität	**Rentabilität**	**Unabhängigkeit**	**Sicherheit**
Ein Unternehmen ist liquide, wenn es jederzeit seine Zahlungsverpflichtungen erfüllen kann. Festgestellt wird die Liquidität mithilfe von Kennzahlen: $\text{Liqu. I} = \dfrac{\text{Liqu. Mittel}}{\text{Kurzfr. Verb.}}$ $\text{Liqu. II} = \dfrac{\text{Liqu. Mittel} + \text{Kfr. Ford.}}{\text{Kurz. Verb.}}$ $\text{Liqu. III} = \dfrac{\text{Umlaufvermögen}}{\text{Kurz. Verb.}}$	Ein Unternehmen arbeitet rentabel, wenn mit dem eingesetzten Kapital ein möglichst großer Jahresüberschuss erzielt wird. $\text{Rent.} = \dfrac{\text{JÜ} \cdot 100}{\text{Kapital}}$	Ein Unternehmen muss bei der Beschaffung von Kapital darauf achten, dass der Einfluss der Kapitalgeber auf die unternehmerischen Entscheidungen nicht zu groß wird.	Bei dem Kriterium Sicherheit muss man darauf achten, dass das richtige Verhältnis von Eigen- zu Fremdkapital (vertikale Finanzierungsregel) und das richtige Verhältnis von Anlage-/Umlaufvermögen und Kapital (horizontale Finanzierungsregel) eingehalten wird.

Lernfeld 6

Finanzierungsentscheidungen treffen

AUFGABEN

1. a) Beschreiben Sie die zentrale Aufgabe der Unternehmensfunktion Finanzierung.
   b) Welche Ziele werden bei der Wahrnehmung dieser Aufgabe angestrebt?
2. Was versteht man unter der Liquidität I., II. und III. Grades?
3. a) Welche Einflussfaktoren wirken sich auf die Kennziffer Rentabilität des Kapitals aus?
   b) Wie hoch ist bei einem Gesamtkapital von 1 500 000,00 €, Fremdkapitalzinsen von 75 000,00 € und einem Jahresüberschuss von 50 000,00 € die Rentabilität des Gesamtkapitals?
4. Erläutern Sie die optimale Liquidität, die Über- und die Unterliquidität.
5. Berechnen Sie mithilfe der nachfolgenden Bilanz alle Liquiditätskennziffern und die Goldene Bilanzregel im engeren Sinn.

Aktiva		Bilanz in €	Passiva
Grundstücke und Bauten	800 000,00	Gezeichnetes Kapital	1 200 000,00
Maschinen	600 000,00	Gewinnrücklagen	
Betriebs- und Geschäftsausstattung	400 000,00	1. gesetzliche Rücklage	12 000,00
Beteiligungen	100 000,00	2. andere Gewinnrücklagen	480 000,00
Waren	500 000,00	Jahresüberschuss	150 000,00
Forderungen aus Lieferungen	200 000,00	Rückstellungen	200 000,00
Wechsel	40 000,00	Hypothekenverbindlichkeiten	150 000,00
Kassenbestand	30 000,00	Verbindlichkeiten aus Lieferungen	120 000,00
Guthaben bei Kreditinstituten	30 000,00	Kurzfristige Bankverbindlichkeiten	280 000,00
	2 700 000,00		2 700 000,00

2 Ermittlung des Finanzierungsbedarfs

PROBLEM

Von der TRIAL GmbH ist aus ihrer Gründungphase folgender Finanzierungsbedarf bekannt:

- Büro- und Lagergebäude   2 000 000,00 €
- Grundstück   500 000,00 €
- Betriebs- und Geschäftsausstattung 350 000,00 €
- Wareneinkauf/Tag (22 Arbeitstage)   5 000,00 €
- Zinsen, Energiekosten usw./Monat   10 000,00 €

Berechnen Sie den Kapitalbedarf für die ersten zwei Monate nach der Unternehmensgründung.

Der Kapitalbedarf des Unternehmens muss rechtzeitig ermittelt werden, um frühzeitig Maßnahmen der Finanzierung durchführen zu können. Erfolgen diese Finanzierungsmaßnahmen nicht rechtzeitig, ist der Bestand des Unternehmens gefährdet. Grundsätzlich kann der Kapitalbedarf durch eine Kapitalbedarfsrechnung oder durch einen Finanzplan ermittelt werden.

Kapitalbedarfsrechnung	Finanzplan
Sie wird eingesetzt in der Gründungs- oder einer Erweiterungsphase des Unternehmens. Diese Rechnung ist eine **Näherungsrechnung**, um den Kapitalbedarf für diese Vorgänge zu ermitteln. Eine exakte Berechnung ist mangels Vergangenheitsdaten nicht möglich; hier lassen sich lediglich Prognosen aufstellen.	Der Finanzplan enthält eine **kontinuierliche Finanzplanung**, in der alle feststehenden Einzahlungen und Auszahlungen des Unternehmens einander gegenübergestellt werden. In der Gründungs- und Erweiterungsphase ist diese Rechnung mangels exakter Daten nicht anwendbar.

2.1 Kapitalbedarfsrechnung

Bei der Kapitalbedarfsrechnung muss z. B. in der Gründungsphase der Kapitalbedarf für das Anlagevermögen, für das Umlaufvermögen und anschließend der Gesamtkapitalbedarf ermittelt werden.

Berechnung des Kapitalbedarfs für das Anlagevermögen

Zunächst ist der Kapitalbedarf für die einzelnen benötigten Anlagegüter mit ihren Anschaffungskosten (Anschaffungspreis und Nebenkosten wie Transport, Montage usw., zu ermitteln.

Beispiel:

	Grundstücke und Gebäude	2 500 000,00 €
	+ Betriebs- und Geschäftsausstattung	350 000,00 €
	= Kapitalbedarf für das Anlagevermögen	2 850 000,00 €

Kapitalbedarf für den Gründungsvorgang

Beispiel: Gerichts-, Notariatskosten, Maklergebühren usw.

Kapitalbedarf für die Ingangsetzung des Geschäftsbetriebs

Beispiel: Kosten der Personalbeschaffung, Organisation und der einführenden Werbung

Berechnung des Kapitalbedarfs für das Umlaufvermögen

Der Kapitalbedarf für das Umlaufvermögen wird in drei Schritten festgestellt:

1. Ermittlung der Bindungsdauer des Umlaufvermögens.
   Dabei sind folgende Einflussfaktoren zu beachten: Kunden- und Lieferantenziel, Lagerzeit, Fertigungs- bzw. Veredlungszeit (Umformungen, Reifeprozesse usw.)
2. Ermittlung der Auszahlungen für den Wareneinsatz, die Löhne und Gehälter sowie die sonstigen Gemeinkosten (Zinsen, Energie, Miete, Reinigung usw.)
3. Ermittlung des Kapitalbedarfs für das Umlaufvermögen. Dabei stellt man die unterschiedliche Bindungsdauer der Personalkosten, des Wareneinsatzes und der Gemeinkosten in einem Schaubild übersichtlich dar und berechnet anschließend den Kapitalbedarf.

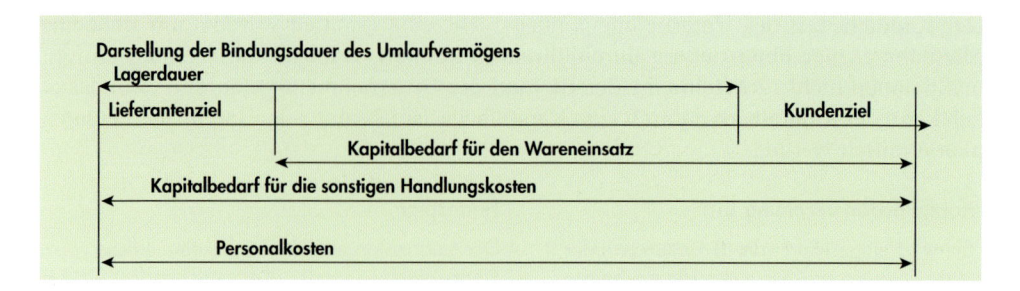

Lernfeld 6

Finanzierungsentscheidungen treffen

Darstellung der Bindungsdauer des Umlaufvermögens

```
    Lagerdauer
Lieferantenziel                                          Kundenziel
         Kapitalbedarf für den Wareneinsatz
    Kapitalbedarf für die sonstigen Handlungskosten
              Personalkosten
```

Beispiel: Für die Gründung der TRIAL GmbH (10. Juli) wurden folgende Ausgaben ermittelt: Grundstücke/Gebäude 1,5 Mio. €, Behörden- und Architektenaufwendungen 100 000,00 €. Für die Errichtung der Organisation fallen Kosten in Höhe von 70 000,00 € an; die Zeitungsannoncen zur Eröffnung des Unternehmens kosten 40 000,00 €.

Der durchschnittliche Wert des Wareneinsatzes/Tag beträgt 10 000,00 €. Die Lagerdauer beträgt 40 Tage. Die Personalkosten betragen pro Tag 1 500,00 €; die auszahlungswirksamen Gemeinkosten betragen 20 000,00 €/Tag. Das Kreditorenziel beträgt wie das Debitorenziel 30 Tage.

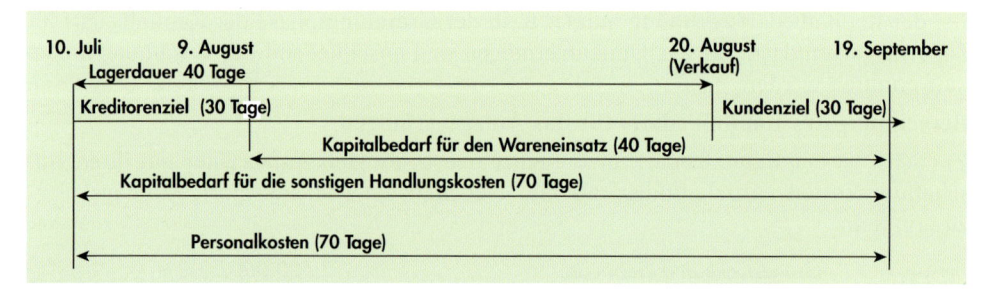

```
10. Juli        9. August                    20. August          19. September
    Lagerdauer 40 Tage                       (Verkauf)
Kreditorenziel (30 Tage)                     Kundenziel (30 Tage)
         Kapitalbedarf für den Wareneinsatz (40 Tage)
    Kapitalbedarf für die sonstigen Handlungskosten (70 Tage)
              Personalkosten (70 Tage)
```

Kapitalbedarf für das Anlagevermögen, die Gründung und die Ingangsetzung:

Architekt, Genehmigungen	100 000,00 €
Grundstücke/Gebäude	1 500 000,00 €
Organisation	70 000,00 €
Einführungswerbung	40 000,00 €
	1 710 000,00 €

Kapitalbedarf für das Umlaufvermögen:

Wareneinsatz (40 Tage · 10 000,00 €)	400 000,00 €
Personalkosten (70 Tage · 1 500,00 €)	105 000,00 €
Gemeinkosten (70 Tage · 20 000,00 €)	1 400 000,00 €
	1 905 000,00 €
Gesamter Kapitalbedarf	**3 615 000,00 €**

2.2 Finanzplan

Ein Unternehmen, das in keine Liquiditätsprobleme geraten will, erstellt eine Kapitalvorschaurechnung (Finanzplan), die in die Zukunft gerichtet ist und für jeden Zeitpunkt den Kapitalbedarf des Unternehmens festlegt. Dieser Finanzplan erfasst alle Einnahmen und Ausgaben aus sämtlichen betrieblichen Teilbereichen.

Finanzierungsentscheidungen treffen   Lernfeld 6

Dabei kann dies in der Praxis kein statischer Plan sein, der, einmal erstellt, unabänderlich für diesen Zeitraum den Kapitalbedarf angibt. Vielmehr ergeben sich oft Veränderungen bei den ein- und ausgehenden Zahlungen, sei es durch Zahlungsverletzung des Kunden oder weitere Nachlassgewährung durch den Lieferanten. Zudem können sich die Bedingungen auf dem Geld- und Kapitalmarkt, vor allem die Zinshöhe, fast täglich verändern. Ein Finanzplan ist also eine dynamische Rechnung, die der jeweiligen Situation angepasst werden muss.

Anforderungen an einen Finanzplan:

1. Finanzpläne sind zukunftsbezogene Rechnungen, die für eine zu **definierende Periode**, beispielsweise Woche, Monat, Quartal oder Jahr, die Ein- und Auszahlungen des Unternehmens gegenüberstellen.
2. Für die Erstellung des Finanzplans gilt das sogenannte **Bruttoprinzip**, d. h., dass sämtliche Ein- und Auszahlungen zu den relevanten Zeitpunkten ausgewiesen werden. Saldierungen von Ein- und Auszahlungen, beispielsweise eines Kunden, der gleichzeitig Lieferant ist, sind zu unterlassen.
3. Finanzpläne müssen **vollständig** sein, d. h., sämtliche Ein- und Auszahlungen müssen erfasst werden. Dies gilt u. a. auch für die Ein- und Auszahlungen aus dem nicht betrieblichen, dem sogenannten neutralen Bereich.
4. Schließlich müssen Finanzpläne **termingenau** sein, d. h., Ein- und Auszahlungen sind in der Periode zu erfassen, in der sie anfallen. Optimal ist die taggenaue Erfassung. Wegen des hohen Rechenaufwandes wird die taggenaue Verrechnung nur für kurze Fristen (maximal ein Monat) durchzuführen sein.

Beispiel: Für die Errichtung der neuen Zweigniederlassung plant die TRIAL GmbH mit folgenden Einnahmen und Ausgaben:

Die Inbetriebnahme des neuen Betriebs soll zum 10. Juli erfolgen. Die Kosten für den Architekten und behördliche Genehmigungen werden mit 50 000,00 €, die Einrichtung der Organisation mit 40 000,00 € und die einführende Werbung mit 70 000,00 € angesetzt. Diese Zahlungen fallen im vorausgehenden Monat Juni an; die Kosten für die Erstellung der Anlagen/Gebäude, 1,5 Mio. €, werden über einen Zeitraum von fünf Jahren in Form einer gleichbleibend hohen monatlichen Rate von 35 000,00 € (Zins und Tilgung) zurückgezahlt.

Die erste Rate ist am 1. Juli fällig.

Zusätzlich kommen auf das Unternehmen noch die Kosten des laufenden Geschäftsbetriebs zu: Fuhrpark und Lagerkosten 60 000,00 € pro Monat; Wareneinkauf/Tag 10 000,00 € (ab 8. Juli); Zahlungsziel 30 Tage (verbleibende Werktage im Juli 16; in den folgenden Monaten jeweils 22). Die sonstigen Handlungskosten (u. a. Gehälter) belaufen sich auf 200 000,00 €; der Anteil der Lohn und Gehaltsaufwendungen an den sonstigen Handlungskosten beträgt 50 % (ab 1. Oktober tritt eine 5 %ige Lohnerhöhung in Kraft). Im Monat Juli wird mit 900 000,00 € Umsatz gerechnet, im August mit 1,2 Mio. €, im September mit 1,1 Mio. € und im Oktober mit 1 Mio. € (Kundenziel 30 Tage). Der Finanzplan zeigt, dass in den ersten beiden Monaten ein erheblicher Finanzierungs- bzw. Kapitalbedarf herrscht, da die Ausgaben die Einnahmen bei Weitem übertreffen. Ziel der Finanzplanung ist die Aufrechterhaltung des finanziellen Gleichgewichts; das bedeutet in diesem Fall, dass die Finanzierungslücken entweder mit eigenem Kapital oder mit fremden Mitteln (Kredite) gedeckt werden müssen. Die Überschüsse in den folgenden Monaten können dann zur Rückzahlung eventuell notwendiger Kredite verwendet werden.

Lernfeld 6 — Finanzierungsentscheidungen treffen

Monate	Juni	Juli	August	September	Oktober
Anfangsbestand (Bankkonto)	0	– 160 000,00	– 455 000,00	– 10 000,00	675 000,00
Einnahmen	–	–	900 000,00	1 200 000,00	1 100 000,00
Ausgaben					
Architekt	50 000,00				
Organisation	40 000,00				
Werbung	70 000,00				
Kreditraten	–	35 000,00	35 000,00	35 000,00	35 000,00
Lagerkosten/FP	–	60 000,00	60 000,00	60 000,00	60 000,00
Wareneinkauf			160 000,00	220 000,00	220 000,00
Sonstige Handlungskosten		200 000,00	200 000,00	200 000,00	205 000,00
Summe Ausgaben	160 000,00	295 000,00	455 000,00	515 000,00	520 000,00
Defizit Einnahmen – Ausgaben	160 000,00	295 000,00			
Überschuss Einnahmen – Ausgaben			445 000,00	685 000,00	580 000,00

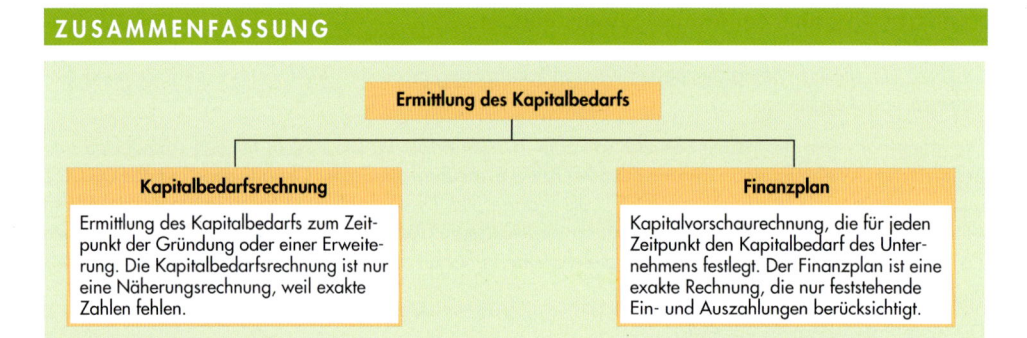

ZUSAMMENFASSUNG

Ermittlung des Kapitalbedarfs

Kapitalbedarfsrechnung
Ermittlung des Kapitalbedarfs zum Zeitpunkt der Gründung oder einer Erweiterung. Die Kapitalbedarfsrechnung ist nur eine Näherungsrechnung, weil exakte Zahlen fehlen.

Finanzplan
Kapitalvorschaurechnung, die für jeden Zeitpunkt den Kapitalbedarf des Unternehmens festlegt. Der Finanzplan ist eine exakte Rechnung, die nur feststehende Ein- und Auszahlungen berücksichtigt.

AUFGABEN

1. Nehmen Sie am Finanzplan der Firma TRIAL GmbH (Seite 447) folgende Änderungen vor:
   - Aufgrund steigender Kreditzinsen fallen monatliche Zahlungen in Höhe von 50 000,00 € an.
   - Der Wareneinkauf wird ab August um 10 % teurer.
   - Der Werbeaufwand (Einführungswerbung) wird um 20 000,00 € erhöht.
   - Ein Kunde, der im August Waren im Wert von 150 000,00 € erhalten hat, geht Anfang September in Insolvenz.

2. Ein Großhandelsunternehmen plant folgende Investitionen:
   - Erweiterung des Lagergebäudes   800 000,00 €
   - Kauf eines Nachbargrundstückes   200 000,00 €
   - Aufstockung der Warenvorräte   250 000,00 €
   - Kauf zusätzlicher Lagereinrichtung   150 000,00 €
   - Erweiterung des Fuhrparks   240 000,00 €
   - Kauf eines größeren Postens Verpackungsmaterials   10 000,00 €

a) Ermitteln Sie die Höhe des Kapitalbedarfs für diese Investitionen.
b) Ordnen Sie die einzelnen Investitionen dem Anlage- bzw. Umlaufvermögen zu.
c) Die durchschnittliche Lagerdauer der Waren beträgt 60 Tage. Der durchschnittliche Wareneinsatz/Tag beträgt 20 000,00 €. Lieferanten- und Kundenziel betragen jeweils 30 Tage. Berechnen und erläutern Sie die Auswirkungen einer Erhöhung des Lieferantenziels (50 Tage) auf den Kapitalbedarf bei gleichbleibendem Kundenziel.

3 Beurteilung von Finanzierungsmöglichkeiten

PROBLEM

Rosige Zeiten für Unternehmen, die ihre Investitionen mit einem klassischen Bankkredit finanzieren wollen: Die Zinsen sind historisch niedrig. Allerdings gelten für die Kreditvergabe vonseiten der Kreditinstitute bestimmte Regeln. Schuldner mit guter Bonität bekommen zinsgünstige Kredite; Schuldner mit schlechter Bonität zahlen höhere Zinsen oder bekommen überhaupt keinen Kredit.

Viele Unternehmen wollen deshalb ihre Bonität verbessern, um an günstige Kredite zu kommen. Vorrangig müssen sie dafür ihre Eigenkapitalquote erhöhen. Insbesondere bei deutschen Unternehmen fällt diese im europäischen Vergleich relativ niedrig aus. Vor allem die mittelständischen Unternehmen kommen über eine Quote von 20 % in der Regel nicht hinaus. Mit verheerenden Folgen: Die geringe Eigenkapitalausstattung verhindert die Kreditvergabe und damit die Finanzierung wichtiger Investitionen und Wachstumspläne. Die Gesellschafter sind oft nicht mehr in der Lage, den enormen Kapitalbedarf über neue Einlagen zu finanzieren.

Zusätzlich gilt es, das Forderungsmanagement zu verbessern.

1. Welche Maßnahmen kann ein Unternehmen ergreifen, um seine Bonität zu steigern?
2. Warum sind Unternehmen oft nicht in der Lage, die eigene Bonität zu verbessern?
3. Beschreiben Sie den Zusammenhang zwischen Kreditvergabe und Bonität.

Nachdem die Höhe und der Zeitpunkt des Kapitalbedarfs geklärt sind, geht es um die Frage, woher das Kapital kommt (Kapitalherkunft) und wem es gehört (Rechtsstellung des Kapitalgebers). Bei der Frage nach der Kapitalherkunft muss das Unternehmen ermitteln, ob es in der Lage ist, das Kapital selbst aufzubringen (**Innenfinanzierung**), oder ob es auf die Hilfe Dritter, z. B. in Form von Bankkrediten, zurückgreifen muss (**Außenfinanzierung**). Handelt es sich bei der Außenfinanzierung um Einlagen von alten bzw. neuen Gesellschaftern (**Einlagen-/Beteiligungsfinanzierung**), ist dies **Eigenfinanzierung**, weil das Kapital dem Unternehmen unbefristet zur Verfügung gestellt wird.

Die Aufnahme von Eigenkapital schlägt sich auf der Passivseite der Bilanz in Form einer Vergrößerung der Bilanzposition Eigenkapital nieder. Entscheidet sich das Unternehmen für die Aufnahme eines Bankkredits, muss dieses Kapital nach einer bestimmten Zeit zurückbezahlt werden (**Fremdfinanzierung**). Fremdfinanzierung führt zu einer Vergrößerung des Fremdkapitals auf der Passivseite der Bilanz.

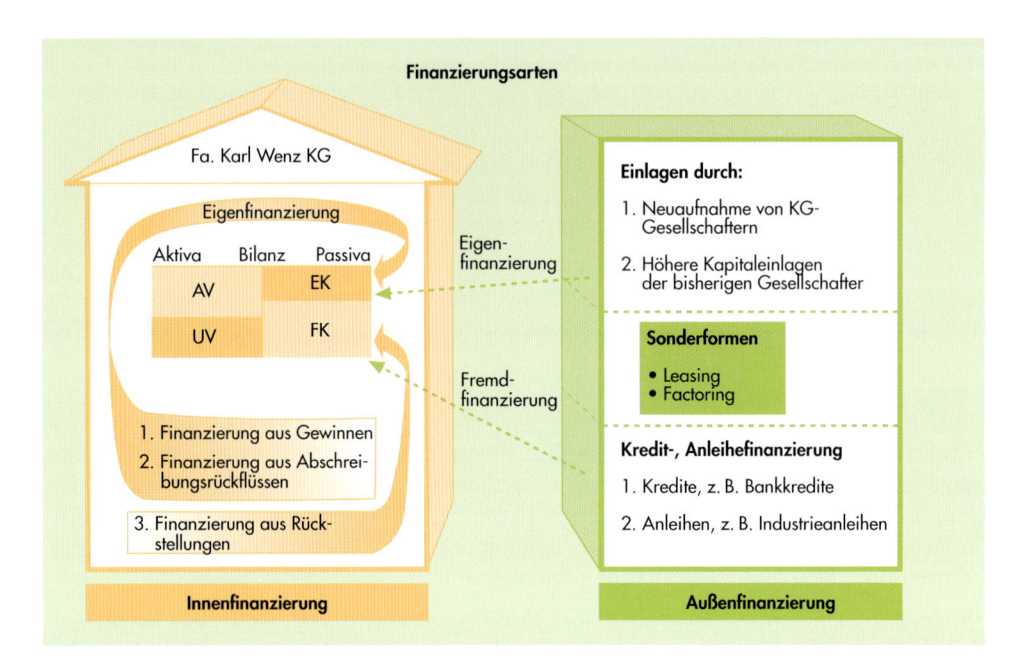

Lernfeld 6 — Finanzierungsentscheidungen treffen

Finanzierungsarten

Fa. Karl Wenz KG

Eigenfinanzierung

Aktiva	Bilanz	Passiva
AV		EK
UV		FK

Eigenfinanzierung
Fremdfinanzierung

1. Finanzierung aus Gewinnen
2. Finanzierung aus Abschreibungsrückflüssen
3. Finanzierung aus Rückstellungen

Innenfinanzierung

Einlagen durch:
1. Neuaufnahme von KG-Gesellschaftern
2. Höhere Kapitaleinlagen der bisherigen Gesellschafter

Sonderformen
- Leasing
- Factoring

Kredit-, Anleihefinanzierung
1. Kredite, z. B. Bankkredite
2. Anleihen, z. B. Industrieanleihen

Außenfinanzierung

Neben den Kriterien „Kapitalherkunft" und „Rechtsstellung des Kapitalgebers" ist für die Beurteilung der Finanzierungsart noch die zeitliche Dauer des zur Verfügung gestellten Kapitals von Bedeutung (Fristigkeit des Kapitals).

Fristigkeit des Kapitals

Kurzfristig	Mittelfristig	Langfristig
unter einem Jahr	ein Jahr bis fünf Jahre	über fünf Jahre

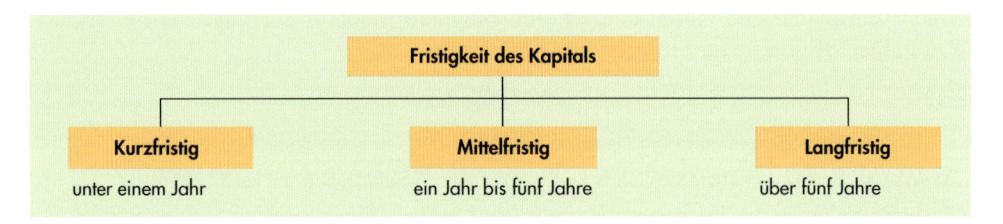

Wie lange das Kapital zur Verfügung stehen soll, ist davon abhängig, wofür es gebraucht wird. Dabei gilt folgende Finanzierungsregel: Langfristig im Unternehmen gebundenes Vermögen muss durch langfristig zur Verfügung stehendes Kapital finanziert werden; kurzfristig gebundenes Vermögen kann durch kurzfristiges Kapital finanziert werden **(Goldene Bilanzregel)**. Für die Finanzierung des Anlagevermögens kommt nach dieser Regel nur Eigenkapital und langfristiges Fremdkapital infrage; für kurzfristig gebundenes Umlaufvermögen bieten sich kurzfristige finanzielle Mittel an, z. B. kurzfristige Bankkredite.

Bei der Eigenfinanzierung steht das Kapital dem Unternehmen normalerweise unbefristet zur Verfügung. Es bietet den Gläubigern die Gewähr für die Einlösung ihrer Forderungen. Sind mehrere Personen am Unternehmen beteiligt, so besitzen sie einen quotenmäßigen Anteil am tatsächlichen Betriebsvermögen, nehmen am Gewinn, aber auch am Verlust teil und riskieren zumindest ihre Einlage. Andererseits können sie die Geschicke der Unternehmung bestimmen oder zumindest mitgestalten. In welcher Weise die Eigenfinanzierung erfolgt, hängt von der Rechtsform der Unternehmung ab. Zum anderen ist gerade die Kapitalbeschaffung ausschlaggebend für die Wahl der Rechtsform.

3.1 Eigenfinanzierung

Die Beteiligungsfinanzierung bei der Kommanditgesellschaft

Vollhafter (Komplementär) und Teilhafter (Kommanditist) bringen das Eigenkapital dadurch auf, dass sie die **vereinbarten Einlagen** leisten.

Der Kommanditist als Teilhaber ist Miteigentümer der Unternehmung und daher am tatsächlichen Betriebsvermögen beteiligt. Auch am Gewinn oder Verlust nimmt er teil (HGB § 168). Da aber die **Geschäftsführungs- und Vertretungsbefugnis** ausschließlich dem Komplementär zusteht und die **Haftung des Kommanditisten auf** die vertraglich zu leistende **Einlage beschränkt** ist, kann er – wirtschaftlich gesehen – kaum noch als Unternehmer bezeichnet werden. Tatsächlich wird die Rechtsform der Kommanditgesellschaft vor allem gewählt, wenn das Eigenkapital durch Einlagen vergrößert werden soll, ohne den Kapitalgebern (Kommanditisten) einen erheblichen Einfluss auf die Unternehmungsführung zu gewähren.

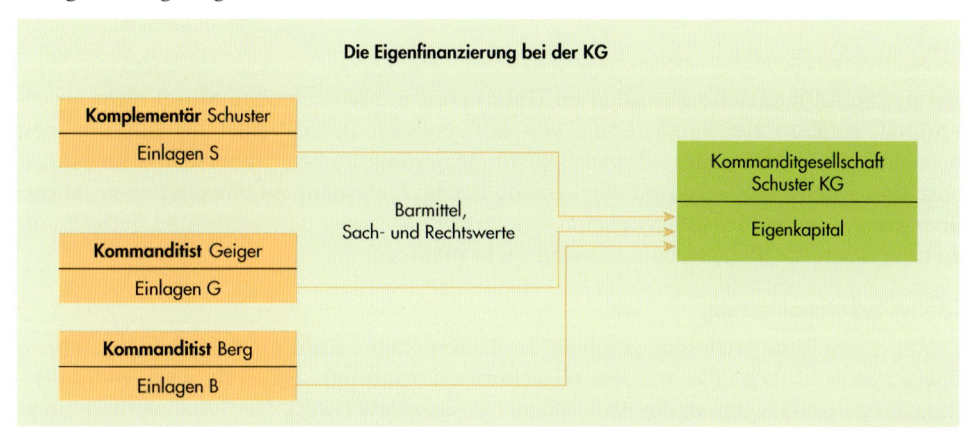

Die Eigenfinanzierung bei der KG

- **Komplementär** Schuster — Einlagen S
- **Kommanditist** Geiger — Einlagen G
- **Kommanditist** Berg — Einlagen B

Barmittel, Sach- und Rechtswerte → **Kommanditgesellschaft Schuster KG** / Eigenkapital

Deshalb entsteht die Kommanditgesellschaft auch häufig bei größerem Kapitalbedarf aus der Umwandlung einer Einzelunternehmung (Einzelunternehmer wird Komplementär) oder einer offenen Handelsgesellschaft (OHG-Gesellschafter werden Komplementäre). Insoweit ist die Kommanditgesellschaft ihrem Wesen nach geeignet, noch mehr Eigenkapitalquellen als die offene Handelsgesellschaft zu erschließen.

Die Beteiligungsfinanzierung bei der GmbH

Die GmbH ist eine Kapitalgesellschaft, die von einer oder mehreren Personen (Gesellschaftern) errichtet werden kann. Damit die Gesellschaft in der Gründungsphase Kapital zur Verfügung hat, müssen die Gesellschafter der GmbH Bar- oder Sacheinlagen, die sogenannten Stammeinlagen, leisten. Die Höhe und die Art der Stammeinlagen werden im notariell beurkundeten Gesellschaftsvertrag festgehalten. Die Summe der Stammeinlagen aller Gesellschafter (Stammkapital) muss mindestens 25 000,00 € betragen. Jede Stammeinlage selbst muss mindestens 100,00 € betragen.

Bareinlagen	Sacheinlagen
Jeder Gesellschafter bringt mindestens 1,00 € Barmittel in die GmbH ein. Das Stammkapital beträgt mindestens 25 000,00 €, wobei auf jede Bareinlage nur 25 %, insgesamt aber mindestens 12 500,00 €, sofort eingezahlt werden müssen. *Beispiel:* Herbert Wolf und Günter Müller gründen eine GmbH. Im Gesellschaftsvertrag haben sie ein Stammkapital von 50 000,00 € vereinbart, wovon Wolf 30 000,00 € und Müller 20 000,00 € als Stammeinlage erbringt. 12 500,00 € müssen die beiden Gesellschafter sofort aufbringen, für den Rest muss im Gesellschaftsvertrag eine bestimmte Einzahlungsfrist vereinbart werden.	Die Stammeinlage jedes Gesellschafters beträgt auch bei Sacheinlagen mindestens 1,00 €. Die Sacheinlagen (Grundstücke, Gebäude, Maschinen …) müssen auf die Gesellschaft übertragen werden, z. B. die Grundstücke durch Auflassung und Eintragung im Grundbuch. Das Stammkapital beträgt ebenfalls 25 000,00 €. *Beispiel:* Wolf und Müller vereinbaren eine reine Sachgründung. Das Stammkapital von 50 000,00 € muss von Anfang an in dieser Höhe in Form von Sacheinlagen der GmbH zur Verfügung gestellt werden.

Selbstfinanzierung

Bei der Selbstfinanzierung werden im Unternehmen erwirtschaftete Mittel nicht ausgeschüttet, sondern zur Finanzierung von notwendigen Investitionen im Unternehmen belassen. Während bei der offenen Selbstfinanzierung der Jahresüberschuss im Jahresabschluss offengelegt wird und der Umfang des im Unternehmen einbehaltenen Jahresüberschusses auch für Außenstehende erkennbar ist, ist bei der verdeckten Selbstfinanzierung der tatsächlich erzielte Gewinn nicht mehr sichtbar.

Offene Selbstfinanzierung

Die offene Selbstfinanzierung geschieht im Unternehmen dadurch, dass Teile des Jahresüberschusses einbehalten werden **(Gewinnthesaurierung)**. Dadurch wird verhindert, dass der ganze Gewinn an die Anteilseigner ausgeschüttet wird. Der Finanzierungseffekt entsteht folglich daraus, dass ein Abfließen flüssiger Mittel verhindert wird.

Offene Selbstfinanzierung am Beispiel einer KG

Nach der Regelung im HGB steht bei der Gewinnverteilung der KG jedem Gesellschafter ein Anteil von 4 % seines Kapitalanteils zu, wobei Einlagen während des Jahres zeitanteilig zu berücksichtigen sind. Dasselbe gilt für Entnahmen; das HGB sieht auch für sie eine Verzinsung von 4 % vor. Die durch die Verzinsung der Kapitalanteile entstandenen Gewinnanteile werden auch als Vordividende bezeichnet. Privatentnahmen von Gesellschaftern verringern deshalb die Vordividende in Höhe des zeitanteiligen Zinsbetrages. Reicht der Jahresgewinn nicht aus, um die gesetzliche Verzinsung zu gewährleisten, ist ein niedrigerer Satz anzuwenden.

Kommanditisten sind zur Privatentnahme laut HGB nicht berechtigt. Bei der Verzinsung des Restgewinns ist der Kommanditist in „angemessenem Verhältnis" zu berücksichtigen. Als Maßstab wird hierfür oft die unterschiedliche Arbeitsleistung der Gesellschafter und/oder die unterschiedliche Risikoverteilung herangezogen.

Wurden von den Gesellschaftern vertragliche Regelungen der Gewinnausschüttung vereinbart (z. B. 6 % Verzinsung der Kapitaleinlagen und der Entnahmen), werden diese Bestimmungen herangezogen.

Finanzierungsentscheidungen treffen — Lernfeld 6

Beispiel: Die KG-Komplementäre Frech und Schmid waren zu Beginn des abgelaufenen Geschäftsjahres mit 400 000,00 € bzw. 300 000,00 € an der Frech KG beteiligt. Der Kapitalanteil des Kommanditisten Elger betrug am Anfang des Geschäftsjahres 100 000,00 €. Frech hatte am 12. März ein Gebäude im Wert von 150 000,00 € in die Gesellschaft eingebracht. Schmid hatte am 24. Februar und am 21. September jeweils 20 000,00 € für private Zwecke entnommen. Der Jahresgewinn der KG beläuft sich auf 245 900,00 €. Der Restgewinn ist im Verhältnis 3 : 3 : 1 (Frech : Schmid : Elger) zu verteilen.

Gewinnverteilung entsprechend HGB:

Gesell-schafter	Eigen-kapital	Kapital-einlagen	Privatent-nahmen	Vordivi-dende	Kopfanteil	Gesamt-gewinn	Neues Eigenkapital
Frech	400 000,00	150 000,00 (12.03.)	–	20 800,00	90 000,00	110 800,00	660 800,00
Schmid	300 000,00	–	20 000,00 (24.02.) 20 000,00 (21.09.)	11 100,00	90 000,00	101 100,00	361 100,00
Elger	100 000,00	–	–	4 000,00	30 000,00	34 000,00	100 000,00 Sonstige Verb. der KG 34 000,00
Summe	800 000,00	150 000,00	40 000,00	35 900,00	210 000,00	245 900,00	1 121 900,00

Vordividende Frech:

   4 % von 400 000,00 =   16 000,00 €
+ 4 % von 150 000,00 =   4 800,00 €
(für 288 Tage)
                                20 800,00 €

Vordividende Schmid:

   4 % von 300 000,00 =   12 000,00 €
– 4 % von   20 000,00 =   680,00 €
(für 306 Tage)
   4 % von   20 000,00 =   220,00 €
(für 99 Tage)
                                11 100,00 €

Kopfanteil: 245 900,00 €
              – 20 800,00 €
              – 11 100,00 €
               – 4 000,00 €

210 000,00 : 7 =   30 000,00 €

Frech: 30 000,00 · 3 =   90 000,00 €
Schmid: 30 000,00 · 3 =   90 000,00 €
Elger: 20 000,00 · 1 =   30 000,00 €
Reingewinn   210 000,00 €

Die im Unternehmen belassenen Gewinnanteile der Gesellschafter werden ihrem Kapitalkonto (Ausnahme: Kommanditist) gutgeschrieben und stellen den Umfang der offenen Selbstfinanzierung dar.

Verdeckte Selbstfinanzierung

Verdeckte Selbstfinanzierung im Unternehmen liegt vor, wenn bestimmte Bestandteile des Vermögens unterbewertet und Bestandteile des Fremdkapitals überbewertet werden. Die Unterbewertung des Vermögens entsteht i. d. R. durch überhöhte bilanzielle Abschreibungen des Anlagevermögens, die Überwertung des Fremdkapitals im Wesentlichen durch zu hoch angesetzte Rückstellungen.

Die Auswirkungen auf die GuV-Rechnung sind in beiden Fällen gleich: Die ausgewiesenen Aufwendungen sind höher, als sie in Wirklichkeit sind; damit wird ein geringerer

Gewinn ausgewiesen. In Höhe des nicht ausgewiesenen Gewinns entstehen stille Rücklagen, die von ihrem Charakter her zusätzliches Eigenkapital darstellen.

Unterbewertung der Aktiva

Aktiva	Bilanz	Passiva
Bilanziertes Vermögen	Eigenkapital	
	Fremdkapital	
Tatsächliches Vermögen	Stille Rücklagen	

Überbewertung der Passiva

Aktiva	Bilanz		Passiva
Vermögen	Eigenkapital		
	Tatsächliches Fremdkapital	}	Bilanziertes
	Stille Rücklagen	}	Fremdkapital

Auflösung der stillen Rücklagen: Beim Verkauf unterbewerteter Vermögensbestandteile bzw. bei der Zahlung überbewerteter Rückstellungen werden stille Rücklagen sichtbar. Ist beispielsweise beim Verkauf einer gebrauchten Maschine der Verkaufserlös höher als der Buchwert, entsteht ein Veräußerungsgewinn, der zu versteuern ist. Die verdeckte Selbstfinanzierung hat gegenüber der offenen Selbstfinanzierung den Vorteil der **Steuerstundung**. Eine Versteuerung der stillen Rücklagen erfolgt erst in dem Zeitpunkt, in dem die stillen Rücklagen aufgelöst werden. Die Steuerstundung führt zu einem Zinsgewinn und zu einem Liquiditätsvorteil. Ein weiterer Vorteil der verdeckten Selbstfinanzierung ist die Bildung von zusätzlichem Eigenkapital.

Abschreibungsfinanzierung

Durch die ständige Nutzung des Anlagevermögens (Maschinen, Gebäude, Fuhrpark usw.) tritt eine Wertminderung des im Anlagevermögen gebundenen Kapitals auf. Diese Wertminderung, buchhalterisch ein Aufwand, wird als Abschreibung bezeichnet. Werden nun die Abschreibungsaufwendungen in die Verkaufspreise der Produkte einkalkuliert, fließen über den Absatz der Produkte stets Geldmittel in Höhe der Abschreibungen in das Unternehmen zurück. Diese finanziellen Mittel werden dazu benutzt, wieder neue Anlagegegenstände zu kaufen. Sieht man von den Preissteigerungen einmal ab, können die Anlagegüter mit diesen Abschreibungserlösen gekauft werden. Die Abschreibungsfinanzierung ist wie die Gewinnfinanzierung eine Form der Eigenfinanzierung.

Beispiel: Ein Großhandelsunternehmen kauft für seine Außendienstmitarbeiter zu Beginn des Geschäftsjahres fünf Pkw im Wert von jeweils 60 000,00 €. Die Nutzungsdauer beträgt jeweils sechs Jahre; die Wagen werden linear abgeschrieben.

Wie hoch sind die Abschreibungserlöse in den einzelnen Jahren der Nutzung und wie viele Ersatzinvestitionen können aus diesen Erlösen getätigt werden? (Der Kauf der Pkw erfolgt jeweils zu Beginn des neuen Geschäftsjahres.)

Finanzierungsentscheidungen treffen

Lernfeld 6

Jahr	Pkw-Bestand		Abschreibungen	Ersatz-investitionen	Liquide Mittel
	Stück	Buchwerte			
Anfang 1. Jahr	5	300 000,00	–	–	–
Ende 1. Jahr	5	250 000,00	50 000,00	–	50 000,00
Anfang 2. Jahr	5	250 000,00	–	–	50 000,00
Ende 2. Jahr	5	200 000,00	50 000,00	–	100 000,00
Anfang 3. Jahr	6	260 000,00	–	1	40 000,00
Ende 3. Jahr	6	200 000,00	60 000,00	–	100 000,00
Anfang 4. Jahr	7	260 000,00	–	1	40 000,00
Ende 4. Jahr	7	190 000,00	70 000,00	–	110 000,00
Anfang 5. Jahr	8	250 000,00	–	2	50 000,00
Ende 5. Jahr	8	170 000,00	80 000,00	–	130 000,00
Anfang 6. Jahr	10	290 000,00	–	2	10 000,00
Ende 6. Jahr	5	190 000,00	100 000,00	–	110 000,00

Umfinanzierung

Unter Umfinanzierung versteht man den Vorgang der Kapitalfreisetzung durch eine Veränderung der Vermögensstruktur sowie die Umschichtung im Kapitalaufbau. Kennzeichnend für alle Vorgänge im Rahmen der Umfinanzierung ist, dass das dem Unternehmen zur Verfügung stehende Vermögen bzw. Kapital nicht verändert wird.

Änderung der Vermögensstruktur

Möglichkeiten, die Vermögensstruktur zu ändern, bieten sich dem Unternehmen sowohl beim Anlagevermögen als auch beim Umlaufvermögen. Beim Anlagevermögen können nicht notwendige Maschinen, Fahrzeuge, Grundstücke, Beteiligungen usw. verkauft und in liquide Mittel umgewandelt werden. Im Umlaufvermögen können Warenvorräte abgebaut, Kundenforderungen schneller eingefordert und der Lagerumschlag beschleunigt werden.

Beispiel: Eine Großhandlung möchte folgende Umfinanzierungsvorgänge durchführen:

a) Die durchschnittliche Verweildauer der Warenvorräte soll von 16 auf zwölf Tage gesenkt werden. Der durchschnittliche Warenwert beträgt 400 000,00 €.
b) Verkauf eines Betriebsgrundstücks:
Die Anschaffungskosten betragen 100 000,00 €, der letzte Bilanzansatz war 80 000,00 €, der Verkehrswert 180 000,00 €.

Wie viel Kapital wird freigesetzt?

① Warenvorräte = $\dfrac{400\,000{,}00\ € \cdot 4}{16}$ = 100 000,00 €

② Grundstücke   180 000,00 €

Gesamte Kapitalfreisetzung   280 000,00 €

Änderung der Kapitalstruktur

Die Änderung der Kapitalstruktur wird bei Personengesellschaften im Wesentlichen durch Umschichtungen beim Fremdkapital vorgenommen.

Beispiel: Kurzfristige Bankschulden, z. B. Kontokorrentkredite, werden in mittel-/langfristige Darlehen umgewandelt.

Voraussetzung ist natürlich, dass entsprechende Kreditsicherheiten zur Verfügung stehen.

3.2 Fremdfinanzierung

Fremdfinanzierung liegt dann vor, wenn unternehmensfremde Personen, die sich nicht auf Dauer an das Unternehmen binden wollen, Geld- oder Sachmittel gegen die Verpflichtung späterer Rückzahlung dem Unternehmen zur Verfügung stellen. Die Kapitalgeber werden zu Gläubigern der Unternehmung. Sie fordern neben der Rückzahlung (Tilgung) der zur Verfügung gestellten Kapitalbeträge auch noch Zinsen für die Zeit der Kapitalüberlassung. Fremdkapital ist deshalb stets befristet. Häufig verlangen die Gläubiger Sicherheiten für ihre Ansprüche. Fremdfinanzierung ist also nichts anderes als die entgeltliche Überlassung von Geld- oder Sachmitteln gegen spätere Rückzahlung. Sachkredite kommen im Handel sehr häufig vor, insbesondere durch die Lieferung von Waren auf Ziel (Lieferantenkredite).

Im Gegensatz zu den Kapitalgebern beim Eigenkapital nehmen die Gläubiger nicht am Wachstum der Unternehmung, d. h. auch nicht an den stillen Rücklagen, teil, andererseits können sie ihre Forderungen unabhängig vom Erfolg der Unternehmung geltend machen und erreichen selbst im Insolvenzfall häufig noch eine Befriedigung ihrer Ansprüche; sie gehen also ein wesentlich geringeres Risiko ein.

Wesen des Kredits

Unter Kredit wird im Folgenden der Kreditbegriff aus dem Kreditwesengesetz verstanden, wonach der Kreditgeber einem Kreditnehmer für einen bestimmten Zeitraum Kapital überlässt und für die Überlassung des Kapitals Zinsen verlangt. Der Kreditnehmer ist nach Ablauf der vereinbarten Zeit verpflichtet, das Kapital zurückzuzahlen.

Kreditgeber	Kreditvertrag	Kreditnehmer
Pflicht: Überlässt dem Kreditnehmer einen bestimmten Geldbetrag auf Zeit	**Inhalt:** • Bezeichnung von Kreditgeber und Kreditnehmer • Kredithöhe/-grenze • Auszahlungsbetrag • Zeitpunkt und Art der Bereitstellung • Laufzeit des Kredits • Zinsbindung • Höhe des Zinssatzes • Art der Sicherung	**Pflicht:** • Zinszahlung • Tilgung bzw. Ausgleich des Sollsaldos

Finanzierungsentscheidungen treffen — **Lernfeld 6**

Kreditversorgung über den Kreditmarkt

- Kreditanbieter (Kreditinstitute) — Angebot an kurz-, mittel- und langfristigen Krediten (höherer Zins) → **Kreditmarkt** ← Nachfrage nach kurz-, mittel- und langfristigen Krediten — Kreditnachfrager (Unternehmer, private und öffentliche Haushalte)

↑ **Kapitalbeschaffung**

- Kreditnachfrager (Kreditinstitute) — Angebot an kurz-, mittel- und langfristigen Geldanlagen (niedriger Zins) → **Kapitalmarkt** ← Nachfrage nach kurz-, mittel- und langfristigen Geldanlagen — Sparer/Kapitalanleger

- Geldmarkt = Markt für kurzfristige und mittelfristige Kredite und Geldanlagen
- Kapitalmarkt = Markt für langfristige Kredite und Geldanlagen

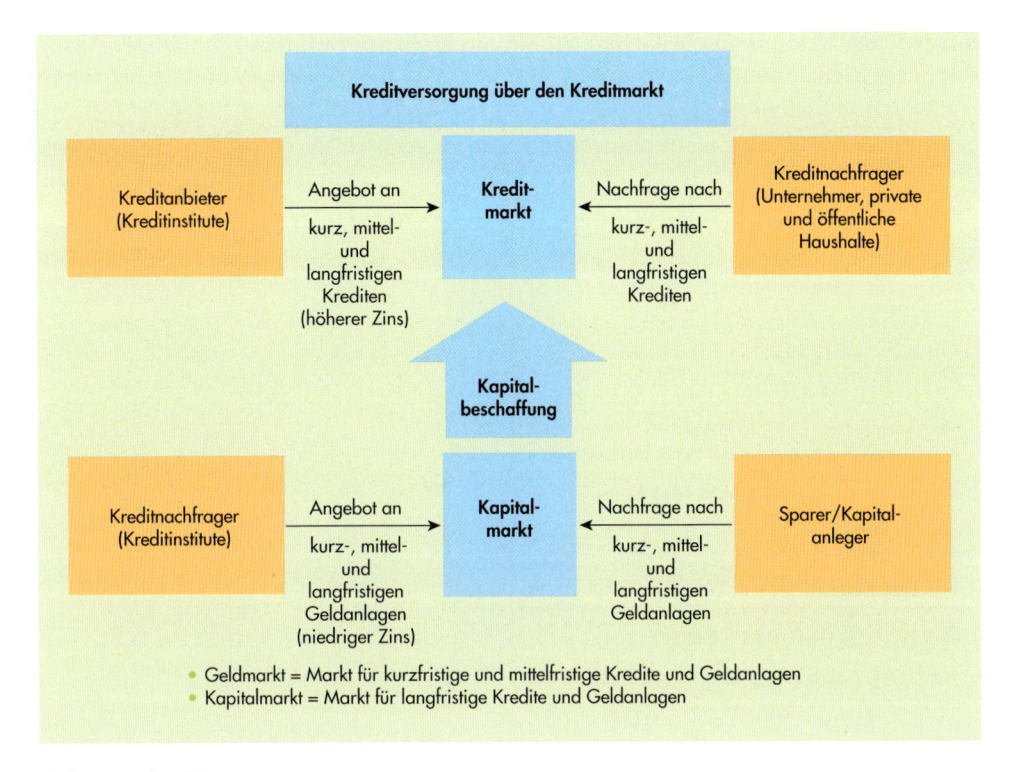

Lieferantenkredit

Wesen des Lieferantenkredits

Der Lieferantenkredit entsteht dadurch, dass der Lieferer seinem Kunden ein Zahlungsziel einräumt. Das bedeutet, dass der Kunde seine Schuld aus der Warenlieferung erst einige Zeit (z. B. 30 oder 60 Tage) nach der Lieferung begleichen muss. Bezahlt der Kunde innerhalb einer vereinbarten (kurzen) Frist nach der Lieferung (z. B. acht Tage), erhält er einen Skontonachlass von seinem Lieferanten. Für die Gewährung des Lieferantenkredits werden keine Sicherheiten verlangt, allerdings erfolgt die Lieferung i. d. R. unter Eigentumsvorbehalt.

Funktionen des Lieferantenkredits

- **Finanzierungsfunktion:** Der Lieferer stellt dem Kunden Waren zur Verfügung, die er nicht sofort bezahlen muss. Für die verspätete Bezahlung verlangt der Lieferer Zinsen. Diese bestehen in der Nichtgewährung des Skontovorteils. Der Lieferantenkredit erfüllt damit die typischen Bedingungen eines Warenkredits.
- **Mittel zur Absatzförderung:** Der Lieferer ermöglicht dem Kunden den Kauf der Ware, den dieser ohne den Kredit möglicherweise nicht hätte vornehmen können. Insofern ist der Lieferantenkredit ein hervorragendes Mittel zur Absatzförderung.

Merkmale des Lieferantenkredits

Der Lieferantenkredit ist ein kurzfristiger Kredit. Er wird i. d. R. ohne besondere Formalitäten, ohne übertrieben große Prüfung der Kreditwürdigkeit und, mit Ausnahme des häufig vereinbarten Eigentumsvorbehalts, ohne Sicherheiten gewährt. Lieferantenkredite in Anspruch zu nehmen ist deshalb bequem, aber teuer. Ihr Preis ist der Betrag des nicht ausgenutzten Skontos. Da beim Barkauf Skonto abgezogen werden kann, dieser Abzug aber beim Zielkauf entfällt, ergibt sich, dass der Zins für die Zielgewährung bereits im Warenpreis enthalten ist.

Lieferantenkredite, also nicht ausgenutzte Skonti, gehören zu den teuersten Krediten. Um Skonto abziehen zu können, ist es zumeist rentabel, einen Bankkredit aufzunehmen.

Beispiel: Eine Lieferantenrechnung über 3 000,00 €, die die TRIAL GmbH am 1. Juni erhalten hat, ist spätestens am 1. Juli fällig. Bei Bezahlung innerhalb von zehn Tagen können 3 % Skonto abgezogen werden.

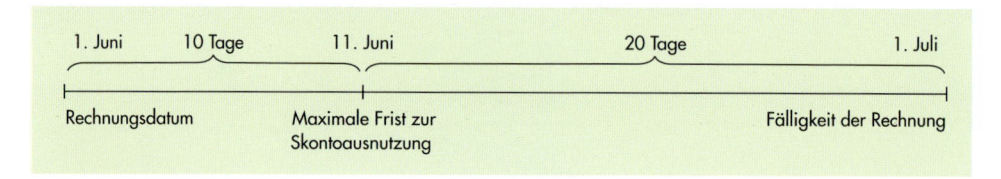

1. Juni	10 Tage	11. Juni	20 Tage	1. Juli
Rechnungsdatum		Maximale Frist zur Skontoausnutzung		Fälligkeit der Rechnung

Skontoabzug:
  Rechnungsbetrag   3 000,00 €
  − 3 % Skonto   90,00 €
  Überweisung an den Lieferanten 2 910,00 €

Umrechnung des Skontos in einen Jahreszinssatz:

$$\text{Zinssatz} = \frac{\text{Zinsen} \cdot 100 \cdot 360}{\text{Kapital} \cdot \text{Zinstage}} = \frac{90{,}00 \cdot 100 \cdot 360}{2\,910{,}00 \cdot 20} = 56{,}67\,\%$$

Bei einem Zinsfuß von 13 % für einen kurzfristigen Bankkredit würde es sich durchaus lohnen, einen Bankkredit aufzunehmen, um bereits nach zehn Tagen die Lieferantenrechnung bezahlen zu können.

$$\text{Zinsen} = \frac{\text{Zinsen} \cdot \text{Zinssatz} \cdot \text{Zinstage}}{100 \cdot 360} = \frac{2\,910{,}00 \cdot 13 \cdot 20}{100 \cdot 360} = 21{,}02\,€$$

Der Vorteil, trotz 21,02 € Zinskosten für den Bankkredit, würde noch 69,98 € betragen.

Kontokorrentkredit

Wesen des Kontokorrentkredits

Der Kontokorrentkredit ist ein Kredit, bei dem der Kreditnehmer über sein Girokonto bis zur festgesetzten Kreditgrenze mittels Überweisungen, Schecks, Lastschriften … verfügen kann. Während der Laufzeit kann der Kontokorrentkredit entsprechend den Wünschen des Kreditnehmers in beliebiger Höhe beansprucht und wieder abgedeckt werden. Zwischenzeitliche Gutschriften auf dem Kontokorrentkonto gelten nicht als Tilgungen. In der Regel wird der Kontokorrentkredit von den Kreditinstituten für ein Jahr zugesagt; eine Verlängerung wird allerdings bei ordnungsgemäßer Kontenführung ohne Weiteres gewährt.

Beispiel: Verlauf eines Kontokorrentkredits

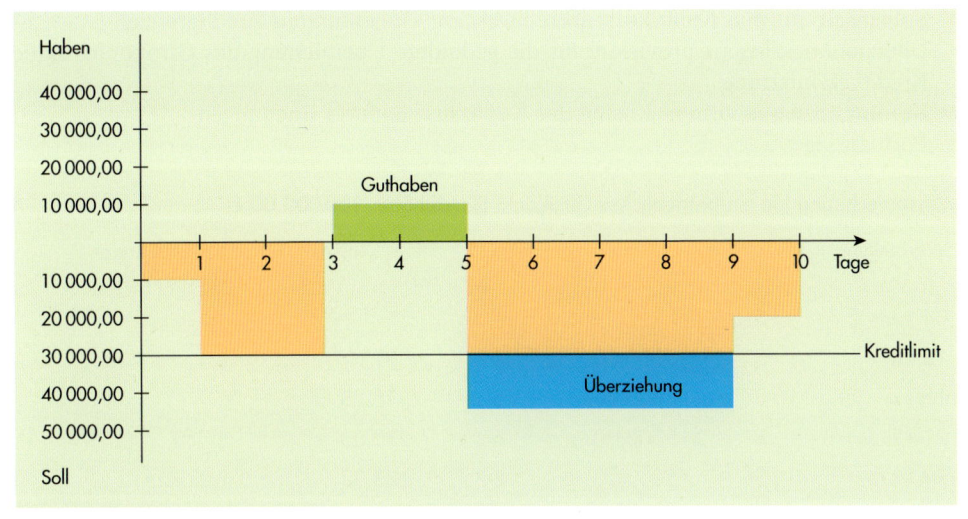

Rechtsgrundlagen des Kontokorrentkredits
- Der Kreditvertrag zwischen dem Kreditnehmer und dem Kreditgeber (Kreditinstitut);
- der Kontovertrag zwischen dem Kreditnehmer und seinem Kreditinstitut;
- die Allgemeinen Geschäftsbedingungen des Kreditinstituts;
- das HGB.

Bedeutung des Kontokorrentkredits
1. Der Kontokorrentkredit erhöht die finanziellen Dispositionsmöglichkeiten des Kreditnehmers. (Der Kredit wird nur entsprechend dem jeweiligen Kreditbedarf in Anspruch genommen.)
2. Kosten fallen für den Kreditnehmer nur in Höhe des tatsächlich in Anspruch genommenen Kredits an.
3. Ist der bereitgestellte Kontokorrentkredit entsprechend hoch, hat der Kreditnehmer eine entsprechende finanzielle Reserve.

Arten des Kontokorrentkredits

Für Unternehmen	Für Privatpersonen
Betriebsmittelkredit: Der Kontokorrentkredit dient zur Finanzierung von Wareneinkäufen, eventuell unter Ausnutzung von Skonto. Die Rückzahlung erfolgt aus den Umsatzerlösen. **Zweck:** Er erhöht die liquiden Mittel und damit die Dispositionsfreiheit des Unternehmens. **Saisonkredit:** Hier wird der Kontokorrentkredit eingesetzt, um Unternehmen, die einen saisonbedingt unterschiedlich hohen Bedarf an liquiden Mitteln haben, einen Liquiditätsengpass zu ersparen. **Zweck:** Er verhindert Liquiditätsengpässe bei Saisonbetrieben. **Zwischenkredit:** Der Kontokorrentkredit wird genutzt als Zwischenfinanzierung von langfristigen Darlehen. **Zweck:** Er schließt die finanzielle Lücke zwischen zwei Darlehen.	**Dispositionskredit:** Der Kredit wird Privatpersonen zur Verfügung gestellt. Er dient zur Finanzierung von Konsumausgaben (Konsumkredit). **Ergebnis:** Er erhöht die liquiden Mittel und damit die Dispositionsfreiheit von Privatpersonen.

Kosten des Kontokorrentkredits

- Sollzinsen: für den Kontokorrentkredit bis zur eingeräumten Kreditgrenze
- Überziehungszinsen/-provision: für die geduldete Überziehung des Girokontos ohne Kreditvereinbarung
- Kontoführungsgebühren: Kosten der Kontoauszüge und Buchungen
- Portoauslagen

Zinsberechnung für ein betriebliches Girokonto (Kredithöhe: 100 000,00 €)

Wertstellung		€	Tage	11 % Sollzins (€)	15 % Überziehungszins (€)
04.12.	S	–	–	–	
10.12.	S	50 000,00	6	91,67	
15.12.	S	10 000,00	5	15,28	
21.12.	S	115 000,00	6	210,83	37,50
29.12.	S	75 000,00	8	183,33	
31.12.	S	40 000,00	2	24,44	
Summe				525,55	37,50

Diskontkredit

Wesen des Diskontkredits

Beim Diskontwechsel verkauft der Kreditnehmer einen noch nicht fälligen Wechsel an ein Kreditinstitut. Der Verkäufer erhält den Wert des Wechsels am Ankaufstag (**Barwert**) gutgeschrieben. Am Verfalltag löst das Kreditinstitut den Wechsel beim Bezogenen zum Nennwert ein; die Differenz zwischen Barwert und Nennwert ist der Zins (Diskont), den das Kreditinstitut für den Diskontkredit verlangt.

Beim Diskontkredit handelt es sich in der Regel um einen kurzfristigen Kredit. Eingesetzt wird der Diskontwechsel zum Kauf von Betriebsmitteln, es liegt also ein Güterumsatz zugrunde (Handelswechsel).

Der Diskontsatz (lat. disconto Zinsen abziehen) der Kreditinstitute liegt einige Prozentpunkte über dem Basiszinssatz. Der **Basiszinssatz**, zzt. –0,63 % p.a. (Stand 01.01.2014), wird von der Bundesbank alle Halbjahre (zum 1. Januar und zum 1. Juli) entsprechend der Veränderung der marginalen Zinssätze für die Hauptrefinanzierungsgeschäfte der Europäischen Zentralbank angepasst.

Finanzierungsentscheidungen treffen — Lernfeld 6

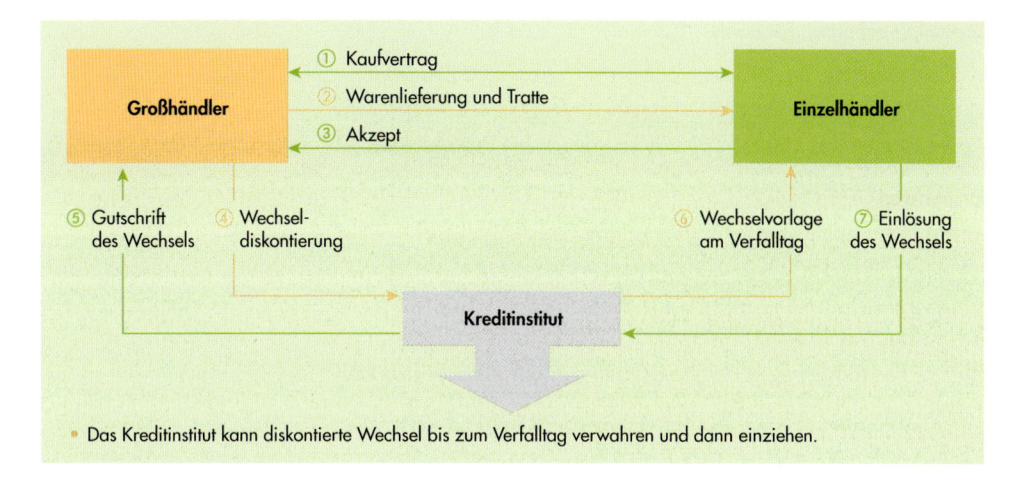

Kosten des Diskontkredits

- Zinsen (Diskont/Basiszinssatz)
- Provisionen (z. B. Inkassoprovision)
- Auslagen

Ferner sind zu berücksichtigen:

- die Höhe der Wechselbeträge;
- die Qualität der Wechsel;
- die Bedeutung des Unternehmens für das Kreditinstitut.

Bedeutung des Diskontkredits

- Der Kreditnehmer kann eine Wechselforderung, die erst später fällig ist, in liquide Mittel umwandeln.
- Die Kosten des Diskontkredits sind niedriger als beim Kontokorrent- oder beim Lieferantenkredit.
- Zusätzliche Sicherheiten sind beim Diskontkredit nicht notwendig.

Diskontrechnung

Beispiel: Der Prokurist der Wenz KG reicht am 11. Mai einen Wechsel über 2 230,00 € seiner Hausbank zum Diskont ein. Der Ausstellungstag des Wechsels war der 29. April; der Verfalltag ist der 29. Juli. Die Bank kauft den Wechsel an und schreibt den Barwert am 11. Mai gut, d. h., sie zieht von der Wechselsumme den vereinbarten Diskontsatz (8 %) ab. Den Diskont zieht die Bank deshalb ab, weil sie den Wechselbetrag erst am Verfalltag beim Bezogenen einlösen kann und dem Einreicher bis dahin Kredit gewährt.

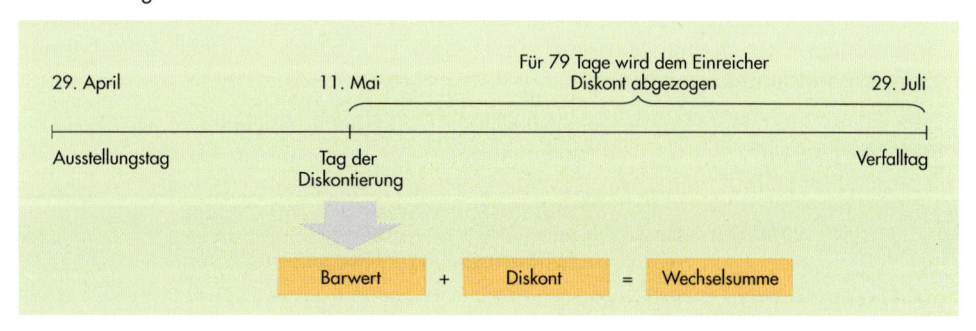

Diskontabrechnung der Bank:

Wechselsumme am 29. Juli	2 230,00 €
− Diskont für 79 Tage	39,15 €
Barwert am 11. Mai	2 190,85 €

Rechenweg

① Tage: 11. Mai bis 29. Juli = 79 Tage (Eurozinsmethode)

② $\text{Diskont} = \dfrac{2230{,}00\ € \cdot 79 \cdot 8}{100 \cdot 365} = 38{,}61\ €$

③ *Vom Barwert gehen in der Praxis noch Auslagen und Spesen ab.*

Darlehen

Wesen des Darlehens

Darlehen sind mittel- und langfristige Kredite, die von Unternehmen zur Finanzierung von Investitionen (Investitionskredite), von privaten Haushalten zur Beschaffung von langlebigen Konsumgütern (Baufinanzierungskredite, Konsumkredite) benutzt werden. Im Unterschied zum Kontokorrentkredit wird der Darlehensbetrag dem Kreditnehmer in einer Summe oder in Teilbeträgen an einem vereinbarten Termin zur Verfügung gestellt.

Darlehensbedingungen

1. **Auszahlungskurs/-betrag:**
   Der Auszahlungskurs bestimmt die Höhe des Kreditbetrags, der dem Kreditnehmer tatsächlich zur Verfügung steht. Ein einmaliger Abschlag vom Nennbetrag des Kredits wird als **Disagio** bzw. als **Damnum** bezeichnet.

2. **Höhe des Zinssatzes:**
   Der Zinssatz bestimmt die Höhe der laufenden Kosten für die Inanspruchnahme des Darlehens.
   Nominalzinssatz: Der Nominalzinssatz ist der Zins (Preis) für die Nutzung eines bestimmten Kapitalbetrags; die sonstigen Kosten der Kapitalnutzung (Disagio, Spesen, Kontoführungsgebühren, Provisionen …) werden bei der Nominalzinsberechnung nicht eingerechnet. Die Höhe des Nominalzinssatzes wird bei Abschluss des Kreditvertrages festgelegt und ist u. a. abhängig von der Laufzeit des Darlehens, der Dauer der Zinsbindung, den Refinanzierungskosten der Kreditinstitute und der Stellung des Kreditnehmers gegenüber dem Kreditgeber.
   Effektivzinssatz: Bei der Berechnung des Effektivzinssatzes sind alle Kosten zu berücksichtigen, die sich auf den Kredit und seine Vermittlung beziehen. Dazu zählen insbesondere der Nominalzinssatz, ein Disagio (= Abgeld), Bearbeitungsgebühren, Kreditvermittlungskosten u. Ä.

   Beispiel: Nominal- und Effektivzinssatz bei einem Darlehen mit fünfjähriger Laufzeit (Tilgung am Ende der Laufzeit)

   $$\text{Effektivzinssatz} = \dfrac{(\text{Kreditkosten} + \text{Disagio}) \cdot 100 \cdot 1\ \text{Jahr}}{\text{Auszahlungsbetrag} \cdot \text{Laufzeit (in Jahren)}}$$

Fälligkeitsdarlehen	Variante 1	Variante 2
	Darlehensbetrag: 100 000,00 € Zinssatz: 8 % Auszahlungskurs: 100 % (Keine weiteren Kreditkosten)	Darlehensbetrag: 100 000,00 € Zinssatz: 7,5 % Auszahlungskurs: 95 % (Sonstige Kosten 500,00 €)
Auszahlung: Nominaler Zinssatz: Laufzeit: Effektiver Zinssatz:	100 % 8 % fünf Jahre $\dfrac{40\,000 \cdot 100}{100\,000 \cdot 5 \text{ Jahre}} = 8\,\%$	100 % 7,5 % fünf Jahre $\dfrac{(37\,500 + 5\,000 + 500) \cdot 100}{95\,000 \cdot 5 \text{ Jahre}} = 9{,}05\,\%$

3. **Zinsbindungsfrist:**
   Erwartet ein Kreditnehmer in der nächsten Zeit fallende Zinsen am Kapitalmarkt, wird er mit seinem Kreditinstitut eine kurze Zinsbindungsphase oder einen variablen Zins vereinbaren.

   In einer Niedrigzinsphase wird ein Kreditnehmer versuchen, sich die günstigen Zinsen so lange wie möglich zu sichern. Er wird mit seiner Bank eine langjährige Zinsbindung zu den aktuellen Konditionen vereinbaren.

4. **Tilgung und Tilgungsverrechnung:**
   - Beim **Abzahlungsdarlehen** zahlt der Kreditnehmer einen festen Zinssatz und einen festen Tilgungsprozentsatz. Der Gesamtbetrag aus Zins und Tilgung nimmt folglich jährlich ab. Abzahlungsdarlehen kommen in der Praxis selten vor, da die Belastung aus Zins und Tilgung während der Laufzeit des Kredits nicht gleichmäßig, sondern zu Beginn und am Ende höchst unterschiedlich ist.

     Beispiel:
     Darlehensbetrag: 100 000,00 €
     Zinssatz: 8 %/Jahr
     Tilgung: 20 %/Jahr
     Laufzeit: fünf Jahre
     Zinsbindung: fünf Jahre

Jahr	Zinsen	Tilgung	Gesamtleistung
1	8 000,00	20 000,00	28 000,00
2	6 400,00	20 000,00	26 400,00
3	4 800,00	20 000,00	24 800,00
4	3 200,00	20 000,00	23 200,00
5	1 600,00	20 000,00	21 600,00

   - Beim **Fälligkeitsdarlehen** zahlt der Kreditnehmer das Darlehen am Ende der Darlehenslaufzeit in einer Summe zurück. Im privaten Bereich wird zur Rückzahlung oft eine zu diesem Zeitpunkt fällige Lebensversicherung verwendet. Beim Festdarlehen bleibt der zu zahlende Zinsbetrag bis zum Ende der Laufzeit gleich hoch, da erst am Ende des letzten Jahres das Darlehen in einer Summe getilgt wird.

     Beispiel:
     Darlehensbetrag: 100 000,00 €   Tilgung: am Ende der Laufzeit
     Zinssatz: 8 %/Jahr   Laufzeit: fünf Jahre

Jahr	Zinsen	Tilgung	Gesamtleistung
1	8 000,00		8 000,00
2	8 000,00		8 000,00
3	8 000,00		8 000,00
4	8 000,00		8 000,00
5	8 000,00	100 000,00	108 000,00

- Beim **Annuitätendarlehen** ist die Summe aus Zins und Tilgung, die der Kreditnehmer zu zahlen hat, immer gleich groß. Üblich sind vierteljährliche oder monatliche Leistungen des Kreditnehmers. Die Tilgungsleistungen werden i. d. R. sofort verrechnet. Das Annuitätendarlehen ist die in der Praxis am häufigsten vorkommende Form der Darlehensgewährung. Die Vorteile liegen in der monatlich stets gleichbleibenden Belastung für den Kreditnehmer und der ständig steigenden Tilgungsleistung.

Beispiel:
Darlehensbetrag: 100 000,00 €
Zinssatz: 10 %
Annuität: 26 379,75 €/Jahr
Laufzeit: fünf Jahre
Zinsbindung: fünf Jahre

Jahr	Zinsen	Tilgung	Restschuld	Annuität
1	10 000,00	16 379,70	83 620,30	26 379,75
2	8 362,25	18 017,72	65 602,53	26 379,75
3	6 560,25	19 819,50	45 783,03	26 379,75
4	4 578,30	21 801,45	23 981,59	26 379,75
5	2 398,16	23 981,59	0,00	26 379,75

Finanzierung über Rückstellungen

Rückstellungen haben ihre Ursache in Verpflichtungen des Unternehmens gegenüber Gläubigern. Bei ihnen ist weder die genaue Höhe noch der genaue Zeitpunkt der Fälligkeit bekannt. Es handelt sich also um Fremdkapital, das irgendwann einmal zurückgezahlt werden muss. Werden nun diese Rückstellungsaufwendungen, vergleichbar dem Abschreibungsaufwand, in die Verkaufspreise einkalkuliert, fließen dem Unternehmen finanzielle Mittel aus dem Umsatzprozess zu. Da gleichzeitig auch ein ständiger Abfluss durch das Begleichen von Verpflichtungen (z. B. Pensionszahlungen) stattfindet, ist ein Finanzierungseffekt nur dann gegeben, wenn der Zufluss durch Bildung von Rückstellungen größer ist als der Abfluss durch deren Auflösung. Dies ist bei Pensionsrückstellungen z. B. bei einer steigenden Belegschaftszahl der Fall. Die Finanzierung über Rückstellungen ist eine Form der Fremdfinanzierung.

Das Unternehmen hat auch im Bereich der Innenfinanzierung eine Reihe von Möglichkeiten, Kapital zu bilden. Fasst man die Summe aller Mittel, die dem Unternehmen über den Umsatzprozess (Jahresüberschuss, Abschreibungserlöse, Erhöhung der Rückstellungen) zugeflossen sind, zusammen, ergibt sich der sogenannte **Cashflow** dieses Unternehmens.

ZUSAMMENFASSUNG

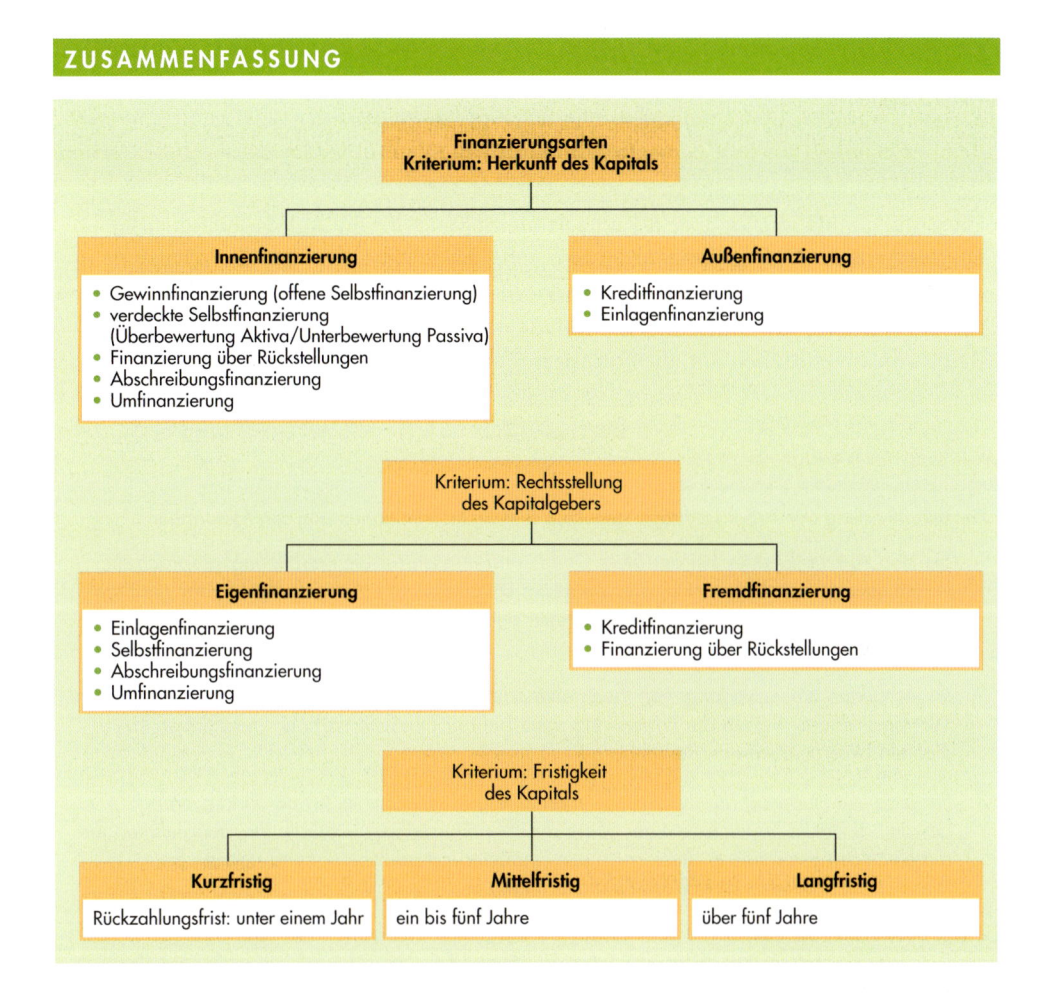

Finanzierungsarten
Kriterium: Herkunft des Kapitals

Innenfinanzierung
- Gewinnfinanzierung (offene Selbstfinanzierung)
- verdeckte Selbstfinanzierung (Überbewertung Aktiva/Unterbewertung Passiva)
- Finanzierung über Rückstellungen
- Abschreibungsfinanzierung
- Umfinanzierung

Außenfinanzierung
- Kreditfinanzierung
- Einlagenfinanzierung

Kriterium: Rechtsstellung des Kapitalgebers

Eigenfinanzierung
- Einlagenfinanzierung
- Selbstfinanzierung
- Abschreibungsfinanzierung
- Umfinanzierung

Fremdfinanzierung
- Kreditfinanzierung
- Finanzierung über Rückstellungen

Kriterium: Fristigkeit des Kapitals

Kurzfristig	Mittelfristig	Langfristig
Rückzahlungsfrist: unter einem Jahr	ein bis fünf Jahre	über fünf Jahre

Lernfeld 6   Finanzierungsentscheidungen treffen

Lernsituation: Unterschiedliche Investitions- und Finanzierungsvorgänge beschreiben

UNTERNEHMENSPROFIL

Die Stütz GmbH in Ulm, ist ein Zulieferunternehmen für die Automobilindustrie. Die Nachfrage ist in den letzten Jahren stetig gewachsen; auch in den nächsten Jahren rechnet die Stütz GmbH mit weiteren Umsatzzuwächsen.

Im Geschäftsbericht für das gerade abgelaufene Jahr 06 listet die Stütz GmbH eine Reihe von Investitionen auf, die von ihr im Jahr 06 durchgeführt wurden.

ARBEITSAUFTRÄGE

Zur Beantwortung der Arbeitsaufträge benutzen Sie die Informationen aus den Materialien.

1 Sie sind Auszubildender bei der Stütz GmbH und müssen für ein Ausbildungsgespräch die verschiedenen Investitionsarten, die von ihrem Unternehmen im abgelaufenen Jahr durchgeführt wurden, in einer Tischvorlage benennen und anhand konkreter Merkmale gegeneinander abgrenzen.

2 Ihr Ausbildungsleiter verlangt von Ihnen eine schriftliche Ausarbeitung, in der Sie mit eigenen Worten erklären, warum die Fristenkongruenz bei der Finanzierung der Investitionen im eigenen Unternehmen eine so zentrale Rolle spielt.

3 Für jede Investitionsart hat ihr Unternehmen eine ganz bestimmte Art der Finanzierung gewählt. Erklären Sie mithilfe einer übersichtlichen Darstellung, weshalb Ihr Unternehmen für die einzelnen Investitionen diese Form der Finanzierung gewählt hat und nennen Sie Alternativen zu diesen gewählten Finanzierungen.

4 In Ihrem Unternehmen bildet man jedes Jahr bestimmte Kennziffern der Finanzierung. In den vergangenen Jahren ermittelte man folgende Kennziffern: Von den gesamten finanziellen Mitteln, die das Unternehmen für Investitionen benötigte, stammten 70 % aus eigenen Mitteln (Eigenfinanzierung), 30 % aus fremden Mitteln (Fremdfinanzierung) und 60 % waren Mittel von außerhalb des Unternehmens (Außenfinanzierung). Berechnen Sie die Kennziffern in diesem Jahr.

5 Beschreiben Sie mit rechnerischem Nachweis die Auswirkungen dieser Investitions- und Finanzierungsmaßnahmen auf Bilanz und GuV vom 31.12.2007.

MATERIALIEN

Aktiva	Bilanz der Stütz GmbH in € am 31.12.2007		Passiva
I. Anlagevermögen		I. Eigenkapital	16 800 000,00
Grundstücke und Gebäude	34 400 000,00	II. Jahresüberschuss	1 500 000,00
Fuhrpark	411 000,00	III. Fremdkapital	
Technische Anlagen	760 000,00	Verbindlichkeiten gegenüber	
Betriebs- und Geschäftsausstattung		Kreditinstituten	
– Bürostühle	1,00	– langfristige	20 000 000,00
– Bürotische und -schränke	24 000,00	– kurzfristige	4 000 000,00
– Computer, Drucker	18 000,00	Verbindlichkeiten aus Lieferungen und Leistungen	5 319 200,00
II. Umlaufvermögen			
Vorräte	10 550 000,00		
Forderungen	1 300 000,00		
Bank	156 199,00		
	47 619 200,00		47 619 200,00

Investition ist nicht gleich Investition!

Unternehmen können sich aus den verschiedensten Gründen zu Investitionen veranlasst bzw. gezwungen sehen. Wird zum Beispiel eine komplett neue Produktionsstätte erstellt, spricht man von einer Neuinvestition. Das Anlagevermögen wird um einen Gegenstand erweitert, den es bisher so im Unternehmen nicht gegeben hatte, die Investition bringt eine Erweiterung der Kapazität mit sich. Folglich erhöht sich auch der Wert des Anlagevermögens. Werden hingegen zum alten Maschinenbestand noch drei weitere des gleichen Typs hinzugekauft, handelt es sich um eine Erweiterungsinvestition; das Anlagevermögen erhöht sich um den Wert der typgleichen Maschinen. Auch hier handelt es sich um eine Kapazitätserweiterung.

Eine völlig andere Art der Investition liegt vor, wenn das alte Lagergebäude (Festplatzlagersystem) abgerissen und durch ein neues Hochregallager (Freiplatzsystem) ersetzt wird. Ursache dieser Investition ist die Überlegung, dass zwar höhere Kosten bei der Beschaffung dieser Investition anfallen, dafür aber eine höhere Stellplatzkapazität, eine bessere Raumausnutzung und eine schnellere Zugriffsgeschwindigkeit mit diesem Lagersystem erreicht werden. Mit diesem neuen System ist ein rationelleres Arbeiten (größere Ausbringungsmenge in der gleichen Zeit bzw. eine höhere Lagerkapazität auf dem gleichen Raum) möglich, deshalb spricht man hier von einer Rationalisierungsinvestition. Auch in diesem Fall erhöht sich das Anlagevermögen durch den höheren Wert der Rationalisierungsinvestition.

Werden hingegen nur abgeschriebene Pkw, Lkw, Maschinen ... durch dieselbe Anzahl an typgleichen neuen Pkw, Lkw, Maschinen ersetzt, spricht man von einer Ersatzinvestition. Der Wert des Anlagevermögens erhöht sich um die Anschaffungskosten der Ersatzinvestitionen.

Finanzierung ist nicht gleich Finanzierung!

Innenfinanzierung	Außenfinanzierung
Im Unternehmen erwirtschaftete Mittel werden zur Finanzierung im Unternehmen verwendet. **Formen:** **1. Gewinnfinanzierung** Der Gewinn bleibt ganz oder teilweise im Unternehmen und wird nicht von den Eigentümern entnommen. **Merkmale:** a. Diese Mittel sind Eigenkapital und stehen dem Unternehmen deshalb unbefristet zur Verfügung. b. Diese Mittel werden bevorzugt verwendet, um Gegenstände des Anlagevermögens zu finanzieren. Je langfristiger der Anlagegegenstand im Unternehmen ist, desto eher sollte er eigenfinanziert werden. **2. Abschreibungsfinanzierung** • Abschreibungen sind **buchhalterisch** einerseits Aufwendungen in der GuV, andererseits bewirken Abschreibungen Wertminderungen bei Gegenständen des Anlagevermögens. • In der **Kostenrechnung** sind Abschreibungen Kosten für das Unternehmen. Diese Kosten werden, wie Personal-, Materialkosten … in die Preise der Produkte eingerechnet, d. h. je höher die Abschreibungen, desto höher sind die Verkaufspreise, die die Kunden bezahlen müssen. Über den Verkauf der Produkte zahlt der Kunde über die ganze Nutzungs- bzw. Abschreibungsdauer hinweg folglich die Kosten des Anlagegutes. Wird ein Anlagegut bspw. mit einem Bankkredit finanziert, kann der Bankkredit über diese Abschreibungserträge zurückgezahlt werden. Voraussetzung ist aber, dass die Zeit bis zur endgültigen Rückzahlung des Kredits mindestens der Abschreibungsdauer des Anlagegutes entspricht (**Fristenkongruenz**).	Das Kapital wird nicht im Unternehmen erwirtschaftet, sondern kommt von außerhalb des Unternehmens. **Formen:** **1. Beteiligungsfinanzierung** Ein oder mehrere Personen von außerhalb des Unternehmens stellen dem Unternehmen **Eigenkapital** zur Verfügung und beteiligen sich als Gesellschafter an dem Unternehmen. **Merkmale:** a. Eigenkapital in der Bilanz wird erhöht. b. Kapital steht unbefristet zur Verfügung → keine Rückzahlung Tilgung c. Zinszahlungen an Eigentümer müssen nicht bezahlt, sondern können bei Verlusten auch ausgesetzt werden **Beispiele:** 1. Beteiligung als Komplementär oder Kommanditist an einer KG 2. Beteiligung als Gesellschafter an einer GmbH **2. Fremdfinanzierung** Das Unternehmen nimmt Fremdkapital auf • in Form von Geldkrediten (in aller Regel Bankkredite) oder Lieferantenkrediten (Waren-/Materialeinkauf auf Ziel). **Merkmale:** a. Das Fremdkapital steht dem Unternehmen nur **befristet** zur Verfügung. b. **Zins- und Tilgungszahlungen müssen** geleistet werden.
Eigenfinanzierung	**Fremdfinanzierung**
Merkmale: a. Eigenkapital in der Bilanz wird erhöht b. Kapital steht unbefristet zur Verfügung **Möglichkeiten:** a. Einbehaltung von Gewinnen im Unternehmen (Innenfinanzierung) b. Abschreibungsfinanzierung (Innenfinanzierung) c. Kapitaleinlagen von alten oder neuen Gesellschaftern (Außenfinanzierung)	**Merkmale:** a. Fremdkapital in der Bilanz wird erhöht b. Kapital steht nur befristet zur Verfügung und muss zurückgezahlt (getilgt) werden c. Zinszahlungen im Rahmen von Krediten müssen in jedem Fall erfolgen **Möglichkeiten:** a. Kredite von Kreditinstituten b. Lieferantenkredite

Finanzierungsentscheidungen treffen

Lernfeld 6

Auszug aus dem Geschäftsbericht der Stütz GmbH für das Jahr 2007:

Gleich zu Beginn des Jahres, im Januar, wurden zwei weitere Lkw, Marke Daimler Actros Typ 214, zur Vergrößerung des betrieblichen Fuhrparks für insgesamt 270 000,00 € beschafft. Die Abschreibungsdauer beträgt neun Jahre. Bei den im Fuhrpark bereits vorhandenen Lkw handelt es sich um den gleichen Typ. Als Finanzierung bot uns unsere Hausbank einen langfristigen Kredit (Laufzeit zehn Jahre) zu sehr guten Konditionen an.
Im Raum Stuttgart, einer Region, in der unser Absatz sehr stark wächst, haben wir im abgelaufenen Jahr eine Vertriebsniederlassung gegründet. Die Fertigstellung erfolgte am 31.12.2007. Das Investitionsvolumen belief sich auf 3 500 000,00 €; die Abschreibungsdauer beträgt 40 Jahre. Wie in unserem Unternehmen üblich, finanzieren wir diese Art von Investitionen nur mit eigenen Mitteln. Im konkreten Fall verzichteten die Gesellschafter komplett auf eine Gewinnausschüttung; der Rest wurde durch weitere Einlagen der Gesellschafter finanziert. Wie sich im Verlauf des Jahres herausstellte, konnte das Verpackungsvolumen mit den beiden vorhandenen Verpackungsmaschinen nicht mehr bewältigt werden. Die Geschäftsleitung entschloss sich, eine neue, viel leistungsfähigere Verpackungsmaschine zu beschaffen. Am 01.07.2007 wurde die Verpackungsmaschine für 130 000,00 € gekauft (Abschreibungsdauer sieben Jahre). An Schulungskosten für die Mitarbeiter und Montagekosten mussten weitere 10 000,00 € aufgewendet werden. Auch diese Investition wurde mit einem Kredit der Hausbank mit einer Laufzeit über sieben Jahre fremdfinanziert. Die Tilgung/Rückzahlung der Bankkredite erfolgt grundsätzlich erst am Ende der Laufzeit.
Durch das starke Wachstum waren wir auch gezwungen, unsere Lagervorräte um 2 000 000,00 € aufzustocken (November 2007). Mit den Lieferanten vereinbarten wir dafür die üblichen dreimonatigen Zielzahlungen. Da wir in dieser Zeit unsere Vorräte verarbeitet und verkauft haben, benötigen wir für die Aufstockung unserer Vorräte keine weitere Form der Finanzierung.
Durch die derzeit extrem niedrigen Kosten der Finanzierung haben wir bei der Auswahl der jeweiligen Finanzierung in erster Linie auf die Fristenkongruenz bei der Finanzierung geachtet, d. h., langfristig im Unternehmen angelegte Gegenstände müssen auch langfristig finanziert werden, kurzfristig angelegte Gegenstände können auch kurzfristig finanziert werden.

Lernsituation: Eine Finanzierungsentscheidung treffen

UNTERNEHMENSPROFIL

Die Stütz GmbH in Ulm ist ein Zulieferunternehmen für die Automobilindustrie. Die Nachfrage ist in den letzten Jahren stetig gewachsen; auch in den nächsten Jahren rechnet die Stütz GmbH mit weiteren Umsatzzuwächsen.

In einer Gesellschafterversammlung beschlossen die Gesellschafter den Umbau der Lagerhalle (Fertigstellungszeitpunkt 31.12.07, Zahlungstermin 01.01.08). Laut Kostenvoranschlag der Bauunternehmung ergibt sich ein Kapitalbedarf von 6 Mio. €. Bei der einberufenen Gesellschafterversammlung stimmen die Gesellschafter Wetzel, Mayer und Haiß grundsätzlich mit der vom geschäftsführenden Gesellschafter Stütz geäußerten Feststellung überein, dass „unsere Gesellschaft zuerst die internen Finanzierungsmöglichkeiten sowie die Möglichkeiten der Einlagenfinanzierung von Gesellschaftern komplett ausschöpft, bevor Fremdkapital von außen beschafft wird. Diese seit Langem in unserem Unternehmen bewährten Finanzierungsgrundsätze gelten selbstverständlich auch für dieses aktuelle Finanzierungsvorhaben".

Lernfeld 6

Finanzierungsentscheidungen treffen

ARBEITSAUFTRÄGE

Die Informationen zur Beantwortung der Arbeitsaufträge entnehmen Sie den Materialien.

1. Im Rahmen eines Ausbildungsgesprächs beauftragt Sie Ihr Ausbilder, zusammen mit anderen Auszubildenden zunächst die Finanzierungsgrundsätze der Stütz GmbH zu erklären und anschließend rechnerisch zu überprüfen, ob und inwieweit eine Finanzierung nach den Vorstellungen der Gesellschafter möglich ist.

2. Anschließend erklären Sie als Auszubildender des 3. Ausbildungsjahres den anderen Auszubildenden Voraussetzungen, die gegeben sein müssen, damit die Abschreibungsrückflüsse auch tatsächlich in dem geplanten Umfang in das Unternehmen zurückfließen.

3. Die Gesellschafter sind nur bereit maximal 2 400 000,00 € an weiteren Einlagen einzubringen, deshalb holt die Stütz GmbH ein Kreditangebot der Ulmer Volksbank ein. Ihr Ausbilder gibt Ihrer Gruppe den Auftrag, die Kreditdaten mithilfe der Tabelle vollständig für das Jahr 08 zu berechnen, um mehr Informationen über die Bedingungen des Kredits zu erhalten.

4. Eine Auszubildende aus dem 3. Ausbildungsjahr, die Finanzierung bereits in der Berufsschule kennengelernt hat, gibt zu bedenken, dass eine isolierte Betrachtung der Zahlungsströme dieser Kreditfinanzierung nicht ausreicht, vielmehr müsste die gesamte Liquiditätslage des Unternehmens in Form eines veränderten Finanzplans neu berechnet und beurteilt werden. Überprüfen Sie ihre Anmerkung, indem Sie einen neuen Finanzplan erstellen und die Liquiditätssituation des Unternehmens beurteilen.

5. Ihr Ausbilder gibt dann – hinter vorgehaltener Hand – zu verstehen, dass er die „bewährten" Finanzierungsgrundsätze im Unternehmen nicht ganz versteht. Für ihn ist die Kreditfinanzierung durchaus eine Alternative zur Eigenfinanzierung, insbesondere bei der derzeit hervorragenden Gewinnsituation des Unternehmens. Begründen Sie mit rechnerischem Nachweis, wie diese Kreditfinanzierung im vorliegenden Fall den Gewinn beeinflusst.

MATERIALIEN

Finanzplan des Jahres 08:

Monate	Januar	Februar	März	April
Einzahlungen				
– Umsatzerlöse	2 500 000,00	1 540 000,00	2 590 000,00	2 610 000,00
– Sonstige Einnahmen	1 200 000,00	900 000,00	1 250 000,00	1 320 000,00
Summe				
Auszahlungen				
– Löhne/Gehälter	400 000,00	400 000,00	410 000,00	410 000,00
– Material/Waren	1 800 000,00	1 850 000,00	1 900 000,00	1 850 000,00
– Reparaturen	80 000,00	100 000,00	50 000,00	60 000,00
– Versicherungen	70 000,00	70 000,00	70 000,00	70 000,00
Summe				
Defizit				
Überschuss				

Anlagekarte Nr. 105

Inventar- und Bilanzposition	0840 Fuhrpark	
Nutzungsdauer in Jahren	9	
Abschreibungsverfahren	Linear	
Abschreibungssatz		

Buchungsdatum	Beleg-Nr.	Text	Anschaffungskosten in €	Abschreibungsbetrag in €
01.01.01	13	Kauf Lkw	180 000,00	
01.01.03	87	Kauf Lkw	189 000,00	
01.01.05	211	Kauf Lkw	198 000,00	
01.01.07	222	Kauf Lkw	198 000,00	
Summe			765 000,00	

Anlagekarte Nr. 106

Inventar- und Bilanzposition	0500 Gebäude	
Nutzungsdauer in Jahren	50	
Abschreibungsverfahren	Linear	
Abschreibungssatz		

Buchungsdatum	Beleg-Nr.	Text	Anschaffungskosten in €	Abschreibungsbetrag in €
01.01.02	2	Kauf Betriebsgebäude	5 000 000,00	

Anlagekarte Nr. 107

Inventar- und Bilanzposition	0850 Betriebs- und Geschäftsausstattung	
Nutzungsdauer in Jahren	7	
Abschreibungsverfahren	Linear	
Abschreibungssatz		

Buchungsdatum	Beleg-Nr.	Text	Anschaffungskosten in €	Abschreibungsbetrag in €
01.01.01	14	Kauf Betriebs- und Geschäftsausstattung	1 400 000,00	

Lernfeld 6 — Finanzierungsentscheidungen treffen

Aktiva	Bilanz der Stütz GmbH am 31.12.2007		Passiva
I. Anlagevermögen		I. Eigenkapital	16 800 000,00
Grundstücke und Gebäude	34 400 000,00	II. Jahresüberschuss	1 100 000,00
Fuhrpark	411 000,00	III. Fremdkapital	
Technische Anlagen	760 000,00	Verbindlichkeiten gegenüber	
Betriebs- und Geschäfts-ausstattung		Kreditinstituten	
– Bürostühle	1,00	– langfristige	20 000 000,00
– Bürotische und -schränke	24 000,00	– kurzfristige	4 000 000,00
– Computer, Drucker	18 000,00	Verbindlichkeiten aus Lieferungen und Leistungen	5 319 200,00
II. Umlaufvermögen			
Vorräte	10 550 000,00		
Forderungen	1 300 000,00		
Bank	156 199,00		
	47 219 200,00		47 219 200,00

Zeit \ Kreditdaten	Darlehenshöhe	Tilgung	Zinsen
Januar			
Februar			
März			
April			
Mai			
Juni			
Juli			
August			
September			
Oktober			
November			
Dezember			

Darlehensvertrag	
Darlehensnehmer (Name, Anschrift) Stütz GmbH Mannheimer Str. 23–25 89017 Ulm	Bank Ulmer Volksbank eG Olgaplatz 1 89073 Ulm

Darlehensnehmer und Bank schließen folgenden Vertrag ab:

1. **Höhe des Darlehens:** Die Bank stellt dem Darlehensnehmer ein Darlehen zur Verfügung in Höhe von: 3 000 000,00 €

2. **Verwendungszweck:** Neubau einer Lagerhalle

3. **Laufzeit:** 10 Jahre

3. **Konditionen:**

3.1 **Verzinsung:** Das Darlehen ist ab dem Tag der Auszahlung mit 10 % (Nominalzinssatz) jährlich zu verzinsen.
Die Zinsen werden fällig am Ende des ☒ Monats.

3.2 **Auszahlung:** Das Darlehen wird zu einem Auszahlungskurs von 100 % ausbezahlt.

4. **Darlehensrückzahlung:** Das Darlehen ist wie folgt zurückzuzahlen:
☒ Tilgung am Ende jeden Monats, gleichmäßig über die Laufzeit verteilt, erstmals am 31.01.08

5. **Sicherheiten:** Als Sicherheit stellt der Kreditnehmer dem Kreditgeber folgende Sicherheit:

Erstrangige Grundschuld auf das Firmengebäude Mannheimer Str. 23–25, eingetragen im Grundbuch der Stadt Ulm.

Ort, Datum	Darlehensnehmer
Ulm, 11. Oktober. 07	
Ort, Datum	Bank
Ulm, 11. Oktober 07	

Lernfeld 6 — Finanzierungsentscheidungen treffen

AUFGABEN

1. Welche Rechtsstellung haben die Kapitalgeber
   a) im Rahmen der Fremdfinanzierung,
   b) im Rahmen der Eigenfinanzierung?

2. Weshalb eignet sich die GmbH im Allgemeinen nicht zur Aufbringung großer Kapitalsummen?

3. a) Eine KG hat drei Gesellschafter A, B und C (Kommanditist). Die Kapitalanteile der Gesellschafter zu Beginn des Geschäftsjahres betrugen 1,5 Mio. €, 800 000,00 € und 600 000,00 €. A hat am 12. Juli ein Grundstück im Wert von 400 000,00 € eingebracht und am 31. März, 30. Juni, 30. September und 31. Dezember jeweils 20 000,00 € für private Zwecke entnommen.
   B hat am 3. März 30 000,00 € und am 7. April 25 000,00 € entnommen. Der Jahresgewinn beträgt 300 000,00 €. Die Verteilung des Restgewinns wird im Verhältnis 5 : 5 : 2 durchgeführt. Nehmen Sie die Gewinnverteilung anhand der Bestimmungen des HGB vor.
   b) Welche Art der Selbstfinanzierung liegt hier vor (Begründung)?
   c) Geben Sie die Höhe der Eigenfinanzierung in diesem Beispiel an.

4. Eine Maschine, Anschaffungskosten 100 000,00 €, Nutzungsdauer acht Jahre, wird linear abgeschrieben.
   a) Welcher Bilanzansatz ergibt sich am Ende des dritten Jahres?
   b) Liegt hier eine Selbstfinanzierung vor und wenn ja, in welchem Umfang?

5. Die Adam Kolb OHG, Großhändler von Kunststoffteilen für den Haushaltsgerätebau, plant folgende Investitionen:
   - Umbau einer Lagerhalle, die dann eine Lagerung der Fertigerzeugnisse auf Paletten ermöglicht. Kapitalbedarf: 320 000,00 €
   - Kauf zweier Gabelstapler, deren Anschaffung durch die neue Art der Lagerhaltung erforderlich wird. Kapitalbedarf: 125 000,00 €

   Die Gesellschafter Adam und Walter Kolb erörtern folgende Finanzierungsmöglichkeiten:

   1. Umbau Lagerhalle:
      - Die Gewinnanteile für beide Gesellschafter werden am Ende des laufenden Geschäftsjahres nach Abzug der Privatentnahmen voraussichtlich 29 000,00 € betragen. Dieser Betrag soll nicht ausgeschüttet, sondern zur Finanzierung der baulichen Veränderungsmaßnahmen verwendet werden.
      - Der Bruder Wilhelm Kolb, der sich eventuell mit 300 000,00 € als Komplementär an dem Unternehmen beteiligen will, soll zum Eintritt aufgefordert werden. Mit der Einlage soll die restliche Bausumme finanziert werden.

   2. Gabelstapler
      - Aus Abschreibungsrückflüssen stehen zur Finanzierung der Gabelstapler 45 000,00 € bereit.
      - Die Restsumme soll durch ein Bankdarlehen finanziert werden.

   Die Hausbank der Adam Kolb OHG nennt für ein Darlehen bis zu 80 000,00 € folgende Konditionen:
   Laufzeit: 48 Monate, Auszahlung: 100 %, Zinssatz: 7 % der ursprünglichen Darlehenssumme, Bearbeitungsgebühr: 2 %, Beleihungssatz der Gabelstapler: 70 % des Anschaffungswertes. Die Hausbank stellt gleichzeitig die Erhöhung des Kreditlimits des Kontokorrentkredites von bisher 50 000,00 € auf 80 000,00 € in Aussicht.

Finanzierungsentscheidungen treffen — Lernfeld 6

a) Erläutern Sie kurz die im Sachverhalt erwähnten Finanzierungsarten.
b) Welche Vorteile hat die Finanzierung durch Nichtausschüttung der Gewinne für die Adam Kolb OHG? (drei Vorteile)
c) Welche Nachteile können sich für die bisherigen Gesellschafter durch die Aufnahme eines neuen Gesellschafters ergeben? (zwei Nachteile)
d) Worauf kann die Kreditwürdigkeit (Bonität) der Adam Kolb OHG beruhen?
e) Würden Sie es für sinnvoll halten, wenn die Kolb OHG die Gabelstapler unter Ausnutzung des erhöhten Kreditlimits mit dem Kontokorrentkredit finanzieren würde? (Begründung)
f) Ermitteln Sie den Betrag, den die Adam Kolb OHG für die Gabelstapler bei der Darlehensfinanzierung insgesamt aufbringen müsste. Berücksichtigen Sie dabei die Konditionen der Hausbank.
g) Berechnen Sie die effektive Verzinsung des Bankdarlehens bei einer Laufzeit von vier Jahren.
h) Als alternative Darlehensbedingungen bietet die Hausbank an: 97 % Auszahlung; 6,5 % Zins. Berechnen Sie die effektive Zinsbelastung für die gesamte Laufzeit.

6 Die Maier KG ist ein mittelständisches Unternehmen, das u. a. mit Büromöbeln handelt. Die bereits gute Nachfrage im Ausland soll durch den weiteren Ausbau der Außendienstorganisation im europäischen Ausland und den Bau einer neuen Lagerhalle verbessert werden. Der Kapitalbedarf dafür beträgt 2,5 Mio. €. Bei der einberufenen Gesellschafterversammlung vertreten die anwesenden Gesellschafter einhellig folgende Meinung: „Der Kapitalbedarf soll vorrangig mit Mitteln der Innenfinanzierung beschafft werden. Auf Mittel von außen werden wir so weit wie möglich verzichten."

a) Wie unterscheiden sich grundsätzlich
- Innen- und Außenfinanzierung,
- Eigen- und Fremdfinanzierung?

b) Beschreiben Sie die Merkmale der einzelnen Finanzierungsarten. Welche Zielsetzungen bei der Finanzierung lassen sich aus den Äußerungen der Gesellschafter erkennen?

c) Für das Investitionsvorhaben stehen folgende Finanzierungsquellen zur Verfügung.
- Der Jahresüberschuss des vergangenen Jahres beträgt 2,55 Mio. €, $1/3$ davon werden in die Gewinnrücklagen eingestellt, der Rest steht für die Finanzierung zur freien Verfügung. Eine Berücksichtigung der Steuerbelastung ist nicht notwendig.
- Die Gesellschafter Maier und Wenz jun. sind bereit, ihre Stammeinlagen um jeweils 500 000,00 € zu erhöhen.
- Die Hausbank bietet der Gesellschaft ein Darlehen in Höhe von 1 Mio. € an. Die Konditionen sind wahlweise:
  – Auszahlungskurs 98 %, Nominalzins 8 %, Laufzeit acht Jahre, Tilgung am Ende der Laufzeit,
  – Auszahlungskurs 98 %, Nominalzins 8 %, Laufzeit acht Jahre, Tilgung in jährlich gleichbleibend hohen Raten am Ende des Jahres.

1. Ordnen Sie den Finanzierungsquellen die Begriffe Innen-/Außenfinanzierung bzw. Eigen-/Fremdfinanzierung zu.
2. Kann die Finanzierung der Investition nach den Finanzierungsgrundsätzen der Gesellschafter durchgeführt werden? (Rechnerischer Nachweis)

3. Berechnen Sie die Kosten und den Liquiditätsabfluss in den einzelnen Jahren der beiden Alternativen der Darlehensgewährung. Erstellen Sie dazu für jede Alternative folgende Tabelle:

Jahr	Kredithöhe	Tilgung	Zinsen	Belastung

4 Leasing, Factoring

PROBLEM

Leasing läuft dem Bankkredit in vielen Unternehmen den Rang als Finanzierungsinstrument ab. Wer heute eine Investition finanzieren will, zieht oft Leasing dem Bankkredit vor. Beim Leasing überlassen die Unternehmen den Kauf einer Maschine oder eines Fahrzeugs einer Leasinggesellschaft und zahlen dieser Gesellschaft eine monatliche Nutzungsgebühr. Leasing schont somit die Liquidität, weil das Anlagegut nicht selbst gekauft werden muss; das Eigenkapital kann für andere Zwecke eingesetzt werden.

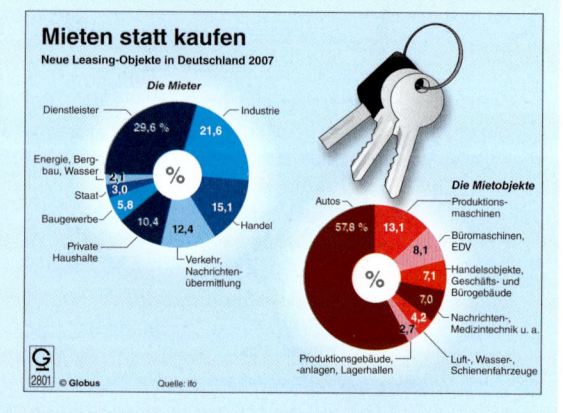

Die Attraktivität des Finanzierungsinstruments Leasing zeigt sich vor allem, wenn man die Entwicklung der Leasingquote betrachtet. Während 1970 nur ca. 3 % aller mobilen Vermögensgegenstände geleast wurden, sind es heute bereits ca. 25 %, mit stetig steigender Tendenz. Bei den geleasten Immobilien stieg im gleichen Zeitraum die Zahl von etwa 2 % auf rund 20 %, ebenfalls mit stark steigender Tendenz. Besondere Bedeutung hat Leasing bei der Finanzierung des Fuhrparks. In diesem Bereich ist Leasing mit großem Abstand das wichtigste Finanzierungsinstrument.

1. Wie funktioniert das Finanzierungsmodell „Leasing"?
2. Welche Bedeutung hat Leasing als Finanzierungsinstrument?

Bei der traditionellen Kreditfinanzierung werden die Hürden für die Kreditgewährung durch Anforderungen an die Bilanzstruktur, insbesondere die Höhe der Eigenkapitalquote, immer höher. Deshalb suchen Unternehmen mehr und mehr nach Finanzierungsalternativen, die die Bilanz nicht belasten. Dies ist sowohl bei Leasing wie auch bei Factoring der Fall. Beide Finanzierungen ersetzen also den klassischen Bankkredit nicht, aber sie sind in vielen Fällen eine sinnvolle Alternative.

4.1 Leasing

Wesen des Leasings

Durch Leasing werden vertraglich die Nutzungsrechte an beweglichen und unbeweglichen Gütern für eine bestimmte Zeit und gegen Entgelt auf den Mieter bzw. Pächter übertragen. Leasing ist deshalb eine Sonderform der Finanzierung, weil an die Stelle eines Kaufs mit Eigen- oder Fremdkapital ein spezieller Miet- bzw. Pachtvertrag tritt. Der Vermieter wird dabei Leasinggeber, der Mieter Leasingnehmer genannt.

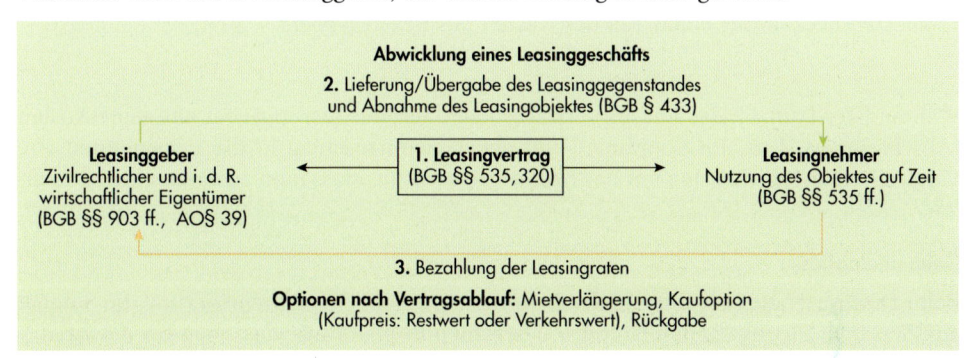

Abwicklung eines Leasinggeschäfts

2. Lieferung/Übergabe des Leasinggegenstandes und Abnahme des Leasingobjektes (BGB § 433)

Leasinggeber	1. Leasingvertrag	Leasingnehmer
Zivilrechtlicher und i. d. R. wirtschaftlicher Eigentümer (BGB §§ 903 ff., AO§ 39)	(BGB §§ 535, 320)	Nutzung des Objektes auf Zeit (BGB §§ 535 ff.)

3. Bezahlung der Leasingraten

Optionen nach Vertragsablauf: Mietverlängerung, Kaufoption (Kaufpreis: Restwert oder Verkehrswert), Rückgabe

Formen des Leasings

Stellung des Leasinggebers	Dauer und Kündbarkeit des Leasingvertrages	Art des Leasinggegenstandes
• **Direktes Leasing (Herstellerleasing):** Der Hersteller vermietet seine selbst erstellten Güter mittels einer eigenen Leasinggesellschaft. Zentrale Aufgabe dieser Leasinggesellschaft ist die Absatzförderung.	• **Financeleasing:** Längerfristige Vermietung des Leasinggegenstandes mit einer unkündbaren Grundmietzeit. Die Leasingdauer ist so lang und die daraus resultierenden Leasingraten sind so hoch, dass ein Großteil der Kosten des Leasinggutes gedeckt sind. Oft hat der Leasingnehmer am Ende des Leasingvertrages ein Kaufrecht an dem Gegenstand.	• **Mobilienleasing:** Darunter versteht man die Vermietung von Kraftfahrzeugen, EDV-Anlagen, Maschinen usw., d. h. Gegenständen, die einzeln wirtschaftlich genutzt werden können.
• **Indirektes Leasing:** Herstellerunabhängige Gesellschaften vermieten Güter, die sie vom Hersteller erworben haben. Aufgabe dieser Leasinggesellschaften ist ausschließlich die Vermietung von Leasinggütern zum Zwecke der Gewinnerzielung.	• **Operateleasing:** Kurzfristige Vermietung des Leasinggegenstandes mit der Möglichkeit, den Leasingvertrag jederzeit zu kündigen. Die Leasingraten decken nur einen geringen Teil der Kosten des Leasinggebers. Deshalb ist Operateleasing nur möglich bei Gegenständen, bei denen eine wiederkehrende Nachfrage vorhanden ist.	• **Immobilienleasing:** Beim Immobilienleasing geht es um die Vermietung von Gebäuden und ganzen Betriebsanlagen.

Lernfeld 6 — Finanzierungsentscheidungen treffen

Ausgestaltung des Leasingvertrages

- **Vollamortisationsverträge:** Die Leasingzahlungen während der unkündbaren Grundmietzeit decken die gesamten Investitionskosten des Leasinggebers (Anschaffungs-/Herstellungskosten inklusive der Finanzierungskosten und einer Gewinnspanne). Beträgt die Grundmietzeit mindestens 40 % und höchstens 90 % der betriebsgewöhnlichen Nutzungsdauer des Leasinggutes gilt der Leasinggeber als Eigentümer des Gegenstandes.
- **Teilamortisationsverträge:** Die Leasingzahlungen während der unkündbaren Grundmietzeit decken nur einen Teil der Kosten des Leasinggebers.

Kosten und steuerliche Aspekte des Leasings

Während der Laufzeit des Leasingvertrages kalkuliert der Leasinggeber alle seine Kosten (Abschreibung, Zins, Risikoprämie) und den Gewinnzuschlag in die Leasingraten ein. Vergleicht man nun Leasing mit der Kreditfinanzierung, muss man zwei Aspekte betrachten:

Geldmittelabfluss

Beim Leasing ist dies die monatliche Leasingrate, bei der Kreditfinanzierung die Summe aus Zins und Tilgung für den Kredit. Zu beachten ist allerdings, dass man bei der Kreditfinanzierung Eigentum erwirbt. Beim Leasing nur dann, wenn eine Kaufoption mit einer Restzahlung geleistet wird.

Steuerliche Aspekte

Bei der Kreditfinanzierung kann der Kreditnehmer als steuerlichen Aufwand den Zins- und Abschreibungsaufwand ansetzen. Leasingverträge werden im Regelfall so gestaltet, dass der Leasinggeber der Eigentümer des Gegenstandes ist. Folglich kann der Leasingnehmer das Leasinggut steuerlich nicht abschreiben; nur die Leasingraten sind steuerlich absetzbar.

Beispiel: Die TRIAL GmbH, die einen neuen Firmen-Pkw benötigt, Preis 28 555,00 €, wählt zwischen folgenden Finanzierungsalternativen:

a) Finanzierung durch Bankkredit: 13,5 % Zins und jährlich gleichbleibende Tilgung, Laufzeit sechs Jahre. Die betriebsgewöhnliche Nutzungsdauer des Pkw beträgt sechs Jahre.

b) Leasing: Der Leasingvertrag wird mit der Leasinggesellschaft des Pkw-Herstellers abgeschlossen. Die monatliche Leasingrate beträgt 450,00 €. Es wird eine unkündbare Grundmietzeit von 36 Monaten vereinbart.

Fragen:

1. Bestimmen Sie die hier auftretenden Formen des Leasings.

2. Stellen Sie die Kosten beider Finanzierungsalternativen für die Dauer von drei Jahren in nachfolgender Tabelle gegenüber:

Kreditfinanzierung					Leasing	
Jahr	Zinsaufwand	Tilgung	Lineare Abschreibung	Steuerlicher Aufwand	Leasingrate	Steuerlicher Aufwand

Finanzierungsentscheidungen treffen **Lernfeld 6**

2.1 Berechnen Sie den gesamten Zahlungsmittelabfluss in den drei Jahren bei Kreditfinanzierung und bei Leasing.
2.2 Vergleichen Sie den steuerlichen Aufwand.

Lösung:

1. • Nach der Stellung des Leasinggebers: Direktes Leasing
   • Nach der Dauer und Kündbarkeit des Leasingvertrages: Financeleasing
   • Nach der Art des Leasinggegenstandes: Mobilienleasing

2.

Kreditfinanzierung					Leasing	
Jahr	Zinsaufwand	Tilgung	Lineare Abschreibung	Steuerlicher Aufwand	Leasingrate	Steuerlicher Aufwand
1	3 854,93 €	4 759,17 €	4 759,17 €	8 614,10 €	5 400,00 €	5 400,00 €
2	3 212,44 €	4 759,17 €	4 759,17 €	7 971,61 €	5 400,00 €	5 400,00 €
3	2 569,95 €	4 759,17 €	4 759,17 €	7 329,12 €	5 400,00 €	5 400,00 €
Σ	9 637,32 €	14 277,51 €	14 277,51 €	23 914,82 €	16 200,00 €	16 200,00 €

Rechenweg:
Kreditfinanzierung: Steuerlicher Aufwand ist die Summe aus Zinsaufwand und Abschreibung.
Leasing: Nur die Leasingrate ist steuerlich ansetzbar.

Vor- und Nachteile des Leasings

Vorteile	Nachteile
• Finanzierung ausschließlich mit Fremdmitteln; keine langfristige Bindung von Eigenkapital • Verbesserung der Liquidität • Stellung von Kreditsicherheiten nicht erforderlich • Keine Aktivierung der Güter in der Bilanz des Leasingnehmers, sondern Abzugsfähigkeit der Leasingraten als Betriebsausgaben; dadurch Minderung der Gewerbe-, Einkommen- bzw. Körperschaftsteuer (Voraussetzung: entsprechende Vertragsgestaltung, d.h., die Grundmietzeit muss mindestens 40 % und darf höchstens 90 % der betriebsgewöhnlichen Nutzungsdauer des Leasinggutes betragen) • Möglichkeit der Anpassung der Mietzeit an die betrieblichen Bedürfnisse • Bezahlung der Mieten aus den laufend erwirtschafteten Erträgen des Mietobjekts (Parallellauf von Aufwand und Ertrag) • Verbesserung der Kennzahlen bei einer Bilanzanalyse • Klare Kostengrundlagen für Auftragskalkulationen und Risikoeingrenzung durch Verwertung des Gutes nach Vertragsablauf durch den Leasinggeber • Möglichkeit der Austauschbarkeit des Leasingobjekts vor Vertragsablauf gegen ein neueres Modell • Erhöhung der Beweglichkeit des Unternehmens	• Teurer als Eigen- oder Fremdkapital • Erfüllung bestimmter Bonitätsbedingungen notwendig, z.B. Kreditwürdigkeit des Leasingnehmers, stabile Bilanzverhältnisse, günstige Wachstums- und Ertragsaussichten des Unternehmens, positive Bank- und Handelsauskünfte • Bilanzierung des Leasinggutes beim Leasingnehmer, wenn die Grundmietzeit weniger als 40 % oder mehr als 90 % der betriebsgewöhnlichen Nutzungsdauer des Gegenstandes beträgt • Laufende Mietzahlung unabhängig von der Liquiditäts- und Rentabilitätslage • Vertragliche Bindung auf mehrere Jahre • Anfall sonstiger zusätzlicher Kosten, z.B. für Transport, Montage, Personaleinarbeitung oder Instandhaltung

4.2 Factoring

Wesen des Factorings

Factoring ist der Ankauf von kurzfristigen Forderungen aus Warenlieferungen und Dienstleistungen durch ein besonderes Finanzierungsinstitut (Factor). Aufgrund einer längerfristigen vertraglichen Vereinbarung kauft der Factor die entsprechenden Forderungen an, übernimmt dafür die Verwaltung (Buchhaltung, Inkasso, Mahnwesen) und das Kreditrisiko dieser Forderungen. Factoringgesellschaften sind im Regelfall Tochtergesellschaften von Kreditinstituten.

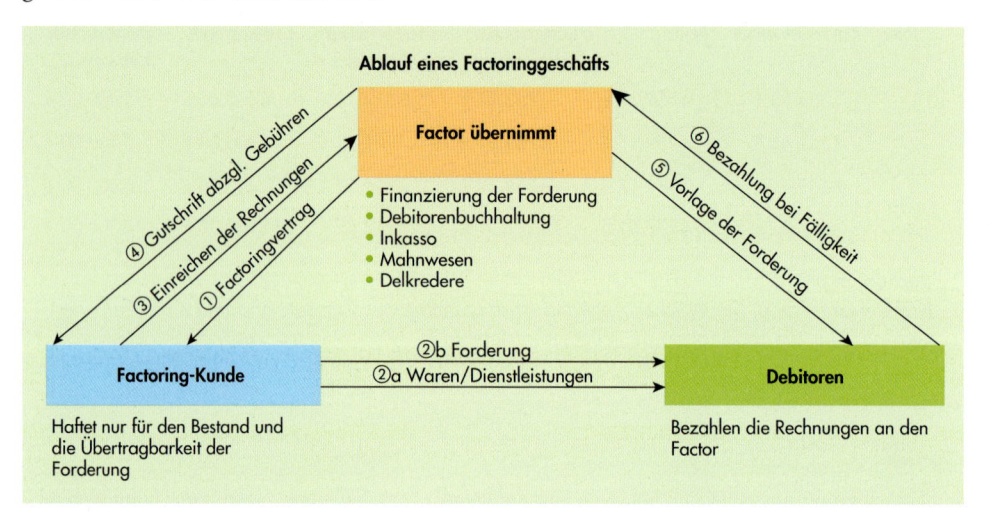

Ablauf eines Factoringgeschäfts

- **Factor übernimmt**
  - Finanzierung der Forderung
  - Debitorenbuchhaltung
  - Inkasso
  - Mahnwesen
  - Delkredere

① Factoringvertrag
③ Einreichen der Rechnungen
④ Gutschrift abzgl. Gebühren
⑤ Vorlage der Forderung
⑥ Bezahlung bei Fälligkeit

Factoring-Kunde — Haftet nur für den Bestand und die Übertragbarkeit der Forderung

②a Waren/Dienstleistungen
②b Forderung

Debitoren — Bezahlen die Rechnungen an den Factor

Kosten des Factorings

Die Kosten des Factorings sind davon abhängig, wie viele Leistungen des Factors der Kunde laut Factoringvertrag wünscht.

- **Finanzierung:** Marktübliche Zinsen für Kontokorrentkredite für die Bevorschussung der Forderungen.
- **Buchhaltung, Inkasso, Mahnwesen:** Dienstleistungsgebühren, abhängig vom Umsatz des Kunden und der Höhe der Einzelforderung.
- **Delkredere:** Delkrederegebühr, abhängig von der Bonität der Debitoren.

Nimmt der Factoringkunde alle Leistungen in Anspruch, ist das Factoring eine recht teure Form der Finanzierung. Zusätzlich muss berücksichtigt werden, dass der Factor die Forderung nur bis zu 80 bis 90 % des Forderungsbetrages bevorschusst. Der Restbetrag bleibt bis zur Einlösung der Forderung bzw. ihrem Ausfall auf einem Sperrkonto.

Auf der anderen Seite übernimmt der Factor das Ausfallrisiko zu 100 %. Darüber hinaus entschädigt der Factor seinen Kunden im Insolvenzfall bereits 90 bis 120 Tage nach Fälligkeit der Forderung, also ohne gerichtlichen Nachweis der Zahlungsunfähigkeit. Hierbei muss berücksichtigt werden, dass ein gerichtlicher Zahlungsunfähigkeitsnachweis häufig viele Monate beansprucht. Hinzu kommt noch, dass der Factor die Rechtsverfolgungskosten übernimmt.

Finanzierungsentscheidungen treffen — Lernfeld 6

Vor- und Nachteile des Factorings

Vorteile	Nachteile
• Bonitätsprüfung der Debitoren durch den Factor • Verbesserte Liquidität • Anpassung des Finanzierungsvolumens an die Umsatzentwicklung • Ausnutzung von Skonti möglich • Verbesserung des Bilanzbildes durch den Verkauf der Forderungen • Delkrederefunktion schützt vor Forderungsausfällen • Einsparung von Verwaltungskosten	• Relativ teuer • Möglicher Imageverlust bei Debitoren, wenn Forderungen zur Beschaffung von Liquidität verkauft werden

ZUSAMMENFASSUNG

Leasing: Bewegliche und unbewegliche Güter werden auf Zeit und gegen Entgelt vom Leasinggeber auf den Leasingnehmer übertragen.

Formen

Stellung des Leasinggebers	Dauer und Kündbarkeit des Leasingvertrages	Art des Leasinggegenstandes	Ausgestaltung des Leasingvertrages
• Direktes Leasing • Indirektes Leasing	• Financeleasing • Operateleasing	• Mobilienleasing • Immobilienleasing	• Vollamortisationsleasing • Teilamortisationsleasing

Factoring: Verkauf von Forderungen durch ein Unternehmen an einen Factor

Leistungen des Factors	Kosten des Factorings
• Finanzierung der ausstehenden Forderungen • Buchhaltung, Mahnwesen, Inkasso der Forderungen (Dienstleistungen) • Delkredereübernahme	• Zinskosten • Dienstleistungsgebühren • Delkrederegebühr

AUFGABEN

1 Die Metallgroßhandlung Hansen GmbH in Bremen erhält am 20. August von einem russischen Schrotthändler ein Angebot über einen Container Kupferschrott. Der russische Exporteur verlangt darin die Überweisung des Gesamtbetrages in Höhe von 20 000,00 € bis spätestens 10. September. Das Angebot ist nach Auskunft des Einkäufers äußerst günstig. Zur Finanzierung soll ein überraschender Zahlungseingang auf eine bereits abgeschriebene Forderung in Höhe von 3 956,25 € verwendet werden.

Lernfeld 6 — Finanzierungsentscheidungen treffen

Finanzplan

Auszug Finanzplan	September	Oktober	November	Dezember	Januar
Anfangsbestand Bank	3 000,00	−4 500,00	−5 700,00	5 340,00	32 140,00
Einnahmen					
Umsätze	60 000,00	65 000,00	70 000,00	85 000,00	95 000,00
Sonstige Einnahmen	8 000,00	8 000,00	7 000,00	6 000,00	6 500,00
Summe der Einnahmen	68 000,00	73 000,00	77 000,00	91 000,00	101 500,00
Ausgaben					
Metallwaren	40 000,00	35 000,00	32 000,00	28 000,00	23 000,00
Betriebsmittel	2 300,00	12 000,00	3 000,00	1 000,00	2 000,00
Personal	19 000,00	20 000,00	24 000,00	24 500,00	23 000,00
Steuern	10 000,00	4 020,00	3 800,00	9 560,00	4 580,00
Zinsen, Tilgung	4 200,00	3 180,00	3 160,00	1 140,00	2 120,00
Summe der Ausgaben	75 500,00	74 200,00	65 960,00	64 200,00	54 700,00
Überschuss/Einnahmen – Ausgaben			11 040,00	26 800,00	46 800,00
Fehlbetrag/Einnahmen – Ausgaben	7 500,00	1 200,00			

a) Berechnen Sie die Auswirkungen des Forderungseingangs auf den bestehenden Finanzplan.

b) Eine möglicherweise auftretende Finanzierungslücke im Finanzplan soll mit einem Bankkredit ausgeglichen werden. Bis 10. September sind keine Einnahmen und Ausgaben vorhanden. (Annahme: Die Einnahmen und Ausgaben gehen erst am letzten Tag des Monats auf dem Konto ein. Ausnahme: Bezahlung des Kupferschrotts am 10. September.)
Kreditbedingungen der Bank:
- Kontokorrentkredit: Limit 20 000,00 €; Sollzins 10,25 %; Überziehungszins 14,25 % (Annahme: Der Kontokorrentkredit kann in seiner Höhe nur monatsweise angepasst werden.)
- Darlehen: Laufzeit vier Monate; Zins 9,5 %, Kredithöhe 25 000,00 € (maximale Kredithöhe aufgrund der bestehenden Sicherheiten).

Finanzierungsentscheidungen treffen — Lernfeld 6

c)

Aktiva	Bilanz der Hansen GmbH zum 31. Dezember 08 (€)		Passiva
A. Anlagevermögen:		A. Eigenkapital:	
Grundstücke und Gebäude	4 100 000,00	Gezeichnetes Kapital	900 000,00
Maschinen	705 000,00	Kapitalrücklagen	100 000,00
Geschäftsausstattung	216 000,00	Gewinnrücklagen	300 000,00
Fuhrpark	65 000,00	Jahresüberschuss	105 000,00
B. Umlaufvermögen:		B. Fremdkapital:	
Vorräte	386 000,00	Darlehen	2 700 000,00
Forderungen Lief./Leist.	815 000,00	Kurzfristige Bankverb.	1 300 000,00
Wertpapiere des UV	146 000,00	Verbindlichkeiten	
Besitzwechsel	35 000,00	aus Lief./Leist.	807 100,00
Kasse	17 500,00	Wechselverbindlich-	
Bankguthaben	74 100,00	keiten	347 500,00
	6 559 600,00		6 559 600,00

Welche Möglichkeiten hat die Hansen GmbH, durch Factoring ihr „Bilanzbild" zu verbessern?

d) Der Fuhrpark besteht bisher aus zwei Lkw. Die Nutzungsdauer der Lkw beträgt neun Jahre. Die Wertminderung wird mittels linearer Abschreibung ermittelt.
- Wie hoch waren die ursprünglichen Anschaffungskosten der beiden Lkw am 1. Januar 01 (in €)?
- Erklären Sie an diesem Beispiel den Finanzierungseffekt der Abschreibung.
- Die Anschaffung neuer Lkw soll vollständig mit Mitteln der Innenfinanzierung erreicht werden, da der Fremdkapitalanteil schon sehr hoch ist. Erläutern Sie unter Berücksichtigung der Bilanz unter Punkt c) die Möglichkeiten der Innenfinanzierung.

e) Der Fuhrpark der Hansen GmbH ist weitgehend abgeschrieben. Der Kauf von zwei neuen Lkw ist dringend erforderlich. Die Kosten betragen 350 000,00 €. Der Unternehmung liegt folgendes Leasingangebot eines Lkw-Herstellers vor:
Monatliche Leasingrate: 6 000,00 €
Laufzeit des Leasingvertrages: vier Jahre
Restzahlung bei Kauf der Lkw am Ende der Laufzeit: 150 000,00 €
- Welche Formen des Leasings treten in diesem Fall auf?
- Wie hoch sind die Gesamtkosten in diesem Leasinggeschäft?
- Ein Fälligkeitsdarlehen der Bank mit fünf Jahren Laufzeit könnte mit 5 % Zins in Anspruch genommen werden. Welche der Finanzierungsalternative ist günstiger?

2 Bilanz eines Unternehmens im Jahr 01:

A	Bilanz am 31.12.01 (T€)		P
AV	1 000,00	EK	1 000,00
UV	4 000,00	FK	4 000,00
	5 000,00		5 000,00

Im Jahr 02 wird am 02.01. ein Lkw gekauft. Anschaffungskosten 180 000,00 €, betriebsgewöhnliche Nutzungsdauer neun Jahre, Kreditlaufzeit neun Jahre, gleichbleibende Tilgung.
- Erstellen Sie die Bilanz zum 31.12.02 bei Kauf dieser Lkw. Die Abschreibung des gesamten restlichen Anlagevermögens beträgt 80 000,00 €.
- Erstellen Sie die Bilanz zum 31.12.02 bei Leasing dieser Lkw. Die Leasingrate beträgt 30 000,00 €/Jahr.
- Wie verändert sich die EK-Quote?

5 Kreditsicherungen

PROBLEM

Viele kleine Unternehmer und Freiberufler wissen es zu schätzen, dass man in Pfandhäusern keine echten Schulden machen kann. Man bringt einen Gegenstand, den man im Unternehmen für eine gewisse Zeit entbehren kann, den man aber nicht verkaufen möchte, ins Pfandhaus. Im Pfandhaus wird dieser Gegenstand dann geschätzt, d.h., der Zeitwert wird ermittelt. Dieser Zeitwert ist die Grundlage für einen Pfandkredit. Die Pfandhäuser sind bei der Beleihung und Schätzung der Gegenstände in letzter Zeit vorsichtig geworden, weil die Preise für Uhren, Bilder usw. im Rahmen von Zwangsversteigerungen in letzter Zeit stark gesunken sind.

Beschreiben Sie, wie man einen Pfandkredit erhält.

Grundlage jedes Kreditvertrages ist für die Kreditinstitute die Kreditwürdigkeit des Kreditnehmers. Unter Kreditwürdigkeit versteht man, dass ein Kreditnehmer seine Kreditverpflichtungen vertragsgemäß erfüllen kann.

Dabei unterscheidet man zwischen

- persönlicher Kreditwürdigkeit und
- materieller Kreditwürdigkeit.

Die **persönliche Kreditwürdigkeit** gilt dann als gegeben, wenn der Kreditsuchende aufgrund seiner Zuverlässigkeit, seiner beruflichen Qualifikation bzw. seinen unternehmerischen Fähigkeiten Gewähr für die Rückzahlung der Kreditverbindlichkeiten bietet.

Unter **materieller Kreditwürdigkeit** versteht man die wirtschaftliche Lage des Kreditsuchenden. Bei Unternehmungen werden die Ertrags- und Liquiditätslage sowie die Vermögens und Kapitalstruktur als Maßstab herangezogen; bei Privatleuten die Einkommens- und Vermögensverhältnisse.

Grundlage für die Beurteilung der materiellen Kreditwürdigkeit sind bei Unternehmen u.a. folgende Hilfsmittel:

- die Prüfung und Auswertung von Jahresabschlüssen;
- externe Auskünfte von Auskunfteien, anderen Kreditinstituten, Kammern, Verbänden oder der Kreditschutz-Vereinigung für gewerbliche Kredite;
- Handelsregister- und Grundbuchauszüge;
- Gesellschafterverträge.

Werden Kredite ausschließlich aufgrund der Kreditwürdigkeit der Kreditsuchenden gewährt, spricht man von **Blankokrediten**. Der Kreditnehmer haftet dem Kreditinstitut mit seinem ganzen Vermögen; er muss dem Kreditinstitut aber keine zusätzlichen Sicherheiten zur Verfügung stellen. Bei Zahlungsunfähigkeit des Schuldners hat das Kreditinstitut gegenüber dem Gläubiger keinen bevorrechtigten Zugriff auf das Vermögen.

Bei **gesicherten Krediten** wird neben der Kreditwürdigkeit von den Kreditinstituten noch die Bereitstellung spezieller Kreditsicherheiten verlangt. Bei Zahlungsunfähigkeit des Schuldners hat das Kreditinstitut einen bevorrechtigten Zugriff auf die Kreditsicherheiten. Daneben bleibt der nicht bevorrechtigte Zugriff auf das restliche Vermögen erhalten.

Nach dem Gegenstand der Kreditsicherheit unterscheidet man in:
- Personalkredite (Bürgschaft, Diskontkredit)
- Realkredite (Sicherungsübereignung, Grundpfandrechte)

5.1 Bürgschaft (Personalkredit)

Wesen der Bürgschaft

Die Bürgschaft ist ein Vertrag, in dem sich der Bürge verpflichtet, dem Gläubiger für die Erfüllung der Verbindlichkeiten des Schuldners einzustehen (BGB § 765).

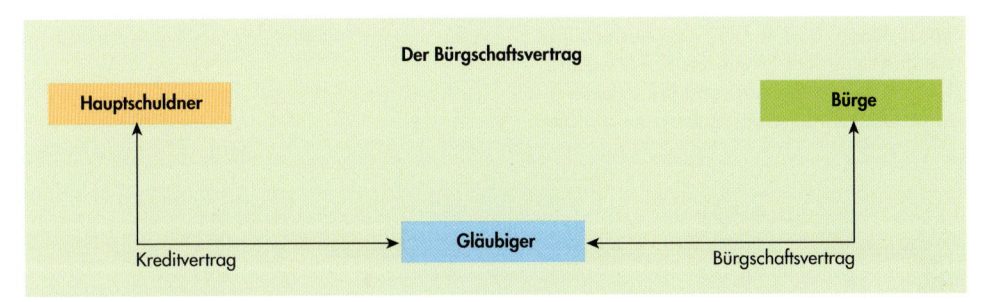

Der Bürgschaftsvertrag

Hauptschuldner — Kreditvertrag → Gläubiger ← Bürgschaftsvertrag — Bürge

Merkmale der Bürgschaft

- Der Bürgschaftsvertrag verpflichtet nur den Bürgen (einseitiger Vertrag).
- Die Bürgschaft setzt das Bestehen einer Hauptschuld, in der Regel eine Kreditschuld, durch den Hauptschuldner, voraus (Akzessorietät der Bürgschaft).

  Folgen der Akzessorietät:
  - Ohne Hauptschuld ist die Bürgschaft wirkungslos.
  - Die Höhe der Bürgschaftsverpflichtung ist von der Höhe der Hauptschuld abhängig (BGB § 767).
  - Der Bürge kann alle Einwendungen aus dem Grundgeschäft geltend machen [BGB § 768 (1) 1].
  - Die Bürgschaft erlischt automatisch mit der Rückzahlung der Hauptschuld (BGB § 777).
- Bezahlt der Bürge die Verbindlichkeiten des Hauptschuldners, geht die Forderung gegen den Hauptschuldner auf ihn über (BGB § 774).
- Die Bürgschaftserklärung ist schriftlich abzugeben (BGB § 766).
  Ausnahme: Ein Kaufmann kann sich auch mündlich verbürgen (BGB § 350).
- Stirbt der Bürge, geht die Bürgschaft auf die Erben über [BGB § 768 (1) 2].

Arten der Bürgschaft

Ausfallbürgschaft	Selbstschuldnerische Bürgschaft
Bei der Ausfallbürgschaft muss der Gläubiger beweisen, dass er den Hauptschuldner erfolglos in Anspruch genommen hat. Dazu muss er eine erfolglose Zwangsvollstreckung in das Vermögen des Hauptschuldners nachweisen. Der Bürge hat also das Recht, von dem Gläubiger die Vorausklage gegen den Hauptschuldner zu verlangen (**Einrede der Vorausklage**, BGB § 771). Die Ausfallbürgschaft spielt in der Praxis der Kreditinstitute keine Rolle, da der Aufwand bis zu einer erfolglosen Zwangsvollstreckung zu groß ist.	Der Bürge hat nicht das Recht, die Vorausklage gegen den Hauptschuldner zu verlangen (BGB § 773). Der Bürge muss sofort bezahlen, wenn der Hauptschuldner die Verbindlichkeit nach der Zahlungsaufforderung nicht bezahlt. In der Praxis der Banken spielt deshalb nur die selbstschuldnerische Bürgschaft eine Rolle.

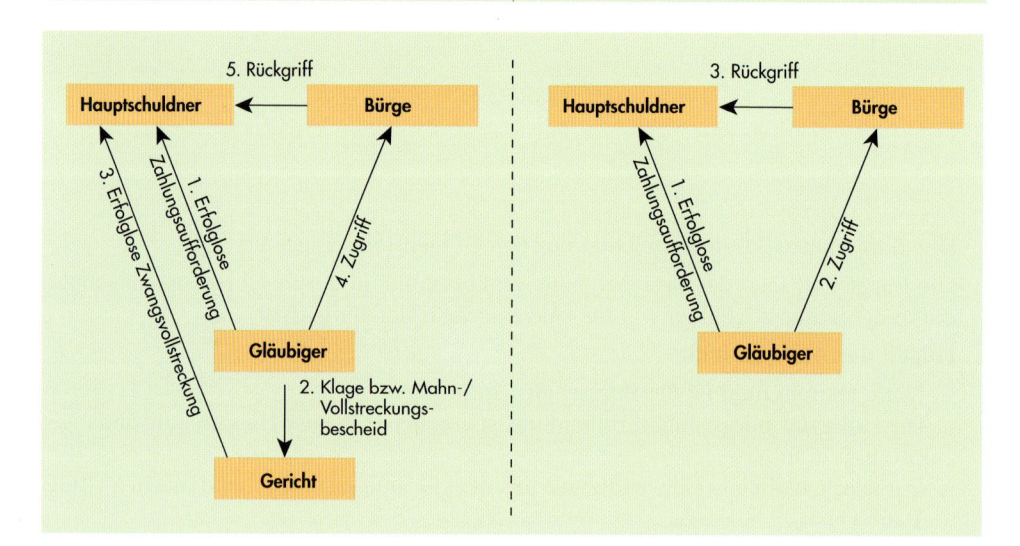

5.2 Realkredite an beweglichen Sachen

Bei Realkrediten wird der Kredit nicht aufgrund der persönlichen Kreditwürdigkeit des Schuldners gewährt, sondern aufgrund von Gegenständen, wie beispielsweise Fahrzeugen, Maschinen, Wertpapieren usw., die dem Kreditgeber als zusätzliche Sicherheit angeboten werden. Sobald es sich um mittel-/langfristige Kredite handelt, stellt der Realkredit den Regelfall in der Praxis der Kreditinstitute dar.

Der Lombardkredit (Pfandrecht)

Wesen des Lombardkredits

Das Pfandrecht ist ein dingliches Recht an beweglichen Sachen, das den Gläubiger berechtigt, sich durch Verwertung des verpfändeten Gegenstandes zu befriedigen (BGB §§ 1204, 1273).

Das Pfandrecht ist ebenfalls **akzessorisch**, d. h., es setzt das Bestehen einer Forderung voraus (BGB § 1210). Nach Abschluss des Pfandvertrages muss der Gegenstand dem Gläubiger übergeben werden; der Gläubiger wird unmittelbarer Besitzer (BGB § 1205). Eigentümer des verpfändeten Gegenstandes bleibt aber nach wie vor der Schuldner. Da das Pfandrecht voraussetzt, dass der Gläubiger in den Besitz der Sache gelangt, kommen dafür nur solche Vermögensgegenstände in Betracht, die der Schuldner zur Fortführung seines Betriebs nicht benötigt und die der Gläubiger leicht verwahren kann. Maschinen und Einrichtungsgegenstände kommen deshalb für eine Verpfändung in der Praxis nicht in Betracht.

Die Rechtsbeziehungen bei der Verpfändung

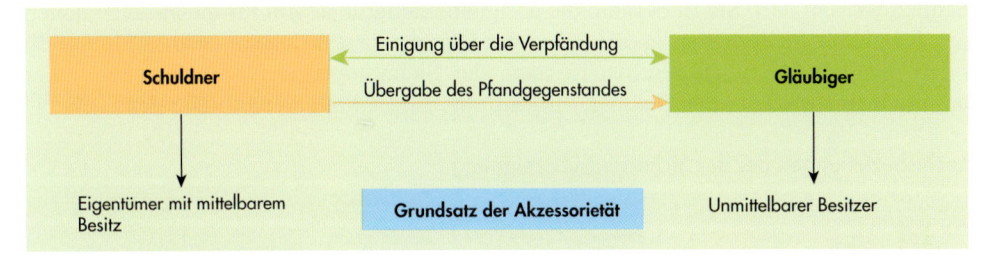

```
                Einigung über die Verpfändung
   Schuldner  ←─────────────────────────────→  Gläubiger
                Übergabe des Pfandgegenstandes
       ↓                    ↓                      ↓
  Eigentümer mit    Grundsatz der           Unmittelbarer Besitzer
  mittelbarem       Akzessorietät
  Besitz
```

Beispiele: Wertpapiere, Münzen, Edelmetalle, Schmuck, Gemälde usw.

Verwertung des Pfandrechtes

Voraussetzungen:

1. Die Forderung des Gläubigers muss fällig sein (Pfandreife BGB § 1228).
2. Die Verwertung des Pfandes muss angedroht werden (BGB § 1234).
3. Die Verwertung darf erst nach Ablauf einer Wartefrist erfolgen (BGB § 1234, HGB § 368).

- **Wertpapiere:** Verkauf an der Börse (BGB §§ 1293, 1295);
- **Waren:** Verkauf zum Marktpreis (BGB § 1238);
- **Gegenstände ohne Marktpreis:** Öffentliche Versteigerung (BGB § 1235).

Reicht der Erlös aus dem Pfand zur Befriedigung der Forderung nicht aus, so bleibt die Forderung teilweise bestehen (Einleiten der Zwangsvollstreckung).

Beurteilung des Lombardkredits

Vorteile	Nachteile
• Die Kreditdauer lässt sich den jeweiligen Erfordernissen am besten anpassen. • Im Konkursfall besteht ein Aussonderungsrecht.	• Verpfändete Gegenstände können wirtschaftlich nicht mehr genutzt werden. • Bei Nichterfüllen des Kreditvertrages ist der Wert des Pfandes erheblich höher als der des Kredits.

Sicherungsübereignungskredit

Wesen des Sicherungsübereignungskredits

Die Sicherungsübereignung ist im Gesetz nicht ausdrücklich geregelt, sondern wird durch die Rechtsprechung als Gewohnheitsrecht anerkannt. Bei der Sicherungsübereignung überträgt der Schuldner Eigentum an beweglichen Gegenständen auf den Gläubiger zur Sicherung einer Forderung. Bei beweglichen Sachen findet eine Eigentumsübertragung durch Einigung und Übergabe der Sache statt (BGB § 929). Bei der Sicherungsübereignung erfolgt die Einigung beim Abschluss eines Sicherungsübereignungsvertrages zwischen Gläubiger und Schuldner. Eine Übergabe findet nicht statt. Stattdessen einigt man sich, dass die Sache beim Schuldner bleibt (Besitzkonstitut, BGB § 930) und von diesem benutzt werden darf. Sie ist deshalb die geeignete Sicherungsform für die Fälle, in denen der Schuldner Sicherheiten anbieten möchte, die er zur Fortführung seines Unternehmens benötigt. Rechtlich gesehen ist nach der Sicherungsübereignung der Schuldner unmittelbarer Besitzer, der Gläubiger Eigentümer und mittelbarer Besitzer der Sache.

Rechtsbeziehungen bei der Sicherungsübereignung

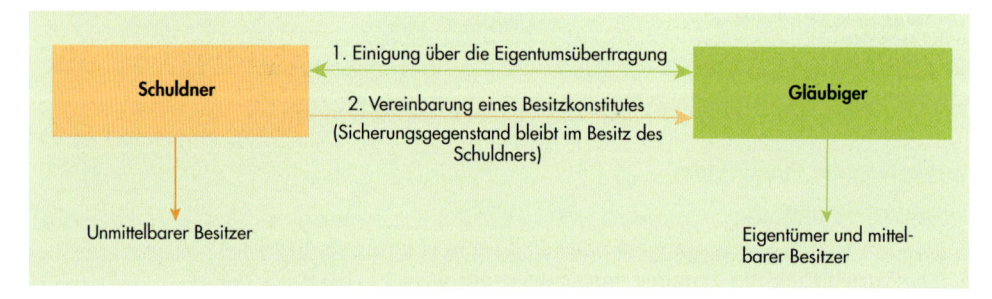

```
Schuldner  ←  1. Einigung über die Eigentumsübertragung  →  Gläubiger
           ←  2. Vereinbarung eines Besitzkonstitutes    →
              (Sicherungsgegenstand bleibt im Besitz des
              Schuldners)

↓                                                            ↓
Unmittelbarer Besitzer                              Eigentümer und mittel-
                                                    barer Besitzer
```

Inhalt des Sicherungsübereignungsvertrages

- Genaue Beschreibung des Sicherungsgegenstandes;
- Herausgabeanspruch des Eigentümers nur bei Nichterfüllung des Kreditvertrages (Sicherungsabrede);
- Pflicht des Schuldners, die Sache zu pflegen;
- Pflicht des Schuldners, die Sache ausreichend zu versichern;
- Schuldner kann den Gegenstand benutzen, aber nicht frei darüber verfügen.

Beispiele: Maschinen, Fuhrpark, Geschäftsausstattung, Rohstoffe, Waren usw.

Verwertung der sicherungsübereigneten Sachen

Voraussetzungen: Der Gläubiger darf nicht willkürlich von seinem Eigentumsrecht Gebrauch machen, sondern Herausgabe nur dann beanspruchen, wenn der Schuldner seinen Verpflichtungen aus dem Kreditvertrag nicht mehr ordnungsgemäß nachkommt (Sicherungsabrede).

Verwertung: Die Verwertung wird, im Unterschied zum Pfandrecht, durch freihändigen Verkauf durchgeführt. Der Gläubiger muss sich aber bemühen, einen möglichst hohen Preis über den Verkauf zu erzielen.

Finanzierungsentscheidungen treffen

Lernfeld 6

Beispiel:

Sicherungs-übereignung ▶	Bezeichnung des Sicherungsgutes (bei Kfz mit Fabrikmarke [kW/ccm], Erstzulassung, Fahrgestell-Nr., Zulassungsbescheinigung und amtl. Kennzeichen) 1 Pkw Ford Focus 1,6 l, 63 KW, WH-KK 27		
Standort des Sicherungsgutes Obere Allee 73, 92339 Wiesenhausen		€ Kaufpreis 20 000,00	€ Anzahlung 5 950,00

Bedingungen zur Sicherungsübereignung (Nur in Verbindung mit einer vollständig ausgefüllten Sicherungsübereignung auf der Vorderseite gültig.)

1. Darlehensnehmer und Sparkasse sind sich einig, dass das Eigentum an den umseitig näher bezeichneten Sachen einschließlich Bestandteilen und Zubehör (auch soweit diese später ausgetauscht werden) zur Sicherung des Darlehens auf die Sparkasse übergeht.
...

2. Die Übergabe der Sachen wird dadurch ersetzt, dass die Sparkasse dem Darlehensnehmer die Sachen teilweise überlässt und ihm die Weiterbenutzung gestattet.
...

8. Handelt es sich bei dem Sicherungsgut um ein Kraftfahrzeug, übergibt der Darlehensnehmer der Sparkasse
8.1 den über das Fahrzeug ausgestellten Brief für die Dauer ihres Eigentums an dem Fahrzeug;
8.2 zum Zwecke der Weiterleitung an die Straßenverkehrsbehörde eine Anzeige über die erfolgte Sicherungsübereignung des Fahrzeuges.

9. Sobald die Sparkasse wegen aller ihrer Ansprüche gegen den Darlehensnehmer befriedigt ist, ist sie verpflichtet, ihre Rechte an dem Sicherungsgut auf den Darlehensnehmer zurückzuübertragen.

Beurteilung der Sicherungsübereignung

Vorteile (Schuldner)	Nachteile (Schuldner)
• Kann die Sache weiter wirtschaftlich nutzen. • Übereignung nach außen nicht sichtbar.	• Keine freie Verfügung über die Sache. • Versicherung gegen alle Gefahren auf seine Kosten.
Vorteile (Gläubiger)	**Nachteile (Gläubiger)**
• Sofort verwertbares Eigentum (kein vollstreckbarer Titel notwendig). • Im Insolvenzfall: Absonderung.	• Schuldner kann die Sache gutgläubig weiterveräußern. • Sache könnte bereits übereignet sein.

5.3 Realkredite an unbeweglichen Sachen (Grundpfandrechte)

Grundstücksrecht

Das Grundstücksrecht befasst sich mit den Rechtsverhältnissen an Grund und Boden. Darunter versteht man im Wesentlichen den Erwerb, die Veräußerung und die Belastung von Grundstücken.

Umfang des Grundstücksbegriffs

- Das Grundstück (Flurstück) als vermessungstechnischer Teil der Erdoberfläche;
- wesentliche Bestandteile eines Grundstücks;
  - Sachen, die mit dem Grund fest verbunden sind (Gebäude);
  - Erzeugnisse des Grundstücks (Pflanzen, Kies);
  - Zubehör eines Grundstücks.

Beispiele: Maschinen in einer Fabrik; Vieh, Geräte eines Bauernhofes

Das Grundbuch

Das Grundbuch ist ein beim Amtsgericht geführtes beschränkt öffentliches Register, in dem Rechtsgeschäfte mit Grundstücken eingetragen werden. Das heißt, dass jeder Erwerb, jede Veräußerung und jede Belastung eines Grundstücks im Grundbuch enthalten ist. Jedes im Grundbuch erfasste Grundstück erhält ein Grundbuchblatt.

Für Grundbucheintragungen gelten bestimmte Formvorschriften. In der Praxis wird die Bewilligung einer Grundbucheintragung durch eine notarielle Urkunde nachgewiesen. Eintragungen im Grundbuch (Abt. III) genießen öffentlichen Glauben, d.h., auf die Richtigkeit der Eintragungen darf man vertrauen (BGB § 892).

Inhalt eines Grundbuchblattes:

- Aufschrift (Amtsgericht, Grundbuchbezirk)
- Bestandsverzeichnis (Kennzeichnung des Flurstücks und Rechte, die mit dem Grundstück verbunden sind, z.B. ein Wegerecht)
- Abteilungen
  Abteilung 1: Eigentümer
  - Eigentumsverhältnisse an Grundstücken
    Beispiele: Alleineigentum, Gemeinschaftliches Eigentum

  - Grundlage des Eigentumserwerbs
    Beispiele: Auflassung, Erbschein

  Abteilung 2: – Lasten und Beschränkungen
    Beispiele: Wohnungsrecht, Nießbrauch, Vorkaufsrecht, Erbbaurecht, Auflassungsvormerkung

  Abteilung 3: Grundpfandrechte
    Beispiele: Hypothek und Grundschuld

Beispiel: *Grundbuchauszug*

Amtsgericht				Einlegebogen
Grundbuch von Berghausen Band 24 Blatt 987 Dritte Abteilung				1
Lfd. Nr. der Eintragungen	Lfd. Nr. der belasteten Grundstücke im Bestandsverzeichnis	Betrag	Hypotheken, Grundschulden, Rentenschulden	
1	2	3	4	
1	1	46 800,00 €	Grundschuld zu sechsundvierzigtausendachthundert €; ohne Brief; für BAYERISCHE LANDESBAUSPARKASSE ANSTALT DER BAYERISCHEN LANDESBANK GIROZENTRALE, München; bis 10 % Zinsen; vollstreckbar nach § 800 ZPO; gem. Bew. vom 14. Februar 2002; Rang vor Abt. II/1, 2, 3; Gleichrang mit Abt. III/2;	
2	1	177 700,00 €	Grundschuld zu einhundertsiebenundsiebzigtausendsiebenhundert €; für BAUSPARKASSE SCHWÄBISCH HALL AG, Schwäbisch Hall; 10 % Zinsen; gem. Bew. vom 13. Februar 2002; Rang vor Abt. II/1, 2, 3; Gleichrang mit Abt. III/I; Nr. 1, 2 je eingetragen am 7. April 2005	

Grundpfandrechte

Grundpfandrechte sind Belastungen von Grundstücken, die in Abteilung 3 des Grundbuches eingetragen sind. An den Gläubiger des Grundpfandrechtes ist eine bestimmte Geldsumme aus dem Grundstück zu zahlen. Zu diesem Zweck muss der Grundstückseigentümer auch eine Zwangsvollstreckung in sein Grundstück akzeptieren (dingliches Verwertungsrecht).

Dieses dingliche Recht wirkt gegen jedermann. Verkauft der Grundstückseigentümer zum Beispiel das mit einem Grundpfandrecht belastete Grundstück, so bleibt das Grundpfandrecht erhalten.

Die Grundschuld

- **Wesen der Grundschuld:** Die Grundschuld ist eine Belastung eines Grundstücks, bei der an den Grundstücksgläubiger eine bestimmte Geldsumme aus dem Grundstück zu zahlen ist (BGB § 1191). Die Grundschuld ist nicht akzessorisch, das heißt, sie ist nicht vom Bestand einer Forderung abhängig.

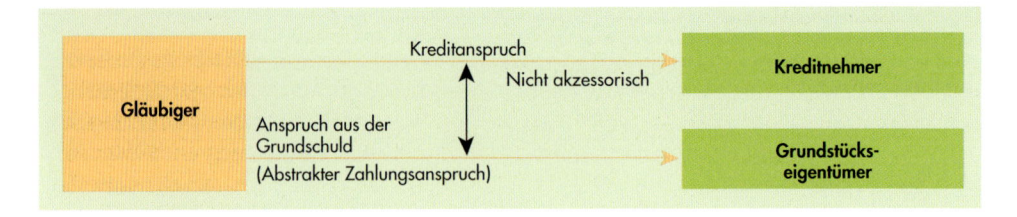

```
Gläubiger  ──Kreditanspruch──▶  Kreditnehmer
              Nicht akzessorisch
         Anspruch aus der
         Grundschuld      ──▶  Grundstücks-
         (Abstrakter Zahlungsanspruch)  eigentümer
```

- **Entstehung der Grundschuld:**
  - Einigung über die Belastung des Grundstücks,
  - Eintragung im Grundbuch (BGB § 873).
- **Haftung des Grundstückseigentümers:** Nur **dingliche Haftung** mit dem Grundstück. Es gibt laut Gesetz keine persönliche Haftung des Grundstückseigentümers.
- **Arten der Grundschuld:**
  - Buchgrundschuld
    - Abtretung der Grundschuld (Einigung)
    - Eintragung der Abtretung in Grundbuch (BGB §§ 1192, 1154, 873)
  - Briefgrundschuld
    - Abtretung der Grundschuld (Einigung)
    - Übergabe des Grundschuldbriefes (BGB §§ 1192, 1154)
- **Beurteilung der Grundpfandrechte als Kreditsicherungsmittel:** In der Praxis werden zur Kreditsicherung fast nur Grundschulden eingesetzt. Dies hat folgende Ursachen:
  - Gegen die Grundschuld sind Einwendungen aus dem Grundgeschäft nicht möglich.
  - Eine Änderung der Kredithöhe berührt den Bestand der Grundschuld nicht. Eine Grundschuld kann deshalb auch zur Sicherung von Krediten mit schwankender Forderungshöhe verwendet werden.
  - Mit der Grundschuld können mehrere, auch zukünftige Kredite, abgesichert werden.
  - Die Eintragung einer Eigentümergrundschuld ist möglich.
  - Bei Kreditbedarf kann eine bestehende Grundschuld einfach abgetreten werden.

Beispiel:

Gruppe 02   №. 0051861

Deutscher Grundschuldbrief

über

177 700,00 €

eingetragen im Grundbuch von Berghausen (Amtsgericht Berghausen)
Band 24 Blatt 987 Abteilung III Nr. 2 (zwei).

Inhalt der Eintragung:

Nr. 2: Grundschuld zu einhundersiebenundsiebzigtausendsiebenhundert €;
für BAUSPARKASSE SCHWÄBISCH HALL, Schwäbisch Hall; 10 % Zinsen;
gem. Bew. vom 13. Februar 2002; Rang vor Abt. II/1, 2, 3,
Gleichrang mit Abt. III/1; eingetragen am 7. April 2002

Belastetes Grundstück:

Das im Bestandsverzeichnis unter Nr. 1 verzeichnete Grundstück.

Berghausen, 7. April 2005   Das Amtsgericht:

                                              (Wall)   (Wegehaupt)
                                              Rechtspflegerin

Lernfeld 6 — Finanzierungsentscheidungen treffen

ZUSAMMENFASSUNG

- **Kreditarten:**

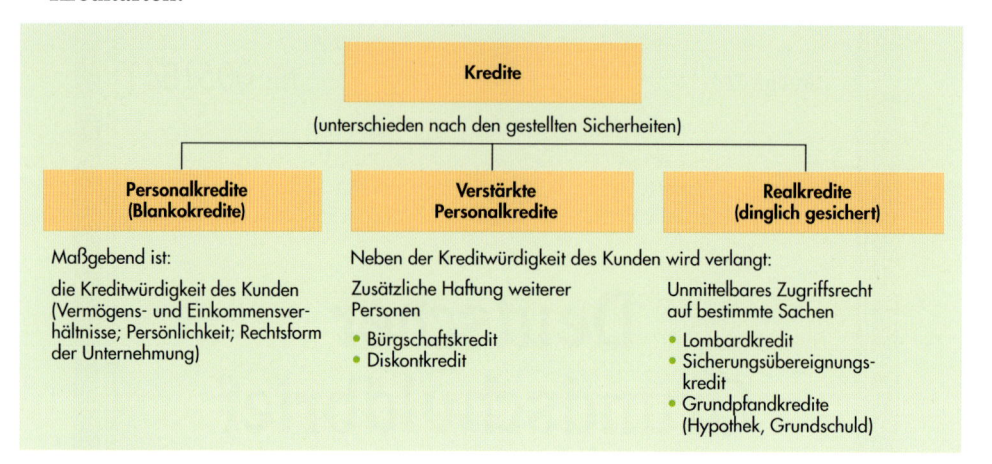

```
                        Kredite
            (unterschieden nach den gestellten Sicherheiten)
    ┌───────────────────────┼───────────────────────┐
 Personalkredite       Verstärkte              Realkredite
 (Blankokredite)    Personalkredite         (dinglich gesichert)
```

Personalkredite (Blankokredite)	Verstärkte Personalkredite	Realkredite (dinglich gesichert)
Maßgebend ist: die Kreditwürdigkeit des Kunden (Vermögens- und Einkommensverhältnisse; Persönlichkeit; Rechtsform der Unternehmung)	Neben der Kreditwürdigkeit des Kunden wird verlangt: Zusätzliche Haftung weiterer Personen • Bürgschaftskredit • Diskontkredit	Unmittelbares Zugriffsrecht auf bestimmte Sachen • Lombardkredit • Sicherungsübereignungskredit • Grundpfandkredite (Hypothek, Grundschuld)

- **Bürgschaftskredit:** Bürgschaftsvertrag zwischen dem Bürgen und dem Kreditinstitut (Schriftform).
  - **Ausfallbürgschaft** – Bürge hat die Einrede der Vorausklage
  - **Selbstschuldnerische Bürgschaft** – Gläubiger kann sich am Fälligkeitstag direkt an den Bürgen wenden.
- **Lombardkredit:** Verpfändung hochwertiger beweglicher Sachen oder von Wertpapieren durch Einigung und Übergabe der Pfandsache an die Bank, die dadurch das Verwertungsrecht bei Pfandreife erhält. Der Gläubiger wird Besitzer des Faustpfandes, der Schuldner bleibt der Eigentümer.
- **Sicherungsübereignungskredit:** Bei Maschinen, Einrichtungen, Fuhrpark usw. wird das Eigentum durch Einigung auf den Gläubiger übertragen, während die Übergabe durch die Vereinbarung ersetzt wird, dass der Schuldner unmittelbarer Besitzer der Sachen bleibt. Der Schuldner kann mit diesen Gegenständen weiterarbeiten.
- **Grundschuldkredit:** Belastung eines Grundstücks mit einer bestimmten Geldsumme zugunsten des Berechtigten, der aber auch der Grundstückseigentümer sein kann (Eigentümergrundschuld).

AUFGABEN

1 Der Weingroßhändler Kurt Schumm e. Kfm. beabsichtigt, sein Sortiment durch ausländische Weine zu erweitern. Eine hochmoderne Verpackungsmaschine, die Kartons unterschiedlichster Größe packen kann, soll für 115 000,00 € angeschafft werden (voraussichtliche Nutzungsdauer zehn Jahre).
Kurt Schumm ist nicht in der Lage, diesen Betrag selbst aufzubringen. Die Hausbank will die Finanzierung gegen entsprechende Sicherheiten übernehmen. Schumm legt dem Kreditsachbearbeiter folgende Unterlagen vor:

Auszug aus Bilanz:

Gebäude A	150 000,00 €
Grundstück B	120 000,00 €
Fuhrpark	42 300,00 €
Waren	30 000,00 € (unter Eigentumsvorbehalt)
Bank	2 000,00 €

Auszug aus dem Grundbuch (Abt. III Grundschulden):

Seite 20
Nr. 1 **Gebäude A**   Grundschuld für die Deutsche Bank AG – über hundertfünfunddreißig-
                        tausend €

Seite 21
Nr. 1 **Grundstück B** Grundschuld für die Deutsche Genossenschaftsbank – über zwanzig-
                        tausend €

Bedingungen der Hausbank:
- Dispositionskredit 10 % p.a.; Limit 10 000,00 €
- Kredite mit Laufzeit bis einschließlich zehn Jahre 7 % p.a. bei 98 %iger Auszahlung und Sicherung durch Grundschuld
- Beleihungssatz Grundstücke/Gebäude 90 %
- Beleihungssatz 70 % bei Sicherungsübereignungen, Zinssatz 7 % p.a.

a) Erläutern Sie die wesentlichen Merkmale der Grundschuld.
b) Prüfen Sie, wie die Finanzierung unter Berücksichtigung der Bankbedingungen durchgeführt werden kann. Belegen Sie Ihre Antwort mit Zahlen.
c) Kurt Schumm könnte die neue Verpackungsmaschine auch „leasen".
   1. Welche Gründe könnten ihn hierzu bewegen?
   2. Welche Beträge kalkuliert der Leasinggeber in die Leasingrate ein?

2 Die Weller KG beabsichtigt folgende Investitionen durchzuführen:
- Bau einer Halle für 315 000,00 €.
- Kauf von Maschinen für 822 000,00 €.

Die Bilanz weist folgende Werte aus (Kurzübersicht):

Aktiva	Bilanz in €		Passiva
Grundstücke und Gebäude	1 550 000,00	Eigenkapital	2 130 000,00
Maschinen	628 000,00	Darlehen	
Geschäftsausstattung	356 000,00	(grundpfandrechtlich	
Fuhrpark	52 000,00	gesichert)	623 000,00
Vorräte	522 000,00	Bankverbindlichkeiten	
Forderungen aus Lieferungen	391 500,00	(über vier Jahre Laufzeit)	674 000,00
Wertpapiere des UV	325 000,00	Verbindlichkeiten a. L.	412 500,00
Wechsel	51 000,00	Kurzfristige Bankverbindlich-	
Kasse	8 750,00	keiten	90 000,00
Bankguthaben	88 250,00	Schuldwechsel	42 500,00
	3 972 000,00		3 972 000,00

Die Maschinen sollen zum Teil durch einen Bankkredit über 650 000,00 € auf fünf Jahre finanziert werden.

Bedingungen der Hausbank: 8,2 % Verzinsung ohne Nebenkosten, ein Disagio von 2,5 % (Auszahlung 97,5 %), Tilgung am Ende der Laufzeit.

a) Welche Bilanzposten sind zur Sicherung dieses Kredits ungeeignet oder nur bedingt geeignet? Begründen Sie Ihre Aussage.
b) Begründen Sie, welche Sicherheiten die Bank für langfristige Darlehen aufgrund der vorliegenden Bilanz bevorzugt verlangen wird.
c) Berechnen Sie die effektive Verzinsung über die gesamte Laufzeit.
d) Ist Ihrer Meinung nach die Laufzeit des Kredits angemessen? Nehmen Sie hierzu Stellung.

6 Insolvenz eines Unternehmens

PROBLEM

Welche möglichen Ursachen könnte dieser Räumungsverkauf haben?

Unter einer Insolvenz versteht man die zwangsweise Auflösung eines Unternehmens auf der Grundlage der Insolvenzordnung. Diese Auflösung wird auf gerichtlichem Weg durchgeführt.

Insolvenzgründe

1. **Zahlungsunfähigkeit des Schuldners (InsO § 17)**
   Sie liegt vor, wenn der Schuldner seine Zahlungsverpflichtungen nicht mehr erfüllen kann. Stellt der Schuldner seine Zahlungen ein, wird die Zahlungsunfähigkeit gesetzlich vermutet. Indizien für die Zahlungsunfähigkeit des Schuldners sind: Mahn- bzw. Vollstreckungsbescheide und Pfändungen gegen den Schuldner, Lohn- und Gehaltsrückstände usw.

2. **Drohende Zahlungsunfähigkeit des Schuldners (InsO § 18)**
   Drohende Zahlungsunfähigkeit liegt vor, wenn der Schuldner voraussichtlich nicht mehr in der Lage sein wird, die bestehenden Zahlungsverpflichtungen zum Zeitpunkt der Fälligkeit zu erfüllen. Bei diesem Insolvenzgrund kann **nur** der **Schuldner** den Insolvenzantrag stellen. Eine drohende Zahlungsunfähigkeit wird mit einer Bestandsaufnahme der liquiden Mittel und einer Feststellung der Planein- und -auszahlungen (Finanz- und Liquiditätsplan) festgestellt. Der Zeitraum dafür sollte mindestens ein Jahr umfassen.

3. Überschuldung (InsO § 19)

Überschuldung liegt vor, wenn das Vermögen eines Schuldners die bestehenden Verbindlichkeiten nicht mehr deckt. Ob dieser Grund vorliegt, muss mithilfe einer Überschuldungsbilanz festgestellt werden, in der Aktiva und Passiva einander gegenüberstehen. Ergibt sich hier rechnerisch eine Überschuldung, muss eine Fortführungsprognose erstellt werden. Kommt man dabei zum Ergebnis, dass das Unternehmen wirtschaftlich nicht überlebensfähig ist, liegt definitiv Überschuldung vor [InsO § 19 (2) 2]; ist eine Fortführung dagegen wahrscheinlich, liegt keine Überschuldung im Sinne der Insolvenzordnung vor. Überschuldung ist aber nur bei **Kapitalgesellschaften** ein Eröffnungsgrund für ein Insolvenzverfahren. Eine Überschuldung kann nicht mit der regulären Handelsbilanz, sondern muss mit einer **Sonderbilanz** festgestellt werden. Auf der Aktivseite dieser Sonderbilanz werden alle Vermögenswerte mit ihrem tatsächlichen Wert angesetzt (Grundstücke, Gebäude, anderes Sachanlagevermögen mit dem aktuellen Verkehrswert, Finanzanlagen mit dem Börsen-/Marktwert, Forderungen werden wertberichtigt usw.)

Ursachen der Zahlungsunfähigkeit bzw. der Überschuldung

Betriebliche Ursachen können u. a. sein:

1. Mangelhafte Debitorenkontrolle
2. Zu hohe Lagerkosten aufgrund zu geringer Investitionen im Anlagevermögen
3. Zu hohe Personalkosten im Vergleich zur Branche (übertarifliche Zahlungen)
4. Mangelhafte organisatorische Abläufe bei den innerbetrieblichen Prozessen, beispielsweise dem Lagerprozess
5. Mangelhafte Lieferantenauswahl und deshalb zu hohe Einkaufskosten

Die Folgen dieser betrieblichen Fehlleistungen sind Kostensteigerungen, die bei gleichbleibenden oder nur wenig steigenden Umsatzerlösen zu Gewinnrückgängen, zur Aufzehrung des Eigenkapitals und letztendlich auch zu massiven Liquiditätsproblemen führen können.

Bei Personengesellschaften können auch zu hohe Privatentnahmen der Gesellschafter eine Ursache von Liquiditätsproblemen sein.

Außerbetriebliche Ursachen können u. a. sein:

1. Bedarfsverschiebungen seitens der Kunden
2. Wachsender Konkurrenzdruck; dies ist für viele Unternehmen im nationalen wie im internationalen Rahmen im Zuge der Globalisierung der Weltwirtschaft ein zunehmendes Problem
3. Die schlechter werdende Zahlungsmoral der Kunden
4. Steigende Kapitalmarktzinsen
5. Steigende Beschaffungspreise, die auch über eine geschickte Lieferantenauswahl durch den Einkauf nicht abgewälzt werden können
6. Höhere Aufwendungen für das Marketing, die notwendig werden, um die Produkte an den Kunden verkaufen zu können, z. B. Preisnachlässe in Form von Rabatten
7. Hohe Tariflohnsteigerungen als Folge der Tarifverhandlungen

Die Folgen sind vergleichbar mit den betrieblichen Ursachen: Kostensteigerungen, die ohne entsprechende Rationalisierungsmaßnahmen oder Preissteigerungen zu Gewinnrückgängen, zur Aufzehrung des Eigenkapitals und schließlich zu Liquidationsproblemen führen können.

Maßnahmen bei Zahlungsschwierigkeiten und Zahlungsunfähigkeit von Unternehmen

Geraten Unternehmen in Liquiditätsprobleme, lassen sich die einzuleitenden Maßnahmen nach zwei Gesichtspunkten unterscheiden:
1. Wird mit den eingeleiteten Maßnahmen ein Weiterbestehen des Unternehmens angestrebt oder wird eine Auflösung des Unternehmens beabsichtigt?
2. Einigen sich Gläubiger und Schuldner außergerichtlich oder ist eine Einigung nur mit einem Gerichtsbeschluss möglich?

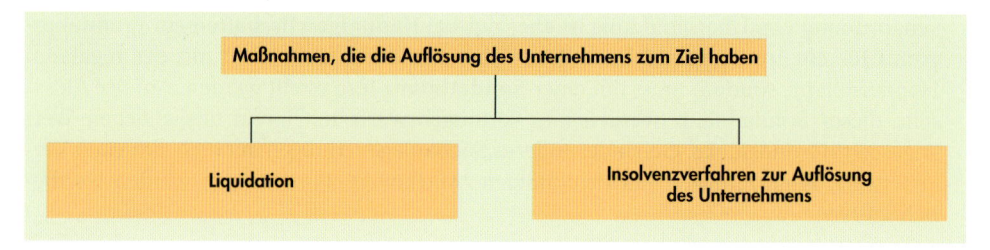

```
         Maßnahmen, die die Auflösung des Unternehmens zum Ziel haben
                    ├──────────────────────┬──────────────────────┤
               Liquidation            Insolvenzverfahren zur Auflösung
                                            des Unternehmens
```

Liquidation

Unter einer Liquidation versteht man eine **freiwillige Auflösung** des Unternehmens. Sämtliche Vermögenswerte werden durch den Eigentümer verkauft und damit in flüssige Mittel umgewandelt. Der Erlös der Liquidierung steht dem Eigentümer des Unternehmens zu, der damit z. B. bestehende Schulden begleichen kann.

Ursachen der Liquidation

Die Ursachen der Liquidation können persönlicher oder sachlicher Natur sein. **Persönliche Gründe** können Krankheit, Alter oder Ausscheiden eines Gesellschafters sein; **sachliche Gründe** sind etwa zunehmende Konkurrenz, eine Verschlechterung der Gewinnsituation oder eine dringend erforderliche Investition, die nicht finanziert werden kann.

Durchführung der Liquidation

1. Einzelveräußerung der Vermögensteile, beispielsweise ist dies der Fall bei einem Totalausverkauf im Einzelhandel. Bei diesem Totalausverkauf ist das Vorschieben oder Nachschieben von Waren verboten.
2. Die Unternehmung wird als Ganzes verkauft.

Bei beiden Möglichkeiten erhält die Firma den Zusatz „i. L." (in Liquidation). Beginn und Ende der Liquidation werden im Übrigen im Handelsregister eingetragen und veröffentlicht.

Für die übrig bleibenden Schulden haften bei Personengesellschaften die haftenden Gesellschafter noch fünf Jahre lang.

Insolvenzverfahren zur Auflösung des Unternehmens

Das Insolvenzverfahren dient dazu, die Gläubiger eines Schuldners gemeinschaftlich zu befriedigen, indem das Vermögen des Schuldners verwertet und der Erlös verteilt wird. Das Insolvenzverfahren zur Auflösung des Unternehmens ist gesetzlich in der Insolvenzordnung (InsO) geregelt und wird auf gerichtlichem Weg durchgeführt. Es folgt einem festgeschriebenen Ablauf.

1. Antrag auf Eröffnung eines Insolvenzverfahrens

Der Antrag auf Eröffnung eines Insolvenzverfahrens wird grundsätzlich beim Amtsgericht am Sitz des Unternehmens oder – bei natürlichen Personen – beim Amtsgericht am Wohnsitz des Schuldners gestellt.

Antragsberechtigt sind

a) der Schuldner,
b) die Gläubiger des Schuldners (InsO § 11).

Der Schuldner hat eine Antragspflicht, soweit es sich um eine juristische Person handelt [BGB §§ 42 (2), HGB 130 a, 177, GenG 99, AktG 92 (2), GmbHG 64]. Wird diese Pflicht von den handelnden Organen verletzt, haften sie für den entstandenen Schaden mit ihrem Privatvermögen.

Ein zulässiger Insolvenzantrag eines Gläubigers setzt aber ein rechtliches Interesse des Gläubigers voraus. Ein rechtliches Interesse fehlt, wenn es eine einfachere Rechtsschutzmöglichkeit gibt oder mit dem Antrag insolvenzfremde Zwecke verfolgt werden. Zusätzlich muss der Gläubiger seine Forderungen und den Eröffnungsgrund glaubhaft machen (InsO § 14).

2. Eröffnung oder Abweisung des Insolvenzverfahrens

Eröffnung	Abweisung
Eine Eröffnung erfolgt, wenn die formellen Voraussetzungen erfüllt wurden und das Gericht zuständig ist. Nach der Eröffnung des Verfahrens kann das Gericht Sicherungsmaßnahmen erlassen, um zu verhindern, dass das Haftungsvermögen verringert wird (InsO §§ 21–15).	Die formellen Voraussetzungen wurden nicht erfüllt oder das Vermögen des Schuldners reicht nicht aus, um die Kosten des Insolvenzverfahrens zu decken (**Abweisung mangels Masse**, InsO § 26).
Zusätzlich kann ein vorläufiger Insolvenzverwalter vom Gericht eingesetzt werden. Dieser hat die Aufgabe, das Vermögen des Schuldners zu erhalten, das Unternehmen bis zum Eröffnungsbeschluss fortzuführen und zu prüfen, ob das Vermögen ausreicht, um die Kosten des Verfahrens zu decken (InsO § 22).	Die Abweisung mangels Masse wird in ein Schuldnerverzeichnis („schwarze Liste") eingetragen. Diese Liste wird beim Insolvenzgericht geführt und dem Handels-, Vereins- oder Genossenschaftsrichter mitgeteilt. Eine Abweisung bedeutet eine Auflösung des Unternehmens und die Löschung aus dem jeweiligen Register. Eine Sanierung kommt nicht mehr infrage.

3. Eröffnungsbeschluss

Mit dem Eröffnungsbeschluss (InsO § 27) beginnt das Insolvenzverfahren. Die Entscheidung wird öffentlich bekannt gemacht und dem Schuldner und seinen Gläubigern zugestellt. Mit dem Eröffnungsbeschluss wird der endgültige Insolvenzverwalter ernannt. Dieser fordert die Gläubiger auf, ihre Rechte innerhalb einer bestimmten Frist anzumelden

(InsO § 174). Personen, die dem Unternehmen gegenüber Verpflichtungen haben, werden aufgefordert, ab jetzt nur noch an den Insolvenzverwalter zu leisten.

Folgen des Eröffnungsbeschlusses
- Der Schuldner verliert sein Verwaltungs- und Mitwirkungsrecht über die Insolvenzmasse (InsO §§ 80, 81). Er bleibt aber Eigentümer der Insolvenzmasse.
- Rechte an der Insolvenzmasse können nun nicht mehr erworben werden (InsO § 91). Auch eine Zwangsvollstreckung von Gläubigern ist verboten (InsO § 89). Ausnahme: Aussonderungsberechtigte Gegenstände (Bsp.: unter Eigentumsvorbehalt stehende Sachen) können von ihren Eigentümern im Wege der Zwangsvollstreckung erworben werden.

4. Verfahrensablauf

Forderungsfeststellung

Der Insolvenzverwalter stellt eine Liste aller angemeldeten Forderungen auf. Wird eine angemeldete Forderung vom Insolvenzverwalter bestritten, muss der Inhaber den Klageweg beschreiten (InsO § 178).

Berichtstermin (InsO § 156)

Am Berichtstermin beschreibt der Insolvenzverwalter die wirtschaftliche Lage des Schuldners und die Gründe, die zur Insolvenz geführt haben. Er erläutert der Versammlung (Schuldner, Gläubigerausschuss, Betriebsrat, Vertreter der leitenden Angestellten) Möglichkeiten der bestmöglichen Befriedigung der Gläubiger sowie möglicherweise einen Sanierungsplan. Die Gläubigerversammlung entscheidet über die einzuleitenden Maßnahmen. Sie kann den Insolvenzverwalter mit der Ausarbeitung eines Insolvenzplans beauftragen.

Feststellung und Verwertung der Insolvenzmasse

Nach dem Berichtstermin muss der Insolvenzverwalter unverzüglich das zur Insolvenzmasse gehörende Vermögen verwerten. Er untersteht dabei der Aufsicht des Gläubigerausschusses, d. h., verweigert dieser die Zustimmung zu einer Verwertungsmaßnahme, kann diese nicht durchgeführt werden.

Der Insolvenzverwalter hat zuerst eine **Vermögensübersicht** zu erstellen, in der er die Vermögensgegenstände des Schuldners auflistet und seinen Verbindlichkeiten gegenüberstellt (InsO § 153). Ausstehende Forderungen müssen in diesem Zusammenhang eingezogen werden. In die Insolvenzmasse gehen keine Vermögensgegenstände ein, die dem Schuldner nicht gehören (**Aussonderung**, InsO §§ 47). Vermögensgegenstände, die mit einer Sicherheit belastet sind, gehen zwar in die Insolvenzmasse ein, werden aber abgesondert von der anderen Insolvenzmasse an die Gläubiger verteilt (**Absonderung**, InsO §§ 49–51). Bestehen gegenüber einem Gläubiger Schulden und Forderungen, erfolgt eine **Aufrechnung** (InsO §§ 94–96). Das übrig bleibende Vermögen ist das **Restvermögen**.

Aus dem Restvermögen sind die Schulden der Gläubiger zu befriedigen. Die Gläubiger werden in **vorrangige** und **nachrangige Insolvenzgläubiger** unterteilt. Bei den vorrangig befriedigten Schulden werden zuerst die Kosten des Insolvenzverfahrens (InsO §§ 53, 54), anschließend die sonstigen Masseverbindlichkeiten (InsO §§ 53, 55), danach die Kosten aus einem Sozialplan (InsO § 123) befriedigt. Nachrangige Insolvenzgläubiger werden in folgender Reihenfolge befriedigt (InsO § 39):

1. Zinsen aus den Forderungen der Gläubiger seit Beginn des Insolvenzverfahrens,
2. Kosten, die den Gläubigern durch das Insolvenzverfahren entstanden sind,
3. Geldstrafen, Ordnungsgelder ... aus einer Ordnungswidrigkeit/Straftat,

4. Forderungen auf eine unentgeltliche Leistung des Schuldners,
5. Forderungen auf Rückgewähr eines Gesellschafterdarlehens oder gleichgestellte Forderungen.

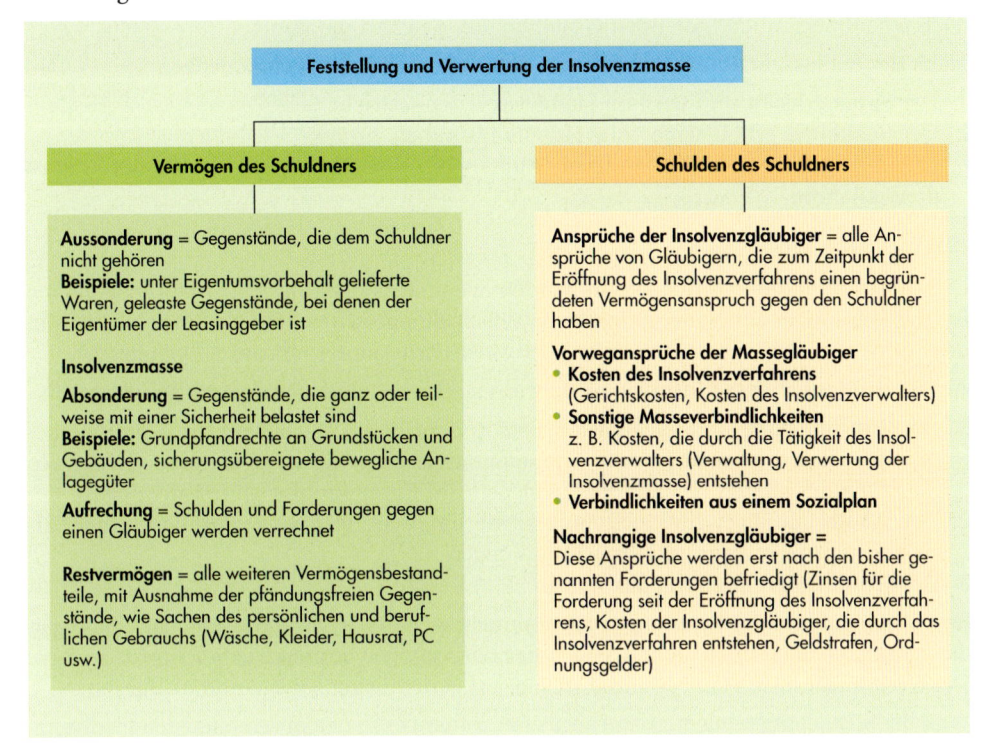

Feststellung und Verwertung der Insolvenzmasse

Vermögen des Schuldners

Aussonderung = Gegenstände, die dem Schuldner nicht gehören
Beispiele: unter Eigentumsvorbehalt gelieferte Waren, geleaste Gegenstände, bei denen der Eigentümer der Leasinggeber ist

Insolvenzmasse

Absonderung = Gegenstände, die ganz oder teilweise mit einer Sicherheit belastet sind
Beispiele: Grundpfandrechte an Grundstücken und Gebäuden, sicherungsübereignete bewegliche Anlagegüter

Aufrechnung = Schulden und Forderungen gegen einen Gläubiger werden verrechnet

Restvermögen = alle weiteren Vermögensbestandteile, mit Ausnahme der pfändungsfreien Gegenstände, wie Sachen des persönlichen und beruflichen Gebrauchs (Wäsche, Kleider, Hausrat, PC usw.)

Schulden des Schuldners

Ansprüche der Insolvenzgläubiger = alle Ansprüche von Gläubigern, die zum Zeitpunkt der Eröffnung des Insolvenzverfahrens einen begründeten Vermögensanspruch gegen den Schuldner haben

Vorweggansprüche der Massegläubiger
- **Kosten des Insolvenzverfahrens**
  (Gerichtskosten, Kosten des Insolvenzverwalters)
- **Sonstige Masseverbindlichkeiten**
  z. B. Kosten, die durch die Tätigkeit des Insolvenzverwalters (Verwaltung, Verwertung der Insolvenzmasse) entstehen
- **Verbindlichkeiten aus einem Sozialplan**

Nachrangige Insolvenzgläubiger =
Diese Ansprüche werden erst nach den bisher genannten Forderungen befriedigt (Zinsen für die Forderung seit der Eröffnung des Insolvenzverfahrens, Kosten der Insolvenzgläubiger, die durch das Insolvenzverfahren entstehen, Geldstrafen, Ordnungsgelder)

Die Verwertungsart liegt im freien Ermessen des Insolvenzverwalters. Er kann das Unternehmen insgesamt verkaufen oder die einzelnen Vermögensgegenstände verwerten. Allerdings muss er zwei Dinge beachten:

1. Er muss die Gegenstände möglichst gewinnbringend verwerten.
2. Er muss eine möglichst frühzeitige Gläubigerbefriedigung erreichen.

Erlösverteilung

Nach Verwertung der Haftungsmasse muss der Insolvenzverwalter den Erlös verteilen. Dazu ist die Zustimmung des Gläubigerausschusses und des Gerichts notwendig. Nach erfolgter Verteilung stellt der Insolvenzverwalter ein Schlussverzeichnis sämtlicher am Erlös beteiligter Forderungen auf. Die Summe der Forderungen und der zur Verfügung stehende Betrag werden öffentlich bekannt gemacht.

Aufhebungsbeschluss

Nach der Erlösverteilung wird das Insolvenzverfahren aufgehoben. Der Beschluss wird öffentlich bekannt gemacht; im Grundbuch und im jeweiligen Register erfolgt die Löschung des Insolvenzvermerkes. Soweit vorhanden, erhält der Schuldner die volle Verfügungsmacht über sein restliches Vermögen zurück. Die Insolvenzgläubiger haben nun ein freies Nachforderungsrecht.

Restschuldbefreiung

Ist der Schuldner eine natürliche Person, kann er über die Regelungen der Restschuldbefreiung von seinen Verbindlichkeiten befreit werden (InsO §§ 286–303). Dies kann auch einem persönlich haftenden Gesellschafter gewährt werden.

Nach der Schlussverteilung ergeben sich folgende rechtliche Konsequenzen:

1. Die Firma erlischt und wird im Handelsregister gestrichen.
2. Der Schuldner erhält seine volle Handlungsfreiheit zurück.
3. Die übrig gebliebenen Forderungen (Aufnahme: Restschuldbefreiung) verjähren nach dreißig Jahren.

Exkurs: Verbraucherinsolvenzverfahren (InsO §§ 304 ff.)

Dieses Verfahren kann durchgeführt werden, wenn der Schuldner eine natürliche Person ist, die keine oder nur eine geringfügige selbstständige wirtschaftliche Tätigkeit ausübt oder diese nur einen geringen Umfang ausweist (Kriterium: maximal 20 Gläubiger).

An die Eröffnung dieses Insolvenzverfahrens sind folgende Voraussetzungen geknüpft:

1. Die Bescheinigung einer geeigneten Person oder Stelle (Rechtsanwalt, Schuldnerberatungsstelle), die bestätigt, dass eine außergerichtliche Einigung mit den Gläubigern innerhalb der letzten sechs Monate vor dem Eröffnungsantrag ohne Erfolg blieb.
2. Der Antrag auf Restschuldbefreiung sowie ein Vermögensverzeichnis und ein Verzeichnis der Gläubiger und ihrer Forderungen.
3. Ein Schuldenbereinigungsplan.

Der Schuldenbereinigungsplan ist angenommen, wenn mehr als die Hälfte der Gläubiger, die zusammen auch noch mehr als 50 % der Forderungen besitzen, dem Plan zustimmen. Das Verbraucherinsolvenzverfahren ist nur auf gerichtlichem Wege durchzuführen.

Wird der Schuldenbereinigungsplan abgelehnt, kommt es zu einem vereinfachten Insolvenzverfahren. Dieses Verfahren ermöglicht es dem Verbraucher, nach sieben Jahren seine Schulden loszuwerden. Dadurch soll erreicht werden, dass ihm nicht für den Rest seines Lebens der pfändbare Teil seines Einkommens oder seiner Rente weggenommen wird.

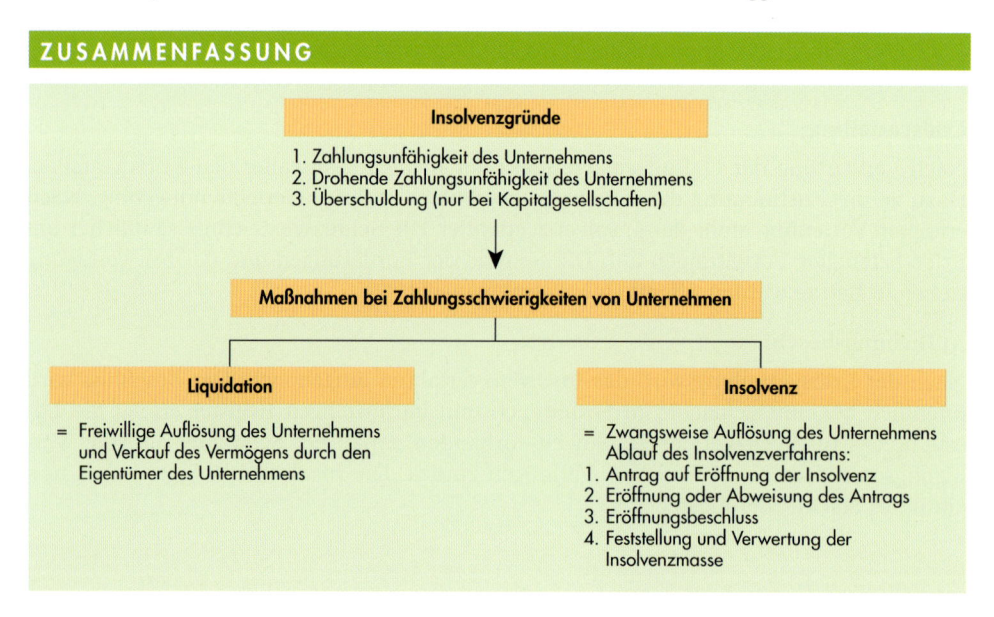

ZUSAMMENFASSUNG

Insolvenzgründe
1. Zahlungsunfähigkeit des Unternehmens
2. Drohende Zahlungsunfähigkeit des Unternehmens
3. Überschuldung (nur bei Kapitalgesellschaften)

↓

Maßnahmen bei Zahlungsschwierigkeiten von Unternehmen

Liquidation
= Freiwillige Auflösung des Unternehmens und Verkauf des Vermögens durch den Eigentümer des Unternehmens

Insolvenz
= Zwangsweise Auflösung des Unternehmens
Ablauf des Insolvenzverfahrens:
1. Antrag auf Eröffnung der Insolvenz
2. Eröffnung oder Abweisung des Antrags
3. Eröffnungsbeschluss
4. Feststellung und Verwertung der Insolvenzmasse

Finanzierungsentscheidungen treffen — Lernfeld 6

AUFGABEN

Aktiva	Bilanz der Wenz GmbH am 31.12.06		Passiva
I. Anlagevermögen		I. Eigenkapital	
1. Grundstücke	2 000 000,00	1. Stammeinlagen	300 000,00
2. Gebäude	1 500 000,00	2. Rücklagen	200 000,00
3. Maschinen	300 000,00	3. Jahresfehlbetrag	780 000,00
4. Fuhrpark	100 000,00	Nicht durch Eigenkapital gedeckter Fehlbetrag	280 000,00
II. Umlaufvermögen			
1. Waren	720 000,00	II. Fremdkapital	2 500 000,00
2. Forderungen	580 000,00	1. Lfr. Verbindlichkeiten	3 000 000,00
3. Kasse	5 000,00	2. Kfr. Verbindlichkeiten	
4. Bank	15 000,00		
III. Nicht durch Eigenkapital gedeckter Fehlbetrag	280 000,00		
	5 500 000,00		5 500 000,00

* Der Bilanz liegen die Schlussbestände der Buchhaltung zugrunde.

a) Beschreiben Sie die wesentlichen Inhalte der vorliegenden Bilanz.
b) Nach Kenntnis der Zahlen der Bilanz stellt ein Gläubiger einen Insolvenzantrag beim zuständigen Gericht. Beurteilen Sie sein Vorgehen.
c) Inwieweit ist die vorliegende Bilanz als Grundlage eines Insolvenzantrags geeignet?
d) Schildern Sie mögliche Gründe, wie die Wenz GmbH in diese wirtschaftliche Situation geraten konnte.
e) Nach der Ermittlung der tatsächlichen Vermögenswerte mithilfe einer Sonderbilanz ergibt sich eine Überschuldung der GmbH.
  - Welche Situation muss vorliegen, damit ein Antrag auf Eröffnung einer Insolvenz abgewiesen wird?
  - Welche Folgen hätte eine Eröffnung des Insolvenzverfahrens?
f) Weitere Angaben zu den Vermögenswerten und Schulden der Wenz GmbH:
  - Grundstücke und Gebäude sind mit einer Grundschuld zugunsten der Sparkasse über 1 500 000,00 € belastet.
  - Der Fuhrpark besteht aus einem Pkw, der aus steuerlichen Gründen geleast wurde.
  - Die Waren sind für die Erweiterung des Kreditlimits sicherungsübereignet worden.
  - Für die Mitarbeiter wurde ein Sozialplan (Umfang 200 000,00 €) erstellt.
  - Die Kosten des Insolvenzverfahrens und die Kosten, die durch die Tätigkeit des Insolvenzverwalters entstanden sind, belaufen sich auf 80 000,00 €.
1 Berechnen Sie die Insolvenzmasse.
2 Berechnen Sie das Restvermögen, das für die nachrangigen Insolvenzgläubiger noch zur Verfügung steht.
3 Die Forderungen der Gläubiger belaufen sich auf 13 Mio. €. Berechnen Sie die Insolvenzquote für die nachrangigen Gläubiger.

Unter BuchPlusWeb finden Sie weitere Inhalte speziell zum Thema Möglichkeiten der Finanzierung von Außenhandelsgeschäften.

7 Zinsrechnen

Die Zinsrechnung ist eine besondere Form der Prozentrechnung unter Hinzunahme des Faktors Zeit. Wir unterscheiden:

- Zahlung von Zinsen für einen gewährten Kredit der Hausbank,
- Erhalt von Zinsen für den Abschluss eines Sparbriefes.

Ausgangspunkt für die Berechnung von Zinsen ist die folgende Formel (**allgemeine Zinsformel**):

$$z = \frac{K \cdot p \cdot t}{100 \cdot 360}$$

Dabei gilt:

> z = Zinsbetrag
> K = eingesetztes Kapital
> t = Zeitraum für die Zinsberechnung (zur Vereinfachung wird in den folgenden Aufgaben ein Monat mit 30 Tagen festgesetzt)
> p = Zinssatz in Prozent

Beispiel: Katja Müller legt eine Summe von 1 750,00 € für sechs Monate als Festgeld an. Die Bank zahlt dafür 2 % Zinsen. Welchen Betrag erhält sie nach diesen sechs Monaten?

Zunächst wird das vorhandene Zahlenmaterial notiert.
Gegeben: K = 1 750,00 €, t = 180 Tage, p = 2 %
Gesucht: z = ?

$$z = \frac{K \cdot p \cdot t}{100 \cdot 360} = \frac{1\,750 \cdot 2 \cdot 180}{100 \cdot 360} = 17{,}50$$

Katja Müller erhält 17,50 € an Zinsen und bekommt nach den sechs Monaten einen Gesamtbetrag von 1 767,50 € ausbezahlt.

Die **allgemeine Zinsformel** enthält vier Variablen (z, K, t, p), von denen immer drei Variablen konkreten Zahlen zugeordnet werden.

Sind z. B. die Größen z, p und t gegeben, kann durch Umformen der allgemeinen Zinsformel die fehlende Größe K berechnet werden bzw. können sämtliche Zahlen in die allgemeine Zinsformel eingesetzt und dann die Gleichung nach K aufgelöst werden.

Für die Umformung nach K gilt:

$$z = \frac{K \cdot p \cdot t}{100 \cdot 360} \qquad |\cdot 100 \qquad |\cdot 360$$

$$100 \cdot 360 \cdot z = K \cdot p \cdot t \qquad |:p \qquad |:t$$

$$\Rightarrow K = \frac{100 \cdot 360 \cdot z}{p \cdot t}$$

Finanzierungsentscheidungen treffen

Lernfeld 6

Berechnung des Kapitals

Beispiel: Katja Müller erhält für einen Sparbrief (Anlagezeitraum 12.04.–12.07.; Zinssatz 2,5 %) 45,00 € Zinsen. Wie hoch war der angelegte Betrag?

Zunächst werden die vorhandenen Größen ermittelt.
Gegeben: $z = 45{,}00$ €, $p = 2{,}5$ %, $t = 90$ Tage
Gesucht: $K = ?$

Folglich muss die Zinsformel nach K aufgelöst werden:

$$K = \frac{100 \cdot 360 \cdot z}{p \cdot t} = \frac{100 \cdot 360 \cdot 45{,}00}{2{,}5 \cdot 90} = 7200$$

Katja Müller legte einen Betrag von 7 200,00 € an.

Alternativrechnung:
Die gegebenen Größen werden zunächst in die allgemeine Zinsformel eingesetzt. Anschließend wird nach K aufgelöst:

$$z = \frac{K \cdot p \cdot t}{100 \cdot 360} \quad \Longleftrightarrow \quad 45 = \frac{K \cdot 2{,}5 \cdot 90}{100 \cdot 360}$$

$$\Longleftrightarrow \quad 45 = K \cdot 0{,}00625$$

$$\Longleftrightarrow \quad K = 7200$$

Anmerkung: Die Laufzeit des zu verzinsenden Kapitals muss in diesen Fällen in Tagen angegeben werden. Dies erfordert eine Nebenrechnung.

Berechnung der Laufzeit in Tagen

Die Laufzeit eines Darlehens beginnt am 12.02. und endet am 23.06.
Die Berechnung der Tage vollzieht sich nach folgendem Schema (jeder Monat hat 30 Tage):

Resttage im Februar:	18 Tage (30 – 12)
Ganze Monate: 3 Monate à 30 Tage	90 Tage März, April, Mai
Angefangene Tage im Juni:	23 Tage
Tage gesamt:	131 Tage

Berechnung des Zinssatzes

Beispiel: Ein Sparguthaben von 4 200,00 € wurde in dem Zeitraum vom 07.03.–07.08. angelegt. Dies ergab eine Zinsgutschrift von 70,00 €. Zu welchem Zinssatz wurde das Guthaben angelegt?

Gegeben: $K = 4\,200{,}00$ € $\quad z = 70{,}00$ € $\quad t = 150$ Tage
Gesucht: $p = ?$

Zunächst werden die gegebenen Größen in die allgemeine Zinsformel eingesetzt und anschließend nach p aufgelöst:

$$z = \frac{K \cdot p \cdot t}{100 \cdot 360} \iff 70 = \frac{4200 \cdot p \cdot 150}{100 \cdot 360}$$

$$\iff 70 = 17{,}5 \cdot p$$

$$\iff p = 4$$

Der Zinssatz beträgt 4 %.

Anmerkung: Die allgemeine Zinsformel kann auch zunächst nach p aufgelöst werden, um dann die gegebenen Größen einzusetzen.

Berechnung der Zeit

Beispiel: Ein Sparguthaben in Höhe von 16 000,00 € brachte mit einer 3%igen Verzinsung 240,00 € Zinsen. Wie viele Tage war das Sparguthaben angelegt?

Gegeben: $K = 16\,000{,}00$ € $p = 3{,}0$ % $z = 240{,}00$ €
Gesucht: $t = ?$

$$z = \frac{K \cdot p \cdot t}{100 \cdot 360} \iff 240 = \frac{16\,000 \cdot 3 \cdot t}{100 \cdot 360}$$

$$\iff 240 = 1{,}33 \; t \text{ oder } 1{,}\overline{3} \; t$$

$$\iff t = 180$$

Das Sparguthaben wurde 180 Tage angelegt.

ZUSAMMENFASSUNG

- Bei der deutschen Zinsrechnung wird der Monat mit 30 Tagen und das Jahr mit 360 Tagen gerechnet.
- Die allgemeine Zinsformel lautet

$$Zins = \frac{Kapital \cdot Zinssatz \cdot Tage}{100 \cdot 360}$$

- Unabhängig davon, nach welcher Methode die Zinstage berechnet werden, wird die Laufzeit der Zinsen durch **Wertstellungen** festgelegt. Dabei wird der 1. Tag nicht verzinst, aber dafür der letzte Tag.

$$Kapital = \frac{Zins \cdot 100 \cdot 360}{Zinssatz \cdot Tage}$$

$$Tage = \frac{Zins \cdot 100 \cdot 360}{Kapital \cdot Zinssatz}$$

$$Zinssatz = \frac{Zins \cdot 100 \cdot 360}{Kapital \cdot Tage}$$

Im Zähler steht in diesen Fällen immer das Produkt aus Zins · 100 · 360. Im Nenner wechseln die Größen Kapital, Zinssatz und Tage nach der jeweiligen Fragestellung.

Finanzierungsentscheidungen treffen — Lernfeld 6

AUFGABEN

1. Berechnen Sie die Zinsen:

	Kapital	Zinssatz	Zeit
a)	12 000,00 €	3,75 %	128 Tage
b)	7 500,50 €	2,5 %	08.01. – 23.06.
c)	5 400,00 €	2,25 %	12.05. – 19.11.
d)	15 600,00 €	4 1/3 %	01.02. – 30.09.
e)	78 980,00 €	6,75 %	03.04. – 17.10.
f)	6 672,00 €	6 %	28.02. – 29.08.
g)	3 977,00 €	4,5 %	09.06. – 02.12.

2. Welchen Betrag muss Katja Müller für vier Monate anlegen, um bei einer Verzinsung von 2,75 % Zinsen in Höhe von 110,00 € zu erhalten?

3. Jürgen Merkle überzieht sein Girokonto vom 12.03. bis zum 30.06. Seine Hausbank berechnet ihm Überziehungszinsen von 338,40 € bei einem Überziehungszinssatz von 12 %. Wie hoch war die Überziehungssumme?

4. In einer Fernsehshow hat Markus Bundschuh 160 000,00 € gewonnen. Er steht vor der Entscheidung, eine Wohnung zu kaufen (Mieteinnahmen ab 01.04. 1 050,00 €) oder den Betrag bei der Hausbank anzulegen (ab 01.03., Zinssatz 6,5 %). Bei welcher Alternative hat er am 31.12. den größten geldwerten Vorteil?

5. Berechnen Sie den Tag der Tilgung für folgende Kleinkredite:

	Kreditsumme	Beginn des Kreditzeitraums	Zinssatz	Rückzahlungsbetrag
a)	2 400,00 €	04.05.	11,5 %	2 561,00 €
b)	1 450,00 €	23.06.	9,75 %	1 487,70 €
c)	670,00 €	12.08.	13,0 %	687,42 €
d)	1 980,00 €	29.04.	8,5 %	2 032,36 €

6. Gustav Fröhn ist an einem Unternehmen mit 35 000,00 € beteiligt. Er erhält jährlich laut Gesellschaftsvertrag 4 % Zinsen auf seine Einlage und 6 % vom Jahresgewinn. Das Unternehmen erzielte im vergangenen Geschäftsjahr einen Gewinn in Höhe von 17 000,00 €. Wie viel Zinsen erhält Gustav Fröhn am Ende des Geschäftsjahres ausbezahlt?

7. Die Sparkasse Heidelberg gewährt der TRIAL GmbH am 19.03. ein Darlehen in Höhe von 36 900,00 €. Die TRIAL GmbH zahlt am 29.12. das Darlehen zurück. Die Sparkasse stellt der TRIAL GmbH Zinsen in Höhe von 1 363,25 € in Rechnung. Welcher Zinssatz liegt dem Darlehen zugrunde?

8. Caroline Zimmer legte bei ihrer Hausbank am 12.02. einen Betrag in Höhe von 14 500,00 € zu 5,5 % an. Sie möchte sich von diesem Geld gern am 30.06. ein Cabrio kaufen (Kaufpreis: 14 850,00 €). Kann sie sich dieses Cabrio im Sommer kaufen?

9. Anna Lurka möchte sich einen Plasma-Bildschirm kaufen (Kaufpreis: 6 700,00 €). Leider besitzt sie zurzeit nicht so viel Bargeld und finanziert den Bildschirm durch einen Ratenkredit. Sie muss 500,00 € sofort anzahlen und monatlich 798,25 € abzahlen (Laufzeit: 8 Monate). Welcher Zinssatz liegt diesem Ratenkauf zugrunde?

Lernfeld 6 — Finanzierungsentscheidungen treffen

10 Die Zweirad Beigel KG erhielt von der TRIAL GmbH am 12.02. eine Rechnung über 4 600,00 € mit einem Zahlungsziel von 30 Tagen. Am 30.03. ist die Rechnung immer noch nicht beglichen. Welchen Betrag fordert die TRIAL GmbH jetzt von ihrem Kunden, wenn sie zusätzlich noch 5 % Verzugszinsen verlangt?

11 Thomas Ernst erstellt eine Liste fälliger Rechnungsbeträge. Berechnen Sie jeweils die fehlende Größe:

	Rechnungsbetrag	Fälligkeit	Tag der Überweisung	Zinssatz	Verzugs-zinsen
a)	3 000,00 €	12.05.	23.08.	x	80,80 €
b)	x	05.06.	27.07.	9 %	6,50 €
c)	12 000,00 €	x	13.09.	8,5 %	119,00 €
d)	7 200,00 €	02.10.	x	8,5 %	35,70 €
e)	4 910,00 €	19.04.	03.05.	8,5 %	x

12 Überprüfen Sie, welche Geldanlage den größten Zinsertrag ergibt:
- Angebot 1: 3 800,00 €, 4 Monate Laufzeit, Zinssatz 8 %
- Angebot 2: 4 600,00 €, 3 Monate Laufzeit, Zinssatz 9 %
- Angebot 3: 5 200,00 €, 45 Tage Laufzeit, Zinssatz 9,75 %

13 Die TRIAL GmbH erhält von einem Lieferanten am 02.03. eine Rechnung über 14 756,00 € inkl. 19 % USt. Ein Skontoabzug von 3 % ist bei einer Zahlung innerhalb zehn Tagen nach Rechnungseingang möglich, das gesamte Zahlungsziel liegt bei 30 Tagen. Herr Ernst überzieht das Bankkonto der TRIAL GmbH, um die Skontogewährung zu nutzen (Zahlungsausgang 11.03.). Die Hausbank berechnet dafür 17 % Sollzinsen. Wie hoch sind der Skontobetrag, der in Anspruch genommene Bankkredit, die zu zahlenden Kreditzinsen und die eventuell dadurch erwirkte Ersparnis?

Schwerpunkt Steuerung und Kontrolle
Lernfeld 9: Unternehmensergebnisse aufbereiten, bewerten und nutzen

1 Bestandteile des Jahresabschlusses

PROBLEM

Die Auszubildende Katja Müller erhält von Herrn Stadlinger den Auftrag, den Jahresabschluss der TRIAL GmbH per Post an einige Kunden zu verschicken. Weiter soll sie je ein Exemplar für Herrn Dietmar Kolb von der Volksbank und für Egon Streich vom Finanzamt bereitlegen. Herr Stadlinger gibt ihr ein weiteres Exemplar für den Berufsschulunterricht mit.

Auszug aus der Bilanz der TRIAL GmbH:

A	Bilanz (in Tsd. €)		P
Grundstücke	120	Eigenkapital	765
Gebäude	340	Sonstige Rückstellungen	120
Lagereinrichtung	100	Verbindlichkeiten gegenüber	
Geschäftsausstattung	87	Kreditinstituten	240
Geringwertige Wirtschaftsgüter	12	Verbindlichkeiten aus LuL	101
Waren Bikewear	120	Sonstige Verbindlichkeiten	23
Waren Mountainbikes	105	Passive Rechnungsabgrenzung	5
Waren Rennräder	86		
Forderungen aus LuL	76		
Zweifelhafte Forderungen	12		
Sonstige Forderungen	6		
Bank	120		
Kasse	34		
Aktive Rechnungsabgrenzung	31		
Disagio	5		

1. Aus welchen Teilen besteht der Jahresabschluss in Ihrem Ausbildungsunternehmen?
2. Aus welchen Gründen könnten die oben erwähnten Personen ein Interesse an dem Jahresabschluss besitzen?
3. Finden Sie eine Erklärung dafür, warum Katja Müller einen Jahresabschluss in die Berufsschule mitbringen soll.
4. Überprüfen Sie, ob die in der Bilanz aufgeführten Positionen im Kontenplan der TRIAL GmbH im Anhang zu finden sind.
5. Analysieren Sie mehrere Jahresabschlüsse von Unternehmen mit unterschiedlichen Unternehmensformen. An welchen Stellen finden Sie Unterschiede, an welchen Stellen Gemeinsamkeiten?

Unternehmen müssen einmal im Jahr zu einem bestimmten Stichtag (Bilanzstichtag) einen Jahresabschluss erstellen. Dieser stellt den Abschluss eines Geschäftsjahres (in der

Lernfeld 9 — Unternehmensergebnisse aufbereiten, bewerten und nutzen

Regel der Zeitraum vom 01.01. bis zum 31.12.) dar und soll Aufschluss über die Vermögens-, Ertrags- und Finanzlage eines Unternehmens in dieser Zeitspanne geben. Der Aufbau und die Inhalte eines Jahresabschlusses sind streng an gesetzliche Vorgaben des Handelsgesetzbuches geknüpft: Der Jahresabschluss besteht zunächst für alle Unternehmen aus einer Zusammenstellung von Bilanz und Gewinn- und Verlustrechnung eines Geschäftsjahres.

HGB § 242 Pflicht zur Aufstellung

> (1) Der Kaufmann hat zu Beginn seines Handelsgewerbes und für den Schluss eines jeden Geschäftsjahrs einen das Verhältnis seines Vermögens und seiner Schulden darstellenden Abschluss (Eröffnungsbilanz, Bilanz) aufzustellen. Auf die Eröffnungsbilanz sind die für den Jahresabschluss geltenden Vorschriften entsprechend anzuwenden, soweit sie sich auf die Bilanz beziehen.

Der Jahresabschluss setzt sich – je nach Unternehmensform – aus folgenden vier Einheiten zusammen:

Bilanz (alle Unternehmen)	GuV (alle Unternehmen)	Lagebericht (nur bei mittelgroßen und großen Kapitalgesellschaften)	Anhang (nur bei Kapitalgesellschaften)
HGB § 247 Inhalt der Bilanz (1) In der Bilanz sind das Anlage- und das Umlaufvermögen, das Eigenkapital, die Schulden sowie die Rechnungsabgrenzungsposten gesondert auszuweisen und hinreichend aufzugliedern. HGB § 266 Gliederung der Bilanz (Die Aufstellung nach der Kontenform ist verbindlich) Die Bilanz informiert über Vermögen und Schulden eines Unternehmens.	HGB § 242 (2) Er (Anm.: der Kaufmann) hat für den Schluss eines jeden Geschäftsjahres eine Gegenüberstellung der Aufwendungen und Erträge des Geschäftsjahres (Gewinn- und Verlustrechnung) aufzustellen. Ermittlung des Unternehmensergebnisses nach handelsrechtlichen Gesichtspunkten	HGB § 264 Pflicht zur Aufstellung (1) Die gesetzlichen Vertreter einer Kapitalgesellschaft haben den Jahresabschluss (§ 242) um einen Anhang zu erweitern, der mit der Bilanz und der Gewinn- und Verlustrechnung eine Einheit bildet, sowie einen Lagebericht aufzustellen. Der Jahresabschluss und der Lagebericht sind von den gesetzlichen Vertretern in den ersten drei Monaten des Geschäftsjahres für das vergangene Geschäftsjahr aufzustellen. Kleine Kapitalgesellschaften [§ 267 (1)] brauchen den Lagebericht nicht aufzustellen; sie dürfen den Jahresabschluss auch später aufstellen, wenn dies einem ordnungsmäßigen Geschäftsgang entspricht, jedoch innerhalb der ersten sechs Monate des Geschäftsjahres. HGB § 289 (1) Im Lagebericht sind der Geschäftsverlauf einschließlich	HGB § 284 Erläuterung der Bilanz und der Gewinn- und Verlustrechnung In den Anhang sind diejenigen Angaben aufzunehmen, die zu den einzelnen Posten der Bilanz oder der Gewinn- und Verlustrechnung vorgeschrieben oder die im Anhang zu machen sind, weil sie in Ausübung eines Wahlrechts nicht in die Bilanz oder in die Gewinn- und Verlustrechnung aufgenommen wurden.

Unternehmensergebnisse aufbereiten, bewerten und nutzen   **Lernfeld 9**

		des Geschäftsergebnisses und die Lage der Kapitalgesellschaft so darzustellen, dass ein den tatsächlichen Verhältnissen entsprechendes Bild vermittelt wird. … Ferner ist im Lagebericht die voraussichtliche Entwicklung mit ihren wesentlichen Chancen und Risiken zu beurteilen und zu erläutern; zugrunde liegende Annahmen sind anzugeben.	Zum Beispiel müssen die auf die Posten der Bilanz und der Gewinn- und Verlustrechnung angewandten Bilanzierungs- und Bewertungsmethoden angegeben werden.

Die Ergebnisse des Jahresabschlusses sind aber nicht nur für die einzelnen Unternehmen von Bedeutung. Andere Personenkreise sind ebenfalls an dem Zahlenmaterial über die Vermögens- und Ertragslage und weiteren Ausführungen interessiert:

- Banken: als Fremdkapitalgeber (z. B. Darlehen)
- Sonstige Gläubiger: z. B. Lieferanten
- Eigentümer, Gesellschafter: als Aktionäre bei Aktiengesellschaften (Dividendenausschüttung)
- Belegschaft: z. B. Zahlung einer Gewinnbeteiligung
- Kunden: Informationsgrundlage
- Finanzbehörden, Staat: Der Gewinn aus der Steuerbilanz gibt den zu zahlenden Steuerbetrag an.
- Öffentlichkeit: Gewerkschaften, Umweltverbände; Arbeitgeberverbände, Industrie- und Handelskammern

ZUSAMMENFASSUNG

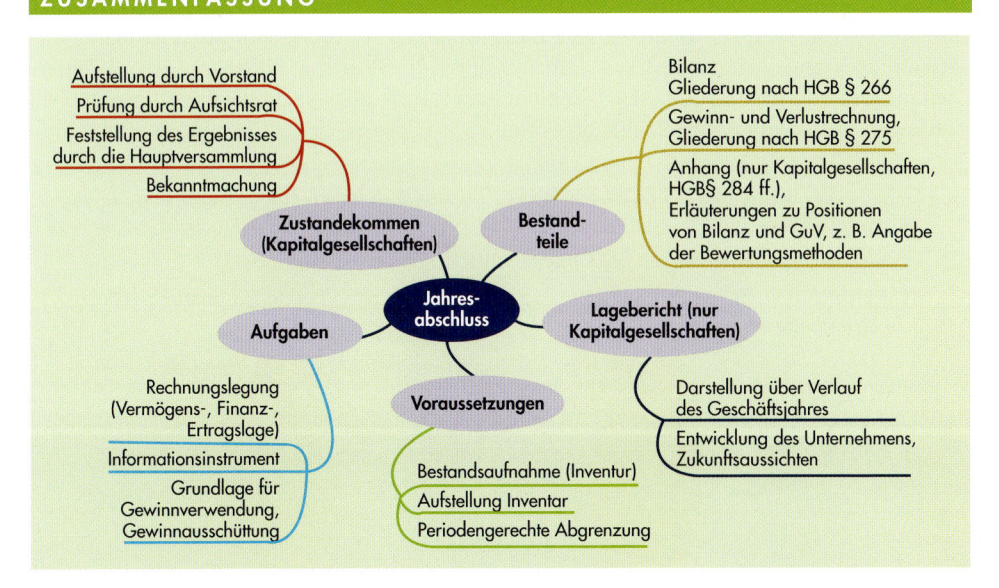

Jahresabschluss

Zustandekommen (Kapitalgesellschaften):
- Aufstellung durch Vorstand
- Prüfung durch Aufsichtsrat
- Feststellung des Ergebnisses durch die Hauptversammlung
- Bekanntmachung

Bestandteile:
- Bilanz, Gliederung nach HGB § 266
- Gewinn- und Verlustrechnung, Gliederung nach HGB § 275
- Anhang (nur Kapitalgesellschaften, HGB § 284 ff.), Erläuterungen zu Positionen von Bilanz und GuV, z. B. Angabe der Bewertungsmethoden
- Lagebericht (nur Kapitalgesellschaften): Darstellung über Verlauf des Geschäftsjahres, Entwicklung des Unternehmens, Zukunftsaussichten

Aufgaben:
- Rechnungslegung (Vermögens-, Finanz-, Ertragslage)
- Informationsinstrument
- Grundlage für Gewinnverwendung, Gewinnausschüttung

Voraussetzungen:
- Bestandsaufnahme (Inventur)
- Aufstellung Inventar
- Periodengerechte Abgrenzung

Lernfeld 9

Unternehmensergebnisse aufbereiten, bewerten und nutzen

AUFGABEN

1. a) Welche Aufgaben erfüllt ein Jahresabschluss?
   b) Aus welchen Teilen besteht ein Jahresabschluss?
   c) Erklären Sie, warum sich der Jahresabschluss bei großen Kapitalgesellschaften aus mehreren Teilen und aus einem Lagebericht zusammensetzt.
   d) Analysieren Sie einen Jahresabschluss einer Kapitalgesellschaft Ihrer Wahl.
2. a) Nennen Sie wesentliche Adressaten eines Jahresabschlusses.
   b) Aus welchen Gründen haben diese Adressaten ein berechtigtes Interesse an den Inhalten eines Jahresabschlusses?

2 Die Bewertung von Vermögen und Schulden als Grundlage für die Erstellung eines Jahresabschlusses

PROBLEM

Zwei Freunde von Katja Müller, Franz Siegel und Toni Marker, haben sich im vorletzten Jahr als Unternehmer selbstständig gemacht. Sie kauften die benötigte Betriebs- und Geschäftsausstattung bei dem gleichen Lieferanten gemeinsam ein (je 40 000,00 €), auch ein gleiches Firmenfahrzeug wurde bei einem Autohändler am gleichen Tag erworben (je 35 000,00 €).

Als sich die drei Freunde eines Tages verabreden, kommen sie im Verlaufe des Abends zu der Erkenntnis, dass Franz Siegel mehr Steuern für sein Unternehmen zahlen musste als Toni Marker. Beim Vergleich der Bilanzen – welche von unterschiedlichen Steuerbüros angefertigt wurden – fällt auf, dass die Position Fuhrpark den gleichen Anfangsbestand hat (35 000,00 €), die Schlussbestände aber in unterschiedlicher Höhe vorliegen (30 000,00 € und 28 000,00 €).

1. Erklären Sie, warum die Schlussbestände der Fahrzeuge in jedem Fall geringer sind als die Anfangsbestände.
2. Finden Sie Erklärungen für die beiden unterschiedlichen Schlussbestände.
3. Könnten sich bei der Position Betriebs- und Geschäftsausstattung ebenfalls unterschiedliche Schlussbestände ergeben?
4. Analysieren Sie, wie sich die unterschiedlichen Schlussbestände auf die Steuerzahlungen auswirken könnten.
5. Informieren Sie sich über Änderungen von Bewertungen in der Unternehmenssteuerreform des Jahres 2007. Können nach jetziger Rechtslage weiterhin unterschiedliche Schlussbestände (siehe 2.) auftreten?

2.1 Allgemeine Bewertungsgrundsätze

Um einen Jahresabschluss zu erstellen, müssen u. a. folgende Arbeiten von den Mitarbeitern eines Unternehmens getätigt werden:

- Ermittlung der Schlussbestände durch eine Inventur (inkl. buchhalterischer Korrektur von Differenzen bzgl. Ist- und Sollbeständen)
- Abschluss sämtlicher Bestandskonten und der zugehörigen Unterkonten (inkl. Buchungen von Abschreibungen)
- Abschluss der Erfolgskonten und der zugehörigen Unterkonten (mit Prüfung, ob die Aufwendungen und Erträge ganz oder teilweise das abzuschließende Geschäftsjahr betreffen oder dem nächsten Geschäftsjahr zuzurechnen sind)
- Überprüfung der Forderungen auf eventuelle Forderungsausfälle
- Bewertung der Verbindlichkeiten
- Bildung von Rückstellungen
- Abschluss der Privatkonten
- Abschluss der Steuerkonten (Umsatz-, Vorsteuer)

Für den Abschluss der Bestandskonten werden die jeweiligen Schlussbestände der einzelnen Konten ermittelt. Dabei muss für jeden Vermögensgegenstand die Frage beantwortet werden:

Wie ermittelt sich der Wert der Schlussbestände der Bestandskonten für das Schlussbilanzkonto?

Der Gesetzgeber hat für diesen Zweck Bewertungsvorschriften erlassen, die genauestens eingehalten werden müssen. Nicht korrekt ermittelte Wertansätze führen zu einer nicht korrekten Darstellung der Vermögenslage. Somit liefert auch die Gewinn- und Verlustrechnung falsche Ergebnisse. Die weiteren Adressaten des Jahresabschlusses, wie z. B. die Gläubiger, würden bzgl. der Vermögens- und Schuldenlage getäuscht werden. Die Bewertungsvorschriften können daher auch als Schutzfunktionen für die Teilhaber, für die Gläubiger und für das Finanzamt (Steuergerechtigkeit) angesehen werden.

Der Gesetzgeber unterscheidet zwischen zwei Bewertungsprinzipien, welche sich in der Zielsetzung unterscheiden:

Bewertung nach Handelrecht:	• Rechtsgrundlage: Handelsgesetzbuch, HGB §§ 252 ff. • Vorsichtige Ermittlung von Vermögen und Schulden (Vorsichtsprinzip) zum Schutz der Gläubiger • Die wirtschaftliche Situation eines Unternehmens soll nicht besser dargestellt werden, als sie in der Realität ist • Erstellung einer Handelsbilanz
Bewertung nach Steuerrecht:	• Rechtsgrundlage: Einkommensteuergesetz, EStG § 5 ff. • Einheitliche Grundsätze für die Ermittlung des periodengerechten Gewinns • Keine Gewinnverlagerungen in andere Rechnungsperioden • Erstellung einer Steuerbilanz

Die Bewertungsvorschriften für die Erstellung der Handelsbilanz sind für die Erstellung der Steuerbilanz zu übernehmen. Es gilt der **„Grundsatz der Maßgeblichkeit der Handelsbilanz für die Steuerbilanz"**.

In der Praxis sind in der Regel die Handels- und die Steuerbilanz bei Einzelunternehmen und Personengesellschaften identisch, während bei Kapitalgesellschaften die beiden Bilanzen in einigen Punkten unterschiedliche Werte führen können.

> Der Gesetzgeber hat das **Vorsichtsprinzip** in HGB § 252 (4) schriftlich verankert:
>
> Es ist vorsichtig zu bewerten, namentlich sind alle vorhersehbaren Risiken und Verluste, die bis zum Abschlussstichtag entstanden sind, zu berücksichtigen, selbst wenn diese erst zwischen dem Abschlussstichtag und dem Tag der Aufstellung des Jahresabschlusses bekannt geworden sind; Gewinne sind nur zu berücksichtigen, wenn sie am Abschlussstichtag realisiert sind.

Die Aussagen in HGB § 252 beinhalten weitere allgemeine Bewertungsgrundsätze:

> (1) Bei der Bewertung der im Jahresabschluss ausgewiesenen Vermögensgegenstände und Schulden gilt insbesondere Folgendes:
>
> 1. Die Wertansätze in der Eröffnungsbilanz des Geschäftsjahrs müssen mit denen der Schlussbilanz des vorhergehenden Geschäftsjahrs übereinstimmen.

Diese Aussage entspricht dem Grundsatz der **Bilanzidentität**.

> 3. Die Vermögensgegenstände und Schulden sind zum Abschlussstichtag einzeln zu bewerten.
> 6. Die auf den vorhergehenden Jahresabschluss angewandten Bewertungsmethoden sollen beibehalten werden.

Diese Aussage entspricht dem Grundsatz der **Bilanzkontinuität**.

Der Grundsatz der **Bilanzklarheit** beinhaltet, dass der Jahresabschluss übersichtlich nach den Gliederungsvorschriften des Handelsgesetzbuches aufzustellen ist. Der Grundsatz der **Bilanzwahrheit** ist erfüllt, wenn die Bewertungsvorschriften eingehalten werden (Darstellung der realen Vermögens-, Finanz- und Ertragslage) und der Jahresabschluss vollständig ist.

Beispiele:
- *Die TRIAL GmbH führte im letztjährigen Jahresabschluss die Positionen Mountainbikes und Rennräder. In diesem Jahr werden diese Warengruppen nur noch in einer Position als Fahrräder geführt. Damit verstößt die TRIAL GmbH gegen den Grundsatz der Bilanzklarheit.*
- *Ein Verstoß gegen den Grundsatz der Bilanzwahrheit liegt vor, wenn die TRIAL GmbH Warenbestände eines Geschäftsjahres nicht bilanziert.*
- *Die TRIAL GmbH rechnet die Konten Mieterträge (Saldo 900,00 €) und Mietaufwendungen (Saldo 1 200,00 €) gegeneinander auf und weist in der Gewinn- und Verlustrechnung nur die Position Mietaufwand (300,00 €) aus. Diese Vorgehensweise ist unzulässig, die TRIAL GmbH verstößt gegen das Saldierungsverbot.*

Die weiteren Ausführungen für die Bewertung von Bilanzpositionen beziehen sich zunächst auf die Erfordernisse zur Erstellung einer Handelsbilanz. Die Bewertung von

Unternehmensergebnisse aufbereiten, bewerten und nutzen — **Lernfeld 9**

Anlagevermögen, Umlaufvermögen und Fremdkapital unterliegt unterschiedlichen Vorschriften, welche in den weiteren Kapiteln näher erläutert werden.

	Aktivseite		Passivseite	

Bewertung des Anlagevermögens	Anlagevermögen
	Sachanlagen:
	    Grundstücke
	    Gebäude
	    Technische Anlagen und Maschinen
	    Lager- und Transporteinrichtung
	    Fuhrpark
	    Betriebs- und Geschäftsausstattung
	    Geringwertige Wirtschaftsgüter
	
	Finanzanlagen:
	    Wertpapiere des Anlagevermögens
		Eigenkapital		

Bewertung des Umlaufvermögens	Umlaufvermögen Waren Forderungen aus LuL Zweifelhafte Forderungen Sonstige Forderungen	Fremdkapital Darlehen Verbindlichkeiten aus LuL Sonstige Verbindlichkeiten Rückstellungen		Bewertung des Fremdkapitals
	Aktive Rechnungsabgrenzung	Passive Rechnungsabgrenzung		

ZUSAMMENFASSUNG

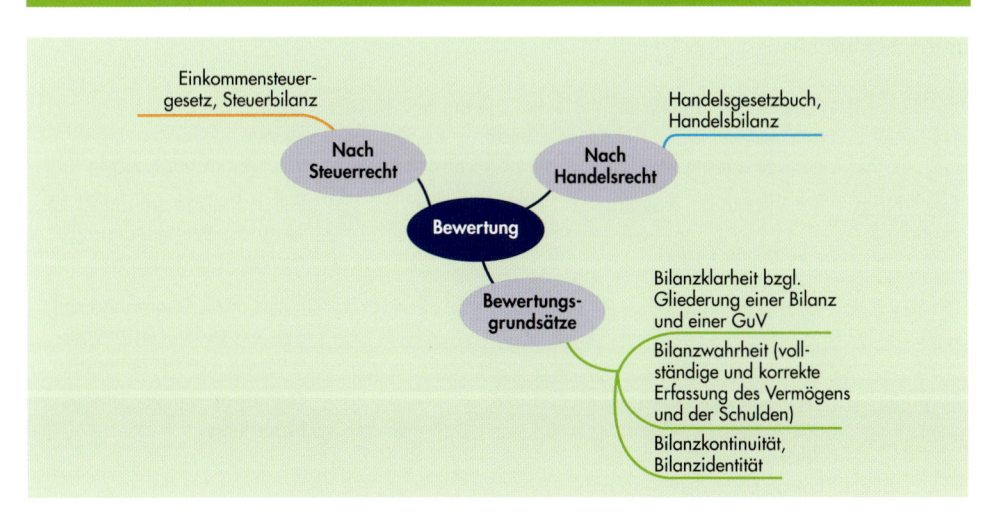

- Nach Steuerrecht → Einkommensteuergesetz, Steuerbilanz
- Nach Handelsrecht → Handelsgesetzbuch, Handelsbilanz
- Bewertung
- Bewertungsgrundsätze:
  - Bilanzklarheit bzgl. Gliederung einer Bilanz und einer GuV
  - Bilanzwahrheit (vollständige und korrekte Erfassung des Vermögens und der Schulden)
  - Bilanzkontinuität, Bilanzidentität

Lernfeld 9

Unternehmensergebnisse aufbereiten, bewerten und nutzen

> **AUFGABEN**
>
> 1. Welche Zielsetzungen verfolgt der Jahresabschluss im Handelsrecht, welche im Steuerrecht?
> 2. Unterscheiden Sie zwischen den Bewertungsgrundsätzen Bilanzwahrheit und Bilanzidentität.
> 3. Gegen welche Bewertungsgrundsätze wurde in den folgenden Fällen verstoßen?
>   a) In der Handelsbilanz wurde für den gleichen Vermögensgegenstand ein Betrag von 2 400,00 € abgeschrieben, in der Steuerbilanz ein Betrag von 3 500,00 €.
>   b) Die TRIAL GmbH unterscheidet nicht zwischen Forderungen aus LuL und sonstigen Forderungen, sondern führt nur ein einziges Konto Forderungen.
>   c) Eine Maschine für 120 000,00 € wird nicht im Bestandskonto geführt, sondern im Konto Aufwendungen für bezogene Leistungen.
>   d) Die TRIAL GmbH rechnet Forderungen und Verbindlichkeiten zwecks Vereinfachung gegeneinander auf.

2.2 Die Bewertung von nicht abnutzbaren Vermögensgegenständen am Beispiel Grundstücke

Grundstücke gehören zu den nicht abnutzbaren Vermögensgegenständen. Sie unterliegen keiner Nutzungsdauer und stehen Unternehmen zeitlich unbegrenzt zur Verfügung. Bei Erwerb eines Grundstücks wird dieses mit den Anschaffungskosten in dem Konto 0400 Grundstücke erfasst.

Beispiel: Die TRIAL GmbH kauft ein neues Grundstück (600 qm) zu einem Preis von 55,00 € pro qm. Auf dem Grundstück soll in ein paar Jahren eventuell eine neue Lagerhalle errichtet werden. Die Notarkosten betragen 250,00 €, für die Erschließung müssen 150,00 € gezahlt werden.

Grundstückswert (600 qm · 55,00 €)	33 000,00 €
Anschaffungsnebenkosten	400,00 €
Anschaffungskosten	33 400,00 €

Für die Bewertung des Grundstücks am Ende eines Geschäftsjahres muss der am 31.12. gültige Quadratmeterpreis ermittelt werden. Dieser bestimmt den Wert des Grundstücks in der Schlussbilanz.

	Preis je qm am 31.12. größer Preis je qm am Kauftag	Preis je qm am 31.12. gleich Preis je qm am Kauftag	Preis je qm am 31.12. kleiner Preis je qm am Kauftag
Bewertungsgrundlage	Preis je qm am Kauftag	Preis je qm am Kauftag	Fall 1: Preis je qm am 31.12., wenn die Wertminderung dauerhaft gegeben ist Fall 2: Preis je qm am Kauftag, wenn die Wertminderung nur vorübergehend ist
Begründung	Vermögensgegenstände des Anlagevermögens dürfen **niemals** zu einem Betrag über dem Anschaffungswert bewertet werden, HGB § 252 (4)		Grundsatz der vorsichtigen Bewertung

Bewertungs-prinzip	Realisationsprinzip, Anschaffungswertprinzip		Niederstwertprinzip: streng (Fall 1) gemildert (Fall 2)

Die in der Tabelle erwähnten Bewertungsvorschriften dokumentieren den Vorsichtscharakter bei der Bestimmung der Vermögenswerte zum 31.12.

Das Anschaffungswertprinzip

Das Anschaffungswertprinzip besagt, dass ein Vermögensgegenstand maximal mit den Anschaffungskosten in der Bilanz bewertet werden darf. Dieses Prinzip spiegelt einen Teil des Vorsichtsprinzips der Bilanzierung nach HGB § 252 (4) wider und dient dem Gläubigerschutz: Gewinne werden erst dann berücksichtigt, wenn sie bis zum Abschlussstichtag realisiert worden sind.

Das Vorsichtsprinzip wird durch drei weitere Prinzipien konkretisiert:

Das Realisationsprinzip

Das Realisationsprinzip beinhaltet, dass Gewinne erst zu dem Zeitpunkt in der Bilanz ausgewiesen werden dürfen, an dem sie durch eine Verkaufshandlung realisiert worden sind.

Das Niederstwertprinzip

Das Niederstwertprinzip gliedert sich in ein strenges und in ein gemildertes Prinzip.

Das strenge Niederstwertprinzip

Bei einer voraussichtlich dauernden Wertminderung eines Vermögenswertes muss dessen Endwert um die Differenz zum aktuellen Markt- oder Börsenwert reduziert werden, d. h., es muss außerplanmäßig abgeschrieben werden. Stehen mehrere Werte zur Verfügung, muss immer der niedrigste genommen werden.

Außerplanmäßige Abschreibungen

Vermögensgegenstände des Anlagevermögens unterliegen einer Abnutzung (Ausnahme: Grundstücke) und werden daher planmäßig abgeschrieben (siehe Kap. 2.4 Die Bewertung des Umlaufvermögens). Außergewöhnliche Wertminderungen werden durch außerplanmäßige Abschreibungen dokumentiert.

Das gemilderte Niederstwertprinzip

Bei vorübergehenden Wertminderungen im Anlagevermögen steht es dem Unternehmen frei, eine außerplanmäßige Abschreibung vorzunehmen. Der Unternehmer besitzt ein Abschreibungswahlrecht [HGB § 253 (2, 3)].

Kapitalgesellschaften haben dieses Recht nur für die Bewertung von Finanzanlagen, für alle anderen Werte des Anlagevermögens dürfen bei vorübergehender Wertminderung keine Abschreibungen vorgenommen werden.

Das Imparitätsprinzip

Während Gewinne erst dann ausgewiesen werden dürfen, wenn sie durch Umsatz realisiert worden sind, müssen Verluste dagegen schon ausgewiesen werden, wenn deren Eintritt wahrscheinlich ist. Steigt der Kurswert für Wertpapiere z. B. über den Buchwert, darf dieser nicht angepasst werden, es entstehen stille Reserven. Sollte der Kurswert jedoch unter den Buchwert sinken, so sind die Wertpapiere abzuschreiben.

Lernfeld 9 — Unternehmensergebnisse aufbereiten, bewerten und nutzen

Beispiel (Fortsetzung): Der Wert des Grundstücks fällt am 31.12. auf einen Preis von 25,00 € je qm, da unter dem Erdreich ölhaltige Müllabfälle gefunden wurden, deren teilweise Beseitigung hohe Kosten verursachen würden. Eine komplette Sanierung des Grundstücks erweist sich als unmöglich.

Aufgrund der dargestellten Situation liegt eine dauernde Wertminderung vor. Am 31.12. muss aus diesem Grund der niedrigere Wert (25,00 € je qm) gewählt werden. Das Grundstück erscheint nur noch mit einem Wert von 15 400,00 € in der Bilanz. Der Differenzbetrag in Höhe von 18 000,00 € wird als außerplanmäßige Abschreibung buchhalterisch erfasst.

S		Grundstücke		H
AB	33 400,00	SB		15 400,00
		Außerplanmäßige Abschreibungen		18 000,00

Steigt hingegen der Wert des Grundstücks auf 90,00 € je qm, darf die TRIAL GmbH das Grundstück dennoch nur mit den Anschaffungskosten in Höhe von 33 400,00 € in der Bilanz zum 31.12. bewerten. Der Gewinn von 35,00 € wurde noch nicht realisiert (erst bei Verkauf des Grundstücks).

Beispiel: Der Wert des Grundstücks steigt auf 90,00 € je qm. Die TRIAL GmbH nutzt diese Erhöhung und verkauft das Grundstück für diesen Preis am 12.12. Das Konto Grundstücke weist folgendes Zahlenmaterial auf:

S		Grundstücke		H
AB	33 400,00	Verkauf		54 000,00
Ertrag	20 600,00	SB		0,00

ZUSAMMENFASSUNG

Grundstücke können nur außerplanmäßig – bei einer dauernden Wertminderung – abgeschrieben werden.

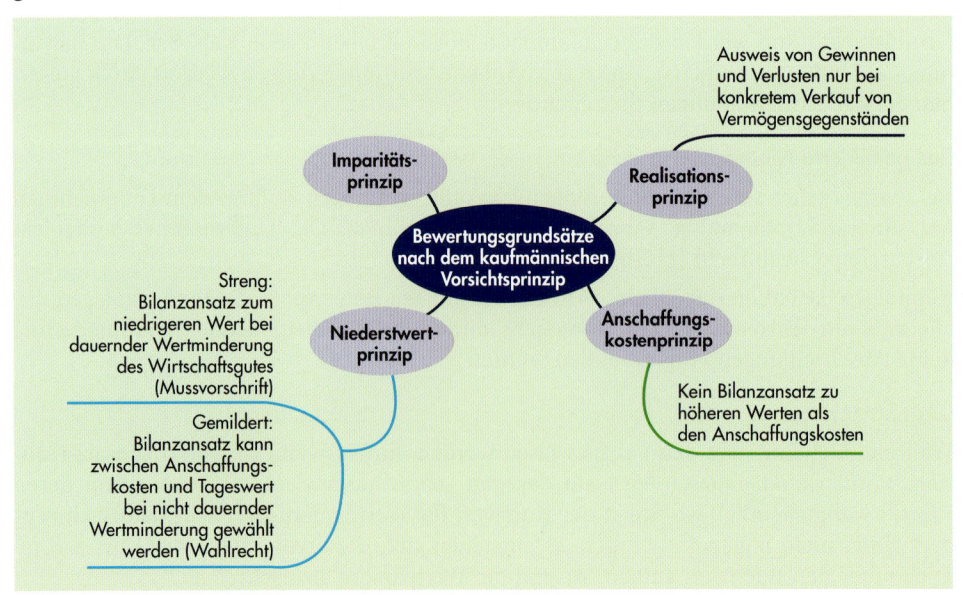

Bewertungsgrundsätze nach dem kaufmännischen Vorsichtsprinzip:

- **Imparitätsprinzip**
  - Streng: Bilanzansatz zum niedrigeren Wert bei dauernder Wertminderung des Wirtschaftsgutes (Mussvorschrift)
  - Gemildert: Bilanzansatz kann zwischen Anschaffungskosten und Tageswert bei nicht dauernder Wertminderung gewählt werden (Wahlrecht)
- **Niederstwertprinzip**
- **Realisationsprinzip** – Ausweis von Gewinnen und Verlusten nur bei konkretem Verkauf von Vermögensgegenständen
- **Anschaffungskostenprinzip** – Kein Bilanzansatz zu höheren Werten als den Anschaffungskosten

Unternehmensergebnisse aufbereiten, bewerten und nutzen — Lernfeld 9

AUFGABEN

1. a) Erläutern Sie das Vorsichtsprinzip mit eigenen Worten.
   b) Welche Bewertungsprinzipien gelten für das Anlagevermögen, welche für das Umlaufvermögen?
   c) Erklären Sie den Begriff außerplanmäßige Abschreibungen.

2. Die TRIAL GmbH erwirbt am 23.05. ein weiteres Betriebsgrundstück mit einer Größe von 850 qm für 204 000,00 € netto. Die Grunderwerbsteuer liegt bei 2,5 % des Kaufpreises, der Grundbucheintrag kostet 450,00 €.
   a) Berechnen Sie die Anschaffungskosten.
   b) Buchen Sie den Kauf des Grundstücks am 23.05. per Banküberweisung.
   c) Der Quadratmeterpreis für das Grundstück liegt am 31.12. bei 280,00 €. Mit welchem Wert erscheint das Grundstück in der Bilanz der TRIAL GmbH? Begründen Sie Ihre Entscheidung.

3. Ein Unternehmen des Sanitärgroßhandels kauft am 17.10. ein Grundstück (1 900,00 qm). Als Kosten fallen an:
   - Kaufpreis: 380 000,00 € netto
   - Grunderwerbsteuer: 2 % des Kaufpreises
   - Maklergebühr: 5 355,00 € inkl. 19 % USt.
   - Grundbucheintrag: 560,00 €
   - Anschlusskosten Kanal und Elektro: 4 500,00 €
   - Grundsteuer: 1 200,00 €
   - Darlehenskosten: 700,00 €

   a) Berechnen Sie die Anschaffungskosten.
   b) Buchen Sie den Kauf des Grundstücks am 17.10. und die Banküberweisung am 19.10.
   c) Der Quadratmeterpreis für das Grundstück liegt am 31.12. bei 120,00 €, weil eine vierspurige Umgehungsstraße an diesem Grundstück vorbeiführen soll. Mit welchem Wert erscheint das Grundstück in der Bilanz des Unternehmens? Begründen Sie Ihre Entscheidung.
   d) Angenommen, die Sanitärgroßhandlung vermietet das Grundstück noch im Jahr der Anschaffung an ein anderes Unternehmen: Welche Auswirkungen hat diese Transaktion auf die Gewinn- und Verlustrechnung und auf das Betriebsergebnis, wenn sich am Preis pro Quadratmeter nichts ändert?

4. Die TRIAL GmbH führt seit einigen Jahren ein 3 000 qm großes, unbenutztes Grundstück mit einem Wert von 450 000,00 € in den Bilanzen.
   a) Die örtliche Gemeindeverwaltung erschließt in diesem Jahr ein neues Baugebiet, welches das Grundstück der TRIAL GmbH erfasst. Der Wert des Grundstücks steigt um 20 % je qm. Die TRIAL GmbH weist das unbebaute Grundstück in der Bilanz in diesem Jahr mit einem Wert von 540 000,00 € aus. Beurteilen Sie diesen Bewertungsansatz.
   b) Die TRIAL GmbH verkauft am 31.12. das unbebaute Grundstück zu dem aktuellen Quadratmeterpreis aus Aufgabe a). Bilden Sie die Buchungssätze (ohne sonstige Kosten) und stellen Sie das T-Konto Unbebaute Grundstücke zum 31.12. auf.
   c) Die TRIAL GmbH bilanziert das Grundstück mit einem Wert von 230 000,00 €. Welche Gründe könnten die TRIAL GmbH zu diesem Bilanzansatz geführt haben?
   d) Welche Bedeutung hat dieses Grundstück für die Ermittlung des Betriebsergebnisses?

2.3 Die Bewertung von abnutzbaren Vermögensgegenständen des Anlagevermögens

Auch bei den weiteren Vermögensgegenständen des Anlagevermögens müssen die Anschaffungskosten ermittelt werden. Die Anschaffungskosten berechnen sich nach HGB § 255:

Anschaffungspreis (Listeneinkaufspreis) netto
+ Anschaffungsnebenkosten (Fracht, Verpackung)
− Anschaffungspreisminderungen (Skonto, Boni)
= Anschaffungskosten

Die Nutzung der abnutzbaren Gegenstände ist aber zeitlich begrenzt. Die jeweiligen Nutzungsdauern sind aus den sogenannten **AfA-Tabellen** (AfA = Absetzung für Abnutzung) zu entnehmen.

Gegenstände des Anlagevermögens werden auf Sammelkonten in bestimmten Kontengruppen der Kontenklassen 0 und 1 geführt. Das Anlagevermögen der TRIAL GmbH erfasst alle Wirtschaftsgüter, die dazu bestimmt sind, dem Unternehmen langfristig zu dienen. Güter des Anlagevermögens verbrauchen sich durch Nutzung oder durch Zeitablauf (Ausnahme: Grundstücke, siehe Kap. 2.3).

Beispiel: Der Kauf von Artikeln der Warengruppe Bikewear durch die TRIAL GmbH bei Lieferanten wird der Kontengruppe Waren zugebucht, da diese dem Weiterverkauf dienen und somit eine Position des Umlaufvermögens sind. Der Kauf von Schreibtischen zählt als Zugang von Anlagevermögen, da Schreibtische längerfristig im Unternehmen bleiben und es nicht die Aufgabe der TRIAL GmbH ist, Schreibtische zu verkaufen.

Die TRIAL GmbH führt u. a. folgende Konten für das Anlagevermögen:
- Grundstücke und Gebäude: Kontengruppe 05
- Technische Anlagen und Maschinen: Kontengruppe 07
- Betriebs- und Geschäftsausstattung Kontengruppe 08

Das Wesen der Abschreibung

Der Gesetzgeber bestimmt in HGB § 253 (2), dass Vermögensgegenstände des Anlagevermögens um planmäßige Abschreibungen zu vermindern sind.

> **§ HGB § 253 (2):**
> Bei Vermögensgegenständen des Anlagevermögens, deren Nutzung zeitlich begrenzt ist, sind die Anschaffungs- oder Herstellungskosten um planmäßige Abschreibungen zu mindern. Der Plan muss die Anschaffungs- oder Herstellungskosten auf die Geschäftsjahre verteilen, in denen der Vermögensgegenstand voraussichtlich genutzt werden kann.

Planmäßige Abschreibungen beschreiben und bewerten den Wertverlust, den ein Wirtschaftsgut während eines Geschäftsjahres erfährt. Da Güter des Anlagevermögens ständig im Betrieb eingesetzt werden, verlieren sie im Laufe der Zeit an Wert.

Gründe für eine Wertminderung:
- Technischer Fortschritt
- Wirtschaftliche Entwertung (Nachfrageveränderungen, Preisverfall)
- Zerstörung oder Beschädigung des Anlagegutes

Beispiele:
- *Durch den technischen Fortschritt verlieren Computer im Laufe der Jahre an Wert (Entwicklung schnellerer Prozessoren, größere Festplatten).*
- *Schreibtische weisen nach Jahren des Gebrauchs Verschleißspuren auf.*

Diese Wertminderungen werden buchhalterisch durch Abschreibungen erfasst. Abschreibungsbeträge mindern die Anschaffungskosten bzw. den aktuellen Buchwert von Vermögensgegenständen. Der Wert eines Fahrzeugs ist in der Schlussbilanz des vergangenen Jahres ein höherer als in der aktuellen Schlussbilanz.

Die TRIAL GmbH darf jedoch für Güter des Anlagevermögens nicht einen beliebigen Abschreibungsbetrag wählen. HGB § 253 (2) spricht in diesem Zusammenhang von einer zeitlich **begrenzten Nutzungsdauer**. Die Höhe der betriebsgewöhnlichen Nutzungsdauer eines Vermögensgegenstandes ergibt sich aus sog. **AfA-Tabellen** der Finanzverwaltung.

Beispiel: Die Nutzungsdauer beträgt laut AfA-Tabelle (Auszug):
für Personenwagen 5 Jahre, für Büromöbel 10 Jahre, für PCs 3 Jahre, für Kopiergeräte 5 Jahre, für Verwaltungsgebäude 50 Jahre.

Für die Berechnung der Abschreibungsbeträge unterscheidet man zwischen planmäßigen und außerplanmäßigen Abschreibungen:

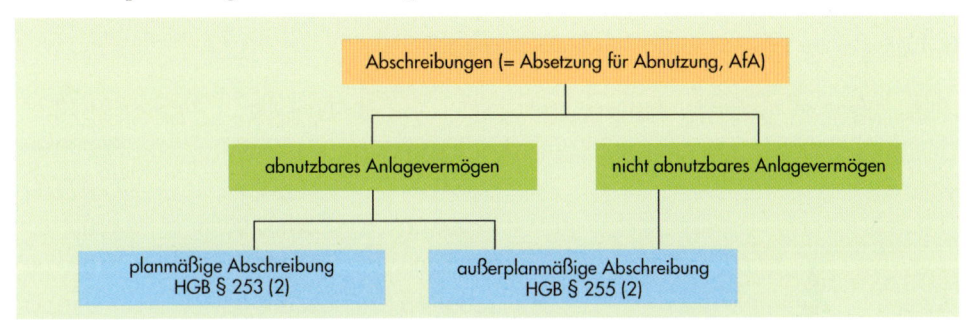

```
                 Abschreibungen (= Absetzung für Abnutzung, AfA)
                      /                              \
        abnutzbares Anlagevermögen          nicht abnutzbares Anlagevermögen
                      |                              |
        planmäßige Abschreibung           außerplanmäßige Abschreibung
           HGB § 253 (2)                       HGB § 255 (2)
```

Die planmäßige Abschreibung gliedert sich in drei Abschreibungsmethoden:

```
                        Planmäßige Abschreibung
            /                    |                        \
    lineare            geometrisch-degressive         Leistungs-
Abschreibungsmethode    Abschreibungsmethode        abschreibung[1]
```

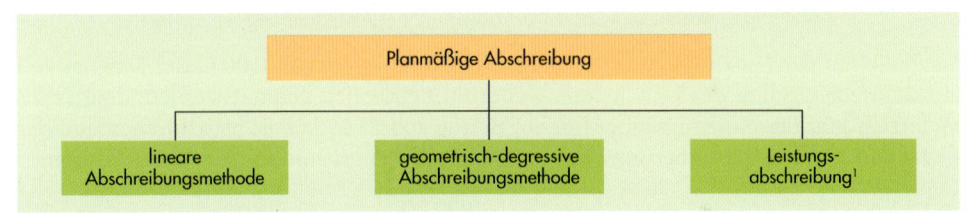

Hinweis:
Die geometrisch-degressive Abschreibung auf Wirtschaftsgüter wurde durch die Unternehmenssteuerreform 2007 als steuerliche Bemessungsgrundlage für die Anschaffung von Anlagegütern ab dem Jahr 2007 abgeschafft. Inzwischen darf diese Abschreibungsmethode jedoch wieder für den Kauf von Anlagegütern ab dem Jahr 2009 angewendet werden. Somit haben Unternehmen wieder die Wahlfreiheit zwischen diesen beiden Abschreibungsmethoden.

Die lineare Abschreibung

Bei der linearen Abschreibung wird die Wertminderung gleichmäßig auf die Nutzungsjahre verteilt. Der Abschreibungsbetrag bleibt über die Nutzungsjahre immer gleich (= konstant, linear).
Es gilt:

$$\text{Jährlicher linearer Abschreibungsprozentsatz (AfA in \%)} = \frac{100}{\text{Nutzungsdauer in Jahren}}$$

---
[1] Bleibt in diesem Lehrbuch unberücksichtigt.

$$\text{Jährlicher linearer Abschreibungsbetrag in € (AfA/Jahr)} = \frac{\text{Anschaffungskosten}}{\text{Nutzungsdauer in Jahren}}$$

Beispiel: Die TRIAL GmbH erwirbt am 02.01. einen Lkw (Anschaffungskosten netto: 120 000,00 €). Die Nutzungsdauer beträgt laut AfA-Tabelle fünf Jahre.

Der jährliche lineare Abschreibungsprozentsatz beträgt AfA = 100 : 5 Jahre = 20 %
Der jährliche lineare Abschreibungsbetrag beträgt AfA = 120 000,00 € : 5 Jahre
= 24 000,00 €

Der Wertverlust des Lkw beträgt jedes Jahr 24 000,00 €.

Es ergibt sich der folgende lineare Abschreibungsverlauf:

Jahr	Anschaffungskosten/Buchwert neues Jahr	Abschreibung	Restwert 31.12.
1	120 000,00	24 000,00	96 000,00
2	96 000,00	24 000,00	72 000,00
3	72 000,00	24 000,00	48 000,00
4	48 000,00	24 000,00	24 000,00
5	24 000,00	24 000,00	0,00

Dabei gilt:
Anschaffungskosten bzw. Buchwert neues Jahr − Abschreibung = Restwert

Nach Ablauf der Nutzungsdauer ergibt sich ein Bilanzwert von 0,00 €; der Lkw ist voll abgeschrieben. Sollte der Lkw jedoch weiterhin betrieblich genutzt werden, dann wird im letzten Jahr der Nutzungsdauer nur ein Betrag von 23 999,00 € abgeschrieben und der Lkw steht mit 1,00 € Erinnerungswert in der Schlussbilanz und in den Anlagekonten.

5	24 000,00	23 999,00	1,00

Die geometrisch-degressive Abschreibung

Die geometrisch-degressive Abschreibung wurde nach der Unternehmenssteuerreform 2007 als steuerliche Abschreibungsmöglichkeit für das Jahr 2008 abgeschafft und in den Jahren 2009 und 2010 wieder eingeführt. Seit dem 01.01.2011 ist die degressive Abschreibung für ab diesem Zeitpunkt erworbene bewegliche Wirtschaftsgüter des Anlagevermögens nicht mehr zulässig.

Während die lineare Abschreibung von einer gleichmäßigen Abnutzung von Anlagegütern ausgeht, wird bei der degressiven Abschreibung die Wertminderung in fallenden, d. h. immer kleiner werdenden Abschreibungsbeträgen auf die Nutzungsdauer verteilt. Bei der degressiven Abschreibung sind die Abschreibungen in den ersten Jahren der Nutzung höher als in den Folgejahren. Der degressive AfA-Satz wird immer vom **jeweiligen Restwert des Vermögensgegenstandes berechnet**. Das Einkommensteuergesetz bietet den Unternehmen ein Wahlrecht an, ob ein Wirtschaftsgut linear oder degressiv abgeschrieben werden soll.

Dabei gibt das Einkommensteuergesetz zur Berechnung des degressiven Abschreibungsprozentsatzes folgende Regelung vor (gültig für die Anschaffungsjahre 2009 und 2010):

degressive AfA in % $= 2,5 \cdot$ *lineare AfA in %, max. 25 %*

Beispiel: Ein Wirtschaftsgut wird mit einem Anschaffungswert von 35 000,00 € angeschafft und besitzt laut AfA-Tabelle eine Nutzungsdauer von sieben Jahren (Anschaffungsjahr 2010).

Der lineare AfA-Satz beträgt: 100 : 7 = 14,28 %
Für den degressiven Satz gilt: 2,5 · linearer AfA-Satz = 2,5 · 14,28 % = 35,7 %

Da der degressive AfA-Satz aber nie mehr als 25 % betragen darf, wird das Wirtschaftsgut degressiv mit 25 % abgeschrieben.

Ein weiteres Wirtschaftsgut wird mit 45 000,00 € angeschafft und besitzt laut AfA-Tabelle eine Nutzungsdauer von zwölf Jahren.

Der lineare AfA-Satz beträgt: 100 : 12 = 8,33 %
Weiter gilt: 2,5 · linearer AfA-Satz = 2,5 · 8,33 % = 20,825 %

Dieses Wirtschaftsgut wird degressiv mit 20,83 % abgeschrieben (aufgerundet).

Die Anschaffungskosten spielen bezüglich der Bestimmung des AfA-Satzes – sowohl linear als auch degressiv – keine Rolle.

Beispiel: Die TRIAL GmbH möchte den am 01.01. erworbenen Lkw (Anschaffungskosten 120 000,00 €) degressiv abschreiben.

Der lineare AfA-Satz beträgt: 100 : 5 = 20 %
Für den degressiven Satz gilt: 2,5 · linearer AfA-Satz = 2,5 · 20 % = 50 %

Da der degressive AfA-Satz aber nie mehr als 25 % betragen darf, wird der Lkw mit 25 % degressiv abgeschrieben werden.

Es ergibt sich der folgende degressive Abschreibungsverlauf:

Jahr	Anschaffungskosten/Buchwert neues Jahr	Abschreibung	Restwert 31.12.
1	120 000,00	30 000,00	90 000,00
2	90 000,00	22 500,00 *	67 500,00
3	67 500,00	16 875,00 *	50 625,00
4	50 625,00	12 656,25 *	37 968,75
5	37 968,75	9 492,19 *	28 476,56

* = 25 % vom jeweiligen Buchwert bzw. Restwert vom 31.12.

Die Abschreibungsbeträge können auch in einem Schaubild dargestellt werden:

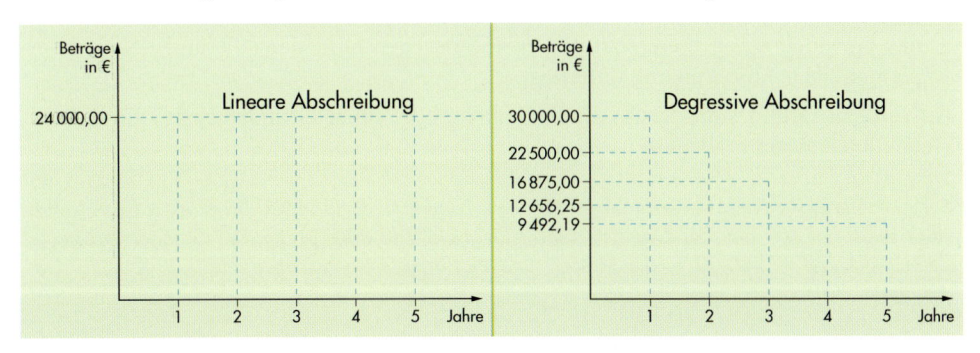

Bei der degressiven AfA wird im letzten Jahr der Nutzung nicht der Restwert von 0,00 € erreicht. Damit kann sich ein Unternehmer nicht zufriedengeben. Es existieren daher folgende Möglichkeiten, im letzten Geschäftsjahr doch noch einen Restwert von 0,00 € (bzw. 1,00 € Erinnerungswert) zu erhalten:

Der Abschreibungsbetrag im letzten Jahr der Nutzungsdauer darf in voller Höhe dem Restwert entsprechen (bzw. Restwert 1,00 €).

Monatsgenaue Abschreibung im ersten Jahr der Nutzung

Die Abschreibung beginnt laut Einkommensteuergesetz mit dem Zeitpunkt, zu dem das Anlagegut angeschafft wird. Das heißt, dass im Jahr der Anschaffung nur **zeitanteilig nach Monaten** – vom Anschaffungszeitpunkt bis zum Bilanzstichtag – abgeschrieben werden darf.

Beispiel: Der Lkw wird nicht am 02.01., sondern am 15. 04. gekauft. Da das Anlagegut im ersten Nutzungsjahr nur neun Monate genutzt wird (der angefangene Monat zählt in voller Höhe mit), beträgt die Abschreibung des ersten Jahres 9/12 der Jahresabschreibung.

Die lineare Abschreibung im ersten Jahr ist nun mit 24 000,00 € · 9/12 = 18 000,00 € anzusetzen. Die Abschreibungsbeträge der weiteren Jahre betragen 24 000,00 €. Im letzten Jahr der Nutzungsdauer wird der komplette Restwert abgeschrieben, um auf einen Anlagewert von 0,00 € zu kommen (planmäßige Abschreibung 24 000,00 € zzgl. außerplanmäßige Abschreibung 6 000,00 €, derjenige Betrag, welcher im ersten Jahr der zeitanteiligen Abschreibung nicht verwendet wurde).

Es ergibt sich der folgende lineare Abschreibungsverlauf:

Jahr	Anschaffungskosten/Buchwert neues Jahr	Abschreibung	Restwert 31.12.
1	120 000,00	18 000,00	102 000,00
2	102 000,00	24 000,00	78 000,00
3	78 000,00	24 000,00	54 000,00
4	54 000,00	24 000,00	30 000,00
5	30 000,00	30 000,00	0,00

EXKURS

Die Bewertung von bebauten Grundstücken.

Bebaute Grundstücke bilden eine zusammengehörende Einheit. Für die Bewertung gilt jedoch, dass
- das Grundstück allein einen nicht abnutzbaren Vermögensgegenstand darstellt und
- das Gebäude einen abnutzbaren Vermögensgegenstand darstellt und daher einer planmäßigen Abschreibung unterliegt.

Aus diesem Grund sind die Anschaffungskosten in einen Grundstücksteil und einen Gebäudeteil zu untergliedern.

Beispiel: Die TRIAL GmbH erwirbt am 01.09. eine Lagerhalle für 864 000,00 € netto. Das Grundstück selbst hat 600 qm, der Grundstückspreis liegt bei 240,00 € je qm. Die Grunderwerbsteuer beläuft sich auf 17 280,00 €, die Makler- und Notargebühren betragen 3 600,00 € netto. Der Abschreibungssatz liegt linear bei 2 %.

Die Anschaffungsnebenkosten und der Kaufpreis müssen auf das Grundstück und auf das Gebäude verteilt werden. Die Verteilung der Anschaffungsnebenkosten geschieht mithilfe der Dreisatzrechnung

Gesamt-Kaufpreis 864 000,00   =   Grundstückskaufpreis 144 000,00
Gesamt-Grunderwerbssteuer 17 280,00   =   anteilige Steuer für das Grundstück x

x = 2880,00

oder durch eine geeignete Aufsplittung des Kaufpreises in Verhältniszahlen (Teile): 144 000,00 € ist der sechste Teil der Gesamtsumme von 864 000,00 €.

	Gesamt	Grundstück	Gebäude
Kaufpreis	864 000,00 €	144 000,00 €	720 000,00 €
	6 Teile	1 Teil	5 Teile
Grunderwerbsteuer	17 280,00 €	2 880,00 €	14 400,00 €
Makler- und Notargebühren	3 600,00 €	600,00 €	3 000,00 €
Anschaffungskosten	884 880,00 €	147 480,00 €	737 400,00 €
Abschreibungen 2 %		----	4 916,00 €
Bilanzwert am 31.12.	879 964,00 €	147 480,00 €	732 484,00 €

Die Lagerhalle wird am 31.12. mit einem Wert von 879 964,00 € bilanziert (monatsgenaue Abschreibung von September bis Dezember).

Kauf von Anlagegütern und Bestimmung der Abschreibungsbeträge: notwendige Buchungen

Bei einer Bestellung von Anlagegütern und deren Lieferung erhält die TRIAL GmbH eine Eingangsrechnung des Lieferanten. Für diesen Lieferanten wird ein Kreditorenkonto eingerichtet bzw. unterhalten. Buchungen im Soll erfolgen nicht mithilfe des Kontos 2000 Waren, sondern mit Konten der Kontengruppe 0 (Anlagen- und Kapitalkonten). Für jeden Vermögensgegenstand wird eine Anlagenkartei geführt, welche Zu- und Abgänge und die AfA erfasst.

Beispiel: Die TRIAL GmbH kauft am 02.05. bei dem Unternehmen Autohaus B. Reich einen Pkw (Anschaffungspreis 12 000,00 €, Klimaanlage 2 000,00 €, Überführungskosten 300,00 €, alles netto).

Die Anschaffungskosten betragen 14 300,00 €.

Der Buchungssatz lautet:

	Soll-Kontonr.	Name	Haben-Kontonr.	Name	Betrag
ER	0840	Fuhrpark			14 300,000 €
02.05.	2600	Vorsteuer			2 717,00 €
			171014	Kreditor Autohaus B. Reich	17 017,00 €

Der Pkw hat laut AfA-Tabelle eine Nutzungsdauer von fünf Jahren. Dies ergibt bei linearer Abschreibung einen AfA-Satz von 20 %. Der jährliche lineare Abschreibungsbetrag liegt bei 2 860,00 €. Da aber im Jahr der Anschaffung monatsgenau abzuschreiben ist, gilt folgende Rechnung (der Pkw wird im ersten Jahr acht Monate genutzt, Mai – Dezember):

2 860,00 · (8 Monate : 12 Monate) = 1 906,67

> **Merke:** Der Abschreibungsbetrag wird von den Anschaffungskosten berechnet, nicht von dem Wert der Verbindlichkeiten bzw. dem Rechnungsbetrag brutto.

Abschreibungen mindern den ursprünglichen Vermögenswert und stellen in der Buchhaltung somit einen **Aufwand** dar. Dieser wird auf dem Aufwandskonto **6500 Abschreibungen auf Sachanlagen** erfasst.

Beispiel: Buchung der Abschreibung am 31.12.

	Soll-Kontonr.	Name	Haben-Kontonr.	Name	Betrag
	6500	Abschreibung auf Sachanlagen			1 906,67
31.12.			0840	Fuhrpark	1 906,67

Das Anlagegut hat am 31.12. nur noch einen Wert von 12 393,33 €.

Darstellung in einem T-Konto (Annahme AB = 0):

```
                    0840
S               Fuhrpark                    H
AB            0,00  | Abschreibung    1 906,67
ER       14 300,00  | SB             12 393,33
```

Im zweiten Jahr der Nutzung ergibt sich ein Schlussbestand von 9 533,33 € (12 393,33 € – 2 860,00 €).

Da degressive Abschreibungsbeträge i. d. R. in den ersten Nutzungsjahren höher sind als lineare, wird im GuV-Konto ein höherer Aufwand erfasst. Daraus folgt ein geringerer Saldo des GuV-Kontos und somit ein geringerer Gewinnausweis. Dies hat zur Folge, dass die Steuerschuld geringer ausfällt.

Beispiel: Ein Hochregal steht mit 96 000,00 in der Bilanz (Buchwert). Der lineare Abschreibungsbetrag liegt bei 16 000,00 €, der degressive bei 19 200,00 €.

Buchungen bei linearer Methode:

Soll-Kontonr.	Name	Haben-Kontonr.	Name	Betrag
6500	Abschreibungen auf Sachanlagen			16 000,00
		0830	Lager- und Transporteinrichtung	16 000,00

```
              0830                                    6500
S   Lager- und Transporteinr.         H     S     Abschreibungen           H
AB   96 000,00 | Abschreibung  16 000,00    (1) 16 000,00 | Saldo   16 000,00
              | SB             80 000,00
```

Unternehmensergebnisse aufbereiten, bewerten und nutzen

Lernfeld 9

S	GuV			H
Summe Aufwand	15 600,00	Summe Erträge	39 900,00	(angenommen)
Abschreibung	16 000,00			
Saldo (Gewinn)	8 300,00			

Buchungen bei degressiver Methode:

Soll-Kontonr.	Name	Haben-Kontonr.	Name	Betrag
6500	Abschreibungen auf Sachanlagen			19 200,00
		0830	Lager- und Transporteinrichtung	19 200,00

S	0830 Lager- und Transporteinr.		H	S	6500 Abschreibungen		H
AB	96 000,00	Abschreibung	19 200,00	(1)	19 200,00	Saldo	19 200,00
		SB	76 800,00				

S	GuV			H
Summe Aufwand	15 600,00	Summe Erträge	39 900,00	(angenommen)
Abschreibung	19 200,00			
Saldo (Gewinn)	5 100,00			

Der Gewinnausweis bei der linearen Abschreibungsmethode liegt bei 8 300,00 €, bei der degressiven Abschreibungsmethode liegt er bei 5 100,00 €. Der bei der degressiven Methode gebuchte höhere Aufwand führt somit zu einem geringeren Gewinnausweis. Das Unternehmen musste in diesem Geschäftsjahr weniger Steuern zahlen (Voraussetzung: Anschaffungsjahr des Hochregals 2009 oder 2010).

Von der Regelung der planmäßigen Abschreibung von Gegenständen des Anlagevermögens über die gesamte Nutzungsdauer kann in besonderen Fällen abgewichen werden. Der Gesetzgeber erlaubt, dass Anlagegüter bis zu einer bestimmten Höhe ihrer Anschaffungskosten sofort – d.h. in dem Jahr der Anschaffung – komplett abgeschrieben werden können. Diese Güter heißen **geringwertige Wirtschaftsgüter (GWG)**.

Ein Anlagegut gilt laut EStG § 6 (2) und der Unternehmenssteuerreform 2007 als geringwertiges Wirtschaftsgut, wenn folgende Voraussetzungen erfüllt sind:

- Es handelt sich um ein abnutzbares, bewegliches Gut des Anlagevermögens.
- Das Wirtschaftsgut ist zu einer selbstständigen Nutzung geeignet.

Sofern diese Voraussetzungen erfüllt sind, kann ein Gut als geringwertiges Wirtschaftsgut betrachtet werden. Ein Unternehmer hat nun mehrere Möglichkeiten, um geringwertige Güter abzuschreiben:

Liegen die Anschaffungskosten zwischen 150,01 € und 410,00 €, können die Wirtschaftsgüter sofort abgeschrieben werden oder es kann ein Sammelposten (Sammelabschreibung, Pool-Abschreibung) gebildet werden.

Liegen die Anschaffungskosten zwischen 150,01 € und 1 000,00 €, kann ein Sammelposten (Pool Abschreibung) gebildet werden.

Der Unternehmer muss sich für eine der Alternativen entscheiden (Hinweis: Eine Abschreibung über die Nutzungsdauer ist in den erwähnten Fällen auch möglich).

Lernfeld 9 — Unternehmensergebnisse aufbereiten, bewerten und nutzen

Wenn ein Sammelposten gebildet werden soll, dann gilt folgende Regelung: Die Beträge in diesem Sammelposten werden in den folgenden vier Geschäftsjahren gleichmäßig mit 20 % linear abgeschrieben. Die Abschreibungsbeträge werden zum Ende des Geschäftsjahres auf dem Konto Abschreibungen auf GWG erfasst.

Beispiel: Ein Bürodrehstuhl kostet 340,00 € netto. Die TRIAL GmbH kauft einen Drehstuhl am 23.04. (Barzahlung) und möchte diesen Stuhl als geringwertiges Wirtschaftsgut ansehen (die Voraussetzungen sind erfüllt). Der Drehstuhl wird im Sammelposten GWG 150,01 bis 1 000,00 € erfasst. Die Trial GmbH kann alternativ zu dieser Methode Anschaffungsgüter sofort im Jahr der Anschaffung abschreiben, wenn deren Anschaffungskosten zwischen 150,01 und 410,00 € liegen.

Der Buchungssatz der Eingangsrechnung lautet:

	Soll-Kontonr.	Name	Haben-Kontonr.	Name	Betrag
23.04.	0890	Geringwertiges Wirtschaftsgut 150,01–1 000,00 € Sammelposten			340,00
	2600	Vorsteuer 19 %			64,60
			2820	Kasse	404,60

Der Buchungssatz der Abschreibung am 31.12. lautet (hier: es befindet sich nur der Drehstuhl im Sammelkonto GWG 150,01 – 1 000,00 € Sammelposten):

	Soll-Kontonr.	Name	Haben-Kontonr.	Name	Betrag
31.12.	6510	Abschreibung auf Sammelposten geringwertige Wirtschaftsgüter 150,01–1 000,00 €			68,00
			0890	Geringwertiges Wirtschaftsgut 150,01–1 000,00 € Sammelposten	68,00

Der Monat der Anschaffung spielt in diesem Fall keine Rolle.

Unternehmensergebnisse aufbereiten, bewerten und nutzen **Lernfeld 9**

Beispiel: Die TRIAL GmbH kauft im Jahr 2016 folgende Güter ein (Zahlung über das Bankkonto):

02.02.: 10 Bürodrehstühle zu je 155,000 €
05.06.: 5 Schreibtische zu je 240,00 €
10.10.: 1 Kleiderständer zu 190,00 €

Die Buchungssätze lauten (Hinweis: es soll ein Sammelposten gebildet werden):

	Soll-Kontonr.	Name	Haben-Kontonr.	Name	Betrag
02.02.	0890	Geringwertige Wirtschaftsgüter 150,01–1 000,00 €			1 550,00
	2600	Vorsteuer 19 %			294,50
			2800	Bank	1 844,50
05.06.	0890	Geringwertige Wirtschaftsgüter 150,01–1 000,00 €			1 200,00
	2600	Vorsteuer 19 %			228,00
			2800	Bank	1 428,00
10.10.	0890	Geringwertige Wirtschaftsgüter 150,01–1 000,00 €			190,00
	2600	Vorsteuer 19 %			36,10
			2800	Bank	226,10

Der Sammelposten für das Konto Geringwertige Wirtschaftsgüter hat folgendes Aussehen:

S	0890 GWG 150,01–1 000,00 €		H
02.02.	1 550,00		
05.06.	1 200,00		
10.10.	190,00		

Die Summe der Sollseite beläuft sich auf 2 940,00 €. Dieser Betrag ist am Ende des Geschäftsjahres zum 31.12. der Grundwert für die Ermittlung der Abschreibung.

Es gilt: 2 940,00 € : 5 = 588,00 €

Die geringwertigen Wirtschaftsgüter des Jahres 2011 werden am 31.12.2013 mit 588,00 € abgeschrieben.

Der Buchungssatz am 31.12. lautet:

	Soll-Kontonr.	Name	Haben-Kontonr.	Name	Betrag
31.12.	6540	Abschreibung auf Sammelposten geringwertige Wirtschaftsgüter			588,00
			0890	Geringwertige Wirtschaftsgüter 150,01– 1 000,00 € Sammelposten	588,00

S	0890 GWG 150,01–1 000,00 €			H
02.02.	1 550,00	31.12.		588,00
05.06.	1 200,00	EB		2 352,00
10.10.	190,00			
	2 940,00			2 940,00

Beispiel: Am 31.12.2014 werden dem Konto GWG 150,01–1 000,00 € wiederum 588,00 € als Abschreibung abgebucht. Es fällt also in jedem Jahr eine Aufwandsbuchung in Höhe von 588,00 € an. Hier hätte der Unternehmer auch die Sofortabschreibung wählen können. In diesem Fall würde die Aufwandsbuchung im GuV Konto mit 2 940,00 € zu Buche stehen, was einen möglichen Gewinn mehr mindern würde, als die oben erwähnte Methode. (Hinweis: Beachte, der Unternehmer kann nicht zwischen den verschiedenen Methoden hin und her wählen, er muss sich für eine Methode entscheiden).

Eine weitere buchhalterische Vereinfachung bietet der Gesetzgeber, indem er erlaubt, Wirtschaftsgüter, deren Anschaffungskosten unter 150,00 € netto liegen, direkt als Aufwand (Betriebsausgaben, i.d.R. Büromaterial) zu buchen. Die Abschreibung am Jahresende entfällt.

Beispiel: Die TRIAL GmbH kauft für das Sekretariat eine neue Schreibtischauflage für 12,00 € netto, bar.

Unternehmensergebnisse aufbereiten, bewerten und nutzen — **Lernfeld 9**

Der Buchungssatz lautet:

Soll-Kontonr.	Name	Haben-Kontonr.	Name	Betrag
6800	Büromaterial			12,00
2600	Vorsteuer			2,28
		2820	Kasse	14,28

Der Betrag von 12,00 € wird am Jahresende sofort als Aufwand in der Gewinn- und Verlustrechnung erfasst.

ZUSAMMENFASSUNG

- Wertminderungen des Anlagevermögens werden durch Abschreibungen erfasst.
- Die Anschaffungskosten (netto) eines Anlagegutes werden auf die Nutzungsdauer verteilt.
- AfA-Tabellen geben die Nutzungsdauer von Anlagegütern vor.

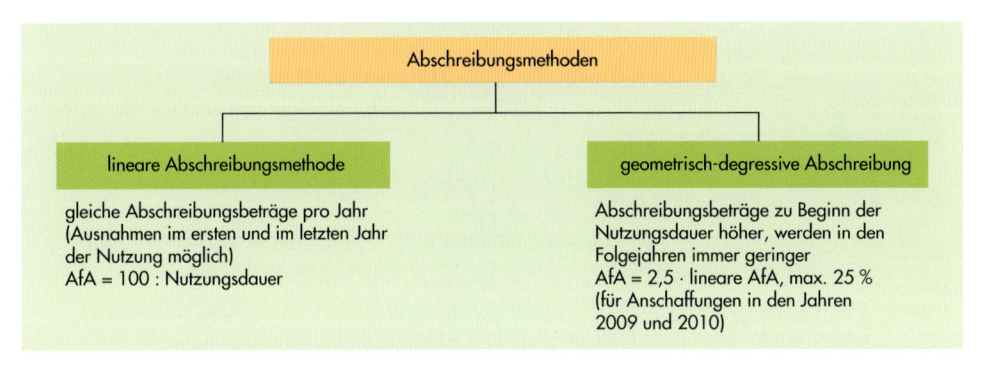

Abschreibungsmethoden

lineare Abschreibungsmethode	geometrisch-degressive Abschreibung
gleiche Abschreibungsbeträge pro Jahr (Ausnahmen im ersten und im letzten Jahr der Nutzung möglich) AfA = 100 : Nutzungsdauer	Abschreibungsbeträge zu Beginn der Nutzungsdauer höher, werden in den Folgejahren immer geringer AfA = 2,5 · lineare AfA, max. 25 % (für Anschaffungen in den Jahren 2009 und 2010)

- Im ersten Jahr ist der Abschreibungsbetrag monatsanteilig zu bestimmen.
- Der Buchungssatz für den Zugang von Anlagegütern lautet:
  0... Anlagekonto (zu Anschaffungskosten)
  2600 Vorsteuer   an 17..... Kreditorenkonto (bzw. 2800 Bank)
- Abschreibungen gelten als Aufwand und schmälern den Gewinn.
- Der Buchungssatz für Abschreibungen lautet (i. d. R. am 31.12.):
  6500 Abschreibungen auf Sachanlagen an 0... Anlagekonto

Für die Buchung eines Geschäftsvorfalls mit Anlagegütern gilt:

Anschaffungskosten < 150,00 € netto	Anschaffungskosten zwischen 150,01 € und 410,00 € netto	Anschaffungskosten zwischen 410,01 € und 1 000,00 €	Anschaffungskosten > 1 000,01 € netto
Buchung mit Aufwandskonto	Buchung auf Sammelkonto 0890 GWG zzgl. Jahreszahl (Voraussetzungen beachten)	Buchung als Sammelabschreibung (Pool Abschreibung) mit Konto 0890 GWG 150,01–1 000,00 €,	Vermögensgegenstand ist zu aktivieren
keine Buchung einer Abschreibung	Sofortabschreibung oder Abschreibung am Ende des Geschäftsjahres jeweils mit 20 % (Pool-Abschreibung)	Abschreibung am Ende des Geschäftsjahres und in den weiteren vier Geschäftsjahren mit je 20 %	planmäßige Abschreibung über Nutzungsdauer (nach AfA-Tabelle)

Lernfeld 9

Unternehmensergebnisse aufbereiten, bewerten und nutzen

AUFGABEN

1. Erläutern Sie die folgenden Begriffe:
   a) Abschreibung
   b) Bewertung
   c) Vorsichtsprinzip
   d) Imparitätsprinzip
   e) AfA-Tabelle

2. Worin liegen die Unterschiede zwischen handelsrechtlichen und steuerrechtlichen Bewertungsvorschriften?

3. Herr Bundschuh verkauft seinen fünf Jahre alten Pkw für 3 400,00 € an seinen Nachbarn. Der Wagen kostete ursprünglich 16 000,00 €.
   Erläutern Sie an diesem Beispiel das Wesen der Abschreibung.

4. a) Aus welchen Gründen sind Abschreibungen notwendig?
   b) Erläutern Sie den Unterschied zwischen linearer und degressiver Abschreibung.
   c) Welche Auswirkungen hat die Unternehmenssteuerreform 2007 auf die Wahl der Abschreibungsmethode?
   d) Diskutieren Sie Vor- und Nachteile der Unternehmenssteuerreform 2007.
   e) Welche Voraussetzungen müssen erfüllt sein, damit ein Vermögensgegenstand als geringwertiges Wirtschaftsgut gilt?

5. a) Wie hoch sind die linearen Abschreibungssätze bei folgender Nutzungsdauer in Jahren: 3 Jahre, 10 Jahre, 25 Jahre, 4 Jahre, 8 Jahre.
   b) „Es kann durchaus vorkommen, dass der lineare Abschreibungsbetrag höher ist als der degressive Abschreibungsbetrag." Nehmen Sie zu dieser Aussage kritisch Stellung.

6. Die TRIAL GmbH bestellt am 01.06. ein neues Kopiergerät. Der Rechnungspreis beträgt 1 725,50 € brutto. Die Nutzungsdauer liegt laut AfA-Tabelle bei fünf Jahren.
   a) Ermitteln Sie Anschaffungskosten und die Abschreibungsbeträge bei linearer und degressiver Abschreibung.
   b) Stellen Sie die linearen Abschreibungsbeträge grafisch dar.

7. Ein Gabelhubwagen kostet die TRIAL GmbH 1 780,00 € netto zzgl. 75,00 € Transportkosten. Der Zahlungsausgang erfolgt unter Abzug von 3 % Skonto (Anschaffungsdatum: 01.10., Zahlung der Rechnung: 19.10., Nutzungsdauer: 6 Jahre).
   a) Buchen Sie die Eingangsrechnung und den Zahlungsausgang.
   b) Ermitteln Sie die Abschreibungsbeträge bei linearer Abschreibung (mit Buchungen).

8. Eine Verpackungsmaschine wurde in den letzten vier Jahren degressiv mit 20 % abgeschrieben, eine weitere Maschine linear mit 12,5 %. Die Verpackungsmaschine hat einen Restbuchwert von 41 280,00 €, die weitere Maschine einen Restbuchwert von 12 000,00 €.
   Ermitteln Sie jeweils die Höhe der Anschaffungskosten (wenn möglich).

9. Ein Unternehmen kauft am 01.04. ein neues Verwaltungsgebäude für 1 100 000,00 €. Der Wert des Gebäudes beträgt 750 000,00 €, das Grundstück hat eine Fläche von 1 750 qm. Für die Finanzierung wird am 01.04. ein Darlehen in Höhe von 900 000,00 € in Anspruch genommen. Die Annuität beträgt monatlich 7 500,00 €. Die Grunderwerbsteuer liegt bei 2 % des Kaufpreises, die Notariatsgebühren belaufen sich auf 990,00 € netto, die Grundsteuer liegt bei 700,00 €.
   a) Bilden Sie sämtliche erforderlichen Buchungssätze zum 01.04.
   b) Ermitteln Sie die Anschaffungskosten des bebauten Grundstücks.
   c) Mit welchem Wert wird das Verwaltungsgebäude zum 31.12. des ersten und zweiten Nutzungsjahres bilanziert?

Unternehmensergebnisse aufbereiten, bewerten und nutzen — **Lernfeld 9**

d) Angenommen, der Preis des Grundstücks sinkt im dritten Jahr der Nutzung aufgrund der schwachen Konjunktur um die Hälfte. Wie lautet der Wertansatz zum 31.12. des dritten Jahres?

10 Die TRIAL GmbH erhält am 24.05. folgende Rechnungen:
- zwölf Schreibtische de Luxe zu je 1 830,00 €, abzgl. 5 % Sonderrabatt (Nutzungsdauer: 10 Jahre)
- ein Safe, Anschaffungskosten 1 200,00 (Nutzungsdauer: 20 Jahre)

a) Ermitteln Sie jeweils die Abschreibungsbeträge (linear und degressiv, mit 25 %).
b) Stellen Sie die jeweiligen Buchungssätze zum 24.05. und zum 31.12. auf (nur mit linearer Abschreibung).

11 Ein Geschäftswagen im Wert von 50 500,00 € soll in fünf Jahren linear abgeschrieben werden (Kaufdatum 01.07.).
a) Wie hoch ist die AfA in Prozent?
b) Stellen Sie den Abschreibungsverlauf tabellarisch dar.
c) Buchen Sie die Abschreibung im ersten, zweiten und dritten Nutzungsjahr.

12 Die TRIAL GmbH erhält am 01.04. folgende Lieferung mit Rechnung:
- sechs Schreibtische zu je 1 010,00 € netto abzgl. 5 % Rabatt
- fünf Büroschränke zu je 2 450,00 € netto
- zehn Tastaturen zu je 35,00 € netto
- vier Kugelschreiber zu je 78,00 € netto

Der Lieferant gewährt einen Skonto von 2 %, der von der TRIAL GmbH in Anspruch genommen wird. Die Lieferung wird bar bezahlt.
a) Buchen Sie die Eingangsrechnung.
b) Die TRIAL GmbH möchte am Jahresende einen niedrigen Gewinn ausweisen. Ermitteln Sie die jeweiligen Wertansätze zum 31.12. (Nutzungsdauer jeweils zehn Jahre).

13 Die TRIAL GmbH erhält am 01.06. folgende Lieferungen mit jeweiliger Rechnung:
- sechs Aktenschränke (Rechnungsbetrag brutto 2 998,80 € gesamt)
- 20 Mäuse (Rechnungsbetrag brutto 285,60 €) und einen Bürostuhl (Rechnungsbetrag brutto 179,69 €)
- fünf Tische für den Besprechungsraum (Rechnungsbetrag brutto 2 082,50 €)

Die Rechnungen der Aktenschränke, des Bürostuhls und der Tische werden mit 2 % Skonto bezahlt.
a) Buchen Sie die Eingangsrechnungen und Zahlungsausgänge (03.06.).
b) Ermitteln Sie die möglichen Abschreibungsbeträge und Wertansätze zum 31.12. der kommenden fünf Jahre (mit Buchungssätzen), und interpretieren Sie Ihre Ergebnisse.

14 Die TRIAL GmbH kauft am 01.06. einen neuen Lieferwagen. Der Listenpreis liegt bei 33 500,00 € netto, als Sonderzubehör fallen 1 500,00 € netto an, die Überführungskosten betragen 350,00 € netto, ein Schriftzug auf dem Wagen (TRIAL GmbH) kostet 790,00 €.

Der Lieferant gewährt der TRIAL GmbH 10 % Rabatt auf den Listenpreis und 3 % Skonto auf die Gesamtsumme bei Zahlung bis zum 10.06.

Als weitere Kosten fallen für die TRIAL GmbH an: Zulassungsgebühren inkl. Nummernschild 95,00 € netto, Kfz-Steuer 450,00 € und Kfz-Versicherung 660,00 € für das kommende Jahr. Die Nutzungsdauer des Lieferwagens liegt bei vier Jahren. Die Nutzungsdauer wurde aufgrund einer hohen Beanspruchung des Wagens vom Finanzamt bestätigt.
a) Wie hoch sind die Anschaffungskosten, wenn die TRIAL GmbH die Rechnung an den Lieferanten am 20.06. überweist?
b) Ermitteln Sie den Abschreibungsbetrag zum 31.12., wenn die TRIAL GmbH eine maximale Steuerersparnis zum 31.12. anstrebt (mit Buchungssatz).

Lernfeld 9

Unternehmensergebnisse aufbereiten, bewerten und nutzen

15 Die Bikemachines KG kauft am 01.05. eine Lagerhalle für 450 000,00 €, welche im Laufe des Jahres noch umgebaut werden soll. Die Halle ist jedoch sofort nutzbar. Der Wert des Grundstücks liegt bei 1/9 des Kaufpreises. Die Grunderwerbsteuer liegt bei 2,5 %, das Honorar für den Architekten beträgt 2 700,00 € netto, die weiteren Nebenkosten summieren sich auf 12 600,00 € netto. Die Umbaukosten schlagen mit 23 500,00 € netto zu Buche, die Arbeiten sind am 01.07. beendet. Die Nutzungsdauer der Lagerhalle ist mit 25 Jahren zu veranschlagen.
Wie hoch ist der Bilanzansatz zum 31.12.?

16 Beurteilen Sie die Vorgehensweisen der TRIAL GmbH:
   a) Die TRIAL GmbH hat einen Schreibtisch bisher linear abgeschrieben. In diesem Geschäftsjahr wird dieser zu einem geringwertigen Wirtschaftsgut erklärt und komplett abgeschrieben.
   b) Die TRIAL GmbH erfasst eine kleine Verpackungsmaschine (Kaufpreis 1 050,00 €, Rabatt 15 %, 2 % Skonto) als ein geringwertiges Wirtschaftsgut.
   c) Ein Monitor für einen PC kostet die TRIAL GmbH 475,00 € brutto. Der Lieferant gewährt einen Rabatt von 15 %. Auch dieses Gut wird als geringwertiges Wirtschaftsgut erfasst.
   d) Die Kanalanschlusskosten und die Kosten für die Finanzierung eines Darlehens zählt die TRIAL GmbH nicht zu den Anschaffungsnebenkosten eines Grundstücks.

2.4 Die Bewertung des Umlaufvermögens

Zu den Positionen des Umlaufvermögens zählen in einem Unternehmen des Groß- und Außenhandels u. a. die folgenden Konten:
- Konto 2000   Waren, Warenvorräte
- Konto 2400   Forderungen aus LuL
- Konto 2700   Wertpapiere des Umlaufvermögens
- Konto 2800/2820   Bank/Kasse

2.4.1 Die Bewertung der Warenvorräte

Für die Bewertung der Warenvorräte wird der **Grundsatz der Einzelbewertung aus HGB § 252 aufgehoben**. Warenvorräte, die sich am Geschäftsjahresende zum 31.12. noch im Lager befinden, wurden i. d. R. von mehreren Lieferanten erworben. Es ist unwahrscheinlich, dass die Anschaffungskosten der Waren bei jedem Lieferanten gleich hoch waren. Aufgrund dieser unterschiedlichen Anschaffungskosten der einzelnen Lieferungen ist der Wertansatz am Geschäftsjahresende für die noch im Lager befindlichen, gleichartigen Waren sehr schwer zu ermitteln. Für gleichartige Warenvorräte duldet das Handelsgesetzbuch daher Vereinfachungsverfahren für die Bewertung zum 31.12.:

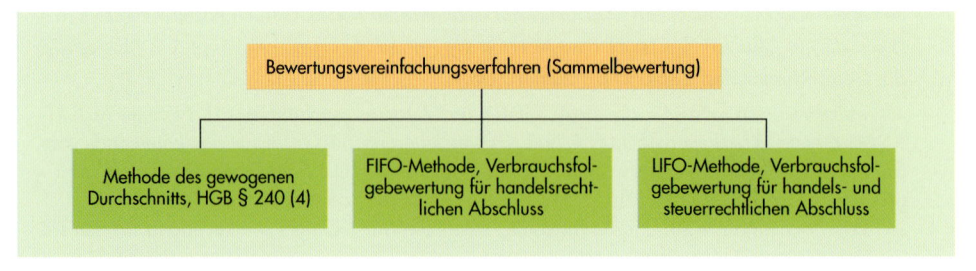

Bewertungsvereinfachungsverfahren (Sammelbewertung)
- Methode des gewogenen Durchschnitts, HGB § 240 (4)
- FIFO-Methode, Verbrauchsfolgebewertung für handelsrechtlichen Abschluss
- LIFO-Methode, Verbrauchsfolgebewertung für handels- und steuerrechtlichen Abschluss

Beispiel: Die TRIAL GmbH erhält ihre Artikel der Warengruppe Bikewear von einer Vielzahl von Lieferanten. Auch gleiche Artikel werden bei mehreren Lieferanten gekauft.

Unternehmensergebnisse aufbereiten, bewerten und nutzen   **Lernfeld 9**

```
┌─────────────────────────────┐           ┌─────────────────────────────┐
│ Warenlieferung von Brand WT │───┐   ┌───│ Warenlieferung von Bike Groha│
└─────────────────────────────┘   │   │   └─────────────────────────────┘
                          ┌───────┴───┴───────┐
                          │ Lager Bikewear der TRIAL GmbH │
┌─────────────────────────────┐   │   │   ┌─────────────────────────────┐
│ Warenlieferung von Zorn Bikewear│─┘   └──│ Warenlieferung von Zacher GmbH│
└─────────────────────────────┘           └─────────────────────────────┘
```

Der Unternehmer muss auch bei der Bewertung der Warenvorräte zwei Werte vergleichen:
- die Anschaffungskosten, ermittelt mit einem Bewertungsverfahren
- den Marktpreis bzw. den Tageswert der Waren am 31.12.

Für die Bewertung am Geschäftsjahresende ist immer **der niedrigere von den beiden Werten zu wählen** [HGB § 253 (3)].

> **Merke:** Für die Bewertung des Umlaufvermögens gilt immer das **strenge Niederstwertprinzip**.

Die Methode des gewogenen Durchschnitts

Die gesamten Anschaffungskosten von Warenzugängen einer Rechnungsperiode werden zu den Anschaffungskosten des Anfangbestandes addiert. Diese Summe wird durch die Stückzahl (Zugänge + Menge des Anfangsbestandes) dividiert, um den gewogenen Durchschnittspreis zu erhalten. Dieser wird mit dem Tageswert am 31.12. verglichen.

Beispiel: Die TRIAL GmbH weist für den Artikel Radschuhe Tenno folgendes Zahlenmaterial aus:

Anfangsbestand	30 Stück zu je 12,50 €
Zugang am 12.04.	50 Stück zu je 15,00 €
Zugang am 06.05.	70 Stück zu je 18,50 €
Zugang am 19.10.	25 Stück zu je 9,50 €
Schlussbestand am 31.12.	34 Stück
Tageswert am 31.12.	12,50 € je Stück

Für die Berechnung des gleitenden Durchschnittsverfahrens gilt:

Anfangsbestand	30 Stück zu je 12,50 €	=	375,00 €
Zugang am 12.04.	50 Stück zu je 15,00 €	=	750,00 €
Zugang am 06.05.	70 Stück zu je 18,50 €	=	1 295,00 €
Zugang am 19.10.	25 Stück zu je 9,50 €	=	237,50 €
	175 Stück gesamt		2 657,50 €

$$\frac{2\,657{,}50\ \text{€}}{175\ \text{Stück}} = 15{,}19\ \text{€} \quad \text{gewogener Durchschnittspreis}$$

Beispiel: Der Vergleich der beiden Werte ergibt:
- Anschaffungskosten mit Vereinfachungsverfahren: 15,19 €
- Tageswert am 31.12.:   12,50 €

Nach dem strengen Niederstwertprinzip ist der kleinste Wert für die Bewertung zu wählen.

Für die Radschuhe Tenno beträgt somit am 31.12. der Wertansatz nach dem Tageswert 425,00 € (12,50 € · 34 Stück).

Lernfeld 9

Unternehmensergebnisse aufbereiten, bewerten und nutzen

Das FIFO-Verfahren (FIFO = first in – first out)

Bei diesem Verfahren wird davon ausgegangen, dass die in einem Geschäftsjahr zuerst gekauften Waren auch zuerst wieder verkauft werden. Die Artikel des Schlussbestandes setzen sich aus den letzten Lieferungen des Geschäftsjahres zusammen.

Beispiel: Die TRIAL GmbH weist für den Artikel Radschuhe Tenno folgendes Zahlenmaterial aus:

Anfangsbestand	30 Stück zu je 12,50 €
Zugang am 12.04.	50 Stück zu je 15,00 €
Zugang am 06.05.	70 Stück zu je 18,50 €
Zugang am 19.10.	25 Stück zu je 9,50 €
Schlussbestand am 31.12.	34 Stück
Tageswert am 31.12.	12,50 € je Stück

AB	Zugang 12.04.	Zugang 06.05.	Zugang 19.10.
30 Stück	50 Stück	70 Stück **9 Stück noch auf Lager**	25 Stück **25 Stück noch auf Lager**
Verkauft	Verkauft	61 Stück verkauft	
			Lagerbestand: 34 Stück

Der Schlussbestand von 34 Stück setzt sich aus folgenden Lieferungen zusammen:

Zugang am 19.10.	25 Stück zu je	9,50 €	=	237,50 €
Zugang am 06.05.	9 Stück zu je	18,50 €	=	166,50 €
	34 Stück			404,00 €

Beispiel: Der Vergleich mit dem Tageswert ergibt:
- Anschaffungskosten mit Bewertungsverfahren FIFO: 404,00 €
- Tageswert der 34 Radschuhe am 31.12.:   425,00 €

Nach dem strengen Niederstwertprinzip ist der kleinste Wert für die Bewertung zu wählen.

Für die Radschuhe Tenno beträgt somit am 31.12. der Wertansatz nach dem FIFO-Verfahren 404,00 €.

Das LIFO-Verfahren (LIFO = last in – first out)

Bei diesem Verfahren wird davon ausgegangen, dass die in einem Geschäftsjahr zuletzt gekauften Waren zuerst verkauft werden. Die Artikel des Schlussbestandes setzen sich aus den ersten Lieferungen des Geschäftsjahres zusammen.

Beispiel: Die TRIAL GmbH weist für den Artikel Radschuhe Tenno folgendes Zahlenmaterial aus:

Anfangsbestand	30 Stück zu je 12,50 €
Zugang am 12.04.	50 Stück zu je 15,00 €
Zugang am 06.05.	70 Stück zu je 18,50 €
Zugang am 19.10.	25 Stück zu je 9,50 €
Schlussbestand am 31.12.	34 Stück
Tageswert am 31.12.	12,50 € je Stück

Unternehmensergebnisse aufbereiten, bewerten und nutzen — **Lernfeld 9**

AB	Zugang 12.04.	Zugang 06.05.	Zugang 19.10.
30 Stück	50 Stück	70 Stück	25 Stück
30 Stück noch auf Lager	4 Stück noch auf Lager	verkauft	verkauft
	46 Stück verkauft		
			Lagerbestand: 34 Stück

Beispiel: Der Schlussbestand von 34 Stück setzt sich aus folgenden Lieferungen zusammen:

Anfangsbestand	30 Stück zu je	12,50 €	=	375,00 €
Zugang am 12.04.	4 Stück zu je	15,00 €	=	60,00 €
	34 Stück			435,00 €

Der Vergleich mit dem Tageswert ergibt:
- Anschaffungskosten mit Bewertungsverfahren LIFO: 435,00 €
- Tageswert der 34 Radschuhe am 31.12.: 425,00 €

Nach dem strengen Niederstwertprinzip ist der kleinste Wert für die Bewertung zu wählen.

Für die Radschuhe Tenno beträgt somit am 31.12. der Wertansatz nach dem Tageswert 425,00 €.

Der nicht realisierte Verlust (niedriger Tageswert – höhere Anschaffungskosten = 10,00 €) muss ausgewiesen werden.

Beispiel: Eine Bewertung nach dem FIFO-Prinzip zeigt für das Warenkonto folgendes Bild (verbrauchsorientiert):

```
S                    Waren                    H
AB         375,00  | SB         404,00
Saldo       29,00  |                          Buchung im GuV-Konto über Warenaufwand
```

Beispiel: Das GuV-Konto weist eine Verringerung des Aufwandes und damit eine Gewinnerhöhung aus.

Beispiel: Eine Bewertung nach dem HIFO-Prinzip zeigt für das Warenkonto folgendes Bild (verbrauchsorientiert):

```
S                    Waren                    H
AB         375,00  | SB         350,00
                   | Saldo       25,00        Buchung im GuV-Konto über Warenaufwand
```

Beispiel: Das GuV-Konto zeigt dann eine Erhöhung des Aufwandes und somit eine Gewinnschmälerung.

Welches Verfahren ein Unternehmen letztendlich wählt, hängt von den Zielsetzungen (Ausweis eines hohen Gewinns, Bildung stiller Rücklagen) ab.

Lernfeld 9

Unternehmensergebnisse aufbereiten, bewerten und nutzen

AUFGABEN

1 Die Warengruppe Badmöbel einer Sanitärgroßhandlung zeigt zwecks Bewertung zum 31.12. folgendes Zahlenmaterial:
   - Lagerbestand: 230 Stück
   - Anschaffungskosten nach FIFO: 5 750,00 €
   - Tageswert am 31.12. je Stück: 28,00 €

   Ermitteln Sie den Bilanzansatz zum 31.12. und begründen Sie Ihre Entscheidung.

2 Die Warengruppe Heizkörper einer Sanitärgroßhandlung zeigt zwecks Bewertung zum 31.12. folgendes Zahlenmaterial:
   - Lagerbestand: 103 Stück
   - Anschaffungskosten nach LIFO: 1 751,00 €
   - Tageswert am 31.12. je Stück: 14,50 €

   Ermitteln Sie den Bilanzansatz zum 31.12. und begründen Sie Ihre Entscheidung.

3 Ein Unternehmen der Sportbranche ermittelt für die Warengruppe Wassersport folgende Zahlen:
   - AB   12 Stück zu je 67,00 €
   - Zugang 12.03.   24 Stück zu je 75,00 €
   - Zugang 05.06.   30 Stück zu je 78,00 €
   - Zugang 10.10.   25 Stück zu je 69,00 €
   - Zugang 12.12.   10 Stück zu je 61,00 €
   - Lagerbestand am 31.12.   17 Stück
   - Tageswert am 31.12.   68,50 €

   a) Ermitteln Sie den Bilanzansatz zum 31.12. nach den vier Bewertungsvereinfachungsverfahren und begründen Sie Ihre Entscheidung.
   b) Wie hoch waren die Umsatzerlöse, wenn für die Artikel der Warengruppe Wassersport ein konstanter Verkaufspreis von 130,00 € je Stück netto erzielt wurde?
   c) Welches Verfahren würden Sie wählen, wenn Sie einen geringen Gewinn ausweisen wollen?

2.4.2 Die Bewertung von Forderungen

Am Bilanzstichtag müssen die bestehenden Forderungen gegenüber den Debitoren dahingehend untersucht werden, ob die offenen Rechnungsbeträge im nächsten Geschäftsjahr voraussichtlich von den Kunden bezahlt werden. Geldforderungen an Kunden, die Insolvenz anmelden oder zahlungsunfähig sind, müssen teilweise oder ganz abgeschrieben werden. Um diese Forderungen von den „normalen" Forderungen zu trennen, werden sie auf ein Extrakonto gebucht, das Konto **2410 Zweifelhafte Forderungen**. Ist der Forderungsbetrag oder ein Teil davon vom Kunden nicht mehr zu leisten, dann ist dieser Teil uneinbringlich und muss abgeschrieben werden (Konto 6950 Abschreibungen auf Forderungen).

Beispiel: Die Bunnybike OHG gerät am 12.09. in Zahlungsschwierigkeiten. Die TRIAL GmbH hat gegenüber diesem Debitor noch offene Forderungen in Höhe von 4 165,00 € inkl. USt. Der Forderungsausfall wird auf 25 % geschätzt und am 20.12. von einem Insolvenzverwalter bestätigt. Den Restbetrag erhält die TRIAL GmbH am 23.12. auf ihrem Bankkonto gutgeschrieben.

- Erster Buchungssatz: Trennung der Gesamtforderung gegenüber der Bunnybike OHG von den übrigen Forderungen

	Soll-Kontonr.	Name	Haben-Kontonr.	Name	Betrag
12.09.	2410	Zweifelhafte Forderungen			4 165,00
			2400	Forderungen aus LuL (bzw. entsprechendes Debitorenkonto)	4 165,00

- Zweiter Buchungssatz: Buchung des Forderungsausfalls in Höhe von 25 % mit Korrektur der Umsatzsteuer

	Soll-Kontonr.	Name	Haben-Kontonr.	Name	Betrag
20.12.	6950	Abschreibungen auf Forderungen			875,00
	4800	Umsatzsteuer 19 %			166,25
			2410	Zweifelhafte Forderungen	1 041,25

- Dritter Buchungssatz: Zahlungseingang

	Soll-Kontonr.	Name	Haben-Kontonr.	Name	Betrag
23.12.	2800	Bank			3 123,75
			2410	Zweifelhafte Forderungen	3 123,75

Liegt zwischen dem Entstehen einer zweifelhaften Forderung und der Erstattungsquote das Ende eines Geschäftsjahres, dann muss das Konto Zweifelhafte Forderungen in der Schlussbilanz dokumentiert sein.

Beispiel: Die Bunnybike OHG gerät am 12.09. in Zahlungsschwierigkeiten. Die TRIAL GmbH hat gegenüber diesem Debitor noch offene Forderungen in Höhe von 4 165,00 € inkl. USt. Der Forderungsausfall wird auf 25 % geschätzt. Am 04.02. des nächsten Jahres erhält die TRIAL GmbH einen Betrag von 1 166,20 € auf ihr Bankkonto überwiesen.

- Erster Buchungssatz: Trennung der Gesamtforderung gegenüber der Bunnybike OHG von den übrigen Forderungen

	Soll-Kontonr.	Name	Haben-Kontonr.	Name	Betrag
12.09.	2410	Zweifelhafte Forderungen			4 165,00
			2400	Forderungen aus LuL (bzw. entsprechendes Debitorenkonto)	4 165,00

- Zweiter Buchungssatz: Buchung des Forderungsausfalles bis zum Bilanzstichtag ohne Korrektur der Umsatzsteuer, da der Ausfall der Forderung in der exakten Höhe noch nicht feststeht (25 % der Nettoforderung in Höhe von 3 500,00 € = 875,00 €).

Lernfeld 9

Unternehmensergebnisse aufbereiten, bewerten und nutzen

	Soll-Kontonr.	Name	Haben-Kontonr.	Name	Betrag
31.12.	6950	Abschreibungen auf Forderungen			875,00
			2410	Zweifelhafte Forderungen	875,00

- Übernahme des Kontos 1020 Zweifelhafte Forderungen in die Schlussbilanz

	Soll-Kontonr.	Name	Haben-Kontonr.	Name	Betrag
20.12.	8010	SBK			3 290,00
			2410	Zweifelhafte Forderungen	3 290,00

- Vierter Buchungssatz: Zahlungseingang im nächsten Geschäftsjahr

	Soll-Kontonr.	Name	Haben-Kontonr.	Name	Betrag
04.02.	2800	Bank			1 166,20
	6990	Periodenfremde Aufwendungen			1 645,00
	4800	Umsatzsteuer 19 %			478,80
			2410	Zweifelhafte Forderungen	3 290,00

AUFGABEN

1 Am 12.09. wurde eine zweifelhafte Forderung über 14 280,00 € (brutto) gebildet. Ein gerichtlicher Vergleich erbrachte am 23.11. einen Zahlungseingang in Höhe von 5 355,00 €. Welche Buchung muss am 23.11. erfolgen?

2 Die Schleich KG ist ein Kunde der Bike Groha GmbH. Am 23.04. wird über das Vermögen der Schleich KG ein Konkursverfahren eröffnet. Die Bike Groha GmbH hat gegenüber diesem Kunden noch Forderungen in Höhe von 6 426,00 €. Am 30.06. ist das Konkursverfahren abgeschlossen. Die Konkursquote beträgt 22 %. Der Betrag wird einen Tag später auf dem Bankkonto der Bike Groha GmbH gutgeschrieben.
   a) Ermitteln Sie die Buchungssätze zum 23.04. und zum 01.07.
   b) Wie würden die Buchungssätze lauten, wenn sich die komplette Forderung als uneinbringlich erweisen würde?

2.4.3 Bewertung von Wertpapieren des Umlaufvermögens

Wertpapiere des Umlaufvermögens dienen einem Unternehmen als kurzfristige Kapitalanlage. Nach dem Grundsatz des strengen Niederstwertprinzips müssen Kursverluste bei Wertpapieren des Umlaufvermögens zum 31.12. durch den niedrigeren Wert bewertet werden.

Beispiel: Die TRIAL GmbH hat 250 Aktien zu 23,50 € je Stück geordert. Die Aktien sollen spätestens im nächsten Geschäftsjahr wieder verkauft werden. Der Kurs der Aktien ist am 31.12. auf 20,00 € je Stück gesunken.

Unternehmensergebnisse aufbereiten, bewerten und nutzen — **Lernfeld 9**

Die Aktien müssen mit 5 000,00 € bilanziert werden (strenges Niederstwertprinzip).

AUFGABE

Die Bikemachines KG übernimmt am 12.10. Aktien eines Unternehmens im Nennwert von 120 000,00 € (Nennwert je Aktie: 5,00 €). Der Kurs liegt am 12.10. bei 12,50 € und am 31.12. bei 12,20 €.

a) Ermitteln Sie den Bilanzansatz, wenn die Aktien als kurzfristige Kapitalanlage angesehen werden.

b) Ermitteln Sie den Bilanzansatz, wenn es sich bei dem Unternehmen um einen Konkurrenten der Bikemachines KG handelt und die Bikemachines KG mit diesem Aktienpaket Einfluss auf den Konkurrenten ausüben könnte.

c) Ermitteln Sie den Bilanzansatz aus Aufgabe b), wenn zusätzlich Spesen in Höhe von 0,9 % des Kurswertes verrechnet werden.

ZUSAMMENFASSUNG

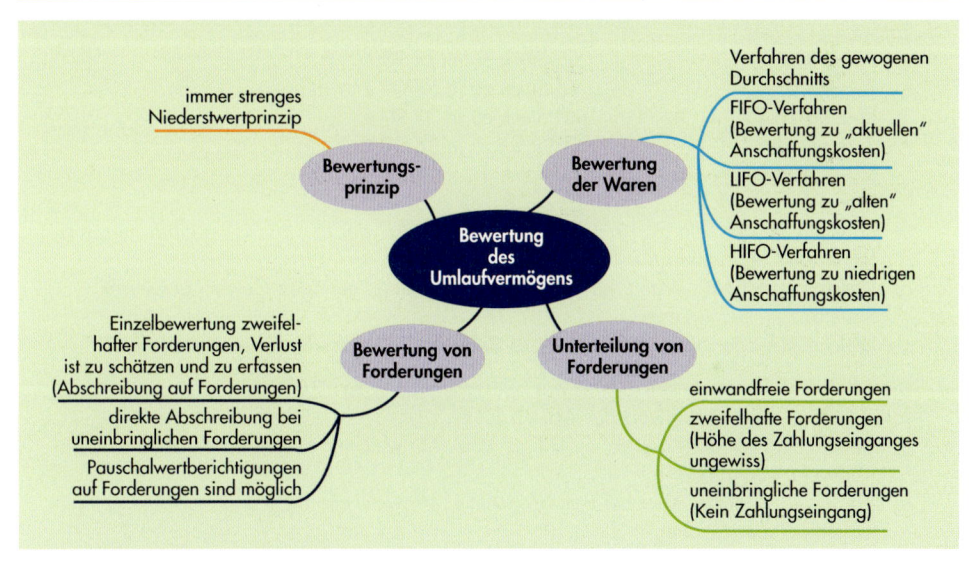

Bewertung des Umlaufvermögens

- **Bewertungsprinzip**: immer strenges Niederstwertprinzip
- **Bewertung der Waren**:
  - Verfahren des gewogenen Durchschnitts
  - FIFO-Verfahren (Bewertung zu „aktuellen" Anschaffungskosten)
  - LIFO-Verfahren (Bewertung zu „alten" Anschaffungskosten)
  - HIFO-Verfahren (Bewertung zu niedrigen Anschaffungskosten)
- **Unterteilung von Forderungen**:
  - einwandfreie Forderungen
  - zweifelhafte Forderungen (Höhe des Zahlungseinganges ungewiss)
  - uneinbringliche Forderungen (Kein Zahlungseingang)
- **Bewertung von Forderungen**:
  - Einzelbewertung zweifelhafter Forderungen, Verlust ist zu schätzen und zu erfassen (Abschreibung auf Forderungen)
  - direkte Abschreibung bei uneinbringlichen Forderungen
  - Pauschalwertberichtigungen auf Forderungen sind möglich

- Der Grundsatz der Einzelbewertung wird für gleichartige Wirtschaftsgüter des Umlaufvermögens aufgehoben.
- Die Bewertungsvereinfachungsverfahren sind steuerlich zugelassen (FIFO nur bei Nachweis).
- Nicht realisierte Gewinne (Anschaffungskosten < Tages- oder Marktwert zum 31.12., Bewertung zu Anschaffungskosten) dürfen nicht ausgewiesen werden.
- Nicht realisierte Verluste (Anschaffungskosten > Tages- oder Marktwert zum 31.12., Bewertung zum Tages- oder Marktwert) müssen ausgewiesen werden.

Lernfeld 9 — Unternehmensergebnisse aufbereiten, bewerten und nutzen

AUFGABEN

1. Stellen Sie einen Zusammenhang zwischen dem Imparitätsprinzip und dem strengen Niederstwertprinzip für die Bewertung des Umlaufvermögens her.

2. Ein Unternehmen der Geschenkbranche ermittelt für die Warengruppe Vasen folgende Zahlen:
   - AB   21 Stück zu je 4,50 €
   - Zugang 02.02.   10 Stück zu je 5,10 €
   - Zugang 26.07.   13 Stück zu je 4,90 €
   - Zugang 11.12.   11 Stück zu je 5,70 €
   - Lagerbestand am 31.12.   25 Stück
   - Tageswert am 31.12.   5,30 €

   a) Ermitteln Sie den Bilanzansatz zum 31.12. nach den vier Bewertungsvereinfachungsverfahren und begründen Sie Ihre Entscheidung.
   b) Wie hoch waren die Umsatzerlöse, wenn für die Artikel der Warengruppe Vasen ein konstanter Verkaufspreis von 11,00 € je Stück netto erzielt wurde?
   c) Welches Verfahren würden Sie wählen, wenn Sie einen geringen Gewinn ausweisen wollen?

3. Ein Unternehmen der Textilbranche ermittelt für die Warengruppe Hosenanzüge folgende Zahlen:
   - AB   55 Stück zu je 34,90 €
   - Zugang 05.03.   45 Stück zu je 38,00 €
   - Zugang 16.09.   40 Stück zu je 33,90 €
   - Zugang 21.12.   20 Stück zu je 36,90 €
   - Lagerbestand am 31.12.   62 Stück
   - Tageswert am 31.12.   35,90 €

   a) Ermitteln Sie den Bilanzansatz zum 31.12. nach den vier Bewertungsvereinfachungsverfahren und begründen Sie Ihre Entscheidung.
   b) Welches Verfahren würden Sie wählen, wenn Sie einen geringen Gewinn ausweisen wollen?
   c) Welche Aussagen können Sie über das Bestellverhalten des Unternehmens treffen?

4. Die TRIAL GmbH erwirbt am 12.10. aus Spekulationsgründen 2 000 Aktien zu einem Kurs von 7,00 € je Aktie (Nennwert der Aktie 5,00 €).
   a) Am 31.12. liegt der Kurs bei 5,50 € je Aktie. Mit welchem Wert sind die Aktien zu bewerten (mit Begründung)?
   b) Am 31.12. liegt der Kurs bei 9,50 € je Aktie. Mit welchem Wert sind die Aktien zu bewerten (mit Begründung)?
   c) Am 31.12. verkauft die TRIAL GmbH die Aktien bei einem Kurs von 9,50 € je Aktie. Stellen Sie die erforderlichen Buchungen auf.
   d) Beantworten Sie die Frage a), wenn die erworbenen Aktien einer längerfristigen Beteiligung an einem anderen Unternehmung dienen sollen.

5. Am 29.03. wird über das Vermögen eines Kunden der Mokk AG ein Konkursverfahren eröffnet. Die Mokk AG hat gegenüber diesem Kunden noch Forderungen in Höhe von 28 560,00 €.

   Am 07.08. ist das Konkursverfahren abgeschlossen. Die Konkursquote beträgt 35 %. Der Betrag wird einen Tag später auf dem Bankkonto der Mokk AG gutgeschrieben.

   a) Ermitteln Sie die Buchungssätze zum 29.03. und zum 08.08.
   b) Wie würden die Buchungssätze lauten, wenn sich die komplette Forderung als uneinbringlich erweisen würde?

6 Die Gottob GmbH ist ein neuer Kunde der TRIAL GmbH. Die bisherigen Forderungen gegenüber der Gottob GmbH liegen bei 17 255,00 €. Am 30.11. wird gegenüber der Gottob GmbH ein Konkursverfahren eröffnet. Die TRIAL GmbH rechnet zum 31.12. mit einem Forderungsausfall von 80 % des Nettobetrages.
   a) Ermitteln Sie die Buchungssätze zum 30.11. und zum 31.12.
   b) Am 12.02. überweist der Konkursverwalter den von der TRIAL GmbH richtig geschätzten Betrag. Veranlassen Sie die Buchung zum 12.02.
   c) Angenommen, der Konkursverwalter überweist einen Betrag in Höhe von 4 879,00 €. Bilden Sie die entsprechende Buchung am 12.02.
   d) Angenommen, der Konkursverwalter überweist einen Betrag in Höhe von 119,00 €. Bilden Sie die entsprechende Buchung am 12.02.

7 Die TRIAL GmbH findet eine Einzelbewertung sämtlicher Forderungen zu zeitaufwendig. In den letzten Jahren ergab sich im Durchschnitt ein Forderungsausfall von 2,5 %. Die TRIAL GmbH ermittelt die gesamte Höhe an Forderungen zum 31.12. (464 100,00 €) und möchte dazu das Konto Pauschalwertberichtigung auf Forderungen verwenden.
   a) Welche Vor- und Nachteile bietet das Führen dieses Kontos?
   b) Wie lautet der Buchungssatz zum 31.12.?
   c) Ein neuer Kunde der TRIAL GmbH – die Berre KG – wird am 12.04. des neuen Geschäftsjahres zahlungsunfähig. Die gesamte Forderung in Höhe von 2 737,00 € ist verloren. Buchen Sie den Forderungsausfall unter Berücksichtigung der Pauschalwertberichtigung.

2.5 Die Bewertung von Verbindlichkeiten

Nach dem Vorsichtsprinzip sind Verbindlichkeiten (Schulden) mit dem höheren Wert von zwei oder mehreren Vergleichswerten in der Bilanz anzusetzen [HGB § 252 (4)]. Damit werden die Bewertungsprinzipien um ein weiteres Prinzip erweitert, das Höchstwertprinzip.

Höchstwertprinzip

Von zwei oder mehreren Werten muss bei der Bewertung von Fremdkapital der höchste Wert (Rückzahlungsbetrag) in der Bilanz angesetzt werden.

Ist der Tageskurs am Bilanzstichtag niedriger als der Kurs am Tag der Rechnung bzw. bei Anschaffung, so muss zum Kurs am Rechnungstag bzw. Anschaffungstag bewertet werden. Ist der Tageskurs am 31.12. höher als der Kurs am Rechnungstag, dann muss der höhere Wert am 31.12. erfasst werden.

Bewertung von Währungsverbindlichkeiten

Bei getätigten Einkäufen aus einem Nicht-EU-Land werden Eingangsrechnungen mit dem aktuellen Devisenkassamittelkurs buchhalterisch erfasst. Der Devisenkassamittelkurs ist das arithmetische Mittel aus dem Geld- und aus dem Briefkurs. Ist die Schuld am Bilanzstichtag noch nicht beglichen, muss der damalige Devisenkassamittelkurs am Tag des Zugangs der Eingangsrechnung mit dem aktuellen Devisenkassamittelkurs vom 31.12. verglichen werden. Der höhere der beiden Beträge dient als Wertansatz in der Schlussbilanz, wenn die Restlaufzeit der Verbindlichkeit mehr als ein Jahr beträgt. Liegt die Restlaufzeit unter einem Jahr, dann muss der Devisenkassamittelkurs zum Abschlussstichtag verwendet werden. Das Imparitätsprinzip gilt in diesem Fall nicht mehr (siehe HGB § 256 a).

Lernfeld 9 — Unternehmensergebnisse aufbereiten, bewerten und nutzen

Beispiel: Die TRIAL GmbH erwirbt bei einer amerikanischen Firma am 12.12. Rennräder im Wert von 3 400,00 USD. Am 31.12. ist die Rechnung noch nicht beglichen (Fälligkeit: 60 Tage nach Rechnungseingang).

Es gelten die folgenden Kurse:
- Kurs am 12.12.:   1,00 EUR = 1,2061 USD (Geld)   1,00 EUR = 1,2067 USD (Brief)
- Kurs am 31.12.:   1,00 EUR = 1,2294 USD (Geld)   1,00 EUR = 1,2312 USD (Brief)

Der Devisenkassamittelkurs liegt am 12.12. bei 1,2064 USD/EUR [(1,2061 + 1,2067) : 2 = 1,2064], der Mittelkurs am 31.12. liegt bei 1,2303 USD/EUR.

Daraus ergibt eine Bewertung der Rechnung am 12.12. in Höhe von 2 818,30 EUR (3 400,00 USD : 1,2064 USD/EUR). Die Folgebewertung am 31.12. weist einen Betrag von 2 763,55 EUR aus (3 400,00 USD : 1,2303 USD/EUR).

Da die Laufzeit unter einem Jahr liegt, beträgt der Wertansatz am 31.12. nun 2 763,55 EUR. In diesem Fall gilt also das Imparitätsprinzip nicht.

Es gilt:

Buchung der ER am 12.12.

	Soll-Kontonr.	Name	Haben-Kontonr.	Name	Betrag in EUR
ER	2020	Rennräder			2 818,30
12.12.			4400	Verbindlichkeiten aus LuL	2 818,30

Buchung der Verbindlichkeit am Bilanzstichtag 31.12.

	Soll-Kontonr.	Name	Haben-Kontonr.	Name	Betrag in EUR
	4400	Verbindlichkeiten aus LuL			2 763,55
31.12.			8010	SBK	2 763,55

Buchung des Restbetrages als nicht realisierten Gewinn am Bilanzstichtag 31.12.

	Soll-Kontonr.	Name	Haben-Kontonr.	Name	Betrag in EUR
	4400	Verbindlichkeiten aus LuL			54,75
31.12.			5430	Andere sonstige betriebliche Erträge	54,75

Sollte die Verbindlichkeit am 31.12. höher sein als die Verbindlichkeit bei dem Rechnungseingang, dann wird der Wert vom 31.12. in das SBK aufgenommen. Der Differenzbetrag wird als nicht realisierter Verlust auf ein Aufwandskonto der Kontenklasse 2 gegengebucht. Durch diese Vorgehensweise soll sukzessive eine Annäherung an die IFRS erfolgen.

Bewertung von Darlehen und Darlehenszinsen

Die Aufnahme eines Darlehens bei der Hausbank erfolgt oft unter Abzug eines Abgeldes. Dieses Abgeld wird auch als **Disagio** oder **Damnum** bezeichnet. Der tatsächlich ausgezahlte Darlehensbetrag verringert sich um die Höhe des Disagios. Jedoch werden die Tilgung und die Zinszahlungen von der gesamten Darlehenssumme berechnet. Dies wiederum bedeutet, dass es sich bei einem Disagio um eine Zinsvorauszahlung oder um eine Zahlung von Gebühren für das Darlehen handelt.

Das Disagio kann in der Bilanz auf der Aktivseite aktiviert und über die Laufzeit linear abgeschrieben werden. Die Aktivierung vollzieht sich auf dem Konto 2910 Disagio. Handelsrechtliche Vorschriften lassen bzgl. der Aktivierung ein Wahlrecht zu, steuerrechtliche Vorschriften hingegen verlangen in jedem Fall eine Aktivierung.

Beispiel: Die TRIAL GmbH nimmt bei ihrer Hausbank am 14.01. ein Darlehen in Höhe von 200 000,00 € auf. Der Auszahlungssatz liegt bei 97 %. Die Laufzeit des Darlehens liegt bei 15 Jahren. Der Zinssatz beträgt 6 %. Der Auszahlungsbetrag wird der TRIAL GmbH auf dem Bankkonto gutgeschrieben.

Zunächst gilt:
- Darlehen = Auszahlungsbetrag (97 %) + Disagio (3 %)
- 200 000,00 = 194 000,00 + 6 000,00 €

Der Buchungssatz am 14.01. lautet:

	Soll-Kontonr.	Name	Haben-Kontonr.	Name	Betrag
14.01.	2800	Bank			194 000,00
	2910	Disagio			6 000,00
			4200	Verbindlichkeiten gegenüber Kreditinstituten	200 000,00

Beispiel: Das Disagio kann über die Laufzeit von 15 Jahren abgeschrieben werden. Der jährliche Abschreibungsbetrag liegt bei 400,00 € und wird dem Konto 7510 Zinsaufwendungen gegengebucht.

Der Buchungssatz zum 31.12. lautet:

	Soll-Kontonr.	Name	Haben-Kontonr.	Name	Betrag
31.12.	7510	Zinsaufwendungen			400,00
			2910	Disagio	400,00

Beispiel: Die zu bilanzierenden Werte am 31.12. lauten (unter der Voraussetzung, dass bisher keine Tilgung erfolgte):

S	Bilanz (Auszug)		H
Disagio	5 600,00	Verbindl. gegen. Kreditinst.	200 000,00

Beispiel: Bei einer Nichtaktivierung des Disagios würde dieses am 14.01. in ganzer Höhe sofort abgeschrieben werden:

	Soll-Kontonr.	Name	Haben-Kontonr.	Name	Betrag
14.01.	2800	Bank			194 000,00
	7510	Zinsaufwendungen			6 000,00
			4200	Verbindlichkeiten gegenüber Kreditinstituten	200 000,00

ZUSAMMENFASSUNG

- Warenverbindlichkeiten sind in der Regel nach dem Höchstwertprinzip zu bewerten. Es wird ein Devisenkassamittelkurs gebildet.
- Der Devisenkassamittelkurs bei Rechnungseingang wird mit dem Devisenkassamittelkurs am 31.12. verglichen. Der höhere der beiden Werte ist in der Bilanz anzusetzen. Ausnahme: Liegen die Fremdwährungsverbindlichkeiten unter einem Jahr, dann ist immer der Devisenkassamittelkurs vom 31.12. zu wählen.
- Für den Auszahlungsbetrag eines Darlehens gilt:
  Auszahlungsbetrag = Darlehenssumme − Disagio
- Ein Disagio kann über die Laufzeit abgeschrieben werden (steuerliche Aspekte).

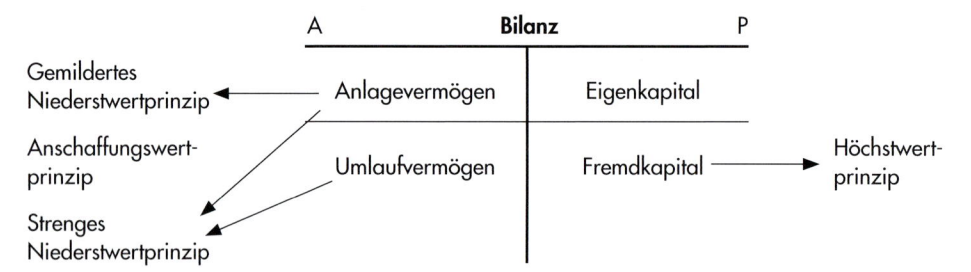

```
                        A        Bilanz        P
Gemildertes
Niederstwertprinzip  ← Anlagevermögen  Eigenkapital
Anschaffungswert-                                       Höchstwert-
prinzip                 Umlaufvermögen   Fremdkapital → prinzip
Strenges
Niederstwertprinzip
```

AUFGABEN

1. a) Erläutern Sie die Unterschiede zwischen dem Niederstwertprinzip und dem Höchstwertprinzip.
   b) Der Geldkurs des australischen Dollars liegt am 02.11. bei 1,56, der Briefkurs bei 1,62. Wie hoch ist der Devisenkassamittelkurs?

2. Die Warenverbindlichkeiten der TRIAL GmbH gegenüber einem Lieferanten aus der Schweiz betragen zum 23.12. 12 300,00 CHF. Für die Devisenkurse gilt:
   - Kurs am 23.12.: 1,00 EUR = 1,5802 CHF (Geld) 1,00 EUR = 1,5812 CHF (Brief)
   - Kurs am 31.12.: 1,00 EUR = 1,5999 CHF (Geld) 1,00 EUR = 1,6012 CHF (Brief)

   a) Wie hoch ist der Wertansatz zum 31.12.? (Lösen Sie die Aufgabe, wenn der Rechnungsbetrag nach 90 Tagen fällig wird bzw. wenn die Restlaufzeit über ein Jahr beträgt.)
   b) Ermitteln Sie den Wertansatz zum 31.12., wenn der Lieferant aus der Schweiz einen Skontonachlass von 3 % gewährt.

Unternehmensergebnisse aufbereiten, bewerten und nutzen — **Lernfeld 9**

3. Die Warenverbindlichkeiten der TRIAL GmbH gegenüber einem Lieferanten aus Hongkong belaufen sich am 20.12. auf 130 000,00 HKD. Für die Devisenkurse gilt:
   - Kurs am 20.12.:   1,00 EUR = 9,3560 HKD (Geld)   1,00 EUR = 9,3610 HKD (Brief)
   - Kurs am 31.12.:   1,00 EUR = 9,2945 HKD (Geld)   1,00 EUR = 9,3011 HKD (Brief)

   Ermitteln Sie den Wertansatz zum 31.12. (Lösen Sie die Aufgabe, wenn der Rechnungsbetrag nach 60 Tagen fällig wird.)

4. Die TRIAL GmbH hat zum Jahresende Verbindlichkeiten in Höhe von 245 497,00 € brutto. Katja Müller erhält die Aufgabe, diese Verbindlichkeiten zu bewerten. Alle Lieferanten gewähren einen Skonto von 2 %. Katja Müller möchte die Position Verbindlichkeiten aus LuL mit einem Wert von 202 174,00 € bilanzieren.
   Gegen welche Bewertungsgrundsätze hat Katja Müller verstoßen?

5. Ein Unternehmen in Deutschland erhält am 30.09. von seiner japanischen Muttergesellschaft ein Darlehen in Höhe von 2 Mio. Yen. Der Devisenkassamittelkurs am 30.09. liegt bei 1,22, am 31.12. bei 1,28. Welche Buchungen fallen am 30.09. und am 31.12. an? (Zinszahlungen bleiben unberücksichtigt)

6. Die TRIAL GmbH nimmt am 23.05. bei der Hausbank ein Darlehen von 340 000,00 € auf. Der Auszahlungsbetrag liegt bei 96 %, die Laufzeit des Darlehens liegt bei acht Jahren.
   a) Wie lauten die Buchungssätze zum 23.05. und zum 31.12., wenn das Disagio über die Laufzeit verteilt werden soll?
   b) Mit welchen Werten stehen die entsprechenden Positionen in der Schlussbilanz?

7. Die Bikemachines KG erhält am 01.01. ein Darlehen in Höhe von 140 000,00 €. Der Auszahlungsbetrag liegt bei 97 %, die Laufzeit des Darlehens beträgt zehn Jahre, der Zinssatz liegt bei 7 %, die Zinszahlungen erfolgen am 31.12. Am 31.12. überweist die Bikemachines KG einen Betrag von 12 000,00 € zwecks Tilgung. Das Disagio wird über die Laufzeit aktiviert.
   a) Wie lautet der Buchungssatz bei der Aufnahme des Darlehens am 01.01.?
   b) Welche Buchungen fallen zum 31.12. an?
   c) Mit welchen Werten stehen die entsprechenden Positionen in der Schlussbilanz?
   d) Wie würde der Buchungssatz für die Darlehensaufnahme lauten, wenn das Disagio nicht aktiviert werden würde? Welche Auswirkungen hätte diese Entscheidung auf die Gewinn- und Verlustrechnung und auf das Betriebsergebnis?

2.6 Zeitliche Abgrenzung von Aufwendungen und Erträgen

Neben den bisher genannten Bestandskonten weisen Bilanzen (siehe Bilanz der TRIAL GmbH in der Problemstellung zu Beginn des Lernfeldes 9) weitere Positionen auf, wie z.B.
- Sonstige Forderungen
- Sonstige Verbindlichkeiten
- Aktive Rechnungsabgrenzung
- Passive Rechnungsabgrenzung
- Rückstellungen

Bei der Aufstellung eines Jahresabschlusses sind die Salden der Erfolgskonten in die Gewinn- und Verlustrechnung zu überführen. Dabei muss beachtet werden, ob die in den entsprechenden Konten aufgeführten Aufwendungen und Erträge
- nur das abzuschließende Geschäftsjahr oder
- das abzuschließende **und** das neue Geschäftsjahr betreffen.

Lernfeld 9 — Unternehmensergebnisse aufbereiten, bewerten und nutzen

Das Jahresergebnis in der Gewinn- und Verlustrechnung soll **periodengerecht** ermittelt werden, d. h., es werden sämtliche Aufwendungen und Erträge erfasst, die wirtschaftlich zum abzuschließenden Geschäftsjahr gehören. Aufwendungen und Erträge, welche das kommende Geschäftsjahr betreffen, dürfen in der aktuellen Gewinn- und Verlustrechnung nicht aufgeführt werden – diese sind vom Geschäftsergebnis zeitlich abzugrenzen.

Beispiel: Die TRIAL GmbH erhält für eine vermietete Lagerhalle Miete für drei Monate im Voraus. Der Mieter überweist einen Gesamtbetrag von 1 200,00 € für die kommenden drei Monate am 01.12. Somit kann für das abzuschließende Geschäftsjahr nur ein Mietertrag von 400,00 € in der GuV verrechnet werden, da von der Gesamtsumme nur dieser Teilbetrag zum laufenden Geschäftsjahr gehört.

Dezember	Januar	Februar
1.12. Mietzahlung 1 200,00 € für die nächsten drei Monate	31.12. Geschäftsjahresschluss (400,00 € für Dezember)	

Beispiel: Die TRIAL GmbH nimmt am 01.10. ein Darlehen über 60 000,00 € auf. Die jährlichen Zinszahlungen in Höhe von 3 600,00 € sind am 01.10. des Folgejahres zu leisten. Der TRIAL GmbH entsteht somit für die restlichen drei Monate des Geschäftsjahres ein Zinsaufwand, dem jedoch kein Zahlungsausgang in diesem Zeitraum gegenübersteht. Dennoch gehören diese dreimonatigen Zinsaufwendungen in Höhe von 900,00 € wirtschaftlich zum alten Geschäftsjahr und müssen daher in der GuV erfasst werden.

Oktober		Oktober
01.10. Aufnahme Darlehen	31.12. Geschäftsjahresschluss (900,00 € von Okt.–Dez.)	01.10. Zinszahlungen 3 600,00 €

Für die Buchung von zeitlichen Abgrenzungen gilt:

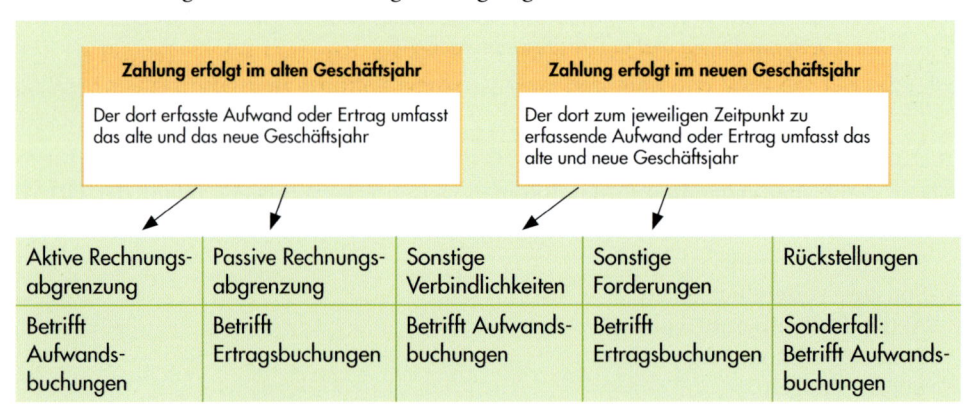

Zahlung erfolgt im alten Geschäftsjahr		Zahlung erfolgt im neuen Geschäftsjahr	
Der dort erfasste Aufwand oder Ertrag umfasst das alte und das neue Geschäftsjahr		Der dort zum jeweiligen Zeitpunkt zu erfassende Aufwand oder Ertrag umfasst das alte und neue Geschäftsjahr	

Aktive Rechnungs-abgrenzung	Passive Rechnungs-abgrenzung	Sonstige Verbindlichkeiten	Sonstige Forderungen	Rückstellungen
Betrifft Aufwands-buchungen	Betrifft Ertragsbuchungen	Betrifft Aufwandsbuchungen	Betrifft Ertragsbuchungen	Sonderfall: Betrifft Aufwandsbuchungen

2.6.1 Die aktive Rechnungsabgrenzung

Bei einer getätigten Auszahlung betrifft der damit verbundene Aufwand zwei Geschäftsjahre. Der gezahlte Betrag wird in zwei Teilbeträge unterteilt:
- Welcher Betrag betrifft das abzuschließende Geschäftsjahr?
- Welcher Betrag betrifft das kommende Geschäftsjahr?

Unternehmensergebnisse aufbereiten, bewerten und nutzen — **Lernfeld 9**

Der Betrag des kommenden Geschäftsjahres muss aus der Ergebnisrechnung herausgenommen und auf ein Extra-Konto gebucht werden, da der Aufwand erst im nächsten Jahr entsteht und dementsprechend diesem Jahr zuzurechnen ist. Bei dem Extra-Konto handelt es sich das Konto

    2900   Aktive Rechnungsabgrenzung.

Bei den vorbereitenden Abschlussbuchungen wird das Konto 2900 Aktive Rechnungsabgrenzung dem Schlussbilanzkonto gegengebucht.

Beispiel: Die TRIAL GmbH zahlt am 01.09. die KfZ-Versicherung in Höhe von 1 800,00 € für den Firmenwagen für ein Jahr im Voraus.

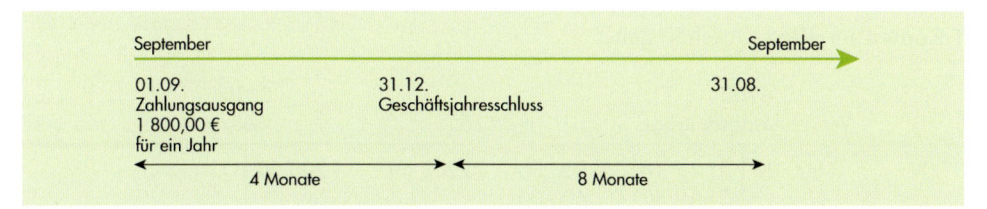

```
September                                                          September
01.09.                      31.12.                                 31.08.
Zahlungsausgang             Geschäftsjahresschluss
1 800,00 €
für ein Jahr
         4 Monate                        8 Monate
```

Somit entsteht ein monatlicher Aufwand von 150,00 €, dem am 01.09. eine Auszahlung von 1 800,00 € gegenübersteht. Es gilt:

- 4 Monate altes Geschäftsjahr: 600,00 € Aufwand in der GuV
- 8 Monate neues Geschäftsjahr: 1 200,00 € aktive Rechnungsabgrenzung.

Es fallen die folgenden Buchungen an:

	Soll-Kontonr.	Name	Haben-Kontonr.	Name	Betrag
01.09.	6900	Versicherungsbeiträge			1 800,00
			2800	Bank	1 800,00
	Soll-Kontonr.	**Name**	**Haben-Kontonr.**	**Name**	**Betrag**
31.12. (A)	2900	Aktive Rechnungsabgrenzung			1 200,00
			6900	Versicherungsbeiträge	1 200,00
31.12. (B)	8010	Schlussbilanzkonto			1 200,00
			2900	Aktive Rechnungsabgrenzung	1 200,00
31.12. (C)	8020	Gewinn- und Verlustkonto			600,00
			6900	Versicherungsbeiträge	600,00

Lernfeld 9 — Unternehmensergebnisse aufbereiten, bewerten und nutzen

Nach der Eröffnungsbuchung im neuen Geschäftjahr erfolgt die erforderliche Umbuchung:

	Soll-Kontonr.	Name	Haben-Kontonr.	Name	Betrag
01.01. (D)	6900	Versicherungs-beiträge			1 200,00
			2900	Aktive Rechnungs-abgrenzung	1 200,00

Die Darstellung der Buchungen in Kontoform stellt sich wie folgt dar:

T-Konten im alten Geschäftsjahr:

```
           6900                                  8010
S   Versicherungsbeiträge    H         S         SBK          H
01.09.   1 800,00 | 31.12. (A) 1 200,00    2900 (B)  1 200,00 |
                  | 31.12. (C)   600,00

           2900                                  8020
S   Aktive Rechnungsabgrenzung  H       S         GuV          H
31.12. (A) 1 200,00 | Saldo (B) 1 200,00  31.12. (C) 600,00 |
```

Der Betrag von 600,00 € entspricht genau dem Aufwand, der periodengerecht wirtschaftlich dem alten Geschäftsjahr zuzurechnen ist.

T-Konten im neuen Geschäftsjahr:

```
           6900                                       2900
S   Versicherungsbeiträge    H         S   Aktive Rechnungsabgrenzung   H
01.01. (D)  1 200,00 |                    EBK    1 200,00 | 01.01. (D)  1 200,00
```

Das Konto 2900 Aktive Rechnungsabgrenzung ist am 01.01. ausgeglichen und somit „aufgelöst". Der Aufwand in Konto 6900 wird am Ende des neuen Geschäftsjahres dem Gewinn- und Verlustkonto gegengebucht.

> **AUFGABE**
>
> Ermitteln Sie in den folgenden Fällen sämtliche anfallende Buchungen (ohne Buchungen auf die Konten GuV und SBK):
>
> a) Die TRIAL GmbH zahlt am 01.11. eine Lagermiete in Höhe von 1 250,00 € für fünf Monate im Voraus.
>
> b) Der Jahresbeitrag für die Gebäudeversicherung (1 300,00 € netto) wird von der TRIAL GmbH am 01.08. für ein Jahr im Voraus überwiesen.

2.6.2 Die passive Rechnungsabgrenzung

Bei einer erfolgten Einzahlung auf das Bankkonto betrifft der damit verbundene Ertrag zwei Geschäftsjahre. Der eingezahlte Betrag wird in zwei Teilbeträge unterteilt:
- Welcher Betrag betrifft das abzuschließende Geschäftsjahr?
- Welcher Betrag betrifft das kommende Geschäftsjahr?

Der Betrag des kommenden Geschäftsjahres muss aus der Ergebnisrechnung herausgenommen und auf ein Extra-Konto gebucht werden, da der Ertrag erst im nächsten Jahr entsteht und dementsprechend diesem Jahr zuzurechnen ist. Bei dem Extra-Konto handelt es sich das Konto

4900   Passive Rechnungsabgrenzung.

Bei den vorbereitenden Abschlussbuchungen wird das Konto 4900 Passive Rechnungsabgrenzung dem Schlussbilanzkonto gegengebucht.

Beispiel: Die TRIAL GmbH erhält am 01.11. eine Einzahlung für eine vermietete Lagerhalle in Höhe von 2 700,00 € für das nächste halbe Jahr im Voraus.

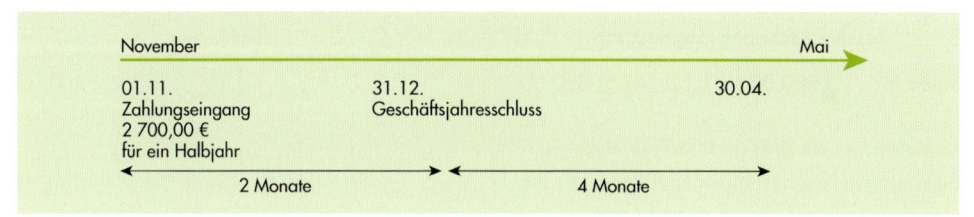

```
November                                                              Mai
01.11.                  31.12.                        30.04.
Zahlungseingang         Geschäftsjahresschluss
2 700,00 €
für ein Halbjahr
         2 Monate                      4 Monate
```

Somit entsteht ein monatlicher Ertrag von 450,00 €, dem am 01.11. eine Einzahlung von 2 700,00 € gegenübersteht. Es gilt:
- 2 Monate altes Geschäftsjahr: 900,00 € Aufwand in der GuV
- 4 Monate neues Geschäftsjahr: 1 800,00 € passive Rechnungsabgrenzung.

Es fallen die folgenden Buchungen an:

	Soll-Kontonr.	Name	Haben-Kontonr.	Name	Betrag
01.11.	2800	Bank			2 700,00
			5400	Mieterträge	2 700,00
31.12.	5400	Mieterträge			1 800,00
(A)			4900	Passive Rechnungsabgrenzung	1 800,00
31.12.	4900	Passive Rechnungsabgrenzung			1 800,00
(B)			8010	Schlussbilanzkonto	1 800,00
	Soll-Kontonr.	Name	Haben-Kontonr.	Name	Betrag
31.12.	5400	Mieterträge			900,00
(C)			8020	Gewinn- und Verlustkonto	900,00

Lernfeld 9 — Unternehmensergebnisse aufbereiten, bewerten und nutzen

Nach der erfolgten Eröffnungsbuchung im neuen Geschäftjahr erfolgt die erforderliche Umbuchung:

	Soll-Kontonr.	Name	Haben-Kontonr.	Name	Betrag
01.01.	4900	Passive Rechnungs-abgrenzung			1 800,00
(D)			5400	Mieterträge	1 800,00

Die Darstellung der Buchungen in Kontoform stellt sich wie folgt dar:

T-Konten im alten Geschäftsjahr:

```
            5400                                        8010
S        Mieterträge            H         S            SBK             H
31.12. (A)  1 800,00 | 01.11.   2 700,00            |  4900 (B)  1 800,00
31.12. (C)    900,00 |

            4900                                        8020
S   Passive Rechnungsabgrenzung  H        S            GuV             H
Saldo (B) 1 800,00 | 31.12. (A) 1 800,00            | 31.12. (C)   900,00
```

Der Betrag von 900,00 € entspricht genau dem Ertrag, der periodengerecht wirtschaftlich dem alten Geschäftsjahr zuzurechnen ist.

T-Konten im neuen Geschäftsjahr:

```
            5400                                        4900
S        Miterträge             H         S    Passive Rechnungsabgrenzung  H
         | 01.01. (D)  1 800,00         01.01. (D) 1 800,00 | EBK     1 800,00
```

Das Konto 4900 Passive Rechnungsabgrenzung ist am 01.01. ausgeglichen und somit „aufgelöst". Der Aufwand in Konto 5400 wird am Ende des neuen Geschäftsjahres dem Gewinn- und Verlustkonto gegengebucht.

EXKURS

Ist bei einem Zahlungseingang oder Zahlungsausgang auf einem Erfolgskonto bereits ersichtlich, dass der Aufwand bzw. der Ertrag zwei Geschäftsjahre umfasst, kann dieser Umstand schon bei Buchung der Ausgabe bzw. der Einnahme berücksichtigt werden.

Die Vorauszahlung der KfZ-Versicherung ergab folgende Buchungen:

	Soll-Kontonr.	Name	Haben-Kontonr.	Name	Betrag
01.09.	6900	Versicherungsbeiträge			1 800,00
			2800	Bank	1 800,00
31.12.	2900	Aktive Rechnungs-abgrenzung			1 200,00
			6900	Versicherungsbeiträge	1 200,00

Unternehmensergebnisse aufbereiten, bewerten und nutzen

Lernfeld 9

Der Buchungssatz am 01.09. kann unter Berücksichtigung der zu tätigenden aktiven Rechnungsabgrenzung lauten:

	Soll-Kontonr.	Name	Haben-Kontonr.	Name	Betrag
01.09.	6900	Versicherungsbeiträge			600,00
	2900	Aktive Rechnungs-abgrenzung			1 200,00
			2800	Bank	1 800,00

Der Vorteil dieser Buchung liegt darin, dass zum Bilanzstichtag keine Überprüfung mehr stattfinden muss, ob Erträge oder Aufwendungen abzugrenzen sind. Die Buchung (A) wird in diesem Fall nicht mehr vorgenommen.

AUFGABE

Ermitteln Sie in dem folgenden Fall sämtliche anfallende Buchungen (ohne Buchungen auf die Konten GuV und SBK):

Die TRIAL GmbH erhält am 01.10. von einem Schuldner Zinsen in Höhe von 1 800,00 € für die nächsten sechs Monate im Voraus.

2.6.3 Sonstige Forderungen/sonstige Verbindlichkeiten

Im Gegensatz zu den Rechnungsabgrenzungsposten fließen bei den sonstigen Forderungen bzw. bei den sonstigen Verbindlichkeiten die Zahlungsströme erst im neuen Geschäftsjahr, betreffen aber schon Ertragskonten und Aufwandskonten des abzuschließenden Geschäftsjahres. Diese Erträge und Aufwendungen müssen für eine periodengerechte Ermittlung des Ergebnisses im abzuschließenden Geschäftsjahr auch diesem zugeordnet werden. Der Zeitpunkt des Zahlungsein- bzw. -ausgangs spielt für das abzuschließende Geschäftsjahr keine Rolle.

Beispiel (sonstige Forderungen): Die TRIAL GmbH vermietet ein nicht benötigtes Büro für 780,00 € monatlich.

Fall 1
Der Mieter überweist die Miete für Dezember am 04.01. des neuen Geschäftsjahres:

```
Dezember                                              Januar
                                                      ──────►
01.12.                    31.12.                      04.01.
Mietertrag                Geschäftsjahresschluss      Zahlungseingang der
780,00 €                                              Dezembermiete
für Dezember
```

Da der Geldbetrag am 31.12. noch nicht überwiesen ist, der Ertrag aber für Dezember gilt, wird der fällige Betrag auf dem Konto 2690 **Sonstige Forderungen** erfasst. Das Konto Mieterträge wird über das Gewinn- und Verlustkonto abgeschlossen, der Ertrag wird periodengerecht dem GuV-Konto des richtigen Geschäftsjahres zugeordnet.

Lernfeld 9

Unternehmensergebnisse aufbereiten, bewerten und nutzen

Es fallen die folgenden Buchungen an (ohne Abschlussbuchungen):

	Soll-Kontonr.	Name	Haben-Kontonr.	Name	Betrag
31.12.	2690	Sonstige Forderungen			780,00
			5400	Mieterträge	780,00
04.01.	2800	Bank			780,00
			2690	Sonstige Forderungen	780,00

T-Konten zum 31.12.

```
            5400                                       8010
S       Mieterträge        H               S           SBK            H
Saldo     780,00  | 31.12.    780,00       2690    780,00 |

            2690                                       8020
S    Sonstige Forderungen   H               S           GuV            H
31.12.    780,00  | SBK       780,00                   | 5400    780,00
```

T-Konten zum 01.01. und zum 04.01.:

```
            2690                                       2800
S    Sonstige Forderungen   H               S          Bank            H
EBK       780,00  | 04.01.   780,00         04.01.   780,00 |
```

Fall 2

Die TRIAL GmbH gestattet dem Mieter, die Zahlungen der Monate Dezember, Januar und Februar am 28.02. nachträglich zu zahlen.

Dezember	Januar	Februar
01.12. Mietvertrag 780,00 € für Dezember (ohne Zahlungseingang)	31.12. Geschäftsjahresschluss	28.02. Zahlungseingang der Miete für die Monate Dezember, Januar, Februar: 2 340,00 €

Es fallen die folgenden Buchungen an (ohne Abschlussbuchungen):

	Soll-Kontonr.	Name	Haben-Kontonr.	Name	Betrag
31.12.	2690	Sonstige Forderungen			780,00
			5400	Mieterträge	780,00
28.02.	2800	Bank			2 340,00
			2690	Sonstige Forderungen	780,00
			5400	Mieterträge	1 560,00

Für die Buchung zum 31.12. interessiert hier lediglich der Ertrag im abzuschließenden Geschäftsjahr. Die Buchung am 28.02. erfolgt mit einem zusammengesetzten Buchungssatz: Das Konto Sonstige Forderungen wird abgeschlossen und die beiden Mieterträge für die Monate Januar und Februar werden zeitraumbezogen korrekt in das nächste Geschäftsjahr übernommen und dort auch entsprechend gebucht.

Für die Buchung eines Aufwandes im alten Geschäftsjahr, dessen Zahlungsausgang aber erst im kommenden Geschäftsjahr erfolgt, wird am Bilanzstichtag das Konto **4890 Sonstige Verbindlichkeiten** aktiviert.

Beispiel: Die TRIAL GmbH zahlt den Dezemberbeitrag für die Industrie- und Handelskammer in Höhe von 520,00 € am 12.01. des folgenden Jahres.

Dezember		Januar
fälliger IHK-Beitrag 520,00 €	31.12. Geschäftsjahresschluss	12.01. Zahlung des Dezemberbeitrages

Es fallen die folgenden Buchungen an (ohne Abschlussbuchungen):

	Soll-Kontonr.	Name	Haben-Kontonr.	Name	Betrag
31.12.	6430	Beiträge zu Wirtschaftsverbänden			520,00
			4890	Sonstige Verbindlichkeiten	520,00
12.01.	4890	Sonstige Verbindlichkeiten			520,00
			2800	Bank	520,00

AUFGABE

Ermitteln Sie in den folgenden Fällen sämtliche anfallende Buchungen (ohne Buchungen auf die Konten GuV und SBK):

a) Die TRIAL GmbH erhält die Miete für eine vermietete Garage (Monatsmiete 350,00 €) für die Monate November und Dezember erst am 10. Januar überwiesen.

b) Der Telefonanbieter der TRIAL GmbH bucht den Dezemberbetrag in Höhe von 278,50 € netto (Festpreis) am 03.01. von dem Bankkonto ab.

c) Die TRIAL GmbH überweist von einem Darlehen die Zinsen nachträglich für ein halbes Jahr am 01.03. und am 01.09. (Jahreszins: 4 500,00 €).

2.6.4 Rückstellungen

Rückstellungen sind Posten auf der Passivseite einer Bilanz für ungewisse Verbindlichkeiten (Schulden, Aufwendungen), welche

- dem Grunde nach oder
- der Höhe nach

noch nicht exakt bestimmbar sind.

Lernfeld 9 — Unternehmensergebnisse aufbereiten, bewerten und nutzen

Die Passivierung von Rückstellungen ist ein weiteres Beispiel für den Gläubigerschutz und das Vorsichtsprinzip in den handelsrechtlichen Bewertungsprinzipien. Damit soll sichergestellt werden, dass ein Unternehmen bei Eintritt einer ungewissen Verbindlichkeit über das notwendige Kapital verfügt, um diese Verpflichtung erfüllen zu können.

> **§** Die gesetzliche Regelung für die Bildung von Rückstellungen enthält HGB § 249:
>
> (1) Rückstellungen sind für ungewisse Verbindlichkeiten und für drohende Verluste aus schwebenden Geschäften zu bilden. Ferner sind Rückstellungen zu bilden für
>
> 1. im Geschäftsjahr unterlassene Aufwendungen für Instandhaltung, die im folgenden Geschäftsjahr innerhalb von drei Monaten, oder für Abraumbeseitigung, die im folgenden Geschäftsjahr nachgeholt werden,
>
> 2. Gewährleistungen, die ohne rechtliche Verpflichtung erbracht werden. Rückstellungen dürfen für unterlassene Aufwendungen für Instandhaltung auch gebildet werden, wenn die Instandhaltung nach Ablauf der Frist nach Satz 2 Nr. 1 innerhalb des Geschäftsjahrs nachgeholt wird.
>
> (2) Rückstellungen dürfen außerdem für ihrer Eigenart nach genau umschriebene, dem Geschäftsjahr oder einem früheren Geschäftsjahr zuzuordnende Aufwendungen gebildet werden, die am Abschlussstichtag wahrscheinlich oder sicher, aber hinsichtlich ihrer Höhe oder des Zeitpunkts ihres Eintritts unbestimmt sind.

Eine Pflicht zur Passivierung besteht nach HGB § 249 für:

- Ungewisse Verbindlichkeiten *(Beispiele: Prozesskosten, Steuernachzahlungen, Pensionsverpflichtungen)*
- Drohende Verluste *(Beispiel: Ein Kunde erhält für eine Ware einen festen Verkaufspreis von 400,00 €, die Lieferung soll im nächsten Jahr erfolgen. Der Einkauf der noch nicht ausgelieferten Ware verteuert sich aber im alten Jahr für den Lieferanten von 300,00 € auf 420,00 €, sodass ein Verlustgeschäft zu erwarten ist.)*
- Unterlassene Aufwendungen für Instandhaltung *(Beispiel: Gebäudereparaturen, die bis März des nächsten Jahres nachgeholt werden)*
- Gewährleistungsverpflichtungen (ohne rechtliche Verpflichtung).

Sollen die Instandhaltungen nach dem Monat März durchgeführt werden, kann eine Rückstellung gebildet werden, muss aber nicht (Wahlrechtmöglichkeit in der Handelsbilanz).

Nach HGB § 266 existieren folgende Rückstellungsarten:

- Konto 3700:   Rückstellungen für Pensionen
- Konto 3800:   Steuerrückstellungen
- Konto 3900:   Sonstige Rückstellungen

Beispiel: Der Wachhund der TRIAL GmbH fügt am 12.12. einem Paketzusteller erhebliche Bissverletzungen zu. Für den zu erwartenden Prozess im nächsten Geschäftsjahr rechnet die TRIAL GmbH mit 3 400,00 € Prozesskosten netto.
Da die Prozesskosten eine ungewisse Verbindlichkeit darstellen, ist nach HGB § 249 am 31.12. eine Rückstellung zu bilden. Der Buchungssatz lautet:

	Soll-Kontonr.	Name	Haben-Kontonr.	Name	Betrag
31.12.	6770	Rechts- und Beratungskosten			3 400,00
			3900	Sonstige Rückstellungen	3 400,00

Damit erscheint die Position Sonstige Rückstellungen in der Bilanz, während die Gewinn- und Verlustrechnung einen zusätzlichen Aufwand von 3 400,00 € verrechnen muss.

Bei der Einschätzung der Höhe der Prozesskosten ist von sinnvollen Zahlen auszugehen. Stark erhöhte oder verminderte Rückstellungsbeträge verstoßen gegen den Grundsatz der Bilanzwahrheit. Für die Auflösung der Rückstellungen im neuen Jahr existieren drei Möglichkeiten:

Fall 1

Der im vergangenen Geschäftsjahr geschätzte Rückstellungsbetrag wurde zu niedrig eingeschätzt. Eine Korrektur ist – da das vergangene Geschäftsjahr bereits abgeschlossen ist – nur noch im neuen Geschäftsjahr möglich. Der Differenzbetrag wird als periodenfremder Aufwand auf dem entsprechenden Aufwandskonto erfasst. Dabei ist zu beachten, dass dieser periodenfremde Aufwand nur in der Finanzbuchhaltung erfasst wird, aber nicht in der Betriebsbuchhaltung.

Beispiel: Die Prozesskosten für den Fall „Wachhund" betragen nach Abschluss des Prozesses am 12.02. 3 800,00 € netto. Die tatsächlichen Kosten liegen um 400,00 € höher als angenommen.

Der entsprechende Buchungssatz lautet:

	Soll-Kontonr.	Name	Haben-Kontonr.	Name	Betrag
12.02.	3900	Sonstige Rückstellungen			3 400,00
	6770 bzw. 6990	Rechts- und Beratungskosten bzw. periodenfremde Aufwendungen			400,00
	2600	Vorsteuer			722,00
			2800	Bank	4 522,00

Fall 2

Der im vergangenen Geschäftsjahr geschätzte Rückstellungsbetrag wurde zu hoch eingeschätzt. Die Differenz bildet einen Ertrag, der dem Konto 5480 Erträge aus der Auflösung oder Herabsetzung von Rückstellungen zuzubuchen ist. Dieser Ertrag ist periodenfremd und wird in der Abgrenzungstabelle als neutraler Ertrag geführt.

Beispiel: Die Prozesskosten für den Fall „Wachhund" betragen nach Abschluss des Prozesses am 12.02. 3 100,00 € netto. Die tatsächlichen Kosten liegen um 300,00 € niedriger als angenommen.

Lernfeld 9
Unternehmensergebnisse aufbereiten, bewerten und nutzen

Der entsprechende Buchungssatz lautet:

	Soll-Kontonr.	Name	Haben-Kontonr.	Name	Betrag
12.02.	3900	Sonstige Rückstellungen			3 400,00
	2600	Vorsteuer			589,00
			2800	Bank	3 689,00
			5480	Erträge aus der Auflösung oder Herabsetzung von Rückstellungen	300,00

Merke: Rückstellungen sind am 31.12. rein netto (ohne Vorsteuer) zu buchen.

Fall 3
Die endgültigen Prozesskosten entsprechen in exakter Höhe dem geschätzten Betrag. Die entsprechende Rückstellung wird als solche komplett ausgebucht.

Beispiel: Die Prozesskosten für den Fall „Wachhund" betragen nach Abschluss des Prozesses am 12.02. 3 400,00 € netto.

Der entsprechende Buchungssatz lautet:

	Soll-Kontonr.	Name	Haben-Kontonr.	Name	Betrag
12.02.	3900	Sonstige Rückstellungen			3 400,00
	2600	Vorsteuer			646,00
			2800	Bank	4 046,00

AUFGABE
Das Dach der Lagerhalle der TRIAL GmbH muss neu eingedeckt werden. Der Kostenvoranschlag einer Dachdeckerfirma vom 23.11. beträgt 12 600,00 € netto. Aufgrund eines milden Klimas wird die Erneuerung des Daches erst am 01.02. vorgenommen. Die Rechnung der Dachdeckerfirma am 05.02. lautet über 11 305,00 € brutto.
a) Bilden Sie sämtliche erforderlichen Buchungen.
b) Stellen Sie die Buchungen auf T-Konten dar.

Unternehmensergebnisse aufbereiten, bewerten und nutzen **Lernfeld 9**

ZUSAMMENFASSUNG

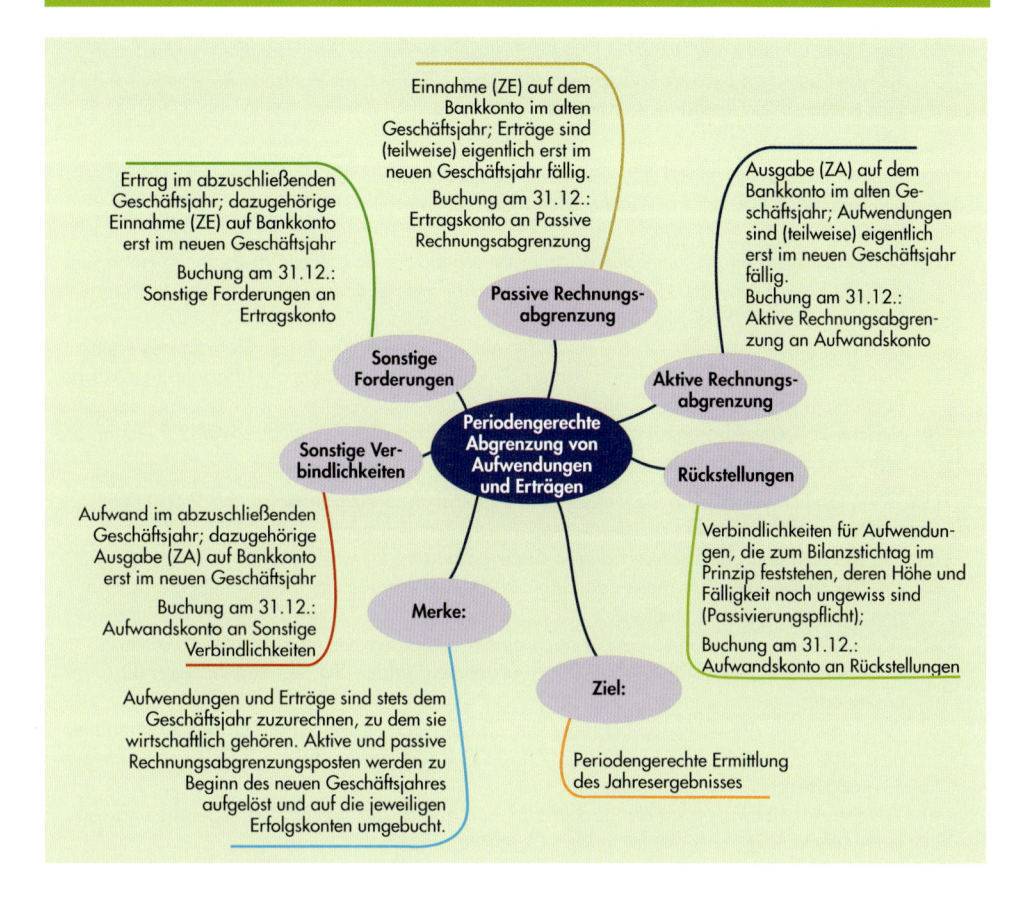

Periodengerechte Abgrenzung von Aufwendungen und Erträgen

Passive Rechnungsabgrenzung
Einnahme (ZE) auf dem Bankkonto im alten Geschäftsjahr; Erträge sind (teilweise) eigentlich erst im neuen Geschäftsjahr fällig.
Buchung am 31.12.: Ertragskonto an Passive Rechnungsabgrenzung

Aktive Rechnungsabgrenzung
Ausgabe (ZA) auf dem Bankkonto im alten Geschäftsjahr; Aufwendungen sind (teilweise) eigentlich erst im neuen Geschäftsjahr fällig.
Buchung am 31.12.: Aktive Rechnungsabgrenzung an Aufwandskonto

Sonstige Forderungen
Ertrag im abzuschließenden Geschäftsjahr; dazugehörige Einnahme (ZE) auf Bankkonto erst im neuen Geschäftsjahr
Buchung am 31.12.: Sonstige Forderungen an Ertragskonto

Sonstige Verbindlichkeiten
Aufwand im abzuschließenden Geschäftsjahr; dazugehörige Ausgabe (ZA) auf Bankkonto erst im neuen Geschäftsjahr
Buchung am 31.12.: Aufwandskonto an Sonstige Verbindlichkeiten

Rückstellungen
Verbindlichkeiten für Aufwendungen, die zum Bilanzstichtag im Prinzip feststehen, deren Höhe und Fälligkeit noch ungewiss sind (Passivierungspflicht);
Buchung am 31.12.: Aufwandskonto an Rückstellungen

Merke:
Aufwendungen und Erträge sind stets dem Geschäftsjahr zuzurechnen, zu dem sie wirtschaftlich gehören. Aktive und passive Rechnungsabgrenzungsposten werden zu Beginn des neuen Geschäftsjahres aufgelöst und auf die jeweiligen Erfolgskonten umgebucht.

Ziel:
Periodengerechte Ermittlung des Jahresergebnisses

AUFGABEN

1. Welchen Zweck erfüllt die zeitliche Abgrenzung von Aufwendungen und Erträgen?

2. Erstellen Sie die Buchungssätze zum 31.12. (Bilanzstichtag):
   a) Die TRIAL GmbH erhält die Miete für ein vermietetes Lagerhaus am 02.11. für die nächsten fünf Monate im Voraus (Zahlungseingang am 02.11.: 7 500,00 €).
   b) Die TRIAL GmbH hat für ein neues Kopiergerät einen Wartungsvertrag abgeschlossen. Dieser gilt vom 01.06. ab für ein Jahr. Die TRIAL GmbH zahlt für diesen Vertrag am 01.06. eine Jahresgebühr von 649,74 € brutto.
   c) Die Zinsen für ein Sparguthaben in Höhe von 230,00 € wurden bis zum 31.12. noch nicht überwiesen.
   d) Die TRIAL GmbH zahlt die KfZ-Versicherung am 01.08. in Höhe von 2 400,00 € für ein Jahr im Voraus.
   e) Die TRIAL GmbH beschäftigt seit Dezember einen Handelsvertreter. Die Provision für den Monat Dezember (1 428,00 € brutto) erhält der Handelsvertreter aber erst am 15.01. des nächsten Jahres.
   f) Die TRIAL GmbH erhält von einer 7,5%igen Anleihe über 55 000,00 € die jährlichen Zinsen am 01.09. im Voraus.

g) Ein Kunde der TRIAL GmbH zahlt Verzugszinsen in Höhe von 330,00 € für Dezember, Januar und Februar am 12. Februar.
h) Die TRIAL GmbH zahlt am 01.11. die Jahresgebühr für ein Abonnement von Fachzeitschriften aus dem Bereich Fahrrad in Höhe von 120,00 € im Voraus.
i) Das Konto Aktive Rechnungsabgrenzung weist am 31.12. einen Saldo von 2 300,00 € auf.

3 a) Eine Firma bezahlt am 01.12. die Miete für Bürogebäude für vier Monate im Voraus (Gesamtsumme: 4 200,00 €). Welche Buchungen müssen am 01.12. und am 31.12. erfolgen?
b) Der Halbjahresbeitrag für einen Wirtschaftsverband für das zweite Halbjahr in Höhe von 800,00 € wird am 06.01. des nächsten Geschäftsjahres überwiesen. Welche Buchungen fallen zum 31.12. und zum 06.01. an?
c) Eine Firma erhält am 20.12. die Pacht für ein Grundstück für das 1. Quartal des kommenden Geschäftsjahres in Höhe von 5 600,00 € auf das Bankkonto überwiesen. Welche Buchungen fallen zum 20.12. und zum 31.12. an?
d) Welche zeitliche Abgrenzung wurde in den Aufgaben a) bis c) nicht erwähnt? Finden Sie selbst ein Beispiel für diese fehlende Abgrenzung.

4 Die TRIAL GmbH erwartet im Dezember eine Steuernachzahlung in Höhe von 9 600,00 €, deren genaue Höhe erst im nächsten Geschäftsjahr ermittelt wird.
a) Welche Buchung dokumentiert diesen Sachverhalt am 31.12.?
b) Welche Auswirkung hat diese Buchung auf die Zielvorgabe der TRIAL GmbH, einen hohen Gewinn zu erwirtschaften?
c) Am 23.03. muss die TRIAL GmbH nach einem Schreiben des Finanzamtes eine Steuernachzahlung in Höhe von 10 400,00 € vornehmen. Bilden Sie den zugehörigen Buchungssatz.
d) Angenommen, die TRIAL GmbH muss am 23.03. nach einem Schreiben des Finanzamtes eine Steuernachzahlung in Höhe von 7 400,00 € vornehmen. Bilden Sie den zugehörigen Buchungssatz.
e) Welche Auswirkungen hat die Buchung in Aufgabe d) auf das Betriebsergebnis und das Unternehmensergebnis des laufenden Geschäftsjahres?

5 Die TRIAL GmbH erwartet zum Bilanzstichtag Prozesskosten in Höhe von 6 700,00 € netto. Am 12.06. überweist die TRIAL GmbH laut Gerichtskostenaufstellung einen Betrag von 9 520,00 € brutto an die Gerichtskasse.
a) Welche Buchung muss am 31.12. getätigt werden?
b) Welche Buchung muss am 12.06. getätigt werden?
c) Welche Gründe könnten für eine Verteuerung der Gerichtskosten infrage kommen?

6 Die Bikemachines KG bestellt am 08.12. bei der TRIAL GmbH 100 Rennräder. Die TRIAL GmbH gewährt einen Netto-Verkaufspreis von 450,00 € je Rennrad (Festpreis). Die Lieferung soll am 10.02. des nächsten Jahres erfolgen. Der Tagespreis der Rennräder beträgt am 31.12. 420,00 € je Stück.
a) Überprüfen Sie, ob in diesem Fall eine Rückstellung gebildet werden muss oder sollte.
b) Welche Buchungen würden/müssen/können am 31.12. und am 10.02. anfallen?

7 Die TRIAL GmbH erwirbt am 02.05. ein bebautes Grundstück zwecks Erweiterung des Lagers für eine Summe von 1 800 000,00 € netto. Das im Kaufpreis enthaltene Grundstück hat eine Fläche von 2 500 qm, der Preis je qm liegt bei 150,00 €. Als weitere Kosten fallen an:
- Maklergebühren: 55 000,00 € zzgl. 19 % USt.
- Notariatsgebühren: 4 165,00 € inkl. 19 % USt.
- Grunderwerbsteuer: 2,5 % des Kaufpreises
- Grundbucheintrag: 3 000,00 €
- Grundsteuer: 2 500,00 €

Unternehmensergebnisse aufbereiten, bewerten und nutzen — **Lernfeld 9**

Für die Finanzierung hat die TRIAL GmbH am 01.05. ein Darlehen in Höhe von 1 600 000,00 € aufgenommen. Mit der Bank wurden die folgenden Bedingungen ausgehandelt:
Laufzeit: 10 Jahre, Zinssatz 8 %, Auszahlungsbetrag 95 %, die Zinsen sind nachträglich halbjährlich am 01.05. und am 01.11. zu zahlen, erstmalig am 01.11.

a) Ermitteln Sie die Anschaffungskosten des bebauten Grundstücks am 02.05.
b) Buchen Sie den Kauf des Grundstücks am 02.05.
c) Mit welchem Wert wird das bebaute Grundstück zum 31.12. in die Bilanz übernommen, wenn die Abschreibung linear mit 2 % vorgenommen wird und ein erwarteter Verlust so gering wie möglich ausfallen soll (diese Vorgabe gilt auch für die weiteren Aufgabenteile)?
d) Buchen Sie die Aufnahme des Darlehens am 01.05.
e) Ermitteln Sie den Wertansatz des Darlehens und des Disagios und bilden Sie die entsprechenden Buchungssätze.
f) Buchen Sie – wenn notwendig – eine zeitliche Abgrenzung zum 31.12.
g) Angenommen, das neue Lagergebäude kann aufgrund zahlreicher Umbauten (Gesamtkosten 66 640,00 € brutto) erst zum 01.09. genutzt werden. Überprüfen Sie, ob und wie sich die Anschaffungskosten und die Bilanzansätze ändern.
h) Im nächsten Geschäftsjahr sinkt der Grundstückswert um 30 %, da im Erdreich unter dem Gebäude giftige Stoffe entdeckt wurden. Eine Beseitigung der Giftstoffe ist ausgeschlossen. Ermitteln Sie den Wertansatz des bebauten Grundstücks zum 31.12. des nächsten Jahres.
i) Im nächsten Geschäftsjahr kann die TRIAL GmbH am 01.11. eine Sondertilgung in Höhe von 200 000,00 € tätigen. Welche Auswirkungen hat diese Zahlung auf die Bewertung des Darlehens, des Disagios und die Zinszahlungen zum 31.12. des nächsten Jahres?

8 Zum 31.12. weisen die unten aufgeführten Konten einer Großhandlung die folgenden vorläufigen Salden (in €) auf:

Konto	Bezeichnung	Betrag
0500	Grundstücke	250 000,00
0500	Gebäude	1 056 000,00
0830	Lager- und Transporteinrichtung	120 000,00
0840	Fuhrpark	23 000,00
0870	Geschäftsausstattung	56 000,00
0890	Geringwertige Wirtschaftsgüter	1 300,00
2000	Waren	45 000,00 (lt. LIFO-Verfahren)
2400	Forderungen aus LuL	34 000,00
2600	Vorsteuer	12 560,00
2800	Bank	76 990,00
2910	Disagio	2 400,00
3000	Eigenkapital	?
3900	Sonstige Rückstellungen	11 500,00
4200	Verbindlichkeiten gegenüber Kreditinstituten	166 000,00
4400	Verbindlichkeiten aus LuL	51 890,00
4800	Umsatzsteuer	33 540,00
4890	Sonstige Verbindlichkeiten	31 400,00
5000	Umsatzerlöse	123 500,00
7510	Zinsaufwendungen	9 200,00
5400	Mieterträge	4 500,00
5710	Zinserträge	7 800,00
6000	Warenaufwendungen	59 450,00
6130	Instandhaltung und Reparaturen	16 920,00

Lernfeld 9 — Unternehmensergebnisse aufbereiten, bewerten und nutzen

Weitere Angaben für die Bewertung (noch nicht in der Saldenliste enthalten):
- *Zielvorgabe des Unternehmens: Der Gewinn soll so gering wie möglich ausfallen.*
- *Das Grundstück hat aufgrund einer zeitlich begrenzten Umleitung des Flugverkehrs (erhöhter Fluglärm) nur noch einen Wert von 180 000,00 €.*
- *Das Gebäude wird linear mit 3 % abgeschrieben (Anschaffungskosten 1 200 000,00 €, fünftes Jahr der Nutzung).*
- *Der Firmenwagen wurde im letzten Jahr angeschafft (März) und mit 20 % linear abgeschrieben.*
- *Die restlichen Abschreibungen sind mit 15 % degressiv von den angegebenen Werten vorzunehmen.*
- *Bildung einer Rückstellung für eine Gebäudereparatur in Höhe von 8 925,00 € (brutto).*
- *Die Miete für eine Lagerhalle wird vom Mieter am 13.12. für Dezember und Januar gezahlt (Gesamtzahlung: 1 500,00 €).*
- *Die Zinsen für ein Darlehen sind am 01.03. nachträglich für das letzte Halbjahr von der Großhandlung zu zahlen (4 200,00 €).*
- *Das Disagio ist mit 400,00 abzuschreiben.*
- *Die Großhandlung tilgt am 31.12. einen Betrag von 50 000,00 € der Darlehenssumme.*
- *Für eine zweifelhafte Forderung über 2 499,00 € brutto erhält die Großhandlung am 23.12. einen Bankscheck über 49,98 €. Der Rest der Forderung ist uneinbringlich.*
- *Der Tageswert der Waren zum 31.12. beträgt 42 000,00 € (AB: 45 000,00).*

a) Ermitteln Sie die endgültigen Salden für die Bilanz und die GuV.
b) Erstellen Sie die Bilanz und die GuV.
c) Berechnen Sie das Unternehmensergebnis und das Betriebsergebnis.

9 Die TRIAL GmbH muss für ein Lagergebäude eine Reparatur durchführen. Der Kostenvoranschlag der Baufirma weist eine Summe von 17 612,00 € brutto aus (Datum: 12.02.). Die Baufirma stellt der TRIAL GmbH die Endrechnung am 23.04. mit einem Endbetrag von 14 637,00 € brutto aus.
a) Dokumentieren Sie sämtliche Buchungssätze für diese Geschäftsvorfälle.
b) Bilden Sie sämtliche Buchungssätze, wenn der Kostenvoranschlag am 12.12. und die Endrechnung am 23.02. des nächsten Jahres erstellt werden.

10 Ergänzung zu Aufgabe 5 auf Seite 547:
Der Jahreszinssatz des japanischen Mutterkonzerns liegt bei 2,5 %. Die Zahlung der Zinsen erfolgt halbjährlich nachträglich zum 30.06. Welche Buchung fällt am 31.12. an?

3 Kennziffern zur Vermögens-, Kapital- und Erfolgsstruktur

PROBLEM

Zwei Zeitungsartikel aus dem Mannheimer Morgen:

Die TRIAL GmbH auf Expansionskurs

Das Heidelberger Großhandelsunternehmen TRIAL GmbH konnte im vergangenen Geschäftsjahr das bisher beste Ergebnis seit der Unternehmensgründung ausweisen. Der Gewinn vor Steuern erhöhte sich um 12,3 % auf 87 594,00 €. Die Eigenkapitalrentabilität beträgt 9,5 % und liegt somit deutlich über dem Branchendurchschnitt. Der Cashflow weist eine Zuwachsrate von 5,9 % auf und liegt damit bei 133 751,70 €. Damit ist die TRIAL GmbH eines der erfolgreichsten Unternehmen des Großhandels im Rhein-Neckar-Raum.

Die 39-jährige Roswitha Müller aus Mannheim hat bei einem Gewinnspiel auf dem Mannheimer Maimarkt den ersten Preis – Bargeld in Höhe von 50 000,00 € – gewonnen. Die glückliche Gewinnerin sagte: „Der Kauf eines Loses für 1,00 € hat sich wirklich rentiert."

1. Finden Sie anhand der beiden Zeitungsartikel eine mögliche Definition für das Wort „Rentabilität".
2. Aus welchen Gründen sind Kennzahlen wie Eigenkapitalrentabilität und Cashflow für ein Unternehmen wichtig?
3. Wie hoch waren der Gewinn vor Steuern und der Cashflow der TRIAL GmbH im vergangenen Geschäftsjahr?
4. Aus welchen Gründen stellt der Vergleich von eigenen Unternehmenskennzahlen mit den Kennzahlen des Branchendurchschnittes ein wichtiges Zahlenmaterial für die Unternehmensführung dar?
5. Wie hoch ist der Cashflow in Ihrem Ausbildungsbetrieb? Stellen Sie die Entwicklung des Cashflows Ihres Ausbildungsunternehmens der vergangenen fünf Jahre grafisch dar.

Nach der Erstellung eines Jahresabschlusses gilt es, die einzelnen Bilanzpositionen zu analysieren. Diese Analyse wird mithilfe von Kennzahlen durchgeführt. Das Zahlenmaterial von einzelnen Bilanzpositionen oder von einzelnen Positionen der GuV-Rechnung wird miteinander verglichen und in eine bestimmte Relation – auch Kennzahl genannt – gebracht. Diese Kennzahlen informieren umfassend über die betriebswirtschaftliche Situation des abzuschließenden Geschäftsjahres.

Die Analyse ermöglicht sowohl einen innerbetrieblichen Vergleich (Vergleich des aktuellen Zahlenmaterials mit Zahlen aus vergangenen Rechnungsperioden) als auch einen zwischenbetrieblichen Vergleich (Vergleich der eigenen Kennzahlen mit den Kennzahlen von Betrieben aus derselben Branche).

Im Rahmen der Analyse werden verschiedene Kennzahlen des Unternehmens ermittelt.

Externe Interessenten wie Gläubiger (z. B. Banken) sind an der gegenwärtigen finanziellen Lage oder der Vermögenslage interessiert, um z. B. eine Kreditwürdigkeit erkennen zu können.

3.1 Analyse der Kapitalstruktur einer Bilanz

Bei der Beurteilung der Kapitalausstattung wird die Zusammensetzung des Kapitals betrachtet. Dieses betrifft in diesem Kapitel nur die Passivseite einer Bilanz, die sich in der Regel aus einer Eigenkapital- und einer Fremdkapitalposition zusammensetzt. Das Zahlenmaterial der Vermögensseite, d. h. der Aktivseite einer Bilanz, bleibt in diesem Fall unberücksichtigt. Das Eigenkapital nimmt als Haftungskapital für die Gläubiger eine zentrale Stellung ein, denn ohne Eigenkapitalgrundlage ist es schwierig, Fremdkapital zu bekommen.

Lernfeld 9 — Unternehmensergebnisse aufbereiten, bewerten und nutzen

Wichtige Kennziffern bzgl. der Kapitalstruktur:

$$Verschuldungsgrad = \frac{Fremdkapital}{Eigenkapital}$$

$$Grad\ der\ finanziellen\ Unabhängigkeit\ (Eigenkapitalquote) = \frac{Eigenkapital \cdot 100}{Gesamtkapital}$$

$$Fremdkapitalquote = \frac{Fremdkapital \cdot 100}{Gesamtkapital}$$

Da es sich hierbei nur um Positionen der Passivseite einer Bilanz handelt, bilden diese Kennziffern **die vertikale Kapitalstrukturregel**.

Für den Verschuldungsgrad gibt diese Regel in der strengen Form ein **Verhältnis von Fremd- zu Eigenkapital von 1 : 1** vor. Dies bedeutet, dass das Fremdkapital nicht höher als das Eigenkapital sein darf (Stabilitätsfunktion). In einer weniger strengen Form wird ein Verhältnis von 2 : 1 (Fremdkapital : Eigenkapital) als Richtwert angesehen. Weitaus bedeutender sind die Vergleiche der Zahlen mit anderen Betrieben der gleichen Branche.

Kennzahlen von Unternehmen aus verschiedenen Branchen können relativ schlecht miteinander verglichen werden: Ein Unternehmen der Schwerindustrie mit kapitalintensiven Anlagen wird in der Regel einen anderen Verschuldungsgrad als branchentypisch aufweisen als ein Unternehmen des Großhandels.

Ein hoher Eigenkapitalanteil bringt folgende Vorteile mit sich:

- Hohe Kreditwürdigkeit (hohe Kreditsicherung)
- Unabhängigkeit von Darlehensgebern und sonstigen Gläubigern
- Damit verbunden geringe Tilgungsbelastungen und geringe Zinsaufwendungen

Beispiel: Die TRIAL GmbH weist folgende Bilanz aus:

Aktiva		Bilanz	Passiva
Anlagevermögen			
Grundstücke	181 620,00	Eigenkapital	600 000,00
Gebäude	340 000,00		
Lager-/Transporteinrichtung	40 200,00	Fremdkapital	
Fuhrpark	35 000,00	Verbindlichkeiten gegenüber Kreditinstituten	168 040,00
Betriebs- und Geschäftsausstattung	8 840,00	Verbindlichkeiten aus LuL	98 000,00
Umlaufvermögen			
Waren	102 030,00		
Forderungen aus LuL	58 000,00		
Bankguthaben	75 000,00		
Postgiroguthaben	23 000,00		
Kasse	2 350,00		
	866 040,00		866 040,00

Unternehmensergebnisse aufbereiten, bewerten und nutzen — **Lernfeld 9**

Aus den einzelnen Bilanzpositionen lassen sich berechnen:

$$\text{Verschuldungsgrad} = \frac{\text{Fremdkapital}}{\text{Eigenkapital}} = \frac{266\,040}{600\,000} = 0{,}44$$

$$\text{Eigenkapitalquote} = \frac{\text{Eigenkapital} \cdot 100}{\text{Gesamtkapital}} = \frac{600\,000 \cdot 100}{866\,040} = 69{,}28\,\%$$

$$\text{Fremdkapitalquote} = \frac{\text{Fremdkapital} \cdot 100}{\text{Gesamtkapital}} = \frac{266\,040 \cdot 100}{866\,040} = 30{,}72\,\%$$

Die Ergebnisse zeigen, dass die TRIAL GmbH einen geringen Verschuldungsgrad aufweist: Das Eigenkapital ist mehr als doppelt so hoch wie das Fremdkapital. Entsprechend ist der Prozentsatz der Eigenkapitalquote sehr hoch. Damit kann die TRIAL GmbH die Vorteile einer hohen Eigenkapital-Ausstattung nutzen und gilt als kreditfähig. Es sollte unbedingt – bei einem zukünftigen Kapitalbedarf – Fremdkapital aufgenommen werden.

3.2 Analyse von horizontalen Kapital-Vermögens-Regeln einer Bilanz

Bei der Bestimmung von Kennzahlen des horizontalen Bereiches werden zwischen der Vermögensseite einer Bilanz (Aktivseite) und der Kapitalseite (Passivseite) Beziehungen hergestellt. Es erfolgt ein Vergleich zwischen Mittelherkunft und Mittelverwendung. Dazu genügt aber nicht nur die Aufteilung in Anlage- und Umlaufvermögen bzw. Eigen- und Fremdkapital. Manche dieser Positionen müssen für eine weitergehende Analyse nochmals aufgegliedert werden:

- Umlaufvermögen: – langfristiges Umlaufvermögen (z. B. Sicherheitsbestände von Waren)
  – kurzfristiges Umlaufvermögen (z. B. Waren, Forderungen aus LuL, Bank)
  – flüssige Mittel (z. B. Kassenbestand, Bankguthaben)
- Fremdkapital: – langfristiges Fremdkapital (z. B. Darlehen)
  – kurzfristige Verbindlichkeiten (z. B. Verbindlichkeiten aus LuL)
  – kurz- und langfristige Rückstellungen

Die horizontalen Kapital-Vermögens-Regeln gliedern sich in zwei große Bereiche:
- Vergleich der Deckung des Anlagevermögens mit Eigen- und Fremdkapital (Deckungsgrad) und
- Vergleich der Deckung von kurzfristigen Verbindlichkeiten mit Umlaufvermögen (Liquiditätsgrad).

Kennzahlen des Deckungsgrades

$$\text{Deckungsgrad I} = \frac{\text{Eigenkapital} \cdot 100}{\text{Anlagevermögen}}$$

$$\text{Deckungsgrad II} = \frac{(\text{Eigenkapital} + \text{langfristiges Fremdkapital}) \cdot 100}{\text{Anlagevermögen}}$$

$$\text{Deckungsgrad III} = \frac{(Eigenkapital + langfristiges\ Fremdkapital) \cdot 100}{Anlagevermögen + langfristiges\ Umlaufvermögen}$$

Der Deckungsgrad I sagt aus, inwieweit das im Unternehmen vorhandene Anlagevermögen durch Eigenkapital gedeckt ist. Diese Kennzahl wird als **goldene Bilanzregel im engsten Sinn** bezeichnet und sollte im Idealfall 100 % ergeben. Der Quotient des Deckungsgrades II wird **als goldene Bilanzregel im weiteren Sinn verstanden**. Diese Kennzahl sollte mindestens 100 % betragen.

Es ist sinnvoll, dass die Gelder der Mittelherkunft und deren Verwendung (Kauf von Vermögensgegenständen) sich bezüglich der Fristigkeit entsprechen (**Fristenkongruenz**).

Beispiel:
- Der Kauf eines neuen Gabelstaplers sollte über ein mittelfristiges Darlehen finanziert werden (z. B. gemäß Nutzungsdauer).
- Die Finanzierung eines Lieferantenkredits (kurzfristig) sollte in keinem Fall über ein Darlehen, sondern über einen ebenfalls kurzfristigen Kontokorrentkredit abgewickelt werden.

Beispiel: Aus der Bilanz der TRIAL GmbH (siehe Seite 564) ergeben sich folgende Kennzahlen (Sicherheitsbestand an Waren: 10 % des Warenbestandes):

$$\text{Deckungsgrad I} = \frac{Eigenkapital \cdot 100}{Anlagevermögen} = \frac{600\,000 \cdot 100}{605\,660} = 99{,}07$$

$$\text{Deckungsgrad II} = \frac{(Eigenkapital + langfristiges\ Fremdkapital) \cdot 100}{Anlagevermögen} = \frac{768\,040 \cdot 100}{605\,660} = 126{,}81\ \%$$

$$\text{Deckungsgrad III} = \frac{(Eigenkapital + langfristiges\ Fremdkapital) \cdot 100}{Anlagevermögen + langfristiges\ Umlaufvermögen} = \frac{768\,040 \cdot 100}{615\,863} = 124{,}71\ \%$$

Damit entsprechen die Zahlen der goldenen Bilanzregel und liegen im empfohlenen Bereich.

Kennzahlen des Liquiditätsgrades

$$\text{Liquiditätsgrad I} = \frac{Flüssige\ Mittel \cdot 100}{Kurzfristige\ Verbindlichkeiten}$$

$$\text{Liquiditätsgrad II} = \frac{(Flüssige\ Mittel + kurzfristige\ Forderungen) \cdot 100}{Kurzfristige\ Verbindlichkeiten}$$

$$\text{Liquiditätsgrad III} = \frac{Umlaufvermögen \cdot 100}{Kurzfristige\ Verbindlichkeiten}$$

Diese Kennzahlen geben Auskunft darüber, inwieweit ein Unternehmen seine fälligen kurzfristigen Verbindlichkeiten fristgemäß erfüllen kann. Dabei sollten folgende Verhältnisse angestrebt werden:
- Liquiditätsgrad I: mind. 20 %
- Liquiditätsgrad II: mind. 100 %
- Liquiditätsgrad III: zwischen 100 % und 200 %

Die Liquiditätskennzahlen zeigen aber im Hinblick auf Stabilität und Liquidität von Unternehmen nur eine sehr geringe Aussagekraft. So lassen sich z. B. die verschiedenen Fälligkeiten der Verbindlichkeiten nicht aus diesen Zahlen ablesen. Ebenso bleiben künftige Ausgaben unberücksichtigt, da sich die Kennzahlen nur auf einen Stichtag beziehen.

Beispiel: Aus der Bilanz der TRIAL GmbH lassen sich folgende Liquiditätsgrade berechnen (die in der Bilanz aufgeführten Forderungen und Verbindlichkeiten sind in voller Höhe als kurzfristig anzusehen):

$$\text{Liquiditätsgrad I} = \frac{\text{Flüssige Mittel} \cdot 100}{\text{Kurzfristige Verbindlichkeiten}} = \frac{100\,350 \cdot 100}{98\,000} = 102{,}4\,\%$$

$$\text{Liquiditätsgrad II} = \frac{(\text{Flüssige Mittel} + \text{kurzfristige Forderungen}) \cdot 100}{\text{Kurzfristige Verbindlichkeiten}} = \frac{158\,350 \cdot 100}{98\,000} = 161{,}58\,\%$$

$$\text{Liquiditätsgrad III} = \frac{\text{Umlaufvermögen} \cdot 100}{\text{Kurzfristige Verbindlichkeiten}} = \frac{260\,380 \cdot 100}{98\,000} = 265{,}69\,\%$$

Die TRIAL GmbH kann mit diesen Ergebnissen nicht zufrieden sein. Die Werte sind zu hoch. Das Unternehmen bindet zu viele flüssige Mittel, viel mehr als zur Deckung der Verbindlichkeiten notwendig sind. Es ist zu untersuchen, ob die Warenvorräte zu hoch sind oder ob flüssige Mittel längerfristig als Kapitalanlage angelegt werden können.

Weitere Kennziffern

$$\text{Vorratsquote} = \frac{\text{Waren}}{\text{Gesamtvermögen}} \cdot 100$$

$$\text{Anlagequote} = \frac{\text{Anlagevermögen}}{\text{Gesamtvermögen}} \cdot 100$$

$$\text{Forderungsquote} = \frac{\text{Forderungen aus LuL}}{\text{Gesamtvermögen}} \cdot 100$$

EXKURS

Aus dem vorliegenden Beispiel ist zu ersehen, dass die Bilanzpositionen Kasse, Postbank und Bank zu einer Position „Flüssige Mittel" zusammengefügt wurden. Für die Berechnung von Bilanzkennziffern ist es daher notwendig, einzelne Positionen inhaltlich zusammenzufassen, sodass sich eine vereinfachte Bilanzstruktur ergibt. Eine in dieser Weise **aufbereitete Bilanz** wird **strukturierte Bilanz** genannt. In der Praxis hat sich die tabellarische Darstellung oder die kontenmäßige Darstellung mit Zahlenvergleichen zum Vorjahr bewährt.

Beispiel: Aufbereitete Bilanz eines Unternehmens mit Vergleich der Zahlen des Vorjahres [die Prozentangaben zu den Positionen der Aktiv- bzw. der Passivseite beziehen sich jeweils auf das Gesamtvermögen (= 100 %); die Positionen des Anlagevermögens werden z. B. in den Positionen Sachanlagen und Finanzanlagen zusammengefasst]:

Lernfeld 9

Unternehmensergebnisse aufbereiten, bewerten und nutzen

	Zahlen des aktuellen Berichtsjahres		Zahlen des Vorjahres		Zu- oder Abnahme
AKTIVSEITE					
Sachanlagen	630 000	58,36 %	590 000	58,24 %	+ 40 000
Finanzanlagen	45 000	4,17 %	45 000	4,44 %	0
Summe Anlagevermögen	**675 000**	**62,53 %**	**635 000**	**62,68 %**	**+ 40 000**
Waren	210 400	19,49 %	190 000	18,76 %	+ 20 400
Forderungen aus LuL	102 550	9,50 %	85 000	8,39 %	+ 17 550
Flüssige Mittel	91 500	8,48 %	103 000	10,17 %	– 11 500
Summe Umlaufvermögen	**404 450**	**37,47 %**	**378 000**	**37,32 %**	**+ 26 450**
Gesamtvermögen	**1 079 450**	**100 %**	**1 013 000**	**100 %**	**+ 66 450**
PASSIVSEITE					
Eigenkapital	**881 450**	**81,66 %**	**855 000**	**84,40 %**	**+ 26 450**
Langfristige Rückstellungen	56 400	5,22 %	33 000	3,26 %	+ 23 400
Darlehen	66 700	6,18 %	59 000	5,82 %	+ 7 700
Summe langfristiges Fremdkapital	**123 100**	**11,40 %**	**92 000**	**9,08 %**	**+ 31 100**
Kurzfristige Rückstellungen	12 000	1,11 %	11 000	1,09 %	+ 1 000
Verbindlichkeiten aus LuL	62 900	5,83 %	55 000	5,43 %	+ 7 900
Summe kurzfristiges Fremdkapital	**74 900**	**6,94 %**	**66 000**	**6,52 %**	**+ 8 900**
Gesamtkapital	**1 079 450**	**100 %**	**1 013 000**	**100 %**	**+ 66 450**

3.3 Berechnung und Analyse von Rentabilitätskennziffern

Das oberste Ziel eines Unternehmens ist die Erzielung eines angemessenen Gewinns (andere Ziele, wie z. B. umweltpolitische Ziele, sollen hier unberücksichtigt bleiben). Dieser Gewinn sollte auch in einem angemessenen Verhältnis zum eingesetzten Kapital stehen. Dieses Verhältnis zwischen Gewinn (Reingewinn bzw. bereinigter Jahresüberschuss) und Kapital wird als Rentabilität bezeichnet. Unternehmen unterscheiden dabei zwischen verschiedenen Ausprägungen der Rentabilität:

$$\text{Rentabilität allgemein} = \frac{\text{Reingewinn} \cdot 100}{\text{Kapital}}$$

Unternehmensergebnisse aufbereiten, bewerten und nutzen **Lernfeld 9**

$$\text{Rentabilität des Eigenkapitals (Unternehmerrentabilität)} = \frac{\text{Reingewinn} \cdot 100}{\text{Eigenkapital}}$$

$$\text{Rentabilität des Gesamtkapitals (Unternehmensrentabilität)} = \frac{(\text{Reingewinn} + \text{Zinsaufwendungen für Fremdkapital}) \cdot 100}{\text{Gesamtkapital}}$$

$$\text{Umsatzrentabilität} = \frac{\text{Reingewinn} \cdot 100}{\text{Umsatzerlöse}}$$

$$\text{Rentabilität des betriebsnotwendigen Kapitals} = \frac{\text{Betriebsgewinn} \cdot 100}{\text{Betriebsnotwendiges Kapital}}$$

Die Rentabilität des Eigenkapitals dient als Maßstab für die Verzinsung des in einem Unternehmen angelegten Kapitals. Für die Berechnung der Rentabilität des betriebsnotwendigen Kapitals dienen solche Größen wie Leistungen und Kosten und die Ermittlung des betriebsnotwendigen Vermögens.

Beispiel: Die TRIAL GmbH erwirtschaftete im vergangenen Geschäftsjahr einen Gewinn von 23 000,00 €. Das Eigenkapital liegt bei 600 000,00 €. Ein Konkurrenzunternehmen der TRIAL GmbH erzielte einen Gewinn von 35 000,00 € bei einer Eigenkapitalsumme von 990 000,00 €. Trotz des geringeren Gewinns erzielte die TRIAL GmbH eine höhere Rentabilität des Eigenkapitals:

$$\text{Eigenkapitalrentabilität TRIAL GmbH} = \frac{23\,000 \cdot 100}{600\,000} = 3{,}83\,\%$$

$$\text{Eigenkapitalrentabilität Konkurrent} = \frac{35\,000 \cdot 100}{990\,000} = 3{,}53\,\%$$

Anstelle des Eigenkapitalwertes zum 31.12. kann auch ein Durchschnittswert aus den Beträgen des Eigenkapitals zum 01.01. und zum 31.12. gebildet werden. Es ergibt sich dann die folgende Formel:

$$\text{Rentabilität des Eigenkapitals (Unternehmerrentabilität)} = \frac{\text{Reingewinn (bzw. Jahresüberschuss)} \cdot 100}{(\text{Eigenkapital 01.01.} + \text{Eigenkapital 31.12.}) : 2}$$

Möchte ein Unternehmen eine hohe Rentabilität des Eigenkapitals erreichen, dann muss der Verschuldungsgrad ein angemessenes Verhältnis aufweisen. Die Eigenkapitalrentabilität erhöht sich, wenn immer mehr Eigenkapital durch Fremdkapital substituiert wird. Ein höheres Fremdkapital wiederum hat zur Folge, dass höhere Zinsen gezahlt werden müssen.

Aus diesem Zusammenhang leitet sich die Schlussfolgerung ab:

Zinssatz für Fremdkapital < Rentabilität des Gesamtkapitals

→ **Steigerung der Rentabilität des Eigenkapitals durch Erhöhung des Fremdkapitalanteils**

Diese Schlussfolgerung – eine sinnvolle, weitere Aufnahme von Fremdkapital („sinnvolle Verschuldung") – wird als **„Leverage-Effekt" (Hebelwirkung)** bezeichnet.

Beispiel: Die TRIAL GmbH möchte eine neue Verpackungsmaschine im Wert von 113 960,00 € netto erwerben. Die Maschine soll Kosten einsparen. Dadurch ist eine Gewinnsteigerung um 10 % möglich. Für die Finanzierung stehen der TRIAL GmbH zwei Alternativen zur Verfügung:

Alternative 1: Finanzierung komplett mit Eigenkapital
Alternative 2: Finanzierung zu 80 % mit Fremdkapital (Zinssatz 5 %) und zu 20 % mit Eigenkapital

Kapital bisher	866 040,00 (Gesamtkapital) 600 000,00 (Eigenkapital) 266 040,00 (Fremdkapital)
Verschuldungsgrad	0,44
Reingewinn	78 000,00
Eigenkapitalrentabilität	13 %
Gesamtkapitalrentabilität	Bisherige FK-Zinsen: 8 402,00 € (angenommen) 9,98 %

	Situation mit Alternative 1	Situation mit Alternative 2
Kapital neu mit Verpackungsmaschine	980 000,00 (Gesamtkapital) 713 960,00 (Eigenkapital) 266 040,00 (Fremdkapital)	980 000,00 (Gesamtkapital) 622 792,00 (Eigenkapital) 357 208,00 (Fremdkapital)
Verschuldungsgrad	0,37	0,57
Reingewinn	85 800,00	85 800,00 – 4 558,40 (neue Jahreszinsen in Höhe von 5 % für das neue Fremdkapital) = 81 241,60
Eigenkapitalrentabilität	12,02 %	13,04 %
Gesamtkapitalrentabilität	9,61 %	9,61 %

Es gilt:
Zinssatz für Fremdkapital 5 % < Rentabilität des Gesamtkapitals 9,98 %

→ Steigerung der Rentabilität des Eigenkapitals von 13 % auf 13,04 % durch Erhöhung des Fremdkapitalanteils um 91 168,00 € (80 % von 113 960,00 €)

Die TRIAL GmbH kann den Leverage-Effekt durch die Alternative 2 ausnutzen.

Die volle Entfaltung des Leverage-Effektes kann jedoch selten genutzt werden: Eine immer weitere Erhöhung des Fremdkapitals führt zu mehr Zinszahlungen (Verringerung der Liquidität) und zu einer Verschlechterung des Verschuldungsgrades. Die Kreditwürdigkeit nimmt dadurch ab, die Stabilität eines Unternehmens ist durch den hohen Anteil an Fremdkapital gefährdet.

Unternehmensergebnisse aufbereiten, bewerten und nutzen — **Lernfeld 9**

Eine weitere Kennziffer, welche in den letzten Jahren immer mehr an Bedeutung gewinnt, ist der **Cashflow**. Der **Cashflow** (auch **Ertragskraft** genannt) zeigt die Zahlungskraft, d. h. den reinen Einzahlungsüberschuss eines Unternehmens bzw. dem im Moment verfügbaren Betrag für die Zahlungen, Tilgung von Darlehen etc.

Die Berechnung des Cashflows erfolgt in der einfachsten Form wie unten dargestellt:

Jahresüberschuss bzw. Jahresfehlbetrag
+ Abschreibungen (ausgabeunwirksamer Aufwand)
+ Zunahme von langfristigen Rückstellungen
   (bzw. – Abnahme von langfristigen Rückstellungen)

= Cashflow

Ein Unternehmen kann mithilfe des Cashflows feststellen,

- ob Investitionen aus eigener Kraft getätigt werden können,
- ob finanzielle Mittel für Tilgung von Darlehen (Schulden), Zinszahlungen, Dividendenausschüttungen zur Verfügung stehen,
- ob Konkursgefahr (z. B. durch jahrelange negative Cashflows (= Cashloss)), Kreditwürdigkeit oder Expansionsmöglichkeit besteht,
- ob sich letztendlich ein Unternehmen aus eigener Kraft finanziert.

Der Cashflow vermittelt die Gesamtheit der finanziellen Auswirkungen der Umsatzentwicklung, während die Gewinn- und Verlustrechnung lediglich einen periodengerechten Gewinn oder Verlust aufzeigt.

Beispiel: Die TRIAL GmbH erzielte im vergangenen Geschäftsjahr einen Jahresüberschuss in Höhe von 78 000,00 €. Die Gewinn- und Verlustrechnung weist Abschreibungen aus Sachanlagen von 55 000,00 € auf. Die langfristigen Rückstellungen nahmen um 6 700,00 € ab.

	Jahresüberschuss		78 000,00 €
+	Abschreibungen	+	55 000,00 €
–	Abnahme langfr. Rückstellungen	–	6 700,00 €
=	Cashflow		126 300,00 €

EXKURS

Ein Unternehmen von der Größe der TRIAL GmbH verwendet in der Regel eine integrierte Unternehmenssoftware. Diese berechnet die Kennzahlen „auf Knopfdruck" zu jeder Zeit. Das Unternehmen ist somit ständig in der Lage, die aktuellen Kennziffern abzurufen und gegebenenfalls Korrekturmaßnahmen einzuleiten. Dazu müssen die Daten ständig gesichert werden. Eine tägliche Datensicherung auf externen oder internen Speichermedien erscheint daher sinnvoll.

Die Datensicherung dient dem Schutz vor

- Datenverlust durch eventuelle Schäden an der Hardware (defekte Festplatte),
- Diebstahl der Daten oder der PC-Anlage,
- Feuer und sonstigen Katastrophen,
- versehentlichem oder absichtlichem Löschen oder Überschreiben von Daten,
- logischen Fehlern innerhalb der Daten bzw. der Software.

Eine Datensicherung ist erfolgreich, wenn die gesicherten Daten vollständig innerhalb eines bestimmten Zeitraums wiederhergestellt werden können.

Lernfeld 9 — Unternehmensergebnisse aufbereiten, bewerten und nutzen

ZUSAMMENFASSUNG

Die Berechnung von Kennzahlen aus dem Jahresabschluss erlaubt Aussagen über die Vermögens-, Finanz- und Ertragslage.

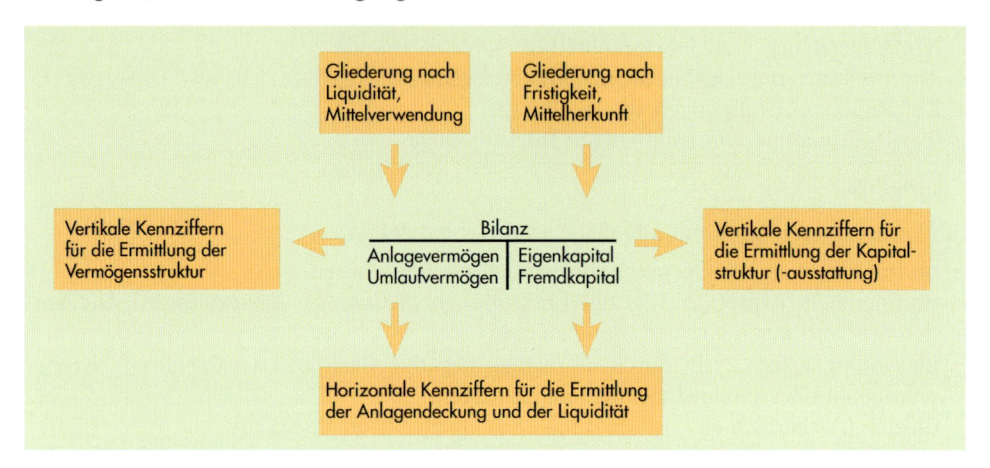

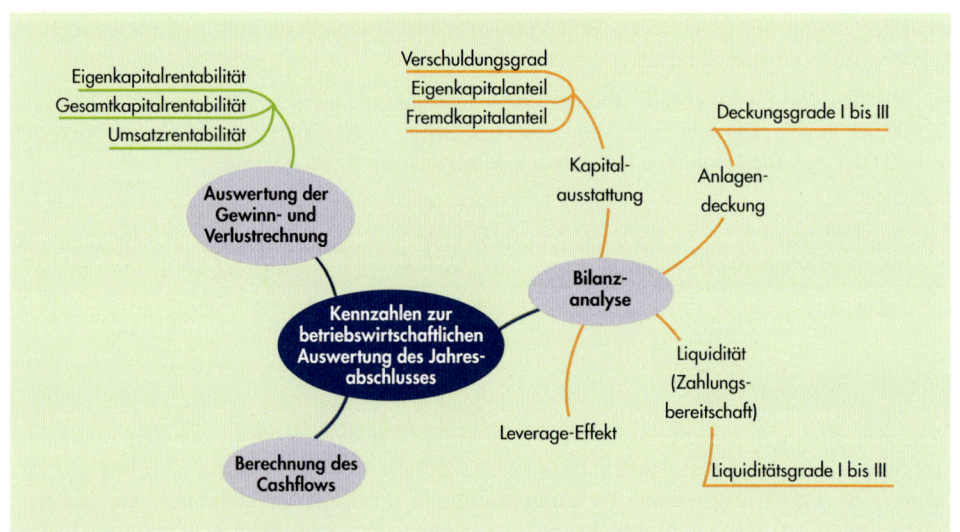

AUFGABEN

1 Prüfen Sie die folgenden Aussagen auf ihren Wahrheitsgehalt. Formen Sie falsche Aussagen in richtige Aussagen um:

a) Je größer der Anteil des Eigenkapitals gegenüber dem Fremdkapital, desto höher ist die Abhängigkeit zu Banken.

b) Das Anlagevermögen sollte durch kurzfristiges Fremdkapital abgesichert und finanziert sein.

c) Je höher die flüssigen Mittel, desto höher die Liquidität.

d) Je niedriger der Cashflow, desto mehr Mittel stehen für die Tilgung der Schulden bereit.

e) Ein optimaler Verschuldungsgrad ist dann gegeben, wenn der Verschuldungsgrad hoch ist, die Liquidität hoch ist und die Eigenkapitalrentabilität hoch ist.
f) Es gilt: Prozentsatz Fremdkapitalquote + Prozentsatz Eigenkapitalquote = 100 %.

2 Erläutern Sie die Begriffe Fristenkongruenz, Leverage-Effekt und goldene Bilanzregel.

3 Ein Unternehmen weist die folgenden Liquiditätskennziffern auf:
- Liquiditätsgrad I: 60 %
- Liquiditätsgrad II: 70 %
- Liquiditätsgrad III: 210 %

a) Erörtern Sie eine Möglichkeit für das Zustandekommen dieser Prozentsätze.
b) Interpretieren Sie das Zahlenmaterial.
c) Aus welchen Gründen können Liquiditätskennziffern keine hinreichende Aussage über die Stabilität eines Unternehmens machen?

4 Zwei Unternehmen zeigen die folgenden Bilanzstrukturen auf:

Unternehmen A: Anlagevermögen 35 %, Eigenkapital 60 %,
langfristiges Fremdkapital 30 %, Waren 30 %

Unternehmen B: Anlagevermögen 55 %, Eigenkapital 40 %,
langfristiges Fremdkapital 50 %, Waren 35 %

Beurteilen Sie die beiden Bilanzstrukturen. Bei welchem Unternehmen zeigt die Bilanz eine bessere Liquidität?

5 Die Bilanz eines Unternehmens des Großhandels zeigt folgendes Bild:

Aktiva		Bilanz		Passiva
Anlagevermögen			Eigenkapital	????
Grundstücke	980 000,00			
Gebäude	1 200 000,00		Fremdkapital	
Maschinen	240 000,00		Verbindlichkeiten	
Lager- und Transport-			gegenüber Kreditinstituten	840 000,00
einrichtung	169 200,00		Verbindlichkeiten aus LuL	101 300,00
Fuhrpark	78 000,00			
Betriebs- und Geschäfts-				
ausstattung	12 800,00			
Umlaufvermögen				
Waren	93 600,00			
Forderungen aus LuL	34 400,00			
Bankguthaben	23 000,00			
Postgiroguthaben	12 000,00			
Kasse	8 000,00			

a) Erstellen Sie eine aufbereitete Bilanz (ohne Werte der Vorjahre).
b) Berechnen Sie sämtliche Bilanzkennziffern.
c) Die Eigenkapitalquote der Großhandelsbranche liegt bei 80 %. Beurteilen Sie diese Kennziffer des Unternehmens im Vergleich zum Branchendurchschnitt.

Lernfeld 9 — Unternehmensergebnisse aufbereiten, bewerten und nutzen

6 Ein Unternehmen weist das folgende Zahlenmaterial auf:

	Zahlen des aktuellen Berichtsjahres		Zahlen des Vorjahres		Zu- oder Abnahme
AKTIVSEITE					
Sachanlagen	950 000		1 000 000		
Finanzanlagen	35 000		45 000		
Summe Anlagevermögen					
Waren	450 200		420 000		
Forderungen aus LuL	56 700		98 000		
Flüssige Mittel	12 400		34 400		
Summe Umlaufvermögen					
Gesamtvermögen		100 %		100 %	
PASSIVSEITE					
Eigenkapital	????		????		
Langfristige Rückstellungen	123 000		95 400		
Darlehen	650 000		340 000		
Summe langfristiges Fremdkapital					
Kurzfristige Rückstellungen	46 000		12 600		
Verbindlichkeiten aus LuL	73 700		70 500		
Summe kurzfristiges Fremdkapital					
Gesamtkapital		100 %		100 %	

a) Übertragen Sie die Tabelle in Ihr Heft und ergänzen Sie die fehlenden Spalten.
b) Berechnen Sie die Bilanzkennziffern für das aktuelle Berichtsjahr und das Vorjahr.
c) Interpretieren Sie die Ergebnisse.

7 Ein Unternehmen verbessert sein Eigenkapital zum 31.12. im Vergleich zum Beginn des Geschäftsjahres am 01.01. um 12 % auf 224 000,00 €. Der Jahresgewinn stieg von 12 000,00 € auf 15 500,00 €. Die Umsatzerlöse wuchsen leicht von 430 000,00 € auf 433 000,00 €.

a) Ermitteln Sie die Eigenkapitalrentabilität und die Umsatzrentabilität des aktuellen Geschäftsjahres und vergleichen Sie die Ergebnisse mit denen des Vorjahres.
b) Inwieweit ändern sich die Ergebnisse des aktuellen Geschäftsjahres, wenn das Unternehmen ein durchschnittliches Eigenkapital für die Berechnung verwendet?

Unternehmensergebnisse aufbereiten, bewerten und nutzen — Lernfeld 9

8 Ein Unternehmen zeigt folgendes Zahlenmaterial für die vergangenen zwei Jahre:

	Aktuelles Jahr	Vorjahr
Eigenkapital jeweils zum 31.12.	540 000,00	600 000,00
Gesamtkapital zum 31.12.	1 050 000,00	1 340 000,00
Jahresüberschuss	+ 120 000,00	+ 90 000,00
Außergewöhnliche Erträge	0,00	+ 3 500,00
Zinsaufwendungen	23 000,00	33 000,00
Umsatzerlöse	600 000,00	540 000,00

Berechnen Sie sämtliche Rentabilitätskennziffern und beurteilen Sie die Ergebnisse.

9 Ein Großhandelsunternehmen stellt die folgende **vorläufige** Bilanz auf:

Aktiva		Bilanz	Passiva
Anlagevermögen		**Eigenkapital**	? ? ? ?
Grundstücke und Gebäude	890 000,00	**Fremdkapital**	
Maschinen	230 000,00	Verbindlichkeiten	
Lager- und Transporteinrichtung	74 000,00	gegenüber Kreditinstituten	970 000,00
Fuhrpark	44 000,00	Verbindlichkeiten aus LuL	184 000,00
Betriebsausstattung	23 000,00	**Rückstellungen**	39 000,00
Geschäftsausstattung	11 000,00		
Geringwertige Wirtschaftsgüter	600,00		
Umlaufvermögen			
Waren	520 000,00		
Forderungen aus LuL	150 900,00		
Bankguthaben	73 700,00		
Postgiroguthaben	66 400,00		
Kasse	12 000,00		

Die vorläufige Gewinn- und Verlustrechnung zeigt das folgende Zahlenmaterial (Auszug):

Soll (+)		GuV	Haben (−)
Abschreibungen auf Sachanlagen	33 400,00	Umsatzerlöse	199 700,00
Zinsaufwendungen (8 %)	77 600,00		
Gewinn	52 000,00		

a) Ermitteln Sie sämtliche Bilanzkennziffern und Rentabilitätskennziffern (die Rückstellungen sind zu 80 % langfristiger Natur, davon sind 10 % in diesem Geschäftsjahr neu hinzugefügt worden, 12 % der Waren sind eiserner Bestand).
b) Beurteilen Sie, ob das Geschäftsjahr für das Unternehmen „rentabel" war und ob die goldene Bilanzregel eingehalten wurde.
c) Könnten die vorliegenden Daten einen positiven Leverage-Effekt hervorrufen?
d) Berechnen Sie den Cashflow.
e) Mit welchen Maßnahmen könnte die Liquidität verbessert werden?

Lernfeld 9 — Unternehmensergebnisse aufbereiten, bewerten und nutzen

10 Ein Großhandelsunternehmen stellt die folgende Bilanz auf:

Aktiva		Bilanz	Passiva	
Anlagevermögen		**Eigenkapital**	????	
Grundstücke und Gebäude	770 000,00			
Lager- und Transporteinrichtung	23 000,00	**Fremdkapital**		
Fuhrpark	66 000,00	Verbindlichkeiten gegenüber Kreditinstituten	943 000,00	
		Verbindlichkeiten aus LuL	177 000,00	
Betriebsausstattung	56 000,00			
Geschäftsausstattung	18 000,00	**Rückstellungen**	51 000,00	
Umlaufvermögen				
Waren	399 000,00			
Forderungen aus LuL	129 500,00			
Bankguthaben	69 300,00			
Kasse	14 300,00			

Die Gewinn- und Verlustrechnung zeigt das folgende Zahlenmaterial (Auszug):

Soll (+)		GuV	Haben (−)
Abschreibungen auf Sachanlagen	29 400,00	Umsatzerlöse	143 700,00
Zinsaufwendungen (9 %)	47 300,00		
Gewinn	33 400,00		

a) Ermitteln Sie sämtliche Bilanzkennziffern und Rentabilitätskennziffern (die Rückstellungen sind zu 70 % langfristiger Natur, davon sind 15 % in diesem Geschäftsjahr neu hinzugefügt worden, 5 % der Waren sind eiserner Bestand).

b) Die Branchendurchschnitte betragen:
- Verschuldungsgrad 0,9
- Deckungsgrad I 85 %
- Deckungsgrad II 130 %
- Liquidität I 50 %
- EK-Rentabilität 10 %

Beurteilen Sie, ob das Geschäftsjahr für das Unternehmen im Vergleich zu den Werten des Branchendurchschnitts erfolgreich war.

c) Könnten die vorliegenden Daten einen positiven Leverage-Effekt hervorrufen?

d) Berechnen Sie den Cashflow.

Unternehmensergebnisse aufbereiten, bewerten und nutzen — Lernfeld 9

4 Aufgaben des Controllings

PROBLEM

Die Auszubildende Katja Müller berichtet ihrem Onkel Franz Müller, der selbst Unternehmer ist, von ihren Arbeiten in der Unterabteilung Controlling bei der TRIAL GmbH. Herr Müller lacht und sagt: „Controlling ist doch nur ein modisches Wort für Kontrolle. Ein Unternehmen hat eine solche Abteilung doch gar nicht nötig. Entweder steht am Jahresende ein Gewinn oder Verlust. Dies hängt allein von den Kunden ab, ob sie die angebotene Ware kaufen oder nicht."

1. Interpretieren Sie die Aussage von Herrn Müller. Stimmen Sie seiner Aussage zu?
2. Welche Aufgaben nimmt die Abteilung Controlling in Ihrem Ausbildungsbetrieb wahr?

Das Controlling im betriebswirtschaftlichen Sinn stellt ein Steuerungs- und Koordinationskonzept für die Planung und Umsetzung einer Vielzahl von unternehmerischen Aktivitäten dar. Controlling leitet sich aus dem Englischen „to control" ab und bedeutet Steuerung und Regelung unternehmerischer Tätigkeiten, begrenzt sich also nicht nur auf Kontrollarbeiten. Eine unternehmensbezogene Bereitstellung von Daten (z. B. Bilanzen, Verkaufszahlen, Umsatzzahlen, Einkaufsstatistiken, Kalkulationen, Finanzpläne) hilft, die Anforderungen eines Unternehmens an zukünftige Marktgegebenheiten zu erfüllen.

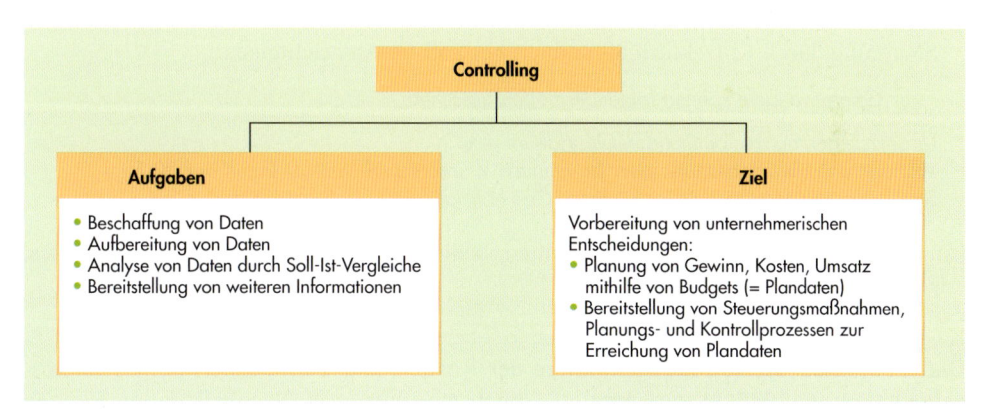

Controlling

Aufgaben
- Beschaffung von Daten
- Aufbereitung von Daten
- Analyse von Daten durch Soll-Ist-Vergleiche
- Bereitstellung von weiteren Informationen

Ziel
Vorbereitung von unternehmerischen Entscheidungen:
- Planung von Gewinn, Kosten, Umsatz mithilfe von Budgets (= Plandaten)
- Bereitstellung von Steuerungsmaßnahmen, Planungs- und Kontrollprozessen zur Erreichung von Plandaten

Beispiel: Die Geschäftsleitung der TRIAL GmbH möchte den Marktanteil um 10 % steigern und den Gewinn um 15 % erhöhen. Die für das Controlling zuständigen Mitarbeiter haben die Aufgabe, der Geschäftsleitung einen Plan vorzustellen, wie diese Ziele in die Realität umgesetzt werden können.

Die benötigten Informationen erhält das Controlling hauptsächlich aus der Kostenrechnung. Das dort ermittelte Zahlenmaterial wird aufbereitet und ausgewertet. Weitere Informationsquellen, z. B. aus dem Marketingbereich, ergänzen die Daten aus der Kostenrechnung.

Das Controllingsystem gliedert sich in zwei Hauptbereiche:
- Operatives Controlling
- Strategisches Controlling (Zielvorgaben für das operative Controlling)

4.1 Operatives Controlling

Das operative Controlling ist durch einen relativ kurzfristigen zeitlichen Charakter gekennzeichnet: Unternehmerische Tätigkeiten des laufenden und des nächsten Geschäftsjahres stehen im Mittelpunkt der Betrachtung.

Von der Unternehmensleitung gesetzte Zielgrößen werden durch Vergleich mit Istgrößen überprüft. Diese Kontrollen helfen, mögliche Abweichungen rechtzeitig zu erkennen und Gegenmaßnahmen einzuleiten.

Beispiel: Die Trial GmbH ermittelt den Marktanteil im gesamten Segment Fahrradgroßhandel und stellt Prognosen über die zukünftigen Absatzzahlen auf. Daraus leitet sie den gewünschten Marktanteil ab.

Aufgaben des operativen Controllings:
- Planungen in den Bereichen Einkauf und Verkauf (z.B. Planen des Verkaufsprogramms, Steigerung des Umsatzes) sowie Personal (Planung der Mitarbeiteranzahl und Qualifikation)
- Erfassung von Erlösen und Kosten
- Erstellen von Budgets (Zahlenvorgaben, die erreicht werden sollen, z.B. Steigerung des Umsatzes um 10 %)
- Kontrolle von tatsächlich eingetretenen Werten anhand von Zielvereinbarungen und Budgetplänen (Soll-Ist-Vergleich)
- Steuerung durch Korrekturmaßnahmen bei Soll-Ist-Abweichungen

Beispiel: Operative Ziele können folgendermaßen aussehen:
- *Umsatzsteigerung im kommenden Quartal um 4 %*
- *Verringerung der Lagerdauer einer bestimmten Warengruppe von 60 Tagen auf 30 Tage*
- *Steigerung des Marktanteils im nächsten Geschäftsjahr von 5 % auf 11,5 %*

Um seine Aufgaben bewältigen zu können, bedient sich das operative Controlling u.a. folgender Instrumente:

Kostenanalyse
Die Analyse der Kosten erfolgt mithilfe der Kosten- und Leistungsrechnung (Vollkostenrechnung und Teilkostenrechnung). Durch eine Vor- und Nachkalkulation können Kostenabweichungen rasch erkannt und Gegenmaßnahmen ergriffen werden. Die Ermittlung von Preisuntergrenzen hilft, einem steigenden Kostendruck durch geeignete Verkaufspreise entgegenzuwirken.

Artikelanalyse
Eine ABC-Analyse weist Artikel einem A-Bereich, B-Bereich oder C-Bereich zu. Artikel des A-Bereiches müssen in der Beschaffung einen besonderen Stellenwert einnehmen (z.B. Lieferanten mit den günstigsten Konditionen).

Break-even-Analyse
Die Break-even-Analyse stellt Beziehungen zwischen Umsatzerlösen, Kosten und Gewinn dar. Es wird ein Punkt (Absatzmenge) bestimmt, der die Verlustzone von der Gewinnzone trennt. Die Ermittlung des Break-even-Punktes erlaubt die Festsetzung einer gewünschten Absatzmenge, damit ein Artikel einen bestimmten Betrag zur Gewinnermittlung beiträgt.

Durch den Einsatz dieser Instrumente können verschiedene Planungsmodelle und Budgets erstellt werden:

Planungsmodelle
Am Ende der Planungsphase steht ein fertig formulierter Plan. Dieser sollte u.a. die folgenden Punkte beinhalten:

- Welches Ziel soll erreicht werden?
- Welche Schritte müssen unternommen werden, um dieses Ziel zu erreichen?
- Bis wann soll das Ziel erreicht sein?
- Unter welchen Bedingungen ist dieses Ziel zu erreichen?

Budgetierung
Budgetierung stellt eine Ausrichtung sämtlicher unternehmerischer Aktivitäten auf die Umsetzung der wertmäßigen Ziele dar. Die Zielsetzungen werden in Geldgrößen erfasst. Budgets legen u.a. Ausgaben, Umsätze, personelle Kapazitäten fest.

Die Umsatzzahlen des letzten Berichtsjahres bzw. der Durchschnitt der Umsatzzahlen der letzten Berichtsjahre können z.B. für einen zukunftsgerichteten Planungszeitraum herangezogen werden, um festzulegen, um wie viel Prozent die Umsatzzahlen erhöht werden können. Damit ist ein sogenanntes Umsatzbudget erstellt worden. Aus diesem Umsatzbudget können sich weitere Budgets ableiten, wie z.B. Beschaffungsbudgets (Entwicklung der Listeneinkaufspreise der einzelnen Produkte) und Gewinnbudgets (Entwicklung des Gewinns der einzelnen Produkte unter Zuhilfenahme der Umsatz- und der Beschaffungsbudgets).

4.2 Strategisches Controlling

Das strategische Controlling beschäftigt sich mit der langfristigen Planung von unternehmerischen Entscheidungen, welche die Existenz eines Unternehmens dauerhaft sichern sollen. Bisherige Erfolgsmechanismen sollen weiter ausgebaut und verbessert werden.

Das strategische Controlling blickt in der Regel bis zu zehn Jahre in die Zukunft. Der Planungshorizont ist u.a. abhängig von der Unternehmensbranche und Investitionsvorhaben.

Instrumente des strategischen Controllings
GAP-Analyse
In der GAP-Analyse werden Differenzen zwischen Planung und Zielerreichung aufgezeigt. Die Differenzen werden als Gap (englisch = Ziellücke) bezeichnet.

Beispiel für eine GAP-Analyse

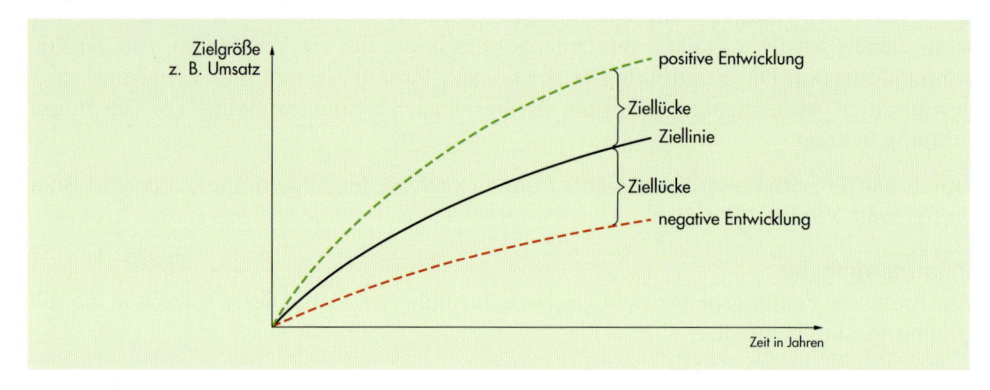

Inweltanalyse

Die Inweltanalyse soll eigene Stärken und Schwächen eines Unternehmens mit Konkurrenzunternehmen vergleichen und interpretieren. So können Beurteilungskriterien wie z. B. Preis-Leistungs-Verhältnisse, Lebensdauer, Lieferzeit, Berücksichtigung von Kundenwünschen, Vertriebsnetz, Werbemaßnahmen mit Konkurrenzunternehmen in Beziehung gesetzt und analysiert werden. Damit können Stärken und Schwächen der eigenen Produktpalette im Vergleich zu Konkurrenzunternehmen ermittelt und in der Folge die Schwächen abgebaut bzw. die Stärken ausgebaut werden.

Lebenszyklusanalyse

Anhand des Produktlebenszyklus kann vorausgesagt werden, wann z. B. eine Produktvariation vorzunehmen ist. Der Lebenszyklus durchläuft in der Regel vier Phasen: Einführung des Produkts, Wachstum, Reife und Sättigung. Die Länge der einzelnen Phasen hängt von dem Produkt ab. Es ist zu beachten, dass in der Reifephase mehr Konkurrenz herrscht, da erfolgreiche Artikel „nachgeahmt" werden.

Portfolioanalyse

Eine Portfoliomatrix berücksichtigt den relativen Marktanteil und die Wachstumschancen eines Produkts auf einem Markt und kann folgendes Aussehen besitzen:

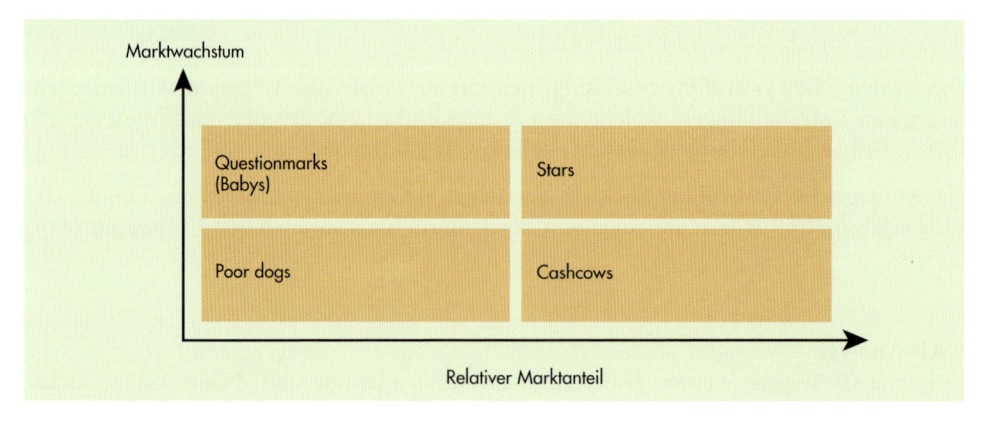

Die einzelnen Produkte eines Unternehmens werden nun anhand ihres Marktanteiles und ihrer Wachstumswerte einem der vier Bereiche zugeordnet. Jeder Bereich stellt dabei eine sogenannte Normstrategie dar. Der Lebenszyklus eines Produkts verläuft in der

Regel vom Feld „Question Mark" über „Star" und „Cash Cow" zum Feld „Poor Dog". Es gibt aber auch Produkte, die nicht diesem Weg folgen. Erzielt ein neues Produkt nicht den gewünschten Marktanteil oder ein gewünschtes Wachstum, dann wird das Feld „Star" nicht erreicht.

Die **Questionmarks** (auch Fragezeichen, Nachwuchsprodukte oder Babys) kennzeichnen die neuen Produkte (Produktinnovation). Sie besitzen ein hohes Wachstumspotenzial, in der Einführungsphase allerdings nur geringe Marktanteile. Die Unternehmensleitung steht vor der Entscheidung, weiterhin in das Produkt zu investieren oder es aufzugeben. Im Falle einer weiteren Investition benötigt das Unternehmen liquide Mittel, die es selbst erwirtschaften kann oder von außen bekommen muss (EK oder FK erhöhen).

Die **Stars** haben nicht nur einen hohen Marktanteil, sondern auch ein hohes Marktwachstum. Den Investitionsbedarf (Kosten), der sich aus dem hohen Marktwachstum ergibt, decken sie allerdings bereits mit hohen Umsatzerlösen bzw. einem hohen Cashflow.

Die **Cashcows** (Melkkühe) weisen den größten Marktanteil auf, jedoch ein geringes Marktwachstum. Sie sind Spitzenreiter im Cashflow und können ohne weitere Investitionen „gemolken" werden, d.h., sie erzielen gute Umsätze, ohne hohe Kosten zu verursachen.

Die **Poor Dogs** stellen die Auslaufprodukte in einem Unternehmen dar. Sie sind gekennzeichnet durch ein geringes Marktwachstum (wenn überhaupt noch ein Wachstum stattfindet) sowie einen geringen Marktanteil. Bei einer nicht rechtzeitigen Eliminierung dieser Produkte besteht die Gefahr, Verluste zu erwirtschaften. Das Portfolio sollte um diese Artikel bereinigt werden (evtl. negativer Deckungsbeitrag).

Ein Unternehmen sollte daher folgende Regeln beachten:
- Entwicklung bzw. Anbieten neuer Produkte für den „Nachwuchs"
- Positionierung von „Sternen" am Markt
- Sortimentsbereinigung bzgl. der „armen Hunde"

Beispiel: Die TRIAL GmbH weist für das vergangene Jahr folgendes Zahlenmaterial auf:

Warengruppe	Ergebnis	Marktanteil	Wachstumschancen
Bikewear	+ 23 000,00 €	4,5 %	+ 0,5 %
Mountainbikes	+ 54 000,00 €	10,6 %	+ 3,6 %
Rennräder	+ 2 300,00 €	1,4 %	– 0,3 %

Nach diesen Zahlen sind die Rennräder zu den Poor Dogs zu zählen, Mountainbikes und Bikewear zu den Stars.

Lernfeld 9 — Unternehmensergebnisse aufbereiten, bewerten und nutzen

ZUSAMMENFASSUNG

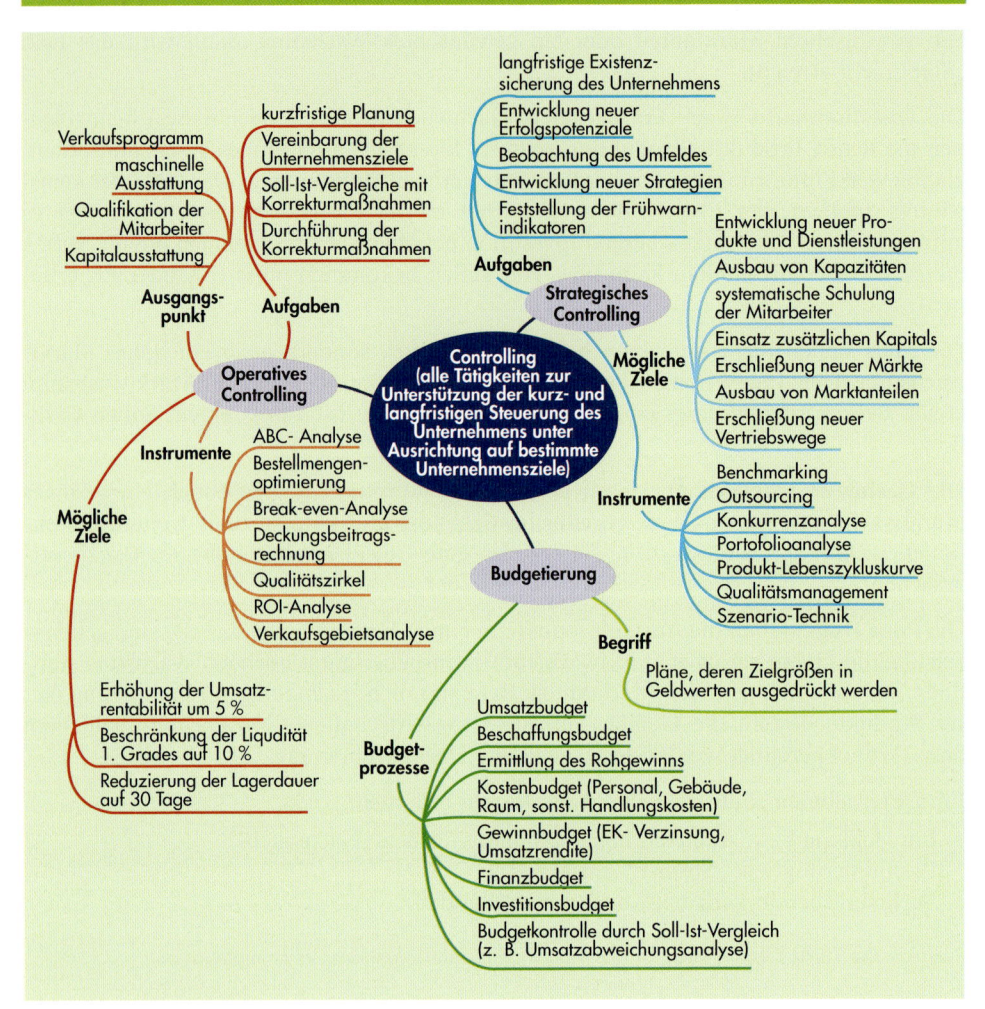

Controlling (alle Tätigkeiten zur Unterstützung der kurz- und langfristigen Steuerung des Unternehmens unter Ausrichtung auf bestimmte Unternehmensziele)

Operatives Controlling

Ausgangspunkt:
- Verkaufsprogramm
- maschinelle Ausstattung
- Qualifikation der Mitarbeiter
- Kapitalausstattung

Aufgaben:
- kurzfristige Planung
- Vereinbarung der Unternehmensziele
- Soll-Ist-Vergleiche mit Korrekturmaßnahmen
- Durchführung der Korrekturmaßnahmen

Instrumente:
- ABC-Analyse
- Bestellmengenoptimierung
- Break-even-Analyse
- Deckungsbeitragsrechnung
- Qualitätszirkel
- ROI-Analyse
- Verkaufsgebietsanalyse

Mögliche Ziele:
- Erhöhung der Umsatzrentabilität um 5 %
- Beschränkung der Liquidität 1. Grades auf 10 %
- Reduzierung der Lagerdauer auf 30 Tage

Strategisches Controlling

Aufgaben:
- langfristige Existenzsicherung des Unternehmens
- Entwicklung neuer Erfolgspotenziale
- Beobachtung des Umfeldes
- Entwicklung neuer Strategien
- Feststellung der Frühwarnindikatoren

Mögliche Ziele:
- Entwicklung neuer Produkte und Dienstleistungen
- Ausbau von Kapazitäten
- systematische Schulung der Mitarbeiter
- Einsatz zusätzlichen Kapitals
- Erschließung neuer Märkte
- Ausbau von Marktanteilen
- Erschließung neuer Vertriebswege

Instrumente:
- Benchmarking
- Outsourcing
- Konkurrenzanalyse
- Portofolioanalyse
- Produkt-Lebenszykluskurve
- Qualitätsmanagement
- Szenario-Technik

Budgetierung

Begriff: Pläne, deren Zielgrößen in Geldwerten ausgedrückt werden

Budgetprozesse:
- Umsatzbudget
- Beschaffungsbudget
- Ermittlung des Rohgewinns
- Kostenbudget (Personal, Gebäude, Raum, sonst. Handlungskosten)
- Gewinnbudget (EK-Verzinsung, Umsatzrendite)
- Finanzbudget
- Investitionsbudget
- Budgetkontrolle durch Soll-Ist-Vergleich (z. B. Umsatzabweichungsanalyse)

AUFGABEN

1 Ein Unternehmen weist folgendes Zahlenmaterial auf:

Warengruppe	Ergebnis	Marktanteil	Wachstumschancen
Wassersport	+ 53 000,00 €	12,5 %	+ 4,2 %
Wintersport	+ 72 000,00 €	9,6 %	+ 0,4 %
Ballsport	+ 12 540,00 €	2,1 %	+ 5,2 %
Bergsport	+ 45 300,00 €	11,4 %	- 3,5 %

Positionieren Sie die einzelnen Warengruppen in einem Portfolio und begründen Sie Ihre Entscheidung.

Unternehmensergebnisse aufbereiten, bewerten und nutzen — **Lernfeld 9**

2. a) Was verstehen Sie unter den Begriffen Controlling und Budgetierung?
   b) Unterscheiden Sie zwischen strategischem und operativem Controlling.
   c) Welche Budgets existieren in Ihrem Ausbildungsunternehmen?
   d) Nennen und erläutern Sie verschiedene Controllinginstrumente.

3. Eine Sanitärgroßhandlung stellt das folgende Zahlenmaterial zusammen:

   Planzahlen für das 2. Quartal:

	Duschwannen	Badewannen
Umsatzerlöse	63 000,00	26 000,00
Warenaufwendungen	21 500,00	12 400,00
Variable Gemeinkosten	11 500,00	5 600,00
Fixkosten	8 200,00	3 100,00

   Istzahlen für das 2. Quartal:

	Duschwannen	Badewannen
Umsatzerlöse	66 000,00	32 000,00
Warenaufwendungen	23 600,00	12 000,00
Variable Gemeinkosten	10 200,00	5 800,00
Fixkosten	8 200,00	3 100,00

   a) Berechnen Sie den Gewinn nach den Planzahlen und nach den Istzahlen und interpretieren Sie die Ergebnisse.
   b) Gehen Sie auf die Bedeutung der Erstellung von Umsatzbudgets und von Gewinnbudgets ein.
   c) Wäre es möglich, dass der Gesamtumsatz der beiden Warengruppen um 20 % steigt, aber der Gesamtgewinn um 15 % sinkt? Finden Sie ein Argument dafür oder dagegen.

Schwerpunkt Gesamtwirtschaft
Lernfeld 12: Wirtschaftspolitische und weltwirtschaftliche Einflussgrößen auf den Ausbildungsbetrieb einschätzen

1 Wirtschaftspolitische Ziele des Staates

PROBLEM

Erinnerungen von Zeitgenossen der Weimarer Republik:

Geldvernichtung 1923					
Preis für 1 kg Brot in Mark					
Dez.	1921	4	Juni	1923	1 428
Dez.	1922	163	Juli	1923	3 465
Jan	1923	250	Aug.	1923	69 000
Febr.	1923	389	Sept.	1923	1 512 000
März	1923	463	Okt.	1923	174 300 000
April	1923	474	Nov.	1923	201 000 000 000
Mai	1923	482			

„… Ich will nicht verschweigen, dass wir zunächst Nutznießer der fürchterlichen Geldvernichtung waren. Meine Großeltern hatten sich 1922 kurzfristig entschlossen, ein fast fertiggestelltes Haus in der Melberger Kronprinzenstraße, auf der Westseite von Bad Oeynhausen, zu kaufen. Kostenpunkt: 800 000 Mark. Als wir am 1. April 1923 einzogen, war das ein Betrag, der selbst sensible Gemüter nicht mehr zu beunruhigen vermochte. Ein Griff in die Westentasche genügte, um alle Verbindlichkeiten aus der Welt zu schaffen. Leider war das Haus erst halb fertig. Inzwischen arbeiteten die Handwerker nur noch gegen Naturalien. Damit konnten wir natürlich nicht dienen, und das Geld, das Großvater ausbezahlt bekam, zuletzt zweimal täglich, reichte gerade für das nackte Leben. Was die Ablösung der kaputten Reichsmark durch die Rentenmark im November 1923 bedeutete, lässt sich heute nicht mehr ermessen. Es war, als wenn ein Ertrinkender, in einer Springflut von Papiergeld fast schon versunken, plötzlich Boden unter den Füßen verspürte …"

1. Welche Folgen hatte die Geldvernichtung im Jahr 1923 für die Menschen? Wer waren die Gewinner, wer waren die Verlierer?
2. Interpretieren Sie die Karikatur.
3. Weshalb kann dem Staat die wirtschaftliche Entwicklung nicht gleichgültig sein?

1.1 Ziele des Stabilitätsgesetzes – magisches Viereck

Das **Oberziel** der staatlichen Wirtschaftspolitik ist im Gesetz zur Förderung der Stabilität und des Wachstums der Wirtschaft (StabG § 1) formuliert: Bund und Länder haben bei ihren wirtschafts- und finanzpolitischen Maßnahmen die Erfordernisse des gesamtwirtschaftlichen Gleichgewichts zu beachten. Das **gesamtwirtschaftliche Gleichgewicht** ist erreicht, wenn alle verfügbaren Produktionsfaktoren (Natur, Arbeit, Kapital) eingesetzt sind und die Märkte (z.B. Arbeits-, Kredit-, Gütermärkte) weder einen Nachfrage- noch einen Angebotsüberhang aufweisen, also ausgeglichen sind.

Die Maßnahmen sind so zu treffen, dass sie gleichzeitig zur Stabilität des Preisniveaus, zu einem hohen Beschäftigungsstand und außenwirtschaftlichem Gleichgewicht bei stetigem und angemessenem Wirtschaftswachstum beitragen. Diese vier wirtschaftspolitischen Hauptziele werden als **magisches Viereck** bezeichnet, weil wirtschaftspolitische Zauberei (Magie) notwendig wäre, um diese Ziele tatsächlich immer gleichzeitig zu erreichen.

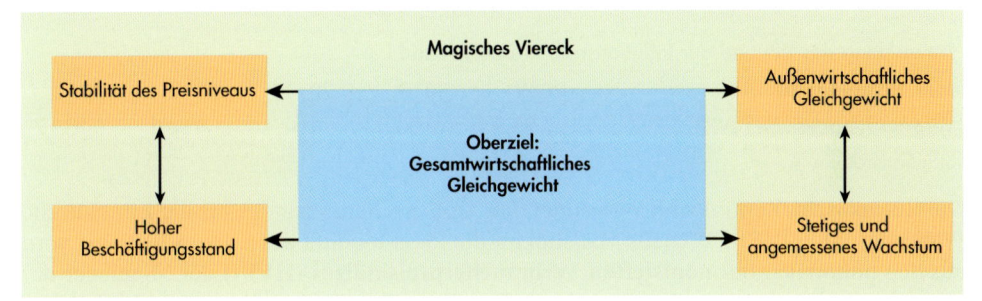

Magisches Viereck

- Stabilität des Preisniveaus
- Außenwirtschaftliches Gleichgewicht
- Hoher Beschäftigungsstand
- Stetiges und angemessenes Wachstum

Oberziel: Gesamtwirtschaftliches Gleichgewicht

Nach Ansicht des **Sachverständigenrats**[1] sind die wirtschaftspolitischen Hauptziele gleichrangig. Es soll aber immer jenes Ziel vorrangig verfolgt werden, das in der jeweiligen wirtschaftlichen Lage am stärksten gefährdet ist. Das ist zurzeit zweifelsohne das Ziel eines hohen Beschäftigungsstands.

Der Markt allein kann die Erreichung dieser Hauptziele der Wirtschaftspolitik nicht sicherstellen. In einer sozialen Marktwirtschaft muss der Staat deshalb globale Rahmenbedingungen für die Wirtschaft setzen **(Globalsteuerung)**. Dabei darf er nicht direkt in die marktwirtschaftliche Ordnung (also in die Entscheidungen der einzelnen Unternehmen und privaten Haushalte) eingreifen.

1.1.1 Stabilität des Preisniveaus – knapp unter 2 %

Das Preisniveau drückt den Durchschnitt aller Preise für Güter und Dienstleistungen aus. **Absolute Preisstabilität** liegt vor, wenn sich das Preisniveau nicht verändert. Dabei können sich jedoch die Preise einzelner Güter durchaus verändern, wenn sich eine Preiserhöhung bei einem Gut A durch Preissenkungen bei anderen Gütern ausgleicht.

Die absolute Preisstabilität ist unerreichbar. Deshalb streben Wirtschaftspolitiker und die Europäische Zentralbank eine **relative Preisstabilität** an.

---

[1] Der Sachverständigenrat (die „**Fünf Weisen**") wird vom Bundespräsidenten auf Vorschlag der Bundesregierung für fünf Jahre ernannt. Seine Mitglieder dürfen weder Bundes- oder Landesregierungen noch Arbeitgeber- oder Arbeitnehmerorganisationen angehören. Die „Fünf Weisen" erstellen jährlich das sogenannte **Sachverständigengutachten**, das sie bis zum 15. November des jeweiligen Jahres der Bundesregierung vorlegen. Dort stellen sie dar, inwieweit die wirtschaftspolitischen Ziele erreicht sind. In ihrem **Jahreswirtschaftsbericht** muss die Bundesregierung zu diesem Gutachten Stellung nehmen.

Lernfeld 12 Wirtschaftspolitische und weltwirtschaftl. Einflussgrößen auf den Ausbildungsbetrieb einschätzen

> **Merke: Preisstabilität** ist erreicht, wenn die allgemeine Preissteigerungsrate **unter, aber nahe 2 %** gegenüber dem Verbraucherpreisindex des Vorjahresmonats liegt.

Steigt das Preisniveau anhaltend mit Raten von 2 % und mehr, dann liegt eine **Inflation** vor. Ein anhaltender Rückgang des Preisniveaus wird als **Deflation** bezeichnet. Inflationsgewinner (bzw. Deflationsverlierer) sind die Schuldner und der Staat auf der Einnahmenseite. Die Sparer, Gläubiger und der Staat auf der Ausgabenseite sind Inflationsverlierer (bzw. Deflationsgewinner).

Preisveränderungen werden mithilfe des **Verbraucherpreisindexes (VPI)** vom Statistischen Bundesamt (Destatis), Wiesbaden, monatlich gemessen. Die Preise beziehen sich auf einen **Warenkorb**, also auf eine repräsentative Auswahl von Waren und Dienstleistungen in einem bestimmten **Basisjahr** (zzt. das Jahr 2010). Die im Warenkorb enthaltenen Güter werden nach ihrer Bedeutung für die Ausgaben gewichtet **(Wägung)**, sodass die Verbrauchsgewohnheiten der Haushalte abgebildet sind.

Entwicklung des VPI und der Inflationsrate in Deutschland					
Jahr (Basisjahr: 2010)	2009	2010	2011	2012	2013
Verbraucherpreisindex (VPI)	98,9	100,0	102,1	104,1	105,7
Inflationsrate in %	0,4	1,1	2,1	2,0	1,5

Die Europäische Zentralbank verwendet den Verbraucherpreisindex für die Europäische Währungsunion (VPI-EWU) als Maßstab für die Preisstabilität des €. Der VPI-EWU wird aus den nationalen **harmonisierten Verbraucherpreisindizes (HVPI)** der Mitglieder der Europäischen Währungsunion berechnet. Für diese Zwecke berechnet das **Statistische Bundesamt** zusätzlich zum Verbraucherpreisindex für Deutschland (VPI) auch den HVPI für Deutschland. So sind z. B. im Warenkorb des deutschen VPI unterstellte Mieten für Wohneigentum enthalten, im deutschen HVPI jedoch nicht.

Ursachen der Inflation	
Inlandsnachfrage	Die Nachfrage nach Gütern übersteigt das Angebot, weil z. B. die Einkommen stärker ansteigen als die Preise oder die Nachfrager steigende Preise erwarten.
Auslandsnachfrage	Die Auslandsnachfrage (Exporte) steigt aufgrund von Wettbewerbsvorteilen des Inlands, wenn z. B. die Preise im Ausland stärker steigen als im Inland **(importierte Inflation)**.
Angebot	Das Güterangebot liegt unter der Güternachfrage, weil die Unternehmen z. B. aufgrund mangelnder Rohstoffe oder Einkaufspreise ihre Produktion zurückfahren.
Marktmacht	Die Anbieter arbeiten zusammen (Kooperation) oder schließen sich zusammen (Konzentration) und erlangen dadurch genügend Marktmacht, um Preissteigerungen durchzusetzen.

1.1.2 Hoher Beschäftigungsstand – nicht mehr als 3 % Arbeitslose

Wenn alle zur Verfügung stehenden Arbeitskräfte und Produktionsmittel (z. B. Maschinen, Gebäude) in Arbeit bzw. zu 100 % ausgelastet sind, dann ist die Wirtschaft vollbeschäftigt. Da man den Ausnutzungsgrad einer Wirtschaft nicht feststellen kann, beurteilt man die Beschäftigungslage anhand der Arbeitslosenquote und der Zahl der offenen Stellen.

Wirtschaftspolitische und weltwirtschaftl. Einflussgrößen auf den Ausbildungsbetrieb einschätzen — **Lernfeld 12**

> **Merke:** Wenn die Arbeitslosenquote nicht mehr als 3 % beträgt, spricht man von **Vollbeschäftigung**, im anderen Fall von **Unterbeschäftigung**. Im Falle der **Überbeschäftigung** übersteigt die Zahl der offenen Stellen die Arbeitslosenzahl.

Nach SGB III § 119 gilt als arbeitslos, wer weniger als 15 Wochenstunden arbeitet, sich bei der Agentur für Arbeit arbeitslos gemeldet hat und wer den Vermittlungsbemühungen der Agentur für Arbeit zur Verfügung steht.

$$Arbeitslosenquote = \frac{registrierte\ Arbeitslose \cdot 100}{zivile\ Erwerbspersonen}$$

Zu den zivilen Erwerbspersonen gehören alle Arbeitslosen und Beschäftigten einschließlich Beamte und Selbstständige, nicht die Soldaten.

Entwicklung der Arbeitslosenzahl und -quote in Deutschland					
Jahr	2009	2010	2011	2012	2013
Arbeitslosenzahl in Mio.	3,4	3,2	3,0	2,9	2,9
Zivile Erwerbspersonen in Mio.	42,0	41,6	41,9	42,6	42,9
Arbeitslosenquote in %	8,1	7,7	7,1	6,8	6,7

Arten und Ursachen der Arbeitslosigkeit	
Kurzfristige Arbeitslosigkeit	**Friktionelle Arbeitslosigkeit** entsteht durch den sich ständig vollziehenden Arbeitsplatzwechsel aufgrund von Firmenwechsel, Karriereplanung, Umzug, Qualifizierungsmaßnahmen usw. **Saisonale Arbeitslosigkeit** ist jahreszeitlich bedingt, wenn bestimmte Arbeiten im Winter (z. B. Bauarbeiten) bzw. im Sommer (z. B. Skikurse) nicht ausgeübt werden können.
Mittelfristige Arbeitslosigkeit	**Konjunkturelle Arbeitslosigkeit** entsteht in der Abschwungsphase eines Konjunkturzyklus (siehe Seite 598 f.) infolge einer rückläufigen Nachfrage und damit sinkender Beschäftigungsmöglichkeiten. Im folgenden Aufschwung können die freigesetzten Arbeitskräfte wieder ihre Arbeitsplätze einnehmen, wenn diese nicht technologisch veraltet sind.
Langfristige Arbeitslosigkeit	**Strukturelle Arbeitslosigkeit** zeigt sich als • *regionalspezifische Arbeitslosigkeit* aufgrund des ungleichmäßigen Wachstums in den einzelnen Wirtschaftsregionen, • *branchenspezifische Arbeitslosigkeit* aufgrund des ungleichmäßigen Wachstums in den einzelnen Wirtschaftsbranchen durch technischen Fortschritt und Produktivitätssteigerungen, • *berufs- bzw. qualifikationsspezifische Arbeitslosigkeit* wegen Missverhältnissen *bei den nachgefragten und angebotenen Qualifikationen (Mismatch)*, • *geschlechts- und altersspezifische Arbeitslosigkeit*, z. B. erhöhte Arbeitslosigkeit bei Frauen, Jugendlichen und älteren Menschen, • *globale Arbeitslosigkeit* durch Kostennachteile des deutschen Standortes gegenüber Ländern mit niedrigeren Bürokratie-, Umwelt- und Sozialstandards.

1.1.3 Stetiges Wirtschaftswachstum – nicht unter 3 %

Das **Bruttoinlandsprodukt (BIP)** gibt die wirtschaftliche Gesamtleistung eines Landes an. Dazu fasst das Statistische Bundesamt den Wert aller innerhalb eines Kalenderjahres

im Inland produzierten Waren und geleisteten Dienste zusammen. Vorleistungen (z. B. bezogene Reifen eines Autoherstellers) werden verrechnet, sodass nur die echte Wertschöpfung der Betriebe erfasst wird. Der Wert eines Autoreifens zählt also nicht doppelt – einmal beim Reifenhersteller und noch einmal beim Autohersteller.

Unter Wirtschaftswachstum ist das **Ansteigen des realen Bruttoinlandsprodukts** gegenüber dem Vorjahr zu verstehen. Das reale Bruttoinlandsprodukt (BIP) ergibt sich, indem man die Preissteigerungsrate aus dem nominellen Bruttoinlandsprodukt zu jeweiligen Preisen herausrechnet.

> **Merke:** Das Wachstumsziel ist erreicht, wenn die Zunahme des realen Bruttoinlandsprodukts gegenüber dem Vorjahr **nicht weniger als 3 %** beträgt.

Entwicklung des Wirtschaftswachstums

Jahr (Basisjahr: 2005)	2009	2010	2011	2012	2013
Bruttoinlandsprodukt in Mrd. €	2374,5	2496,2	2592,6	2644,2	2735,8
Nominelles Wachstum in %	– 4,0	5,1	3,9	2,0	2,6
BIP preisbereinigt (2005 = 100 %)	102,7	107,0	110,2	110,9	111,5
Reales Wirtschaftswachstum in %	– 5,1	4,2	3,0	0,7	0,4

(Quelle: Deutsche Bundesbank, Monatsbericht Januar 2014, Statistischer Teil, S. 63)

Bestimmungsgrößen des Wachstums

Produktionsmöglichkeiten und Produktivität[1]	Die Produktionsmöglichkeiten (Produktionspotenzial) einer Volkswirtschaft werden von ihren Ressourcen (z. B. Rohstoffvorkommen, Kapitalausstattung, Qualifikation der Arbeitskräfte, Infrastruktur) bestimmt und davon, in welchem Maße es gelingt, diese Ressourcen auszunutzen (Produktivität).
Gewinnerwartungen und Investitionsbereitschaft	Gewinnerwartungen sind maßgeblich dafür, dass Unternehmen investieren. Nehmen sie Erweiterungsinvestitionen vor (z. B. Bau eines neuen Zweigwerks), dann erhöht sich das Produktionspotenzial. Rationalisierungsinvestitionen (z. B. das Ersetzen einer veralteten durch eine moderne Maschine) erhöhen die Produktivität.
Zinsniveau und Kapitalbildung	Niedrige Zinssätze fördern die Aufnahme von Krediten, um damit Investitionen oder Konsumgüter zu finanzieren. Ein niedriges Zinsniveau ist deshalb wachstumsfördernd. Voraussetzung für die Vergabe von Krediten sind jedoch private Ersparnisse (Kapitalbildung), also ein Konsumverzicht der Sparer.
Nachfragebereitschaft	Die Nachfrage der inländischen Verbraucher (Binnennachfrage) und des Auslandes (Exportnachfrage) hängt vor allem von tatsächlichen und erwarteten Einkommenssteigerungen ab.
Verlässliche Rahmendaten	Wichtige Voraussetzungen für das Wachstum sind verlässliche politische Rahmendaten (z. B. Bildungs-, Sozial-, Umweltpolitik, „sozialer Frieden"), funktionierende öffentliche Verwaltungen, funktionierende Kapitalmärkte und eine gut ausgebaute und intakte Infrastruktur.

Wirtschaftswachstum bedeutet zunächst **Wohlstandsmehrung**. Alle bekommen etwas mehr vom Kuchen, der Lebensstandard steigt, die Sozial- und Umweltstandards können weiter ausgebaut werden. Rein **quantitatives Wirtschaftswachstum** wird jedoch zunehmend kritisch gesehen, da die gesellschaftlichen Nachteile, wie Umweltbelastungen und abnehmende Lebensqualität (Landschaftsverbrauch, Verkehrslärm, Staus, Waldsterben usw.) immer deutlicher werden.

---

[1] Die **Produktivität** ist ein Maß für die Ergiebigkeit eines Produktionsfaktors (z. B. Arbeit). Sie wird berechnet aus dem Verhältnis von Ausbringungsmenge (Output) zu Einsatzmenge (Input). Wenn z. B. fünf Mitarbeiter 100 Stück eines Produkts herstellen, dann beträgt die Arbeitsproduktivität 20 Stück pro Mitarbeiter.

Qualitatives Wachstum ist dadurch gekennzeichnet, dass das Bruttoinlandsprodukt ansteigt und zugleich der Flächen-, Rohstoff- und Energieverbrauch (durch sparsameren Einsatz) und die Umweltbelastungen zurückgehen. Dies gelingt durch den technischen Fortschritt (z. B. durch neue Produktideen, Kommunikations-, Transporttechniken, Herstellungsverfahren) und das umweltbewusste Verhalten von Unternehmen, privaten Haushalten und Staat.

1.1.4 Außenwirtschaftliches Gleichgewicht

> **Merke:** Unter **Außenwirtschaft** versteht man die Gesamtheit der wirtschaftlichen Beziehungen zwischen verschiedenen Staaten. Dazu zählen vor allem der Warenverkehr (Außenhandel) und der Dienstleistungsverkehr (z. B. grenzüberschreitende Versicherungen, Forschung und Entwicklung, Lizenzvergaben, Reise- und Güterverkehr). Innerhalb des EU-Binnenmarktes spricht man von der **europäischen Binnenwirtschaft**.

Fließen inländische Güter (Waren, Dienstleistungen) ins Ausland ab (Werteabfluss), liegt ein **Export** (Ausfuhr) vor. Aus den Erlösen für die exportierten Güter entsteht ein Geldzufluss vom Ausland ins Inland (Wertezufluss). Fließen dem Inland Güter aus dem Ausland zu (Wertezufluss), dann liegt ein **Import** (Einfuhr) vor. Die importierten Güter müssen bezahlt werden – dadurch entsteht ein Geldabfluss vom Inland ins Ausland (Werteabfluss).

Wenn in einem Kalenderjahr der Wert der ins Ausland gelieferten Güter (Waren und Dienstleistungen) dem Wert der von dort bezogenen Güter entspricht, dann liegt ein **außenwirtschaftliches Gleichgewicht** vor. In diesem Fall können die Geldabflüsse (Importausgaben) ins Ausland mit den Geldzuflüssen (Exporteinnahmen) aus dem Ausland finanziert werden. Der Unterschied zwischen Exporteinnahmen und Importausgaben, der **Außenbeitrag**, sollte also null sein.

> **Merke:** Das außenwirtschaftliche Gleichgewicht gilt als erreicht, wenn die **Außenbeitragsquote** den Zielwert von 1,5 % nicht übersteigt.[1]

$$\text{Außenbeitragsquote} = \frac{(\text{Exporte} - \text{Importe}) \cdot 100}{\text{Bruttoinlandsprodukt}}$$

Entwicklung des Außenbeitrags und der Außenbeitragsquote

Jahr	2009	2010	2011	2012	2013
Exporte in Mrd. €	1 006,5	1 173,3	1 300,8	1 364,7	1 382,4
– Importe in Mrd. €	889,6	1 034,4	1 169,2	1 215,3	1 215,7
Außenbeitrag in Mrd. €	116,9	138,9	131,7	149,3	166,7
Bruttoinlandsprodukt (BIP) in Mrd. €	2 374,5	2 496,2	2 592,6	2 644,2	2 735,8
Außenbeitragsquote in %	4,9	5,6	5,1	5,6	6,1
Exportquote in %	42,4	47,0	50,2	51,6	50,5
Importquote in %	37,5	41,4	45,1	46,0	44,4

(Quelle: Deutsche Bundesbank, Monatsbericht Januar 2014, Statistischer Teil, S. 63)

[1] Ein Außenhandelsüberschuss eines Mitgliedsstaates der Europäischen Union gegenüber den anderen EU-Staaten wird als stabilitätsgefährdend eingestuft. Als Obergrenze wurde von der EU **sechs Prozent des Bruttoinlandsprodukts im Durchschnitt der letzten drei Jahre** festgelegt oder drei Prozent, wenn der Staatshaushalt zugleich ein Defizit vorweist.

Exportüberschüsse bewirken Geldzuflüsse vom Ausland ins Inland. Dadurch steigt die Geldmenge im Inland. Die Folge ist ein steigendes Preisniveau im Inland, die sogenannte **importierte Inflation**. Weiter bewirken Exportüberschüsse Importüberschüsse in einem anderen Land (Land B). Das Land, das Exportüberschüsse verzeichnet, finanziert damit einen Teil des Lebensstandards des Landes B mit. Anders ausgedrückt verzichtet das Land A auf einen Teil seines Wohlstandes im Vertrauen darauf, dass in Zukunft mehr Güter wieder vom Land B zurückfließen. Eine Außenbeitragsquote von 100 % würde für das Land A den vollständigen **Verzicht auf Konsum** bedeuten, weil alle erstellten Güter ins Ausland abfließen würden. Aus wirtschaftlichen Abhängigkeiten werden schnell politische Abhängigkeiten.

Ursachen von Exportüberschüssen	
Schwache Inlandsnachfrage	Sie kann eine *geringere Auslastung* inländischer Betriebe zur Folge haben. Um Entlassungen zu vermeiden, erhöhen die Betriebe ihre Exportanstrengungen und produzieren mehr Güter, als sie im Inland absetzen können. So wird fast jedes zweite in Deutschland produzierte Auto im Ausland verkauft.
Wettbewerbs- und Standortvorteile	Die Ausnutzung von Faktoren wie Klima, Bodenschätze, verkehrsgeografische Lage, gute Infrastruktur, hohe Qualifikation der Bevölkerung, Know-how schlägt sich in einer höheren Produktivität, Spezialisierung und Innovationskraft inländischer Unternehmen und höherer Qualität der Produkte nieder.
Abwertung der inländischen Währung	Sinkt der Wechselkurs (z. B. von 1,30 USD für 1,00 EUR auf 1,10 USD für 1,00 EUR), dann muss der ausländische Käufer für ein Auto (Preis: 10 000,00 EUR) vor der Abwertung des Euro 13 000,00 USD bezahlen und danach nur noch 11 000,00 USD. Ausländische Käufer haben also Preisvorteile und kaufen mehr.

Umgekehrt können durch hohe Auslastung inländischer Betriebe, starker Inlandsnachfrage, Wettbewerbs- und Standortnachteile (z. B. mangelnde Rohstoffvorkommen) und durch eine anhaltende Aufwertung der inländischen Währung **Importüberschüsse** entstehen.

1.2 Weitere Ziele der Wirtschaftspolitik – magisches Sechseck

Im Laufe der Zeit wurden die vier Hauptziele des Stabilitätsgesetzes um umwelt- und sozialpolitische Ziele ergänzt. Hinzu kamen die Erhaltung einer lebenswerten Umwelt und die gerechte Einkommens- und Vermögensverteilung. Aus dem magischen Viereck entstand somit ein **magisches Sechseck**.

1.2.1 Erhaltung einer lebenswerten Umwelt – Nachhaltigkeit

Merke: Das **Umweltschutzziel** ist im GG Art. 20 a festgeschrieben. Danach ist der Staat für den Schutz der natürlichen Lebensgrundlagen (Boden, Pflanzen, Tiere, Wasser, Luft) auch für die künftigen Generationen verantwortlich.

Eine dauerhaft umweltgerechte (nachhaltige) Entwicklung verlangt, dass ökologisch begründete Forderungen deren ökonomische und soziale Auswirkungen beachten. Ebenso müssen sich ökonomische Ziele an ihrer ökologischen und sozialen Verträglichkeit messen lassen.

Zieldreieck einer nachhaltigen Entwicklung (sustainable development)

Umwelt
- geringe Abfallmengen
- niedrige Umweltverschmutzung
- Erhaltung der Ökosysteme und Artenvielfalt
- geringe Entnahme von nicht erneuerbaren Ressourcen
- Verbesserung des Umweltschutzes

Wirtschaft
- angemessener privater Verbrauch
- gleichmäßige Verteilung der Arbeit
- hoher regionaler Selbstversorgungsgrad
- ausgeglichene Wirtschaftsstruktur
- solide öffentliche Haushalte
- stabiles Preisniveau

Gesellschaft/Soziales
- gleichmäßige Einkommens- und Vermögensverteilung
- hohes Bildungsniveau
- ausgewogene Bevölkerungs- und Siedlungsstruktur
- sozial- und umweltverträgliche Mobilität
- hohes soziales Sicherheitsniveau
- hohes Gesundheitsniveau

Begründet wird das Nachhaltigkeitsziel aus der Erkenntnis heraus, dass der Mensch zunehmend an die Grenzen seines Lebensraumes stößt – sei es durch seine Lebensweise in den Industrieländern, sei es durch den Bevölkerungsdruck in den Entwicklungsländern. Wachsender Verbrauch begrenzt vorhandener Rohstoffe und zunehmende Umweltbelastungen durch wachsende Volkswirtschaften zwingen im Zeitalter der Globalisierung zu **international abgestimmtem Handeln**.

Das Wirtschaften soll die Befriedigung der Bedürfnisse der heutigen Generation auf der ganzen Erde ermöglichen, **ohne die Möglichkeiten künftiger Generationen zu gefährden**.

Eine nachhaltige Entwicklung soll auch dazu beitragen, die großen Unterschiede zwischen armen und reichen Staaten zu verringern. Dabei darf der Wohlstand der industrialisierten Länder nicht zulasten der natürlichen Lebensgrundlagen und auf Kosten der Bevölkerung der Dritten Welt erwirtschaftet werden.

Strategien einer nachhaltigen Entwicklung	
Effizienzstrategie	„Mehr für weniger" ist die Devise. Ernst Ulrich von Weizsäcker drückte es wie folgt aus: „Beim **Faktor 4** geht es um eine Vervierfachung der Ressourceneffizienz. Aus einem Fass Öl oder einer Tonne Erdreich wollen wir viermal so viel Wohlstand herausholen als bisher. Dann können wir den Wohlstand verdoppeln und gleichzeitig den Ressourcenverbrauch halbieren." Auch **Langlebigkeit** der Produkte durch reparier- und demontierbare Bestandteile und austauschbare Module statt „Ex und hopp" erhöht die effiziente Ressourcennutzung.
Konsistenzstrategie	Die Nutzung der Umwelt soll ohne nachhaltige Beeinträchtigung der Ökosysteme geschehen. Natürliche Ressourcen sollen regenerationsfähig (erneuerbar) und verfügbar bleiben.
Suffizienzstrategie	Sie zielt auf das individuelle Verhalten und setzt auf Genügsamkeit und Bescheidenheit. Die Menschen sollen ihre nicht gerade umweltförderlichen Lebensstile überdenken. Das heißt nicht weniger Lebensqualität, sondern „lebe von deinen Zinsen, ohne das Kapital anzugreifen". Dadurch bleibt die Erde auch für nachfolgende Generationen bewohnbar und nutzbar.

1.2.2 Gerechte Einkommens- und Vermögensverteilung

Das **Einkommen** ist die Summe aus den **laufenden Einnahmen** (z. B. Arbeitsentgelte, Gewinne, Zins-, Mieteinnahmen), die den Bevölkerungsgruppen in einem Jahr zufließt. Unter **Vermögen** ist das **Geldvermögen** (z. B. Bankguthaben) und **Sachvermögen** (z. B. Wohneigentum) der Bevölkerung zu verstehen. Vermögen wird durch Anlage des Einkommens gebildet, kann aber selbst wiederum eine Einkommensquelle sein (z. B. Zins-, Mieteinnahmen). Eine gerechte Verteilung des Einkommens und des Vermögens trägt zur Erhaltung des sozialen Friedens bei.

> **Merke:** Das gesamte Einkommen bzw. Vermögen einer Volkswirtschaft wäre dann gerecht verteilt, wenn z. B. 50 % der Einkommensbezieher bzw. Vermögensbesitzer auch etwa 50 % des Gesamteinkommens zufließen bzw. 50 % des Gesamtvermögens besitzen würden.

Von einer gleichmäßigen Einkommens- und Vermögensverteilung kann keine Rede sein. Während das oberste Fünftel (also die vermögendsten 20 %) der deutschen Haushalte knapp 70 % des **Nettovermögens**[1] (ohne Betriebsvermögen) besitzen, teilen sich die unteren 40 % der Haushalte rund 2 % des Nettovermögens. Dem ärmsten Fünftel der deutschen Haushalte fließen nur rund 7 % des **Nettoeinkommens**[2] zu, dem reichsten Fünftel fast 40 %.

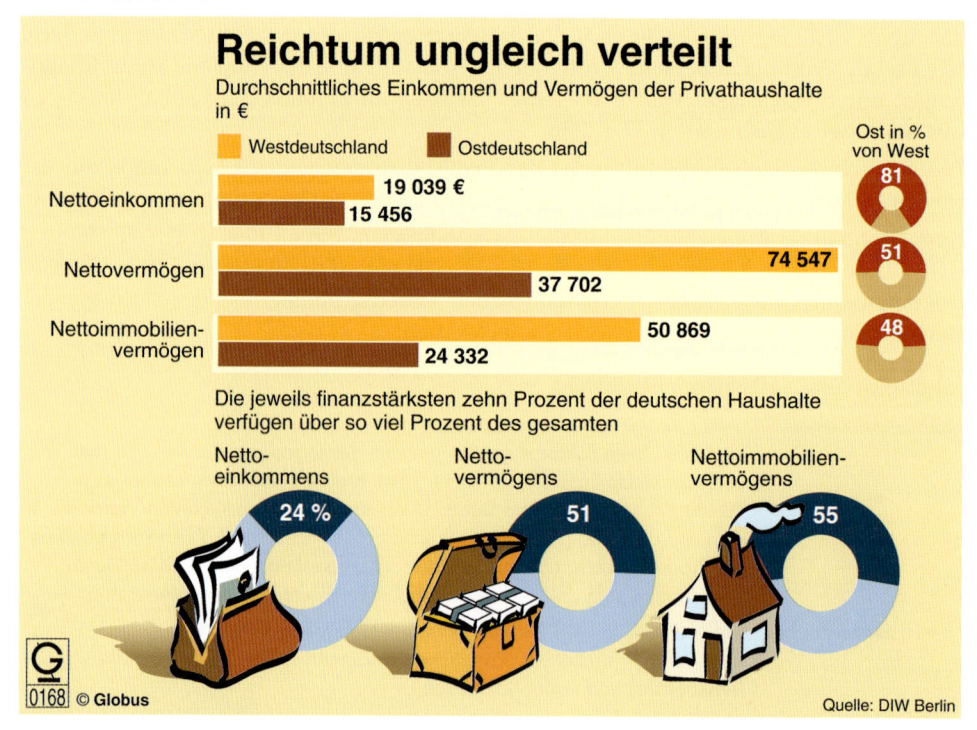

Reichtum ungleich verteilt
Durchschnittliches Einkommen und Vermögen der Privathaushalte in €

	Westdeutschland	Ostdeutschland	Ost in % von West
Nettoeinkommen	19 039 €	15 456	81
Nettovermögen	74 547	37 702	51
Nettoimmobilienvermögen	50 869	24 332	48

Die jeweils finanzstärksten zehn Prozent der deutschen Haushalte verfügen über so viel Prozent des gesamten

- Nettoeinkommens: 24 %
- Nettovermögens: 51
- Nettoimmobilienvermögens: 55

Quelle: DIW Berlin

Bei seiner **Verteilungspolitik** versucht der Staat eine Mischung aus Leistungs-, Bedarfs- und Gleichheitsprinzip zu verwirklichen.

---

[1] **Nettovermögen** = Bruttovermögen − Schulden
[2] **Nettoeinkommen** = Bruttoeinkommen − Steuern − Sozialversicherungsbeiträge

Der Staat besteuert die Bezieher höherer Einkommen (also die Leistungsstarken) stärker als die Bezieher niedriger Einkommen (Leistungsschwache). So bringen die 10 % Besserverdiener rund 55 % der gesamten Einkommensteuer auf. Dadurch korrigiert der Staat die Einkommen, wie sie sich nach der Leistungsfähigkeit ergeben würden **(primäre Einkommensverteilung)**.

Mit diesen Geldmitteln unterstützt der Staat die leistungsschwächeren Bevölkerungsgruppen (z. B. Arbeitslose, kinderreiche Familien) durch z. B. Arbeitslosengeld II, Kindergeld, Wohngeld. Durch diese **sekundäre Einkommensverteilung** (Umverteilung) können die sozial Benachteiligten auch ihren Bedarf decken und am allgemeinen Wohlstand teilhaben. Dennoch lebt zurzeit jeder siebente Haushalt unterhalb der **Armutsgrenze**[1]. Ursachen dafür sind Arbeitslosigkeit, unzureichende Ausbildung, fehlender Bildungsabschluss, gesundheitliche Beeinträchtigungen und Behinderung.

1.3 Beziehungen zwischen den wirtschaftspolitischen Zielen

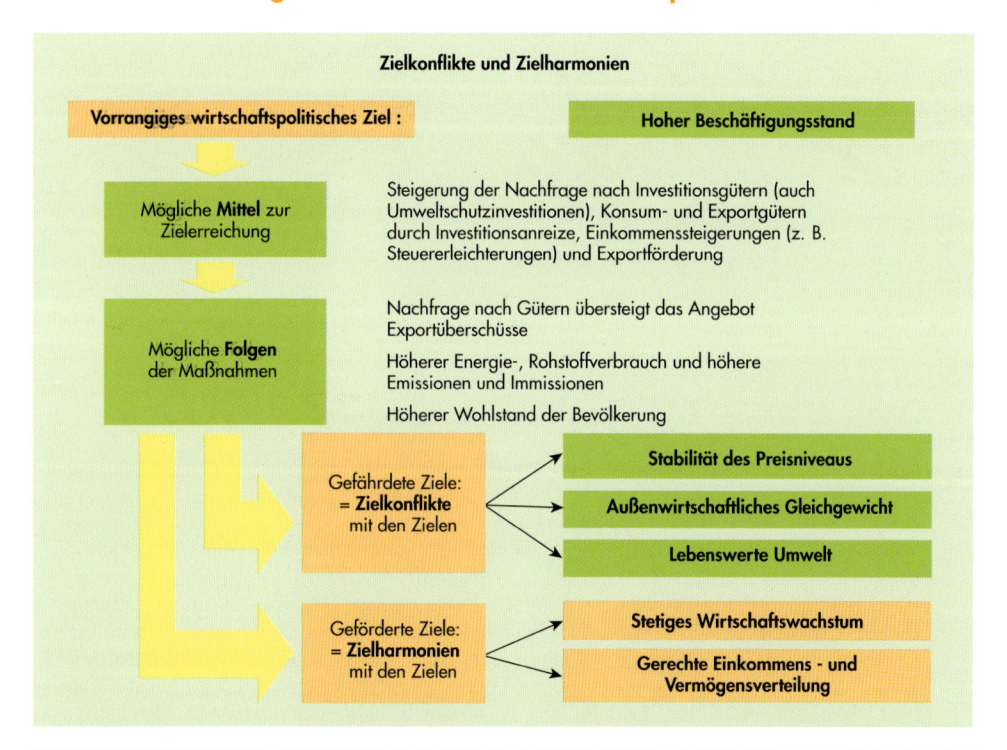

Zielkonflikte und Zielharmonien

Vorrangiges wirtschaftspolitisches Ziel:	Hoher Beschäftigungsstand
Mögliche **Mittel** zur Zielerreichung	Steigerung der Nachfrage nach Investitionsgütern (auch Umweltschutzinvestitionen), Konsum- und Exportgütern durch Investitionsanreize, Einkommenssteigerungen (z. B. Steuererleichterungen) und Exportförderung
Mögliche **Folgen** der Maßnahmen	Nachfrage nach Gütern übersteigt das Angebot Exportüberschüsse Höherer Energie-, Rohstoffverbrauch und höhere Emissionen und Immissionen Höherer Wohlstand der Bevölkerung
Gefährdete Ziele: = Zielkonflikte mit den Zielen	Stabilität des Preisniveaus Außenwirtschaftliches Gleichgewicht Lebenswerte Umwelt
Geförderte Ziele: = Zielharmonien mit den Zielen	Stetiges Wirtschaftswachstum Gerechte Einkommens- und Vermögensverteilung

Merke: Wenn die Verfolgung eines wirtschaftspolitischen Ziels (z. B. stetiges Wirtschaftswachstum) das Erreichen eines anderen Ziels (z. B. Vollbeschäftigung) fördert, dann liegt eine **Zielharmonie** vor.
Gefährdet die Verfolgung eines Ziels (z. B. stetiges Wirtschaftswachstum) das Erreichen eines anderen Ziels (z. B. Preisstabilität), dann besteht zwischen diesen Zielen ein **Zielkonflikt**. Besteht zwischen den Zielen keine Beziehung, dann spricht man von **Zielneutralität** (z. B. außenwirtschaftliches Gleichgewicht und lebenswerte Umwelt).

---

[1] **Armut** liegt vor, wenn ein Haushalt weniger als 60 % des durchschnittlichen Nettoeinkommens verdient. Zurzeit gilt ein Einpersonenhaushalt bei einem monatlichen Nettoeinkommen von 856,00 € als armutsgefährdet.

Lernfeld 12 — Wirtschaftspolitische und weltwirtschaftl. Einflussgrößen auf den Ausbildungsbetrieb einschätzen

ZUSAMMENFASSUNG

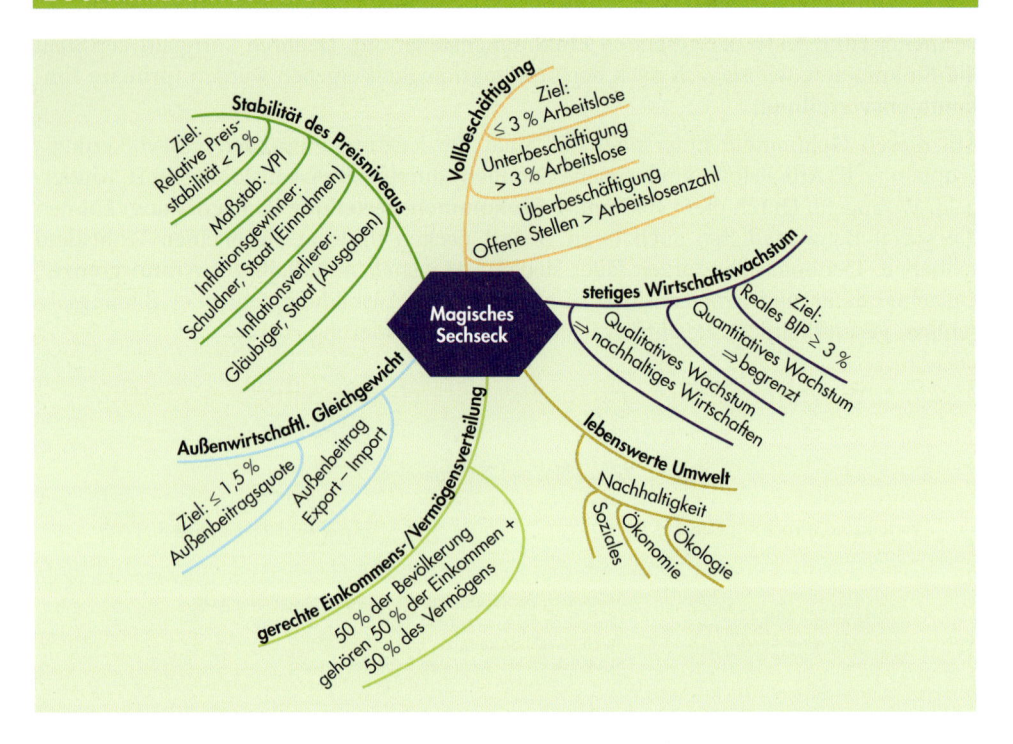

Magisches Sechseck

- **Stabilität des Preisniveaus**
  - Ziel: Relative Preisstabilität < 2 %
  - Maßstab: VPI
  - Inflationsgewinner: Schuldner, Staat (Einnahmen)
  - Inflationsverlierer: Gläubiger, Staat (Ausgaben)
- **Vollbeschäftigung**
  - Ziel: ≤ 3 % Arbeitslose
  - Unterbeschäftigung > 3 % Arbeitslose
  - Überbeschäftigung: Offene Stellen > Arbeitslosenzahl
- **stetiges Wirtschaftswachstum**
  - Ziel: Reales BIP ≥ 3 %
  - Quantitatives Wachstum ⇒ begrenzt
  - Qualitatives Wachstum ⇒ nachhaltiges Wirtschaften
- **lebenswerte Umwelt**
  - Nachhaltigkeit
  - Soziales
  - Ökonomie
  - Ökologie
- **gerechte Einkommens-/Vermögensverteilung**
  - 50 % der Bevölkerung gehören 50 % der Einkommen + 50 % des Vermögens
- **Außenwirtschaftl. Gleichgewicht**
  - Ziel: ≤ 1,5 % Außenbeitragsquote
  - Außenbeitrag: Export – Import

AUFGABEN

1 Schreiben Sie jeden der folgenden Begriffe auf die Kopfzeile eines DIN-A6-Kärtchens:

> Gesamtwirtschaftliches Gleichgewicht, Magisches Viereck, Magisches Sechseck, Sachverständigenrat, Absolute Preisstabilität, Relative Preisstabilität, Inflation, Deflation, Verbraucherpreisindex (Ermittlung), Inflationsursachen, Inflationsgewinner, Inflationsverlierer, Vollbeschäftigung, Unterbeschäftigung, Überbeschäftigung, Arbeitslosenquote, Arbeitslosigkeit (Ursachen) Bruttoinlandsprodukt, Wirtschaftswachstum (Maßstab), Wachstum (Bestimmungsgrößen), Wachstum (Grenzen), Qualitatives Wachstum, Außenwirtschaft, Außenwirtschaftliches Gleichgewicht, Außenbeitrag und Außenbeitragsquote, Exportüberschuss (Ursachen), Importierte Inflation, Exportüberschuss (Folgen), Umweltschutzziel (GG Art. 20 a), Nachhaltige Entwicklung (Begriff, Ziele, Strategien), Einkommensverteilung, Vermögensverteilung, Primäre und sekundäre Einkommensverteilung, Verteilungsprinzipien, Zielharmonie, Zielkonflikt.

a) Sortieren Sie die Begriffskärtchen nach den Kriterien „weiß ich" und „weiß ich nicht".

b) Bilden Sie Kleingruppen mit höchstens drei Mitgliedern. Erklären Sie sich gegenseitig die „Weiß-ich-nicht"-Kärtchen. Schlagen Sie dabei die ungeklärten Begriffe im Schulbuch nach oder nehmen Sie Kontakt zu einer anderen Kleingruppe auf.

c) Schreiben Sie die Begriffserklärungen auf die Rückseite Ihrer Kärtchen und ordnen Sie die Kärtchen unter der Leitkarte „Wirtschaftspolitische Ziele" alphabetisch in Ihren Lernkartei-Behälter ein.

Wirtschaftspolitische und weltwirtschaftl. Einflussgrößen auf den Ausbildungsbetrieb einschätzen **Lernfeld 12**

2 Bilden Sie Teams mit jeweils drei Mitgliedern (Stammgruppen). Schreiben Sie jeden der Begriffe aus Aufgabe 1 auf ein separates Stück Papier und fügen Sie diese Papierkärtchen zu einer sinnvollen Struktur zusammen. Die Struktur kann durch Pfeile, Farben, Symbole, Texte (z. B. Überschriften), Bilder oder weitere Begriffe ergänzt werden.

3 a) Welche Gesetze enthalten die wirtschaftspolitischen Zielvorstellungen und sind damit Richtschnur für die Konjunkturpolitik des Staates?

   b) Erstellen Sie eine Übersicht mit den quantitativen und qualitativen Zielen der Wirtschaftspolitik und ihren Maßstäben zur Zielerreichung.

   c) Nehmen Sie Stellung zu folgenden Behauptungen:
   - „Wir haben viele Millionen Ausländer in Deutschland. Würde man sie nach Hause schicken, dann gäbe es kein Arbeitslosenproblem."
   - „Alle vorhandenen Arbeitsplätze sollten auf die Arbeitswilligen gerecht verteilt werden. Dazu muss die Arbeitszeit so verkürzt werden, dass die vorhandene Arbeit für alle Arbeitswilligen reicht."
   - „Am gerechtesten wäre es, wenn alle Erwerbspersonen das gleiche Einkommen erhalten würden. Dann würde der Sozialneid verschwinden."

4 „Die Ziele der Wirtschaftspolitik gleichzeitig zu verwirklichen gleicht dem Bemühen, einem vierbeinigen Tisch auf unebenem Boden das Wackeln abzugewöhnen. Als die Wirtschaft in der Vergangenheit expandierte und Vollbeschäftigung erreichte, stimmte es meist mit den Preisen nicht. Wenn eine Dämpfung des Preisanstiegs gelang, gab es oft zu viele Arbeitslose oder das Wachstum war nur gering. Was das außenwirtschaftliche Gleichgewicht betrifft, so war dieses nur deshalb lange Zeit keine dramatische Frage, weil permanente Überschüsse in der Zahlungsbilanz eher ein Problem für unsere Handelspartner waren als für uns."

   a) Prüfen Sie anhand der Zahlenangaben im Kap. 1.1.1 Stabilität des Preisniveaus bis Kap. 1.1.4 Außenwirtschaftliches Gleichgewicht, ob diese wirtschaftspolitischen Ziele in letzter Zeit erreicht worden sind.

   b) Welche Zielkonflikte sind in diesem Text angesprochen?

   c) Beschreiben Sie die Zielkonflikte zwischen
   1. Wachstum und lebenswerter Umwelt,
   2. Vollbeschäftigung und Preisstabilität,
   3. außenwirtschaftlichem Gleichgewicht und Preisstabilität.

   d) Sind Ihrer Meinung nach die qualitativen Ziele lebenswerte Umwelt und gerechte Einkommens- und Vermögensverteilung erreicht?
   Schlagen Sie Maßstäbe zur Messung dieser Ziele vor und diskutieren Sie darüber.

5 Berechnen Sie die Veränderungen des Preisniveaus (von Jahr zu Jahr und insgesamt).

	Jahr 01	Jahr 02	Jahr 03	August Jahr 03	August Jahr 04
Preisindex	107,7	110,6	112,5	112,9	114,5

6 Die Problematik der Arbeitslosigkeit wird von den betroffenen Bevölkerungsgruppen unterschiedlich diskutiert. Zeigen Sie in einem Rollenspiel (z. B. als Podiumsgespräch) die unterschiedlichen Sichtweisen eines Arbeitslosen, einer Unternehmerin, eines Gewerkschafters und einer Wissenschaftlerin auf.
Bilden Sie hierzu für jede Rolle eine Gruppe und erarbeiten Sie die gängigen Positionen, Argumente und Lösungsvorschläge. Wählen Sie jeweils einen Rollenspieler, der die jeweilige Bevölkerungsgruppe vertritt.
Tipp: Regeln zum Rollenspiel siehe Anhang.

Lernfeld 12 — Wirtschaftspolitische und weltwirtschaftl. Einflussgrößen auf den Ausbildungsbetrieb einschätzen

7 Interpretieren Sie die folgende Netzstruktur.

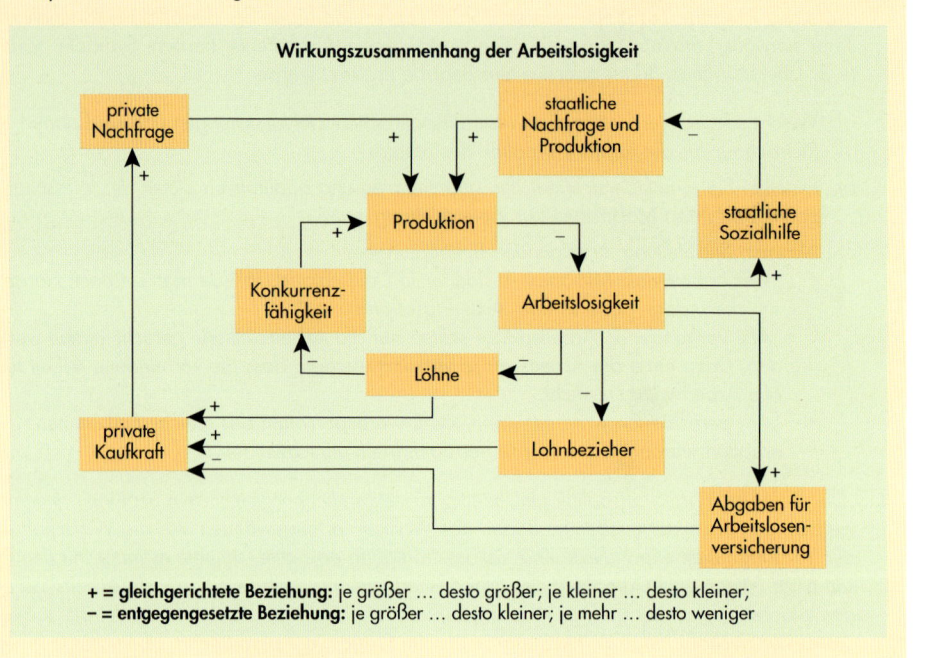

Wirkungszusammenhang der Arbeitslosigkeit

+ = **gleichgerichtete Beziehung:** je größer ... desto größer; je kleiner ... desto kleiner;
− = **entgegengesetzte Beziehung:** je größer ... desto kleiner; je mehr ... desto weniger

8

Sprechblasen (Bild 1): „Das ist doch kein ehrliches Teilen!" — „Meckert jetzt nicht Leute, wir werden zusammen einen größeren backen, dann haben wir nachher alle mehr!"

Sprechblasen (Bild 2): „Heee, das ist ungerecht!" — „Ha, Ha, Ha! nicht so materialistisch! Los, wir werden einen noch größeren backen!"

Sprechblase (Bild 3): „Ja, ich weiß schon, was ihr sagen wollt. Aber die einzige Art für euch, mehr zu bekommen, ist, einen noch viel größeren zu backen!"

a) Welches Problem der Einkommens- und Vermögensverteilung ist in obigen Karikaturen ausgedrückt?
b) Nehmen Sie zum Lösungsvorschlag des Karikaturisten Stellung.
c) Welches Dilemma des Wachstums wird im letzten Bild gezeigt?

Wirtschaftspolitische und weltwirtschaftl. Einflussgrößen auf den Ausbildungsbetrieb einschätzen — **Lernfeld 12**

9

Tagesbilanz der Umweltzerstörung

Jeden Tag

- belasten **65 Millionen Tonnen Kohlendioxid (CO_2)** die Atmosphäre
- sterben über **70 Tier- und Pflanzenarten** aus
- werden **26 000 Hektar Tropenwald** vernichtet
- werden **253 000 Tonnen Fische** gefangen
- werden **9,1 Milliarden m³ Frischwasser** verbraucht
- nimmt das verfügbare **Ackerland um 27 000 Hektar** ab

Quelle: OECD, Weltbank, WWF

a) Äußern Sie sich zur obigen Grafik.
b) Erläutern Sie mögliche Ursachen der Umweltprobleme.
c) Machen Sie Vorschläge, wie jeder Einzelne, die Unternehmen und der Staat zum nachhaltigen Wirtschaften beitragen können.

2 Konjunkturpolitik des Staates

PROBLEM

Im Pausenraum der TRIAL GmbH unterhalten sich Katja Müller (Auszubildende) und Anna Lurka (Verkaufsleiterin).

Anna Lurka: „Ich weiß nicht, was in letzter Zeit los ist. Unsere besten Kunden halten sich schon seit Monaten mit Bestellungen zurück. Ich mach mir langsam Sorgen um unsere Arbeitsplätze."

Katja Müller: „Sie machen mir Hoffnung. Ich möchte bald übernommen werden. Meinen Sie, dass die Geschäfte so schlecht laufen?"

Anna Lurka: „Wenn man nach unserer Regierung geht, müsste es bald wieder aufwärtsgehen. Wir müssen die Durststrecke irgendwie überstehen."

Katja Müller: „Kann der Staat nichts machen, dass unser Geschäft wieder brummt?"

Anna Lurka: „Doch, er könnte für mehr Nachfrage sorgen. Jedenfalls hat die Europäische Zentralbank die Zinsen schon gesenkt. Das gibt Hoffnung."

Lernfeld 12 — Wirtschaftspolitische und weltwirtschaftl. Einflussgrößen auf den Ausbildungsbetrieb einschätzen

Wirtschaftswachstum in Deutschland:

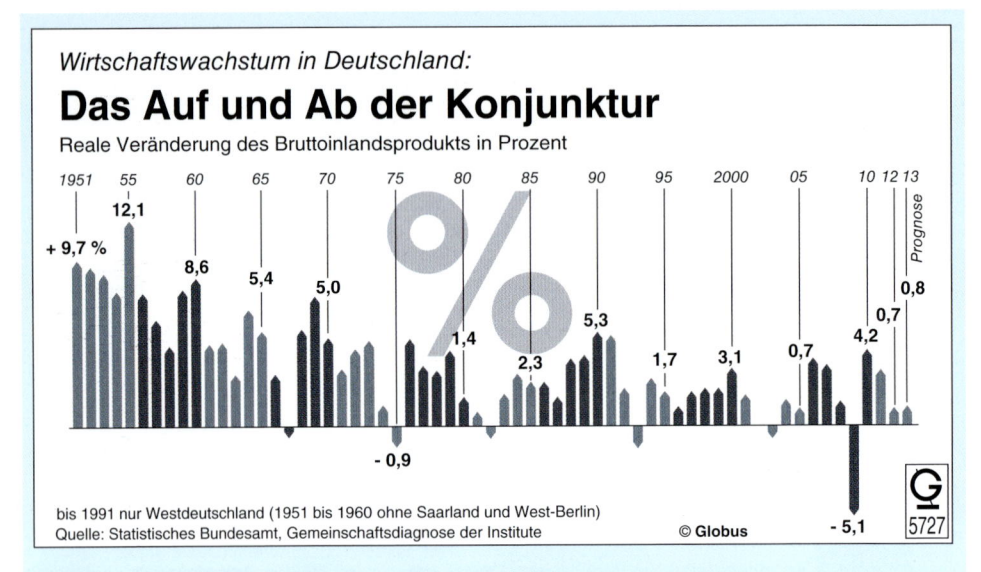

Das Auf und Ab der Konjunktur

Reale Veränderung des Bruttoinlandsprodukts in Prozent

(Grafik: Balkendiagramm 1951–2013 mit Werten u. a. +9,7 %; 12,1; 8,6; 5,4; 5,0; −0,9; 1,4; 2,3; 5,3; 1,7; 3,1; 0,7; 4,2; −5,1; 0,7; 0,8 (Prognose))

bis 1991 nur Westdeutschland (1951 bis 1960 ohne Saarland und West-Berlin)
Quelle: Statistisches Bundesamt, Gemeinschaftsdiagnose der Institute © Globus 5727

1. Erklären Sie den Maßstab, mit dem die Wirtschaftslage gemessen wird.
2. Beschreiben Sie die wirtschaftliche Entwicklung in der Vergangenheit.
3. Suchen Sie nach Ursachen für die Berg- und Talfahrt der Wirtschaft.
4. Was kann der Staat bzw. die Zentralbank tun, um die Wirtschaftslage zu verbessern?

2.1 Konjunktur – Auf und Ab der Wirtschaft

Merke: Mit dem Begriff **Konjunktur**[1] wird die Lage der Gesamtwirtschaft beschrieben. Maßstab für die Wirtschaftslage ist das reale Bruttoinlandsprodukt[2]. Der regelmäßige Wechsel von Zeiten guter und schlechter Lage der Gesamtwirtschaft wird als **Konjunkturzyklus** bezeichnet.

Der Konjunkturzyklus dauert etwa **fünf bis zehn Jahre** und durchläuft die **vier Konjunkturphasen** Konjunkturtief (Krise, Depression), Aufschwung (Expansion), Hochkonjunktur (Boom) und Abschwung (Rezession). Dabei ist die langfristige wirtschaftliche Entwicklung (Wachstumstrend) stets aufwärtsgerichtet. Die momentane Wirtschaftslage lässt sich mithilfe von Konjunkturindikatoren[3] feststellen.

---

[1] coniuntio (lat.) = Verbindung, Zusammentreffen mehrerer Ereignisse
[2] Siehe Kap. 1.1.3 Stetiges Wirtschaftswachstum – nicht unter 3 %
[3] indicare (lat.) = anzeigen; indicere = ansagen, ankündigen

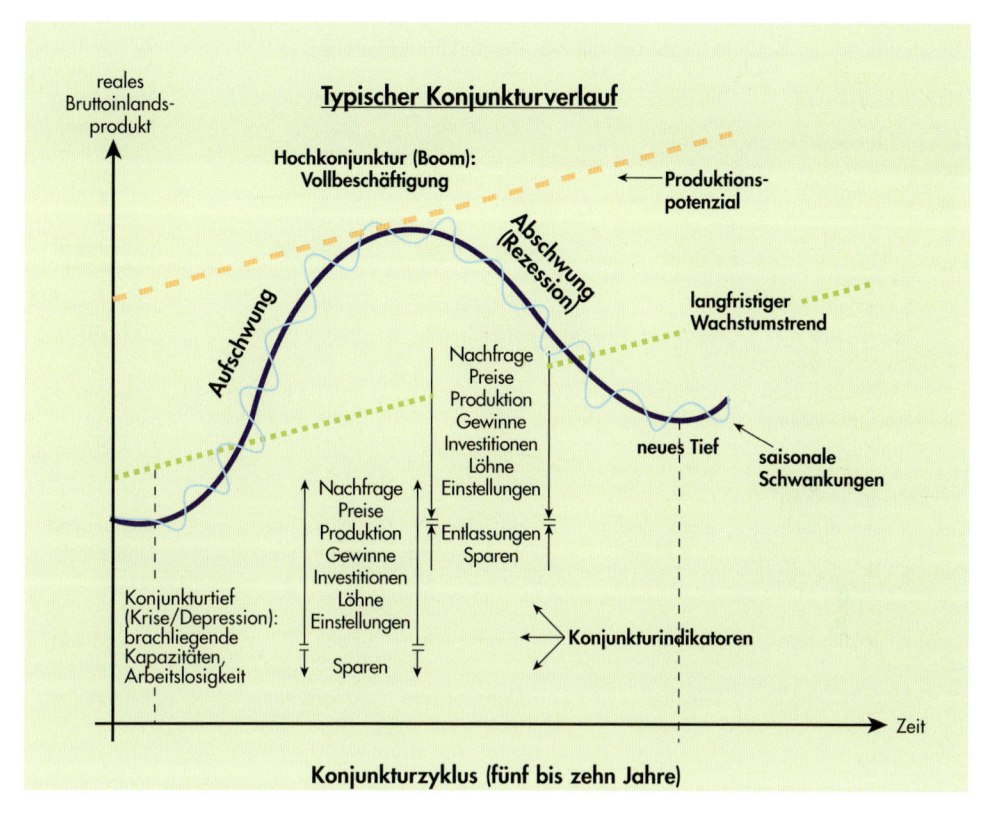

Wirtschaftspolitische und weltwirtschaftl. Einflussgrößen auf den Ausbildungsbetrieb einschätzen **Lernfeld 12**

Typischer Konjunkturverlauf

- **Hochkonjunktur (Boom):** Vollbeschäftigung
- **Aufschwung**
- **Abschwung (Rezession)**
- **Produktionspotenzial**
- **langfristiger Wachstumstrend**
- **neues Tief** – saisonale Schwankungen
- **Konjunkturtief (Krise/Depression):** brachliegende Kapazitäten, Arbeitslosigkeit

Aufschwung: Nachfrage ↑, Preise, Produktion, Gewinne, Investitionen, Löhne, Einstellungen ↑, Sparen ↓

Hochkonjunktur: Nachfrage, Preise, Produktion, Gewinne, Investitionen, Löhne, Einstellungen

Abschwung: Entlassungen, Sparen → Konjunkturindikatoren

Konjunkturzyklus (fünf bis zehn Jahre)

Mithilfe von **Konjunkturindikatoren** können Wirtschaftsforschungsinstitute die aktuelle Konjunkturlage feststellen (Konjunkturdiagnose) und die zukünftige Richtung der Konjunkturlage voraussagen (Konjunkturprognose). *Frühindikatoren* kündigen schon sehr früh die künftige Wirtschaftslage an („Wettervorhersage"), *Gegenwartsindikatoren* zeigen die aktuelle Wirtschaftslage an („tatsächliches Wetter") und *Spätindikatoren* bestätigen die Wirtschaftslage des vorangegangenen Zeitabschnitts („Wetterfolgen", z. B. Trockenheit).

Beschreibung der Konjunkturphasen mit den Konjunkturindikatoren				
Konjunkturphasen / **Konjunkturindikatoren**	**Tiefstand (Depression)**	**Aufschwung (Expansion)**	**Hochkonjunktur (Boom)**	**Abschwung (Rezession)**
• **Frühindikatoren**				
– Auftragseingänge	auf niedrigem Niveau verharrend	zunehmend	auf hohem Niveau verharrend	abnehmend
– Geschäftsklima	pessimistisch	optimistisch	optimistisch	pessimistisch
– Investitionsneigung	abwartend	zunehmend	nachgebend	abnehmend nachgebend
– Zinserwartungen	fallende Zinssätze	gleichbleibend	steigende Zinsen	gleichbleibend
– Wachstumsprognose	abnehmend	zunehmend	gleichbleibend	abnehmend
– Aktienkurse	fallend	steigend	gleichbleibend	nachgebend
– Rohstoffpreise	fallend	anziehend	steigend	nachgebend

Lernfeld 12 — Wirtschaftspolitische und weltwirtschaftl. Einflussgrößen auf den Ausbildungsbetrieb einschätzen

Beschreibung der Konjunkturphasen mit den Konjunkturindikatoren

Konjunkturphasen / Konjunkturindikatoren	Tiefstand (Depression)	Aufschwung (Expansion)	Hochkonjunktur (Boom)	Abschwung (Rezession)
Gegenwartsindikatoren				
– Kapazitätsauslastung	gering	zunehmend	Engpässe	abnehmend
– Lagerbestände	hoch	abnehmend	niedrig	zunehmend
– Nachfrage (Export, Konsum)	niedriges Niveau	anziehend	hohes Niveau	nachgebend
– Staatsausgaben	hoch (antizyklisch)	abnehmend	niedrig (antizyklisch)	zunehmend
– Lohnentwicklung	niedrige Zuwächse	hohe Zuwächse	hohe Zuwächse	niedrige Zuwächse
Spätindikatoren				
– Inflationsrate	relativ niedrig	anziehend	relativ hoch	nachgebend
– Arbeitslosenquote (konjunkturell bedingt)	relativ hoch	nachgebend	relativ niedrig	zunehmend
– BIP-Wachstumsrate	niedrig	zunehmend	hoch	abnehmend
– Staatshaushalte	Defizite	Defizitabbau	Überschuss	Defizitaufbau

2.2 Fiskalpolitik[1] – nachfrage- oder angebotsorientiert?

Merke: Die Maßnahmen des Staates zur Beeinflussung der Wirtschaftslage werden als **Fiskalpolitik (Finanzpolitik)** bezeichnet.

Nachfrageorientierte Fiskalpolitik

Die sogenannte **antizyklische Finanzpolitik** verfolgt das Ziel, die Konjunkturschwankungen zu glätten. In guten Zeiten senkt der Staat seine Ausgaben und verwendet die hohen Steuereinnahmen zur Schuldentilgung und Bildung von Rücklagen. Er tritt damit auf die Bremse. In schlechten Zeiten löst der Staat die Rücklagen wieder auf, um seine Ausgaben zu erhöhen. Reichen die Rücklagen nicht aus, dann verschuldet er sich, um mit Staatsaufträgen die Wirtschaft anzukurbeln **(Deficit-Spending)**. Der Staat tritt sozusagen auf das Gaspedal.

Um die Handlungsfähigkeit des Staates sicherzustellen, darf *die geplante Kreditaufnahme des Staates nicht höher sein als die geplanten Investitionsausgaben* (GG Art. 115). Diese „**goldene Regel**" verhindert, dass eine Generation auf Kosten der nächsten Generation lebt, die diese Schulden wieder zurückzahlen muss. Ausnahmen sind nur zulässig zur Abwehr einer Störung des gesamtwirtschaftlichen Gleichgewichts.

Im Grundgesetz (GG Art. 109, 155) wurde für den Bund ab 2016 eine **Schuldenobergrenze** (0,35 % des BIP) verankert. Die Bundesländer dürfen ab 2020 keine neuen Schulden machen. Zur Bekämpfung der Schuldenkrise haben sich die Euroländer und neun weitere EU-Staaten verpflichtet, in ihren Verfassungen eine Schuldenobergrenze von

---

[1] Fiskus = Staatskasse. Das Wort wurde im 16. Jh. aus fiscus (lat.) = Korb bzw. Geldkorb entlehnt.

0,5 % des Bruttoinlandsprodukts festzuschreiben („**Fiskalpakt**"). Finanzhilfen aus dem 2013 eingerichteten **Europäischen Stabilitätsmechanismus** (ESM) können nur Mitgliedstaaten erhalten, die den Fiskalpakt ratifiziert haben. Für Defizitsünder sind automatische Sanktionen und Durchgriffsrechte der EU-Kommission vorgesehen, z. B. Geldbußen bis 0,5 % des BIP (AEUV Art. 123).

Die Neuverschuldung eines Mitgliedslandes der Europäischen Währungsunion darf nur für eine kurze Dauer über der **Schwelle von 3 % des Bruttoinlandsprodukts** liegen. Außerdem schreibt der **Europäische Stabilitäts- und Wachstumspakt** vor, dass die Schuldenquote der öffentlichen Haushalte den Referenzwert von 60 % nicht überschreiten darf. Werden diese Grenzwerte überschritten, dann kann die EU-Kommission eine Geldbuße in Höhe von 0,2 % bis 0,5 % des Bruttoinlandsprodukts verhängen (AEUV Art. 123).

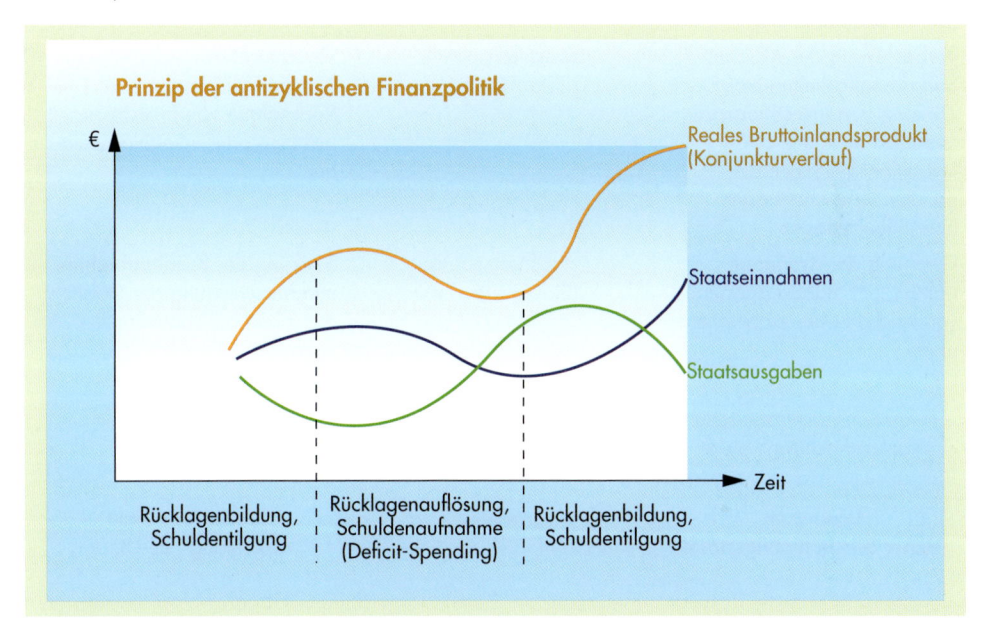

Einnahmen und Ausgaben des Staates

Maßstäbe Jahr	2009	2010	2011	2012	2013
Staatseinnahmen in Mrd. €	1071,7	1087,4	1154,9	1193,6	1223,1
Staatsausgaben in Mrd. €	1144,7	1191,0	1174,5	1191,3	1224,8
Finanzierungssaldo (– = Defizit)	– 73,0	– 103,6	– 19,6	2,4	– 1,7
Bruttoinlandsprodukt in Mrd. €	2374,5	2496,2	2592,6	2644,2	2735,8
Finanzierungssaldo in % des BIP	– 3,1	– 4,2	– 0,8	0,1	– 0,1
Schuldenstand in Mrd. €	1768,9	2056,1	2085,2	2166,3	2132,6
Schuldenquote in % des BIP	74,5	82,4	80,4	81,9	78,0

(Quelle: Deutsche Bundesbank, Monatsbericht Januar 2014, Statistischer Teil, Seite 63)

Lernfeld 12 — Wirtschaftspolitische und weltwirtschaftl. Einflussgrößen auf den Ausbildungsbetrieb einschätzen

Wirkungsweise der antizyklischen Fiskalpolitik des Staates

Rezession/Krise	⇐ Konjunkturlage ⇒	Boom/Inflation
Expansive Fiskalpolitik „Erhöhung der Nachfrage" ⇓	Fiskalpolitik (antizyklische Finanzpolitik) ⇓	Restriktive Fiskalpolitik „Dämpfung der Nachfrage" ⇓
Senkung der Steuersätze um bis zu 10 % für längstens ein Jahr	Einnahmenpolitik (StabG § 26)	**Erhöhung der Steuersätze** um bis zu 10 % für längstens ein Jahr
Erhöhung der Staatsausgaben durch Auflösung einer Konjunkturausgleichsrücklage, Aufnahme von Krediten (Deficit-Spending)	Ausgabenpolitik (StabG §§ 5, 6, 15, 19)	**Kürzung der Staatsausgaben** durch Bildung einer Konjunkturausgleichsrücklage, Rückzahlung von Krediten
Verbesserung der Abschreibungsmöglichkeiten bzw. Zahlung von Investitionsprämien (bis zu 7,5 % der Investitionsausgaben der privaten Wirtschaft) oder **Investitionszulagen**	Investitionspolitik (StabG § 26)	**Verschlechterung der Abschreibungsmöglichkeiten** bzw. Rücknahme von Investitionsprämien oder Investitionszulagen
Erhöhung der Kreditaufnahme, um Staatsausgaben vorzuziehen oder zu beschleunigen	Haushaltspolitik (StabG § 6, 19)	**Senkung der Kreditaufnahme** und Verschiebung der Staatsausgaben auf späteren Zeitpunkt
⇓	⇓	⇓
Investitionsnachfrage steigt Konsumnachfrage steigt	Wirkung am Gütermarkt	Investitionsnachfrage sinkt Konsumnachfrage sinkt
⇓	⇓	⇓
Wachstum Hoher Beschäftigungsstand	Ergebnis	**Preisniveau sinkt „Abkühlung" des Booms**

Grenzen der nachfrageorientierten Fiskalpolitik

- Fiskalpolitische Maßnahmen greifen oftmals zu spät oder zu früh (Timing-Problem).
- Fehleinschätzungen führen zu einer Über- oder Untersteuerung (Dosierungsproblem).
- Der Handlungsspielraumn wird zusätzlich durch die immense Verschuldung (Haushaltsdefizite) der öffentlichen Haushalte beschränkt.
- Die Politiker wählen häufig den Weg des geringsten Widerstands und sind nicht bereit, unpopuläre Maßnahmen zu verantworten. Die Koordinierung der fiskalpolitischen Interessen von Bund, Ländern und Gemeinden ist oft sehr schwierig.
- Der Staat kann bei seinen fiskalpolitischen Mitteln die Auslandsnachfrage nur unzureichend beeinflussen.

Angebotsorientierte Fiskalpolitik

Aus den genannten Gründen wird die nachfrageorientierte Fiskalpolitik zunehmend durch eine **angebotsorientierte Wirtschaftspolitik** abgelöst. Sie zielt auf eine Verstetigung der Wirtschaftspolitik (Abkehr vom „Stop and Go") durch mehr Markt und weniger Staat.

Merkmale einer angebotsorientierten staatlichen Wirtschaftspolitik	
Finanzpolitik	• Konsolidierung (Ausgleich) der Haushaltsdefizite • Erhöhung der Investitionsausgaben zulasten der Personalausgaben und Subventionen • Reform des Steuersystems (Steuervereinfachung) • Privatisierung der öffentlichen Unternehmen (z. B. Bahn, Post, Lufthansa)
Sozialpolitik	• Stärkere Betonung der Eigenverantwortung des Einzelnen („Subsidiarität") • Beschränkung leistungshemmender Regelungen (z. B. Lohnabstandsgebot zur Sozialhilfe)
Wettbewerbspolitik	• Förderung des Wettbewerbs durch Abbau von Handelshemmnissen • Förderungen der Forschungs- und Entwicklungstätigkeit zur Zukunftssicherung • Erleichterung von Existenzgründungen • Abbau behördlicher Hemmnisse durch vereinfachte Bau-, Verfahrensgenehmigungen und Deregulierung der Märkte (z. B. Gas-, Strom-, Telekommunikations-, Arbeitsmarkt, Kapital- und Güterverkehr)

Es scheint sich zunehmend die Erkenntnis durchzusetzen, dass eine hohe Staatsverschuldung den finanzpolitischen Spielraum in den öffentlichen Haushalten beschränkt und den nachfolgenden Generationen zusätzlich Lasten (Zinszahlungen, Tilgung) aufbürdet. Die angebotsorientierte Fiskalpolitik erfordert einen langen Atem, Unbeirrbarkeit und eine hohe Widerstandskraft gegenüber populistischen Forderungen.

Widerstände gegen die Angebotspolitik erwachsen insbesondere aus der unterschiedlichen Betroffenheit und dem unterschiedlichen politischen Gewicht der gesellschaftlichen Gruppen. Viele Maßnahmen zur Verbesserung der Rahmenbedingungen werden seitens einzelner Bevölkerungsgruppen als sozialpolitisch „ungerecht" und verteilungspolitisch schädlich empfunden („Verteilung von unten nach oben").

Gerade im Subventionsbereich zeigt sich, dass Angebotspolitik in der Realität schwer durchsetzbar ist.

2.3 Subventionen des Staates – Fass ohne Boden?

Merke: Subventionen[1] sind Begünstigungen des Staates für bestimmte Gruppen von Unternehmen und privaten Haushalten. Sie werden als Finanzhilfen, Steuerermäßigungen oder -befreiungen gewährt (StabG § 12) und sollen die Wirtschaftstätigkeit beeinflussen oder korrigieren.

Nach den **Subventionsgrundsätzen** von Bund und Ländern sollen Subventionen „grundsätzlich befristet werden", wobei „eine im Zeitablauf abnehmende Gestaltung der Anreize und Begünstigungen zweckmäßig ist", „in der Höhe begrenzt bleiben", „möglichst als Anpassungs- und Produktivitätshilfen ausgestaltet werden, weil diese – anders als Erhaltungssubventionen – eher dazu beitragen, den notwendigen Strukturwandel zu fördern".

---

[1] subvenire (lat.) = zu Hilfe kommen

Subventionen nach der Zielsetzung

Förderungssubventionen	Förderung von Existenzgründungen, Umsatzsteuerermäßigung für Lebensmittel, Kultur- und Bildungsgüter, staatliche Bürgschaften für Auslandsaufträge, Steuerbegünstigung von Spenden, Kindergeld, Arbeitnehmersparzulagen (vermögenswirksame Leistungen), Grund-, Kinderzulagen für Riesterverträge
Anpassungssubventionen	Erhaltung von Arbeitsplätzen durch zeitlich befristete Abfederung von Anpassungsprozessen in Branchen, die einen starken Umbruch durchmachen oder einem subventionierten Wettbewerb im Ausland ausgesetzt sind (z. B. Landwirtschaft, Luftfahrt-, Werftindustrie)
Erhaltungssubventionen	Erhaltung wirtschaftlicher, kultureller und regionaler Strukturen, zum Beispiel in der Landwirtschaft (wegen der Landschaftspflege) und im Bergbau (Sicherung der Energieversorgung)

Aufgrund ihrer wettbewerbsverzerrenden Wirkungen im globalen Wettbewerb und des zunehmenden Zwangs zu Haushaltseinsparungen werden Subventionen zunehmend kritisch gesehen. Die Summe aller Subventionen beträgt zurzeit etwa jährlich 50 Mrd. €. Demgegenüber bringt die gesamte Lohn- und Einkommensteuer jährlich rund 160 Mrd. € ein. Es wäre also möglich, bei Abschaffung aller Subventionen die Steuerlast drastisch zu vermindern.

Subventionen in Mrd. €

Subventionsarten	1970	1980	1990	2000	2010	2013
Finanzhilfen	7,5	13,1	15,6	22,9	17,2	16,1
Steuervergünstigungen	6,6	13,3	17,1	25,1	29,1	23,6
ERP-Finanzhilfen	0,6	1,4	2,9	5,7	0,3	0,3
EU-Marktordnungsausgaben	1,5	3,2	4,9	5,6	5,6	5,4
Gesamtvolumen	16,2	31,0	40,5	59,3	52,2	45,4

(Quelle: 24. Subventionsbericht der Bundesregierung, Kurzfassung, Seite 21)

Argumente der Gegner staatlicher Subventionen

Subventionen verzerren den Leistungswettbewerb	• Die Auslesefunktion des Marktes wird verhindert. • Subventionierte Unternehmen mindern die Wettbewerbschancen der noch rentabel arbeitenden Unternehmen.
Subventionen bremsen das Wirtschaftswachstum	• Die Ressourcen zur Lebensverlängerung maroder Unternehmen fehlen für den Aufbau neuer, zukunftsträchtiger Industrien.
Subventionen fördern Mitnahmeeffekte	• Die staatliche Förderung von „Zukunftsindustrien" kommt auch jenen zugute, die in diesen Bereichen auch ohne öffentliche Hilfen investiert hätten. • Ganze Branchen gewöhnen sich an staatliche Hilfen und werden zu permanenten „Kostgängern" des Staates.
Subventionen hemmen den Anpassungs- und Innovationsdruck	• Unrentable Unternehmen können im Krisenfall mit staatlicher Hilfe rechnen und sind dadurch nicht mehr gezwungen, sich aus eigener Kraft den Herausforderungen des Wettbewerbs zu stellen (die Krise wird dadurch konserviert, aber nicht beseitigt).
Subventionen verlagern das unternehmerische Risiko auf die Allgemeinheit	• In Schönwetterzeiten streichen die Unternehmen die Gewinne allein ein, in Verlustzeiten erwarten sie staatliche Hilfen („Privatisierung der Gewinne, Sozialisierung der Verluste").

2.4 Strukturpolitik des Staates – Reich hilft Arm

2.4.1 Strukturwandel – sektoral und regional

In einer Marktwirtschaft finden aufgrund des Wettbewerbs und der nationalen und internationalen Arbeitsteilung fortwährend Veränderungen und Anpassungen statt. Die Veränderung wirtschaftlicher Strukturen wird als **Strukturwandel** bezeichnet.

Ebenen des Strukturwandels	
Sektoraler Strukturwandel	In allen entwickelten Volkswirtschaften ist seit dem 19. Jahrhundert ein Übergang von der Agrar- in eine Industriegesellschaft und seit Mitte des 20. Jahrhunderts in eine Dienstleistungsgesellschaft zu beobachten. Mittlerweile beschäftigt die Dienstleistungsbranche in Deutschland etwa 70 % aller Erwerbstätigen. Besonders expansiv zeigen sich gesundheits- und unternehmensnahe Dienste wie Werbung, Finanzierung, Kundenservice. Angesichts der wachsenden Bedeutung der Informations- und Kommunikationstechnologien spricht man immer häufiger von einem Übergang zur Informationsgesellschaft **(Vier-Sektoren-Modell).**
Intrasektoraler Strukturwandel	Auch innerhalb der großen Wirtschaftssektoren Agrarwirtschaft, Industrie, Dienstleistungen finden strukturelle Veränderungen statt. Maschinen übernehmen z. B. in der Industrieproduktion gefährliche, schwere oder belastende Arbeiten. Gut qualifizierte Arbeitskräfte gewinnen, schlecht qualifizierte Arbeitskräfte verlieren Beschäftigungsanteile.
Regionaler Strukturwandel	Auch die wirtschaftlichen Strukturen in einzelnen Regionen verändern sich. Das Ruhrgebiet hat sich z. B. mit dem Niedergang des Bergbaus und der Montanindustrie von einer Schwerindustrie-Region in ein Zentrum für hochtechnologische Industrien (z. B. im Umweltschutzbereich) und moderne Dienstleistungen gewandelt. Bestimmte Dienstleistungen ballen sich in bestimmten Zentren, z. B. Banken in Frankfurt, Versicherungen in München, Medien in Hamburg, Berlin und Köln oder die Informations- und Kommunikationstechnik (IuK) in großen Verdichtungsräumen.

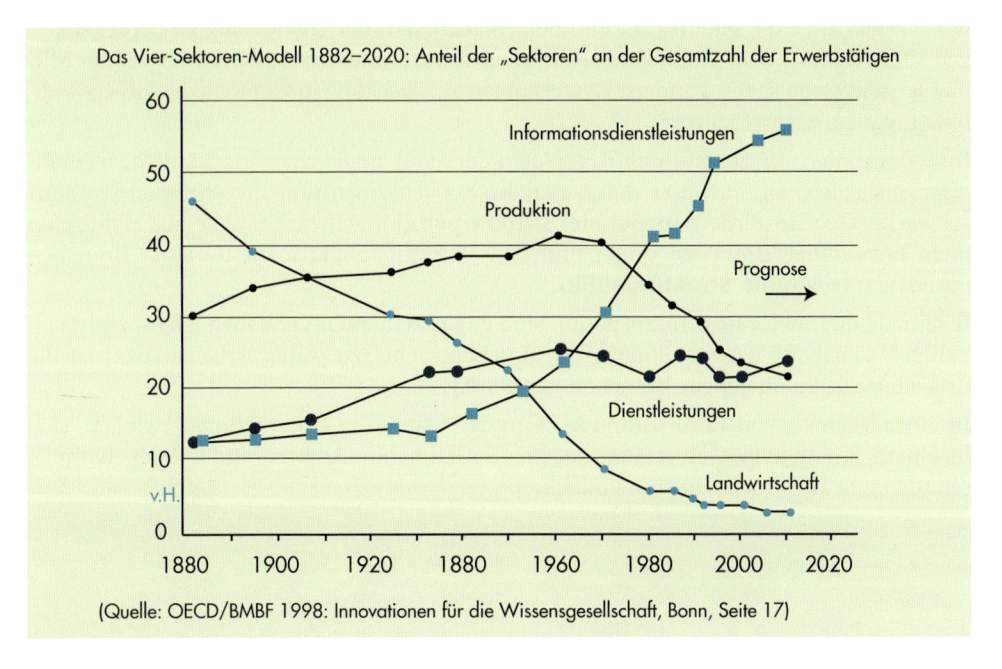

Das Vier-Sektoren-Modell 1882–2020: Anteil der „Sektoren" an der Gesamtzahl der Erwerbstätigen

(Quelle: OECD/BMBF 1998: Innovationen für die Wissensgesellschaft, Bonn, Seite 17)

Der Produktionssektor wird in naher Zukunft nur noch etwa 20 % der Erwerbstätigen beschäftigen. Wachstumsmotor wird zunehmend der Dienstleistungssektor, der sich in gesellschafts-, wirtschaftsbezogene, distributive und haushaltsbezogene Dienstleistungen gliedert. **Gesellschaftsbezogene Dienstleistungen** sind alle Leistungen für Personen bzw. Familien, die dem sozialen und kulturellen Bedarf entsprechen, z. B. Heime, Schulen, Theater, Krankenhäuser, öffentliche Verwaltung. **Wirtschaftsbezogene Dienstleistungen** werden von privaten oder staatlichen Organisationen als Vorleistungen für andere Wirtschaftsbetriebe angeboten, z. B. Finanzierung, Versicherung, Unternehmens-, Steuerberatung. **Distributive Dienstleistungen** befriedigen Mobilitäts-, Kommunikations- und Transportbedürfnisse, z. B. Einzel-, Großhandel, Transport, Informationsdienste (Medien, Kommunikationsnetze). **Haushaltsbezogenen Dienstleistungen** werden von Endverbrauchern genutzt, z. B. Hausarzt, Kinderbetreuung, Alten-, Krankenpflege, Gartenpflege, Reinigungs-, Reparaturservice.

2.4.2 Ziele und Instrumente der Strukturpolitik

Die Wirtschaftsstruktur der Bundesrepublik Deutschland ist nicht einheitlich. In einigen Regionen ist eine *gesunde Mischung* von Industrie, Handwerk, Handel und Landwirtschaft zu beobachten, in anderen Regionen herrschen *Monostrukturen* vor, die von einem historisch gewachsenen Wirtschaftszweig geprägt sind (z. B. Landwirtschaft in weiten Teilen Niedersachsens, Montanindustrie im Ruhrgebiet, Werftindustrie in den Küstenländern und Bremen). Wirtschaftliche Monostrukturen sind sehr krisenanfällig und in strukturschwachen Gebieten gibt es nicht genügend Arbeitsplätze für die dort wohnhafte Bevölkerung.

Die Verbesserung der regionalen Wirtschaftsstruktur und der Agrarstruktur ist eine *Gemeinschaftsaufgabe* des Bundes und der Länder, die nach GG Art. 91 a gemeinsam zur **Verbesserung der Lebensverhältnisse** beitragen soll. Ebenso ist sicherzustellen, dass die unterschiedliche Finanzkraft (Steuereinnahmen) der Länder angemessen ausgeglichen wird, wobei auch die Finanzkraft und der Finanzbedarf der Gemeinden zu berücksichtigen sind (GG Art. 107, **Finanzausgleich**). Der Bund soll darüber hinaus aus seinen Mitteln leistungsschwachen Ländern Zuweisungen zur Deckung ihres Finanzbedarfs gewähren (Ergänzungszuweisungen).

Im Rahmen der Infrastrukturpolitik versucht der Staat, ungleiche wirtschaftliche Verhältnisse auszugleichen, indem er durch gezielte Subventionen und Investitionen strukturschwache Gebiete fördert **(regionale Strukturpolitik)**, schwache, aber aus politischer Sicht notwendige Branchen erhält und den Strukturwandel in bestimmten Branchen unterstützt **(sektorale Strukturpolitik)**.

Regionale und sektorale Strukturpolitik sind eng miteinander verwoben. Denn zur nachhaltigen Behebung einer regionalen Strukturschwäche (zu wenig Arbeitsplätze) ist die Ansiedlung zukunftsfähiger Branchen notwendig.

In einer freiheitlichen Rechtsordnung kann der Staat kein Unternehmen zwingen, sich in einem bestimmten Gebiet anzusiedeln. Er kann nur Anreize und Standortvorteile schaffen, um Investoren dorthin zu locken.

Ansatzpunkte und Ziele der staatlichen Strukturpolitik	
Ansatzpunkte	Ziele und Bereiche
Wirtschafts-sektoren	• **Industriepolitik** durch Förderung von Innovationen/Forschung und Entwicklung/aussichtsreichen Technologien und Einzelbranchen • **Mittelstandspolitik** durch Hilfen für kleine und mittlere Unternehmen (KMU), z. B. Hilfen bei der Eigenkapitalbeschaffung und Existenzgründung
Regionen	• **Regionalförderung** der Randzonen, strukturschwachen/monostrukturierten Gebieten durch Hilfen bei der Unternehmensansiedlung, durch Struktur-, Wohnungsbau- und Umweltschutzmaßnahmen
Ordnungs-rahmen	• Verbesserung der Rahmendaten durch **Sicherung der Ressourcen** (Investitionsförderung, Stärkung der Wettbewerbsfähigkeit und der Kapitalmärkte; Aufbau einer effizienten öffentlichen Verwaltung, Schaffung von Rechts- und Investitionssicherheit) • **Sozialpolitik:** Arbeitsmarkt-, Bildungsmaßnahmen, Verbesserung des Sozialsystems, der Einkommensverteilung und Eigentumsbildung

Instrumente der staatlichen Strukturpolitik	
Einnahmen-politik	Begünstigungen bei den Steuern, Abgaben
	Stundungen, Streckung und Darlehensrückzahlung und Zinszahlung
	Erleichterungen bei den Abschreibungen
Ausgaben-politik	Gewährung von Finanzhilfen (Subventionen)
	Vergabe/Aufstockung öffentlicher Aufträge
Minderung des staatlichen Einflusses	Privatisierung staatlicher Beteiligungen und Unternehmen (z. B. Lufthansa, Telekom)
	Vereinfachung und Verbesserung der Rahmendaten im rechtlichen, sozialen, politischen und wirtschaftlichen Bereich (Deregulierung)
	Steigerung der Effizienz staatlicher Organe

2.4.3 Strukturpolitik der Europäischen Union

Zwischen den Regionen der Europäischen Union besteht ein erhebliches Entwicklungs- und Wohlstandsgefälle. So ist das Pro-Kopf-Einkommen in den reichsten Gebieten etwa sechsmal so hoch wie in den wirtschaftlich schwächsten Regionen und auch die Beschäftigungschancen sind sehr ungleich verteilt. Diese Unterschiede abzubauen und den **wirtschaftlichen und sozialen Zusammenhalt** zu stärken ist eine der vordringlichsten Aufgaben der Europäischen Union.

Die **Strukturfonds** der EU wirken auf verschiedenen Aufgabenfeldern an der Überwindung der regionalen und strukturellen Ungleichgewichte mit. So stellt der *Europäische Fonds für regionale Entwicklung* hauptsächlich Mittel für die Verbesserung der Infrastruktur zur Verfügung, also z. B. für den Ausbau des Straßennetzes oder Wasser- und Energieversorgung. Der *Europäische Sozialfonds* unterstützt Maßnahmen zur beruflichen Bildung, zur Umschulung von Arbeitnehmern, zur Wiedereingliederung von Behinderten oder zur Erstbeschäftigung von Jugendlichen. Der *Agrarstrukturfonds* fördert Verbesserungen in der Produktion und Vermarktung landwirtschaftlicher Erzeugnisse. Der *Kohäsionsfonds* stärkt den wirtschaftlichen und sozialen Zusammenhalt im Interesse der nachhaltigen Entwicklung, indem er vor allem Vorhaben in den Bereichen Umwelt und transeuropäische Verkehrsnetze unterstützt. Gefördert werden EU-Staaten, deren Pro-Kopf-Einkommen unter 90 % des EU-Durchschnitts liegt.

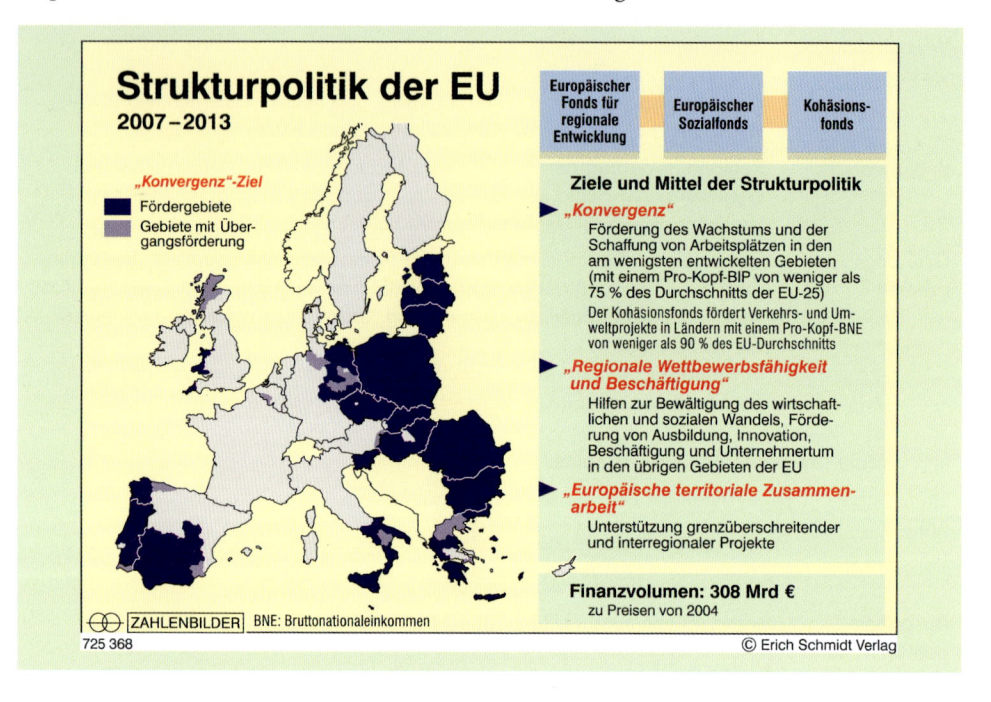

2.5 Beschäftigungs- und Arbeitsmarktpolitik

2.5.1 Ziele, Aufgaben und Leitlinien

Die Erwerbsarbeit nimmt im Leben des modernen Menschen einen zentralen Platz ein, da sie nicht nur der Sicherung des Lebensunterhalts dient, sondern auch Einfluss auf die Entwicklung und Entfaltung der Persönlichkeit hat. Angesichts der andauernden Massenarbeitslosigkeit hat die Bundesregierung den Abbau der Erwerbslosigkeit zum obersten Ziel der Wirtschaftspolitik erklärt.

Die **Beschäftigungspolitik** umfasst alle wirtschaftspolitischen Aktivitäten, die Beschäftigungslage zu beeinflussen. Dazu zählen die Arbeitsmarktpolitik (Arbeitsförderung), Teilbereiche der Struktur- und Konjunkturpolitik und weite Teile der Lohnpolitik der Tarifvertragspartner. Darüber hinaus besteht ein enger Zusammenhang zur Sozial- und Bildungspolitik. Die Bekämpfung einer ausschließlich *konjunkturell bedingten Arbeitslosigkeit* gehört zu den Aufgaben der *Fiskalpolitik*. Die regional- und branchenspezifische Arbeitslosigkeit als Teilbereich der strukturellen Arbeitslosigkeit kann nur durch die *staatliche Strukturpolitik* beseitigt bzw. abgefedert werden.

Die Bekämpfung der anderen Teilbereiche der strukturellen Arbeitslosigkeit nämlich der berufs-, qualifikations-, geschlechts- und altersspezifischen Arbeitslosigkeit gehört zu den Aufgaben der Arbeitsmarktpolitik. Zur **Arbeitsmarktpolitik** *(Arbeitsförderung)* als Teilbereich der Beschäftigungspolitik zählen alle Maßnahmen, die auf den Abstimmungsprozess zwischen Arbeitsangebot (durch Arbeitskräfte) und Arbeitsnachfrage (durch Unternehmen) auf dem Arbeitsmarkt einwirken (sogenanntes *Matching*) und die Beschäftigungsstruktur verbessern. *Mismatch* bezeichnet die Tatsache, dass die Qualifikationen der Arbeitssuchenden nicht mit den Anforderungen der angebotenen Stellen übereinstimmen. Dieses Phänomen der strukturellen Arbeitslosigkeit ist – aus wirtschaftlicher Sicht – gemeinsam mit der viel zu hohen absoluten Arbeitslosenzahl das eigentliche Problem des Arbeitsmarktes in Deutschland. Anzeichen für Mismatching sind z. B. zunehmende Überstunden und Fachkräftemangel bei gleichzeitig hoher Arbeitslosigkeit.

Die Leistungen der Arbeitsförderung zielen darauf ab, Arbeitslosigkeit zu vermeiden und die Dauer unvermeidbarer Arbeitslosigkeit zu verkürzen (SGB III § 1). Die Leistungen sind so einzusetzen, dass sie den beschäftigungspolitischen Zielen der Sozial-, Wirtschafts- und Fiskalpolitik nicht entgegenstehen.

Die Leistungen der Arbeitsförderung folgen bestimmten **Leitlinien.** Sie sollen insbesondere den Ausgleich von Angebot und Nachfrage auf dem Ausbildungs- und Arbeitsmarkt unterstützen, die zügige Besetzung offener Stellen ermöglichen, die individuelle Beschäftigungsfähigkeit durch Erhalt und Ausbau von Kenntnissen, Fertigkeiten sowie Fähigkeiten fördern, unterbezahlter Beschäftigung entgegenwirken und zu einer Weiterentwicklung der regionalen Beschäftigungs- und Infrastruktur beitragen.

2.5.2 Passive Arbeitsförderung

Mit der *passiven und aktiven Arbeitsförderung* versucht der Staat, die Arbeitslosigkeit zu bekämpfen. Die **passive Arbeitsförderung** sichert durch Geldleistungen den Lebensunterhalt des Arbeitslosen, die **aktive Arbeitsförderung** umfasst alle Maßnahmen, Arbeitslosigkeit zu vermeiden und Arbeitslose wieder in ein Arbeitsverhältnis zu bringen. Dabei besteht ein **Vorrang der aktiven Arbeitsförderung** (SGB III § 5).

Entgeltersatzleistungen

Arbeitslosengeld I – Ersatz für das Arbeitsentgelt

Sozialversicherte Arbeitnehmer haben **Anspruch auf Arbeitslosengeld I**, wenn sie sich beruflich weiterbilden oder arbeitslos sind, sich bei der örtlichen Arbeitsagentur persönlich arbeitslos gemeldet und die *Anwartschaftszeit* erfüllt haben (SGB III §§ 136–138). Die Anwartschaftszeit hat erfüllt, wer innerhalb der letzten zwei Jahre (Rahmenfrist) mindestens zwölf Monate, als Bundesfreiwilligendienstleistender oder Saisonarbeitnehmer mindestens sechs Monate in einem versicherungspflichtigen Arbeitsverhältnis gestanden hat (SGB III §§ 142–143). Der **allgemeine Leistungssatz** für das Arbeitslosengeld I beträgt 60 % des Leistungsentgelts („pauschaliertes Nettoentgelt"). Dieses ergibt sich aus dem durchschnittlichen Bruttoentgelt pro Tag (Bemessungsentgelt), das der Arbeitslose im letzten Jahr vor der Entstehung des Anspruches (Bemessungszeitraum) erzielt hat. Für Arbeitslose mit mindestens einem Kind gilt der erhöhte Leistungssatz von 67 % des Leistungsentgelts (SGB III §§ 149–150).

*Beispiel: Ein Arbeitnehmer ist zum 01.04.2013 arbeitslos geworden. In den letzten beiden Jahren war er versicherungspflichtig beschäftigt. In den letzten 360 Tagen (Bemessungszeitraum) verdiente er insgesamt 24 000,00 € brutto. Das **Bemessungsentgelt** beträgt demnach 24 000 : 360 = 66,67 € brutto pro Tag. Das pauschalierte Nettoentgelt **(Leistungsentgelt)** beträgt nach Abzug von 14,00 € für die Sozialversicherung, 8,67 € Lohnsteuer in Lohnsteuerklasse I und 0,48 € Solidaritätsbeitrag[1] 42,14 € pro Tag. Das **Arbeitslosengeld I** beträgt in diesem Fall nach dem allgemeinen Leistungssatz (60 %) 25,28 €/Tag bzw. 771,00 €/Monat.*

---

[1] Die Kirchensteuer wird seit 2003 nicht mehr abgezogen.

Dauer des Anspruchs auf Arbeitslosengeld (SGB III § 147)							
Anspruchsdauer in Monaten	6	8	10	12	15	18	24
bei einer Versicherungsdauer von mindestens ... Monaten in den letzten fünf Jahren	12	16	20	24	30	36	48
und einem Lebensalter von mindestens ... Jahren	–	–	–	–	50	55	58

Für das Arbeitslosengeld I gab die Bundesagentur für Arbeit (Sitz: Nürnberg) im Jahr 2013 etwa 15,4 Mrd. € aus. Es finanziert sich im Wesentlichen aus Beitragseinnahmen der Arbeitslosenversicherung und Ausgleichszahlungen des Bundes aus der Umsatzsteuer.

Weitere Entgeltersatzleistungen

Verliert eine Person eine von mehreren versicherungspflichtigen Beschäftigungen, erhält sie unter bestimmten Voraussetzungen **Teilarbeitslosengeld** anstelle des ausfallenden Entgelts (SGB III § 62). Liegt ein erheblicher unvermeidbarer betrieblicher Arbeitsausfall vor, so haben die Arbeitnehmer Anspruch auf **Kurzarbeitergeld**, wenn sie infolge des Arbeitsausfalls kein oder ein vermindertes Arbeitsentgelt beziehen (SGB III §§ 95 ff.). Der Antrag auf Kurzarbeitergeld wird vom Arbeitgeber gestellt. Weitere Entgeltersatzleistungen sind das **Insolvenzgeld** (SGB III § 165), wenn der Arbeitgeber zahlungsunfähig wird, und in Betrieben des Baugewerbes das **Saison-Kurzarbeitergeld**, das **Zuschuss-Wintergeld** und das **Mehraufwands-Wintergeld** (SGB III §§ 101 ff.).

Arbeitslosengeld II – Grundsicherung für Arbeitsuchende („Hartz IV")

Arbeitslosengeld II (sogenannte Grundsicherung) erhalten **erwerbsfähige Hilfebedürftige**. Das sind Personen, die das 15. Lebensjahr vollendet haben, erwerbsfähig sind, hilfebedürftig sind und ihren gewöhnlichen Aufenthalt in Deutschland haben (SGB II § 7). Leistungen erhalten auch Personen, die mit erwerbsfähigen Hilfebedürftigen in einer Bedarfsgemeinschaft leben. Zur **Bedarfsgemeinschaft** gehören der erwerbsfähige Arbeitslose, sein nicht dauernd getrennt lebender Ehegatte bzw. Lebenspartner sowie die dem Haushalt angehörenden minderjährigen, unverheirateten Kinder des erwerbsfähigen Arbeitslosen oder seines Partners, soweit sie nicht aus eigenem Einkommen und Vermögen ihren Lebensunterhalt bestreiten können.

Erwerbsfähige Hilfebedürftige erhalten als **Arbeitslosengeld II** (Alg II) Leistungen zur Sicherung des Lebensunterhalts einschließlich der angemessenen Kosten für Unterkunft und Heizung. Die *monatliche Regelleistung* beträgt für Personen, die alleinstehend oder alleinerziehend sind, 391,00 € (01.01.2014). Der Regelsatz wird jährlich zum 1. Juli an die Inflationsrate (zu 70 %) und an den Zuwachs der Nettoeinkommen (zu 30 %) angepasst (SGB II § 20). Der Regelbedarf für volljährige Partner beträgt jeweils 353,00 €. Kinder, die jünger als 6 Jahre sind, erhalten 229,00 € und von 6 bis einschließlich 13 Jahren sind es 261,00 €. Kinder und Jugendliche in einem Alter von 14 Jahren bis 17 Jahren erhalten 296,00 €. Junge Erwachsene ab 18 Jahren, die noch keine 25 Jahre alt sind und bei ihren Eltern wohnen, oder Personen zwischen 15 und unter 25 Jahren, die ohne Zusicherung des kommunalen Trägers umgezogen sind, erhalten 313,00 €. (SGB II § 20). Das Arbeitslosengeld II vermindert sich um das zu berücksichtigende Einkommen und Vermögen (SGB II § 19).

Nicht erwerbsfähige Angehörige der Bedarfsgemeinschaft, erhalten ein **Sozialgeld**, wenn sie keinen Anspruch auf Leistungen über eine bedarfsorientierte Grundsicherung im Alter und bei Erwerbsminderung haben oder diese Leistungen zur Sicherung des Lebensunterhalts nicht ausreichen. Bei der Ermittlung der bundesdurchschnittlichen Regelbedarfsstufen nach SGB XII § 27a (2) sind Stand und Entwicklung von Nettoeinkommen, Verbraucherverhalten und Lebenshaltungskosten zu berücksichtigen. Grundlage hierfür sind die durch die Einkommens- und Verbrauchsstichprobe nachgewiesenen tatsächlichen Verbrauchsausgaben unterer Einkommensgruppen.

Für die Ermittlung der Regelbedarfsstufen beauftragt das Bundesministerium für Arbeit und Soziales das Statistische Bundesamt mit Sonderauswertungen, die auf der Grundlage einer neuen Einkommens- und Verbrauchsstichprobe vorzunehmen sind (SGB XII § 28). Das Sozialgeld vermindert sich um das zu berücksichtigende Einkommen und Vermögen.

Die Grundsicherung wird allein aus Steuermitteln aufgebracht, nicht aus Beiträgen der Arbeitslosenversicherung. Die örtlichen **Agenturen für Arbeit** sind lediglich Auszahlungsstelle für die Grundsicherung. Träger der Grundsicherung für Arbeitssuchende sind die örtlichen Agenturen für Arbeit und die kommunalen Träger (kreisfreie Städte, Landkreise). Meistens haben die Agenturen für Arbeit und die kommunalen Träger **Arbeitsgemeinschaften (ARGE, Jobcenter)** gebildet, sodass die Arbeitsuchenden nur eine Anlaufstelle haben („Hilfe aus einer Hand"). Die **kommunalen Träger** finanzieren die Leistungen für Unterkunft und Heizung, die Kinderbetreuungsleistungen, die Schuldner- und Suchtberatung, die psychosoziale Betreuung und die Übernahme von besonderem, einmaligem Bedarf (z. B. Erstausstattung für Bekleidung und Wohnung).

2.5.3 Aktive Arbeitsförderung – Fordern und Fördern

Ziele und Leistungsgrundsätze

Um Arbeitslose möglichst rasch in Arbeit zurückzubringen, erhalten sie einen persönlichen Ansprechpartner (Fallmanager, pAp). Dieser analysiert in einem ausführlichen Gespräch die Situation, entwickelt daraus persönliche Ziele für den Arbeitslosen und legt den Weg dorthin fest **(Eingliederungsvereinbarung)**. Der Fallmanager berät und unterstützt den Arbeitslosen, damit dieser möglichst schnell wieder eine Beschäftigung bekommt **(Grundsatz des Förderns).** Dabei hat die Vermittlung in Ausbildung und Arbeit Vorrang vor allen anderen Maßnahmen **(Vermittlungsvorrang**, SGB III § 4). Gleichzeitig ist der Arbeitslose auch selbst gefordert, denn er und alle erwerbsfähigen Mitglieder seiner Bedarfsgemeinschaft müssen alle Möglichkeiten zur Beendigung und Verringerung ihrer Hilfebedürftigkeit nutzen und aktiv an allen angebotenen notwendigen Maßnahmen mitwirken **(Grundsatz des Forderns)**.

Lernfeld 12 Wirtschaftspolitische und weltwirtschaftl. Einflussgrößen auf den Ausbildungsbetrieb einschätzen

Leistungen an Arbeitnehmer

Beratung (SGB III §§ 29–34)	Die Agentur für Arbeit hat jungen Menschen und Erwachsenen, die am Arbeitsleben teilnehmen oder teilnehmen wollen, **Berufsberatung** und Arbeitgebern **Arbeitsmarktberatung** anzubieten. Ratsuchende sind mit deren Einverständnis ärztlich und psychologisch zu untersuchen und zu begutachten, soweit dies für die Feststellung der **Berufseignung** oder Vermittlungsfähigkeit erforderlich ist. Des Weiteren ist eine **Berufsorientierung** durchzuführen zur Vorbereitung von jungen Menschen und Erwachsenen auf die Berufswahl und zur Unterrichtung der Ausbildungssuchenden, Arbeitsuchenden, Arbeitnehmerinnen und Arbeitnehmer und Arbeitgeber.
Ausbildungs- und Arbeitsvermittlung (SGB III §§ 35–43)	Die Agentur für Arbeit hat durch Vermittlung darauf hinzuwirken, dass Ausbildungssuchende eine Ausbildungsstelle, Arbeitsuchende eine Arbeitsstelle und Arbeitgeber geeignete Auszubildende sowie geeignete Arbeitnehmerinnen und Arbeitnehmer erhalten. Sie hat dabei die Neigung, Eignung und Leistungsfähigkeit der Ausbildungssuchenden und Arbeitssuchenden sowie die Anforderungen der angebotenen Stellen zu berücksichtigen.
Berufliche Eingliederung (SGB III §§ 44–47)	Ausbildungssuchende, von Arbeitslosigkeit bedrohte Arbeitsuchende und Arbeitslose können aus dem Vermittlungsbudget der Agentur für Arbeit bei der Anbahnung oder Aufnahme einer versicherungspflichtigen Beschäftigung gefördert werden, wenn dies für die berufliche Eingliederung notwendig ist. Sie sollen insbesondere bei der Erreichung der in der **Eingliederungsvereinbarung** festgelegten Eingliederungsziele unterstützt werden. Die Förderung umfasst die Übernahme der angemessenen Kosten, soweit der Arbeitgeber gleichartige Leistungen nicht oder voraussichtlich nicht erbringen wird.
Übergang von Schule in Berufsausbildung (SGB III §§ 48–50)	Die Agentur für Arbeit kann Schülerinnen und Schüler allgemeinbildender Schulen durch vertiefte Berufsorientierung und Berufswahlvorbereitung fördern, wenn sich Dritte mit mindestens 50 % an der Förderung beteiligen. Die **Berufsorientierungsmaßnahmen** können bis zu vier Wochen dauern. Ebenso förderungsfähig sind Maßnahmen zur individuellen Begleitung und Unterstützung förderungsbedürftiger junger Menschen durch Berufseinstiegsbegleiterinnen und Berufseinstiegsbegleiter, um die Eingliederung der jungen Menschen in eine Berufsausbildung zu erreichen **(Berufseinstiegsbegleitung)**. Förderungsbedürftig sind junge Menschen, die voraussichtlich Schwierigkeiten haben werden, den Abschluss der allgemeinbildenden Schule zu erreichen oder den Übergang in eine Berufsausbildung zu bewältigen.
Berufsvorbereitung (SGB III §§ 50–55)	Die Agentur für Arbeit kann förderungsbedürftige junge Menschen durch **berufsvorbereitende Bildungsmaßnahmen** fördern, um sie auf die Aufnahme einer Berufsausbildung vorzubereiten oder, wenn die Aufnahme einer Berufsausbildung wegen in ihrer Person liegender Gründe nicht möglich ist, ihnen die berufliche Eingliederung zu erleichtern. Arbeitgeber, die eine betriebliche **Einstiegsqualifizierung** durchführen, können durch Zuschüsse zur Vergütung bis zu einer Höhe von 216,00 € monatlich zuzüglich eines pauschalierten Anteils am durchschnittlichen Gesamtsozialversicherungsbeitrag der oder des Auszubildenden gefördert werden. Die betriebliche Einstiegsqualifizierung dient der Vermittlung und Vertiefung von Grundlagen für den Erwerb beruflicher Handlungsfähigkeit. Eine Einstiegsqualifizierung kann für die Dauer von sechs bis längstens zwölf Monaten gefördert werden,
Berufsausbildungsbeihilfe (SGB III §§ 56–72)	Auszubildende haben Anspruch auf **Berufsausbildungsbeihilfe** während einer beruflichen Ausbildung oder einer berufsvorbereitenden Bildungsmaßnahme zur Deckung des Bedarfs für den Lebensunterhalt, der Fahrkosten und der sonstigen Aufwendungen (z. B. Lehrgangskosten).

	Förderungsfähig ist die erstmalige Ausbildung. Eine zweite Ausbildung kann gefördert werden, wenn zu erwarten ist, dass eine berufliche Eingliederung dauerhaft auf andere Weise nicht erreicht werden kann. Der Auszubildende wird nur gefördert, wenn er außerhalb des Haushaltes der Eltern oder eines Elternteils wohnt. Auf den Gesamtbedarf sind das Einkommen des Auszubildenden, seines nicht dauernd von ihm getrennt lebenden Ehegatten, des Lebenspartners und seiner Eltern in dieser Reihenfolge anzurechnen.
Förderung der Berufsausbildung (SGB III §§ 73–80)	Die monatlichen **Zuschüsse zur Ausbildungsvergütung** behinderter und schwerbehinderter Menschen sollen regelmäßig 60 %, bei schwerbehinderten Menschen 80 % der monatlichen Ausbildungsvergütung für das letzte Ausbildungsjahr nicht übersteigen. Bei Übernahme schwerbehinderter Menschen in ein Arbeitsverhältnis durch den ausbildenden oder einen anderen Arbeitgeber im Anschluss an eine abgeschlossene Aus- oder Weiterbildung kann ein **Eingliederungszuschuss** in Höhe von bis zu 70 % des zu berücksichtigenden Arbeitsentgelts (§ 91) für die Dauer von einem Jahr erbracht werden. **Ausbildungsbegleitende Hilfen** sind förderungsfähig, wenn sie über die Vermittlung von betriebs- und ausbildungsüblichen Inhalten hinausgehen, z. B. Maßnahmen zum Abbau von Sprach- und Bildungsdefiziten, zur Förderung fachpraktischer und fachtheoretischer Fertigkeiten, Kenntnisse und Fähigkeiten und zur sozialpädagogischen Begleitung. Ebenso sind Maßnahmen zur Berufsausbildung in einer außerbetrieblichen Einrichtung förderungsfähig.
	Als Maßnahmekosten werden erstattet: 1. die angemessenen Aufwendungen für das zur Durchführung der Maßnahme eingesetzte erforderliche Ausbildungs- und Betreuungspersonal, einschließlich dessen regelmäßiger fachlicher Weiterbildung, sowie für das erforderliche Leitungs- und Verwaltungspersonal, 2. die angemessenen Sach- und Verwaltungskosten sowie 3. eine Pauschale für jede vorzeitige und nachhaltige Vermittlung aus einer nach § 76 geförderten außerbetrieblichen Berufsausbildung in eine betriebliche Berufsausbildung. Die Pauschale beträgt 2 000,00 € für jede Vermittlung (**Vermittlungspauschale**). Die Vermittlung gilt als vorzeitig, wenn die oder der Auszubildende spätestens zwölf Monate vor dem vertraglichen Ende der außerbetrieblichen Berufsausbildung vermittelt worden ist. Die Vermittlung gilt als nachhaltig, wenn das Berufsausbildungsverhältnis länger als vier Monate fortbesteht. Die Pauschale wird für jede Auszubildende und jeden Auszubildenden nur einmal gezahlt.
Förderung der beruflichen Weiterbildung (SGB III §§ 81–87)	Arbeitnehmerinnen und Arbeitnehmer können bei beruflicher Weiterbildung durch **Übernahme der Weiterbildungskosten** gefördert werden, wenn die Weiterbildung notwendig ist, um sie bei Arbeitslosigkeit beruflich einzugliedern, eine ihnen drohende Arbeitslosigkeit abzuwenden oder weil bei ihnen wegen fehlenden Berufsabschlusses die Notwendigkeit der Weiterbildung anerkannt ist, die Agentur für Arbeit sie vor Beginn der Teilnahme beraten hat und die Maßnahme und der Träger der Maßnahme für die Förderung zugelassen sind. Der Arbeitnehmerin oder dem Arbeitnehmer wird das Vorliegen der Voraussetzungen für eine Förderung bescheinigt (**Bildungsgutschein**). Der Bildungsgutschein kann zeitlich befristet sowie regional und auf bestimmte Bildungsziele beschränkt werden. Der von der Arbeitnehmerin oder vom Arbeitnehmer ausgewählte Träger hat der Agentur für Arbeit den Bildungsgutschein vor Beginn der Maßnahme vorzulegen. Für die berufliche

Lernfeld 12 — Wirtschaftspolitische und weltwirtschaftl. Einflussgrößen auf den Ausbildungsbetrieb einschätzen

	Weiterbildung von Arbeitnehmerinnen und Arbeitnehmern, bei denen die Notwendigkeit der Weiterbildung wegen eines fehlenden Berufsabschlusses anerkannt ist, können Arbeitgeber durch **Zuschüsse zum Arbeitsentgelt** gefördert werden, soweit die Weiterbildung im Rahmen eines bestehenden Arbeitsverhältnisses durchgeführt wird. **Weiterbildungskosten** sind die durch die Weiterbildung unmittelbar entstehenden Lehrgangskosten und Kosten für die Eignungsfeststellung, Fahrkosten, Kosten für auswärtige Unterbringung und Verpflegung, Kosten für die Betreuung von Kindern.
Förderung der Aufnahme einer sozialversicherungspflichtigen Beschäftigung (SGB III §§ 88–92)	Arbeitgeber können zur Eingliederung von Arbeitnehmerinnen und Arbeitnehmern, deren Vermittlung wegen in ihrer Person liegender Gründe erschwert ist, einen Zuschuss zum Arbeitsentgelt zum Ausgleich einer Minderleistung erhalten (**Eingliederungszuschuss**). Die Förderhöhe und die Förderdauer richten sich nach dem Umfang der Einschränkung der Arbeitsleistung der Arbeitnehmerin oder des Arbeitnehmers und nach den Anforderungen des jeweiligen Arbeitsplatzes (Minderleistung). Der Eingliederungszuschuss kann bis zu 50 % des zu berücksichtigenden Arbeitsentgelts und die Förderdauer bis zu zwölf Monate betragen. Für behinderte und schwerbehinderte Menschen kann der Eingliederungszuschuss bis zu 70 % des zu berücksichtigenden Arbeitsentgelts und die Förderdauer bis zu 24 Monate betragen. Bei der Entscheidung ist zu berücksichtigen, ob der schwerbehinderte Mensch ohne gesetzliche Verpflichtung oder über die Beschäftigungspflicht nach dem Teil 2 SGB IX hinaus eingestellt und beschäftigt wird.
Förderung der Aufnahme einer selbstständigen Tätigkeit (SGB III §§ 93–94)	Arbeitnehmerinnen und Arbeitnehmer, die durch Aufnahme einer selbständigen, hauptberuflichen Tätigkeit die Arbeitslosigkeit beenden, können zur Sicherung des Lebensunterhalts und zur sozialen Sicherung in der Zeit nach der Existenzgründung einen **Gründungszuschuss** erhalten. Ein Gründungszuschuss kann geleistet werden, wenn die Arbeitnehmerin oder der Arbeitnehmer bis zur Aufnahme der selbständigen Tätigkeit einen Anspruch auf Arbeitslosengeld noch mindestens 150 Tage hat, der Agentur für Arbeit die Tragfähigkeit der Existenzgründung nachweist und ihre oder seine Kenntnisse und Fähigkeiten zur Ausübung der selbständigen Tätigkeit darlegt. Zum **Nachweis der Tragfähigkeit** der Existenzgründung ist der Agentur für Arbeit die Stellungnahme einer fachkundigen Stelle vorzulegen; fachkundige Stellen sind insbesondere die Industrie- und Handelskammern, Handwerkskammern, berufsständische Kammern, Fachverbände und Kreditinstitute. Als Gründungszuschuss wird für die Dauer von 6 Monaten der Betrag geleistet, den die Arbeitnehmerin oder der Arbeitnehmer als Arbeitslosengeld zuletzt bezogen hat, zuzüglich monatlich 300,00 €. Er wird weitere 9 Monate geleistet, wenn die geförderte Person ihre Geschäftstätigkeit anhand geeigneter Unterlagen darlegt.
Zuweisung von Arbeitsgelegenheiten (Ein-Euro-Jobs) (SGB II § 16d)	Erwerbsfähige Leistungsberechtigte können zur Erhaltung oder Wiedererlangung ihrer Beschäftigungsfähigkeit, die für eine Eingliederung in Arbeit erforderlich ist, in **Arbeitsgelegenheiten** zugewiesen werden, wenn die darin verrichteten Arbeiten zusätzlich sind, im öffentlichen Interesse liegen und wettbewerbsneutral sind. Erwerbsfähige Leistungsberechtigte dürfen innerhalb eines Zeitraums von fünf Jahren nicht länger als insgesamt 24 Monate in Arbeitsgelegenheiten zugewiesen werden. Den Leistungsberechtigten ist während einer Arbeitsgelegenheit zuzüglich zum Arbeitslosengeld II von der Agentur für Arbeit eine angemessene Entschädigung für Mehraufwendungen zu zahlen, z. B. 1,00 €/Std. Die Arbeiten begründen kein Arbeitsverhältnis im Sinne des Arbeitsrechts.

Wirtschaftspolitische und weltwirtschaftl. Einflussgrößen auf den Ausbildungsbetrieb einschätzen **Lernfeld 12**

Kostenersatz für Bildung und Teilhabe (SGB II § 28)

Zusätzlich zum maßgebenden Regelbedarf haben Kinder und Jugendliche aus bedürftigen Familien einen Anspruch auf Bildungs- und Teilhabeleistungen aus dem sogenannten **Bildungspaket**. Das Bildungspaket stellt folgende Geldleistungen bereit: pro Schuljahr 100,00 € für Schulbedarf, 10,00 € im Monat für das Mitmachen in Sport, Kultur und Freizeit, einen Zuschuss für jede warme Mahlzeit in der Schulkantine, im Hort oder in der Kindertageseinrichtung, Kostenersatz für die Schülerbeförderung zur nächstgelegenen Schule, für Tagesausflüge in Schule und Kita und für die Lernförderung für Schüler, deren Versetzung gefährdet ist.

ZUSAMMENFASSUNG

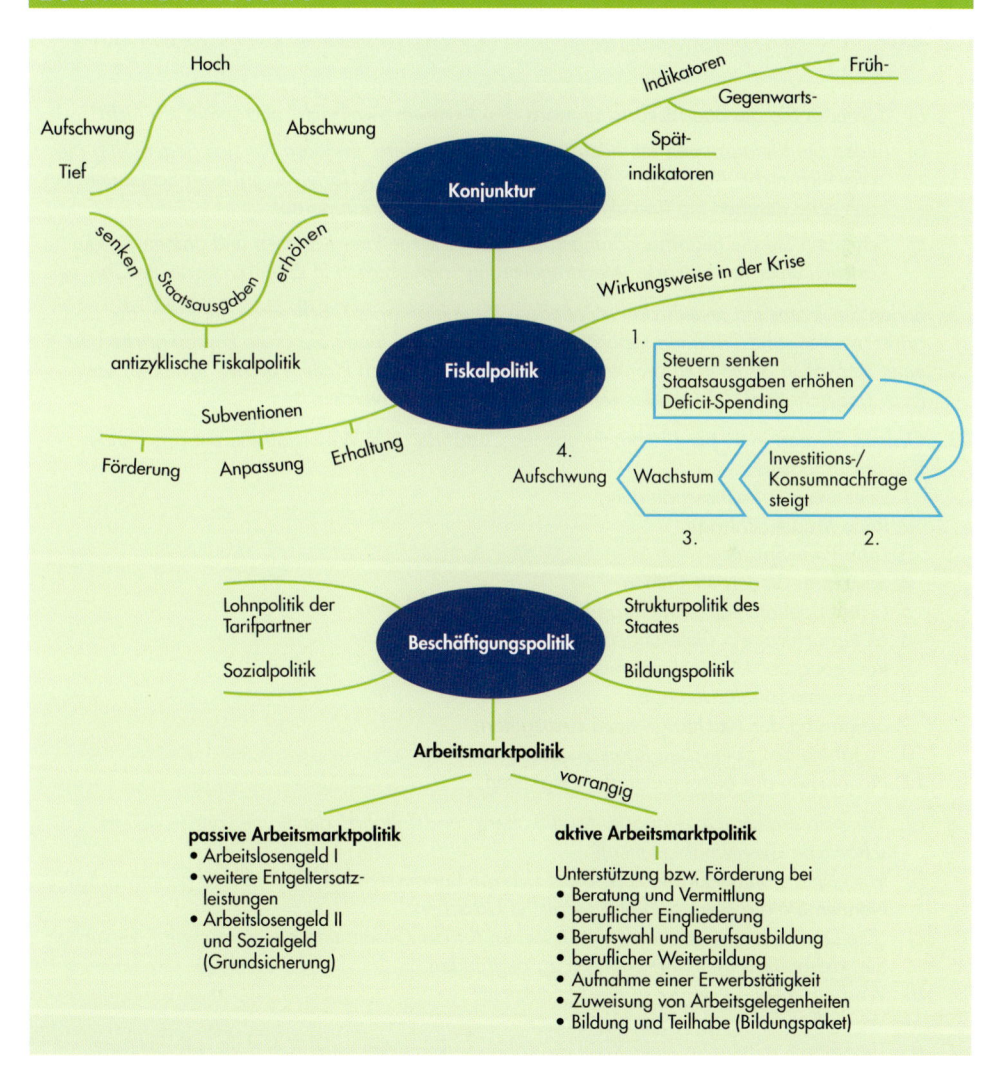

Konjunktur
- Hoch, Aufschwung, Abschwung, Tief
- Indikatoren: Früh-, Gegenwarts-, Spätindikatoren

Fiskalpolitik
- antizyklische Fiskalpolitik: Staatsausgaben senken / erhöhen
- Subventionen: Förderung, Anpassung, Erhaltung
- Wirkungsweise in der Krise:
  1. Steuern senken, Staatsausgaben erhöhen, Deficit-Spending
  2. Investitions-/Konsumnachfrage steigt
  3.
  4. Aufschwung – Wachstum

Beschäftigungspolitik
- Lohnpolitik der Tarifpartner
- Strukturpolitik des Staates
- Sozialpolitik
- Bildungspolitik
- Arbeitsmarktpolitik (vorrangig)

passive Arbeitsmarktpolitik
- Arbeitslosengeld I
- weitere Entgeltersatzleistungen
- Arbeitslosengeld II und Sozialgeld (Grundsicherung)

aktive Arbeitsmarktpolitik
Unterstützung bzw. Förderung bei
- Beratung und Vermittlung
- beruflicher Eingliederung
- Berufswahl und Berufsausbildung
- beruflicher Weiterbildung
- Aufnahme einer Erwerbstätigkeit
- Zuweisung von Arbeitsgelegenheiten
- Bildung und Teilhabe (Bildungspaket)

Lernfeld 12 — Wirtschaftspolitische und weltwirtschaftl. Einflussgrößen auf den Ausbildungsbetrieb einschätzen

AUFGABEN

1. Schreiben Sie jeden der folgenden Begriffe auf die Kopfzeile eines DIN-A-6-Kärtchens:

   Konjunktur (Begriff), Konjunkturzyklus (Phasen), Konjunkturindikatoren, Fiskalpolitik (Begriff), Antizyklische Fiskalpolitik, Deficit-Spending, Goldene Regel der Fiskalpolitik, Europäischer Stabilitäts- und Wachstumspakt (Ziele), Fiskalpolitik (Wirkungsweise in einer Krise), Angebotsorientierte Konjunkturpolitik, Subventionen (Begriff), Subventionsgrundsätze, Subventionen (Ziele bzw. Arten), Subventionen (Kritik), Strukturwandel (Ebenen) Vier-Sektoren-Modell, Dienstleistungen (gesellschafts-, wirtschafts-, haushaltsbezogene, distributive), Strukturpolitik (Ansatzpunkte, Bereiche), Strukturpolitik (Instrumente), Beschäftigungspolitik (Aufgaben, Ziele), Arbeitsmarktpolitik (Aufgaben, Ziele), Arbeitsmarktpolitik (Leitlinien), passive Arbeitsmarktpolitik (Begriff, Beispiele), Arbeitslosengeld I (Voraussetzungen, Höhe, Dauer), Arbeitslosengeld II (Voraussetzungen, Höhe), Sozialgeld, Arbeitsgemeinschaft (ARGE, Jobcenter), aktive Arbeitsmarktpolitik (Begriff, Grundsätze, Beispiele), Ein-Euro-Job

   a) Sortieren Sie die Begriffskärtchen nach den Kriterien „weiß ich" und „weiß ich nicht".
   b) Bilden Sie Kleingruppen mit höchstens drei Mitgliedern. Erklären Sie sich gegenseitig die „Weiß-ich-nicht"-Kärtchen. Schlagen Sie dabei die ungeklärten Begriffe im Schulbuch nach oder nehmen Sie Kontakt zu einer anderen Kleingruppe auf.
   c) Schreiben Sie die Begriffserklärungen auf die Rückseite Ihrer Kärtchen und ordnen Sie die Kärtchen unter der Leitkarte „Marktregulierung" alphabetisch in Ihren Lernkartei-Behälter ein.

2. Bilden Sie Teams mit jeweils drei Mitgliedern (Stammgruppen). Schreiben Sie jeden der Begriffe aus Aufgabe 1 auf ein separates Stück Papier und fügen Sie diese Papierkärtchen zu einer sinnvollen Struktur zusammen. Die Struktur kann durch Pfeile, Farben, Symbole, Texte (z. B. Überschriften), Bilder oder weitere Begriffe ergänzt werden.

3. Ordnen Sie den in 1. bis 11. beschriebenen Zuständen der Wirtschaft die entsprechende Konjunkturphase zu.
   1. Zunehmende Vollbeschäftigung
   2. Rege Kreditnachfrage
   3. Lohn-Preis-Spirale
   4. Sinkendes Steueraufkommen
   5. Güterangebot > Güternachfrage
   6. Güternachfrage > Güterangebot
   7. Rückgang der Unternehmerinitiative
   8. Überhöhte Lohnforderungen
   9. Steigerung der Nachfrage nach Luxusgütern
   10. Zunahme des politischen Radikalismus
   11. Nachlassen der allgemeinen Bautätigkeiten

4. a) Weshalb ergibt sich zwangsläufig die „Berg- und Talfahrt" der Konjunktur (volkswirtschaftliche Gesetzmäßigkeiten)?
   b) In welcher Konjunkturphase befindet sich die Bundesrepublik Deutschland gegenwärtig? Nennen Sie die Merkmale und mögliche Ursachen.
   c) „Die Depression birgt bereits die Ursachen für die Gesundung der Wirtschaft." Versuchen Sie, diesen Satz volkswirtschaftlich zu begründen.
   d) Weshalb fallen in der Krise die Aktienkurse?
   e) Weshalb fallen in der Krise die Zinsen?
   f) Theoretisch müssen in einer Krise die Löhne sinken. Wer wird sich dagegen wehren? Welche volkswirtschaftlichen Folgen ergeben sich aus dieser Situation?

Wirtschaftspolitische und weltwirtschaftl. Einflussgrößen auf den Ausbildungsbetrieb einschätzen — **Lernfeld 12**

5 Erläutern Sie die Kernaussagen der beiden Karikaturen.

„Schreiben Sie es an, der bezahlt, wenn er groß ist."

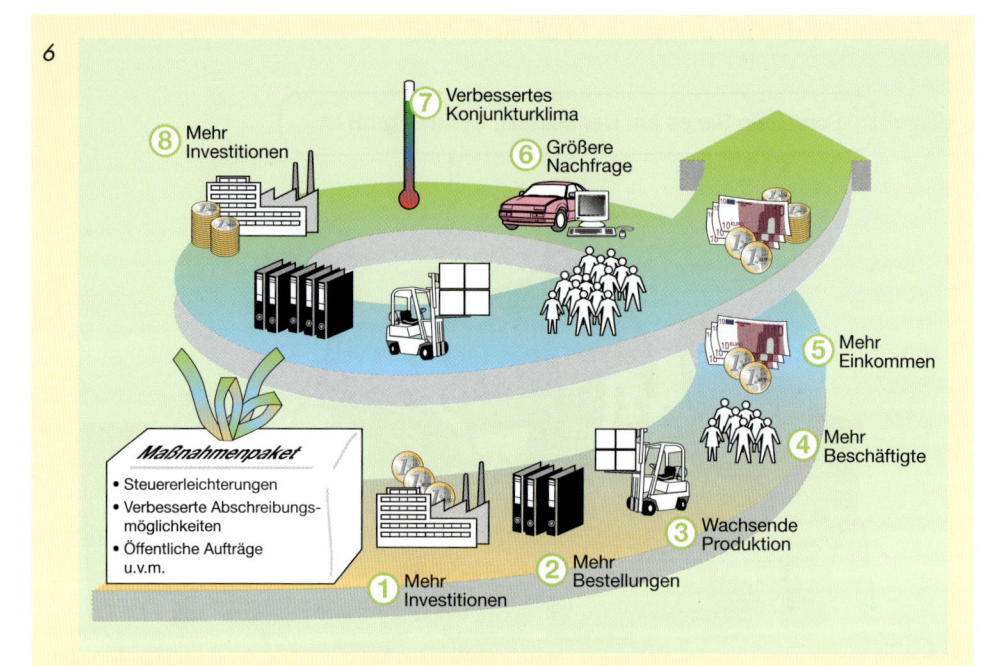

Lernfeld 12 — Wirtschaftspolitische und weltwirtschaftl. Einflussgrößen auf den Ausbildungsbetrieb einschätzen

6

Grafik: Wirkungskette eines Maßnahmenpakets (Steuererleichterungen, Verbesserte Abschreibungsmöglichkeiten, Öffentliche Aufträge u.v.m.):

1. Mehr Investitionen
2. Mehr Bestellungen
3. Wachsende Produktion
4. Mehr Beschäftigte
5. Mehr Einkommen
6. Größere Nachfrage
7. Verbessertes Konjunkturklima
8. Mehr Investitionen

a) Vollziehen Sie die in obiger Grafik dargestellte Wirkungskette nach.
b) Angenommen, der Staat will gegen eine Inflation vorgehen. Schlagen Sie eine Maßnahme vor und stellen Sie die damit beabsichtigte Wirkungskette dar.

7

Der Kobra-Effekt

Indien zu Zeiten der englischen Kolonialzeit: Das Land leidet unter einer Kobra-Plage. Um diesem Übel Herr zu werden, setzt der Gouverneur eine Prämie für jeden abgelieferten Kobra-Kopf aus. Statt jedoch möglichst viele Kobras zu fangen und abzuliefern, züchteten die Inder massenhaft neue Kobras, um deren Köpfe abzuliefern und die Prämie zu kassieren.

a) Erläutern Sie den Kobra-Effekt und äußern Sie Ihre Meinung dazu.
b) Übertragen Sie Ihre Erkenntnisse auf die heutige Wirtschaftspolitik, die Anreize gibt und ihre gesteckten Ziele oft trotzdem nicht erreicht.
c) „Die gesamte Geschichte der Entwicklung öffentlicher Einrichtungen ist eine Geschichte fortwährenden Kampfes, besondere Gruppeninteressen daran zu hindern, den Regierungsapparat zum Nutzen des Kollektivinteresses dieser Gruppen zu missbrauchen. Dieser Kampf ist gewiss nicht mit der gegenwärtigen Tendenz beendet, alles als Gemeininteresse zu definieren, wofür sich eine Mehrheit, die sich aus einer Koalition organisierter Interessen bildet, entscheidet." (Zitat von Friedrich von Hayek).
Nehmen Sie zu dieser Aussage Stellung.

8 Die Arbeitslosigkeit führt zu Problemen für den Einzelnen und für die Gesellschaft. Begründen Sie diese Feststellung.

9 a) Erläutern Sie die Grenzen der nachfrageorientierten (antizyklischen) Fiskalpolitik?
   b) Unterscheiden Sie die nachfrageorientierte (antizyklische) Fiskalpolitik von der angebotsorientierten Fiskalpolitik.
   c)

	Deutschland Mrd. Reichsmark				Schweden Mio. schwedische Kronen			
	1929	1930	1931	1932	1929	1930	1931	1932
Volkseinkommen	75,9	70,2	57,5	45,2	8220	8137	7387	6841
Öffentliche Ausgaben	20,9	20,4	17,0	14,5	757	783	858	912

Beurteilen Sie die Fiskalpolitik der deutschen und der schwedischen Regierung zur Zeit der Weltwirtschaftskrise.

10

Arbeitsmarktregulierung: Jobs nicht sicherer

Index für Arbeitsmarktregulierung (0 = geringe, 6 = hohe Regulierung) und für empfundene Arbeitsplatzsicherheit (1 = geringe, 4 = hohe Sicherheit)

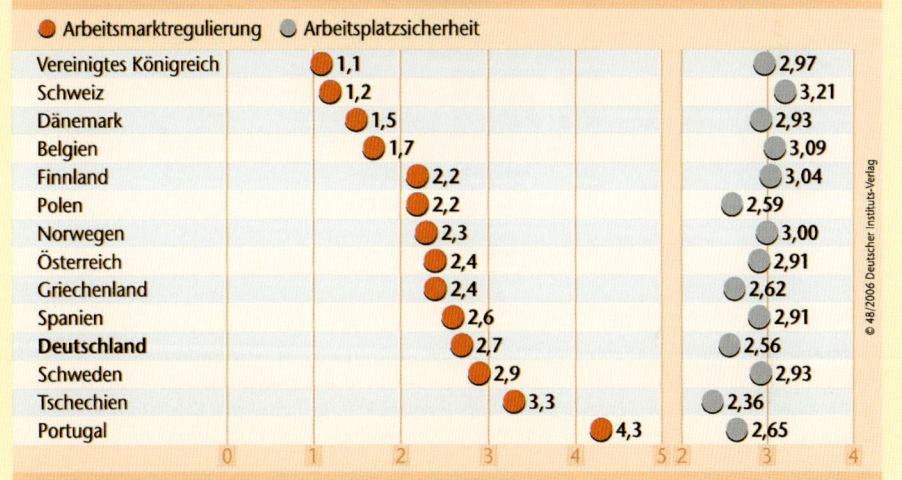

● Arbeitsmarktregulierung   ○ Arbeitsplatzsicherheit

Land	Arbeitsmarktregulierung	Arbeitsplatzsicherheit
Vereinigtes Königreich	1,1	2,97
Schweiz	1,2	3,21
Dänemark	1,5	2,93
Belgien	1,7	3,09
Finnland	2,2	3,04
Polen	2,2	2,59
Norwegen	2,3	3,00
Österreich	2,4	2,91
Griechenland	2,4	2,62
Spanien	2,6	2,91
Deutschland	2,7	2,56
Schweden	2,9	2,93
Tschechien	3,3	2,36
Portugal	4,3	2,65

Stand: 2004; Arbeitsmarktregulierung: bezogen auf unbefristete Beschäftigung; empfundene Arbeitsplatzsicherheit: Befragung von rund 34.000 Beschäftigten in 17 Ländern Europas im Jahr 2004; Ursprungsdaten: European Social Survey, OECD

Institut der deutschen Wirtschaft Köln

© 48/2006 Deutscher Instituts-Verlag

(Quelle: 2006, Deutscher Instituts-Verlag GmbH • iwd 48)

a) Erläutern Sie die Aussagen der obigen Grafik.
b) Nennen Sie Beispiele für Gesetze und Verordnungen, die in den Arbeitsmarkt eingreifen.
c) Suchen Sie nach Gründen, weshalb die Arbeitsplätze durch die Arbeitsmarktregulierung nicht sicherer werden.

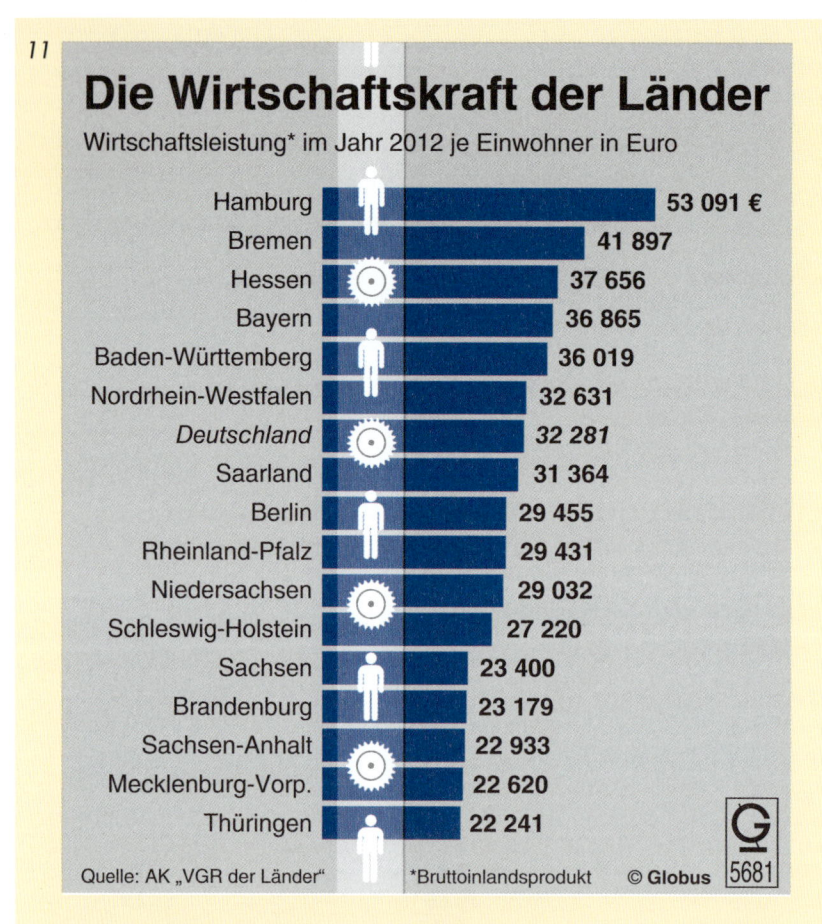

Lernfeld 12 — Wirtschaftspolitische und weltwirtschaftl. Einflussgrößen auf den Ausbildungsbetrieb einschätzen

11

Die Wirtschaftskraft der Länder
Wirtschaftsleistung* im Jahr 2012 je Einwohner in Euro

Bundesland	€
Hamburg	53 091 €
Bremen	41 897
Hessen	37 656
Bayern	36 865
Baden-Württemberg	36 019
Nordrhein-Westfalen	32 631
Deutschland	32 281
Saarland	31 364
Berlin	29 455
Rheinland-Pfalz	29 431
Niedersachsen	29 032
Schleswig-Holstein	27 220
Sachsen	23 400
Brandenburg	23 179
Sachsen-Anhalt	22 933
Mecklenburg-Vorp.	22 620
Thüringen	22 241

Quelle: AK „VGR der Länder" *Bruttoinlandsprodukt © Globus 5681

Hamburg hat die mit Abstand größte Wirtschaftskraft von allen Bundesländern. Das Bruttoinlandsprodukt (BIP) je Einwohner erreichte in der Hansestadt im Jahr 2012 eine Höhe von 53 091 Euro. Damit wurde das zweitplatzierte Land, der Stadtstaat Bremen, um mehr als ein Viertel übertroffen. Für diesen Spitzenplatz haben allerdings nicht allein die Hamburger Bürger gesorgt. Mitgeholfen haben auch die Erwerbstätigen, die ihren Wohnsitz im Umland von Hamburg (vor allem in den Randgebieten von Schleswig-Holstein und Niedersachsen, dem so genannten „Speckgürtel") haben und zu ihrem Arbeitsplatz in die Elbmetropole pendeln. Am unteren Ende der BIP-Skala lagen die ostdeutschen Bundesländer, angeführt von Sachsen mit einer Wirtschaftsleistung von 23 400 Euro je Einwohner. Thüringen hat mit einem Bruttoinlandsprodukt von 22 241 Euro je Einwohner die geringste Wirtschaftskraft.

(Quelle: dpa Picture Alliance GmbH, 2013)

Begründen Sie anhand der Grafik die Notwendigkeit der staatlichen Strukturpolitik.

Wirtschaftspolitische und weltwirtschaftl. Einflussgrößen auf den Ausbildungsbetrieb einschätzen — **Lernfeld 12**

3 Geldpolitik der Europäischen Zentralbank

PROBLEM

Sabrina Völkel und Mario Töpfer haben soeben ihre Lohnabrechnung erhalten.

Sabrina: „Super! Fast 10,00 € mehr. Das verdanken wir unserer Gewerkschaft."

Mario: „Was du nicht sagst. Schau doch mal unten. Netto bleiben dir von deinen 10,00 € gerade mal 8,00 €. Die Abzüge für die Sozialversicherung sind höher geworden. Wenn wir noch Steuern zahlen müssten, hätten wir höchstens 5,00 € mehr."

Sabrina: „Besser als gar keine Lohnerhöhung ist es ja. Das reicht für eine zusätzliche große Pizza im Monat."

Mario: „Die Pizza hast du letztes Jahr noch für 6,00 € bekommen. Jetzt musst du 10,00 € dafür hinlegen. Und wenn du die Erhöhung der Eintrittspreise fürs Kino und die Disco noch dazurechnest, dann zahlst du noch drauf."

Sabrina: „Du hast recht! Preiserhöhungen gehören allgemein verboten. Wer kümmert sich eigentlich darum, dass die Preise stabil bleiben?"

Mario: „Da sind die Bundesbank und die Europäische Zentralbank zuständig. Mir wäre es schon recht, wenn die Löhne genauso steigen würden wie die Preise. Dann würden wir wenigstens nicht draufzahlen."

Sabrina: (blättert im Wirtschaftsteil der Tageszeitung) „Da schau mal die Statistik an!"

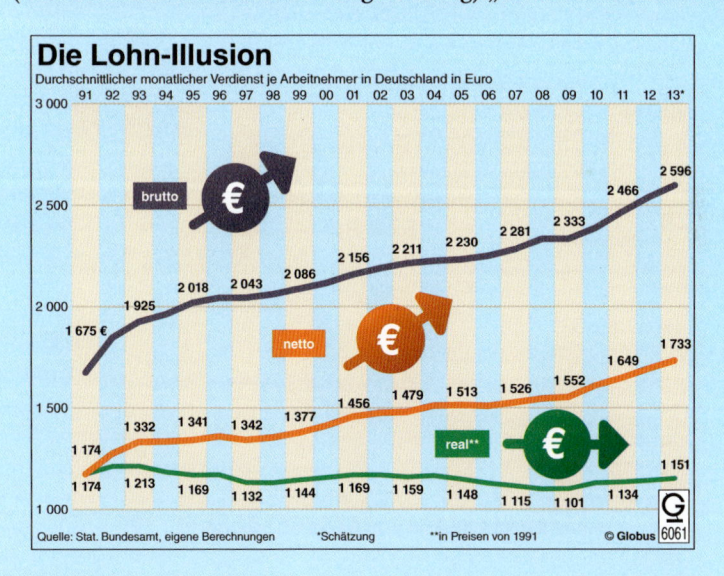

Die Lohn-Illusion
Durchschnittlicher monatlicher Verdienst je Arbeitnehmer in Deutschland in Euro

Jahr	brutto	netto	real**
91	1 925	1 174	1 174
92	2 018	1 332	1 213
93	2 043	1 341	1 169
94	2 086	1 342	1 132
95	2 156	1 377	1 144
96	2 211	1 456	1 169
97	2 230	1 479	1 159
98	2 281	1 513	1 148
99	2 333	1 526	1 115
00	2 466	1 552	1 101
01	2 596	1 649	1 134
13*		1 733	1 151

(Brutto beginnt bei 1 675 €)

Quelle: Stat. Bundesamt, eigene Berechnungen   *Schätzung   **in Preisen von 1991   © Globus 6061

1. Interpretieren Sie die obige Statistik.
2. Führen Sie das Gespräch zwischen Sabrina und Mario weiter und ergänzen Sie es um Ihre eigenen Erfahrungen.
3. Sammeln Sie Zeitungsmeldungen zur Politik der Europäischen Zentralbank (EZB). Nehmen Sie zu den Schlagzeilen Stellung. In welcher Weise trägt die EZB zur Erhaltung der Preisstabiliät bei?

| Lernfeld 12 | Wirtschaftspolitische und weltwirtschaftl. Einflussgrößen auf den Ausbildungsbetrieb einschätzen |

3.1 Aufbau, Ziele und Aufgaben der Europäischen Zentralbank

Aufbau der Europäischen Zentralbank

Die **Europäische Zentralbank** (**EZB**, Sitz: Frankfurt am Main) und die 18 rechtlich selbstständigen nationalen Zentralbanken (NZBen) der Teilnehmerstaaten der Europäischen Währungsunion (EWU) bilden zusammen das **Eurosystem**. Oberstes Leitungs- und Entscheidungsorgan des Eurosystems ist der EZB-Rat. Ihm gehören die sechs Mitglieder des Direktoriums[1] der EZB und die 18 Präsidenten der nationalen Zentralbanken der Mitgliedstaaten an. Der **EZB-Rat** legt insbesondere die Geldpolitik innerhalb der Eurozone fest und erlässt hierfür die notwendigen Leitlinien und Entscheidungen. Das **Direktorium** ist ermächtigt, die Geldpolitik gemäß den Leitlinien und Entscheidungen des EZB-Rats auszuführen.

Davon zu unterscheiden ist das **Europäische System der Zentralbanken** (ESZB). Dieses umfasst die EZB und die NZBen *aller 28 Mitgliedstaaten* der Europäischen Union (EU). Das ESZB wird vom EZB-Rat, dem Direktorium der EZB und dem **Erweiterten Rat** als drittem Beschlussorgan geleitet. Der Erweiterte Rat setzt sich aus dem Präsidenten, dem Vizepräsidenten und den Zentralbankpräsidenten aller 28 NZBen zusammen.

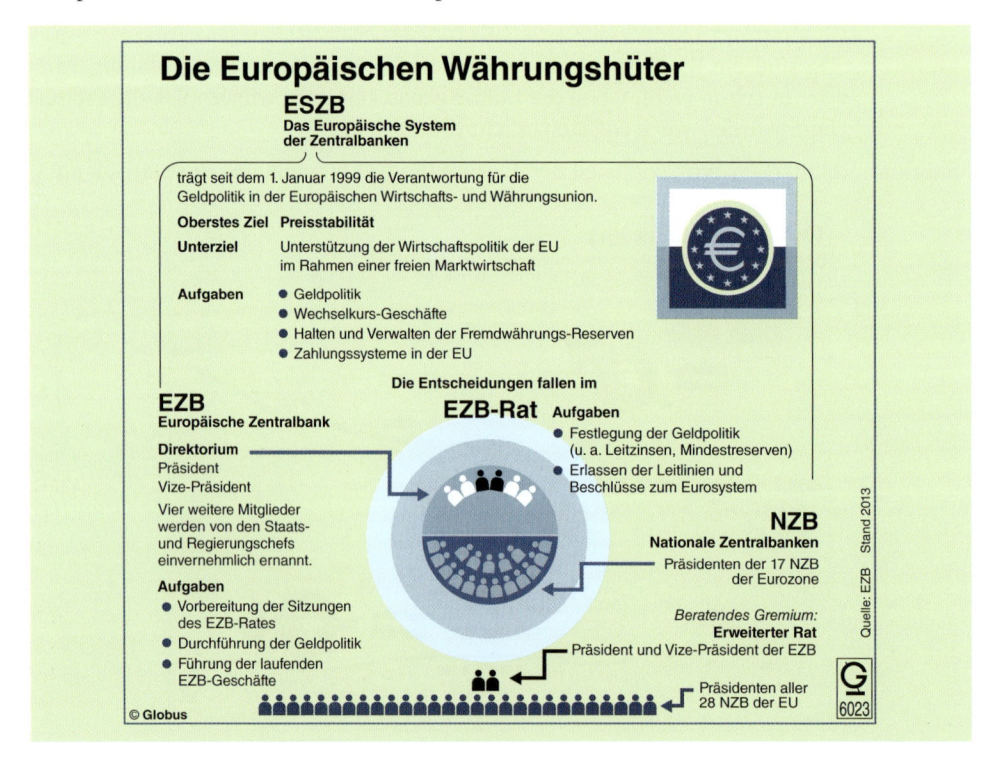

Die Europäischen Währungshüter

ESZB – Das Europäische System der Zentralbanken

trägt seit dem 1. Januar 1999 die Verantwortung für die Geldpolitik in der Europäischen Wirtschafts- und Währungsunion.

- **Oberstes Ziel**: Preisstabilität
- **Unterziel**: Unterstützung der Wirtschaftspolitik der EU im Rahmen einer freien Marktwirtschaft
- **Aufgaben**:
  - Geldpolitik
  - Wechselkurs-Geschäfte
  - Halten und Verwalten der Fremdwährungs-Reserven
  - Zahlungssysteme in der EU

Die Entscheidungen fallen im

EZB – Europäische Zentralbank

- **Direktorium**
  - Präsident
  - Vize-Präsident
  - Vier weitere Mitglieder werden von den Staats- und Regierungschefs einvernehmlich ernannt.
- **Aufgaben**:
  - Vorbereitung der Sitzungen des EZB-Rates
  - Durchführung der Geldpolitik
  - Führung der laufenden EZB-Geschäfte

EZB-Rat – Aufgaben:
- Festlegung der Geldpolitik (u. a. Leitzinsen, Mindestreserven)
- Erlassen der Leitlinien und Beschlüsse zum Eurosystem

NZB – Nationale Zentralbanken
Präsidenten der 17 NZB der Eurozone

Beratendes Gremium:
Erweiterter Rat
Präsident und Vize-Präsident der EZB
Präsidenten aller 28 NZB der EU

Quelle: EZB, Stand 2013 © Globus 6023

Eurosystem und ESZB nehmen ihre Tätigkeit nach Maßgabe des Vertrages über die Arbeitsweise der Europäischen Union (AEUV) und der Satzung des Europäischen Systems der Zentralbanken und der Europäischen Zentralbank (ESZB/EZB-Satzung) wahr.

---

[1] Das **Direktorium** besteht aus dem EZB-Präsidenten, dem Vizepräsidenten und vier weiteren von den Staats- und Regierungschefs der Mitgliedstaaten ernannten Mitgliedern.

Wirtschaftspolitische und weltwirtschaftl. Einflussgrößen auf den Ausbildungsbetrieb einschätzen **Lernfeld 12**

Ziele, Aufgaben und Stellung der Europäischen Zentralbank

Oberstes Ziel der EZB ist die Sicherung der **Stabilität des Preisniveaus** im Euroraum. Dabei soll die EZB die **allgemeine Wirtschaftspolitik der Mitgliedstaaten unterstützen,** soweit dies möglich ist, ohne die Preisstabilität zu beeinträchtigen (AEUV Art. 127).

Zu den *Aufgaben der EZB* gehören vor allem die Festlegung und das Ausführen der gemeinsamen Geldpolitik, die Durchführung von Devisengeschäften[1], das Halten und Verwalten der Währungsreserven der Mitgliedstaaten und das Fördern des reibungslosen Funktionierens der Zahlungssysteme.

Bei der Wahrnehmung der Aufgaben dürfen die EZB, die NZBen oder Mitglieder ihrer Beschlussorgane **keine Weisungen** von Organen oder Einrichtungen der Europäischen Union, von Regierungen der Mitgliedstaaten oder anderen Stellen einholen oder entgegennehmen (AEUV Art. 130). Die EZB bzw. NZBen dürfen für Organe oder Einrichtungen der Europäischen Union oder für Regierungen der Mitgliedstaaten **keine Mittel zur Haushaltsfinanzierung** (No-Bailout-Klausel) bereitstellen oder von diesen Schuldpapiere erwerben (AEUV Art. 123). Die EU-Finanzminister verpflichten sich, den Europäischen Stabilitäts- und Wachstumspakt einzuhalten. Dabei soll die wirtschaftliche Konvergenz[2] weiterhin in allen Mitgliedstaaten die Basis für ein beständiges, nicht inflationäres Wachstum sein. Mitglieder mit besonders hoher Staatsverschuldung müssen verstärkte Anstrengungen unternehmen.

Die Einhaltung der sogenannten Konvergenzkriterien war Voraussetzung für die Aufnahme in die Währungsunion. **Konvergenzkriterien** im Einzelnen:

Stabiles Preisniveau	Gesunde Staatsfinanzen	Stabile Wechselkurse	Wirtschaftliche Konvergenz
Die Inflationsrate liegt höchstens 1,5 Prozentpunkte über dem Durchschnitt der drei „stabilsten" EU-Mitgliedstaaten.	Das jährliche Defizit beträgt höchstens 3 %, die gesamte Staatsschuld höchstens 60 % des Bruttoinlandsprodukts.	Die Teilnahme am Wechselkursverbund des Europäischen Währungssystems verläuft seit mindestens zwei Jahren ohne große Kursschwankungen.	Die langfristigen Zinsen liegen höchstens 2 Prozentpunkte über dem Durchschnitt der drei „stabilsten" EU-Mitgliedstaaten.

Die nationalen Zentralbanken des Eurosystems beschränken ihre Tätigkeit weitgehend darauf, die Beschlüsse des EZB-Rats in ihren Ländern durchzuführen. Da sich die Verantwortung des EZB-Rats auf den gesamten Währungsraum konzentriert, dürfen die nationalen Notenbankpräsidenten im EZB-Rat auch keine Anwälte nationaler Interessen sein.

Anzumerken ist, dass die nationalen Zentralbanken der EU-Mitgliedstaaten, die den Euro nicht eingeführt haben (sogenannte **„Pre-ins"**), ihre währungspolitischen Befugnisse nach innerstaatlichem Recht behalten und damit in die gemeinsame Geldpolitik nicht einbezogen sind.

3.2 Geldpolitische Instrumente der Europäischen Zentralbank

Orientierungsgrößen der Geldpolitik

Die geldpolitische Strategie der EZB besteht aus folgenden Elementen:

---

[1] **Devisen** sind bargeldlose Zahlungsmittel (z. B. Verrechnungsschecks), die auf ausländische Währung lauten und im Ausland fällig sind, und täglich fällige Guthaben bei ausländischen Kreditinstituten.
[2] **Konvergenz** (lat.) = Annäherung, Übereinstimmung

Lernfeld 12 — Wirtschaftspolitische und weltwirtschaftl. Einflussgrößen auf den Ausbildungsbetrieb einschätzen

- **Quantitative Festlegung des Preisstabilitätsziels.** Danach ist Preisstabilität definiert als Anstieg des Harmonisierten Verbraucherpreisindex (HVPI)[1] für das €-Währungsgebiet von nicht mehr als knapp unter 2 % gegenüber dem Vorjahr.
- **Stabilitätsbewusste Geldmengenorientierung.** Die EZB verkündet jährlich ein quantitatives Geldmengenziel, zzt. 4,5 %, das die Ausweitung der Geldmenge im Rahmen hält, das Preisstabilitätsziel absichert und zugleich am erwarteten Wachstum der Wirtschaft ausgerichtet ist. Das Geldmengenziel ist für die EZB eine Kontrollmöglichkeit für den Erfolg ihrer Geldpolitik und dient den Wirtschaftssubjekten als Orientierungshilfe. Messgröße ist die Geldmenge M3 im €-Währungsgebiet.

	Zusammensetzung der Geldmenge M3 (Angaben in Mrd. €)	2012	2013
+	Bargeldumlauf der Nichtbanken (Münzen und Banknoten)	864	910
	Täglich fällige Einlagen der Nichtbanken (Girokonten)	4 222	4 487
=	**Geldmenge M1 („eng gefasste Geldmenge")**	**5 086**	**5 397**
+	Einlagen mit vereinbarter Laufzeit bis zu zwei Jahren	1 808	1 690
+	Einlagen mit vereinbarter Kündigungsfrist bis zu drei Monaten	2 077	2 120
=	**Geldmenge M2 („mittlere Geldmenge")**	**8 971**	**9 207**
+	Erhaltene Beträge aus Repogeschäften[2]	123	119
+	Geldmarktfondsanteile	469	418
+	Schuldverschreibungen mit einer Laufzeit von bis zu zwei Jahren	178	87
	Geldmenge M3 („weit abgegrenzte Geldmenge")	**9 741**	**9 831**

Im Bargeldumlauf sind die Kassenbestände der monetären Finanzinstitute (MFIs, Geldinstitute, z. B. Banken) nicht enthalten.

- **Beurteilung der künftigen Preisentwicklung** auf der Grundlage möglichst vieler wirtschaftlicher und finanzieller Größen und Indikatoren. Neue Entwicklungen oder Störungen in der Wirtschaft können auf diese Weise angemessen berücksichtigt werden. Außerdem wird vermieden, dass die Geldpolitik „mechanistisch" auf die Änderung einer einzigen wirtschaftlichen Größe reagiert. Die EZB wird sich auch an Inflationszielen orientieren, diese aber nicht veröffentlichen, um keine Signale zu setzen.

Grundbegriffe der Geldpolitik

- **Kreditmarkt.** Er gliedert sich in Geldmarkt und Kapitalmarkt.

Geldmarkt	Markt für *kurzfristige* Kredite und Geldanlagen • Handel mit Tages- und ein- bis dreimonatlichen Termingeldern (Zentralbankguthaben) • Handel mit Geldmarktpapieren (zentralbankfähige Wertpapiere mit kurzer Laufzeit)
Kapitalmarkt	Markt für *langfristige* Kredite und Geldanlagen • Effektenmarkt: Handel mit festverzinslichen Wertpapieren (Rentenmarkt) und Aktien • Hypothekenmarkt: Markt für langfristige, durch Grundpfandrechte gesicherte Kredite

---

[1] zu HVPI siehe auf Seite 586
[2] **Repos** von engl. repurchasing options: Verkauf mit gleichzeitiger Rückkaufsvereinbarung zwischen Banken bzw. Banken und Nichtbanken

- **Geschäftspartner.** Zum Kreis der Geschäftspartner der EZB gehören alle mindestreservepflichtigen Institute. Daraus folgt, dass alle Geschäftspartner ihren Sitz im €-Währungsraum haben müssen. Für die Teilnahme an Feinsteuerungsgeschäften können die EZBen eine begrenzte Anzahl von Geschäftspartnern auswählen. Die NZBen (Nationale Zentralbanken) stellen bei der Auswahl ihrer Partner auf besondere Geldmarktaktivitäten ab.
- **Refinanzierungsfähige Sicherheiten.** Wenn die Geschäftspartner Geld benötigen, dann wenden sie sich an die EZB, d.h., sie **refinanzieren** sich, um wiederum ihren eigenen Kunden Kredite geben zu können. Auf diese Weise kann die EZB die Liquidität und die Zinssätze auf dem Geldmarkt beeinflussen. Die Geschäftspartner müssen für alle Kreditgeschäfte mit der EZB ausreichende Sicherheiten stellen.

Merkmale der refinanzierungsfähigen Sicherheiten im Überblick		
Kriterien	**Sicherheiten der Kategorie 1**	**Sicherheiten der Kategorie 2**
Art der Sicherheit	Schuldverschreibungen und sonstige **marktfähige** Schuldtitel des ESZB, der öffentliche Hand, des privaten Sektors und internationaler Institutionen mit erstklassiger Einstufung (Rating AAA)	**Marktfähige** Schuldtitel (z.B. Schuldverschreibungen mit niedriger Einstufung) und **nicht marktfähiger** Schuldtitel (z.B. Handelswechsel, Kreditforderungen) der öffentlichen Hand oder des privaten Sektors und an einem geregelten Markt gehandelte Aktien

Instrumente der Geldpolitik der EZB

Instrumente der Geldpolitik im Überblick	
Offenmarkt-politik	• **Hauptrefinanzierungsgeschäfte:** Die EZB kauft über die Nationalen Zentralbanken (NZBen) Wertpapiere von den Kreditinstituten mit der Verpflichtung, diese nach Ablauf **einer Woche** wieder zurückzukaufen. Die Wertpapiere werden bei der EZB sozusagen in Pension gegeben. Pensionsgeschäfte werden im **Tenderverfahren** abgewickelt. Die Kreditinstitute erhalten also Geld von der EZB (sie refinanzieren sich) und zahlen dafür Zinsen. Der Refinanzierungszinssatz ist der **Leitzinssatz** der EWU. • **Längerfristige Refinanzierungsgeschäfte** (Pfandkredite): Die Kreditinstitute geben der EZB Wertpapiere als Pfand und erhalten dafür liquide Mittel. Sie müssen die verpfändeten Wertpapiere in der Regel nach **drei Monaten** wieder einlösen. • **Definitive Käufe bzw. Verkäufe:** Die EZB kauft bzw. verkauft marktfähige Wertpapiere am Markt. Diese Maßnahme dient zur Feinsteuerung der Liquiditätsbereitstellung bzw. -abschöpfung. • **Ausgabe von Schuldverschreibungen:** Die EZB gibt Schuldverschreibungen aus, um dem Geldmarkt Liquidität zu entziehen. Bei der späteren Tilgung der Schuldverschreibungen wird dem Geldmarkt wieder Liquidität zugeführt.
Ständige Fazilitäten[1]	Die Kreditinstitute können bei der EZB bis zum nächsten Geschäftstag übriges Geld zum **Einlagefazilitäts-Zinssatz** anlegen. Umgekehrt können sie einen Spitzenbedarf über Nacht zum **Spitzenrefinanzierungsfazilitäts-Zinssatz** ausleihen. Der Zinssatz für die Einlagefazilität bildet die **Untergrenze**, der Zinssatz für die Spitzenrefinanzierungsfazilität bildet die **Obergrenze** des Tagesgeldsatzes.
Mindest-reserven-politik	Die EZB verlangt, dass die Kreditinstitute Mindestreserven auf Konten der NZBen unterhalten. Sie kann diese Mindestreserven (zzt. 1 % der reservepflichtigen Verbindlichkeiten) erhöhen oder herabsetzen.

[1] Fazilität [facilitas (lat.) = Leichtigkeit] ist die von einer Bank ihren Kunden eingeräumte Möglichkeit, innerhalb festgelegter Grenzen kurzfristig Kredite in Anspruch zu nehmen oder Guthaben anzulegen.

Lernfeld 12 — Wirtschaftspolitische und weltwirtschaftl. Einflussgrößen auf den Ausbildungsbetrieb einschätzen

Abwicklung von Pensionsgeschäften im Tenderverfahren[1]

Wertpapierpensionsgeschäfte (Hauptrefinanzierungsgeschäfte) der EZB werden von den NZBen im Tenderverfahren als Mengentender oder Zinstender durchgeführt.

Bei beiden Verfahren kann die EZB Bietungshöchstbeträge als betragsmäßige Obergrenze für Gebote von einzelnen Geschäftspartnern festsetzen. Der Hauptrefinanzierungssatz **(Pensionssatz)**, zu dem zugeteilt wird, ist der entscheidende **Leitzinssatz** der EZB.

Beim **Mengentender** (Festsatztender) gibt die EZB den Zinssatz vor. Die Geschäftspartner geben Gebote über den Betrag ab, den sie zu diesem vorgegebenen Zinssatz kaufen oder verkaufen wollen.

Die Zuteilung erfolgt mit einer einheitlichen Zuteilungsquote zum vorgegebenen Einheitszinssatz.

Beispiel 1: *Liquiditätszuführende befristete Transaktion über Mengentender*

Annahme: Die EZB will 105 Mio. € zuteilen.

Gebote der Geschäftspartner		Zuteilungsergebnis	
Geschäftspartner	Gebot (Mio. €)	Zuteilungsquote	Zuteilung (Mio. €)
Bank A	30	75 %	22,5
Bank B	40	75 %	30,0
Bank C	70	75 %	52,5
Insgesamt	140	75 %	105,0

Zuteilungsquote: $105 \cdot 100 : 140 = 75\,\%$

Beim **Zinstender** (Tender mit variablem Zinssatz) geben die Geschäftspartner Gebote über die Beträge und die Zinssätze ab.

Beim *holländischen Verfahren* werden alle Gebote einheitlich zum marginalen Zinssatz zugeteilt.

Beim *amerikanischen Verfahren* werden die Gebote zu den individuellen Bietungssätzen zugeteilt. Bei beiden Verfahren werden nur die Gebote quotiert, die mit dem marginalen Zinssatz übereinstimmen, alle anderen Gebote werden voll zugeteilt.

Beispiel 2: *Liquiditätszuführende befristete Transaktion mittels Zinstender (Angaben in Mio. €)*

Annahme: Die EZB will 100 Mio. € zuteilen.

Zinssatz	Bank A	Bank B	Bank C	Insgesamt	Kumuliert
3,25 %	–	10	10	20	20
3,20 %	10	20	15	45	65
3,15 %	20	30	20	70	135
3,10 %	30	40	35	105	240
Gebote	60	100	80	240	–
Zuteilungsergebnis	20	45	35	100	–

---

[1] Tender = Ausschreibungsverfahren, bei dem EZB-Geld versteigert wird

Zuteilung nach dem holländischen Verfahren: Alle Gebote mit einem Zinssatz über 3,15 % werden voll zugeteilt; d. h., 65 Mio. € werden voll zugeteilt. Beim marginalen Zinssatz von 3,15 % ergibt sich folgende prozentuale Zuteilungsquote: (100 − 65) · 100 : 70 = 50 %; damit erhält Bank A: 10 + 20 · 50 % = 20 Mio. €, Bank B: 10 + 20 + 30 · 50 % = 45 Mio. €, Bank C: 10 + 15 + 20 · 50 % = 35 Mio. €.

Nach dem holländischen Zuteilungsverfahren beträgt der Zinssatz für alle den Geschäftspartnern zugeteilten Beträge einheitlich 3,15 %.

Nach dem **amerikanischen Zuteilungsverfahren** wird kein einheitlicher Zinssatz angewandt: Bank B erhielte z. B. 10 Mio. € zu 3,25 %, 20 Mio. € zu 3,20 % und 15 Mio. € zu 3,15 %.

Entwicklung der Leitzinsen der Europäischen Zentralbank

Zinssatz für	Änderungsdatum	14.12.11	11.07.12	08.05.13	13.11.13
Spitzenrefinanzierungsfazilität	Obergrenze	1,75 %	1,50 %	1,00 %	0,75 %
Hauptrefinanzierungsgeschäfte	Leitzinssatz	1,00 %	0,75 %	0,50 %	0,25 %
Einlagenfazilität	Untergrenze	0,25 %	0,00 %	0,00 %	0,00 %

Wirkungsweise der Geldpolitik

Rezession/Krise	⇐ Konjunkturlage ⇒	Boom/Inflation
Expansive Geldpolitik „Politik des billigen Geldes"	Geldpolitisches Instrument	Restriktive Geldpolitik „Politik des knappen Geldes"
EZB erhöht die betragsmäßige Obergrenze für Refinanzierungsgeschäfte und **senkt** den Leitzinssatz; EZB erhöht definitive Wertpapierkäufe	Offenmarktpolitik	EZB senkt die betragsmäßige Obergrenze für Refinanzierungsgeschäfte und **erhöht** den Leitzinssatz; EZB erhöht definitive Wertpapierverkäufe
EZB **senkt** die Zinssätze für ständige Fazilitäten	Ständige Fazilitäten	EZB **erhöht** die Zinssätze für ständige Fazilitäten
EZB **senkt** Mindestreservesatz	Mindestreservenpolitik	EZB **erhöht** Mindestreservesatz
⇓	⇓	⇓
Liquidität der Banken steigt Allgemeines Zinsniveau sinkt ⇓ Kreditnachfrage steigt	Wirkung am Geldmarkt	Liquidität der Banken sinkt Allgemeines Zinsniveau steigt ⇓ Kreditnachfrage sinkt
⇓	⇓	⇓
Investitionsnachfrage steigt Konsumnachfrage steigt Auslandsnachfrage steigt	Wirkung am Gütermarkt	Investitionsnachfrage sinkt Konsumnachfrage sinkt Auslandsnachfrage sinkt
⇓	⇓	⇓
Wachstum Hoher Beschäftigungsstand	Ergebnis	Preisniveau sinkt „Abkühlung" des Booms

3.3 Deutsche Bundesbank im Eurosystem

Aufgaben der Deutschen Bundesbank

Die **Deutsche Bundesbank** (Sitz: Frankfurt am Main) ist als Zentralbank der Bundesrepublik Deutschland Bestandteil der EWU. Sie hilft der EZB bei der Umsetzung der Geldpolitik.

Weitere Aufgaben der Bundesbank sind die Refinanzierung der Kreditinstitute im Rahmen der Geldpolitik der EZB, die bankmäßige Abwicklung und die Sicherung der Stabilität der Zahlungs- und Verrechnungssysteme, die Versorgung der Wirtschaft mit Bargeld, die Verwaltung der nationalen Währungsreserven, die Bankenaufsicht (Kreditwesengesetz § 7) und die Mitwirkung bei der Kreditaufnahme des Bundes und der Länder („Fiscal Agent").

Aufbau und Stellung der Deutschen Bundesbank

Die Deutsche Bundesbank ist als Zentralbank der Bundesrepublik Deutschland integraler Bestandteil des Europäischen Systems der Zentralbanken (BBankG § 3).

Bei der Erfüllung der Aufgaben des ESZB handelt der Vorstand der Deutschen Bundesbank im Rahmen der Leitlinien und Weisungen der Europäischen Zentralbank (BBankG § 6).

Der **Vorstand der Deutschen Bundesbank** kann seinen Präsidenten zwar beraten, für seine Stimmabgabe im EZB-Rat darf er jedoch keine bindenden Vorgaben machen, denn die Unabhängigkeit der Mitglieder des EZB-Rats gilt auch gegenüber den Gremien ihrer eigenen Zentralbanken.

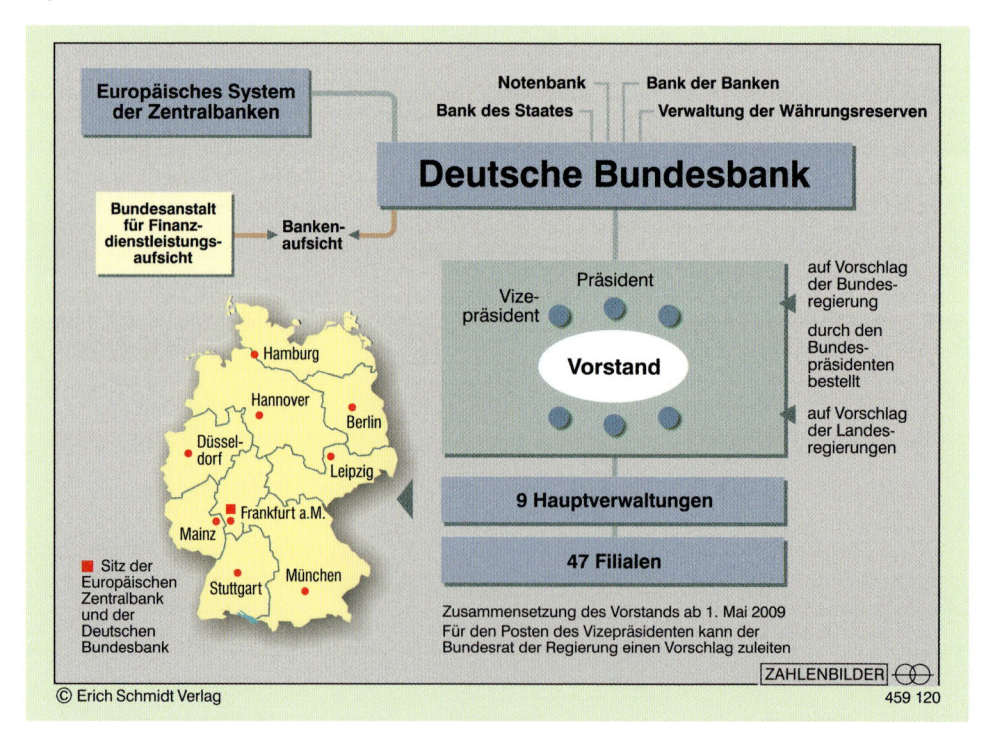

ZUSAMMENFASSUNG

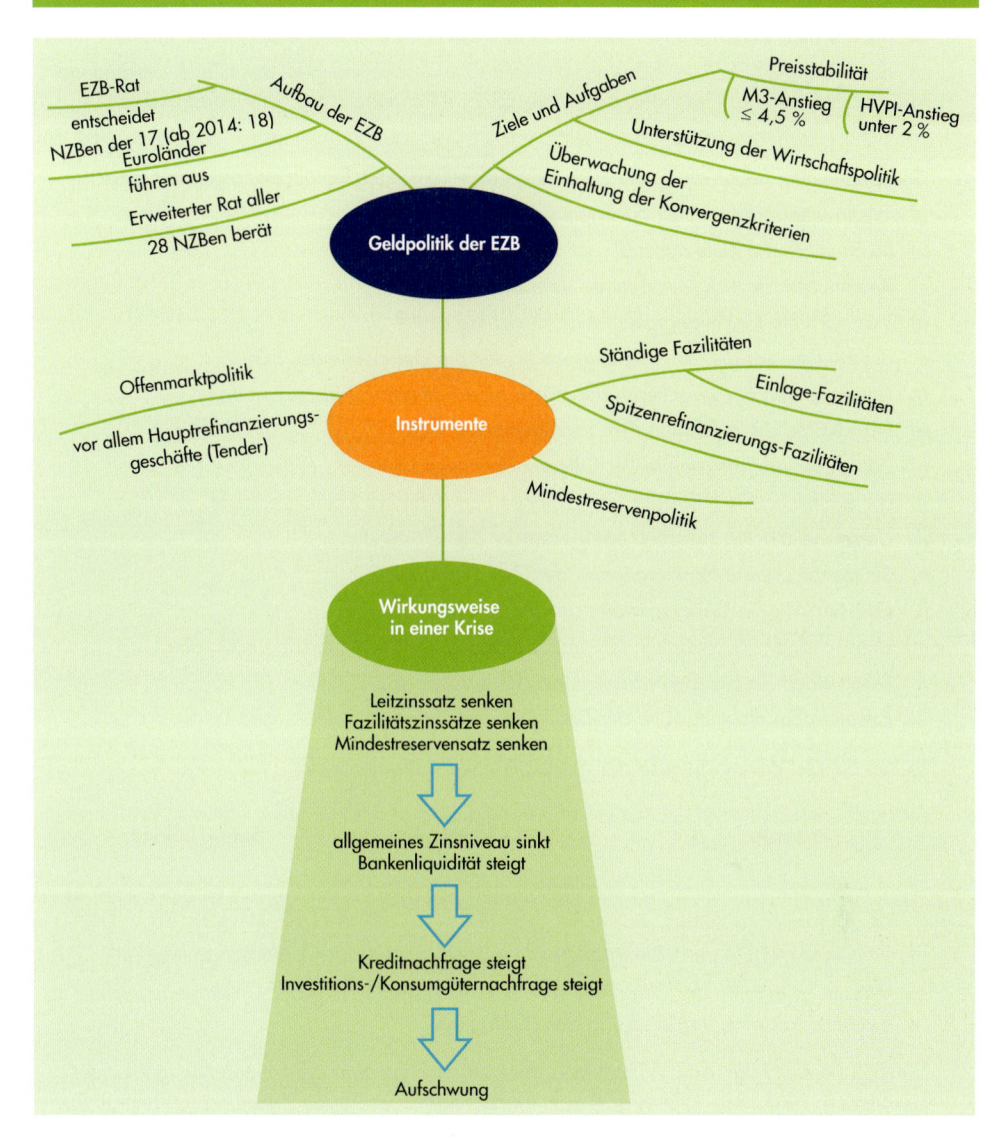

Geldpolitik der EZB

- **Aufbau der EZB**
  - EZB-Rat entscheidet
  - NZBen der 17 (ab 2014: 18) Euroländer führen aus
  - Erweiterter Rat aller 28 NZBen berät

- **Ziele und Aufgaben**
  - Preisstabilität
    - M3-Anstieg ≤ 4,5 %
    - HVPI-Anstieg unter 2 %
  - Unterstützung der Wirtschaftspolitik
  - Überwachung der Einhaltung der Konvergenzkriterien

Instrumente

- Offenmarktpolitik
  - vor allem Hauptrefinanzierungsgeschäfte (Tender)
- Ständige Fazilitäten
  - Einlage-Fazilitäten
  - Spitzenrefinanzierungs-Fazilitäten
- Mindestreservenpolitik

Wirkungsweise in einer Krise

Leitzinssatz senken
Fazilitätszinssätze senken
Mindestreservensatz senken

⇩

allgemeines Zinsniveau sinkt
Bankenliquidität steigt

⇩

Kreditnachfrage steigt
Investitions-/Konsumgüternachfrage steigt

⇩

Aufschwung

Lernfeld 12 — Wirtschaftspolitische und weltwirtschaftl. Einflussgrößen auf den Ausbildungsbetrieb einschätzen

AUFGABEN

1. **Gruppenturnier:** Bilden Sie mehrere Arbeitsgruppen und erläutern Sie folgende Begriffe:
   a) Eurosystem, b) ESZB, c) EZB-Rat, d) „Pre-ins", e) Unabhängigkeit der EZB, f) Geldmenge M3, g) Geldmarkt, h) Geschäftspartner des ESZB, i) Refinanzierung, j) Mindestreserve, k) Fazilität, l) Pensionsgeschäft, m) Tenderverfahren

2. **Gruppenpuzzle:** Beantworten Sie in den Experten- bzw. Puzzlegruppen folgende Fragen:
   a) Worin unterscheiden sich Eurosystem und ESZB?
   b) Nennen Sie die Ziele der EZB.
   c) Beschreiben Sie einige Aufgaben der EZB.
   d) Wie wird die Unabhängigkeit der EZB sichergestellt?
   e) Beschreiben Sie die Orientierungsgrößen für die Geldpolitik der EZB.
   f) Unterscheiden Sie zwischen Kategorie-1- und Kategorie-2-Sicherheiten.
   g) Nennen Sie die geldpolitischen Instrumente der EZB.
   h) Zählen Sie die Instrumente der Offenmarktpolitik auf.
   i) Unterscheiden Sie befristete Transaktionen und definitive Käufe/Verkäufe.
   j) Unterscheiden Sie zwischen Mengentender und Zinstender.
   k) Skizzieren Sie die Wirkungsweise der Offenmarktpolitik.
   l) Erläutern Sie die Wirkungsweise der Mindestreservenpolitik.
   m) Unterscheiden Sie zwischen Einlagefazilität und Spitzenrefinanzierungsfazilität.
   n) Beschreiben Sie den Begriff Leitzinsen des Eurosystems.
   o) Erläutern Sie die Aufgaben der Deutschen Bundesbank.

3. Stellen Sie die Wirkungsweise der geldpolitischen Instrumente dar.

Rezession	⇔ Konjunkturlage ⇨	Boom/Inflation
?	Geldpolitisches Instrument	?

4. a) Wie wird mithilfe der Offenmarktpolitik eine Expansion der Geldmenge bewirkt?
   b) Warum ist mithilfe der Offenmarktpolitik eine Vergrößerung der Geldmenge leichter zu erreichen als eine Verringerung der Geldmenge.

5. Die EZB beabsichtigt, den Wirtschaftssubjekten im Euroraum über einen Mengentender Liquidität in Höhe von 150 Mio. € zuzuführen. Nehmen Sie die Zuteilung vor, wenn von den Geschäftspartnern folgende Gebote vorliegen:

Gebote der Geschäftspartner		Zuteilungsergebnis	
Geschäftspartner	Gebot (in Mio. €)	Zuteilungsquote	Zuteilung (in Mio. €)
Bank A	70	?	?
Bank B	80	?	?
Bank C	50	?	?
Insgesamt	?	?	?

Wirtschaftspolitische und weltwirtschaftl. Einflussgrößen auf den Ausbildungsbetrieb einschätzen — Lernfeld 12

6 Die EZB beabsichtigt, den Wirtschaftssubjekten im Euroraum über einen Zinstender Liquidität in Höhe von 180 Mio. € zuzuführen. Nehmen Sie die Zuteilung vor, wenn von den Geschäftspartnern folgende Gebote vorliegen (Angaben in Mio. €):

Zinssatz	Bank A	Bank B	Bank C	Insgesamt	Kumuliert
3,15 %	–	20	10	?	?
3,10 %	20	30	20	?	?
3,05 %	30	40	30	?	?
3,00 %	40	50	40	?	?
Gebote	?	?	?	?	–
Zuteilung	?	?	?	?	–

7 Pressemitteilung:

> Der Zentralbankrat der Europäischen Zentralbank senkte gestern die €-Leitzinsen. Die Währungshüter nahmen alle drei Leitzinsen unerwartet kräftig zurück. Der zentrale Leitzins für Hauptrefinanzierungsgeschäfte wurde von 3,0 auf 2,5 % gesenkt, der Spitzenrefinanzierungs-Zinssatz von 4,5 auf 3,5 und der Einlagefazilitätszinssatz mit sofortiger Wirkung von 2,0 auf 1,5 %.

a) Welche Gründe könnten den EZB-Rat bewogen haben, die Leitzinsen zu senken?
b) Erläutern Sie die genannten drei Leitzinssätze.

8 Auszug aus einem Vortrag des Vizepräsidenten der Deutschen Bundesbank:

> „... Die in jüngster Zeit geäußerte Forderung, die Geldpolitik solle ihre ‚Zügel lockern', um die Beschäftigung zu fördern, ist ebenso wie der Ruf nach einer expansiveren Finanzpolitik weder hilfreich noch angemessen. Diese Vorschläge gehen schlicht an den Ursachen des Problems vorbei. Vor der Therapie steht immer noch die Diagnose.
>
> Lassen Sie mich hierzu auf den jüngsten Bericht des Internationalen Währungsfonds IWF zu Deutschland hinweisen. Der IWF führt die Arbeitsplatzvernichtung zum großen Teil auf den erheblichen Anstieg der Arbeitskosten in Gesamtdeutschland seit der Vereinigung zurück. Er stellt fest, dass von dem Beschäftigungsrückgang vor allem die geringer bezahlten und weniger gut ausgebildeten Arbeitnehmer betroffen waren. Er fordert neben einer Politik der Senkung der Lohnzusatzkosten insbesondere umfassende Reformen des Arbeitsmarktes.
>
> Um die strukturell bedingt hohe Arbeitslosenquote dauerhaft zu verringern, sind Strukturanpassungsmaßnahmen unabdingbar. Nicht die Geldpolitik, sondern die Tarifpolitik sowie die Struktur-, Sozial- und Finanzpolitik sind gefordert. Strukturelle Verkrustungen lassen sich nicht durch monetäre Mittel beseitigen.
>
> Der Euro kann die notwendigen internen Reformen im Bereich der öffentlichen Haushalte, in den Sozialversicherungssystemen, im Steuersystem und am Arbeitsmarkt nicht ersparen. Im Gegenteil: Strukturelle Defizite werden durch den Euro deutlicher und zwingen eher noch zu rascherem Handeln. Die Geldpolitik kann nicht das geradebiegen, was in der nationalen Finanz-, Sozial- und Arbeitsmarktpolitik verbogen wurde. ..."

Nach Ansicht des Redners ist die Lockerung der Geldpolitik (= expansive Geldpolitik) kein geeignetes Mittel zur Bekämpfung der Arbeitslosigkeit.
a) Was versteht man unter einer expansiven Geldpolitik?
b) Wie begründet der Redner seine Meinung?
c) Weshalb fordern Politiker eine Lockerung der Geldpolitik?

Lernfeld 12 — Wirtschaftspolitische und weltwirtschaftl. Einflussgrößen auf den Ausbildungsbetrieb einschätzen

9

Die Euro-Zone

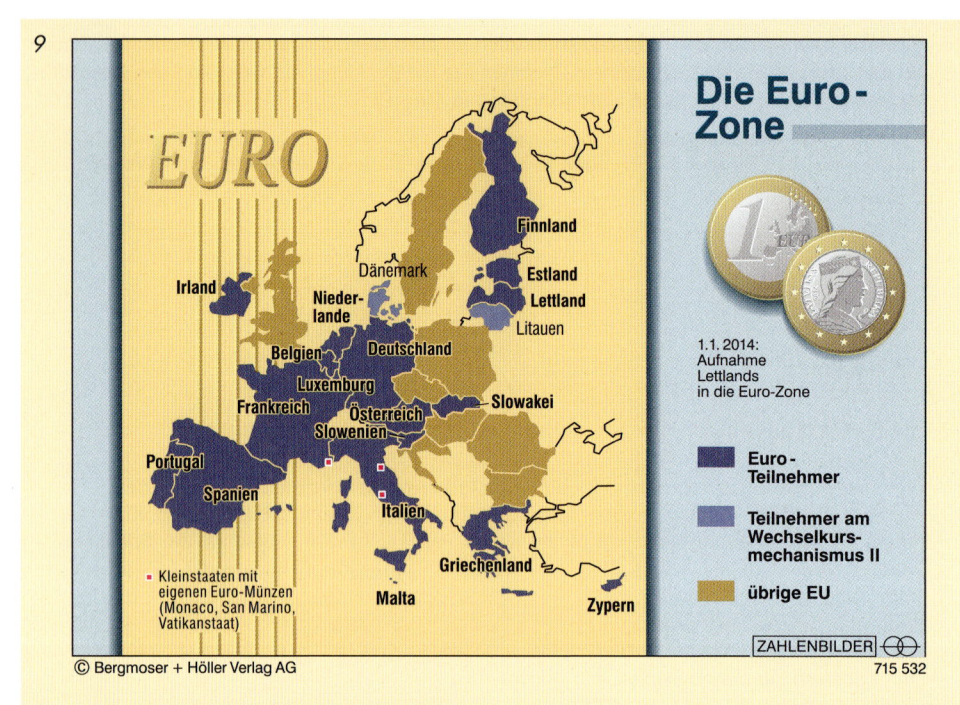

Karte der Eurozone mit folgenden Euro-Teilnehmern: Irland, Niederlande, Belgien, Luxemburg, Frankreich, Deutschland, Österreich, Slowenien, Slowakei, Portugal, Spanien, Italien, Griechenland, Malta, Zypern, Finnland, Estland, Lettland.

Teilnehmer am Wechselkursmechanismus II: Dänemark, Litauen.

Kleinstaaten mit eigenen Euro-Münzen (Monaco, San Marino, Vatikanstaat).

1.1.2014: Aufnahme Lettlands in die Euro-Zone

© Bergmoser + Höller Verlag AG — ZAHLENBILDER 715 532

a) Welche Länder bilden die Eurozone?
b) Welche Vorteile versprechen sich diese Mitgliedsländer von der gemeinsamen Währung?

10

Institutionelle Unabhängigkeit	Die EZB und die nationalen Zentralbanken dürfen keine Weisungen von nationalen oder gemeinschaftlichen politischen Instanzen entgegennehmen. Ebenso darf die EZB Haushaltsdefizite der Gemeinschaft oder der Teilnehmerländer nicht finanzieren. Soweit dies ohne Beeinträchtigung des Zieles der Preisstabilität möglich ist, unterstützt die Europäische Zentralbank die allgemeine Wirtschaftspolitik in der Union.
Funktionelle Unabhängigkeit	Oberstes Ziel der EZB ist die Geldwertstabilität. Erst nachrangig darf die allgemeine Wirtschaftspolitik in der Gemeinschaft unterstützt werden. Die Geldwertstabilität darf dadurch nicht gefährdet sein.
Finanzielle Unabhängigkeit	Die EZB ist von den Notenbanken der Teilnehmerländer mit Kapital und Währungsreserven ausgestattet, über die sie uneingeschränkt verfügen kann.
Personelle Unabhängigkeit	Ein Mitglied des EZB-Rats kann nur bei sehr schweren Verfehlungen seines Amtes enthoben werden. Die Enthebung erfolgt auf Antrag des EZB-Rats oder des Direktoriums durch den Europäischen Gerichtshof. Da die Mitglieder des EZB-Rats nur für eine Amtszeit von 8 Jahren eingesetzt werden, besteht kaum Gefahr, dass sie sich gegenüber politischen Instanzen opportunistisch verhalten.

Erläutern Sie die Stellung der EZB.

4 Außenhandel – bald total global?

PROBLEM

Ein Sachverhalt, mehrere Sichtweisen:

Kunde Karl Winter: „Das mit den Importen in die Bundesrepublik geht schon in Ordnung. Natürlich kaufe ich deutsche Produkte, wenn der Preis stimmt, aber ich habe zu Hause drei Kinder und kann mein Geld nicht verschwenden. Diese Schuhe kommen aus Korea, diese T-Shirts kommen aus Hongkong. Und sie sind wirklich viel billiger als deutsche Produkte."

Arbeitnehmerin Franziska Müller: „Ich bin ein typisches Globalisierungsopfer. Ich habe meinen Job verloren, als die Schuhfabrik in der Stadt pleiteging. Einige bekamen noch Arbeit im Hauptwerk, das 200 Kilometer von meinem Wohnort entfernt ist, aber die meisten Arbeitsplätze gingen verloren, weil sie nicht mit der Konkurrenz aus Ostasien mithalten konnten. Ich habe zwar eine neue Arbeit bekommen, aber ich verdiene jetzt erheblich weniger. Hätte die Regierung nicht den billigen Produkten aus Ostasien Tür und Tor geöffnet, hätte ich vielleicht noch meinen Job."

Politiker Bernd Ehing: „Wenn wir erst anfangen, unsere Grenzen für ausländische Produkte zu schließen, dann ruhen sich unsere Firmen auf ihren Lorbeeren aus. Die Produkte werden zu teuer, weil es keine Konkurrenz gibt. Damit erweisen wir unserem Land insgesamt nur einen Bärendienst. Hinzu kommt, dass wir schließlich auch Produkte ausführen wollen. Wer kauft unsere Produkte, wenn wir selbst im Ausland keine kaufen wollen? Wir können doch nicht einseitig aus dem Ausland nur für uns Vorteile ziehen."

Betriebsratsmitglied Uwe Pantel: „Mit den niedrigen Lohnkosten der Ostasiaten können wir doch überhaupt nicht konkurrieren. Und wenn wir die hohen Subventionen sehen, die der Staat dort noch zahlt, nein, dagegen kommen wir nicht an. Wir mussten unseren Zweigbetrieb schließen, um nicht das ganze Werk zu gefährden. Es ist schon bitter für uns als Betriebsrat, der ganzen Sache zustimmen zu müssen. Wie soll das noch weitergehen?"

Lisa Lander, Inhaberin einer kleinen Schuhfabrik: „Seit ich meine Schuhe auch auf meiner Webseite im Internet anbiete, habe ich Kunden aus aller Welt. Ich hätte nicht gedacht, dass meine Schuhe so gefragt sind. Langsam wächst mir das über den Kopf. Ich weiß nicht, gegen welche Vorschriften ich bei der Ausfuhr verstoße. Aber ich muss mitmachen, denn meine Konkurrenten machen das auch. Die vielen Kunden aus Polen, der Ukraine und Weißrussland könnten ein Zweigwerk in einem dieser Länder rentabel machen. Ich wäre näher am Kunden und könnte Lohnkosten sparen."

1. Stellen Sie dieses Gespräch in einem kurzen Rollenspiel nach.
2. Nehmen Sie zu den Aussagen Stellung und diskutieren Sie darüber.

4.1 Gesamtwirtschaftliche Bedeutung des Außenhandels

Merke: Die Gesamtheit der wirtschaftlichen Beziehungen zwischen verschiedenen Staaten wird als **Außenwirtschaft** bezeichnet. Dazu zählen Warenverkehr (**Außenhandel**), Dienstleistungsverkehr (z. B. Tourismus, Güterverkehr), Kapitalverkehr (Kredite, Wertpapierhandel), Devisenverkehr (Zahlungen in Fremdwährung) und Übertragungsverkehr (z. B. Überweisungen der Fremdarbeiter in ihre Heimatländer, Zahlungen an internationale Organisationen).

Lernfeld 12 — Wirtschaftspolitische und weltwirtschaftl. Einflussgrößen auf den Ausbildungsbetrieb einschätzen

Anteile des Außenhandels am BIP

„Deutschland ist Exportweltmeister", so lautet Jahr für Jahr die Schlagzeile der Wirtschaftspresse. Seit Jahren gibt der Export Impulse für die Binnenkonjunktur und stößt Wachstum und Beschäftigung an.

Entwicklung des Außenbeitrags und der Außenbeitragsquote

Jahr	2008	2009	2010	2011	2012	2013
Exporte in Mrd. €	1 191,2	1 006,5	1 188,6	1 321,4	1 381,0	1 382,4
– Importe in Mrd. €	1 035,4	889,6	1 048,4	1 185,8	1 223,1	1 215,7
= **Außenbeitrag** in Mrd. €	**155,8**	**116,9**	**140,2**	**135,7**	**157,9**	**166,7**
Bruttoinlandsprodukt (BIP) in Mrd. €	2 473,8	2 374,5	2 495,0	2 609,9	2 666,4	2 735,8
Außenbeitragsquote in %	6,3	4,9	5,6	5,2	5,9	6,1
Exportquote in %	48,2	42,4	47,6	50,6	51,8	50,5
Importquote in %	41,9	37,5	42,0	45,4	45,9	44,4

(Quelle: Deutsche Bundesbank, Monatsbericht Januar 2014, Statistischer Teil, S. 63)

Deutschland exportiert zurzeit über 40 % des Bruttoinlandsprodukts ins Ausland. Rund 60 % aller deutschen Exporte gehen in EU-Länder. Die wichtigsten Kunden sind Frankreich, USA, Großbritannien, Niederlande und China. Die wichtigsten Exportgüter sind Autos und Autoteile, Maschinen, chemische Erzeugnisse, Nachrichten- und Elektrotechnik, Eisen- und Stahlerzeugnisse, Medizin- und Messtechnik. Rund 60 % aller Importe kommen aus EU-Ländern. Die wichtigsten Lieferanten sind Niederlande, China, Frankreich, USA und Italien. Die wichtigsten Importgüter sind chemische Erzeugnisse, Autos und Autoteile, Erdöl und Erdgas, Maschinen, Elektronik-, Eisen-, Stahlerzeugnisse, Büromaschinen, Bekleidung, Textilwaren und Nahrungsmittel.

Chancen und Vorteile der Globalisierung

> **Merke:** Der Prozess der zunehmenden weltumspannenden Vernetzung der Informations-, Personen-, Waren-, Dienstleistungs- und Finanzströme wird als **Globalisierung** bezeichnet.

Globalisierungsbefürworter verweisen darauf, dass nur die internationale Arbeitsteilung, aufgrund der ungleich verteilten natürlichen Ressourcen, die **zufriedenstellende Versorgung aller Menschen** sichern kann und damit für einen Wohlstandsgewinn für alle beteiligten Staaten sorgt. Dies wird durch die **komparativen Kostenvorteile**[1] möglich.

Beispiel: Berechnung der komparativen Kostenvorteile (Arbeitszeit in Tagen)

Am Handel beteiligte Länder	Portugal		Großbritannien		Gesamt-zeit
Hergestellte Produkte	Tuch	Wein	Tuch	Wein	
Arbeitszeit ohne internationale Arbeitsteilung (Autarkie)	90	80	100	120	390
Arbeitszeit mit internationaler Arbeitsteilung (Freihandel)	–	160	200	–	360
Komparative Kostenvorteile	**10 Tage**		**20 Tage**		**30 Tage**

---

[1] „**Gesetz der komparativen Kosten**" (David Ricardo, engl. Nationalökonom, 1772–1823)

Die internationale Arbeitsteilung ist selbst dann vorteilhaft, wenn eines der beteiligten Länder alle fraglichen Güter günstiger produzieren könnte. Spezialisiert sich Portugal auf die Produktion von Wein und Großbritannien auf die Produktion von Tuch, dann haben beide Länder einen Wohlfahrtsgewinn.

Die Globalisierung stellt sicher, dass die Produktionsfaktoren Natur, Arbeit und Kapital dort zum Einsatz kommen, wo sie den höchsten Ertrag bringen. Damit wird der **effiziente Einsatz knapper Ressourcen** gesichert.

Auf liberalisierten Märkten können Unternehmen ihre Verwaltungen und Produktionsstätten in jene Länder verlegen, in denen die Lohnkosten am niedrigsten, die steuerliche Belastung erträglich sowie die Arbeitsschutz- und Umweltschutzvorschriften (sogenannte **Sozial- und Umweltstandards**) am geringsten sind. Das führt zu **Kostenvorteilen,** die den Konsumenten in allen Ländern in Form von **günstigen Angebotspreisen** weitergegeben werden können. Durch Standortverlagerung ins Ausland werden neue Absatzmärkte gewonnen, Währungsrisiken und Transportkosten (Herstellung vor Ort) gering gehalten sowie Zoll- und Handelsschranken ausgeschaltet. Damit haben global agierende Unternehmen **Wettbewerbsvorteile.** Sie können an ihren heimischen Standorten in die Entwicklung neuer Produkte **investieren** und so ihre heimischen **Arbeitsplätze sichern.**

Standortverlagerungen in Billiglohnländer schaffen dort Arbeitsplätze. Mit den höheren Steuereinnahmen können die Transformations- und Entwicklungsländer ihre Infrastruktur und ihre **Sozial- und Umweltstandards** ausbauen. Die Lebensqualität wird in diesen Ländern verbessert.

Die wirtschaftliche Vernetzung fördert die politische und kulturelle Zusammenarbeit der beteiligten Länder. Das verbessert die **Völkerverständigung** und hilft den **Frieden zu sichern.**

Risiken und Nachteile der Globalisierung

Globalisierungskritiker führen den **Wohlstandsverlust in vielen Industrieländern** (z. B. sinkende Realeinkommen[1]) auf die Globalisierung zurück.

In einer globalen Welt treten nicht nur die Unternehmen mit ihren Waren und Dienstleistungen zueinander in Wettbewerb, sondern zunehmend auch die wirtschaftlichen Rahmenbedingungen (z. B. Steuersysteme, Sozial- und Umweltstandards) der Staaten und Regionen. Globalisierungsgegner stellen einen **Unterbietungswettbewerb** der Staaten bei den Steuern, Sozial- und Umweltstandards fest. Dies wird in den Schlagworten Steuersenkungswettlauf, Lohndumping, Sozialdumping und Ökodumping[2] deutlich. Notwendige Investitionen in die Verkehrsinfrastruktur und das Bildungswesen bleiben aus. Inländische Arbeitnehmer nehmen in betrieblichen Bündnissen für Arbeit **Verschlechterungen ihrer Arbeitsbedingungen** in Kauf (z. B. längere Arbeitszeiten ohne Lohnausgleich), um im Gegenzug Jobgarantien zu erhalten. Ständige Reformen (z. B. Renten-, Gesundheitsreformen) sind nötig, um das soziale Sicherungssystem zu erhalten.

Durch **Standortverlagerungen** in Billiglohnländer gehen vor allem in Hochlohnländern Arbeitsplätze für Geringqualifizierte verloren. Vom **Wachstum ohne Beschäftigung** und von der **globalen Arbeitslosigkeit** ist die Rede.

---

[1] **Realeinkommen** ist das um die Inflationsrate gekürzte Nettoeinkommen. Es gibt die Kaufkraft des Einkommens an. Siehe hierzu die Abbildung auf Seite 621.

[2] **Dumping** = Preisunterbietung auf internationalen Märkten zur Erlangung einer Monopolstellung; to dump (engl.) = verschleudern. Engere Definition: Verkauf von Waren im Ausland zu einem Preis, der niedriger ist als die Herstellkosten bzw. deutlich unter dem Preis liegt, zu dem ein Hersteller sein Produkt z. B. auf seinem Heimatmarkt anbietet.

4.2 Tarifäre und nichttarifäre Handelsbeschränkungen

> **Merke:** Von **Freihandel** spricht man, wenn die Staaten den internationalen Waren- und Dienstleistungsaustausch ungehindert gewähren lassen. Behindert ein Staat den Freihandel, dann spricht man von **Protektionismus**.

Ziele der Außenhandelspolitik – echt oder vorgeschoben?

Mit seiner Außenwirtschaftspolitik beeinflusst der Staat den freien Handel, um das wirtschaftspolitische Hauptziel des **außenwirtschaftlichen Gleichgewichts** zu erreichen (StabG § 1, siehe Kap. 1.1.4 Außenwirtschaftliches Gleichgewicht).

Zusätzlich verfolgt der Staat mit seiner Außenwirtschaftspolitik

- **wettbewerbspolitische Ziele**, z. B. Schutz der einheimischen Wirtschaft vor ausländischer Billigkonkurrenz, Förderung der eigenen Exportindustrie;
- **sozial- und gesundheitspolitische Ziele**, z. B. Einfuhrverbote für bestimmte Drogen, nicht zugelassene Arzneimittel, gentechnisch veränderte Produkte, hormonbehandeltes Fleisch, BSE-verseuchtes Rindfleisch usw.;
- **umweltpolitische Ziele**, z. B. strenge Umweltgrenzwerte (z. B. Abgaswerte für Automobile), Einhaltung von Mehrwegquoten auch für ausländische Anbieter;
- **außenpolitische Ziele**, z. B. die Erzwingung der Demokratisierung in bestimmten Ländern (z. B. Weißrussland) durch wirtschaftliche Sanktionen;
- **sicherheitspolitische Ziele**, z. B. kann auf der Grundlage des Außenwirtschaftsgesetzes (AWG § 2) festgelegt werden, welche Rechtsgeschäfte einer Genehmigung bedürfen oder verboten sind. So bestehen z. B Ausfuhrverbote für Waffen und „**Dual-Use-Güter**" (Güter, die sowohl gewerblich als auch militärisch genutzt werden können) in Spannungsgebiete.

Tarifäre[1] Handelsbeschränkungen des Staates

Tarifäre Handelshemmnisse verteuern die Import- bzw. Exportgüter durch staatlich festgelegte Zolltarife (Zollsätze)[2].

Tarifäre Handelsbeschränkungen im Überblick	
Finanz- bzw. Fiskalzoll	Dient allein der Erzielung staatlicher Einnahmen. Für manche Entwicklungsländer sind Fiskalzölle auf Importwaren eine relativ einfache Möglichkeit zur Devisenbeschaffung.
Schutzzoll	Dient dem Schutz ausgewählter inländischer Wirtschaftszweige vor preisgünstiger ausländischer Konkurrenz. Relativ hohe Schutzzölle gibt es vor allem bei Agrar- und Textilprodukten (z. B. für Textilprodukte aus China erhebt die EU einen Importzoll und China erhebt zusätzlich einen „freiwilligen" Exportzoll).
Erziehungszoll	Zoll soll im Aufbau befindlichen Wirtschaftszweigen so lange Schutz bieten, bis diese auf dem Markt wettbewerbsfähig sind. Er soll in dem Maße abgebaut werden, wie die geschützte Branche an Wettbewerbsfähigkeit gewinnt.
Antidumpingzoll (Strafzoll)	Dient dem Ausgleich von Nachteilen, die der heimischen Wirtschaft durch **Dumping** ausländischer Anbieter oder durch **Subventionen** ausländischer Regierungen entstehen.

---

[1] Hier im Sinne von Zolltarif; Tarif (arab.) = Bekanntmachung, Gebührenordnung
[2] Die Zollsätze sind im Zolltarif-Informationspool TARIC erfasst und über das Internet einsehbar. Das Zollamt erhebt z. B. bei der Einfuhr eines T-Shirts (Oberkörperbekleidung für Knaben oder Männer aus Baumwolle) zzt. einen Zollsatz von 12 %.

Für die Weiterverarbeitung, Veredelung und beim Import von Waren mit anschließendem Export aus der EU sind die **Freihäfen** nützlich (z. B. Emden, Bremerhaven, Bremen, Hamburg, Cuxhaven, Kiel, Deggendorf, Duisburg). Der Einfuhrzoll fällt erst bei Verbringung der Waren aus dem Freihafen in den Binnenmarkt an. Für die Lagerung von Waren in einem **Zolllager** ist die Entrichtung der Zölle für die Dauer der Lagerzeit ausgesetzt.

Nichttarifäre Handelsbeschränkungen des Staates

Nichttarifäre Handelshemmnisse, auch **Grauzonenmaßnahmen** genannt, sind Mengenbeschränkungen, Exportsubventionen und alle Vorschriften außerhalb des Außenhandelsrechtes, die ausländischen Anbietern den Marktzugang erschweren.

Nichttarifäre Handelsbeschränkungen im Überblick	
Kontingente	Mengenmäßige Beschränkungen (**Einfuhrquoten**), die ein Staat für die Einfuhr bestimmter Güter, in selteneren Fällen auch für die Ausfuhr verhängt (z. B., um die Versorgung des heimischen Marktes sicherzustellen). Ist das festgelegte Kontingent erreicht, dann greift für die betroffene Ware ein **Einfuhrstopp** (z. B. wurden im August 2005 rund 4 Mio. Kleidungsstücke aus China vom Zoll beschlagnahmt, weil das Kontingent ausgeschöpft war).
Handelsverbote	Ausfuhren bestimmter Güter werden verboten. So gibt es ein **Ausfuhrverbot (Embargo)** für Kriegswaffen und Dual-Use-Güter in Spannungsgebiete. **Einfuhrverbote** können z. B. aus Gründen des Gesundheits-, Umwelt- oder Tierschutzes (z. B. für Papageien aus den Regenwäldern, Elfenbein) verhängt werden. Ein völliges Verbot des Handels mit einem Land erfolgt in der Regel aus politischen Gründen, zumeist auf Beschluss der UNO.
Administrative Hindernisse	• **Kennzeichnungspflichten: Made in Germany** hat England ursprünglich verlangt, um deutsche Waren von heimischen zu unterscheiden. Weitere Beispiele: Biosiegel, gentechnisch veränderte Organismen, Energieverbrauchs-Kennzeichnung, Gütezeichen • Besondere **technische Normen** und Zulassungsprozeduren und gesetzliche Erfordernisse (Lizenzen), auf die nur inländische Hersteller Patente besitzen • Diskriminierende Maßnahmen bei der **Zollabwicklung** • Anforderungen an die **Qualifikation** von Dienstleistungsanbietern: Zum Beispiel durften vor Inkrafttreten einer entsprechenden EU-Regel deutsche Ingenieure mit Fachhochschulabschluss in Frankreich keine Baustelle leiten, was deutschen Baufirmen den Marktzugang erschwerte. • **Local-Content-Vorschriften**: Zum Beispiel muss bei der Herstellung eines Produkts mindestens ein bestimmter Anteil der Zulieferteile aus der heimischen Wirtschaft bezogen werden. • Einhaltung bestimmter **Sozialstandards** (z. B. keine Kinderarbeit, Einhaltung von Höchstarbeitszeiten), **Sicherheitsstandards** (Bedienungsanleitungen, Gütezeichen), **Gesundheitsstandards** (Biosiegel, Mindesthaltbarkeit) und **Umweltstandards** (Beteiligung an Recyclingsystemen).
Exportsubventionen	Die Ausfuhr bestimmter Güter wird staatlich gefördert. Verbilligung der ausgeführten Waren durch direkte Subventionen, z. B. **Steuervergünstigungen** (Befreiung von der Umsatzsteuer), **Preisstützungsmaßnahmen** (z. B. Preisgarantien der EU bei vielen landwirtschaftlichen Produkten) und indirekte Exportförderung durch **Finanzierungshilfen** (z. B. staatliche Ausfallbürgschaften oder Kreditgarantien, falls der ausländische Schuldner nicht zahlt, z. B. Hermesdeckung).

Beispiel: Tarifäre und nichttarifäre Handelsbeschränkungen

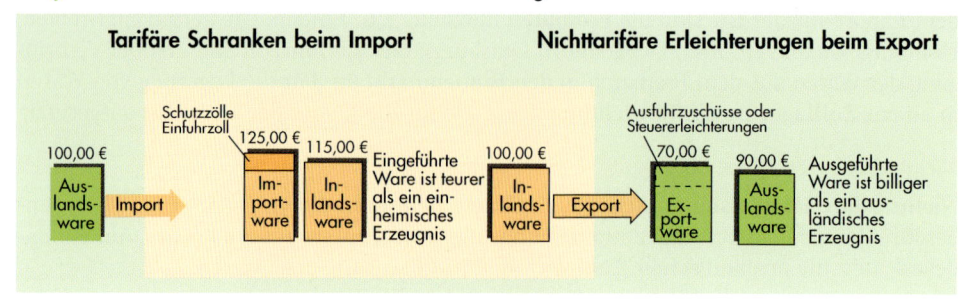

Tarifäre Schranken beim Import

Auslandsware 100,00 € → Import → Schutzzölle Einfuhrzoll → Importware 125,00 € | Inlandsware 115,00 € — Eingeführte Ware ist teurer als ein einheimisches Erzeugnis

Nichttarifäre Erleichterungen beim Export

Inlandsware 100,00 € → Export → Ausfuhrzuschüsse oder Steuererleichterungen → Exportware 70,00 € | Auslandsware 90,00 € — Ausgeführte Ware ist billiger als ein ausländisches Erzeugnis

4.3 Vertragliche Absicherung des Freihandels

Fast alle Staaten, die internationalen Handel betreiben, haben sich der **Welthandelsorganisation WTO** (World Trade Organization mit Sitz in Genf) angeschlossen und verpflichten sich damit, die **Freihandelsgrundsätze** zu beachten.

Wichtige Freihandelsgrundsätze	
Meistbegünstigung	Ein WTO-Mitglied muss Handelsvorteile, die es einem Land gewährt, bedingungslos auch allen anderen WTO-Staaten zugestehen.
Inländerbehandlung	Anbieter aus dem Ausland dürfen nicht schlechter gestellt werden als inländische Anbieter (Sondersteuern sind verboten).
Wechselseitigkeit (Reziprozität)	Führt ein Land besondere Handelserleichterungen ein (z. B. Senkung von Einfuhrzöllen), dann müssen ihm die anderen WTO-Staaten gleichwertige Vergünstigungen gewähren. Wer Handelsvorteile erhält, soll selbst Handelsvorteile gewähren.
Liberalisierung	Die WTO-Staaten verzichten auf das Heraufsetzen bestehender und die Einführung neuer Zölle und streben den Abbau von tarifären und nichttarifären Handelshemmnissen an.

Als Rechtspersönlichkeit kann die WTO die Einhaltung des Handelsabkommens durchsetzen und als Schlichter bei Streitigkeiten angerufen werden. Falls einer dort erhobenen Klage stattgegeben wird und der Verursacher die Behinderung nicht beendet, dürfen Straf- oder Antidumpingzölle erhoben werden.

Innerhalb der WTO ist das bisherige GATT nur eines von drei Abkommen.
- Das Allgemeine Zoll- und Handelsabkommen **GATT** (General Agreement on Tariffs and Trade) regelt als **Rat für den Handel mit Waren** Abkommen über Subventionen, Einfuhrlizenzen, grenzüberschreitende Investitionen und Gesundheitsmaßnahmen, Dumping u. Ä.
- Das **GATS** (General Agreement on Trade in Services) kümmert sich als **Rat für den Handel mit Dienstleistungen** um Abkommen zur Liberalisierung des Güter- und Personenverkehrs, der Telekommunikation und der Finanzdienstleistungen.
- Das **TRIPS** (Traderelated Aspects of Intellectual Property Rights) schließt als **Rat für handelsbezogene Aspekte der Rechte am geistigen Eigentum** Abkommen zum Schutz von Patenten, Hersteller- und Handelsmarken, Geschäftsgeheimnissen und gegen Nachahmungen im Bereich Kunst und Literatur.

Unter BuchPlusWeb finden Sie weitere Inhalte speziell zum Thema Außenhandel – bald total global?

Wirtschaftspolitische und weltwirtschaftl. Einflussgrößen auf den Ausbildungsbetrieb einschätzen **Lernfeld 12**

ZUSAMMENFASSUNG

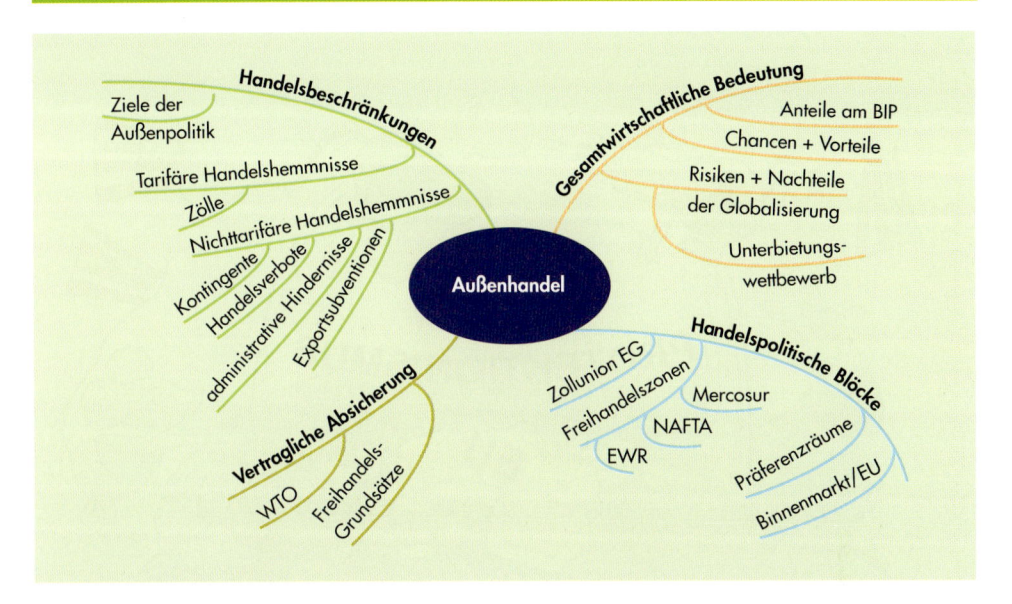

Außenhandel (Mindmap)

- **Handelsbeschränkungen**
  - Ziele der Außenpolitik
  - Tarifäre Handelshemmnisse
  - Zölle
  - Nichttarifäre Handelshemmnisse
  - Kontingente
  - Handelsverbote
  - administrative Hindernisse
  - Exportsubventionen
- **Gesamtwirtschaftliche Bedeutung**
  - Anteile am BIP
  - Chancen + Vorteile
  - Risiken + Nachteile der Globalisierung
  - Unterbietungswettbewerb
- **Vertragliche Absicherung**
  - WTO
  - Freihandels-Grundsätze
- **Handelspolitische Blöcke**
  - Zollunion EG
  - Freihandelszonen
  - Mercosur
  - NAFTA
  - EWR
  - Präferenzräume
  - Binnenmarkt/EU

AUFGABEN

1. Schreiben Sie jeden der folgenden Begriffe auf die Kopfzeile eines DIN-A6-Kärtchens:

   > Außenwirtschaft (Begriff), Außenhandel (Begriff), Globalisierung (Begriff), Globalisierung (Vorteile), Komparativer Kostenvorteil, Globalisierung (Nachteile), Realeinkommen, Freihandel, Protektionismus, Außenhandelspolitik (Ziele), Dual-Use-Güter, Tarifäre Handelshemmnisse, Nichttarifäre Handelshemmnisse, Dumping, Freihafen, Zolllager, Local-Content-Vorschriften, WTO, Freihandelsgrundsätze

   a) Sortieren Sie die Begriffskärtchen nach den Kriterien „weiß ich" und „weiß ich nicht".
   b) Bilden Sie Kleingruppen mit höchstens drei Mitgliedern. Erklären Sie sich gegenseitig die „Weiß-ich-nicht"-Kärtchen. Schlagen Sie dabei die ungeklärten Begriffe im Schulbuch nach oder nehmen Sie Kontakt zu einer anderen Kleingruppe auf.
   c) Schreiben Sie die Begriffserklärungen auf die Rückseite Ihrer Kärtchen und ordnen Sie die Kärtchen unter der Leitkarte „Außenhandel" alphabetisch in Ihren Lernkartei-Behälter ein.

   Unter BuchPlusWeb finden Sie weitere Inhalte speziell zum Thema Außenhandel – bald total global?

2. Bilden Sie Teams mit jeweils drei Mitgliedern (Stammgruppen). Schreiben Sie jeden der Begriffe aus Aufgabe 1 auf ein separates Stück Papier und fügen Sie diese Papierkärtchen zu einer sinnvollen Struktur zusammen. Die Struktur kann durch Pfeile, Farben, Symbole, Texte (z. B. Überschriften), Bilder oder weitere Begriffe ergänzt werden.

3. Das Land A benötigt zur Herstellung einer Produktionseinheit Wein sieben Arbeitsstunden, das Land B 13 Arbeitsstunden. Für die Produktion einer Produktionseinheit Tuch braucht das Land A neun Arbeitsstunden, das Land B zehn Arbeitsstunden. Zeigen Sie die komparativen Kostenvorteile auf.

Lernfeld 12 — Wirtschaftspolitische und weltwirtschaftl. Einflussgrößen auf den Ausbildungsbetrieb einschätzen

4 Bearbeiten Sie die folgenden Materialien und nehmen Sie dazu Stellung:

Materialien:

M 1

M 2

Die Agrarpolitik isoliert die EU

… (Auf dem WTO-Gipfel) rief der Generaldirektor des britischen Industrieverbandes CBI, Digby Jones, die EU nachdrücklich auf, die Blockadehaltung in der Agrarpolitik endlich aufzugeben. Jones machte als schwarzes Schaf den französischen Präsidenten aus: „Die Zeit ist reif, dass der französische Präsident erkennt, dass er einem Jahrhundert des Wohlstands für alle im Weg steht." … Es sei inakzeptabel, dass die Industrie als Geisel für die Agrarinteressen herhalten müsse.

Agrarprodukte stehen nur für ein Prozent des US-Handels und für zwei Prozent des europäischen. Weniger als zehn Prozent des Welthandels entfallen insgesamt auf landwirtschaftliche Erzeugnisse, 70 % dagegen auf Industrieprodukte. Und dennoch überlagert der Konflikt um die Agrarpolitik alle anderen Themen auf dem Welthandelsgipfel (in Hongkong).

(Die EU) bietet an, ihre Exportsubventionen allmählich auslaufen zu lassen und die Importzölle um durchschnittlich 46 % zu senken. (Das reicht den von Brasilien angeführten Schwellenländern nicht aus. Zusammen mit Indien verlangen sie ein konkretes Datum für ein Ende der Beihilfen.) Die EU versucht die aufgebrachten Entwicklungsländer – ähnlich wie Japan – mit einem neuen Hilfsangebot zu beschwichtigen. … Der Ministerrat der EU hat … versprochen, die Handelshilfen für die Dritte Welt von 400 Mio. € pro Jahr ab 2010 auf eine Mrd. € aufzustocken … Japan hatte tags zuvor zehn Mrd. US-Dollar zugesagt. Die Weltbank befürchtet, dass ein Hilfspaket für Entwicklungsländer von den eigentlich brisanten Themen nur ablenkt. Arme Länder bräuchten Märkte, um ihre Waren abzusetzen, und (keine Nahrungsmittelhilfen).

(Quelle: Christoph Rabe: Die Agrarpolitik isoliert die EU, in: Handelsblatt, 14.12.2005, Seite 7, verändert und gekürzt)

M 3

Der Norden sät den Hunger

In den ersten Tagen des Mai kam der Regen in das Land der Aufrechten … Mit den Werkzeugen Afrikas, der kurzen Hacke und dem von mageren Ochsen gezogenen Pflug, bricht Yiribaté Dabou die Erde auf. Dabou, der Bauer. 28 Jahre ist er alt, abends isst er Maisbrei, nachts schläft er auf dem Lehmboden, tags arbeitet er auf seinem Acker unter der Sonne. Dabou lenkt die Ochsen, seine Brüder führen den Pflug, die Frauen und die Kinder streuen das Saatgut in die Erde, die Malaria-Mücken zerstechen ihnen den Rücken … Tage- und wochenlang werden die Männer und die Frauen und die Kinder die Baumwolle pflücken, den Rohstoff für die Hemden, Hosen, Jacken, Socken, Handtücher, Bettlaken und Waschlappen der Welt, in einem kleinen Staat in Westafrika, der sich Burkina Faso nennt, Land der Aufrechten. Es wird eine gute Ernte sein. (Doch) Dabou wird fast kein Geld dafür bekommen.

(Denn) mit den Werkzeugen Amerikas, der panzergroßen Erntemaschine und dem von Computern navigierten Traktor, fahren dort die Männer auf die Äcker … Auf einem freien Weltmarkt hätten die amerikanischen Bauern keine Chance, vor allem nicht gegen die Afrikaner … (Denn) die preiswerteste landwirtschaftliche Maschine ist immer noch der Mensch, jedenfalls, wenn er zum Arbeiten nichts braucht als zwei Schälchen Mais am Tag. Nach Berechnung des International Cotton Advisory Committee (ICAC) in Washington produzieren die Bauern in Burkina Faso ihre Baumwolle dreimal billiger als die Bauern in Amerika, und weil die Afrikaner die weiße Watte mit den Händen von den Sträuchern zupfen, ist sie auch noch von besserer Qualität als amerikanische Baumwolle (cotton USA).

(Heute) exportieren die amerikanischen Cotton-Farmer mehr Baumwolle als je zuvor in der Geschichte. Mehr als die Textil- und Bekleidungsunternehmen in aller Welt verarbeiten. Das Überangebot hat eine simple ökonomische Folge. Der Weltmarktpreis der Baumwolle fiel von 90 Cent auf unter 40 Cent. Das Einkommen der Baumwollbauern rund um die Welt hat sich dadurch halbiert. Nur die 25 000 Baumwollfarmer in den USA müssen sich nicht sorgen. Sie haben den Preisverfall maßgeblich verursacht und obwohl sie weltweit zu den teuersten Produzenten gehören, haben sie darunter nicht zu leiden, denn sie bekommen ihr Geld vom Staat. Im Jahr 2002 waren es 3,9 Mrd. USD, dreimal so viel wie die gesamte amerikanische Entwicklungshilfe für 500 Millionen Afrikaner …

Von dem, was Dabou für die Baumwolle bekommt, muss er seine Schulden für den Dünger, das Saatgut und die Schädlingsbekämpfungsmittel begleichen. Früher blieben ihm (umgerechnet rund 1,20 €) am Tag. Damit kaufte er das Essen für die Familie, zahlte das Schulgeld und die Medikamente für die Kinder, die der Durchfall und die Malaria plagen … (Er fragt mich:) „Was hat denn Ihr Hemd gekostet?" Ich antworte: „Das Hemd? Vielleicht 30,00 €." „Sehen Sie. Ihr Hemd wiegt etwa 200 Gramm. 200 Gramm Baumwolle. Das bringt uns auf dem Weltmarkt, sagen wir, 25 Cent. Ohne Subventionen wären es vielleicht 32 Cent. Das würde uns Bauern schon enorm helfen. Aber um richtig Geld zu machen, müssten wir anfangen, in Burkina nicht nur die Baumwolle zu produzieren, sondern auch die Hemden." Es wäre der Weg ins 21. Jahrhundert …

(Quelle: Wolfgang Uchatius: Der Norden sät den Hunger, in: Die Zeit, 14. August 2003, Seite 13)

Lernfeld 12 — Wirtschaftspolitische und weltwirtschaftl. Einflussgrößen auf den Ausbildungsbetrieb einschätzen

M 4

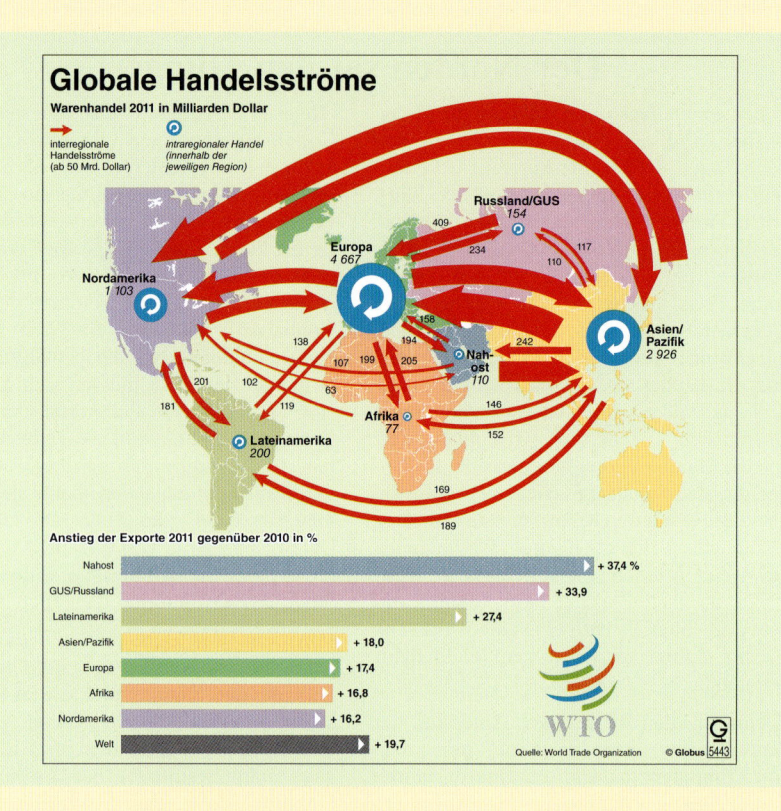

Globale Handelsströme
Warenhandel 2011 in Milliarden Dollar

→ interregionale Handelsströme (ab 50 Mrd. Dollar)
⟲ intraregionaler Handel (innerhalb der jeweiligen Region)

- Europa 4 667
- Nordamerika 1 103
- Russland/GUS 154
- Asien/Pazifik 2 926
- Nahost 110
- Afrika 77
- Lateinamerika 200

Handelsströme: 409, 234, 117, 110, 158, 138, 194, 242, 107, 199, 205, 201, 102, 63, 181, 119, 146, 152, 169, 189

Anstieg der Exporte 2011 gegenüber 2010 in %

Region	Anstieg
Nahost	+ 37,4 %
GUS/Russland	+ 33,9
Lateinamerika	+ 27,4
Asien/Pazifik	+ 18,0
Europa	+ 17,4
Afrika	+ 16,8
Nordamerika	+ 16,2
Welt	+ 19,7

Quelle: World Trade Organization — © Globus 5443

M 5

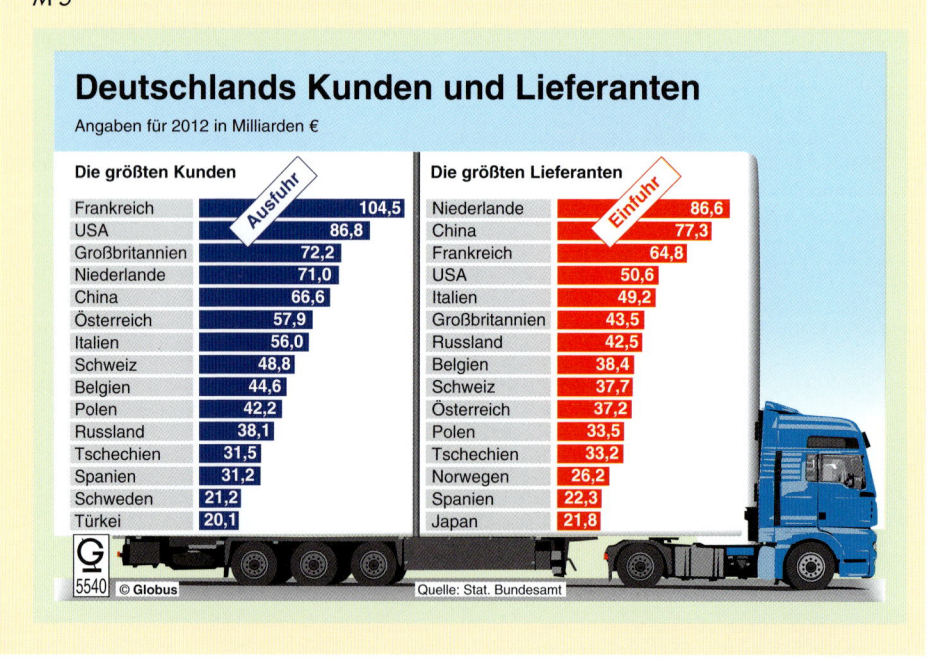

Deutschlands Kunden und Lieferanten
Angaben für 2012 in Milliarden €

Die größten Kunden (Ausfuhr)

Land	Mrd. €
Frankreich	104,5
USA	86,8
Großbritannien	72,2
Niederlande	71,0
China	66,6
Österreich	57,9
Italien	56,0
Schweiz	48,8
Belgien	44,6
Polen	42,2
Russland	38,1
Tschechien	31,5
Spanien	31,2
Schweden	21,2
Türkei	20,1

Die größten Lieferanten (Einfuhr)

Land	Mrd. €
Niederlande	86,6
China	77,3
Frankreich	64,8
USA	50,6
Italien	49,2
Großbritannien	43,5
Russland	42,5
Belgien	38,4
Schweiz	37,7
Österreich	37,2
Polen	33,5
Tschechien	33,2
Norwegen	26,2
Spanien	22,3
Japan	21,8

© Globus 5540 — Quelle: Stat. Bundesamt

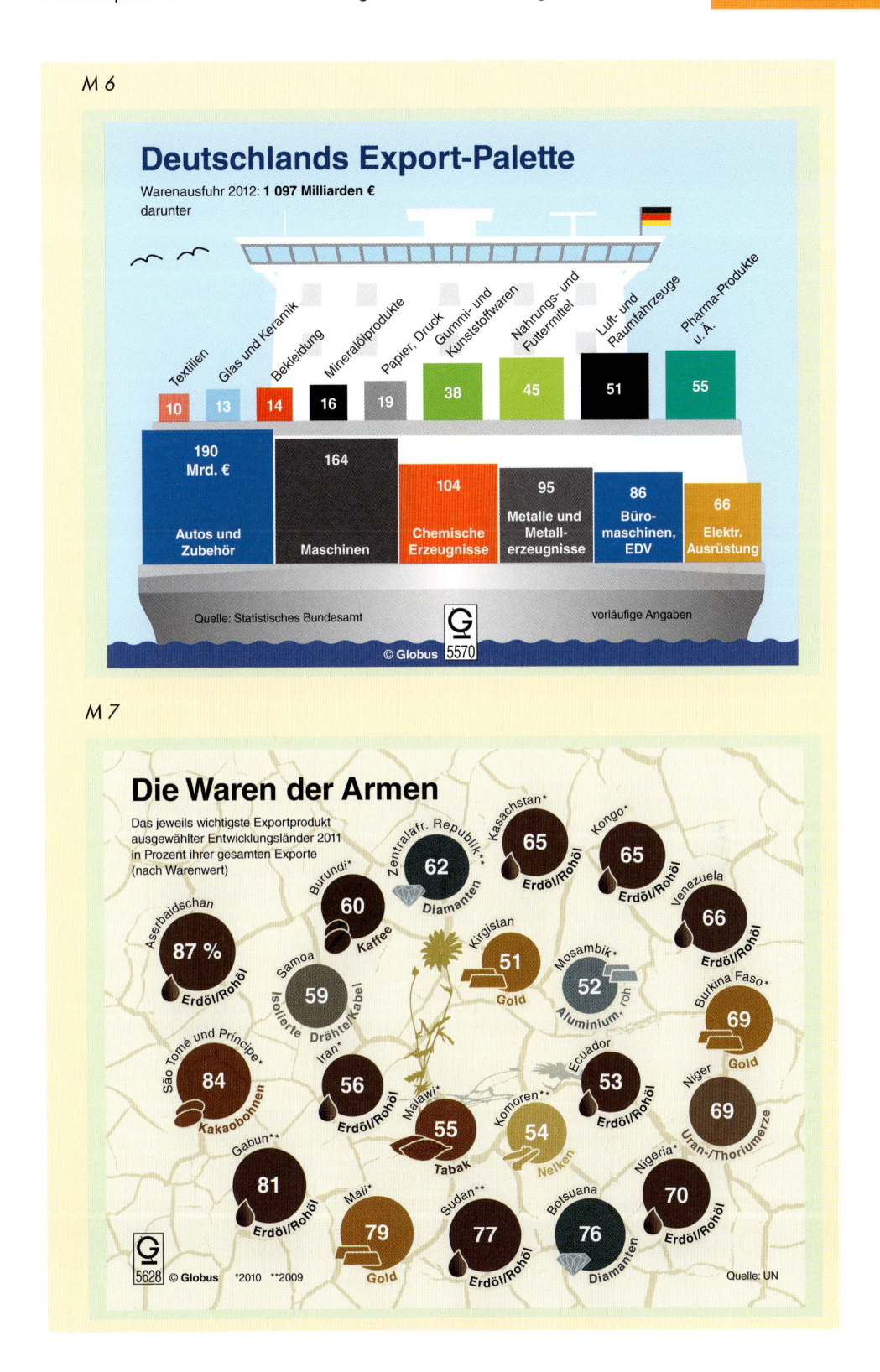

Wirtschaftspolitische und weltwirtschaftl. Einflussgrößen auf den Ausbildungsbetrieb einschätzen — **Lernfeld 12**

M 6

Deutschlands Export-Palette

Warenausfuhr 2012: **1 097 Milliarden €**
darunter

- Textilien: 10
- Glas und Keramik: 13
- Bekleidung: 14
- Mineralölprodukte: 16
- Papier, Druck: 19
- Gummi- und Kunststoffwaren: 38
- Nahrungs- und Futtermittel: 45
- Luft- und Raumfahrzeuge: 51
- Pharma-Produkte u. Ä.: 55
- Autos und Zubehör: 190 Mrd. €
- Maschinen: 164
- Chemische Erzeugnisse: 104
- Metalle und Metallerzeugnisse: 95
- Büromaschinen, EDV: 86
- Elektr. Ausrüstung: 66

Quelle: Statistisches Bundesamt — vorläufige Angaben
© Globus 5570

M 7

Die Waren der Armen

Das jeweils wichtigste Exportprodukt ausgewählter Entwicklungsländer 2011 in Prozent ihrer gesamten Exporte (nach Warenwert)

- Aserbaidschan: 87 % Erdöl/Rohöl
- Burundi*: 60 Kaffee
- Zentralafr. Republik**: 62 Diamanten
- Kasachstan*: 65 Erdöl/Rohöl
- Kongo*: 65 Erdöl/Rohöl
- Venezuela: 66 Erdöl/Rohöl
- Samoa: 59 Isolierte Drähte/Kabel
- Kirgistan: 51 Gold
- Mosambik*: 52 Aluminium, roh
- Burkina Faso*: 69 Gold
- São Tomé und Príncipe*: 84 Kakaobohnen
- Iran*: 56 Erdöl/Rohöl
- Malawi*: 55 Tabak
- Komoren**: 54 Nelken
- Ecuador: 53 Erdöl/Rohöl
- Niger: 69 Uran-/Thoriumerze
- Gabun**: 81 Erdöl/Rohöl
- Mali*: 79 Gold
- Sudan**: 77 Erdöl/Rohöl
- Botsuana: 76 Diamanten
- Nigeria: 70 Erdöl/Rohöl

© Globus 5628   *2010 **2009   Quelle: UN

Abkürzungsverzeichnis

AB	Anfangsbestand	**EUV**	Vertrag über die Europäische Union
AGG	Allgemeines Gleichbehandlungsgesetz	**EN**	Europäische Norm
ADSp	Allgemeine Deutsche Spediteurbedingungen	**EntgFG**	Entgeltfortzahlungsgesetz
		ER	Eingangsrechnung
AEUV	Vertrag über die Arbeitsweise der EU	**ERP**	Enterprise Resource Planning (integrierte Unternehmenssoftware)
AfA	Absetzung für Abnutzung	**EStG**	Einkommensteuergesetz
AG	Aktiengesellschaft	**EStR**	Einkommensteuerrichtlinien
AG	Arbeitsgericht	**EU**	Europäische Union
AGB	Allgemeine Geschäftsbedingungen	**EZB**	Europäische Zentralbank
		FE	Fertigerzeugnisse
AR	Ausgangsrechnung	**Fifo**	first in – first out
ArbplSchG	Arbeitsplatzschutzgesetz	**GE**	Geldeinheiten
ArbSchG	Arbeitsschutzgesetz	**GewO**	Gewerbeordnung
ArbStättV	Arbeitsstättenverordnung	**GG**	Grundgesetz
ArbZG	Arbeitszeitgesetz	**ggf.**	Gegebenenfalls
Art.	Artikel	**GmbH**	Gesellschaft mit beschränkter Haftung
AWG	Außenwirtschaftsgesetz		
Az.	Aktenzeichen	**GmbHG**	GmbH-Gesetz
AZR	Aktenzeichen/Rundschreiben	**GüKG**	Güterkraftverkehrsgesetz
BAG	Bundesarbeitsgericht	**GuV**	Gewinn-und Verlustkonto
BBankG	Bundesbankgesetz	**GWB**	Gesetz gegen Wettbewerbsbeschränkungen (Kartellgesetz)
BBiG	Berufsbildungsgesetz		
BDSG	Bundesdatenschutzgesetz	**HGB**	Handelsgesetzbuch
BEEG	Bundeselterngeld-/Elternzeitgesetz	**HVPI**	Harmonisierter Verbraucherpreisindex
BetrVG	Betriebsverfassungsgesetz		
BGB	Bürgerliches Gesetzbuch	**HW**	Handelswaren
BGV	Berufsgenossenschaftliche Vorschrift	**i.d.R.**	In der Regel
		i.e.S.	Im engeren Sinne
BildschArbV	Bildschirmarbeitsverordnung	**ISO**	International Organization for Standardization
BilMog	Bilanzrechtsmodernisierungsgesetz		
		IUS	Integrierte Unternehmenssoftware
BIP	Bruttoinlandsprodukt		
BUrlG	Bundesurlaubsgesetz	**i.V.**	In Vertretung (in Vollmacht)
CRM	Customer-Relationship-Management	**JArbSchG**	Jugendarbeitsschutzgesetz
		JIT	Just in time
CSR	Corporate Social Responsibility	**KEP**	Kurier-, Express-, Paketdienst
d.J.	dieses Jahr	**KG**	Kommanditgesellschaft
DIN	Deutsche Industrienorm	**KiSt**	Kirchensteuer
DrittelbG	Drittelbeteiligungsgesetz	**KLV**	Kombinierter Ladungsverkehr
e.K.	eingetragene(r) Kauffrau (-mann)	**KrWG**	Kreislaufwirtschaftsgesetz
EAN	Europäische Artikelnummer	**KSchG**	Kündigungsschutzgesetz
E-Business	Elektronischer Geschäftsverkehr	**KVP**	Kontinuierlicher Verbesserungsprozess
ECR	Efficient Consumer Response		
EDI	Electronic Data Interchange	**LF**	Lernfeld
E-FKVO	EU-Fusionskontrollverordnung		

Abkürzungsverzeichnis

LStDV	Lohnsteuerdurchführungsverordnung		**SGB**	Sozialgesetzbuch
lt.	laut		**SolZ**	Solidaritätszuschlag
Ltd.	Limited		**StabG**	Stabilitätsgesetz
LUG	Lagerumschlagsgeschwindigkeit		**TQM**	Total Quality Management
LuL	Lieferungen und Leistungen		**TVG**	Tarifvertragsgesetz
ME	Mengeneinheit		**TzBfG**	Teilzeit- und Befristungsgesetz
MuSchG	Mutterschutzgesetz		**u. a.**	Und anderes
NachwG	Nachweisgesetz		**UE**	Umsatzerlös
NVE	Nummer der Versandeinheit		**USt.**	Umsatzsteuer
OCR	Optical Character Recognition		**UWG**	Gesetz gegen den unlauteren Wettbewerb
OHG	Offene Handelsgesellschaft		**vgl.**	Vergleiche
p. a.	per annum (pro Jahr)		**VL/VWL**	Vermögenswirksame Leistungen
PAngV	Preisangabenverordnung		**VMI**	Vendor Managed Inventory
RFID	Radio Frequency Identification		**VPI**	Verbraucherpreisindex
RHB	Roh-, Hilfs-, Betriebsstoffe		**ZE**	Zahlungseingang
SB	Schlussbestand		**zvE**	Zu versteuerndes Einkommen
SCM	Supply Chain Management		**zzt.**	Zurzeit

Bildquellenverzeichnis

Bergmoser + Höller Verlag AG, Aachen: S. 118, 131, 132, 608, 628, 632

Bildungsverlag EINS GmbH, Köln: S. 14.7–18, 14.20, 14.22, 14.24–30

BITKOM Bundesverband Informationswirtschaft, Telekommunikation und neue Medien e.V., Berlin: S. 137

DB Schenker Rail AG, Mainz: S. 45, 104

Deutscher Instituts-Verlag GmbH, Köln: S. 619

DIN Deutsches Institut für Normung e.V., Berlin: S. 79.3, 83.4–11, 136 (4x)

dpa Infografik GmbH, Hamburg: S. 174 (2x), 199, 202, 285, 294, 310, 476, 592, 597, 598, 620, 621, 622, 642 (2x), 643 (2x)

dpa Picture-Alliance GmbH, Frankfurt/Main: S. 316

Elisabeth Galas, Bad Breisig/Bildungsverlag EINS, Köln: S. 83.3

Foto Stephan – Behrla Nöhrbaß GbR/ Bildungsverlag EINS, Köln: S. 162

Fotolia Deutschland GmbH, Berlin: S. 14.1 (Hartmut Lerch), 14.2 (apfelweile), 14.3 (Reinhold Foeger), 14.4 (nerthuz), 14.6 (topae), 14.21 (tukda), 14.23 (bpstocks), 60 (Sascha F.), 67.2 (adoleo), 71.1 (Dmitry Kalinovsky), 77 (4x) (T. Michel), 83.2 (Zelfit), 98 (Kzenon), 135.2 (Robert Kneschke), 496 (Susanne Güttler), 528 (fischer-cg.de), 529 (Peter Meurer)

Götz Wiedenroth, www.wiedenroth-karikatur.de: S. 617.2

Heinrich Drescher, Münster/Bildungsverlag EINS, Köln: S. 322, 584, 596, 617.1

imu Infografik, Duisburg: S. 141

Jungheinrich AG, Hamburg: S. 67.1

Jupp Wolter (Künstler), Haus der Geschichte, Bonn: S. 189, 314

MEV Verlag GmbH, Augsburg: S. 14.5, 14.19, 18, 62, 105, 135.1, 158, 166, 209, 264, 444, 512, 577

Nova Development Corporation, Calabasas, CA, USA: S. 83.1

Rose Versand GmbH, Bocholt: S. 203

Stéffie Becker, Unkel: S. 293, 640

Sachwortverzeichnis

3plus-Regel 327

A
Abfälle 77
abnutzbares Anlagevermögen 521
Absatzkanäle 409
Absatzlogistik 417
Abschreibungsfinanzierung 454
Abschreibungsprozentsatz 521
Abschwung 599
absolute Preisstabilität 585
Abzahlungsdarlehen 463
Abzugskapital 216
administrative Hindernisse 634
ADR 43
ADSp 47
AfA = Absetzung für Abnutzung 520
aktive Arbeitsförderung 609
aktive Rechnungsabgrenzung 547, 548
Akzessorietät 485
allgemeine Kostenstelle 231
allgemeiner Kündigungsschutz 116
allgemeine Zinsformel 504
amerikanisches Verfahren 623
Analyse der Kapitalstruktur einer Bilanz 563
Angebotslücke 307
Angebotsmonopol 311
Angebotsoligopol 309
angebotsorientierte Wirtschaftspolitik 602
Angebotsüberhang 307

Anhang 510
Annuitätendarlehen 464
Anpassungsfortbildung 170
Anschaffungskosten 516
Anschaffungsnebenkosten 516
Anschaffungswertprinzip 517
Antidumpingzoll 633
antizyklische Finanzpolitik 600
Antragsveranlagung 190
Arbeitsförderung 608
Arbeitsgemeinschaften 611
Arbeitslosengeld I 609
Arbeitslosengeld II 610
Arbeitslosenquote 587
Arbeitslosigkeit 587
Arbeitsmarktpolitik 608
Arbeitsschutz 74, 136
Arbeitsvertrag 112
Arbeitszeit 138
Arbeitszeiterfassung 164
Arbeitszeitgesetz 139
Arbeitszeitmodelle 164
Arbeitszeugnis 119, 148
ArbStättV 137
Armut 593
Armutsgrenze 593
Artikel 368
Artikelanalyse 578
Assessmentcenter 149
Aufbau eines einstufigen Betriebsabrechnungsbogens 231
aufbereitete Bilanz 567
Aufgreifkriterien 326
Aufhebungsvertrag 115
Aufschwung 599
Aufsichtsrat 126
Aufstiegsfortbildung 170

Aufwendungen 212
Ausfuhrverbot 634
Ausgaben 212
Ausgabenpolitik 602
Auslagerung 72
Aussagegehalt des Sozialprodukts 300
Außenbeitrag 300, 589
Außenbeitragsquote 589
Außenfinanzierung 449, 450
Außenhandel 630
Außenwirtschaft 589, 630
außenwirtschaftliches Gleichgewicht 589
außerbetriebliche Personalbeschaffung 146
außergewöhnliche Belastungen 196
außerordentliche Aufwendungen 213
außerordentliche Erträge 214
außerordentliche Kündigung 116
außerplanmäßige Abschreibung 517, 521
Auszahlungen 212

B
BAB 231
Bareinkaufspreis 249
Barliquidität 439
Barverkaufspreis 250
Basisversorgung 195
Bedürfnispyramide 169
Befragung 341
befristete Arbeitsverträge 112
Beitragsbemessungsgrenze 180

Sachwortverzeichnis

Berechnung der Laufzeit in Tagen 505
Berechnung der Normalzuschlagssätze 238
Berechnung der Zeit 506
Berechnung des Kapitals 505
Berechnung des Zinssatzes 505
Berechnung und Analyse von Rentabilitätskennziffern 568
berufsgenossenschaftliche Vorschriften 136
Berufsschulzeit 138
Beschaffungsportfolio 93
beschäftigungsabhängige Kosten 205
Beschäftigungsgrad 268
Beschäftigungspolitik 608
besonderer Kündigungsschutz 117
besondere Versendungsformen 51
Bestimmung des optimalen Sortiments 267
Beteiligungsfinanzierung 451
betriebliche Erträge 213
Betriebsabrechnungsbogen 231
betriebsbedingte Kündigung 117
Betriebsbuchhaltung 210
Betriebsergebnis 225
betriebsfremde Aufwendungen 213
betriebsfremde Erträge 214
betriebsnotwendiges Anlagevermögen 216
betriebsnotwendiges Kapital 216
betriebsnotwendiges Umlaufvermögen 216
Betriebsrat 127
Betriebsvereinbarung 121, 132
Betriebsverfassung 128
Betriebsversammlung 128, 129
Bewerbungsschreiben 147
Bewerbungsunterlagen 147
Bewertung der Warenvorräte 534
Bewertung des Umlaufvermögens 534
Bewertung nach Handelsrecht 513
Bewertung nach Steuerrecht 513
Bewertungsvorschriften 513
Bewertung von Darlehen und Darlehenszinsen 545
Bewertung von Forderungen 538
Bewertung von Verbindlichkeiten 543
Bewertung von Währungsverbindlichkeiten 543
Bewertung von Wertpapieren des Umlaufvermögens 540
Bezugskalkulation 250
Bezugspreis 249
BGV 136
Bilanz 510
Bilanzidentität 514
Bilanzklarheit 514
Bilanzkontinuität 514
Bilanzwahrheit 514
Bildschirmarbeit 137
Bildschirmarbeitsverordnung 136
Binnenkonnossement 52
Binnenschiffsverkehr 52
BIP 587
Blankokredite 484
Blocklager 66
Boom 599
Brandschutzmaßnahmen 76
Break-even-Analyse 579
Break-even-Point 271
Brief 51
Bruttoabrechnung 175
Bruttoentgelt 175
Bruttoinlandsprodukt 294, 299, 587
Bruttoinvestitionen 297
Bruttonationaleinkommen 299
Bruttopersonalbedarf 143
Bruttopreissystem 389
Bruttoproduktionswert 295
Bruttosozialprodukt 299
Buchhaltung 210
Budgetierung 579
Bundeskartellamt 323
Bürgschaft 485

C

Cashcows 581
Cashflow 464, 571
CBT 171
chaotische Lagerplatzzuordnung 68
Charterung 52
Chiffreanzeige 146
CIM-Frachtbriefsatz 44
Computer-Based-Training 171
Controlling 427, 577
Corporate Identity 399
Crossdocking 73

D

Damnum 545
Darlehen 462
Datengeheimnis 164
Datenschutzbeauftragter 164
Deckungsbeitragsrechnung 264, 265
Deckungsgrad I 565
Deckungsgrad II 565
Deckungsgrad III 566
Deficit-Spending 600
Deflation 586
Delkredere 480
demoskopische Marktforschung 339

Sachwortverzeichnis

Depression 599
Deregulierung 320
Deutsche Bahn 51
Deutsche Bundesbank 625
Deutsche Post DHL 51, 100
Devisen 620
dezentrale Lagerhaltung 68
Diebstahl 77
Dienstleistungen 606
Differenzkalkulation 249, 256
direkter Absatz 410
Direktkommunikation 405
Disagio 462, 545
Diskontkredit 460
Diversifikation 374
Dual-Use-Güter 633
Dumping 632
Durchlaufregallager 66
durchschnittliche Lagerdauer 87
durchschnittlicher Lagerbestand 85
Durchschnittsbelastung 199
dynamisch-dezentrales Kommissionierprinzip 71

E

EAN-Barcode 61
Ebenen der Mitbestimmung 126
E-Business 25
Effektivzinssatz 462
Effizienzstrategie 591
E-FKVO 326
Eigenfinanzierung 449
Eigenhändig 99
Eigenkapitalquote 564
Eigenlagerung 34
Eigentransport 42
Eignungsprüfung 149
Einarbeitung 160
einfacher Wirtschaftskreislauf 281

einfaches Arbeitszeugnis 114, 119
Einfuhrquoten 634
Einfuhrstopp 634
Einführung neuer Mitarbeiter 159
Einfuhrverbote 634
eingliedriger Transport 52
Eingruppierung 158
Einigungsstelle 130
Einkaufskalkulation 250
Einkommen 592
Einkommensteuerbescheid 198
Einkommensteuerpflicht 190
Einkommensteuer-Tarif 199
Einkunftsarten 191
Einlagefazilitäts-Zinssatz 622
Einlagenfinanzierung 449
Einlagerungsgrundsätze 64
Einlieferanten-System 92
Einnahmen 213
Einnahmenpolitik 602
Einschreiben 99
Einstellung 151
Einstellungsformalitäten 160
einstufiges Kommissionieren 71
Einwurfeinschreiben 99
Einzahlungen 213
Einzelkosten 204, 231, 232
Electronic Business 25
Electronic Learning 172
ELStAM 176
ELSTER 176
ElsterLohn II 176
Elterngeld 140
Elternzeit 139
Embargo 634
Entgeltabrechnung 174
Entgeltberechnung im Versandbereich 98

Entgeltbuchungen 182
Entgeltersatzleistungen 609
Entscheidungsbewertungstabelle 287
Entsorgungslogistik 21
Entsorgungsmöglichkeiten 78
ER 44
Erfolgsrechnung 210
Ergebnistabelle 222
Ergonomie 29
Erhebungsformen der Einkommensteuer 190
Erlösfunktion E 272
Ermittlung der Selbstkosten 236
Ermittlung des Gewinnzuschlagssatzes 236
Ermittlung des Handlungskostenzuschlagssatzes 235
ERP-System 23
Erste-Hilfe-Regeln 75
Erträge 213, 214
Ertragskraft 268, 571
erweiterter Wirtschaftskreislauf 282
Erwerbstätige 296
ESVG 296
ESZB 619
europäische Binnenwirtschaft 589
Europäischer Betriebsrat 130
europäischer Stabilitäts- und Wachstumspakt 601
europäisches System der Zentralbanken 619
Europäisches System Volkswirtschaftlicher Gesamtrechnungen 296
Europäische Währungsunion 619
Europäische Zentralbank 619
Eurosystem 619
Event-Marketing 404

648

Sachwortverzeichnis

EWU 619
Expansion 599
Experiment 342
Export 589
Exportsubventionen 634
Expressdienste 51
externe Erträge 300
externe Kosten 300
EZB 619
EZB-Rat 619

F

Fachkompetenz 171
Factoring 480
Faktorverfahren 177
Fälligkeitsdarlehen 463
Fallmanager 611
Fazilität 622
Fehlmengenkosten 92
Festplatzsystem 67
FIATA 38
Fifo-Methode 64, 534, 536
Finanzausgleich 606
Finanzbuchhaltung 210
Finanzierungsgrundsätze 442
Finanzplan 446
Finanzpolitik 600
Fiskalpolitik 600
fixe Kosten 206, 371
Fixkostendegression 206
Fördergespräche 166
Fortbildung 170
Frachtbriefsatz 44
Frachtführer 43
Frachtvertrag 44
Frachtzentren 49
freie Daten 163
freier Standort 286
Freihäfen 634
Freihandel 633
Freihandelsgrundsätze 635
Freiplatzsystem 68
Freistellung 138
Freistellungsvoraussetzungen 324
Fremdfinanzierung 449, 456

Fremdkapitalquote 564
Fremdlagerung 34
Fremdtransport 42
friktionelle Arbeitslosigkeit 587
Frühindikatoren 599
Funktionen des Wettbewerbs 322
Fusionskontrollverordnung 326

G

GAP-Analyse 579
GATS 635
GATT 635
Gebietsspediteur 48
gebrochener Verkehr 52
gebundene Standorte 286
Gefahrgüter 54
Gefahrstoffverordnung 79
Gegenwartsindikatoren 599
Geldkreislauf 281
Geldmarkt 621
Geldmenge 621
Geldmengenziel 621
Geldpolitik 618
Gemeinkosten 205, 231
gemildertes Niederstwertprinzip 517
Generalklausel 327
geometrisch-degressive Abschreibung 521, 522
gerechte Einkommens- und Vermögensverteilung 592
geringwertige Wirtschaftsgüter 527
Gesamtergebnis 225
gesamtwirtschaftliches Gleichgewicht 585
gesamtwirtschaftliche Wertschöpfung 294
Geschäftspartner der EZB 622
Geschäftsprozess Personalplanung 142
Geschlossenes Lager 64

Gesellschaftsvertrag (Satzung) 13
Gesetz der komparativen Kosten 631
Gesetz gegen den unlauteren Wettbewerb 327
Gesetz gegen Wettbewerbsbeschränkungen 323
gesetzliche Kündigung 115
gesetzliches Wettbewerbsverbot 114
Gesundheitsstandards 634
Gewinneinkünfte 191
Gewinnquote 298
Gewinnzuschlagssatz 236, 250
GGVSEB 43
Gleichbehandlung 114
Gleichgewichtspreis 308
globale Arbeitslosigkeit 632
Globalisierung 289, 631
Globalisierungsstrategie 289
Global Sourcing 92
Globalsteuerung 585
Goldene Bilanzregel 442
goldene Regel 600
Grafische Bestimmung und Bedeutung des Deckungsbeitrages 266
Grenzbelastung 199
Großbrief 99
Grundbuch 490
Grundkosten 213
Grundkündigungsfristen 115
Grundlagen des Arbeitsverhältnisses 122
Grundleistungen 214
Grundpfandrechte 491
Grundsatz der Einzelbewertung 534
Grundsatz der Legalausnahme 324
Grundsatz der Maßgeblichkeit der Handelsbilanz für die Steuerbilanz 513

649

Sachwortverzeichnis

Grundsatz des Forderns 611
Grundsatz des Förderns 611
Grundschuld 491
Grundsicherung für Arbeitsuchende 610
Grundtarif 200
Gruppenfreistellungsverordnung 324
Güterkraftverkehr 51
Güterkreislauf 281
Güterverteilzentren 49
GuV 510
GVO 324
GWB 323
GWG 527

H

Handelsbeschränkungen 633
Handelsregister 12
Handelsspanne 255
Handelsverbote 634
Handelsvertreter 412
Handlungskompetenz 171
Handlungskosten 232, 250
Handlungskostenzuschlagssätze 235, 250
Hardskills 170
harmonisierte Verbraucherpreisindizes 586
Hartz IV 610
Hauptkostenstelle 231, 232
Hauptlauf 48
Hauptrefinanzierungsgeschäfte 622
Haushaltspolitik 602
Haus-Haus-Preise 102
Hebelwirkung 570
Hilfskostenstelle 231
HKZ 235, 250
Hochkonjunktur 599
Hochregallager 66
Höchstarbeitszeit 139
Höchstwertprinzip 543

holländisches Verfahren 623
horizontale Kapital-Vermögens-Regeln 565
HUB 48
HVPI 586
Hygienefaktoren 169

I

IC-Kurierdienst 102
Imparitätsprinzip 517
Import 589
importierte Inflation 586, 590
indirekter Absatz 410
Individualrechte 126
Indossament 38
Inflation 586
Infopost 99
Inhaberlagerschein 38
Inländerkonzept 299
Inländerprodukt 299
Inlandsprodukt 295, 299
Innenfinanzierung 449, 450
innerbetriebliche Personalbeschaffung 146
Insolvenzgeld 610
InterCargo-Verkehr 51
Inventurdifferenzen 66
Inventurliste 66
Investitionen 282, 298
Investitionspolitik 602
Inweltanalyse 580
irreführende Werbung 327
Ist-Gemeinkosten 238
Ist-Zuschlagssätze 238

J

Jahresabschluss 509
Jahresgespräch mit Zielvereinbarung 166
Jahreswirtschaftsbericht 585
JIT 26
Jobcenter 611
Jugendarbeitsschutzgesetz 137

Jugend- und Auszubildendenvertretung 131
Just-in-Sequence 26
Just-in-time-Prinzip 26

K

Kaizen 28
Kalkulationsfaktor 253
Kalkulationszuschlagssatz 252
kalkulatorische Abschreibungen 215
kalkulatorische Kosten 213, 214
kalkulatorischer Unternehmerlohn 216
kalkulatorische Zinsen 215
Kanban-System 26
Kapitalbedarfsrechnung 445
Kapitalmarkt 621
Kauf auf Abruf 90
Käufermarkt 335, 400
Kauf von Anlagegütern 525
Kennzahlen 563
Kennzahlen des Liquiditätsgrades 566
Kennziffern zur Vermögens-, Kapital- und Erfolgsstruktur 562
KEP 51
Kernmärkte 347
Kernsortiment 368
Kirchensteuer 178
Kirchensteuerbescheid 198
KIS 106
Kollektivrechte 126
kombinierter Verkehr 49
Kommissionär 414
Kommissionierauftrag 70
Kommissionierprozess 70
Kommissions- bzw. Konsignationslager 69
Kommunikationsstrategien 399

Sachwortverzeichnis

Kommunikationsziele 398
Kompaktbrief 99
komparative Kostenvorteile 631
Konditionenpolitik 389
Konfliktbewältigung 166
Konfliktsignale 166
Konfliktursachen 166
Konjunktur 598
konjunkturelle Arbeitslosigkeit 587
Konjunkturindikatoren 599
Konjunkturphasen 599
Konjunkturzyklus 598
Konkurrenzklausel 114
Konkurrenzverbot 114
Konsignations- bzw. Kommissionslagervertrag 91
Konsistenzstrategie 591
Konsumausgaben der privaten Haushalte 297
Konsumforschung 334
Kontingente 634
Kontinuierlicher Verbesserungsprozess 28
Kontokorrentkredit 458
Konvergenz 620
Konvergenzkriterien 620
Kosten 213
Kostenanalyse 578
Kostenartenrechnung 222
Kostenbegriff 212
Kostenfunktion K 272
Kosteninformationssystem 106
Kostenstellenrechnung 231
Kostentabelle III 106
Kostenträgerrechnung 248
Kostenüberdeckung 239
Kostenunterdeckung 239
Kredit 456
Kreditmarkt 621
Kreditpolitik 390
Kreditwürdigkeit 484
kritische Lagermenge 35
Kundendienst 364

Kundenrabatt 251
Kündigung 115
Kündigungsschutz 116
Kündigungsschutzverfahren 118
Kurierdienste 51
Kurzarbeitergeld 610
kurzfristige Erfolgsrechnung 210
kurzfristige Preisuntergrenze 270
KVP 28

L

Ladeschein 52
Ladungsgut 51
Lagebericht 510
Lagerarten 64, 66
Lagerbereichsverfahren 72
Lagerbestand 85
Lagereinrichtungen 64
Lagerhalter 36
Lagerhaltungskostensatz 85
Lagerkennzahlen 85
Lagerkontrolle 65
Lagerkosten 85
Lagernutzung 88
Lagerreichweite 87
Lagerrisiken 85
Lagerschein 37
Lagerumschlagsgeschwindigkeit 86
Lagerzinsen 87
langfristige Preisuntergrenze 270
Leasing 476
Lebenslauf 148
Lebenszyklusanalyse 580
Legalausnahme 324
Legitimationsfunktion des Lagerscheins 37
Leistungen 214
Leistungsabschreibung 521
Leistungsbegriff 212
Leitzinssatz 622
Leverage-Effekt 570
Lieferantenkredit 457

Lieferketten 20
Lifo-Methode 64, 534, 536
lineare Abschreibung 521
Liquidation 498
Liquidität 439, 441
Liquiditätsgrad 565
Liquiditätsgrad I 566
Liquiditätsgrad II 566
Liquiditätsgrad III 566
Liquiditätskennzahlen 567
Local-Content-Vorschriften 634
Logistik 20
Logistikkreislauf 21
Logistikpartnerschaften 30
Logistikprozesse 19
Lohn- bzw. Gehaltskonto 175
Lohnquote 298
Lohnsteuerbescheinigung 176
Lohnsteuer-Ermäßigung 176
Lohnsteuerklasse 177
Lohnsteuermerkmale 176
Lombardkredit 486
Luftfracht 51
Luftfrachtraten 108
Luftfrachtverkehr 51
Luftpost 51

M

magisches Sechseck 590
magisches Viereck 585
Make-or-buy-Entscheidung 34, 42
Manipulation 50
Manipulation des Lagergutes 65
Marge 105
Marken 348
Markenpolitik 366
Markenrecht 366
Markenstrategien 348
Marketing 335
Marketingkonzept 336
Marketing-Mix 422
Marketingstrategien 347

Sachwortverzeichnis

Marketingziele 345
Markt 305
Marktanalyse 336
Marktanteil 346
Marktbeherrschung 324
Marktbeobachtung 336
Marktforschung 336
Marktfunktionen 305
Marktprognosen 345
Marktsegmentierung 343
Markttransparenz 305
Maut-Zusatzkosten 105
Maxibrief 99
mehrgliedrige Transportkette 52
Meistbegünstigung 635
Mengentender 623
Methode des gewogenen Durchschnitts 534, 535
Methodenkompetenz 171
Mindermengenzuschlag 390
Mindestabnahmemenge 390
Mindestreservenpolitik 622
Mindestruhezeit 139
Ministererlaubnis 326
Mismatch 609
Missbrauchsaufsicht 324
Mitarbeitereinführung 160
Mitarbeitermotivation 168
Mitbestimmung 126
Mitbestimmungsrechte 129
Mittelstandskartelle 324
Mobbing 167
Modell des vollkommenen Marktes 305
monatsgenaue Abschreibung im ersten Jahr der Nutzung 524
Monatslohnsteuertabelle 179
Monopol 311
Monopolpreis 311
Motivation 168
Motivationstheorie von Maslow 168
Motivatoren 169
multinationaler Verkehr 49
Multiple Sourcing 92
Mutterschaftsgeld 140
Mutterschutz 139

N

Nachfragelücke 307
Nachfrageüberhang 307
Nachhaltigkeit 590
Nachkalkulation 258
Nachlauf 48
Nachnahme 99
Namenslagerschein 37, 38
Nationales Produktionskonto 300
Nettoeinkommen 592
Nettoentgelt 175
Nettoinlandsprodukt zu Faktorkosten 299
Nettoinlandsprodukt zu Marktpreisen 299
Netto-Listenpreis 249
Nettonationaleinkommen 299
Nettopersonalbedarf 143
Nettopreissystem 389
Nettovermögen 592
neutrale Aufwendungen 212
neutrale Erträge 214
neutrales Ergebnis 225
nicht abnutzbares Anlagevermögen 521
Niederstwertprinzip 517
Nominalzinssatz 462
nominelle Kapitalerhaltung 215
Normal-Gemeinkosten 238
Normalzuschlagssatz 238
Nutzenschwelle 271
Nutzungsdauer 521
Nutzungsgrad des Lagers 89

O

OCR 61
Offenes Lager (Freilager) 64
Offenmarktpolitik 622
Offshoring 30
ökoskopische Marktforschung 337
Ökosozialprodukt 301
Oligopol 309
Online-Bewerbung 147
Online-Kommunikation 405
Online-Lernen 172
operatives Controlling 578
optimale Sortimentsgestaltung 267
ordentliche Kündigung 115
Orderlagerscheine 38
Outsourcing 30

P

Päckchen 51
Päckchen Inland 101
Paket 51
Paketdienste 51
Paket Inland 101
paralleles Kommissionieren 72
Partikulier 52
passive Arbeitsförderung 609
passive Rechnungsabgrenzung 547, 551
Passivierung von Rückstellungen 556
Penetrationsstrategie 385
Penner 89
Pensionsgeschäfte 622
periodenfremde Aufwendungen 213
periodenfremde Erträge 214
periodengerecht 548
permanente Inventur 65
Personalakte 163

Sachwortverzeichnis

Personalbedarfsplanung 142
Personalbeschaffung 145
Personalbeurteilung 165
Personaldaten 163
Personalentwicklung 170
Personalinformationssysteme 163
Personalkompetenz 171
Personalüberdeckung 143
Personalunterdeckung 143
Personalverwaltung 163
Personalwerbung 145
personelle Angelegenheiten 130
personenbedingte Kündigung 116
persönlicher Lohnsteuerfreibetrag 176
Pflichtveranlagung 190
Pickliste 70
planmäßige Abschreibung 520, 521
Planungsmodelle 579
Planungsrechnung 210, 211
Polypol 306
Poor Dogs 581
Portfolioanalyse 429, 580
Postponement 41
Präferenzen 347
Pre-ins 620
Preisbildung beim Angebotsmonopol 311
Preisbildung beim Angebotsoligopol 309
Preisbildung beim Polypol 306
Preisdifferenzierung 384
Preisführerschaft 310
Preisgesetze 308
Preismechanismus 318
Preispolitik 203, 383
Preispolitik – konkurrenzorientiert 207
Preispolitik – kostenorientiert 204

Preispolitik – nachfrageorientiert 207
Preispolitische Maßnahmen 204
Preisspielraum 309
Preisstabilität 586
primäre Einkommensverteilung 593
Primäreinkommen 299
Primärforschung 340
private Konsumausgaben 297
private Paketdienste 101
Produktdifferenzierung 364
Produkteliminierung 364
Produkthaftung 359
Produktinnovation 362
Produktionsfaktoren 281
Produktionspotenzial 588
Produktivität 588
Produktlebenszyklus 360
Produktpolitik 359
Produktvariation 363
Protektionismus 633
Prozentrechnung 504
Public Relations 403

Q

qualifiziertes Arbeitszeugnis 119
qualitatives Wachstum 589
Qualitätsmanagement 28
Questionmarks 581

R

Rabattformen 389
Rahmenverträge 90
RAL 76
Randsortiment 368
Raumnutzungsgrad 88
Realeinkommen 632
reales Bruttoinlandsprodukt 588
Realisationsprinzip 517
Realkredite 486
Rechnungseinheit 43
Rechnungskreis I 210
Rechnungskreis II 210

Reederei 52
Refinanzierung 622
refinanzierungsfähige Sicherheiten 622
Regallager 66
Reisende 411
relative Preisstabilität 585
Renner 89
Rentabilität 441, 568
Rentabilität des betriebsnotwendigen Kapitals 569
Replenishment 69
Restwert 522, 524
Rezession 599
Reziprozität 635
RFID 62
RID 43
Rückmeldungen 168
Rückschein 99
Rückstände 77
Rückstellungen 547, 555
Rückstellungen für Pensionen 556
Rückwärtskalkulation 249, 254
Ruhepausen 138

S

Sachverständigenrat 585
saisonale Arbeitslosigkeit 587
Sammelladung 51
Sammellagerung 37
Schattenwirtschaft 301
Schiebeprinzip 27
Schiffsmiete 52
Schlichtungsgespräch 167
Schlüsselqualifikationen 170
Schneeballsystem 329
Schuldenstand 601
schutzwürdige Daten 163
Schutzzoll 633
SCM 24
Scoringverfahren 287
sekundäre Einkommensverteilung 593

Sachwortverzeichnis

Sekundärforschung 339
Selbsteintritt 47
Selbstfinanzierung 452
Selbstkosten 234, 236, 250
sequenzielles Kommissionieren 71
Service- bzw. Lieferbereitschaftsgrad 92
Sicherheitsbeauftragte 74
Sicherheitskennzeichen 136
Sicherheitsstandards 634
Sicherungsübereignungskredit 488
Single Sourcing 92
Skimmingstrategie 385
Softskills 170
Sole Sourcing 92
Solidarität 318
Solidaritätszuschlag 181
Sonderausgaben 194
Sonderausgabenpauschbetrag 195
sonstige Forderungen 547
Sonstige Forderungen/ sonstige Verbindlichkeiten 553
sonstige Rückstellungen 556
sonstige Verbindlichkeiten 547
Sorte 367
Sortiment 367
Sortimentsbereinigung 375
Sortimentsbreite 360, 368
Sortimentserweiterung 373
Sortimentsgestaltung 360
Sortimentstiefe 360, 368
soziale Angelegenheiten 129
Soziale Marktwirtschaft 316
Sozialgeld 610
Sozialkompetenz 171
Sozialstaatsprinzip 317
Sozialstandards 634
Sozial- und Umweltstandards 632

Sozialversicherungsbeiträge 178
Sparerpauschbetrag 193
Spätindikatoren 599
Spediteur 47
Speditionsvertrag 48
sperrige Güter 103
Sperrvermerke 146
Speziallager 64
Spezifikationskauf 91
Spitzenrefinanzierungsfazilitäts-Zinssatz 622
Splittingtarif 200
Sponsoring 404
Staatsausgaben 601
Staatseinnahmen 601
Staatsverbrauch 297
Stabilitätsfunktion 564
Stabilitätsgesetz 585
Standardbrief 99
ständige Fazilitäten 622
Standort 285
Standortentscheidung 287
Standortfaktoren 285
Standortspaltung 287
Stars 581
statisches Kommissionieren 71
Statistik 210, 211
Stellenanzeige 146
Stellenbeschreibung 144
Stelleneinzelkosten 232
Stellengemeinkosten 232
Steuerrückstellungen 556
Stichtagsinventur 65
stille Rücklagen 454
strafbare Werbung 329
strategisches Controlling 579
strenges Niederstwertprinzip 517, 540
strukturelle Arbeitslosigkeit 587
Strukturfonds der EU 607
strukturierte Bilanz 567
Strukturpolitik 605
Strukturwandel 605
Stückgüter 51

Subsidiaritätsprinzip 318
substanzielle Kapitalerhaltung 215
Subventionen 282, 603
Subventionsgrundsätze 603
Suffizienzstrategie 591
Supermarktprinzip 26
Supply-Chain-Management 24
sustainable development 591
systematische Lagerplatzzuordnung 67
SZR 43

T

Tarifformel 198
Tarifvertrag 121
tarifvertragliche Kündigung 115
Tarifzonen 198
Teilarbeitslosengeld 610
Teilkostenrechnung 265, 372
Teillieferungsvertrag 91
Teilzeitanspruch 115
Tenderverfahren 623
Testverfahren 149
Total Quality Management 28
TQM 28
Traditionsfunktion des Orderlagerscheins 38
Transportkosten 52
Transportmittelnutzung 88
Transportsicherheit 54
Transportversicherung 108
TRIPS 635

U

Überbeschäftigung 587
Überschuldung 497
Überschusseinkünfte 191, 192
übrige Sonderausgaben 195
Umsatzrentabilität 569

Sachwortverzeichnis

Umsatzsteigerung 346
Umschlagen 20
Umschlagshäufigkeit 86
Umschulung 170
umweltökonomische Gesamtrechnung 301
Umweltschutzbeauftragte 79
Umweltschutz im Lager 77
Umweltschutzziel 590
Umweltstandards 632, 634
unlauterer Wettbewerb 327
Unterbeschäftigung 587
Unternehmenslogistik 20
Unternehmensrentabilität 569
Unternehmensstrategie 335
Unternehmerrentabilität 569
unvollkommener Markt 306
unzumutbare Belästigung 328
Urlaub 114
UWG 327

V

Validität 337
variable Kosten 205, 371
verbotene Verhaltensweisen 325
Verbraucherpreisindex 586
verfügbares Einkommen 299
vergleichende Werbung 328
verhaltensbedingte Kündigung 116
Verkäufermarkt 335, 400
Verkaufsförderung 403
Verkaufsniederlassungen 411
Verkaufspreis netto 251
Verlustausgleich 194
Vermögen 592
Vermögensbildung 183
Vermögenswirksame Leistungen 182
Verpackungen 20
Verpackungsverordnung 79
Versand im Bereich des Güterkraftverkehrs 105
Versand im Bereich von Schifffahrt und Luftverkehr 108
Versand im Wagenladungsverkehr 103
Versandkostenberechnung Brief 99
Versandkostenberechnung Pakete 100
Verschlusslager 77
Verschuldungsgrad 443, 564
Verschwendung 29
Verteilungsgrundlagen 232
Verteilungsrechnung 298
vertikale Kapitalstrukturregel 564
vertragliches Wettbewerbsverbot 114
Vertragshändlersystem 415
Vertriebsbindungssystem 412
Vertriebskennzahlen 432
Verwendungsrechnung 296
VGR 295
Vier-Sektoren-Modell 605
Volkseinkommen 298, 299
Volkswirtschaftliche Gesamtrechnung 295
Vollbeschäftigung 587
vollkommener Markt 305
Vollkostenrechnung 264, 265, 371
Vorkalkulation 258
Vorlauf 48
Vorschuss 185
Vorsichtsprinzip 514, 543
Vorsorgeaufwendungen 194
Vorstellungsgespräch 150
Vorwärtskalkulation 249
VPI 586

W

Wagenladungsverkehr 51
Wareneingangsprüfung 61
warengerechte Lagerung 63
Warengruppen 368
Warenidentifikation 61
Warenkorb 586
Warenmanipulation 65
Warenwirtschaft 22
Warenwirtschaftssystem 22
Welthandelsorganisation 635
Werbearten 401
Werbeerfolgskontrolle 430
Werbemittel 401
Werbeplanung 402
Werbeträger 401
Werbung 398, 400
Werbungskosten 192
Werbungskostenpauschbetrag 193
Werkverkehr 42
Wertminderung 520
Wertpapierpensionsgeschäfte 623
Wertschöpfungskette 19
Wesen der Abschreibung 520
Wettbewerb 322
Wettbewerbspolitik 322
Wiederbeschaffungskosten 215
wirtschaftliche Angelegenheiten 130
wirtschaftliche Konvergenz 620
Wirtschaftlichkeit 90
Wirtschaftsausschuss 129
Wirtschaftskreislauf 281
wirtschaftspolitische Ziele 584
Wirtschaftssubjekt 281

Sachwortverzeichnis

Wirtschaftswachstum 587
WTO 635

Z

zeitliche Abgrenzung 547
zentrale Lagerhaltung 68
Zeugnis 114
Zeugniscode 119
Ziehprinzip 27
Zieldreieck einer nachhaltigen Entwicklung 591
Zieleinkaufspreis 249
Zielharmonie 593
Zielkonflikt 593
Zielneutralität 593
Zielverkaufspreis 251
Zinsbetrag 504
Zinsrechnung 504
Zinstender 623
Zolllager 634
zumutbare Belastung 196
Zusammenschlusskontrolle 325
Zusatzauftrag 268
Zusatzleistungen 214
Zuschlagskalkulation 249
zu versteuerndes Einkommen 190, 197
Zweckaufwendungen 212
Zwei-Faktoren-Theorie 169
zweifelhafte Forderungen 538
Zweikreissystem 210
zweistufiges Kommissionieren 72